宗镜录

［宋］释延寿 著

［壹］

陕西新华出版传媒集团
三　秦　出　版　社

图书在版编目（CIP）数据

宗镜录 / (宋) 释延寿著. -- 西安 : 三秦出版社, 2016.3

ISBN 978-7-5518-1239-9

Ⅰ.①宗… Ⅱ.①释… Ⅲ.①禅宗—佛经 Ⅳ. ①B946.5

中国版本图书馆CIP数据核字(2016)第031398号

宗镜录（全六册）

作　　者（宋）释延寿

出版发行 陕西新华出版传媒集团 三秦出版社
社　　址 西安市曲江新区登高路1388号
电　　话 （029）81205236
邮政编码 710061
印　　刷 天宇万达印刷有限公司
开　　本 880mm×1230mm　1/32
印　　张 57
字　　数 1134千字
版　　次 2017年10月第1版
2021年6月第3次印刷
标准书号 ISBN 978-7-5518-1239-9
定　　价 198.00元

网　　址 http://www.sqcbs.cn

重刊宗镜录序（清世宗胤禛制）

盖惟宗为教本，教属宗枝。无教非宗，全波是水；非宗无教，全水是波。有偏圆顿渐之名言，无浅深高下之别义。譬如本无净染，但有空明。粉入而白呈，朱来而赤现，不能离赤白而别存水质，岂可混粉朱而谓即水真？水与粉朱，了无交涉，粉朱在水，不凝圆常。迨其粉奠朱沉，水亦无余无欠。了知朱来粉入，水原不即不离。又如零雨滋生，而句萌甲坼；挹泉为饎，而释叟烝浮。至于柯条枝叶既长，而雨乃点点在中；黍稷稻粱既盛，而泉则颗颗涉入。不特水相无住，并且水性皆空。然而枝条柯叶，皆是水所圆成；黍稷稻粱，孰非水之常住？虽则余无有水，实皆水有无余。水譬真如，余同教乘。内水而外余，异余而同水，人我之见本也；有余而成诸变幻，无余而返其真常，动静之相根也。水不与余为增减，余自与水相去来，生死之真源也；见余而全昧夫水，悟水而正受其余，圣凡之虚说也。迥无所有，尘刹炽然；实有非无，龟毛可贯。故知，达宗履教，教是真宗；遗教谈宗，宗非本教。未明宗要，难涉教藩；既握宗纲，须探教网。或乃迷源弃本，执相徇名，颠倒情尘识浪之中，徘徊因灭果生之内。将释迦法空之座，椓作碇椿；化迦叶上行之衣，粘为胶漆。一尘遮眼，银海迷茫；半句才通，铁围突兀。纵闻龙藏十二分，只堪熏诸善根；若同拂席五千人，岂免成大我慢。至若初赍般若资粮，乍进菩提大道，虽曰一念回光，即同本得；无如干生结习，其力未充，便乃歇学屏闻，废修弛行。斥他水母借虾为眼，不是己光；却类寒蝉抱露鸣清，先成我执。夫真空无量，觉海无边，必须举足下足，蹑尽真空，方是无行而行，深度觉海；岂得沿循此岸，中止化城，取一舍诸，望梅画饼？历观禅侣，良用慨然。瞻望古锥，曷胜仰止！

如宋慧日永明寺正修寿禅师，绍隆觉位，了彻微言，性行双圆，乘戒兼至。朕披其著述，钦厥风规，更为震旦第一导师，真到空王最上妙乘。安居宝所，而法财充溢，非同守藏之夫；高坐莲花，而瑞彩旁腾，莫测化云之现。其《万善同归》、《唯心诀》、《心赋》诸书，朕既刊之琬琰，布在丛林，普愿有口者遍尝，庶几无心人直达。若夫《宗镜录》者，“举一心为宗，照万法如镜。”所录百卷，括尽三乘，实乃宝藏圆诠、如来心印，住宗师自在之位，掉佛母智度之航。共坐净名方丈之中，同登弥勒毗卢之阁。义味周足，中边妙融。直截深通，精微该括。圆摄不内外微尘法界，深入无自性真实惟心。算明大涅槃海里万万波纹，尽从无所得胸中一一流出。卷中无句，句中无字。但现赫赫光明日轮，从表彻里，从里彻空。遍界偡偡，清净宝月，如摩尼珠，回光返照，而明暗色空，重重交映；如师筋弦，响绝群音，而山林草木，处处应空。色在珠边，而无色宝珠，不离赤白青黄之内；声流弦外，而无声妙弦，即在宫商角征之中。不一不多，非纯非杂，绝思绝议，难禶难名。能使夺弄精魂者，爽然自疑；足令学识依通者，迷而知返。既悟必读，方踏末后一关；未了先观，亦识正宗的旨。五乘道果，来朝∴字宝王；十法界因，并仰群生慈父。听不闻而睹莫见，曰虚空之虚空；迷不减而悟不增，乃平等之平等。信乎尊胜无上，实为宗教俱融。人果能妙达斯宗，必不言打破此镜。世传禅师诞降，实惟慈氏下生。朕谓不必慈氏再来，现同慈氏本说。特为重刻，用广其传，布在今兹，尽未来际，俾学者知宗教律之共贯，入闻思修之三摩，以知寂不二之一心，契空有双融之中道，出生普贤愿海，幻住梦存；常游圆觉道场，随缘无碍，直向今生了却。何妨历劫修持，圆无为之行，结空华之果，四生同沐，三有均沾。将禅师之法施，益以无边；而朕之期愿，亦为少慰矣。是为序。

雍正十二年甲寅四月初八日

重刊宗镜录后序（清世宗胤禛制）

朕读禅师《唯心诀》，嘉其尽善尽美，无比无俦，乃遍求禅师平生著述流传宇内者览之。其《宗镜录》一百卷，朕实心悦赞叹，不能自已。至矣哉！禅师慈愿如此其宏大，彻悟如此其真到，导人如此其微妙，自性如此其明圆也。夫如来五千教典，虽有小乘、大乘之说，然所为小乘、大乘者，乃随时说法而有，亦随人听法而分。如来所说小乘，即是大乘。且所说大乘，实无有法名为大乘，悟者听之，皆是大乘，本无小乘。不悟者，未明小乘，安得妄谈大乘？历来宗门，直指本心，先期自悟，将一切大乘小乘，并称之为教典。皆在所简，不令人于语言文字上推求、心意识之边卜度，迨其弊也。歧教于宗，知求别传于教外，不知妙旨之仍在教中，抑又过已。学人既得自证自悟，岂能不取佛祖言教，印合真归，成其圆信？顾大藏浩瀚，诚古人所云："象负之而难胜，龙藏之而不尽。"又且截琼枝而寸寸是玉，折旃檀而片片皆香。自必阅之而双眼难周，诵之而一期莫毕。若非禅师宏大慈力，纂此妙典，孰能囊括群经之要旨，廓通三乘之圆诠，使人直达宝所乎？

朕谓达摩西来以后，宗门中述佛妙心、续绍慧命，广济含生、利益无尽者，未有若禅师此书者也。学人观此，可不必泛览大藏矣。魔民仰面唾云，谓法眼流弊，不数传而《宗镜》出焉。义解沙门，倚以为说。若斯谬论，谤大般若，自堕无间，所不足道。

乃此书历宋、元、明以迄于今，宗门古德，不乏具眼，而从未有称道赞扬，标为第一希有者，亦可异也！朕既重刊广布，序而传之，使名山古刹中禅侣，家有随侯之珠。序有不尽，复述此以宣朕尊崇褒美之至意，使天下后世读斯书者，知为最尊最胜云。虽然，如是元音，不关文字，若不自性自度，而于此中寻思觅解，即为背觉而合尘，譬之买椟还珠，认沤为海，虽能成诵得如瓶泻水，亦能为人诠解讲说，究于自己，曾何少分相应耶？禅师百卷书中，反复丁宁诰戒，申明此旨者，不一而足。学人所宜猛省，苟非了达本性，亲证自心，而欲于意下求通，言中取则，将蒸砂岂能成饭，他宝宁济己贫？埋没自己绝代英灵，涂污佛祖金口正典。不特将禅师吃紧为人，无尽法施，付诸火宅，即朕今日拂拭之于故纸陈言之中，宏阐褒扬，期与真修参侣共尝甘露妙味。一片谆切劝勉之心，亦属唐捐矣。禅师不云乎？不得一向离之而起绝言之见，亦不得一向即之而成执指之愚。此事如人饮水，冷暖自知，自在学者，朕奚能少助焉。

雍正十二年甲寅五月朔日

总 目 录

贰

叁

肆

伍

陆

清世宗上谕

朕于永明寿禅师《宗镜录》，欣服敬礼，得未曾有。特为天下后世禅侣拈出，重刊广布，亲制序文，有曰：既悟必读，方踏末后之一关；未了先观，亦识正宗之的旨。又恐学人寻章摘句，不求了证自心，辜负古佛妙典，为是重制后序以申明之。

朕之勤惓训谕，指示后学之意，实为无已。尝闻涌泉欣有言：见解人多，行解人万中无一。盖人果到得行解地位，自必宗亦通、说亦通。但说通而未宗通，其说必非真通，所不必道。若宗通，而于说通未到至圆至明处，究为见解到而行解未到，盖行解一分，则说通一分；行解十分，则说通十分。说通之真际，即宗通之真际也。歧宗教而为二者，皆未入圆宗之门外汉耳。释迦牟尼世尊所说法，多至于三藏十二分，末后拈花授记摩诃迦叶，以逮西天四七；流入震旦，俾众生一超直入如来地，灯传无尽，慧命不绝。释伽牟尼佛，诚为恒河沙数众生大慈悲父矣。其自达摩西来、曹溪南迈，历唐宋元明以迄于今，古德上贤，乘时辈出，莫不阐佛元音，自他兼利。然而圆通方广，放大光明，一如世尊佛在世转轮，不动一心而演诸义、不坏诸义而显一心，震诸经大海之潮音、了一心离微之密旨，囊括无遗，纤毫不立，如开圆满宝藏，听贫子之归携；如决甘露天池，恣渴人之斟掬，法施无穷无尽，慈恩无量无边，挺生震旦，为释迦牟尼世尊佛后一人，作众生慈父，其书与三藏十二分媲美者，惟有此古佛妙典耳。非其行解兴佛相亚，奚能宗通说通如是乎！

夫达摩之时，震旦缁侣，多执滞教相，将三藏十二分，作此土经史子集一例观之，寻文索义，背觉合尘，埋没却世尊不说说、迦叶不闻闻之妙旨。既迷失家宝，如同衣内之珠，而世尊所示觅珠之方，又成盲人之疑象。达摩为救其弊，是以直指一心，单题向上，期夫震旦学佛人，如是了达，如是顿圆，然后于不二法中，现妙神通；无心性内，成大佛事。将六度万行齐圆，而三藏十二分具举；岂曰有拈花一宗，便可不必有三藏十二分也？世谓教外别传，由达摩而入震旦；不知达摩未来之先，及虽同时而未见达摩者，如志公、如僧肇、如南岳思辈，皆得三藏十二分，了彻心宗，洞明此事。其以达摩为东土初祖者，乃宗门叙其源流如是耳。岂可云震旦宗旨，自达摩始；而三藏十二分，非此元音？此宗虽称教外别传，究而论之，无内无外，故曰宗。教固不得而外宗，宗又安得而外教也？非同非异，故曰宗，教固岂得异于宗，宗并不得云同于教也。如使教典果有外于宗、异于宗者，则世尊灭度后，迦叶何以集诸弟子，于宾钵罗窟，令阿难述佛种种经教；其后马鸣何为以博通诸经见称，而龙树又何以造诸论偈垂世乎？且释迦牟尼佛说法四十九年，俱是说此拈花妙旨。若谓所说在拈花之外，而拈花在所说之外，不特所说皆与本分间隔，而拈花又何以能该恒河沙数法门乎？将见一轮有阻，千车尽滞修途；安在一法才通，万象迷归心地也？曹溪以降，每以片语单词擎拳竖拂，勘验学人果否自性自度，至于一举数百万言，大小三乘，全该并显，不恤眉毛拖地，掉广长舌，出和雅音。于一芥子中，剖出八万四千须弥山王；举八万四千须弥山王，纳归一芥子。于言语道断处，演出无边诸佛音声；于心行处灭处，应现无方真实慈化。上下千百年内，实罕其人，唯一永明，出兴震旦，而宗徒转谓曹溪门庭，无此法式，实乃罪同谤佛。吾宗无语句、亦无一法与人者，岂可以哑羊为无语句，以顽空为无一法与人耶？既为宗徒，而轻蔑教典，业已堕空；入狂参知见，奚得借口圆宗耶？十方禅侣，草鞋行脚，得古人片语单词，闻诸方擎拳竖拂，一般于謦欬边推求、意根下卜度，然则何不向此书寻讨真实究竟？如曰：此是语言文字，岂多许则为语言文字，少许即非语言文字乎？夫心解，则一切解；心缚，则一切缚。若心解者，无关语言文字之多少；若心缚者，与其缚向古人片语单词、诸方擎拳竖拂边，何如缚向如来教典中，姑且随喜华光妙云之为愈乎！朕虽曰：悟后读之，更得进步；而未证自心者，不得于此寻思觅解。然朕固曰：未了先观，亦识正宗之的旨

也。且宗徒既已扫弃教典，谓是语言文字，而复好工偈颂，真光武所谓悬羊头卖马肉者，堪发一笑。宗徒中由文学诸生出家，自幼读书，循其故业而作偈颂，尚不足怪；至于本不识字之人，因欲悟宗旨，乃从事于偈颂，岂非首越而之燕耶！若乃欲以偈颂取悦于学士大夫，使为外护，具是污浊心行；而又指斥教典，谓之语言文字，岂免堕无间之狱？且出家儿，欲工偈颂，入于诗赋之流，舍本分之当学，而学门外之别学，况学必不到家，徒供文儒嗤笑。夫欲所作偈颂，不至见笑大方，亦非积数十年学力不能，则此数十年，业已不依本分；若将此数十年心力用于宗教，即曰解路推求，要必近朱者赤、近墨者黑，所解既在正路中，亦可有因解得悟之一日；即使不悟，熏习而成异熟果。不与作偈颂者之雕琢浮辞、拾狐唾者之瞒心乱统，相去霄壤乎！教典浩瀚，毕生莫竟。观禅师此书，则释迦牟尼佛三藏十二分，具在是矣。朕向实未阅教典，因洞明此事后，爰取从上宗师为人机缘，于几暇时，披寻翻阅，因而识得永明古佛，实为震旦第一导师；及观师著述，又识得《宗镜录》一书，为震旦宗师著述中第一妙典。

朕生平遇一佳味，必思人人共尝；契一妙理，必思人人共晓。今既阅此第一妙典，何忍不以开示后学？是以，剀切恳到言之，不惮再四。夫朕岂执著教相者，朕于何文何字、何经何典，有所滞惑耶？知朕者自知之。惟愿天下后世学侣，决定无疑，勇猛坚固，永不退转，诵读受持。先以闻解信入，后以无思契同，齐达此宗，交光此镜。不虚古佛当年，将大觉不思议绝妙法施，普度一切无量含生之大慈悲心，如实至语，是朕所厚望也。特谕。

雍正十二年甲寅十二月初八日

目 录

宗镜录序

宋 左朝请郎尚书礼部员外郎护军杨杰 撰

诸佛真语，以心为宗。众生信道，以宗为鉴。众生界即诸佛界，因迷而为众生。诸佛心是众生心，因悟而成诸佛。心如明鉴，万象历然。佛与众生，其犹影像。涅槃生死，俱是强名。鉴体寂而常照，鉴光照而常寂。心佛众生，三无差别。

国初吴越永明智觉寿禅师，证最上乘，了第一义。洞究教典，深达禅宗。禀奉律仪，广行利益。因读《楞伽经》云佛语心为宗，乃制《宗鉴录》。于无疑中起疑，非问处设问。为不请友，真大导师。掷龙宫之宝，均施群生。彻祖门之关，普容来者。举目而视，有欲皆充。信手而拈，有疾皆愈。荡涤邪见，指归妙源，所谓举一心为宗，照万法为鉴矣。若人以佛为鉴，则知戒定慧为诸善之宗，人天声闻缘觉菩萨如来由此而出，一切善类莫不信受。若以众生为鉴，则知贪瞋痴为诸恶之宗，修罗旁生地狱鬼趣由此而出，一切恶类莫不畏惮。善恶虽异，其宗则同。返鉴其心，则知灵明湛寂，广大融通，无为无住，无修无证，无尘可染，无垢可磨，为一切诸法之宗矣。初吴越忠懿王序之，秘于教藏。

至元丰中，皇弟魏端献王镂板，分施名蓝，四方学者罕

遇其本。元佑六年夏，游东都法云道场，始见钱唐新本，尤为精详，乃吴人徐思恭请法涌禅师同永乐法真二三耆宿，遍取诸录，用三乘典籍、圣贤教语校读成就。以广流布，其益甚博。法涌知予喜阅是录，因请为序云。

宗镜录序

吴越国王钱俶制

详夫，域中之教者三：正君臣，亲父子，厚人伦，儒，吾之师也。寂兮寥兮，视听无得，自微妙，升虚无，以止乎乘风驭景。君得之则善建不拔，人得之则延贶无穷，道，儒之师也。四谛十二因缘，三明八解脱，时习不忘，日修以得，一登果地，永达真常，释，道之宗也。惟此三教，并自心修。《宗镜录》者，智觉禅师所撰也，总乎百卷，包尽微言。

我佛金口所宣，盈于海藏，盖亦提诱后学。师之智慧辩才，演畅万法，明了一心，禅际河游，慧间云布。数而称之，莫能尽纪。聊为小序，以颂宣行云尔。

宗镜录序

宋 慧日永明妙圆正修智觉禅师延寿集

伏以,真源湛寂,觉海澄清,绝名相之端,无能所之迹。最初不觉,忽起动心,成业识之由,为觉明之咎。因明起照,见分俄兴。随照立尘,相分安布。如镜现像,顿起根身。次则随想而世界成差,后即因智而憎爱不等。从此遗真失性,执相徇名。积滞著之情尘,结相续之识浪,锁真觉于梦夜,沉迷三界之中。瞽智眼于昏衢,匍匐九居之内。遂乃縻业系之苦,丧解脱之门,于无身中受身,向无趣中立趣。约依处则分二十五有,论正报则具十二类生。皆从情想根由,遂致依正差别,向不迁境上虚受轮回,于无脱法中自生系缚。如春蚕作茧,似秋蛾赴灯。以二见妄想之丝,缠苦聚之业质。用无明贪爱之翼,扑生死之火轮。用谷响言音,论四生妍丑。以妄想心镜,现三有形仪。然后违顺想风,动摇觉海。贪痴爱水,资润苦芽。一向徇尘,罔知反本。发狂乱之知见,翳于自心。立幻化之色声,认为他法。从此一微涉境,渐成戞汉之高峰。滴水兴波,终起吞舟之巨浪。

迩后将欲反初复本,约根利钝不同。于一真如界中,开三乘五性。或见空而证果,或了缘而入真。或三祇熏炼,渐具行门。或一念圆修,顿成佛道。斯则克证有异,一性非

殊，因成凡圣之名，似分真俗之相。若欲穷微洞本，究旨通宗，则根本性离，毕竟寂灭。绝升沉之异，无缚脱之殊。既无在世之人，亦无灭度之者。二际平等，一道清虚，识智俱空，名体咸寂，迥无所有，唯一真心。达之名见道之人，昧之号生死之始。

复有邪根外种，小智权机，不了生死之病原，罔知人我之见本。唯欲厌喧斥动，破相析尘，虽云味静冥空，不知埋真拒觉。如不辩眼中之赤眚，但灭灯上之重光。罔穷识内之幻身，空避日中之虚影。斯则劳形役思，丧力捐功。不异足水助冰，投薪益火。岂知重光在眚，虚影随身，除病眼而重光自消，息幻质而虚影当灭。若能回光就已，反境观心，佛眼明而业影空，法身现而尘迹绝。以自觉之智刃，剖开缠内之心珠。用一念之慧锋，斩断尘中之见网。此穷心之旨，达识之诠，言约义丰，文质理诣。揭疑关于正智之户，薙妄草于真觉之原，愈入髓之沉痾，截盘根之固执，则物我遇智火之焰，融唯心之炉。名相临慧日之光，释一真之海。斯乃内证之法，岂在文诠？知解莫穷，见闻不及。

今为未见者演无见之妙见，未闻者入不闻之圆闻，未知者说无知之真知，未解者成无解之大解。所冀因指见月，得兔忘罥，抱一冥宗，舍诠检理。了万物由我，明妙觉在身。可谓搜抉玄根，磨砻理窟，剔禅宗之骨髓，标教网之纪纲。余惑微瑕，应手圆净。玄宗妙旨，举意全彰。能摧七慢之山，永塞六衰之路。尘劳外道，尽赴指呼。生死魔军，全消影响。现自在力，阐大威光。示真宝珠，利用无尽。倾秘密藏，周济何穷！可谓香中爇其牛头，宝中探其骊颔，华中采其灵瑞，照中耀其神光，食中啜其乳糜，水中饮其甘露，药中服其九转，主中遇其圣王。故得法性山高，顿落群峰之峻。醍醐海阔，横吞众派之波。似夕魄之腾辉，夺小乘之星宿。如朝阳之孕彩，破外道之昏蒙。犹贫法财之人，值大宝聚。若渴甘露之者，遇清凉池。为众生所敬之天，作菩萨真慈之父。抱膏肓之疾，逢善见之药王。迷险难之途，偶明达之良导。久居闇室，忽临宝炬之光明。常处裸形，顿受天衣之妙服。不求而自得，无功而顿成。故知，无量国中，难闻名字。尘沙劫内，罕遇传持。

以如上之因缘，目为心镜，现一道而清虚可鉴，辟群邪而毫发不容。妙体无私，圆光匪外。无边义海，咸归顾眄之中。万像形容，尽入照临之内。斯乃曹溪一味之旨，诸祖同传。鹄林不二之宗，群经共述。可谓万善之渊府，众哲之玄源，一字之宝王，群灵之元祖。遂使离心之境，文理俱虚。即识之尘，诠量有据。一心之海印，揩定圆宗。八识之智灯，照开邪闇。实谓含生灵府，万法义宗。转变无方，卷舒自在。应缘现迹，任物成名。诸佛体之号三菩提，菩萨修之称六度行。海慧变之为水，龙女献之为珠。天女散之为无著华，善友求之为如意宝。缘觉悟之为十二缘起，声闻证之为四谛人空。外道取之为邪见河，异生执之作生死海。论体则妙符至理，约事则深契正缘。

然虽标法界之总门，须辩一乘之别旨。种种性相之义，在大觉以圆通。重重即入之门，唯种智而妙达。但以根羸靡鉴，学寡难周，不知性相二门，是自心之体用。若具用而失恒常之体，如无水有波。若得体而阙妙用之门，似无波有水。且未有无波之水，曾无不湿之波。以波彻水源、水穷波末。如性穷相表，相达性原。须知体用相成，性相互显。今则细明总别，广辩异同。研一法之根元，搜诸缘之本末，则可称宗镜，以鉴幽微，无一法以逃形，则千差而普会。遂则编罗广义，撮略要文，铺舒于百卷之中，卷摄在一心之内。

能使难思教海，指掌而念念圆明。无尽真宗，目睹而心心契合。若神珠在手，永息驰求。犹觉树垂阴，全消影迹。获真宝于春池之内，拾砾浑非。得本头于古镜之前，狂心顿歇。可以深挑见刺，永截疑根。不运一毫之功，全开宝藏。匪用刹那之力，顿获玄珠。名为一乘大寂灭场，真阿兰若正修行处。此是如来自到境界，诸佛本住法门。是以，普劝后贤，细垂玄览，遂得智穷性海，学洞真源。此识此心，唯尊唯胜。此识者，十方诸佛之所证。此心者，一代时教之所诠。唯尊者，教理行果之所归。唯胜者，信解证入之所趣。诸贤依之而解释，论起千章。众圣体之以弘宣，谈成四辩。所以掇奇提异，研精洞微，独举宏纲，大张正网，捞摝五乘机地，升腾第一义天。广证此宗，利益无尽。遂得正法久住，摧外道之邪林。能令广济含生，塞小乘之乱辙，则无邪不正，有伪皆空。由自利故，发智德之原。由利他故，立恩德之事。成智德故，则慈起无缘之化。成恩德故，则悲含同体之心。以同体故，则心起无心。以无缘故，则化成大化。心起无心故，则何乐而不与。化成大化故，则何苦而不收。何乐而不与，则利钝齐观。何苦而不收，则怨亲普救。遂使三草二木，咸归一地之荣。邪种焦芽，同沾一雨之润。

斯乃尽善尽美，无比无俦，可谓括尽因门，搜穷果海。

故得创发菩提之士，初求般若之人，了知成佛之端由，顿圆无滞。明识归家之道路，直进何疑！或离此别修，随他妄解，如毂构角取乳，缘木求鱼，徒历三祇，终无一得。若依此旨，信受弘持，如快舸随流，无诸阻滞。又遇便风之势，更加橹棹之功。则疾届宝城，忽登觉岸。可谓资粮易办，道果先成。被迦叶上行之衣，坐释迦法空之座，登弥勒毗卢之阁，入普贤法界之身。能令客作贱人，全领长者之家业。忽使沉空小果，顿受如来之记名。未有一门匪通斯道，必无一法不契此宗。过去觉王，因兹成佛。未来大士，仗此证真。则何一法门而不开，何一义理而不现？无一色非三摩钵地，无一声非陀罗尼门。尝一味而尽变醍醐，闻一香而皆入法界。风柯月渚，并可传心。烟岛云林，咸提妙旨。步步蹈金色之界，念念嗅薝葡之香。掬沧海而已得百川，到须弥而皆同一色。焕兮开观象之目，尽复自宗。寂尔导求珠之心，俱还本法。遂使邪山落仞，苦海收波，智檝以之安流，妙峰以之高出。

今详祖佛大意，经论正宗，削去繁文，唯搜要旨。假申问答，广引证明。举一心为宗，照万法如镜。编联古制之深义，撮略宝藏之圆诠。同此显扬，称之曰录。分为百卷，大约三章：先立正宗，以为归趣。次申问答，用去疑情。后引真诠，成其圆信。以兹妙善，普施含灵。同报佛恩，共传斯旨耳。

宗镜录卷一

标宗章第一

详夫，祖标禅理，传默契之正宗。佛演教门，立诠下之大旨。则前贤所禀，后学有归，是以先列标宗章。为有疑故问，以决疑故答，因问而疑情得启，因答而妙解潜生。谓此圆宗难信难解，是第一之说，备最上之机，若不假立言诠，无以荡其情执。因指得月，不无方便之门。获兔忘[illegible]，自合天真之道，次立问答章。但以时当末代，罕遇大机，观浅心浮，根微智劣。虽知宗旨的有所归，问答决疑渐消惑障，欲坚信力，须假证明。广引祖佛之诚言，密契圆常之大道，遍采经论之要旨，圆成决定之真心，后陈引证章。以此三章，通为一观，搜罗该括，备尽于兹矣。

问：先德云：若教我立宗定旨，如龟上觅毛，兔边求角。《楞伽经》偈云：一切法不生，不应立是宗。何故标此章名？

答：斯言遣滞。若无宗之宗，则宗说兼畅。古佛皆垂方便门，禅宗亦开一线道，切不可执方便而迷大旨，又不可废方便而绝后陈。然机前无教，教后无实。设有一解一悟，皆是落后之事，属第二头。

所以《大智度论》云：以佛眼观一切十方国土中一切物，尚不见无，何况有法？毕竟空法能破颠倒，令菩萨成佛。是事尚不可得，何况凡夫颠倒有法？

今依祖佛言教之中，约今学人随见心性发明之处，立心为宗。是故，西天释迦文佛云：佛语心为宗，无门为法门。此土初祖达摩大师云：以心传心，不立文字。则佛佛手授，授斯旨。祖祖相传，传此心。已上约祖佛所立宗旨。

又，诸贤圣所立宗体者，杜顺和尚依《华严经》，立自性清净圆明体。此即是如来藏中法性之体，从本已来性自满足，处染不垢，修治不净，故云：自性清净，性体遍照，无幽不瞩，故曰圆明。

又，随流加染而不垢，返流除染而不净。亦可在圣体而不增，处凡身而不减。虽有隐显之殊，而无差别之异。烦恼覆之则隐，智慧了之则显。非生因之所生，唯了因之所了。斯即一切众生自心之体，灵知不昧，寂照无遗。非但华严之宗，亦是一切教体。

《佛地论》立一清净法界体，《论》云：清净法界者，一切如来真实自体，无始时来，自性清净，具足种种过十方界极微尘数性相功德，无生无灭，犹如虚空。遍一切有情，平等共有。与一切法，不一不异，非有非无。离一切相，一切分别，一切名言，皆不能得。唯是清净圣智所证，二空无我，所显真如，为其自性，诸圣分证，诸佛圆证。此清净法界，即真如妙心，为诸佛果海之源，作群生实际之地。此皆是立宗之异名，非别有体。或言宗者，尊也，以心为宗，故云：天上天下，唯我独尊。或言体者，性也，以心为体。故云：知一切法，即心自性。或言智者，以心为智，即是本性寂照之用。所以云：自觉圣智、普光明智等。若约义用而分，则体宗用别。者会归平等，则一道无差。所以《华严记问》云：等妙二位，全同如来。普光明智者，结成入普。所以此会说等妙二觉，二觉全同普光明智，即是会归之义。

问：等觉同妙觉，于理可然。妙觉之外，何有如来普光明智，为所同耶？

答：说等觉，说妙觉，即是约位。普光明智，不属因果，该通因果。其由自觉圣智，超绝因果。故《楞伽经》妙觉位外，更立自觉圣智之位，亦犹佛性，有因有果。有因因，有果果。以因取之，是因佛性。以果取之，是果佛性。

然则佛性非因非果，普光明智，亦复如是。体绝因果，为因果依，果方究竟。故云：如来普光明智，或称为本者，以心为本。故《涅槃疏》云：涅槃宗本者，诸行皆以大涅槃心为本。本立道生，如无纲目不立，无皮毛靡附。心为本故，其宗得立。

问：若欲明宗，只合纯提祖意，何用兼引诸佛菩萨言教以为指南？故宗门中云：借虾为眼，无自己分，只成文字圣人，不入祖位。

答：从上非是一向不许看教，恐虑不详佛语，随文生解，失于佛意，以负初心。或若因诠得旨，不作心境对治，直了佛心，又有何过？只如药山和尚一生看《大涅槃经》，手不释卷。时有学人问：和尚寻常不许学人看经，和尚为什么自看？师云：只为遮眼。

问：学人还看得不？师云：汝若看，牛皮也须穿。且如西天第一祖师，是本师释迦牟尼佛。首传摩诃迦叶为初祖，次第相传，迄至此土六祖，皆是佛弟子。今引本师之语训示弟子，令因言荐道，见法知宗。不外驰求，亲明佛意。得旨即入祖位，谁论顿渐之门？见性现证圆通，岂标前后之位？若如是者，何有相违？且如西天上代二十八祖，此土六祖，乃至洪州马祖大师，及南阳忠国师、鹅湖大义禅师、思空山本净禅师等，并博通经论，圆悟自心所有。示徒皆引诚证，终不出自胸臆，妄有指陈。是以，绵历岁华，真风不坠。以圣言为定量，邪伪难移。用至教为指南，依凭有据。

故圭峰和尚云：谓诸宗始祖，即是释迦。经是佛语，禅是佛意。诸佛心口，必不相违。诸祖相承，根本是佛亲付。菩萨造论，始末唯弘佛经。况迦叶乃至毱多，弘传皆兼三藏。及马鸣、龙树，悉是祖师。造论释经数十万偈，观风化物无定事仪。所以凡称知识，法尔须明佛语，印可自心。若不与了义一乘圆教相应，设证圣果，亦非究竟。今且录一二以证斯文。洪州马祖大师云：达摩大师从南天竺国来，唯传大乘一心之法。以《楞伽经》印众生心，恐不信此一心之法。《楞伽经》云：佛语心为宗，无门为法门。何故佛语心为宗？佛语心者，即心即佛，今语即是心语，故云佛语心为宗。无门为法门者，达本性空，更无一

法。性自是门，性无有相，亦无有门。故云无门为法门，亦名空门，亦名色门。何以故？空是法性空，色是法性色。无形相故，谓之空。知见无尽故，谓之色。故云：如来色无尽，智慧亦复然。随生诸法处，复有无量三昧门，远离内外知见情执。亦名总持门，亦名施门。谓不念内外，善恶诸法，乃至皆是诸波罗蜜门。色身佛是实相佛家用。经云：三十二相，八十种好，皆从心想生。亦名法性家焰，亦法性功勋。菩萨行般若时，火烧三界，内外诸物尽。于中不损一草叶，为诸法如相故。故经云：不坏于身，而随一相。今知自性是佛，于一切时中，行住坐卧，更无一法可得。乃至真如，不属一切名，亦无无名，故经云智不得有无。内外无求，任其本性，亦无任性之心。经云：种种意生身，我说为心量。即无心之心，无量之量。无名为真名，无求是真求。经云：夫求法者，应无所求。心外无别佛，佛外无别心。不取善，不作恶，净秽两边俱不依。法无自性，三界唯心。经云：森罗及万像，一法之所印。凡所见色，皆是见心。心不自心，因色故心。色不自色，因心故色。故经云见色即是见心。南阳忠国师云：禅宗法者，应依佛语一乘了义，契取本原心地，转相传授，与佛道同。不得依于妄情，及不了义教，横作见解，疑误后学，俱无利益。纵依师匠，领受宗旨，若与了义教相应，即可依行。若不了义教，互不相许。譬如师子身中虫，自食师子身中肉，非天魔外道而能破灭佛法矣。时有禅客问曰：阿那个是佛心？师曰：墙壁瓦砾，无情之物，并是佛心。禅客曰：与经大相违也。经云，离墙壁瓦砾，无情之物，名为佛性。今云，一切无情之物皆是佛心，未审心之与性，为别不别？师曰：迷人即别，悟之不别。禅客曰：与经又相违也。经云，善男子！心非佛性，佛性是常，心是无常。今云不别，未之此意如何？师曰：汝自依语不依义。譬如寒时，凝水为冰，及至暖时，释冰成水。众生迷时，结性成心，悟时，释心成性。汝定执无情之物非心者，经不应言三界唯心。故《华严经》云：应观法界性，一切唯心造。今且问汝，无情之物，为在三界内，为在三界外？为复是心，不是心？若非心者，经不应言三界唯心。若是心者，又不应言无性。汝自违经，我不违也。鹅湖大义禅师因诏入内，遂问京城诸大师：大德！汝等以何为道？或有对云：知见为道。师云：《维摩经》云法离见闻觉知，云何以知见为道？又有对云：无分别为道。师云：经云善能分别诸法相，于第一义而不动，云何以无分别为道？又皇帝问：如何是佛性？答：不离陛下所问。是以，或直指明心，或破执入道。以无方之辩，祛必定之执。运无得之智，屈有量之心。思空山本净禅师，语京城诸大德云：汝莫执心。此心皆因前尘而有，如镜中像，无体可得。若执实有者，则失本原常无自性。《圆觉经》云：妄认四大为自身相，六尘缘影为自心相。《楞伽经》云：不了心及缘，则生二妄想。了心及境界，妄想则不生。《维摩经》云：法非见闻觉知。且引三经，证斯真实。五祖下庄严大师，一生示徒，唯举《维摩经》宝积长者赞佛颂末四句，云：不著世间如莲华，常善入于空寂行。达诸法相无罣碍，稽首如空无所依。学人问云：此是佛语，欲得和尚自语？师云：佛语即我语，我语即佛语。

是故，初祖西来，创行禅道，欲传心印，须假佛经。以《楞伽》为证明，知教门之所自。遂得外人息谤，内学禀承，祖胤大兴，玄风广被。是以，初心始学之者，未自省发已前，若非圣教正宗，凭何修行进道？设不自生妄见，亦乃尽值邪师。故云：我眼本正，因师故邪。西天九十六种执见之徒，皆是斯类。故知，木匪绳而靡直，理非教而不圆。如上略引二三，皆是大善知识，物外宗师，禅苑麟龙，祖门龟镜。示一教而风行电卷，垂一语而山崩海枯。帝王亲师，朝野归命。丛林取则，后学禀承。终不率自胸襟，违于佛语。凡有释疑去伪，显性明宗，无不一一广引经文，备彰佛意。所以永传后嗣，不坠家风。若不然者，又焉得至今，绍继昌盛？法力如是，证验非虚。

又，若欲研究佛乘，披寻宝藏，一一须消归自己，言言使冥合真心。但莫执义上之文，随语生见。直须探诠下之旨，契会本宗，则无师之智现前，天真之道不昧。如《华严经》云：知一切法，即心自性，成就慧身，不由他悟。故知，教有助道之力，初心安可暂忘。细详法利无边，是乃搜扬纂集。且凡论宗旨，唯逗顿机。如日出照高山，駃马见鞭影。所以丹霞和尚云，相逢不擎出，举意便知有。如今《宗镜》，尚不待举意，便自知有，故《首楞严经》云：圆明了知，不因心念。扬眉动目，早是周遮，如先德颂云：便是犹倍句，动目即差违。若问曹溪旨，不更待扬眉。今为乐佛乘人实未荐者，假以宗镜，助显真心。虽挂文言，妙旨斯在。俯收中下，尽被群机。但任当人，各资己利。百川虽润，何妨大海广含？五岳自高，不碍太阳普照。根机莫等，乐欲匪同。于四门入处虽殊，在一真见时无别。如获鸟者，罗之一目，不可以一目为罗。理国者，功在一人，不可以一人为国。如《内德论》云：夫一水无以和羹，一木无以构室。一衣不称众体，一药不疗殊疾。一彩无以为文绣，一声无以谐琴瑟。一言无以劝众善，一戒无以防多失。何得怪渐、顿之异，令法门之专一？故云，如为一人，众多亦然。如为众多，一人亦然。岂同劣解凡情，而生局见？我此无碍广大法门，如虚空非相，不拒诸相发挥。似法性无身，匪碍诸身顿现。须以六相义该摄，断、常之见方消。用十玄门融通，去、取之情始绝。又若实得，一闻千悟，获大总持。即胡假言诠，无劳解释。船筏为渡迷津之者，导师因引失路之人。凡关一切言诠，于圆宗所示，皆为未了。文字性离，即是解脱。迷一切诸法真实之性，向心外取法而起文字见者，今还将文字对治，示其真实。若悟诸法本源，即不见有文字，及丝毫发现。方知一切诸法，即心自性，则境智融通，色空俱泯。当此亲证圆明之际，入斯一法平等之时，又有何法是教而可离，何法是祖而可重？何法是顿而可取，何法是渐而可非？则知皆是识心，横生分别。所以祖佛善巧，密布权门，广备教乘，方便逗会。才得见性，当下无心，乃药病俱消，教观咸息。如《楞伽经》偈云：诸天及梵乘，声闻缘觉乘，诸佛如来乘。我说此诸乘，乃至有心转，诸乘非究竟。若彼心灭尽，无乘及乘者，无有乘建立。我说为一乘，引导众生故，分别说诸乘。故先德云：一瞖在

目，千华乱空。一妄在心，恒沙生灭。翳除华尽，妄灭证真。病差药除，冰融水在。神丹九转，点铁成金。至理一言，转凡成圣。狂心不歇，歇即菩提。镜净心明，本来是佛。

问：如上所标，已知大意，何用向下，更广开释？

答：上根利智，宿习生知，才看题目，宗之一字，已全入佛智海中，永断纤疑，顿明大旨，则一言无不略尽，摄之无有遗余。若直览至一百卷终，乃至恒沙义趣，龙宫宝藏，鹫岭金文，则殊说更无异途，舒之遍周法界。以前略后广，唯是一心。本卷末舒，皆同一际。终无异旨，有隔前宗。都谓迷情妄兴取舍，唯见纸墨文字，嫌卷轴多。但执寂默无言，欣为省要，皆是迷心徇境，背觉合尘。不穷动、静之本原，靡达一、多之起处。偏生局见，唯惧多闻，如小乘之怖法空，似波旬之难众善，以不达诸法真实性故，随诸相转，堕落有无。如《大涅槃经》云：若人闻说大涅槃一字一句，不作字相，不作句相，不作闻相，不作佛相，不作说相，如是义者，名无相相。释曰：若云即文字无相，是常见。若云离文字无相，是断见。又，若执有相相，亦是常见。若执无相相，亦是断见。但亡即离断常，四句百非，一切诸见，其旨自现。当亲现入宗镜之时，何文言识智之能诠述乎？所以先德云：若觅经，了性真如无可听。若觅法，鸡足山间问迦叶。大士持衣在此山，无情不用求专甲，斯则岂可运见闻觉知之心，作文字句义之解？若明宗达性之者，虽广披寻，尚不见一字之相，终不作言诠之解。以迷心作物者，生斯纸墨之见耳。故《信心铭》云：六尘不恶，还同正觉。智者无为，愚人自缚。如斯达者，则六尘皆是真宗，万法无非妙理，何局于管见，而迷于大旨耶？岂知诸佛广大境界，菩萨作用之门？所以，大海龙王置十千之问，释迦文佛开八万劳生之门。普慧菩萨申二百之疑，普贤大士答二千乐说之辩。如《华严经》普眼法门，假使有人以大海量墨，须弥聚笔，写于此普眼法门，一品中一门，一门中一法，一法中一义，一义中一句，不得少分，何况能尽？又如《大涅槃经》中，佛言：我所觉了一切诸法，如因大地生草木等。为诸众生所宣说者，如手中叶。只如已所说法，教溢龙宫。龙树菩萨，暂看有一百洛叉，出在人间，于西天尚百分未及一。翻来东土，故不足言。岂况未所说法耶？斯乃无尽妙旨，非浅智所知。性起法门，何劣解能览？燕雀焉测鸿鹄之志，井蛙宁识沧海之渊？如师子大哮吼，狸不能为。如香象所负担，驴不能胜。如毗沙门宝，贫不能等。如金翅鸟飞，乌不能及。唯依情而起见，但逐物而意移。或说有而不涉空，或言空而不该有。或谈略为多外之一，或立广为一外之多。或离默而执言，或离言而求默。或据事外之理，或著理外之事，殊不能悟此自在圆宗。演广非多，此是一中之多。标略非一，此是多中之一。谈空不断，斯乃即有之空。论有不常，斯乃即空之有。或有说亦得，此即默中说。或无说亦得，此即说中默。或理事相即亦得，此理是成事之理，此事是显理之事。或理理相即亦得，以一如无二如，真性常融会。或事事相即亦得，此全理之事，一一无碍。或理事不即亦得，以全事之理非事，所依非能依，不隐真谛故。以全理之事非理，能依非所依，不坏俗谛故。斯则存泯一际，隐显同时，如阐普眼之法门，皆是理中之义。似舒大千之经卷，非标心外之文。故经云：一法能生无量义，非声闻缘觉之所知，不同但空孤调之诠，偏枯决定之见。

今此无尽妙旨，标一法而眷属随生。圆满性宗，举一门而诸门普会。非纯非杂，不一不多，如五味和其羹，杂彩成其绣，众宝成其藏，百药成其丸。边表融通，义味周足。搜微抉妙，尽《宗镜》中。依正混融，因果无碍。人法无二，初后同时。凡举一门，皆能圆摄无尽法界。非内非外，不一不多。舒之则涉入重重，卷之则真门寂寂。如《华严经》中，师子座中，庄严具内，各出一佛世界，尘数菩萨身云。此是依正，人法无碍。又如佛眉间出胜音等佛世界，尘数菩萨。此是因果，初后无碍。乃至刹土微尘，各各具无边智德。毛孔身分，一一摄广大法门。何故如是，奇异难思，乃一心融即故尔。以要言之，但一切无边差别佛事，皆不离无相真心而有。如《华严经》颂云：佛住甚深真法性，寂灭无相同虚空。而于第一实义中，示现种种所行事。所作利益众生事，皆依法性而得有。相与无相无差别，入于究竟皆无相。又，《摄大乘论》颂云：即诸三摩地，大师说为心。由心彩画故，如所作事业。故知，凡圣所作，真俗缘生。此一念之心，刹那起时，即具三性、三无性六义。谓一念之心是缘起法，是依他起。情计有实，即是遍计所执。体本空寂，即是圆成。即依三性说三无性，故六义具矣。若一念心起，具斯六义，即具一切法矣。以一切真俗万法，不出三性、三无性故。《法性论》云：凡在起灭，皆非性也。起无起性故，虽起而不常，灭无灭性，虽灭而不断。如其有性，则陷于四见之网。又云：寻相以推性，见诸法之无性。寻性以求相，见诸法之无相。是以性相互推，悉皆无性。是以，若执有性，堕四见之邪林。若了性空，归一心之正道。故《华严经》云：自深入无自性真实法，亦令他入无自性真实法，心得安隐。以兹妙达，方入此宗，则物物冥真，言言契旨。若未亲省，不发圆机，言之则乖宗，默之又致失。岂可以四句，而取六情所知欤？但祖教并施，定慧双照，自利利他，则无过矣。设有坚执己解，不信佛言，起自障心，绝他学路，今有十问，以定纪纲，还得了了：见性如昼观色，似文殊等不？还逢缘对境，见色闻声，举足下足，开眼合眼，悉得明宗，与道相应不？还览一代时教，及从上祖师言句，闻深不怖，皆得谛了无疑不？还因差别问难，种种征诘，能具四辩，尽决他疑不？还于一切时，一切处，智照无滞，念念圆通，不见一法能为障碍，未曾一刹那中暂令间断不？还于一切逆顺好恶境界现前之时，不为间隔，尽识得破不？还于百法明门心境之内，一一得见微细体性根原起处，不为生死根尘之所惑乱不？还向四威仪中行住坐卧，钦承祗对，著衣吃饭，执作施为之时，一一辩得真实不？还闻说有佛无佛，有众生无众生，或赞或毁，或是或非，得一心不动不？还闻差别之智，皆能明达，性相俱通，理事无滞，无有一法不鉴其原，乃至千圣出世，得不疑不？若实未得如是功，不可起过头欺诳之心，生自许知足之意。直须广披至教，博问先知，彻祖佛自性之原，到绝学无疑之地，此时方可歇学灰，息游心。或自辨，则禅观相应。或为他，则方便开示。设不能遍参法界，广究群经，但细看《宗镜》之中，自然得入。此是诸法之要，趣道之门。如守母以识子，得本而知末。提纲而孔孔皆正，牵衣而缕缕俱来。又如以师子筋为琴弦，音声一奏，一切余弦悉皆断坏。此《宗镜》力，亦复如是。举之而万类沉光，显之而诸门泯迹。以此一则，则破千途。何须苦涉关津，别生岐路？所以《志公歌》云：六贼和光同尘，无力大难推托。内发解空无相，大乘力能翻却。唯在玄览得旨之时，可验斯文，究竟真实。

宗镜录第二

宋 慧日永明妙圆正修智觉禅师延寿集

问：夫诸佛境寂，众生界空。有何因缘，而兴教迹？

答：一实谛中，虽无起尽。方便门内，有大因缘。故《法华经》偈云：诸法常无性，佛种从缘起。以万法常无性，无不性空时。法尔能随缘，随缘不失性。且夫起教所由，因缘无量。古德略标，有其十种：一、由法尔故，二、愿力故，三、机感故，四、为本故，五、显德故，六、现位故，七、开发故，八、见闻故，九、成行故，十、得果故。

今诸大菩萨所集《唯识论》等，大意有其二种：一为达万法之正宗，破二空之邪执。二为断烦恼、所知之障，证解脱菩提之门。斯则自证法，原本觉真地，不在文字句义敷扬。今为后学慕道之人，方便纂集。又自有二意，用表本怀：一为好略之人，撮其枢要，精通的旨，免览繁文。二、为执总之人，不明别理，微细开演，性相圆通。载二种生死之根，蹑一味菩提之道。仰群经之大旨，直了自心。遵诸圣之微言，顿开觉藏。去彼依通之见，破其邪执之情。深信正宗，令知月不在指。回光返照，使见性不徇文。唯证相应，斯为本意。不可横生知解，没溺见河。于无得观中，怀趣向之意。就真空理上，兴取舍之心。率自胸襟，疑悟后学。须亲见性，方晓斯宗。

问：既虑执指徇文，又何烦集教？

答：为昒己合尘、齐文作解者，恐封教滞情，故有此说。若随诠了旨，即教明心者，则有何取舍？所以藏法师云：自有众生寻教得真，会理教无碍，常观理而不碍持教，恒诵习而不碍观空。则理教俱融，合成一观，方为究竟传通耳。斯乃教观一如，诠旨同原矣。

问：诸大经论，自成片段。科节伦序，句义分明。何假撮录广文，成其要略？

答：但以教海泓深，穷之罔知其际。义天高广，仰之不得其边。今则以管窥天，将螺酌海。如掬沧溟之涓滴，似撮太华之一尘。本为义广难周，情存厌怠，亦为不依一乘教之正理，唯徇不了义之因缘，罕穷横竖之门，莫知起尽之处，所以删繁简异，采妙探玄，虽文不足而大义全，缘不备而正理显。搜尽一乘之旨，抉开万法之原。为般若之玄枢，作菩提之要路，则资粮易办，速至大乘，证入无疑，免迂小径。所以，马鸣菩萨造《起信论》云：或有自无智力，因他广论而得解义。亦有自无智力，怖于广说，乐闻略论。摄广大义而正修行，我今为彼最后人故，略摄如来最胜甚深无边之义，而造此论。《瑜伽论》云：有二缘，故说此论：一、为如来无上法教久住世故，二、为平等利益安乐诸有情故。

又，为如来甘露圣教已隐没者，忆念采集重开显故。

未隐没者，问答决择倍兴盛故。又为摄益乐略言论勤修行者，采集众经广要法义，略分别故。今斯录者，虽无广大制造之功，微有一期述成之事。亦知钞录前后，文势不全，所冀直取要诠，且明宗旨。如从石辩玉，似披沙拣金。于群药中，但取阿陀之妙。向众宝内，唯探如意之珠。举一蔽诸，以本摄末，则一言无不略尽，殊说更无异途。亦望后贤，未垂嗤诮。所希断疑生信，但以见道为怀，非徇虚名以邀世誉。愿尽未来之际，遍穷法界之中，历劫逾生，常弘斯道。凡有心者，皆入此宗。去执除疑，见闻获益，承三宝力，加被护持，誓报佛恩，广济含识。虚空可尽，兹愿匪移。法界可穷，斯文不坠。

问：了义大乘，广略周备。解一义具圆通之见，闻一偈有成佛之功，何假述成，仍烦解释。

答：上上根人，一闻千悟，性相双辩，理事俱圆。若中下之徒，须假开演庄严之道、赞饰之门，格量其功，不可为喻。所以《法华经》偈云：譬如优昙华，一切皆爱乐，天人所希有，时时乃一出，闻法欢喜赞，乃至发一言，则为已供养。一切三世佛，是人甚希有，过于优昙华。《般若颂》云：般若无坏相，过一切言语。适无所依止，谁能赞其德。般若虽叵赞，我今能得赞。虽未脱死地，则为已得出。

又，古圣云：若菩萨造论者，名庄严经。如莲华未开，见虽生喜，不如已剖香气芬馥。如金未用，见虽生喜，不如用之为庄严具。故知，弘教一念之善，能报十方诸佛之恩。论希有，则如华擅优昙之名。说光扬，则似金作庄严之具。是以，菩萨释大乘密旨，闻于未闻，能断深疑，成于圆信，法利何尽，功德无边。如《大般若经》云：复次，憍尸迦置赡部洲诸有情类，若四大洲诸有情类，若小千界诸有情类，若中千界诸有情类，若大千界诸有情类，若复十方各如殑伽沙等世界诸有情类，皆于无上正等菩提，得不退转。同作是言：我今欣乐，速证无上正等菩提，济拔有情生死众苦，令得殊胜毕竟安乐。有善男子、善女人等，为成彼事，书深般若波罗蜜多。众宝庄严，供养恭敬。尊重赞叹，普施与彼。受持读诵，令善通利，如理思惟。于意云何？是善男子、善女人等，由此因缘，得福多不？天帝释言：甚多，世尊！甚多，善逝！尔时佛告天帝释言：若善男子、善女人等，书深般若波罗蜜多，众宝庄严。供养恭敬，尊重赞叹。于彼众中，随施与一。受持读诵，令善通利，如理思惟。以无量门，巧妙文义，广为解释。分别义趣，令其解了。教授教诫，令勤修学。是善男子、善女人等，所获福聚，甚多于前。无量无边，不可称数。《大涅槃经》云：佛言：善男子！除一阐提，其余众生，闻是经已，悉皆能作菩提因缘，法声光明入毛孔者，必定当得阿耨多罗三藐三菩提。何以故？若有人能供养恭敬无量诸佛，方乃得闻《大涅槃经》。薄福之人，则不得闻。故知，得闻《宗镜》所录一心实相常住法门，皆是曩结深因，曾亲佛会。甚为大事，非属小缘。若未闻熏，曷由值遇？

又，《大涅槃经》云：佛告迦叶菩萨：诸善男子、善女人，常当系心修此二字：佛是常住。迦叶！若有善男子、善女人，修此二字，当知是人，随我所行，至我至处。是以，信此法人，即凡即圣。修持契会，住佛所住之中。进止威仪，行佛所行之迹。《释摩诃衍论》云：第一显离疑信入功德门者。谓有众生闻此摩诃衍之甚深极妙广大法门已，即其心中，亦不疑畏，亦不怯弱，亦不轻贱，亦不诽谤。发决定心，发坚固心，发尊重心，发爱信心。当知是人，真实佛子，不断法种，不断僧种，不断佛种。常恒相续，转转增长，尽于未来，亦为诸佛亲所授记，亦为一切无量菩萨之所护念。故如《论》云：若人闻是法已，不生怯弱。当知是人，定绍佛种，必为诸佛之所授记。第二比类对治示胜门者。谓若有人能善摄化三千大千世界中遍满众生，皆悉无余，令行十善。或有众生于一食顷，于此甚深法观察思量。若校量此二人功德，彼第一人所得功德甚极微少，譬如芥子碎作百分之量。此第二人所得功德甚极广大，譬如碎十方世界微尘数量。故如《论》云：假使有人能化三千大千世界满中众生令行十善，不如有人于一食顷正思此法，过前功德不可为喻。第三举受持功赞扬门者。谓若有人受持此论，观察义理，若一日，若一夜，中间所得功德无量无边，不可言说，不可思量。若假使十方三世一切诸佛，十方三世一切诸菩萨，以十方世界微尘数舌，各各皆悉于十方世界微尘数之量不可说劫，赞扬其人所有功德，亦不能尽，所以者何？法身真如之功德，等虚空界，无边际故。何况凡夫二乘之人，能称叹之，一日一夜不多。中间受持人，尚所得功德不可思议，何况若二日、若三日、若四日，乃至百日中，受持读诵思惟观察，不可思议，不可说中不可说。故如《论》云：复次若人受持此论观察修行，若一日一夜，所有功德，无量无边，不可得说。假令十方诸佛各于无量无边阿僧祇劫，叹其功德，亦不能尽，何以故？谓法性功德无有尽故，此人功德，亦复如是，无有边际。故知，信此心宗，成摩诃衍，同三世诸佛之所证，义理何穷？等十方菩萨之所乘，功德无尽。偶斯玄化，庆幸逾深。顺佛旨而报佛恩，无先弘法。阐佛日而开佛眼，只在明心。此《宗镜》中，若得一句入神，历劫为种。况正言深奥，总一群经？此一乃无量中一。若染此法，即是圆顿之种，可谓甘露入顶，醍醐灌心，耀不二之慧灯，破情根之闇惑。注一味之智水，洗意地之妄尘。能令厚障深遮若暴风之卷危叶，繁疑积滞犹赫日之烁轻冰。犹如于诸王中为金轮之王，于诸照中为晨旭之照，于诸宝中为摩尼之宝，于诸华中为青莲之华，于诸谛中为真空之门，于诸法中为涅槃之宅。故《金刚三昧经》偈云：一味之法印，一乘之所成。能于一切众生中，为首为师，为明为导，如《胜天王般若经》云：一切法中心为上首。《大智度论》云：三世诸佛，皆以诸法实相为师。祖师云：一切明中，心明为上。《法华经》偈云：第一之导师，得是无上法。

又，若未入宗镜，非唯不得见道，实乃理绝修行。即本立而道生，归根方究竟。如观本质，知画像而非真。若了藏性，见尘境而为妄。故经偈云：非不证真如，而能了诸行。犹如幻事等，似有而非真。是以，若得本，即得末，故《华严经》中，海会菩萨用法界微尘，以为三昧。又，《出现品》云：此法门，名为如来秘密之处，乃至名演说如来根本实性不思议究竟法。故先德云：剖微尘之经卷，则念念果成。尽众生之愿门，则尘尘行满。未悟宗镜，焉信斯文？若暂信之，功力悉等。不易所习，尽具法门。即塞即通，即邪即正。所以昔人云：遇斯教者，应须自庆。其犹溺巨海而遇芳舟，坠长空而乘灵鹤矣。

问：凡申弘教，开示化人，应须自行功圆，历位亲证，方酬本愿。开方便门，则所利非虚，不违正教。今之所录，有何证明？

答：此但唯集祖佛菩萨言教，故称曰录。设有问答解释，皆依古德大意，傍赞劝修述成至教，岂敢辄称开示，妄有指陈？且夫祖佛正宗，则真唯识性，才有信处，皆可为人。若论修证之门，诸方皆云功未齐于诸圣。且教中所许，初心菩萨皆可比知。亦许约教而会，先以闻解信入，后以无思契同。若入信门，便登祖位。今集此《宗镜》，证验无边，应念皆通，寓目咸是。今且现约世间之事，于众生界中第一比知，第二现知，第三约教而知：第一比知者，且如即今有漏之身，夜皆有梦，梦中所见好恶境界，忧喜宛然，觉来床上安眠，何曾是实？并是梦中意识思想所为。则可比知，觉时所见之事，皆如梦中无实。夫过去、未来、现在三世境界，元是第八阿赖耶识亲相分唯本识所变。若现在之境，是明了意识分别。若过去、未来之境是独散暗意识思惟。梦觉之境虽殊，俱不出于意识。则

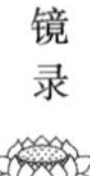
唯心之旨，比况昭然。第二现知者，即是对事分明不待立，况且如现见青白物时，物本自虚，不言我青我白，皆是眼识见分自性任运分别，与同时明了意识计度分别为青为白。以意辩为色，以言说为青，皆是意言自妄安置。且如六尘钝故，体不自立，名不自呼。一色既然，万法咸尔，皆无自性，悉是意言，故云万法本闲，而人自闹。是以，若有心起时，万境皆有。若空心起处，万境皆空。则空不自空，因心故空。有不自有，因心故有。既非空非有，则唯识唯心。若无于心，万法安寄。又如，过去之境何曾是有？随念起处，忽然现前。若想不生，境终不现。此皆是众生日用，可以现知，不待功成，岂假修得？凡有心者，并可证知，故先德云：如大根人知唯识者，恒观自心意言为境，此初观时虽未成圣，分知意言则是菩萨。第三约教而知者，经云：三界唯心，万法唯识。此是所证本理，能诠正宗，广在下文，诚证非一。如《成实论》云：佛说内外中间之言，遂即入定，时有五百罗汉，各释此言。佛出定后，同问世尊，谁当佛意？佛言：并非我意。又白佛言：既不当佛意，将无得罪？佛言：虽非我意，各顺正理，堪为圣教，有福无罪。且如说小乘自证法门，尚顺正理。何况纯引一乘唯，谈佛旨乎？《六行法》云：诸大智人欲学道者，莫问大小，皆依理教。若见权教，虽是佛说，知非实语，即不依从。若见凡人说有理者，虽非佛语，亦即依行。以有智人学佛法者，善解如来。教有权实，依佛实教，宣说道理，则过凡愚谬执权者。是以，智人若有所说，人虽是凡，法则同佛。如瓶传水，写置余瓶，瓶虽有异，所写水一。是故，凡夫结虽未尽，不妨有解，能说实义，但使解理心数思量。此初观理，则异余凡。谓思人空，则是二乘。若观法空，则是菩萨。故《摄论》云：初修观则是凡夫菩萨。以此文证，初学观者，虽未断结，即是菩萨，以能解理同大圣故，说则合理，一一可依。《宝箧经》云：犹如迦陵频伽鸟王卵中鸟子，其嘴未现，便出迦陵频伽妙声。佛法卵中诸菩萨等，未坏我见，未出三界，然能演出佛法妙音。谓空无相无作行音，迦陵频伽至孔雀群，终不鸣呼，还至迦陵频伽鸟中，乃须鸣呼。菩萨若至一切声闻缘觉众中，终不演说不可思议诸佛之法，至菩萨众，尔乃演说。以此文证，凡夫地中，过虽未尽，不妨深解，说有理者，皆可信受。但诸凡夫说有理者，皆是宿习，非今始学。若非宿习，今学至老，唯谓他语，自仍迷理。以迷理故，虽得多言，未解权实，说则乖理。若解理者，不拣尊幼，但求道不求事，依法不依人。如阿湿婆恃，因舍利弗见之求法，即偈答言：我年既幼稚，学日又初浅。岂能宣至真，广说如来义？舍利弗言：可略说其要。便说偈言：诸法因缘生，是法说因缘。是法因缘尽，大师如是说。舍利弗一闻即获初果，转教目连，再说得道。以此证知，智人求法，唯重他德，不耻下就，不同凡愚我慢自高，虽知他胜，耻不肯学。凡夫无始不能入道，多皆由此不能求法。故诸愚人，迷实教者，未能自悟，唯应访德，以迷理者，虽有世智，若无胜友，常迷道故。如《胜天王般若经》云：如生盲人不能见色，如是烦恼盲诸众生不能见法。如人有眼，无外光明，不能见色。行人如是，虽有智慧，无善知识，不能见法。以此证知，人虽有智，未能自悟，要须良友，故《付法藏经》云：善知识者，即是得道全分因缘。佛自劝人，逐善知识，不合守愚，一生虚过。是故，诸佛有遗旨，但令依法不依人，依义不依语。菩萨尚变身作畜生，为人说法，显此奇异，令闻者信受，皆令悟道入平等法，岂令心生高下耶？故《华严演义》难云：此旨微密，极位方知。何以凡情，辄窥大教？释云：依凭教理，圣教许故。《涅槃经》云：具缚凡夫，能知如来秘密之藏。《毗卢遮那品》颂云：如因日光照，还见于日轮。以佛智慧光，见佛所行道。即因佛教能了教也。今《宗镜》中，始终引佛智慧之教光，显佛所行之道迹。若深信者，则是以众生之心光，见众生之行迹。若难云：凡夫不合知者，斯乃邪见不信人耳。故《大集经》云：若有人言：我异佛异。当知是人，即魔弟子。又云：了了见者，知一切法无二相也。又云：观诸法等，名之为佛。所以学人问忠国师云：如来说般若，即非般若，是名般若。既尽是非，云何是般若？答：能见非名者是般若。问：佛亦如是说？答：古今不异，得则千佛等心，万圣同辙。

问：诸佛方便教门，皆依众生根起。根性不等，法乃尘沙。三十七品助道之门，五十二位修行之路，云何唯立一心，以为宗镜？

答：此一心法，理事圆备，是大悲父、般若母、法宝藏、万行原。以一切法界十方诸佛、诸大菩萨、缘觉声闻、一切众生皆同此心，诸佛已觉，众生不知。今为未知者，方便直指，以本具故不虚，以应得故非谬。故《华严经》颂云：譬如世间人，闻有宝藏处。以其可得故，心生大欢喜。宝藏处者，即众生心。才入信门，自然显现，方悟从来具足，岂假功成？始知本性无差，非因行得。可谓最灵之物，至道之原，绝妙之门，精实之义。为凡圣根本，作迷悟元由。如万物得地而发生，万行讵埋而成就。诸门竞入，众德攸归。作千圣趣道之基，为诸佛出世之眼。是以，若了自心，顿成佛慧。可谓会百川为一湿，抟众尘为一丸，融镮钏为一金，变酥酪为一味。如《华严经》颂云：不能了自心，焉能知佛慧？《阿差末经》云：但正自心，不尚余学。《禅要经》云：内照开解，即大乘门。见自心性，谓之曰照。众圣所游，谓之曰门。《入楞伽经》偈云：心具于法藏，离无我见垢。世尊说诸行，内心所知法。《月灯三昧经》偈云：若有受持是一法，能顺菩萨正修行。因此一法功德故，速得成于无上道。《胜鬘经》云：世尊，我见摄受正法，有斯大力，如来以此为眼，为法根本，为引导法，为通达法。释曰：所言正法者，即第一义心也。心外妄计，理外别求，皆堕边邪，迷于正见。所以得为如来正眼，摄尽十方之际，照穷法界之边，总归一心，是名摄受正法。《起信论》云：复次真如自体相者，一切凡夫、声闻缘觉、菩萨诸佛，无有增减，非前际生，非后际灭，常恒究竟，从无始来，本性具足一切功德。所谓大智慧光明义、遍照法界义、如实了知义、本性清净心义、常乐我净义、寂静不变自在义，如是等过恒沙数非同非异不思议佛法，无有断绝，依此义故，名如来藏，亦名法身。

问：上说真如离一切相，云何今说具足一切功德相？

答：虽实具有一切功德，然无差别相。彼一切法，皆同一味一真，离分别相，无二性故，以依业识等生灭相，而立彼一切差别之相。

此云何立？以一切法，本来唯心，实无分别，以不觉故，分别心起，见有境界，名为无明。心性本净，无明不起，即于真如，立大智慧光明义。若心生见境，则有不见之相，心性无见，则无不见，即于真如，立遍照法界义。若心有动，则非真了知，非本性清净，非常乐我净，非寂静，是变异，不自在。由是具起过于恒沙虚妄杂染，以心性无动故，即立真实了知义，乃至过于恒沙清净功德相义。若心有起，见有余境可分别求，则于内法有所不足。以无边功德，即一心自性，不见有余法而可更求。是故，满足过于恒沙非一非异不可思议诸佛之法，无有断绝，故说真如名如来藏，亦复名为如来法身。

然此一心，非同凡夫妄认缘虑能推之心，决定执在色身之内，今遍十方世界，皆是妙明真心。如《入法界品》云：华藏世界海中，无问若山若河、大地虚空、草木丛林、尘毛等处，无不咸称真法界，具无边德。故先德云：元亨利贞，乾之德也，始于一气。常乐我净，佛之德也，本乎一心。专一气而致柔，修一心而成道。心也者，冲虚粹妙，炳焕灵明，无去无来，冥通三际，非中非外，朗彻十方。不灭不生，岂四山之可害？离性离相，奚五色之能盲？处生死流，骊珠独耀于沧海。踞涅槃岸，桂轮孤朗于碧天。大矣哉，万法资始也。万法虚伪，缘会而生。生法本无，一切唯识。识如幻梦，但是一心。心寂而知，目之圆觉。弥满清净，中不容他。故德用无边，皆同一性。性起为相，境智历然。相得性融，身心廓尔。方之海印，越彼太虚。恢恢焉，晃晃焉，迥出思议之表也。

又，先德云：如来藏者，即一心之异名。何谓一心？谓真妄染净一切诸法无二之性，故名为一。此无二处，诸法中实，不同虚空，性自神解，故名为心。是以，若于外别求，从他妄学者，犹如钻冰觅火，压沙出油，以冰砂非油火之正因，欲求济用，徒劳功力。

又，若但修渐行，空住权乘，则似画无胶，如坏未锻，以坏画非坚牢之器，欲求究竟，无有是处。若能谛了自心，不妄外求者，如从木出火，从麻出油，不坏正因，速得成办。又，如画得胶，如坏经火，堪成器用，事不唐捐，凡有施为，悉皆究竟。若未信入，取舍万端，随境生迷，为法所害。不观空以遣累，但取空而废善。不达有以兴慈，但著有而起罪，皆为不了空有一心，致兹得失。若入《宗镜》，才发心时，非唯行成，理即顿具，便同古佛，一际无差。如《大涅槃经》云：拘尸那城有旃陀罗，名曰欢喜，佛记是人，由一发心，当于此界千佛数中，速成无上正真之道。《法华玄义》云：心法者，前所明法，岂得异心？但众生法太广，佛法太高，于初学为难。然心佛及众生，是三无别者，但自观己心则为易。《涅槃经》云：

一切众生，具足三定。上定者，谓佛性也，能观心性，名为上定。上能兼下，即摄得众生法也。《华严经》云：游心法界如虚空，则知诸佛之境界。法界即中也，虚空即空也，心佛即假也，三种即佛境界也，是为观心，仍具佛法。又，游心法界者，观根尘相对，一念心起，于十界中必属一界。若属一界，即具百界千法，于一念中悉皆备足。此心幻师，于一日夜，常造种种众生、种种五阴、种种国土，所谓地狱界，假实国土，乃至佛界，假实国土，行人当自选择，何道可从。又，如虚空者，观心自生心，不须藉缘有心，心无生力。心无生力，缘亦无生。心缘名无，合云何有？合尚叵得，离则不生。尚无一生，况有百界千法耶？以心空故，从心所生，一切皆空，此空亦空。若空，非空点空。设假，假亦非假。无假无空，毕竟清净。岂止三观万行，乃至十方虚空，尚从心变，岂况空中所生物像？如《首楞严经》颂云：空生大觉中，如海一沤发。所以《华严疏》云：空有二法，俱称真之理，则有与空，皆性空也。《钞》释云：空有称真之理者，此空是外空。若以理空对外空，外空离法，是断灭空，理空即名为真空。若以外空亦心现，亦由对色灭色方显，则此断空从缘无性，即性空也。故十八空中明大者，谓十方空，即十方虚空，亦是性空矣。所以千圣付嘱，难遇机缘。若对上根，豁然可验。如寒山子诗云：自古多少圣，语路苦叮咛。人根性不等，高下有利钝。真佛不肯信，置功枉受困。不如心净明，便是心王印。

先德云：欲知法要，心是十二部经之根本入道要门。

此心门者，三世之佛祖，唯此一事实，余二即非真。唯有一乘法，无二亦无三。一乘法者，一心是。但守一心，即心真如门，一切诸法，无有欠少，一切法行，不出自心。唯心自知，更无别心。心无形色，无根无住，无生无灭，亦无觉观可行。若有可观行者，即是受想行识，非是本心，皆是有为功用。诸祖只是以心传心，达者印可，更无别法。

如《华严经》中文殊童子，化五百童子，发菩提心唯一人。善财童子达本心原，游一百一十城，问菩提万行，所学三昧门，皆如幻化而无实体。故知，从心所生，皆同幻化，但直了真心，自然真实。如《唯识枢要》云：依境教理行果，五唯识中，此论有义，但明境唯识，舍离心外取境，一切境不离心故。有义，但说教唯识，成论本教，释彼说故。有义，但取理唯识，成立本教所说之理，分别唯识性相故。有义，但取行唯识，明五位修唯识行故。有义，但取果唯识，求大果故，安乐解脱身大牟尼名法故。乃至今释彼说，唯取教理，说依教理，成彼性相，性相即摄一切尽故。一切皆取，于理为胜。是缘唯识之理，成佛正宗。但以理该罗，无法不是，故云万法唯识。述宗镜之正意，穷祖佛之本怀，唯以一法逗一机，更无别旨。故《法华经》云：十方佛土中，唯有一乘法。《大涅槃经》云：师子吼者，是决定说，一切众生，悉有佛性。又云：众生亦尔，悉皆有心。凡有心者，悉皆当得阿耨多罗三藐三菩提。

问：三界唯心，万法唯识者，此该万法，应别立真如为宗？

答：真如是识性，识既该万法，即是有为无为诸法平等之性。故经云：未曾有一法，而出于法性。司马彪云：性者，人之本也。蔡邕云：性者，心之本也。故古师云：《唯识论》，是十支中高建法幢支。何法而不收，何宗而不立？唯以简为义，识以了为义，离识之外，无别唯体。即识有遮心外之用，故名为唯，唯之名独，性相俱收。真如是识性，依他相分色等是识相。心所，以识为主，皆不离识故，总名唯识。

又问：三界是有漏法，由属三界爱结所系，故名三界。其无为无漏法，不为三界爱结所系，即不名三界法。经何故但言三界唯心，即不摄无为无漏等法，此岂非唯识，而但言三界耶？

答：三界所治，迷乱之法，尚名唯识，无为无漏法，性是能治，体非迷乱，不说自成，故但言三界唯心也。又，诸部总句，有为无为、染净诸法，皆心为本，萨婆多等云：无为由心故显，有为由心故起。由心起染净法，势用缘强，故说心为本。

问：立心为宗，具几功德之门，能起见闻之信？

答：真心自体，非言所诠，湛如无际之虚空，莹若圆明之净镜。毁赞不及，义理难通，以功德过患二门，绝对待故。

今依先德，约相分别心，略有五义：一、远离所取差别之相，二、解脱能取分别之执，三、遍三际无所不等，四、等虚空界无所不遍，五、不堕有无一异等边，超心行处，过言语道。

又，此无住之心，双泯二谛，故无出俗入真之异。既无出入，不在空有，故经言：心处无在，无在之处，唯是一心。一心之体，本来寂灭。不可以有无处所穷其幽迹，不可以识智诠量谈其妙体。唯有入者，只在心知。如捣万种而为香丸，爇一尘而具足众气。似入大海水中浴，掬微滴而已用百川。执砾而尽成真金，揽草而无非妙药。空器悉盈甘露之味，满室唯闻薝卜之香。众义同归，若太虚包含于万像。千途竞入，犹多影靡碍于澄潭。

若论一心性起功德，无尽无边，岂以有量之心，赞无为之德？任尽神力，未述一毫。以信入之人，悉皆现证，即凡即圣，感应非虚。坚信不移，法空之虚声自息。明诚可验，灵润之野焰俄停。岂假神通，心魔顿绝。匪凭他术，识火自消。除不肖人，焉明斯旨？如昔人云：依智不依识者，谓识现行，随尘分别，眼色耳声，耽迷不觉。大圣示教，境是自心。下愚冰执，尘为识外。今人口诵其空，心未亡有，腾空不起，入火逾难，俱是心相封迷故尔。后得通达，随心转用，岂不同鸟之游空，自常如是？布之火浣，不足怪也。但群生识性不同，致令大圣随情别说，然据至道，但是自心。故经云：三界上下，法义唯心，此就世界依报以明心。又云：如如与真际，涅槃及法界。种种意生身，我说为心量，此据出世法体以明心。终穷至实，毕到斯原。随流感果，还宗了义。

问：一心为宗，可称纲要者，教中何故广谈诸道，各立经宗？

答：种种诸法虽多，但是一心所作，于一圣道，立无量名。如一火因然，得草火木火种种之号。犹一水就用，得或羹或酒多多之名。此一心门，亦复如是。对小机而称小法，逗大量而号大乘。大小虽分，真性无隔。若决定执佛说有多法，即谤法轮，成两舌之过。故经云：心不离道，道不离心。如《大涅槃经》云：尔时世尊，赞迦叶菩萨：善哉善哉，善男子，汝今欲知菩萨大乘微妙经典所有秘密，故作是问。善男子，如是诸经，悉入道谛。善男子，如我先说，若有信道，如是信道，是信根本，是能佐助菩提之道，是故，我说无有错谬。善男子，如来善知无量方便，欲化众生，故作如是种种说法。善男子，譬如良医，识诸众生种种病原，随其所患，而为合药。并药所禁，唯水一种，不在禁例。或服姜水，或甘草水，或细辛水，或黑石蜜水，或阿摩勒水，或尼婆罗水，或钵昼罗水，或服冷水，或服热水，或蒲萄水，或安石榴水。善男子，如是良医，善知众生所患种种，药虽多禁，水不在例。如来亦尔，善知方便，于一法相，随诸众生，分别广说种种名相。彼诸众生，随所说受，受已修习，除断烦恼。如彼病人，随良医教，所患得除。复次善男子，如有一人，善解众语，在大众中，是诸大众热渴所逼，咸发声言：我欲饮水！我欲饮水！是人实时以清冷水，随其种类，说言是水，或言波尼，或言郁持，或言娑利蓝，或言婆利，或言波耶，或言甘露，或言牛乳，以如是等无量水名，为大众说。善男子，如来亦尔，以一圣道，为诸声闻种种演说，从信根等，至八圣道。复次善男子，譬如金师，以一种金，随意造作种种璎珞。所谓钳锁镮钏，钗铛天冠臂印，虽有如是差别不同，然不离金。善男子，如来亦尔，以一佛道，随诸众生种种分别，而为说之。或说一种，所谓诸佛一道无二。复说二种，所谓定、慧。复说三种，谓见、慧、智。复说四种，所谓见道、修道、无学道、佛道。乃至复说二十道，所谓十力四无所畏，大慈大悲，念佛三昧，三正念处。善男子，是道一体，如来昔日为众生故，种种分别。复次善男子，譬如一火，因所然故，得种种名。所谓木火草火，糠火糩火，牛马粪火。善男子，佛道亦尔，一而无二，为众生故，种种分别。复次善男子，譬如一识，分别说六。若至于眼，则名眼识，乃至意识，亦复如是。善男子，道亦如是，一而无二，如来为化诸众生故，种种分别。复次善男子，譬如一色，眼所见者，则名为色。耳所闻者，则名为声。鼻所嗅者，则名为香。舌所尝者，则名为味。身所觉者，则名为触。善男子，道亦如是，一而无二，如来为欲化众生故，种种分别。善男子，以是义故，以八圣道分，名道圣谛。善男子，是四圣谛，诸佛世尊次第说之，以是因缘，无量众生得度生死。又云：若言十善十恶，可作不可作，善道恶道，白法黑法，凡夫谓二，智者了达其性无二，无二之性，即是实性。《陀罗尼经》云：无有一切诸法，是名一字法门。又，经云：佛言：三世诸佛所说之法，吾今四十九年不加一字。故知，此一心门，能成至道。若上根直入者，终不立余门。为中下未入者，则权分诸道。是以，祖佛同指，贤圣冥归，虽名异而体同，乃缘分而性合。《般若》唯言无二，《法华》但说一乘，《净名》无非道场，《涅槃》咸归秘藏。天台专勤三观，江西举体全真，马祖即佛是心，荷泽直指知见。

又，教有二种说：一、显了说，二、秘密说。显了说者，如《楞伽》、《密严》等经，《起信》、《唯识》等论。秘密说者，各据经宗，立其异号。如《维摩经》以不思议为宗，《金刚经》以无住为宗，《华严经》以法界为宗，《涅槃经》以佛性为宗。任立千途，皆是一心之别义。何者？以真心妙体，不在有无，智不能知，言不可及，非情识思量之境界，故号不思议。体虚相寂，绝待灵通，现法界而无生，超三世而绝迹，故号之无住。竖彻三际，横亘十方，无有界量，边表不可得，故称法界。为万物之根，由作群生之元始，在凡不减，处圣非增，灵觉昭然，常如其体，故曰佛性。乃至或名灵台妙性，宝藏神珠，悉是一心，随缘别称。经云：三阿僧祇百千名号，皆是如来之异名。只为不知诸佛方便，迷名著相，随解成差。但了斯宗，豁然空寂，有何名相，可得披陈？如龙王一味之雨，随人天善恶之业，所雨不同，各见差别。《华严经》云：譬如娑竭罗龙王，欲现龙王大自在力，饶益众生，咸令欢喜，从四天下，乃至他化自在天处，及于地上，于一切处，所雨不同：所谓于大海中，雨清冷水，名为无断绝。

于他化自在天，雨箫笛等种种乐音，名为美妙。于化乐天，雨大摩尼宝，名为放大光明。于兜率天，雨大庄严具，名为垂髻。于夜摩天，雨大妙华，名为种种庄严具。于三十三天，雨众妙香，名为悦意。于四天王天，雨天宝衣，名为覆盖。于龙王宫，雨赤真珠，名为踊出光明。于阿修罗宫，雨诸兵仗，名为降伏怨敌。于北郁单越，雨种种华，名曰开敷。余三天下，悉亦如是，然各随其处，所雨不同。虽彼龙王，其心平等，无有彼此，但以众生善根异故，雨有差别。是以，龙王一味之雨，随诸天感处不同。犹如诸佛一心法门，逐众生见时有别。

宗镜录第三

宋 慧日永明妙圆正修智觉禅师延寿集

夫教明一切万法，至理虚玄。非有无之诠，绝自他之性。若无一法自体，云何立宗？

答：若不立宗，学何归趣？若论自他有无，皆是众生识心分别，是对治门。从相待有，法身自体，中实理心，岂同幻有，不随幻无？《楞伽经》云：佛言：大慧，譬如非牛马性，马牛性其实非有非无，彼非无自相。古释云：马体上不得说牛性是有是无，然非无马自体。以譬法身上不得说阴界入性是有是无，然非无法身自相。此法空之理，超过有无，即法身之性。然有趣有向，智背天真。无得无归，情生断灭。但有之不用求，真规宛尔。无之自然足，妙旨焕然。则寂尔有归，恬然无间。顿超能所，不在有无，可谓真归，能通至道矣。

问：以心为宗，如何是宗通之相？

答：内证自心第一义理，住自觉地，入圣智门。以此相应，名宗通相。此是行时，非是解时。因解成行，行成解绝，则言说道断，心行处灭。如《楞伽经》云：佛告大慧：宗通者，谓缘自得胜进相，远离言说文字妄想。趣无漏界自觉地自相，远离一切虚妄觉想。降伏一切外道众魔，缘自觉趣光明辉发，是名宗通相。所以悟心成祖，先圣相传。故达摩大师云：明佛心宗，寸无差悟。行解相应，名之曰祖。又偈云：亦不睹恶而生慊，亦不观善而勤措。亦不舍愚而近贤，亦不抛迷而就悟。达大道兮过量，通佛心兮出度。不与凡圣同躔，超然名之曰祖。

问：悟道明宗，如人饮水，冷暖自知。云何说其行相？

答：前已云：诸佛方便，不断今时。密布深慈，不令孤弃。已明达者，终不发言。只为因疑故，问因问故答。

此是本师，于楞伽会上，为十方诸大菩萨、来求法者，亲说此二通：一宗通，二说通。

宗通为菩萨，说通为童蒙。祖佛俯为初机童蒙，少垂开示，此约说通，只为从他觅法，随语生解。恐执方便为真实，迷于宗通，是以分开二通之义。

宗通者，谓缘自得胜进相，远离言说文字妄想，乃至缘自觉趣光明辉发。若亲到自觉地，光明发时，得云如人饮水，冷暖自知。如群盲眼开，分明照境。验象真体，终不摸其尾牙。见乳正色，岂在谈其鹄雪？当此具眼人前，若更说示，则不得称知时名为大法师。实见月人，终不观指。亲到家者，自息问程。唯证相应，不俟言说，终不执指为月，亦不离指见月。如《大涅槃经》云：譬如有王，告一大臣：汝牵一象，以示盲者。尔时大臣，受王勅已，多集众盲，以象示之。时彼众盲，各以手触。大臣即还，而白王言：臣已示竟。尔时大王，即唤众盲，各各问言：汝见象耶？众盲各言：我已得见。王言：象为何类？其触

牙者，即言象形，如芦菔根。其触耳者，言象如箕。其触头者，言象如石。其触鼻者，言象如杵。其触脚者，言象如木臼。其触脊者，言象如床。其触腹者，言象如瓮。其触尾者，言象如绳。善男子，如彼众盲，不说象体，亦非不说。若是众相，悉非象者，离是之外，更无别象。善男子，王喻如来应正遍知，臣喻《方等大涅槃经》，象喻佛性，盲喻一切无明众生。是诸众生闻佛说已，或作是言：色是佛性。何以故？是色虽灭，次第相续，是故，获得无上如来三十二相如来常色。如来色者，常不断故，是说色名为佛性。譬如真金，质虽迁变，色常不异。或时作钏作盘，然其黄色初无改易。众生佛性，亦复如是。质虽无常，而色是常。以是故，说色为佛性，乃至说受、想、行、识等为佛性。又有说言：离阴有我，我是佛性。如彼盲人，各各说象，虽不得实，非不说象。说佛性者，亦复如是。非即六法，不离六法。善男子，是故我说众生佛性，非色不离色，乃至非我不离我。善男子，有诸外道虽说有我，而实无我。众生我者，即是五阴。离阴之外，更无别我。善男子，譬如茎叶须台，合为莲华，离是之外，更无别华。

又，佛言：善男子，是诸外道，痴如小儿，无慧方便，不能了达。常与无常、苦与乐、净不净、我无我、寿命非寿命、众生非众生、实非实、有非有，于佛法中，取少许分，虚妄计有常乐我净，而实不知常乐我净。如生盲人，不识乳色，便问他言：乳色何似？他人答言：色白如贝。盲人复问：是乳色者，如贝痱耶？答言：不也。复问：贝色为何似耶？答言：犹稻米粖。盲人复问：乳色柔软，如稻米粖耶？稻米粖者，复何所似？答言：犹如雨雪。盲人复言：彼稻米粖，冷如雪耶，雪复何似？答言：犹如白鹄。是生盲人，虽闻如是四种譬喻，终不能得识乳真色。是诸外道，亦复如是，终不能识常乐我净。善男子，以是义故，我佛法中，有真实谛，非于外道。夫真实谛者，《宗镜》所归。未闻悟时，不信解者，所有说法，及自修行，皆成生灭折伏之门，不入无生究竟之道。如《庵提遮女经》云：尔时文殊师利又问曰：颇有明知生而不生相，为生所留者不？答曰：有。虽自明见，其力未充，而为生所留者是也。又问曰：颇有无知不识生性，而毕竟不为生所留者不？答曰：无。所以者何？若不见生性，虽因调伏，少得安处，其不安之相，常为对治。若能见生性者，虽在不安之处，而安相常现前。若不如是知者，虽有种种胜辩谈说、甚深典籍，而即是生灭心，说彼实相密要之言。如盲辩色，因他语故，说得青黄赤白黑，而不能自见色之正相。今不能见诸法者，亦复如是。但今为生所生，为死所死者，而有所说者，乃于其人，即无生死之义耶？若为常无常所系者，亦复如是。当知大得，空者亦不自得空，故说有空义耶？故知，能了万法无生之性，是为得道。《大般若经》云：佛言：善现，以一切法空无所有，皆不自在，虚诳不坚，故一切法无生无起，无知无见。复次，善现，一切法性，无所依止，无所系属，由此因缘，无生无起，无知无见。《华严经》云：如实法印，印诸业门。得法无生，住佛所住。观无生性，印诸境界。诸佛护念，发心回向。与诸法性，相应回向。入无作法，成就所作方便。

是以，不了唯心之旨，未入宗镜之人，向无生中，起贪痴之垢，于真空内，著境界之缘，以为对治，成其轮转。若能返照，心境俱寂。如《诸法无行经》云：若菩萨见贪欲际即是真际，见瞋恚际即是真际，见愚痴际即是真际，则能毕灭业障之罪。乃至凡夫愚人，不知诸法毕竟灭相故，自见其身，亦见他人。以是见故，便起身口意业。乃至不见佛、不见法、不见僧，是则不见一切法。若不见一切法，于诸法中，则不生疑。不生疑故，则不受一切法。不受一切法故，则自寂灭。《不思议佛境界经》云：尔时世尊，复语文殊师利菩萨言：童子，能了知如来所住平等法不？文殊师利菩萨言：世尊，我已了知。佛言：童子，何者是如来所住平等法？文殊师利菩萨言：世尊，一切凡夫起贪瞋痴处，是如来所住平等法。佛言：童子，云何一切凡夫起贪瞋痴处，是如来所住平等法？文殊师利菩萨言：世尊，一切凡夫于空无相无愿法中起贪瞋痴，是故，一切凡夫起贪瞋痴处，即是如来所住平等法。佛言：童子，空岂是有法？而言于中，有贪瞋痴。文殊师利菩萨言：世尊，空是有，是故，贪瞋痴亦是有。佛言：童子，空云何有？贪瞋痴，复云何有？文殊师利菩萨言：世尊，空以言说故有，贪瞋痴亦以言说故有。如佛说比丘：有无生无起，无作无为，非诸行法。此无生无起，无作无为，非诸行法，非不有。若不有者，则于生起作为诸行之法，应无出离，以有，故言出离耳。此亦如是，若无有空，则于贪瞋痴无有出离，以有，故说离贪等诸烦恼耳。《中观论》偈云：从法不生法，亦不生非法。从非法不生，法及于非法。直释偈意，法即是有，如色心等。非法是无，如兔角等。若从法生法，如母生子。法生非法，如人生石女儿。从非法生法，如兔角生人。从非法生非法者，如龟毛生兔角。故《般若假名论》云：复有念言，若如来但证无所得者，佛法即一，非是无边。是故经言：如来说一切法，皆是佛法。佛法谓何？即无所得。未曾一法，有可得性，是故一切无非佛法。云何一切皆无所得？经云：一切法者，即非一切法。云何非耶？无生性故。若无生即无性，云何名一切法？于无性中，假言说故。一切法无有性者，即是众生如来藏性。庞居士偈云：劫火燃天天不热，岚风吹动不闻声。百川竞注海不溢，五岳名山不见形。澄清静虑无踪迹，千途尽总入无生。故知，诸法从意成形，千途因心有像。一念澄寂，万境旷然。元同不二之门，尽入无生之旨。所以傅大士《行路难》云：君不见，诸法但假空施设，寂静无门为法门。一切法中心为主，余今不复得心原。究捡心原既不得，当知诸法并无根。

又，无生有二。如《通心论》云：一、法性无生。妙理言法，至虚言性，本来自尔，名曰无生。二、缘起无生。夫境由心现，故不从他生。心籍境起，故不自生。心境各异，故不共生。相因而有，故不无因生。亦云：一、理无生。圆成实性，本不生故。二、事无生。缘生之相，即无生故。《止观》云：若释《金刚经》，即转无生意。度入不住门中，种种不住：不住色布施，不住声香等布施。

虽诸法不住，以无住法住般若中，即是入空。以无住法住世谛，即是入假。以无住法住实相，即是入中。此无住慧，即是金刚三昧，能破盘石沙砾，彻至本际。

又，如释迦牟尼入大寂定金刚三昧，天亲无著论开善广解，讵出无生无住之意。若得此意，千经万论，豁矣无疑。此是觉观之初章，思议之根本，释异之妙慧，入道之指归。纲骨旷大，事理具足。一解千从，法门自在。故知，一切诸法，皆从无生性空而有。有而非有，不离俗而常真。非有而有，不离真而恒俗。则幻有立而无生显，空有历然。两相泯而双事存，真俗宛尔。斯则无生而无不生，不住二边矣。如古德颂云：无生终不住，万像徒流布。若作无生解，还被无生固。

问：以心为宗，理须究竟。约有情界，真妄似分，不可雷同，有滥圆觉。如金鍮共爇，真伪俄分。砂米同炊，生熟有异。未审以何心为宗？

答：诚如所问，须细识心。此妙难知，唯佛能辩。只为三乘慕道，见有差殊，错指妄心，以为真实。认妄贼而为真子，劫尽家珍。收鱼目以作骊珠，空迷智眼。遂使愚痴之子，陷有狱之重关。邪倒之人，溺见河之骇浪。戏炽焰于朽宅，忘苦忘疲。卧大梦于长宵，迷心迷性，皆为执斯缘虑，作自己身，遗此真心，认他声色。斯则出俗外道，在家凡夫之所失也。乃至三乘慕道、法学、禅宗亦迷此心，执佛方便，致使教开八网，乘对四机。越一念而远骤三祇，功虚大劫。离宝所而久淹化垒，迹困长衢。斯即权机小果，乃至禅宗不得意者之所失也。所以《首楞严经》云：佛告阿难：一切众生从无始来，种种颠倒、业种自然，如恶叉聚。诸修行人，不能得成无上菩提，乃至别成声闻缘觉，及成外道诸天魔王，及魔眷属，皆由不知二种根本，错乱修习。犹如煮砂欲成嘉馔，纵经尘劫，终不能得。云何二种？阿难，一者，无始生死根本。则汝今者，与诸众生，用攀缘心，为自性者。二者，无始菩提涅槃元清净体，则汝今者，识精元明，能生诸缘，缘所遗者。由诸众生遗此本明，虽终日行而不自觉，枉入诸趣。释曰：此二种根本，即真妄二心。一者，无始生死根本者，即根本无明，此是妄心。最初迷一法界，不觉忽起而有其念。忽起即是无始，如睛劳华现，睡熟梦生。本无元起之由，非有定生之处，皆自妄念，非他外缘。从此成微细业识，则起转识，转作能心。后起现识，现外境界。一切众生，同用此业、转、现等三识，起内外攀缘，为心自性。因此生死相续，以为根本。二者，无始菩提涅槃元清净体者，此即真心，亦云自性清净心，亦云清净本觉。以无起无生，自体不动，不为生死所染，不为涅槃所净，目为清净。此清净体，是八识之精元，本自圆明。以随染不觉，不守性故，如虚谷任响，随缘发声。此亦如然，能生诸法，则立见相二分，心境互生。但随染净之缘，遗此圆常之性，如水随风，作诸波浪。由此众生，失本逐末，一向沉沦，都不觉知，枉受妄苦。虽受妄苦，真乐恒存，任涉升沉，本觉不动，如水作波，不失湿性。唯知变心作境，以悟为迷，从迷积迷，空历尘沙之劫，因梦生梦，永昏长夜之中。故经云：当知一切众生，从无始来，生死相续，皆由不知常住真心、性净明体，用诸妄想。此想不真，故有轮转。以不了不动真心，而随轮回妄识，此识无体，不离真心。元于无相真原，转作有情妄想，如风起澄潭之浪，浪虽动而常居不动之源。似瞖生空界之华，华虽现而匪离虚空之性。瞖消空净，浪息潭清。唯一真心，周遍法界。又，此心不从前际生，不居中际住，不向后际灭，升降不动，性相一如，则从上禀受，以此真心为宗。离此修行，尽萦魔羂。别有所得，悉陷邪林。是以，能动深慈，倍生怜愍。故二祖求此妄心不得，初祖于是传衣。阿难执此妄心，如来所以呵斥。如经云：佛告阿难：汝今欲知奢摩他路，愿出生死，今复问汝。实时如来举金色臂，屈五轮指，语阿难言：汝今见不？阿难言：见。佛言：汝何所见？阿难言：我见如来举臂屈指，为光明拳，耀我心目。佛言：汝将谁见？阿难言：我与大众，同将眼见。佛告阿难：汝今答我，如来屈指，为光明拳，耀汝心目。汝目可见，以何为心，当我拳耀。阿难言：如来现今征心所在，而我以心推穷寻逐，即能推者，我将为心。佛言：咄！阿难，此非汝心。阿难矍然避座，合掌起立白佛：此非我心，当名何等？佛告阿难：此是前尘虚妄想相，惑汝真性，由汝无始至于今生，认贼为子，失汝元常，故受轮转。阿难白佛言：世尊，我佛宠弟，心爱佛故，令我出家，我心何独供养如来，乃至遍历恒沙国土，承事诸佛，及善知识，发大勇猛，行诸一切难行法事，皆用此心。纵令谤法，永退善根，亦因此心。若此发明不是心者，我乃无心，同诸土木，离此觉知，更无所有。云何如来说此非心？我实惊怖，兼此大众，无不疑惑，唯垂大悲，开示未悟。尔时世尊，开示阿难，及诸大众，欲令心入无生法忍，于师子座，摩阿难顶而告之言：如来常说，诸法所生，唯心所现。一切因果，世界微尘，因心成体。阿难，若诸世界一切所有，其中乃至草叶缕结，诘其根元，咸有体性。纵令虚空，亦有名貌，何况清净妙净明心？性一切心，而自无体。若汝执吝分别觉观所了知性，必为心者，此心即应离诸一切色香味触诸尘事业，别有全性。如汝今者，承听我法，此则因声而有分别。纵灭一切见闻觉知，内守幽闲，犹为法尘分别影事。我非勅汝执为非心，但汝于心，微细揣摩。若离前尘有分别性，即真汝心。若分别性，离尘无体，斯则前尘分别影事。尘非常住，若变灭时，此心则同龟毛兔角，则汝法身同于断灭，其谁修证无生法忍？古释云：能推者，即是妄心。皆有缘虑之用，亦得名心。然不是真心，妄心是真心上之影像。故云：汝身汝心，皆是妙明真精，妙心中所现物。若执此影像为真，影像灭时，此心即断，故云：若执缘尘，即同断灭。以妄心揽尘成体，如镜中之像，水上之泡。迷水执波，波宁心灭。迷镜执像，像灭心亡。心若灭时，即成断见。若知湿性不坏，镜体常明，则波浪本空，影像元寂。故知，诸佛境智，遍界遍空。凡夫身心，如影如像。若执末为本，以妄为真，生死现时，方验不实。故古圣云：见矿不识金，入炉始知错。

问：真妄二心，各以何义名心？以何为体，以何为相？

答：真心以灵知寂照为心，不空无住为体，实相为相。妄心以六尘缘影为心，无性为体，攀缘思虑为相。此缘虑觉了能知之妄心，而无自体，但是前尘，随境有无。境来即生，境去即灭。因境而起，全境是心。又，因心照境，全心是境。各无自性，唯是因缘。故《法句经》云：焰光无水，但阳气耳。阴中无色，但缘气耳。以热时炎气，因日光烁，远看似水，但从想生，唯阳气耳。此虚妄色心，亦复如是：以自业为因，父母外尘为缘，和合似现色心，唯缘气耳。故《圆觉经》云：妄认六尘缘影，为自心性。故知，此能推之心，若无因缘，即不生起，但从缘生。缘生之法，皆是无常，如镜里之形。无体而全因外境，似水中之月。不实而虚现空轮，认此为真，愚之甚矣。所以，庆喜执而无据，七处茫然。二祖了而不生，一言契道。则二祖求此缘虑不安之心不得，即知真心遍一切处，悟此为宗，遂乃最初绍于祖位。阿难因如来推破妄心，乃至于五阴六入、十二处、十八界、七大性，一一微细穷诘，彻底唯空，皆无自性。既非因缘、自、他、和合而有，又非自然无因而生，悉是意言识想分别。因兹豁悟妙明真心，广大含容遍一切处。即与大众俱达此心，同声赞佛。故经云：尔时阿难，及诸大众，蒙佛如来，微妙开示，身心荡然，得无罣碍。是诸大众，各各自知，心遍十方。见十方空，如观手中所持叶物，一切世间诸所有物，皆即菩提妙明元心。心精遍圆，含里十方。反观父母所生之身，犹彼十方虚空之中，吹一微尘，若存若亡。如湛巨海，流一浮沤，起灭无从。了然自知，获本妙心，常住不灭，礼佛合掌，得未曾有。于如来前，说偈赞佛：妙湛总持不动尊，首楞严王世希有。消我亿劫颠倒想，不历僧祇获法身。即同初祖，直指人心，见性成佛。

问：真心行相，有何证文？

答：《持世经》云：菩萨观心，心中无心相。是心从本以来，不生不起，性常清净。客尘烦恼染，故有分别。心不知心，亦不见心。何以故？是心空，性自空，故根本无所有。是心无有一定法，定法不可得故。是心无法，若合若散。是心前后际不可得。是心无形，无能见者，心不自见，不知自性。乃至是人尔时，不分别是心是非心，但善知心无生相，通达是心无生性。何以故？心无决定性，亦无决定相，乃至不得心垢相，不得心净相。但知是心，常清净相。《大般若经》云：于一切法，虽无所取，而能成办一切事业。释曰：若了自心，无事不办。或妄取前境界，却成内自不足。所以《金刚三昧经》云：菩萨观本性相，谓自满足，千思万虑，不益道理，徒为动乱，失本心王。论释云：无量功德，即是一心，一心为主，故名心王。生灭动乱，违此心王，不得还归，故言失也。又，心者，统摄诸法，一切最胜，无一法而不摄。王者，统御四海，八表朝宗，无一民而不臣。故《如幻三昧经》云：不求诸法，是名己身。《进趣大乘方便经》云：真如实观者，思惟心性，无生无灭，不住见闻觉知，永离一切分别之想。

问：心能作佛，心作众生。以了真心，故成佛。以执妄心，故成众生。若成佛，皆具圆通五眼，无漏五阴。故经云：灭无常色，获得常色。又云妙色湛然常安住。又云善能分别诸法相。云何说真心不住见闻觉知，永离一切分别之想？

答：若是妄心见闻，须假因缘能所生起。如云，眼具九缘生等，若无色空和合之缘，见性无由得发。五根亦然，皆仗缘起。斯则缘会而生，缘散而灭。无自主宰，毕竟性空。如《楞伽经》偈云：心为工技儿，意如和技者。五识为伴侣，妄想观技众。如歌舞立技之人，随他拍转，拍缓则步缓，拍急则步急。五根亦如是，但随意转。

如云：身非念轮，随念而转。何者？意地若生，身轮动作。意地若息，根境寂然。真心则不尔，常照常现，铁围不能匿其辉，遍界遍空。穹苍不能覆其体，非纯非杂。万法不能隐其真，无住无依。尘劳不能易其性，岂假前尘发耀？对境生知，自然寂照灵知，湛然无际。故《首楞严经》云：佛告阿难，如是六根，由彼觉明，有明明觉。失彼精了，黏妄发光。是以，汝今离暗离明，无有见体。离动离静，元无听质。无通无塞，嗅性不生。非变非恬，尝无所出。不离不合，觉触本无。无灭无生，了知安寄。汝但不循动静合离，恬变通塞，生灭暗明。如是十二诸有为相，随拔一根，脱黏内伏。伏归元真，发本明耀。耀性发明，诸余五黏应拔圆脱，不由前尘所起知见。明不循根，寄根明发，由是六根互相为用。阿难，汝岂不知，今此会中，阿那律陀无目而见，跋难陀龙无耳而听，殑伽神女非鼻闻香，骄梵钵提异舌知味，舜若多神无身有触。如来光中，映令暂现。既为风质，其体元无。诸灭尽定，得寂声闻。如此会中，摩诃迦叶久灭意根，圆明了知，不因心念。阿难，今汝诸根若圆拔已，内莹发光，如是浮尘。及器世间诸变化相，如汤消冰，应念化成无上知觉。阿难，如彼世人，聚见于眼，若令急合，暗相现前，六根黯然。头足相类：彼人以手，循体外绕，彼虽不见，头足一辩，知觉是同。缘见因明，暗成无见。不明自发，则诸暗相，永不能昏。根尘既消，云何觉明不成圆妙？释曰：如彼世人，聚见于眼者，此先明世见，非眼莫观，若令急合，则无所见。与耳等五根相似，彼人以手，循体外绕，虽不假眼，而亦自知，此况真见不藉外境。缘见因明，暗成无见者，此牒世间眼见，须仗明暗因缘，根尘和合，方成于见、无见。不明自发者，此正明真见之时，见性非眼。既不属眼，又何假明暗根尘所发？则不明之明、无见之见，自然寂照灵知，何曾间断？且世间明暗虚幻出没之相，又焉能覆盖乎？是以，明不能明，暗不能暗也。故云：则诸暗相，永不能昏。真性天然，岂非圆妙？所以学人问先德云：如何是大悲千手眼？答云：如人夜里摸得枕子。

问：妄心行相，有何证文？

答：《胜天王般若波罗蜜经》云：佛言：菩萨行般若波罗蜜，念心作是思惟：此心无常而谓常住，于苦谓乐，无我谓我，不净谓净，数动不住，速疾转易。结使根本，诸恶趣门。烦恼因缘，坏灭善道。是不可信，贪瞋痴主。

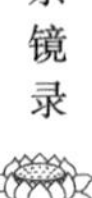

一切法中，心为上首。若善知心，悉解众法，种种世间，皆由心造。心不自见若善若恶悉由心起，心性回转，如旋火轮，易转如马，能烧如火，暴起如水。作如是观，于念不动，不随心行，令心随已。若能伏心，则伏众法。《大涅槃经》云：佛言：善男子，心若常者，亦复不能分别诸色，所谓青黄赤白紫色。善男子，心若常者，诸忆念法，不应忘失。善男子，心若常者，凡所读诵，不应增长。复次善男子，心若常者，不应说言已作、今作、当作，若有已作、今作、当作，当知是心，必定无常。善男子，心若常者，则无怨亲，非怨非亲。心若常者，则不应言我物、他物，若死、若生。心若常者，虽有所作，不应增长。善男子，以是义故，当知心性各各别异故，当知无常。又云：云何现喻？如经中说：众生心性，犹如猕猴。猕猴之性，舍一取一。众生心性，亦复如是。取著色声香味触法，无暂住时，是名现喻。可验即今众生之心，如猿猴之处高树，上下不停。犹弥泥之泛迅流，出入无碍。似幻士之游众会，名相皆虚。若技儿之出戏场，本末非实。所以《正法念处经》云：又彼比丘，次复观察心之猿猴，如见猿猴。如彼猿猴，躁扰不停，种种树枝、华果林等、山谷岩窟、回曲之处，行不障碍。心之猿猴，亦复如是：五道差别，如种种林。地狱、畜生、饿鬼、诸道，犹如彼树。众生无量，如种种枝。爱如华叶，分别爱声诸香味等，以为众果。行三界山，身则如窟，行不障碍。是心猿猴，此心猿猴，常行地狱、饿鬼、畜生、生死之地。又彼比丘，依禅观察心之技儿，如见技儿。如彼技儿，取诸乐器，于戏场地作种种戏。心之技儿，亦复如是：种种业化，以为衣服。戏场地者，谓五道地。种种装饰，种种因缘，种种乐器，谓自境界。技儿戏者，生死戏也。心为技儿种种戏者，无始无终长生死也。又彼比丘，依禅观察心弥泥鱼，如见弥泥。如弥泥鱼，在于河中。若诸河水，急速乱波，深而流疾，难可得行，能漂无量种种树木，势力暴疾不可遮障，山涧河水峻速急恶。彼弥泥鱼，能入能出，能行能住。心之弥泥，亦复如是：于欲界河急疾波乱，能出能入，能行能住。《大智度论》云：如佛说凡夫人，或时知身无常，而不能知心无常。若凡夫人，言身有常犹差，以心为常是大惑。何以故？身住或十岁、二十岁，是心日日过去，生灭各异，念念不停，欲生异生，欲灭异灭，如幻事，实相不可得。如是无量因缘，故知心无常，是名心念处。行者思惟：是心属谁，谁使是心？观已，不见有主。一切法因缘和合，故不自在。不自在，故无自性。无自性，故无我。若无我，谁当使是心？《止观》云：起一念虑知之心，随善恶而生十道：一、若其心念念专贪瞋痴，摄之不还，拔之不出，日增月甚，起上品十恶如五扇提罗者，此发地狱之心，行火涂道。二、若其心念念欲多眷属，如海吞流，如火焚薪，起中品十恶，如调达诱众者，此发畜生心，行血涂道。三、若其心念念欲得名闻，四远八方，称扬钦咏，内无实德，虚比贤圣，起下品十恶，如摩犍提者，此发鬼心，行刀涂道。四、若其心念念常欲胜彼，不耐下人，轻他珍己，如鸱高飞下视，而外扬仁义礼智信，起下品善心，行阿修罗道。五、若其心念念欣世间乐，安其嗅身，悦其痴心，此起中品善心，行于人道。六、若其心念念知三恶苦多，人间苦乐相间天上纯乐，为天上乐，折伏粗恶，此上品善心，行于天道。七、若其心念念欲大威势，身口意才有所作，一切弭从，此发欲界主心，行魔罗道。八、若其心念念欲得利智辩聪，高才勇哲，鉴达六合，十方颙颙，此发世智心，行尼乾道。九、若其心念念五尘六欲，外乐盖微，三禅之乐，犹如石泉，其乐内重，此发梵心，行色无色道。十、若其心念念知善恶轮环，凡夫耽湎，贤圣所诃，破恶由净慧，净慧由净禅，净禅由净戒，尚此三法，如饥如渴，此发无漏心，行二乘道。此上十心，或先起非心，或先起是心，或是非并起。譬象鱼风，并浊池水：象譬诸非，自外而起。鱼譬内观羸弱，为二边所动。风譬内外合杂，秽浊混和。前九种心是生死，如蚕自缚。后一种心是涅槃，如麞独跳，虽得自脱，未具佛法。俱非，故双简。明知三界无别理，但是妄心生，为八倒之根株，作四流之源穴。疾如掣电，猛若狂风。罣起尘劳，速甚瀑川之水。欻生五欲，急过旋火之轮。是以，结构四魔，驱驰十使，沉二死之河底，投八苦之焰中。醉迷衣里之珠，徒经艰险。斗没额中之宝，空自悲嗟。皆因妄心，迷此真觉。终无别失，有出斯文。

如上依教所说，真妄二心，约义似分，归宗匪别。何者？真心约理体，妄心据相用。今以理恒是心，不得心相。心恒是理，不动心相。如水即波，不得波相。波即是水，不坏波相。是以，动静无际，性相一原。当凡心而见佛心，观世谛而成真谛。所以《华严经》云：菩萨摩诃萨，观一切法，皆以心为自性，如是而住。若摄境为心，是世俗胜义。心之自性，即是真如，是胜义胜义。如是而住，以无所得而为方便，双照真俗，无住住故。

宗镜录第四

宋 慧日永明妙圆正修智觉禅师延寿集

夫所言心法者，云何是心，云何是心法？

答：了尘通相，说名心王，由其本一心，是诸法之总原也。取尘别相，名为数法，良因其根本无明，迷平等性故也。《辩中边论》云：若了尘通相，名心。取尘别相，名为心法。

问：此一心法，几义而成？

答：心法总有四义：一是事，随境分别，见闻觉知。二是法，论体唯是生灭法数。此二义，论俗故有，约真故无。三是理，穷之空寂。四是实，论其本性，唯是真实如来藏法。

问：心四义之中，前二义是缘虑妄心，后二义是常住真心。约真心，则本性幽玄，穷理空寂。既无数量，不更指陈。只如妄心既涉见闻，又言生灭。此缘虑心，有其几种行相？

答：有五种心：一、率尔心，谓闻法创初，遇境便起。二、寻求心，于境未达，方有寻求。三、决定心，审知法体，而起决定。四、染净心，法诠欣厌，而起染净。

五、等流心，念念缘境，前后等故。《法苑义林》云：辩五心相者，且如眼识初堕，于境，名率尔堕心。同时意识，先未缘此，今初同起，亦名率尔。故《瑜伽论》云：意识任运散乱，缘不串习境时。无欲等生，尔时意识，名率尔堕心。有欲生时，寻求等摄故。又，《解深密经》及《决择论》说，五识同时，必定有一分别意识，俱时而转，故眼俱意，名率尔心，初卒堕境故。此既初缘，未知何境为善为恶？为了知故，次起寻求，与欲俱转，希望境故。既寻求已，识知先境，次起决定，即解境故。决定已，识界差别，取正因等相，于怨住恶，于亲住善，于中住舍，染净心生。由此染净意识为先，引生眼识，同性善染，顺前而起，名等流心。如眼识生，耳等识亦尔。

先德问：五心于八识中，各有几心？

答：前五识有四心，除寻求心，无分别故。第六具五心，第七无率尔、寻求二心，有决定、染净、等流三心，谓第七常缘现在境，故无率尔也。

问：第七现有计度分别，何无寻求心？

答：夫寻求心，皆依率尔后，寻求方生。第七既无率尔，寻求亦无。

问：前五既有率尔，何无寻求？

答：寻求有二缘方有：一即率尔心引，二即计度分别心。前五种虽有率尔，而无计度分别。第八有三心——率尔、决定、等流，无染净、寻求。

问：第八同第七，常缘现在境，何得有率尔？

答：第七缘境，即无间断。第八缘境，境有间断。第八初受生时，创缘三界，三种境故。

问：初受生时，第七亦创缘三界第八识，何无率尔心？

答：第七随所系，常缘当界第八识也。今助一解：第七常内缘一境，即无率尔。第八外缘多境，而有率尔。无分别故，即无寻求。

问：五心之中，何心熏种，何心不熏种？

答：率尔心有二说：一云不熏种，任运缘境，不强盛故。二云若缘生境，即不熏种。若缘曾闻熟境，即熏种。由串习力故，余心总熏种。今解：且如率尔闻声境时，不简生熟声境，皆熏实声种子。更有九心成轮，广略不同，真理是一，其心如轮，随境而转。故经云：身非念轮，随念而转。其义如何？上座部师，立九心轮者：一有分，二能引发，三见，四寻求，五贯彻，六安立，七势用，八返缘，九有分体。且如初受生时，未能分别，心但任运，缘于境转，名有分。若有境至，心欲缘时，便生警觉，名能引发。其心既于此境上转，见照瞩彼。既见彼已，便成寻求，察其善恶。既察彼已，遂贯彻。识其善恶，而安立心。起语分别说其善恶，随其善恶，便有动作势用。动作既兴，欲休废道，故返缘前所作事。既返缘已，还归有分任运缘境。名为九心，可成轮义。其中，见心通于六识，余唯意识。有分心通生死，返缘心唯得死。若离欲者，死唯有分心，既无我爱，无所返缘，不生顾恋。未离欲者，以返缘心而死，有恋爱故。若有境至，即心可生。若无异境，恒住有分，任运相续。然见与寻求，前后不定。

问：若随分别，立真妄心。约此二心，总有几种？

答：《大智度论》云：有二种道：一毕竟空道，二分别好恶道。若毕竟空道，尚不得一，何况说多？若分别好恶道，理从义别，事乃恒沙。且约一心，古释有四：一、纥利陀耶，此云肉团心，身中五藏心也，如《黄廷经》所明。二缘虑心，此是八识，俱能缘虑自分境故。色是眼识境、根身、种子器世界，是阿赖耶识之境，各缘一分，故云自分。三、质多耶，此云集起心，唯第八识积集种子，生起现行。四、乾栗陀耶，此云坚实心，亦云贞实心，此是真心也。然第八识无别自体，但是真心。以不觉故，与诸妄想，有和合不和合义。和合义者，能含染净，目为藏识。不和合者，体常不变，目为真如，都是如来藏。故《楞伽经》云：寂灭者，名为一心。一心者，即如来藏。如来藏，亦是在缠法身。经云：隐为如来藏，显为法身。故知四种心，本同一体，但从迷悟分多。经偈云：佛说如来藏，以为阿赖耶。恶慧不能知，藏即赖耶识。佛说如来藏者，即法身在缠之名。以为阿赖耶，即是藏识。恶慧不能知，藏即赖耶识，有执真如与赖耶体别者，是恶慧也。然虽四心同体，真妄义别，本末亦殊。前三是相，后一是性。性相无碍，都是一心。即第四真心以为宗旨。

又，古德广释一心者，望一如来藏心，含于二义：一约体绝相义，即真如门。谓非染非净，非生非灭。不动不转，平等一味。性无差别，众生即涅槃，不待灭也。凡夫弥勒，同一际也。二随缘起灭义，即生灭门。谓随熏转动，成于染净。染净虽成，性恒不动。只由不动，能成染净。是故不动，亦在动门。《楞伽经》云：如来藏名阿赖耶识，而与无明七识共俱，如大海波，常不断绝。又云：如来藏者，为无始虚伪恶习所熏，名为识藏。若此一心，推末归本者，谓证第一义，则得解脱。第一义，是缘之性，若见缘性，则脱缘缚。《华严经》云：皆一心作。论云：但是一心者，一切三界，唯心转故。诸教同引，证成唯心。云何一心而作三界？有三：一、二乘谓有前境，不了唯心。纵闻一心，但谓真谛之一，或谓由心转变，非皆是心。二、异熟赖耶，名为一心，简无外境，故说一心。三、如来藏性，清净一心，理无二体，故说一心。是知，凡圣二法，染净二门，无非一心矣。

又此一心，约性相体用本末，即入等义。更有十门：一、假说一心，则二乘人谓实有外法，但由心变动，故说一心。下之九门，实唯一心。二、相见俱存，故说一心。此通八识，及诸心所，并所变相分，本影具足，由有支等熏习力故，变现三界依正等报。三、摄相归见，故说一心，亦通王数。但所变相分，无别种生，能见识生，带彼影起。四、摄数归王，故说一心。唯通八识，以彼心所，依王无体，亦心变故。释云：摄相归见者，《唯识》偈云：唯识无境界，以无尘妄见。如人目有瞖，见毛月等事。凡作论有三义：一者立义，即初句。二者引证，即第二句。三者譬喻，即下二句。《所缘缘论》云：内识如外现，为识所缘缘。许彼相在识，及能生识故。意云：内识似外境现，为所缘缘。许眼等识，带彼相起，及从彼生识。故结云：诸识唯内境，相为所缘缘。理极成也，则非全无相，相全属识，故云归见。摄数归王者，如《庄严论》偈云：自界及二光，痴共诸惑起。如是诸分别，二实应远离。释曰：自界，谓自阿赖耶识种子。二光，谓能取光、所取光。此等分别，由共无明，及诸余惑，故得生起。如是诸分别，二实应远离，二实，谓所取实，及能取实，如是二实染污，应求远离。所以论偈云：能取及所取，此二唯心光。贪光及信光，二光无二法。释曰：求唯识人，应知能取、所取。此之二种，唯是心光。五、以末归本，说一心。谓七转识，皆是本识差别功能，无别体故。经偈云：譬如巨海浪，无有若干相。诸识心如是，异亦不可得。六、摄相归性，说一心。谓此八识，皆无自体。唯如来藏，平等显现，余相皆尽，一切众生，即涅槃相。经云：不坏相有八，无相亦无相。七、性相俱融，说一心。谓如来藏，举体随缘，成办诸事，而其自性，本不生灭。即此理事，混融无碍。是故，一心二谛，皆无障碍。八、融事相入，说一心。谓由心性，圆融无碍。以性成事，事亦镕融不相障碍。一入一切，一一尘内各见法界，天人修罗不离一尘。九、全事相即，说一心。谓依性之事，事无别事。心性既无彼此之异，事亦一切即一，一即是多，多即一等。十、帝网无碍，说一心。谓一中有一切，彼一切中，复有一切，重重无尽。皆以心识如来藏性，圆融无尽，以真如性毕竟无尽故。观一切法，即真如故。一切时处，皆帝网故。如《漩洑颂》云：若人欲识真空理，身内真如还遍外。情与非情共一体，处处皆同真法界。不离幻色即见空，此即真如含一切。一念照入于多劫，一一念劫收一切。于一境内一切智，于一智中诸境界。只用一念观诸境，一切诸境同时会。时处帝网现重重，一切智通无罣碍。漩洑者，水之漩流洄洑之处，一甚深故，二回转故，三难渡故。法海漩洑亦然：一唯佛能究故。二真妄相循，难穷初后。三闻空谓空，闻有谓有，则沉于漩洑。若不了斯宗，难超有海。随善恶之浪，漂苦乐之洲。不遇慈航，焉登觉岸？如偈云：真如净法界，一泯未尝存。随于染净缘，遂成十法界。随染缘成六凡法界，随净缘成四圣法界。六凡法界者：一天法界，二人法界，三修罗法界，四地狱法界，五饿鬼法界，六畜生法界。四圣法界者：一声闻法界，二缘觉法界，三菩萨法界，四佛法界。众生于真性上，以情想自异，则六趣升沉。诸圣于无为法中，以智行为差，则四圣高下。然凡圣迹虽升降，缚脱似殊，于一真法界之中，初无移动。

又，依华严宗，一心随理事，立四种法界：一、理法界者，界是性义，无尽事法，同一性故。二、事法界者，界是分义，一一义别有分剂故。三、理事无碍法界者，具性分义，圆融无碍。四、事事无碍法界者，一切分剂事法，一一如性融通，重重无尽故。以此十法界，因理事四法界，性相即入，真俗融通，遭出无穷，成重重无尽法界。然是全一心之法界，全法界之一心，随有力无力，而立一立多。因相资相摄，而或隐或显。如一空，遍森罗之物像。似一水，收万迭之波澜。入宗镜中，坦然显现。

又，有所入、能入，二种法界。如清凉《疏》云：先明所入，总唯一真无碍法界。语其性相，不出事理。随其义别，略有五门：一、有为法界，二、无为法界，三、俱是，四、俱非，五、无障碍。然五各二门，初有为二者：一本识能持诸法种子，名为法界。如论云无始时来界等，此约因义。而其界体，不约法身。二三世之法差别边际，名为法界。《不思议品》云：一切诸佛，知过去一切法界，悉无有余等。此即分剂之义。二、无为法界二者：一性净门，在凡位中，性恒净故，真空一味，法无差别故。二离垢门，谓由对治方显净故，随行浅深，分十种故。三、亦有为亦无为法界二者：一随相门，谓受想行蕴，及五种色，并八无为。此十六法，唯意所知，十八界中，名为法界。二无碍门，谓一心法界。具含二门：一心真如门，二心生灭门。虽此二门，皆各总摄一切诸法，然其二位，恒不相杂。其犹摄水之波非静，摄波之水非动。故《回向品》云：于有为界，示无为法，而不灭坏有为之相。于无为界，示有为法，而不分别无为之性。此明事理无碍。四、非有为非无为法界二门者：一形夺门，谓缘无不理之缘，故非有为。理无不缘之理，故非无为。法体平等，形夺双泯。《大品经》云：须菩提白佛言：是法平等，为是有为，为是无为？佛言：非有为法，非无为法。何以故？离有为法，无为法不可得。离无为法，有为法不可得。须

菩提，是有为性，无为性。是二法不合不散，此之谓也。二无寄门，谓此法界，离相离性，故非此二，又非二谛故，又非二名言所能至故，是故俱离。《解深密经》云：一切法者，略有二种：所谓有为无为，是中有为，非有为非无为。无为，非无为非有为等。五、无障碍法界二门者：一普摄门，谓于上四门，随一即摄余一切故。是故，善财或睹山海，或见堂宇，皆名入法界。二圆融门，谓以理融事，故令事无分剂：微尘非小，能容十刹。刹海非大，潜入一尘也。以事显理，故令理非无分：谓一多无碍，或云一法界，或云诸法界。然由一非一，故即诸。诸非诸，故即一。乃至重重无尽。是以，善财暂时执手，遂经多劫，才入楼阁，普见无边，皆此类也。上来五门十义，总明所入法界，应以六相融之。二明能入，亦有五门：一、净信，二、正解，三、修行，四、证得，五、圆满。此五于前所入法界，有其二门：一、随一能入，通五所入。随一所入，遍五能入。二、此五能入，如其次第各入一门。此上心境，二义十门，六相圆融，总为一聚无障碍法界。《百门义海》云：入法界者，即尘缘起是法。法随智显，用有差别是界。此法以无性故，则无分剂，融无二相，同于真际，与虚空等，遍通一切，随处显现，无不明了。然此一尘与一切法，各不相见，亦不相知。何以故？由各各全是圆满法界，普摄一切，更无别法可知见也。经云：即法界无法界，法界不知法界。若如是，更无别法可知见者。云何言入？以悟了之处，名为入故。又虽入而无所入，若有所入，则失诸法性空义，以无性理同故，则处处入法界。前约情智凡小所见，随染净缘成十法界者，即成其过。今依华严性起法门，悉为真法界，若成若坏，若垢若净，全成法界。如经云：分别诸色无量坏相，是名上智者。古释云：六道之色，坏善坏定。二乘之色，坏因坏果。菩萨之色，坏有坏无。佛色者，坏上诸坏，坏为法界。非坏非不坏，悉是法界。

问：心分四名，义开十种。识之名义，约有几何？

答：若约同门自相，不可分别。若约异门共相，随义似分。名约性相有九，义包内外具五。名有九者：一、眼识，二、耳识，三、鼻识，四、舌识，五、身识，六、意识，七、末那识，八、阿赖耶识，九、净识。义具五者：一、识自相，谓识自证分。二、识所变故，一切境界，从心现起。三、识相应故，同时受想等心法。四、识分位故，识上四相等。五、识实相故，谓二空真如，是识实性。自上诸法，皆不离识，总名唯识。故知，若相若性，若境若心，乃至差别分位，皆是唯识。卷舒匪离，总别同歸。犹云雾之依空，若波澜之涌海。

又，古德广释唯识，义有十门，明此唯识二字，先离解，次合解。先且离解，初唯后识。初唯字者，有三义：一者，拣持之义。拣之，谓拣去我法所执。持谓持取，持取依圆二性。《唯识论》云：唯言为遣离识我法，非无不离识心所无为等。二者，决定义。决无离心之境，定有内识之心。谓小乘离心有境，清辩破无内心。三者，显胜义。谓心王胜、心所等劣，今但显胜，不彰于劣。瞿波论

师《二十唯识》云：此说唯识，但举王胜，理兼心所。如言王来，非无臣佐。次解识字者，即了别义。谓八种心王，是识自性等，五位百法，理之与事，皆不离识。不尔，真如应非唯识。摄余归识，总立识名，经云：三界唯心。次合释唯识者，唯谓拣去，遮无外境。境无非有，识能了别。诠有内心，心有非无，合名唯识。唯谓遮无是用，识表诠有是体，摄用归体，唯即识，持业释。夫六释之文，简法为妙。今欲性相俱辩，且略引持业、依主二释，可称今文。第一持业释者，有二：一、持业，二、同依。且持业者，持谓任持，业谓业用。若法体能持用，用能显体，名为持业。如言藏识，识是体，藏是用，识体能持藏用，即名持业，又如妙法即莲华等。二、同依释者，即多用同依一体。如言分段生死即身，变易生死即身等是。所以一切万法，以心为体，万法是用，法不离心，用不离体。心体能持万法，法即是心，用即是体，名持业释。若一切法，不得自心之任持，无一法可立。又若无法，则无业用，无用不能显体。故知，一切法是心，心是一切法。体用相成，非一非二。第二依主释者，有二：一、依主释，二、依士释。依主者，有法以胜释劣，将劣就胜以彰名。如言眼识，眼是所依即胜，识是能依即劣。以胜眼释劣识故，将劣就胜，以彰其名。眼之识故，依主释也，或以别简通。依主即别名胜、通名劣。二、依士释者，谓劣法是胜法之士用，故今将劣法解于胜法，胜法从劣法以彰名。如言择灭无为，择灭是有为即劣，无为即胜。将胜就劣以彰名，依士释。是知，心王为胜，一切法尽是心法。又，心是所依即胜，法是能依即劣。以劣显胜，心之法故，即依主释。无有一法不属心者，若以一切法显心。以劣彰胜，法之心故，即依士释。所以《宗镜》内，于持业、有财、依主、依士、邻近、带数六释之中，不出持业、依主等二释，下文不更一一广明，以一例诸，自然无惑。

问：此言唯遮外境不有，为遮离心之境，为遮不离心之境？

答：设尔何失？

难：二俱有过。若遮离心之境是无，余有不离心相分在，何以但言唯识，不言唯境识？若遮不离心境是无，应但有能变三分，阙所变相分过。如何通释？

答：所言唯识者，遮心外境无，不遮内境不离识相分是无。

问：内境与识，既并非无。如何但言唯识，不言唯境识耶？

答：以护法菩萨云：境名通于内外，谓有离心境。不离心境，恐滥外境，但言唯识。所以《唯识论》云：谓诸愚夫迷执外境，起烦恼业，生死轮回，不解观心。非谓内境相分，如外都无。

问：唯识性与唯识，有何同异？

答：各有二义。且唯识性二义者：一者，虚妄唯识性，即遍计性，所遣清净。二者，真实唯识性，即圆成实性，所证清净。

若言唯识者，有二义：一者，世俗唯识，即依他起所断清净。二者，胜义唯识，即圆成实所得清净。

又言唯识性相不同：相是依他，唯是有为，通漏无漏。性即圆成，唯是真如，无为无漏。

又云唯言识者，是了别义。意云：五位一百法理之与事，不离识。今摄归识，总言识名，以万法由心起故。然即非唯一人之识，亦非唯一识，更无余识等。

出唯识体者：一、所观出体者，即取五位一百法为体，以通观有为无为法故，即以识相识性，合为唯识体，皆不离识故。二、能观出体者，即唯取心心所为体，心所与识，常相应故，即唯能非所。若约唯识观，即取于境中慧为体，于所观境，观察胜故。

又，明唯识差别，总摄诸缘及理，有其十种：一、遣虚存实义者。遣为除遣，虚为虚妄。观遍计所执，唯虚妄起，都无体用，应正除遣，为情有理无故。存者留义，实谓实有。即观依圆法，体是实有，是本后二智境，应正存留，为理有情无故。良由一切异生小乘，无始时来，妄执我法为有。清辩菩萨等，妄拨理事为空。今于唯识观中，遣虚者，空观对遣有执。存实者，有观对遣虚执。非有非空，法无分别，离言诠故。二者、舍滥留纯义。舍为舍离，滥即相滥，留谓存留，纯为无杂。虽观事理，有境有心，为心不孤起，仗境方生。境不自生，识变方起。由境有滥，舍之不称，唯心体既纯，留说唯识。故《唯识论》

云：我唯内有，境亦通外。恐滥外境，但言唯识。非为内境，如外都无。《华严经》云：三界唯心故。三、摄末归本义。摄谓绾摄，末即见相二分，归即向，本谓识自证分，是所依体故。今摄末见相分，归本自证分体，故言唯识。故《解深密经》云：诸识所缘，唯识所现。四、隐劣显胜义。谓王所俱能示现，心所即劣。依他起故，隐劣不取。心王即胜，所依体故。故言唯识，即名显胜故。《庄严论》云：许心似二现，如是似贪等。五、遣相证性义。识言所表，具有事理。事谓相用，遣而不取。理为体性，应求作证。故《摄论》偈云：依绳起蛇解，见绳知是无。证见彼分明，方知明性乱。六、境义。境谓所观境，识即能观心。此所观境，由识变现。境不离识，立境唯识义。《阿毗达磨经》云：鬼人天等，所见各异。七、教义。即能诠教，说有唯识义故。《楞伽经》偈云：由自心执著，心似外境转。彼所见非有，是故说唯心。八、理义。道理唯识。《唯识颂》云：是诸识转变，分别所分别。由此彼皆无，故一切唯识。九、行义。行谓观行，即菩萨在定位，作四寻伺观等。即观行及定，俱不离识故。《瑜伽论》偈云：菩萨于定位，观境唯是心等。十、果义。谓佛果四智。菩萨所有功德，皆不离识。故《庄严论》云：真如无境识，是净无漏界等。

如上十义，性相境智教理行果等，皆唯是识，无有一法而非所标，故称群经了义中王，诸圣所依之父。若有遇者，顿息希望，无一法而可求，无一事而不足，全获如来无上之珍宝，宁同荆岫璞中。已探教海秘密之灵珠，岂比骊龙颔下？遂得尽众生之苦际，断烦恼之病原，一念功全，千途自正。是以，《法华经》云：如清凉池，能满一切诸渴乏者。如寒者得火，如裸者得衣，如商人得主，如子得母，如渡得船，如病得医，如闇得灯，如贫得宝，如民得王，如贾客得海，如炬除闇。此《法华经》，亦复如是。能令众生离一切苦，一切病痛，能解一切生死之缚。故知，唯此真实，万法皆空。以此标宗，更无等等。如《观法经》云：彼有菩萨，名曰上首，作一乞士，入城乞食。时有比丘，名曰恒伽，谓乞士言：汝从何来？答：我从真实中来。又问：何谓真实？答曰：寂灭故名为真实。又问：寂灭相中，有所求，无所求耶？答曰：无所求。又问：无所求者，何用求耶？答言：无所求中，吾故求之。又问：无所求中，何用求耶？答：有所求者，一切皆空：得者亦空，著者亦空，实者亦空，来者亦空，语者亦空，问者亦空，寂灭涅槃、一切虚空分界，亦复皆空。吾为如是次第空法，而求真实。故知，若能于法法上求空，则于门门中解脱。若人法问答，言语往来，如宗镜中像，若般若智照。寂灭涅槃，如宗镜中明。所以，若像若明，一切皆空，唯有镜体，恒常披露，遍一切处，未尝出没。故云：吾为如是次第空法，而求真实。即知一切法，皆真实故。无所求中，吾故求之矣。亦是夫求法者，于一切法，应无所求。故融大师云：若有一法可得，即是非时求也。所以《净名经》云：空当于何求？答曰：当于六十二见中求。又问：六十二见，当于何求？答曰：当于诸佛解脱中求。又问：诸佛解脱，当于何求？答曰：当于一切众生心行中求。古释云：空智因于见生，则空智无性。无性故智空，故名空智。邪见因诸佛解脱而有，邪因正生，邪见亦空矣。诸佛解脱，因悟众生心行，则解脱空矣。即约其空体无二，所以互求，理无不遍。释曰：邪正既体本同，空理又未曾暂隐。若于此平等性中，即不须求，为未知者说求耳。如《无生义》云：如经云：愿求诸佛慧，亦不著愿求。求佛慧尚不令贪著，何况其余善法？又，菩萨以离愿求，但众生不知求佛道，菩萨故发愿，只云我愿求佛道。众生因此，方知发心而求佛道，得意自知无所求也。

如上所解，则念念与实相相应，更无余念也。所以《楞伽经》云：一一相相应，远离诸见过。是知，若于诸相，常与实相相应，自然远离诸过，会第一义。清净真心，朗然明彻而无念著，即事即如，唯心直进，即佛之所许，自觉之境矣。故论偈云：自知不随他，寂灭无戏论。无异无分别，是则名实相。

问：此唯识大约有几种？

答：略有二种：一、具分，二、不具分。且具分唯识者，以无性理故，成真如随缘义，则不生灭与生灭和合，非一非异，名阿赖耶识，即是具分。若不全依真心，事不依理，故唯约生灭，便非具分。有云：影外有质，为半头唯识。质影俱影，为具分者，此乃唯识宗中之具分耳。

又，若决定信入此唯识正理，速至菩提。如登车而立至遐方，犹乘舟而坐升彼岸。如《成唯识宝生论》云：谓依大乘，成立三界，但唯是识。释云：如经所说，言大乘

者，谓是菩提萨埵所行之路，及佛胜果。为得此故，修唯识观，是无过失方便正路。为此类故，显彼方便，于诸经中，种种行相而广宣说。如地水火风，并所持物，品类难悉，方处无边。由此审知，自心相现，遂于诸处，舍其外相，远离欣戚。复观有海，喧静无差。弃彼小途，绝大乘望。及于诸有耽著之类，观若险崖，深生怖畏，正趣中道。若知但是自心所作，无边资粮，易为积集，不待多时，如少用功，能成太事，善游行处，犹若掌中。由斯理故，所有愿求，当能圆满随意而转。

宗镜录第五

宋 慧日永明妙圆正修智觉禅师延寿集

夫真心靡易，妙性无生，凡圣同伦，云何说妄？

答：本心湛寂，绝相离言。性虽自尔，以不守性故，随缘染净。

且如一水，若珠入则清，尘杂则浊。又如一空，若云遮则昏，月现则净。故《大智度论》云：譬如清净池水，狂象入中，令其浑浊。若清水珠入，水即清净，不得言水外无象无珠。心亦如是，烦恼入故，能令心浊。诸慈悲等善法入心，令心清净。然垢净不定，真妄从缘。若昧之，则念念轮回，遗失真性。若照之，则心心寂灭，圆证涅槃。故知，真妄无因，空有言说。约真无说，约说无真，皆是狂迷情想建立。千途竞起，空迷演若之头。一法才生，唯现闼婆之影。以含生不穷实际，但徇狂情，则诸圣俯顺机宜，悉同其事。以楔出楔，说妄而从妄旋真。将粗接粗。举相而因相通性。若不执妄，尚不说真。幻影才消，智光息焰。《首楞严经》云：佛告阿难：精真妙明，本觉圆净。非留生死，及诸尘垢，乃至虚空，皆因妄想之所生起。斯元本觉妙明真精，妄以发生，诸器世间，如演若多，迷头认影。妄元无因，于妄想中，立因缘性。迷因缘者，称为自然。彼虚空性，犹实幻生，因缘自然，皆是众生妄心计度。阿难，知妄所起，说妄因缘。若妄元无，说妄因缘，元无所有。何况不知，推自然者？肇法师穷起妄之由，立《本际品》云：夫本际者，即一切众生无碍涅槃之性。何为忽有如是妄心，及种种颠倒者？但为一念迷心。此一念者，从一而起。又此一者，从不思议起。不思议者，即无所起。故经云：道始生一。一者，谓无为。一生二，二谓妄心，乃至三生万法也。既缘无为而有心，复缘有心而有色，故经云种种心色。是以，心生万虑，色起万端，和合业缘，遂成三界种子。所以有三界者，为执本迷真一故，即有浊辱生其妄气者。澄清微为无色界，所谓心也。澄浊辱为色界，所谓身也。散滓秽为欲界，所谓尘境也。故经云：三界虚妄，唯一妄心变化。夫内有一生，即外有无为。内有二生，即外有有为。内有三生，即外有三界。既内外相应，遂生种种诸法，及恒沙烦恼也。故知三界内，无有一法，不从自心生。因心想念，分别造作。如幻术力，变化万物，于外似有发现，现无现性，唯自心生。迷倒之人，执为外境。随境了别，妍丑自分。才生忻厌之情，便起尘劳之迹。故远法师云：本端竟何从，起灭有无际。一微涉动境，成此颓山势。但内一不生，则无诸有。欲塞烦恼之窟穴，截生死之根株，但能内观一念无生，则空华三界，如风卷烟。幻影六尘，犹汤沃雪。廓然无际，唯一真心矣。《进趣大乘方便经》云：佛言：一实境界者，谓众生心体，从本已来，不生不灭。乃至一切众生心，一切二乘心，一切菩萨心，一切诸佛心，皆同不生不灭，真如相故。乃至尽于十方虚空，一切世界，求心形状，无一区分而可得者。但以众生无明痴闇熏习因缘，现妄境界，令生念著。所谓此心不能自知，妄自谓有，起觉知想，计我、我所，而实无有觉知之相，以此妄心毕竟无体，不可见故。若无觉知能分别者，则无十方三世一切境界差别之相，以一切法，皆不能自有，恒依妄心分别故有。所谓一切境界，各各不自念为有，知此为自，知彼为他，是故一切法，不能自有，则无别异，唯依妄心，不了不知，内自无故。谓有前外所知境界，妄生种种法想。谓有谓无，谓好谓恶，谓是谓非，谓得谓失，乃至生于无量无边法想。当如是知：一切诸法，皆从妄想生，依妄心为本。然此妄心，无自相故，亦依境界而有。所谓缘念觉知前境界故，说名为心。又，此妄心与前境界，虽俱相依，起无前后，而此妄心，能为一切境界原主，所以者何？谓依妄心，不了法界一相故。说心有无明，依无明力因，故现妄境界。亦依无明灭，故一切境界灭。非依一切境界自不了故，说境界有无明。亦非依境界故，生于无明。以一切诸佛，于一切境界，不生无明故，又复不依境界灭故，无明心灭。以一切境界从本已来，体性自灭，未曾有故，因如此义，是故但说一切诸法，依心为本。当知一切诸法，悉名为心。以义体不异，为心所摄故。又，一切诸法，从心所起，与心作相，和合而有，共生共灭，同无有住。以一切境界，但随心所缘，念念相续故，而得住持，暂时而有。

如上广引佛言，委曲周细，只为成后学之信，明我自心。《宝藏论》云：古镜照精，其精自形。古教照心，其

心自明。当知一心遍一切心，无尘可异。一切性含一性，有法皆同。无形而廓彻虚空，谁分彼此。搜迹而任穷法界，莫得纤毫。何故众生界中，即今显现？斯则皆因妄念积集熏成。如镜上之尘，似遮光影。若空中之雾，暂混清虚。但有一法现前，皆是自心分别。设当一念才起，尽因幻境牵生。起灭同时，更无前后。若知能所无体，顿悟人空法空。忽了物我无依，始信境寂心寂。

又乃心生非是因彼，境未曾生。心灭亦不因他，境未曾灭。当知境因心起，还逐心亡。但心生非境生，心灭非境灭。似鱼母念鱼子，如蜂王摄众蜂。若鱼母不念，则鱼子亡。蜂王不摄，而众蜂散。是以，有心缘想，万境纵然。无念忆持，纤尘不现。终无心外法，能与心为缘。但是自心生，还与心为相。是以《楞伽经》云：不觉自心所现分剂，不觉内识转变外现为色，但是自心所现。不通达如此分剂，名恶见论。以不知心现，起差别见，故云分剂。

是知，若不于《宗镜》正义之中所有知解，皆是邪道宗党。设形言说，悉堕恶见论议。

此《宗镜》法义，可以凭准，正理无差。可以依行，现前得力。万邪莫回其致，千圣不改其仪。遂能洗惑尘，消滞虑，湛幽抱，豁神襟。独妙绝伦，故无等等。

问：若言有真有妄，是法相宗。若言无真无妄，是破相宗。今论法性宗，云何立真立妄，又说非真非妄？

答：今《宗镜》所论，非是法相立有，亦非破相归空。但约性宗圆教，以明正理，即以真如不变，不碍随缘，是其圆义。若法相宗一向说有真有妄，若破相宗一向说非真非妄，此二门各著一边，俱可思议。今此圆宗，前空有二门俱存，又不违碍，此乃不可思议。若定说有无二门，皆可思议。今以不染而染，则不变随缘。染而不染，则随缘不变。实不可以有无思，亦不可为真妄惑，斯乃不思议之宗趣，非情识之所知。今假设文义对治，只为破其邪执。若情虚则智绝，病差则药消，能穷始末之由，方洞圆常之旨。

故复礼法师问天下学士真妄偈云：真法性本净，妄念何由起。从真有妄生，此妄安可止？无初即无末，有终应有始。无始而无终，长怀懵兹理。愿为开玄妙，析之出生死。澄观和尚答云：迷真妄念生，悟真妄则止。能迷非所迷，安得全相似。从来未曾悟，故说妄无始。知妄本自真，方是恒常理。分别心未亡，何由出生死？宗密禅师释云：大乘经教，统唯三宗：一、法相宗，二、破相宗，三、法性宗。今此问，是法性宗中，啮镞关节，不问二宗。若法相宗，所说一切有漏妄法、无漏净法，无始时来，各有种子。在阿赖耶识中，遇缘熏习，即各从自性起，都不关真如，谁言从真生妄也？彼说真如，一向无为寂灭，无起无止，不可难他，从真有妄生也。若破相宗，一向说凡圣、染净，一切皆空，本无所有。设见一法过涅槃者，亦如幻梦。彼且本不立真，何况于妄？故不难云从真有妄也。唯疑法性宗，以此宗经论，言依真起妄者，如云法身流转五道、如来藏受苦乐等。言悟妄即真者，如云初发心时，即成阿耨菩提，知妄本自真，见佛即清净等。

又言凡圣混融者，如云一切众生本来成正觉，般涅槃毗卢遮那身中，具足六道众生等，真妄相即。虽说烦恼菩提无有始终，又说烦恼终尽，方名妙觉。《华严》、《起信》等经论，首末之文，义宗有碍，自语相违，拟欲拣之，不可取一舍一。欲合之，又难会。俱用之，又相违。试问天下学士：有达者，即知真入道。若诸师所答，悉迷问意。皆约泯相归理而说，都不识他所问从真起妄之由、修妄证真之理。然迷真起妄，盖有因由。息妄归真，非无所以。复礼法师，岂不知真妄俱寂，理事皆如。如寂之中，何有问答？然有二门，义理易辩，即无违妨。一者，一向说有妄可断，有真可证。二者，一向说非真非妄，无凡无圣。此二门，皆可思议。故《胜鬘经》云：众生自性清净心，无烦恼所染。不染而染，染而不染，皆云难可了知。复礼正问此义，诸师所答，但说无垢染耳。唯观和尚所答，约真如不变，不碍随缘，方为契当。今宗密试答曰：本净本不觉，由斯妄念起。知真妄即空，知空妄即止。止处名有终，迷时号无始。因缘如幻梦，何终复何始。此是众生原，穷之出生死。又，人多谓真能生妄，故疑妄不穷尽。为决此理，重答前偈：不是真生妄，妄迷真而起。知妄本自真，知真妄即止。妄止似终末，悟来似初始。迷悟性皆空，性空无终始。生死由此迷，达此出生死。又约始终，有四句分别：一、有始无终，即是始觉。二、有终无始，即是无明。三、无终无始，谓实际。四、有始有终，是一期生死。又释云：无始而有终，长怀懵斯理者，即法相事，而例难之。今云有妄即真，则同无终始。若分别说，应有四句：真理则无终无始，妄念则无始有终，真智则无终有始，瞥起妄念有终有始。若约圆融，同无终始，既无终始，亦复无有无终无始，唯亡言绝想，可会斯玄。

详上答意，深合圆宗。于随缘门，初即迷真起妄，后乃悟妄即真。于迷悟中，似分终始。约不变门，妄自本空，谁论前后？真俗无性，凡圣但名，譬如迷绳作蛇，疑杌为鬼。真谛非有，世谛非无，二谛相成，不堕邪见。是以，俗谛不得不有，有常自空。真谛不得不空，空恒彻有。今时学者，多迷空有二门，尽成偏见。唯尚一切不立，拂迹归空，于相违差别义中，全无智眼。既不辩惑，何以释疑？故云：涅槃心易晓，差别智难明。若能空有门中，双遮双照。真俗谛内，不即不离。方可弘法为人，绍隆觉位。

问：法相、法性二宗，如何辩别？

答：法相多说事相，法性唯谈理性。如法相宗，离第八识，无眼等诸识。若法性宗，离如来藏，无有八识。若真如不守自性，变识之时，此八识，即是真性上随缘之义。或分宗辩相，事则两分。若性相相成，理归一义，以不变随缘，随缘不变故。如全波之水，全水之波。动静似分，湿性无异。

《清凉记》引《密严经》偈云：如来清净藏，世间阿赖耶。如金与指镮，展转无差别。即赖耶体，是如来藏。与妄染合，名阿赖耶，更无别体。又，金色如指镮，金体即金。然此上异，总有四句：一、以本成末，本隐末存。

此即存隐不异，故云以妄无体，揽真而起，则真无不隐，唯妄现也。二、摄末归本。末尽本显。此即显灭明不异故，故云以真体实，妄无不尽，唯真现也。三、摄本从末末存，摄末归本本显。此则两法俱存，但真妄有异，即有真有妄，明不异故。故云是即无体之妄，不异体实之真，故云无有异也。四、摄本从末本隐，是不无义。摄末归本末尽，是不有义。此则不有不无明不异，亦是末后二句。

又，非异故非边，不一故非中，非中非边是无寄法界，妙智所证，湛然常住，无所寄也。又，非一即非异，故恒居边而即中等。又，非一即生死，非异即涅槃，非一即非异，故恒住生死、即处涅槃等。亦可众生迷，故成阿赖耶。如来悟，故成如来藏。如金随工匠缘成时，展作指镮。如指镮随炉火缘坏时，却复为金。成坏展转，但是一金，更无差别。如来藏心，亦复如是：但随染缘之时，迷作阿赖耶。随净缘之时，悟成如来藏。本末展转，唯是一心，毕竟无别。如《无生义》云：众生身中有涅槃，即是末中含有本。众生是涅槃家用，即是本中含有末。贪欲即是道，即是末中含有本。贪欲即是道家用，即是本中含有末。故经言：一切凡夫，常在于定。

问言：常在何定？

答言：以不坏法性三昧故，此是末中含有本。法性中含有众生，即是本中含有末。《大品经》言：不可离有为说无为，不离无为说有为。

又，末即是本，本即是末义。如波即是水，水即是波。如经言：生死是涅槃，无灭无生故。

又，《楞伽经》云：真识现识，如泥团微尘等。乃至大慧，若泥团微尘异者，非彼所成，而实彼成，是故不异。若不异者，泥团微尘，应无差别。如是，转识藏识真相若异者，藏识非因。若不异者，转识灭，藏识亦应灭，而自真相实不灭。是故，非自真相灭，但业相灭耳。此中真相是如来藏，转识是七转识，藏识是赖耶。

又云：诸识有三种相：谓转相、业相、真相。此二种相，通于八识：谓起心名转，八俱起故，皆有生灭，故名转相。动则是业，如三细中，初业相故，八识皆动，尽名业相。八之真性，尽名真相。故经云：略说有三种识，广说有八种相。何等为三？谓真识、现识、分别事识。约不与妄合如来藏心，以为真识，现即第八。经云：譬如明镜，持众色像。现识处现，亦复如是。余七皆名分别事识，经云若异者，藏识非因者，谓三若异藏识，则应不用真相及转识为因。既以转识熏故，真识随缘而成藏识，则知不异，非以藏识为二识因。故经云：非自真相灭，但业相灭，斯则三事备矣。经喻中有三：一尘、二水、三泥。以水和尘，泥团方成。以业熏真相，业识便生。经云若自真相灭者，藏识则灭者，反显藏识，以真妄和合而成。但其妄灭，而真体不无。

又，自真相者，晓法师释云：本觉之心，不藉妄缘。性自神解，名自真相。约不一义说。

又，随无明风作生灭时，神解之性与本不异，亦名自真相，是依不异义说。又，经云：如来藏为无始恶习所熏，名为藏识。

又云：大慧，如来藏是善不善因，能遍兴一切趣生。譬如技儿，变现诸趣。是以诸教，皆如来藏为识体。故知，心性即如来藏，此外无法。《唯识论》偈云：又诸法胜义，亦即是真如。常如其性故，即唯识实性。明知天亲亦用如来藏而成识体，但后释论之人，唯立不变，则过归后人。

以要言之，总上诸义，皆是真妄和合，非一非异，能成一心二谛之门，不堕断常处中妙旨，事理交彻，性相融通，无法不收，尽归《宗镜》。

问：真妄二心，行相各异，如何融会，得人法性之圆宗？

答：但了妄念无生，即是真心不动。此不动之外，更无毫牦法可得。如经云：预流一来果，不还阿罗汉。如是诸圣人，皆依心妄有。《大般若经》云：复次善现，甚深般若波罗蜜多，分析诸法，过极微量．竟不见有少实可得，故名般若波罗蜜多。

又，真妄无体，但有名字。名字无体，皆依言说。言说性空，俱无起处。则一切言语，悉皆平等。一切诸法，悉皆真实。所以《胜思惟梵天所问经》云：梵天谓文殊言：仁者所说，皆是真实。文殊曰：善男子，一切言说，皆是真实。问曰：虚妄言说，亦真实耶？答曰：如是。何以故？善男子，是诸言说，皆为虚妄，无处无方。若法虚妄，无处无方，即是真实。以是义故，一切言说，皆是真实。善男子，提婆达多所有言说，与如来语无异无别，何以故？诸有言说，皆是如来言说，不出如故。诸有言语所说之事，一切皆以无所说故，得有所说。

又，《辅行记》释一念心以成观境，此有二义：一者，以禅为境，不同世心。二者，即此境心，复须离著，向辩禅心。既言一念，一多相即，为是何等一心能具？故简示云：不得同于妄计一念，能了妄念无一异相，达此无相具一切心，三千具足，方能照于一多相即。此据初心习观之人，恐滥于妄情境观，是故，应须简示入门。若据理论，无非法界，亦何隔于取著妄情？以念本自空，妄不可得，故为执有者，令观空耳。

又，先德云：未念之时，念则未生，未生则是不有，不有之法，亦无自相。现在之念，从缘而生，念若自有，不应待缘，待缘生故，即无自体。故知，心无自性，缘起即空。如欲断其流，但塞其源。欲免其生，但断其根。不用多功，最为省要。故《通心论》云：夫缚从心缚，解从心解。缚解从心，不关余处。出要之术，唯有观心。观心得悟，一切俱了。是故，智者先当观心，观心得净，返观自心。欺诳不实，如幻如化。躁扰不住，又如猿猴。腾跃奔掷，犹如野马。无始无明，历劫流浪，不知何由得出。若能如是观心过患，又推诸境，境无自性，由见而有，不见即无。又推见处，见无自性，由心有动，不动即无。又推动心，动无自性，独由不觉，觉则不动。又推不觉，无有根本，直是无始虚习，念念自迷，无念真心，一无所有。《论》云：如人迷故，谓东为西，方实不转。众生亦尔，无明迷故，谓心为动，心实不动。若能观心，知心无起。即得随顺，入真如门。当知所有皆是虚妄心念而生。心有即有，心无即无。有无从心，弥须自觉。勿不自觉，为心自欺。既知心诳，更勿留心。好恶是非，一时都放，则心无住处。心无住处，则无有心。既无有心，亦无无心。有无总无，身心俱尽。身心尽故，泯齐万境。万境无相，合本一冥。冥然玄照，照无不寂。以寂为体，体无不虚。虚寂无穷，通同法界。法界缘起，无不自然。来无所从，去无所至。

又，法无定相，真妄由心。起尽同原，更无别旨。所以古师广释真妄交彻之义云：夫真妄者，若约三性：圆成是真，遍计为妄。依他起性，通真通妄，净分同真，染分为妄。约遍计为妄者，情有即是理无，妄彻真也。理无即是情有，真彻妄也。若染分依他为妄者，缘生无性，妄彻真也。无性缘成，真彻妄也。若约随俗说真妄者，真妄本虚，则居然交彻。真妄皆真，则本来一味。故知，真妄常交彻，亦不坏真妄之相。则该妄之真，真非真而湛寂。彻真之妄，妄非妄而云兴。如水该波而非水，湿性凝停。波彻水而非波，洪涛汹涌。则不存不泯，性相历然。一一融通，重重交彻。无障无阂，体用相收。入宗镜中，自然法尔，故先德云：然其真妄所以交彻者，不离一心。故《禅原集》云：谓一切凡圣根本，悉是一法界心，性觉宝光，各各圆满。本不名诸佛，亦不名众生，秖以此心灵妙自在，不守自性，随迷悟之缘，成凡圣之事。又虽随缘，而不失自性，常非虚妄，常无变异，不可破坏，唯是一心，遂名真如。故此一心，常具二门，未曾暂阙。秖随缘门中，凡圣无定，谓本来未曾觉悟，故说烦恼无始。若修证即烦恼断尽，故说有终。然实无别始觉，亦无不觉，毕竟平等，故此一心，常具真如、生灭二门。

又，真妄各有二义：一、真有不变、随缘二义，二、妄有体空、成事二义。谓由真不变，故妄体空，为真如门。由真随缘，故妄识成事，为生灭门。以生灭即真如，故诸经说无佛无众生，本来涅槃，常寂灭相。又以真如即生灭，故经云：法身流转五道，号曰众生。既知迷悟凡圣，在生灭门，今于此门，具彰凡圣二相，即真妄和合，非一非异，名阿赖耶识。此识在凡，本来常有觉与不觉二义：觉是三乘贤圣之本，不觉是六道凡夫之本。今推此不觉之心无体，则真觉之性现前。《宝积经》云：佛言：菩萨如是求心，何者是心？若贪欲耶，若瞋恚耶，若愚痴耶？若过去、未来、现在耶？若心过去，即是灭尽。若心未来，未来未至。若心现在，则无有住。是心非内非外，亦非中间。是心无色，无形无对，无识无知，无住无处。如是心者，十方三世一切诸佛，不已见，不今见，不当见。若一切佛过去来今而所不见，云何当有？但以颠倒想故，心生诸法种种差别。是心如幻，以忆想分别故，起种种业，受种种身。乃至如是迦叶，求是心相而不可得。若不可得，则非过去、未来、现在。若非过去、未来、现在，则出三世。若出三世，非有非无。若非有非无，即是不起。若不起者，即是无性。若无性者，即是无生。若无生者，即是无灭。若无灭者，则无所离。若无所离者，则无来无去、无退无生。若无来无去、无退无生，则无行业。若无行业，则是无为。若无为者，则是一切诸圣根本。《持世经》云：菩萨尔时作是念，世间甚为狂痴。所谓从忆想分别识，起于世间，与心意识合，三界唯皆是识。是心意识，亦无形无方，不在法内，不在法外。凡夫为虚妄相应所缚，故于识阴中贪著于我，若我所。《金刚三昧经》云：知诸名色，唯是痴心分别。痴心分别诸法，更无异事出于名色。知法如是，不随文语，心心于义，不分别我。论释云：此明方便观，于中有二：一、明唯识寻思。更无异事出于名色者，名谓四蕴，色是色蕴，诸不相应，皆假建立。离此名色，更无别体，故诸有为之事，皆为名色所摄。如是诸法，唯心所作，离心无境，离境无心，如是名为唯识寻思。二、显如实智。知法如是，不随文语者，是名寻思所引，如实智故。心心于义，不分别我者，是义寻思所引，如实智故。人法二我，皆无有义，所以于中，不分别故。此真妄二心，情分二种，智了唯一。一二俱亡，方入宗镜。所以《维摩经》云：妙臂菩萨曰：菩萨心、声闻心为二。观心相空如幻化者，无菩萨心，无声闻心，是为入不二法门。故知，既以无心现心，则无法现法。何者？以一切境界，随念而生。念既本空，法复何有？如《大法炬陀罗尼经》云：佛言：憍尸迦，若人来问今此大众，食调众具，须功几何？彼问如是，汝云何答？天帝释言：世尊，我无所报。何以故？世尊，今我此处，三十三天，凡是所须衣食众具，随念现前，非造作故。佛言：憍尸迦，一切诸法，亦复如是，皆住心中，随所念时，即得成就。憍尸迦，犹如卵生诸众生等，但以心念，即便受生。一切诸法，亦复如是，皆由心念，法即现前。憍尸迦，又如一切湿生之类，所谓鱼鳖鼋虬，坻弥宜罗，此等皆是卵生所摄。此等或唯行一由旬，或二由旬，或至三四，或复过七，达彼地已，安处己卵，不令疲乏，故能成熟。憍尸迦，此三藏教，亦复如是，随忆念时，彼业现前。次第不乱，相续不断。与彼句义，和合相应。

又，《佛地论》云：三十三天，有一杂林，诸天和合福力所感。令诸天众，不在此林宫殿等事，共乐等受，胜劣有异，有我我所，差别受用。若在此林，若事若受，都无胜劣，皆同上妙，无我我所，和合受用，能令平等和合受用，故名杂林。此由诸天，各修平等和合福业，增上力故，令彼诸天阿赖耶识变现此林，同处同时，同一相状，由此杂林，增上力故，令彼转识亦同变现，虽各受用，而谓无别。是以，若达诸法，皆心想生，即从世俗门，入圣行处。如《无尽意菩萨经》云：尔时舍利弗，问无尽意：唯善男子，从何处来，佛号何等，世界何名，去此近远？无尽意言：唯舍利弗，有来想耶？舍利弗言：唯善男子，我知想已。无尽意言：若知想者，应无二相。何缘问言，从何处来？唯舍利弗，有来去者，为和合义。如和合相，是无合不合。无合不合，即不去来。不去来者，是圣行处。《佛藏经》云：佛言：舍利弗，随所念起一切诸想，皆是邪见。舍利弗，随无所有，无觉无观，无生无灭，通达是者，名为念佛。《海龙王经》云：佛言：大王，一切诸法，皆从念兴。随其所作，各各悉成。诸法无住，亦无有处。《大智度论》云：菩萨云何观心念处？菩萨观内外心，是内心有三相：生，住，灭。作是念：是心无所从来，灭亦无所至，但从内外因缘和合生。是心无有定实相，亦无实生住灭，亦不过去、未来、现在世中。是心不在内，不在外，不在中间。是心亦无性无相，亦无生者，无使生者，外有种种杂六尘因缘，内有颠倒心想生灭相续，故强名为心，如是心中，实心相不可得。是心性不生不灭，常是净相，客烦恼相著故，名为不净心，心不自知。何以故？是心心相空故，是心本末无有实法，是心与诸法无合无散，亦无前际、后际、中际，无色、无形、无对，但颠倒虚诳生。是心空，无我无我所，无常无实，是名随顺心观知心相无生，入无生法中。何以故？是心无生、无性、无相，智者能知。智者虽观是心生灭相，亦不得实生灭法。不分别垢净，而得心清净，以是心清净故，不为客尘烦恼所染。如是等，观内心，观外心。观内外心亦如是。故知，法本不有，因心故生。离忆想而无法可成，除分别而无尘可现。又，反观忆想分别，毕竟无生。从三际求，求之不见。向十方觅，觅之无踪。既无能起之心，亦无所灭之迹，起灭俱离，所离亦空。心境豁然，名为见道。于见道中，相待之真妄自融，对治之能所皆绝，能所尽处，自然成佛。如《华严论》云：此经云：以少方便，疾得菩提。不同权教菩萨，同有为故，立能证所证也。一念之间，无有能所，能所尽处，名为正觉。亦不同小乘，灭能所也，了能所本无动故。此乃任法性故，动寂皆平。为本智非动寂故，妄谓为动。愚夫不了，弃动而求寂，为大苦也。故《维摩经》云：五受阴洞达空，为苦义。为小乘有忻厌故，即苦生。

问：此说真妄二心，为是法相宗，为是法性宗？

答：准《华严演义》云：论云三界虚妄，但是一心者，若取三界虚妄，即是所作，便属世谛。今取能作，为第一义。论释唯是能作。今经云三界唯心转者，则通能所。然能所有二：若法性宗中，以第一义随缘成有，即为能作。所有心境，皆通所作。以不思议熏，不思议变，是现识因故。若法相宗，第一义心，但是所迷，非是能作。有三能变，谓第八等。《唯识论》云：又复有义，大乘经中说三界唯心，唯是心者。但有内心，无色香等外诸境界。此云何知？如《十地经》说：三界虚妄，但是一心作。故心意与识及了别等，如是四法，义一名异。此依相应心说，非不相应心说。心有二种：一、相应心，所谓一切烦恼结使，受想行等，皆心相应。以是故言：心意与识及了别，义一名异故。二、不相应心，所谓第一义谛，常住不变，自性清净心。故言：三界虚妄，但一心作。是相应心，今依法性，故云第一义心，以为能作。言转者，起作义，亦转变义。

问：如上所说，真妄二心，但是文理会归。何方便门，得亲见性？

答：妄息心空，真知自现。若作计校，转益妄心。但妙悟之时，诸缘自绝。

如古佛悟道颂云：因星见悟，悟罢非星。不逐于物，不是无情。

又，《宝藏论》云：非有非空，万物之宗。非空非有，万物之母。出之无方，入之无所。包含万有，而不为士。应化万端，而不为主。道性如是，岂可度量？见性之时，自然披露。所以古偈云：妄息寂则生，寂生知则现。知生寂已舍，了了唯真见。

又，《信心铭》云：前际如空，知处迷宗。分明照境，随照冥蒙。一心有滞，万法不通。去来自尔，不用推穷。

如学人问黄蘗和尚：秖如目前虚空，可不是境。岂无指境见心？

答：甚么心向境上见？设尔得见，元来秖是照境心。如人以镜照面，纵得眉目分明，元来秖是影像，何关汝事？

问：若不因照，如何得见？

答：若涉因，常须假物，有甚么了时？汝不见道：撒手似君无一物，徒劳谩说数千般。

问：他若识了，照时亦无物？

答：若是无物，更何处得照？汝莫开眼寱语。师云：百种多知，不如无求最第一道人。

宗镜录第六

宋 慧日永明妙圆正修智觉禅师延寿集

夫《宗镜》本怀，但论其道。设备陈文义，为广被群机。同此指南，终无别旨，窃不可依文失其宗趣。若悟其道，则可以承绍，可以传衣。如有人问南泉和尚云：黄梅门下有五百人，为甚么卢行者独得衣钵？师云：只为四百九十九人皆解佛法，只有卢行者一人不解佛法，只会其道，所以得衣钵。

问：只如道如何会？

答：如本师云：如来道场所得法者，是法非法，亦非非法。我于此法，智不能行，目不能见，无有行处，慧所不通，明不能了，问无有答。

又，古人云：此事似空不空，似有不有，隐隐常见，只是求其处所不可得。是以，若定空，则归断见。若实有，则落常情。若有处所，则成其境。故知，此事非心所测，非智所知。如香严和尚颂云：拟议前后，安置中边。不得一法，没溺深泉。都不如是，我我现前。十方学者，如何参禅？若道如是，岂可会耶？所以古人云：直须妙会始得。斯乃不会之会，妙契其中矣。故先圣悟道颂云：有无去来心永息，内外中间都总无。欲见如来真佛处，但看石羊生得驹。如此妙达之后，道尚不存。岂可更论知解，会不会之妄想乎？如古德偈云：劝君学道莫贪求，万事无心道合头。无心始体无心道，体得无心道也休。先洞山和尚偈云：者个犹不是，况复张三李？真空与非空，将来不相似。了了如目前，不容毫发拟。只如云者个犹不是，岂况诸余狂机谬解？所以经云：心不系道，亦不结业。道尚不系，降兹可知。入《宗镜》中，自然冥合。

问：觉体不迁，假名有异。凡圣既等，众生何不觉知？若言不迷，教中云何说有迷悟？

答：只为因本觉真心，而起不觉。因不觉，故成始觉。如因地而倒，因方故迷。又因地而起，因方故悟。则觉时虽悟，悟处常空。不觉似迷，迷时本寂。是以，迷悟一际，情想自分，为有虚妄之心，还施虚妄之药。经云：佛言：我说三乘十二分教，如空拳诳小儿。是事不知，号曰无明。祖师偈云：如来一切法，除我一切心。我无一切心，何须一切法？故知，己眼若开，真明自发，所治之迷悟见病既亡，能治之权实法药自废。

夫悟此法者，非假他智与异术也。或直见者，如开藏取宝，剖蚌得珠，光发襟怀，影含法界。如经颂云：如人获宝藏，永离贫穷苦。菩萨得佛法，离垢心清净。或不悟者，自生障碍。故《通心论》云，真常不易，封生灭者自移。至理圆通，执方规而致隔。此悉迷自性，但逐依通，应须己眼圆明，不随他转。如融大师颂云：瞎狗吠茅丛，盲人唱贼虎。循声故致迷，良由目无睹。若得心开照理之时，诸见皆绝。不见佛法是，不见世法非，以自性中，言思道断故。如云：无所是是菩提，不应安佛菩提于有所是边。如今但不用安置，体自虚玄。如瑠璃宝器随所在处，不失其性。若识得此事，亦复如是。任是一切凡圣胜劣之色，影现其中，其性不动。不知此事之人，即随前色变，分别好丑，而生忻戚。所以祖师云：随流认得性，无喜复无忧。

《起信论》云：心生灭门者，谓依如来藏。有生灭心转，不生灭与生灭和合，非一非异，名阿赖耶识。有二种义：谓能摄一切法，能生一切法。复有二种义：一者觉义，二者不觉义。言觉义者，谓心第一义性，离一切妄念相，离一切妄念相故，等虚空界，无所不遍，法界一相，即是一切如来平等法身。依此法身，说一切如来为本觉，以待始觉，立为本觉。然始觉时，即是本觉，无别觉起。立始觉者，谓依本觉有不觉。依不觉故，说有始觉。又，以觉心原故，名究竟觉。不觉心原故，非究竟觉。乃至为有妄想心故，能知名义，为说真觉。若无不觉之心，则无真觉自相可说。《疏》释云：若随染随流成于不觉，则摄世间法。若不变之本觉，及返流之始觉，则摄出世间法。《钞》解云：于本始二觉中论摄法者，若本觉所摄，即是大智慧光明义，遍照法界义，真实识知义等。若始觉所摄，即是三明八解脱，五眼六神通，十力四无畏，十八不共法等。然此据实即同，义言且异。故疏云：于生灭门中，随流不觉，返流始觉，于义用则摄法不同。若真如门中，则镕融含摄，染净不殊。谓以一真如理融之，使染即非染，净即非净，即染即净，深为一味，故不殊也。

如《论》云：一切诸法，从本已来，离言说相，离名字相，离心缘相，毕竟平等，无有变异，不可破坏。唯是一心，故名真如。是知，随觉不觉之缘，似生染净，缘生无性，染净俱虚。又云：离言说相，岂可以言谈？离心缘相，岂可以心度？实谓心言路绝，唯证相应耳。且夫凡言说者，从觉观生，是共相和合而起。分别者，因意识生，是计度比量而起。以要言之，皆因不觉，教观随生。若无不觉之心，一切诸法，悉无自相可说，除方便门而为开示，究竟指归无言之道。故《论》云：若离不觉之心，则无真觉自相可说。以觉对不觉说，共相而转。若无不觉，觉无自相，如独掌不鸣，思之可见。乃至染净诸法，悉亦如是，皆相待有，毕无自体可说。如离长何有短，离高何有低？若入《宗镜》中，自然绝待。

又，《钞》中问：生灭真如，各摄诸法。未审摄义，为异为同？

答曰：异也。何者？生灭门中名为该摄，真如门中名为融摄。该摄故，染净俱有。融摄故，染净俱亡。俱亡故，一味不分。俱有故，历然差别。《摩诃衍论》云：此二觉，有二门：一者略说本觉安立门，二者略说始觉安立门。本觉门中，则有二门：一者清净本觉门，二者染净本觉门。始觉门中，又有二门：一者清净始觉门，二者染净始觉门。云何名为清净本觉？本有法身，从无始来，具足圆满，过恒沙德，常明净故。云何名染净本觉？自性清净心，受无明熏，流转生死无断绝故。云何名为清净始觉？

无漏性智，出离一切无量无明，不受一切无明熏故。云何名为染净始觉？般若受无明熏，不能离故。如是诸觉，皆智眷属，当证何理，以为体分？谓性真如、及虚空理。如是二理，各有二种。云何名为二种真如？一者清净真如，二者染净真如。虚空之理，亦复如是。云何名为清净真如？二种净觉所证真如，离熏习故。云何名为染净真如？二染净觉所证真如，不离熏故。虚空之理，亦复如是。以何义故，强名本觉，字事差别，其相云何？颂曰：本觉各有十，体虽同字事。各各差别故，谓根明等义。论曰：本觉各有十。云何为十本？一者根字事本。本有法身，能善住持一切功德。譬如树根，能善住持一切枝叶及华果等，不坏不失故。二者本字事本。本有法身，从无始来，自然性有，不从始起故。三者远字事本。本有法身，其有德时，重重久远无分界故。四者自字事本。本有法身，我自成我，非他成我故。五者体字事本。本有法身，为诸枝德作依止故。六者性字事本。本有法身，不转之义常建立故。七者住字事本。本有法身，住于无住无去来故。八者常字事本。本有法身，决定实际无流转故。九者坚字事本。本有法身，远离风相，坚固不动若金刚故。十者总字事本。本有法身，广大圆满无所不遍，为通体故，是名为十。云何十觉？一者镜字事觉。萨般若慧，清净明白无尘累故。二者开字事觉。萨般若慧，通达现了，无障碍故。三者一字事觉。萨般若慧，独尊独一，无比量故。四者离字事觉。萨般若慧，自性解脱，出离一切种种缚故。五者满字事觉。萨般若慧，自具足无量种种功德，无所少故。

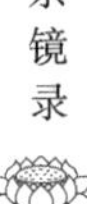

六者照字事觉。萨般若慧，放大光明，遍照一切无量境故。七者察字事觉。萨般若慧，常恒分明，无迷乱故。八者显字事觉。萨般若慧，清净体中，净品眷属悉现前故。九者知字事觉。萨般若慧，于一切法无不穷故。十者觉字事觉。萨般若慧，所有功德，唯有觉照，无一一法而非觉故，是名为十。如是十种本觉字义，唯依一种本性法身，随义释异，据其自体，无别而已。此中所说，二本觉中，当何本觉？谓清净本觉，非染净本觉。染净本觉字义差别，其相云何？颂曰：染净本觉中，或各有十义。前说十事中，各有离性故。论曰：此本觉中，或各有十。所以者何？前十义中，各有不守自性义故。字事配属，依向应知。如是二觉，同耶异耶？非同同故，非异异故，以此义故，或同或异，或非是同，或非是异，是故皆是皆非而已。以何义故强名始觉？字事差别，其相云何？颂曰：从无始已来，无有惑乱时。今日始初觉，故名为始觉。论曰：从无始来，始觉般若。无惑乱时，而无惑时。今日始初觉，故名始觉。如是始觉前惑后觉，则非始觉。而无惑时理常现，今常初故为始觉。如是始觉。二始觉中当何始觉耶？谓清净觉，非染净觉。染净始觉字事差别，其相云何？颂曰：清净始觉智，不守自性故。而能受染熏，故名染净觉。虽无惑时，而不守自性故，能受染熏，随缘流转，以此义故，是故名为染净始觉。以何义故强名真如？字事差别，其相云何？颂曰：性真如理体，平等平等一。无有多相故，故名为真如。论曰：性真如理，平等平等，虽同一相，亦无一相，亦无多相。无一相故，远离同缘。

无多相故，远离异缘。以此义故，名为真如。如是真如，二种净智亲所内证。

复次，真如各有十义，一者根字事真，乃至第十总字事真。如是十真十种本义，相应俱有，不相舍离，是故同名表示而已。云何十如？一者镜字事如，乃至第十觉字事如。如是十觉义，相应俱有，不相舍离故，是故同名表示而已。所以者何？十种真理，本有法身，有德方便。十真如理，萨般若慧，有觉方便。以此义故，更重言词，作如是示。此中所说二真如中，当何真如？谓清净真如，非染净真如。染净真如，字事差别，其相云何？颂曰：清净真如理，不守自性故。而能受染熏，名染净真如。论曰：清净真如，从无始来，平等平等，自性清净。不生不灭，亦无去来，亦无住所。而真如理性，不守自性故，随缘动转，是故名为染净真如。如是真如，二染净智，亲所内证，相应俱有，不相舍离。如是等义，观前所说，比类应知，以何义故，强名虚空。字事差别，其相云何？虚空有十义，其体虽同，义事各各差别故，谓无碍等事。论曰：性虚空理，有十种义：一者无障碍义，诸色法中，无障碍故。二者周遍义，无所不至故。三者平等义，无拣择故。四者广大义，无分际故。五者无相义，绝色相故。六者清净义，无尘累故。七者不动义，无成坏故。八者有空义，灭有量故。九者空空义，离空著故。十者无得义，不能执故，是名为十。如是十事，义用差别。若据其体，无别而已。此虚空理，二种净智，亲所内证，相应俱有，不相舍离。二虚空中，当何虚空？谓清净虚空，非染净虚空。染净虚空，字事差别，其相云何？颂曰：清净虚空理，不守自性故。而能受熏习，名染净虚空。论曰：清净虚空，具足十德。亦无染相，亦无净相。而虚空性，不守自性故，能受染净熏，随缘流转，是故名为染净虚空。

又，《起信论疏》云：本觉者，以对始故，说之为本。言离念者，离于妄念，显无不觉也。等虚空等者，非唯无不觉之闇，乃有大智慧光明义等故也。虚空有二义，以况于本觉：一、周遍义。谓横遍三际，竖通凡圣，故云无所不遍也。二、无差别义。谓在缠出障，性恒无二，故法界一相也。欲明觉义，出缠相显，故云即是如来平等法身。既法身之觉，理非新成，故云依此法身，说名本觉。《无性摄论》云无垢无罣碍智名为法身，《金光明经》名大圆镜智为法身等，皆此义也。何以故者，责其立名，有二责意：一云上开章中直云觉义，何故今结，乃名本觉？二云此中既称本觉，何故论中，直云觉耶？进退责也。释云：以对始故，说之为本，答初意也。以始即同本，以至心原时，始觉即同本觉，无二相故。是故，论中但云其觉，答后意也。良以本觉随染，生于始觉。还待此始觉，方名本觉。故云本觉者，对始觉说也。然此始觉，是本觉所成。还契心原，融同一体，方名始觉，故云以始觉即同本也。

问：若始觉异本，即不成始也。若始同本，即无始觉之异。如何说言，对始名本？

答：今在生灭门中，约随染义，形本不觉，说于始觉。而实始觉至心原时，染缘既尽，始本不殊，平等绝言，即真如门摄也。是故，本觉之名，在生灭门中，非真如门也。第二始觉者，牒名依本觉有不觉者，明起始觉之所由，谓即此心体，随无明缘，动作妄念，而以本觉内熏习力故，渐有微觉厌求，乃至究竟还同本觉，故云依本觉。是以，依本觉有不觉，依不觉有始觉也。论云：本觉随染生智净相者，即此始觉也。此中大意，明本觉成不觉，不觉成始觉，始觉同本觉。同本觉故，即无不觉。无不觉故，即无本觉。无本觉故，平等平等，离言绝虑。是故，佛果圆融，萧然无寄。尚无始本之殊，何有三身之异？但随物心现，故说报化之用耳。

又，今约真如则是本觉，无明则是不觉。真如有二义：一、不变，二、随缘。无明亦二：一、无体即空，二、有用成事。此随缘真如，及成事无明，各有二义：一、违自顺他，二、违他顺自。无明中，初违自顺他有二：一、能返对诠示性功德，二、能知名义而成净用。违他顺自亦二：一、覆真理，二、成妄心。真如中，违他顺自有二：一、翻对妄染显自德，二、内熏无明起净用。违自顺他亦二：一、隐自真体，二、显现妄法。由无明中返对诠示义，及真如中翻妄显德义，从此二义，得有本觉。又由无明中能知名义，及真如中内熏义，从此二义，得有始觉。又由无明中覆真义，真如中隐体义，得有根本不觉。又由无明中成妄义，及真如中现妄义，得有枝末不觉。觉与不觉，若镕融总摄，唯在生灭一门也。真如门，约体绝相说。本觉门，约性德说。大智慧光明义等名觉，本者，性义。觉者，是智慧心。《钞》释云：真中不变，妄中体空，成真如门。真中随缘，妄中成事，成生灭门。乃至一切净缘分剂法相，属于二觉。一切染缘分剂法相，属二不觉。又于中净法之体，属于本觉。净法之用，属于始觉。又染法之体，属根本不觉。染法之相，属枝末不觉。又，始觉是末，不离本觉之本。论云：始觉者，即同本觉。又云：而实无有始觉之异，乃至平等同一觉故。枝末不觉，不离根本不觉。论云：当知无明能生一切染法，以一切染法，皆是不觉相故。然斯二觉，但是体用之异。本末二不觉，但是粗细之异。岂可离体有用，离细有粗者哉？

又，众生根本迷有二：一、迷法。谓无明住地，迷覆法体。所言法者，谓众生心，名为蔽意，故此无明迷真之初，妄惑之本。二、迷义。通四住惑，由前痴故，迷覆因缘无我之义，妄立诸法。所迷诸法，有内有外：谓憍慢邪见，此依迷内。妄立我法，自高陵物，爱念邪见，此依迷外。妄谓我所及外境界，而生贪爱，如渴鹿驰焰，痴猿捉月。无而横计，枉入苦轮。总自迷心，更非他咎。杜正伦云：心是如来之言，高推圣地。身即菩提之说，自隔凡伦。不悟夫功德无量，唯在方寸之中。相好宛然，不出阴界之外。又，碑词云：法性平等，实慧虚通。我同于异，人异于同。不坏于有，无取于空。道非心外，佛即心中。

问：不觉妄心，元无自体。今已觉悟，妄心起时无有初相，则全成真觉。此真觉相，为复随妄俱遣，为当始终建立？

答：因妄说真，真无自相。从真起妄，妄体本虚。妄既归空，真亦不立。《起信论》云：不觉义者，谓从无始来，不如实知真如法一故。不觉心起而有妄念，自无实相，不离本觉。犹如迷人，依方故迷。迷无自相，不离于方。众生亦尔，依于觉故，而有不觉，妄念迷生。然彼不觉，自无实相，不离本觉，复待不觉以说真觉。不觉既无，真觉亦遣。此则明真觉之名，待于妄想。若离不觉，即无真觉自相可说。是明所说真觉，必待不觉。若不相待，即无自他，待他而有，亦无自相。自相既无，何有他相？是显诸法无所得义。论云：当知一切染法净法，皆悉相待，无有自相可说。《大智度论》云：若世谛如毫牦许有实者，第一义谛亦应有实。此之谓也。

又，偈云：佛坐道场时，不得一法实。空拳诳小儿，诱度于一切。又凡立真妄，皆是随他意。语化门中收，若顿见性人。谁论斯事，如今不直悟一心者，皆为邪曲。设外求佛果者，皆不为正。如寒山子诗云：男儿大丈夫，作事莫莽卤。径挺铁石心，直取菩提路。邪道不用行，行之转辛苦。不用求佛果，识取心王主。是知，若见有法可求，有道可行，皆失心王自宗之义。若直入《宗镜》，万事休息。凡圣情尽，安乐妙常。离此起心，皆成疲苦。所以傅大士颂云：东山水上浮，西山行不住。北斗下阎浮，是真解脱处。行路易，路易人不识。半夜日头明，不悟真疲极。又，洞山和尚悟道偈云：向前物物上求通，只为从前不识宗。如今见了浑无事，方知万法本来空。

问：真谛不谬，本觉非虚，云何同妄，一时俱遣？

答：因迷立觉，说妄标真。皆徇机宜，各无自体，约世俗有，依实谛无。但除相待之名，非灭一灵之性。性唯绝待，事有对治。遣荡为破执情，建立为除断见。苦行伏诸外道，神通化彼愚痴。三昧降众天魔，空观祛其相缚。见苦断集，为对增上慢人。证灭修真，皆成戏论之者，尽是权智。引入斯宗，则无一法可兴，无一法可遣，四魔不能减，大觉不能增。旋心而义理全消，会旨而名言自绝。

问：既云真心绝迹，理出有无。云何教中，广说无生、无相之旨？

答：一心之门，微妙难究，功德周备，理事圆通，知解罕穷，分别不及。目为无相，实无有法可称无相之名。詺作无生，亦无有法以显无生之理。《发菩提心论》云：菩萨观一切善不善，我无我，实不实，空不空，世谛真谛，正定邪定，有为无为，有漏无漏，黑法白法，生死涅槃，如法界性，一相无相。此中无法可名无相，亦无有法以为无相，是则名为一切法印、不可坏印。于是印中，亦无印相，是名真实智慧。释曰：一切法印者，以此心印印一切法，楷定真实。不可坏印者，一切有无、内外等法，不能破坏故。于此印中，亦无印相者，万法皆空，亦无所印。所印之法既无，能印之智非有。如是通达，名为真实智慧。古德云：顾此法，众生之本原，诸佛之所证，超一切理，离一切相，不可以言语智识，有无隐显，推求而得。但心心相印，印印相契，使自证知，光明受用而已。

问：立心为宗，以何为趣？

答：以信行得果为趣。是以，先立大宗，后为归趣。故云：语之所尚曰宗，宗之所归曰趣，遂得断深疑、起圆信，生正解、成真修，圆满菩提、究竟常果。又，唯识性，具摄教、理、行、果四法：心能诠者，教也。心所诠者，理也。心能成者，行也。心所成者，果也。法藏法师依《华严经》，立因果缘起、理实法界，以为宗趣。释云：法界因果，双融俱离。性相浑然，无碍自在。有十义门：一、由离相故，因果不异法界，即因果非因果也。此即相为宗，离相为趣。或离相为宗，亡因果为趣，下九准思。二、由离性故，法界不异因果，即法界非法界也。三、由离性不泯性故，法界即因果时，法界宛然，则以非法界为法界也。四、由离相不坏相故，因果即法界时，因果历然，则以非因果为因果也。五、离相不异离性故，因果法界，双泯俱融，迥超言虑。六、由不坏不异不泯故，因果法界俱存，现前焕然可见。七、由五六存泯复不异故，超视听之妙法，无不恒通见闻。绝思议之深义，未尝碍于言念。八、由法界性融不可分故，即法界之因果，各同时全摄法界，无不皆尽。九、因果各全摄法界时，因果随法界，各互于因果中现，是故，佛中有菩萨，普贤中有佛也。十、因果二位各随差别之法，无不该摄法界。故一一法、一一行、一一位、一一德，皆各总摄无尽无尽，帝网重重诸法门海，是谓《华严》无尽宗趣。以《华严》之实教，总摄群经，标无尽之圆宗，能该万法，可谓周遍无碍，自在融通，方显我心，能成宗镜。

问：以心为宗，禅门正脉。且心是名，以何为体？

答：近代已来，今时学者，多执文背旨，昧体认名。认名忘体之人，岂穷实地？徇文迷旨之者，何契道原？则心是名，以知为体。此是灵知，性自神解。不同妄识，仗缘托境，作意而知，又不同太虚空廓，断灭无知。故《肇论》云：般若无知者，无有取相之知也。常人皆谓般若是智，智则有知也。若有知，则有取著。若有取著，则不契无生。今明般若真智，无相无缘，虽鉴真谛而不取相，故云无知也。故经云：圣心无知，无所不知矣。又，经云：真般若者，清净如虚空：无知无见，无作无缘。斯则知自无知矣，岂待返照，然后无知者哉？只此知性，自无知矣，不待忘也。以此真知不落有无之境，是以，诸佛有秘密秘密之教，祖师有默传密付之宗，唯亲省而相应，非言诠之表示。若明宗之者，了然不昧，寂尔常知。昭昭而溢目腾辉，何假神通之显现。晃晃而无尘不透，岂劳妙辩之敷扬？为不达者，垂方便门。令依此知，无幽不尽。

问：诸法所生，唯心所现者，为复从心而变，为复即心自性？

答：是心本性，非但心变。《华严经》云：知一切法即心自性，成就慧身，不由他悟。《法华经》偈云：三千世界中，一切诸群萌。天人阿修罗，地狱鬼畜生。如是诸色像，皆于身中现。即知心性遍一切处，所以四生九类，皆于自性身中现。以自真心为一切万有之性故，随为色空，周遍法界。循业发现，果报不同。处异生，则业海浮沉，生死相续。在诸圣，则法身圆满，妙用无穷，隐显虽殊，一性不动。

问：若一切法即心自性，云何又说性亦非性？

答：即心自性，此是表诠，由一切法无性故，即我心之实性。性亦非性者，此是遮诠。若能超遮、表之文诠，泯即、离之情执，方为见性，已眼圆明。如今若要顿悟自心、开佛知见，但了自性遍一切处。凡有见闻，皆从心现，心外无有一毫牦法而有体性，各各不相知，各各不相到。何者？以是一法，故无法可相知相到。若有二法，即相往来。以知，若凡若圣、若境若智，皆同一性，所谓无性。此无性之旨，是得道之宗，作平等之端由，为说空之所以，了便成佛，不落功夫。如《华严经》颂云：法性本空寂，无取亦无见。性空即是佛，不可得思量。若不直下信此，起念驰求，如痴人避空，似失头狂走。融大师云：分别凡圣，烦恼转盛。计校乖常，求真背正。《宝藏论》云：察察精勤，徒兴梦虑。惶惶外觅，转失玄路。是以，十方诸佛，正念于此，入实性原，故能开平等大慧之门，作众生不请之友。所以《问明品》云：尔时文殊师利菩萨，问觉首菩萨言：佛子，心性是一，云何见有种种差别？所谓往善趣恶趣，诸根满缺，受生同异。端正丑陋，苦乐不同。业不知心，心不知业。受不知报，报不知受。心不知受，受不知心。因不知缘，缘不知因。智不知境，

境不知智？时觉首菩萨以偈答曰：仁今问是义，为晓悟群蒙。我如其性答，唯仁应谛听。诸法无作用，亦无有体性。是故彼一切，各各不相知。譬如河中水，湍流竞奔逝。各各不相知，诸法亦如是。亦如大火聚，猛焰同时发。各各不相知，诸法亦如是。又如长风起，遇物咸鼓扇。各各不相知，诸法亦如是。又如众地界，展转因依住。各各不相知，诸法亦如是。眼耳鼻舌身，心意诸情根。以此常流转，而无能转者。法性本无生，示现而有生。是中无能现，亦无所现物。眼耳鼻舌身，心意诸情根。一切空无性，妄心分别有。如理而观察，一切皆无性。法眼不思议，此见非颠倒。若实若不实，若妄若非妄。世间出世间，但有假言说。疏释云：问意谓明心性是一，云何见有报类种种，若性随事异，则失真谛。若事随性一，则坏俗谛。设彼救言报类差别，自由业等，熏识变现，不关心性故，无相违者，为遮此救，故重难云业不知心等，谓心业互依，各无自性。自性尚无，何能相知而生诸法？既离真性，各无自立。明此皆依心性而起，心性既一，事应不多。事法既多，性应非一。此是本末相违难。准此问意，离如来藏，不许八识能所熏等，别有自体能生诸法，唯如来藏是所依生。文殊欲显实教之理，故以心性而为难本，欲令觉首以法性示生，决定而答。海会同证，心性是一者，谓心之性故，是如来藏也。又心即性故，是自性清净心也。又妄心之性，无性之性，空如来藏也。真心之性，实性之性故，不空如来藏也。皆平等无二，故云一也。又，妄心之性，成心之性，妄心是相，以性相不同故。真心之性，真心即性故。又云前二心之性，别明二藏。前之二性，皆具二藏。但为妄覆，名如来藏。直语藏体，即自性心。故此自性清净真心，不与妄合，为名空藏。具恒沙德，名不空藏。前明即离，此明空有，故重出也。言皆平等无二者，上二即离不同，由心之性，故不即。由心即性，故不离。不即不离，为心之性。后二即空之实为不空，即实之空为空藏，空有不二为心之性。然空有无二之性，即是不即不离之性，故但云一也。又，非但本性是一，我细推现事，各不相知，既有种种，何缘不相知？既不相知，谁教种种？一一观察，未知种种之所由也。既不相知，为是一性，为是种种？

又，难有二意：一、约本识。谓业是能依，心是所依。离所无能，故业不知心。离能无所，故心不知业，以各无体用，不能相成。既各不相知，谁生种种？二、约第六识。业是所造，心是能造，并皆速灭。起时不言我起，灭时不言我灭，何能有体而得相生成种种耶？又，约境智相对、相见虚无难，谓境是心变，境不知心。心托境生，心不知境。以无境外心，能取心外境，是故，心境虚妄，不相知也。业不知心，心不知业者，有二：一、约本识者。业是心所，故依于心。心是第八，为根本依，即离所无能。何者？无所依心王，无能依业。今依心有业，业从缘生，故无自性，不能知心。若离能无所者，离能依业，则心非所依。今由业成所，所依无性，故不能知业。谓各从缘成，性空无体，相依无力，故云无用。所以经云：无体用故，故不相知。二、约第六识。业是所造，心是能造

者，即以第六识名心，从于积集通相说故，谓第六识人执无明。迷真实义异熟理故，以善不善相应，思造罪等，以罪福不动等三行，熏阿赖耶识，能感五趣爱非爱等，种种报相，互不相知义。通相而言，皆约无体用故。别相而言，用门不同。此用略有二门：一、无常门。经云并皆速灭。《净名·弟子品》云：一切法如幻如电，诸法不相待，乃至一念不住。诸法皆妄见故，则心业皆空。《华严经》颂云：众报随业生，如梦不真实。念念常灭坏，如前后亦尔。故由无常，不能相知，二无我门，即起时不言我起，灭时不言我灭。约法无我，明不相知、受不知报、报不知受者，受是能受之因，报是所受之报，即名言种，如《唯识论》云：复次生死相续，由诸习气。然诸习气，总有三种：一、名言习气，二、我执习气，三、有支习气。名言习气者，谓有为法，各别亲种。名言有二：一、表义名言。即能诠义，音声差别。二、显境名言。即能了境，心心所法。随二名言所熏成种，作有为法各别因缘。释曰：言各别亲种者，三性种异故。能诠义声者，简无诠声，彼非名故。名是声上屈曲，唯无记性，不能熏成色心等种。然因名起种，立名言种，显境名言，即七识见分等心。非相分心，相分心者，不能显境故。此见分等，实非名言。如言说名，显所诠义。此心心所，能显所了境。如似彼名，能诠义故，随二名言，皆熏成种。论云：三有支习气，谓招三界异熟业种。有支有二：一、有漏善，即能招可爱果业。二、诸不善，即能招非爱果业。随二有支所熏成种，令异熟果善恶趣别。故论颂云：由诸业习气，二取习气俱。前异熟既灭，更生余异熟。此能引业，即诸业习气。此名言种，即二取习气。言为业所引者，即彼俱义。亲办果体，即由名言。若无业种，不招苦乐。如种无田，终不生芽。故此名言，由业引起，方受当来，异熟之果、苦乐之报。故《华严经》云业为田，识为种也。

已上种种问难，不相知义竟。今答以缘起相由门释者，初句因缘相假，互皆无力。次句果法含虚，故无体性。是以，虚妄缘起，略有三义：一、由互相依各无体用，故不相知。二、由依此无知无性，方有缘起。三、由此妄法各无所有故，令无性真理，恒常显现。又，果从因生，果无体性。因由果立，因无体性。因无体性，何有感果之用？果无体性，岂有酬因之能？又互相待，故无力也。以他为自，故无体也，是故体用俱无。所以一切法，各各不相知也。

今初以四大为喻：一、依水有流注，二、依火焰起灭，三、依风有动作，四、依地有任持。法中四者：一、依真妄相续，二、依真妄起灭，三、妄用依真起，四、妄为真所持。然此法喻，一一各有三义：一、唯就能依，二、依所依，三、唯所依。

今初喻中，唯就能依者，流也。然此流注，有十义，不相知而成流注：一、前流不自流，由后流排故流，则前流无自性，故不知后。二、后流虽排前流，而不到于前流，亦不相知。三、后流不自流，由前流引故流，则后流无自性，故不能知，前四前流虽引后而不至后，故亦不相知。五、能排与所引无二，故不相知。六、能引与所排无

二，故不相知。七、能排与所排亦无二，故不相知。八、能引与所引亦无二，故不相知。九、能排与能引不得俱，故不相知。十、所排与所引亦不得俱，故不相知。是则，前后互不相至，各无自性，只由如此无知无性，方有流注，则不流而流也。肇公云江河竞注而不流，即其义也。二、依所依者，谓前流后流，各皆依水，悉无自体，不能相知。然不坏流相，故说水流。三、唯所依者，流既总无，但唯是水，前水后水，无二性故，无可相知，是则，本无有流，而说流也。二法中三义者：一、流喻能依妄法，二、妄依真立，三、妄尽唯真。初中妄缘起法，似互相籍，各不能相到，悉无自性，故无性无知，是则有而非有也。二、依所依者，谓此妄法，各各自虚，含真方立，何有体用，能相知相成？即由此无知无成，含真故有，是则非有而为有也。三、唯所依者，谓能依妄法，迥无体用。唯有真心，挺然显现。既无彼此，何有相知？正由此义，妄法有，即非有为有。复说真性隐，以非隐为隐。又，前后有二：一、生灭前后，二、此彼前后。生灭前后者，谓前灭后生，互相引排，此即竖说，如壮与老，谓此流水，刹那生灭，前刹那灭，后刹那生。此彼前后者，此即横说，犹如二人，同行狭径。后人排前，前人引后。分分之水，皆有前后。乃至毫滴，有前毫滴、后毫滴，故聚多成流注，则无性矣。小乘亦说当处生灭，无容从此转至余方，而不知无性缘起之义耳。

宗镜录第七

宋 慧日永明妙圆正修智觉禅师延寿集

夫水喻真心者，以水有十义，同真性故。一、水体澄清，喻自性清净心。二、得泥成浊，喻净心不染而染。三、虽浊不失净性，喻净心染而不染。四、若泥澄净现，喻真心惑尽性现。五、遇冷成冰，而有硬用，喻如来藏与无明合，成本识用。六、虽成硬用，而不失濡性，喻即事恒真。七、暖融成濡，喻本识还净。八、随风波动，不改静性，喻如来藏随无明风，波浪起灭而不变自不生灭性。九、随地高下排引流注，而不动自性，喻真心随缘流注，而性常湛然。十、随器方圆，而不失自性，喻真性普遍诸有为法，而不失自性。

又，书云：上德若水。方圆任器，曲直随形故。如小乘《俱舍论》，亦说诸有为法有刹那尽。何以知有？后有尽故。既后有尽，知前有灭。故《论》云：若此处生，即此处灭，无容从此转至余方。若此生此灭，不至余方，同不迁义。而有法体是生是灭，故非大乘。大乘之法，缘生无性，生即不生，灭即不灭，故迁即不迁，则其理悬隔。又，《中论疏》云：常无常门者，常即人天位定，故无往来。无常即六趣各尽一形，亦无往来。又，常即凝然不动，无常念念变异，令谁往来？则常、无常法，俱不相

到，皆无往来。《肇论》云：夫人之所谓动者，以昔物不至今，故曰动而非静。我之所谓静者，亦以昔物不至今，故曰静而非动。动而非静，以其不来。静而非动，以其不去。然则所造未尝异，所见未尝同。逆之所谓塞，顺之所谓通。苟得其道，复何滞哉？伤夫人情之惑，久矣！目对真而莫觉。既知往物之不来，而谓今物而可往？往物既不来，今物何可往，何则？求向物于向，于向未尝无。责向物于今，于今未尝有。于今未尝有，以明物不来。于向未尝无，故知物不去。覆而求今，今亦不往，是谓昔物自在昔，不从今以至昔。今物自在今，不从昔以至今。故仲尼曰：回也见新，交臂非故。如此则物不相往来明矣。既无往返之微朕，又何物而可动乎？释曰：回也见新，交臂非故者，孔子谓颜回曰：吾与汝，终身交一臂已谢，岂待白首，然后变乎？意明物物常自新，念念不相到。交臂之顷，尚不相待，已失前人，岂容至老而后变耶？又，前念已故，后念恒新。终日相见，恒是新人，故云见新。如此新人，见之只如交臂之顷，早是后念新人，非前念时也，故云非故耳。若前念已古，后念已新，新不至古，古不待新，前后不相至，故不迁也。又，虽两人初相见，只如举手交臂之顷，早已往矣，此取速疾也。故云：昔物自在昔，今物自在今，如红颜自在童子之身，白首自处老年之体。所以云：人则谓少壮同体，百龄一质，徒知年往，不觉形随。是以，梵志出家，白首而归，邻人见之曰：昔人尚存乎？梵志曰：吾犹昔人，非昔人也。邻人皆愕然非其言。所谓有力者负之而趋，昧者不觉，其斯之谓欤！吾犹昔人者，犹者，似也。吾虽此身似于昔人，然童颜自在于昔。今衰老之相，自在于今，则非昔人也。故云：徒知年往，不觉形随。世人虽知岁月在于往古，岂觉当时之貌，亦随年在于昔时？则童子不至老年，老年不至童子。刹那不相知，念念不相待。岂得少壮同体，百龄一质耶？又，年往形亦往，此是迁义。即此迁中，有不迁也。往年在往时，往形在往日，是谓不迁。而人乃谓往日之人，迁至今日，是谓惑矣。又，昔自在昔，何须迁至今？今自在今，何须迁至昔？故《论》云：是以，言往不必往，古今常存。以其不动，称去不必去，谓不从今至古，以其不来。经中言迁，未必即迁，以古在古，以今在今故也。所以言无常者，防人之常执。言常住者，防人之断执。言虽乖而理不异，语虽反而真不迁，不可随方便有无之言，迷一心不迁之性。又解云：如梵志白首而归，邻人谓少壮同体，故云昔人尚存乎？所谓有力者，则三藏等事，无常冥运，力负夜趋，交臂恒新，念念舍故。而常见昧之，谓是固矣。邻人不觉，此之谓欤！

又，有力者，即无常之大力也，世间未有一法，不被无常吞。故云：然则庄生之所以藏山，仲尼之所以临川，斯皆感往者之难留，岂曰排今而可往。《庄子》本意，说不住之法，念念恒新，物物各住，各住相因而不相到，即不迁也。于惑者，则为无常不住，新新生灭而谓之迁。若智者，则了性空无知，念念无生，谓之不迁。《庄子》有三藏：谓藏山于泽，藏舟于壑，藏天下于天下。谓之固者，不然也。然无常夜半负之而趋，昧者不觉也。三藏者，藏人于屋，藏物于器，此小藏也。藏舟于壑，藏山于泽，此大藏也。藏天下于天下，此无所藏。然大小虽异，藏皆得宜。犹念念迁流，新新移改。是知，变化之道，无处可逃也。夫藏天下于天下者，岂藏之哉？盖无所藏也。孔子在川上曰：逝者如斯夫！不舍昼夜。逝者，往也。浩浩迅流，未曾暂住，昼夜常然。亦叹世人之不觉，故云：斯皆感往者之难留，岂曰排今而可往？此庄、孔俱叹逝往难留，皆说无常去也，岂可推今日物到昔日乎？若今日不到昔，即今日自在今，昔日自在昔，则今昔显然，俱不迁也。故云：何者？人则求古于今，谓其不住。吾则求今于古，知其不去。今若至古，古应有今。古若至今，今应有古。今而无古，以知不来。古而无今，以知不去。若古不至今，今不至古，事各性住，有何物而可去来？《大涅槃经》云：人命不停，过于山水。夫无常有二：一者败坏无常，二者念念无常。人只知坏灭无常，而不觉念念无常。《论》云：若动而静，似去而留。经说无常速疾，犹似流动，据理虽则无常，前后不相往来，故如静也。虽则念念谢往，古今各性而住，当处自寂，故如留也。又，虽说古今各性而住，当处自寂，而宛然念念不住，前后相续也。则非常非断，非动非静，见物性之原也。

古德问云：各性而住，似如小乘。执诸法各有自性，又何异纳衣梵志言，一切众生其性各异？

答：为破去来，明无去来。所以据体言之，故云：各性而住，非决定义。则以无性而为性，不同外道二乘执有决定自性，从此向彼。若不执有定性去来，亦不说各性而住。故《论》云，言往不必往，闲人之常想。称住不必住，释人之所住耳。

又，刘湛注云：庄子藏山、仲尼临川者，庄子意明前山非后山，夫子意明前水非后水。半夜有力负之而趋者，即生住异灭四时，念念迁流不停也。是以，若心外取法，妄梦所见，情谓去来，则念念轮回，心随境转。尚不觉无常粗相，焉能悟不迁之密旨乎？若能见法是心，随缘了性，无一法从外而入，无一法从内而生，无一法和合而有，无一法自然而成。如是则尚不见一微毫住相，宁观万法去来？斯乃彻底明宗，透峰见性，心心常合道，念念不违宗，去住同时，古今一贯。故《法华经》云：我观久远，犹若今日。《维摩经》云：法无去来，常不住故。若了此无所住之真心，不变异之妙性，方究竟明不迁矣。已上论中，所引内外之经典，借世相之古今，寄明不迁，同入真实。是以，时因法立，法自本无。所依之法体犹空，能依之古今奚有？若假方隅而辩法，因指见月而无妨。或徇方便而迷真，解违宗而反误。故《信心铭》云：信心不二，不二信心。言语道断，非去来今。

第二，依火焰起灭喻中之义，同前。初唯焰者，谓焰起灭，有其二义：一、前焰谢灭，引起后焰。后焰无体，而能知前。前焰已灭，复无所知，是故各各皆不相知。二、前焰若未灭，亦依前引，无体故无能知。后焰未至，故无所知，是故彼亦各不相知。妄法亦尔，刹那生灭，不能自立。谓已灭未生，无物可知。生已则灭，无体可知，是故皆无所有也，斯则流金砾石而不热也。二、依所依者，谓彼火焰，即由于此无体无用不相知故，而有起灭虚妄之相，是则揽非有而为有也。妄法亦尔，依此无所依之真理，方是妄法，是亦非有为有也。三、唯所依者，推起灭之焰，体用俱无。无焰之理，挺然显现，是则无妄法之有、有妄法之无，湛然显现。遂令缘起之相，相无不尽。无性之理，理无不现。又，火依薪有，薪是可燃，火即是燃。以燃因可燃，则燃无体。可燃因燃，则可燃无体。又，前焰已灭，后焰未生，中间无住。如一念之上，即有三时：已灭为已生，未生为未生，生已即减是生时。故《净名经》云：若过去生，过去生已灭。若未来生，未来生未至。若现在生，现在生无住。经云：比丘，汝今即时，亦生亦老亦灭。故三时无体，无可相知也。

第三，依风有动作，喻妄用依真起，三义同前。一、唯动者，离所动之物，风之动相了不可得，无可相知。妄法亦尔，离所依真体不可得故，无可相知，斯则旋岚偃岳而常静也。二、依所依者，谓风不能自动，要依物现动。动无自体可以知物，物不自动，随风无体，不能知风。法中能依妄法，要依真立，无体知真，真随妄隐，无相知妄。三、唯所依者，谓风鼓于物，动唯物动，风相皆尽，无可相知。妄法作用，自本性空。唯所依真，挺然显现。是故，妄法全尽而不灭，真性全隐而恒露。能所熏等，法本自尔，思之可见。

第四，依地有任持者，喻妄为真所持，三义同前。初、地界因依，有二种义：一、约自类，二、约异类。前中从金刚际，上至地面，皆上依下，下持上，展转因依，而得安住。然上能依，皆离所无体而能知下。然下能持，皆亦离所无体可令知上。又，上上能依，彻至于下，无下可相知。下下能持，彻至于上，无上可相知。是故，若依若持，相无不尽。所现妄法，当知亦尔。必粗依细，谓苦报依于业，业依无明造。无明依所造，展转无体，无物可相知。斯则厚载万物而不仁也。肇公亦曰：乾坤倒覆，无谓不静也。《老子》云：天地不仁，以万物为刍狗。经云：譬如大地，荷四重任，而无疲厌也。不仁者，不恃仁德也。犹如草狗，岂有吠守之能？故云：唯道无心，万物圆备矣。

二约异类者，如经云：地轮依水轮，水轮依风轮，风轮依虚空，虚空无所依。准此，妄境依妄心，妄心依本识，本识依如来藏，如来藏无所依。是故，若离如来藏，余诸妄法各互相依，无体能相知，是则妄法无不皆尽。二、依所依者，地界正由各无自性而得存立，向若有体则不相依，不相依故，不得有法。是故，揽此无性，以成彼法，法合可知。三、唯所依者，谓揽无性成彼法者，是则彼法无不皆尽，而未曾不灭，唯无性理而独现前。

又，既不相知，何缘种种？答：此有四因：一、由妄分别，二、诸识熏习，三、由无性不相知，四、真如随缘。然此四因，但是一致。谓由妄分别为缘，令真如不守自性，随缘成有，诸识熏习，展转无穷。若达妄原，成净缘起。前所疑云：为是种种，为是一性？今答云：常种种，常一性。又难云：一性随于种种，则失真谛。种种随于一性，则坏俗谛。今答云：此二互相成立，岂当相乖？

性非事外，曾何乖于种种？种种性空，曾何乖于一性？由无性故有，一性能成种种。缘生故空，种种能成一性。是以，缘起之法，总有四义：一、缘生故有，即妄心分别有，及诸识熏习是也。二、缘生故空，即诸法无作用，亦无有体性是也。三、无性故有，以有空义故，一切法得成也。四、无性故空，即一切空无性也。复次，性有二义：一、有，二、空。又二义：一、不变，二、随缘。以有义，故说二空所显，即法性本无生也。以空义，故说依他无性，即是圆成，即各不相知。以有义，故说不变。以空义，故说随缘。此二不二，随缘即是不变，不变故能随缘。若唯不变性，何预于法？若但随缘，岂称真性？又，若性离于法，则成断灭。法离于性，则本无今有。又，法若即性，性常应常。性若即法，法灭应灭。此二相成，非常非断。此二相夺，非有非空，为中道义。经颂云：眼耳鼻舌身，心意诸情根。以此常流转，而无能转者。以眼等八识，为能所熏，展转为因而常流转，无别我人，故云而无能转者。是以，举体性空，方成流转，即此八识各无体性故，无实我法而为其主。向若有性，不可熏变，安得流转？故知，趣生同异，受报妍媸，皆由识种，悉依于心。如流依水，似火依薪，续续无知，新新不住。善趣恶趣，即是总报。由业熏心，受所受报。如水漂流不断，虽然流转，而无转者，故云：以此常流转，而无能转者。释论云：如瀑流水，非断非常，相续长时，有所漂溺。此识亦尔，从无始来，刹那刹那，果生因灭。果生故非断，因灭故非常，漂溺有情，令不出离。《华严经》云：一切众生，为大瀑水，波浪所没。《楞伽经》云：藏识海常住，境界风所动。《唯识论》云：恒转如瀑流。《起信论》云：如大海水，因风波动等。

又，以虚妄中有其二义：一、虚转，二、无转。故常种种，常一性也。虚转故，俗不异真而俗相立。无转故，真不异俗而真体存，故互不相违也。法性本无生者，法性者，法谓差别依正等法，性谓彼法所依体性，即法之性，故名为法性。又，性以不变为义，即此可轨，亦名为法，此则性即法，故名为法性。此二义，并约不变释也。又，即一切法各无性，故名为法性，即随缘之性，法即性也。本无生者，本有二义：一、约不变，本谓原本，本来不生，随缘故生。二、约随缘，有此法来，本自不生，非待灭无，即示现生时本不生。故云：是中无能现，亦无所现物，则妄心分别，情计谓有。然有即不有，故云：一切空无性，常有常空，是即万物之自虚，岂待宰割以求通哉？

又，约相待相夺，释不相知。言相待者，业无识种，不亲办体，识无业种，不招苦乐，既互相待，则各无自性。言相夺者，以业夺因，唯由业招，故因如虚空，以因夺缘，则唯心为体，故业如虚空，互夺独立，亦不能相知，互夺两亡，无可相知。又，以无生，故不相知。以缘夺因，故不自生。以因夺缘，故不他生。因缘合辩，相待无性，故不共生。互夺双亡，无因岂生？以此不生，类于不知。居然易了，即以因为自，以缘为他，合此为共，离此为无因。互有尚不相知，互无岂能相知耳？故知，诸法相待，皆无自性。如《中论·相待门》说不空既破，空法

亦亡。偈云：若有不真法，即应有真法。实无不真法，何得有真法。亦如因垢说净，垢性本无，净相何有？此相待一门，尽破诸法。以诸法皆是相待而有，未曾有一法而能独立者。故《因缘无性论》云：阿难、调达，并为世尊之弟。罗睺、善星，同是如来之胤。而阿难常亲给侍，调达每兴害逆。罗睺则护珠莫犯，善星则破器难收。以此而观，谅可知矣。若云各有自性，不可迁贸者，此殊不然。至如鹰化为鸠，本心顿尽。橘变成枳，前味永消。故知，有情无情，各无定性，但随心变，唯逐业生。遂有从凡入圣之门，转恶为善之事。《大般若经》云：谓证诸法无性为性，究竟圆满，方名为佛。故知，建立三宝，成佛事门，皆从无性因缘而得兴显。所以《首楞严三昧经》云：尔时长老摩诃迦叶白佛言：世尊，我谓文殊师利法王子，曾于先世，已作佛事。现坐道场，转于法轮，示诸众生，入大灭度。佛言：如是如是，乃至迦叶，汝今且观首楞严三昧势力，诸大菩萨以是力故，示现入胎，初生出家，诣菩提树，坐于道场，转妙法轮，入般涅槃，分布舍利，而亦不舍菩萨之法，于般涅槃不毕竟灭。尔时长老摩诃迦叶，语文殊师利言：仁者，乃能施作如此希有难事，示现众生。文殊师利言：迦叶，于意云何？是耆阇崛山，谁之所造？是世界者，亦从何出？迦叶答言：文殊师利，一切世界，水沫所成，亦从众生不可思议业因缘出。文殊师利言：一切诸法，亦从不可思议业因缘有。我于是事，无有功力。所以者何？一切诸法皆属因缘，无有主故，随意所成。若能解此，所为不难。释曰：若了一切法，悉属因缘，皆无自性，但是心生，则凡有施为，何假功力？以无性之理，法尔之门，随缘卷舒，自在无碍。《华严经》颂云：如其心性而观察，毕竟推求不可得。一切诸法无有余，悉入于如无体性。又颂云：譬如真如本自性，其中未曾有一法。不得自性是真性，以如是业而回向。《华严论》云：一切众生迷根本智，而有世间苦乐法者，为智无性故。随缘不觉，苦乐业生，为智无性故。为苦所缠，方能自觉根本无性，众缘无性，万法自寂。若不觉苦时，以无性故，总不自知有性无性。如人因地而倒，因地而起。一切众生，因自心根本智而倒，亦因而起。又为智体无性，但随缘现。如空中响，应物成音。无性之智，但应缘分别，以分别故，痴爱随起。

又，《中观论》破应无如来偈云：邪见深厚者，则说无如来。如来寂灭相，分别有亦非。如是性空中，思惟亦不可。如来灭度后，分别于有无。次总拂偈云：如来过戏论，而人生戏论。戏论破慧眼，是皆不见佛。论释云：戏论名忆念，分别此彼等。此如来品初中后，思惟如来定性不可得，乃至五求四句皆非是，故偈云：如来无有性，即是世间性。如来无有性，世间亦无性。以如来一性空义，知一切世间法悉皆无性，同如来义。《华严演义》中，引《法华经》偈云：未来世诸佛，虽说百千亿。无数诸法门，其实为一乘。诸佛两足尊，知法常无性。佛种从缘起，是故说一乘。是法住法位，世间相常住。于道场知已，导师方便说。今但引两句，显诸法无性，成一性义耳。然上三偈，诸释不同。今直解经文：初一偈，明当佛开权，终归

一实，故云其实为一乘。次偈释说一乘所以，以唯一性故，谓若有二性，容有两乘。既唯一性，故说一乘耳。知法常无性者，知即证知，法谓所证知法，即色心等一切法也。常无性者，所证理也，即如无性理，觉诸法故。云何无性？谓色心等从本已来，性相空寂，非自非他，非共非离，湛然常寂，故曰无性。而言常者，谓本来即无，非推之使无，故曰常无性耳。佛种从缘起者，然有二义：一、约因种，因种即正因佛性。故《涅槃经》云：佛性者，即是无上菩提中道种子。此种即前常无性理，故《涅槃经》云：佛性者，即是第一义空。无性，即空义也。缘，即六度万行。是缘因佛性，起彼正因，令得成佛。是故说一乘者，唯以佛性起于佛性，更无余性，故说一乘，称理说也。体同曰性，相似名种，故关中云：如稻自生稻，不生余谷，此属性也。萌痡华粒，其类无差，此属种也。二果种性，关中云：佛报唯佛，其理不差，即性义也。说法度人，类皆相似，此种义也。果之种性，缘真理生，故云从缘。故释此偈云：佛缘理生，理既无二，是故说一乘耳，意云证理成佛，称理说一。此中知法常无性偈，全同《华严·出现品》。经云：如来成正觉时，于其身中，普见一切众生成正觉，乃至普见一切众生入涅槃，皆同一性，所谓无性。乃至知一切法，皆无性故，得一切智，大悲相续，救度众生。谓知无性，佛性同故。准经文云：以知无性，尚得一成一切皆成，况不说一乘而度脱之？后偈云是法住法位等者，重释前偈。言是法者，即前所知之法，所以常无性者，由住真如正位故。由缘无性，缘起即真。由即真，故云无性。言法位者，即真如正位，故《智论》说：法性、法界、法住、法位，皆真如异名。世法即如，故皆常住，谓因乖常理，成三界无常。若解无常之实，即无常而成常矣。则常与无常，二理不偏，故《涅槃经》况之二鸟，飞止同居。今于道场，证知一切世间无常即真常理，犹悬镜高堂，万像斯鉴，二而不二，不可言宣。以方便力，假以言说。一乘尚是假说，况有二三？则一乘之理，至理无过。无性之宗，诸宗莫及。可谓《宗镜》之网骨，祖教之指南也。所以《深密经》云：一切诸法，皆无自性，无生无灭，本来寂静，自性涅槃。《商主天子所问经》云：若法是无，即不自在。若不自在，是则无欲。若无欲者，则是真性。若是真性，即名无性。

宗镜录第八

宋 慧日永明妙圆正修智觉禅师延寿集

夫无性理同，是何宗摄？

答：法性宗摄。如古师云：法性有体，是法相宗义。事上无体，是法性宗义。

问：若一切法实无性者，不得教意之人，恐成断见？

答：若有性故，一法不成。以无性故，诸缘并立。于无性中，有无俱不可得，岂成断常之见耶？如《大般若经》云：诸菩萨摩诃萨，甚为希有，行深般若波罗蜜多，观察二空。虽知诸法，一切如梦、如响、如像、如光影、如阳焰、如幻、如化，皆非实有，无性为性，自相皆空，而能安立善非善等，诸法差别，皆无杂乱。又云：善现白佛言：世尊，佛说一切法，皆以无性为其自性。若一切法皆以无性为自性者，谁染谁净，谁缚谁解？彼于染净，及于缚解，不了知故，破戒，破见，破威仪，破净命，当堕地狱，傍生鬼趣，受诸剧苦。乃至佛言：善现，善哉善哉，如是如是。如汝所说，于一切法皆以无性为自性，于自性中有性无性俱不可得，不应于此，执有无性。故知，既不可执有，亦不可执无，以自性中无有、无故。所说有、无之法，皆是破执入法之方便。故先德云：用无所得为方便者，有二：一、以无所得，导前随相，则涉有不迷于空，为入有方便。二、假无得以入有，不存无得，即无得亦是方便，此为入空之方便。是以，无得相空，无作人空，无际性空。此三相尽，法界理现。故菩萨不坏空而常有，染净之法宛然。不碍有而常空，一真之道恒现。如是双照，方入甚深。如《般若灯论》云：我说遮入有者，遮有自体，不说无体。如《楞伽经》中偈曰：有无俱是边，乃至心所行。彼心行灭已，名为正心灭。释曰：如是不著有体，不著无体。若法无体，则无一可作故。又如偈曰：遮有言非有，不取非有故。如遮青非青，不欲说为白。释曰：此二种见，名为不善，是故有智慧者，欲息戏论得无余乐者，应须遮此二种恶见。此复云何？若三界所摄，若出世间，若善不善，及无记等，如世谛种，诸所营作。彼于第一义中，若有自体者，起勤方便，作善不善。此诸作业，应空无果。何以故？以先有故。譬如先有若瓶衣等，如是乐者常乐，苦者常苦。如壁上彩画，形量威仪，相貌不变。一切众生，亦应如是。复次，若无自体者，彼三界所摄，若出世间善不善法，起勤方便，则空无果，以无有故。如是世间，则堕断灭。譬如磨莹兔角，令其铦利，终不可得。是故偈曰：少慧见诸法，若有若无等。彼人则不见，灭见第一义。复次，如《宝聚经》中，佛告迦叶：有者是一边，无者是一边，如是等彼内地界，及外地界，皆无二义。诸佛如来，实慧证知，得成正觉。无二一相，所谓无相。是以先德云：谓诸宗计，多说但空自性，不空于法。如法相宗，但无遍计，非无依他。误学《中论》等不得意者，亦云法无自性，故说为空，则今相不空矣。今既无性，缘生故有，有体即空。缘生无性故空，空而常有，要互交彻，方是真空妙有，故其言大同，而旨有异。

又约缘起法，有二：一、无相如空，则荡尽无有，是相空。二、无自性如幻，则业果恒不失，即性空。以相空，故万法体虚，了无所得。以性空，故不坏业道，因果历然。以此性、相二空，方立真空之理。是则非初中后际，终始宛然。无能造作人，报应非失。故知，无性理成，法眼圆照，更无一法，有实根由。今更引证广明，成就《宗镜》。夫真俗二谛，一切诸法，不出空有。空有之法，皆从缘生。缘生之法，本无自体。依心所现，悉皆无性。以缘生，故无性。以无性，故缘生。以此缘性二门，万法一际平等。是以，《华严记》广释云：谓缘生故有，是有义。无性故空，是空义。二义是空有所以，谓无性故有，是有所以。缘生故空，是空所以。所以即是因缘，谓何以无性，得成空义？由从缘生，所以无性。是故缘生，是无性空之所以也。何以缘生，得为有义？特由无定性故，方始从缘而成幻有。是故无性，是有所以。故《中论》偈云：若人不知空，不知空因缘。不知于空义，是故自生恼。如不善咒术，不善捉毒蛇。若将四句总望空有，则皆名所以。故云：缘生故名有，缘生故名空。无性故名有，无性故名空。良以诸法，起必从缘。从缘有故，必无自性。由无性故，所以从缘。缘有性无，更无二法。而约幻有万类差殊，故名俗谛。无性一味，故名真谛。又，所以四句，唯第三句引证成者，无性故有，理难显故。若具证者：一、缘生故有者，《法华经》云：但以因缘有，从颠倒生故说。《净名经》云：以因缘故诸法生。《中论》偈云：未曾有一法，不从因缘生等。皆因缘故有义也。二、缘生故空者，经云：因缘所生无有生。《论》偈云：若法从缘生，是则无自性。若无自性者，云何有是法。又偈云：以有空义故，一切法得成者，由前论中，诸品以空遣有，小乘便为菩萨立过云：若一切法，无生无灭者，如是则无有四圣谛之法。菩萨反答云：若一切不空，无生无灭者，如是则无有四圣谛之法。谓小乘以空，故无四谛。菩萨以不空故，则失四谛。若有空义，四谛方成。故偈云：以有空义故，一切法得成。若无空义者，一切则不成。又，《般若经》云：若诸法不空，则无道无果。即无性故有也。《净名经》云：文殊师利又问：生死有畏，菩萨当何所依？维摩诘言：菩萨于生死畏中，当依如来功德之力。文殊师利又问：菩萨欲依如来功德之力，当于何住？答曰：欲依如来功德力者，当住度脱一切众生。又问：欲度众生，当何所除？答曰：欲度众生，除其烦恼。又问：欲除烦恼，当何所行。答曰：当行正念。又问：云何行于正念？答曰：当行不生不灭。又问：何法不生，何法不灭？答曰：不善法不生，善法不灭。又问：善不善孰为本？答曰：身为本。又问：身孰为本？答曰：欲贪为本。又问：欲贪孰为本？答曰：虚妄分别为本。又问：虚妄分别孰为本？答曰：颠倒想为本。又问：颠倒想孰为本？答曰：无住为本。又问：无住孰为本？答曰：无住则无本。文殊师利，从无住本，立一切法。叡公释云：无住，即实相异名。实相，即性空异名。故从无性，有一切法。又，《净名经》云：文殊师利言：居士，有疾菩萨，云何调伏其心？维摩诘言：有疾菩萨，应作是念：今我此病，皆从前世妄想颠倒，诸烦恼生，无有实法，谁受病者？所以者何？四大合故，假名为身。四大无主，身亦无我。又此病起，皆由著我，是故于我，不应生著。既知病本，即除我想，及众生想。当起法想，应作是念：但以众法合成此身，起唯法起，灭唯法灭。又此法者，各不相知，起时不言我起，灭时不言我灭。彼有疾菩萨，为灭法想，当作是念：此法想者，亦是颠倒。颠倒者，是即大患，我应离之，云何为离？离我、我所。云何离我我所？谓离二法。云何离二法？谓不念内外诸法，行于平等。云何平等？谓我等涅槃等。所以者何？我及涅槃，是二皆空。以何为空？但以名字故空。如此二法，无决定性，得是平等。无有余病，唯有空病，空病亦空。无性缘生故空者，双牒前四句中，两种空也。此二种空，并离断见，谓定有则著常，定无则著断。今缘生故空，非是定无。无性故空，亦非定无。定无者，一向无物，如龟毛兔角。今但从缘生无性，故非定无。无性缘生故有者，亦双牒前四句中二有，并非常见。常见之有有，是定性有。今从缘有，非定性有。况由无性有，岂定有耶？从缘无性，如幻化人。非无幻化人，幻化非真故。亦云幻有，亦名妙有。以非有为有，故名妙有。又，幻有即是不有有。《大品经》云：诸法无所有，如是有故。非有非不有，名为中道，是幻有义。真空是不空空者，谓不空与空，无障碍故，是故，非空非不空，名为中道，是真空义。经云：空不空不可说，名为真空。《中论》偈云：无性法亦无，一切法空故。《庵提遮女经》偈云：呜呼真大德，不知实空义。色无有自性，岂非如空也。空若自有空，则不容众色。空不自空故，众色从是生。

又，一、空有相害义。今初一真空必尽幻有，即真理夺事门。以事揽理成，遂令事相无不皆尽，唯一真理，平等显现。以离真理外，无有少事可得故。如水夺波，波无不尽。《般若经》云：是故空中，无色，无受、想、行、识等。二、空有相作义。真空必成幻有者，即依理成事门。谓事无别体，要因真理而得成立，以诸缘起，皆无自性，由无性理，事方成故。如波揽水，而成立故。亦是依如来藏，得有诸法。《法句经》云：菩萨于毕竟空中，炽然建立。三、空有相违义。幻有必覆真空，即事能隐理门。谓真理随缘，能成事法。然此事法，既违于理，遂令事显理不现也。以离事外，无有理故。如波夺水，水无不隐，是则色中无空相也。四、空有不相碍义。幻有必不碍真空，即事能显理门。谓由事揽理故，则事虚而理实。以事虚故，全事之理，挺然露现。如由波相虚，令水露现。《中论》偈云：若法从缘生，是则无自性。然此四义，即是前缘生故空等四义也：一、真空必尽幻有，是无性故空义。二、真空必成幻有，是无性故有义。三、幻有必覆真空，是缘生故有义。四、幻有必不碍真空，是缘生故空义。前四总明空有所以，今四正说空有之相。然此空有，二而不二。须知四义，两处名异：一、真空必尽幻有，是

真空上空义。二、真空必成幻有，是真空上不空义。三、幻有必覆真空，是幻有上有义。四、幻有必不碍真空，是幻有上非有义。又，须知有非有、空非空，各有二义：一、有上二义者：一是不坏有相义，二是遮断灭义，则諸有为非不有。二、非有上二义者：一离有相义，二即是空义。三、空上二义者：不一坏性义，二遮定有义，故諸空为非不空。四、非空上二义者：一离空相义，二即有义，已知名义。今融合乃有五重，为五种中道：一、谓有非有无二。为一幻有者，此是有上二义自合。然取有上不坏相义，非有上离有相义，故合为一幻有，是俗谛中道。二、空非空无二。为一真空者，即空上二义自合。然取空上不坏性义，非空上离空相义，故合为一真空，为真谛中道。前一为即相无相之中道，此一为即性无性之中道，亦是存泯无二义。三、非空与有无二。为一幻有者。上一对，空有自合。此下一对，空有四义交络而合。今此第三，而取真空上非空义，幻有上有义，二义相顺，明不二。然是非空上，取即是有义。有上，取遮断灭义。故得共成幻有，为非空非不有，存泯无碍之中道。四、空与非有无二。为一真空者，即第四取真空上空义，幻有上非有义，二义相顺，明其不二。然是空上遮定有义，非有上即是空义，故二义相顺，得成真空。为非有非不空，存泯无碍之中道。第三是存俗泯真，此是存真泯俗。又，三是空彻于有，今是有彻于空，皆二谛交彻。五、幻有与真空无二。为一味法界者，即第五总合前四，令其不二。然上各合交彻，并不出于真空幻有，故今合之为一味法界，为二谛俱融之中道。然三四虽融二谛，而空有别融。今此空有无碍，即是非空非有无碍，举一全收。若以真同俗，唯一幻有。若融俗同真，唯一真空。空有无二，为双照之中道。非空非有无二，为双遮之中道。遮照一时，存泯无碍，故云离相离性、无障无碍、无分别法门，以幻有为相，真空为性。又，空有皆相，非空非有为性。又，别显为相，总融为性。今互夺双融，并皆离也。无分别法，但约智说，唯无分别智，方究其原，其无障碍，通于境智。谓上之五重，多约境说，心智契合，即为五观。五境既融，五观亦融。以俱融之智，契无碍之境，则心境无碍。心中有无尽之境，境上有无碍之心，故要忘言，方合斯理，总为缘起甚深之相。故知，若了空有无碍，真俗融通。无性之宗，缘生之理，如同神变，莫定方隅。虽处狭而常宽，纵居深而逾浅。或在下而恒上，任游中而即边。众生常处佛身，涅槃唯依生死，可谓难思妙旨，非情所知。故云：性海无涯，众德以之繁广。缘生不测，多门由是圆通。莫不回转万差，卷舒之形随智。镕融一际，开合之势从心。照不失机，纵差别而恒顺。用非乖体，虽一味而常通。又云：谓尘不坏小量而遍十方，普摄一切于中显现。斯由量则非量，非量即量。又，居见闻之地，即见闻之不及。处思议之际，即思议之不测。皆由不思议体，自不可得故，即思不可思。经云：所思不可思，是名为难思。《法界观真空门》云：一、色即是空者，以色，举体全是真空，不即断空。以色等，本是真如一心，与生灭和合，名阿赖耶识，能变起根身器界，即是此中所明色等诸法。故今推之，都

无其体，故举体归于真心之空，不合归于断灭之空，以本非断空之所变故。断空，则是虚豁断灭，无知无用，不能现于万法。如镜外之空，非同镜内之空。色相宛然，求不可得，谓之空。又，凡是色法，必不异真空。以诸色法，必无性故，是故色即是空。既非灭色取空、离色求空，又不即形显色相之空，又不离形显无体之空，即是真空。若不即色相，即无遍计所执。不离无体，即是依他缘起。缘起无性之真理，即是圆成。二、明空即色者，真空必不异色，故云空即是色。何以故？凡是真空，必不异色，以是法无我理，非断灭故，是故空即是色。若离事求空理，即成断灭。今即事，明无我无性真空之理，离事何有理乎？以真如不守自性，随缘成诸事法，则举空全色，举理全事。又，真如正随缘时，不失自性，则举色全空，举事全理。三、空色无碍者，谓色，举体全是尽色之空，故色尽而空现。空，举体不异全尽空之色，即空即色而空不隐，是故，看色无不见空，观空莫非见色，无障无碍，为一味法也。如举众波全是一水，举一水全是众波，波水不碍同时，而水体挺然全露，如即空即色而空不隐。《宝藏论云》：空可空，非真空。色可色，非真色。真色无形，真空无名。无名名之父，无色色之母。为万物之根源，作天地之太祖。《肇论》云：本无、实相、法性、性空、缘会，一义耳。何则？一切诸法，缘会而生。缘会而生，则未生无有。未生无有，缘离则灭。如其真有，有则无灭。以此而推，故知，虽今现有，有而性常自空。性常自空，故谓之性空。法性如是，故曰实相。实相自无，非推之使无，故名本无。言不有不无者，不如有见常见之有，邪见断见之无耳。若以有为有，则以无为无。有既不有，则无无也。夫不存无以观法者，可谓识法实相矣，乃至三乘，等观性空而得道也。性空者，诸法实相也。见法实相，故为正观。若其异者，便为邪观。设二乘不见此理，则颠倒也。是以，三乘观法无异，但心有大小为差耳。又，《不真空论》云：夫至虚无生者，盖是般若玄鉴之妙趣，有物之宗极者也。自非圣明特达，何能契神于有无之间哉？是以，圣人通神心于无穷，穷所不能滞。极耳目于视听，声色所不能制者，岂不以其即万物之自虚？故物不能累其神明者也。是以，圣人乘真心以理顺，则无滞而不通。审一气以观化，故所遇而顺适。无滞而不通，故能混杂致淳。所遇而顺适故，则触物而一。如此则万像虽殊，而不能自异。不能自异故，知像非真像。像非真像，则虽像而非像。然则物我同根，是非一气，潜微幽隐，殆非群情之所尽。故知，若乘真心而体物，则何物而不归。齐一气以观时，则何时而不会？何时而不会，则知触境之无生。何物而不归，则见物性之自虚矣。若任情所照，曷能尽其幽旨乎？若不悟宗，难逃见迹。如庞居士偈云：昔日在有时，常被有人欺。种种生分别，见闻多是非。后向无中坐，又被无人欺。一向看心坐，冥冥无所知。有无俱是执，何处是无为。有无同一体，诸相尽皆离。心同虚空故，虚空无所依。若论无相理，唯有父王知。故知，有无诸法，欲求究竟，唯心方证。若未归心，尽成障碍，为常为断，成是成非。才入此宗，自然融即。谓先明其起处，知自心生。

既从心生，则万法从缘，皆无体性，必无心外法，能与心为缘。悉是自心生，还与心为相。但论空有，则广明诸法。何者？以空有管一切法故。此空有二门，亦是理事二门，亦是性相二门，亦是体用二门，亦是真俗二门。乃至总别同异、成坏理量、权实卷舒、正助修性遮照等，或相资相摄，相是相非，相遍相成，相害相夺，相即相在，相覆相违，一一如是，各各融通。今以一心无性之门，一时收尽，名义双绝，境观俱融，契旨忘言，咸归《宗镜》。是以，须明行相名义差别，方能以体性融通。若不先横竖铺舒，后何以一门卷摄？故《还原观》云：用就体分，非无差别之势。事依理现，自有一际之形。

如上微细剖析，广照空有二门，可谓得万法之根由，穷诸缘之起尽。此有无二法，迷倒所由。九十六种之邪师，因兹而起。六十二见之利使，从此而生。菩萨尚未尽其原，凡夫安能究其旨？所以《宝性论》云：空乱意菩萨，于此真空妙有，犹有三疑：一、疑空灭色，取断灭空。二、疑空异色，取色外空。三、疑空是物，取空为有。故《华严经》中，善财历事诸佛，已证法门，尚犹于诸法中，无而计有。若究竟远离，唯大菩萨之人。《大智度论》偈云：有无二见灭无余，诸法实相佛所说。《净名经》云：有无二见，无复余习。又偈云：说法不有亦不无，以因缘故诸法生。何者？若时机因缘执有，则说空门。若时机因缘著空，遂谈有教。为破有，故不存空。因治空，故不立有。故说有而不有，言空而不空。或双亡而双流，或双照而双寂。破立一际，遮照同时。如《肇论钞》云：今就论文，总有四意，以显周圆之旨：一者破实显空。二者破空显假。三者破唯空唯假，显亦空亦假。四者破亦空亦假，显非空非假，则是中道，方谓周圆也。然四论皆有周圆，今既一一辩之，且约四义：一约境，二约智，三约果，四约境智果。初约境者，《不真空论》云：即物顺通，故物莫之逆。此破实显空，遣凡夫执，即伪即真，故性莫之易。此破空显假，遣声闻执。性莫之易，故虽无而有。物莫之逆，故虽有而无。此则破有破无，显亦空亦假，辩菩萨境。虽有而无，所谓非有。虽无而有，所谓非无。此破亦空亦假，遣菩萨执，显中道第一空佛之境，此则境周圆也。二约智者，则般若论也。若以般若智，一一历然，空假等境，则成心量，但是有智，不得无智意。今则约前智知，凡是一境，即须周圆也。《论》云：言知非为知，欲以通其鉴，此破凡夫执相知，辩无知也。不知非不知，欲以辩其相，此破声闻无知，辩无种不知也。辩相不为无，通鉴不为有，此破亦知亦不知，显非知非不知也。非有故知而无知，非无故无知而知，此破非知非不知，辩亦知亦无知。前来四义，说虽前后，并在一心，不即不离，可谓佛智周圆矣。三约果辩者，即《涅槃论》文云：存不为有，破有余涅槃，遣声闻常执。亡不为无，破无余涅槃，遣声闻断执。亡不为无，虽无而有。存不为有，虽有而无。此双破有无，显亦有亦无。虽有而无，所谓非有。虽无而有，所谓非无。此破亦有亦无，显非有非无，以显中道佛之境、无住涅槃、果周圆矣。四约境智果三合辩者，则是总收前诸论文也。前二论，则真谛无相之境，为真空。般若能观真智，即万行之本，为妙有，犹境发智，由智显境。境智互显，为亦空亦有，即《涅槃论》中三德相冥，境智不二，不断不常，为非空非有，可谓涅槃极果也，即如来一化之意，并周圆故，则罄尽佛法之渊海也。

故知，真空难解，应须妙得指归。若随空有之文，皆堕邪见。如《鸯崛魔罗经》偈云：譬如有愚夫，见雹生妄想。谓是瑠璃珠，取已执持归。置之瓶器中，守护如真宝。不久悉融消，空想默然住。于余真瑠璃，亦复作空想。文殊亦如是，修习极空寂。常作空思惟，破坏一切法。解脱实不空，而作极空想。犹如见雹消，滥坏余真实。汝今亦如是，滥起极空想。见于空法已，不空亦谓空。有异法是空，有异法不空。一切诸烦恼，譬如彼雨雹。一切不善坏，犹如雹融消。如真瑠璃宝，谓如来常住。如真瑠璃宝，谓是佛解脱。虚空色是佛，非色是二乘。解脱色是佛，非色是二乘。云何极空相，而言真解脱。文殊宜谛思，莫不分别想。譬如空聚落，川竭瓶无水。非无彼诸器，中虚故名空。如来真解脱，不空亦如是。出离一切过，故说解脱空。如来实不空，离一切烦恼。及诸天人阴，是故说名空。呜呼蚊蚋行，不知真空义。外道亦修空，尼乾宜默然。所以，外道执断空，二乘证但空，俱不达一心真空之理。故《无生义》云：经云持心犹如虚空者，非是断空。尔时犹有妙神，即有妙识思虑。

问曰：经言持心如虚空，那更有妙神在？

答曰：经道持心如虚空者，只是持心令不生，故言如虚空，非即是空，经言如虚空也。经言：若识在二法，则有喜悦。若识在无二实际法中，则无喜悦。实际即是法性，空识即是妙神。故知实际中，含有妙神也。《华严经·性起品》作十种譬喻，明法身佛有心。大师言：虽有妙神，神性不生。与如一体，譬如凌还是水。与水一体，水亦有凌性。若无凌性者，寒结凌则不现，如中亦有妙神性同。如清净则现，不净不复可见。乃至如师主姓傅，傅姓，身内觅不得，身外觅不得，中间觅不得，当知傅姓是空，而非是断空之空。以傅姓中，含有诸男女故，言性空异于虚空。佛性是空，诸佛法身不空。大师引经曰：女身色相，无在无不在。夫无在无不在者，佛所说也。释言：女身色相即如，故言无在。如性真常，体含众相，故言无不在。含者，含有男女色声等相，《涅槃经》明菩萨念法：善男子，唯此正法，无有时节，法眼所见，非肉眼见，不生不出，不住不灭，不始不终，无明无数，此正明如体也。非结非业，断结断业，而亦是业。非男断男，而亦是男。非有断有，而亦是有。非入断入，而亦是入。乃至诸佛所游居处，常不变易，是名菩萨念法。

如上空有二门，约广其义用，遂说存泯开合。若破其情执，乃说即离有无。设当见性证会之时，智解俱绝。如《泯绝无寄观》云：谓此所观真空，不可言即色、不即色，亦不可言即空、不即空，一切皆不可，不可亦不可。此语亦不受，迥绝无寄，非言所及，非解所到，是谓行境。何以故？生心动念，即乖法体，失正念故。乃至若不洞明前解，无以蹑成此行。若不解此行法，绝于前解，无以成其正解。若守解不舍，无以入兹正行。是故，行由解成，行起解绝。古释云：空若即色者，圣应同凡见妄色，凡应同圣见真空，又应无二谛。空若不即色者，见色外空，无由成于圣智，又应凡圣永别，圣不从凡得故。又，色若即空者，凡迷见色，应同圣智见空，又亦失于二谛。色不即空者，凡夫见色应不迷，又所见色，长隔真空，应永不成圣。生心动念，即乖法体，失正念故者，真空理性，本自如然。但以迷之，动念执相。故虽推破，简情显解，今情忘智泯，但是本真，何存新生之解数？若有解数，即为动念。动念生心，故失正念。正念者，无念而知。若总无知，何成正念？又，解为遣情，说因破执。若情消执丧，说解何存？真性了然，寂无存泯。所以，若言即与不即，皆落是非。瞥挂有无，即非正念。故云：才有是非，纷然失心。

问：凡涉有无，皆成邪念。若关能所，悉堕有知。如何是无念而知？

答：瑞草生嘉运，林华结早春。

宗镜录第九

宋 慧日永明妙圆正修智觉禅师延寿集

夫修行契悟，法乃尘沙，云何独立一心为宗，而称绝妙？

答：若不了心宗，皆成迷倒，触途成壅，证入无门。如俗谛中，有秘密之法，若不得要诀，学亦无成。或得其门，所作皆办。今教乘称秘密之法，禅宗标不传之文，则向何路而进修，从何门而趣入？若不得唯心之诀，正信无由得成。才得斯宗，千门自辟。道不待求而顿现，行弗假修而自圆，如地遇阳春，萌芽沸发，故云：若无观慧，事亦不成。又，此心能成一切，能坏一切，成则顿成天真之佛。所以真觉大师歌云：是以禅门了却心，顿入无生慈忍力。以此无生一门，一成一切成，乃至三身四智，八解六通，无漏无为，普贤万行，悉于无生，一时圆满。故云：初闻阿字门，即解一切义。所谓一切法不生。坏则渐坏有为无为功德之门，所以歌云：损法财，灭功德，莫不由乎心意识。故知，此心无幽不烛，有法皆知。察密防微，穷今洞古，故谓之灵台，故司马彪云：心为神灵之台。《庄子》云：万恶不可内于灵台。

《净名疏》问云：玄义处处多明观心，已恐不可。入文复尔，将不坏乱经教耶？

答：说经本为入道。若怀道之贤，触处观行，岂有寻求涅槃圣典，而不观行者乎？但巧说得宜，非止不损文义，兼得观慧分明，分别法门，非观何逮，岂有坏乱之咎乎？夫有所说，意在言前。祖佛本意，皆为明心达道，假以文义，直指心原，岂可执诠迷旨，背心求道耶？所以《正法念处经》偈云：天龙阿修罗，地狱鬼罗刹。心常为导主，如王行三界。心将诣天上，复行于人中。心将至恶道，心轮转世间。《宝雨经》云：云何菩萨得奢摩他毗钵舍那善巧？谓此菩萨心善巧，已观察诸法如幻如梦，思惟诸法，此是善法，此非善法。此出离法，此不出离法。谓诸菩萨观一切法，皆依于心，心为自性，心为上首，能摄受心，善调伏心，善了知心，故能摄此一切诸法。既善调伏，又善了知，由此因缘，便能修习奢摩他法。如是系心，如是止心，及安住心，勤修如是奢摩他故，便能安住心一境性。《弘道广显定意经》云：彼德本者，了识心本。以此心行，慈及众生。识了知彼，空无我人。其心德本，助劝于道。故知，心为德本，即是总相。心佛众生，三之别相。心是总相者，法界染净，万类万法，不出一心，是心即摄一切世间、出世间法，故名总相。余染、净二缘，各属二类。然总相说，十法界中六道为染，四圣为净，则十法界中染、净二缘，凡、圣两道，俱不出一心矣。故经云：心能导世间，即自在义。心能遍摄受，即随行义。如是一心法，皆自在随行。《金刚三昧论》云：出世之因者，入实相观。出世之果者，一味解脱。故知，初则信心而入道，后则证心而得果，始终不出宗镜矣。

又，《楞伽经》偈云：唯心无所有，诸行及佛地。去来现在佛，三世说如是。《贤劫定意经》云：等视一切诸法根原，皆如是谛，本无所有，是曰一心。《华严经·夜摩天宫偈赞品》云：譬如工画师，分布诸彩色。虚妄取异色，大种无差别。大种中无色，色中无大种。亦不离大种，而有色可得。心中无彩画，彩画中无心。然不离于心，有彩画可得。彼心恒不住，无量难思议。示现一切色，各各不相知。譬如工画师，不能知自心。而由心故画，诸法性如是。心如工画师，能画诸世间。五蕴悉从生，无法而不造。如心佛亦尔，如佛众生然。应知佛与心，体性皆无尽。若人知心行，普造诸世间。是人则见佛，了佛真实性。心不住于身，身亦不住心。而能作佛事，自在未曾有。若人欲了知，三世一切佛。应观法界性，一切唯心造。疏释云：此颂显于具分唯识，此不相知义，谓非唯所画之法，自不相知。喻所变之境，无有体性。能画之心，念念生灭，自不相知，故亦不能知于所画。双喻心境皆无自性，各不相知，故言不能知自心，而由心故画。又虽不知画心，而由心能画，喻众生虽迷心现量，而心变于境。又由不能知所画，但画于自心，故能成所画，喻众生由迷境唯心，方能现妄境。又喻正由无性，方成万境，故云诸法性如是，应观法界性者，即真如理观。一切唯心造者，即唯识事观。以理观唯识之性，诸佛证此为成佛之体。以事观唯识之相，众生达此为出离之门。如《华严演义》云：良以一文之妙，摄义无遗。一偈之功，能破地狱。故普贤菩萨告善财言：我此法海中，无

有一文，无有一句，非是舍施转轮王位而求得者，非是舍施一切所有而求得者。释曰：以一是一切之一故，称性之一故。《纂灵记》云：有京兆人，性王，失其名。本无戒行，曾不修善，因患致死，被二人引至地狱。地狱门前见一僧，云是地藏菩萨，乃教诵偈云：若人欲了知，三世一切佛。应观法界性，一切唯心造。菩萨授经已，谓之曰：诵得此偈，能破地狱苦。其人诵已，遂入见王。王问：此人有何功德？答云：唯受持一四句偈，具如上说。王遂放免。当诵此偈时，声所至处，受苦之人，皆得解脱。后三日方稣，忆持此偈，向诸道俗说之，参验偈文，方知是《华严经》夜摩天宫无量菩萨云集所说，即觉林菩萨偈，意明地狱心造，了心造佛，地狱自空耳。故知，若观此心，言下离苦。不唯破地狱界，乃至十法界一时破。以入真空一际法故，则平等真法界，无佛无众生。此非妙术神通，假于他势。以法如是故，可验自心不可思议神妙之力，高而无上，渊而不深。延而不长，促而非短。广而无相，显而无踪。有而不常，无而不灭。照体独立，称性普周。妙万物，故称之为神。孕一切，故名之为母。统御该摄，通变无穷。任照忘疲，若明镜之写像。应缘无作，犹虚谷之传声。居方，而方相分明。处圆，而圆文显现。在悟，而悟成诸佛。堕迷，而迷作众生。迹任千途，本地不动。台教云：心如幻化，但有名字。名之为心，适言其有。不见色质，适言其无。复起虑想，不可以有无思度故，名心为妙。非是待粗成妙，以绝待为妙。故傅大士称为妙神，亦云妙识。妙神即是法身，佛若无妙神，谁受寂灭乐？《宝藏论》云：其为也形，其寂也冥。本净非莹，法尔天成。光超日月，德越太清。万物无作，一切无名。转变天地，自在纵横。恒沙而用，混沌而成。谁闻不喜，谁闻不惊。如何以无价之宝，隐于阴入之坑？

是以，体之即妙即神，显无价之宝。迷之成粗成昧，堕阴入之坑。遍览圆诠，释之莫尽。仰唯诸圣，赞之靡穷，可谓入道玄关，成佛妙诀。乃至凡圣因果，行位进修，不离此心而得成办。契同心性，何德不收？以一切法，随所依住，皆于一心，顿圆满故。如斯之事，岂非绝待之妙耶？如《法华玄义》云：绝待明妙者，为四：一、随情三假法起。若入真谛，待对即绝。故身子云：吾闻解脱之中，无有言说。此三藏经中，绝待意也。二、若随理三假，一切世间，皆如幻化。即事而真，无有一事而非真者，更待何物，为不真耶？望彼三藏，绝还不绝。即事而真，乃是绝待，此通教绝待也。三、别教。若起望即真之绝，还是世谛。何者？非大涅槃，犹是生死世谛，绝还有待。若入别教中道，待则绝矣。四、圆教。若起说无分别法，即边而中，无非佛法，亡泯清净，岂更佛法待于佛法，如来法界故。出法界外，无复有法可相形比，待谁为粗，形谁得妙？无所可待，亦无所绝。不知何名，强言为绝。《大涅槃经》云：大名不可称量，不可思议，故为大。譬如虚空，不因小空名为大也。涅槃亦尔，不因小相名大涅槃。妙亦如是，妙名不可思议，不因于粗而名为妙。若谓定有法界，广大独绝者，此则大有所有，何谓为绝？今法界清净，非见闻觉知，不可说示。经云：止止不须说，

我法妙难思。止止不须说，即是绝言。我法妙难思，即是绝思。又云：是法不可示，言辞相寂灭。亦是绝叹之文。不可以待示，不可以绝示，灭待灭绝，故言寂灭。又云：一切诸法，常寂灭相，终归于空，此空亦空，则无复待绝。《中论》云：若法为待成，是法还成待。今则无因待，亦无所成法。《华首经》云：既得无生忍，亦不生无生。生即无生，是名绝待。降此已外，若更作者，绝何物，显何理？流浪无穷，则堕戏论，乃是迷情分别。绝待不绝，非绝非待，待于亦待亦绝，言语相逐，永无绝矣。何者？言语从觉观生，心虑不息，语何由绝？如痴犬逐块，徒自疲劳，块终不绝。若能妙悟寰中，息觉观风，心水澄清，言思皆绝。如黠师子放块逐人，块本既除，块则绝矣。妙悟之时，洞知法界外无法而论绝者，约有门明绝也，是绝亦绝。约空门明绝也，如駃马见鞭影，无不得入，是名绝待妙也。用是两妙，妙上三法。众生之法，亦具二妙，称之为妙。佛法心法，亦具二妙，称之为妙。

问：何意以绝释妙？

答：只唤妙为绝，绝是妙之异名，如世人称绝能耳。又，妙是能绝，粗是所绝。此妙有绝粗之功，故举绝以名妙。此绝非是断绝，以无尽为绝。如《还原观》云：一尘出生无尽遍。一尘之内，即理即事，即人即法，即依即正，即染即净，即因即果，即同即异，即彼即此，即一即多，即广即狭，即情即非情，即三身即十身。何以故？理事无碍，法如是故。十身互作，自在用故，唯普眼之境界也。如上事相之中，一一互相容相摄，各具重重无尽之境界也。经颂云：一切法门无尽海，同会一法道场中。如是次第展转成，此无碍人方得悟。

问：据其所说，则一尘之上，理无不显，事无不融。文无不释，义无不通。今时修学之徒，云何晓悟，达于尘处，顿决群疑？且于一尘之上，何者是染，云何名净？何者名真，若为称俗？何者名生死，何者是涅槃？云何名烦恼，云何是菩提？何者名小乘法，云何名大乘法？请垂开决，闻所未闻。

答：大智圆明，睹纤毫而观性海。真原朗现，一尘之处以眺全身。万法显必同时，一际理无前后。何以故？由此一尘虚相，能翳于真，即是染也。由尘相空无所有，即净也。由于尘性本体同如，即是真也。由此尘相缘生幻有，即俗也。由于尘相念念迁变，即是生死也。由观尘生灭相尽，空无有实，即涅槃也。由尘相大小，皆是妄心分别，即烦恼也。由尘体本空，缘虑自尽，即菩提也。由尘相体无遍计，即小乘法也。由尘性无生无灭，依他似有，即大乘法也。如是略说，若具言之，假使一切众生怀疑各异，一时同问如来，如来唯以一个尘字而为解释，宜深思之。经颂云：一切法门无尽海，一言演说尽无余。依此义理，故名一尘出生无尽遍也。所言即者，现今平等故，此一心法门，如镜顿现，不待次第。如印顿成，更无前后。一见一切见，一闻一切闻，不俟推寻。若待了达而成，皆为权渐。若能观于心性之一，则是一道甚深，即正道之一，是唯一之一。千佛同辙，今古不易之一道也，亦云一路涅槃门，亦云一道出生死，又名大佛顶首楞严王具足万行，十方如来一门超出妙庄严路，犹如百华共成一蜜，故知万法同会斯宗。若谛了之，一切在我。升沉去住，任意随缘。示圣现凡，出生入死，变化难测。运无作之神通，隐显同时。阐如幻之三昧，是非冥合。逆顺同归，语默卷舒。常顺一真之道，治生产业。不违实相之门，运用施为。念念而未离法界，行住坐卧步步而常在其中。若不信之人，对面千里。如寒山子诗云：可贵天然物，独一无伴侣。促之在方寸，延之一切处。汝若不信受，相逢不相遇。如明达之者，寓目关怀，悉能先觉。若未遇之子，可以事知，举动施为，未尝间断。如蔡顺，字君仲，以孝闻。顺少孤养母，常出求薪。有客卒至，母望顺不还，乃啮其指，顺即心动，弃薪驰归，跪问其故。母曰：有急客来，吾啮指以悟汝耳。又，唐裴敬彝，父为陈王典所杀，敬彝时在城，忽自觉，流涕不食。谓人曰：我大人凡有痛处，吾即不安。今日心痛，手足皆废，事在不测。遂归觐，父果已死。又，唐张志安居乡闾称孝，差为里尹。在县忽称母疾急，县令问，志安曰：母有疾，志安亦病。志安适患心痛，是以知母有疾。令拘之，差人覆之，果如所说。寻奏高表门闾，拜为散骑常侍。

问：此宗所悟，还有师不？

答：此是自觉圣智，无师智，自然智。之所证处，不从他悟。自证之时，法从心现，不从外来，故无师契，而能自得阿耨菩提。《楞伽经》云：大慧白佛言：世尊，若善自觉圣智相及一乘。我及余菩萨，若善自觉圣智相及一乘，不由于他，通达佛法。又，经云：舍利弗复问：何故诸贤，复发此言：从今日始，不以佛为圣师？诸比丘报曰：从今日始，自在其地，不在他乡。自归于己，不归他人。以为师主，不用他师。是以故往，不以佛为圣师。乃至于是世尊，赞诸比丘：善哉善哉，其于诸法，无所得者，乃为真得。此乃但可自知，方见真实。所以千圣拱手，作计校不成。如经颂云：言语说诸法，不能显真实。平等乃能见，如法佛亦尔。所以《永嘉歌》云：不离当处常湛然，觅即知君不可见。又，先德偈云：不烦问师匠，心王应自知。斯乃真照无照，真知无知。何者？若有照，则有对处，故云随照失宗。若有知，则被知碍，故云法离见闻觉知。如《信心铭》云：纵横无照，最为微妙。知法无知，无知知要。达此要者，即无一法可同，无一法可异，无一法可是，无一法可非，则何用外求知解？古德歌云：古人重义不重金，曲高和寡无知音。今时学士还如此，语默动用迹难寻。所嗟世上岐途者，终日崎岖枉用心。平坦栴檀不肯取，要须登陟访椿林。穷子舍父远逃逝，却于本舍绝知音。贫女宅中无价宝，却将小秤买他金。故《大涅槃经》云：如平坦路，一切众生，悉于中行，无障碍者。中路有树，其阴清凉，行人在下，憩驾止息。然其树阴，常住不异，亦不消坏，无持去者。路喻圣道，阴喻佛性。

是以，若达此宗，归于自地，室中宝藏，岂是外来？衣内明珠，非从他获。若能开发秘藏，得现前受用之荣。

货易神珠，息积劫贫穷之苦。非数他宝，岂徇彼求？则润己之智藏何穷，利他之法财无尽。

问：若言无师自证者，即堕自然之计。执从他解者，仍涉因缘之门。且大道之性，非是自然，亦非因缘，云何开示而乖道体？

答：为破他求，故说须自证。为执自解，故从他印可。若当亲省之时，迷悟悉空，自他俱绝，非限量之所及，岂言论之能诠？所以牛头初祖云：夫道者，若一人得之，道即不遍。若众人得之，道即有穷。若各各有之，道即有数。若总共有之，方便即空。若修行得之，造作非真。若本自有之，万行虚设。何以故？离一切限量分别故。明知说自说他，言得言失者，若约圣教，则是随世语言，破执方便。若依意解，尽是限量分别，不出情尘。但不执教以徇情，则方见性而达道。

问：初心学人，悟入此宗，信解圆通，有何胜力？

答：若正解圆明，决定信入，有超劫之功，获顿成之力。虽在生死，常入涅槃。恒处尘劳，长居净刹。现具肉眼，而开慧眼之光明。匪易凡心，便同佛心之知见。如太子具王仪之相，迦陵超众鸟之音。将师子筋为琴弦，余音断绝。以善见药而治病，众患潜消。若那罗箭之功，势穿铁鼓。似金刚锤之力，拟碎金山。则烦恼尘劳，不待断而自灭。菩提妙果，弗假修而自圆。乃至等冤亲、和诤论。齐凡圣、泯自他。一去来、印同异。融延促、混中边。世出世间、不可称、不可量、不可说不可说之力，莫能过者，亦名佛力，亦名般若力，亦名大乘力，亦名法力，亦名无住力。所以先德释云：无住力持者，则大劫不离一念。又云：色平等是佛力。色既平等，则唯心义成。故知，观心之门，理无过者，最尊最贵，绝妙绝伦。有刹那成佛之功，顿截苦轮之力。《大涅槃经》云：譬如药树，名曰树王，于诸药中，最为殊胜，能灭诸病，树不作念。若取枝叶，及皮身等，虽不作念，能愈诸病。涅槃亦尔。

是以，若于宗镜，有圆信圆修，乃至见闻随喜、一念发心者，无不除八万尘劳、三障二死之病。《大品经》云：如摩尼珠，所在住处，一切非人，不得其便。以珠著身，闇中得明，热时得凉，寒时得温。若在水中，随物现色。即况识此自心如意灵珠，圆信坚固，一切时处，不为无明尘劳非人之所侵害，则处繁不乱，履险恒安，高而不危，满而不溢。台教引《佛藏经》云：无名相中，假名相说，皆是如来不思议力。譬如有人嚼须弥山，飞行虚空，石筏渡海，负四天下及须弥山，蚊脚为梯登至梵宫，劫尽烧时，一唾劫火即灭，一吹世界即成，以藕丝悬须弥山，手接四天下雨。如来所说，一切诸法，无相无为，无生无灭，令人信解，甚为难有，甚为希有。若少有所得，与佛法僧诤，入于邪道。不听出家受戒，饮一杯水。当知，经明无生外用，以显妙理因果无生。是则，不了一体三宝常住，不听出家。言不听者，若不解此，戒不具足。若约观心者，一刹那起，名一众生。即起即灭，名为一期。念念之中，恒起三毒，即当劫尽三灾。三毒贪为首，三灾火为

端。以不思议止观，观此三毒。一念贪心，无有起处，即是一唾劫火而灭。了念成智，即是一吹世界而成。乃至一切不思议希有之事，但达一念无明心，成诸佛智，无有不洞晓之者。若不解此，非唯不听出家。一切万善，皆不成就，以不知佛法根本故。《大智度论》云：复次有人，谓地为坚牢，心无形质，皆是虚妄。以是故，佛说心力为大，行般若波罗蜜故，散此大地以为微尘。以地有色香味触重故，自无所作。水少香故，动作胜地。火少香味，势胜于水。风少色香味故，动作胜火。心无四事故，所为力大。又，以心多烦恼结使系缚，故令心力微少。有漏善心，虽无烦恼，以心取诸法相故，其力亦少。二乘无漏心，虽不取相，以智慧有量，及出无漏道时，六情随俗分别，取诸法相故，不尽心力。诸佛及大菩萨，智慧无量无边，常处禅定，于世间涅槃无所分别。诸法实相，其实不异，但智有优劣。行般若波罗蜜者，毕竟清净，无所罣碍。一念中，能散十方一切如恒河沙等三千大千国土、大地诸山微尘。故知，真心有此大力，众生妄隔而不觉知。《金光明经疏》云：如日光能照天下，不能照道理。心智之光明，能发智照理，故心是光。若心痴闇，体则憔悴。心有智光，肤色充泽。故云：般若大故色大，般若净故色净。即是明也。天下万物，唯人为贵。七尺形骸，不如灵智为贵。所以观之心贵，心即是金。又，知依知正名光，知一切法无一切法为明。是以，若于《宗镜》才有信入，便生圆解。能发真正菩提心，更无过上：是无等等心，是最胜心，是最实心。《止观》云：发此心者，能翻一一尘劳门，即是八万四千诸三昧门，无明转即变为明，如融冰成水。更非远物，不余处来。但一念心，普皆具足。如如意珠，非有宝，非无宝。若谓无者，即妄语。若谓有者，即邪见。不可以心知，不可以言辩。众生于此不思议不缚法中，而思想作缚。于无脱法中，而求于脱。是故，起大慈悲，兴四弘誓。拔两苦，与两乐，故名非缚非脱，真正菩提心。此发一菩提心，即一切菩提心。譬如良医，有一秘方，总摄诸方，阿伽陀药，功兼诸药。如食乳糜，更无所须，一切具足。如如意珠，乃至此一心，是大中大、上中上、圆中圆、满中满、实中实、真中真、了义中了义、玄中玄、妙中妙、不可思议中不可思议。若能如此，简非显是、体权识实而发心者，是一切诸佛种。譬如金刚，从金性生。佛菩提心，从大悲起。是诸行先，如服阿娑罗药，先用清水。诸行中最，如诸根中，命根为最。佛正法正行中，此心为最。如太子生具王仪相，大臣恭敬，有大声名。如迦陵频伽鸟㲉中鸣声，已胜诸鸟。此菩提心，有大势力，如师子筋弦，如师子乳，如金刚锤，如那罗延箭。具足众宝，能除贫苦，如如意珠，虽小懈怠，小失威仪，犹胜二乘功德。举要言之，此心即具一切菩萨功德，能成三世无上正觉。若解此心，任运达于止观。无发无碍即是观，其性寂灭即是止。止观即菩提，菩提即止观。

如上广赞发此圆信菩提心人，实为难有。若凡夫外道，迷于此心，而为分段生死。藏通二乘，背于此心，而作有余涅槃。乃至通教菩萨，始发大乘之人体于此心，只成自性之空。别教菩萨，至大乘之终，悟于此心。虽见不空为十法界之所依，然即今未具。犹假别修次第生起，俱不能识知自心。一念顿圆平等正性，凡圣共有，一际无差。以不识故，皆不能发此无上无等、最胜广大、不可思议菩提之心，所有悲愿智行，俱不具足。若一发此心，功德无际，念念圆满十波罗蜜。故《净名经》云：维摩诘言：然汝等便发阿耨多罗三藐三菩提心，是即出家，是即具足。今《宗镜》，正为开示此心，一一搜穷，重重引证，普为一切法界含生，凡有心者，愿皆信受。才得信入，法尔自然发此无上菩提之心，便坐道场，行同体大悲，起无缘慈化。是以，十方诸佛赞了此心，能发菩提者，功德无尽。如《华严经》云：菩提心者，犹如种子，能生一切诸佛法故。菩提心者，犹如良田，能长众生白净法故。菩提心者，犹如大地，能持一切诸世间故。菩提心者，犹如净水，能洗一切烦恼垢故。菩提心者，犹如大风，普于世间无所碍故。菩提心者，犹如盛火，能烧一切诸见薪故。菩提心者，犹如净日，普照一切诸世间故。菩提心者，犹如盛月，诸白净法悉圆满故。菩提心者，犹如明灯，能放种种法光明故。菩提心者，犹如净目，普见一切安危处故。菩提心者，犹如大道，普令得入大智城故。菩提心者，犹如正济，令其得离诸邪法故。菩提心者，犹如大车，普能运载诸菩萨故。菩提心者，犹如门户，开示一切菩萨行故。菩提心者，犹如宫殿，安住修习三昧法故。菩提心者，犹如园苑，于中游戏受法乐故。菩提心者，犹如舍宅，安隐一切诸众生故。菩提心者，则为所归，利益一切诸世间故。菩提心者，则为所依，诸菩萨行所依处故。菩提心者，犹如慈父，训导一切诸菩萨故。菩提心者，犹如慈母，生长一切诸菩萨故。菩提心者，犹如乳母，养育一切诸菩萨故。菩提心者，犹如善友，成益一切诸菩萨故。菩提心者，犹如君主，胜出一切二乘人故。菩提心者，犹如帝王，一切愿中得自在故。菩提心者，犹如大海，一切功德悉入中故。菩提心者，如须弥山，于诸众生心平等故。菩提心者，如铁围山，摄持一切诸世间故。菩提心者，犹如雪山，长养一切智慧药故。菩提心者，犹如香山，出生一切功德香故。菩提心者，犹如虚空，诸妙功德广无边故。菩提心者，犹如莲华，不染一切世间法故。菩提心者，犹如调慧象，其心善顺，不犷戾故。菩提心者，犹如良善马，远离一切诸恶性故。菩提心者，如调御师，守护大乘一切法故。菩提心者，犹如良药，能治一切烦恼病故。菩提心者，犹如坑阱，陷没一切诸恶法故。菩提心者，犹如金刚，悉能穿彻一切法故。菩提心者，犹如香箧，能贮一切功德香故。菩提心者，犹如妙华，一切世间所乐见故。菩提心者，如白栴檀，除众生欲热使清凉故。菩提心者，如黑沉香，能熏法界悉周遍故。菩提心者，如善见药王，能破一切烦恼病故。菩提心者，如毗笈摩药，能拔一切诸惑箭故。菩提心者，犹如帝释，一切主中最为尊故。菩提心者，如毗沙门，能断一切贫穷苦故。菩提心者，如功德天，一切功德所庄严故。菩提心者，如庄严具，庄严一切诸菩萨故。菩提心者，如劫烧火，能烧一切诸有为故。菩提心者，如无生根药，长养一切诸佛法故。菩提心者，犹如龙珠，能消一切烦恼毒故。菩提心者，如

水精珠，能清一切烦恼浊故。菩提心者，如如意珠，周给一切诸贫乏故。菩提心者，如功德瓶，满足一切众生心故。菩提心者，如如意树，能雨一切庄严具故。菩提心者，如鹅羽衣，不受一切生死垢故。菩提心者，如白氎线，从本已来性清净故。菩提心者，如快利犁，能治一切众生田故。菩提心者，如那罗延，能摧一切我见敌故。菩提心者，犹如快箭，能破一切诸苦的故。菩提心者，犹如利矛，能穿一切烦恼甲故。菩提心者，犹如坚甲，能护一切如理心故。菩提心者，犹如利刀，能斩一切烦恼首故。菩提心者，犹如利剑，能断一切憍慢铠故。菩提心者，如勇将幢，能伏一切诸魔军故。菩提心者，犹如利锯，能截一切无明树故。菩提心者，犹如利斧，能伐一切诸苦树故。菩提心者，犹如兵仗，能防一切诸苦难故。菩提心者，犹如善手，防护一切诸度身故。菩提心者，犹如好足，安立一切诸功德故。菩提心者，犹如眼药，灭除一切无明瞖故。菩提心者，犹如钳镊，能拔一切身见刺故。菩提心者，犹如卧具，息除生死诸劳苦故。菩提心者，如善知识，能解一切生死缚故。菩提心者，如好珍财，能除一切贫穷事故。菩提心者，如大导师，善知菩萨出要道故。菩提心者，犹如伏藏，出功德财无匮乏故。菩提心者，犹如涌泉，生智慧水无穷尽故。菩提心者，犹如明镜，普现一切法门像故。菩提心者，犹如莲华，不染一切诸罪垢故。菩提心者，犹如大河，流引一切度摄法故。菩提心者，如大龙王，能雨一切妙法雨故。菩提心者，犹如命根，任持菩萨大悲身故。菩提心者，犹如甘露，能令安住不死界故。菩提心者，犹如大网，普摄一切诸众生故。菩提心者，犹如罥索，摄取一切所应化故。菩提心者，犹如钩饵，出有渊中所居者故。菩提心者，如阿伽陀药，能令无病永安隐故。菩提心者，如除毒药，悉能消歇含爱毒故。菩提心者，如善持咒，能除一切颠倒毒故。菩提心者，犹如疾风，能卷一切诸障雾故。菩提心者，如大宝洲，出生一切觉分宝故。菩提心者，如好种性，出生一切白净法故。菩提心者，犹如住宅，诸功德法所依处故。菩提心者，犹如市肆，菩萨商人贸易处故。菩提心者，如炼金药，能治一切烦恼垢故。菩提心者，犹如好蜜，圆满一切功德味故。菩提心者，犹如正道，令诸菩萨入智城故。菩提心者，犹如好器，能持一切白净物故。菩提心者，犹如时雨，能灭一切烦恼尘故。菩提心者，则为住处，一切菩萨所位处故。菩提心者，则为授行，不取声闻解脱果故。菩提心者，如净瑠璃，自性明洁无诸垢故。菩提心者，如帝青宝，出过世间三乘智故。菩提心者，如更漏鼓，觉诸众生，烦恼睡故。菩提心者，如清净水，性本澄洁无垢浊故。菩提心者，如阎浮金，映夺一切有为善故。菩提心者，如大山王，超出一切诸世间故。菩提心者，则为所归，不拒一切诸来者故。菩提心者，则为义利，能除一切衰恼事故。菩提心者，则为妙宝，能令一切心欢喜故。菩提心者，如大施会，充满一切众生心故。菩提心者，则为尊胜，诸众生心无与等故。菩提心者，犹如伏藏，能摄一切诸佛法故。菩提心者，如因陀罗网，能伏烦恼阿修罗故。菩提心者，如婆楼那风，能动一切所应化故。菩提心者，如因陀罗火，能烧一切诸惑习故。菩提心者，如佛支提，一切世间应供养故。善男子，菩提心者，成就如是无量功德。举要言之，应知悉与一切佛法诸功德等。何以故？因菩提心，出生一切诸菩萨行。三世如来，从菩提心而出生故。是故，善男子，若有发阿耨多罗三藐三菩提心者，则已出生无量功德，普能摄取一切智道。乃至善男子，如有宝珠名自在王，日月光明所照之处，一切财宝衣服等物，所有价直悉不能及。菩萨摩诃萨，发菩提心，自在王宝，亦复如是：一切智光所照之处，三世所有天人二乘、漏无漏善一切功德，皆不能及。善男子，海中有宝，名曰海藏，普现海中庄严事。菩萨摩诃萨，菩提心宝，亦复如是：普能显现一切智海诸庄严事。善男子，譬如天上阎浮檀金，唯除心王大摩尼宝，余无及者。菩萨摩诃萨，发菩提心阎浮檀金，亦复如是：除一切智心王大宝，余无及者。乃至善男子，菩提心者，成就如是无量无边，乃至不可说不可说殊胜功德。若有众生发阿耨多罗三藐三菩提心，则获如是胜功德法。

如上略录《华严》大教一百二十门，赞发此心功德，广大无边。然经中，虽引诸希奇珍宝譬况，皆是世间有限之物，以粗比妙，将浅况深。宁齐出世无尽之珍，岂等佛法难思之旨？故知世、出世间，天下之贵，无过心宝。如师子奋迅，威猛最雄。象王蹴蹋，势力无等。所以《大树紧那罗王所问经》云：尔时大树紧那罗王白言：世尊，我闻菩萨所有三昧，名曰宝住。若有菩萨得是三昧，一切法宝、诸功德法，自然而得。佛告紧那罗王言：若有菩萨，欲令佛宝种性不断，法宝种性、僧宝种性不绝者，修集生起八十种宝。所谓不忘一切智宝之心，乃至观空无相无愿解脱门宝心，入甘露门故，观一切法无生宝心。得无生法忍故，见一切法如幻如梦如焰如影如响如水月宝心。不住诸见故，观因缘法宝心。离断常见故，离诸边见垢秽宝心。离于二故，入无二法门宝心。觉一道故，离一切行宝心。至正位故，正观法位宝心。一切法平等故，集助一切菩提法宝心。觉了一切佛法故，乃至喻如大海为众法主，集一切宝，一切众宝皆悉来归，于是海中出生诸宝。如是紧那罗王，菩萨得是宝住三昧，为诸一切众生之主，集一切宝，一切法宝皆悉归趣。是以祖师云：一切宝中，心宝为上。故知，一切法宝，皆归宗镜中，无有法财珍宝，而不积聚。如《入法界体性经》云：文殊师利，复白佛言：以何因缘，名以三昧为宝积耶？佛告文殊师利：譬如大摩尼宝，善磨莹已，安置净处，随彼地方，出诸珍宝不可穷尽。如是，文殊师利，我住此三昧，观于东方，见无量阿僧祇世界、现在诸佛如来、阿罗诃、三藐三佛陀。如是南西北方四维上下，如是十方无量阿僧祇世界，我皆现见是诸如来，住此三昧，为众说法。文殊师利，我住此三昧，不见一法，然非法界。释曰：宝积三昧者，即一切众生心，是无量功德聚，犹如世间宝积。若能住此一心宝积三昧，有何功德宝而不知？故能见十方佛宝，普照无余。所以云：不见一法，然非法界。是以，万类之中，唯心为贵，如金翅鸟命终之后，骨肉散尽，唯有心在。难陀龙王取此鸟心，以为明珠。转轮王得，以为如意珠。然一切众生心，亦复如是，幻身虽灭，真心不坏。如经云：如劫烧火，不烧虚空。又，祖师云：百骸虽溃散，一物镇长灵。若能了此常住真心，即同获于如意珠宝。若得之者，广济于法界。用之者，普润于十方。以此诸大乘经中，十方诸佛，同共赞扬此菩提心。况如无际虚空，未言少分。若下位浅智，焉敢言之？故先德释《涅槃》教义云：种种名目，只是一心法。此法即是佛师、诸菩萨母。诸佛菩萨，辩不能宣。凡夫千舌，岂解揄扬？二乘百盲，焉能舞手者哉！此论开发信入，功德无边。若但见闻，设不信乐，尚种善根，无空过者。如《华严经》云：佛子，譬如丈夫，食少金刚，终竟不消。要穿其身，出在于外。何以故？金刚不与肉身杂秽而同止故。于如来所，种少善根，亦复如是，要穿一切有为诸行烦恼身，过到于无为究竟智处。何以故？此少善根，不与有为诸行烦恼而共住故。佛子，假使干草，积同须弥，投火于中，如芥子许，必皆烧尽。何以故？火能烧故。于如来所，种少善根，亦复如是。必能烧尽一切烦恼，究竟得于无余涅槃。何以故？此少善根，性究竟故。佛子，譬如雪山有药王树，名曰善见。若有见者，眼得清净。若有闻者，耳得清净。若有嗅者，鼻得清净。若有尝者，舌得清净。若有触者，身得清净。若有众生，取彼地土，亦能为作除病利益。佛子，如来应正等觉无上药王，亦复如是，能作一切，饶益众生。若有得见如来色身，眼得清净。若有得闻如来名号，耳得清净。若有得嗅如来戒香，鼻得清净。若有得尝如来法味，舌得清净，具广长舌，解语言法。若有得触如来光者，身得清净，究竟获得无上法身。若于如来生忆念者，则得念佛三昧清净。若有众生供养如来所经土地，及塔庙者，亦具善根，灭除一切诸烦恼患，得贤圣乐。佛子，我今告汝，设有众生，见闻于佛，业障缠覆，不生信乐，亦种善根，无空过者，乃至究竟入于涅槃。佛子，菩萨摩诃萨应如是知，于如来所，见闻亲近，所种善根，悉离一切诸不善法，具足善法。

故知，若见若闻，若信不信，皆得究竟无上善根，以见圆觉之佛，普门之法故。以觉圆故，无有缺减。以法普故，自然具足。岂非究竟耶？所以《华严·初发心功德品》颂云：菩萨发心功德量，亿劫称扬不可尽。以出一切诸如来，独觉声闻安乐故。十方国土诸众生，皆悉施安无量劫。劝持五戒及十善，四禅四等诸定处。复于多劫施安乐，令断诸惑成罗汉。彼诸福聚虽无量，不与发心功德比。又教亿众成缘觉，获无诤行微妙道。以彼而校菩提心，算数譬喻无能及。一念能过尘数刹，如是经于无量劫。此诸刹数尚可量，发心功德不可知。又颂云：所说种种众譬喻，无有能及菩提心。以诸三世人中尊，皆从发心而得生。《华严指归》云：明经有十种益：一、见闻益。谓此见闻如来，及此遗法，所种善根，成金刚种不可破坏，要心成佛。如《性起品》云：佛子，乃至不信邪见众生，见闻佛者，彼诸众生，于见闻中得种善根，果报不虚，乃至究竟涅槃等。二、发心益。谓信位既满，称彼佛怀，发此大心。此心即是普贤法摄，是故融通，即遍无尽时处等法界，既入彼摄彼，即全诸位，悉皆成满。故经云：初发心即是佛故，悉与三世诸如来等。三、起行益。谓若起一普贤行时，即遍一切行、一切位、一切德、一切法、一切处、一切时、一切因、一切果，穷尽法界，具足一切，如帝网等。故经云：菩萨摩诃萨得闻此法，以少方便，疾得菩提。四、摄位益。谓信等五位，一一位中摄一切位。然有二门：一全位相是门。即一切位是一位故，十信满处，即便成佛。二诸位相资门。则一位中具一切位，如十信中有十住，乃至十地。故经云：住于一地，普摄一切诸地功德。如十玄门。五、速证益。依此普门，一证一切证。如经明地狱众生，蒙光灭苦，才从地狱门出，升兜率天。闻此普法，即得十地者，明是此法之深益。六、灭障益。依此普法，亦一断一切断。如前兜率天子，非直自身顿得十地，亦乃毛孔香熏，全示众生，顿灭无量烦恼，并是普法之胜力。七、转利益。普行亦成，即能顿益无边众生，悉亦同得此十地法。如前兜率天子，得十地已，毛孔中出盖云供养佛。经云：若有众生见此盖云者，彼诸众生，种一恒河沙转轮王所植善根等。八、造修益。如善财依此普法，一得一切得，以前生曾见闻普法，成金刚种，遂令今生顿成解行。九、顿得益。如经明六千比丘，顿见如来，得十眼境界。祇洹林中，不可说尘数菩萨，顿得无尽自在法海等。十、称性益。谓依此普法，一切众生，无不皆悉称其本性，在佛果海中，即是旧来益。如经明于佛身中，见一切众生已成佛竟，已涅槃竟。

是以，此《宗镜录》中，并是称性而谈，约本而说，因果皆实，理事俱真。以是圆满之宗、普门之法，见普法故，名为普眼。普法者，一具一切，一一称性，同时具足。眼外无法，乃称普眼，亦名《普眼经》。遂令见闻之人，皆同性得。以此性无尽，则所益何穷？故能总括无边，该通一切。摄前则摄后，如举初步，即到千里之程途。得一则得余，犹观天月，即了一切之水月。故知，有教的有其位，有法必有其人。如地狱众生，见闻为种，处八难内，超十地阶。善财童子，行解在躬，于一生中，圆多劫果。文理有据，果报非虚。可示后贤，同继斯种。所以如来藏经中，校量功德，受持此经，供养过去恒河沙现在诸佛，造恒河沙七宝台，高十由旬，日日如是。乃至五十恒河沙七宝台，供养恒河沙如来，不如有人喜乐菩提，受持此经，乃至算数譬喻所不能及。释曰：七宝是限量之财，供养乃有为之福。若持此经者，则一乘常住之宝，真如无尽之福。如法界比微尘，岂可校量乎！

问：此发菩提心，当有几种？依何等菩提发心，便获如是功德？

答：若约横论，随根所证，有四种菩提。若约竖论，依初中后，有三种菩提。

又，发有二种：一是起发，二是开发。起发，即一乘十信之首。开发，即一乘十住之初。

今所赞者，是四种之中，依上上根佛之菩提。若《宗镜》所赞，多取圆信起发之发。若引《华严》，或是初住开发之发。

又，今论发者，不依人依法，顿悟自心，万行圆足，

故称曰发。如《华严论》云：发心有二：一、有久从生死苦，厌苦发心，有得三乘，一乘之果，名自觉圣智，亦名佛智、自然智、无师智。二、依先觉者，劝令知苦本，方能发心。夫发心者，又有此二种。若言要依先佛发心者，即有常过，即同外道常见，即先觉者以谁为师？转转相承，不离常见。若有古时常佛为展转之师，即古佛自体自真，不随妄者，即不可践其古迹。为真自常真，不可以真随生死故。即生死是常生死，佛自是常佛故。若也众生定有生死者，生死自常生死，不可得成真故，此是断见。此二种俱非，不离断常也。为一切众生生死无性，本无生死。横计生死，本非生死。一切诸佛本无自性，故实无菩提，亦无涅槃，而众生妄谓诸佛，有菩提涅槃。若有众生能如是知者，名为发心，名为诸佛，名为见道，而能开悟一切众生。是达无明者，无明本无，诸佛亦无，名为觉者。但以无依无住，无体无性妙智，能随响应。对现色身，能以此理教化众生，名为大悲。故不可有得有证，有忻有厌，有取有舍，有古有今，有真有假，发菩提心也。如是发菩提心，不为长夜无明之所覆故。又云：善财白德云比丘言：我已发无上菩提心者，已于文殊师利所发菩提心。为知菩提无证修，无所求故，但求菩萨，方便三昧加行。其菩提心，自然明白无垢，犹如空中有云，云亡其虚空自空，不复云求虚空也。以明但修菩萨三昧观照，以治执障。然菩提心，无有修作留除之体，在凡不减，在圣不增。是故，今以妙峰山像，以止观二门，七菩提之助显，方便菩提，心自明白。及至菩提明白，即菩萨行诸三昧，自是菩提，不复别有菩提，而自明白。以明菩萨处于世间修诸万行，世间万行，乃至菩提涅槃，性自离故。以将此法，教化迷流不了此者，而令悟达性空无垢之智，以净诸业，令苦不生，名为大悲。犹如化人教化幻士，以智观业，随时随根，十方等利，无心意识，智幻利生。以此义故，但求菩萨一切诸行，以明即行是菩提，一切无生灭。故云我已发无上菩提心者，以明信心菩提。虽未有三昧加行显发，已知无所修、无所求故。今求菩萨行者，以明方便三昧相印方明，行及菩提，如实无二。于此之中，不可说言，诸行无常，是生是灭。如此经云：一切法不生，一切法不灭。若能如是解，诸佛当现前。是知，菩提之心，不生不灭，无得无依。所云求菩萨行者，是方便显发。当显发之时，则理行无二。所以般若会中，舍利弗念须菩提：依何法门，善说般若？须菩提云：我以无依故，辩说如是。诸佛第子，若于一切无依，皆法尔如是，非我能为。亦如妙善堂中天鼓说法，称为无依印法门。故古偈云：识心达本如如佛，毕竟无依自在人。

宗镜录第十

宋 慧日永明妙圆正修智觉禅师延寿集

夫凡圣一心境界，如何是自在出生无碍之力？

答：一是法尔，二由诸佛菩萨行愿，三即众生信解，自业感现。又，总具十力：一、法如是力，二、空无性力，三、诸佛神力，四、菩萨善根力，五、普贤行愿力，六、众生净业力，七、深信胜解力，八、如幻法生力，九、如梦法生力，十、无作真心所现力。

又，《华严疏》释云：一多相持，互为本末。一心所现，总有十义：一、孤标独立，以是唯一，故独立为主。二、双现同时，各相资无碍故。三、两相俱亡，互夺齐泯故。四、自在无碍，隐显同时，一际现故。五、去来不动，各住本法，不坏自位故。六、无力相持，以有力，持无力故。七、彼此无知，以各无自性，法法不相知、不相到故。八、力用交彻，以异体相入，有力相持故。九、自性非有，以无体性，方能即入无碍故。十、究竟离言，冥性德，没果海故。释云：孤标独立者，即经颂云：多中无一性，一亦无有多。二法互无，故得独立。亦一即多而唯多，多即一而唯一。废己同他，故云独立。二、双现同时者，即经颂云：知以一故众，知以众故一。无一即无多，无多即无一。故二双现，更无前后，如牛二角。三、两相俱亡者，即前二俱舍也。四、自在无碍者，欲一即一，不坏相故。欲多即多，一即多故。一既如此，多亦准之。常一常多，常即不即故，故云自在。五、去来不动者，一入多而一在，多入一而多存。若两镜相入，而不动本相，相即亦然。六、无力相持者，因一有多，多无力而持一。因多有一，一无力而持多。七、彼此无知者，二互相依，皆无体用，故不相知。如经颂云：诸法无作用，亦无有体性。是故彼一切，各各不相知。八、力用交彻者，即经颂云：一中解无量，无量中解一义。九、自性非有者，互为因起，举体性空。十、究竟离言者，不可言一，不可言非一。不可言亦一亦非一，不可言非一非非一。不可言相即，以相入故。不可言相入，以相即故。不可言即入，不坏相故。不可言不即入，互交彻故。口欲辩而词丧，心将缘而虑息。唯证智知，同果海故。一多既尔，染净等法无不皆然。

又，约一心圆别之理，无碍之力者，圆别遍理，微细难分。别则要有差别方能遍，若不差别不能遍。圆则不要差别而能遍，能遍之法，一一圆虽，故无差别。而言圆融者，一会即是彼一切会，亦非此会处处到也。即此即彼，即一即多，故云圆融。又，约所遍处，以论总别，东名非西名，所遍别也。此会即彼会，所遍处总也。又，约能遍论圆别，要将差别之法方能普遍，是名别也。今是圆融无差之法，即能遍故，名为圆也。前之别，如列宿遍九天。此之别，如一月落百川。前之总，如一云之满宇宙。此之圆，如和香之遍一室。故云总圆有异也。《华严论》云：

此华藏界，隐显自在，为利众生显胜福德故，即具相万差，光明显照。若令众生情无取著，如幻云散，一物便无有所得，存其计故。以如此大愿智力，法性自体空无性力，隐显自在。若随法性，万相都无。随智力，众相随现。隐显随缘，都无作者。凡夫执著，用作无明。执障既无，智用自在，不离一真之境，化仪百变。是以，箭穿石虎，非功力之所能。醉告三军，岂曲蘖之所造？笋抽寒谷，非阳和之所生。鱼跃冰河，岂网罗之所致？悉为心感，显此灵通，故知，万法施为，皆自心之力耳。若或信受，具此力能，则广辟障门，尽枯业海。

所以《仁王经》云：能起一念清净信者，是人超过百劫千劫、无量无边恒河沙劫一切苦难，不生恶趣，不久当得无上菩提。是以，了心无作，即悟业空。观业空时，名为得道。其道若现，何智不明？心智明时，于行住坐卧、四威仪中，法尔能现自利利他之力。如《华严经》云善见比丘，在林中经行，告善财言：善男子，我经行时，一念中，一切十方皆悉现前，智慧清净故。一念中，一切世界皆悉现前，经过不可说不可说世界故。一念中，不可说不可说佛刹皆悉严净，成就大愿力故。一念中，不可说不可说众差别行皆悉现前，满足十力智故。一念中，不可说不可说诸佛清净身皆悉现前，成就普贤行愿力故。一念中，恭敬供养不可说不可说佛刹微尘数如来，成就柔软心，供养如来愿力故。一念中，领受不可说不可说如来法，得证阿僧祇差别法，住持法轮陀罗尼力故。一念中，不可说不可说菩萨行海皆悉现前，得能净一切行，如因陀罗网愿力故。一念中，不可说不可说诸三昧海皆悉现前，得于一三昧门，入一切三昧门，皆令清净愿力故。一念中，不可说不可说诸根海皆悉现前，得了知诸根际，于一根中见一切根愿力故。一念中，不可说不可说佛刹微尘数时皆悉现前，得于一切时转法轮众生界尽，法轮无尽愿力故。一念中，不可说不可说一切三世海皆悉现前，得了知一切世界中，一切三世分位，智光明愿力故。经行既尔，坐立亦然。故《法华经》偈云：佛子住此地，则是佛受用。常在于其中，经行及坐卧。

问：此《宗镜录》中，德用所因，有何因缘，令此诸法混融无碍？

答：约华严宗，有其十义：

一、唯心现者。一切诸法，真心所现，如大海水，举体成波，以一切法无非一心，故大小等相随心回转，即入无碍。二、无定性者。既唯心现，从缘而生，无有定性，性相俱离，小非定小，故能容太虚而有余，以同大之无外故。大非定大，故能入小尘而无间，以同小之无内故。是则，等太虚之微尘，含如尘之广刹，有何难哉？是以，一非定一，故能是一切。多非定多，故能是一。边非定边，故能即中。中非定中，故能即边。延促静乱等，一一皆然。三、缘起相由者。谓大法界中缘起法海，义门无量，略有十门，具在下帙法性因缘中说。四、法性融通门者。谓若唯约事，则互相碍，不可即入。若唯约理，则唯一味，无可即入。今则理事融通，具斯无碍，谓不异理之一

事，具摄理性时，令彼不异理之多事，随所依理，皆于一中现。若一中摄理不尽，则真理有分限失。若一中摄理尽，多事不随现，则事在理外失。今既一事之中全摄理尽，多事岂不依中现？《华藏品》颂云：华藏世界所有尘，一一尘中见法界。法界即事法界矣。斯即总意，别亦具十玄门：一，既真理与一切法而共相应，摄理无遗。即是诸门诸法，同时具足门。二，事既如理能包，亦如理广遍，不坏狭相，故有广狭纯杂无碍门。又，性常平等故纯，普摄诸法故杂。三，理既遍在一切多事，故令一事随理遍一切中，遍理全在一事，则一切随理有一事中，故有一多相容门。又如尘自相是一，由自一不动，方能遍应成多。若动自一，即失遍应，多亦不成一，二三皆如是。又一多相由成立，如一全是多，方名为一。又多全是一方名为多，多外无别一，明知是多中一，一外无别多。明知是一中多，良以非多，然能为一多。非一，然能为多一，以不失无性，方有一多之智。经颂云：譬如算数法，增一至无量。皆悉是本数，智慧故差别。四，真理既不离诸法，则一事即是真理，真理即是一切事故。是故，此一即彼一切事，一切即一，反上可知，故有相即自在门。五，由真理在事，各全非分故，正在此时，彼即为隐，故有隐显门。六，真理既普摄诸法，带彼能依之事，顿在一中，故有微细门。七，此全摄理，故能现一切。彼全摄理，同此顿现。此现彼时，彼能现、所现俱现此中。彼现此时，此能现、所现亦现彼中。如是重重无尽，故有帝网门，所以真如毕竟无尽故。八，即事同理，故随举一事，即真法门，故有托事门。九，以真如遍在，昼夜日月年劫皆全在故，在日之时，不异在劫，故有十世异成门。况时因法有，法融时不融耶！十，此事即理时，不碍与余一切恒相应，故有主伴门。又谓尘是法界，体无分剂，普通一切，是为主也。即彼一切各各别，故是伴也。伴不异主，必全主而成伴。主不异伴，亦全伴以成主。主之与伴，互相资摄。若相摄，彼此互无，不可别说一切。若相资，则彼此互有，不可同说一切。皆由即主即伴，是故亦同亦异。当知，主中亦主亦伴，伴中亦伴亦主也，故一理融通，十门具矣。故知，此理尘尘具足，念念圆融，无有一法而非所被。如《华严经》云：时彼普救众生妙德夜神为善财童子，示现菩萨调伏众生解脱神力，以诸相好庄严其身，于两眉间放大光明，名智灯普照清净幢，无量光明以为眷属，其光普照一切世间。照世间已，入善财顶，充满其身。善财尔时，即得究竟清净轮三昧。得此三昧已，悉见二神两处中间，所有一切地尘、水尘及以火尘，金刚摩尼众宝微尘、华香缨络，诸庄严具。如是一切，所有微尘，一一尘中，各见佛刹微尘数世界成坏。及见一切地水火风，诸大积聚。亦见一切世界接连，皆以地轮，任持而住。种种山海、种种河池、种种树林、种种宫殿，所谓天宫殿、龙宫殿、夜叉宫殿乃至摩睺罗伽、人、非人等、宫殿屋宅、地狱、畜生、阎罗王界，一切住处，诸趣轮转，生死往来，随业受报，各各差别，靡不悉见。又见一切世界差别，所谓或有世界杂秽，或有世界清净，或有世界趣杂秽，或有世界趣清净，或有世界杂秽清净，或有世界清净杂秽，或有世界一向清净，或有世界其形平正，或有覆住，或有侧住，如是等一切世界，一切趣中，悉见此普救众生夜神，于一切时、一切处，随诸众生形貌言词、行解差别，以方便力，普现其前，随宜化度。五、如幻梦者。犹如幻师，能幻一物以为种种，幻种种物以为一物等。经云：或现须臾作百年等，一切诸法，业幻所作，故一异无碍。言如梦者，如梦中所见广大，未移枕上，历时久远，未经斯须。六、如影像者。经云：远物近物，虽皆影现，影不随物而有远近等。七、因无限者。谓诸佛菩萨，昔在因中，常修缘起无性等观，大愿回向等，称法界修，及余无量殊胜因故。今如所起果，具斯无碍。八、佛证穷故者。由冥真性，得如性用，故经云无比功德故能尔。九、深定用故者。谓海印定等，诸三昧力故，《贤首品》颂云：入微尘数诸三昧，一一出生尘等定。而彼微尘亦不增等。十、神通解脱故者。谓由十通，及不思议等解脱故。《不思议法品》，十种解脱中云：于一尘中，建立三世一切佛法等。

问：目心为镜，有何证文？

答：《大乘起信论》云：觉体相者，有四种大义，与虚空等，犹如净镜。一、如实空镜。远离一切心境界相，无法可现，非觉照义故。二、因熏习镜。谓如实不空，一切世间境界，悉于中现。不出不入，不失不坏，常住一心，以一切法即真实性故。又，一切染法所不能染，智体不动，具足无漏，熏众生故。三、法出离镜。谓不空出烦恼碍，离和合相，淳净明故。四、缘熏习镜。谓依法出离故，遍照众生之心，令修善根，随念示现故。《释摩诃衍论》云性净本觉中，《论》云：觉体相者，有四种大义，与虚空等，犹如净镜者。此四种大义中，各有二义，与彼大义不相舍离：一者等空义，二者同镜义。如《论》云：复次觉体相者，有四种大义，与虚空等，犹如净镜故。云何名为如实空镜，及有二义，其相云何？颂曰：性净本觉中，远离虑知知。如远离妄境，实示远离义。镜摩奢跌娑，举一示一故。论曰：性净本觉之体性中，远离一切攀缘虑知，诸戏论识，成就一味平等之义，故名为如。远离一切，虚妄境界，种种相分，成就决定真实之相，故名为实。为欲现示远离之义，故名为空。镜谓喻明，然此中镜，则喻摩奢跌娑珠镜，非余种种油摩等镜，以为譬喻。何以故？取此摩奢跌娑珠镜，安置一处，珠镜前中，或蕴种种石，或蕴种种饮食，或蕴种种庄严具，或蕴同类珠镜。彼珠镜中，余像不现，唯同类珠，分明显了故。如实空镜，亦复如是。于此镜中，唯同类清净功德，安立集成。种种异类诸过患法，皆远离故。如论云：一者如实空镜，远离一切心境界相，无法可现故，各有二种义，而唯示同镜义，等空之义，不现示耶？以举一义，兼示一义故。若如是者，云何名为等空义耶？谓如虚空清净无染，四障所不能覆。广大无边，三世所不能摄。如实空镜，亦复如是。故非觉照义故者，即是现示远离因缘，为如彼摩奢跌娑珠镜中，石等诸像不现前者，石等诸法，皆鄙秽故。此本觉珠镜中，种种妄法不现前者，一切染法，皆悉是无明不觉之相，无照达义故。云何名为因熏习镜，及有

二义，其相云何？颂曰：性净本觉智，三种世间法。皆悉不舍离，为一觉熏习。庄严法身果，故名因熏习。镜轮多梨华，空容受遍一。论曰：性净本觉，三世间，皆悉不离熏习。彼三而为一觉熏习，庄严一大法身之果，是故名为因熏习镜。云何名为三种世间？一者众生世间，二者器世间，三者智正觉世间。众生世间者，谓异生性界。器世间者，谓所依止土。智正觉世间者，谓佛菩萨，是名为三。此中镜者，谓轮多梨华镜，如取轮多梨华，安置一处，周集诸物，由此华熏，一切诸物皆悉明净。又明净物，华中现前，皆悉无余。一切诸物中，彼华现前，亦复无余。因熏习镜，亦复如是。熏一切法，为清净觉，熏令平等。复次虚空义，则有二种：一者容受义，二者遍一义。容受义者，容受诸色无障碍故。遍一义者，种种诸色，唯同一种大虚空故。如论云：二者因熏习镜，谓如实不空，一切世间境界，悉于中现故。如是本觉，从无始来，远离四种过，自性清净，常住一心：一者远离不遍之过，三种世间，不出本觉清净镜故，如论云不出故。二者远离杂乱之过，一切诸法，不入本觉清净镜故，如论云不入故。三者远离过患之过，本觉镜中，现前诸法，无不本觉净功德故，如论云不失故。四者远离无常之过，本觉镜中现前诸法。无不常住无为智故，如论云不坏故。远离边过，圆满中实，是故说言常住一心。白此已下，显示因缘，何因缘故，本觉智中种种诸法，如彼本觉离诸过耶？种种诸法，皆悉无不真实体故，如论云：以一切法，则真实性故。故自此已下，作缘决疑，谓有众生，作如是疑。三世间中，众生世间，无明染法，具足圆满，流转迁动，无休息时。如是世间，现本觉者，不可得言，本觉清净，远离诸过，以此义故，今通而言。又，一切染法所不能染，般若实智，其体不动，自性清净，具足无漏，常恒熏习众生世间，令清净故，如论云：又一切染法所不能染。智体不动，具足无漏，熏众生故。云何名为法出离镜，及有二义，其相云何？颂曰：如实不空法，出离三过失。圆满三种德，故名法出离。镜销炼玻瓈，空出离色义。论曰：无漏性德，出离三过。圆满三德，名法出离。云何名为三种过失？一者无明染品，名烦恼碍。二者根本无明，名为智碍。三者俱合转相，名戏论识，是名为三。如是三过，究竟离故，名为出离。如论云：三者法出离镜，谓不空法，出烦恼碍、智碍，离和合相故。云何名为三种功德？一者淳成就功德，二者净成就功德，三者明成就功德，是名为三。如论云：淳净明故，故出离何过，圆满何德？谓出离烦恼碍，圆满净成就功德。出离智碍，圆满明成就功德。出离和合转相，圆满淳成就功德。何以故？相对法尔故。此中镜者，谓玻瓈珠，譬如玻瓈珠沦深泥中，则便涌出，离彼泥腾一丈量。若置浊水中，驱混成尘累，唯上清净水，安住其中。若置福多伽林中，出现香气，碍彼秽香，远去而住。法出离镜，亦复尔故。此中喻者，喻自体净义、等空义者。出离色义，谓如虚空远离大种，一向清净。法出离镜，亦复尔故。云何名为缘熏习镜，及有二义，其相云何？颂曰：于无量无边，诸众生缘中。出无量无边，殊胜应化身。熏习众生心，出生诸善根。增长两轮华，庄严法身果。故名缘熏习，镜中玻瓈空。随顺成就义，如法应观察。论曰：譬如取玻瓈珠，安置一处，周匝积集种种色珠。彼玻瓈珠，随向珠色现前转变。缘熏习镜，亦复尔。又，譬如虚空有自在力故，于一切所作之事中，随顺成立。缘熏习境，亦复如是。于一切众生修行之事中，随应建立故。如论云：四者缘熏习镜，谓依法出离故，遍照众生之心，令修善根，随念示现故故。如是四种，本觉大义，遍一切众生界，一切二乘界，一切菩萨界，一切如来界中，无不住处，无不照处，无不通处，无不至处，具足圆满，具足圆满。《起信疏》释云：性净本觉者，以空及镜喻，别解四义。论云：一如实空镜，远离一切心境界相，无法可现，非觉照义故者。初内，真如中妄法本无，非先有后无，故云如实空。下释空义：倒心妄境，本不相应，故云远离。非谓有而不现，但以妄法理无故，无可现境，非不能现。但以兔角无故，无可现也。非觉照者，有二义：一、以妄念望于真智，无觉照之功，以情执违理故。如镜非即外物，以彼外物无照用义故，即显镜中无外物体。二、以本觉望于妄法，亦无觉照功能，以妄本无故。如净眼望空华，无照瞩之功，亦如镜望兔角。

问：若然者，何故下因熏习镜中，即现一切世间法耶？

答：约依他似法，此是真心随熏所作，无自体故，不异真如。故《论》云：以一切法，即真实性故。今此约遍计所执实性，故无可现也。

问：所现似法，岂不由彼执实有耶？

答：虽由执实有，然似恒非实。如影由质，影恒非质，镜中现影不现质。不现质故，故云空镜。能现影故，是因熏也。《论》云：二因熏习镜，谓如实不空。一切世间境界悉于中现，不出不入，不失不坏，常住一心，以一切法即真实性故。

又，一切染法所不能染，智体不动，具足无漏，熏众生故者，释内有二因义：初能作现法之因，二作内熏之因。亦可初是因义，后是熏习义，故云因熏习也。言如实不空者，此总出因熏体，谓有自体，及功能故。二因初中，一切世间境界悉现，明一切法离此心外，无别体性，犹如镜中能现影也。不出者，明心待熏故，及现诸法，非不熏而自出也。不入者，离心以无能熏，故不从外入也。不失者，虽复不从内出外入，然缘起之时，显现不无，故云不失也。不坏者，诸法缘集，起无所从，不异真如，故不可坏。如镜中影，以因镜故不可坏也。常住一心者，会相同体。染法不能染者，以性净故。智体不动者，以本无染，今无始净，是故，本觉之智，未曾移动。又，虽现染法，不为所染，故云不动。如镜中像，随质转变，然其镜体未曾动也。

又，一空镜，离一切外物之体。二不空镜，谓体不无，能现万像。三净镜，谓已磨治，离尘垢故。四受用镜，谓置之高堂，须者受用。前二自性净，后二离垢净。又，初二就因隐时说，后二就果显时说。又，前二约空不空，后二约体用。如《佛地经》云：复次妙生大圆镜智

者，如依圆镜，众像影现。如是依止如来智镜，诸处境识众像影现。唯以圆镜为譬喻者，当知圆镜、如来智镜，平等平等，是故智镜，名圆镜智。如来大圆镜，有福乐人，悬高胜处，无所动摇。诸有去来，无量众生，于此观察自身得失，为欲存得舍诸失故。如是如来悬圆镜智，处净法界，无间断故，无所动摇。欲令无量无数众生，观于染净，为欲取净舍诸染故。又如圆镜，极善磨莹，鉴净无垢，光明遍照。如是如来大圆镜智，于佛智上，一切烦恼所知障垢，永出离故，极善磨莹。为依止定所摄持故，鉴净无垢。作诸众生利乐事故，光明遍照。又如圆镜，依缘本质，种种影像相貌生起。如是如来大圆镜智，于一切时依诸缘故，种种智影相貌生起。如圆镜上，非一众多诸影像起，而圆镜上无诸影像，而此圆镜无动无作。如是如来圆镜智上，非一众多诸智影起，圆镜智上无诸智影，而此智镜无动无作。又如圆镜，与众影像非合非离，不聚集故，现彼缘故。如是如来大圆镜智，与众智影非合非离，不聚集故，不散失故。《大涅槃经》云：若能听受是《大涅槃经》，悉能具知一切方等大乘经典，甚深义味。譬如男女，于明净镜，见其色像，了了分明。大涅槃镜，亦复如是。菩萨执之，悉得明见大乘经典甚深之义。又云：何等名为《伊帝目多伽经》？乃至拘那牟尼佛时，名曰法镜？是知古佛，皆目此为镜，以教法万义，真俗万缘，无不于中显现故。天台顶尊者《涅槃疏》云：般若者，即是无上调御一切种智，名大涅槃明净之镜。此镜一照一切照，照中故是镜，照真故是净，照俗故是明。明故像亮假现，净故瑕尽真显，镜故体圆中显。三智一心中得，故言明净镜。摄一切法，故称调御。佛智藏，故名般若德。是知，诸圣皆目心为镜，妙尽其中矣。《大乘千钵经》云：谛观心境，照见心性。唯照唯清，唯照唯净，遍观十方，廓周法界，朗然寂静，无有障碍。所以先德云：此真如性，犹如明镜，万像悉于中现。

又，一切万法有二：一、皆如明镜含明了性，一心所成故。二、分别所现如影像故，由初义，故为能现。由后义，故为所现。故一切法互为镜像，如镜互照而不坏本相。经云：远物近物，虽皆影现，影不随物而有远近。且如河泉之中见日月者，是为能现。若河泉以为所现者，长河飞泉，入于镜中，出是所现之相。登楼持镜，则黄河一带尽入镜中。瀑布千丈，见于径尺。王右丞诗云：隔窗云雾生衣上，卷幔山泉入镜中。明是所现矣。如高悬心镜，无法不含。似廓彻性空，何门不入？故唐朝太宗皇帝云：朕闻以铜为镜，可以正衣冠。以古为镜，可以知兴替。以人为镜，可以知得失。今以心为镜，可以照法界。又，明镜只照其形，不照其心。只照生灭，不照无生。但照世间，不照出世。有形方照，无形不照。且如心镜，洞该性地，鉴彻心原。遍了无生，广明真俗。有无俱察，隐显咸通。优劣悬殊，略齐少喻。如《华严·普贤行愿品》云：时婆罗门为善财童子赞甘露大王，颂云：我主胜端严，惩忿诫诸欲。心如净明镜，鉴物未尝私。明镜唯照形，不鉴于心想。我王心镜净，洞见于心原。先德云：如大摩尼宝镜，悬耀太虚，十方色相，悉皆顿现。而此镜性净光，无

有影像。诸佛法身，亦复如是：澄彻清净，而无影像。以昔大悲不倦，随众生业缘。感应差别，普现一切色身三昧。众生闻见，无不蒙益。诸佛与无漏金刚心为身，普现一切众生界，但为烦恼习气所覆，无体不现。如瓶内净，灯光不灭，名如来藏，亦名功德藏，亦名无尽藏，诸祖共传。诸佛清净自觉圣智，真如妙心，不同世间文字所得。何以故？无碍解脱，是一真法性，不与世间出世间所共故。经云：无比是菩提，不可喻故。若有悟斯真实法性，此人则能了知三世诸佛，及一切众生同一法界，本来平等，常恒不变。诸佛一切时中，离观相故。经偈云：心净已度诸禅定。是以心净故，则孤光一照，万虑全消。如闇室悬灯，重云见日。如古德偈云：安知一念蒙光处，亿劫昏迷灭此时。故云：法有应照之能，故况之以镜。教有可传之义，故喻之于灯。可谓慧月入怀，灵珠在握。法界洞彻，无不鉴矣。《才命论》云：心彻宝镜。注云：夫心以鉴物，庶品不遗。洞彻幽明，同乎宝镜。又，《庄子》云：志人之心，若镜也。又如世间之镜，尚照人肝胆。何况灵台心镜，而不洞鉴耶？昔秦宫以玉为镜，照诸群僚，肝胆腑脏，皆悉显现。所以昔人云：不游大海，未睹沃日之奇。不仰太山，靡觌干霄之状。如未临宗镜，焉识自心？恢廓而体纳太虚，澄湛而影含万像。不信入者，莫测高深。故真觉大师歌云：心镜明，鉴无碍，廓然莹彻周沙界。万像森罗影现中，一性圆光非内外。是故，依此《起信论》四种空镜义，遂乃广录祖教，显现一心，证成《宗镜》。所以《论》云：有法能起摩诃衍信根者。有法者，谓一心法。若人能解此法，必起广大信根故。信根既立，即入佛道。以成佛道故，离二现行。云何现行？一者凡夫现行生死，成杂染事。二者二乘现行涅槃，失利乐事。缚脱虽殊，俱迷《宗镜》。今成佛道，无二现行，圆证一心，具摩诃行。以大智故，不住生死。以大悲故，不住涅槃。作一种之光明，为万途之津济。

问：宗镜广照，万法同归，是此镜义不？

答：若凡若圣，说异说同，皆是镜中之影像。此唯一镜，圆极十方。镜外无法，彼我俱绝。古德云：若言众生心性，同诸佛心性者，别教也。圆教心性，是一寂光，无彼无此，极十方三世佛，及众生边际，成一大圆镜。但是一镜，无有同异也。佛及众生，一镜上像耳。

问：今《宗镜录》，以镜为义者，是约法相宗立，约法性宗立？

答：若约因缘对待门，以法相宗，即本识为镜，如《楞伽经》云：譬如明镜，现众色像。现识处现，亦复如是。现识即第八识。以法性宗，即如来藏为镜，如《起信论》云：复次觉体相者，有四种大义，与虚空等，犹如净镜。

又，《占察善恶经》，立二种观门：为钝根人，立唯心识观。为利根人，立真如实观。

又，《起信论》云：心若驰散，即当摄来令住正念。其正念者，当知唯心，无外境界。即复此心，亦无自相，念念不可得故。若唯心识观，及正念唯心，当法相宗。若真如实观，与其心念念不可得，即法性宗。若约法性融通门，皆归一旨，无复分别。

今论正宗，取胜而言，约法性宗说。若总包含，如海纳川，以本摄末，岂唯性相？无有一法而遗所照。

问：此《宗镜》中，如何信入？

答：但不动一心，不住诸法，无能所之证，亡智解之心，则是无信之信，不入之入。人法二空，心境双寂。如《大般若经》，文殊师利云：系缘法界，一念法界，不动法界，知真法界，不应动摇。谓若言我入法界，已动法界。能所两亡，入相斯寂。故不动法界，是入法界。《大乘千钵大教王经》云：云何方便，而得证入无性观者，菩萨先须当心观照，本性静寂，悟入灭尽定，得心识性。证见清净，唯清唯净。证见圣性，自性如如。一道寂静，悟达本原。返照见净，唯照唯莹。唯莹唯净，唯寂唯圣，则是名为菩萨得入无动涅槃无性观。故知，若有能证，则为有人。若有所证，则为有法。以唯一真法界故，则心外无法，不可以法界更证法界。如《无生义》云：如经言：舍利弗赞比丘言：汝等今者，住于福田。诸比丘言：大师，世尊犹尚不能消供养，何况我等？大师解言：此是佛不住佛，则无有佛，亦无福田，能消供养者，此正是真福田人。佛若住佛，即是有佛，亦是有福田，能消供养者，此即非是真福田也。类此住神通智慧，则有智慧，此则非真智慧。若无所住，乃是真有智慧。又，《思益经论》释云：

离于法界，更无有人受供养者故。以彼法界，本来清净故。是以，此录削去浮华，唯谈真实。不依名字，直显心宗。如《普贤观经》云：昔在灵山，演于一实之道。又，《究竟一乘宝性论》偈云：虽无善巧言，但有真实义。彼法应受持，如取金舍石。妙义如真金，巧语如瓦石。依名不依义，彼人无明盲。若亲见性，入《宗镜》中，乃是自信法门，决定无惑，则日可使冷，月可使热，纵千途异说，终不能易。如《大法炬陀罗尼经》云：佛言：憍尸迦，如来弟子，见诸世间犹如幻化，无有疑网。所以者何？彼信如来，即自见法，是故自信，不唯信他。何以故？若世间人，既自见已，彼人终不更取他言。憍尸迦，如人裸露，在道而行，设有一人，语众人言：此人希有，锦衣覆身。憍尸迦，于意云何？彼虽有言，自余众人，信此言不？不也，世尊。何以故？眼亲见故。佛言：如是如是，憍尸迦，诸佛如来诸有弟子，自见法故，不取他言，其义亦尔。释曰：若见自法，何法非自？或凡或圣，若是若非。凡有指陈，皆不出自心之际。如是信者，方到法原。如《入法界体性经》云：佛复告文殊师利：汝知实际乎？文殊师利言：如是，世尊，我知实际。佛言：文殊师利，何谓实际？文殊师利言：世尊，有我所际，彼即实际。所有凡夫际，彼即实际。若业若果报，一切诸法，悉是实际。世尊，若如是信者，即是实信。世尊，若颠倒信者，即是正信。若行非行，彼即正行。所以者何？正不正者，但有言说，不可得也。

是知，若信唯心实义者，则不为言语所转，闻深而不怖，闻浅而不疑，闻非深非浅而不痴。如清凉《演义》云：闻深不怖者，即大分深义，所谓空也。闻说于空，谓同断灭，故令人怖。故《大品》云：既非先有，后亦非无。自性常空，勿生惊怖。闻浅不疑者，浅谓涉事，方便多门，则令疑惑。今知随宜，何所疑耶？闻非深非浅，谓无所据，使身心湛然，知非深为妙有，非浅为真空，离身心相，方为勇猛，可造斯境。又此三句，亦即三观：初空，次假，后中道。三句齐闻，一念皆会。则三观一心，何疑不遣？

宗镜录第十一

宋 慧日永明妙圆正修智觉禅师延寿集

夫所度之机无量，能度之法无边。立五行门，广辟贤愚之路。张八教网，遍摝人天之鱼。何乃以心标宗，能治一切？

答：方便有多门，则遐张八教之网。归源性无二，乃高峙一心之宗。

是以，病行，憩声闻于化城。儿行，诱凡夫于天界。兼但对带，俯为差别之机。开示悟入，唯证一乘之道。如千方共治一病，万义俱显一心。令不执见徇文，失真法之味。所冀研心究理，得正觉之原。如《法华玄义》云：一心五行，即是三谛三昧：圣行，即真谛三昧。梵行，婴儿行，病行，即俗谛三昧。天行，即中道王三昧。又，圆三三昧，圆破二十五有。即空故，破二十五恶业见思等。即假故，破二十五无知。即中故，破二十五无明。即一而三，即三而一。一空一切空，一假一切假，一中一切中，故名如来行。又如来室，冥熏法界，慈善根力，不动真际，和光尘垢。以病行慈悲应之，示种种身：如聋如哑，说种种法，如狂如痴，有生善机。以婴儿行慈悲应之：婆婆啝啝，木牛杨叶，有入空机。以圣行慈悲应之：执持粪器，状有所畏，有入假机。以梵行慈悲应之，慈善根力，见如是事，踞师子床，宝机承足。商估贾人，乃遍他国，出入息利，无处不有，有入中机。以天行慈悲应之，如駃马见鞭影，行大直道，无留难故，无前无后，不并不别。说无分别法，诸法从本来，常自寂灭相，圆应众机，如阿修罗琴。若渐引入圆，如前所说。若顿引入圆，如今所说。入圆等证，更无差别。为显别圆初入之门，慈善根力，令渐顿人，见如此说。此一心法门，横通竖彻，摄尽恒沙之义，故号总持。能为万法之宗，遂称无上。若但论事行，失佛本宗。如《金光明经疏》云：如王子饲虎、尸毗贷鸽，皆舍父母遗体，非舍己身。己身者，法性实相是也。释论云：持戒为皮，禅定为血，智慧为骨，微妙善心为髓，为他说戒，能遮罪修福，无相最上。非持非犯尸波罗蜜者，是施己皮也。说诸禅定，神通变化，不起灭定，现诸威仪者，是施己血也。说法皆悉到于一切智地者，是施己骨也。檀忍等，应是肉也。说甚深法相，诸佛行处，不一不二，言语道断，心行处灭，微妙中道者，是施己髓也。将此充足饥饿众生，况余饮食？余饮食者，即是人天二乘，戒皮、定血、慧骨，真谛之髓耳。《法华经》云：于余深法中，示教利喜者，即其义也。

是以，能说此法门者，是彻佛真心施于己髓矣。又，此一心宗，若全拣门，则心非一切，神性独立。若全收门，一切即心，妙体周遍。若非收非拣，则遮照两亡，境智俱空，名义双绝。可谓难思妙术，点瓦砾以成金。无作神通，搅江河而为酪。转变自在，隐显随时。或卷或舒，能同能别。实乃能治之妙，何病而不痊？巧度之门，何机而不凑？洗除心垢，拔出疑根。言言尽契本心，一一皆含真性，法法是金刚之句，尘尘具秘密之门。如《入法界体性经》云：文殊言：诸法性不坏，是故名金刚句。《华严经》颂云：若于佛及法，其心了平等。二念不现前，当践难思位。《胜天王般若经》云：菩萨摩诃萨，一切境界，无有一法不通达者，修行如是智波罗蜜，二乘外道不能掩蔽，以智观察，从初发心至入涅槃，皆悉明了。能以一法知一切境界，一切境界即是一法。何以故？如如一故，不见我能修及所修法，无二无别，自性离故，是名菩萨摩诃萨行般若波罗蜜、通达智般若波罗蜜。《思益经》云：网明谓梵天言：是五百比丘从座起者，汝当为作方便，引导其心，入此法门，令得信解，离诸邪见。梵天言：善男子，纵使令去至恒河沙劫，不能得出如此法门。譬如痴人，畏于虚空，舍空而走，在所至处，不离虚空。此诸比丘，亦复如是：虽复远去，不出空相，不出无相相，不出无作相。又如一人，求索虚空，东西驰走，言我欲得空，我欲得空。是人但说虚空名字，而不得空。于空中行，而不见空。此诸比丘，亦复如是：欲求涅槃，行涅槃中，而不得涅槃。所以者何？涅槃者，但有名字。犹如虚空但名字，不可得取。涅槃亦复如是，但有名字而不可得。

是知，一切不信众生，邪见外道，徒生厌离，枉自妄求，究竟一心位中，未曾暂出。故《密严经》偈云：如饭一粒熟，余粒即可知。诸法亦如是，知一即知彼。譬如钻酪者，尝之以指端。如是诸法性，可以一观察。《楞伽经》偈云：譬如镜中像，虽见而非有。于妄想镜中，愚夫见有二。《法集经》云：尔时海慧菩萨，白佛言：世尊，菩萨欲愿见涅槃，应观虚妄分别寂灭之心，如是之处得于涅槃，是名胜妙法集。《大乘本生心地观经·观心品》云：尔时文殊师利菩萨摩诃萨，白佛言：世尊，如佛所说，告妙德等五百长者，我为汝等，敷演心地微妙法门，我今为是启问如来：云何为心，云何为地？乃至薄伽梵，告诸佛母无垢大圣，文殊师利菩萨摩诃萨言：大善男子，此法名为十方如来，最胜秘密，心地法门。此法名为一切凡夫，入如来地，顿悟法门。此法名为一切菩萨，趣大菩提，真实正路。此法名为三世诸佛，自受法乐，微妙宝宫。此法名为一切饶益有情，无尽宝藏。此法能引诸菩萨众，到色究竟自在智处。此法能引诣菩提树，后身菩萨真实导师。此法能雨世出世财，如摩尼宝，满众生愿。此法能生十方三世一切诸佛，功德本原。此法能消一切众生，诸恶业果。此法能与一切众生，所求愿印。此法能度一切众生，生死险难。此法能息一切众生，苦海波浪。此法能救苦恼众生，而作急难。此法能竭一切众生，老病死海。此法善能出生诸佛因缘种子。此法能与生死长夜，为大智炬。此法能破四魔兵众，而作甲胄。此法即是正勇猛军，战胜旍旗。此法即是一切诸佛，无上法轮。此法即是最胜法幢。此法即是击大法鼓。此法即是吹大法螺。此法即是大师子王。此法即是大师子吼。此法犹如国大圣王善能正法。若顺王化，获大安乐。若违王化，寻被诛灭。善男子，三界之中，以心为主。能观心者，究竟解脱。不能观者，究竟沉沦。众生之心，犹如大地，五谷五果，从大地生。如是心法，生世出世，善恶五趣，有学无学，独觉菩萨，及于如来。以是因缘，三界唯心，心名为地。一切凡夫，亲近善友，闻心地法，如理观察，如说修行，自利教他，赞励庆慰。如是之人，能断二障，速圆众行，疾得阿耨多罗三藐三菩提。尔时大圣文殊师利菩萨，白佛言：世尊，如佛所说，唯将心法，为三界主。心法本元，不染尘秽，云何心法，染贪瞋痴。于三世法，谁说为心？过去心已灭，未来心未至，现在心不住。诸法之内性不可得，诸法之外相不可得，诸法中间都不可得，心法本来无有形相，心法本来无有住处。一切如来尚不见心，何况余人得见心法？一切诸法，从妄想生。以是因缘，今者世尊，为大众说三界唯心。愿佛哀愍，如实解说。尔时佛告文殊师利菩萨言：如是如是，善男子，如汝所问，心心所法，本性空寂，我说众喻，以明其义。善男子，心如幻法，由遍计生，种种心想，受苦乐故。心如水流，念念生灭，于前后世，不暂住故。心如大风，一刹那间，遍历方所故。心如灯焰，众和合而得生故。心如电光，须臾之顷，不久住故。心如虚空，客尘烦恼，所覆障故。心如猿猴，游五欲树，不暂住故。心如画师，能画世间种种色故。心如僮仆，为诸烦恼所策役故。心如独行，无第二故。心如国王，起种种事得自在故。乃至善男子，如是所说，心心所法，无内无外，亦无中间，于诸法中求不可得，去来现在，亦不可得。超越三世，非有非无。心怀染著，从妄缘现。缘无自性，心性本空。如是空性，不生不灭，无来无去，不一不异，非断非常。本无生处，亦无灭处，亦非远离，非不远离。如

是心等，不异无为。无为之体，不异心等。心法之体，本不可说。非心法者，亦不可说。何以故？若无为是心，即名断见。若离心法，即名常见。永离二相，不著二边，如是悟者，名见真谛。悟真谛者，名为贤圣。一切圣贤，性本空寂。无为法中，戒无持犯，亦无小大。无有心王，及心所法，无苦无乐。如是法界，自性无垢，无上中下差别之相。何以故？是无为法，性平等故。如众河水，流入海中，尽同一味，无别相故。此无垢性，是无等等，远离于我，及离我所。此无垢性，非实非虚。此无垢性，是第一义，无尽灭相，体本不生。此无垢性，常住不变，最胜涅槃，我乐净故。此无垢性，远离一切，平等体无异故。若有善男子、善女人，欲求阿耨多罗三藐三菩提者，应当一心，修习如是心地观法。

《大智度论》问云：般若波罗蜜，是菩萨第一道一相，所谓无相，何以故说是种种道？

答曰：是道皆入一道中，所谓诸法实相。初学有种种别，后皆同一无有差别。譬如劫尽烧时，一切所有，皆同虚空。故知，越此弘修，绝进步之地。离斯方便，无成佛之期。乃至从初得道，毕至涅槃，于中能化所化，师弟始终，本末同时，机应一际，俱不出自心矣。如台教云：心王即如来，心数即弟子。但众生刹那相续，日夜常生无量百千众生。心王十数邪，一切法邪，魔眷属也。心王十数正，则一切法正。今时学道行人，须善得此意。若修智慧，但当内起慧数思惟分别。因此发半满智慧，自行化他，即同舍利弗，庄严双树也。如是一一约心数行成，化十弟子，一一之行，显由心也。若能谛观心性，即是见佛性，住大涅槃，即同如来，具足庄严，娑罗双树也。若观行心明者，见心王即是法王，心数即大弟子，庄严双树之义，犹如眼见。

问：台宗观心语密，疏岂尽心？

《还原集》云：《法华经》云：受持行谁经，称扬何佛道？《华严经》云：色经论，受想行识经论。若随自意语，亦得云眼经论，耳鼻舌身意、贪瞋痴经论。所以然者，经云：知眼无生无自性，说空寂灭无所有。六根同此经，经只是法。知眼空法，即眼经论。耳空法，即是耳经论。诸界亦尔。道理必须实照，不可虚谈为自欺也。行住坐卧，受持阴界入，为行谁经？于色上发智，即是受行色经。乃至随一切处，悟即是受持一切处经。是乘从三界中出，至萨婆若中住。以不动故，即是其义。若坚信深思，则如法住。经云如法住者，如彼六根性空法，而假言住也。称扬何佛道者，《璎珞经》云：实智性为法身。若见实性，即是称扬法身佛。闻身有实性，即于阴界入，得空三昧，六度七觉，三贤十地妙觉等，以报前功，即是称扬报身佛。得前诸法，应众生身，即是称扬应身佛。此则于身内，一念见三佛，众生不观察，虽近而不见。

《大集经》云：无出之出，是名佛出。无禅之禅，是名正禅。无脱之脱，是名正脱。《魔逆经》云：魔请文殊解缚，文殊云：无人缚汝，汝自想为缚也。魔即语云：我毕竟永不解脱。经云：本自无缚，其谁求解？若使法界有

系缚者，我即解脱，此真实不生不灭也，当于心行中求。无智人中，莫说此经，恐生邪见，药反成病。知离名为法，觉法名为佛。知离者，色性离，受想行识亦自离，从一性空法，而假出三宝之名。黄蘖和尚云：尔若拟著一法，印早成也。印著有，四生文出来。印著空，即空界无想文现。如今但知决定不印一切物，此印与虚空不一不异。虚空不空，本印不有。见十方虚空世界诸佛出世，如电一种。观一切蠢动，如响一种。千经万论，只说汝之一心。一切法不生不灭，即是大涅槃果，所以道：果满菩提圆，华开世界起。故知，菩提果满，结自心华。世界缘兴，始于识浪。如昔有东国元晓法师、义相法师，二人同来唐国寻师，遇夜宿荒，止于冢内。其元晓法师，因渴思浆，遂于坐侧，见一泓水，掬饮甚美。及至来日观见，元是死尸之汁。当时心恶，吐之，豁然大悟。乃曰：我闻佛言：三界唯心，万法唯识。故知，美恶在我，实非水乎！遂却返故园，广弘至教。

故知，无有不达此者，顿息游心。任负笈携囊，广历三乘之学肆。纵寻师访友，遍参法界之禅扃。若欲绝学栖神，究竟应须归于《宗镜》。如《大涅槃经》云：佛言：云何菩萨信顺一实，菩萨了知一切众生，皆归一道？一道者，谓大乘也。释曰：大乘者，所言大者，即众生心性，能包能遍，至小无内，无一尘而能入。至大无外，无一法而不含。所言乘者，以运载为义，能运行人，直至萨婆若海。是知，此海不遥，心宝常现，则赵璧非贵，隋珠未珍。善友徒泛沧波，卞和虚传荆岫。若入《宗镜》，不动神情，刹那之间，其宝自现，何须遍参法界，广历丛林？当亲悟时，实非他得。如寒山子诗云：昔年曾入大海中，为探摩尼誓恳求。直到龙宫深密藏，金关锁断鬼神愁。龙王守护安身里，宝剑星寒勿处搜。贾客却归门内去，明珠元在我心头。杜顺和尚偈云：游子谩波波，巡山礼土坡。文殊只者是，何处觅弥陀？石巩和尚《弄珠吟》云：如意珠，大圆镜，亦有中人唤作性。分身百亿我珠分，无始本净如今净。日用真珠是佛陀，何劳逐物浪波波。隐显即今无二相，对面看珠识得么？

问：一切万法皆唯识性者，云何有虚有实，立色立空、真俗二谛之门，性相双通之道？

答：森罗影现，皆唯心之本宗。差别迹分，尽唯识之妙性。

唯识之性，略有二种：一者虚妄，即遍计所执。二者真实，即圆成实。于前唯识性，所遣清净。于后唯识性，所证清净。又有二种：一者世俗，即依他起。二者胜义，即圆成实。于前所断清净，于后所得清净。

又，相，即依他起，该有为之门。性，即圆成实，通无漏之道。又，色，即依他起之相。空，即圆成实之性。斯则虚实真俗，性相有空。彻本穷原，皆唯识性矣。慈恩云：识性识相，皆不离心。心所心王，以识为主。归心泯相，总言唯识，唯遮境有。执有者丧其真，识简心空。滞空者，乖其实。

是以，佛心如海，无一流而不入。佛心如镜，无一像

而不坐。佛心如珠，无一宝而不雨。佛心如地，无一种而不成。万像现于法身，诸义生于般若。则一文一字、一念一尘，皆入不二之法门，尽住不思议解脱矣。如《金刚三昧经》云：若住大海，则括众流。住于一味，则摄诸味。《无行经》偈云：菩提非菩提，佛陀非佛陀。若知是一相，是为世间导。故知，能了此一际无相之宗，可为明为导，为师为匠，普救群迷，不憩化城，直至宝所。故经云：常乐观寂灭，一相无有二。其心不增减，现无量神力。又，《华严经·出现品》云：佛子，譬如有大经卷，量等三千大千世界。书写三千大千世界中事，一切皆尽。乃至此大经卷，虽复量等大千世界，而全住在一微尘中。如一微尘，一切微尘皆亦如是。时有一人，智慧明达，具足成就清净天眼，见此经卷，在微尘内，于诸众生，无少利益，即作是念：我当以精进力，破彼微尘，出此经卷，令得饶益一切众生。作是念已，即起方便，破彼微尘，出此大经，令诸众生普得饶益。如于一尘，一切微尘应知悉然。佛子，如来智慧，亦复如是：无量无碍，普能利益一切众生，具足在于众生身中。但诸凡愚，妄想执著，不知不觉，不得利益。尔时如来，以无障碍清净智眼，普观法界一切众生，而作是言：奇哉奇哉，此诸众生，云何具有如来智慧？愚痴迷惑，不知不见。我当教以圣道，令其永离妄想执著，自于身中，得见如来广大智慧与佛无异。即教彼众生，修习圣道，令离妄想。离妄想已，证得如来无量智慧，利益安乐一切众生。释曰：大千经卷者，即如来智慧。在一微尘中，即是全在一众生心中。一切微尘，皆亦如是：即一切法界众生皆含佛智，以情尘自隔，不能内照，空埋金藏，扛蔽灵台。如斗没额珠，醉迷衣宝，不因指示，何以发明？故先德云：破尘出卷者，恒沙佛法，一心中晓。是知，水未入海则不醎，薪未入火则不烧，境未归心则不等。但以《宗镜》收之，万法皆同一照，是非俱泯，逆顺同归。无一心而非佛心，无一事而非佛事。未见刹那顷，不是如来得菩提时。无有芥子许，非是菩萨舍身命处。故先德云：心非境外故无得，境非心外故无相。即心是境故甚深，即境是心故难入。如肇法师云：即事无不异，即空无不一。极上穷下，齐以一观，乃应平等也。台教云：如地无差别，草木若干，若干无若干，无若干若干。又如约心论法，约法论心。心有诸数，法无诸数。心不离法，法不离心。无数而数，数而无数耳。所以《起信论》云：复次真如，依言说分别，有二种义，云何为二？一者如实空，以能究竟显实故。二者如实不空，以有自体具足无漏性功德故。所言空者，从本已来，一切染法，不相应故，谓离一切法差别之相，以无虚妄心念故，当知，真如自性，非有相，非无相，非非有相、非非无相，非有无俱相。非一相，非异相，非非一相、非非异相，非一异俱相。乃至总说，一切众生，以有妄心念念分别，皆不相应，故说为空。若离妄心，实无可空故。所言不空者，以显法体空无妄故，即是真心，常恒不变，净法满足，则名不空，亦无有相可取，以离念境界，唯证相应故。真如者，古释云：遣妄曰真，显理曰如。观和尚拂此义云：无法非真，何有妄可遣耶？则真非真矣。无法不如，何称理可显耶？故如非如矣。斯则无遣无立，为非安立之真如矣。此释甚妙，故《信心铭》云：良由取舍，所以不如。立即是取，遣即是舍。今无遣无立，道自玄会矣，岂有真妄当情乎？如《百论·序》云：傥然靡据，而事不失真。萧焉无寄，而理自玄会。反本之道，著于兹矣。可谓无心合道，理事俱通。

又，真如自相，唯离念境界，则不可以有无思，故云：非有相、非无相、非非有相、非非无相、非有无俱相。何者？若有二，可得名俱，今有即无故，则有外无无可与有俱。今无即有故，则无无外有可与无俱故。亦有亦无，相违不立。言不俱不立者，若定有有无，遮彼有无，有俱非句。今有即无，何有非无？今无即有，何有非有？故双非亦寂。故知，言亡四句，无句可亡。了此无句，即真亡矣。

问：一心平等，理绝偏圆。云何教中，又说诸法异？

答：随情说异，虽异而同。对执说同，虽同而异。将同破异，将异破同。虽同虽异，非异非同。如云捉子之矛，刺子之楯。亦如骑贼马逐贼，以声止声。

所以云：朝四暮三，令众狙而喜悦。苦涂水洗，养婴儿以适时。皆是俯顺机宜，善权方便。如《庄子》云：劳神明为一，而不知其同也。谓之朝三，何谓朝三？狙公赋曰：朝三而暮四。众狙皆怒。曰：然则朝四而暮三？众狙皆悦。名实未亏，而喜怒为用，亦曰是也。注云：夫四之与三，众狙妄生喜怒。非之与是，世人竞起爱憎。圣人还以是非，止世人之是非。狙公又将四三，以息众狙之三四。达人于一，岂一劳神明于其间哉？《大涅槃经》云：譬如女人，生育一子，婴孩得病，是女愁恼，求觅良医。良医既至，合三种药——酥乳石蜜，与之令服。因告女人：儿服药已，且莫与乳。须药消已，方乃与之。是时，女人即以苦味，用涂其乳。语其儿言：我乳毒涂，不可复触。其儿渴乏，欲得母乳，闻毒气便舍远去。其药消已，母乃洗乳，唤子与之。是时小儿，虽复渴乏，先闻毒气，是故不来。母复告言：为汝服药，故以毒涂。汝药既消，我已洗竟，汝便可来，饮乳无苦。其儿闻已，渐渐还饮。经合譬意，譬无我等，犹如毒涂。说如来藏，如唤子饮。或时说我，或说无我，皆为适机，如彼涂洗。如《义海》云：谓尘事相是异，克体唯法是无异。只由法体不异，即异义方成。以不失体故，只由尘事差别，即不异义方成。以不坏缘，方言理也。故经云：奇哉，世尊，于无异法中，能说诸法异。如森罗虽异，不能自异。虚妄虽同，不能自同。以无体故，法法常生。以无用故，尘尘恒寂。皆是世间分别，众生妄情，于平等法中，自生差别。向无二相处，强立多端。犹若画师，邈成高下之相状。或如金匠，锻出大小之器形。万法体常虚，但唯自心变。《大庄严论》偈云：譬如工画师，画平起凹凸。如是虚分别，于无见能所。譬如善巧画师，能画平壁起凹凸相，实无高下，而见高下。不真分别，亦复如是：于平等法界，无二相处，而常见有能所二相，是故不应怖畏。云何不须怖畏？以自心变故，如画凹凸，由自手画故。

宗镜录第十二

宋 慧日永明妙圆正修智觉禅师延寿集

夫唯一心法，云何教中广立名字？

答：如来名号，十方不同。般若一法，说种种名。解脱亦尔，多诸名字。故《大般若经》云：如一切法名，唯客所摄，于十方三世，无所从来，无所至去，亦无所住。一切法中无名，名中无一切法，非合非散，但假施设。所以者何？以一切法与名，俱自性空。《大方等大集经》云：尔时佛告陀罗尼自在王菩萨：善男子，第一义者，谓无有诸法。若无诸法，云何说空？无名字法，说为名字。如是名字，亦无住处。名下之法，亦复如是。是以，法从心生，名因法立。所生之心无处，能生之法亦然。则心境皆空，俱无处所。《论》云：心能为一切法作名，若无心，则无一切名字。当知世出世名字，皆从心起。以心随缘，应物立号，略有五义，而立假名：一从义故，二随缘故，三依俗故，四因时故，五约用故。云何从义？《无量义经》云：无量义者，从一法生。故知，因义立名，因名显义。云何随缘？《涅槃经》云：其味真正，停留雪山。随其流处，得种种名。随其流处者，即是随染净之缘，得凡圣之号。云何依俗？经云：一法有多名，实法中即无。不失法性故，流布于世间。云何因时？《涅槃经》云：佛性因时节有异，说净不净。何者？在垢染时称众生，处清净时名诸佛。云何约用？如因心立法，随法得名。处圣称真，居凡号俗。似金作器，随器得名。在指曰镮，饰臂名钏。则一心不动，执别号而万法成差。真金匪移，认异名而千器不等。若知法法全心作，器器尽金成，名相不能干，是非焉能惑？又，如圆器与方器，名字不同。若生金与熟金，言说有异。推原究体，万法皆空。但有意言，名义差别。动即八识，凝为一心。得旨忘缘，触途无寄。如《大涅槃经》云：佛言：善男子，如来所有一切善行，悉为调伏诸众生故。譬如医王，所有医方，悉为疗治一切病苦。善男子，如来世尊为国土故，为时节故，为他语故，为人故，为众根故，于一法中作二种说，于一名法说无量名，于一义中说无量名，于无量义说无量名。云何一名说无量名？犹如涅槃，亦名涅槃，亦名无生，亦名无出，亦名无作，亦名无为，亦名归依，亦名窟宅，亦名解脱，亦名光明，亦名灯明，亦名彼岸，亦名无畏，亦名无退，亦名安处，亦名寂静，亦名无相，亦名无二，亦名一行，亦名清凉，亦名无暗，亦名无碍，亦名无诤，亦名无浊，亦名广大，亦名甘露，亦名吉祥，是名一名作无量名。云何一义说无量名？犹如帝释，亦名帝释，亦名憍尸迦，亦名婆蹉婆，亦名富兰陀，亦名摩佉婆，亦名因陀罗，亦名千眼，亦名舍脂夫，亦名金刚，亦名宝顶，亦名宝幢，是名一义说无量名。云何于无量义说无量名？如佛名为如来，义异名异。亦名阿罗诃，义异名异。亦名三藐三佛陀，义异名异。亦名船师，亦名导师，亦名正觉，亦名明行足，亦名

大师子王，亦名沙门，亦名婆罗门，亦名寂静，亦名施主，亦名到彼岸，亦名大医王，亦名大象，亦名大龙王，亦名施眼，亦名大力士，亦名大无畏，亦名宝聚，亦名商主，亦名得脱，亦名大丈夫，亦名天人师，亦名大分陀利，亦名独无等侣，亦名大福田，亦名大智慧海，亦名无相，亦名具足八智，如是一切义异名异。善男子，是名无量义中说无量名。复有一义说无量名，所谓如阴，亦名为阴，亦名颠倒，亦名为谛，亦名四念处，亦名四食，亦名四识住处，亦名为有，亦名为道，亦名为时，亦名众生，亦名为世，亦名第一义，亦名三修。谓身戒心，亦名因果，亦名烦恼，亦名解脱，亦名十二因缘，亦名声闻辟支佛，亦名地狱饿鬼畜生人天，亦名过去现在未来，是名一义说无量名。善男子，如来世尊为众生故，广中说略，略中说广。第一义谛说为世谛，说世谛法为第一义谛。云何名为广中说略？如告比丘我今宣说十二因缘。云何名为十二因缘？所谓因果。云何名为略中说广？如告比丘我今宣说苦集灭道。苦者，所谓无量诸苦。集者，所谓无量烦恼。灭者，所谓无量解脱。道者，所谓无量方便。云何名为第一义谛，说为世谛？如告比丘：吾今此身有老病死。云何名为说世谛，为第一义谛？如告憍陈如：汝得法故，名阿若憍陈如。是故，随人随意随时，故名如来知诸根力。善男子，我若当于如是等义，作定说者，则不得称我为如来具知根力。善男子，有智之人当知，香象所负，非驴所胜。一切众生，所行无量，是故如来，种种为说，无量之法。何以故？众生多有诸烦恼故。若使如来说于一行，不名如来具足成就，知诸根力。故知，法本无名，因心建立。是以，大圣随顺世谛，曲徇机宜，广略不同，一多无定。将有说摄归无说，用有名引入无名，究竟咸令到于本心寂灭之地。故经云：佛告舍利弗：汝慎勿为利根之人，广说法语。钝根之人，略说法也。

又，名因体立，体逐名生。体空而名无所施，名虚而体无所起。名体互寂，万法无生。唯一真心，更无所有。《永嘉集》云：是以体非名而不辩，名非体而不施。言体必假其名，语名必藉其体。今之体外施名者，此但名其无体耳，岂有体当其名耶？譬夫兔无角而施名，此则名其无角耳，岂有角当其名耶？无体而施名，则名无实名也。名无实名，则所名无所名。所名既无，则能名不有也。何者？设名本以名其体，无体何以当其名？言体本以当其名，无名何以当其体？当无当而非体，名无名而非名，此则何独体而元虚？亦乃名而本寂也。然而无体当名，由来若此，名之有当。何所云为？夫体不自名，假他名而名我体。名非自设，假他体以施我名。若体之未形，则名何所名。若名之未设，则体何所明？然而明体虽假其名，不为不名而无体耳。设名要因其体，无体则名之本无，如是则体不名生，名生于体耳。今之体在名前、名从体后，辩者此则设名以名其体，故知体是名原矣。则名之所由，缘起于体。体之元绪，何所因依？夫体不我形，假缘会而成体。缘非我会，因会体而成缘。若体之未形，则缘何所会。若缘之未会，则体何所形？体形则缘会而形，缘会则体形而会。体形而会，则明形无别会。形无别会，则会本

无也。缘会而形，则明会无别形。会无别形，即形本无也。是以，万法从缘，无自体耳。体而无自，故名性空。性之既空，虽缘会而非有。缘之既会，虽性空而不无。是以，缘会之有，有而非有。性空之无，无而不无。何者？会则性空，故言非有。空则缘会，故曰非无。今言不有不无者，非是离有别有一无也，亦非离无别有一有也。如是则明法非有无，故以非有非无名耳，不是非有非无。既非有无，又非非有非非无也，如是则何独言语道断，亦乃心行处灭也。如是则名体既空，言思自绝。可谓万机泯迹，独朗真心矣。

问：唯心妙旨、一切无名者，若众生之号，乃假施为。诸佛之名，岂虚建立？

答：因凡立圣，圣本无名。从俗显真，真元不立。并依世俗文字，对待而生。文字又空，空亦无寄。若是上机大士，胡假名相发扬？对境而念念知宗，遇缘而心心契道。如《大智度论》云：如经说师子雷音佛国，宝树庄严，其树常出无量法音，所谓一切法毕竟空，无生无灭等。其土人民，生便闻此法音，故不起恶心，得无生法忍。当此之时，何处有三宝名字？但了无生之旨，自然一体三宝，常现世间。若取差别之名，即失真常之理。但了一切法无自性，则一切处佛出世，无一法而非宗。如先德云：佛出世者，今如来出现。全以尘无性法界缘起、菩提涅槃，以为如来身也。此身通三世间，是故，于一切国土、一切众生、一切事物、一切缘起、一切业报、一切尘毛等，各各显现菩提涅槃等，为佛出世也。若一处不了，即不成佛，亦不出现。何以故？由不了处，仍是无明，是故不成佛，不出现也。

是以，诸佛出世，知机知时，俯为下根，示生灭劫，空拳诱引，黄叶提撕。若上上机人，则诸佛不出不没。故经云：有佛无佛，性相常住。《华严经》颂云：如心诸佛尔，如佛众生然。心佛与众生，是三无差别。只是一法，名别理同。何者？觉此无依、无住、绝待、不思议心不动时，入十信之初，号不动智佛。不觉此绝待真心，不守自性随缘差别时，名法身流转五道，号曰众生。但有迷悟之名，不离一心之体，更有何法而作凡圣名字为差别乎！如《文殊般若经》云：佛言：佛法无上耶？文殊答：无有一法如微尘许名为无上。又，经云：如世尊说此法时，无有菩萨得是三昧诸陀罗尼门，亦复无彼诸佛所说语言句义，乃至不说一文字句，无人听闻，无人得解，无人成佛。如此等法，是实言者，于后末世，五百岁时，此经法门，弘阎浮提，遍行流布，炽然不灭，是真实语。

问：既万机泯迹，独朗真心者，云何教中说：此是凡夫法，此是圣人法？

答：以一切法，缘生无性故，不得凡夫法，不得圣人法。以无性缘生故，若真若俗，不相混滥。如云：一切即一，皆同无性。一即一切，因果历然。虽即历然，不失无性之理。虽即无性，不坏缘生之道。然又虽但了一心，而于诸法，一一了知，分明无惑。如《华严经》云：菩萨摩

诃萨，知一切法，皆同一性：所谓无性，无种种性。无无量性，无可算数性。无可称量性，无色无相。若一若多，皆不可得，而决定了知。此是诸佛法，此是若萨法，此是独觉法，此是声闻法，此是凡夫法。此是善法，此是不善法。此是世间法，此是出世间法。此是过失法，此是无过失法。此是有漏法，此是无漏法。乃至此是有为法，此是无为法。是为第七如实住。

问：一心之法，云何尽能周遍含容，出生圆具一切法耶？

答：夫心者，神妙无方，至理玄邈。三际求而罔得，二谛推而莫知。无像无名，不可以测其深广。无依无住，不可以察其指踪。细入无间之中，不可以言其小。大包乾象之外，不可以语其深。至道虚玄，孰能令有。幽灵不坠，孰能令无？迹分法界而非多，性合真空而非。体疑一道而非静，用周万物而匪劳。如如意珠，天上胜宝，状如芥粟，有大功能。净妙五欲，七宝琳琅。非内畜，非外入。不谋前后，不择多少。不作粗妙，称意丰俭。降雨瀼瀼，不添不尽，利济无穷。盖是色法，尚能如是，岂况心神灵妙，宁不具一切法耶？故经云：佛言：一切声闻独觉菩萨，皆共此一妙清净道，皆同此一究竟清净，更无第二。我依此故，密意说言，唯有一乘。乃至譬如虚空，遍一切处，皆同一味，不障一切所作事业。如是世尊，依此诸法，皆无自性，皆同一味，不障一切声闻缘觉，及诸大士，所修事业。寒山子诗云：余家住此号寒山，山岩栖息离烦喧。泯时万像无痕迹，舒即周流遍大千。光影腾辉照心地，无有一法当现前。方知摩尼一颗宝，妙用无穷处处圆。《还原观》云：定光显现无念观者，谓一乘教中白净宝网，万字轮王之宝珠。此珠体性明彻，十方齐照，无思成事，念者皆从。虽现奇功，心无念虑。若人入此大妙止观门中，无思念虑，任运成事，如彼宝珠，远近齐照，分明显现，廓彻虚空，不为二乘外道、尘雾烟云之所障蔽。清凉《疏》云：犹一日宫，千光并照。随举一法，有无量门。然有二义：一约相类，如一无常门，有生老病死，聚散合离，得失成坏，三灾四相，外器内身，刹那一期，生灭转变，染净隐显，皆无常门。余亦如是。二就性融，不可尽也。谓法性寂寥，虽无诸相，无相之相，不碍繁兴。是以，依体普现，若月入百川。寻影之月，月体不分。即体之用，用弥法界。体用交彻，故不思议。《辅行记》问云：一心既具十法界因果，但观于心，何须观具？答：一家观门，永异诸说。该摄一切十方三世若凡若圣一切因果者，良由观具。具即是假，假即空中。理性虽具，若不观之，但言观心，则不称理。小乘奚尝不观心耶？但迷一心具诸法耳。

问：若不观具，为属何教？

答：别教教道，从初心来，但云次第生于十界，断亦次第，故不观具。或禀通教，即空但理。或禀三藏，寂灭真空。如此等人，何须观具？何者？藏通但云心生六界，观有巧拙，即离不同，是故此两教不须观具。尚不识具，况识空中？若不尔者，何名发心毕竟二不别？成正觉已，何能现于十界身土？又复学者，纵知内心具三千法，不知我遍彼三千，彼彼三千，互遍亦尔。苟顺凡情，生内外见，应照理体，本无四性。心佛众生，三无差别。能知此者，依俙识心。《华严论》云：以一心大智之印，印无始三世，总在一时。无边诸法，智印咸遍。以智等诸佛故，以智等众生心故，以智等诸法故，以智无中边表里、三世长短近远故，为智过虚空量故，如世虚空，无所了知，如无分别智虚空，一念而能分别过虚空等法门。是故，经颂言：一切虚空犹可量，诸佛说法不可说。又颂云：普光明智等虚空，虚空但空智自在。所以《无量义经》云：无量义者，从一法生。即知一法能生无量义。所谓一心、一一法皆生无量义者，以心遍一切法，一一法无非心故。以略代总，故知，略心能含万法。历一切教，若境若智，若人若法。随诸事释，一一向心为观，观慧弥成。如海吞流，似薪益火。以不能深达故，为遍为小。以不能谛观故，住有住空。是以，声闻睹斯大事，自鄙无堪，或号泣而声振大千，或云：同共一法中，而不得此事。若菩萨闻兹妙旨，忏悔前非，或云：从无量劫来，为无我之所漂流。或言：我等归前，尽是邪见人也。如上所失，皆是不达自心，广大圆融，能包能遍故。何以能包能遍？以无相故。如太虚无相，不拒诸相发挥，能含十方净秽国土。所以昔人云：夫万化非无宗，而宗之者无相。虚相非无契，而契之者无心，内外并冥，缘智俱寂。

是故，若能如是体道，千万相应，可谓正法中人、真佛弟子。若违斯旨，妄起有心，悉堕邪修，不入宗镜。如古德歌云：只为无心学无学，亦复正修于不修。若人不知如此处，不得称名为比丘。洞山和尚云：吾家本住在何方，鸟道无人到处乡。君若出家为释子，能行此路万相当。所以初祖大师云：若一切作处，即无作处。无作法，即见佛。若见相时，则一切处见鬼。何者？若作时无作者、无作法，即人法俱空，觉此成佛。若迷无作法，则幻相现前。故经云：凡所有相，皆是虚妄。如热病所见，岂非鬼耶？所以古德云：万法浩然，宗一无相。又云：念满一万八千遍，遍遍入于无相定。亦云：无相道场、无相法门等。是以，若于宗镜发，真最省心力。《华严经》云：以少方便，疾得菩提。古德云：学虽不多，可齐上贤，即斯意矣。

又，此一心，皆因理事无碍，得有如是周遍含容。如《理事无碍观》云：但理事镕融，存亡逆顺，通有十门：一、理遍于事门。谓能遍之理，性无分限。所遍之事，分位差别。一一事中，理皆全遍，非是分遍。何以故？彼真理不可分故。是故，一一纤尘，皆摄无边真理，无不圆足。二、事遍于理门。谓能遍之事，是有分限。所遍之理，要无分限。此有分限之事，于无分限之理，全同非分同。何以故？以事无体，还如理故，是故一尘不坏，而遍法界也。如一尘，一切法亦然。思之！又一，理性不唯无分故，在一切处，而全体在于一内。二，不唯分故，常在一中，全在一切处。一，事法不唯分故，常在此，恒在他方。二，不唯无分故，遍一切处，而不移本位。又一，由理性不唯无分故，不在一事外。二，不唯分故，不在一事内。一，事法不唯分故，常在此处而无在。二，不唯无分故，常在他处而无在。是故无在无不在，而在此在彼，无障碍也。此全遍门，超情离见，非世喻能况：如全一大海，在一波中，而海非小。如一小波，匝于大海，而波非大。同时全遍于诸波，而海非异。俱时各匝于大海，而波非一。又，大海全遍一波时，不妨举体全遍诸波。一波全匝大海时，诸波亦各全匝，互不相碍。思之！释曰：以海为真理，以波为事况，理事相遍，而非一异，则海处波而不小。同湿性而广狭无差，波匝海而非大，不坏相而一多全匝。

问：理既全遍一尘，何故非小？既不同尘而小，何得说为全体遍一尘，一尘全匝于理性，何故非大？若不同理而广大，何得全遍于理性？既成矛盾，义甚相违。

答：理事相望，各非一异，故全收而不坏本。先理望事，有其四句：一、真理与事非异，故真理全体在事中。二、真理与事非一，故真理体性，恒无边际。三、以非一即非异，故无边理性，全在一尘。四、以非异即非一，故一尘理性，无有分限。次事望理，亦有四句：一、事法与理非异，故全匝于理性。二、事法与理非一，故不坏于一尘。三、以非一即非异，故一小尘匝于无边理性。四、以非异即非一，故一尘匝无边理性，而尘不大。思之！

问：无边理性，全遍一尘时，外诸事处，为有理性，为无理性？若尘外有理，则非全体遍一尘。若尘外无理，则非全遍一切事。义甚相违。

答：以一理性融，故多事无碍，故得全在内而全在外，无障无碍，各有四句。先就理四句：一、以理性全体在一切事中时，不碍全体在一尘处，是故在外则在内。二、全体在一尘中时，不碍全体在余事处，是故在内则在外。三、以无二之性，各全在一切中时，是故亦在内亦在外。四、以无二之性，非一切故，是故非内非外。前三句，明与一切法非异。此之一句，明与一切法非一。良为非一非异故，内外无碍。

次就事四句：一、一尘全匝于理时，不碍一切事法亦全匝，是故在内即在外。二、一切法各匝理性时，不碍一尘亦全匝，是故在外则在内。三、以诸法同时各匝故，是故全内亦全外，无有障碍。四、以诸事法各不坏故，彼此相望，非内非外。思之！释曰：以理在一为内，在多为外。事亦以一为内，以多为外。何故如是一多内外，相遍相在而无障碍？唯是一心圆融，故寄理事以彰之。以体寂边，目之为理。以用动边，目之为事。以理是心之性，以事是心之相，性相俱心，所以一切无碍。如上无边分限差别之事，唯以一理性镕融，自然大小相含，一多即入。如金铸十法界像，若消镕则无异相，如和融但是一金。以理性为洪炉，镕万事为大冶，则销和万法，同会一真。三、依理成事门。谓事无别体，要因真理而得成立，以诸缘起，皆无自性故。由无性理，事方成故。如波要因于水，能成立故。依如来藏得有诸法，当知亦尔。思之！四、事

能显理门。谓由事揽理故，则事虚而理实。以事虚故，全事中之理，挺然露现。犹如波相虚，令水体露现。当知此中，道理亦尔。思之！五、以理夺事门。谓事既揽理成，遂令事相皆尽，唯一真理，平等显现，以离真理外，无片事可得故。如水夺波，波无不尽。此则水存于已，坏波令尽。六、事能隐理门。谓真理随缘，成诸事法。然此事法既匝于理，遂令事显理不现也。如水成波，动显静隐。经云：法身流转五道，名曰众生。故令众生现时，法身不现也。七、真理即事门。谓凡是真理，必非事外，以是法无我理故。事必依理，以理虚无体故。是故，此理举体皆事，方为真理。如水即波，动而非湿。八、事法即理门。谓缘起事法，必无自性，举体即真故。说众生即如，不待灭也。如波动相，举体即水无异相也。九、真理非事门。谓即事之理，而非是事，以真妄异故，实非虚故，所依非能依故。如即波之水非波，以动湿异故。十、事法非理门。谓全理之事，事恒非理，性相异故，能依非所依故。是故，举体全理，而事相宛然。如全水之波，波恒非水，以动义非湿故。

《华严经》云：如色与非色，此二不为一。又云：生死及涅槃，分别各不同。释曰：理事逆顺自在者，事理相望，各有四义。四义中，皆二义逆、二义顺。谓依理成事，真理即事，顺也。以理夺事，真理非事，逆也。事能显理，事法即理，顺也。事能隐理，事法非理，逆也。欲成即成，欲坏即坏，故云自在。成不碍坏、坏不碍成，显不碍隐、隐不碍显，故云无碍。正成时即坏等，故云同时。五对皆无前却，故云顿起。又上四对，何以约理望事？但云成等，不云显等。约事望理，但云显等，不云成等，深有所以。何者？事从理生，可许云成。理非新有，但可言显。事成必灭，故得云坏。真理常住，故但云隐。其即之与一，离之与异。大旨则同，细明亦异。理无形相，但可即事。而事有万差，故言与理冥一理绝诸相，故云离事。事有差异，故云异理。上约义别，有此不同，若统收者，应成五对无碍之义：一、相遍对，二、相成对，三、相害对，四、即相对，五、不即对。五中前四，明事理不离。后一，明事理不即。又，五对之中，共有三义：成显一对，是事理相作义。夺隐及不即二对，是事理相违义。相遍及相即二对，是事理不相碍义。又由第二相作，故有第四相即。由相即，故相遍。由有第三相违，故有第五不即。又若无不即，无可相遍。故说真空妙有，各有四义。约理望事，即真空四义：一、废己成他义，即依理成事门。二、泯他显己义，即真理夺事门。三、自他俱存义，即真理非事门。四、自他俱泯义，即真理即事门。由其即故，而互泯也。又初及三，即理遍事门，以自存故，举体成他，故遍他也。后约事望理，即妙有四义：一、显他自尽，即事能显理门。二、自显隐他义，即事能隐理门。三、自他俱存义，即事法非理门。四、自他俱泯义，即事法即理门。又初及三，即事遍于理门，以自存故，而能显他，故遍他也。故说约空有存亡无碍，真空隐显自在。理事镕融者，镕，冶也，谓初销义。融，和也，谓终成义。以理镕事，事与理融。观之于心，即名此观。观事当俗，观理当真。今观理事无碍，中道第一义观，自然悲智相导，成无住行。

又，理事十门，总分五对：一、理事相遍，二、理事相成，三、理事相害，四、理事相即，五、理事相非。理即性空真理，一相无相。事即染净心境，互为缘起。起灭时分，此彼相貌，不可具陈。相遍二门，是全遍全同，理不可分故。《华严经》颂云：法性遍在一切处，一切众生及国土。三世悉在无有余，亦无形相而可得。三句即全遍，末句即不可分。相成二门，依理成事，则如因水成波，似依空立色。真如不守自性，能随万缘，事能显理，则如影像表镜明，识智表本性。《华严经》颂云：了知一切法，自性无所有。如是解诸法，即见卢舍那。相害二门，以理夺事，如水夺波，事能隐理，似烟郁火。相即二门，真理即事，如水不离冰。若但是空，出于事外，则不即事。今即法为无我理，离事何有理耶？事法即理，则缘起无性，一切众生亦如也。相非二门，能所有异，真妄不同，则于解常自一，于谛常自二。相即则非二，相非则非一。非一故不坏俗谛，非二故不隐真谛。此真谛性空之理，空而不空。斯俗谛幻有之事，有而不有。不有之有，有不碍空。不空之空，空不绝有。彼此无寄，递互相成。若心内定一法是有，即堕常。若心外执法是无，即沉断。俱成见网，不入圆宗。

如上圆融，约理事无碍讫。

宗镜录第十三

宋 慧日永明妙圆正修智觉禅师延寿集

夫前已明一心理事无碍，今约周遍含容观中事事无碍者，如《法界观序》云：使观全事之理，随事而一一可见。全理之事，随理而一一可融。然后一多无碍，大小相含，则能施为隐显，神用不测矣。

乃至欲使学人，冥此境于自心，心慧既明，自见无尽之义。此周遍含容观，亦具十门：一、理如事门。谓事法既虚，相无不尽。理性真实，体无不现。此则事无别事，即全理为事。是故，菩萨虽复看事，即是观理。然说此事，为不即理。释云：由此真理全为事故，如事显现，如事差别，大小一多，变易无量。又此真理，即与一切千差万别之事，俱时历然显现，如耳目所对之境，亦如芥瓶，亦如真金，为佛菩萨比丘、及六道众生形像之时，与诸像一时显现，无分毫之隐，亦无分毫不像。今理性亦尔，无分毫隐，亦无分毫不事。不同真空，但观理夺事门中，唯是空理现也。故菩萨虽复看事，即是观理。然说此事为不即理者，以事虚无体，而不坏相。所以观众生，见诸佛。观生死，见涅槃，以全理之事，恒常显现。是以，事既全理，故不即理。若也即理，是不全矣。如金铸十法界像，一一像全体是金，不可更言即金也。二、事如理门。谓诸事法与理非异故，事随理而圆遍，遂令一尘普遍法界。法界全体遍诸法时，此一微尘，亦如理性全在一切法中。如一微尘，一切事法亦尔。释云：一一事，皆如理普遍广大，如理彻于三世，如理常住本然。例一切诸佛菩萨、缘觉声闻及六道众生，一一皆尔，乃至一尘一念，性相作用，行位因果，无不圆足。三、事含理事门。谓诸事法与理非一故，存本一事而为广容。如一微尘，其相不大，而能容摄无边法界，由刹等诸法，既不离法界故，俱在一尘中现。如一尘，一切法亦尔。此理事融通，非一非异故，总有四句：一、一中一，二、一切中一，三、一中一切，四、一切中一切，各有所由。思之！释云：一中一者，上一是能含，下一是所含。下一是能遍，上一是所遍。余三句，一一例知。四、通局无碍门。谓事与理非一即非异故，令此事法不离一处，即全遍十方一切尘内，非异即非一故。全遍十方而不动一位，即远即近，即遍即住，无障无碍。五、广狭无碍门。谓事与理非一即非异故，不坏一尘，而能广容十方刹海。由非异即非一故，广容十方法界，而微尘不大。是则一尘之事，即广即狭，即大即小，无障无碍。六、遍容无碍门。谓此一尘望于一切，由普遍即是广容故，遍在一切中时，即复还摄一切诸法，全住自中。又由广容即是普遍故，令此一尘，还则遍在自内一切差别法中。是故，此尘自遍他时，即他遍自。能容能入，同时遍摄无碍。思之！七、摄入无碍门。谓彼一切望于一法，以入他即是摄他故，一切全入一中之时，即彼全一还复在自一切之内，同时无碍。思之！又，由摄他即是入他故，一法全在一切中时，还令一切恒在一内，同时无碍。思之！释云：此上无碍，犹如镜灯，即十镜互入。如九镜入彼一镜中时，即摄彼一镜还入九镜之内，同时交互，故云无碍。八、交涉无碍门。谓一望于一切，有摄有入。通有四句：谓一摄一切，一入一切。一切摄一，一切入一。一摄一，一入一。一切摄一切，一切入一切，同时交参无碍。释云：一摄一、一入一者，如东镜摄彼西镜，入我东镜中时，即我东镜，入彼西镜中去。一切摄一切，一切入一切者，圆满常如此句，但以言不顿彰，故假前三，句句皆圆满。九、相在无碍门。谓一切望一，亦有摄有入。亦有四句：谓摄一入一，摄一切入一，摄一入一切，摄一切入一切，同时交参无碍。释云：此与前四句不同，前但此彼同时摄入，今则欲入彼时，必别摄余法，带之将入彼中，发起重重无尽之势。摄一入一者，如东镜能摄南镜，带之将入西镜之中。即东镜为能摄能入，南镜为所摄，西镜为所入也。此则释迦世尊，摄文殊菩萨入普贤中也。摄一切入一者，如东镜摄余八镜，带之将入南镜之中时，东镜为能摄能入，八镜为所摄，南镜为所入。则一佛摄一切众生，带之同入一众生中也。摄一入一切者，如东镜能摄南镜，带之将入余八镜中。摄一切入一切者，如东镜摄九镜，带之将入九镜之中时，东一镜为能摄能入，九镜为所摄，亦即便为所入也。此句正明诸法，互相涉入，一时圆满，重重无尽也。今现见镜灯，但入一灯当中之时，则镜镜中各有多多之灯，无前后也。则知，诸佛菩萨、六道众生，不有则已。有即一刹那中，便彻过去、未来、现在十方，一切凡圣中也。十、普融无碍门。谓一切及一，普皆同时，更互相望。一一具前两重四句，普融无碍。准前思之，令圆明显现，称行境界，无障无碍，深思之令现在前。是以前九门，文不顿显，故此摄令同一刹那，既总别同时，则重重无尽也。

又，《华严演义》云：夫能所相入，心境包含，总具四义，能成无碍：一、称性义，二、不坏相义，三、不即义，四、不离义。由称性故不离，由不坏相故不即。又如诸刹入毛孔，皆有称性，及不坏相义。今毛上取称性义，故知法性之无外。刹上取不坏相义，故不遍称性之毛。以一毛称性故，能含广刹。以广刹不坏相故，能入一毛。又，内外缘起，非即非离，亦有二义：一、约内外共为缘起，由不即故，有能所入。由不离故，故得相入。二、约内外缘起，与真法性，不即不离。此复二义：一由内外不即法性，有能所入。不离法性，故毛能广包，刹能遍入。二者，毛约不离法性，如理而包。刹约不即法性，不遍毛孔。思之！此事事无碍观，如群臣对王，各各全得王力。犹诸子对父，一一全得为父。又如百僧同住一寺，各各全得受用，而寺不分。若空中大小之华，一一遍纳无际虚空，而华不坏。则十方一切众生，全是佛体而无分剂。以不知故，甘称眇劣。禀如来之智德，反堕愚盲。具广大之威神，而跧小器。所以志公云：法性量同太虚，众生发心自小。

如上无碍，但是一心：如海涌千波，镜含万像，非一非异，周遍圆融。互夺互成，不存不泯。遂得尘含法界，无亏大小。念包九世，廷促同时，等事现前。此乃《华严》一部法界缘起，自在法门，如在掌中，烂然可见。又，非独《华严》之典，乃至一代时教难思之妙旨，十方诸佛无作之神通，观音秘密之悲门，文殊法界之智海，一时显现，洞鉴无疑矣。若非智照深达自心，又焉能悟此希奇之事？如先德云：证佛地者，为尘空无我无性是也。乃至称理而言，非智所知。如空中鸟飞之时迹，不可求依止迹处也。然空中之迹，既无体相可得，然迹非无。此迹寻之逾广，要依鸟飞，方诠迹之深广。当知佛地，要因心相，而得证佛地之深广。然证入此地，不可住于寂灭。一切诸佛，法不应尔。当示教利喜，学佛方便，学佛智慧。夫佛智慧者，即一切种智，所以《般若经》中，以种智为佛，则无种不知，无种不见。斯乃以无知知一切知，以无见见一切见。如《华严·离世间品》，十种无下劣心中云：菩萨摩诃萨，又作是念：三世所有一切诸佛、一切佛法、一切众生、一切国土、一切世间一切三世、一切虚空界、一切法界、一切语言施设界、一切寂灭涅槃界，如是一切种种诸法，我当以一念相应慧，悉知悉觉，悉见悉证，悉修悉断。然于其中，无分别，离分别。无种种，无差别。无功德，无境界。非有非无，非一非二。以不二智，知一切二。以无相智，知一切相。以无分别智，知一切分别。以无异智，知一切异。以无差别智，知一切差别。以无世间智，知一切世间。以无世智，知一切世。以无众生智，知一切众生。以无执著智，知一切执著。以无住处智，知一切住处。以无杂染智，知一切杂染。以无尽智，知一切尽。以究竟法界智，于一切世界示现身。以离言音智，示不可说言音。以一自性智，入于无自性。以一境界智，现种种境界。知一切法不可说，而现大自在言说，证一切智地。为教化调伏一切众生故，于一切世间，示现大神通变化，是为第十无下劣心。

如上微细剖析理事根源，方见全佛之众生，惺惺不昧。全众生之佛，历历无疑。悟本而似达家乡，得用而如亲手足。云何迷真抱幻，舍实凭虚。辜负己灵，沉埋家宝。高推上圣，自鄙下凡？都为但诵空文，未穷实义。唯记即心是佛之语，亲省何年？只学万法唯识之言，谁当现证？既乖教观，又阙明师。虽称绍隆，但成自诳。《宗镜》委细，正为斯人，使了其义而识其心，披其文而见其法。感诸圣苦口，愧先贤用心。览卷方知，终不虚谬。如高拂云雾，豁睹青天。似深入龙宫，亲逢至宝。始悟从来未谛，学处粗浮。可验时中，全无力量。未到实地，莫言其深。未至劬劳，莫言其苦。唯当见性，可以息言。且诸圣所以垂言教者，普为生盲凡夫，令不著生死。眇目二乘，令不住涅槃。夜视小菩萨，令舍于权乘。罗縠别菩萨，令不执教道。此为未知有自心，即具如是广大神德、无边妙用者，分明开示，令各各自知：十方诸佛，莫不承我威光。一切异生，莫不赖我恩力。劝生忻慕，进道弘修。破一微尘，出大千经卷。然后以定慧力，内外庄严，发起本妙觉心，真如相用。似磨古镜，如莹神珠，光彻十方，影透法界，无令一小含识，不承此光。犹如善财，一生可办。又如龙女亲献灵山，如来印可，故云：我献宝珠，世尊纳受，是事疾不？答言：甚疾。女言：以汝神力，观我成佛，复速于此。是知，才悟此法，因果同时。成道度生，不出一刹那之际。如《法华经·信解品》云：疾走往捉。又，《譬喻品》云：其疾如风。岂滞多生，枉修功行？有如是速疾念念相应之力，而不肯承当，故诸圣惊嗟，广为开演。布八教网，备三乘车。大小俱收，权实并载。提携诱引，密赴机宜。或见或闻，而前而后，悉令入此一乘金刚宝藏，以为究竟。如《方便品》中，引十方三世诸佛，皆以无量无数方便，种种因缘，譬喻言词，而为众生演说诸法。是法皆为一佛乘故，是诸众生，从佛闻法，究竟皆得一切种智，则不可迷诸佛方便门，执其知解，领成现之语，起法我之心。如《般若经》中，佛言：我于一切法无所执，故得常光一寻，身真金色。是以，但于人法二执俱亡，一道常光自现，还同释迦，亲证金色之身。所以诸佛教门，皆为显宗破执。依前住著，反益迷心，如热金丸，执则烧手，令甘露圣教，出苦良缘。若遇斯人，有损无益。如《方便品》偈云：舍利弗当知，诸佛法如是。以万亿方便，随宜而说法。其不习学者，不能晓了此。汝等既已知，诸佛世之师。随宜方便事，无复诸疑惑。心生大欢喜，自知当作佛。

故知，若不习定学慧，且不知随宜之说，妄认为真。不可徇文，以为悟道。直如善财登阁，龙女献珠，当此之时，自然亲见，应须克己办事，晓夜忘疲。若问程而不行，家乡转远。似见宝而不取，还受贫穷。所以古德颂云：学道先须细识心，细中之细细难寻。可中寻到无寻处，方信凡心是佛心。故知，即于一念生死心中，能信有诸佛不思议事，甚为难得。如《大涅槃经》云：佛言：若有人能以藕根丝，悬须弥山，可思议不？不也，世尊。善男子，菩萨摩诃萨，于一念顷，悉能得量一切生死，是故复名不可思议。

问：理唯一道，事乃万差。云何但了一心，无边佛事悉皆圆满？

答：出世之道，理由心成。处世之门，事由心造。若以唯心之事，一法即一切法，舒之无边。以唯心之理，一切法即一法，卷之无迹。因卷而说一，此法未曾一。因舒而说多，此法未曾多。非一非多，有而不有。而多而一，无而不无。一多相依，互为本末。通有四义：一、相成义。则一多俱立，以互相持，有力俱存也。二、相害义。形夺两亡，以相依故，各无性也。三、互存义。以此持彼，不坏彼而在此，彼持此亦尔。经颂云：一中解无量，无量中解一。四、互泯义。以此持彼，彼相尽而唯此。以彼持此，此相尽而唯彼。经云：知一即多多即一。

又，由彼此相成，资摄无碍，是故，得有大小即入，一多相容，远近互持，主伴融摄，致使尘尘现而无尽，等帝网以参差，故得事事显而无穷，若定光而隐映。

又，一多无碍之义，古德以喻显示：如数十钱法，此有二体：一异体，二同体。就异体中有二：一相即，二相入。又以诸缘起法有二义：一、空有义，此即自体。二、有力无力义，此望力用。由初义故约相即，由后义故得相入。初空有义中，由自若有时他必无，故他即自。何以故？由他无性，以自作故。二由自若空时他必有，故自即他故。何以故？由自无性，用他作故。以空有无二体故，所以常相即。若不尔者，缘起不成，有自性等过。二力用中，自有全力，所以能摄他。他全无力故，所以能入自。不据自体故，非相即。力用交彻故，成相入。十数为譬者，复有二门：一异体门，二同体门。就异体门中复有二：一者一中多、多中一。如经颂云：一中解无量，无量中解一。了彼互生起，当成无所畏。此约相说。二者一即多、多即一。如经颂云：一即是多多即一，义味寂灭悉平等。远离一异颠倒相，是名菩萨不退住。此约理说。

问：既其各各无性，那得成其一多耶？

答：此由法界实德，缘起力用，普贤境界相应，所以，一多常成，不增不减也。次明一即多、多即一者，如似一即十，缘成故。若十非一，一不成故。何但一不成，十亦不成？如柱若非舍，尔时则无舍。若有舍亦有柱，即以柱即是舍。故有舍复有柱，一即十、十即一。故成一复成十也。

问：若一即十，此乃无有一。若十即一，此乃无有十。那言一之与十，复言以即故得成耶？

答：一即非一者，是情谓一，今所谓缘成一。缘成一者，非是情谓一。故经颂云：一亦不为一，为破诸数故。浅智著诸法，见一以为一。

问：前明一中多、多中一者，即一中有十、十中有一。此明一即十，有何别耶？

答：前明一中十者，离一无有十，而十非是一。若此明一即十者，离一无有十，而十即是一，缘成故也。二同体门者，还如前门相似，还明一中多、多中一，一即多、多即一。今就此门中说者，前异体门言一中十者，以望后九，故名一中十。此门言一中十者，即一中有九，故言一中十也。

问：若一中即有九者，此与前异体门中一即十，有何别耶？

答：此中言有九者，有于自体九，而一不是九。若前异体说者，一即是彼异体十，而十不离一。

问：一中既自有九者，应非缘成义？

答：若非缘成，岂得有九耶？

问：一体云何得有九？

答：若无九即无一。次明同体门中一即十者，还言一者缘成，故一即十。何以故？若十非一，一不成故。一即十既尔，一即二三亦然。

问：此中言自体一即十者，与前同。体一中十，有何别耶？

答：前明自体中有十，而一非是十。此明一即十，而一即是十，以此为异。

问：此明一体即十，为摄法尽不？

答：随智差别故，亦尽亦不尽。何者？如一若摄十，即不为尽。若具说，即无尽也。

问：为摄自门无尽，为摄余门亦无尽耶？

答：一无尽，余亦无尽。若余不尽，一亦不尽。若一成，一切即成。若一不成，一切即不成。是故此摄法，即无尽复无尽，成一之义也。于三四义，犹若虚空，即是尽。更不摄余，故名无尽，故知亦摄尽不尽也。

问：既言一即能摄者，为只摄一中十，亦得摄他处十？

答：摄他十亦有尽不尽义。何以故？离他无自故。一摄他处即无尽，而成一之义。他处十义如虚空，故有尽。经云：菩萨在于一地，普摄一切诸地功德。此《宗镜录》，是一乘别教、不思议门、圆融无尽之宗，不同三乘教中所说。如上一多无碍之义，不可以意解情思，作限量之见，唯净智眼，以六相十玄该之，方尽其旨耳。则知，融摄无边，包含匪外。如《法华·神力品》云：诸佛于此得阿耨多罗三藐三菩提，诸佛于此转于法轮，诸佛于此而般涅槃。

又，经云：慈悲为佛眼，正念为佛头，妙音为佛耳，香林为佛鼻，甘露为佛口，四辩为佛舌，六度为佛身，四摄为佛手，平等为佛指，戒定为佛足，种智为佛心。《金

光明经》疏云：法性身佛者，非是凡夫二乘、下地之所能见。唯应度者，示令得见。此即无身之身，无相之相。一切智为头，第一义谛髻，八万四千法门发，大悲眼，中道白毫。无漏鼻，十八空舌。四十不共齿，弘誓肩。三三昧腰，如来藏腹。权实智手，定慧足。如此等相，庄严法性身佛也。牛头初祖云：诸佛于此得菩提者，此是心处得菩提，色处转法轮，眼处入涅槃。若尔者，身中究竟解脱，法身常在，净土具足，更少何物，复更何求？初发心时，便成正觉。此《宗镜》中，所有智行主伴，皆同一际。才有信者，悉同法流。但如一圆镜之中，无别分析。如《华严论》云：此经法门，总是十方诸佛同行共行，更无新故。如大王路，发迹登之者即是，无奈不行之何？一念随善根，少分见性，智慧现前，总是不离佛正觉根本智故，不离普贤行故。如普贤一念中少分善心，总是向法流者。故经云：闻如来名号，及所说法门，闻而不信，犹能毕竟至于金刚智地，何况信修者也？

又云：此《华严经》中，解行法门，修学悟入，必能成就十住法门，住佛种性，生一来家，为佛真子。不同权教初地菩萨，以誓愿成佛。此《华严经》，直论实证位，不论誓愿。为此教门，总一时一际，一法界，无异念。前后情绝，凡圣一性，不论情系。应以无念无作法界照之可见。若立情见，不可信也。设生信者，玄信佛语故，非是自见。若自见者，情绝想亡，心与理合，智与境冥，方知万境，性相通收。若不如斯，心常彼此，是非竞作，垢净何休？若也称性情亡，法界重玄之门自达，一多纯杂，自在含容，总别之门，圆融自在。于利生之法，善达诸根，随所堪能，悉皆成益，敬承亲近者，皆能拔之。所以称性故，凡行一事，悉遍法界。若随事作，则有分限。如《摩诃般若经》云：欲以一食，供养十方，各如恒河沙等诸佛及僧，当学般若波罗蜜。欲以一衣，华香璎珞，粖香涂香烧香、灯烛幢幡华盖等，供养诸佛及僧，当学般若波罗蜜论。

问曰：菩萨若以一食供养一佛及僧，尚是难事。何况十方如恒河沙等诸佛及僧？

答曰：供养功德，在心不在事也。若菩萨以一食大心，悉供养十方诸佛及僧，亦不以远近为碍，是故诸佛，皆见皆受。是知，但运一心，广大无际。功德智慧，二种庄严。六度万行，无不圆满。则知，一毫空性，法界无差。一微尘中，具十方分。是以，法华会上，十方佛国，通为一土。分身共座，同证一乘。亦如《华严》教明：此土说法，十刹咸然。仰先圣之同归，令后学之坚信。偶斯教者，莫大良缘，如秉大炬以烛幽关，炳然见性。似驾迅航而渡深济，倏尔登真。故云：一句染神，必当成佛。二字经耳，七世不沉。所利唯人，所约唯己。百福殊相，同入无生。万善异流，俱会平等。今《宗镜》中，亦复如是：正直舍方便，但说无上道，一切诸法中，唯以等观入。若执方便，广辩诸乘，则失佛本怀，违于大旨。如《法王经》云：若定根机，为小乘人说小乘法，为阐提人说阐提法，是断佛性，是灭佛身。是说法人，当历百千万劫，堕诸地狱。何以故？众生之性，即是法性，从本已来，无有增减，云何于中，分别药病？如是解者，即一切法，无非佛法矣。

问：如何是一切法皆是佛法？

答：一切法唯心，心即是佛，心即是法。

如学人问忠国师，经云：一切法皆是佛法。杀害还是佛法不？

答：一切施为，皆是佛智之用。如人用火，香臭不嫌。亦如其水，净秽非污。以表佛智也。是知，火无分别，兰艾俱焚。水同上德，方圆任器。所以，文殊执剑于瞿昙，鸯掘持刀于释氏，岂非佛事乎？若心外见法，而生分别，直饶广作胜妙之事，亦非究竟。

问：心性本净，寂照无遗，何假智光而为鉴达？

答：心是正因，虽然了照，以客尘烦恼所遮，若无智慧了因，而不能显。古德云：智照心原，即是了因，如空与日，略有十义以辩难思：一、谓日与空，非即非离。二、非住非不住。三、如日善作破暗良缘，显空之要。四、虽复灭暗显空，空无损益。五、理实无损，事以推之，暗蔽永除。性乃无增，空界所含，万像皆现。六、而此虚空，性虽清净。若无日光，则有暗起。七、非以虚空空故，自能除暗，暗若除者，必假日光。八、日若无空，无光无照。空若无日，暗不自除。九、然此暗性，无来无去。日之体相，亦不生不灭。十、但有日照空，则乾坤洞晓，以智慧日，照心性空，亦复如是。释曰：一、智与心，非即非离。云何非即？以智是能照，心是所照，能所异故。云何非离？智是心之用，用不离体故。二、非住非不住。云何非住？智性离故。云何非不住？与心相应故。三、智能破客尘，显了心性。四、智虽去尘现性，而心本无隐显。五、心虽本空，要尽客尘，方能普现法界。六、心虽清净，若无智光，则为客尘所蔽。七、非心自空，不染客尘。尘若除者，要因智光。八、智无心不照，心无智不明。九、客尘虽尽，本无来去。智虽起照，亦无生灭。十、但得智光，则心性湛然寂照，法界洞朗，究竟清净。

故知，万法无修，策修而至无修。本性虽空，亦由修空而显空。今《宗镜》所录，深有所以，只为众生无智不修，而堕愚闇。不照心性，枉陷轮回。若不得《宗镜》之智光，何由显于心宝？且众生无漏智性，本自具足。以客尘所蔽，似镜昏尘。但能知镜本明，尘即慚尽。客尘尽处，真性朗然。如《大涅槃经》云：如大村外，有娑罗林，中有一树先林而生，足一百年。是时林主，灌之以水，随时修治，其树陈朽，皮肤枝叶，悉皆脱落，唯贞实在。如来亦尔，所有陈故，悉已除尽，唯有一切真实法在。所以一钵和尚歌云：万代金轮圣王子，只者真如灵觉是。菩提树下度众生，度尽众生出生死。不生死，真丈夫，无形无相大毗卢。尘劳灭尽真如在，一颗圆明无价珠。

宗镜录第十四

宋 慧日永明妙圆正修智觉禅师延寿集

夫释迦文佛，开众生心，成佛知见。达摩初祖，直指人心，见性成佛。若体此一心，云何是成佛之理？

答：一心不动，诸法无性。以无性故，悉皆成佛。

《华严经》云：佛子，如来成正觉时，于其身中，普见一切众生成正觉，乃至普见一切众生入涅槃，皆同一性，所谓无性。无何等性？所谓无相性、无尽性，无生性、无灭性，无我性、无非我性，无众生性、无非众生性，无菩提性、无法界性、无虚空性，亦复无有成正觉性。知一切法皆无性故，得一切智，大悲相续，救度众生。佛子，譬如虚空，一切世界，若成若坏，常无增减。何以故？虚空无生故。诸佛菩提，亦复如是。若成正觉，不成正觉，亦无增减。何以故？菩提无相无非相，无一无种种故。佛子，假使有人，能化作恒河沙等心，一一心复化作恒河沙等佛，皆无色无形无相。如是尽恒何沙等劫，无有休息。佛子，于汝意云何？彼人化心，化作如来，凡有几何，如来性起？妙德菩萨言：如我解于仁所说义，化与不化，等无有别。云何问言凡有几何？普贤菩萨言：善哉善哉，佛子，如汝所说，设一切众生，于一念中悉成正觉，与不成正觉，等无有异。何以故？菩提无相故。若无有相，则无增减。佛子，菩萨摩诃萨，应如是知，成等正觉，同于菩提，一相无相。《疏》释云：所以知佛智遍者，无一众生不有本觉，与佛体无殊故。经云：佛智潜流，即似佛智遍他众生。今显众生自有佛智，故云遍耳。此有三意：一、明无一众生不有，则知无性者，非众生数。谓草木等，已过五性之见。二者、众生在缠之因，已具出缠之果法，故云有如来智慧。非但有性后方当成，亦非理先智后。是知涅槃，对昔方便，且说有性。后学尚谓谈有藏无，况闻等有果智，谁当信者？三、彼因中之果智，即他佛之果智，以圆教宗，自他因果，无二体故。不尔此说众生有果，何名说佛智耶？斯则玄又玄矣。非华严宗，无有斯理。疑云：《涅槃》云佛性者，名为智慧。有智慧时，则无烦恼。今有佛智，那作众生？释云：谓颠倒故不证，岂得言无？如壮士迷于额珠，岂是肤中无宝？谓若先无，离倒宁有。既离则现，明本不无。如贫得珠，非今授与。是以《涅槃》，恐不修行，故云言定有者，即为执著。恐不信有，故云：若言定无，则为妄语。乍可执著，不可妄语。又，《如来藏》等经，说有九种喻，喻如来藏：谓如青莲华，在泥水中，未出泥，人无贵者。又如贫女，而怀圣胎。如大价宝，垢衣所缠。如摩尼珠，落在深厕。如真金像，弊衣所覆，如庵罗树，华实未开。亦如稻米，在糠㲉中。如金在矿。如像在模。皆是尘中有佛身义，与此大同也。

又，此无性理，能成一切，能坏一切。则一成一切成，一坏一切坏。一成一切成者，即因果交彻。于中有

二：一明生佛不二。《华严经》云：如来成正觉时，于其身中，普见一切众生成正觉等。《净名经》云：一切众生，即菩提相。即菩提相，于何不成？二明能所不二。即《华严经》云：皆同一性，所谓无性。《净名经》云：不行是菩提，离意法故。法即是所，意即是能。良以心境，同一性故，生佛亦然。是以真心，不守自性，故举体随缘，成诸万法。性即体也，以诸法唯心所现，各无自体，虚假相依，无决定性。以无性故，能随异缘成立一切。若有定性，犹如金石，各有坚性，不可令易。今此无性，犹如于水，遇冷成冰，逢火便暖。故《中论》偈云：集若有定性，先来所不断。于今云何断，道若有定性。先来所不修，于今云何修。故知，若有定性，一切诸法皆悉不成。若无定性，一切皆成。又，若众生各各有性，自体不移，则永作众生，无因成佛。所以无性理同，以有空义，故一切法得成。于毕竟空中，炽然建立一切法。若此一微尘法成，则尽十方虚空界一切异法一时成。若有一微尘异法不成者，此间一毫之法亦不成，失圆顿义。以一心一切心故，若悟《宗镜》成佛，即一切处成佛。所以《金刚经》云：所在之处，则为有佛。若有一微尘处不成佛，则不入《宗镜》中。故经云：唯我一人者，三界六道凡圣无非我。是一是人，故唯我一人耳。故知，若离此而修，皆成权渐。如待空华而结果，期焰水以成冰，任满三祇，不入真实。但自观心见佛，了诸法空，则不动念而亲睹毫光，靡运身而遍参法界。如佛在忉利，一夏安居，佛以神力，制诸人天，不知处所。夏受岁已，佛摄神足，欲还阎浮。尔时须菩提，于石室中住，自思惟言：佛忉利下，当至佛所礼佛耶，为不至耶？复自思惟：佛常说法，若人以智慧力，观佛法身，是名见佛中最。佛时已从忉利下阎浮提，四众皆集，人天相见。座中有佛，及转轮王，诸天大集，众会庄严，先未曾有。须菩提念：今此大众，虽复殊特，势不久停。磨灭之法，皆归无常。因此无常，观之初门，悉知诸法，空无有实。作是观时，即得道证。时一切众，欲先见如来，礼拜供养。有莲华色比丘尼，常为他人呼为淫女，欲除恶名，便化为轮王，七宝千子。众人见之，皆悉避座。化王见佛，还复本身，为比丘尼，最先礼佛。佛告尼言：非汝先礼我，唯须菩提，最初礼我。所以者何？须菩提观诸法空，为见法身，得真供养。供养中最，非供养生身，名供养也。是知，若不自信心佛，求他胜缘，功业虽勤，终非究竟。如《华严·如来出现品》云：佛子，设有菩萨，于无量百千亿那由他劫，行六波罗蜜，修习种种菩提分法，若未闻此如来不思议大威德法门。或时闻已，不信不解，不顺不入，不得名为真实菩萨，以不能生如来家故。

又，以从缘故，缘亦无自性，则一切不成，念念散坏。如随差别杂染之缘，因名言建立，故号众生。于诸缘中，求众生性了不可得，则众生体空，即是坏义。以有诸法故，则空义得显。若此一众生义不成，则尽十方法界一切众生，悉皆不成，故名一坏一切坏。所以诸佛，知一切法，皆无性故，得成就一切智。起同体悲，相续不断。尽未来际，广度有情。以一心无性成佛之理，愿一切众生与

我无异。知众生本来一心不动，常合天真。以无性故，不觉随缘六趣升降，枉受妄苦，虚堕轮回，所以能起大悲，相续度脱。若无此无性之理，则大化不成，善恶凡圣，不可移易。若能如是解悟，则是入不思议方便法门。《佛藏经》云：诸法若有决定体性，如析毛发百分之一者。是则，诸佛不出于世，亦终不说诸法空，并证顿义。《华严经》颂云：能于一念悉了知，一切众生无有余。了彼众生心自性，达无性者所行道。《不退转法轮经》云：尔时三菩萨，住世尊前，以曼陀莲华，散于佛上。散已，作如是言：我于此法，深生信解，无有疑惑。其第一者白佛言：世尊，若有人说如来，我即如来，于此法中，都无疑惑。第二菩萨复白佛言：世尊，若有人称说世尊，我即世尊，亦于此法悉无疑惑。第三菩萨白佛言：世尊，若有人称说阿罗诃三藐三佛陀，我即阿罗诃三藐三佛陀，亦于此法悉无疑惑。乃至阿难白佛言：世尊，云何菩萨作如是说？佛言：此三菩萨，善解假名，故作是说。故知，但是凡圣诸法，皆是假名，从心建立。若能了达一切平等，即知凡圣诸法，不出假名，假名不出真如之性。如《大般若经》云：尔时善现，告欲色界诸天众言：汝诸天众，说我善现，佛真弟子，随如来生。云何善现随如来生？谓随如来真如生故。所以者何？如来真如，无来无去。善现真如，亦无来无去，故说善现随如来生。如来真如，即一切法真如。一切法真如，即如来真如。如是，真如无真如性，亦无不真如性。善现真如，亦复如是，故说善现随如来生。释曰：若如来真如，即一切法真如者，非独善现随如来生。乃至一切法界众生，悉随如来生。何者？以如来真如，即自真如故。如是真如无真如性者，以此真如是言说中极，亦不可立，故云：唤作如如，早是变也。既无真如之性，亦无非真如之性，如是了达，方为究竟真如矣。《雁腋经》云：尔时舍利弗，问诸比丘言：大德，何缘说如是语——我今始于六师出家？诸比丘言：大德舍利弗，从今已往，六师诸佛，等同一相，无增无减。大德舍利弗，我等今知，诸师不异，于出家中，无所分别，故言出家。舍利弗言：大德，何缘说言——从今，佛非我尊？诸比丘言：大德舍利弗，我从今往，自然明了，炽然明了，不假余明。我自归依，非余归依，自归自尊。是故说言——佛非我尊。何以故？我不离佛，佛不离我。乃至舍利弗言：大德何故，说从今往，说无有业？诸比丘言：大德舍利弗，我从今往，知一切说，究竟涅槃，是中无有调伏，无非调伏，以是故言，我说无业。《如来藏经》云：世尊告金刚慧言：善男子，我以佛眼，观一切众生，贪欲恚痴，诸烦恼中，有如来智、如来眼、如来身，结加趺坐，俨然不动。善男子，一切众生，虽在诸趣。烦恼身中有如来藏，常无染污，德相备足，如我无异。《楞伽经》云：如来藏自性清净，转三十二相入于一切众生身中。《华严·入法界品》中，鞞瑟胝罗居士，得菩萨解脱不般涅槃际法门，常供养栴檀座佛塔，告善财言：我开栴檀座如来塔门时，得三昧名佛种无尽。善男子，我念念中入此三昧，念念得知一切无量殊胜之事。乃至善男子，我唯得此菩萨所得不般涅槃际解脱。如诸菩萨摩诃萨，以一念智

普知三世，一念遍入一切三昧。如来智日恒照其心，于一切法无有分别，了一切佛悉皆平等。如来及我、一切众生，等无有二。知一切法，自性清净，无有思虑，无有动转，而能普入一切世间，离诸分别，住佛法印，悉能开悟法界众生。又颂云：如心境界无有量，诸佛境界亦复然。如心境界从意生，佛境如是应观察。《法华经》云：如是我成佛已来，甚大久远，寿命无量，阿僧祇劫常住不灭。众有疑云：成道既久，常此教化，中间所有。然灯毗婆沙尸弃等佛，成道入灭，说法度众生，复是谁耶？古释云：于是中间，说然灯佛等，成道入灭，如是皆以智慧方便，善巧分别，说于他佛。非离我身，别有彼佛。《金刚经论》云：众生身内有佛亦非密，身外有亦非密。乃至非身内、非身外有，非非内、非非外有，并非密也，众生即是，故名为密。《宝藏论》云：不遣一法，不得一法。不修一法，不证一法。性净天真，可谓大道乎！真一是以遍观天下，莫非真人。孰得此理，同其一伦？台教云：只观十法界众生，即是佛十法界。众生阴佛阴，无毫芥之殊，三世佛事，众生四仪，无不圆足。《华严论》云：若少见性者，亦得佛乘。如大海中一毫之渧，乃至多渧，一一渧中，皆得大海。如是菩萨五位之中，十位十地一一位内，皆有佛果。如彼海水一毫之渧，不离佛性，得诸行故，以彼佛性，而有进修。如《华严经》，直以全佛果不动智等，十智如来，示凡信修。如有凡夫，顿升宝位，身持王位，遍知臣下，一切群品，无不该含。《华严经》中法门，菩萨行相，亦复如是。从初发心十住之始，顿见如是如来法身佛性，无作智果，遍行普贤一切万行，随缘不滞，悉皆无作。《涅槃经》云：佛性非是作法，但为客尘烦恼所覆故。是故，今从十住初位，以无作三昧自体应真，烦恼客尘，全无体性。唯真体用，无贪瞋痴，任运即佛。故一念相应，一念成佛。一日相应，一日成佛。何须数劫渐渐而修，多劫积修三祇至果？心缘劫量，见障何休？诸佛法门，本非时摄。计时立劫，非是佛乘。又，经云一切世界海微尘数劫，所有诸佛出兴于世，亲近供养者，明无功之智遍周，无法不佛。佛即法也，十方虚空，无有间缺。针锋毛端，无不是一切法一切佛故。但有微尘许是非染净心，皆不是见佛也，以智眼印之。又云都举佛刹微尘数佛者，智满行遍，无非佛故。皆悉承事者，即圣凡同体，无一不佛，法空无间也。以普眼观之，彻其心境无不佛也。智随诸行，一切皆佛故。如是见者，以事而论，亦实如是。表法而论，一切总实是佛故。若一法一物不是佛见者，当知是人即是邪见，非正见也，即有能所是非诸见竞生，不得入此普贤文殊智眼境界。

是以，若有异想杂念，续续而起，故号众生，则能所互兴，是非交诤，即是邪见。若了妄念无相，外境自虚，则一切刹尘，无非正觉。所以《释摩诃衍论》云：一念初起无有初相者，谓心起者，无有初相可知。而言知初相，即谓无念者，则是除疑，令生胜解。谓有众生作如是疑：极解脱道，会本觉时，微细初生，知得有耶，知得无耶？若知有者，极解脱道，当非无念。所以者何？知有初念，有初念故。若知无者，极解脱道，当不能有。所以者何？

既无初念，待何念无，立解脱有？如是疑故，今自通言：所知之相，从本已来，自性空无。能知之智，从本已来，无有起时。既无所觉之相，亦无能觉之智，岂可得言有细初相、智慧可知？而言说知初相者，即是现示无念道理。所以者何？法性之理，虽无所知之初起相，亦无能知之始觉智，而能通达无所知相、无能知智。无所有觉，都非空无。是故今且依此道理，作如是说知初相耳。是故一切众生，不名为觉，以从本来，念念相续，未曾离念故。说无始无明者，即是成立上无念义。谓金刚已还，一切众生，独力业相大无明念，未出离故，则是现示一切众生皆是有念，名为众生。一切诸佛皆得无念，名为佛故。自此已下，现示始觉境界，周遍圆满。谓大觉者已到彼岸，遍知一切无量众生，一心流转，作生住异灭四相故。如论云：若得无念者，则知心相生住异灭故。以何义故如是知耶？得自无念时，一切众生平等得故。如论云：以无念等故，以何义故，唯一行者得无念时，一切众生悉得无念？一一众生，皆悉各各有本觉故。此义云何？谓一行者始觉圆满，同本觉时，遍同一切无量众生，本觉心中，非自本觉。所以者何？自性本觉，遍众生界，无不至故。清净觉者，得无念时，一切众生皆得无念者。清净觉者，断无明时，一切众生亦可断耶，若尔何过？若始觉者断无明时，一切众生皆得断者，何故上言金刚已还？一切众生，独力业相大无明念未出离故，不名为觉。若诸众生，无始无明未得出离，而与诸佛同得无念者，无念等义，唯有言说，无有实义，岂可得言一切众生皆有本觉，亦有始觉？决断此难，则有二门：一者自宗决断，二者望别决断。自宗决断者，此论正宗，为欲现示一切众生，同一相续，无差别故。可得一修行者无始无明究竟断时，一切众生亦同断尽。一修行者满始觉时，一切众生亦同得满。是故，《三身本有契经》中作如是说：尔时世尊，告文殊言：文殊师利，我由二等而成正觉：一者断等，二者得等。言断等者，我极解脱道初发起时，一切众生所有无始无明，一时究竟顿决断故。言得等者，我初成道满始觉时，一切众生皆满足故，是名二等故。望别决断者，举圆满者望众生界，无一一法，而非清净。举诸众生望无上尊，入无明藏，无所觉知，皆悉清净，无所障碍，无念等义，而得成立。入无明藏，无所觉知。上上所说文，无相违过，举此一隅，应广观察，自此已下，融诸始觉，令同本觉。谓五十一分，满始觉时，实无转胜渐次之果，亦无究竟圆满之极。所以者何？一切始觉四相，俱时而得住止，皆无自立。从本已来，一味平等，自性圆满，契同无二，一相觉故。如《论》云：而实无有始觉之异，以四相俱时而有皆无自立，本来平等，同一觉故。《起信疏》云：豁然大悟，觉了自心，本无所转，今无所静，本来平等，种种梦念，动其心原。觉心初起者，是明所觉相。心初起者，依无明有生相之心体令动念，今乃证知，离本觉无不觉，即动念是静心，故言觉心初起。如迷东为西，悟时乃知西即是东。心无初相者，本由不觉有心生起，今既觉故，心无所起，故言无初相。今究竟位，动念都尽，唯一心在，故言无初相。无明永尽，归一心原，更无起动，故言得见心

性。心即常住，更无所进，名究竟觉。未至心原，梦念未尽，欲灭此动，望到彼岸。而今既见心性，梦相都尽。觉知自心，本无流转。今无明静息，常自一心。

是以，证知佛地无念，此是举因而证果也。马祖大师云：汝若欲识心，秖今语言即是汝心，唤此心作佛，亦是实相法身佛，亦名为道。经云：有三阿僧祇百千名号，随世应处立名。如随色摩尼珠，触青即青，触黄即黄，体非一切色，如指不自触，如刀不自割，如镜不自照。随缘所见之处，各得其名。此心与虚空齐寿，乃至轮回六道，受种种形。即此心未曾有生，未曾有灭。为众生不识自心，迷情妄起诸业受报，迷其本性，妄执世间风息四大之身，见有生灭，而灵觉之性，实无生灭。汝今悟此性，名为长寿，亦名如来寿量，唤作本空不动性，前后诸圣，秖会此性为道。今见闻觉知，元是汝本性，亦名本心，更不离此心别有佛。此心本有、今有，不假造作。本净今净，不待莹拭。自性涅槃，自性清净，自性解脱，自性离故，是汝心性，本自是佛，不用别求佛。汝自是金刚定，不用更作意凝心取定。纵使凝心敛念作得，亦非究竟。志公和尚《生佛不二科》云：众生与佛不殊，大智不异于愚。何用外求珍宝，身内自有明珠。正道邪道不二，了知凡圣同途。迷悟本无差别，涅槃生死一如。究竟攀缘空寂，推求忆想清虚。无有一法可得，萧然直入无余。傅大士颂云：还原去，何须次第求？法性无前后，一念一时修。又颂云：凡地修圣道，果地习凡因。恒行无所践，常度无度人。真觉大师歌云：雪山肥腻更无杂，纯出醍醐我常纳。

一性圆通一切性，一法遍合一切法。一月普现一切水，一切水月一月摄。诸佛法身入我性，我性同共如来合。一地具足一切地，非色非心非行业。弹指圆成八万门，刹那灭却阿鼻业。一切数句非数句，与吾灵觉何交涉。《百门义海》云：发菩提者，今了达一切众生，及尘毛等无性之理，以成佛菩提智故，所以于佛菩提身中，见一切众生成等正觉。又，众生及尘毛等，全以佛菩提之理成众生故，所以于众生菩提中，见佛修菩提行。是故，佛是众生之佛，众生即佛之众生。纵有开合，终无差别。如是见者，名菩提心，起同体大悲，教化众生也。

又，《策林》问云：众生为迷，诸佛为悟。体虽是一，约用有差。若以众生通佛，佛亦合迷。若以佛通众生，众生合悟？

答：恒以非众生为众生，亦以非佛为佛。不碍存而恒夺，不妨坏而常成。随缘且立众生之名，岂有众生可得？约体权施法身之号，宁有诸佛可求？莫不妄彻真原，居一相而恒有。真该妄末，入五道而常空。情谈则二界难通，智说乃一如易就。然后双非双是，即互坏互成，见诸佛于众生身，观众生于佛体。仰山和尚问沩山和尚云：真佛住何处？沩山云：以思无思之妙，反灵焰之无穷。思尽还原，性相常住。事理不二，真佛如如。斯则无住无离，能见真佛，履平等道矣。故云：六道之道，离善之恶，离恶之善。二乘之道，离漏之无漏。菩萨之道，离边之中。诸佛之道，无离无至。何以故？一切诸法，即是佛道故。所以先德云：夫大道唯心，即心是佛。只依一心而修，即是

根本之智，亦是无分别智，即能分别无穷。自具一切智故，不同起心遍计，故知凡有心者，悉皆成佛。如今行是佛行，坐是佛坐，语是佛语，默是佛默，所以云：阿鼻依正，常处极圣之自心。诸佛法身，不离下凡之一念。此非分得，可谓全收。以不信故，决定为凡。以明了故，旧来成佛。然成佛之义，约性虚玄。随相对机，即有多种。如《华严演义》云：随门不同，种种有异。门虽有多，且略分四：一约性，即一真法界。二约相，即无尽事法。三性相交彻，显此二门不即不离。四以性融相，德用重重。初约体门者。问：体是佛不？答：应成四句：一是佛。法性身无所不至故，经云：性空即是佛故。二非佛。绝能所觉为其性故，平等真法界，非佛非众生故。三亦佛非佛。以法性身无自性故。四双非。性与无性，双泯绝故。经颂云：无中无有二，无二亦复无。三世一切空，是则诸佛见。二就相门，有二：一情，二非情。真心随缘，变能所故。然此二门，各分染净：谓无明熏真如成染缘起，真如熏无明成净缘起。染成万类，净至成佛。以修净缘，断彼染缘，方得成佛。依此二义，则生佛不同。于净缘中，复有因果，因有纯杂，果有依正。若约纯门，随一菩萨，尽未来际，唯修一行，一一皆然。若约杂门，万行齐修，尽未来际。若约因门，尽未来际，常是菩萨。若约果门，尽未来际，常是如来。经云：为众生故，念念新新，成等正觉。若双辩门，尽未来际，修因得果。若约双非，尽未来际，非因非果，便同真性。前之三门，双具悲智，双融心境。第三性相交彻门，曲有四门：一以性随相，同第二门。二寄相归性，同第一门。三双存无碍，具上二门。依此则悲智双运，性相齐驱。寂照双流，成大自在。四互夺双亡，则性相俱绝，没同果海，无成不成。第四以性融相门，相虽万差，无不即性。性德无尽，全在相中。以性融相，相如于性。令上诸门，皆无障碍。因果交彻，纯杂相融。事事相参，重重无尽。今就性门四句之内，是即佛门，不取余三。就相门中，约有情门，是净非染，是果非因，是一分义，非此所用。就交彻门，佛则性相双融，生则会相归性。今经正约第四，以性融相，一成一切皆成。谓以佛之净性，融生之染。以佛一性，融生之多，令多染生，随一真性，皆如于佛。已成佛竟，非唯有情，会万类相，融为佛体，无不皆成。故肇公云：会万物而成已者，其唯圣人乎？又云：故圣人空同其体，万物无非我。以佛之性融于物性，同佛皆成。以物之性融佛之相，故令三业，等于万类。即今经意，而非余门，故云随门不同，今是成佛门也。顿教多同约性四门，终教即同性相交彻，始教有二门。幻有即空，同会相归性，但唯心现，多同第二，小乘人天，皆同相门。由此有云无情成佛，是约性相相融：以情之性，融无情相。以无情相，随性融同有情之相，故说无情有成佛义。若以无情不成佛义，融情之相，亦得说言：诸佛众生，不成佛也。以成与不成、情与无情无二性故，法界无限故，佛体普周故，色空无二故，法无定性故，十身圆融故，缘起相由故，生界无尽故，为因周遍故，远离断常故，万法虚融故，故说一成一切成也，非谓无情亦有觉性，同情成佛。若许此成，则能修因，无情

变情，情变无情，便同邪见。

是以，性非巧拙，解有精粗。智妙而见在须臾，机钝而悟经尘劫。所以古德云：夫佛体幽玄，非即色蕴，亦不离色蕴。一异性空，真性自现。如《密严经》偈云：碎抹于金矿，矿中不见金。智者巧融炼，真金方乃显。分剖于诸色，乃至为极微。及析求诸蕴，若一若异性。佛体不可见，亦非无有佛。且如悟入《宗镜》中，成佛不离一念。若前念是凡，后念是圣，此犹别教所收。今不动无明，全成正觉。故《华严论》云：如将宝位，直授凡庸。如夜梦千秋，觉已随灭。傅大士白梁武帝云：今欲将如意宝珠，清净解脱，照彻十方，光色微妙，难可思议。意欲施于人主，若受者，疾得阿耨多罗三藐三菩提。故知，若一念决定信受者，不间刹那，便登觉位。如《维摩经》云：维摩诘言：然汝等便发阿耨多罗三藐三菩提心，是即出家，是即具足。又，《法华经》云：尔时龙女，有一宝珠，价直三千大千世界。持以上佛，佛即受之。龙女谓智积菩萨尊者舍利弗言：我献宝珠，世尊纳受，是事疾不？答言：甚疾。女言：以汝神力观我成佛，复速于此。故知，一切含生，心珠朗耀，理无前后，明昧随机：或因斗而隐肤中，对明镜而显现。或因游而沉水底，在安徐而得之。或处轮王髻中，建大功而受赐。或系贫人衣里，惺智愿而犹存。《宗镜》明文，同证于此。如是信者，究竟无余。即是一念知一切法是道场，成就一切智故。据此诸圣开示，心佛了然。设有抱疑退屈之者，虽未信受，若成佛之理，未曾暂亏。如人不识真金，认为铜铁，铜铁但有虚名，金性未曾暂变。如今执者，不知本是，却谓今非，亦匪昔迷，而方始悟。

如上广引，委曲证明，只为即生死中，有不思议性。于尘劳内，具大菩提身。以障重之人，闻皆不信，甘称绝分，唯言我是凡夫。既不能承绍佛乘，弘持法器，遂乃一向顺众生之业，背觉合尘，生死之海弥深，烦恼之笼转密。所以遍集祖佛言教，顿释群疑，令于言下发明，直见无生自性，方知与佛无异，万法本同，始信真诠，有兹深益。

问：六祖云：善恶都莫思量，自然得入心体。洞山和尚云：学得佛边事，犹是错用心。今何广论成佛之旨？

答：今《宗镜录》，正论斯义，以心冥性佛，理合真空，岂于心外妄求，随他胜境？如《华严记》云：若达真空，尚不造善，岂况恶乎？若邪说空，谓豁达无物，或言无碍，不妨造恶。若真知空，善顺于理，恐生动乱。尚不起心慕善，恶背于理，以顺妄情，岂当可造？若云无碍不碍造恶，何不无碍不碍修善而断恶耶？厌修善法，尚恐有著心。恣情造恶，何不惧著？明知邪见恶众生也，乃至入理观佛，犹恐起心，更造业思，特违至理。故《楞伽经》云：佛告大慧：前圣所知，转相传授，妄想无性。菩萨摩诃萨，独一静处，自觉观察，不由于他，离见妄想。上上升进，入如来地，是名自觉圣智相。又云：一切无涅槃，无有涅槃佛。无有佛涅槃，远离觉所觉。所觉是相，能觉是见。远离觉所觉，名自觉圣智，以亡能所处成佛故。夫限量所知，从他外学，欲穷般若海，莫得其源。如于恒河中投一升盐，水无盐味，饮者不觉。若内照发明，彻法原底，无理不照，无事不该。如经云：佛言：我住于无念法中，得如是黄金色身、三十二相，放大光明，照无余世界。

宗镜录第十五

宋 慧日永明妙圆正修智觉禅师延寿集

问：既博地凡夫，位齐诸佛者，云何不具诸佛神通作用？

答：非是不具，但众生不知。

故华严宗云：诸佛证众生之体，用众生之用。所以志公和尚歌云：日昳未，心地何曾安了义？他家文字有亲疏，莫起功夫求的意。任踪横，绝忌讳，长在人间不居世。运用元来声色中，凡夫不了争为计？如有学人问大安和尚：如何是诸佛神通？师云：汝从何处来？对云：江西来。师云：莫不谩语不？对云：终不谬言。学人再问：如何是神通？师云：果然妄语。斯皆可验，并是现前日用不知，故诸佛将众生心中真如体相用三大之因，为法报化三身之果，岂可更论具不具耶？如今若实未荐者，但非生因之所生，唯在了因之所了。《大涅槃经》云：生因者，如泥作瓶。了因者，如灯照物。若智灯才照，凡圣一如。若意解观之，真俗似别。然世间多执事相，迷于真理，故《法华经》云：取相凡夫，随宜为说。《金刚经》云：但凡夫之人，贪著其事。所以一切经论，皆破众生身心事相等执。如《宝藏论·离微品》云：夫经论者，莫不就彼凡情，破彼根量，种种方便，皆不住于形事。若不住形事者，则不须一切言说，及以离微也。故经云：随宜说法，意趣难解。虽说种种之乘，皆是权接方便助道法也，然非究竟解脱涅槃。如有人于虚空中画作种种色相，及种种音声。然彼虚空，实无异相，受入变动。故知，诸佛化身，及以说法，亦复如是，于实际中，都无一异。是以，天地合离，虚空合微，万物动作，变化无为。夫神中有智，智中有通。通有五种，智有三种。何为五种通？一曰道通，二曰神通，三曰依通，四曰报通，五曰妖通。妖通者，狐狸老变，木石精化，附傍人神，聪慧奇异，此谓妖通。何谓报通？鬼神逆知，诸天变化，中阴了生，神龙隐变，此谓报通。何谓依通？约法而知，缘身而用，乘符往来，药饵灵变，此谓依通。何谓神通？静心照物，宿命记持，种种分别，皆随定力，此谓神通。何谓道通？无心应物，缘化万有，水月空华，影像无主，此谓道通。何谓三智？一曰真智，二曰内智，三曰外智。何谓外智？谓分别根门，识了尘境，博览古今，皆通俗事，此名外智。何谓内智？自觉无明，割断烦恼，心意寂静，灭无有余，此名内智。何谓真智？体解无物，本来寂静，通达无涯，净秽不二，故名真智。真智道通，不可名目。余所有者，皆是邪伪。伪则不真，邪则不正，惑乱心生，迷于本性，是以，深解离微，达彼诸有。自性本真，出于群品。夫智有邪正，通有真伪。若非法眼精明，难可辩了。是以，俗间多信邪伪，少信正真。大教偃行，小乘现用，故知妙理难显也。《百丈广语》云：应物随形，变现诸趣，离我我所，犹属小用，是佛事门收。大用者，大身隐于无形，大音匿于希声。庞居士偈云：世人多重金，我爱刹那静。金多乱人心，静见真如性。心通法亦通，十八断行踪。但自心无碍，何愁神不通？如是解者，方入《宗镜》之中，所有施为，皆入律行，自然成办一切佛事。如《净名私记》云：得入律行者，如优波离章，是名奉律，是名善解。端坐不用，经营办供养具，而常作佛事，心行中求。

已上并约性用心通，不约事解。或诸家兼事说者，或云众生理具，诸佛事圆。或云众生在因，诸佛证果。或云众生客尘所遮，诸佛种现俱尽。或云众生妄见所隔，诸佛五眼圆通。

天台教，多约本迹，明凡圣不二，辩生佛之因果，故肇法师云：本迹虽殊，不思议一。所以湛然尊者，约三观、四教、十如、十乘、一念三千等，于此迹门，论其十妙。若知迹门尚妙，本门可知，遂撮略色心不二等十门，明权实之宗，辩能所之化。故云：为实施权，则不二而二。开权显实，则二而不二，斯则始终明不二。

十门者：一、色心不二门者，且十如镜乃至无谛，一一皆有总别二意，总在一念分别色心。何者？初十如中，相唯在色，性唯在心。体力作缘，义兼色心。因果唯心，报唯约色。十二因缘，苦业两兼。惑唯在心，四谛，则三兼色心。灭唯在心，二谛三谛，皆俗具色心。真中唯心，一实谛及无谛。准此可见，既知别已，摄别入总。一切诸法，无非心性。一性无性，三千宛然。当知，心之色心，即心名变，变名为造，造谓体用，是则非色非心，而色而

心，唯色唯心。良由于此，故知，但识一念，遍见己他生佛。他生他佛，尚与心同。况己心生佛，宁乖一念？故彼彼境法，差而不差。二、内外不二门者，凡所观境，不出内外。外谓托彼依正色心，即空假中。即空假中妙故，色心体绝，唯一实性，无空假中。色心宛然，豁同真净，无复众生七方便异，不见国土净秽差品，而帝网依正，终自炳然。所言内者，先了外色心一念无念，唯内体三千即空假中。是则，外法全为心性，心性无外，摄无不周。十方诸佛法界有情，性体无殊，一切咸遍，谁云内外色心己他？此即用向色心不二门成。三、修性不二门者，性德只是界如一念。此内界如，三法具足。性虽本尔，籍智起修。由修照性，由性发修。在性则全修成性，起修则全性成修，性无所移，修常宛尔。修又二种：顺修、逆修。顺谓了性为行，逆谓背性成迷。迷了二心，心虽不二。逆顺二性，性事恒殊。可由事不移心，则令迷修成了，故须一期迷了，照性成修。见性修心，二心俱泯。又，了顺修对性，有离有合：离谓修性各三，合谓修二性一。修二各三，共发性三，是则修虽具九，九只是三。为对性明修，故合修为二。二与一性，如水为波，二亦无二，亦无波水。应知，性指三障，是故具三。修从性成，成三法尔。达无修性，唯一妙乘，无所分别，法界洞朗。此由内外不二门成。四、因果不二门者，众生心因，既具三轨，此因成果，名三涅槃。因果无殊，始终理一。若尔因德已具，何不住因？但由迷因，各自谓实。若了迷性，实唯住因。故久研此因，因显名果，只缘因果理一，用此一理为因，理显无复果名，岂可仍存因号？因果既泯，理性自忘。只由忘智亲疏，致使迷成厚薄。迷厚薄故，强分三惑，义开六即，名智浅深。故如梦勤加，空冥惑绝。幻因既满，镜像果圆。空像虽即义同，而空虚像实。像实故称理本有，空虚故迷转成性。是则，不二而二，立因果殊。二而不二，始终体一。若谓因异果，因亦非因。晓果从因，因方克果。所以三千在理，同名无明。三千果成，咸称常乐。三千无改，无明即明。三千并常，俱体俱用。此以修性不二门成。五、染净不二门者，若识无始即法性为无明，故可了今无明为法性。法性之与无明，遍造诸法，名之为染。无明之与法性，遍应众缘，号之为净。浊水清水，波湿无殊。清浊虽即，由缘而浊成本有。浊虽本有，而全体是清，以二波理通，举体是用故。三千因果，俱名缘起。迷悟缘起，不离刹那。刹那性常，缘起理一。一理之内，而分净秽：别则六秽四净，通则十通净秽。故知刹那，染体悉净。三千未显，验体仍迷。故相似位，成六根遍照。照分十界，各具灼然。岂六根净人，谓十定十，分真垂迹。十界亦然，乃至果成，等彼百界。故须初心，而遮而照，照故三千恒具，遮故法尔空中。终日双亡，终日双照，不动此念，遍应无方，随感而施，净秽斯泯。亡净秽故，以空以中，仍由空中，转染为净。由了染净，空中自亡。此以因果不二门成。六、依正不二门者，已证遮那，一体不二。良由无始，一念三千。以三千中，生阴二千为正，国土一千属依。依正既居一心，一心岂分能所？虽无能所，依正宛然。是则理性名字观行，已有不二依正之

相，故使自他因果相摄。但众生在理，果虽未办，一切莫非遮那妙境。然应复了，诸佛法体，非遍而遍。众生理性，非局而局。始终不改，大小无妨。因果理同，依正何别？故净秽之土，胜劣之身，尘身与法身量同，尘国与寂光无异。是则，一一尘刹一切刹，一一尘身一切身。广狭胜劣难思议，净秽方所无穷尽。若非三千空假中，安能成兹自在用？如是方知生佛等，彼此事理互相收。此以染净不二门成。七、自他不二门者，随机利他，事乃凭本，本为一性，具足自他，方至果位，自即益他。如理性三德三谛，三千自行，唯在空中。利他三千赴物，物机无量，不出三千。能应虽多，不出十界。十界转现，不出一念。土土互生，不出寂光。众生由理具三千故能感，诸佛由三千理满故能应。应遍机遍，欣赴不差。不然，岂能如镜现像？镜有现像之理，形有生像之性。若一形对不能现像，则理镜有穷，形事未通。若与镜像隔，则容有是理，无有形对而不像者。若镜未现像，由尘所遮，去尘由人磨，现像非关磨者。以喻观法，大旨可知。应知，理虽自他具足，必籍缘了为利他功，复由缘了与性一合，方能称性施设万端，则不起自性，化无方所。此由依正不二门成。八、三业不二门者，于化他门事分三密，随顺物理得名。不同心轮鉴机，二轮设化，现身说法，未曾毫差。在身分于真应，在法分于权实。二身若异，何故乃云即是法身？二说若乖，何故乃云皆成佛道？若唯法身，应无垂世。若唯佛道，谁施三乘？身尚无身，说必非说，身口平等，等彼意轮。心色一如，不谋而化，常冥至极，称物施为。岂非百界一心，界界无非三业。界尚一念，三业岂殊？果用无亏，因必称果。若信因果，方知三密有本，百界三业，俱空假中。故使称宜遍赴为果，一一应色，一一言音，无不百界。三业具足，化复作化。斯之谓欤！故一念凡心，已有理性三密相海。一尘报色，同在本理毗卢遮那，方乃名为三无差别。此以自他不二门成。九、明权实不二门者，平等大慧，常鉴法界，亦由理性，九权一实，实复九界。权亦复然，权实相冥，百界一念，亦不可分别任运常然至果，乃由契本一理，非权非实，而权而实。此即如前，心轮自在，致令身口，赴权实机。三业一念，无乖权实。不动而施，岂应隔异？对说，即以权实立称。在身，则以真应为名。三业理同，权实冥合。此以三业不二门成。十、受润不二门者，物理本来，性具权实。无始熏习，或权或实。权实由熏，理恒平等。遇时成习，愿行所资。若无本因，熏亦徒设。遇熏自异，非由性殊。性虽无殊，必藉幻发。幻机幻感，幻应幻赴。能化所化，并非权实。然由生具非权非实，成权实机。佛亦果具非权非实，为权实应。物机应契，身土无偏，同常寂光，无非法界。故知，三千同在心地，与佛心地三千不殊，四微体同，权实益等，此以权实不二门成。

已上并是约理事权实因果能所等解释。大凡理事二门，非一非异。如《大智度论》云：有二种门：一毕竟空门，二分别好恶门。今依分别门中，则理是所依为本，事是能依为末。又，理妙难知为胜，事粗易见为劣。如今秖可从胜，不可徇劣。但得理本，本立而道生，事则自然成矣。又，理实应缘，无碍事之理。事因理立，无失理之事。如今不入圆信之者，皆自鄙下凡，远推极圣，斯乃不唯失事，理亦全无。但悟一心无碍自在之宗，自然理事融通，真俗交彻。若执事而迷理，永劫沉沦。或悟理而遗事，此非圆证。何者？理事不出自心，性相宁乖一旨？若入《宗镜》，顿悟真心。尚无非理非事之文，岂有若理若事之执？但得本之后，亦不废圆修。如有学人问本净和尚云：师还修行也无？对云：我修行与汝别：汝先修而后悟，我先悟而后修。是以，若先修而后悟，斯则有功之功，功归生灭。若先悟而后修，此乃无功之功，功不虚弃。所以融大师《信心铭》云：欲得心净，无心用功。

又，若具智眼之人，岂得妄生叨滥？况似明目之者，终不堕于沟坑。若盲禅闇证之徒，焉知六即。狂慧徇文之等，奚识一心？如今但先令圆信无疑，自居观行之位。古人云一生可办，岂虚言哉？切不可迷性徇修，执权害实。弃本逐末，认妄遗真。据世谛之名言，执无始之熏习，将言定旨，立解明宗，一向合尘，背于本觉。如昔人云：妄情牵引何年了，辜负灵台一点光。

又，真觉大师歌云：觉即了，不施功，一切有为法不同。住相布施生天福，犹如仰箭射虚空。势力尽，箭还坠，招得来生不如意。争似无为实相门，一超直入如来地。但得本，莫愁末，如净瑠璃含宝月。既能解此如意珠，自利利他终不歇。且如世间有福之人，于伏藏内，得摩尼珠，法尔以种种磨治，然后自然雨宝。况悟心得道之者，亦复如是：既入佛位，法尔万行庄严，悲智相续。如

《华严经》中，第十法云地菩萨，况如大摩尼珠，有十种性。《十地品》云：佛子，譬如大摩尼珠，有十种性，出过众宝。何等为十？一者，从大海出。二者，巧匠治理。三者，圆满无缺。四者，清净离垢。五者，内外明彻。六者，善巧钻穿。七者，贯以宝缕。八者，置在瑠璃高幢之上。九者，普放一切种种光明。十者，能随王意，雨众宝物。如众生心，充满其愿。佛子当知，菩萨亦复如是，有十种事，出过众圣。何等为十？一者，发一切智心。二者，持戒头陀，正行明净。三者，诸禅三昧，圆满无缺。四者，道行清白，离诸垢秽。五者，方便神通，内外明彻。六者，缘起智慧善能钻穿。七者，贯以种种方便智缕。八者，置于自在高幢之上。九者，观众生行，放闻持光。十者，受佛智职，堕在佛数，能为众生，广作佛事。故知，悟道如得珠，岂无磨治庄严等事？

问：若不具神变，将何摄化？

答：若纯取事相神通，有违真趣。如《辅行记》云：修三昧者，忽发神通，须急弃之。有漏之法，虚妄故也。故《止观》云能障般若。何者？种智般若，自具诸法，能泯诸相。未具已来，但安于理，何须事通？若专于通，是则障理。

又，不唯障理，反受其殃，如郁头胜意之徒，即斯类矣。夫言真实神变者，无非演一乘门，谈无生理。一言契道，当生死而证涅槃。目击明宗，即尘劳而成正觉。刹那而革凡为圣，须臾而变有归空。如此作用，岂非神变耶？

所以《宝积经》云：文殊师利白佛言：世尊，夫说法者，为大神变。若是下劣根机之者，诸佛大慈，不令孤弃，一期方便，黄叶止啼。如《维摩经》云：以神通惠，化愚痴众生。若上上根人，只令观身实相。观佛亦然。如昔有彭城王问诸大德等：贵若证果，即得成圣者，与我左腋出水，右腋出火，飞腾虚空，放光动地，我即礼拜汝为师。牛头融大师答云：善哉善哉，不可思议！今若责我如此证果者，恐与道乖。审如是成佛者，幻师亦得作佛。且与诸大德及诸人士证者，昔释迦在于僧中演无上道，与僧不异。维摩在俗说解脱果，与俗不殊。胜鬘女人说大乘法，女相不改。善星比丘行阐提行，僧相不移。此乃正据其内心解与不解，以为差隔，何关色身、男女相貌、衣服好丑？若言形随证改、貌逐悟迁是圣者，则瞿昙形改，方成释迦。维摩相迁，乃成金粟。即知，证是心证，非是形迁。悟是智变，非关相异。譬如世间任官之人，为迁改官，官高岂即貌别？

又，古人云：不改旧时人，只改旧时行履处。设或改形换质，千变万化，皆是一心所为。乃至神通作用，出没自在，易小令大，展促为长，岂离一心之内？故知，万事无有不由心者。但证自心，言下成圣。若不识道，具相奚为？故《金刚经》云：若以三十二相观如来者，转轮圣王即是如来。又偈云：若以色见我，以音声求我，是人行邪道，不能见如来。古人云：若不达此理，纵然步步脚踏莲华，亦同魔作。庞居士偈云：色声求佛道，结果反成魔。若决定取神通胜相作佛者，不唯幻士成圣，乃至天魔外道、妖狐精魅、鬼神龙蜃等，皆悉成佛。彼咸具业报五通，尽能变化故。若不一一以实相勘之，何辩真伪？但先悟宗镜，法眼圆明，则何理而不通，何事而不彻？一切佛事摄化之门，自然成就。如《华严论》云：经云入深禅定，得佛神通者，以心称理原，无出入体。无静乱体，无造作性。任理自真，不生不灭。理真智应，性自遍周。三世十方，一时普应，对现色身，随智应而化群品，而无来往，亦不变化，名佛神通。智无依止，无形无色，体无来去，性自遍周，非三世摄而能普应三世之法，名曰神通。是故，经云：智入三世而无来往，为三世是众生情所妄立，非实有故。为智体无形无色，不造不作，而应群品，名之为神。圆满十方，无法不知，无根不识，名之为通。

又云：《法华经》云：种种性相义，我及十方佛。乃能知是事，声闻及缘觉。不退诸菩萨，皆悉不能知。此等即是门前三乘也，为未明世间相常住，是法住法位，为三乘同厌苦集，乐修灭道之心。未明苦集，本唯智起。不了灭道，本自无修无造无作。化诸群品，如幻住世。性绝无明，即是佛故。一念相应一念佛，一日相应一日佛，何须苦死要三僧祇？但自了三界业，能空业处，任运接生，即是佛也。何须变易，方言成佛？龙天变易，岂为佛耶？三乘之人亦变易，何故待三僧祇佛方成？故十地之上，方能见性。是故，经云：若以色性大神力，而欲望见调御士，彼即瞖目颠倒见，彼为不识最胜法。佛者，觉也。觉业性真，业无生灭，无得无证，不出不没。性无变化，本来如即是佛故。随缘六道，行菩萨行，变化神通，接引迷流，佛非变化。《净名经》云：虽成正觉，转于法轮。不舍菩萨之道，是菩萨行故。以此善财，十住初心，于妙峰山上德云比丘所，得忆念一切诸佛境界智慧光明普见法门，即便成正觉。然后始诣诸友，求菩萨道，行菩萨行。当知，正觉体用之时，即心无作处，即是佛故，不须修行。设当行满，亦不移今。故如化佛示成化相之时，若行麻麦，剃发持衣，舍诸饰好，藉草等事，为化外道。经中佛自和会，非佛自须如是等行。无增上慢者，岂须如是？一念任无作性佛，智慧现前，无得无证，即是佛也。还如善财证觉之后，方求菩提道、菩萨行。所以然者，为觉道之后，方堪入缠，处俗无缚，始能为众生说法解缚。若自有缚，能解彼缚，无有是处。说时前后，法是一时故。当知，若欲行菩萨行，须先成正觉。

又，经颂云文殊法常尔者，为文殊是诸佛之慧。不动智是体，文殊是用。以将此一切诸佛一切众生根本智之体用门，与一切信心者作因果体用，故使依本。故迄至究竟果满，与因不异，无二性故，方名初发心毕竟心，二种不别。明此十信心难发、难信、难入，闻之者，皆云我是凡夫，何犹可得是佛？故设少分信者，即责神通道力。是故当知，且须如是正信，方始以正信正见法力加行，如法进修，分分无明薄，解脱智慧明。依自得法浅深，渐当神通德用，随自已得。信犹未得，何索神通？说言渐渐者，不移一时，一法性一智慧，无依住无所得中渐渐故。以十玄六相义圆之法性理中，无有渐顿。但为无始无明惯习熟，卒令契理纯熟难故，而有渐渐。

问：佛称觉义，觉何等法？

答：无法之法，是名真法。无觉之觉，是名真觉。则妙性无寄，天真朗然。

《华严经》颂云：佛法不可觉，了此名觉法。诸佛如是修，一法不可得。《无字宝箧经》云：尔时胜思惟菩萨白佛言：何等一法，是如来所证觉知？善男子，无有一法如来所觉。善男子，于法无觉，是如来觉。善男子，一切法不生，而如来证觉。一切法不灭，而如来证觉。是以，若有觉乃众生，无觉同木石，俱非真性，不契无缘。无觉之觉，方齐大旨。无觉故不同众生，觉故不如木石，则一觉一切觉，无觉无不觉。无觉故慧解寂然，无不觉故虚怀朗鉴。又，见心常住，称之曰觉。一成一切成，一觉一切觉。言穷虑绝，不坏假名，故云始成正觉。

问：初发心时，便成正觉者，云何复说后心菩提？

答：非初非后，不离初后。如《大智度论》云：不但以初心得，亦不离初心得。所以者何？若但以初心得，不以后心者，菩萨初发心便应是佛。若无初心，云何有第二、第三心？第二、第三心，以初心为根本因缘，亦不但后心，亦不离后心者，是后心亦不离初心。若无初心，则无后心，初心集种种无量功德，后心则具足。具足故，能断烦恼习，得无上道。须菩提此中自说难因缘，初后心心数法不俱。不俱者，则过去已灭，不得和合。若无和合，则善根不集。善根不集，云何成无上道？佛以现事譬喻答：如灯炷非独初焰燋，亦不离初焰。非独后焰燋，亦不离后焰而灯炷燋。佛语须菩提：汝自见炷燋，非初非后而炷燋。我亦以佛眼见菩萨得无上道，不以初心得，亦不离初心。亦不以后心得，亦不离后心而得无上道。灯譬菩萨道，炷喻无明等烦恼，焰如初地相应智慧，乃至金刚三昧相应智慧，燋无明等烦恼炷。亦非初心智焰，亦非后心智焰，而无明等烦恼炷燋尽，得成无上道。

又如灯虽念念灭，而能相续破闇。心亦如是，虽念念不住，前后不俱，而能相续，成其觉慧，成无上道。清凉《疏》云：《华严经》云：了知境界，如幻如梦。如影如响，亦如变化。若诸菩萨，能与如是观行相应，于诸法中不生二解，一切佛法疾得现前。初发心时，即得阿耨多罗三藐三菩提。知一切法，即心自性。成就慧身，不由他悟者。夫初心为始，正觉为终，何以初心便成正觉？故云：知一切法，即心自性故。觉法自性，即名为佛故。经颂云：佛心岂有他？正觉觉世间，斯良证也。斯则发者，是开发之发，非发起之发也。何谓现前之相？夫佛智非深，情迷谓远。情亡智现，则一体非遥。既言知一切法，即心自性。则知此心，即一切法性。今理现自心，即心之性，已备无边之德矣。成就慧身者，上观法尽也。正法当兴，今诸见亡也。佛智爰起，觉心则理现，理现则智圆。若镜净明生，非前非后，非新非故，寂照湛然。不由他悟者，成上慧身，即无师自然智也。又，不由他悟，是自觉也。知一切法，是觉他也。成就慧身，为觉满也。成就慧身，必资理发。见夫心性，岂更有他？若见有他，安称为悟？

既曰心性，自亦不存。寂而能知，名为正觉。故《法华经》云：为一大事因缘故出现于世，开示悟入佛之知见。夫一者，即古今不易之一道。大者，是凡圣之心体。故十方诸佛，为此一大事出现于世。皆令众生，于自心中，开此知见。若立种种差别，是众生知见。若融归一道，是二乘知见。若一亦非一，是菩萨知见。若佛知见者，当一念心开之时，如千日并照，不俟更言，即是祖师西来，即是诸佛普现。故云：念念释迦出世，步步弥勒下生。何处于自心外，别求祖佛？则知，众生佛智，本自具足，若欲起心别求，即成遍计之性。故六祖云：本性自有般若之智，自用智能观照，不假文字。若如是者，何用更立文字？今为未知者，假以文字指归，令见自性。若发明时，即是豁然还得本心，于本心中无法不了。故云：悟无念法者，万法尽通。悟无念法者，见诸佛境界。

是知，若入无念法门，成佛不出刹那之际。若起心求道，徒劳神于尘劫之中。如释迦文佛，从过去无量劫来，承事供养无数恒河沙等诸佛，皆不得记。何以故？以依止所行有所得故。至燃灯佛时，因献五茎莲华，乃得授记释迦之号，方达五阴性空，心无所著，始见天真之佛，顿入无得之门。故将莲华献佛，用表证明。所以《华严经》颂云：性空即是佛，不可得思量。尚不用瞥起思量，岂况劳功永劫？

宗镜录第十六

宋 慧日永明妙圆正修智觉禅师延寿集

夫即心成佛者，为即真心，为即妄心？

答：唯即真心、悟心真故，成大觉义，故称为佛。

问：若即真心，有何胜义？若即妄心，成何过咎？

答：毕竟空门，理无朕迹。分别之道，事有开遮。妄心者，从能所生，因分别起，发浮根之暂用，成对境之妄知。若离前尘，此心无体。因境起照，境灭照亡。随念生尘，念空尘谢。若将此影事而为佛身，既为虚妄之因，只成断灭之果。真心者，湛然寂照，非从境生。含虚任缘，未尝作意。明明不昧，了了常知。舒之无踪，卷之无迹。如澄潭莹野，明镜悬空。万像森罗，豁然虚鉴。不出不入，非有非无。斯则千圣冥归，万灵交会。信之者，彻大道之原底。体之者，成常住之法身。祖佛同指此心而成于佛，亦名天真佛、法身佛、性佛、如如佛。亦非离妄，妄无体故。亦非即真，真非即故。真妄名尽，即离情消。妙圆觉心，方能显现。又以本具故，方能开示。故云：如来正觉心与众生分别心，契同无二，为开示悟入之方便。是以，若众生心与诸佛心各异，如何说开？只为契同，方垂方便。如藏中无宝，徒劳掘凿。只为有宝，不废人功。但发信心，终当见性。故云：我为汝保任此事，终不虚也。所以云：摩尼珠，人不识，如来藏里亲收得。六般神用空不空，一颗圆光色非色。如是的指，何用别求耶？故《心丹诀》云：茫茫天下虚寻觅，未肯回头自相识。信师行到无为乡，始觉从来枉施力。所以《华严论》云：以无明住地烦恼，便为一切诸佛不动智。一切众生皆自有之，只为智体无性无依，不能自了，会缘方了。故知，一切众生皆是佛智，不得了缘，无由觉悟，了即成佛。如《大品经》云：有菩萨初发心，即坐道场为如佛。所以庞居士偈云：心若如，神自虚。不服药，病自除。白莲华，如意珠。无劳觅，莫驱驱。智者观财色，了了如幻虚。衣食支身命，相劝学如如。时至移庵去，无物可盈余。又，古人云：一丸疗万病，不假药方多。

问：若即真心成佛，妄觉堕凡。则妄念违宗，真心顺觉。斯乃真妄有二，体用分离，如何会通圆融一旨？

答：真妄无性，常契一原，岂有二心而互相即？以性净无染，妄不可得。如幻刀不能斫石，苦雾不能染空。为不了一心之人，所以说即。

如台教问云：无明即法性。无复无明，与谁相即？

答：如为不识冰人，指水是冰，指冰是水。但有名字，宁复有二物相即耶？是知，时节有异，融结随缘。湿性常在，未曾变动。乃至即凡即圣，亦复如是。凡圣但名，一体无异。故先德释《华严经》云：一世界，尽法界

亦如是者。知一眼如，一切眼如皆然。举譬，如一人身有手足，一切人皆有手足。是以，不了此一心，皆成二见。若凡夫执著此心，造轮回业。二乘厌弃此，求灰断果。

又，凡夫无眼，将菩提智照，成烦恼火烧，如大富盲儿，坐宝藏中，举动罣碍，为宝所伤。二乘将如来四德秘藏，为无常五阴，谓是贼虎龙蛇，怕怖驰走，缚脱虽殊，取舍俱失。若谛了通达之者，不起不灭，无得无生。了此妄心念念无体，从何起执？念念自离，不须断灭。尚不得一，何况二乎？故知：诸法顺如，证圆成而情无理有。群情违旨，执遍计而情有理无。顺常在违，一道而何曾失体？情不乖理，千途而未暂分岐。洞之而情理绝名，了之而顺违无地。

是以，法法尽合无言之道，念念皆归无得之宗。天真自然，非于造作。如《无言菩萨经》云：尔时舍利弗，谓无言菩萨曰：汝族姓子，不能语言，云何欲问如来义乎？无言曰：一切诸法，悉无文字，亦无言词。所以者何？一切众生，皆悉自然，无诸言教，及众想念。所以若约事备陈，则凡圣无差而差。若就理融即，则生佛差而不差。是以，差与不差，俱不离真如之体。如《华严演义》云：无差之差者，是圆融上之行布也。差之无差者，是行布上之圆融也。如揽别成总，非离别外而有此总。如是融摄，无法不归，则三乘非三，五性非五。如是妙解，方被宗镜之光。离此见生，悉乖不二之旨。

问：若一切众生，即心是佛者，则诸佛何假三祇百劫，积功累德方成？

答：为复学一乘实法，为复趣五性权机，此论自证法门，非述化仪方便。且《楞伽经》说有四佛：一化佛，二报生佛，三如如佛，四智慧佛。随机赴感，名之为化。酬其往因，名之为报。本觉显照，名为智慧。理体无二，故曰如如。《华严经》明十种佛：所谓于安住世间成正觉佛，无著见。愿佛，出生见。业报佛，深信见。住持佛，随顺见。涅槃佛，深入见。法界佛，普至见。心佛，安住见。三昧佛，无量无依见。本性佛，明了见。随乐佛，普授见。

又，佛总具十身：一众生身，二国土身，三业报身，四声闻身，五缘觉身，六菩萨身，七如来身，八智身，九法身，十虚空身。若别依五教，随教不定：一小乘教，有二身佛：一生身，二法身。二大乘初教，有三身佛：一法身，二应身，三化身。三终教，有四身佛：一理性身，二法身，三报身，四应化身。四顿教，唯一佛身：一实性佛。五一乘圆教，有十身佛。又，约性成佛，五教差别不同：小乘，唯悉达一人为佛性。初教，半成半不成，以有性无性分故为佛。终教，凡有心者，当得作佛，除草木等。顿教，无佛无性，离言说相为佛。圆教，无所不有佛性，以三种世间皆是为佛。若三种世间，皆是为佛者，则内外心境，无非佛矣。又，约心成佛，小乘以善心修所得为佛，初教心性为佛，终教以心相性泯为佛，顿教心本不生为佛，圆教以心无碍无尽为佛。

又，天台明四教佛：一藏教佛，二通教佛，三别教佛，四圆教佛。若以如如佛、心佛、本性佛，谁人不具？

若以国土身、法身、虚空身，何法不圆？则处处而皆是宝坊，丘陵谁立？念念而咸成正觉，妄想何分？如盲者不睹光明，非朝阳夕魄之过咎。似小果不闻圆顿，岂佛心妙旨之亲疏？但以法弱由于根微，道广在乎量大。浅机自感，妙有证作无常。薄福所宜，珍宝化为瓦砾。空迷己眼，错认他身。分实际以千差，致化仪之百变。如《大方等无想经》云：尔时佛告大云密藏菩萨言：善男子，汝今当燃大智慧灯，破诸众生狂愚黑闇。若言如来真实出生输头檀舍，出家学道，修习苦行，坏魔兵众，坐于道场，成菩提道，当知是人，即是谤佛。宁当断首，拔出其舌，终不出此虚妄之言。何以故？非是善解如来秘密语故。

又，《大涅槃经》云：若言释迦如来，从兜率天降神母胎，乃至八相成道，此是声闻曲见，故云：为劣解众生，母胎出现。是以，入此宗镜，出语无过，举念皆真。若未到斯门，说是成非，摄心犹错。如《圆觉经》云：动念之与息念，皆归迷闷。《信心铭》云：不识玄旨，徒劳念净融大师云：悟此宗人，道佛不是亦得。若未信者，设念佛亦成妄语。故知，不达宗镜，凡有见解，尽成谤佛、谤法、谤僧，任万虑千思，未有相应之日。才了此旨，自然一念无差。所以《华严论》云：从初发心十住之首，以三昧力，顿印三界。三世一际，诸法一味。解脱涅槃，常寂灭味。更无始终，因果一际，诸性一性，诸智一智，诸相一相，诸行一行，三世一念，一念三世，乃至十世，如是等法，自在无碍。此经法门，无始无终，名为常转法轮。是故，此经教门，依本安立，以备大根。依本一际，不立始终。为非虚妄见故，入一总得余。为法界一际故，不同权学。见未尽故，入余总得一。为法界体无碍故，如圆珠无方，如明镜顿照，如虚空无隔，如响无依，如影不碍，如化人所生。此法门者，是该括始终一际，圆满无碍，无成无坏，无出无没，常转法轮。若人了得此法门者，佛智、自然智、无师智之所现前，为此法无出没故，还以自然无出没智而自能得之，非情系思量之所能得也。一切权教法门，总在其中，一时而说。为诸权教，不出法界，无三世故。各依自见，无量差殊。此一乘教，是始成正觉时说。若依情，是最初成佛时说。若依智，是无始终说。故知，成佛说法，不离一念。如《华严经》中，毗目仙人，执善财手，实时善财自见其身，往十方十佛刹微尘数世界中，到十佛刹微尘数诸佛所，见彼佛刹及其众会，诸佛相好，种种庄严。乃至或经百千亿不可说不可说佛刹微尘数劫，乃至时彼仙人，放善财手，善财童子即自见身还在本处。是知，不动本位之地，而身遍十方。未离一念之中，而时经亿劫。本位不动，远近之刹历然。一念靡移，延促之时宛尔。不依宗镜，何以消文？万法冥归，终无别旨。

问：无性理同，一时成佛者。云何三乘等人，见佛有其差别？

答：随心感现，影像不同。自业差殊，非佛有异。观一水而俄分四等，皆自见殊。共宝器而饭色不同，非他业变。则全心是佛，全佛是心。即真如心，是法身佛。且法

身无相，真性无形。形相尚无，云何差别？皆是自识，照影不同。如五百婆罗门，见灰身而起信。劬师罗长者，睹三尺而发心。无边身菩萨，穷上界而有余。住小圣之凡夫，观丈六而无尽。如《观佛三昧经》云：佛白父王，及敕阿难：吾今为汝，悉现具足身相。说是语已，佛从座起，令众俱起，令观如来：从顶顺观，至足轮相。复从足相，逆观至顶。一一身分，分明了了。如人执镜，自见面像，若生垢恶不善心者，若有能毁佛禁戒者，见像纯黑，犹如灰人。五百释子，但见灰人。有千比丘，见赤土色。优婆塞十六人，见黑象脚色。优婆夷二十四人，见如聚墨。比丘尼，见如白银。优婆塞、优婆夷，有见如蓝染青色。四众悲泪，释子拔发碎身，自述所见。乃至佛各为说，过去宿因，致兹异色。故《识论》云：境随业识转，是故说唯心。

又，《密迹经》云：一切天人见佛色量，或如黄金白银、诸杂宝等，乃至或见丈六，或见一里，或见十里，乃至百亿，无量无边，遍虚空中，是则名为如来身密。故知，随见不同，迹分多种。不唯见佛，观法亦然，随智浅深，法成高下。如《大涅槃经》云：十二因缘，下智观故，得声闻菩提。中智观故，得缘觉菩提。上智观故，得菩萨菩提。上上智观故，得佛菩提。乃至八相成道，不出刹那际三昧门，随众生见闻，自分时分。故先德云：是故如来，于一念中，八相成道，不出刹那际者，以降生时，即是成道时，即是度人时，即是入灭时。何以故？以一切法，同时俱成故，一成一切成。《华严经》云不离觉树而升释天者，疏释云：佛得菩提，智无不周，体无不在，无依无住，无去无来。然以自在即体之应，应随体遍，缘感前后。有住有升，阎浮有感。见在道树，天宫有感。见升天上，非移觉树之佛，而升天宫。故云：不离觉树，而升释殿。法慧偈云：佛子汝应观，如来自在力。一切阎浮提，皆言佛在中。此不离也。我等今见佛，住于须弥顶，此而升也。

又，古师释有十义：一、约处相入门。以一处中有一切处故，是此天宫等，本在树下，故不须起。然是彼用，故说升也。二、亦约相入门。以一处入一切处故，树遍天中，亦不须起。欲用天宫，表法升进，故云升也。三、由一切即一故。天在树下。四、由一即一切故，树在天上，不起等准前。五、约佛身。谓此树下身，即满法界，遍一切处，则本来在彼，不待起也。机熟令见，故云升也。是故，如来以法界身，常在此，即是在彼。六、约佛自在不思议解脱。谓坐即是行住等，在此即在彼，皆非下位测量故也。七、约缘起相由门。八、约法性融通门。九、约表示显法门。十、约成法界大会门。《不思议经》云：一切佛，一切诸法，平等平等，皆同一理，如阳焰等。一切众生，及诸如来一切佛土，皆不离想。乃至若我分别，佛即现前。若无分别，都无所见。想能作佛，离想无有。如是三界、一切诸法，皆不离心。《普贤观经》云：尔时行者，闻普贤说，深解义趣，忆持不忘，日日如是，其心渐利。普贤菩萨，教其忆念十方诸佛，随普贤教，正心正意，渐以心眼见东方佛，身黄金色端严微妙。见一佛已，复见一佛，如是渐渐遍见东方一切诸佛。心想利故，遍见十方一切诸佛。《无量寿经》云：诸佛如来，是法界身，入一切众生心想中，是故，汝等心想佛时，是心即具三十二相、八十随形好。是心作佛，是心是佛。诸佛正遍知海，从心想生。此《无量寿经》，为中下之机，作十六观想。令韦提夫人等，暂现佛身。恐生外解，故有此说，是心是佛之文，令生实见。《华严·出现品》云：佛子，譬如大海，其水潜流四天下地，及八十亿诸小洲中，有穿凿者，无不得水，而彼大海，不作分别：我出于水。佛智海水，亦复如是，流入一切众生心中，若诸众生，观察境界，修习法门，则得智慧清净明了。而如来智，平等无二，无有分别，但随众生心行异故，所得智慧各各不同。佛子，是为如来心相。又，《问明品》颂云：譬如水一味，因器有差别。佛福田亦然，众生心故异。又颂云：譬如净明镜，随色而现像。佛福田如是，随心获众报。《起信论》云：复次真如用者，谓一切诸佛，在因地时，发大慈悲，修行诸度四摄等行，观物同已，普皆救脱。尽未来际，不限劫数，如实了知自他平等，而亦不取众生之相。以如是大方便智，灭无始无明，证本法身。任运起于不思议业，种种自在，差别作用，周遍法界真如等，而亦无有用相可得。何以故？一切如来，唯是法身第一义谛，无有世谛境界作用。但随众生见闻等故，而有种种作用不同。此用有二：一、依分别事识。谓凡夫二乘心所见者，是名化身。此人不知转识影现，见从外来，取色分限。然佛化身，无有限量。二、依业识。谓诸菩萨从初发心，乃至菩萨究竟地心所见者，名受用身。身有无量色，色有无量相，相有无量好。所住依果，亦其无量功德庄严。随所应见，无量无边，无际无断，非于心外。如是而见，此诸功德，皆因波罗蜜等，无漏行熏、及不思议熏之所成就，具无边喜乐功德相故，亦名报身。又，凡夫等所见，是其粗用，随六趣异，种种差别，无有无边功德乐相，名为化身。初行菩萨，见中品用，以深信真如故，得少分见，知如来身无去无来，无有断绝，唯心影现，不离真如。然此菩萨，犹未能离微细分别，以未入法身位故。净心菩萨，见微细用，如是转胜，乃至菩萨究竟地中，见之方尽，此微细用，是受用身。以有业识，见受用身。若离业识，则无可见。一切如来，皆是法身，无有彼此差别色相，互相见故。古释云：依分别事识，谓凡夫二乘心所见者，是名化身者，凡夫二乘，未知唯识，计有外尘，即是分别事识义。今见佛身，亦谓心外，顺彼事识分别计度，迷于唯心，故言从外来，不达即色是心，无有分剂。故云：取色分剂，不能尽知。

问：佛身何故唯众生真心，与诸佛体平等无二？

答：但众生迷于自理，起诸妄念，是时真如，但显染相。以本觉内熏妄心，故有厌求。有厌求故，真用即显。厌求劣故，相用即粗。厌求渐增，用亦微细。如是渐渐，乃至心原。无明既尽，厌求都息。始觉同本，用还归体。平等平等，无二无别。未至心原已还，用于识中，随根显现，故云识中现也。

问：若据此义，用从真起。何说言转识现耶？

答：转识即是赖耶中转相，依此转相，方起现识，现诸境界，此识即是真妄和合。

问：若据此义，乃是众生自心中真如之用，云何说云佛报化也？

答：众生真心，则诸佛体无差别：若随流生死，即妄有功能，妄虽有功，离真不立。若返流出缠，真有功能，真虽有功，离妄不显，就缘起和合中说其用耳。既从法身，起报化用，何得不是众生真心耶？以真心是法家之身，凡圣同共一法身故。经云：心造诸如来。所以即心是佛故。

问：若真心即佛者，何故云从波罗蜜等因缘生？

答：此约本觉随染义说。然其始觉，觉至心原，平等一际，有何差别？又，即以诸佛悲智为增上缘，众生机感种子为因，托佛本质上，自心变影像，故云在自识中现。《法界品》弥伽长者，彻见十方佛海，显此定者，唯心之观。知众生界，无量无边，皆心现故。明随心念佛，诸佛现前。以唯心观，遍该万法。今约上中下根，随自心观，见佛不同，有其四等：一、凡夫。由带过去六道恶业习气不尽，或见佛是树神、天神、黑脚象、三尺等身。二、小乘。由带业生灭之见，见佛是金枪马麦，打身出血，俱非乐相。三、大乘。初终顿等三教菩萨，由是唯识观佛，乃是赖耶识中转识所现之相。故见此佛身，唯是心现，不离真如，无有分剂，遍一切处，随众生根，自然显现，此是乐相。四、一乘圆教菩萨。以法界圆明之智，依正该摄理事人法，以此之智，感见十身理事无碍。又三世融通一切，是故，佛身不离十方道树，常诣六天。智乃遍观一切，恒无作念。《十四科法身义》云经明法身者，迹指丈六，同人身是聚义，而无非法，故有法身之称。寻经之旨，以如来照体虚存为身，累尽为法，乃是所以真法身也。然即以善感应，应即随类成异。但于见者是有，佛常无身故。经云：如来之身，是幻化身。

问：佛必无身者，云何以解感丈六耶？

答：众生以未足之善，仰感如来至足之地，道足即能应化无方，未足故唯见其所见法，不达即身是虚幻也。

问：夫感应之道，皆由情彻冥契，故致事効于当时，内外理应是同。如妇人诣情幽冥，城为之崩，孝至而石开，此即事随心变。云何以善感丈六，而云是虚幻身耶？

答：城崩石开，此由情感于物，物实故崩开非虚。解感法身，法身非有，但信解为惑所壅隔，故见丈六为实，岂非人自见所感耶？

问：丈六若是虚幻，何由传于实理耶？

答：理妙非粗不传，犹影之传于形也。

问：法身无形者，为即法身是丈六，为法身外别有丈六耶？

答：感法身为丈六，何有别也？如声感谷而出响，岂容谷外别有响哉！

问：众生为缘法身生见，为缘丈六生见耶？

答：感见法身所应，何缘见法身？如见影知有树，不见树也。

问：法身是常，丈六亦是常不？

答：丈六理是常，但于人是无常。故经云：如暗中树影，非肉眼所见也。古释云：佛常无身者，明感应非真，法身是实。感是能感，属众生。应谓所应，属佛。以众生有感佛之善，自见不同：有见释迦丈六，弥勒千尺，或睹无边之相，或见三尺之形。与众生根善有浅深，遂令应身精粗随异，故云：佛真法身，犹若虚空。应物现形，如水中月。

又，佛常无身者，无分段变易之身，以法身至妙，不可以形质求，故云无身。据乎实理，非无妙色、妙心。妙色，故能分形适变。妙心，故能虚能鉴故。天亲颂云：报化非真佛，亦非说法者。《金光明经》云：应化二身是假名有，法身是真实有。道足即能应化无方者，以法身道足，故能应化无方，即是无所不应，无其定一之身。众生位居信解，以未足之善，唯随其所见丈六等身，不足之善者。法云已还，信解善也。至足之地者，佛果极照，道满菩提，名至足之地。以善未足故，不能了达丈六三尺等身，即是虚幻。唯法身及自受用身，可名真实。如妇人诣情幽冥，城为之崩者，《列女传》云：杞梁妻，就其夫尸，于城下哭之，十日而城为之崩。孝至而石开者，《汉书》云：李广无父，问其母曰：我父何耶？母曰：虎杀之。遂行，射虎于草中，夜见石似虎，射之没羽，后射之终不入矣。以城石之事，随心感变，所以崩开。理妙非粗不传，由影之传于形者，明丈六虽粗，而能传妙理，托事表理，寄言显道。犹影传于形，亦如指指月。清凉《疏》云：旧佛新成，曾无二体。新成旧佛，法报似分。无不应时，故即真而应。应随性起，故即应而真。三佛圆融，十身无碍，故辩应现即显真成。

又，佛身无依，应机普现，谓色无定色，若金刚之合朱紫。形无定形，犹光影之任修短。相无定相，似明镜之对妍媸。故随乐皆见，乃至一身多身，但由众生分别心起。故无积无从，其犹并安千器，数步而千月不同。一道澄江，万里而 月孤映。又如三舟共观，一舟停住，二舟南北。南者，见月千里随南。北者，见月千里随北。停舟之者，见月不移，是为此月，不离中流而往南北。设百千共观，八方各去，则百千月各随其去。是以，情隔即法身成异，心通而玄旨必均。纭纭自他，于佛何预？是以，真身寥廓，与法界合其体。包罗无外，与万化齐其用。穷原莫二，执迹多端。一身多身，经论异说。今说此经佛，为真为应，为一为多。若言真者，何名释迦居娑婆界，人天同见？若云应者，那言遮那处莲华藏，大菩萨见，见佛法身？若云一者，何以多处别现？若云异者，何复言而不分身？故说此经佛，并非前说，即是法界无尽身云，真应相融，一多无碍。即毗卢遮那，是释迦故。常在此处，即他处故，远在他方，恒住此故。身不分异，亦非一故。同时异处，一身圆满皆全现故。一切菩萨，不能思故。今先明十身，后彰无碍。言十身者，如前所述，今就佛上，自有十身：一、菩提身，二、愿身，三、化身，四、力持身，五、相好庄严身，六、威势身，七、意生身，八、福德身，九、法身，十、智身。

言无碍者，《指归》中有十义：一、用周无碍。谓于念劫刹尘等处，遮那佛现法界身云，业用无边，悉周遍故。经颂云：如于此处见佛坐，一切尘中亦如是等。二、相遍无碍。于一一差别用中，各摄一切业用。如在胎中，即有出家成道等类，如是一切自在无碍。三、寂用无碍。虽现如是无边自在，然不作意、不起念，常在三昧，不碍起用。《不思议品》云：于一念中，皆能示现一切三世佛，教化一切众生，而不舍离诸佛寂灭无二三昧。是为诸佛，不可譬喻，不可思议境界。譬如摩尼雨宝，天鼓出声，皆无功用，任运成就。四、依起无碍。如此所现，虽无功用，皆依海印三昧之力，而得显现。经颂云：一切示现无有余，海印三昧威神力。五、真应无碍。即此应现无尽身云，即无生灭，即是法身平等一味，不碍业用，无有限量。六、分圆无碍。即此遍法界卢舍那身、一一身、一一支分、一一毛孔，皆亦有自舍那全身，是故分处即圆满。经颂云：如来无量功德海，一一毛孔皆悉见。七、因果无碍。谓于身分毛孔处，现自舍那往昔本生，行菩萨行所受之身，及佛眉间，出胜音等尘数菩萨。八、依正无碍。谓此身云，即作一切器世间。经颂云：或作日月游虚空，或作河池井泉等。又亦潜身入彼诸刹，一一微细尘毛等处，皆有佛身圆满普遍。九、潜入无碍。谓入众生界，如如来藏，虽作众生，不失自性。故《出现品》云佛智潜入众生。又云众生心中有佛成正觉等。又亦摄一切众生，在一毛孔。《善化天王颂》云：汝应观佛一毛孔，一切众生悉在中等。十圆通无碍。谓此佛身，即理即事，即一即多，即依即正，即人即法，即此即彼，即情即非情，即深即广，即因即果，即三身，即十身，同一无碍。

如是无碍，但是一心。若有外尘，丝毫成滞。如《华严经》颂云：佛身非过去，亦复非未来。一念现出生，成道及涅槃。《华严演义》，释见佛差别：今寄清凉，五台求见文殊，以况法界见佛差别。总有十义：一、或多机异处各感见。二、或同处各见。三、或异时别见。四、或同时异见。五、或同时异处见。六、或同处异时见。七、或异时异处见。八、或同时同处见。九、或一人于同异交互时处，见多人所见。十、或一人于同异俱时处，见一切人所见。谓同时同处，异时异处，名同异俱时处。既是一人时该多时，处遍诸处，见通诸境，故是普眼机也。故知，文殊真体，尚非是一，见者自有差殊。可验唯心，弥加深观。又如云一文殊从一处东来，即一切处文殊者：一约义，复语其实德，如前溪之月，即是后溪及万江百川之月，全入前溪。所以尔者，一切处月，不离本月，故本月

落溪，则千处俱落。二约表者，文殊主般若门，若约观照般若，智了万境，无非般若，若白日丽天，无物不明矣。若实相般若，无法非实相故，无非般若，犹水遍波，无波非水。即《大般若经》云：般若波罗蜜多清净，故色清净。色清净，故一切智智清净。何以故？若般若波罗蜜多清净，若色清净，若一切智智清净，无二无二分，无别无断故。通于观照，及实相也。

又问：佛前唯一普贤，何以一一佛前，各有多耶？

答：含有二义：一、缘起相由，正约主伴，兼明即入。谓为主须一，为伴必多。此一者，是即多之一，一切一也。多是全一之多，一一切也。二、力用交彻，一有一切。普贤之身，不可思议，略有三类：一随类身。随人天等，见不同故。二渐胜身。乘六牙象等，相庄严故。三穷尽法界身。帝网重重，无有尽故。此第三身，含前二身，及无尽身。

又问：如上所说，则无一处无有普贤，今何不见？

释有三意：一、约机不见，是盲者过。二、不见是见，见虚空身，以虚空不可见。若不见者，真见虚空。三、亦遍不见处故者，明见则不遍。何者？以可见不可见，皆是普贤身。要令可见为身，则普贤身不周万有。如智不可见，岂非智身耶？明知由有不见之处，方知遍耳。此第三身，何人能见？慧眼方见，非肉眼所见。如是慧眼，无见无不见矣。

宗镜录第十七

宋 慧日永明妙圆正修智觉禅师延寿集

夫成佛之理，或云一念，或云三祇。未审定取何文，以印后学？

答：成佛之真，且非时劫。迟速之教，属在权宜。

故《起信论》明，为勇猛众生，成佛在于一念。为懈怠者，得果须满三祇。但形教迹之言，尽成方便。《楞严经钞》云：劫者，是时分义，而有成住坏空，皆由众生，妄见所感。且妄见动，外感风轮。由爱发故，外感水轮。由坚执心，外感地轮。由研求燥故，外感火轮。由四大故，起六根。起六根故，见六尘。见六尘故，有时分。若了无明根本一念妄心，则知从心所生三界，毕竟无有。且时因境立，境尚本空，时自无体，何须更论劫数多少？但一念断无明，何假更历僧祇？是以，《首楞严经》云：幻三摩提，弹指超无学。又云：想相为尘，识情为垢。二俱远离，则汝法眼应时清明。云何不成无上知觉？《圆觉经》云：知幻即离，不作方便。离幻即觉，亦无渐次。故知，长短之劫，由一念来。三乘趣果，并是梦中。说悟时事，皆无多劫耳。所以《法华经》，演半日为五十小劫。《维摩经》，演七日为一劫。又如《涅槃经》云：屠儿广额，日杀千羊，后发心已，佛言于贤劫中成佛。诸大菩萨，及阿

罗汉疑云：我等成佛即远劫，广额何故成佛在先？佛言：欲得早成者，即与早。欲得远成者，即与远。若顿见真性，即一念成佛。故知，利钝不同，迟速在我，可验心生法生，心灭法灭矣。以三界无别法，但是一心作。一切境界，皆因动念。念若不生，境本无体。返穷动念，念六空寂。即知，迷时无失，悟时无得，以无住真心，不增减故。如《首楞严经》云：佛言：富楼那，汝岂不闻，室罗城中演若达多，忽于晨朝以镜照面，爱镜中头，眉目可见，瞋责己头，不见面目，以为魑魅，无状狂走。于意云何？此人何因，无故狂走？富楼那言：是人心狂，更无他故。佛言：妙觉明圆，本圆明妙。既称为妄，云何有因？若有所因，云何名妄？自诸妄想，展转相因，从迷积迷，以历尘劫。虽佛发明，犹不能返。如是迷因，因迷自有。识迷无因，妄无所依。尚无有生，欲何为灭？得菩提者，如寤时人，说梦中事。心纵精明，欲何因缘，取梦中物？况复无因，本无所有。如彼城中，演若达多，岂有因缘？自怖头走，忽然狂歇，头非外来。纵未歇狂，亦何遗失？富楼那，妄性如是，因何为在？汝但不随分别世间业果众生，三种相续。三缘断故，三因不生，则汝心中演若达多，狂性自歇，歇即菩提。胜净明心，本周法界，不从人得。何藉劬劳，肯綮修证？古释云：头无得失者，头喻真性。无明迷时，性亦不失。无明歇时，亦不别得。歇即菩提者，但悟本体，五现量识、一切万行，皆悉具足，即是菩提。如《涅槃经》云：一切众生，本来成佛。无漏智性，本自具足。又顿从渐得名，俱称方便。古释云：若据说顿，亦是方便。若云渐顿俱是，亦谤于佛。俱不是，亦谤于佛。是以，本觉体上，离顿渐、离言说，何处有顿渐名字？第六识动，有分别。不动，即等周法界。五现量识等，一一根皆遍法界。眼见色时，色不可，元来等法界。《法华经》云：是法住法位，世间相常住。即知世间一切诸相本来常任，何行位能知？唯佛于道场知已。导师方便说，为众生迷不知，故说。若知，不俟更说。方知有说，皆属方便。

问：即自心成佛者，还立他佛不？若决定不立，则无诸佛之所威神建立，加被护念等，便成断见。

答：以自心性，遍一切处故，所以若见他佛，即是自佛，不坏自他之境，唯是一心。众生如像上之模，若除模，既见自佛，亦见他佛。何者？虽见他佛，即是自佛。以自铸出故，亦不坏他佛。以于彼本质上，虽变起他佛之形，即是自相分故。变与不变，皆是一心。所以因众生迷悟二心，有见不见自他之理。若约真性，迷悟何从，自他俱泯。以法身无形，无自他相见之相。古德云：迷有二种：一、心外取境，生想违理，故不能见无相之佛。二、取内蕴相，不了性故，不见心佛。悟有二种：一、了一切法即心自性，性亦非性。情破理现，则见舍那身，称于法性，无内外也。二、了蕴性相，则见自心之佛，与舍那非一非异。如天帝释不修天业，宫殿何以随身？转轮王不作王因，七宝无由聚集。唯凭自善，外感胜缘。

是以，《华严经》云：佛子，一切如来，同一体性，

大智轮中，出生种种智慧光明。佛子，汝等应知，如来于一解脱味，出生无量不可思议种种功德。众生念言：此是如来神力所造。佛子，此非如来神力所造。佛子，乃至一菩萨，不于佛所曾种善根，能得如来少分智慧，无有是处。但以诸佛威德力故，令诸众生见佛功德，而佛如来，无有分别，无成无坏，无有作者，亦无作法。佛子，是为如来应正等觉，出现之相。《宝藏论》云：夫所以真一无一，而现不同，或有人念佛佛现，念僧僧现。但彼佛非佛非非佛，而现于佛。乃至非僧非非僧，而现于僧。何以故？彼妄心悕望现故。不觉自心所现，圣事缘起，一向为外境界而有差别，实非佛法僧而有异也。乃至譬如有人，于大冶边，自作模样，方圆自称，愿彼融金，流入我模，以成形像。然则，融金虽成形像，其实融金，非像非非像，而现于像。彼人念佛，亦复如是。大冶金，即喻如来法身。模样者，即喻众生希望，念融得佛。故以念佛和合缘生，起种种身相。然彼法身，非相非非相。何谓非相？本无定相。何谓非非相？缘起诸相。然则法身，非现非非现，离性无性，非有非无，非心非意，不可以一切量度也。但彼凡夫随心而有，即生现佛想。一向谓彼心外有佛，不知自心和合而有。或一向言心外无佛，即为谤正法也。释曰：何谓非相？本无定相者。以因心所现，外相无体，从心感生，缘尽即灭，何相之有？故云本无定相。何谓非非相？缘起诸相者，既称无定，但随缘现，因缘和合，幻相不无，故云缘起诸相。若能不生分别，不执自他，内不执有而取诸蕴，外不执无而谤正法，则开眼合眼，举足下足，非见非非见，为真见佛矣。《宝性论》云：依佛义故，经云：佛告阿难言：如来者，非可见法。是故眼识，不能得见故。依法义故，经云：所言法者，非可说事。以是故，非耳识所闻故。依僧义故，经云：所言僧者，名无为。是故，不可身心供养，礼拜赞叹。故知，三宝如虚空相，非见闻之所及。则众生之心佛、度佛心之众生，若有一法对治，尽成邪见。故六祖云：邪来正度，迷来悟度，愚来智度，恶来善度。如是度者，即是真度。

问：既心外无佛，见佛是心。云何教中，有说化佛来迎，生诸净刹？

答：法身如来，本无生灭。从真起化，接引迷根，以化即真，真应一际，即不来不去，随应物心。又，化体即真，说无来去，从真流化，现有往还，即不来相而来，不见相而见也。不来而来，似水月之顿呈。不见而见，犹行云之忽现。

问：如上所说，真体则湛然不动，化则不来而来，正是心外有他佛来迎，云何证自心是佛？

答：一是如来慈悲本愿功德种子增上缘力，令曾与佛有缘众生，念佛修观，集诸福智，种种万善功德力以为因缘，则自心感现佛身来迎。不是诸佛实遣化身而来迎接，但是功德种子本愿之力，以所化众生，时机正合，令自心见佛来迎。则佛身湛然常寂，无有去来。众生识心，托佛本愿功德胜力，自心变化，有来有去。如面镜像，似梦施为，镜中之形，非内非外。梦里之质，不有不无。但是自心，非关佛化。则不来不去，约诸佛功德所云。有往有还，就众生心相所说。是知，净业纯熟，目睹佛身。恶果将成，心现地狱。如福德之者，执砾成金。业贫之人，变金成砾。砾非金而金现，金非砾而砾生。金生但是心生，砾现唯从心现。转变是我，金砾何从？抱疑之徒，可晓斯旨。

问：如前剖析，理事分明。佛外无心，心外无佛。云何教中，更立念佛法门？

答：只为不信自心是佛，向外驰求。若中下根，权令观佛色身，系缘粗念，以外显内，渐悟自心。若是上机，只令观身实相，观佛亦然。如《佛藏经》云：见诸法实相，名为见佛。何等名为诸法实相？所谓诸法毕竟空无所有，以是毕竟空无所有法念佛。乃至又念佛者，离诸想。诸想不生，心无分别，无名字，无障碍，无欲无得，不起觉观。何以故？舍利弗，随所念起一切诸想，皆是邪见。舍利弗，随无所有，无觉无观，无生无灭，通达是者，名为念佛。如是念中，无贪无著，无逆无顺，无名无想。舍利弗，无想无语，乃名念佛。是中乃至无微细小念，何况粗身口意业！无身口意业处，无取无摄，无净无讼，无念，无分别，空寂无性，灭诸觉观，是名念佛。舍利弗，若人成就如是念者，欲转四天下地，随意能转，亦能降伏百千亿魔。况弊无明，从虚诳缘起，无决定相！是法如是，无想无戏论，无生无灭，不可说，不可分别，无暗无明，魔若魔民，所不能测。但以世俗言说，有所教化，而作是言：汝念佛时，莫取小想，莫生戏论，莫有分别。何以故？是法皆空，无有体性，不可念一相。所谓无相，是名真实念佛。《华严经》颂云：譬如日月住虚空，一切水中皆现影。住于法界无所动，随心现影亦复然。又颂云：譬如帝青宝，照物皆同色。众生见佛时，同佛菩提色。释云：诸佛菩提之色，即众生心性之光，以心无相故，菩提亦复然。所以文殊颂云：无色无形相，无根无住处。不生不灭故，敬礼无所观。又颂云：虚空无中边，诸佛心亦然。心同虚空故，敬礼无所观。《华严·入法界品》中，德云比丘，入忆念一切诸佛境界、智慧光明、普见法门，乃至住一切世念佛门，随于自心之所欲乐，普见三世诸如来故。《入不思议解脱境界品》颂云：心能普集无边业，庄严一切诸世间。了一切法皆是心，现身等彼众生数。《入楞伽经》偈云：佛及声闻身，辟支佛身等。复种种色身，但说是内心。《大方广如来秘密藏经》云：如来密藏法，谓一切智心。乃至是心为柱，不怯不弱，不羸不坏。无有懒堕，不背不舍。顺向是心，而觉了之。《华手经》云：一切诸法，如日明净，随所正观，皆入无际。释曰：一切诸法，皆是心光，无有瑕翳，故云如日明净。随所有法，能作斯观，无不入自心无际之际。又，《止观》明念佛三昧门者，当云何念？为复念我当从心得佛，从身得佛？佛不用心得，不用身得。不用心得佛色，不用色得佛心。何以故？心者佛无心，色者佛无色，故不用色心得三菩提。佛色已尽，乃至识已尽。佛所说尽者，是痴人不知。智者晓了，不用身口得佛，不用智慧得佛。何故？智慧索不可得，自索我了不可得，亦无所见。一切法本无所有，坏本绝本。又如梦见七宝，亲属欢乐，觉已追念，不知在何处，如是念佛。又如佛在时，三人为伯仲，闻毗耶离国淫女人，名庵罗婆利。舍卫国有淫女人，名须曼那。王舍城淫女人，名优钵罗盘那。有三人，各各闻人赞三女人，端正无比。昼夜专念，心著不舍。便于梦中，梦与从事。觉已心念，彼女不来，我亦不往，而淫事得办。因是而悟，一切诸法，皆如是耶。于是往到跋陀婆罗菩萨所，问是事。跋陀婆罗答言：诸法实尔，皆从念生。如是种种为此三人，方便巧说诸法空，是时三人，即得阿鞞跋致。是知，人不来往，而乐事宛然。当如是念佛。又如人行大泽，饥渴梦得美食。觉已腹空，自念一切所有法，皆如梦。当如是念佛：数数念，莫得休息。用是念，当生阿弥陀国，是名如相念。《大方等大集经》云：佛告贤护：我念往昔，有佛世尊，号须波日。时有一人，行值旷野，饥渴困苦，遂即睡眠。梦中具得诸种上妙美食，食之既饱，无复饥虚。从是寤已，还复饥渴。是人因此，即自思惟：如是诸法，皆空无实。犹梦所见，本自非真。如是观时，悟无生忍，得不退转于阿耨多罗三藐三菩提。又如人以宝倚瑠璃上，影现其中。亦如比丘观骨，起种种光。此无持来者，无有是骨，是意作耳。如《大方等大集经》云：复次贤护，譬如比丘，修不净观，见新死尸，形色始变，或青或黄，或黑或赤，乃至观骨离散。而彼骨散，无所从来，亦无所去，唯心所作，还见自心。又，如镜中像，不外来，不中生，以镜净故，自见其形。行人色清净，所见者清净。欲见佛，即见佛。见即问，问即报。闻经大欢喜，自念佛从何所来，我亦无所至，我所念即见。心作佛，心自见。心见佛，心是佛，心是我。心不自知心，心不自见心。心有想为痴，心无想是泥洹。是法无可示者，皆念所为。设有其念，亦了无所有，空耳，是名佛印。无所贪，无所著，无所求，无所想。所有尽，所欲尽。无所从生，无所可灭。无所败坏，道要道本。是印，二乘不能坏，何况魔耶？《婆沙论》，明新发意菩萨，先念佛色相、相体、相业、相果、相用，得下势力。次念佛四十不共法心，得中势力。次念实相佛，得上势力，而不著色法二身。偈云：不贪著色身，法身亦不著。善知一切法，永寂如虚空。劝修者，若人欲得智慧如大海，令无能为我作师者，于此坐不运神通，悉见诸佛、悉闻所说、悉能受持者，常行三昧，于诸功德，最为第一。此三昧，是诸佛母、佛眼、佛父、无生大悲母，一切诸如来，从此二法生。碎大千地及草木为尘，一尘为一佛刹，满尔世界中宝，用布施，其福甚多，不如闻此三昧不惊不畏。况信受持读诵为人说，况定心修习、如构牛乳顷，况能成是三昧，故无量无边。又，《婆沙论》云：劫火官贼怨，毒龙兽众病，侵是人者，无有是处。此人常为天龙八部诸佛，皆共护念称赞，皆共欲见，共来其所。若闻此三昧，如上四番功德皆随喜，三世诸佛菩萨皆随喜，复胜上四番功德。若不修如是法，失无量重宝，人天为之忧悲，如齆人，把栴檀而不嗅。如田家子，以摩尼珠博一头牛。故知，不识自心是佛，反求他法者，背道修道，其过如是。即凡夫不达心宝，饮毒食于人天。二乘远离家珍，求除粪之佣直。故《法华经》云：有智若闻，则能信解。无智疑悔，则为永失。

问：夫成佛门，若论修善，则有前后。若是性善，本一心平等。诸佛既有性恶，阐提亦有性善。既同一性，俱合成佛。云何阐提不成佛耶？

答：若言性佛，何人不等？若约修成，阐提未具。

台教问：阐提与佛，断何等善恶？答：阐提断修善尽，但性善在。佛断修恶尽，但性恶在。

问：阐提不断性善，还能令修善起。佛不断性恶，还令修恶起耶？

答：阐提不达性善，以不达故，还为善所染，修善得起，广治诸恶。佛虽不断性恶，而能达于恶，以达恶故，于恶得自在，故不为恶所染，修恶不得起，故佛永无复恶。以自在故，广用诸恶法门，化度众生，终日用之，终日不染，不染故不起，那得以阐提为例耶？若阐提能达此善恶，则不复名为一阐提也。若依他人明阐提断善尽，为阿赖耶识所熏，更能起善。阿赖耶，即是无记无明。善恶依持，为一切种子。阐提不断无记无明，故还生善。佛断无记无明尽，无所可熏，故恶不复还生。若欲以恶化物，但作神通变现，度众生耳。

问：若佛地断恶尽，作神通以恶化物者，此作意方能起恶。如人画诸色像，非是任运。如明镜不动，色像自形，可是不思议理能应恶。若作意者，与外道何异？

答：今明阐提不断性德之善，遇缘善发。佛亦不断性恶，机缘所激。慈力所熏，入阿鼻，同一切恶事化众生。以有性恶，故名不断。无复修恶，名不常。若修性俱尽，则是断，不得为不断不常。阐提亦尔，性善不断，还生善根。如来性恶不断，还能起恶。而是解心无染，通达恶际即是实际。能以五逆相而得解脱，亦不缚不脱，行非道而通佛道。阐提染而不达，与此为异也。何谓不达？以不了无性故，是以善恶诸法，皆以无性为性。此性，即是佛性，即无住本，即法性故，此善恶性不可断也。即今推自心性不可得，即无住处，能遍一切处，即善恶性也。性无善恶，能生善恶。善恶可断，性不可断。善恶同以心性为性，若断性恶，则断心性。性不可断，所以阐提不断性善。纵堕三涂，性善不减，性恶不增。直至成佛，性善不增，性恶不减。此性即法身也，犹如明镜，本无好丑众像，能现一切好丑众像。像有增减，明净光体，不增不减也。镜本无像，故能现像。佛性无善恶，能现善恶。众生不得性，但得善恶，为善恶所拘，不得自在也。性善不坏，故地狱发佛界善。性恶不坏，故佛能现六趣恶。又，性者，即是善恶等诸法之性，遍十方三世众生国土等，一切处无有变异，不增不减，能现善恶凡圣垢净因果等，从性而起，故云性善性恶。若善恶等，即无定相，随缘构习，如镜中像，无体可得。若遇净缘即善，若因染缘即恶，从修而得，故名修善修恶。若论性善，不唯阐提。若论性恶，不唯诸佛。以是善恶诸法之性故，即一切众生，皆悉具有，一际平等。若觉了此性，即便成佛，故能示圣现凡，自在无碍。若论修善修恶，于上中下根，即不可定。随修成之厚薄，任力量之浅深，得世间报而六趣升沉，成出世果而四圣高下。以不了善恶之性，故为善恶业之所拘，而不自在。若见性达道，何道不成？则法法标宗，尘尘契旨。岂唯善恶二法，而得自在耶？

问：三宝如虚空相，非见闻之所及者。教中云何说见道，又称见佛？

答：约本智发明，假称名见。非眼所睹，唯证乃知。离见非见，方名真见。《涅槃经》云：菩萨实无所见，无所见者，即无所有。无所有者，则一切法。是以，法性无所有，菩萨则无所见。与法理会，假称为见，实非见也。真性湛然，非是见法。经云：不行见法，诸佛速与受记。则是离断常二边，即见自身清净。见身清净，即是见佛清净。乃至见一切法，悉皆清净，无非是佛，无非是法，以自心性无生，顺物遍一切处故。若一微尘不是佛者，则成翳障，不入普眼之门，唯堕能所之见。《大集经》云：梵天问海慧菩萨言：善男子，汝今了了见佛法不？梵天言：佛法非色，不可睹见。汝云何言了了见佛法耶？一切诸法，悉不可见。夫了了者，即是佛法，无有二相。是以，来同水月，散若幻云。见犹梦形，闻如谷响。觉处即现，不从方来。迷处自无，不从此去。如《圆觉经》云：圆觉普照，寂灭无二。于中百千万亿不可说阿僧祇恒河沙诸佛世界，犹如空华，乱起乱灭。《般若假名论》偈云：如来法为身，但应观法性。法性非所见，然亦不能知。法性者，所谓空性、无生性，此即诸佛第一义身。若见于此，名为见佛。经云：以见空性，名见如来。

又，法性之处，无有一物可名所知。由是彼智，亦不能知。又经言：大王，一切法性，犹如虚空。等与众物，为所依止，而其体性，非是有物，亦非无物。能知此中，寂然无知，名为了知。名为知者，随俗言说，信解无生之福，多于宝施。如有颂言：若人持正法，及发菩提心。不如解于空，十六分之一。

是以，解第一义空，方成般若。见无生自性，始了圆宗。以真空不坏业果，尊卑宛然。不同但空，不该诸有。如《大涅槃经》云：有业有报，不见作者。如是空法，名第一义空。所以见性之时，性本离念，非有念而可除。观物之际，物本无形，非有物而可遣。故云：离念之智，等虚空界。如《大乘千钵大教王经》云：是时普明菩萨，则证入毗卢遮那如来金刚法藏三昧三摩地，令一切菩萨，及一切有情众生，同愿修持，入此性净真如法藏三昧真际观。云何应得修入此观？菩萨则当观照心地，觉用心智。唯照心性，细细观觉。觉照心体，见性无动。证觉不动，即能恒用。用观体智，见性清净。性自离念，离念无物，心等虚空。即证圣智，如如圣性。二俱澄寂，空同无体。性体虚静，则是名为菩萨证入真如法界性印、法藏真际观门。故知，法界性，即众生心性。众生心性，即虚空性。

故《大智度论》云：复次舍利弗，菩萨摩诃萨，欲住内空、外空、内外空、空空、大空、第一义空、有为空、无为空，毕竟空、无始空、散空、性空、自相性诸法空、不可得空、无法空、有法空、无法有法空，当学般若波罗蜜。释云：内空者，即内法，所谓内六入，眼耳鼻舌身意。眼空无我，无我所等。外空者，即外法，所谓外六入，色声香味触法。色空无我，无我所等。内外空者，即内外十二入。十二入中无我、无我所等。空空者，以空破内空、外空、内外空，破是三空，故名为空空。大空者，即十方空。东方无边，故名为大。亦一切处有，故名为大。第一义空者，第一义名诸法实相，不破不坏故，是诸法实相亦空。何以故？无受无著故。若诸法实相有者，应受应著。以无实故，不受不著。若受若著，即是虚诳。有为空、无为空者，有为法，名因缘和合生，所谓五阴、十二入、十八界等。无为法，名无因缘，常不生不灭，如虚空。

问曰：有为法，因缘和合生，无自性故空，此则可尔。无为法，非因缘生法，无破无坏，常若虚空，云何空？

答曰：若除有为，则无无为。有为实相，即是无为。如有为空，无为亦空，以二事不异故。毕竟空者，一切法皆毕竟空，是毕竟空亦空，空无有法故，亦无虚实相待。复次，毕竟空者，破一切法，令无遗余故，名毕竟空。若有少遗余，不名毕竟空。无始空者，如经中说：佛语诸比丘：众生无有始，无明覆爱所系，往来生死，始不可得，破是无始法，故名为无始空。散空者，散名别离相，如诸法和合故有。如车以辐辋辕毂，众合为车。若离散各在一处，则失车名。五阴和合因缘，故名为人。若离五阴，人不可得。性空者，诸法性常空，假来相续故。似若不空，譬如水性自冷，假火故热。止火停久，水则还冷。如经说：眼空无我，无我所。何以故？性自尔耳。自相空者，一切法有二种相：总相，别相。是二相空，故名为相空。总相者，如无常等。别相者，诸法虽皆无常，而各有别相，如地为坚相，火为热相。一切诸法空者，一切法有好有丑，有内有外。一切法有心生，故名为有。无自体，故空。无所得空者，一切法，乃至无余涅槃不可得，故名无所得空。无法空、有法空、无法有法空者，无法，名法已灭，是灭无故，名无法空。有法空者，诸法因缘和合生，故有法，实性无故，名有法空。无法有法空者，取无法有法相不可得，是为无法有法空。乃至云离我我所故空，因缘和合生故空。无常苦空无我，故名为空，始终不可得故空，唯心故名为空。故知，一切万法，皆从心现，悉无自体，尽称为空。所以云：若住此十八空门，当学般若。则未尝有一法，能出我之灵台智性矣。此十八空，下至有为世间五阴，上至无为第一义谛，收一切法，无不皆空。若不学般若，别尚余宗，体有而未达有原，穷空而不尽空理。须归宗镜，内照发明，则外无一法，更有遗余矣。

又，此是如空，非体是空，以真心无碍，映现万法，如虚空不拒诸相发挥故。于真心中，能现一切，其所现一切，虽依心无体，照见五蕴皆空，然亦不著于空，能兴佛事。如《华严经》颂云：十方所有诸如来，了达诸法无有余。虽知一切皆空寂，而不于空起心念。以一庄严严一切，亦不于法生分别。如是开悟诸群生，一切无性无所观。

问：法身之理，为复有法成，为复无法成？为复一法成，为复异法成？

答：本觉心宗，法身性地，口欲言而词丧，心欲缘而虑亡。所以然者，说有则妙体虚玄，谈无则道无不在。言生则三界无物，云灭则一体常灵。言一则各任其形，说异则同归实相。是知，不可以称量，不可以希冀。若开方便，欲晓疑情，则不有不无，非一非异。能超四句，方会一乘。

古德问云：若众生与诸佛同一心佛性，等有法身，则有二过：一、众生悉当成佛，则众生界尽。二、诸菩萨阙利他行，以无所化机故。

答：此所问难，并由妄见众生界故，妄起此难。《不增不减经》云：大邪见者，见众生界增，见众生界减，以不如实知一法界，故于众生界，起增减见。经意则一切众生，一时成佛，佛界不增，众生界不减。故经云：众生即法身，法身即众生。众生法身，义一名异。解云：况众生界，如虚空界。设如一鸟，飞于虚空，从西向东，经百千年，终不得说东近西远。何以故？虚空无分剂故。亦不得云总不飞行，以功不虚故。当知此中道理亦尔，非有灭度，令有终尽。非无终尽，有不灭度。故众生界，甚深广大，唯是如来智所知境，不可辄以狂心限量斟酌，起增减见。且如虚空界，虽无分剂，不碍鸟飞。类众生界，虽不可尽，不妨灭度。但不起增减之见、去取之情，则智翼高翔，真空无滞。如《华严疏》释经云：佛智广大同虚空者，量智包含而普遍，理智无分别而证入。是以，太虚含众像，众像不能含太虚。太虚不分别众像，众像乃差别太虚。以况我法不能容佛智，佛智乃能容我法。有我法者，分别如来。是如来者，不分别我法。二普遍喻中，妙观察智，无不遍知，即普遍义。成所作智，曲成无遗，即随入义。经颂云：佛智广大同虚空，普遍一切众生心。此即体遍。悉了世间诸妄想，此约知遍。又云：得一切法量等心，此约证遍。智性全同于色性故，此约理遍。云何遍入？不坏能所，有证知故。经颂云：世间诸国土，一切皆随入。智身无有色，非彼所能见。由随于如，即入无所入，故云平等。是以，虚空遍入国土，国土不遍入虚空。有国土处，必有虚空。有虚空处，或无国土。虚空之于国土，平等随入。国土之于虚空，自有彼此。虚空可喻佛智，国土可喻三世。三世有处，佛智必在其中。佛智知处，三世或无其体。佛智之于三世，平等随入。三世之于佛智，自有始终，此犹约不二而二说耳。若二而不二，国土虚空、三世佛智，同一性故，皆互相入，举一全收，普遍亦然。三世间圆融，则言思道断，故名佛智为不思议也。《大集经》云：文殊言：世尊，如来若坐菩提树下，如来世尊则有二相：一者如来，二菩提树。如来世尊已离二相。佛言：善男子，菩提众生、一切法性，等无差别，一味一性。如来坐于菩提树下，见如是法，是故名为逮得菩提。我都不见离菩提外，别有一法。见一切法，皆悉平等。而是平等，不入于数，是故平等，名为无碍。

又此法门，举一则法界全收。如举眼为门，诸根相好，及佛刹土，莫不皆是一眼中现。乃至六根，一尘一毛中现，亦如是。如云：毗卢遮那身中，具足三道六趣众生等，此则一身含一切身，又一身遍一切身，即入重重，包遍无碍。如《华严经》颂云：有一坚密身，一切尘中见。无生亦无相，普现于诸国。

宗镜录

[宋] 释延寿 著

[贰]

陕西新华出版传媒集团
三 秦 出 版 社

目录

宗镜录第十八

宋 慧日永明妙圆正修智觉禅师延寿集

夫诸佛法身，普遍众生心。既同一心，云何有现不现？

答：常现无不现时，或于一尘顿现，无不具足。或于诸尘普现，无不周遍。一处顿现者，如来眼睫、文殊宝冠、弥勒阁中、普贤毛孔、净名室里、摩耶腹中、芥子针锋、近尘远刹，各各顿现。如《文殊般泥洹经》云：文殊身如紫金山等，其文殊冠，毗楞伽宝之所严饰，有五百种色，一一色中，日月星辰，诸天龙宫，世间众生所希见事，皆于中现。《维摩经》云：于是长者维摩诘，现神通力。即时彼佛，遣三万二千师子之座，高广严净，来入维摩诘室。诸菩萨大弟子、释梵四天王等，昔所未见，其室广博，悉包容三万二千师子之座，无所妨碍。于毗耶离城，及阎浮提四天下，亦不迫窄，悉现如故。《华严经·入法界品》，摩耶夫人，告善财言：善男子，尔时菩萨，从兜率天，将降神时，有十佛刹极微尘数诸菩萨众，乃至与眷属俱，从天宫下，来入我身。彼诸菩萨，于我腹中现大神通，游行自在。或以三千大千世界而为一步，乃至或以不可说不可说佛刹极微尘数世界而为一步。又念念中，十方不可说佛刹极微尘数世界、诸如来所、菩萨众会，及四天王、三十三天、须摩天、兜率陀天、化乐天、他化自在天，乃至色界诸梵天王，俱来欲见菩萨处胎，广大神变，恭敬供养，听受正法,皆入我身。虽我腹中,悉能容受如是众会,而身不广大,亦不迫窄,其诸菩萨,各见自处众会道场,清净严饰。善男子,如此四天下阎浮提中,菩萨受生,我为其母。三千大千世界、百亿四天下阎浮提中,悉亦如是。然我此身,本来无二,亦复非一。非一处住,非多处住。何以故?以修菩萨大愿智幻庄严解脱门故。如先德云:广大如法界,究竟若虚空,是处胎义。若如是者,则一切众生,皆处摩耶胎,非独释迦矣。何以故?众生心即法界故。

又,若了心空,即无胎分。如《菩萨处胎经》云:佛告弥勒:行空菩萨,云何游至十方刹土,教化众生?弥勒白佛言:行空菩萨,不见刹土,亦无有佛。佛自无佛,云何有佛地水火风识界?我人寿命,皆悉空寂,以是之故,无有胎分。诸尘普现者,则横该一切处,竖彻一切时,涉入重重,普融圆遍。古德云:一切不思议事,于一切处,悉能普现,其唯一毗卢清净法身之应用耳。此法身者,即是心也。所以言:若能谛观心不二,方见毗卢清净身。一念起恶,法身亦随现。一念善心生,法身亦随现,名为处处互现。乃至色处现、空处现,自在无碍。更莫远推诸佛,唯自一念空心是。

又,如海印普印一切,《华严经·出现品》云:佛子,菩萨摩诃萨,应知如来成正觉:于一切义无所观察,于法平等无所疑惑,无二无相,无行无止,无量无际,远离二边,住于中道,出过一切文字言说。知一切众生心念所行,根性欲乐,烦恼染习。举要言之,于一念中,悉知三世一切诸法。佛子,譬如大海,普能印现四天下中,一切众生色身形像。是故共说以为大海,故经中有海印三昧。疏释云:海印三昧有十义，根器是所现，菩萨定心是能现，无不空心，故名三昧。一、无心能现，经云无有功用无分别。二、现无所现，经云如光影故。三、能现与所现非一。四、非异，经云：大海能现，能所异，故非一。水外求像不可得，故非异。显此定心，与所现法，即性之相，故能所宛然。即相之性，故物我无二。五、无去来，现万法于自心，彼亦不来。罗身云于法界，未曾暂去。六、广大，经云：普悉包容无所拒，明三昧心，周于法界，则众生色心，皆定心中物。用周法界，亦不离此心。七、普现，经云一切皆能现，又云菩萨普印诸心行，此与广大异者，此约所现不简巨细，彼约能现，其量普周。八、顿现，经云：一念现故，谓无前后，如印顿成。九、常现，非如明镜，有现不现时。十、非现现，如明镜对至，方现四天之像。不对而现，故云非现现。以不待对，是故常现该三际也。此上海印现义，随理事能所而分十门，但是一真心寂照普现之义。若有不现者，即是客尘自遮，见网自隔，非法身咎。《摩诃衍论》云：诸佛如来，法身平等，自然遍一切处，无有作意，但依众生心现。众生心者，犹如于镜。镜若有垢，色像不现。如是众生心若有垢，法身不现。其犹日月丽天，盲者不睹。雷霆震地，聋者不闻。道契则邻，不在身近。故福人出世，则琳琅现矣。薄福者出，则荆棘生焉。皆由自心，有现不现。若直了心性之人，悉皆平等显现。如洛浦和尚《神剑歌》云：君子得之忘彼此，小人得之自轻生。他家不用我家剑，世上高低早晚平。所以众生，不得了然明现，皆滞有迷真，滞真迷中，滞中迷性，成三种缘集，所以成障。如天台《净名疏》云：众生气类，无量无边。元其正要，不出三种缘集气类：

一、有为缘集之类者。即是界内染净国土，悉迷真滞有而起结业，禀分段生死，皆是有为缘集众生之类。二、无为缘集之类者。即是界外有余国土及果报土，乃至下品、中品常寂光土。此三土众生，迷中道佛性，滞真空无为。缘无为，起诸结业，受变易生死，是无为缘集众生之类。三、自体法界缘集者。即菩萨迷自体起。如宗门中云已见不忘。今室外折伏界内有为缘集众生。次《弟子》一品，折伏无为缘集众生。后《菩萨》一品，即是折伏自体法界缘集众生。

问：无为缘集与自体缘集，为同为异？

答：名虽有别，惑体不殊。二乘迷自体，起无为。生计著，著无为，故正受无为缘集名。菩萨亦迷自体，起无为缘集，而菩萨观，破无为著，无为缘集未尽。此惑附体，别受自体缘集之名。如凡夫迷真，起有为缘集。学人见真，断见思。思惟不尽，犹于真理有贪恚色，染无色之名。

问：学人有为缘集不尽，见真犹有惑，不约真，名自体缘集。菩萨无为缘集不尽，见真，何得别受自体缘集之名？

答：二乘见真，但是空理。空理非法身，不得立自体之名。菩萨见真，实是法身，法身常在，故得别立自体缘集名也。菩萨或未知，未知故须折伏也。是故，三种缘集不亡，所以法身不现。

又，远大师云：缘集义者，统唯一种。或分为二，约真妄开：一、妄缘集。三界虚妄，唯一心作，如梦所见，但是妄心解。二、真缘集。一切诸法，皆真心起，如梦所见，皆报心作。或约心识说三：一、就事缘集。从其事识，起一切法。二、妄缘集。从其妄缘，起一切法。三、真缘集。真识体中，具过一切恒沙性德，互相集成，故言缘集。又从真识，起一切法，故经说言：若无如来藏识，七识不住，不得厌苦，乐求涅槃。由如来藏，故起诸法。又就有为、无为说三，即：一有为缘集，二无为缘集，三具二缘集。

问：直了此心是佛，更用八相成道不？

答：若了此心，即是天真佛，不说成与不成。若说成佛，是助语，亦是增语。《圆觉经》云：一切如来，妙圆觉心。本无菩提，及与涅槃。亦无成佛、及不成佛，无妄轮回、及非轮回等。释曰：本无菩提及与涅槃者，此是二转依号，亦是住观语。转烦恼，故立菩提之号。转生死，故得涅槃之名。若了烦恼性空，生死本寂，既无所转之相，亦无能转之名。无不成佛者，无妄轮回。亦无成佛者，无非轮回，唯妙圆觉心，更无所有。如今只恐不得宗镜之光，若得其光，则自然入圆觉门，普照法界。所以先德云：飞锡若登故国路，莫愁天下不闻声。庞居士颂云：十方来一会，各自学无为。此是选佛处，心通及第归。如是则自然应念登科，随处及第，何须受记而待扬名者乎？如昔人歌云：不坐禅，不持律，妙觉心珠白如日。当体虚玄一物无，阿谁承受燃灯佛？

问：众生业果，种子现行，积劫所熏，犹如胶漆。云何但了一心，顿断成佛？

答：若执心境是实，人法不空，徒经万劫修行，终不证于道果。若顿了无我，深达物虚，则能所俱消，有何不证？犹微尘扬于猛吹，轻舸随于迅流，只恐不信一心，自生艰阻。若入宗镜，何往不从？且如勇施菩萨，因犯淫欲，尚悟无生。性比丘尼，无心修行，亦证道果。何况信解一乘之法，谛了自心，而无克证乎？

或有疑云：岂不断烦恼耶？

解云：但谛观杀盗淫妄，从一心上起，当处便寂，何须更断？是以，但了一心，自然万境如幻。何者？以一切诸法，皆从心幻生。心既无形，法何有相？所以高城和尚歌云：说教本穷无相理，广读元来不识心。识取心，了取境，识心了境禅河静。若能了境便识心，万法都如阏婆影。性比丘尼，即摩登伽，《首楞严经》云：佛告阿难：摩登伽，彼尚淫女，无心修行，神力冥资，速证无学。云何汝等在会声闻，求最上乘，决定成佛？譬如以尘扬于顺风，有何艰险？《净业障经》云：尔时有一比丘，名无垢光，入毗舍离城，次第乞食。以不知故，入淫女家。时无垢光，入其家已。是时淫女，起染污心，作是思惟：我今必死，当与此比丘共行欲法。若不从我，我将殒命。作是念已，即便闭门，语比丘言：愿与尊者共行欲事，若不从我，我当必死。时无垢光，语淫女言：且止！大姊，我今不应犯如此事。所以者何？佛所制戒，我应奉行，宁舍身命，不毁此戒。尔时淫女，复更思惟：我今当以咒术药草，令此比丘共为欲事。语比丘言：我今不能令汝退转，毁犯禁戒，但当受我所施之食。即入舍内，便咒其食，投比丘钵。咒术力故，令此比丘便失正念，起于欲心，展转增盛。尔时淫女，见此比丘颜色变异，即前牵手，共为欲事。是时比丘,与彼淫女共相爱乐。行淫欲已,持所乞食,还诣精舍。到精舍已,生大忧悔,举体烦热。咄哉!何为破大戒身?我今不应受他信施,我今则是破戒之人,当堕地狱。时无垢光,向诸比丘同梵行者,说如是言:我今破戒,非是沙门,必趣地狱。时诸比丘,问无垢光:有何因缘而破此戒?时无垢光具说上事,时诸同学,语无垢光:仁者,当知此有菩萨摩诃萨,名文殊师利,得无生法忍,善能除灭破戒之罪,亦令众生离诸盖缠。我今与汝,共诣文殊师利菩萨摩诃萨所,除汝忧悔。时无垢光,犹故未食,与诸比丘,诣文殊师利法王子所。到已问讯,供养恭敬,即以上事,具白文殊师利。文殊师利语无垢光:汝今且食。食已,当共诣如来所,问如来此事,如佛所说,当共受持。比丘食已,与文殊师利,共诣佛所。到已,顶礼佛足,却坐一面。尔时无垢光比丘,心怀恐惧,不敢问佛。于是文殊师利,即从座起,整衣服,偏袒右肩,右膝著地,合掌向佛,即以上事,具白世尊。尔时世尊告无垢光:汝实尔不?答言:实尔。佛告比丘:汝本有心,欲犯淫不?答言:不也。佛告比丘:汝本无心,云何而犯?比丘答言:我于后时,乃生欲心。如是比丘,心犯欲耶?答言:如是。佛告比丘:我常不言:心垢故众生垢,心净故众生净耶?答言:如是。佛告比丘:于意云何?汝曾梦中受欲之时,心觉知不?答言:觉知。佛告比丘:汝向犯欲,岂非由心而觉知耶?答言:如是。若如是者,比丘悟梦犯欲,有何差别?比丘答言:悟梦犯欲,无差别也。佛言:于意云何?我先不言:一切诸法皆如梦耶?答言:如是。佛言:于意云何?如梦诸法,是真实耶?答言:不也。佛告比丘:于意云何?悟梦二心,俱

是真实耶？不也，世尊。佛告比丘：若非真实，是有法也？不也，世尊。佛告比丘：于意云何？无所有法，为有生不？不也，世尊。佛告比丘：若法无生，有灭、有缚、有解脱耶？不也，世尊。佛告比丘：于意云何？无生之法，尚无所有，而当有堕三恶道耶？佛告比丘：一切诸法，本性清净，然诸凡夫、愚小无智，于无有法，不知如故，妄生分别。以分别故，堕三恶道。复告比丘：诸法无实，而现种种所应作事，为著贪欲瞋恚愚痴凡夫等，故分别诸法，不知如故，非是真实。复告比丘：诸法虚诳，如野马故。诸法如梦，本性自在逮清净故。诸法究竟，如水中月泡沫等故。诸法寂静，无老病死诸过患故。诸法无取，非是色法，不可见故。诸法无聚，如虚空故。诸法无性，过诸性故。诸法甚深，过虚妄故。诸法广大，无处所故。法无所作，究竟寂故。法无所依，境界空故。法无根本，毕竟空故。法离盖缠，烦恼结使不可得故。法离识然，性不生故。乃至尔时无垢光，闻说是法，心怀欢喜，悲喜交集，雨泪、叉手合掌，一心观佛，即说偈言：快哉世尊大功德，诸天世人所归仰。善觉一切胜妙法，稽首能断诸苦行。又，佛告文殊：过去有佛，号无垢光，时有比丘，名曰勇施，入难胜城，次行乞食，到长者舍，其家有女，容貌端正，见勇施已，生爱染心，乃至因托病，延请勇施说法。其后勇施，数到其家，转相亲厚，数相见故，便失正念而生欲心。即与彼女，共行淫法，心遂耽著，往来频数。时彼女夫，见此比丘往来频数，心生疑恚，即设方便，欲断其命。勇施比丘，闻是事已，即以毒药，持与彼女，而语之言：若必念我，可持此药以杀汝夫。时长者女，即以毒药和著食中，勅其婢使：持此饭食以饭我夫。夫食饭已，即便命终。尔时勇施，闻彼命终，心生大悔，作是思惟：今我所作，是大重恶，何名比丘？受行淫法，又断人命，我今如是，当何所归？生大忧恼，我若命终，当堕恶道，谁能免我如是之苦？以是事故，从一精舍，至一精舍，惶怖驰走，衣服落地，作如是言：咄哉！怪哉！我今即是地狱众生。时有精舍，名曰酰无，中有菩萨，名曰鼻掬多罗，勇施比丘即入其房，举身投地。时彼菩萨，问勇施言：何为以身，自投于地？答言：大德，我今即是地狱众生。又复问言：谁乃令汝为地狱人？勇施答言：我作大罪犯于淫戒，又断人命。时彼菩萨，语勇施言：比丘莫怖，我今力能施汝无畏。尔时勇施，闻彼菩萨施无畏声，心生欢喜，踊跃无量。尔时鼻掬多罗菩萨，实时从地接起勇施，牵其右手，将至异处，坐林树中。时鼻掬多罗菩萨，即时入于诸佛境界、大乘妙门、如来宝印三昧。入三昧已，即于身上出无量佛，身皆金色，三十二相，遍林树间。尔时诸佛，即时同声，说是偈言：诸法同镜像，亦如水中月。凡夫愚惑心，分别痴恚爱。乃至诸法常无相，寂静无根本。无边不可取，欲性亦如是。尔时林中，二万天子，诣鼻掬多罗菩萨，来听法者，闻说是偈，即得无生法忍。

问：妙圆觉心，既无所有，云何教中，说诸佛成等正觉、出现世间等事？

答：一是机熟众生，自心感现。二是菩萨因地本愿。然诸佛境界，广大无边，非情识所知，唯见性能了。故《华严经》云：佛子，菩萨摩诃萨，应云何知如来应正等觉境界？佛子，菩萨摩诃萨，以无障无碍智慧，知一切世间境界，是如来境界。知一切三世境界、一切刹境界、一切法境界、一切众生境界、真如无差别境界、法界无障碍境界、实际无边际境界、虚空无分量境界、无境界境界，是如来境界。佛子，如一切世间境界无量，如来境界亦无量。如一切三世境界无量，如来境界亦无量。乃至如无境界，境界无量，如来境界亦无量。如无境界境界，一切处无有。如来境界亦如是，一切处无有。佛子，菩萨摩诃萨，应知心境界，是如来境界。如心境界，无量无边，无缚无脱。如来境界，亦无量无边，无缚无脱。何以故？以如是如是，思惟分别，如是如是，无量显现。故知，凡圣无际，心境一原。真无性而即相发明，相无体而因真建立。故云，智身寥廓，总万像以成体。万像无形，以智身而齐体。

又，若论化现门中，此是诸佛因地悲愿之力，令机熟众生自心感现，众生心中诸佛，应现无穷。诸佛心内众生，机缘不尽，所以法身无像，遇感成形。妙应无方，应念垂迹。由了平等，赴众望而犹若摩尼。为达无私，任群机而如同天鼓。古颂云：佛是众生心里佛，随自根堪无异物。欲知一切诸佛原，悟自无明本是佛。如《佛地经》云：随诸众生所乐，示现平等法性，圆满成故。《论》释云：随诸有情乐见如来色身差别，如来示现如是色身。如来虽居无戏论位，由平等智增上力故，大圆镜智相应净识，现瑠璃等微妙色身，令诸有情善根成熟，自心变似如是身相，谓自心外，见如来身。如契经言：由诸如来慈善根力，有所示现，令天人等自心变异，见如来身如金色等。又如经言：若所应化无量有情，宜见瑠璃末尼宝色，如来即能无碍示现种种瑠璃末尼宝色，令彼自心亦如是变。乃至广说，如是示现，一切如来，形相平等。如是平等，即是法性，是故说名平等法性。谓诸如来，随同所化有情乐见色身形相，即各示现同处同时，异类形相，令彼自心如是变现，作利乐事。如诸有情，阿赖耶识共相种熟，各各变现世界等相，同处相似，不相妨碍。此亦如是，如色身相，余事亦尔。由此示现，如前修习圆满成故，平等性智，圆满成就，度一切诸佛境界。《智严经》云：文殊师利问：无生无灭，其相云何？佛答：不生不灭，即是如来。文殊师利，譬如大地，瑠璃所成，帝释毗阁延宫殿供具等，影现其中。阎浮提人，见瑠璃地诸宫殿影，合掌供养，烧香散华，愿我得生如是宫殿，我当游戏如帝释等。彼诸众生，不知此地是宫殿影，乃布施持戒，修诸功德，为得如是宫殿果报。文殊师利，如此宫殿，实无生灭，以地净故，影现其中。彼宫殿影，亦有亦无，不生不灭。文殊师利，众生见佛，亦复如是。以其心净，故见佛身。佛身无为，不生不灭，不起不尽，非色非非色，不可见、非不可见，非世间非非世间，非心非非心。以众生心净，见如来身，散华烧香，种种供养，愿我当得如是色身，布施持戒，作诸功德，为得如来微妙身故。如是文殊师利，如来神力出现世间，令诸众生得大利益，如影如像，随众生见。又说如日光无心普照喻，摩尼无心雨宝喻，谷响无实喻等。其瑠璃地等喻众生心，影喻佛身。又，《华严》有摩尼随映喻。摩尼现色，喻自受用身，有其本色，但无青黄等异。青黄等异，随机映生。又，若以虚空喻佛身，即法性身。以虚空无相，故不随方隅而有增减。以法身无形，故非依报化而现精粗。如《华严·十定品》云：佛子，譬如虚空，于虫所食芥子孔中，亦不减小。于无数世界中，亦不增广。其诸佛身，亦复如是。见大之时，亦无所增。见小之时，亦无所减。如上诸况，皆喻见佛，然于镜像喻最亲。如质来对镜，镜中见像。像是质像，机感对刹。刹中见佛，佛是心佛。故《华严经》云：化佛从敬心起。又，诸喻大意，皆以体无生灭，不碍生灭。如非色约体，非不色约用，则法报一际，体用无差，俱会无生，同归宗镜。又，若以色声取，是行邪道。若离色声取，未免断无。古释云：如《华严》偈云：色身非是佛，音声亦复然。亦不离色声，见佛神通力。若依权教，本影四句，体用皆分。若依此宗，四句皆用。知一切法，即心自性，故本质影像，亦是自心，横竖等一切诸法，不出心性故。如般若中，了色是般若，具历诸法，且初历五蕴，云了色是般若，一切法趣色。色尚不可得，云何当有趣非趣？如是具历，诸法皆然。般若意，似当诸法之性，不异色性，故皆趣色。色不可得，当法性空。既无所趣，安有能趣？若智者意，一切法趣色，假观。色尚不可得，空观。云何当有趣非趣，即中道观。今但要初句，以取色性为诸法依，以性普收，故皆趣色，则一色中具一切法，是无碍之意故，随一法皆收法界故。若能如是解者，则凡有见闻一切境界，无非是佛出世。如《大集经》云：尔时众中有一菩萨，名曰慧聚，白佛言：世尊，生老病死出于世者，即是佛出。无明爱出，即是佛出。贪恚痴出，即是佛出。一切疑网烦恼出者，即是佛出。何以故？若如是等法不出世者，佛以何缘出现于世？佛言：善哉善哉，善男子，实如所言。尔时海慧菩萨言：世尊，若有不见如是等法，是时如来，为出于世，不出于世。善男子，菩萨初发菩提心时，真实不知如是等法，是故我为而宣说之。善男子，菩萨有四种：一者初发菩提之心，二者修行菩提之道，三者坚固不退菩提，四者一生当补佛处。发心菩萨，见佛色相，见已，即发菩提之心。修行菩萨，见佛具足一切善法，见已，即发菩提之心。不退菩萨，见如来身，及一切法，皆悉平等。一生菩萨，不见如来所有功德，及一切法。何以故？所得慧眼，了了净故，断二见故，净智慧故。若不见净，不见不净，不见非净非不净，是人即能明见如来。又，古德释台教止观云：只达一念自心是法界，十方诸佛，与一切众生，同一无住，本一法界，为身为土，无彼无此，无根无住处，无修不修，无证不证，无凡无圣。但众生自谓妄想缠缚为凡，为不修，为不证。谓佛为圣，为修，为证。修证凡圣，在众生自强立之，佛位中都无此名也。诸佛所见，一切众生凡圣身，是佛法身。一切国土，是佛国土。一切法，是佛法。一切心，是一心。极十方三际推求，无纤毫许。若色若心，不是佛理，智境朗然，周遍法界，尝无一事，澹然身心，无所施为。佛心既然，我学佛智，如佛用心，即止观明静也。佛现，即我心现。现与不现，只是自心镜上影像耳。

问：岂都无外佛可见耶？

答：自他不二。但如来有同体大悲，众生有熏习之力。扣击同体智镜，随此心上，感见相好镜中之像。然不离镜，而非即镜，随照好丑，感者千差，相亦万品：或机地深厚，或佛身长千万由旬，寿命无量阿僧祇劫，以恒河沙世界微尘佛刹为净妙国土，说无量无边不可说不可说法门。或人天报殊，示现八相。一期利益，不过数百年间，如空云水月，恍惚而生，斯皆由感者一念之心，谓佛色身来应。佛实无来去之劳，无有形之患，无可说之法，无所度之机。但众生善缘心想，谓佛来应为我说法，实是众生于自心上现此相耳。

问：众生善根，击佛大圆智镜，现此影像，像则属佛？

答：明镜属佛，像不属佛。像若属佛，佛则生灭流动。像若属众生，众生业结所缚，何能具此相好？但感应道交，方见此耳。

问：既是佛智镜上像，何言众生心上现？

答：同体圆镜不偏属佛，及众生同一体故。但众生磨莹己镜，未得全明，故能暂现此相，表进修之力。

问：若尔，众生自感心镜上现像，不言佛像现，佛即于众生无力。虚致敬慕，有何益也？

答：由敬慕之心，感像现也，此真佛力，岂众生能置哉？

问：此亦众生自家佛力，非他佛力也？

答：佛地无自他，汝强谓自佛、他佛者，众生心不尽耳。

问：若尔，只共作一佛，不能各各自成也？

答：不共作一佛，不各各自成。此义难了，试举喻看。如国清寺，法界也。住寺僧，古佛也。远人暂游，暂感佛也。

他日爱慕剃发,配寺国清,即我寺也。五峰松径,台殿房廊,悉我有也。顿得受用,不减他物,成我家也。不人人别造一寺也。不若他分一寺也。分即随人去,常住法界不可分也。此义出《涅槃经》中:譬如路有一大树,树阴清凉,来者即纳,无人遮护,无持去者。既印金口,可以奉持。

又,机应相关,感应缘会,能见一切无边佛事。以佛是增上缘,广大悲愿,慈善根力。以众生是等流果,志诚所感,根熟而见,然总不出自心。如师子现指,醉象礼足,慈母遇子,盲贼得明,城变瑠璃,石举空界,释女疮合,调达病痊,皆是本师积劫熏修慈善根力,令一切众生自心所见。

如上等事,可证今文。故《大涅槃经》云:佛言:善男子,如提婆达多,教阿阇世王,欲害如来。是时我入王舍大城,次第乞食,阿阇世王即放护财狂醉之象,欲令害我及诸弟子。乃至我于尔时,为欲降伏护财象故,即入慈定,舒手示之,即于五指出五师子。是象见已,其心怖畏,寻即失粪,举身投地,敬礼我足。善男子,我于尔时,手五指头实无师子,乃是修慈善根力故,令彼调伏。复次善男子,我欲涅槃,始初发足,向拘尸那城。有五百力士,于其中路,平治扫洒,中有一石,众欲举弃,尽力不能。我时怜愍,即起慈心。彼诸力士,寻即见我以足拇指举此大石,掷置虚空,还以手接,安置右掌,吹令碎粖,复还聚合。令彼力士,贡高心息,即为略说种种法要,令其俱发阿耨多罗三藐三菩提心。善男子,如来尔时,实不以指举此大石在虚空中,还置右掌,吹令碎粖,复合如本。善男子,当知即是慈善根力,令诸力士见如是事。复次善男子,此南天竺有一大城,名首波罗。于是城

中,有一长者,名曰卢至,为众导主,已于过去无量佛所,植诸善本。善男子,彼大城中,一切人民,信伏邪道,奉事尼乾。我时欲度彼长者故,从王舍城,至彼城邑,其路中间,相去六十五由旬,步涉而往,为欲化度彼诸人故。彼众尼乾,闻我欲至首波罗城,即作是念:沙门瞿昙,若至此者,此诸人民,便当舍我,更不供给。我等穷悴,奈何自活?诸尼乾辈,各各分散,告彼城人:沙门瞿昙今欲来此,然彼沙门,委弃父母,东西驰骋,所至之处,能令土地谷米不登,人民饥馑,死亡者众,病瘦相寻,无可救解。瞿昙无赖,纯将诸恶罗刹鬼神,以为侍从。无父无母孤穷之人,而来谘启为作门徒。所可教诏,纯说虚空,随其至处,初无安乐。彼人闻已,即怀怖畏,头面敬礼尼乾子足。白言大师:我等今者,当设何计?尼乾答言:沙门瞿昙,性好丛林,流泉清水。外设有者,宜应破坏。汝等便可相与出城,诸有之处,斩伐令尽,莫使有遗。流泉井池,悉置粪秽。坚闭城门,各严器仗。当壁防护,勤自固守。彼设来者,莫令得前。若不前者,汝当安隐。我等亦当作种种术,令彼瞿昙,复道还去。彼诸人民,闻是语已,敬诺施行,斩伐树木,污辱诸水,庄严器仗,牢自防护。善男子,我于尔时,至彼城已,不见一切树木丛林,唯见诸人庄严器仗,当壁自守。见是事已,寻生怜愍,慈心向之,所有树木还生如本,复更生长其余诸树,不可称计。河池泉井,其水清净,盈满其中,如青瑠璃,生众杂华,弥覆其上。变其城壁,为绀瑠璃,城内人民,悉得彻见我及大众,门自开辟,无能制者。所严器仗,变成杂华。卢至长者而为上首,与其人民俱共相随往至佛所,我即为说种种法要,令彼诸人,一切皆发阿耨多罗三藐三菩提心。善男子,我于尔时,实不化作种种树木,清净流水、盈满河池,变其本城为绀瑠璃,令彼人民彻见于我,开其城门,器仗为华。善男子,当知皆是慈善根力,能令彼人见如是事。复次善男子,舍卫城中,有婆罗门女,姓婆私咤,唯有一子,爱之甚重,遇病命终。尔时女人,愁毒入心,狂乱失性,裸形无耻,游行四衢,啼哭失声。唱言:我子,汝何处去?周遍城邑,无有疲已。而是女人,已于先佛植众德本。善男子,我于是女,起慈愍心。是时女人,即得见我,便生子想,还得本心,前抱我身,呜咂我口。我时即告侍者阿难:汝可持衣,与是女人。既与衣已,便为种种说诸法要。是女闻法,欢喜踊跃,发阿耨多罗三藐三菩提心。善男子,我于尔时,实非彼子,彼非我母,亦无抱持。善男子,当知皆是慈善根力,令彼女人见如是事。复次,善男子,波罗奈城,有优婆夷,字曰摩诃斯那达多,已于过去无量光佛,种诸善根。是优婆夷,夏九十日,请命众僧,奉施医药。是时众中有一比丘,身婴重病,良医诊之,当须肉药。若得肉者,病则可除。若不得肉,命将不全。时优婆夷,闻医此言,寻持黄金,遍至市鄽,唱如是言:谁有肉卖?吾以金买!若有肉者,当等与金!周遍城市,求不能得。是优婆夷,寻自取刀割其髀肉,切以为臛,下种种香,送病比丘。比丘服已,病即得差。是优婆夷,患疮苦恼,不能堪忍,即发声言:南无佛陀!南无佛陀!我于尔时,在舍卫城,闻其音声,于是女人,起大慈心,是女寻见我持良药,涂其疮上,还合如本。我即为其种种说法,闻法欢喜,发阿耨多罗三藐三菩提心。善男子,我于尔时,实不往至波罗奈城,持药涂是优婆夷疮。善男子，当知皆是慈善根力，令彼女人见如是事。复次，善男子，调达恶人，贪不知足，多服酥故，头痛腹满，受大苦恼，不能堪忍。发如是言：南无佛陀！南无佛陀！我时住在优禅尼城，闻其音声，即生慈心。尔时调达寻，便见我往至其所，手摩头腹，授与盐汤，而令服之，服已平复。善男子，我实不往调达所，摩其头腹，授汤令服。善男子，当知皆是慈善根力，令调达见如是事。复次善男子，憍萨罗国，有诸群贼，其数五百，群党抄劫，为害滋甚。波斯匿王，患其纵暴，遣兵伺捕，得已挑目，逐著黑闇丛林之下。是诸群贼，已于先佛植众德本，既失目已，受大苦恼，各作是言：南无佛陀！南无佛陀！我等今者，无有救护，啼哭号咷。我时住在祇桓精舍，闻其音声，即生慈心。时有凉风，吹香山中种种香药满其眼眶，寻还得眼，如本不异。诸贼开眼，即见如来住立其前而为说法。贼闻法已，发阿耨多罗三藐三菩提心。善男子，我于尔时，实不作风，吹香山中种种香药，住其人前而为说法。善男子，当知皆是慈善根力，令彼群贼见如是事。复次善男子，瑠璃太子，以愚痴故，废其父王，自立为主。复念宿嫌，多害释种，取万二千释种诸女，刖劓耳鼻，断截手足，推之坑堑。时诸女人，身受苦恼，作如是言：南无佛陀！南无佛陀！我等今者，无有救护，复大号咷。是诸女人，已于先佛种诸善根。我于尔时，在竹林中，闻其音声，即起慈心。诸女尔时，见我来至迦毗罗城，以水洗疮，以药傅之，苦痛寻除，耳鼻手足，还复如本。我时即为略说法要，悉令俱发阿耨多罗三藐三菩提心，即于大爱道比丘尼所，出家受具足戒。善男子，如来尔时，实不往至迦毗罗城，以水洗疮，傅药止苦。善男子，当知皆是慈善根力，令彼女人见如是事。悲喜之心，亦复如是。善男子，以是义故，菩萨摩诃萨，修慈思惟，即是真实，非虚妄也。善男子，夫无量者，不可思议。菩萨所行，不可思议。诸佛所行，亦不可思议。是大乘典《大涅槃经》，亦不可思议。

以此明文，可为诚证。则知，三界九有，一切染净等法，皆不出法界众生之心。犹如画师，画出一切境界。心之画师，亦复如是。所以《正法念处经》云：又彼比丘，如是观察，云何众生有种种色、种种形相、有种种道、种种依止？又彼观察，有种种心、种种依止、种种信解、有种种业。此如是等种种诸色、种种形相、种种诸道、种种依止，譬如黠慧善巧画师，若其弟子。观察善平坚滑好地，得此地已，种种彩色、种种杂色、若好若丑，随心所作，如彼形相。心业画师，若其弟子，亦复如是：善平坚滑业果报地，生死地界，随其所解，作种种形相、种种诸道、种种依止。心业画师，业作众生。又诸彩色，取白作白，取赤作赤，取黄作黄。若取鸽色，则为鸽色。取黑作黑。心业画师，亦复如是：缘白取白，于天人中则成白色。何义名白？欲等漏垢所不染污，故名白色。又复如是心业画师，取赤彩色，于天人中能作赤色。何义名赤？所谓爱声味触香色，画观察衣。又复如是心业画师，取黄彩色，于畜生道，能作黄色。何义名黄？彼此递互饮血噉肉，贪欲瞋痴，更相杀害，故名黄色。又复如是心业画师，取鸽彩色，攀缘观察，于饿鬼道，作垢鸽色。何义名鸽？彼身犹如火烧林树，饥渴所恼，种种苦逼，心业画师嫉心所秉，痴闇所覆。又复如是心业画师，取黑彩色，于地狱中，画作黑色。何义名黑?以黑业故,生地狱中,有黑铁壁,被然被缚,得黑色身,作种种病,饥渴苦身,无量苦逼,皆是自业,非他所作。又彼比丘,观察如是三界五道,五种彩色,生死画衣,于三地住,谓欲界地、色无色地。心业画师,习近淫欲,攀缘欲界种种色画。缘色依止,有二十种:离欲四禅,以为画笔。依十六地,是所画处,作色界离。缘色界三摩跋提,缘无色界,画为四处。心业画师,广画如是三界大依。又彼比丘,观察如是心业画师,身如彩器。贪欲瞋痴,以为坚牢。攀缘之心,犹如梯隥。根如画笔。外诸境界、声触味色及诸香等,如种种彩。生死如地。智如光明。勤发精进,如手相似。众生如画。神通如彼无量形服。有无量种业果报生,如画成就。又彼比丘,依禅观察心业画师,有异种法:如彼画师,不生疲倦。善治彩色,各各明净。善识好笔,画作好色。心业画师,亦复如是,不生疲倦:若修禅定,善治禅彩。攀缘明净,如彩光明。修道之师,如善好笔。知禅上下,如善识知。有取有舍,如不疲倦。如是禅定心业画师,画彼禅地,如彼好色。又彼如是心业画师,若有疲倦,则画不善地狱饿鬼畜生道处,同业因缘。铁杵为笔,不善彩色,画非器人,所谓地狱饿鬼畜生,如是等色,非好色画,广说如前。释曰:是以,画师运巧拙之意,执五彩之笔,于平正之地,邈出一切精粗之像。如众生禀愚智之心,兴三业之笔,于善恶之地,画出一切苦乐之事。又如世画师,只画得色阴。若心画师,能画五阴。又,世画不坚牢,色退像即灭。心画经长劫,身谢业不亡。又,世画甚易知,妍丑皆可见。心画极难审,果报莫可知。如《正法念处经》颂云:诸业之所作,过于巧画师。业画师天中，作种种乐报。种种众彩色，现观则可数。心业布众彩，其数不可知。毁壁画则亡，二俱同时灭。若身丧灭时，业画不可失。譬如一画师，造作众文饰。一心亦如是，造作种种业。五彩光色现，见之生爱乐。五根画亦尔，如业有生死。如世巧画师，现前则可见。心画师微细，一切不可见。图画好丑形，令壁众像现。心业亦如是，能作善恶报。是心于昼夜，思念恒不住。如是业随心，展转常不离。风尘烟云热，画色则毁灭。舍善不善持，诸业尔乃失。

又依《般舟经》，见佛略有四喻：一梦喻。如梦所见，从分别生。见一切佛，从自心起。二水影喻。水喻心性，则佛之月影，皆是众生真心中物。心佛交彻，唯真心也。三幻喻。自心犹如幻术，一切佛如幻所作。谓有能幻法，方成幻事。无能念心，无所见佛。四响喻。譬如空谷，随声发响。悟解自心，随念见佛。上之四喻，一正喻唯心，二唯心故空，三唯心故假，四唯心故中。又，梦喻不来不去，影喻不出不入，幻喻非有非无，响喻非合非散。如经颂云：心者不知心，心者不见心。心有想则痴，无想则泥洹。是法不坚固，常立在于念。以解见空者，一切无想念。释云：若心自见心，先心为能见，佛为所见。刀不自割，指不自触。云何自心还见自心？能所不分，见相斯绝。故经云心有想则痴。若无想则心冥性佛，永绝思求矣。如上是众生自心感现，次诸佛菩萨因地愿力，示现化门，无有断绝。所以《维摩经》云：虽示成正觉，不舍菩萨道。虽悟即心是佛，顿成菩提。然为众生未达，广修福业，以导未闻，皆令开解，同归此地。如《华严经》云：虽能一念，即成阿耨多罗三藐三菩提。然为众生故，

于无量劫行菩萨行,无有休息,是为如山增上心。又云:佛子,菩萨摩诃萨,又作是念:阿耨多罗三藐三菩提,以心为本。心若清净,则能圆满一切善根,于佛菩提必得自在,欲成阿耨多罗三藐三菩提,随意即成。若欲除断一切取缘,住一向道,我亦能得,而我不断,为欲究竟佛菩提故,亦不即证无上菩提。何以故?为满本愿,尽一切世界行菩萨行,化众生故,是为第九如金刚大乘誓愿心。

如上况喻,证信无疑。则佛道立成,匪由他教。终不起于余念,唯自净于一心,可谓顺佛本怀,得教正意矣。

问:佛度众生,众生还度佛不?

答:若约内观,因了妄念杂识,众生无体,发其觉慧,成自心之佛,此岂不是因众生得度?若论外化,皆因众生感出,若无机缘,既无所化,亦不成佛。如《净名经》云:菩萨随所化众生而取佛土。《净度三昧经》云:众生亦度佛。若无感,佛不出世,亦不能得成三菩提。出世菩提,皆由众生机故。

宗镜录第十九

宋 慧日永明妙圆正修智觉禅师延寿集

夫如上所说,祖教同诠,凡曰有心,皆得成佛。如今现见众生,何不成佛?

答:若以众生眼观,只见众生界有余。若以佛眼观,乃知诸佛界无外。

故知,无明妄风,鼓心海而易动。本觉真性,睡长梦而难惺。是以《首楞严经》云:汝之心灵,一切明了。未曾暂昧,而迷者目击而不知。如美玉沉泥,自埋高价。犹贞金混砾,空匿光辉。如《法华经》云:我昔欲令汝得安乐,五欲自恣,于某年日月,以无价宝珠,系汝衣里,今故现在,而汝不知,勤苦忧恼,以求自活,甚为痴也。汝今可以此宝,贸易所须,常可如意,无所乏短。

故知,本觉常成,衣珠不失。若非圆顿之教,何以直了自心?故《圆觉经》云:觉成就故,当知菩萨不与法缚,不求法脱。不厌生死,不爱涅槃。不敬持戒,不憎毁禁。不重久习,不轻未学。何以故?一切觉故。是知,一切众生,皆本觉成就。以不觉故,认随染之觉,见胜劣之境,起忻厌之心,但逐妄轮回,顿迷真觉。然因觉,有不觉。若无真,妄无所依故,如烟无火不起。

又,觉因不觉,若随器之金,还待器显,事能显理故。所

以唯真不立,单妄不成。唯真不立者,佛果无生故。单妄不成者,无所依故。如先德颂云:一切众生金色界,白净无垢智无坏。宝珠自在内衣中,只欲长贫在门外。清净宝乘住四衢,文殊引导普贤扶。肥壮白牛甚多力,一念遍游无卷舒。如是宝乘不肯入,但乐勤苦门前立。不觉自身常在中,遣上恒言我不及。《华严经》颂云:欲求一切智,速成无上觉。应以净妙心,修习菩提行。又颂云:譬如良沃田,所种必滋长。如是净心地,出生诸佛法。是知,十方诸佛中,无有一佛不信此心成佛。二十八祖内,无有一祖不见此性成祖。如今闻而不成祖佛者,皆为信不及见不谛故。但学其语,不照其心。但执其解,不深其法。何者?信即是道故,经云:信是道原功德母。见即无疑故,经云:见若谛,习亦除。何况现行,心外境界?但入宗镜,方悟前非。心光透时,余瑕自尽。《华严·出现品》云:佛子,菩萨摩诃萨,应知自心,念念常有佛成正觉。何以故?诸佛如来,不离此心成正觉故。如自心,一切众生心亦复如是,悉有如来成等正觉,广大周遍,无处不有,不离不断,无有休息,入不思议方便法门。古释云:不离此心成佛者,有二:一、众生身心,即佛所证故。佛证众生之体,用众生之用。二、全即佛菩提性故。一性无异,此即他果在我之因,以我因成他果,故名入不思议方便法门。是以,不得意者,作众生思故,是亦不可。设作佛思,是亦不可。即亦不可,非即亦不可。当净智眼,无取诸情。经云:佛子,令依此知,无幽不尽。《涅槃经》云二十五有有我者,自实名我。所谓一切诸法体实,一切众生,有如来藏能为佛因,名有佛性。如一切色中,皆有空性。

然非独有情，具如来之正性。一切诸法中，皆有安乐性。所以云：若以肉眼观，无真不俗。若以法眼观，无俗不真。又云：法身流转五道，名曰众生。但法身即是真如，流转五道即是随缘。名曰众生，是差别义。

又，由随缘即不变故，夺差别令体空，则末寂也。由体空差别故，夺不变令随缘，故本寂也。以全本为末故，本便隐。全末为本故，末便亡也。是则，真如随缘成众生，未曾失于真体，故令众生非众生也。众生体空即法身时，未曾无众生故，非法身也，故二双绝。二既互绝，则真妄平等，无可异也。故云：随缘非有之法身，恒不异事而成立。寂灭非无之众生，常不异真而显现。故知，烦恼即菩提，菩提即烦恼。所以《胜天王般若经》云：佛告胜天王言：譬如无价如意宝珠，妆饰莹治，皎洁可爱，体圆极净，无有垢浊。堕在淤泥，已经多时，有人拾得，取而守护，不令堕落。法性亦尔，虽在烦恼，不为所染，后复显现。天王，诸佛如来，悉知众生自性清净，客尘烦恼之所覆蔽，不入自性。是故，菩萨摩诃萨，行般若波罗蜜，应作是念：我当勇猛、勤修精进，为诸众生，说是甚深般若波罗蜜，除其烦恼。一切众生，皆有性净，是故于彼，勿生下劣，应当尊重，彼即我师，如法恭敬。菩萨摩诃萨作如是心，即生般若。《阇那大悲处胎经》云：魔梵释女，皆不舍身、不受身，悉于现身得成佛。故偈云：法性如大海，不说有是非。凡夫贤圣人，平等无高下。唯在心垢灭，取证如反掌。《华手经》云：佛言坚意，无碍际者，即无边际。无边际者，即是一切众生性也，是名际门。入是际门，则能开演千亿法藏。此法藏者，即非藏也。坚意，如来众法藏中，

有所说法，皆说是际。复有色藏、受想行识藏，是藏非藏，不在自藏，是名诸藏以阿字门入。释曰：阿字者，即无生义。若了心无生，则无法可得。悟此唯识，乃入道之初门，所以《大品经》云：无有一法可得，名曰众生。夫言众生者，即法身义。如《不增不减经》言：舍利弗，即此法身，过于恒沙无量烦恼所缠，从无始来，随顺世间生死涛波，去来生灭，名为众生。是知，若云众生即法身者，甚为难解，故先德引《大涅槃经》云：若有人能藕中丝，悬须弥山，可思议不？不也，世尊。佛言：菩萨能以一念，称量生死，不可思议。今明圆理难晓，但仰信而已。如闻生死有不可思议理，而但仰信。不能一心即如来藏，故非圆意。《文殊般若经》云：佛告文殊：若人问汝有几众生界？汝云何答？文殊言：众生界数，如如来界。问：众生界广狭？答：如佛界广狭。问：一切众生，系在何界？答：如如来系，众生亦尔。问：众生界住何处？答：住涅槃界。又云：文殊言：如虚空无数，众生亦无数。虚空不可得，众生亦不可得。

是以，于不可得中，随世语言有所建立，凡圣境界方便说者，是不可思议广大神变。如《大宝积经》云：文殊师利菩萨云：复次法无出相，说出离法，是名神变。法无差别，文字分别，是名神变。法无所行，说有修行，是名神变。法无来去，说有来去，是名神变。于一道证，建立诸果，是名神变。于一味法，分别三乘，是名神变。一切诸佛，唯是一佛，说无量佛，是名神变。一切佛土，唯一佛土，说无量土，是名神变。无量众生，即一众生，说无量众生，是名神变。一切佛法，唯一佛法，说无量法，是名神变。法不可示，显示诸法，是名神变。法无所得,修习作证,是名神变。乃至尔时长老舍利弗,语商主天子言:汝闻此神变,不惊怖耶?天子答言:我即神变,云何惊怖?舍利弗言:天子,以何密意,而作是言?天曰:一切诸法,若善不善,无动而动,名大神变。是故舍利弗,作善业者,生于天上,有大威德,如是善业,不可思议。一切众生,往来生死,亦不可思议。不可思议者,名大神变。如佛所说,四种境界不可思议:一者业境界不可思议,二者龙境界不可思议,三者禅境界不可思议,四者佛境界不可思议。以是义故,说一切法,名大神变,不应惊怖。复次舍利弗,若如来说此神变,虚空界宁有怖耶?答言:不也。天曰:若虚空不怖,云何问言汝不惊怖?舍利弗言:汝岂同虚空耶?天曰:如佛所说,若内空、外空,是虚空不?答言:如是。天曰:是故一切众生,是虚空性。是知,若一切有情无情,皆同虚空性者,何处有凡圣之异,内外之殊?且虚空性,无有起尽,何故更问成佛不成佛乎?《入法界体性经》云:佛问文殊:汝知法界耶?如是,世尊,我知法界即是我界。又问:汝岂不乐法界耶?文殊曰:世尊,我不见一法非法界者,更何所乐?《持世经》云:若世间法,与出世间法异者,诸佛不出于世也。何者?以觉一切法平等,故名为佛。《大集经》云:诸众生界及法界,若能平等观无异,不生分别一二数,是名菩萨不退印。又云:若有菩萨,不离凡夫,能知圣法。以凡夫心,观察圣法。《密严经》云:如来法身,住于一切众生身中,光影外现,犹如净彩裹摩尼珠,无所障蔽,亦复如是。是故当知,如来法身,遍在一切诸众生中,如佛所说。乃至枯树蕉木,亦悉皆入,不应生害,况复余类?是故,不应称量众生,除诸如来,无能知者。

是以,诸佛法身,遍一切处。夫法身者,即自心也,是法家之身,群有之性。该今彻古,遍界盈空。十方太虚,于自心内,尚如一点之云生。百千大海,向本觉中,犹若一滴之沤起。岂况假名凡圣,而非我心乎?台教云:佛者,觉义。如《宝箧经》云:佛界众生界,一界无别界。此是圆智,圆觉诸法。遍一切处,无不明了。虽五无间,皆生解脱想。虽惛盲倒惑,其理存焉。斯理灼然,世间常住,有佛不能益,无佛不能损。得之不为高,失之不为下。故言众生即佛,此理佛也。《华严论》云:一切处文殊师利,一切处金色世界,一切处不动智佛。今之信者,当信自心无依住性妙慧解脱,是自文殊。于心无依住中,无性妙理,有自在分别,无性可动,名不动智佛。理智无二,妙用自在,是故号曰妙德菩萨。是故,一切诸佛,从此信生。故号文殊,为十方诸佛之母。亦号文殊,为童子菩萨,为皆以信为初生故。信心成就,即以定慧观智力印之,契一念相应,名十住初心,便成正觉:取能行行处,号曰普贤。取妙慧无依处,号曰妙德。取善能分别知根之智,号之为不动智佛。自契相应,名为正觉。且能信处,号之曰信。自契相应,名为住心,为住佛所住妙慧解脱相,尽无生法故。若心外有佛,不名信心,名为邪见人也。一切诸佛,皆同自心。一切众生,皆同自性。性无依故,体无差别。智慧一性,应如是知。以此同体妙慧,知诸佛心及众生心,应如是信解,不自欺诳。是故,此经宗趣,为大心众生,设如斯法、诸佛自所乘门、一乘妙典、法界道理,令大心众生,入佛根本、大智佛果故。一念契真,理智同现,即便佛故。为法界道理,见则无初中后故。

是以世人,唯信诸佛境界不可思议,不知众生境界亦不可思议,以众生界即佛界故。如论云一切处不动智佛者,夫一切之言,无处不遍,岂独众生界耶?所以《华严私记》云:今多许人学,皆得与释尊等,亦与文殊等,一念即等。若不信,始作少时努力,静思惟看。故知,一念平等,理事无差。但静思凝神,回光内照,有何异法能为隔越?唯自心想起,妄分高下耳。清凉《疏》云:佛及众生,若以性净而说,现今平等,而不妨迷悟之殊。是故,三乘亦有差别,亦无差别。是则,染净三世一切诸法,无不平等,况称性互收?如是解者,名为善住一切智地。如地能生,终归于地。万法依于佛智,究竟还至一切智。《宝性论》偈云:譬如贫人舍,地有珍宝藏。彼人不能知,宝又不能言。众生亦如是,于自心舍中。有不可思议,无尽法宝藏。虽有此宝藏,不能自觉知。以不觉知故,受生死贫苦。譬如珍宝藏,在彼贫人宅。人不言我贫,宝不言在此。如是法宝藏,在众生心中。众生如贫人,佛性如宝藏。为欲令众生,得此珍宝故。彼诸佛如来,出现于世间。《无生义》云:大师恒引《如来藏经》言:众生身中,有佛三十二相、八十种好,坐宝莲华,与佛无异。但为烦恼所覆故,未能得用。此是具有佛知见根性,未有知见用,实时犹故愚。乃至譬如小儿,具有大人六根,与大人不异。在其身中,而未能有大人用。至渐长大,复须学问,乃有大人知见力用也。若根性是有,作用岂无?如种子本甘,结果非苦。只恐不知有,自认作凡夫。真性常了然,未曾暂隐覆。如佛言:如来实无秘藏。何以故?如秋满月,处空显

露，清净无翳，人皆睹见。

又，祖师云：五阴本来空，师子何曾在窟？故知，但是众生不了，自称为秘。然虽无秘藏，而有密语。密语难解，唯智能知。如百丈和尚云：只如今语言，鉴照分明，觅其形相不可得，是密语。所以宗镜之光，无时不照，常关日用，昧者不知，所以无所希望。经偈云：众生界悉等，平若虚空界。其能了此等，成佛道不难。又偈云：其无所相者，一切无所念。无心无所生，佛道不难得。《月藏经》云：佛言：是故于法平等，思惟观察，不离众生有法，不离法有众生。如众生体性，即是我体性。如我体性，即是一切法体性。如一切法体性，即是佛法体性。如是观诸法平等时，众生即阴不可得，离阴不可得。和合不可得，离和合亦不可得。非法非非法，是人如是得住无相，是名法平等。是知，一切法常成正觉，无有不成正觉时。如经云：凡真实法，不舍自相，取于余相。若舍非正觉，成等正觉，则非真实。正觉者，曾无有时不成正觉。故知，一切众生，皆住觉地，非是舍不觉，而取正觉。则一觉一切觉，常成正觉，无有不觉时。如虚空湛然，无有成坏。若执有成不成，斯属情见。若以智照，何往不真？念念而常见法身，尘尘而尽成佛国。但以自眼有瞖，妙见不通。违背己灵，沉溺家宝。虽同一性，要以智明，如乐蕴奇音，指妙则宫商应节。人怀觉性，智巧则动用冥真。得失在人，精粗任己。所以善逝按指，发海印之光。含识举心，现尘劳之相。如古释众生佛性，譬若箜篌，具有五义：一有箜篌身，二有中间声，三有弦绦，四有弹箜篌人，五有所弹得曲。此五是喻，我等五阴，似箜篌身。中真如佛性，似声。

六度万行，似弦绦。巧便智慧，似弹箜篌人。我等以巧便智修行六度，当来成佛，一尘一毛，皆遍法界，似弹奏之曲也。故沈休文《佛知不异众生知义》云：故知，凡夫之知，与佛之知不异，由于所知之事异，知不异也。沈约《六道相续作佛义》云：相续不灭，所以能受知。若今生陶练之功渐积，则来果所识之理转精，转精之知来应，以至于佛而不断不炼也。若今生无明，则来果所识转闇，转闇之知亦来应，以至于六趣也。故知，众生之识，相续不断，但由精粗，分其升降耳。又，古师计云：一切如来因地发愿，度尽众生。生界不尽，不取正觉。现见众生沉沦九有，故知，诸佛未合有成，成则违誓。彼答不正，《华严记》中，约如实义释，诸佛皆有悲智二门：以大悲故，穷未来际无成佛时，故菩萨阐提，不成佛也。以大智故，念念速成，又欲化尽诸众生界，自须速成，方能广化。不惧违昔，尽竟诚言。又了众生之本如，故化而无化，是则常成亦常不成，亦常化而常无化。悲智自在，何局执耶？

如上释者，此犹是约理事双通。若直就宗明，如《华严经》云：如来初成正觉时，于自身中，见一切众生已成佛竟，已涅槃境。又，经云：尔时世尊，复依一切住持藏法如来之相，为菩萨宣说般若，一切有情住持遍满甚深理趣胜藏法门。谓一切有情，皆如来藏，普贤菩萨自体遍故。一切众生，皆金刚藏，以金刚藏所灌洒故。一切众生，皆正法藏，一切皆依正语转故。一切众生，皆妙业藏，一切事业加行依故。《法华经》云：舍利弗当知，我本立誓愿，欲令一切众，如我等无异。如我昔所愿，今者已满足，化一切众生，皆令入佛道。斯则成佛度生，大愿大化悉圆满矣。如有不信此说，自尚未成,焉能度彼?

问:众生即佛,佛即众生。入一心门,因果交彻。故经云:若弥勒得菩提者,一切众生皆亦应得。此俱成佛得菩提义,为是理成,为是事成?

答:三乘多约理成。或云法身即等,报化未圆。亦云一念成佛,皆从理说。今一乘宗,理事齐等。古德云:此出自《华严》大意,难以取解。然诸众生,若于人天位中观之,具足人法二我。小乘唯是五蕴实法。大乘或说但心所现,或说幻有即空、人法俱遣,或说唯如来藏,具恒沙性德故。众生即在缠法身,法身众生,义一名异,犹据理说。更有说言相本自尽,性本自现。不可说言,即佛不即佛等。若依华严宗,旧来成竟,亦涅槃竟。非约同体,此成即是彼成。若尔,何以现有众生,非即佛耶?若就众生见解位看者,尚不见唯心即空,安见圆教中事?如迷东为西,正执西故。若诸情顿破,则法界圆现,无不已成,犹彼悟人,西处全东。是以,善财龙女,皆是凡夫一生亲证,三乘权教信不及人,称为示现。如《玄义格》云:人谓善财龙女,是法身菩萨,化为幻技,一时悦凡人,令自强不息耳。议曰:若尔,圣有诳凡之愆,凡无即圣之分。教门徒设,用学何为?故不然也。

问:若是实从凡顿成佛者,何故经中唯此二人,别更无耶?

答:日月在天,盲者不见。经说一生成佛者,数如微尘。五千卷经,卷卷有即生得道。只如达摩禅师,传佛心印,言下见性,便为得道。取相之徒,指为外道。论云:金色世界不动智佛,一切处文殊,俱是自心法性,非外来物。又云:十信、十住、十行、十向、十地,为《华严》觉了自心。大方广,是佛先自见性,为佛身心。齐修五位,为庄饰也。亦同天台初发心时,即观涅槃行道。比喻莲华,华果同时义,同印即心成佛。《鸯崛魔罗经》云:鸯崛魔罗与文殊师利,普诣十方,各十世界诸如来所,问如是义:云何释迦牟尼佛,住娑婆世界,不般涅槃解脱之际?彼诸如来,悉答我言:释迦牟尼佛,即我等身,彼佛自当决汝所疑。故知,遍刹之身,只是一身。分亦不多,聚亦非一。如《首楞严三昧经》云:若善男子、善女人,求佛道者,闻首楞严三昧义趣,信解不疑,当知是人,必于佛道不复退转。何况信已、受持读诵、为他人说、如说修行?时诸释梵、护世天王,皆作是念:我等今者,当为如来敷师子座、正法座、大人座、大庄严座、大转法轮座,当令如来,于我此座,说首楞严三昧。是中人人,各各自谓:唯我为佛敷师子座,余人不能。乃至须臾之间,于如来前,有八万四千亿那由他宝师子座,悉于众会无所妨碍。一一天子,不见余座,各作是念:我独为佛敷师子座,佛当于我所敷座上,说首楞严三昧。时释梵护世天王,敷座已竟,各白佛言:唯愿如来,坐我座上,说首楞严三昧。即时世尊,现大神力,遍坐八万四千亿那由他师子座上,诸天各各见佛,坐其所敷座上,不见余座。有一帝释,语余释言:汝观如来,坐我座上。是释梵护世天王,各相谓言:汝观如来,坐我座上。有一释言:如来今者,但在我座,不在汝座。乃至时梵众中,有一梵王,名曰等行,白佛言:世尊,何等如来,为是真实?我座上是,余座上是?佛告等行:一切诸法,皆空如幻,从和合有,无有作者。皆从忆想分别而起,无有主故,随意而出。是诸如来,皆是真实。云何为实?是诸如来,本自不生,是故为实。是诸如来,今后亦无,是故为实。是诸如来,非四天摄,是故为实。诸阴界入,皆所不摄,是故为实。是诸如来,如先中后,等无差别,是故为实。梵王,是诸如来,等无差别。所以者何?是诸如来,以色如故等,以受想行识如故等,以是故等。是诸如来,以过去世如故等,以未来世如故等,以现在世如故等,以如幻法故等,以如影法故等,以无所有法故等,以无所从来、无所从去故等。是故如来,名为平等,如一切法等。是诸如来,亦复如是。释曰:首楞严三昧者,即一切事究竟坚固。何者?以能见心性,名为上定。信入此者,亦名王三昧。以此三昧历一切事,岂非究竟坚固耶?如释梵护世诸天,各见佛坐自座,此乃实证自心。所以经云:皆从忆想分别而起,无有主故随意而出,是诸如来皆是真实。云何为实?是诸如来本自不生。是故为实者,以诸如来,本自不生。即是自心生,然其自心,又如幻梦,皆不出平等真如之性。所以经云:譬如真金,虽复锻磨,不失其性。是诸大士,亦复如是。随所试处,皆能示现不思议法性。《宝性论》偈云:如彼毗瑠璃,清净大地中。天主帝释身,于中镜像现。如是众生心,清净大地中。诸佛如来身,于中镜像现。故知,即心而见佛者,可谓现身成道矣。如《禅要经》云:佛言:善男子,若外相求,虽经劫数,终不能得。于内觉观,如一念顷,即得阿耨多罗三藐三菩提。是以,行位齐成,速登妙果。以凡圣同体,迷悟似分。若信入之时,不从外得。所以云:生死与道合,如明与暗合。故云:水中咸味,色里胶青。

李长者《论》云:此《华严经》,十住为见道,十行、十向、十地、十一地为加行,修行令惯熟故。佛果于初,先现以普贤悲愿,令智悲大用,惯熟自在故,以自如来根本普光明智先现故,始终本末总无延促时日分剂故,以法身根本智如实而言,不同三乘权教,情所解故,皆须约本而观之。毕竟佛果惯习已成,普贤行已满,一往但以教化一切众生为常恒。从初至末,无始无终,无成无坏,但以普遍十方一切六道,以智对现利生为永业也。从初发心起信修行时,发如是信乐,发如是志愿,起如是志求,见如是道。从初发心住,以定观力契会法身,显根本普光明智,照知一切自他生死海,性自解脱。但为教化众生,令其破执,离妄想苦故,亦不见自身成佛不成佛故。若也起心图成佛念,当知此人,去佛道远。若也但以法身无性之力,自他性离,无成坏心,起方便力,兴大愿力,起大悲门,无作而作,发无限志愿,教化一切法界中无性众生,使令迷解,还令省得自心无性之理,妄想系著自无。不言成佛,不言不成佛,不可作如是图念之情。如此《华严经》,安立五位教门,但为引接未得谓得,未至谓至,未满云满,滞染净障,于菩提道及菩萨行有止足心,有休息想,安立五十重因果,一百一十重法门,使不滞住,止息休废之心,满普贤愿行至无尽极。又云:此《华严经》,直示本身本法,出超情见,无始无终,三世相绝,一圆真报,不生不灭,不常不断,性相无碍。自在果海法门,直授上上根人,教门行相,势分如是,不同权学,依次第渐渐而成。只如登峰九仞,不可以绝其踪。履十层之级者,不可亡其迹。常见官阶一品,但以为臣。闻古士夫,忽有身登九五。明珠顿照,普见无方。泽霖大海,滴滴皆满。一尘空性,法界无差。品类有情,强生留系。根器不等,权实不同。以此教门,千差万别,须知权实,识假修真。不可久滞权宗,迷其实教者也。

故智俨法师问:一地即摄一切诸地功德者,一法即具,何用余门耶?

答曰:若无余门,一门即不成故。如一升摄一斗,若无升时,此斗即不成。

问:若无升,即无斗者。今举一升,即得一斗,以不得一升,不得斗者,一行不具一切也。

答:十升合成一斗,既无其升时,将何作斗?故知,无升即无斗,有升即有斗。今举升即斗,斗升之外,无别升斗也。如龟毛兔角,不可得也。初心即成佛,成外无别修,其相如虚空故。是故,初心成佛者,非谓不具诸功德。如经说:普庄严童子,一生得闻善熏习,二生成其解行,三生得入果海。同一缘起,而此三生,只在一念。犹如远行,到在初步。然此初步之到,非谓无于后步,明此童子得入果海,非不久植善根。

问:既久修始得,云何言一念得耶?

答:言久修善根者,即在三乘教摄。从三乘入一乘,即是一念始修具足。故经云:初发心时,便成正觉。譬众川入海，才入一滴，即称周大海，无始无终。若余百川水之极深，不及入大海之一滴。即用三乘中修多劫，不及一乘之一念。

又，此时劫不定，或一念即无量劫，无量劫即一念。一生即无量生，无量生即一生，如十玄门，时处无碍。

又，大乘明一念成佛义有二：一者会缘以入实，性无多少，故明一念成佛。二者行行才满，取最后念，名为一念成佛。如人远行，以后步为到。若一乘明一念成佛者，如大乘取后一念成佛，即入一乘。以后即初，初念即是成。何以故？以因果相即，同时相应故。欲论其成者，成复成，成复成也。众生欲在后成者，在后复在后，在后复在后也。今举一念成者，即与佛同位，未具究竟，故复有浅深之殊矣。如人始出门，及以久游行他土，虽同在空中，而远近有别。是故，十信、十住等五位，各各言成佛者，而复辩其浅深，此中须善思之。《心要笺》云：心心作佛，无一心而非佛心。处处道成，无一尘而非佛国。是故，真妄物我，举一全收。心佛众生，浑然齐致。是知，迷则人随于法，法万差而人不同。悟则法随于人，人一致而融万境。《止观》云：观众生相，如诸佛相。众生界量，如诸佛界量。众生界住，如虚空住。以不住法，以无相法，住般若中，不见凡法云何舍，不见圣法云何取。但住实际，如此观众生真佛法界。身子云：谛了此义，是名菩萨摩诃萨。弥勒云：是人近佛座，佛觉此法故。文殊云：闻此法不惊，即是见佛。佛云：即住不退地，具六波罗蜜，具一切佛法矣。

如上所说，教理无亏，只是正解难生，信力不具。若信而不解，则日夜长无明。若解而不信，则日夜长邪见。信而

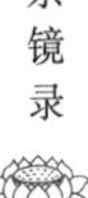

且解，方契此宗。契此宗人，甚为希有！不唯十方诸佛与我相应，大地山河一时同证。如真觉大师歌云：法中王，最高胜，恒沙诸佛同共证。我今解此如意珠，信受之者皆相应。百丈和尚云：但是一切照用，任听纵横。啼笑语言，皆成佛慧。如是解者，无一时不成佛，无一人不得道。天真自然，何关造作？故《法华经》云：又见诸如来，自然成佛道。《法界印》云：初发心时便正觉，苦乐平等一味佛。又云：寂法分别名众生，旧来不动名为佛。融大师颂云：法忍先将三毒共，佛性常与六情俱。但信研心出妙宝，何烦衣外觅明珠。傅大士颂云：佛亦不离心，心亦不离佛。心寂即涅槃，心能则有物。物则变成魔，无物即见佛。若能如是用，十八从何出？庞居士偈云：不用苦多闻，看他彼上人。百亿及日月，纂在一毛鳞。心但寂无相，即出无明津。若能如是学，几许省精神。寒山子诗云：寄语诸仁者，复以何为怀？达道自见性，见性即如来。天真元具足，修证转差回。弃本却逐末，只守一场呆。志公和尚歌云：佛体本是心作，那得文字中觅。将佛求佛辛苦，坐地自致徭役。一钵和尚歌云：莫更将身造水泡，百毛流血是谁教。不如静坐真如地，顶上从他鹊作巢。万代金轮圣王子，只者真如灵觉是。菩提树下度众生，度尽众生出生死。不生死，真丈夫，无形无相大毗卢。尘劳灭尽真如在，一颗圆明无价珠。布袋和尚歌云：只个心心心是佛，十方世界最灵物。纵横妙用可怜生，一切不如心真实。腾腾自在无所为，闲闲究竟出家儿。若睹目前真太道，不见纤毫也大奇。万法何殊心何异，何劳更用寻经义。心王本自绝多知，智者只明无学地。

问:凡圣皆同一心真性成佛,云何见有前后?

答:见虽前后,性且不亏。迹任升沉,理亦无爽。如昏睡心中有觉悟之性,以眠熟未惺故,寤来即现。似婴孩身内具大人之相,以力用未充故,长成即备。一切众生,以无明梦未惺,觉道力未具,则佛性未现,法身未圆。岂是一切含生,而不具如来藏性?

古德问云:佛性共有,诸佛成佛时,众生尽合成佛。若言各别有,应是无常?

答:佛性与一切众生共有,所证是一,能证有前后。是故,诸佛成道,我等轮回。前后约时,性无本末。如昔人云:法身一相,瞻仰异容。正教无偏,说听殊旨。故《摄论》偈云:众生罪不现,如月于破器。遍满诸世间,由法光如日。释云:如破器中,水不得住。水不住故,月则不现。如是有情身中,无有奢摩他水,佛月不现。佛虽不现,然遍一切施作佛事。譬如日光,遍满世间作诸佛事,成熟有情。

又,如今已眼不明者,皆为执著凡圣,有所系故。如万回和尚歌云:黑白两亡开佛眼,不系一法出莲丛。真空不坏灵智性,妙用恒常无作功。圣智本来成佛道,寂光非照自圆通。

宗镜录第二十

宋 慧日永明妙圆正修智觉禅师延寿集

夫正因佛性，众生共有。经云：不由观智所显，则道常披露。云何异生，迷而不悟？

答：《智论》云：众生心性，犹如利刀唯用割泥，泥无所成，刀日就损。理体常妙，众生自粗。能善用之，即合本妙。又譬如一器中水，淡味恒然。若著甘草则甜，下黄连则苦。众生心水，亦复如是，起妄染则凡，冥真空则圣。其心之性，未尝变异。如《华严经》偈云：譬如净日月，皎镜在虚空。影现于众水，不为水所杂。菩萨净法轮，当知亦如是。现世间心水，不为世所杂。如《华严疏》云：一切法有二：一是所迷，谓缘起不实，故如幻。缘成，故无性。二是能迷，遍计无物，故如空。妄计，故无相。

又以不觉，故不知有。以不信，故不承当。但起无明，空成倒想。如夜绳不动，疑之为蛇。闇室本空，怖之有鬼。故知，本无迷悟，妄有升沉。昔迷悟而似迷，今悟迷而非悟，但以内见自隔，客尘所遮，于体上分远近之情，向性中立凡圣之量。如《胜思惟梵天所问经》云：梵天问文殊师利：比丘云何亲近于佛？答言：梵天，若比丘于诸法中，不见有法，若近若远，是则名为亲近于佛。《大集经》云：不觉一法微相者，乃能了知如来出世。无出之出，即是佛出。是以，若不见一法，常见诸佛，则千里同风。若见一法，不见诸佛，则对面胡越。故知，背心合境，顿起尘劳。背境合心，圆照法界。何者？心是所依，法是能依，能依从所依起。如水是所依，波是能依。离水无波，离心无法。又，心是能生，法是所生。如木能生火，木是能生，火是所生。离木无火，离心无法。故知，不即心为道者，如千人排门，无一得入。若了心顿入者，犹一人拔关，能通万汇。得宗镜之要者，其斯谓乎？是以，妙性无亏，迷悟自得。一法不动，向背俄分。如《首楞严经》云：佛言：富楼那，又汝问言：地水火风，本性圆融，周遍法界，疑水火性，不相陵灭。又征虚空，及诸大地，俱遍法界，不合相容。富楼那，譬如虚空体非群相，而不拒彼诸相发挥。所以者何？富楼那，彼太虚空，日照则明，云屯则暗，风摇则动。霁澄则清，气凝则浊。土积成霾，水澄成映。于意云何？如是殊方诸有为相，为因彼生。为复空有，若彼所生。富楼那，且日照时，既是日明，十方世界同为日色，云何空中更见圆日？若是空明，空应自照，云何中宵云雾之时，不生光曜？当知，是明非日非空，不异空日。观相元妄，无可指陈。犹邀空华，结为空果，云何诘其相陵灭义？观性元真，唯妙觉明。妙觉明心，先非水火，云何复问不相容者？真妙觉明，亦复如是。汝以空明，则有空现。地水火风各各发明，则各各现。若俱发明，则有俱现。云何俱现？富楼那，如一水中，现于日影，两人同观水中之日，东西各行，则各有日随二人去，一东一西。先无准的，不应难言：此日是一，云何各行？各曰既双，云何现一？宛转虚妄，无可凭据。富楼那，汝以色空相倾相夺，于如来藏。而如来藏，随为色

空，周遍法界。是故，于中风动空澄，日明云暗。众生迷闷，背觉合尘，故发尘劳，有世间相。我以妙明不生不灭，合如来藏。而如来藏，唯妙觉明，圆照法界。故知，妙觉明心，湛然不动，因业发现，随为色空，周遍法界。众生背其本觉，妄执情尘，翻于平等一真觉中，认所现差别之境界，随发明处强说是非。如于虚空体中，定其差别，实谓虚妄颠倒，无理可凭。凡挂圣智真诠，悉为破其颠倒。若知颠倒不实，自然无法可论。如《华严经》云：以智入于一切佛法，为众生说，令除颠倒。然知不离众生有颠倒，不离颠倒有众生。不于颠倒内有众生，不于众生内有颠倒。亦非颠倒是众生，亦非众生是颠倒。颠倒非内法，颠倒非外法。众生非内法，众生非外法。一切诸法，虚妄不实，速起速灭，无有坚固。如梦如影，如幻如化，诳惑愚夫。如疏释云：经文有四对，前三对二互相望，后一对当体以辩。前三对中，前二不离，后一不即，即显生之与倒，非即离也。众生即能起颠倒之人，乃染分依他。颠倒即所起之妄，是遍计所执。初对明不离者，谓依似执实。故离生无倒，依执似起，离倒无生。第二对明不相在，重释前义。言不离者，明因果相待缘成，非先有体。二物相在，因中无果，故倒内无生。若必有者，则应遍计是依他起。果中无因，故生内无到。若要令有者，则应无有不倒众生。第三对明不即，不坏因果，能所遍计之二相故。由前三对，则知，生倒非一非异，非即非离。第四对当体以辩，倒心托境方生，故非内法。若是内者，无境应有境，由情计，故非外法。若是外者，智者于境，不应不染。既非内外，宁在中间，则当体自虚，将何对他？以明即离，众生亦尔，即蕴求无,故非内法。离蕴亦无,故非外法。既非内外,亦绝中间。本性自空,何能起倒,将何对他?明非即离,既如是知,则自无倒。为物说此倒惑自除因,谓由不达缘成不坚,妄生遍计,故云诳惑愚夫,实则愚夫自诳。若猕猴执月,非月执猕猴。

又,《中观论》偈云:有倒不生倒,无倒不生倒。倒者不生倒,不倒亦不倒。若于颠倒时,亦不生颠倒。汝可自观察,谁生于颠倒?已颠倒者,则更不生颠倒,已颠倒故。不颠倒者,亦不颠倒,无有颠倒。故颠倒时,亦无颠倒,有二过故。汝今除憍慢心,善自观察,谁为颠倒者。复次,诸颠倒不生,云何有此义?无有颠倒故,何有颠倒者?颠倒种种因缘破故,堕在不生。彼贪著不生,谓不生是颠倒实相。是故偈说:云何名不生为颠倒,乃至无漏法,尚不名为不生相,何况颠倒是不生相?无颠倒何有颠倒者,因倒者有倒故。

问:云何一切颠倒,不成妄耶?

答:只为因情所执,遂成虚妄。以执本空,妄即非妄。如《起信钞》云:所执本空,与真心不动,迭相成立。只为所执本空,所以真心不动。只由真心不动,故得所执本空。何异万像本空,明镜不动?何谓真妄迭相成立?以迷真起妄,妄因真立。悟妄即真,真从妄显。

问:如何得离倒不自诳无过耶?

答:如《大集经》云:如第五大,如第七情,如十九界,无出无入,无生无灭,无有造作,无心意识,乃名无过。

问：若心性本净，云何说客尘染？

答：心本清净，迹亦清净，体亦清净，用亦清净。以不离一心，别有清净。以妄尘不能染，真法不能净。何者？离心无异法，岂有染能染耶？亦离心无真法，岂有净能净耶？则刀不能自割，指不能自触。《大庄严论》偈云：已说心性净，而为客尘染。不离心真如，别有心性净。不离心之真如，别有异心，谓依他相，说为自性清净。此中应知说心真如，名之为心。即说此心，为自性清净，此心即是阿摩罗识。又一切众生，未见性者，虽客尘所隐、五阴所埋，任经生死往来，其性不昧。或遇善友开发，终自显明。以是出世间常住心宝，岂世间无常败坏生灭之法，而能堕坏？如贫女室中金藏，虽未掘而匪移。若力士额上宝珠，任斗没而常在。犹雪山箭中药味，暂流出而恒存。如大地底下金刚，纵穿斸而不坏。

是以，《大涅槃经》云：迦叶菩萨白佛言：世尊，我从今日始得正见。世尊，自是之前，我等悉名邪见之人。世尊，二十五有，有我不也？佛言：善男子，我者，即是如来藏义。一切众生悉有佛性，即是我义。如是我义，从本已来，常为无量烦恼所覆，是故众生不能得见。善男子，如贫女人，舍内多真金之藏，家人大，小无有知者。时有异人，善知方便，语贫女人：我今雇汝，汝可为我耘除草秽。女即答言：我不能也，汝若能示我子金藏，然后乃当速为汝作。是人复言：我知方便，能示汝子。女人答言：我家大小，尚自不知，况汝能知？是人复言：我今审能。女人答言：我亦欲见，并可示我。

是人即于其家，掘出真金之藏。女人见已，心生欢喜，生奇特想，宗仰是人。善男子，众生佛性，亦复如是。一切众生不能得见，如彼宝藏，贫人不知。善男子，我今普示一切众生，所有佛性，为诸烦恼之所覆蔽。如彼贫人，有真金藏，不能得见。如来今日，普示众生诸觉宝藏，所谓佛性。而诸众生，见是事已，心生欢喜，归仰如来。善方便者，即是如来。贫女人者，即是一切无量众生。真金藏者，即佛性也。乃至譬如王家，有大力士，其人眉间，有金刚珠。与余力士角力相扑，而彼力士，以头抵触，其额上珠，寻没肤中，都不自知，是珠所在。其处有疮，即命良医，欲自疗治。时有明医，善知方药，即知是疮，因珠入体，是珠入皮，即便停住。是时良医，寻问力士：卿额上珠，为何所在？力士惊答：大师医王，我额上珠，乃无去耶？是珠今者，为何所在？将非幻化，忧愁啼哭。是时良医，慰喻力士：汝今不应生大愁苦，汝因斗时，宝珠入体，今在皮里，影现于外。汝曹斗时，瞋恚毒盛，珠陷入体，故不自知。是时力士，不信医言，若在皮里，脓血不净，何缘不出？若在筋里，不应可见。汝今云何欺诳于我？时医执镜，以照其面，珠在镜中，明了显现。力士见已，心怀惊怪，生奇特想。善男子，一切众生，亦复如是。不能亲近善知识故，虽有佛性，皆不能见。而为贪淫、瞋恚愚痴之所覆蔽，故堕地狱、畜生、饿鬼、阿修罗、旃陀罗、刹利、婆罗门、毗舍、首陀，生如是等种种家中，因心所起种种业缘，虽受人身，聋盲瘖痖、拘躄癃跛，于二十五有，受诸果报，贪淫瞋恚愚痴覆心，不知佛性。如彼力士，宝珠在体，谓呼失去。众生亦尔，不知亲近善知识故，不识如来微密宝藏，修

学无我,喻如非圣,虽说有我,亦复不知我之真性。我诸弟子,亦复如是。不知亲近善知识故,修学无我,亦复不知无我之处。尚自不知无我真性,况复能知有我真性?善男子,如来如是说诸众生,皆有佛性。喻如良医示彼力士,金刚宝珠。是诸众生,为诸无量亿烦恼等之所覆蔽,不识佛性。若尽烦恼,尔时乃得证知了了,如彼力士,于明镜中,见其宝珠。善男子,如来秘藏,如是无量不可思议。复次善男子,譬如雪山,有一味药,名曰乐味。其味极甜,在深丛下,人无能见。有人闻香,即知其地当有是药。过去往世,有转轮王,于此雪山,为此药故,在在处处,造作木筩以接是药。是药熟时,从地流出,集木筩中,其味真正。王既没已,其后是药,或醋或咸,或甜或苦,或辛或淡,如是一味,随其流处有种种异。是药真味,停留在山,犹如满月。凡人薄福,虽以钁斸,加功困苦而不能得。复有圣王,出现于世,以福因缘,即得是药真正之味。善男子,如来秘藏,其味亦尔,为诸烦恼丛林所覆,无明众生不能得见。一味药者,喻如佛性,以烦恼故,出种种味,所谓地狱、畜生、饿鬼、天人男女、非男非女、刹利、婆罗门、毗舍、首陀。佛性雄猛,难可沮坏,是故无有能杀害者。若有杀者,则断佛性。如是佛性,终不可断。性若可断,无有是处。如我性者,即是如来秘密之藏。如是秘藏,一切无能同沮坏烧灭,虽不可坏,然不可见。若得成就阿耨多罗三藐三菩提,尔乃证知。以是因缘,无能杀者。迦叶菩萨,复白佛言:世尊,若无杀者,应当无有不善之业。佛告迦叶:实杀生。何以故?善男子,众生佛性,住五阴中。若坏五阴,名曰杀生。若有杀生,即堕恶趣。以业因缘,而有刹利、婆罗门等、毗舍、首陀,及旃陀罗、若男若女、非男非女、二十五有差别之相,流转生死。非圣之人,横计于我。大小诸相,犹若稗子,或言如豆,乃至拇指。如是种种妄生忆想,妄想之相,无有真实。出世我相,名为佛性。如是计我,是名最善。复次善男子,譬如有人善知伏藏,即取利镢,斸地直下,盘石沙砾,直过无难,唯至金刚,不能穿彻。夫金刚者,所有刀斧不能沮坏。善男子,众生佛性,亦复如是。一切论者、天魔波旬,及诸人天,所不能坏。五阴之相,即是起作。起作之相,喻若石沙,可穿可坏。佛性者,喻如金刚,不可沮坏。以是义故,坏五阴者,名为杀生。善男子,必定当知佛法,如是不可思议。是知,虽有佛性,久翳尘劳,须以止观熏修,乃得明净?如贫女得藏中之宝,犹力士见镜里之珠,方亲悟自心,妙觉圆满。

又,如何行于止观,得契真修?但了能观之心、所观之境,各各性离,即妄心自息,此名为止。常作此观,不失其照,故名为观。斯则即止即观,即观即止。无能所观,是名止观。如先德云:法性寂然名止,寂而常照名观。非能所观,有其二事。所以,《华严经》颂云:若有欲知佛境界,当净其意如虚空。远离妄想及诸取,令心所向皆无碍。疏释云:一、离妄取,如彼净空无云翳故,斯即真止。二、触境无滞,如彼净空无障碍故,斯即真观。此观,不作意以照境,则所照无涯。此止,体性离而息妄,故诸趣皆寂。若斯则不拂不莹,而自净矣。无净之净,乃冥契法原。不修之修,则闇蹈佛境矣。故知,唯一心真智,是我本身,湛然常存,现前明净,自然以智慧嘴,啄破无明㲉,飞出三界,自在无碍。此时方得见性了然，更有何法而堪比对？如丹霞《孤寂吟》云：不迷须有不迷心，看时浅浅用时深。此个真珠若采事，岂同樵客负黄金？黄金烹炼转为新，此珠含光未示人。了则毛端吞巨海，始知大地一微尘。

问：诸佛心，遍一切众生心，能现凡心。众生身，遍一切诸佛身，能作圣体。为复转动互遍而成，为当一体？

答：若言转动，即成造作。若言互遍，则有二心。是以，常住一心，犹若虚空之体。凡圣二号，还同空里之华。青黄起灭虽殊，匪越太虚之性。迷悟升沉有异，未离真觉之原。又如一室千灯，光光涉入。一镜万像，影影交罗。非异非同，不来不去。达斯旨者，唯佛洞知。是以，万有即真，无转变相。《华严经》云：知心如幻，出生一切诸法境界，周遍无尽，不匮不息。《大集经》云：住一心中，能知一切众生诸心。观众生心，悉皆平等，如幻化相，本性清净。观诸众生，身业平等，皆如水月。见诸众生悉在己身，己身亦在众生身中，犹如影现。能令众生悉作佛身，亦令己身作众生身，一切无有能转动者。又经颂云：诸佛一似大圆镜，我身犹若摩尼珠。诸佛法身入我体，我身常入诸佛躯。虽然互入，而无所入。若有所入，即成二法。

问：若实心外无法，独标宗者，无诸佛则无能化之人，无众生则无所化之众。全归无寄，何以绍隆？

答：只谓了唯心故，成平等之佛。达唯识故，行同体之悲。若不直下顿悟斯宗，则自他二利俱失。何者？不入一心平等,违成佛之正宗。不了同体大悲,堕爱见之妄想。如《维摩经·观众生品》云:尔时文殊师利,问维摩诘言:菩萨云何观于众生?维摩诘言:譬如幻师,见所幻人,菩萨观众生为若此。如智者见水中月,如镜中见其面像,如热时焰,如呼声响,如空中云,如水聚沫,如水上泡,如芭蕉坚,如电久住,如第五大,如第六阴,如第七情,如十三入,如十九界,菩萨观众生为若此。如无色界色,如焦谷芽,如须陀洹身见,如阿那含入胎,如阿罗汉三毒,如得忍菩萨贪恚毁禁,如佛烦恼习,如盲者见色,如入灭尽定出入息,如空中鸟迹,如石女儿,如化人烦恼,如梦所见已寤,如灭度者受身,如无烟之火,菩萨观众生为若此。文殊师利言:若菩萨作是观者,云何行慈?维摩诘言:菩萨作是观已,自念我当为众生,说如斯法,是即真实慈也。《净名私记》释云:今明观众生品大精,只依其中一句行则足。得一句摄心,常照行之,一切万行足。只今汝自观,观汝身心,如此毕竟空,即是菩萨观众生。菩萨名道,道能通,通汝色心本性,令离虚妄,即是菩萨。菩萨只在汝身中,观汝身心,如第三手,为毕竟无身心。此中示人坐禅,用心法大好,只观身心,如此无可作,定乱、是非、一异,一切平等,即坐禅法。不同今时,计有心可得,言我心乱,欲除乱取定,大成颠倒,须觉知魔事。又,今时欲度众生,应须晓夜观汝心中所起烦恼性,即是度众生。只諮此观烦恼智,名佛耳。释迦已观烦恼,已得作佛竟,说教留与今,凡夫依教修行,若言别有佛,别有许多世界众生,佛次第度竟,然后成佛。若尔,释迦已成佛竟,今那得犹见有众生满世间?当知不尔,夫言竟者尽也,已上观众生竟。次观

如来者,如《阿閦佛品》云:尔时世尊,问维摩诘:汝欲见如来,为以何等观如来乎?维摩诘言:如自观身实相,观佛亦然。我观如来,前际不来,后际不去,今则不住。不观色,不观色如,不观色性,不观受想行识,不观识如,不观识性。非四大起,同于虚空。六入无积,眼耳鼻舌身心已过。不在三界,三垢已离,顺三脱门。三明与无明等,不一相,不异相。不自相,不他相。非无相,非取相。不此岸,不彼岸,不中流而化众生。观于寂灭,而不永灭。不此不彼,不以此不以彼。不可以智知,不可以识识。无晦无明,无名无相,无强无弱,非净非秽。不在方,不离方。非有为,非无为。无示无说,不施不悭,不戒不犯,不忍不恚,不进不怠,不定不乱,不智不愚,不诚不欺,不来不去,不出不入,一切言语道断。非福田,非不福田。非应供养,非不应供养。非取非舍,非相非无相。同真际,等法性,不可称,不可量,过诸称量,非大非小,非见非闻,非觉非知,离众结缚。等诸智,同众生,于诸法无分别。一切无失,无触无恼,无作无起,无生无灭,无畏无忧,无喜,无厌,无著,无已有,无当有,无今有,不可以一切言说,分别显示。世尊,如来身为若此,作如是观,以斯观者,名为正观。若他观者,名为邪观。天台《净名疏》释不观色,不观色如,不观色性者:不观色者,心如幻师,幻作种种色。若知幻师是诳,则不得所幻之色。今色从心幻师幻出,尚不得此心,何处见有此色?故不应观色。不观如者,若见色与如异,是则泯色入如。今不见色如之别,故不观如。不观性者,即不观佛性。不观色,是空俗。不观如,是空真。不观佛性,是空中道。以其计中道有佛性,而起顺道爱生,是为顶堕。故经云:我及涅槃,是二皆空。唯有空病,空病亦空。今不观性,是无顺道爱故。夫受世间差别果报,皆为一念心异,分别情生。取众生相为凡,执诸佛境为圣。如经所说:观众生如幻师见幻,观如来则三际体空。二见于是双消,情量为之俱泯。则可以成诸佛之喜,除菩萨之忧。信此一心,能入《宗镜》。

是以,《法华·神力品》偈云:能持是经者,令我及分身。灭度多宝佛,一切皆欢喜。古圣云:道俗之不夷,二际之不泯,菩萨之忧也。《大方等大集经》云:佛法者,名一切法。一切法者,名为佛法。佛法性,即一切法性。如一切法性,即佛法性。佛法性、一切法性,无有差别。故知,性无有异,随见成差。其体常融,假名有别。所以经云:一切诸法,及诸佛法,但假名字,亦非是法,亦非非法。《不退转法轮经》云:佛及菩提,有声无实,亦无方所,诸法亦然。《华严经》颂云:知诸世间悉平等,莫非心语一切业。众生幻化无有实,所有果报从兹起。又颂云:诸法寂灭非寂灭,远离此二分别心。知诸分别是世见,入于正位分别尽。《法华经·安乐行品》云:复次菩萨摩诃萨,观一切法空,如实相不颠倒,不动不退,不转,如虚空无所有性,一切语言道断,不生不出不起,无名无相,实无所有。无量无边,无碍无障。但以因缘有,从颠倒生,故说:常乐观如是法相,是名菩萨摩诃萨,第二亲近处。又,《如来寿量品》云:诸善男子,如来所演经典,皆为度脱众生:或说己身,或说他身,或示己身,或示他身,或示己事,或示他事,诸所言说,皆实不虚。所以者何?如来如实知见三界之相,无有生死,若退若出,亦无在世,及灭

度者，非实非虚，非如非异。不如三界，见于三界。如斯之事，如来明见，无有错谬。以诸众生有种种性、种种欲、种种行、种种忆想分别故，欲令生诸善根。以若干因缘，譬喻言词，种种说法，所作佛事，未曾暂废。故知，若以正宗门，尚无在世之人，亦无灭度之者，何况有能化、所化之异乎？若以佛事门，则教海宏深，智灯广照。随机善巧，宁容暂废耶？

所以《大智度论》问云：若五阴空无佛，即是邪见。云何菩萨发心求作佛？

答曰：此中言无佛，破著佛想，不言取无佛相。若有佛尚不令取，何况取无佛邪见？又，佛常寂灭，无戏论相，若人分别戏论，常寂灭事，是人亦堕邪见。离是有无二边，处中道，即是诸法实相。诸法实相，即是佛。何以故？得是诸法实相，名为得佛。《大般若经》云：诸菩萨众，尚不得法，何况非法？尚不得道，何况非道？又云：于生死法，不起不堕。于诸圣道，不离不修。释云：于生死法不起者，自性常空故，不落离边。不堕者，不随流转故，不落即边。于诸圣道不离者，性常相应故，不落断边。不修者，天真具足故，不落常边。如清凉《疏》云：不著一多，能立一切者，不著于有，能安立故。即真俗镕融，谓世俗幻有之相，相本自空。胜义真空之理，理常自有。有是空有非常有，斯有未曾不空。空是有空，非断空，此空何尝不有？有空空有，体一名殊。名殊故真俗互乖，迢然不杂。体一故空有相顺，冥然不二。一与不一，不即不离，镕融无碍。菩萨智契其原，所以迥绝无寄，而善修安立。又云：良以事虚揽理，无不理之事。理实应缘，无碍事之理。所以寂而常照，照而常寂，故终日知见而无知见也。乃至菩萨悲智相成,出没无碍,悲故常行世间,智故不染世法。融通有三:一、悲无不智故,则世无不离,是以常在世间,未曾不出。二、智无不悲故,离无不世,是以恒超世表,无不游世。三、双融故,动静无二,唯是一念,所谓无念。无念等故,世与出世,无有障碍。如《华严经》云:菩萨摩诃萨,知善巧说法,示现涅槃,为度众生所有方便,一切皆是心想建立,非是颠倒,亦非虚诳。何以故?菩萨了知一切诸法,三世平等,如如不动,实际无住。不见有一众生已受化,今受化,当受化。亦自了知无所修行,无有少法,若生若灭而可得者,而依于一切法,令所愿不空,是为第九如实住。又颂云:菩萨能于一念顷,观等众生无数佛。又复于一毛端中,尽摄诸法皆明见。以此真见故,成无缘慈,普令法界众生,见闻获益。所以经云:譬如日月,不作往来照明之心,以诸众生福德力故,自行往反,坏诸暗冥。

若入此《宗镜》中,则无一法可取,皆同性故。无一法可舍,绝异相故。是以,圣人常善救人,而无弃人。常善救物,故无弃物。夫云善者,莫非知宗,方为究竟之上善。若救人成同体之悲,若救物归无相之理,则善外无法,何弃之乎?

宗镜录第二十一

宋 慧日永明妙圆正修智觉禅师延寿集

夫一切真俗等法,各有理事,通别行相,果报历然。云何一向就己消融?未入斯宗,恐成空见。

答:得本方了末,执末则违宗。若不观心,法无来处。若但修有为事行,不达自心无为,则迷事失宗,果归生灭。若体理行事,双照无违。只恐一向偏修,理事俱失。如《大宝积经》云:假使造宝塔,其数如恒沙。不如刹那顷,思惟于此经。

又,只为一心是万行之原,因兹能起同体之悲,无缘之化。如《起信钞》云:若信一味空理,则欣厌都绝。若信一向法相,则圣凡悬隔,斯皆不能起行修进。今令信一心是凡圣之原,但由迷悟使之有异,是则必能起行修进,望佛果故。是知,真心不守自性,随缘升降,果报历然。

又,随缘不失自性,缘假无实,境智冥寂。所以《起信论》云:所谓虽念诸法自性不生,而复即念因缘和合,善恶之业、苦乐等报,不失不坏。虽念因缘善恶业报,而亦即念性不可得。若云果报不失,即须具修万行。若云性不可得,当知唯是一心。且万行之初无先五戒,若依事相,报在人天。藏教但证无常,通教空无自性。别教历别,因果不融。唯圆教观心,即具法界。所以《大涅槃经》云:虽信别相,不信一体无差别相，名信不具。信不具故，所有禁戒，亦不具足。故所有多闻，亦不具足。何谓信不具？未了一法即一切法，信岂圆耶？何谓戒不具？未知戒性如虚空，戒岂具耶？何谓闻不具？未闻如来常不说法，是为具足多闻，闻岂具耶？若入宗镜，宁唯戒善，乃至诸佛果德、菩萨万行，靡有一法而非所被，则念念了知，法法圆满。且如五戒者，戒从心生，心因戒立，若心不起，为四德万行之基。若心妄生，作六趣三涂之本。则无善而不摄，无恶而不收。故台教云：此五戒，亦是大乘法门。束此五戒，为三乘。即对三无失、三不护、三轮不思议化、三密、三轨、三身、三佛性、三般若、三涅槃、三智、三德等，无量三法门，横竖无边际，与虚空法界等，亦是无尽藏法门，亦是无量义三昧。举要言之，即是一切佛法也。天台《金光明经疏》云：五戒者，天地之大忌：上对五星，下配五岳，中成五藏。犯之者，陵天触地，自伐其身也。一、不杀者，害命名事杀，不害命名事不杀。法门解者，析法名理杀，体法名理不杀。若作意防护，如马著勒，如牧牛执杖者，报在人道，百二十年，唯得肉眼。若任运性成，如河注海者，报在六天，极长者，九百二十六亿七千万岁，唯得天眼。若加修定戒无常，苦空无我等慧者，报在变易，寿七百阿僧祇，唯得慧眼。若加修常无常等慧，报在莲华藏海，受法性身，分得五眼，分得常寿，比佛犹是诸根不具，寿命损减。若圆教人，持事不杀戒，又持理不杀戒，不坏身因，常随一相，不断痴爱，起于明脱，体阴界入，无所伤毁。若子若果，不生不灭，成就智慧，居寂光土，常寿湛然，五眼具足，得根自在，得命自在，修短自任，是则名为究竟持戒，诸根具足，命不损

减。圆人何但持是之戒，唯杀唯慈，亦作事杀，亦作理杀。如仙预大王，杀五百婆罗门，与其见佛之眼，与其十劫之寿。又作法门杀者，析荡尘累，净诸烦恼。如树神折枝，不受怨鸟。如劫火烧，灰炭双亡。故《楞加经》云：杀无明父，害贪爱母，断随眠怨，坏阴和合，断七识身。若有作者，现证法身，此逆即顺。《鸯崛》云：我誓断阴界入，不能持不杀戒。一切尘劳，是如来种，断此种尽，乃名为佛，成就金刚微妙法身，湛然应一切，垂形九道。随其所宜，示长短命。任其所见，用缺具根，而化度之。二、不盗者，不与取名事盗，与取名事不盗。法门者，如佛言：他物莫取，名法门不盗。菩提无与者，而取菩提，是名法门盗。若持戒作业，求可意果者，无常速朽，悉是他物，臭如粪果，害如毒食，有智之人，所不应求。云何殷勤，饮苦食毒，而自伤毁？洄洑困苦，岂过有流？三障障佛，第一义天之所舍离，是盗，非不盗也。又，二乘以四谛智，观身受心法，厌恶生死，欣求涅槃。涅槃心起，即取他物。即非时取证，即不待所说因，燋种不生，见苦断集，修道造尽，非求法也。谓有涅槃，成涅槃见。若有著空，诸佛不度。身长三百由旬而无两翅，堕三无为坑，饥饿羸瘦，体生疮癣，岂非贫穷困苦耶？又，不见佛、不闻法、不入众数，岂非第一义天，远离耶？此犹名盗，非不盗也。若别人从浅至深，舍一取一，来已更复来，去已更复去，悉是辱于去来相，亦是不与而取。取已而舍，亦是贫穷。舍已更取，数数去取，即是困苦。不与第一义天相应，即是远离，此犹名盗，非不盗也。圆人观法实相，受亦不受，不受亦不受，亦受亦不受亦不受，非受非不受亦不受，不取是菩提，障诸取故。是法平等，无有高下，不高故不取，不下故不舍。如是观者，观如来藏，具足无缺，是如意珠。随意出宝，即修罗琴。任意出声，即是大富。大富故无取，即第一义天，故不远离，是名究竟，持不盗戒。圆人亦有盗法门者，菩提无与者，而取菩提，如海吞流，不隔万派。如地荷负，檐四重檐。众生悉度，烦恼悉断，法门悉知，佛道悉成。三、不淫者，男女身会名事淫。法门解者，若心染法是淫，若关禁七支，如猿著锁，擎一油钵，过诸大众，割舍乐触乐，求于未来，净洁五欲。如市易法，如铜钱博金钱。此乃增长欲事，非不欲也。若断欲界粗弊之欲，染著色无色界禅定之乐，如冰鱼蛰虫，堕长寿天，是为一难。贪著禅味，名大缚，是染欲法，非不欲也。若憎生死、爱涅槃，弃之直去，涉路不回，诸有色声，不能染屈，如八风不动须弥。若闻菩萨胜妙功德，甄迦罗琴声，迦叶起舞，不能自持。毗岚风至，破如腐草，是染欲，非不染欲也。若菩萨恶生死如粪秽，恶涅槃如怨鸟，舍于二边，志存中道，起顺道法爱生，名顶堕，是菩萨旃陀罗。既无方便，此慧被缚，不能胜怨，已所修治。为无慧利，是染欲法，非不欲也。圆人观一心三谛，即空何所染，即假何所净？即中何所边，即空即假何所中？即空故，无我人、十六知见、依正等爱。即假故，无空、无相、无愿等爱。即中故，无佛菩提转法轮度众生等爱。三谛清净，名毕竟净。唯佛一人具净戒，余人皆名污戒者。圆人又有染爱法门，如和须蜜多女，人见人女，天见天女。见者即得见佛三昧，执手者得到佛三昧，呜者得极爱三昧，抱者得冥如三昧。亦如魔界行不污菩萨变为无量身，共无量天女从事，皆令发菩提心。

又,先以欲拘牵,后令入佛智。斯乃非欲之欲,以欲止欲,如以楔出楔,将声止声。四、不妄语者,法门者,未得谓得。凡夫痴人,于下苦中,横生乐想,竖我慢幢,打自大鼓,执有与无净,执无与有净,起六十二见破慧眼,不见于真实。备口四过,三十三天、黄叶生死,谓是真金。非想自地,谬计涅槃。此非妄语,谁是妄语耶?二乘竞执瓦砾,欢喜持出,生灭度想,生实未尽,宁得灭度?生安乐想,所作未办,宁得安隐?其实未得一切解脱,未得谓得,岂非妄语耶?佛为别教人,四门说实相,执于一有,隔碍三门,乃至执非有非无,不融有无。夫实相者,言语道断,心行处灭。云何以字,字于无字。云何以数,数于无数。岂非妄语耶?圆人如实而观、如实而说,如实观者,非内观,乃至非离内外观,亦不以无观,得是智慧。如实说者,一切实,乃至非实非不实等,如是皆名诸法实。经云:诸佛皆实语。即是以佛道声,令一切闻。圆人亦有妄语法门:无车说车,诱戏童子。无乐说乐,止彼啼儿。若有众生,因虚妄说得利益者,佛亦妄说。又言:我是贪欲尸利等,我是天是人。实非天人,将虚以出虚,令得不虚耳。五、不饮酒,法门解者,迷惑倒见名酒。夫酒为不善,诸恶根本,饮酒招狂,外道等是,即世间醉也。《大经》云:从昔已来,常为声色所醉,流转生死。三界人天,通有此醉:二乘无明酒未吐,如半疟人,《大经》引醉归之。世间无常乐,而言我净。如来实我净,而言无常乐。如彼醉人,见日月转,此二乘醉也。菩萨无明未尽,不了了见,夜睹画像,譬如醉人,朦胧见道。迦叶云:自此已前,我等悉名邪见人也。此是菩萨醉。圆人行如来行,具烦恼性,能知如来秘密之藏。虽有肉眼,名为佛眼。所可见者,更不复见。是则,五住正习,一时无有余。酒法既除,何所可醉?圆人亦有饮酒法门:《鸯崛》云:持真空瓶,盛实相酒。变化五道,宣扬哮吼。波斯匿醉,转更多恩。末利后饮,佛言持戒。入于酒肆,自立其志,亦立他志。夫得其门者,逆顺俱当。失其柄者,操刀伤手。

是知,能以尘劳烦恼为佛事者,斯乃见一切法皆实相矣。于一心实相中,不见有世间过患障碍之法,则何所舍?亦不见有出世殊胜尊妙之法,则何所取?但为未入实相门中,见有凡圣种种差别,而生忻厌者,遂乃徇彼机宜,随其所作,善巧方便,而化导之,皆令入此一际平等无诤无失自证法门,究竟常乐。如是开示,不负前机。若解肘后之方,似探囊中之宝。实为第一之说,括尽初终。开大施之门,复谁前后?得自已法身之髓,到一心智海之源。初阿已摄无边,过茶无字可说。

问:夫戒是轨持,全依事相。大纲所立,出自《四分》等律文。今《宗镜》中,云何于万行之门,皆称第一?

答:夫万行之由,皆为契真显本。若违真逐末,不识教宗。凡一切众生,皆本具自性之律,若钝根者,则渐以相示。若上器者,直从性明。如傅大士云:持律本为制生心,我今无心过戒律。《首楞严》云:持犯但束身,非身何所束。如是之机,如是之教,岂须戒耶?已自知各具佛性戒故,然于初心凡夫,及出假菩萨,亦不坏于事相,遮性二戒,悉皆等持。以初心自行根劣故,须理事相资。以久行化他圆满故,须权

实双备。且如凡夫二乘、菩萨诸佛，凡持戒者，莫不皆由一心所起：以凡夫全不自知垢净之戒因，从自心生。罪福之戒果，当自心受。二乘虽知由心转变，执有前尘。权小菩萨，虽不执前境实有，住无自性空。都不了外本无空，皆自心变。诸大菩萨，正了唯心，空有双泯，无明未尽，功德未圆，理行犹亏，尚居因位。诸佛则圆证真唯识性，离念清净。故经云：唯佛一人持净戒，其余尽名破戒者。如《六行法》云：次就戒明人心别，有六不同：先明粗凡，依戒起罪。谓有愚人，身虽持戒，不知看心，复不护口，自谓己能，毁他破戒。由此恶说，坏人敬信，便成罪业，当生恶道。次明凡夫身口持戒，未学观慧，唯成福行。次明二乘出世道戒，谓二乘人，观生空时，离凡我倒，则成道戒。次明大乘小菩萨，观相空慧，心净明时，离取相罪，即明为戒。次明大乘，大菩萨戒，谓观唯心，本无外色，无色可破，相空亦无，离取相过，故名为戒。此则不同小菩萨戒，虽离著有，仍著空相。此大菩萨，知空亦空，无空可著，则证大空。故《智论》云：破诸法皆空，唯有空在，而取相著之。大空者，破一切法空，空亦复空。以此文证，著空是过，大根离之，故名为戒。次明佛戒谓证唯心，离念常净，无明垢尽，即成佛戒。但佛心中，具诸功德，离过义边，则名为戒。诸大菩萨虽具功德，无明未尽，则不同佛，故佛净戒，与因有异。如上所说，六种持戒，虽即优劣不同，皆是一心所作。以凡小不了唯心，证空取相。取相者，成罪福之垢。证空者，背圆常之门。若入宗镜之中，自成戒德，则不为空有诸缘所动，岂非第一耶？戒法既尔，万行例然。所以《华严论》云：夫小乘戒为情有宗，为如来创为凡夫造业处,言是应作,是不应作,说善不善。如此立教,未为实有。如此有教,且约凡情虚妄之处,横系诸恶,以教制之,令生人天。是故,《戒》序云:若欲生天上,及生人中者,常当护戒足,勿令有毁损。众生有为作业,虚妄非实德,故生人天无常,虚妄非实,未得法身智身,非为实有宗,且为情有宗,于小乘中,为轨持教也。如《华严经》持戒即不然,经云:身是梵行耶?身业四威仪,乃至佛法僧,十众七遮、和尚羯磨坛头等,是梵行耶?如是谛观,求梵行者,了不可得,是故名为清净梵行。如《梵行品》说:如是清净行者,名持佛性戒,得佛法身故。乃至初发心时,便成正觉,以持佛性戒故。与佛体齐,理事平等,混真法界。如是持戒,不见自身能持戒者,不见他身有破戒者,非凡夫行,非贤圣行,不见自身发菩提心,不见诸佛成等正觉,若好若恶。若有少法可得,不名净行。当如是观,如是性戒,即法身也。法身者,即如来智慧也。如来智慧者,即正觉也。是故不同小乘有取舍故。然虽无取舍,于理行二门,亦不废具修。如寒山子诗云:五岳俱成粉,须弥一寸山。大海一滴水,吸在我心田。生长菩提子,遍盖天中天。为报慕道者,慎勿遶十缠。夫九结十缠,性虽空寂,初心学者且须离之。是以,诸佛所说深经,先诫不可于新发意菩萨前说,虑种子习重,发起现行。又观浅根浮,信解不及。如《净名经》云:佛说淫怒痴性即是解脱。又云:不断淫怒痴,亦不与俱。故云得之者隐,傍之者现。若于淫怒痴,情生味著,得其事者,则道隐。若傍善观之,了其性者,则道现。虽了而不著,故云亦不与俱。若非久行根熟菩萨,方能理事无碍。如先德偈云:久种善根深,逢尘尘不侵。不是尘不侵,自是我无心。

问:法身无像,真土如空,皆是一心,无别依正。云何教,中广谈身土?

答:只于自心性相,分身土之名,以自心相义名身,自心性义名土。

清凉《疏》问:法性身土,为别不别?别则不名法性,性无二故。不别则无能依所依。

答:经论异说,统收法身,略有十种:一、依《佛地论》,唯以清净法界而为法身,亦以法性而为其土。性虽一味,随身土相而分二别。《智论》云:在有情数中名为佛性,在非情数中名为法性,假说能所而实无差。《唯识论》云:虽此身土体无差别,而属佛法,性相异故。谓法性属佛,为法性身。法性属法,为法性土。性随相异,故云尔也。今言如虚空者,《唯识论》云:此之身土,俱非色摄。虽不可说形量大小,然随事相其量无边,譬如虚空遍一切处故。如虚空言,通喻身土。二、或唯大智而为法身,所证真如为法性土故。《无性摄论》云:无垢无罣碍,智为法身故。若尔,云何言身相如虚空、智体无碍?同虚空故。三、亦智亦如而为法身。梁《摄论》中,及《金光明经》,皆云:唯如如及如如智独存,名法身故。此则身含如智,土则唯如。四、境智双泯而为法身。经云:如来法身,非心非境,上亦随尔。依于此义,诸契经中,皆说如来身土无二。此则依真之言,显无能所,方曰依真成如空义。五、此上四句,合为一无碍法身,随说皆得,土亦如之。六、此上总别五句,相融形夺,泯兹五说,迥然无寄,以为法身,土亦如也。此上单就境智以辩。七、通摄五分及悲愿等。所行恒沙功德,无不皆是此法身收,以修生功德必证理故,融摄无碍。即此所证真如体大,为法性土。依于此义,身土迥异。今言身相,即诸功德。言如虚空,即身之性。《华严经》云:解如来身,非如虚空,一切功德无量妙法所圆满故。八、通收报化。色相功德,无不皆是此法身收。故《摄论》中,三十二相等,皆法身摄。又,《法华经》云:微妙净法身,具相三十二。然有三义:一相即如故,归理法身。二智所现故,属智法身。三当相并是功德法故,名为法身。其所依土,则通性相,净秽无碍。我此土净,而汝不见。众生见烧,净土不毁。色即是如,相即非相。身土事理,交互依持。通有四句:一谓色身依色相土,二色身依法性土,三法身依法性土,四法身依色相土。此上犹通诸大乘教。九、通摄三种世间,皆为一大法身,具十佛故。其三身等,并此中智正觉摄故。土亦如之,即如空身而示普身,于何不具?此唯《华严》。十、上分权实,唯以第九属于此经。若据融摄及摄同教,总前九义为一总句,是谓如来无碍身土。

又,诸土无碍,通有十种,诸教说上,或谓但是无常,或云心变,理事悬隔,一多不融,故今要辩无碍:一、理事无碍。谓全同真性,而刹相宛然,经颂云:华藏世界海,法界无差别。庄严悉清净故。二、成坏无碍故。谓成即坏,坏即成等。三、广狭无碍。不坏相而普周故,经颂云:体相如本无差别,无量国土悉周遍等。四、相入无碍。经颂云:以一刹种入十方,十方入一亦无余。亦是一多无碍。五、相即无碍。经云:无量世界即一界故。六、微细无碍。经颂云:清

净珠王布若云,炳然显现诸佛影等。七、隐显无碍。谓染净异类,隐显等殊,见不同故。八、重现无碍。谓于尘中,见一切刹,刹内尘中见刹亦然。重重无尽,如帝网故。九、主伴无碍。凡一世界,必有一切以为眷属,经颂云:毗卢遮那昔所行,种种刹海皆清净。种种刹,即眷属也。十、三世无碍。一念融故。如上无碍,皆是一心。若有异法相参,则不能融摄。如《大集经》云:佛言:善男子,云何菩萨自净其国,如诸佛土?若菩萨知一切法,无国无非国。至一切处,无至无不至。若菩萨见法对六情,皆知是佛法,亦不见凡夫法、佛法有异,作是念:此一切法皆是佛法,佛法至一切处故,一切诸法及佛法,但假名字,亦非是法,亦非非法,是故我等不应取著。以自土净故,知诸佛国净。此与法平等,等眼界是佛界,耳鼻舌身意法界是佛界,我不应分别有尊有卑。菩萨如是,至一切法平等处,是为菩萨自净其国,如诸佛土。则知主伴依正,不离五蕴。五蕴性空,即是平等。

又,见法从缘,则知国由心现。国由心现,故有而即空。空为法性,万法由生。见法性原,是真智慧。所以诸佛他受用土,随根不同,见有差别故。《法华经》云:我净土不毁,众生见烧尽。昔人云:如人于饿鬼火处见水,饿鬼于人水处见火。亦如罗刹宫殿与人宫殿,同在一处,互不相见。他受用土,亦复如是。若自受用土,故是遍周,不即三界,不离三界故。若法性土,即起灭常如。故知,佛土难思,不可作存灭染净之见矣。又,古德释有三义:一、自性身土,既同所证,明是体同,如一室之空。二、自受用,如千灯光,同遍室内。三、他受用,及变化二土,正证于前,亦相似名同,而随机见异。如《首楞严经》云循业发现者,随众生业果,皆能显现。如释迦出世,国土狭小,海水增盈。弥勒下生,世界宽弘,四大海减。菩萨在会,无诸丘坑。声闻处中,秽恶充满。故知,随诸一切有情,而出应现,宽狭净秽,总是众生心量所成,佛果无作。裕公云:心则诸佛证之以为法身,境则诸佛证之以为净土。则二皆所证,智为能证。

慈恩《疏》云:问:净土以何为体?

答:准《摄论》云:以唯识智为体,为佛及菩萨唯识智为体。即《金刚般若论》云:智习唯识通,如是取净土。若《佛地论》,以佛自在无漏心为体,非离佛净心外,别有实等净心色也。又云:色等即是佛净心所感,离佛自心之外别无能感。如是假实之色,皆不离佛净心。即此净心,能显假实之色故,经云:青色青光,黄色黄光等是也。天台《无量寿疏》云:夫乐邦之与苦域,金宝之与泥沙,胎狱之望华池,棘林之比琼树,诚由心分垢净,见两土之升沉。行开善恶,睹二方之粗妙。喻于形端则影直,源浊则流昏,乃至可谓微行妙观,至道要术者哉!此经心观为宗,实相为体。《记》云:妙观至道者,业行虽多,以心观为要术。一念心起,净土宛然。无作体如,故言微行。一心三观,皆空假中。能所虽分,互照不思议境。要在心原,即观功也。横周竖穷,平等无二,三观因圆,三德果满,皆由心要义成,故言至道要术。肇法师云:万事万形,皆由心成。心有高下,故丘陵是生。又云:佛土常净,岂待变而后饰?盖是变众人之所见耳。

是以,众生见为土石山河,皆是自业之影起。菩萨纯为妙慧,即是真智之所为。离凡圣心,无真俗境。如《华严论》

云:北《华严经》,明缘起法界门,理事无二,无缘不寂,无事不真。十方世界,一真性海,大智圆周,为国土境界。总为性海,为一真法界。非有情无情,随业说故。为华严中纯真境界,总为智故。十住菩萨以慧为国,十行菩萨以智为国,十回向、十地以妙为国,不说情与无情二见差别。以《华严经》为彰本法,异三乘权学教故,是无情是有情,有生有灭故。

问:一切身土,八微所成,云何唯心而无质碍?

答:执色极微有质碍性,是小乘宗,非通大旨。人水鬼火,岂在异方?毛海芥山,谁论巨细?一尘一识,万境万心矣。若迷心而观色,则通塞宛然。若了色而明心,乃是非绝矣。所以古德云:若知色即空,观色非耶?若迷色不空,观色是耶?若知空即色,观空非耶?若观空异色,观空是耶?此乃解惑异途,自分妍丑。何关色空二境,以辩邪正耶?若晓此宗途,常色观而恒正。若迷斯旨趣,虽空观以恒邪。且夫众生不了二空,皆为执心色实有,观心不妙,照境无功,既不解即色明空,又不能微细剖析,罔知粗细色聚,焉穷真妄心原?今对深浅之机,略标性相之义,令圆顿之根不鉴,使中下之智无遗。如先德云:如来出世,本为度生。有情迷执根深,妄计实有我法。佛即巧设方便,令除颠倒之心,于色聚中,遣其分析,显彼二执,我法皆空。观心析时,有如刀用。显所析者,色虽无量,不越两般:一者俱碍,二者所碍。俱碍色者,谓五根五境,能造四大,此乃总体。于中别者,即青黄赤白,此四是实。长短方圆,粗细高下,若正若不正,此十是假。依实有故,名为形色。能碍于他,亦被他碍,故名俱碍。依此分析,成极略色。极略色,即法处收。复有光影明暗、烟云尘雾,迥色表色、空一显色等,皆是假有,由被他碍,不能碍他,名所碍色。依此假想分析之时,名极迥色。极迥色,即法处摄。三显示行相及所依定者,谓瑜伽师作观行时,依四静虑根本定心,与慧俱时,托彼根境及与外色为质,于自识上变影而缘,于一色聚之中,初析为二,观此二分色上我法都无,了了分明,不沉不掉。复恐二分色里我法犹存,更以慧心析为四别。如是乃至邻虚一相,更不可析,名色后边。若更析之,便为非色,依斯假立,极略、极迥二种极微,推觅我法,实体都无,达遍计空。悟依他假,便能引起二空无漏根本智生,即证二空所显真理。

又,佛国者,如今一国之内,皆天子所握领,无不属于国者。今亦尔,随心一想一缘,有情无情,若色若心,皆是实智所照之境,无不了其性相,故名佛国。天台《净名疏》云:随成就众生,则佛土净。随佛土净,则说法净。随说法净,则智慧净。随智慧净,则其心净。随其心净,则一切功德净。是故,宝积菩萨欲得净土,当净其心。随其心净则佛土净者,观心性本净,犹如虚空,即是性净之境。境,即国也。观智觉悟此心,名之为佛。初观名因,观成名果。若论自行,即是心王无染。若论化他,即是心数解脱。智慧数为大臣,能排诸数上惑,以还心原清净土也,故云心净即佛土净也。

又,随四教所明四心,此四种心净,即四种佛国悉净。此四种心,只是一自性清净心,此心若净,一切佛土皆悉净也。如镜明则照远,铃响则声高。心净则智行俱清,意虚则境界咸寂。凡曰垢净，无有不由心者，乃一净一切净矣。或见成住坏空，皆是众生善恶业现。如《首楞严经》云：思报招引恶果，此思业交，则临终时，先见恶风吹坏国土，亡者神识被吹上空，旋落乘风堕无间狱。古释云：思者，意也。国土不坏，由心分别。见国土坏，由意思影像，法尘生灭，报处还然，能受生灭之迁变。

又，生人见国土，死人则见坏，皆由意生法生，心灭境灭。《十四科净土义》云：经有恒沙佛国者，皆是圣人接物之近迹，佛实无土。何以明之？夫未免形累者，故须托土以自居。八住已上，永脱色累，照体独立，神无方所，用土何为？而言有者，以众生解微惑重，未堪真化，故以人天福乐引之，令行戒善。或以三乘四果诱之，劝修道品。然涉善之功，自然冥归菩提。因起贪报之惑，故流转生死。实即土属众生，故无国而不秽。净属于佛，故无国而不净。故经云：我净土不毁，此之谓矣。

问：所明净土，敬如高旨，但寻玄宗，不以事为净，净取无秽。此即行业不同，报至不杂。是以，石沙之人，不得同天践七珍之土。今疑畜生业与人异，而同履石沙之地，以乖所立义耶？

答：畜生所以得与人同践石沙者，良由一毫微善同人，俱免烧煮之痛，以善微故，不及人为苦。然炉镬与石沙，为善轻重虽异，而事实相邻，所以犹与人同践石沙之地。善胜事精而域绝，故石沙之人，绝阶于七珍之土也。

问：净秽似无定质，如释摩男捉瓦成金，饿鬼见水成火。云何净秽域绝耶？

答：因缘之法，诚有此理。但经云如释摩男，此莫不是示旨，欲明法无定相，以祛众生封滞之甚耳。饿鬼惑故，见水为火，不遂是火也。所以域绝者，石沙之人，不得同生赡养故也。释云：净取无秽者，不以形为净，取无形为净。又云：七珍无石沙之秽为净，不取七珍为净。若畜生与人善业相邻，所以同履石沙。善胜事精者，人天业殊，故人绝阶七珍之土。畜生不及人为苦者，缘遭鞭楚烹宰，及自互相食啖等苦，人无此事，故云不及人为苦。炉镬者，轻趣与人同处故，经云诸小地狱，在铁围山间，或海边旷野等是也。若阿鼻狱等，即与人别居，天善为胜，七珍事精，所以与人限域隔绝。

问：中难释摩男，明人中即受天报，何故云人绝阶于七珍之土？又举饿鬼，欲明人不绝鬼限域，可即人报成鬼报耶？

答：云示旨者，示现意也，意除封迷常之极。所云不遂是火者，饿鬼虽自业惑所迷，见水为火，然水不从惑成火。遂者，从也。因缘之法，诚有此理者。谓如来说法，有二种门：一谓因缘门，二谓因果门。因缘门者，即无定质。因果门者，即有定义。

又，经明一切世间净秽国土，皆是菩萨行所成、众生业共感：若娑婆缘熟，即华藏是娑婆。若华藏缘熟，即娑婆是华藏。若无行无感，世界不成，则离心之外，更无一法。如华藏世界海者，略有二因：一约众生如来藏识，即是香海，亦法性海。依无住本，是谓风轮，亦妄想风，于此海中有因果相，恒沙性德，即是正因之华。世出世间未来果法，皆悉含摄，故名为藏。若以法性为海，心即是华，含藏亦尔。然此藏识相分之中，半为外器，不执受故。半为内身，执为自性生觉受故。如来藏识，何缘如此？法如是故，行业引故。二约诸佛，谓以大愿风，持大悲海，生无边行华。含藏二利染净果法，重迭无碍，故所感刹，相状如之，所以重重无尽，皆是凡圣之心，真如性故。上之大海，既是藏识。今明心华之内摄诸种子，一一种子不离藏识海，故有多香海。然一一具于性德故，皆有庄严故。

又，夫一切诸法，随缘幻生，体用俱无，隐显互起：或多中现一，一中现多。若不知起尽之根由，则任运但随境转：或随好境而忻集，或逐恶缘而怖生。若能明了一切凡圣等法，悉是自心境界，以此一印，众怖潜消。所以《持地经》云：佛告阿逸多菩萨：于一切法、于一切菩萨法莫生恐怖，于一切辟支佛法亦莫恐怖，于一切声闻法亦莫恐怖，于一切凡夫法亦莫恐怖。乃至于静于乱亦莫恐怖，于假于实亦莫恐怖，于信不信亦莫恐怖，于善念不善念亦莫恐怖，于住不住亦莫恐怖。如是菩萨，于一切法莫生恐怖。阿逸多，我于往昔修如是等无异法故，得成正觉，悉能了知一切众生心之境界，而于所知不起知相，以我所证随机演说，能令闻法诸菩萨等获得光明陀罗尼印，得法印故，永不退转。释曰：了一无畏法，能除五怖畏。入此一心门，当生欢喜地。又云心净得佛土功德净，故云：欲得净土果者，当净其心。举果劝因，谓由心也。云何称净？若行者不得心，处则心无起灭。无起灭故，是曰净心。

又，《大品经》云：空故、离故、不生故、寂灭故，名之为净。随其心净则佛土净者，明因则是心，此明心外无境界，随心而生。心既清净，外报相亦净。净秽从心，自无体质，岂有相碍而异处？是故，行业不同，各各异见。行业同故，所以见不异。如声和响顺，形直影端，净秽之异，皆由心作。若无心分别，垢净何生？见垢实性，即无净相，岂有二法相待，而论差别乎？故《华严经》颂云：佛刹无分别，无憎无有爱。但随众生心，如是见有殊。所以对机立教，于分别门中，论众生净心非唯一种，不可雷同。古释有四：一、真实净，谓无漏善心。二、相似净，谓有漏善心。三、究竟净，谓佛世尊。四、不究竟净，谓十地已下，乃至凡夫。又，四句料简体相净秽：一、体净相秽，谓佛现秽土相，佛心清净无漏故。经云：为欲度斯下劣人故，示是众恶不净土耳。二、体秽相净，如十地已还，本识及有漏六七识，并地前凡夫一切有漏心，所现净土是有漏，故名体秽。以依如来清净佛土，自识变似净土相现，名相净。三、体相俱净，如佛及十地已还，无漏心中，所现净土。四、体相俱秽，如有漏心所现秽土。若分别净土净心，更有多种，复有究竟净心、未究竟净心、有有漏净心、无漏净心、有有相净心、无相净心、有伏现行净心、断种子净心、有自力净心、他力净心，诸佛随机，说无定法。若论大旨，尚不得一净，何况多门？此乃一心真如，不守自性，随缘对处，有浅有深，或垢或净。不可滞理妨事，守一疑诸。迷卷舒之门，起通局之见。虽同一旨，约相差别不无。虽云有异，顺体一如不动。何者？若言其一，则赡养宝方、娑婆丘陇。若言其异，十方佛国，一道清虚。若言其有，无边净刹，犹若虚空。若言其无，妙土交罗，如天帝网。所以精超四句，妙出百非。道不可以一言诠，理不可以一义宣故。

如上所说，身土唯心，但将世间所见所闻之法验之，自然可解。且如河岳不灵，为人所感。何者？土木瓦石，岂有所知？皆精志在人，从识所变。或非人所附，俱不出心。如《皇唐国史》：德宗皇帝贞元七年，骠国有使，重译来朝，上乃亲聘。使者云：自秦汉已来，未曾通于中国。上又问：何以知朕临朝？对曰：我国三年，牛马头向东而卧，水无巨浪，海不扬波，所以知中夏有华风，乃陛下之圣德。乃至珠还合浦，剑去吴都，虎负子而过江，凤呈祥而入境。牛虎无计度分别，珠剑本属于无情，岂能感德知恩、抱强负弱？全是人心之所变，真唯识义之所成。如笃善则天堂现前，习恶则火车盈侧。命富则珠珍溢藏，业贫则茆土攒身。但以宗镜照之，万事难逃影响矣。

宗镜录第二十二

宋 慧日永明妙圆正修智觉禅师延寿集

夫真心无形,妙体绝相,云何有报化庄严等事?

答:诸佛法身如真金,相好似金庄严具。以金作具,体用全同。从心现色,性相无二。

如《起信论》问云:若佛法身,无有种种差别色相,云何能现种种诸色?

答:以法身是色实体,故能现种种色。谓从本已来,色心无二,以色本性,即心自性,说名智身。以心本性,即色自性,说名法身。依于法身,一切如来所现色身,遍一切处,无有间断。十方菩萨,随所堪任、随所愿乐,见无量受用身、无量庄严土,各各差别,不相障碍,无有断绝。此所现色身、一切众生心意识不能思量,以是真如自在甚深用故。故知所现一切依正二报、供具庄严等无边佛事,皆从一心而起。如《华严经》云:以从波罗蜜所生一切宝盖,于一切佛境界清净解所生一切华帐、无生法忍所生一切衣,入金刚法无碍心所生一切铃网,解一切法如幻心所生一切坚固香。周遍一切佛境界如来座、心所生一切佛众宝妙座,供养佛不懈心所生一切宝幢,解诸法如梦欢喜心所生佛所住一切宝宫殿。无著善根无生善根所生一切宝莲华云、一切坚固香云、一切无边色华云、一切种种色妙衣云、一切无边清净栴檀香云、一

切妙庄严宝盖云、一切烧香云、一切妙鬘云、一切清净庄严具云,皆遍法界。出过诸天供养之具,供养于佛,其诸菩萨一一身,各出不可说百千亿那由他菩萨,皆充满法界、虚空界,其心等于三世诸佛,以从无颠倒法所起。《解深密经》云:尔时曼殊室利,白佛言:世尊,如来成等正觉、转正法轮、入大涅槃,如是三种,当知何相?佛告曼殊室利:善男子,当知此三,皆无二相,谓非成等正觉,非不成等正觉。非转正法轮,非不转正法轮。非入大涅槃,非不入大涅槃。何以故?如来法身究竟净故,如来化身常示现故。释曰:非成等正觉者,以法身究竟净故、离常见故、入第一义谛故、非众生见闻故。非不成等正觉者,以化身常示现故、离断见故、约世俗谛故、随机熟有情心现故。然法报虽分,真化一际。

又,法身普遍有二:一随相各别遍,以法身遍在一切大小相中不坏相故。二圆融总摄遍,以法身无相,能融一切有相总摄归一体故。色身即体之用遍,智身修成,如体之遍。遂则十身布影,散分十刹之中。一体分光,不动一尘之内。色身如日之影,随现世间。智身似日之光,照临法界。

又,佛身诸根,一一相好,皆遍法界,以诸根体同故。若眼为门,诸根相好,及佛刹土,莫不皆是一眼中现。如经云众生身中有如来眼、如来耳等,以佛法身共众生性,无别体故。皆从无性而起,起不违真。因法界而生,生不碍事。所以一切诸佛,于一切世界,皆是得菩提处。若以真身,则称性遍周。若以应身,则随机普现。所以天亲云:广略相入者,诸佛有二种身:一法性法身,二方便法身。由法性法身故,生方便法身。由方便法身故,显出法性法身。此二种身,异而不可分,一而不可同,是故广略相入。法身无相故,则能无不相,是故相好庄严,即是法身也。法身无知故,则能无不知,是故一切种智,即是真实智慧。故《华严论》云:法身相好,一际无差。晓公《起信论疏》序云:原夫大乘之为本也,萧焉寂灭,湛尔冲玄,玄之又玄,岂出万像之表?寂之又寂,犹在百家之谈。非象表也,五目不能睹其容。在言里也,四辩莫能谈其状。此明真体与一切法,非一非异。《华严经疏》序云:冥真体于万化之域,显德相于重玄之门。《记》释云:此明无碍,则与诸法非一异矣。如肇公云:道远乎哉?触事而真。亦体即万化矣。故云冥真体于万化之域,显德相于重玄之门者,明相不碍体也。重玄即是理体,明德相只在体上。若离体有相,相非玄妙。胜德之相,名为德相。言重玄者,借《老子》之言。《老子》云:玄之又玄,众妙之门。彼以有名无名,同谓之玄。河上公云:玄者,天也。天中复有天。《庄子》云:天即自然。则自然亦自然也,依此而生万物,故云众妙之门。今《宗镜》中,亦复如是。无法不收,无德不备,可谓心之至妙幽玄矣。清凉记引《华严经》颂云:佛以法为身,清净如虚空。

问云:佛身既知虚空,何缘现于金色等,云何令人悟于虚空?

答:有三意:一、体虽无相,为物现相。物宜见故,随他意耳。二、若不现相,云何令人悟于无相?如不因言,岂显无言之理?三、如虚空,言取其清净无相,非离相求。相即无相,不乖空故。经颂云:佛住甚深真法性,寂灭无相同虚空。而于第一实义中，示现种种所行事。此一偈，总收前三意。《肇论》云：用即寂，寂即用，用寂体一，同出而异名，更无无用之寂主于用也。寂用元是一体，同从理出，而有异名也。非谓离用之外，别有一寂，为用之主也。故云：般若之体，非有非无，虚不失照，照不失虚，故曰不动等觉而建立诸法。如镜鉴像，虚不失照。似日游空，照不失虚。又，不动等觉建立诸法，则寂而常用。不坏缘生而观实相，则用而常寂。斯乃千差万用，别相异名，俱同出一真心体矣。所以又云：经称圣人，无为而无所不为。无为故，虽动而寂。无所不为故，虽寂而动。虽寂而动故，物莫能一。虽动而寂，故物莫能二。物莫能二故，逾动逾寂。物莫能一故，逾寂逾动。法性如是，动寂难量，焉能一其寂而二其动哉？故名不能名，相不能相矣。又云：所以圣人戢玄机于未兆，藏冥运于既化。总六合以镜心，一去来以成体。古今通，始终同。穷本极末，莫之与二。浩然大均，乃曰涅槃。所以圣人玄机预察于未来锋芒未兆之事，冥运过去已变化之缘，则心镜能照万事，十方三世无有遗余。今古去来，始终本末，莫不同一心无二之体。

是以，《入佛境界经》云：如来如实知本际、中际、后际：如彼法本际不生，未来际不去，现在际不住。如实知彼法足迹，如一法，一切法亦如是。如一切法，一法亦如是。文殊师利，而一多不可得。故知，生佛同一庄严，同一慈心，同一悲体。如《诸法无行经》云：文殊师利言：一切众生，皆成就大悲，名不动相。文殊师利，云何是事名不动相？世尊，一切众生无起无作相，皆入如来平等法中，不出大悲之性，以恼悲无分别故。是故,一切众生,皆成就大悲,名不动相。故知,万法不动,悲恼何分。一真匪移,垢净谁别?然虽现庄严,皆如海印。如古德云:谓香海澄停,湛然不动,四天下中色身形像,皆于其中而有印文,如印印物。亦犹澄波万顷,晴天无云,列宿星月,炳然齐现,无来无去,非有非无,不一不异。如来智海,识浪不生,澄停清净,至明至静,无心顿现一切众生心念根欲。心念根欲,并在智中,如海含像。故经颂云:如海普现众生身,以此说名为大海。菩提普印诸心行,是故正觉名无量。非唯智现物,心亦依此智,顿现万形,普应诸类。《贤首品》颂云:或现童男童女形,天龙及与阿修罗。乃至摩睺罗伽等,随其所乐悉令见。众生形相各不同,行业音声亦无量。如是一切皆能现,海印三昧威神力。以此海印三昧之力,顿现一切,为众生不知故,佛方便力,垂诸教迹。是以昔人云:佛兴由生迷实,说法示于真实。不动真际,建立诸法,则性不可坏。不坏假名,而说实相,则相不可坏。斯则天魔外道等皆法印,故无能坏。且五逆四魔尚法界印,况无漏净智一真相好,而能障实相之妙旨耶?故《华严经》颂云:清净慈门刹尘数,共生如来一妙相。一一诸相莫不然,是故见者无厌足。《法华经》偈云:深达罪福相,遍照于十方。微妙净法身,具相三十二。则法身为一切法之印,无有一法出此印文。台教云:如《无行经》云:五逆即菩提,菩提即五逆。逆与菩提,不出心性,故无二相。体既不二,故不可坏,以逆本来无自性故。苦即实相,阴死二魔即法界印。烦恼即实相,烦恼魔即法界印。业即实相,天魔即法界印。魔既即印,印岂坏印?《大论》云:有菩萨教人修空,断一切念。后时才起一念有心,便为魔动。即便忆念本所修空,魔为之灭。修空尚尔,况复观之即法界印?是知,心有即缚,心无即解。若了于心,何缚何解?

问:心无自性,生灭无恒,体用俱空,如何起行?

答:虽自体常空,不坏缘生之因果,而无有作者,宁亡善恶之业门?故《心王论》云:观心空王,玄妙难测。无形无相,有大神力。能灭千灾,成就万德。本性虽空,能施法则。观之无形,呼之有声。为大法将,持戒传经。水中咸味,色里胶青。决定是有,不见其形。心王亦尔,身内居停。面门出入,应物随情。自在无碍,所作皆成。清凉《疏》释经云:法界如幻者,即体从缘。一切法如实际,即事而寂。世人皆谓实际不变,而谓诸法无常、理实圆融,世间之相,即是常住。然古德以七喻展转释疑:一疑云:世间幻火,不成烧用,佛现益物,岂同幻耶?释云如影,亦有应质阴覆等义,岂是实耶?然诸法喻,各有三义:一、缘成义,二、无实义,三、有用义,意取无实,故不著也。二疑云:若佛如影,菩萨何以起行往求?因既不虚,果宁非实。释云如梦,梦亦三义,无体现实,与觉为缘,谓有梦走而惊觉故。菩萨行亦尔,证理故空,无明未尽故似实。能与佛果为缘,勤勇不已,豁然觉悟,如梦渡河。三疑云:若菩萨行如梦,何以经说此是菩萨行?此是二乘行,释云如响。缘成无本,称声大小。圣教亦尔,机感无本,随机异闻。四疑云:果行可然,世间未悟,此应是实,释云如化。心业神力所持,无实有用。五疑云:若皆如化,何有差别之身?释云:如幻。六疑云:身若如幻,何有报类不同？释云：如心。以心无形如幻故，虽如幻不定，无有自性。然随缘现，能成众善。如《大宝积经》云：菩萨摩诃萨复作是念，此缘起法，因果不坏。虽复是心法性，无有自性，无有作用，无有主宰。然此诸法，依止因缘而得生起，我当随其所欲积集善根。既积集已，修相应行，终不舍离是心法性。复次舍利子，菩萨摩诃萨，云何此中积集之相？舍利子，是诸苦萨摩诃萨，作如是观：积集之相，是心本性，犹如幻化，无有一法而可施者。是心法性，而能布施一切众生，回向积集，庄严佛土，是则名为善根积集。又，舍利子，是心本性，如梦所见，其相寂静。是心法性，而能积集守护尸罗，皆为回向神通作用，是则名为善根积集。又，舍利子，是心本性，犹如阳焰，究竟灭尽。是心法性，而能修习一切可乐忍辱之力，回向积习庄严菩提，是则名为善根积习。又，舍利子，心本性者，如水中月，究竟远离积习之相。是心法性，而能发起一切正勤，回向成熟无量佛法，是则名为善根积习。又，舍利子，心本性者，不可取得、不可睹见。是心法性，而能修习一切静虑解脱三摩地三摩钵底，回向诸佛胜三摩地，是则名为善根积习。又，舍利子，观此心性，本非色相，无见无对，不可了知。是心法性，而能修习一切慧句差别说智回向圆满诸佛智慧，是则名为善根积习。又，舍利子，心无所缘，无生无起。是心法性，而能建立无量善法，摄受色相，如是名为善根积习。又，舍利子，心无所因，亦无所生。是心法性，而能摄受觉分法因，是则名为善根积习。又，舍利子，心性远离六种境界，亦不生起。是心法性，而能引发菩提境界，因所生心，是则名为善根积习。舍利子，如

是名为菩萨摩诃萨,依般若波罗蜜多,故于一切心随心观察,修习念住。复次舍利子,是菩萨摩诃萨,又依般若波罗蜜多故,于一切住随心观,为求证得胜神通故,系缚其心,修学通智,得神通已,但以一心而能善知一切心相,既了知已依心自体宣说诸法。又云:化乐天王白佛言:世尊,彼实际者,遍一切处,无有一法而非实际。世尊,谓菩提者,亦是实际。世尊,何者是菩提?一切法是菩提,离自性故。乃至五无间业,亦是菩提。何以故?菩提无自性,五无间业,亦无自性,是故无间业亦是菩提。

是以,了心本性,自体无生,从无生中,建立诸法。观无性之心,说无性之教。随净缘而无性成佛,随染缘而无性为凡。不见纤尘暂出性空之理,未有一念能违平等之门。所以《大般若经》偈云:有法不成有法,无法不成无法。有法不成无法,无法不成有法。释曰:有不成有,无不成无者,以一体故,无能成所成。有不成无,无不成有者,自既不成,焉能成他?故知,各无自体,互不成就。《大集经》云:一切诸法,究竟无生。一切诸法,无性无生,无起无出。是以,缘不生因,因不生缘。自性不生自性,他性不生他性。自性不生他性,他性不生自性。是故说一切诸法,自性无生。《胜思惟梵天所问经》云:尔时普华菩萨,语舍利弗:汝入灭尽定,能听法耶?答言:善男子,入灭尽定,无有二行而能听法也。大德舍利弗,汝信诸法皆是自性灭尽不?答言:如是,诸法皆是自性灭尽之相,我信是说。普华曰:若如是者,则舍利弗,常一切时不能听法。何以故?以一切诸法,常是自性灭尽相。

是以,诸法本空,但是缘起。缘会则似有,缘散则似无。

有无唯是因缘，万法本无生灭。如真金随工匠而器成，即金体不变。似虚谷任因缘而响发，与法性无违。如有颂云：如人掘路土，私人造为像。愚人谓像生，智者言路土。后时官欲行，还将像填路。像本无生灭，路亦非新故。是知，但是一土，生灭唯是因缘。例如一心万法，更无前后。何者？掘路成像时，土亦不减。坏像填路时，土亦不增。以不失本土故，如成佛时心亦不增，为凡时心亦不减。以心随缘时，不失自性故。又，像生但是缘生，像灭唯从缘灭，像无自体故。如成佛但是净缘生，为凡亦是染缘起，凡圣本无生故。是知，万法从缘，皆无自性。本未曾生，今亦无灭。如文殊师利《观幻颂》云：此会众善事，从本未曾为。一切法亦然，悉等于前际。所以，正作时无作，以无作者故。当为时不为，以无自性故。任从万法纵横，常等未生之际。假使群生出没，不离无性之宗。又，昔有庞居士命女灵照曰：吾当先逝，汝可后来，专候日中，可蜕斯疵。灵照曰：午即午矣，有蚀阳精。居士怪之，自临窗下。其灵照忽尔回登父座，俄尔坐亡。居士笑云：甚为锋捷！空华落影，阳焰翻波。吾道于先，吾行于后。遂往于相公为丧主，告于公曰：但愿空诸所有，慎勿实诸所无。言讫而逝。斯亦不堕有无之见，妙得无生之旨矣。

问：菩提即自身心者，云何教中说菩提者不可以身心得？

答：夫言菩提之道即心者，乃是自性清净心湛然不动，盖是正觉无相之真智，其道虚玄，妙绝常境。聪者无以容其听，智者无以运其知，辩者无以措其言，像者无以状其仪。

以迷人不了,执色阴为自身,认能知为自心。故经云:身如草木无所觉知,心如幻化虚妄不实。所以除其执取之心,故云:菩提者,不可身心得也。菩提非是触尘,不可以身得。菩提非是法尘,不可以心得。若就了人,即达阴身本空、妄心无相。以本空故,法身常现。以无相故,真心不亏。如此发明,五阴即菩提,离是无菩提。不可以菩提而求菩提,不可以菩提而得菩提。文殊云我不求菩提。何以故?菩提即我,我即菩提故。《维摩经》云:不观是菩提,离诸缘故。菩提非所观之境,则无能缘之心。所观境空,即实相菩提。能缘心寂,即自性菩提。《大般若经》云:龙吉祥言:颇有能证菩提者不?妙吉祥曰:亦有能证。龙吉祥言:谁为证者?妙吉祥曰:若无名姓施设语言,彼为能证。龙吉祥言:彼既如是,云何能证?妙吉祥曰:彼心无生,不念菩提及菩提座,亦不愍念一切有情,以无表心无见心等,能证无上正等菩提。龙吉祥言:若尔,尊者以何心等当得菩提?妙吉祥曰:我无所趣,亦非能趣,都无所学。非我当来诣菩提树,坐金刚座,证大菩提,转妙法轮,拔济生死。所以者何?诸法无动,不可破坏,不可摄受,毕竟空寂。我以如是非趣心等,当得菩提。龙吉祥言:尊者所说,皆依胜义,令诸有情,信解是法、解脱烦恼。若诸有情,烦恼解脱,便能毕竟破魔羂网。妙吉祥曰:魔之羂网,不可破坏。所以者何?魔者不异菩提增语。何以故?魔及魔军,性俱非有,都不可得,是故我说魔者不异菩提增语。龙吉祥言:菩提何谓?妙吉祥曰:言菩提者,遍诸时处一切法中,譬如虚空,都无障碍。于时处法,无所不在。菩提亦尔,无障碍故,遍在一切时处法中,如是菩提，最为无上。仁今欲证何等菩提？龙吉祥言：欲证无上。妙吉祥曰：汝今应正无上菩提，非可证法。汝欲证者，便行戏论。何以故？无上菩提，离相寂灭，仁今欲取，成戏论故。譬如有人，作如是说：我令幻士坐菩提座，证幻无上正等菩提。如是所言，极成戏论。以诸幻士，尚不可得，岂令能证幻大菩提？幻于幻法，非合非散，无取无舍，自性俱空。诸佛世尊说一切法，不可分别，皆如幻事。汝今欲证无上菩提，岂不便成分别幻法？然一切法，皆不可取，亦不可舍，无成无坏。非法于法，能有造作，及有灭坏。无法于法，能有和合，及有别离。所以者何？以一切法，非合非散，自性皆空，离我我所，等虚空界，无说无示，无赞无毁，无高无下，无损无益，不可想象，不可戏论，本性虚寂，皆毕竟空，如幻如梦，无对无比。宁可于彼，起分别心？龙吉祥言：善哉尊者，我今由此定得菩提。何以故？由尊者为我说深法故。妙吉祥曰：吾于今者，未曾为汝有所宣说，若显若密，若深若浅，云何令汝能得菩提？所以者何？诸法自性，皆不可说。汝谓我说甚深法者，为行戏论。然我实非能说者，诸法自性，亦不可说。如有人言：我能辩说幻士识相，谓诸幻士，识有如是如是差别。彼由此说，害自实言。所以者何？夫幻士者，尚非所识，况有识相？汝今谓我说甚深法，令汝证得无上菩提，亦复如是。以一切法，皆如幻事，毕竟性空，尚不可知，况有宣说？是以，一切众生之性，即是无相平等菩提，于自性中，云何有能证所证之差别乎？如《般若经》云：觉法自性，离诸分别，为菩提故。又经云：诸所有行皆，有所是。无所是是菩提。何者？若有所是，即立所证之境，便有能证之

心。能所尽处,名为大觉。大觉之义,唯悟自心。如《大毗卢遮那成佛经》云:尔时金刚手菩萨,复白佛言:世尊,谁寻求一切智,谁为菩提成正觉者,谁发起一切智智?佛言:秘密主,自心寻求菩提及一切智。何以故?本性清净故。心不在内,不在外,及两中间,心不可得故。乃至欲识知菩提,当如是识知自心。《庄严菩提心经》云:佛言:菩提心者,非有非造,离于文字。菩提即是心,心即是众生。若能如是解,是名菩萨修菩提心。是则,心外无菩提,何所求耶?菩提外无心,何所得耶?如《华严经》云:知一切法,无相是相,相是无相。无分别是分别,分别是无分别。非有是有,有是非有。无作是作,作是无作。非说是说,说是非说。不可思议。知心与菩提等,知菩提与心等,心及菩提与众生等。又颂云:虽尽未来际,遍游诸佛刹。不求此妙法,终不成菩提。故知,心法妙故,当体即是。若向外远求,则失真道。故云:善财遍巡诸友,不出娑罗之林。慈氏受一生成佛之功,不离一念无生性海。所以《净名经》云:若弥勒得阿耨多罗三藐三菩提者,一切众生皆亦应得。所以者何?一切众生即菩提相。若弥勒灭度者,一切众生亦当灭度。所以者何?诸佛知一切众生毕竟寂灭,即涅槃相,不复更灭。故知,已成不更成,已灭不更灭。为未知者,方便说成,方便说灭。若执方便,则失本宗。如《大庄严法门经》云:尔时文殊师利,语金色女言:如是五阴体性即是菩提体性,菩提体性即是一切诸佛体性。如汝身中,五阴体性即是一切诸佛体性,诸佛体性即是一切众生五阴体性,是故,我说汝身,即是菩提。复次觉五阴者,名觉菩提。何以故?非离五阴佛得菩提,非离菩提佛觉五阴。此方便知一切众生悉同菩提，菩提亦同一切众生，是故，我说汝身，即是菩提。《大宝积经》云：菩提者，名心平等，无所起故。菩提者，名众生平等，本无生故。乃至菩提者，性相如是，若于此法有所愿求，徒自疲劳。何以故？如菩提性，菩萨应行。能如是行，名为正行。《思益经》偈云：菩萨不坏色，发行菩提心。知色即菩提，是名行菩提。如色菩提然，等入于如相。不坏诸法性，是名行菩提。不坏诸法性，则为菩提义。是菩提义中，亦无有菩提。正行第一义，是名行菩提。《璎珞经》云：发心住者，是人始从具缚，未识三宝。乃至值佛菩萨教法中起一念信，便发菩提心。既云始从凡夫最初发心，明知此中发心，该于初后。

问：此既是初，何得乃具后诸行位，及普贤德耶？

古德释此，略有二门：一、行布次第门。谓从微至著，从浅至深，次第相承，以阶彼岸。二、圆融通摄门。谓一位即具一切位等，如《华严经》所说。亦如《大品》等中，一行具一切行。此中有二门：一、缘起相由门，二、法界融摄门。前中普揽一切始终诸位，无边行海，同一缘起，为普贤行德。良以诸缘相望，略有二义：一、约用。由相待故，有有力无力义，是故得相收及相入也。二、约体。由相作故，有有体无体义，是故得相即及相是也。又，有二菩提：一、性净，二、圆净。从缘起者，即是圆净。圆净复二：一、明缘起，万行为缘故。二、明性起，全是真如性净功德之所显。又，缘起无性，即性净故，如《法华经》偈云：诸佛两足尊，知法常无性，佛种从缘起。是故说一乘义耳。又，有二义：一、约行布展转义，二、约圆融展促无碍义。如善财见仙人执手，一一佛所经无量劫。故知,修短难思,特由于此。如贤首菩萨云:信大乘者犹为易,能信此法倍更难。以初心即具一切德,故难信也。又,设于梦中惊惧,怖令发菩提心,尚得称为大菩萨摩诃萨,何况正信之发,开发之发?如《大涅槃经·如来性品》云:迦叶菩萨白佛言:世尊,云何未发菩提心者,得菩提因?佛告迦叶:若有闻是《大涅槃经》,言我不用发菩提心,诽谤正法,是人即于梦中见罗刹像,心中怖惧。罗刹语言:咄!善男子,汝今若不发菩提心,当断汝命。是人惶怖,寤已即发菩提之心。是人命终,若在三恶趣及在人天,续复忆念菩提之心。当知是人,是大菩萨摩诃萨也。

问:经云:佛言学我法者,唯证乃知。今言菩提者,不可以身心得,无修无证。则初发菩提心人,如何趣向?

答:若能信悟菩提,无相不可取,无性不可修。如是明达,即是真证。如《大树紧那罗王所问经》云:菩萨已复应更作如是思惟:是中何者是我,谁为我所法,谁能得成诸佛菩提?为身得耶,为心得耶?乃至如是观时,分明了了见是身相,不得菩提。亦知是心,不得菩提。何以故?诸法无有以色证色,以心证心故。然彼于言说中,知一切法虽无色无形,无相无漏,无可睹见,无有证知,亦非无证。何以故?以一切诸如来身无有漏故。又诸如来身无漏故,心亦无漏。又诸如来心无漏故,色亦无漏。若能如是知无所发、能发此心,若入宗镜中,是名真发。既能发心,便又为他开示,则诸圣同赞,功德无涯。如经偈云:发心毕竟二不别,如是二心先心难。虽自未度先度他,是故我礼初发心。

宗镜录第二十三

宋 慧日永明妙圆正修智觉禅师延寿集

夫菩提之道，不可图度，约一期方便，宁无指示，如何是菩提之相？

答：若约究竟菩提，体常冥寂。如《净名经》云：寂灭是菩提，离诸相故。若以无相之相，于方便门中，不无显示，令初发菩提心人，分明无惑故。如先德云：谓寂照无二，为菩提相。犹如明镜，无心为体，鉴照为用，合为其相。亦即禅宗即体之用自知，即用之体恒寂，知寂不二，为心之相。又云：理智相摄，以离理无智，离智无理，如珠之明故。以珠是体，明是用。用不离体，体不离用。明不离珠，珠不离明故。

问：有念即众生，无念即佛。云何言凡圣一等？

答：众生虽起念，不觉念本无念、与佛无念等，妄堕有念中。佛得无念，知念本无。众生虽现在念中，佛知念即无念。斯则佛无念与众生无念义同。又，以众生不知念空，于念成事，似有差别。若实了念空，则于苦乐境，不生执受。何者？以境从念生，心空则境何有？既无有境，相缚自除，能所俱空，谁生取著？既不取著，生死自无。如《圆觉经》云：知是空华，即无流转。亦无身心，受彼生死。

问:即心成佛之宗,曹溪正意。见性达道之旨,灵鹫本怀。如今信不及人,谓不现证。古今悟者,请垂指南。

答:若亲见,无一人而非佛。若不信,无一佛而非人。迷则常作佛之众生,悟则现证众生之佛。人佛不异,妄见成差。迷悟虽殊,本性恒一。如过去有佛,号住无住,发愿使己国众生,同日同时成佛,即日同灭度。又,贤劫前,有佛号平等,亦愿己国及十方众生,亦同日成佛,即日灭度。如《宝积经》云:是时妙慧童女,重白目连:以我如是真实言故,于未来世,当得成佛。亦如今日释迦如来,乃至若我,此言非虚妄者,令斯大众身皆金色,说是语已,众皆金色。又,《思益经》云:思益菩萨,放右掌宝光,一切四众,皆如佛相。下方四菩萨踊出,欲礼世尊,乃发愿言:今此众会,其色无异,当知一切法,亦复如是,此语不虚。愿释迦如来现异相,令我礼敬。即时释迦如来,踊起七多罗树,坐师子座。又,《最胜王经》云:佛言:修菩提行者,于诸圣境,体非一异,不舍于俗,不离于真,依于法界,行菩提行。时善女天白佛言:世尊,如上所说菩提正行,我今当学。时梵天王问曰:此菩提行,难可修行。汝今云何于菩提行,而得自在?善天女曰:我今依于此法,得安乐住,是实语者。愿令一切五浊恶世无量无数无边众生,皆得金色三十二相。非男非女,坐宝莲华,受无量乐。乃至说是语已,一切五浊恶世所有众生,皆悉金色,具大人相。非男非女坐宝莲华,受无量乐,犹如他化自在天宫。釋曰:于诸圣境体非一异者,即是不舍于俗,是不一。不离于真,是不异。若一,即坏真俗。若异,即成断常。不断不常,即是依于法界。非真非俗,乃曰修习菩提。故云我依此法,得安乐住。所以善天女,悟五浊质,成真金之色。阎浮提,迷大人相,成恶业之身。是知,若智照之,即世法而成佛法。若以情执之,即佛法而成世法。一心实不动,二见自成差。同共一法中,别成凡圣解。若了非男非女之体,现具三十二相、坐宝莲华。若执是男是女之形,常系二十五有、沉无明海。故知,信力所及,发真实言,可验现证法门,顿明心佛矣。

问:此犹叙古引文,如何是即今之佛?

答:如今一念才起,了不可得,无有处所,是过去佛。过去不有,未来亦空,是未来佛。即今念念不住,是现在佛。但一念起时,莫执莫断,不取不舍,则三际无踪,一念圆具十法界、非因非果而因而果之法。若能如是一念而达者,则念念相应,念念成佛。凡圣悉等,今古皆齐。故云,了了识心,惺惺见佛。是佛是心,是心是佛。念念佛心,心心念佛。欲得早成,戒心自律。净戒律心,净心即佛。除此心王,更无别佛。欲求万法,莫染一物,心性虽空,含真体实,入此法门,端坐成佛,如是则十方诸佛,同一法身。若欲念外施功,心外求佛,便落他境,无有得时,遂即前后情生,凡圣缘起,徒经时劫,枉用功夫。所以《华严论》云:不如一念缘起无生,超彼三乘权学等见。

问:一念成佛,已入信门,如何得目前了了分明而见?

答:目前无物,是真见佛。如《文殊师利巡行经》,以经中说文殊,遍巡五百比丘房,皆见寂定,因以为名。最后难舍利弗,以显甚深般若。问舍利弗言:我时见汝,独处一房,结加趺坐,折伏其身,汝为当坐禅耶,不耶?答云:坐。难云:为当欲令未断者断,故坐禅耶等,因此广显性空无得之理意。五百比丘从座而起,于世尊前,高声唱言:从今已去,更不复见文殊身,不复闻其名字。如是方处,速应舍离。所有文殊一切住处,亦莫趣向。所以者何?文殊烦恼解脱一相说故等。舍利弗,令文殊为决了。文殊言:实无文殊而可得故。若实无文殊可得者,彼亦不可见等,广为说法。四百比丘,漏尽得果。一百比丘更谤,陷入地狱,后还得道,广如彼说。所以无见是真见,无闻是真闻。不见不闻文殊,是真见真闻文殊矣。若不信此说,虽起谤而陷狱。以曾闻故,终熏种而得道。何况闻而信耶?则成道不隔于一念。故知《宗镜》,见闻无不获益矣。所以《宝积经》云:无畏女言:大迦叶,诸法永无,不可示现。是故大迦叶,一切法皆无。若法本无,云何可见彼清净法界?大迦叶,若欲见清净如来,彼善男子善女人,应善净自心。时大迦叶语无畏言:云何善净自心?女言:大迦叶,如自身真如,及一切法真如。若信彼者,不作不失,如是见自心清净故。迦叶问言:自心以何为体?女言:空为体。若证彼空,信自身故,即信真如空,以一切法性寂静故。又云:如来者,即虚空界。是故,虚空即是如来,此中无一物可分别者。《华手经》云:一切法如即是如来,如来即是一切法如。是故世尊,无所住处,是如来义。

又,报化如影,空无去来。心净佛现,则云佛来,佛亦不来。心垢不现,即云佛去,佛亦不去。斯即来而非来,去而非去。佛既无来去,心亦不生灭。如是解者,可见真佛矣。

故《金刚经》云：若人言：如来若来若去，若坐若卧。是人不解我所说义。如来者，无所从来，亦无所去，故名如来。则知，若人若法，俱不出一如之道。如是通达，六根所对，无非见自性如如佛矣。此以不见为真见，见实为真佛。肇法师云：佛者，何也？盖穷理尽性，大觉之称也。生法师云：以见实为佛，如是则亦名真见道，亦名真供养。

问：如何是真供养？

答：契如理之心，无见佛之想，了自法身，是真供养。《宝积经》云：真供养者，无佛想，无能见佛，何况供养？若供养佛，当供养自身。

问：自身如何供养？

答：若舍己徇尘，是名违背。能回光反照，随顺真如，境智冥合，是真供养。故《维摩经》云：无前无后，一时供养。此是运无舍无得之意，起一际平等之心，则遍十方供养一切如来，尽法界含灵一时受润。如是之供，施莫大焉。所以《宝雨经》云：如理思惟，即是供养一切如来。

问：云何如理思惟？

答：但一切不思惟是真思惟，以顿悟一心，无法可思量故。是以，十方诸佛，证心成道，故称如理。若了自心，能顺佛旨，即是供养一切如来。若不依此如理悟心，则随事施为，心外见佛，设经多劫，皆不成真实供养，为背诸佛指授故。如《华严经》颂云：设于念念中，供养无量佛。未知真实法，不名为供养。云何真实法？所谓了心真如无生之旨故。是以，《思益经》问云：谁能供养佛？佛言：能通达无生际者。《文殊般若经》云：佛问文殊：汝云何供养佛？答言：世尊，若幻人心数灭，我则供养佛。台教云：供养佛者，只是随顺佛语。今顺佛教，修三观心，即是供养佛。为破五住得解脱故，即供养法。三谛理和，即供养僧。又，众行心资观智心，即供养佛。观智心开发境界，即供养法。境智心和，即供养僧。此是真实供养，亦名法供养。如《义海》云：谓以无生心中，施一切珍宝，乃至微尘，皆能摄于法界，即以此法界尘而作供养。此供养，乃至遍通三世一切诸如来前，无不显现。彼诸如来，无不摄受。何以故？由尘即法界，是理与佛法界相应。是故，遍至一切，名广大供养无空过者。何谓无空过？以心通即法通，法遍即心遍，一切处无非见理，故悉皆通达，则是一一承事无空过者，亦不碍香华等种种供养，以内外唯心故，破执显宗，故有是说。

又，若于正观心中，不唯供养，乃至行道礼拜、一切施为，皆须就已，方得其力。如《三藏勒那》云：正观修诚礼者，此明自礼自身佛，不缘他境他身佛，何以故？一切众生，自有佛性平等本觉，随顺法界，缘起炽然。但为迷故，唯敬他身。己身佛性，妄认为恶。若能反照本觉，则解脱有期。经云：不观佛，不观法，不观僧，以见自身他身平等正法性故。如涉远道，要藉自身。欲见佛性，要观己佛。体同无二，是名正观礼。

问：若心外无相，相外无心，如是圆通，名真供养者。云何教中说供养诸佛，得福无量？

答：如前已说，谛了一心，理事无碍。云何坚执，疑境疑心？故《维摩经》云：各见世尊在其前。《法华经》偈云：乾闼紧那罗，各供养其佛。牛头初祖释云：如观贪即见贪性，贪即是众生。悟贪性智即是佛，贪众生自见佛在其前，一切例尔。又，各供养其佛者，即是于一一法门，各自发明，如理思惟，即是各供养佛，设尔，事法香华供养者。经云：十方诸佛，机宜感出。既随感现，何离自心？如灵山四众八部，各随根力心念，见佛不同。如龙见是大龙王，鬼见是大鬼王等。则心外无法之诠，有文有理。空外执色之见，无理无文。设有恶慧邪见之人，抱疑不信之者，拟陈狂解，强欲破之，似将一蚊嘴，拟吸大海之水。如以十指爪，欲坏妙高之山、我此圆顿之诠、真如之理。如刀断水，似风吹光，徒自劳神，反招深咎。

问：如上剖析，义理虽明，犹是因他方便强说。云何得如今亲自现证，得见自心之佛？

答：当自审问。

问：如何审问？

答：还就人觅，岂有歇时？欲绝纤疑，应须亲到。

问：岂无他助之力，发自智照之心？

答：无正无助，非自非他。若以智求，智则成解，解背圆宗。若起照心，照则立境，随照失旨，皆是彰事，不契斯宗。

若了真心,自然无心合道,合道则言语道断,无心则境智俱闲。如庞居士偈云:须弥颓,五岳崩。大海竭,十方空。乾坤尚纳毛头里,日月犹潜毫相中。此是西国那提子,示疾不起现神通。妙德启口问不二,忘言入理显真宗。

问:如上所说,即心成佛之旨,事已皎然。只如禅宗从上先德云:如今须知十方诸佛出身处,空知有佛,不得成佛。如何是诸佛出身处?

答:石牛生象子,木女孕婴儿。诸佛从中出,最初成道时。

问:既众生已成,理事圆备。则诸佛何以出世,更化众生?

答:众生不如是知,所以须化。故经云:俱同一性,所谓无性。大悲相续,救度众生,随门不同,种种有异。约成佛门,一切成也。同一无性,故得现成。妄性本虚,生元是佛,真性叵得,非今始成,故皆成也。物物无性,故成种智。证斯同体,而起大悲,一得永常,故云相续。只由不知无性,故教化不绝。虽现报化,法体不迁。如随色之摩尼,众相现而本体不动。似应声之虚谷,群响发而起处无心。不著自他,岂见众生之相?本非出没,常冥大觉之原。《华严经》云:佛身无有生,而能示出生。法性如虚空,诸佛于中住。又颂云:无体无住处,亦无生可得。无相亦无形,所现皆如影。《思益经》云:大迦叶言:善男子,幻所化人,离于自相,无异无别,无所志愿。汝亦如是耶?若如是者,汝云何能利益无量众生？网明言：阿耨多罗三藐三菩提性，即是一切众生性。一切众生性，即是幻性，幻性即是一切法性。于是法中，我不见有利，不见无利。又云：网明菩萨白佛言：世尊，若有菩萨，希望功德利而发菩提心者，不名发大乘也。所以者何？一切法无功德利，以无有对处故。若有众生可度，而求功德之利，斯则心外见法，全不识心，何名发大乘心也？以绝待心无对处故。如《楞伽经》云：佛语外道言：若能了达有无等法，一切皆是自心所见，不生分别，不取外境，于自处住。自处住者，是不起义。不起于何？不起分别。此是我法，非汝有也。我法者，即众生心也。以不知不信故，自成疏外，有亦同无。所以祖师西来，只为直示众生，令自知有，顿入凡圣平等真原。如《胜天王般若经》云：菩萨摩诃萨，行般若波罗蜜，得心微细，作是思惟：世间炽然大火之聚，所谓贪欲火、瞋恚烟、愚痴闇，云何当令一切众生皆得出离？若能通达诸法平等，名为出离。如实知法，犹如幻相，善观因缘而不分别。是以，若欲舍劣就胜、厌异忻同，欲令凡圣一伦、垢净平等者，无有是处。但明宗镜，万法自齐，即究竟出离三界火宅义，亦是与诸子同住秘密藏义。如云：若夫以齐而齐不齐者，未齐矣。以齐而齐于齐者，未齐焉。余闻善齐天下者，以不齐而齐天下者也，何须夷岳实渊，然后方平。续凫截鹤，于焉始等？故知，但了法法皆如，自然平等，则青松绿蕙，不见短长。鹏翥蜎飞，自忘大小。如《肇论》云：是以经云诸法不异者，岂曰续凫截鹤、夷岳盈壑，然后无异哉？诚以不异于异，故虽异而不异耳。乃至经云：般若与诸法，亦不一相，亦不异相。信矣！庄子《南华经》云：长者不为有

余,短者不为不足。故凫胫虽短,续之则忧。鹤胫虽长,断之则悲。故性长非所断,性短非所续,以明境智虽异而同,不待同而后同也。若能如上了达同异二门,或诸佛出世不出世,众生可度不可度,乃至有无高下,皆绝疑矣。若执同则滞寂,若执异则两分。迷此同异二门,皆智不自在。《金刚辩宗》云:以有镜故,男女之像于中现。以有法身故,而能处处应现往。只缘镜中本无像,所以能现男女像。佛身本无身,所以能现一切身。众生机感,无缘之慈任运能应。若定有身,即为所碍。《肇论》云:佛非天非人,而能天能人耳。故一切菩萨,皆以无所得为方便,能入无量无边尘劳幻网,以心外无法故,方成无所得慧。若心外有一毫所得,云何成无缘之慈、同体之化?以宗镜明,故能广照世间:观生也,如石女之怀儿。观住也,若阳焰之翻浪。观异也,同浮云之万变。观死也,犹狂华之谢空。是以,深达无生,知皆无我,空生空灭,幻坠幻升,愍彼愚迷,盲无慧目。遂乃发无能作之智照,开无所舍之檀门。秉自性空之戒心,具无所起之精进。圆无所伤之法忍,修无所住之禅门。了无身而相好庄严,达无说而纵横辩说。游戏性空之世界,建立水月之道场。陈列如幻之供门,供养影响之善逝。遍习空华之万行,施为谷响之度门。降伏镜像之魔军,大作梦中之佛事。广度如化之含识,同证寂灭之菩提。

问:绝待真心,本无名相,云何成佛又作异生?若云随顺世法,立此假名,又因何法而得成立?

答:实际理中,本无凡圣可得。以一切众生,迷无性理,以无性故,不觉起妄,于真空中妄立名相,故名为凡。了名相空,复称为圣。凡圣之号,因五法成。犹如幻化,名相非真。且如幻以术成,形因业有。术业俱假,形幻同空。俱有迷悟之名,本无凡圣之体。五法者,《瑜伽论》云:一名,二相,三妄想,四正智,五真如。古释云:名、相、妄想三法成凡,正智、真如成圣。名相妄想者,是凡夫法。名相二法,是凡夫境。妄想一法,是凡夫六识,迷事缘境而起,故名妄想。经偈云:不了心及缘,则生二妄想。正智真如者,是圣人法。正智,是圣人对治金刚缘修无漏断惑智,亦名能觉智。真如,是圣人心中所证之理。真如是体,正智是用。异者未曾异,同者未曾同。同者是真如,异者是正智。正智常用,故障生灭。真如常体,故无生灭。体用无碍,法界不思议真实义也。

又,凡夫心惑,不达名相空故,妄计为有。迷有不空,名之为妄。从妄起心,名之为想。正智者,觉知名相本来空寂,以知空故,妄想自息,息妄归真,显理分明,正智现前,不立名相,故名正智。经偈云:了心及境界,妄想不复生。真如者,即此正智心性真故,即名真如。故知,但是一法,无中执有成凡,达有本空成圣。不唯五法,乃至恒沙,义出无边,理恒一道此唯心之道,即是如来行处,步步履法空故。亦是摩诃衍处,念念无所得故。如《持世经》云:佛言:诸善男子,是故,我说一切法是如来行处,如来行处是无行处。何以故?一切法行处,是中无法可行,是故说无行处。《文殊悔过经》云:文殊师利言:吾往古时,希望诸法,求空处所,游于闲居,限节知足,少欲为得,不能识知一切法空,心无所著,尔乃可谓静处宴坐，住于法界。释曰：若了人法二空，见真唯识性，即常在三昧，住真法界矣。

问：云何说入此宗镜，一念相应，见道速疾，超过劫量？

答：实有斯理，世况可知。若不直下顿悟自心功德圆满，即于心外妄求，徒经劫数。若能内照，如船遇便风，一念圆成，所作无滞。如《大涅槃经》云：譬如有人在大海中，乘船欲渡。若得顺风，须臾之间，则能得过无量由旬。若不得者，虽复久住，经无量岁，不离本处。有时船坏，没水而死。众生如是，在于愚痴生死大海，乘诸行船。若得值遇大般涅槃猛利之风，则能疾到无上道岸。若不值遇，当久流转无量生死。或时破坏，堕于地狱、畜生、饿鬼。故知，不遇宗镜之风，有为行船，终不能速度生死之波，直至涅槃之岸。有兹大利，广集无劳，唯嘱后贤，转相传授。如《法句经》云：善知识者，有大功德。能令汝等，于贪欲瞋恚愚痴邪见、五欲五盖众尘劳中，建立佛法，不起一心，得大功德。譬如有人，持坚牢船，渡于大海，不动身心，而到彼岸。故知，入宗镜中，即凡即圣，可谓不断烦恼而入涅槃，不断五欲而净诸根矣。所以《华严论》云：十住初位，以无作三昧自体应真，烦恼客尘本无体性，唯真体用无贪瞋痴，任运即佛。故一念相应一念佛，一日相应一日佛。此《宗镜录》中，前后皆悉微细委曲，一一直指示了，见即便见，不在意思。才信入时，理行俱备。终不更兴恶行，似有纤疑。若不如然，争称圆顿，以了心外无境故，则念念归宗，何有虚幻能惑？所以《宝藏论》云：一切如幻，其幻不实。知幻是幻，守真抱一。

又，如学人问大梅和尚：师常言神性独立，学人不识，乞师指示。答：阿谁教汝问？问：莫不问者便是不？答：若不是，是阿谁能如是问？问：神性非是声色。师所示，问者是神性。学人只识得声色，不识真性。乞师指示，如何得识？答：譬如大宝藏，众宝皆具足。上福德人见，直捉得明月宝珠。薄福德者，只见铜铁之类。非是藏中无宝，亦非主藏者不与。我如今向汝道：性不是声色，汝只见声色，我亦无过，汝知么？此神性，火不能烧，水不能溺。须臾能到千里万里，山河石壁不能碍。汝如今扬眉动目，弹指謦欬，口喃喃问答，总是此性，唤作大道，常在目前，虽在目前难睹。汝若疑惑不信受，破法堕恶道。若是上根者，闻言下便会，更不作诸恶，唤作一受不退常寂然。中根者，亲近善知识，近于智者，数数闻说，不久还会。若是下根，千遍万遍与说，元来不会。虽然记得少许，如破布里明珠，出门还漏却。汝知么？佛道不远，回心即是。若悟则刹那，不悟恒沙劫。

问：此一心宗，成佛之道，还假历地位修证不？

答：此无住真心，实不可修、不可证、不可得。何以故？非取果，故不可证。非著法，故不可得。非作法，故不可修，以本净非莹，法尔天成。若论地位，即在世谛行门，亦不失理，以无位中论其地位，不可起决定有无之执。经明十地差别，如空中鸟迹。若圆融门，寂灭真如，有何次第？若行布门，对治习气，升进非无。

又，染净阶位，皆依世俗名字分别，则似分阶降，不坏一心。譬如众生位如土器，菩萨位如银器，诸佛位如金器，土银金等三种器量虽殊，然一一器中虚空，遍满平等，无有差别。虚空，即喻一心法身平等之理。诸器，即况根器地位阶降不同。道本无差，随行有异。夫论行解，顿渐不同。现行烦恼有浅深，熏染习气有厚薄。不可一向，各在当人。业轻则易圆，障深则难断。只如登八地菩萨，亲证无生法忍，观一切法如虚空性，此犹是渐证无心。至十地中，尚有二愚，入等觉位，一分无明未尽，犹如微烟，尚须忏悔。又若未自住三摩地中，不信心外无法，如患眼瞖者，不信空中无花。以分别智，解心不亡，但缘他境，未住自地。如《首楞严经》云：十方如来及大菩萨，于其自住三摩地中，见与见缘，并所想相，如虚空华，本无所有。所云大菩萨者，即八地已上。若八地菩萨，尚心外见净土，以智缘理，不名自住。若十地菩萨，虽心外不见境，犹有色心二习，是以有颂云：唯佛一人持净戒，其余并名破戒者。故知，若入宗镜究竟一乘门中，方云持戒，方云见道。且知见有四：一、知而不见，初地至九地。二、见而不知，即十地。三、亦见亦知，唯佛。四、不见不知，地前异生等。若得直下无心，量出虚空之外，又何用更历阶梯？如未顿合无心、一念有异者，须以佛知见治之，然后五忍明其正修，六即拣其叨滥，则免堕增上慢，究竟圆满佛乘。若入宗镜中，则为普机，菩萨乘不思议乘。依普门法，一位一切位，如善财一生具五位等，皆是普法相收。此普贤机，乃见一切所见，闻一切所闻，即普眼境也。普法相收者，以心外无法，故名为普。一切行位，皆在心中，岂不相收耶？于行布门，似分深浅。

又，《玄义格》云：圆教四十二位，同一真理，就智论之，遂分明晦，太虚一也。日行空中，具有中旦。圆教登住，如船入海。似日游空，智皆无作。行亦无为，运运道风，自然增进。如《止观》云：入佛正宗，免堕邪倒。创发圆信之人，须明十种观法。十种观法者：一、观不思议境，二、发真正菩提心，三、巧安止观，四、破诸法遍，五、善识通塞，六、三十七品调适，七、对治助开，八、善知位次，九、安忍强软两贼，十、顺道法爱不生，如是不滥，方入圆乘。且最初一念信解之心，能成五品。台教云：若人宿植深厚，或值善知识、或从经卷圆闻妙理，谓一法一切法，一切法一法，非一非一切不可思议，起圆信解。信一心中，具十法界。如一微尘，有大千经卷，欲闻此心而修圆行。圆行者，一行一切行，略言为十。谓识一念心平等具足，不可思议，伤已昏沉，慈及一切。又知此心常寂常照，用寂照心破一切法：即空，即假，即中。又识一心诸心，若通若塞，能于此心，具足道品、得菩提路。又解此心正助之法，又识己心及凡圣心，又安心不动不堕，不退不散。虽识一心无量功德，不生染著，十心成就。举要言之，其心念念悉与诸波罗蜜相应，是名圆教初随喜品。从此具修十法，得入圆教初发心住，分真即中初阿后茶，发心毕竟二不别，以行位念三不退故。台教接人，上住于此。迩后直至十行、十回向、十地等妙二觉位，所有智断升进，任运无功，念念圆满无上菩提。

又，广释不可思议境者，如《华严经》颂云：心如工画师，造种种五阴。一切世间中，莫不从心造。种种五阴者，十法界五阴也。法界者，有三义：十数是能依，法界是所依，能所合称，故言十法界。又此十法各各因，各各果，不相混滥，故

言十法界。又此十法，一一当体皆是法界，故言十法界。十法界通称阴入界，其实不同：三涂是有漏恶阴界入，三善是有漏善阴界入，二乘是无漏有漏阴界入，菩萨是亦有漏亦无漏阴界入，佛是非有漏非无漏阴界入。释论云：法无上者，涅槃是，即非有漏非无漏法也。《无量义经》云佛无诸大阴界入者，无前九阴界入也。今言有者，有涅槃常住阴界入也。《大经》云：因灭无常色，获得常色。受想行识，亦复如是。常乐重沓，即积聚义。慈悲覆盖，即阴义。以十种阴界不同，故名五阴世间也。揽五阴通称众生，众生不同：揽三涂阴，罪苦众生。揽人天阴，受乐众生。揽无漏阴，真圣众生：揽慈悲阴，大士众生：揽常住阴，尊极众生。《大论》云：众生无上者，佛是。岂与凡下同？《大经》云：歌逻罗时名字异，乃至老时名字异。芽时名字异，乃至果时名字亦异。且约一期，十时差别，况十异众生，宁得不异？故名众生世间也。十种所居，通称国土世间者：地狱，依赤铁住。畜生，依地水空住。修罗，依海畔海底住。人，依地住。天，依宫殿住。六度菩萨，同人依地住。通教菩萨惑未尽，同依人天住。断惑尽者，依方便土住。别圆菩萨惑未尽者，同人天方便等住。断惑尽者，依实报土住。如来，依常寂光土住。《仁王经》偈云：三贤十圣住果报，唯佛一人居净土。净土不同故，名国土世间也。此三十种世间，悉从心造。又十种五阴，一一各具十法，谓如是相性体力作因缘果报本末究竟等。此是十如，五阴世间、众生世间、国土世间，即是三种世间。此一心具十法界，一法界又具十法界，即百法界。一法界具三十种世间，百法界具三千种世间。此三千在一念心，若无心而已。介尔有心,即具三千。亦不言一心在前,一切法在后。亦不言一切法在前,一心在后。例如八相迁物,物在相前,物不被迁。相在物前,亦不被迁。前亦不可,后亦不可。只物论相迁,只相迁论物。今心亦如是:若从一心生一切法者,此则是纵。若心一时含一切法者,此即是横。纵亦不可,横亦不可。只心是一切法,一切法是心。故非纵非横,非一非异,玄妙深绝,非识所识,非言所言,所以称为不可思议境,意在于此。既自了达一心不思议境,遂起同体大悲,发真正菩提心等,已下九种观门成熟。《华严论》云:如三乘中,亦说根本智、后得智。今欲令三乘人回心,指此金色世界不动智佛,令使直认是自心能分别智,本无所动。文殊师利,即是自心善拣择无相妙慧。觉首目首等菩萨,即是自心随信解中所见之理智。如是三乘之人未回心者,定当不信。何以故?为立三阿僧祇劫后当得佛故。为直自认身及心总是凡夫,但信佛有不动智等,不自信自心是根本不动智佛,与佛无异。以是义故,不成此教法界乘中以根本智为信心。此经信心,应当如是直信:自心分别之性,是法界性中根本不动智佛。金色世界,是自心无染之理。文殊师利,是自心善拣择妙慧。觉首目首等菩萨,是随信心中理智现前。以信因中契诸佛果法分毫不谬,方成信心。从此信已,以定慧进修,经历十住、十行、十回向、十地、十一地,日月岁劫时复无迁,法界如本,不动智佛如旧,而成一切种智海教化众生,因果不迁,时劫不改,方成信也。若立僧祇定实身,是凡夫,凡圣二途,时劫移改,心外有佛,不成信心。又如《圆觉经》云:金刚藏菩萨白佛言:世尊,若诸众生,本来成

佛,何故复有一切无明?若诸无明,众生本有。何因缘故,如来复说本来成佛,十方异生本成佛道,后起无明?一切如来,何时复生一切烦恼?唯愿不舍无遮大慈,为诸菩萨,开秘密藏。乃至佛言:善男子,一切世界,始终生灭,前后有无,聚散起止,念念相续,循还往复,种种取舍,皆是轮回。未出轮回而辩圆觉,彼圆觉性,即同流转。若免轮回,无有是处。譬如动目,能摇湛水。又如定眼,犹回转火。云驶月运,舟行岸移,亦复如是。善男子,诸旋未息,彼物先住,尚不可得,何况轮转生死垢心,曾未清净?观佛圆觉而不旋复,是故汝等,便生三惑。善男子,譬如幻瞖,妄见空华。幻瞖若除,不可说言。此瞖已灭,何时更起一切诸瞖?何以故?瞖华二法,非相待故。亦如空华灭于空时,不可说言,虚空何时更起空华?何以故?空本无华,非起灭故。生死涅槃,同于起灭。妙觉圆照,离于华瞖。善男子,当知虚空,非是暂有,亦无暂无。况复如来圆觉随顺,而为虚空平等本性?善男子,如销金矿,金非销有。既已成金,不重为矿。经无穷时,金性不坏。不应说言,本非成就。如来圆觉,亦复如是。故知:圆觉妙心如虚空之性,生死涅槃即空华之相。瞖眼不无起灭,真性何曾有无?如矿藏金,金非矿有。又非销得,要以销成。迷时如未净之金,悟了若已成之宝。真金不动,垢净俄分。妙性无亏,迷悟自得。所以《不思议佛境界经》云:尔时须菩提又问言:大士,汝决定住于何地?为住声闻地,为住辟支佛地,为住佛地耶?文殊师利菩萨言:大德,汝应知我决定住于一切诸地。须菩提言:大士,汝可亦决定住凡夫地耶?答曰:如是。何以故?一切诸法及以众生,其性即是决定正位,我常住此正位。是故,我言决定住于凡夫地也。须菩提又问言:若一切法及以众生,即是决定正位者,云何建立诸地差别?而言此是凡夫地,此是辟支佛地,此是佛地耶?文殊师利菩萨言:大德,譬如世间,以言说故,于虚空中建立十方:所谓此是东方,此是南方。乃至此是上方,此是下方。虽虚空无差别,而诸方有如是如是种种差别。此亦如是,如来于一切法决定正位中,以善方便立于诸地:所谓此是凡夫地,此是声闻地,此是辟支佛地,此是菩萨地,此是佛地,虽正位无差别,而诸地有别耳。所以天台云:四教如空中四点,四点虽历然,不坏虚空性。然此地位,至究竟位中,若理若行,方可穷尽。如《菩萨璎珞本业经》云:佛子,第四十二地,名寂灭心妙觉地,常住一相,第一无极,湛若虚空。一切种智,照达无生。有谛始终,唯佛穷尽。众生根本,有始有终,佛亦照尽。乃至一切烦恼、一切众生果报,佛一念心,称量尽原。一切佛国、一切佛因、一切菩萨神变,亦一念一时知,住不可思议二谛之外,独在无二。

是知,先得宗本,然后炼磨。于炼磨时,不失道本。如巧炼金,不失铢两。于圆渐内,阶降宁无。从有为而至无为,因生忍而成法忍。圆融不坏行布,坏则失全理之事。行布不碍圆融,碍则失全事之理。然虽理事一际,因果同时。生熟之机似分,初后之心不混。直至妙觉,如月圆时。始尽因门,方冥果海。如《华严经》云:佛子,譬如乘船,欲入大海,未至于海多用功力。若至海已,但随风去,不假人力。以至大海一日所行,比于未至,其未至时,设经百岁,亦不能及。佛子,菩萨摩诃萨,亦复如是:积集广大善根资粮,乘大乘船，到菩萨行海，于一念顷，以无功用智，入一切智智境界。本有功用行，经于无量百千亿那由他劫，所不能及。

问：入实观者，一尚不存，云何广明十法？

答：夫入实观者，是观诸法之实。一法既实，万法皆然，则一实一切实。如知蜜性甜，则一切蜜皆甜，则不假诸多观门，但了不思议一法，自然横周法界，皆同此旨。

大根一览，荡尔无遗。如上医治患，见草童舞而众疾咸消。

又，直闻其言，病自除愈，则何须轸候，更待施方？

又如上医以非药为药、中医以药为药、下医药成非药、非药为药者，如云无有一物不是药者，揽草皆成，岂云是药非药？如行非道而通佛道，即烦恼而成菩提，一切世法纯是佛法。以药为药者，即应病与药，随手痊愈：附子治风，橘皮消气等。如观根授法，不失其时：思觉多者，修数息观。淫欲多者，修不净观等。药为非药者，即不识病原，反增其疾。如说法者，不逗其机，浅根起于谤心，下士闻而大笑。醍醐上味，为世珍奇，遇斯等人，翻成毒药。如上上根人，才悟其宗，不俟言说。所以古圣云：上士见我诗，把著满面笑。杨修见幼妇，一览便知妙。

或遮障深厚，根思迟回，须备历观门，对治种现，如加减修合，服食后差。台教约中下之根，备历十乘观法。然虽具十，不离一门。如《法华玄义》云，明入实观者，即十乘观法：一、不思议境。即是一实四谛，谓生死苦谛不可思议，即空即假即中。即空，故方便净。即假，故圆净。即中，故性净。

三净一心中得，名大涅槃。《净名经》云：一切众生，即大涅槃，故名不可思议四谛也，不可复灭。此即生死之苦谛，是无作之灭谛，亦是集道也。烦恼集谛不可思议，即空即假即中。即空，故名一切智。即假，故名道种智。即中，故名一切种智。三智一心中得，名大般若。《净名经》云：一切众生，即菩提相，不可复得。此即烦恼之集，而是无作道谛，亦是苦灭，故名不思议一实四谛也，亦是真善妙色。何者？生死即空，故名真。生死即假，故名善。生死即中，故名妙。此名有门不可思议境也。二、发真正心者。一切众生即大涅槃，云何颠倒，以乐为苦？即起大悲，兴两誓愿：令未度者度，令未断者断。一切烦恼即是菩提，云何愚闇以道为非？即起大慈，兴两誓愿：令未知者知，令未得者得。无缘慈悲、清净誓愿、慈善根力，任运吸取一切众生也。三、安心者。既体解成就，发心具足，岂可临池观鱼，不肯结网。郤粮束脚，安坐不行？修行之要，不出定慧。譬如阴阳调适，万物秀实。雨旱不节，燋烂岂生？若两轮均平，是乘能运。二翼具足，堪任飞升。体生死即涅槃，名为定。达烦恼即菩提，名为慧。于一心中，巧修定慧，具足一切行也。四、破法遍者。以此妙慧，如金刚斧，所拟皆碎。如无翳目，所临皆朗。若生死即涅槃者，分段变易，苦谛皆破。若烦恼即菩提者，四住五住，集谛皆破。虽复能破，亦不有所破。何者？生死即涅槃，故无所破也。五、识通塞者。如主兵宝，取舍得宜。强者绥之，弱者抚之。知生死过患名为塞，即是涅槃名为通。知烦恼杂乱名为塞，即是菩提名为通。始从外道四见，乃至圆教四门，皆识通塞，节节执著即是塞，节节亡泯名为通。若不识诸法夷险,非但行法不前,亦亡去重宝也。六、善识道品者。观生死即涅槃,十界生死色阴,皆非净非不净。乃至识阴,非常非不常。能破八颠倒,即法性四念处,念处中,具道品三解脱及一切法。又知涅槃即生死,显四枯树。知生死即涅槃,显四荣树。知生死涅槃不二,即一实谛,非枯非荣,住大涅槃也。七、善修对治者。若正道多障,应须助道。观生死即涅槃,治报障。观烦恼即菩提,治业障烦恼障也。八、善知次位者。生死之法本即涅槃,理涅槃也。解知生死即涅槃,名字涅槃也。勤观生死即涅槃,观行涅槃也。善根功德生,即相似涅槃也。真实慧起,即分真涅槃也。尽生死底,即究竟涅槃也。观烦恼即菩提,亦如是。九、善安忍者。能安内外强软遮障,不坏观心。若观生死即涅槃,不为阴入境、病患业魔禅、二乘菩萨等境所动坏也。若观烦恼即菩提,不为诸见增上慢境所动也。十、无法爱者。既过障难,道根成立,诸功德生。观生死即涅槃,故诸禅三昧功德生。观烦恼即菩提,故诸陀罗尼无畏不共诸般若生。观生死涅槃不二,故法身实相生。相似功德,顺理而生喜。起顺道法爱生,名法爱。不上不退,名为顶堕。此爱若起,即当疾灭。已爱若灭,已破无明,开佛知见,证实相体。观生死即涅槃,故证得解脱。烦恼即菩提,故证得般若。此二不二,证得法身,一身无量身,无上宝聚如意圆珠。众法具足,是名有门入实,证得经体。三门亦如是,乃至历一切法门亦如是。

问:若即心是佛者,则一切含生皆有此心,尽得成佛。

教中云何不见授劫国名号之记?

答:劫国名号,乃是出世化门之中现前别记,欲知真记者。《净名经》云:一切众生亦如也,一切法亦如也。《华严经》颂云:显佛自在力,如说圆满经。无量诸众生,悉受菩提记。又颂云:一一心念中,普观一切法。安住真如地,了达诸法海。又颂云:一一微尘中,能证一切法。如是无所碍,周行十方国。斯则人法心境,悉记成佛。以一念具足,一尘不亏。念念证真,尘尘合体,同居常寂光土,俱号毗卢遮那。终无异土别身,圣强凡劣。与三世佛,一时成道,前后情消。共十类生,同日涅槃,始终见绝。免起有情无情之妄解,不生心内心外之邪思。可谓上无所求,下无可化。冥真履实,得本归宗。俱登一际解脱之门,尽受平等菩提之记。

又,古德问云:既色心不二,修性一切,何不见木石受菩提记耶?

答:一一诸色,但唯心故。心外无法,岂唯心灭而色犹存?佛但记有情,摄无情也。譬如幻事,要藉幻心。心在幻中,能持幻事。若其心灭,幻事同无。故但灭心,不复灭事。众生色心,亦复如是。皆如幻相,一切外境从幻心生,岂犹灭心而存幻色?此即有情得记,无情亦然,是故无情不须别记。《玄义》格云:真佛者,从初发心,即体一真法界。全同古佛,相极三际。全现一尘,性海无边,表里不可得。信此法故,名为发心。心无异念,故名为证。证成名佛,的无方处。

又,圆教入初住人,心同法界,神无方所,何用天衣天

座，四众围绕？夫立劫国名号授记作佛者，为引未发心者令向慕耳。若爱著身土，情未尽耳。所以《华严论》云：初发心时，便成正觉，于一刹那际皆得此之法，不许于刹那际外有别时，当知即非本法故。若有人于佛法中见佛成道，作劫量延促处所而生见者，信亦未成，未论修道。若解者，本来全得。处迷者，自没轮回。又云：但有所见境界，及如来名号，总是自心佛果所会之法。若自心不会，对面无睹见之期。

宗镜录第二十四

宋 慧日永明妙圆正修智觉禅师延寿集

夫成佛本理，但是一心者，云何更立文殊、普贤行位之因，释迦、弥勒名号之果，乃至十方诸佛国土、神通变现、种种法门？

答：此是无名位之名位，无因果之因果。是心作因，是心成果，是心标名，是心立位。

《普贤观经》云：大乘因者，即是实相。大乘果者，亦是实相。释论云：初观实相名因，观竟名果。故知，初后皆心，因果同证，只为根机莫等，所见不同。若以一法逗机，终不齐成解脱，须各各示现，引物归心。虽开种种之名，皆是一心之义。若违自心，取外佛相胜妙之境，则是颠倒。所以《华严经》颂云：若以威德色种族，而见人中调御师，是为病眼颠倒见，复不能知最胜法。又颂云：假使百千劫，常见于如来。不依真实义，而观救世者。是人取诸相，增长痴惑网。系缚生死狱，盲冥不见佛。云何不见佛？一为不识自心，二为不明隐显。何者？众生之因，隐于本觉。诸佛之果，显于法身。因隐之本觉，是果显之法身，果能成因，则佛之众生。果显之法身，是因隐之本觉，因能办果，则众生之佛。故云：凡圣交彻，理事相含矣。所云释迦牟尼者，释迦，此云能仁。牟尼，此云寂默。能仁者，即心性无边，含容一切。寂默者，即心体本寂，动静不干，故号释迦牟尼，觉此名佛。弥勒者，此云慈氏，即是一心真实之慈。以心不守自性，任物卷舒，应现无方，成无缘化，故称慈氏。阿弥陀者，此云无量寿，即如理为命。以一心真如性无尽故，乃曰无量寿。阿閦者，此云不动，即一心妙性，湛然不动，妙觉位不能增，无明地不能减，故称不动。如《三藏勒那》云：遍入法界礼者，良由行者想观自己身心等法，从本已来，不离法界诸佛身外，亦不在诸佛身内。亦不在我外，亦不在我内。自性平等，本无增减。今礼一佛，遍通诸佛，所有三乘位地无漏。我身既遍，随佛亦遍，乃至法界、空有二境、依正两报、庄严供具，随缘遍满，不离法界，随心无碍，并荐供养，随喜顶礼。如一室中悬百千镜，有人观镜，镜皆像现。佛身清净，明逾彼镜，递相涉入，镜无不照，影无不现。此则摄他为总，入他为别。一身既尔，乃至一切法界、凡圣之身、供养之具，皆助随喜，悉同供养。既知我身在佛身内，如何颠倒妄造邪业？不生愧耻。又，诸佛德用既齐，名号亦等，随称何名，名无不尽。如称一阿弥陀佛名，礼召一切诸佛，无不周备。西天云阿弥陀佛，此云无量寿，岂有一佛非长寿也？设一切佛不化众生，但一佛化生，即功归法界。法界德用遍周，是名遍入法界礼也。《楞伽经》云：佛告大慧：以四等故，如来应等正觉。于大众中唱如是言：我尔时作拘留孙、拘那含牟尼、迦叶佛。云何四等？谓字等、语等、法等、身等，是名四等。云何等义？所谓同一名字、同一梵声、同一乘门、同一真体，乃至同一心、同一智、同一觉、同一道。如鸯崛摩罗与文殊师利，共游十方，所见十方诸佛，彼佛皆称释迦佛者，即我身是。又,《法华经》明十方诸佛,皆是释迦分身,则阿閦、弥陀悉本师矣,本师即我心矣。释云:非独弥陀阿閦,十方诸佛,皆我本师,海印顿现。且法华分身有多净土,如来何不指己净土,而令别往弥陀妙喜?思之!故知,贤首弥陀等,皆本师矣,复何怪哉?言贤首者,即《寿量品》中,过百万阿僧祇刹,最后胜莲华世界之如来也。经中偈云:或见莲华胜妙刹,贤首如来住其中。若此不是叹本师者,说他如来在他国土,为何用耶?且如总持教中,亦说三十七尊,皆遮那一佛所现。谓毗卢遮那如来内心证自受用,成于五智,从四智流言四如来:谓大圆镜智,流出东方阿閦如来。平等性智,流出南方宝生如来。妙观察智,流出西方无量寿如来。成所作智,流出北方不空成就如来。法界清净智,即自当毗卢遮那如来。言三十七者,五方如来,各有四大菩萨在于左右,复成二十:谓中方毗卢遮那如来四大菩萨者:一、金刚波罗蜜菩萨,二、宝波罗蜜菩萨,三、法波罗蜜菩萨,四、羯磨波罗蜜菩萨。东方阿閦如来四菩萨者:一、金刚萨埵菩萨,二、金刚王菩萨,三、金刚爱菩萨,四、金刚善哉菩萨。南方宝生如来四菩萨者:一、金刚宝,二、金刚威光,三、金刚幢,四、金刚笑。西方无量寿如来(亦名观自在王如来)四菩萨者:一、金刚法,二、金刚剑,三、金刚因,四、金刚利。北方不空成就如来四菩萨者:一、金刚业,二、金刚法,三、金刚药叉,四、金刚拳。已有二十五,及四摄八供养,故三十七。言四摄者,即钩索锁铃。八供养者,即烧散灯涂华鬘歌舞,皆上有金刚,下有菩萨。然此三十七尊,各有种子,皆是本师智用流出,与今《华严经》中海印顿现,大意同也。

问:若依此义,岂不违于平等意趣?平等意趣云言即我者,依于平等意趣而说,非即我身。如何皆说为本师耶?

答曰:平等之言,乃是一义。唯识尚说一切众生中有属多佛,多佛共化以为一佛。若属一佛,佛能示现以为多身。十方如来,一一皆尔。今正一佛能为多身,依此而赞本师尔。

如弟子问傅大士:从来启佛文疏,那只启释迦而不称弥勒耶?

答曰:十方诸佛共一法身,何必须二?又,三身十身,随用而说。约其本性,唯一身而已。如冥室希光,随孔而照,光虽万殊,而本之者一。所谓真法身也,亦是随机所现,形相不同。如《出现品》颂云:譬如梵王住自宫,普现三千诸梵处。一切人天咸得见,实不分身向于彼。诸佛现身亦如是,一切十方无不遍。其身无数不可称,亦不分身不分别。方知,不是他佛智遍自,则乃自佛智遍他。亦非自因趣他果,本是他果承我因。则因果同时,凡圣一际。是以,了无二相,能过魔界。不得一法,安住佛乘。若取相则沉六入之海,起念则投五阴之城,皆是众生随差别情,起自他见。则影分多月,迹任殊形。不离一真,各现心水,故融大师云:不离五阴有佛。经言:如心佛亦尔,如佛众生然。又云:离心求菩提,譬如天与地。那有丈六身,身无丈六也。《大品》云:不以身为佛,用种智为佛。若相好是佛,轮王是也。今多许人身中佛,那不见为烦恼。故经云:具烦恼众生,虽近而不见。只在身内,甚近而不见。

又,我等无智故,不觉内衣里有无价宝珠乃至心者,信也。谓有前识,法随相行,则烦恼名识,不名心也。意者,忆也。忆想前境起于妄,并是妄识,不干心事。心非有无,有无不染。心非垢净,垢净不污。乃至迷悟凡圣、行来去住,并是妄识非心。心本不生,今亦无灭。若知自心如此,佛亦然。故云直心是道场,无虚假故。经云:世间如是身,诸佛身亦然。了知其自性,是则说名佛。是以,一身无量身,皆同佛体,以无性理同故。所以志公云:食时辰,无明本是释迦身,坐卧不知元是道,作么忙忙受苦辛?《华严私记》云:从如是我闻已来,乃至一切经中,菩萨众、声闻众、庄严具、华幡幢盖、七珍宝等事,并是如来净业所起。或作法名云名,并是净心中事。文殊则是众生现行分别心,普贤则是众生尘劳业行心,观音即是众生大悲心,势至即众生志智心。如《华严经》云:一切处文殊者,文殊虽东来,而即一切处。以是法界之身、不动之智,触境斯了。六根三业,尽是文殊。实相体周,万像森罗,无非般若。何有一处非文殊哉?《净名疏》云:定自在王菩萨者,用一心三观,能观心性,名为上定。得此上定,于一切真俗禅定,即得自在如国王也。宝积菩萨者,一心三观,正观心性虽空,具足万行之法宝聚,故名宝积也。妙生菩萨者,观心不生,则一切法不生,般若妙生也。故经云:色不生,般若生。观世音菩萨者,《请观音经》云:观于心脉,使想一处,即见观世音也。如是等菩萨,随举一观门,别以标菩萨名,引物归心。若一人各具一切观门,即名字互通,即是字等、语等、身等、法等。以一切法本自无名,无名而有名者,皆从心起故,心即名也。其能如是解者,即于正观心中,见一切菩萨诸佛也。乃至声闻十大弟子,皆是自心十善法数。

又云:十心数者,《三藏教毗昙》偈云:想欲更乐慧,念思及解脱。作意于境界,三摩提以痛。此心通大地数法,扶心王起一切诸心数。如国有十臣,共辅佐一主。若君臣共行非道,国内人民,悉皆作恶。君臣相辅共行正治,国内人民,悉皆有道。今众生有心王,通十心数,若念不善,即有无量不善烦恼数法起。若心王十数相扶念善,即有无量诸善功德智慧心数而起也。复次心王即是师,十数即是十弟子,如师资共作恶,即化一切人皆恶。如师资共作善,则化一切人修善。心王及十心数法亦如是。故此经云:弟子众尘劳,随意之所转也。今一切众生,皆有心王十通心数法,若遇天魔外道爱论见论,即起诸烦恼,流转生死,如为恶君恶臣、恶师恶弟子之所化也。今佛为法王,十弟子为法臣,即是正法之师,正法弟子,用慧行行行正法,共化众生心王十通心数法。若众生信受,修行慧行,即见论诸烦恼灭,成一切见道无量诸善心数法也。若众生信受,修习行行,即破一切天魔生死不善诸心数法,成修道无量善心数法也,故经云:心王若正,则六臣不邪。复次此十数,即是十法门,悉能通入涅槃也。初以十数为种子,从此修习,遂致成道。如合抱之树,起于毫末也。今法王欲以半满之教,化诸众生,先当随其乐欲,故此经云:先以欲句牵,后令入佛智也。今十弟子各弘一法者,人以类聚,物以群分,随其乐欲,各用一行法门,摄为眷属也。虽各掌一法门,何曾不具十德?如十心数,随有一起,十数即随起,虽用一数当名,而实有十数也。

别对十弟子者：初想数，即对富楼那，想数偏强，从想入道，是故，声闻弟子中，说法第一也。《成论》云：识得实法，想得假名。富楼那用想数分明，故能分别名相无碍、辩才无滞，于说法人中，最为第一。欲数，对大迦叶，用善欲数入道故，诸弟子中，头陀第一也。一切善法，欲为其本，迦叶绝世荣华，志存出要，乐在山林，是则善欲心发，舍世恶欲也。更乐，对迦栴延，即起此数，研核义理入道，故声闻中，论义第一也。问答往复，更相涉入，论义不穷，无滞无阙，以其偏修更乐数，故能如是也。慧数，对身子，用慧数入道故，于诸声闻中，智慧第一，法轮之将也。念数，对优波离，用念持律入道，于诸声闻中，持律第一也。忆持不忘，名之为念，波离身口对缘，诠量轻重而无忘失，持律之上也。思数，对罗云，因秘行入道，诸声闻中，密行第一也。行阴即是思数，思数若利，修诸戒行，覆藏功德，密行之上也。解脱，对善吉，用此数法，修空解脱入道故，诸声闻中，解空第一。无诤三昧，萧然独脱，不与物竞也，作意境界。忆数，对阿那律，因其失眼，佛令起此数，修天眼入道，故声闻中，天眼第一。夫修天眼，必须住心缘境，取日月星光相而修，发天眼通也。三摩提数，对目连，是定数偏利，修此定进道故，诸声闻中，禅定第一。痛数，对阿难，当受数强利，听受闻持以入道故，诸声闻中，多闻总持第一。痛，通言受，以领纳为义，故此数分明，领持佛法，如完器盛水也。是十数弟子，共辅如来，庄严半满四枯四荣之教，引众生入中道、见佛性、住大涅槃，即是住不思议解脱也。是知，自利实行、利他权门，若师若弟、若教若观，终不出众生心数法门，一一同归《宗镜》。乃至一切言说义理、行位进修，悉皆是心，无不收尽。以一切语言，由觉观心。一切诸行，由于思心。一切义理，由于慧心故。

又，心王即佛宝。心数即僧宝。所缘实际，无王无数，即法宝。善入实际，王数之功力用足矣。心心数法不行，故名行般若波罗蜜。《普贤观》云：观心无心，法不住法。我心自空，罪福无主。即是无心无数，名为正观。是心数尘劳若不尽者，观则不讫。故经言：众生不度，我不成正觉，即此意也。若能如是解者，无一佛菩萨名及一法门，不于正观心中现。故《法华经》云：若有人信汝所说，则为见我，亦见于汝，及比丘僧，并诸菩萨。何者？闻经心信无疑，觉此信心明净，即是见佛。慧数分明，是见身子。诸数分明，是见众比丘。慈悲心净，是见菩萨。黄檗和尚云：诸佛与一切众生，唯是一心，更无别法，觉心即是。唯此一心即是佛，见此心即是见佛。佛即是心，心即是众生。众生即是佛，佛即是心。为众生时此心亦不减，为佛时此心亦不添。但悟一心，更无少法可得，此即真佛。文殊当真空无碍之理，普贤当离相无尽之行，诸大菩萨所表，人皆有之，不离一心，悟之即是。但能无心，便是究竟学道人。不直下无心，累劫修行终不成道。不如言下自认取本法，此法即心，心外无法，绝诸思量，故曰：言语道断，心行处灭。此心是本原清净佛，蠢动畜生与佛菩萨一体，只为妄想分别，造种种业果，本佛上实无一物，虚通寂静，明妙安乐而已。但于见闻觉知认取本心，然本心不属见闻觉知，亦不离见闻觉知，但莫于见闻觉知上起解，亦不离见闻觉知觅心，不即不离，不住不著。世人闻道诸佛皆传心法，将谓心上别有一法可证可取，遂将心觅法。不知心即是法,法即是心。不可将心更求于心,历千劫终无得日。不如当下无心,便是本法。乃至出家,皆不出一念心地。故香严和尚偈云:从来求出家,未详出家称。起坐只寻常,更无少殊胜。以心外更无别出家法,有何胜境可求?所以《净名经》云:无利无功德,是名出家。则阿难未悟斯宗,但观如来胜相求身出家,遂忏悔云:我身虽出家,心不入道。台教云:观一念心,净若虚空,不为二边桎梏所碍,平等大慧,无住无著,即名出家。以中观自资,活法身慧命,名为乞士。观五住烦恼,即是菩提,是名破恶。一切诸边颠倒,无非中道,即是怖魔。天台拾得颂云:无瞋是持戒,心净是出家。我性与汝合,一切法无差。夫出尘之人,心不依物故。经云:出家放旷,犹若虚空。志公歌云:言下不求无处所,暂时唤作出家人。所以先德云:汝若悟此事了,但随时著衣吃饭,任运腾腾。故知此事,唯自己知,别无方便。故云:一饮一啄,各自有分。岂非悟心出家,非从事得。又云:观一一心中,皆具王数,为成观故,王数相扶而取开悟:或于想数入道,或于欲数入道。随所宜者,心王心数而共攻之,化取尘劳诸心,而作佛事。作此观未悟观行,如乳。若发无漏观行,如酪。若破尘沙,如生熟酥。若破无明观,如醍醐。至醍醐时,王数功毕。《大宝积经》偈云:如来观众生,于法建立者。以心能知心,彼则真佛子。故云从佛口生,从法化生,以知心故。一切法门如在掌中,为未知者方便解释,皆令信入。

此《宗镜》内,则无有一法而非佛事:饮食为佛事者,《净名疏》云:于法等者,于食亦等。如《大品经》云:一切法趣

末,是趣不过,味尚不可得,云何当有趣非趣?今言一切法趣味,味即是食。当知食即是不思议法界,以食中含受一切法,一切法不出食法界也。食若是有,一切法是有。食若是无,一切法皆无。今食不可思议故,尚不见是有,云何当有趣。尚不见是无,云何当有非趣?若观食不见趣非趣,即是中道三昧,名真法喜禅悦之食。而能通达趣非趣法,即双照二谛,得二谛三昧法喜禅悦之食,是名食等。诸法亦等者,一切诸法趣阴入界,乃至一切种智阴入界,一切种智不可得故。云何当有趣非趣,而宛然具足趣非趣者,则一切诸法皆有三谛之理,如《智度论》明,一刹那中,有生住灭三相之喻也。又如香积佛国之香饭,经云:无尽戒定慧,解脱、解脱知见,功德具足者,所食之余,终不可尽。以一心真如无尽之理、五分法身资熏之功、自体性空无作妙用,岂有尽乎?又云:若未发大乘意食此饭者,至发意乃消。已发意食此饭者,得无生忍然后乃消。已得无生忍食此饭者,至一生补处然后乃消。譬如有药,名曰上味,其有服者,身诸毒灭然后乃消。此饭如是,灭除一切诸烦恼毒然后乃消。如诸大菩萨,虽复舍生受生,后身之中,识中有种子,种子遇缘,还生香饭,相续不断,流至初地,发无漏心,断惑证真,名之为消,非是食灭名为消也。故知,食此饭者,何法不消?又云:彼国菩萨闻香入律,即获一切德藏三昧。得此三昧者,菩萨所有功德,皆悉具足。是以,若从香入法界,自身即是众香世界,自心即是香积如来。无量功德,一心圆满。悟入此者,何假外求?香界既然,十八界亦尔。尽是栖神之地,皆为得道之场。如阿难白佛言:未曾有也,世尊,此香饭能作佛事。

佛言:如是如是,阿难,或有佛土,以佛光明而作佛事,有以诸菩萨而作佛事,有以佛所化人而作佛事,有以菩提树而作佛事,有以佛衣服卧具而作佛事,有以饭食而作佛事,有以园林台观而作佛事,有以三十二相、八十随形好而作佛事,有以佛身而作佛事,有以虚空而作佛事。众生应以此缘,得入律行,有以梦幻、影响、镜中像、水中月、热时焰如是等喻而作佛事,有以音声语言文字而作佛事,或有清净佛土、寂寞、无言、无说、无示、无识、无作、无为而作佛事。如是,阿难,诸佛威仪进止、诸所施为,无非佛事。阿难,有此四魔八万四千诸烦恼门,而诸众生为之疲劳,诸佛即以此法而作佛事,是名入一切诸佛法门。菩萨入此门者,若见一切净好佛土,不以为喜,不贪不高。若见一切不净佛土,不以为忧,不碍不没。但于诸佛生清净心,欢喜恭敬,未曾有也。诸佛如来功德平等,为教化众生故而现佛土不同。阿难,汝见诸佛国土地有若干,而虚空无若干也。如是见诸佛色身有若干耳,其无碍慧无若干也。又如《华严经》中,具足优婆夷,得菩萨无尽福德藏解脱门,能于如是一小器中,随诸众生种种欲乐,出生种种美味饮食,悉令充满。乃至东方一世界,不可说不可说佛刹微尘数世界中,所有一生所系菩萨,食我食已,皆菩提树下,坐于道场,降伏魔界,成阿耨多罗三藐三菩提。如东方,南、西、北方四维上下,亦复如是。又如明智居士,得随意出生福德藏解脱门,尔时居士,知众普集,须臾系念,仰视虚空,如其所须,悉从空下,一切众会,普皆满足,然后复为说种种法。所谓得美食而充足者,与说种种集福德行,离贫穷行,知诸法行,成就法喜禅悦食行,修习具足诸相

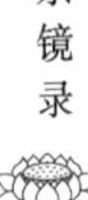

好行,增长成就难屈伏行,善能了达无上食行,成就无尽大威德力降魔怨行。得好饮而充足者,与其说法,令于生死舍离爱著,入佛法味等。且如优婆夷器内,明智居士空中,随意而出无限珍羞,系念而雨众多美食,凡来求者,皆赴所须。得之者,尽证法门。食之者,咸成妙道。可谓无一尘而不具足佛事,无一法而不圆满正宗,但随众生心,应所知量,循业发现,所见不同:外道见为自然,凡夫见为生死,声闻见为四谛,缘觉见为因缘,小菩萨见为但空,大菩萨见为中道,诸佛见为实相。若入宗镜,诸见并融。色尘为佛事者,如频婆娑罗王,因佛口放五色光照顶,后证阿那含果。又如宝积等五百长者,见佛净土,证无生法忍,此是睹色也。香尘为佛事者,即香饭普熏三千大千及欲色界,诸天闻香入室。又,烧香者,谓以智火发辉,万行普周遍故。涂香者,以性净水和之饰法身故。粖香者,以金刚智破令无实故。又如慈悲不净观等断诸恶者,如安息香能辟恶邪,正见智能无恶不断。又十善行等生欢喜香,如沉檀等,即摄根器,行施悦自他等。味尘为佛事者,食此饭者,身安快乐,譬如乐庄严国。触尘为佛事者,以手扪摸我,一何快乃尔!光明为佛事者,《涅槃经》云:遇斯光者,一切烦恼,皆悉消除。夫放光者,即是一心智慧之光,以能照万法之性故,即不随尘堕其愚闇。如《义海》云显光明者,谓见尘法界真如事理之时,显了分明,此是智慧光明照也。若无智光,则理事不显。但见法时,即是光明,由积智功圆,是故放一光明,则法界无不显示。常观察一切法界,是为放光明照一切。此宗镜光,即是诸佛毫光,普照法界。如《华严经》云:如来眉间有大人相,名遍法界光明云,摩尼宝华以为庄严,放大光明,具众宝色,犹如日月,洞彻清净。其光普照十方国土,于中显现,一切佛身。复出妙音,宣畅诸法。《法华经》云:放一毫光照万八千佛土,光中悉见菩萨六度庄严,众生受报好丑等事。又云:放一净光,照无量国。《大乘本生心地观经》云:尔时会中有一菩萨,名师子吼,睹如来放金色光明,四向观视海会大众,发大音声而作是言:乃至以是因缘,如来不久从三昧起,当为演说心地观门大乘妙法,告诸大众无量一切人天福乐,速求出世阿耨多罗三藐三菩提。所以者何?今日世尊,从胸臆中放金色光,所照之处,皆如金色,佛所显示,意趣甚深。一切世间声闻缘觉,尽思度量所不能知。汝凡夫不观自心,是故漂流生死海中。诸佛菩萨能观心故,度生死海到于彼岸。三世如来,法皆如是,放此光明,非无因缘。释曰:夫金色光者,表所说宗:如文殊住方,须弥南面,皆同一色,无复异文。如《宝箧经》云:文殊师利言:大德须菩提,如须弥山王光所照处,悉同一色,所谓金色。如是须菩提,般若光照一切结使,悉同一色,谓佛法色。此之心色,可谓明逾日月,量逸太虚,照烛包含,无幽不尽。所以《大般若经》云:若幽冥世界,及于一一世界中间,日月等光所不照处,为作光明,应学般若波罗蜜多。《宝积经》云:我有光明名无生,持其名者,获无所得。《华严论》云:光明觉品者,为令信心自,以自心光明,觉照一切世间无尽大千世界,总佛境界,自亦同等,以心随光一一照之,心境合一,内外见亡。初三千大千世界已,次还以东方为首,光至东方十三千世界,照百三千大千世界。如是十方十重、倍倍周回、十方圆照,身心一性,无碍遍

周,同佛境界,一一作意,如是观察。然后以无作方便定印之,入十住初心,生如来智慧家,为如来智慧法王之真子,一如光明所照。如经具明,不可作佛光明自无其分,须当自以心光如佛光开觉其心,圆照法界。《华严疏》云:因中分别法相,决了真理,无亏理事,不减佛法,故得一念悉解多门。所以放一光,总圆福智。《涅槃疏》云:放光照文殊者,见色知心。文殊睹光,遂解佛意。《净名私记》云:或有光明而作佛事,何故如此?体遍虚空,同于法界。畜生蚁子、有情无情,皆是佛子。此即是解脱法,即是须弥入芥子。如上解释,方了佛所说经,即同净名之见,不同二乘唯见空解脱故。《法华经》云:但离虚妄名为解脱,其实未得一切解脱。若得一切解脱者,岂有一法非佛事乎?菩提树为佛事者,此树色香微妙,复出法音,见闻嗅触,皆悟圣道。衣服卧具为佛事者,昔阎浮提王得佛袈裟,悬置高幢,以示国人。有病之者,睹见归命,病皆除愈,发菩提心,因此悟道。《大集经》云:尔时五百大声闻,各以己身所著郁多罗僧,奉虚空藏,奉上衣已,一时同声说如是言:其有众生,深发阿耨多罗三藐三菩提心者,快得善利,于如是大智法藏中,不堕其外,所上之衣,即便不现。时诸声闻,问虚空藏言:衣何所至耶?虚空藏答言:入我藏中。《华手经》云:佛言:我今当现神通之力,令诸菩萨自知所愿,发心行道,净佛国土,成就众生。及成佛时,世界严净。声闻菩萨,众数如是。演说正法,度人如是。寿命长短,佛法如是。形色相好,正行如是。灭度之后,法住久近,令诸菩萨各于衣中见如是事,得断所疑。乃至偈云:佛入三昧故,令我得是眼。及诸总持门,遍入一切法。故知,成佛度生,不离自身心内,乃至所受用法中。如《大乘千钵大教王经》云:曼殊室利菩萨,手中吠瑠璃钵内,傍看有何等相?大迦叶则从座而起,便于世尊前,头面作礼而去。大迦叶则于曼殊室利前,头面礼敬讫,便于钵内观看,乃见钵中有百亿三千大千世界、百亿无色界、百亿色界、百亿六欲界。有百亿须弥山、百亿四天下、百亿南阎浮提、百亿娑诃世界,百亿释迦如来、百亿千臂千钵曼殊室利菩萨、百亿迦叶在曼殊钵内。有百亿世界,世界中有百亿大迦叶,各各向曼殊前,请问大乘法义。虚空为佛事者,如文殊灭色像现虚空相以化阇王,因得悟道。又如大集会中虚空藏来时,纯现虚空相。经云:虚空藏菩萨谓阿难言:大德,我以自身证知,是故如所证知,能如是说。何以故?我身即是虚空。以虚空证知一切法,为虚空印所印。又如虚空藏菩萨,以虚空为库藏,雨十方无量阿僧祇世界,所雨宝物饮食衣服。故偈云:虚空无高故,下亦不可得。诸法亦如是,其性无高下。又偈云:虚空藏菩萨,得虚空库藏。充足诸有情,此藏无穷尽。诸烦恼门为佛事者,如经云:烦恼是道场,知如实故。《仁王经》云:众生未成佛,菩提为烦恼。众生若成佛,烦恼为菩提。犹如下医以药成非药,上品良医用非药为药。众生将诸佛心为尘劳门,诸佛用众生心成菩提道。亦如福德者,执石成金。业贫者,变金为石。法无定相,回转由心。道绝名言,理无变异。如眼色等,一一皆具十法界,不瞬世界,瞪视得无生法忍,即眼为法界。见华谢而悟无常,证辟支佛果,即色为法界故。经云:菩萨有一照法性冠,著此冠时,一切诸法悉现在心。诸事亦尔。又如轮王有一床宝,圣王居上即能离欲，逮得四禅，玉女虽见，如睹佛像，不生欲心。是以，色为所造，心为能造，未有一法非是我心。若迷所造，则成世尘。若悟能造。则为妙旨。又，打髑髅作声，知过去善恶生死之处，即声为法界。是知，直观本理，理具诸法。若无妙观，日用不知。若能了知，则见一切万法，皆具一心不思议圆顿之理。故肇法师云：圣远乎哉，体之即神。道远乎哉，触事而真。可谓心境俱宗矣。若得宗镜之明，任运能照，若色若心，无不通达。是以，《华严经》云：此诸供具，皆是无上心所成，无作法所印。如华藏世界，山河草木，皆成佛事。善财童子，见闻觉知，悉入法界。即知一切诸法，皆是佛法。并为宗镜之光，靡现一尘之迹。释论云：不以败坏色，得趣平等道。观色不异，乃能等于大乘。如明与暗共合，而汝不见，谓明暗异。欲知其义，如彼日光。又，日出时，暗不向十方暗，常在无所归趣。明亦如是，与暗共合。生死与道合，道即是生死。是以，生死如暗，大道如明。不去暗而即明，不动生死而是道故。化人为佛事者，如须扇多佛，留化佛度众生。《大集经》云：时化比丘语舍利弗言：大德，汝意将无谓我今者异于汝耶？舍利弗言：不也，比丘。何以故？如来常说一切诸法，皆悉如化。如如来说，我亦如化。大德，若有人能供养如来，即是供养化无异也。时舍利弗语不可说菩萨言：善男子，谁入是化，今作是说？大德，如镜中像，其谁在中而有像现？善男子，无在中者，直以清净四大因缘，故有像现。大德，化亦如是，法性净故，能作此说。善男子，若尔者，一切众生何故不能如是宣说？大德，镜之背后，俱不离镜，像何不现？善男子，镜背四大不清净故。大德,众生亦尔,不能清净法界性故,不能宣说。寂寞无言为佛事者,即示心轮,虽无言说,不妨有寂寞之乐。若非乐者,何得言作佛事耶?若佛不示心,十地不知。若示心者,蜫虫能知。当知是示心义,此间亦用无说无示为佛事,如净名杜口,文殊称述。又如《大集经》云:清净、寂静、光明、无诤,如是四法,等入一界一法一句。如是四法,即是涅槃。远烦恼故,名之为清净。毕竟净故,名曰寂静。无暗冥故,名曰光明。不可说故,名为无诤。以是故言:释迦如来,默无所说。是以,语默动静,无非佛事。故先德云:云台宝网,尽演妙音。毛孔光明,皆能说法。

香积世界,餐香饭而三昧显。极乐佛国,听风柯而正念成。丝竹可以传心,目击以之存道。既语默视瞬皆说,则见闻觉知尽听。苟能得法契神,何必要因言说?如琴中传意于秦王,脱荆轲之手。相如调文君之女,终获随车。帝释有法乐之臣,马鸣有和罗之技,皆丝竹传心也。目击存道者,《庄子》云:夫子欲见温伯雪子,久而不见。及见,寂无一言。及出,子路怪而问曰:夫子欲见温伯雪子久矣,何以寂无一言?子曰:若斯人者,目击而道存,亦不可以容声者矣。云台说法者,《华严经》云:于虚空中成大光明云网台,时光台中以诸佛威神力故而说颂言:佛无等等如虚空,十力无量胜功德。人间最胜世中上,释师子法加于彼。宝网说法者,《华严经》云:其师子座,摩尼为台,莲华为网,乃至复以诸佛威神所持,演说如来广大境界。毛孔说法者,《入法界品》云:世界海微尘数菩萨,俱来向佛所,于一切毛孔中,出说一切众生语言海音声云。光明说法者,《现相品》云:尔时诸菩萨光明中，同时发声，说此颂言：诸光明中出妙音，普遍十方一切国。演说佛子诸功德，能入菩提之妙道。乃至逆顺善恶，无非佛事：如从二乘止佛，是顺行。从地狱止魔王，是逆行。又如释迦纯行善，调达纯行恶。身子志诚信，善星坚不信等。妍丑同归，无非佛事。故经云：平等真法界，诸佛不能行、不能到。又云：实际理地，大魔王不能行、不能到。以佛魔俱不出法界之门，实际之地，以是一法故。若有行有到，则有人有法在法界之外，成二见故。所以《首楞严三昧经》云：佛授魔女佛记后，魔闻诸女得记作佛，来白佛言：我今于自眷属，不得自在。是时天女示怯弱相，而宣妙理，复语魔言：汝莫愁恼，我等今者，不出汝界。所以者何？魔界如，佛界如，不二不异。我等不离如是魔界，魔界即佛界故。魔界无有定法可示，佛界亦无定法可示。一切诸法皆无定性。无定性故，无有眷属及非眷属。若能了此一际法门，可谓当魔迹而履佛迹，居俗流而泛法流。但了自心，则众妙普会，故云妙法。亦喻莲华，华开之时，即须蘂台子，种种皆现。喻众生心开，悲智行愿亦开。此妙法常住，即一心为佛果种子。所以如来得此一法，即具足一切法。是故，于一微尘、一毛孔中，与无量微尘毛孔悉等。如来于中演说一切法，法理重重，不可尽也。以重重妙故，愍众生不知心妙，但逐粗浮。若开悟时，不隔刹那，便成佛果。所以《首楞严经》云：弹指超无学，如闇室中宝，兰烛才然，一时顿现。故云心开意解，得法眼净。亦云心目开明，以见法界体，心内心外无一毫尘相，故得法眼明净。若见有无，皆成障瞖。是知，非独心为佛事门，乃至恒沙万行万德之根本。

如《瑜伽论》云:若有人问言:菩萨以何为本?应决定答言:以大悲为本。《大涅槃经》云:若有人问:谁是一切诸善根本?当言慈是。以是义故,实非虚妄。善男子,能为善者,名实思惟。实思惟即名为慈。慈即如来,慈即大乘。夫言实思惟者,无非真实心是。若入宗镜中,似处栴檀室,纯一无杂,湛尔混融,念念尽证法门,步步皆参知识。如《华严经》中,或以音声,或现妙色,或以奇香,或以上味,或以妙触,或以法镜,或内六根,或四威仪,或弟子人物,或一切所作,或顺行正法,或逆施邪道,凡有见闻,皆堪摄物。所以《入法界品》云:于一毛孔,出一切佛妙法音。又颂云:诸宝罗网相扣磨,演佛音声常不绝。又,《普贤行品》颂云:佛说菩萨说,刹说众生说,三世一切说。乃至《密严经》中,金刚藏菩萨遍身毛孔出声说法。是以,横该十方一切处,竖彻三际一切时,常转法轮,无断无尽。所以《阿僧祇品》偈云:彼诸一一如来等,出不可说梵音声。于彼一一梵音中,转不可说净法轮。于彼一一法轮中,雨不可说修多罗。于彼一一修多罗,分别诸法不可说。于彼一一诸法中,又说诸法不可说等。故知,若顺旨冥宗,虽不说法,触境而常聆妙音。或缘背障深,设居佛会,当说而不闻一字。如演秘密教,同席异闻。似谈华严宗,二乘不见。可谓幽玄莫测,唯除种如来相善根之人。至妙难思,不入一切余众生之手。又,《杂华严饰论》云:众生流转生死,所以不得真道,诚由不识心源。若识心源者,能舍邪执,归于正道。乃至云:一切众生心识,一刹那中遍至十方。速疾无痴,直过石壁。至处无畏,如师子故。如经云:于师子胸臆中住,则知一心法界,法界一心。

函盖十方,不鲁思发,岂唯心具,身亦遍含。且如十身中,有国土身虚空身,云何不具耶?如《禅波罗蜜》云:众生身内世间,与外国土义相关,行者三昧智慧愿智之力,谛观身时,即知此身具仿天地一切法俗之事。所以者何?如此身相,头圆象天,足方法地。内有空种,即是虚空。腹温暖,法春夏。背刚强,法秋冬。四季体,四时。大节十二,法十二月。小节三百六十,法三百六十日。鼻口出气息,法山泽溪谷之风气。眼目,法日月。眼开闭,法昼夜。发法星辰,眉为北斗。脉为江河,骨为玉石。皮肉为地土,毛法丛林。五藏在内,在天法五星,在地法五岳,在阴阳法五行,在世法五常。内为五神,修为五德,使者为八卦,治罪为五刑,主领为五官,升为五云,化为五龙:心为朱雀,肾为玄武,肝为青龙,肺为白虎,脾为句陈。此五种众生,则摄一切世间禽兽,悉在其内。亦为五姓,谓宫商角征羽,一切万姓并在其内。对书典则为《五经》,一切书史从此出。若对工巧即是五明、六艺,一切技术悉出其间。当知人身虽小,义与天地相关。如此说身,非但直是五阴世间,亦是国土世间。又,身内王法治正义,行者于三昧内愿智之力,即复觉知身内。心为大王,上义下仁故,居在百重之内,出则有前后左右官属侍卫。肺为司马,肝为司徒,脾为司空,肾为大海。中有神龟呼吸元气,行风致雨,通气四支。四支为民子,左为司命,右为司录,主录人命。齐中太一君,亦人之主。柱天大将军,特进君王,主身内万二千大神。太一有八使者,八卦是也,合为九卿。三焦开元,为左社右稷,主奸贼。上焦通气入头,中为宗庙,王者于间治化。若心行正法,群下皆随,则治正清夷，故五藏调和，六腑通适，四大安乐，无诸疾恼，终保年寿。若心行非法，则群僚作乱，互相残害，故四大不调，诸根闇塞，因此抱患致终，皆由行心恶法。故经言：失魂即乱，失魄则狂，失意则惑，失志则忘，失神则死。当知外立王道治化，皆身内之法。如是等义，具如《提谓经》说。又，明内世间义相关者，上来所说，并与外义相关。所以者何？佛未出时，诸神仙世智等，亦达此法名义相对，故说前为外世间义也。是诸神仙，虽复世智辩聪，能通达世间，若住此分别，终是心行理外，未见真实，于佛法不名圣人，犹是凡夫，轮回三界二十五有，未出生死。若化众生，名为旧医，亦名世医。故《涅槃经》云：世医所疗，治差已，还复发。若是如来疗治者，差已，不复发。此如下说，今言内义世间者，即是如来出世，广说一切教门名义之相，以化众生。行者于定心内，意欲得知佛法教门主对之相，三昧智慧善根力故，即便觉知。云何知？如佛说五戒义，为对五藏。若四大、五阴、十二入、十八界、四谛、十二因缘，悉人身内也，即知四大，此义为对五藏：风对肝，火对心，水对肾，地对肺脾。言闻五阴之名，寻即觉知对身五藏：色对肝，识对脾，想对心，受对肾，行对肺。名虽不次而义相关。若闻十二入、十八界，亦复即知对内五阴。一入三界，义自可见。二入三界，今当分别：五识悉为意入界，外五尘、内法尘以为法入界，此即二入三界相关。意识界者，初生五识为根，对外法尘，即生意识，名意识界。若闻五根，亦知对内五藏：忧根对肝，苦根对心，喜根对肺，乐根对肾，舍根对脾。五根因缘，则具有三界。所以者何？忧根对欲界，苦根对初禅，喜根对二禅，乐根对三禅，舍根对

四禅,乃至四空定,皆名舍俱禅,当知三界,亦与五藏其义相关。闻说四生,亦觉知此义关五藏。所以者何?欲界具五根,五根关五藏,五藏关四大、对四生:一切卵生,多是风大性,身能轻举故。一切湿生,多是水大性,因湿而生故。一切胎生,多属地大性,其身重钝故。一切化生,多属火大性,火体无而欻有故,亦有光明故。如来为化三界四生,故说四谛、十二因缘、六波罗蜜。当知,此三法药神丹,悉是对治众生,五藏、五根、五阴故说。所以者何?如佛说一心四谛义,当知,集谛对肝,因属初生故。苦谛对心,果是成就故。道谛对肺,金能断截故。灭谛对肾,冬藏之法,已有还无故。一心已对脾,开通四谛故。乃至十二因缘、六波罗蜜,类此可知也,此种法藏,则广摄如来一切教门。是故,行者若心明利,谛观身相,即便觉了一切佛法名义,故《华严经》言:明了此身者,即是达一切。是则说内义世间义相关之相,意在幽微,非悟勿述。

如上广引诸圣微言,则知我之身心、世出世间、一切净秽国土、真俗法门,配当无差,靡不具足。故云:一尘含法界,九世刹那分。又云:解则十方一心中,迷则方寸千里外。若能如是正解圆通,则十方世界擎在掌中,四海波澜吸归毛孔,有何难哉?可谓密室静坐,成佛不久矣。

宗镜录第二十五

宋 慧日永明妙圆正修智觉禅师延寿集

夫一代时教,了义诸经,虽题目不同、能诠有别,皆目一心之旨,终无识外之文。凡挂一言,尽归宗镜,横周法界,皆同此释。如称《妙法莲华经》者,妙法,即是绝待真心,称之曰妙。莲华,以出水无著为义,即喻心性随流堕凡而不染垢,返流出尘而不著净。乃至下之七喻,比况皆同:火宅,即是第八识体,起四倒八苦之火,烧三界五阴之身。鬼神,配利使诸见之边邪。禽虫,喻钝使根随之烦恼。乃至一切经教,无量法门,或譬喻说,或因缘说,或广略说,或横竖说,所有名相句义,皆是心王心所之法。若迷一念心,执著外境,随处生著,即入火宅义。若悟一念心,通达一切无非实相,即出火宅义。但是生烦恼时有业留处,即是系缚,即是生死。若了烦恼性空无有业处,即是解脱,即是得道。如《思益经》云:佛言:我坐道场时,唯得颠倒所起烦恼毕竟空性,以无所得故得,以无所知故知。如云不得一法,即与授记。是斯旨也。若《信解品》内法喻之文:长者,即是心王。穷子,即是妄念。一念才起,五阴俱生。背觉合尘,名为舍父。伶俜五趣,号五十年。归家,是返本还原。付财,是悟心得记。三草二木,同会一心。化垒草庵,即示真实。系珠,指怀中之佛性。凿井,出心地之智泉。乃至《观音品》中云:若三千大千国土满中怨贼者,即众生十使利钝烦恼,遍一切处恼乱行人,称为怨贼。若遇顺境而起软贼,即是华箭射体。若遇逆缘而起强贼,即是毒箭入心。利使见贼烦恼遍一切处者,如经云:处处皆有魑魅魍魉。以依言执法,随处起见解故。若钝使怨怨烦恼遍一切处者,如经云:诸恶虫辈,交横驰走。以触目睹境,逆顺交驰,念念憎爱,随处动结故。有一商主者,即是心王。将诸商人者,即是眼等六识。商人,货易珍宝义。若眼商人被色尘所易,货眼自性之珍宝。若耳商人被声尘所易,货耳自性之珍宝等。赍持重宝者,即是俱怀佛性。经过险路者,即是三界之险有,六趣之迷津。其中一人作是唱言者,即是意根能起随念计度之分别,常引导五根入于善恶。诸善男子,勿得恐怖,汝等应当一心称观世音菩萨名号,是菩萨能以无畏施于众生。汝等若称名者,于此怨贼,即得解脱者,若了一心,则无外境,眼不为色所劫,乃至意不为法所劫,即当处解脱。所以《华严经》颂云:一中解无量,无量中解一。了彼互生起,当成无所畏。即是于一心中,能了万法互生互灭,无有自性,万境皆空,不为所怖,即是以无畏施于众生,于此根尘怨贼,实时解脱。众商人闻,俱发声言:南无观世音菩萨!称其名故,即得解脱者,六根都会一心,即是俱发声言。才了唯心,诸境自灭,即是称其名故即得解脱。以无法对治,不生欣戚故。所以《方便品》云:十方佛土中,唯有一乘法。如《法华名相》云:经云:色涅槃,受想行识涅槃。此中亦尔:色法华,受想行识法华。经云色非染非净,色生般若生。色性虚微名妙色,体自离假名为法。色无尘垢,借喻莲华。文字性空,目之为经。经者,以身心为义。如来在乎阴界,阴界即如,何异之有?略统始终以为心要,启发心路,名之为序。悟心将发,达本来空,即是悟佛知见。一色寂灭,一切色亦然,一切声亦然,即是十方佛同说《法华》。诸法从本来,常自寂灭相,此是何物法?并是眼法乃至意法,身心皆寂灭。佛子行此寂灭道,即是佛也。所以古师云:妙法者,是如来灵智体也。或名《大方广佛华严经》者,大方广者,是一心所证之法。佛华严者,即一心能证之人,摄所归能,人法冥合,皆是一心。大者,即是凡圣一心真如体大,以真如性遍一切处故。方者,即是真如相大,能具足无漏性功德故。广者,即是真如用大,能生世出世间诸善根故。佛者,是一心无作之果海。华者,是一心万行之因门。严者,是一心妙用之庄严。经者,是一心真如无尽之妙理。如破尘所出之卷,仰空所写之文,乃至八十卷中,所有长行短颂、一文一字,如善财所见五十三位善知识、若人若神、或男或女等,一一皆是自心逐位所证法门。如三乘说解而非行,如说人名字而不识其人,若此宗镜一乘之理说者,即行即解,如看其面,不说其名而自识也。或托事说,或立况说。若大乘中所明,托事以显法,即以异事而显异法,多是一事表一法,如室表慈悲,衣表忍辱等。今明一事,即法即人即依即正,具无尽德。随一事即摄无尽,以称性为事,事何有尽。从真起相,相复何穷?又,三乘所说教门,但以别教而诠别义,所以得理而忘教。若入此圆宗者,而教即是义。以一法才兴,即一切无边万法,皆悉同时具足相应故,此一法外,更无余法。所以经云:知从一法出一切法,而能各各分别演说,以一切法种种义,究竟皆是一义故。以一心能生一切万法，演出无边义趣，展即遍满法界，还摄种种法义归于一心。不动一心而演诸义，不坏诸义而显一心，即卷常舒。如来于一言语中，演说无边契经海，即舒常卷。一切法门无尽海，同会一法道场中，如草木四微，从地而生，还归地灭。犹波浪鼓动，依水而起，还复水源。故经颂云：佛智通达净无碍，一念普知三世法。皆从心识因缘起，生灭无常无自性。故清凉《疏》云：《华严经》者，统唯一真法界，谓总该万有，即是一心也。或名《维摩经》者，此云净名，即是一切众生自性清净心。此心弗澄而自清，弗磨而自莹，处凡而不垢，在圣而不净，故云自性清净。所言名者，以心无形但有名故。文中所说以四海之渺弥，摄归毛孔。用须弥之高广，内入芥中。飞佛土于十方，未移本处。掷大千于界外，含识莫知。日月悬于毫端，供具现于体内。腹纳劫烧之焰，火事如然。口吸十方之风，身无损减。斯皆自心转变，不动而远近俄分。一念包容，无碍而大小相入。天台疏云：以须弥之高广，内芥子中无所增减，须弥山王本相如故。而四天王忉利诸天，不觉不知己之所入。唯应度者，乃见须弥入芥子中，是名不可思议解脱法门。又，以四大海水入一毛孔，不娆鱼鳖鼋鼍水性之属，而彼大海本相如故。诸龙鬼神阿修罗等，不觉不知己之所入。于此众生，亦无所娆。此是明不思议之大用也。正以实慧与真性合故，得有斯莫测之用。此如《大智论》偈云：水银和真金，能涂诸色像。功德和法身，处处应现往。若须弥高广，内于芥子而无增减，亦不迫迮，不觉不知者，具不思议解脱者，迹居依报之境，得自在也，此义难解。有师言神力能尔。今谓不思议性，非天人修罗佛之所作，神力何能尔？有师言小无小相，大无大相，故得入也。今谓小是小，大是大，是自性小大。不得相入者，小大大小。既是他性之小大，何得入也？今解《华严经》，明一微尘有大千经卷，观众生一念无明心即是如来心。若见此心，则能以须弥入芥子无相妨也。下诸不思议事，穷劫说不能尽，皆是此意耳。所以然者，此经云：诸佛解脱，当于众生心行中求。若观众生心行得诸佛解脱，住此解脱，则能现如是种种不思议事也。所以然者，诸方便教，明二乘得偏真之理解脱，是思议解脱，如得玻璃珠，不能雨宝。大乘圆教，明菩萨中道圆真真性解脱，即是不思议解脱，如得如意珠，能雨大千宝也。见众生心行真性，得芥子须弥真性，一如无二如：若得芥子真性之小，能容须弥之大。得须弥真性，则须弥之大不碍芥子之小。举此一意，可以例下诸事也。而言其中众生不觉，唯应度者乃能见之者。众生既不见小大真性之理，岂觉知也？以其有得度之机，即见此事也。又，若能观此真性，入观行即、相似即，因此必得如来灭度，故言乃能见之。故《法华经》明六根清净云：唯独自明了，余人所不见也。经言又以四大海水入一毛孔者，正报得自在也。若会海水不思议真性，即是一毛不思议真性者，能以海水入一毛孔，于正报之身，无所妨损也。《辅行记》释云：且约一念刹那心所起，故言小也。即此一念，具足法身一切佛法，即是能容须弥之大。大小常遍，理事无碍，事理本来相即故，所以不断烦恼而入涅槃，只指凡夫一念刹那心，具足难思法身之体，本来相在故。是故，方便教中之人，迷于相在不思议理，纵闻常住，解惑分岐，故别教道中，仍存

异解。唯于圆教,始末一如。故五分法身,不逾凡质,所以云:欲见如来心,但观众生心。则诸佛众生是名,心常契旨。有识无情是号,法本同原。认名号而世谛成差,观体性而真门一等。《法华经·法师功德品》云:菩萨于净身,悉见世所有。唯独自明了,余人所不见。古释云:何意不见?有我相故耳。无我即见性,了人法二空,真心自现,即是净身。于真心中,世间所有一切境界悉于中现。故《首楞严经》云:诸法所生,唯心所现。性空无伴名独。若取阴界入,即名余人,为阴所覆,不见自性。庞居士偈云:居士元无病,方丈现有疾。唯忧二乘者,缘事不得出。所以诃秽食,纯说波罗蜜。上方一盂饭,气满于七日。不假日月光,心王照斯室。文殊问不二,忘言功自毕。过去既如然,现在还同一。若能达此理,无求总成佛。牛头《净名私记》云:经明于一毛孔中见摩耶身,摩耶胎中行无量步。如不可说微尘世界阔,一日行无量步,是何物法门?亦作室中容三万二千师子座说,又作须弥入芥子说,《涅槃经》中作藕丝悬须弥山说,《大品》中作针锋上无边身菩萨名说。只是一意,一解千从,当于观智心行中求,若事相上看终不得。经云:是名不可思议解脱法门。明一切法,当体自解脱。色大故般若大,色如虚空,万法例尔。

故知,诸佛凡有所说,虽约事言,皆是即相明宗,终无别意。故《法华经》云:十方谛求,更无余乘,唯宗一法矣。

灵辩和尚《华严论》问云:大小净秽,相各差别,云何而得大小相即?

答:性非性故。如像入镜中,像如本而镜中现,镜如本而容众像,俱无增减。以无性故,一念入一切世界不思议住故,是故心藏功德无边。

或云《金刚般若波罗蜜经》者,即是本心不动,喻若金刚。般若真智,乃灵台妙性,达此而即到涅槃彼岸,昧此而住生死迷津。文中所说应无所住而生其心者,起念即是住著。心若不起,万法无生。即心遍一切处,一切处遍心。如是了达,顿入自宗,故云:若是经典所在之处,则为有佛。以心遍即法遍,以法即佛故。以智通即境通,以境即心故。如《华严经》云:如来成正觉身,究竟无生灭故。如一毛孔遍法界,一切毛孔悉亦如是。当知无有少许处空无佛身,何以故?如来成正觉时,无处不至故。是以,若不悟自心遍一切处,则心外见法,颠倒轮回,岂得称正遍知成善逝之者?如经云:凡所有相,皆是虚妄。若见诸相非相,则见如来。以瞥有一毫起处,悉落见闻,从分别生,俱非真实。若不达无相即相,则是取相凡夫。若了相即无相,则成唯心大觉。既不可取相求悟,亦不可离相思真,不即不离,觉性自现。又云:一切诸佛及诸佛阿耨多罗三藐三菩提法,皆从此经出。以十方三世一切如来悟心成佛,乃至三宝四谛,并从心出。觉此名佛,轨此名法,和此名僧。《金刚辩宗》云:《金刚般若波罗蜜经》者,一切如来悟心之门也。了无明之妄心,即妙慧之真心,故曰悟心。经云:过去心不可得,现在心不可得,未来心不可得。悟三世之妄心不可得而有真心,故曰悟心。《般若不坏假名论》云:若菩萨心不住法而行布施,如人有目,日光明照,见种种色者。如人有目者,得无生忍也。日光明照者,决定了知诸法无性。见种种色者,悟一切法不生不灭、不断不常、不一不异、不来不出、无所得等。菩萨如是行不住施，速成正觉，得大涅槃。释曰：云何行不住施速证菩提？以了一切法即心自性，不住于法，寂照无涯，成触目之菩提，得现前之三昧。若住一法，为境所留，失心智之光，入愚痴之闇。《金刚经义》云：常见自性，念念不离，故云佛在。正见性时，恒沙数劫，只如今时，故名尔时。知心是佛，即是佛付嘱，了于法应无所住行于布施。十方国土中，唯有一乘法，只是一心。心即是法，法即是心，更住何法？故言不住。若离心别有法可得，即生执心。住于法相，即是无目之人，故称最上第一希有之法。修此法者，现世成佛。十方合为一相，见一切佛及诸众生，本无差别。见三世之事，状如弹指。此岂不是希有之法？

又如诸了义经中云听法之众从十方世界外来者，即是悟心为来。若迷此宗，乃远在他方之外。如《华严论》云：十佛刹微尘数世界外来者，明从迷入信，故号为来。言彼世界中有佛，号不动智者，为明不动智佛，是十方凡圣共有根本之智，明于此智，能起信心，故号之为来。此不动智佛，一切众生，常自有之。若取相随迷，即尘障无尽。若一念觉迷达相，即净若虚空。但为随迷称外，悟处言来，而实佛刹本无远近内外等障，亦无去来。无边佛刹，不出毛孔微尘之表。今致远近，意令初信心者心广大故，言其从彼世界中来。又，明从迷悟入，故言为来。

是以，入宗镜中，理当绝学。百氏之说，一教能明。万化之端，一言可蔽。或云：香积云此有四十二恒河世界者，即是经历四十二位心地法门。或云，散华璎珞空中成四柱之宝台者,即是常乐我净一心四德之涅槃。所以《华严经》云:此华盖等,皆是无生法忍之所生起。或佛言:彼时鹿王者,即我身是。即结会古今,明自心一际之法。或教中凡有空中发声告示,言下息疑者,并是顿悟自心,非他境界。或《法华》移天人于他土,即是三变心田。或《维摩》取妙喜来此方,斯乃即秽明净。或丈室容于高座,宝盖现于大千,未离兜率已般涅槃,不起树王而升忉利。执手经无量之劫,登阁见三世之因。释迦眉间出菩萨身云之众,普贤毛孔示诸佛境界之门。小器出无限之嘉羞,仰空雨难穷之珍宝。不动此处,遍坐道场。十刹宝坊,合为一土。闻经于五十小劫,犹若刹那之时。现通七日之中,舒之为一大劫。乃至恒沙法聚,无量义门,举一例诸,俱不出自心之法。故知,菩萨随世所作,皆表一心。故《净名经》云:不舍道法,现凡夫事。如《华严经》云:一念于一切处,为一切众生示成正觉,是菩萨园林,法身周遍尽虚空一切世界故。又云:一切菩萨行,游戏神通,皆得自在,是菩萨宫殿,善游戏诸禅解脱三昧智慧故。是以,正报依报皆成佛法。所以《净名私记》云:取妙喜来此土者,辩于净秽无二也。彼界虽来入此土,亦不增减。本性如故,虽来毕竟不动。何意如此?好自思之!故知,万法施为,隐显往复,若事若理,皆不出一真心矣。

如是解者,称可佛心,发智明而若千日照空,摄众义而如百川归海,毕竟更无一法现于心外、及在心中,乃至下及众生无明。上该诸佛种智,皆是无生性空妙旨。如《摩诃般若经》云:尔时释提桓因、及三千大千世界中诸天,化作华散佛菩萨摩诃萨比丘僧、及须菩提上,亦供养般若波罗蜜。是时,三千大千世界华,悉周遍于虚空中,化成华台,端严殊妙。须菩提心念:是天子所散华,天上未曾见如是华。此华是化华,非树生华。是诸天子所散华,从心树生,非树生华。释提桓因知须菩提心所念,语须菩提言:大德,是华非生华,亦非意树生。须菩提语释提桓因言:憍尸迦,汝言是华非生华,亦非意树生。憍尸迦,若是非生法,不名为华。释提桓因语须菩提言:大德,非但是华不生,色亦不生,受想行识亦不生。须菩提言:憍尸迦,非但是华不生,色亦不生。若不生,是不名为色。受想行识亦不生,若不生,是不名为识。六入、六识、六触,六触因缘生诸受,亦如是。檀波罗蜜不生,若不生,是不名檀波罗蜜。乃至般若波罗蜜不生,若不生,是不名般若波罗蜜。乃至一切种智不生,若不生,是不名一切种智。故知,万法都会无生,千途尽归宗镜。如先德云:今佛之三身十波罗蜜,乃至菩萨利他等行,并依自法融转而行,即众生心中有真如体大,今日修学引出法身。由心中有真如相大,今日修行引出报身。由心中有真如用大,今日修行引出化身。由心中有真如法性自无悭贪,今日修学顺法性无悭引出檀波罗蜜等。所以《华严经》颂云:文殊法常尔,法王唯一法。一切无碍人,一道出生死。又颂云:金刚铁围数无量,悉能置在一毫端。若明至大有小相,菩萨以此初发心。以大小无性,广狭随缘。若能明见至大无外之相,即至小无内之相,皆是一毫端心地法门,名为见道,故云菩萨以此初发心。如是解者,不易凡身生如来家,成真佛子。《义海》云:生佛家者,真如法界无生,菩提涅槃为家。如见尘无生无性时,即此智从无生法显,即为生佛家也。经颂云:于法不分别,是则从如生。又云:普于三世佛,法中而化生。但契义理,即名生佛家也。是佛之子,亦名为佛出现也。故知,凡挂文言,尽为心迹。乃至称为真如,亦名为迹。若能寻迹得本,自然绝迹归宗。或迷迹徇尘,则为失本。所以了之者,本迹虽殊,不思议一。昧之者,本迹俱迷,随情自异。故《大宝积经》云:我证菩提无差别迹。何名为迹?真如法性二俱名迹,诸法实际亦名为迹,无生无灭亦名为迹。今时多执方便言教之迹,失于一心正义之本,是以《宗镜》所示,皆令寻迹得本。虽遍引言诠,殷勤委细,同指于此。故《天王般若经》云:利根性人,说文知义。若能说文知义,见法识心,方入宗镜中,顿消疑虑。则不用天眼观,彻见十方界。不用天耳听,遍闻法界声。不假神足通,疾至十方际。端坐寂不动,诸佛常现前。如《般舟三昧经》云:何因致现在诸佛悉在前立三昧?如是跋陀和,其有比丘、比丘尼、优婆塞、优婆夷,持戒完具,独一处心,西方阿弥陀佛今现在,随所闻当念。去是间千亿万佛刹,其国名须摩提,在众菩萨中央说经,一切常念阿弥陀佛。佛告跋陀和:譬如人卧,在于梦中,见所有金银珍宝,父母兄弟妻子亲属知识,相与娱乐,喜乐无比。及其觉已,为人说之,自念梦中所见。如是,跋陀和菩萨,若沙门白衣,所闻西方阿弥陀佛,当念彼方佛,不得缺戒。一心念,若一日昼夜,若七日七夜,过七日已后,见阿弥陀佛。于觉不见,于梦中见之。譬如梦中所见,不知昼夜,亦不知内,亦不见外,亦不用在冥中,故不见。不用有所蔽碍,故不见。如是,跋陀和菩萨,心当如是念时,诸佛国界,名大阿弥山,其有幽冥之处,悉为开辟,目亦不蔽,心亦不碍。是菩萨摩诃萨,不持天眼彻视,不持天耳彻听,不持神足到其佛刹,不于是间终,不生彼间佛刹尔乃见,便于此间坐见阿弥陀佛,闻所说法,悉受持得,从三昧起,悉能具足,为人说之。

如上所说,皆是顿入之门,以备上根,非为权渐。今则傍明佛旨,略赞经文,大意并依先德解释,即何理而不尽,何事而不穷?然更在后贤智眼明断,以佛意深奥,一句能生无量义故。

问:如上所说,芥纳须弥,毛吞巨海。既唯一心,须弥为复入芥子,不入芥子?若言入,经何故云须弥本相如故。若言不入,又云唯应度者见之?

答:若有所入处,即失诸法自性。若言不入,又成二见。又或云:小是大家之小,大是小家之大。或云,芥子须弥,各无自性。此皆是以空纳空,有何奇特?故知,未入《宗镜》,情见难忘,局大小于方隅,立见闻于妙道,致使一真潜隐,万法不融。今明正义者,所谓入而不入,即识须弥之本相。不入而入,解了诸法之自宗。《还原观》云:所言入者,性相俱泯,体同法界,入无入相,名为入也。经偈云:如来深境界,其量等虚空。一切众生入,而实无所入。《华严经》云:悉入法界而无所入。若别有一入处,则入时失本相,不得说种种诸法。以当体自虚,名入法界。无别可入,则不坏种种。又经云:虽诸法无一无异,而说一异。故知,要由事相历然不入,方得相资相遍耳。若入则失缘,则无诸缘各异义。不入则坏性用,不得力用交彻,则无互遍相资义。若具入不入,则成俱存无碍义。具此三缘,方成缘起。了此缘性,则能变通。遂乃方而能圆,小而能大,狭而能广,短而能长,无非我心神德自在,则触目皆是须弥入芥,举足住不思议解脱矣。故古人云:纳须弥于芥中,掷大千于方外,皆吾心常分也,岂假于他术乎?则是众生全力,非待证圣方具。所以诸佛于不二法中,现妙神通。菩萨向无性理内,成大佛事。故《信心铭》云:极大同小,不见边表。极小同大,忘绝境界。傅大士颂云:须弥芥子父,芥子须弥爷。山海坦然平,敲冰来煮茶。是以,一法为宗,千途竞入。五岳峥嵘而不峻,四溟浩渺而不深。三毒四倒而非凡,八解六通而非圣。

问:如何是坦然平处?

答:千寻沧海底,万仞碧峰头。日出当中夜,华开值九秋。

问:如上所说即心即佛之旨,西天此土,祖佛同诠。理事分明,如同眼见。云何又说非心非佛?

答:即心即佛,是其表诠,直表示其事,令亲证自心,了了见性。若非心非佛,是其遮诠,即护过遮非,去疑破执,夺下情见依通。意解妄认之者,以心佛俱不可得故,是以云非心非佛。此乃拂下能心,权立顿教泯绝无寄之门:言语道断,心行处灭,故亦是一机入路。若圆教,即此情尽体露之法,有遮有表,非即非离,体用相收,理事无碍。今时学者,既无智眼,又阙多闻,偏重遮非之词,不见圆常之理,奴郎莫辩,真伪何分?如弃海存沤,遗金拾砾,掬泡作宝,执石为珠。所以经云:譬如痴贼,弃舍金宝,担负瓦砾,此之谓也。今当纂集,正为于兹。

且心之与佛,皆世间之名。是之与非,乃分别之见。空论妄想,曷得真归?所以祖师云:若言是心是佛,如牛有角。若言非心非佛,如兔无角。并是对待强名边事。若因名召体,豁悟本心,证自真知,分明无惑者,终不认名滞体,起有得心,去取全亡,是非顿息。亦不一向离之,妄起绝言之见。亦不一向即之,而堕执指之讥。如《华严论》云:滞名即名立,废说即言生。并是背觉合尘,舍己徇物。若实亲省,现证自宗,尚无能证之智心、及所证之妙理,岂况更存能知能解、有得有趣之妄想乎?近代或有滥参禅门,不得旨者,相承不信即心即佛之言,判为是教乘所说,未得幽玄。我自有宗门向上事在,唯重非心非佛之说。并是指鹿作马,期悟遭迷。执影是真,以病为法。只要门风紧峻,问答尖新,发狂慧而守痴禅,迷方便而违宗旨,立格量而据道理。犹入假之金,存规矩而定边隅。如添水之乳,一向于言语上取办,意根下依通,都为能所未亡,名相不破。若实见性,心境自虚,匿迹韬光,潜行密用。是以,全不悟道,唯逐妄轮回,起法我见,而轻忽上流。恃错知解,而摧残未学。毁金口所说之正典,拨圆因助道之修行。斥二乘之菩提,灭人天之善种。但欲作探玄上士,效无碍无修。不知返堕无知,成空见外道。唯观影迹,莫究圆常。积见不休,徒自疲极。如孔子迷津问渔父,渔父曰:人有畏影恶迹,疾走不休,绝力而死。不知处阴以休影,静处以息迹,愚亦甚矣。何不一心为道,息诤除非?自然过量超情,还淳返朴。若以道自养则不失,以道济他则不诳，以道治国则国泰，以道修家则家安，故不可顷克忘道矣。所以《道德经》云：故失道而后德，失德而后仁，失仁而后义，失义而后礼。失礼者，忠信之薄，日以衰薄，而乱之首。《庄子》云：五色不乱，孰为文彩？五声不乱，孰为律吕？白玉无瑕，孰为珪璋？残朴以为器者，工匠之罪。毁道德而为仁义者，圣人之罪。君能焚符破玺，贼盗自止。割斗折衡，而民不净。圣人生而贼盗起，圣人死而贼盗止。故知，仁义礼智信，而利天下者少，害天下者多矣。曷如开示如是不思议大威德广大法门，普荫十方，群生等润？可谓深达妙旨，冥合真归。如香象渡河，步步到底。似养由驾箭，一一穿杨。尽为破的之文，皆是穷源之说。此是圆顿义，非权宜门。如水月顿呈，更无来去。犹明镜顿照，岂有初终？如《首楞严疏钞》云：若闻此经，即悟得微尘毛孔一切众生，皆在我本觉中。推一切物皆无自性，则除无明。无明若除，一时顿证，则是顿得，不从修得。如观音入流亡所，阿难自庆不历僧祇获法身等，并是顿也。

宗镜录第二十六

宋 慧日永明妙圆正修智觉禅师延寿集

夫如上所说，妙旨难闻。云何顿断疑心，生于圆信？

答：所以云：难信者，如一微尘中有大千经卷，人无信者。实相之理，止在心中，无劳远觅，近而不识，说之不信，故云难信。

是以，须具大信，方断纤疑，此是难解难入之门，难省难知之法。如针锋上，立无边身菩萨。将藕孔中，丝悬须弥之山。不思议中不思议，绝玄妙中绝玄妙。所以法华会上身子三请，四众惊疑，只如五千退席之人，皆有得圣果之者，闻说十方佛土中，唯有一乘法，开权显实，直指自心，尚乃怀疑拂席而起。何况末法机劣之人，遮障既深、见惑尤重，情尘尚壅、欲火犹烧，而能荷檐斯大事者欤？是以，妙得其门，成佛匪离于当念。若失其旨，修因徒困于多生。唯在信心，别无方便，以是入道之原、功德之母故。所以古圣云：明者德隆于即日，昧者望绝于多生。会旨者山岳易移，乖宗者锱铢难入。此《宗镜录》，不拣内道外道、利根钝根，但见闻信入者，皆顿了一心，理事圆足。如《圆觉经》云：譬如大海不让小流，乃至蚊虻及阿修罗，饮其水者，皆得充满。如《华严经》颂云深心信解常清净者，古释云：与理相应，方曰深心。若昔染今净，净则有始，始即必终，非常净也。信烦恼即菩提,方为常净,由称本性而发心故。本来是佛,更无所进。如在虚空,退至何所?慨众生迷此,起同体大悲。悼昔不知,誓期当证。有悲,故不为无边所寂。有智,故不为有边所动。不动不寂,直入中道,是谓真正发菩提心。又云:信佛身名等于众生,则知我名如佛名也。信佛法门随宜而立,知我妄念苦集亦全法门。信佛意业光明遍照,则知自心无不知觉。则一切因果理事,皆众生性有。如性非金玉,虽琢不成宝器。良以众生包性德而为体,约智海以为源,故须开示。所以《般若文殊分》云:若知我性,即知无法。若知无法,即无境界。若无境界,即无所依。若无所依,即无所住。如是开示,如是信入,则是真实句,亦是金刚句,以无虚假及可破坏,故云尔。如《大集经》云:真实句者,如一法,一切法亦如是。如一切法,一法亦如是。又云:一众生心,一切众生心,悉皆平等,名金刚句。是知,无有一法可得,名深信坚固,如金刚不可沮坏,无信心中能见佛。若有一法可信,即是邪见。一切不信,方成其信。如《般若经》云:若念一切法,不念般若波罗蜜。不念一切法,则念般若波罗蜜。如是解者,可谓深达实相,善说法要矣。所以云:无一法可得,名深达实相。如《法华经》偈云:于诸过去佛,在世或灭后。若有闻法者,无一不成佛。诸佛本誓愿,我所行佛道。普欲令众生,亦同得此道。未来世诸佛,虽说百千亿。无数诸法门,其实为一乘。诸佛两足尊,知法常无性。佛种从缘起,是故说一乘。是法住法位,世间相常住。于道场知已,导师方便说。天人所供养,现在十方佛。其数如恒沙,出现于世间。安隐众生故,亦说如是法。知第一寂灭,以方便力故。

虽示种种道，其实为佛乘。释曰：本师以出至梵天之舌相，演真实言。放一万八千之毫光，现希奇瑞。乃至地摇六动，天雨四华，謦欬弹指之声，周闻十刹。百千诸佛世界，一道融通。引三世之觉王，同诠此罠。付十方之大士，共显斯宗。故十方谛求，更无余法。论位是最实之位，言诠乃第一之诠，可谓究竟指归，真实行处。若但志心读诵，灵感难思，毛孔孕紫檀之香，舌表变红莲之色，何况信解悟入！如说修行，供养则福过正遍知，行处则可起如来塔。有斯大事，孰不归依？除不肖人，实难信受。又如《神力品》偈云：以佛灭度后，能持是经者。诸佛皆欢喜，现无量神力。嘱累是经故，赞美受持者。于无量劫中，犹故不能尽。是人之功德，无边无有穷。如十方虚空，不可得边际。能持是经者，则为已见我。亦见多宝佛，及诸分身者。故知，证此一毫之灵智，量逾无尽之太虚，如观牖隙之中，远见十方之际。现神力以嘱累，恐坠斯文。发欢喜以赞扬，唯精斯旨。今者与诸有缘信士，遇兹正教之人，自缅曩生，障深垢重，诸佛出世，不睹毫光。得厕嘉筵，亲闻正法。复思夙愿，微有良因：于末法中，偶斯遗教。既欣遭遇，傍愍未闻。遂乃略出要诠，遍示后学。可谓醍醐之正味，不觉不知。甘露之妙门，不问不信。如斯大失，实可惊心。是以《安乐行品》云：佛告文殊师利：菩萨摩诃萨，于后末世，法欲灭时，有持是《法华经》者，于在家出家人中生大慈心，于非菩萨人中生大悲心。应作是念：如是之人，则为大失如来方便随宜说法，不闻、不知、不觉，不问、不信、不解。其人虽不问不信不解是经，我得阿耨多罗三藐三菩提时，随在何地，以神通力、智慧力，引之令得住是法中。释曰：于在家出家四众之中生大慈心者，即是示如来一心方便门，慈能与乐，俱令信入，同证大般涅槃四德之乐。于非菩萨人中生大悲心者，即是外道邪见不生正信之人，悲能拔苦，即是示如来一心解脱门，皆令悟解，永拔分段变易二死之苦。

此《宗镜录》，于后若遇有缘信心，或晓夜忘疲，精勤披览，以悟为限，莫否劬劳。足以，诸大菩萨，皆思过去波流苦海，作不利益之事，丧无数身，都无利益。又今犹处生死恶业之中，皆是过去世中，妙行不勤故。今者偶斯正典，可谓坐参。但仗三宝威神，诸佛加备，无诸难事，早得心开，普及一切法界含生皆同此悟，即斯愿矣。须知，圆宗罕遇，若芥子投于针锋。正法难闻，犹盲龟值于木孔。若非夙熏乘种，久积善根，焉偶斯文，亲得传受？应须庆幸，荷佛慈恩。所以古人或重教轻财，则输金若市。或忘身为法，则立雪幽庭。且金是身外之浮财，岂齐至教。命是一期之业报，曷等真诠？是故，因闻般若深经以为乘种，遂得乘急。常聆妙音，可以身座肉灯归命供养，皮纸骨笔缮写受持。如《大涅槃经》云：佛言：善男子，于乘缓者，乃名为缓。于戒缓者，不名为缓。菩萨摩诃萨，于此大乘心不懈慢，是名本戒。为护正法，以大乘水而自澡浴。是故，菩萨虽现破戒，不名为缓。《止观》云：戒急乘缓者，事戒严急，纤毫不犯。三种观心，了不开解，以戒急故，人天受生，或随禅梵世耽湎定乐，世虽有佛说法度人，而于其等全无利益。设得值遇，不能开解。震旦一国，不觉不知。舍卫三亿，不闻不见。著乐诸天及生难处，不来听受，是此意也。譬如系人，或以财物求诸大力，申延日月，冀逢恩赦。在人天中，亦复如是，冀善知识化导修乘，即能得脱。若于人天不修乘者，果报若尽，还堕三途，百千佛出，终不得道。若理事俱缓者，永坠泥犁，失人天果报，神明惛塞，无得道期，回转沉沦，不可度脱。故知，处世俗家，拘三界狱，不求一念出离，犹如散禁之人。应须生如来家，遇善知识，听闻正法，如理思惟，事戒理乘，双行双照。身律心慧，俱习俱持。以戒急故，受人天之身。以乘急故，绍祖佛之位。如是，则方谐本愿，不负初心。可以上合慈风，下同悲仰。难逢良便，恐虑缘差。深劝诸贤，莫成后悔。

又，我此《宗镜》所录之文，但为最上根人，不入余众生手。唯令佛种不断，闻于未闻。誓报慈恩，不孤本愿。若涉名利，非被此机。如古德释华严教所被机，五简非器：一、违真非器。谓不发菩提心，不求出离，依傍此经求名求利，庄饰我人，经非彼缘，故非其器。经云：为名利说法，是为魔业。又云：不净说法，堕恶道等。二、背正非器。谓诈现大心，伪饰邪善。近灭人天，远违成佛。堕阿鼻狱，多劫受苦。经云：忘失菩提心，修诸善根，是为魔业。三、乖实非器。谓虽不邪伪，然随自执见，以取经文。遂令超情至教，迴不入心，故成非器。《地论》云：闻作闻解，不得不闻。又如随声取义五过失等。此上三位，俱是凡愚众生境界。经云：此经不入一切余众生之手，唯除菩萨。良以此经，非是众生流转之缘，故不入手。四、狭劣非器。谓一切二乘无广大心，亦非此器。经云：一切声闻缘觉，不闻此经，何况受持！五、守权非器。谓三乘共教诸菩萨等，随自宗中修行，未满初阿僧祇，此亦非器。经云：菩萨摩诃萨，虽无量亿那由他劫行六波罗蜜,修习道品,若未闻此经,虽闻不信受持随顺,是等犹为假名菩萨。问:《璎珞经》等,十千劫修十信行满。何故此中无量亿等时,不信此经?答:以彼但于行布位中,修行信等,于此圆融普贤十信、一摄一切,犹未闻信。

故知,不偶斯文,虚功累劫。才闻此旨,便入圆通。但不涉前五非器之中,则永固一乘之佛种。可以手得,可以心传。深嘱后贤,无失法利。又,若过去曾闻此法,未得信入,以法力所熏,方起疑心。若未曾闻,疑终不起。如《入大乘论》云:薄福之人,不生于疑。能生疑者,必破诸有。是以,著有众生,皆因染习。如轻毛之不定,垢净随缘。犹素丝之揽色,青黄任受。悉是闻熏之力,各入三乘之门。况闻《宗镜》之中,速发一乘之种,但有心者,熏皆得成。《华严论》云:如世间一切井泉以海为体,若人饮者,皆得海味一体无异,但随业力而得咸味。此经亦尔,若有大心众生闻持信入,便得如来法身佛性大悲智味。阐提之人无所堪任,然如来智性,常作生因。故知,具大信根者,闻之成佛。如不信者,即是阐提。然虽不信,亦熏其种。故云如来智性,常作生因。所以《法华经》偈云:若有闻法者,无一不成佛。昔泥蛤闻法而生天,厩象听经而悛恶,比丘戏笑而获果,女人思惟而悟空,何况闻《宗镜》中纯圆顿教!如《善见律论》云:昔佛在世时,到瞻婆罗国迦罗池边,为众说法。时彼池中,有其一蛤,闻佛池边说法之声,即从池出,入草根下听佛说法。时有一人,持杖放牛,见佛在坐为众说法,即往佛所,欲闻法故,以杖刺地误著蛤头,即便命终,生忉利天。以福报故,宫殿纵广十二由旬,与诸天女娱乐受乐。即乘宫殿往至佛所,头顶礼足。佛知故问：汝是何人，忽礼我足，神通光明，相好无比，照彻此间？蛤天即以偈而答曰：往昔为蛤身，于水中觅食。闻佛说法声，出至草根下。有一牧牛人，持杖来听法，杖劖刺我头，命终生天上。佛以蛤人所说偈，为四众说法，是时众中八万四千人皆得道迹。蛤天人得须陀洹果，含笑而去。《大智度论》云：昔王不立厩于寺者，谓此王有象，可以敌国。每有怨敌，庄严器仗，无不克胜。后敌国皆惧，久而无敌，遂于寺中立厩养之，久闻僧众礼念熏心，驯善成性。后有邻国兵众相侵，严象敌之，都不肯战。其王忧愁，虑国衰败。智臣白王：此象久久处之精舍，见闻善事，与之化矣。可处屠坊，令常见杀。后未经久，恶心还起。畜生尚尔，况复于人？近善不善，近恶不恶。故儒典中，亦令君子慎所习也。今若闻《宗镜》，熏起一乘，广大难量，善利无尽。《杂宝藏经》云：佛法宽广，济度无涯。至心求道，无不获果。乃至戏笑，福不唐捐。如往昔时有老比丘，年已朽迈，神情昏塞。见诸年少比丘种种说法，闻说四果，心生羡尚，语少比丘言：汝等聪慧，愿以四果以用与我。诸少比丘嗤而语言：我有四果，须得好食，然后相与。时老比丘，闻其此语欢喜。即设种种肴饍，请少比丘食。共食已，更相指挥弄老比丘语言：大德，汝在此舍一角头坐，当与汝果。时老比丘闻已欢喜，如语而坐。诸少比丘即以皮毬打其头上，而语之言：此是须陀洹果！老比丘闻已，系念不散，即获初果。诸少比丘复弄之言：虽与汝须陀洹果，然其故有七生七死，更移一角，次当与汝斯陀含果。时老比丘获初果故，心转增进，即复移坐。诸少比丘复以毬打头，而语之言：与汝二果！

时老比丘益加专念,即证二果。诸少比丘复弄之言:汝今已得斯陀含果,犹有往来生死之难,汝更移坐,我当与汝阿那含果。时老比丘如言移坐,诸少比丘复以毱打,而语之言:我今与汝第三之果!时老比丘闻已欢喜,倍加至心,实时复证阿那含果。诸少比丘复弄之言:汝今已得不还之果,然故于色无色界受有漏身,无常迁坏,念念是苦。汝更移坐,次当与汝阿罗汉果。时老比丘如语移坐,诸少比丘复以皮毱摽打其头,而语之言:我今与汝彼第四果!时老比丘一心思惟,即证阿罗汉果。得四果已,甚大欢喜。设诸肴饍、种种香华,献诸比丘,报其恩德,与少比丘共论道品无漏功德。诸少比丘,发言滞塞。时老比丘方语之言:我已证得阿罗汉果已。诸少比丘闻其此音,咸皆谢悔先戏弄罪。是故行人,宜应念善,乃至戏弄,犹获实报,况至心也!又,《杂宝藏经》云:昔有一女,聪明智慧,深信三宝。常于僧次,请一比丘就舍供养。后时便有一老比丘,次到其舍,年老根钝,素无知晓。斋食讫已,女人至心求请说法,敷坐头前,闭目静坐。比丘自知不解说法,趁其泯眼,弃走还寺。然此女人,至心思惟有为之法,无常苦空,不得自在,深心观察,即时获得须陀洹果。既得果已,向寺求觅,欲报其恩。然此比丘自审知弃他逃走,倍生惭耻,转复藏避。而此女人苦求不已,方自出现。女人见已,具说蒙得道果因缘,赍供报恩。老比丘闻,甚大惭愧,深自克责,亦复获得须陀洹果。是故行者,应当至心精诚求法。若至心者,所求必证。

如上所获圣果,岂有前人为说深妙法耶?皆是自悟,从心所证。可验《宗镜》,达者无疑。如《大乘本生心地观经》

云:佛言:我今演说心地妙法,引导众生,令入佛智。如是妙法,诸佛如来过无量劫,时乃说之,乃至以是因缘,难见难闻菩提正道心地法门。若有善男子,善女人闻是妙法,一经于耳,须臾之顷,摄念观心,熏成无上大菩提种,不久当坐菩提树王金刚宝座,得成阿耨多罗三藐三菩提。《华严·十地品》云:金刚藏菩萨云:佛子,此集一切种一切智功德菩萨行法门典。若诸众生不种善根,不可得闻。解脱月菩萨言:闻此法门,得几所福?金刚藏菩萨言:如一切智所集福德,闻此法门,福德如是。何以故?非不闻此功德法门,而能信解受持读诵,何况精进如说修行?

是故当知,要得闻此习一切智功德法门,乃能信解受持修习,然后至于一切智地。故知,若不闻此不思议广大威德圆顿法门,何由修行速证究竟一乘常乐我净大涅槃果?以众生处不定聚中,闻小修小,遇权习权。不偶斯文,俱成大失。今所集者,所益弘多,设闻而不修,亦成其种,何况闻思修者?如先德云:如今若要直会,但不取一切相即得,更无别语。佛是自心义,亦名为道,亦云觉义。觉是灵觉之性,只今自鉴照语言、应机接物、扬眉动目、运手动足,皆是自灵觉之性,亦是心,心即道,道即佛,佛即是禅。禅之一字,非凡所测。若知诸法从心生,即不应执,执即不知。若不见本性,十二分教则为虚设。

故知,因教明心,何执文义?又,教从心生,心由教立。离心无教,离教无心。岂心外别有教,而可执乎?所以《唯识疏》云:若顿教门,大不由小起,即无三时前后次第。即《华严经》中,说唯一心,是初成道竟最初一说。又云:诸愚夫类，从无始来虚妄分别因缘力故，执离心外，定有真实能取所取。如来大悲，以甘露法，授彼令服，断妄狂心，弃执空有，证真了义。《华严》等中，说一切法皆唯有识，所以佛证唯识，说一心经，令依修学。释云：天亲造颂，成立佛经，令诸学者了知万法皆不离心，即大乘中道义理显矣。是知，圆中之信，此信难成。

如《起信钞》问云：此信若言本有，众生何故沉迷。如其本无，凭何发起？

答：此信本来非有非无。以非有故，众生沉迷。以非无故，遇缘即起。若言定无，发起何物。若言定有，何假因缘？然上所述，是约迷悟因缘说。若论此信，须不信一切法，乃能成信，亦不是非有非无。何者？以众生不觉，似迷非迷，真性不沉，故即不是非有。以一念复本，似悟非悟，不从新得，故不是非无。故云：自心起信，还信自心。又何故此心难信？以如来本觉体，即众生心，诸佛菩萨不能见，如来本觉体离见相故。当知众生心绵密，亦不可见。《大品经》云：佛观众生心，五眼不能见，无自他能所相故。昔人诗云：海枯终见底，人死不知心。又云：相识满天下，知心能几人？是以，宗镜深旨、一心妙门，非大智而不能观，匪大根而不能信。观之即齐佛智，信之即入圆通。但恳志无疑，决取成办。如《管子》云：利之所在，虽千仞之山，无所不上。深源之下，无所不入。商人通贾，倍道兼行，夜以续日，千里不远，利在前也。渔人入海，海水百仞，冲波逆流，宿夜不出，利在水也。此乃世间勤苦求利之志耳。如或坚求至道，晓夕忘疲,不向外求,虚襟澄虑,密室静坐,端拱宁神,利在心也。如利之所在,求无不获,况道之在心,信无不得矣!故知,训格之言,不得暂舍,可以镂于骨,书于绅,染于神,熏于识。所以,楚庄轻千乘之国,而重申叔一言。范献贱万亩之田,以贵舟人片说。此乃成家立国,尚轻珍重言。况《宗镜》中,言下契无生,闻之成大道,宁容轻慢乎?

问:一心具实性,凡圣是虚名者。云何作凡之时,炽然系缚诸有。证圣之日,豁尔解脱真空?乃知不唯但名,的有其事。

答:虽有其事,如同梦中之事。设有其名,皆非得物之名。

故知,梦觉俱虚,名体双寂。如《净名私记》云:法相如是,岂可说乎?若说,则言有一法可得,存法作解还是生死业。今时只欲令众生除一切见,此中见无别义,亦无巧释。如人夜梦种种所见,比至觉时,总无一物。今亦尔,虚妄梦中,言有万法。若悟其性,毕竟无一物可得。此中亦无能说能示,亦无能闻能得。是以,异生非堕凡夫地,迷处全空。诸佛不证真如门,悟时无得。则不见有一法可断,无生死所出之门。不见有一法可成,无菩提能入之路。《思益经》云:诸佛出世,不为令众生出生死入涅槃,但为度生死、涅槃之二见耳。《现宝藏经》云:文殊师利言:大德迦叶,如人热病,是人种种妄有所说,是中宁有天鬼持耶?有大明医,饮彼人酥,热病即愈,止不妄说,是中颇有天鬼去不?答言:不也。乃至世间如是颠倒热病、无我我想,住我想已,流转生死。

是故，如来出现于世，随彼形色应解法门，知解我想断于颠倒，为彼众生而演说法。既闻法已，除一切想，无所执著。知解想已，越度诸流，到于彼岸，名为涅槃。是中颇有我及众生、寿命养育、人及丈夫、可涅槃者不？答言：无也。文殊言：为是利故，如来出世，但为显示平等相故。不为生，不为灭，但为解知烦恼不实。释曰：如来出世，但为显示平等相者，夫执妄苦而求离，望圣量而欲修，皆是妄我施为，情识分别。是以，大雄垂迹，但示正宗，破妄我而显真我之门，斥情识而归净识之道。真我净识，即平等相，以净识绝分别，真我无执情。绝分别故，差别自亡。无执情故，平等自现。《首楞严经》云：由汝无始心性狂乱，知见妄发。发妄不息，劳见发尘，如劳目睛，则有狂华。于湛精明无因乱起，一切世间山河大地、生死涅槃，皆即狂劳颠倒华相。《大般若经》云：佛言：善现，一切法皆以无起无作为趣。诸菩萨摩诃萨，于如是趣不可超越。何以故？无起无作中，趣与非趣，不可得故。《大集经》云：佛言：若有菩萨，成就自然慧，方便而求菩提，于此五阴中，为如实觉故，求于菩提，是菩萨知色无常，而行布施。乃至受想行识亦如是。知识无常，应行布施。知识苦，知识无我，知识钝，知识无智，知识如幻，知识如野马，知识如水中月，知识如梦，知识如影，知识如响，知识如旋火轮，知识无我，知识无众生，知识无命，知识无人，知识无主，知识无养，知识如空，知识无相，知识无愿，知识无作，知识无生，知识无起，知识无出，知识无形，知识寂静，知识离，知识无终，知识无成，知识与虚空等，乃至知识如涅槃性，而行布施。菩萨如是行施时，以施离故，知识亦离。

以识离故,知施亦离。以识施离故,知愿亦离。以愿离故,知识施愿亦离。以识施愿离故,知菩提亦离。以菩提离故,知识施愿离。而知一切法同菩提性。善男子,是为菩萨出世间檀波罗蜜。是知识空故,一切凡圣万法皆空。以了此空故,方能行无上菩提,具足十波罗蜜。则悲智圆满,二利无亏。具此悲智,何所为耶?佛种不断故。佛种不断,有何相耶?谓成三德:救护众生,成就恩德。永断烦恼,成于断德。了知诸行,成于智德。是以,入此宗镜,动止唯心,更无一法而能破坏。如《大虚空藏所问经》云:譬如有情,于空中行,而彼虚空无有破坏。如是一切有情,于真如中行,而彼真如无有断坏。菩萨如是,由以智故,于色于法以真如印之,不于真如间断破坏。是为菩萨以如来印,印于真如,不间断善巧智故。

问:归命三宝,是仗他胜缘。四谛法门,依真俗二境,乃至三乘三藏、六度六通、三十七品助道之门、十八不共果位之法。云何总归一心正义,而悉圆通?

答:诸圣以无为而得名,圆修以无作而成行。不分别诸境,是真调伏心。了一切法空,则常在三昧。《超日三昧经》云:知色心空,得佛何难?斯之谓矣。故知,一切诸法,颇有不由心者。心摄一切,如如意珠,无不具足。且论三宝,义广恒沙。今依古德,约五教门,略论同别二种三宝:一、约观别论三宝者:一小乘。以妄心即空为佛宝,寂灭为法宝,无诤为僧宝。二大乘初教。妄心不可得为佛宝,离思惟为法宝,无我为僧宝。三终教。妄心无自性无碍自在为佛宝,以是寥廓名法宝,以无所求为僧宝。四顿教。以妄心本无生为佛宝,绝念为法宝,无分别为僧宝。五一乘圆教。以妄心起无初相不动为佛宝,以无非是为法宝,以无非是为僧宝。二、同体三宝者:一小乘。约立事就义门,以末归本故。佛体上觉照义边为佛宝,轨则义边为法宝,违诤过尽为僧宝。二初教。约会事从理门,以能见三宝差别相即平等故。以真空为佛宝,此空离自他为法宝,此离无二为僧宝。三终教。约理事融显门,以即事中有理,理中有事故。以本觉为佛宝,恒沙性德为法宝,性德不二为僧宝。四顿教。约绝相理实门,以三宝无为相与虚空等故为佛,佛即是法,法即是僧。五圆教。约融通无碍门,以法界诸法无不是宝故,以觉故,约义而论皆佛宝。轨则而言,无非是法。和合而言,无不是僧。是以,不动真心,成一体三宝。虽约机开五教,随智各不同,然不离一心门,而分同别理。所以,教中但云自归依佛等,终不云归依于他,故云:自性不归,无所归处。夫归者,是还原义。众生六根,从一心起,既背自原,驰散六尘,今举命根总摄六情,还归其本一心之原,故曰:归命一心,即具三宝。

夫一体三宝者,只是一心:心性自能觉照即佛宝,心体本自性离名法宝,心体无二即僧宝。《思益经》云:知法名为佛,知离名为法,知无为名僧,是菩萨遍行。知法名为佛者,即是真佛法身如来。佛即是法故,法即是佛。亦犹如来者,即诸法如义。次应问言:法即是佛,于义已解。何者是法?故次句云离即是法。以一切法本性离故,心体离念即是觉故。次应问言法本自离,则无所修,何得有僧?次解云:知无为名僧,无为即法。法本自离,由知无为,故得成僧。故《大品经》云:由知诸法空,分别须菩提等,故《大般若经》云:般若甚深,知一切法本性离故。又,文殊云:如佛世尊,堪受供养,以于一切法觉实性故。是故经云:如实觉一切法,名为大舍。释曰:于一切法见心自性,即是如实究竟之觉,即是顿成佛义、三宝常现世间义、真实慈义、同体悲义、大喜舍义、具足檀波罗蜜义、一切愿行成就义。

又,璨大师问可大师曰:但见和尚,即知是僧。未审何者是佛,云何为法?

答曰:是心是佛,是心是法。法佛无二,汝知之乎?若有不信如上所引祖佛诚言、一体三宝归依自心之旨,不唯后果永堕泥犁,亦乃现受人间华报。如《大涅槃经》云:佛告迦叶菩萨:善男子,汝今不应如诸声闻凡夫人分别三宝,于此大乘,无有三归分别之相。所以者何?于佛性中,即有法僧,为欲化度声闻凡夫故,分别说三归异相。又云:若有不识三宝常存,以是因缘,唇口干燋。如人口爽,不知甜、苦、辛、醋、咸、淡,六味差别。一切众生愚痴无智,不识三宝是长存法,是故名为唇口干燋。复次善男子,若有众生,不知如来是常住者,当知是人则为生盲。若知如来是常住者,如是之人,虽有肉眼,我说是等名为天眼。

又,若决定直心信伏,入宗镜中,于刹那间念念见一心三宝,常现世间。或障重遮深,任经尘劫,终不省信,尚不闻三宝之名,岂遇一真之道?如《法华经》偈云:众生既信伏,质直意柔软。一心欲见佛,不自惜身命。时我及众僧,俱出灵鹫山。我时语众生,常在此不灭。以方便力故,现有灭不灭。乃至是诸罪众生，以恶业因缘。过阿僧祇劫，不闻三宝名。诸有修功德，柔和质直者。则皆见我身，在此而说法。故知，亲见佛、亲闻法人难得。阿难二十年为佛侍者，尚不见佛面，唯观救世者，轮回六趣中。

又，但与缘心听法，此法亦缘，非得法性。如《大宝积经》云：实行沙门，以正法身，尚不见佛，何况形色？以空远离，尚不见法，何况贪著音声言语？以无为法，尚不见僧，何况当见有和合众？又，舍利弗问诸比丘：汝等从何闻法？答：无有五阴、十二入、十八界，从是闻法。又问：汝等为谁弟子？答：无得无知者是彼弟子。是以，悟者方知，非言所示。

又，心为苦实际，名苦谛。心性无和合，名集谛。心本寂灭，名灭谛。心本圆通，名道谛。观心空，出声闻乘。观心假，出菩萨乘。观心中，出诸佛乘。观实相心，非色非心，不同顽碍，故非色。不同受等妄情分别，故非心。非色非心，以为戒体，出律藏。《广博严净经》云：若能持此经，具足一切戒。《金刚三昧经》，明悟本觉者；佛言：如是之人，不存二相。虽不出家，不住在家。虽无法服，虽不具戒。能以自心无为，自恣而获圣果。《大宝积经》云：文殊师利言：一切诸法，毕竟寂灭。心寂灭故，名究竟毗尼。又云：若不得心，则不念戒。若不念戒，则不思慧。若不思慧，则无复起一切疑惑。既无疑惑，则不持戒。若不持戒，是则名为真持戒也。《文殊师利所问经》云：若以心，分别男女非男非女等，是菩萨犯波罗夷。《菩萨璎珞本业经》云：一切菩萨凡圣戒，尽心为体，是故，心亦尽，戒亦尽。心无尽故，戒亦无尽。

《大乘千钵大教王经》云：一者如来一切心法、金刚自性，本来清净，毕竟寂灭。菩萨若于大乘性中能持十重戒者，觉心真净，了见心性无染无著。是故，菩萨能持十重戒者，是则名为不坏毗尼。又，一切善恶等法，可轨可持，出经藏。观心能研妙义，出论藏。是以，檀因心舍，圆清净之施门。戒因心持，成自性之净律。辱因心受，具无生之大忍。进因心作，备牢强之进门。能观心性，名为上定，则禅因心发。般若灵鉴，穷幽洞微，则智从心起，即六度门。故经云：空心不动，具足六波罗蜜。何者？经云：无可与者，名为布施。岂心外有法可住相耶？经偈云：戒性如虚空，持者为迷倒。宁执事法分持犯耶？经云：忍者于一刹那尽一切相，及诸所缘。又云：何谓菩萨能行忍辱？佛言：见心相念念灭。岂可伏捺自心、对治前境，而为忍受耶？经偈云：若能心不起，精进无有涯。又云：何谓菩萨能行精进？佛言：求心不可得。宁著有为，妄兴劳虑耶？经云：不见心相，名为正定。岂避喧杂，而守静尘耶？经云：不求诸法性相因缘，是名正慧。宁外徇文言，强生知解耶？

是知，心外见法，尽名外道。故经云：外道乐诸见。若直了自心，则不为诸见所动。如经云：菩萨无所见者，即无所有。无所有者，则一切法。夫言无所见者，非是离一切法，云无所见。即见一切法，而无所见。以无所有，即一切法。一切法，即无所有故。《首楞严经》云：法法何状。所以经颂云：若能除眼翳，舍离于色想。不见于诸法，则得见如来。大足法师临终题壁偈云：实相言思取，真如绝见闻。此是安安处，异学但云云。

宗镜录第二十七

宋 慧日永明妙圆正修智觉禅师延寿集

夫身受心法，俱无自性，了不可得，即四念处。观善不善法从心化生，即四正勤。心性灵通，隐显自在，即四神足。信心坚固，湛若虚空，即五根五力。觉心不起，即七觉支。直了心性，邪正不干，即八正道。眼如乃至意如，心境虚融，即六神通。所以舍利弗不达常寂三昧，目连通不现前，说法不当，以未得法空神通故。台教云：观于一心，欻有一切心。观一切心，倏无诸心。心无有无，通至实相，即神通也。《义海》云：谓此尘无体，不动尘处恒遍十方刹海，无来去之相，是神足通。不起于本座，遍游于十方。又，见尘法界无际而有理事教义，一切菩萨皆同证入，皆同修习此法，更无别路，是他心通。见尘法界，解行现前之时，即知过去曾于佛所亲闻此法以观心不断，是故，今日得了，是宿命通。又，见尘性空寂，无相可得，即不二见，若见相即为二也，由无相即无有二，名天眼通。经云：不以二相见，名真天眼。又，了尘无生，无性空寂，即执心不起，是漏尽通。经云：断结空心我，是则无有生。又，闻说尘法界差别之声，即知一切声全是耳，不复更闻也。然此闻无缘、无得于声，悟一切法，是常闻一切佛法，为天耳通。《金刚三昧经》云：大力菩萨言：何谓存三守一，入如来禅？佛言：存三者，存三解脱。

守一者，守一心。如入如来禅者，理观心如，入如是地，即入实际。《华严经》颂云：佛子住于此，念念入三昧。一一三昧门，阐明诸佛境。《禅经》序云：质微则势重，质重则势微。如地质重故，势不如水。水性重故，力不如火，火不如风，风不如心。心无形故，力最无上。神通变化，八不思议，心之力也。

又，能所融通，自他一体，即四摄法。不得身口意，常随智慧行，即十八不共法等。毕至得果受记，皆不离一心。如《海龙王经》云：心净无垢，则为受诀。乃至佛语龙王，其心意识无所住立，则为受诀。诸法如是：以无因缘，诸法本谛，觉了诸法平等无异，则成无上正真之道。究竟求本，无有受决及成佛道。若授决者，若受决已。所以者何？诸法无形，本末悉断，皆无有主，一切诸法从因缘转，乃至诸法无二，用本一故。诸法本一，离若干故。乃至无量无边教海行门，皆是自心发现，自心引出，终无一法一行从外而成。若起念外求，随他胜境，悉是魔事，故经云：作斯观者，名为正观。若他观者，名为邪观。故知，心正事正，心邪事邪。若未达一心，触途皆伪，正行亦成邪行，佛门变作魔门。若入宗镜之中，无往不利。苦行亦成妙行，邪宗即是正宗。只如五热炙身，外道一法，若了之，则胜热为无分别智焰之门。若昧之，则尼乾作大我见严炽之解。是以，法无邪正，道在变通。如西天尼乾子，五热炙身，生大邪见，佛弟子谓之言曰：善男子，如世人驾牛车于路，欲速有所至。打牛即是，打车即是？尼乾闻之，勃然作色。佛弟子曰：善男子，牛喻于心，车喻于身，何得苦身而不修心？不用炙身，应当炙心。《华严经》

云：复有十千紧那罗王，于虚空中唱如是言：善男子，此婆罗门，五热炙身时，我等所住宫殿，诸多罗树、诸宝铃网、诸宝缯带、诸音乐树、诸妙宝树、及诸乐器，自然而出佛声法声、及不退转菩萨僧声、愿求无上菩提之声，云：某方某国，有某菩萨发菩提心。某方某国，有某菩萨修行苦行，难舍能舍，乃至清净一切智行。某方某国，有某菩萨往诣道场。乃至某方某国，有某如来作佛事已，而般涅槃。善男子，假使有人，以阎浮提一切草木，粖为微尘，此微尘数，可知边际？我宫殿中宝多罗树乃至乐器，所说菩萨名如来名、所发大愿所修行等，无有能知其边际。善男子，我等以闻佛声法声菩萨僧声，生大欢喜，来诣其所。时婆罗门，即为我等如应说法，令我及余无量众生，于阿耨多罗三藐三菩提得不退转。是以，于一心正观之中，最为枢要，少用心力，成大菩提。故《华严私记》云：此经中总是法身作多种名字，如人天十善五戒为身，声闻四谛、缘觉十二因缘、菩萨六度、佛种智为身。身是聚义。于法身中，随行位功德聚处名身。若有情身相，皆是法身所起。若无情国土，尽从佛智所现。终无纤毫于宗镜外，别有异体而能建立。故经云：若一法是有非无，摩诃衍不能胜出。若更有一法，则不得称独尊独胜，为万有之所依矣。所以随根不同，见有多种，遂于十波罗蜜，五教不同：一小乘教，不成波罗蜜。二始教，要是菩萨种性人方有故，又各有体性，或说俱空。三终教，一一皆从真如性功德起。四顿教，一一皆不可说，谓不施不悭，乃至不智不愚等，一切皆绝。若十若六，皆悉亡言。五圆教，一一圆融，具德无尽。

又,此十波罗蜜,可以意得,一念相应心舍,则具十度。舍而不取,为施。不为诸非所污,即戒。忍可非有,为忍。离身心相,为进。寂然不动,为定。决了无生,为般若。虽空不碍知相,为方便。希齐佛果,是愿。思择不动,为力。决断分明,为智。一念方寸,十度顿圆。故《华严经》中七地菩萨,念念具足十波罗蜜。是以,十度若圆,八万四千法门一时齐应。凡曰祖教,或浅或深,但即之于心,理无不尽。若心外行事,则取相轮回,任历三祇,终成妄想。是以,儒童曰:昔我于无数劫,国财身命施人无数,以妄想心施,非为施也。今日以无生心五华施佛,始名施耳。故《华严经》颂云:设于无数劫,财宝施于佛。不知佛实相,此亦不名施。又云:于一切善根,生自善根想。乃至于一切,行生自行想。夫一切差别事相、纵横境界,若于相上观察,则行布难明。若于体内消融,悉皆平等。故先德云:万事驱归体处平,是非自向心中混。所以傅大士颂云:还原去,心性不沉浮。安住王三昧,万行悉圆收。

问:万行唯心,则因心起行。夫道场法,则全在事相而修。云何总摄千途,咸归一道?

答:我此宗门一乘之妙,唯以一念心,照真达俗,成无上觉,名为道场。何者?照真则理无不统,达俗则事无不圆。所以《维摩经》云:一念知一切法是道场,成就一切智故。什法师释云:二乘法以三十四心成道,大乘一念则確然大悟,具一切智也。肇法师解云:一切智者,智之极也。明若晨曦,众冥俱照。澄若静渊,群像并鉴。无知而无所不知者,其唯一切智乎!何者?夫有心则有封,有封则有疆。封疆既形,则其智有涯。其智有涯,则所照不普。至人无心,无心则无封,无封则无疆。封疆既无,则其智无涯。其智无涯,则所照无际。故以一念一时,必知一切法也。

又,道场者,实相理遍为场,万行通证为道,则道无不至,场无不在。若能怀道场于胸中,遗万累于身外者,虽复形处愦闹,迹与事邻,乘动所游,无非道场也。所以《禅要经》云:弃诸盖菩萨白佛言:世尊,曾闻如来而坐道场,道在何处,为近为远,而可见不?佛言:善男子,法身遍满,无非佛土。十方世界、五阴精舍,性空自离,即是道场。云何问言为近远耶?善男子,若能悟解道在身心,如是之人,则名为见。《诸法无行经》云:文殊师利言:世尊,一切众生皆是道场,是不动相。文殊师利,云何是事名不动相?世尊,道场者,有何义?文殊师利,一切法寂灭相、无相、无生相、无所有相、不可取相,是名道场义。世尊,一切众生不入此道场耶?佛言:如是如是。是故世尊,一切众生皆是道场,名不动相。《华严经》颂云:如是一切人中主,随其所有诸境界。于一念中皆了悟,而亦不舍菩提行。又,经云:一刹那心,觉一切法究竟无余,是妙菩提。今亦不碍事相道场,以即法恒真,相在无相。理外无事,无相在相。又,无相在相,则隐显同时。相在无相,则空有一际。《悲华经》云:虽修净土,其心平等,犹如虚空。虽行道场,解了三界,无有异相。斯则行事而不失理,照理而不废事,事理无碍,其道在中。是以,观和尚于一心门立十净土,成十种如来。坐十种道

场,说十种法门:一、金刚如来。在于金刚道场,能说金刚法门,以自心智,见我心性,此心从本来,永无诸相,犹如虚空湛然不动,明见之心,名金刚如来。所说金刚法门者,如经偈云:菩萨智慧心,清净如虚空。无性无依处,一切不可得。所云十净土者,如经云:十方国土,皆如虚空。二、解脱如来。在于无著道场,能说无著法门,有为无为、一切诸法相,皆从心出,无不心也。能出自心,尚无体相,云何依心所出诸法有实体也?即体与相,一味无别,有何所著?是名解脱如来。所说无著法门,如论云:以一切法皆从心起,一切分别皆分别自心,心不见心,无相可得。三、般若如来。在于无住道场,能说无住法门。经云:入三世间中,自身所住处,随求之处,永无自性,故不得住相。是故当知,一切诸相、一无住之法,随缘之时,相即相融。从无住本,立一切法,能解无住之心,名般若如来,恒说无住法门。四、摩诃衍如来。于无碍道场,说无碍法门。譬如虚空不动,出生诸色。虽出诸色,不虚空外,唯空所作色,色空无碍,融无二相。修心亦然,理事无碍。理者,心也。事者,身也。从本已来,色心无二,如是身心无碍,名为摩诃衍如来,说无碍法门。五、菩提如来。在于无相道场,能说无相法门。经云:四大无主,身亦无我。此离能所之相,名为佛身。如是观心不绝者,观心行处,圆备实相,名菩提如来,一切众生即菩提相故。六、实际如来。在于无际道场,能说实际法门。所谓以自眼见小物时,其物相入于眼内,其物至微,以无内故,则含无外法界大相。以此知一刹那心见物相时,即后念心中无有物相,前心后念皆自心故。明知不动尘量遍至法界,则自心实际遍一切处。经云:有所兴业而有所作即为魔事。六根无所进,不行诸法,名平等精进。七、真如如来。在于常住道场,能说常住法门,观心周游于尘刹中,湛然凝寂。此凝寂心,称至于缘,不失本体,以是故尽未来际,值缘恒不动,故名常住法也。如经云:有为无为一切诸法,有佛无佛性相常住,无有变异。八、法界如来。在于法界道场,能说法界法门。法者,实相心。界者,依此心所出诸刹。譬如大海所生诸物,皆无不海。一切诸法,皆从实相心所生,皆无不心。是故当知,眼中所见色,耳中所闻声,皆真法也,以一切法唯一法故。如经云:一切法唯一相故。九、法性如来。在于法性道场,说法性法门。不分凡圣善恶之法名为性,是不分法法界同中,重重无尽,一中解无量,法性无尽故。所以,得知皆无尽者,法界中入一一缘觅时,尽未来际无所得故。十、涅槃如来。在于寂灭道场,能说寂灭法门,一切法皆是涅槃。能得此意人者,于动作处见寂灭法,不离生死常得涅槃,不舍无常之身恒得常身。经云:众生如,一切法如。如无有生,如无有灭。以此义故,举足下足,不离道场。丁念念中,常作佛事。故知,通达一念,法法周圆。谛了一心,门门具足。则无边佛事,不出一尘矣。

又,智身,遍坐法性道场。法身,非坐而坐道场。法门身,安坐万行道场。幻化身,安坐水月道场。智身者,即法性,是所证,以能证智安处理故,证理之处是得道之场。法身者,法身既无能所,故曰非坐,非坐之坐,湛然安住,名坐道场。法门身者,如云布施是道场,不望报故等,以万行为得道之处,即是道场。幻化身者,《涅槃经》云:吾今此身是幻化身,则所得道处如水中月。故昔人云:修习空华万行,安坐水月道场。降伏镜像天魔,证成梦中佛果。意云若因若果,皆从缘生,如梦幻故。是以,若实若幻,皆是一心,以实是心之性,幻是心之相。以因了相虚,见自心性时是得道之处,故云道场。如是解者,举下之间无非道场矣。则念念皆成无尽法门,念念悉证法华三昧。如台教所明法华三昧者,即是四一:理一,教一,行一,人一。观一心三谛,理一。一心三观,行一。作观者,人一。能诠观境,教一。又,法身,理一。般若,教一。解脱,行一。和合三法成假名,人一。即观行如来,约六即,位位四一。于一念中,念念四一。一色一香,无非四一。作如此观行,何法不是法华三昧也!何者?以教理是心之所诠,人行是心之所作,以俱不出一心,故云尘尘念念,皆是法华三昧。

问:既称一心一身,云何立种种身相、种种法门?

答:斯乃万化之原、一真之本,随缘应用。犹如意珠,对物现形,若大圆镜,是以能包万像,是大法藏。出生无尽,是无尽藏。妙慧无穷,是大智藏。法法恒如,是如来藏。本性无形,是净法身。体合真空,是虚空身。相好虚玄,是妙色身。妙辩无穷,是智慧身。隐显无碍,是应化身。万行庄严,是功德身。念念无滞,是入解脱法门。心心寥廓,是入空寂法门。六根自在,是入无碍法门。一念不生,是入无相法门。

又,此中旨趣,若相资,则唯广唯大,演之无际。若相摄,则唯微唯细,究之无踪。斯乃离有无而不坏有无,标一异而非一异，则四边之火莫能烧，百非之垢焉能染。但随缘显现，如空谷响。故《大涅槃经》云：譬如一人，多有所能：若其走时，则名走者。若收貯者，复名貯者。若作饮食，名作食者。若治材木，则名工匠。锻金银时，言金银师。如是一人，有多名字。法亦如是，其实是一，而有多名。故知，约用分多，体恒冥一。庐山远大师云：唯一知性，随用分多，非全心外，别有诸数。譬如一金，作种种器，非是金外别有器体。随用别分受想行等，各守自相，得言有数。如金与器，非无差别。金器虽别，时无前后。心法如是，若言定一金时，应当无其诸器。若言定别，器应非一金。心法一异，准此可知矣。是以，若但指金则失器，坏于世谛。若但指器则失金，隐于真谛。所以，性净随染，举体成俗，即生灭门。染性常净，本来真净，即真如门。斯则即净之染，不碍真而恒俗。即染之净，不破俗而恒真。是故，不碍一心，双存二谛。乃至《无量身》云：无量法门，随义虽分，一心不动。是以，众圣所归无非法也。法即心也，是以法能成佛。《大报恩经》云：佛以法为师。《般若经》云：我初成道，观谁可敬、可赞？无过于法，法能成立一切凡圣故。台教云：若观如来藏心地法门，即是观如来眼耳鼻舌身意，豁然真发，得见佛性，三智现前，三身具足。故知，舒为万法，卷即一心。一中无量，无量中一。如《华严经》云：尔时文殊师利菩萨，问德首菩萨言：佛子，如来所悟，唯是一法，云何乃说无量诸法、现无量刹、化无量众、演无量音、示无量身、知无量心、现无量神通？普能震动无量世界、示现无量殊胜庄严、显示无边种种境界，而法性中此差别相皆不可得？时德首菩萨，以颂答曰：佛子

所问义,甚深难可了。智者能知此,常乐佛功德。譬如地性一,众生各别住。地无一异念,诸佛法如是。亦如火性一,能烧一切物。火焰无分别,诸佛法如是。亦如大海一,波涛千万异。水无种种殊,诸佛法如是。亦如风性一,能吹一切物。风无一异念,诸佛法如是。亦如大云雷,普雨一切地。雨滴无差别,诸佛法如是。亦如地界一,能生种种芽。非地有殊异,诸佛法如是。亦如无云曀,普照于十方。光明无异性,诸佛法如是。亦如空中月,世间靡不见。非月往其处,诸佛法如是。譬如大梵王,应现满三千。其身无别异,诸佛法如是。故知,此宗镜一心之旨,名具足道,是圆顿门。就缘起则无边,约真性则无二。一多交彻,存泯同时。如法藏法师云:明不二者,若执尘与心为一,遮言不一,以心所现非无缘故。若执尘为二,遮言不二,以离心外无别尘故。一二无碍现前,方入不二。经颂云:无二智慧中,出人中师子。不著一二法,知无一二故。又云:若以尘唯心现,则外尘都绝。若以心全现尘,则内心都泯。泯者,泯其礼外之见。存者,存其全理之事。即泯恒存,即存恒泯。

所以,一心总含万有,万有不异一心。如《起信论疏》云:所谓法者,即众生心者,出其法体。谓如来藏心,含和合二门,以其在众生位故。若在佛地,即无和合义,以始觉同本,唯是真如,即当所显义也。今就随染众生位中故,得具其二种门也。次摄一切世出世法者,辩法功能,以其此心,体相无碍,染净同依,随流返流,唯转此心。是故,若随染成于不觉,即摄世间法。不变之本觉,及返染始觉,摄出世间法,犹此约生灭门辩。若约真如门者,即镕融含摄,染净不殊，故通摄也。下文具显三，依于此心、显示大乘义者，释其法名，谓依此一心宗本法上，显示大乘三大之义，故名此心以为法也。别中二：先责总立难，后开别释成。前中责有二意：一云心通染净，大乘唯净，如何此心能显之义？又云心法是一，大乘义广，如何此心能示三义？释意云：大乘虽净，相用必对染成故。今生灭门中，既具含染净，故能显也。以废染之时，即无净用故，此释初意也。又，心法虽一，而有二门，真如门中，示大乘体。生灭门中，具示三大。大乘之义，莫过是三，是故依此一心，得显三大之义也，又何故真如门中云即示、生灭门中云能示者？以真如是不起门，与彼所显体大无有异相，诠旨不别，故云即示也。以是不起，故唯示于体也。生灭是起动门，染净既异，诠旨又分，能所不同，故不云即也。自体相用者，体谓生灭门中本觉之义，是生灭之自体，生灭之因，故在生灭门中，亦辩体也。翻染之净相，及随染之业用，并在此门中，故具论耳。是故，下文释生灭门内，是所显示三大之义，意在于此。何故真如门中直云体，生灭门中乃云自体等者？以所示三大义，还在能示生灭门中，显非别外，故云自也。

问：真如是不起门，但示于体者。生灭是起动门，应唯示相用？

答：真如是不起门，不起不必由起，由无有起故，所以唯示体。生灭是起动门，起必赖不起，起含不起，故起中具三大。

又问：真如生灭二门，既齐相摄者，何故真如门中，唯示大乘体、不显于相用。生灭门中，具显三耶？

答：真如是泯相显实相，不坏相而即泯，故得摄于生灭。已泯相而不存，故但示于体也。生灭是揽理成事门，不坏理而成事，故得摄于真如。以成事而理不失，故具示于三大。体大者，真性深广，凡圣染净皆以为依，故受大名。随流加染而不增，返流除染而不减。又，返流加净而不增，随流阙净而不减。良以染净之所不亏，始终之所不易，故云平等不增减也。相大者，二种如来藏不空之义，谓不异体之相，故云性德。如水八德，不异于水。用大者，谓随染等幻自然大用、报化二身粗细之用，令诸众生始成世善，终成出世善故也。下文显之，何故唯言善、不云不善者？以不善法违真故，是所治故，非其用也。若尔，诸不善法，应离于真。释云：亦不离真，以违真故，非其用也。《钞》喻显云：一心如水，真如如湿，生灭如波。是水湿相，即示水体，是真如门。是水波相，能示水之自体相用。湿为自体，八功德相为相，鉴像润物为用，是生灭门。真如门是体，不说相用。生灭门是相用，故具说三大自体相用。又，是知，生灭是真如家相，真如是生灭家体，体相虽异而不相离也。其犹波水离异，岂得水在波外耶，岂得水不与波为自体耶？所以疏云：起含不起者，且真如不起之门，举体成于起动生灭之相。今起中含不起，犹水起成波，波含于水。于生灭门，由有起故，示相用二大。由含不起故，示于体大也，故能具示之。又云：真如门唯示体者，无相用可示故。生灭门具示三者，事理具足故。又云：如金庄严具者，真如随缘成生灭，生灭无体即真如。犹真金随工匠之缘,成诸器物,器物无体,即是真金。应立量云:真如、生灭二门是有法,互相摄故是宗。因云不相离故,同喻如金庄严具。又云:真不待立、俗不待遣者,一约真故无所遣,以俗即真故。二约真故不待立,即俗之真本现故。三约俗无所乖,真即俗故。四约俗不待立,即真之差别故。由是义故,不坏生灭门说真如门,不坏真如门说生灭门,良以二门唯一心故。是以真俗双融,无障碍也。《释摩诃衍论》云:依本论略具三门:一者本法所依决定门,二者根本摄末分际门,三者建立二种摩诃衍门。论云:所言法者,谓众生心者,即本法所依决定门。论云:是心即摄一切世间法、出世间法者,即是根本摄末分际门。论云:一法界心,总摄一切生灭门法,是故名为摄世间。总摄一切真如门法,是故名摄出世间。论云:依于此心显示摩诃衍义者,即是建立二种摩诃衍门:一者心真如门,二者心生灭门。一者一体摩诃衍,二者自体自相自用摩诃衍。作一法界心真如门,即显示一体摩诃衍法。作一法界心生灭门,能示自体自相自用摩诃衍法。乃至依真如门所趣入之摩诃衍法,唯立体名。依生灭门所趣入之摩诃衍法,立自名。以真如门中无他相故,生灭门中有他相故。他谓一切不善品法,自谓一切清净品法。若所对治他无,能对治自无,故唯言体,不说自焉。若所对治他有,能对治自有,故名言自,不说体焉。

又,二种本法,各有十名,名通义别:一者名为广大神王,此中有二:一者鸠那耶神王,二者遮毗佉罗神王。第一神王住金刚山,一向出生吉祥神众。第二神王住大海中,遍通出生一切种种吉祥神众、过患神众。二种本法广大神王亦复如是：一、体本法，一向出生真如净法。二、自本法，自体自相自用，遍通出生一切种种清白品法、染污品法。故《自体》契经中作如是说：文殊师利前白佛言：世尊，甚深极妙二种大乘，不觉同异，极疑众心。如宜世尊，为众更说。佛造作相，而告文殊言：善男子，如是二法，譬如金刚神王，及主海神王，其相各差别：谓如金刚神王住金刚山，见诸境界，唯现金光，不现余光。真如一心，金刚神王，亦复如是，唯有净法，无有余法故。又如金刚王唯出清净眷属，当不出生杂乱眷属。真如一心，亦复如是，唯出生无垢清净法故。复次，譬如主海神王住大海中，出生种种粗恶眷属、种种善妙眷属。生灭一心主海神王，亦复如是，出生一切染净法故。二者名为大虚空王，此中有二：一者空自在空王，二者色自在空王。第一空王，以空容受而为自在。第二空王，以色容受而为自在。二种本法，亦复如是：一、体空王，以无住处而为自在。二、自空王，以有住处而为自在。故《金刚三昧契经》中作如是说：心如法理，自体空无。如彼空王，本无住处。《一地契经》中作如是说：一心法体，于诸障碍无有障碍，令住诸法。譬如空王，于一切色得自在故，容受大种故。三者名出生龙王，此中有二：一者出生光明龙王，二者出生风水龙王。第一龙王，以净光明而为依止。第二龙王，以风水德而为依止。二种本法出生龙王，亦复如是：一、体本法，以纯净法而为其体。二、自本法，以染净法而为其德。故《顺理契经》作如是说：一心本法，纯一无杂。譬如光明龙王，以净光明而为宫殿，以净光明而为身相，以净光明而为徒众。《无始契经》中作如是说：譬如大海中有大龙王，名曰出生风水,从其头顶出生澄水,从其尾末出生眛岚。由是龙故,大海水常恒相续,无有断绝。一心龙王,亦复如是,能生一切差别平等种种诸法,常恒相续无有断绝。四者名为如意珠藏,此中有二:一者金王如意,二者满主如意。第一如意,唯出金刚。第二如意,具足出生善、不善物。二种本法,亦复如是,一、体如意,唯生净法。三、自如意,通生染净。故《如如契经》中作如是说:佛告金刚藏言:佛子,譬如金翅鸟王命终,然后其心入海为如意珠,能生金沙,利益龙王。一心本法,亦复如是,能生真理,利益圆满者。《本性智契经》中作如是说:譬如遮多梨鬼为报恩故,于万劫为如意珠,利益海生。一心如意,亦复如是,能生长生死及涅槃法故。五者名为方等,此中有二:一者白毫方等,二者乱色方等。第一方等中,唯现前天像。第二方等中,通现五趣。如是二毫,众生身分显了分明,譬如明镜。二种本法,亦复如是,故《摄无量契经》中作如是说:清净法界,如白必萨伊尼罗。无尽法界,如乱必萨伊尼罗故。六者名为如来藏,此中有二:一者远转远缚如来藏,二者与行与相如来藏。实际契经中作如是说:佛子,如来藏者,唯有觉者,唯有如如。离流转因,离虑知缚,一一白白,是故名为如来之藏。《楞伽契经》中作如是说:如来藏者,为善不善因,受苦乐与因俱,若生若灭,犹如技儿故。七者名为一法界,此中有二:一者纯白一法界,二者无尽一法界。第一法界,如空劫时。第二法界,如住劫时。《真如法界契经》中作如是说:空种无碍,如空长时,遍种无碍,如有长时故。八者名为摩诃衍义,一者一体摩诃衍,二者自体自相自用摩诃衍,广如前说。九者名为中实,此中有二:一者等住中实,二者别住中实。第一中实,如独明珠。第二中实,如顺明珠。《中实契经》中作如是说:离边真心,若真如依,如异同珠。若生灭依,如同异珠故。十者名为一心,此中有二:一者是一,是一一心。二者是一切,是一一心。第一一心,随所作立名。第二一心,随能作立名。《一心法契经》中作如是说:尔时舍利弗白佛言:世尊,本地修多罗作如是唱:其心体性,非大非小,非法非非法,非同非异,非一非一切。何因缘故,今日自言真如一心,因一故一。生灭一心,因多故一,将非世尊无有前后相违过耶?佛言:善男子,莫作是说。所以者何?心法非一,因所作一,故假名为一心。法非一切,因所作一切,故假名一切而言一心。不说一切心者,随能作心立其名故。乃至广说,是名为十。如是十名,总诸佛一切法藏根本名字讫。故知,总立一心,别含多义。真如门内,无自无他。生灭门中,有善有恶。随缘开合虽异,约性一理无差。如上十门,义味方足。又,开则无量无边之义为宗,合即二门一心之法为要。二门之内,容万义而不乱。无边之义,同一心而混融。是以,开合自在,立破无碍:开而不繁,合而不狭。立而无得,破而无失。是为马鸣之妙术,起信之宗体也。所谓开合立破,而不繁不狭、无得无失者,良由即是心故。设离斯旨,无法施为。若论正宗,非多非一。如天台《涅槃疏》云:如是正业,不可言三,不可言一。言一则失用,言三则伤体。即体而用,即用而体。

问:既不可言三,云何说三。亦不可言一,云何说一?

答:宗非数量,非一非三。说遍恒沙,而三而一。疏云:昔为破邪,说一为三,三不乖一。今为破别,说三为一,一不乖三。如此三一,乃是诸佛境界。故云即体而用,一不违三。即用而体,三不违一。体用自在,破立无碍矣。

宗镜录第二十八

宋 慧日永明妙圆正修智觉禅师延寿集

夫《宗镜》缘起自在法门，皆谈如理实德，法如是故。非约变化对治权巧所说，一一法皆得全力，非是分力，尽为法界体，各住真如位。

如《大宝积经》云：若人欲解一切法相，欲知一切众生心界皆悉同等，当学般若波罗蜜。故知不归宗镜，何以照明？斯即无碍法门，无有一毫所隔。约华严宗，有十种无碍：一性相无碍，二广狭无碍，三一多无碍，四相入无碍，五相是无碍，六隐显无碍，七微细无碍，八帝网无碍，九十世无碍，十主伴无碍。今于事法上，辩此十无碍，例余法准知：一、性相无碍者，如经云：此莲华叶即，具此十义。谓此华叶，即同真性，不碍事相宛然。二、广狭无碍，即此华叶，其必普周无有边际，而恒不舍本位分剂，此则分即无分，无分即分。经云：此诸华叶，普覆法界。三、一多无碍，即此华叶，具无边德，不可言一。融无二相，不可言多。四、相入无碍，此一华叶，舒已遍入一切差别法中，复能摄取彼一切法令入己内，是故，即舒恒摄，同时无碍。五、相即无碍，此一华叶，必废己同他，举体全是彼一切法，而恒摄他同己，令彼一切即是己体。是故，己即是他己不立，他即是己他不存。他己存亡，同时显现。六、隐显无碍，此华叶既遍一切，彼一切法亦皆普遍。此能遍彼，则此显彼隐。彼能遍此，则彼显此隐。如是此彼各有隐显无碍。七、微细无碍，又此华叶中，悉能显现微细刹土，炳然齐现，无不具足。经云：一尘中微细国土，旷然安住。八、帝网无碍，又此华叶，一一尘中，各有无边诸世界海，世界海中复有微尘，此微尘内复有世界。如是重重不可穷尽，非是心识思量境界。九、十世无碍，此一华叶，横遍十方，竖该九世，以时无别体，依华以立，华既无碍，时亦如之。十、主伴无碍，又此华叶，理无孤起，必摄无量眷属围绕。经云：此莲华，有世界海微尘数莲华以为眷属。此经所有眷属，互为主伴，具德圆满。是故，见此华叶，即是见于无尽法界，非是托此别有所表。经云：此华叶等，皆从无生法忍所起。此一华叶，既具十种无碍，余一切事，皆亦如是。斯十玄门，不出事理。若从事理无碍交参，则有因陀罗网门、微细相容门、纯杂具德门等。若依事理逆顺相融，则有具足相应门、隐显俱成门、相即自在门等。是以，一多相入而非一，以相资不坏自相各各现，故非一。以一多相即而非异，以一多相摄互泯绝，故非异。则宗镜之内，凡有一法一尘，悉各具此十无碍门。如一莲华叶，法尔如是。若不见者，圆信不成，皆局方隅，尽为权渐，终不能一多即入，心境融通耳。

《记》释莲华十玄门：一、同时具足相应门者，夫十玄十对，凡举一事，必具十玄。凡一玄门，必收十对。泛明一法，一一圆收。十对者：一、教义，二、事理，三、境智，四、行位，五、因果，六、依正，七、体用，八、人法，九、逆顺，十、感应。如一莲华，具兹十对，万法例尔。一、教义，谓见此莲华，能

生解故。二、事理，华即是事，举体同真故。三、境智，华是所观，同智性故。四、行位，是万行华，随位别故。五、因果，因事之华，揽成果故。六、依正，全是所依，亦能依故。七、体用，体同真性，用应机故。八、人法，恒揽为人，摄为法故。九、逆顺，逆同五热，顺十度故。十、感应，遍应一切，亦能感故。如一华既尔，余一切事，准以知之。如事法既尔，余教义等一切皆然，准思可见。《妙严品》喻佛身云：譬如虚空，具含众像。此举佛身具足诸法也。又，《晋经·性起品》颂云：三世一切劫，佛刹及诸法。诸根心心所，一切虚妄法。于一佛身中，此法皆悉现。是故说菩提，无量无有边。亦约佛身心具也。又，《普贤三昧品》云：能令一切国土所有微尘，悉能容受无边法界。据能具之言但以业用，总由德相，本自具足，即是德相。令总见之，即为业用。下业用准之。《十行品》云：此菩萨，于其身中现一切刹、一切众生、一切诸佛。《入法界品》云：善财见普贤一一身分、一一毛孔，皆有十方一切世界、三千界中地水等轮、诸山河海、人天宫殿、种种时劫、诸佛菩萨，如见现在世界如是，前际后际一切世界中悉尔明见，乃至十方刹尘中现三世一切境界、一切佛刹、一切众生、一切佛出兴、一切菩萨，及闻佛菩萨众会言音。斯并是同时具足相应门也。二、广狭自在门者，先明广狭，后会通纯杂。先明广狭者，如善财叹楼阁云：不动本处，而能普诣一切佛刹者之所住处。《入法界品》摩耶夫人云：又，善男子，彼妙光明入我身时，我身形量虽不踰本，然其实已超过世间。所以者何？我身尔时，量同虚空，悉能容受十方菩萨，受生庄严诸宫殿故。如是等文，皆广狭自在也。次会通纯杂者,如云万行纷披,比华开锦上,此是诸藏纯杂具德门。然有二意:一者,若以契理为纯,万行为杂,则是事理无碍,非事事无碍。设如菩萨大悲为纯,尽未来际唯见行悲,余行如虚空。若约杂门即万行俱修者,此二门异,亦不成事事无碍。二者,如一施门,一切万法皆悉名施,所以名纯。而此施门即具诸度行,故名为杂。如是纯之与杂,不相障碍故,名具德者,则事事无碍义成。而复一中具诸度,诸度存,即相入门。若一即诸度,复似相即门,故不存之,贤首改为广狭自在门。若华开锦上者,意取五彩相宣,华色虽异,一一之线皆悉通过。通喻于纯,异喻于杂,故常通常异,名为无碍,不同绣画但异不通。释曰:若异而不通,失一性圆融之道。若通而不异,无万行庄严之门。今常异常通,无间无断,则真体冥寂,不碍随缘,大用现前,无妨正性。可谓比华开锦上,犹云起长空矣。又,贤首意云:万行纯杂,有通事理无碍、及单约事说,故废之耳。谓同一法界故纯,不坏事相故杂,此即事理无碍也。一行长行故纯,不妨余行故杂,此但约事也。故昔废之而立广狭,今欲会取,即事同理而遍,故纯。不坏一多,故杂,则亦有事事无碍义耳。如以入门取之,则一切皆入,入中有多法门,故名为杂。如《妙严品》:说诸众海,各各唯一解脱门,纯也。普贤菩萨,得不思议解脱,杂也。《入法界品》中慈行童女云:我于三十六恒河沙佛所修得此法,彼诸如来各以异门,令我入是般若波罗蜜普庄严门,即纯杂无碍也。又,善财童子所求,诸善知识各言唯知此法门,又云多劫唯修此门者,即纯门也。诸善知识皆推进云:如诸菩萨种种知见、种种修行、种种证得者,此杂门也。

自言知一,推他有多。自他虽异,然属一身。此亦纯杂无碍门也。三、一多相容不同门者,一多无碍,等虚室之千光,由一与多互为缘起,力用交彻,故相涉入,是曰相容。不坏其相,故云不同。如一室内千灯并照,灯随盏异,一一不同,灯逐光通,光光涉入,常别常入,恒异恒融。故经颂云:一中解无量,无量中解一。了彼互生起,当成无所畏。又,即如理之遍,如理之包,舒摄同时。若具作者,一、或唯入,以一入一切故。二、或唯摄,以一摄一切故。三、即入即摄,同时无碍故。四、非入非摄。以入即摄,故非入。摄即入,故非摄。五、或具前四,以是解境故。六、或绝前五,以是行境故,行起解绝故。《华严经》云:此菩萨于一毛孔中,普能容纳一切国土。又云:一切身中,悉能包纳尽法界不可说不可说身,而众生界无增无减。如一身,乃至遍法界一切身,悉亦如是。故《寂照神变三摩地经》云:于其一切有情身中,普能示现一有情身。又能于一有情身中,普现一切有情之身。有情身中,能现法身。又能于法身中,现有情身。乃至能以一心,随念悟入一切众生无际劫数,普现所作业果异熟,随其所应,开悟有情,悉令现见,皆得善巧。四、相即门者,废己同他者,是相即义。以上相入,则此彼互存。如两镜相照,但约力用交彻明耳。今此约有体无体,故言废己。废己,即己无体也。同他,即他有体也。如经颂云:一即是多多即一,文随于义义随文。如是一切展转成,此不退人应为说。既言展转成,即异体类相望也。《不思议法品》云:诸佛知一切佛语,即一佛语。此同类相即也。《初发心品》云:心以发故,即与三世一切诸佛体性平等,乃至云真实智慧等者,此显位上下相即也。《入法界品》云：弥勒告大众言：余诸菩萨，经无量百千亿那由他劫，乃能满足菩萨行愿，乃能亲近诸佛菩提。此长者子，于一生内，则能净佛刹等。五、隐显门者，如八日月者，即取明处为显，暗处为隐，而必同时，故云俱成。不同十五日唯显，月晦日唯隐。又，暗处非无明，明处非无暗。但明显处暗隐，暗处明隐，亦得云隐显俱成。故云隐显俱成，似秋空之片月。如八日月，半显半隐，正显即隐，不同晦日隐时无显，不同望日显时无隐。则明下有晦，晦下有明。如东方入处，即于东起，如明下有闇。西方起处，即于西入，如暗下有明，故称秘密俱成。亦如夜摩天偈云：十方一切处，皆谓佛在此。或见在人间，或见在天宫。则见处为显，不见处为隐，非佛不遍。《十定品》云：或见佛身，其量七肘。或见佛身，其量八肘。或见佛身，其量九肘。乃至或见佛身，不可说不可说佛刹微尘数世界量。则见七肘时，七肘显，余量皆隐也，余显例然。故彼喻云：譬如月轮，阎浮提人见其形小而亦不减，月中住者见其形大而亦不增。释云：见其大，则大显小隐。见小，则小显大隐。而不增减，则是秘密俱成。余一切法，类可知也。如经云：摩耶夫人于此一处为菩萨母，三千世界为母亦然。然我此身非一处住、非多处住，亦隐显义。此处为母、此显彼隐等，非一处住，即是一隐例有多显。非多处住，即是多隐例有一显。亦是双夺俱泯之句，非隐非显秘密之义。然若约智幻，即业用门。约极位成，即德相门。六、微细相容门者，经颂云：一一毛孔内，各现无数刹。即业用门。又，德云比丘云：住微细念佛门，于一毛端处，有不可说如来出现，悉至其所而承

事故。此通于德相业用。《刊定记》云：此微细德，不同相在德。彼约别体别德，相望相在。此但当法即具一切，炳然齐著。七、因陀罗网门者，此帝网观，如一华一尘，以称性故，能摄一切余尘余法，亦皆称性，何有一法而不摄耶？应以尘对余刹以辩重重，欲令易见，且以一尘望余尘，谓一尘之内所含诸刹。彼所含刹，亦揽尘成。此能成尘，亦须称性，尘既称性，亦须含刹。第二重内所含诸刹，亦揽尘成。尘复称性，亦须含刹。第三重尘含第四重刹，第四重尘含第五重刹，重重尘成，重重称性，无穷无尽，犹如镜灯，以喻帝网。若言帝网，从喻受名。若就法立，应名重现无尽门。如一珠之内顿现万像，如一尘内顿现诸法，但是一重。一珠现于诸珠，方成重重之义，珠皆明净，如尘称性。一珠现于多珠，犹如一尘现于多刹尘，所现珠影，复能现影。如尘内刹尘，复能现刹，重重影明，重重互现，故言至无尽。释曰：重重无尽者，即是一一法皆含真如心性无尽之理，所以互遍重重。如《无尽意菩萨经》云：无尽意言：以一念慧，成阿耨多罗三藐三菩提，我当如是觉了分别。舍利弗，是名菩萨一道无尽。又，《菩萨璎珞本业经》云：佛子，法门者，所谓十信心是一切行本。是故，十信心中，一信心有十品信心，为百法明门。复从是有法明心中，一心有百心，故为千法明门。复从千法明心中，一心有千心，为万法明门。如是增进至无量明，转胜进上上法，故为明明法门。百万阿僧祇功德、一切行尽入此明门。释曰：何以入此明门？以自心明故，能通万法故，名之为门。况帝珠莹净，影现重重，比尘刹性明，能含万法。如《观佛三昧海经》云：佛告阿难：善法者，所谓一切无量禅定、诸念佛法，从诸心想生，是名功德藏。杂华严经一乘修行者，《秘密义记》云：缘起陀罗尼者，一起而一切起，见一而见一切，故一切诸法不可说不可说。一法中有十重重现显，此一法中所显，一切法中亦复如是十重重显现，无尽无尽。如摩尼雨宝，经十不可说十无尽故，以此陀罗尼无尽宝，雨一切诸十不可说十无尽宝。此所雨宝中，又雨十无尽宝，乃至无尽无尽，故名因陀罗尼。此中所明陀罗尼，不有余处，不出大日毗卢遮那法界身。此身即是一切众生身，总持十不可说十无尽法，故名陀罗尼。此身中有八种五摩尼。若约圆融，不问佛众生，皆俱圆融显现，不可具说。凡夫不解故，不得根五用。圣者解故，得根五用。得五根用者，通名二种陀罗尼：即根本因陀罗尼，缘起陀罗尼。八种五摩尼者：一者，上方体著有五摩尼：一、眼，二、耳，三、鼻，四、舌，五、口。二者，左方有五摩尼：一、大指，二、头指，三、中指，四、无名指，五、小指。三者，右方五种摩尼，即右手五指。四者，下方足亦五摩尼：一、大指，二、头指，三、中指，四、无名指，五、小指。五者，下右方五摩尼义，即右足五指。六者，就全身又五摩尼：一、头，二、左手，三、右手，四、左足，五、右足。七者，就五大五摩尼：一、地，二、水，三、火，四、风，五、空。八者，就五内又五摩尼：一、心，二、肺，三、肾，四、脾，五、肝。辩业用者：一、眼。此雨能遍照分别十方所有善恶法，十无尽佛国土微尘数诸佛菩萨、声闻缘觉、十不可说体相心行，又照见世间种种所有十不可说众生、十无尽苦乐等事。此光明宝摩尼王，若不善用，一刹那中沉苦轮回，无有穷已。若善用，一刹那中究竟无上菩提。如一刹那,一切刹那亦尔。二、耳。此雨能分别世间种种苦乐等音声,又无漏圣者音声。此光明宝摩尼王,若善用,即一刹那中究竟无上菩提。若不善用,一刹那中招无出期苦。三、鼻。此雨能分别一切世间种种名香、凡圣正报身分、依报宫殿等香,又人间中种种作善作恶、念善念恶,乃至念无上菩提等香。此光明宝摩尼王,若善用,一刹那中究竟无上菩提。若不善用,一刹那中招十无尽苦。四、舌。此雨能分别演说十无尽佛刹尘数、一切诸佛菩萨等十不可说无漏妙法,乃至一切世间善不善身口意业行等。此光明宝摩尼王,若善用,一刹那中究竟无上菩提。若不善用,一刹那中招无出期苦。五、口。此雨能分别演说十佛刹尘数、佛菩萨十不可说三业行、十无尽诸众生所有邪正等法。此光明宝摩尼王,若善用,一刹那中究竟无上菩提。若不善用,一刹那中招无出期苦。二者,上左方摩尼,一一摩尼,周遍十不可说法界,能雨十不可说天衣天馔华香等,种种庄严云。此光明宝摩尼王,若善用,一刹那中究竟无上菩提。若不善用,一刹那中招无出期苦。三者,上右方五摩尼,如左方亦尔。四者,下方左五摩尼,雨能令飞行十方不可说十无尽法界虚空界佛国土海,历事诸佛,承给供养。以此无碍神足,一刹那中,遍至十不可说一切众生界,示教利喜,回向佛道,无疲无厌。此光明宝摩尼王,若善用,一刹那中究竟无上菩提。若不善用,一刹那中招无出期苦。五者,下方右五摩尼,雨无尽宝,如左亦尔。如上所说,一一身分中法界,法尔十重重、十无尽、不可穷极。如《不思议品》云:一切法界虚空等世界,悉以毛端周遍度量。一一毛端处,于一一念中,化不可说不可说佛刹微尘等身。乃至一一法中,说不可说不可说佛刹微尘等名句文身,充满法界。一切众生,无不闻者,尽一切未来际劫,常转法轮等。此则处以毛端,该于法界。时以刹那,尽于劫海。谓于此处顿起业用,谓于此时常起业用,此亦不待因缘,诸佛法尔。六者,全身五摩尼者,若善用,名金刚轮。若不善用,名地狱猛火轮。上方摩尼者,名日月星宿摩尼。若善用,不起风雷云雾。若不善用,现种种不吉祥事。其余四摩尼,总名拒敌剑轮。七者,五大五摩尼,总名庄严佛国土,成就众生。八者,五内摩尼。此有十义:一、名因陀罗网,体备五珠者,重重无尽义。二、名锭光颇梨,如颇梨镜,顿现万像故。三、名圆镜,普现诸法,无分别义。此二镜,二名一义。四、名满月,清凉解脱义,息烦恼焰故。五、名烈火,令无遗余义,如劫火故。六、名金刚杵,拒敌义,破烦恼军故。七、名阎浮金,无矿无价义。八、名无价摩尼,雨宝无量,亦无类义。九、名无畏印,如持世间大王印,随所至处得无畏故。十、名大日如来,夺千电烈宿,百千亿十不可说日月光明义。又,因陀罗网者,约喻说,网主,即天主,由宿世十不可说劫,历事供养诸释梵王,是故得此果报。以此宝网,庄严天宫殿,以化诸天众,悉令知一切善恶业报。诸天众见此事已,皆悉不放逸,令勤行精进。乃以此网,令类知十无尽重重法界法门故。显其体德备五珠者,如是无尽五珠,五五为部,其数无量,何故得如是依报庄严者?由一念中,如是以十无尽戒定慧解脱解脱知见五分法身等,乃至演说十不可说十无尽法门海,熏修自身心,故得如是十无尽依报,所有世界海中十不可说诸天众,皆悉流入大日毗卢遮

那果海中。如一念,一切中亦如是,不可穷尽。此皆去情思之,是名体德备五珠也。五珠者:白珠、赤珠、青珠、黄珠、黑珠。一为本法,摄余四珠。如举一为本法,余四随举为本法亦如是。又,白珠中余四现及本白影,影又影现,如白珠现,影中又影现,一切珠亦如是。如是十重重、十无尽,不可具说。又,诸众生所造作业影现,善恶无记现。又,无漏圣人所证因果,上中下位分,于中皆具现。如天珠中现,一切宫殿楼阁、柱楹榍桷现如是。是时诸天,见此事已,深起慈悲心、救护心,三业中不作恶心,勤行精进,不敢放逸。又,此五色珠中,随众生业影现:白中,天清净业现。赤中,无记业现。青中,饿鬼畜生业现。黄中,人间种种轮转不相舍离世善业现。黑中,地狱种种苦业现。乃至十方诸佛八相成道,靡不于中重重影现。心等五色珠因陀罗网亦如是,于中有业识细相、转识中相、现识粗相。目见可贪色时,眼脉走黄,黄熏随五摩尼黄色现,是名贪业现五道业作。目见可瞋色时,目脉走青,青熏随色摩尼青色现,是名瞋业现五道业作。目见可善可恶不识不知色时,目脉走黑,黑熏随色摩尼黑色现,是名痴业现五道业作。纯白色时,此诸天业现,表而可知。约实而言,一一业中皆具一切,如是重重无尽,即德用自在门,是根本因陀罗尼。并是实义,非变化成,此是如理智中如量境界也,皆是法性实德。法尔如是,十重重藏、十无尽藏。此约圆教法以十数显重重,亦以十数显无尽。又,此天网能现一切影,即是意业。能雨一切宝,即是身业。能出一切音声,即是口业。然一切诸法,皆从果海中出,然还无不归于果海中。约实而言至意,此中在者,正此果海之文处。此中有三：一、德用自在，如珠喻。二、知根海。三、如根五用。如前已辩，此知根海一种，能知者有三种人：一、佛，二、菩萨、声闻、缘觉，三、凡夫。云何根海，谓大日毗卢遮那智藏海？此海中有三种波，此上三种人次第能知。此海本来寂，云何生波浪？由忽尔念无明风，起于波浪。云何波相？此无明风动智藏海，中生波浪。譬如以铛盛清水，初置火边，初时细动，有如粒子。渐大动，有如细流。渐大动，有如涌腾。然此自然随风之色，或得破种种谷，破诸草木。或滋萌五谷，成熟一切果实。若欲起此风时，最初云霞于外显现，然后起大风。若此拔草木根栽及诸五谷，海上起黑云。若此破五谷一切果实，不拔草木根栽，海上起青云。若此成熟五谷，滋萌一切华草，海上起白黄云。若此非善非恶，海上起庆色赤云。由此三种能知，若此极细，一船师所知。若此中，二船师所知。若此极粗相，于上现凡夫所知。如是毗卢遮那智藏海中，有三风三波，秘密难知，良以一切众生自心处内有八办普技反，即一切众生心腹内有八办，为革五藏，其八办相状，一似牛黄也，和合成莲华。此莲华中有正遍知海，是名毗卢遮那智藏，亦名莲华藏庄严世界海。此海有三种波者：一、业相，二、转相，三、现相。然此莲华藏海，有二种门：一、大藏金刚门，二、差别金刚门。然凡夫华未开发，圣者华已开发。此未开发华萼上有九孔，名差别金刚门。此华茎上有一大孔，是名大藏金刚门。凡众生业将起，从大藏门风起，飘动心海，乃至涌出差别门中已，后眼等五根面上，乃至诸根中周流，不知手舞足踏、手擎足扰动，初发微细，是名业相，诸佛境界。次渐粗，涌出差别门，未现面貌，是名转相，

诸菩萨声闻缘觉境界。后于诸根貌面中,显现善恶相极粗,是名现相,诸凡夫境界。若诸佛现在一刹那中,了知十世九世无碍,如一刹那、一切刹那亦尔,是名知根海。又,若网所张处,谓诸宫殿,若配法者,宫殿即是支末因陀罗,无尽五体德备五珠,即是根本因陀罗。若秘密释者,此天主因陀罗,乃是一切众生身中实性,往昔由与毗卢遮那如来俱同一因,及诸释师子俱同一善根故。又,此十不可说一切诸天众,此皆谓诸十不可说同类、十无量异类,清净缘虑心是也。其余一切不可说所现杂染业影,一切皆欲界一切杂染心是也。又云:圆融国土、差别世界海等种种境界,不在心外,此有师子臆中五华藏互交跡入,十重重十无尽,由逆顺成十华藏,犹如因陀罗网互现影故。又云:五华藏者,过多不六,减少不四。一切五部,准此可知。类八五相,亦复如是。五华藏者,即五色莲:一、白莲,二、赤莲,三、青莲,四、黄莲,五、黑莲。是五莲华,皆悉由无生法忍所起,从大悲胎藏所生。此华相色,即师子臆中五种色大莲华,此即经中所说师子胜相国是也。一约世间之五行方处释色相者:一者肺华,三叶,白色,似半月。二者心华,赤色,有三角。三者肝华,八叶,青色具五色。四者脾华,一叶,黄色,有四隅。五者肾华,八叶,黑色。二约五大者:一、风,黑色,似半月。二、火,赤色,三角。三、空,青色具五。四、地,黄色,四方。五、水,白色圆。

问:何故所配,初后相违耶?

答:肺名金,金者西方白,良由肺内有息风,故名风。肾名水，水者北方黑，良由有肾为水，能形物体，性不相违也。此五华藏若异体，谓诸华各各差别。若同体，谓住一遍应。故诸华中，各皆由一华遍应多华，故各多华全为其一华，是故能有多个一华。然彼多一华，由本一华应多华故，虽有多一华，然彼多一华与本一华体无差别故，是故名同体。以诸缘起门内有三义故：一、不相由义，谓具自德故。二、相由义，谓差别故。三、无碍义，不可说故。乃至由此缘起是法界家实德故，普贤境界具德自在无障碍故，即是圆满教主大日毗卢遮那如来，以如是圆满镕融广大身，于如圆满镕融广大莲华藏庄严世界海中，摄其余树形等圆满镕融广大世界海。以如是圆满镕融广大十不可说法界海为境界，坐如是圆满镕融广大莲华藏半月形摩尼师子座，示如是圆满镕融广大无尽摄生威仪身云，差别业用无边无边，如是重重无尽无尽，而如来无来往、无功用。此皆海印三昧中炳然显现故，亦法界法尔，故能如是。如摩尼雨宝、天鼓出音，虽无功用，所作得成就。如是所现虽广大，而论时不过一刹那，论处不出一尘。如是一切，皆一刹那所现，如一刹那，一切刹那中亦如是。如一尘，一切尘中亦如是也。故知，是心大海中，有大菩提心龙无边无尽，是心所有一切法无边无尽，故名阎浮提中人之力所不能受持。如海云比丘所持性起一品，虽须弥山聚笔、四天下尘数四海墨不能书者，良由是心性无尽故，智者不须远求矣。

问：何故莲唯八叶？

答：谓三乘果德，体周照而用未周，故云八叶耳。若化

周尘道中,德满十方,乃名十叶。今约少分,四摄四无量,故名取八也。一叶表一实,五叶表五乘,又,心内粹正八,和合为莲华体,故名八叶。又,一切凡夫心处,虽未能自了,其内心亦自然而有八粹,合成莲华形。今但视照此心,令其开敷,即是三昧实故。若视此心八叶之华,即得与理相应。此八叶者,四方即是表四摄,四隅即表如来四智。此华本来无生,即是菩提心。当知,一切法门,皆是从心而所有也。若解是者,心华自然开,能见佛。如云心开意解,即此义也。开心者,即入无生门也。又,心内有四种摩尼:一者月藏,即是声闻人。月者清凉义,由有息烦恼焰暑气,故名戒月藏。二者日藏,即缘觉。日即慧义,以大利慧,能干十二因缘大河,故名慧日藏。三者萎华宝,即菩萨。三藏总持,辩才无边,可得佛果宝故,菩萨如愚如朴。凡夫不知为知,如新净华。菩萨知为不知,如萎华,故名萎华宝。四者宝净,即诸佛是也。摩尼宝清净光明成就,故名宝净。此中诸宝,凡夫愚痴不实,实不能知。须试,而后能知实实也。譬如有伽陀罗等四种炭火,投于其中可试:以月藏投火中,虽不出,出俱变色,以此当知非真宝。又以日藏投火中,火中则变,出则归本色,以此当知非宝。又以萎华宝投火中,虽不出,出俱不变,假使不变,犹雨宝有失,以此当知非胜宝。又以宝净摩尼宝投火中,虽不出,出俱不变,又雨宝无尽:初二宝为下宝,中一宝为中宝,后一宝为胜宝。如是心内四种真摩尼,试实不实,何以得知?有无量四魔,以声闻投小叫唤地狱中已,虽不出,出俱生疲厌心,以此当知下劣性。又以缘觉投大叫唤地狱中已,于其中则生疲厌心,出则得本心。又以菩萨投火烧热地狱中，虽不出，出俱不变，而恭敬善知识处渐有阙。由是当知，虽不变，少有失乎？又以佛投阿鼻大地狱中，虽不出，出俱不变，亦无怖畏心。亦复供养善知识，度诸众生，示现八相而不休息，常于诸道中代一切众生受诸苦恼，无疲厌心。譬如轮王宝马，一刹那周行四天下，而复于一切时中、一切刹那中，周行尘方不生疲厌。又云：一切诸众生从本以来，同一实性相，觉时不增，迷时不减，不问凡圣，唯此一大日毗卢遮那之善巧性相，及妄念时不改，凡夫时善恶无记、种种一切烦恼妄想，所见种种一切诸法：国土山河，沙石瓦砾，树木丛林、群兽雌雄、卵瘫强弱、互相食噉，牝牡淫欲、窟穴相夺，人间男女、偷盗劫掠、贪财贪色、贪名贪利、互相杀夺。乃至已生、当生、现生一切恶法性相，乃至一切诸善法已作、当作、现作，乃至璧玉金银，赤白铜铁，珠珍珂贝，一切华香幡盖、宫殿楼阁，凡一切诸所用物像，皆此大日毗卢遮那度生德用，全此法界身云。何以故？若离此相已外，诸佛以何方便化度一切众生类？是故，法界一法，皆诸佛法。然一切凡夫，违诸差别相，起种种异见。由不知忽尔无明，计种种异见，如经中所说。依正论释，但是一善巧方便，盘回屈曲，成所依华藏。于一一华叶中显十佛，令知相虽万差，皆是毗卢遮那十身所作。十身差别，机感多端耳。又，缘起陀罗尼有二：一、净缘起，如清渚起波。二、染缘起，犹浊河鼓浪，清浊虽异，湿性无差。如净缘返流圣地之中，染缘随流凡境之内，凡圣虽别，一心湛然。此犹约迷悟似分，若直了一心，全成性起。无复凡圣之号，曷有清浊之文？

问：所云五根作用，皆称光明宝摩尼王，悉能雨宝。凡夫根器，亦如是耶？

答：经云：六自在王常清净，所以称王。王是自在义，是以眼根任运观色，自在无碍。经云：譬如眼光，照了前境。其光圆满，得无增爱。又，常在现量，本性不迁，岂非如王常得自在？所称摩尼者，是雨宝义。如云应眼时，若千日，万像不能逃影质，岂非雨宝义？又云：眼门放光，照破山河大地，岂非放光义？则玄鉴无遗，幽微洞察。五根随用，亦复如是。乃至意根一念千里，无有障碍，如云：应意时，绝分别，照烛森罗终不歇。透过山河石壁间，要且照时常寂灭。故知，六根不恶，还同正觉。智者无为，愚人自缚，可谓身之宝藏、心之明珠。不说不知，空沉苦海。先圣悲愍，意在于斯矣。又，所陈法喻，为末信之人。此是世间摩尼，况我心之雨宝，如将大海，比我心之宏深。且摩尼是质碍之色法，岂同丹台无尽之法财。大海是有限之波澜，宁等灵源不穷之性水？乃略况于少分，可谓天地悬殊，寻万丈而未得毫厘，指百分而才言一二。切忌自屈，不肯承当耳。八、托事显法生解门者，《华严经》云：百千亿那由他不可说先住兜率宫诸菩萨众，以从超过三界法所生、离诸烦恼行所生、周遍无碍心所生、甚深方便法所生、无量广大智所生，坚固清净信所增长，不思议善根所起，阿僧祇善巧变化所成就，供养佛心之所现，无作法门之所印。释曰：此上并出因也。又云出过诸天诸供养具，供养于佛者，即说多果也。次一因成一果，经云：以从波罗蜜所生一切宝盖，于一切佛境界清净所生一切华帐,无生法忍所生一切衣,乃至解诸法如梦欢喜心所生佛所住一切宝宫殿,既以无生忍唯生于衣等,故云一因一果。后一因成多果,谓但举无生为因,总生诸果。故经云:无著善根、无生善根,所生一切宝莲华云、一切坚固香云、一切无边色华云等,随一事即是无尽,况一事皆是称性,故皆即是无尽法界,但随一义以名目之。如显可重圆明,即名为宝。若云自在,即称为王。若为润益,即名云等。故金色世界,即是本性。弥勒楼阁,即是法门。胜热婆罗门火聚刀山,即是般若、无分别智等,皆其事也。故一一事,即具无尽之法,故立具足无尽之德,不出于此。九、十世隔法异成门者,以时无别体,依华以立,一念该摄,十世融通。所以如见华开,知是芳春。茂盛结果,知是朱夏。雕落为秋,收藏为冬,皆因于物知四时也。又,一念九世成十世者,九约于义,一约实体,体用相融,故常九常一,无有障碍。体用相夺,离九一相,故同果海。令时融通,无碍自在,略有四重:一、相泯俱尽,二、相与两存,三、相随互摄,四、相是互即。初中以本从末,唯事而无理。以末归本,唯理而无事。二中全事之理非事,故一相无时。全理之事非理,故九世不乱。三中由随事之理,故令一时能容一切时。由随理之事,故令一切时随理入一时中。多一反上,互入可知。四中由即理之事,故令一时即一切时。由即事之理,故令一切时即一时。故唯理,无物可相即入。唯事,相碍不可即入,要以事理相从无碍,方有即入,思之可见。

又如,善财一生能办多劫之行者,如毗目仙人执手,既善友力,瞬息之间或有佛所,见经不可说不可说佛刹微尘数劫修行不倦，何得一生不经多劫？仙人之力长短自在故。如世王质，遇仙人碁，令斧柯烂，三岁尚谓食顷。既能以长为短，亦能以短为长。如周穆随于幻人，虽经多年，实唯瞬息。故知，世法佛法，俱不可思议。世法尚不可量，何况佛法！不应以长短之时、广狭之处，定其旨也。十、主伴圆明具德者，《华严·现相品》云：眉间出胜音菩萨，与无量诸眷属俱出，即人眷属。佛放眉间光明，无量百千亿光明以为眷属，即光明眷属。又法界修多罗，以佛刹微尘数修多罗而为眷属，即法眷属。故随一一皆有眷属。若以余经望，但为眷属，不为主伴。今言眷属者，约当经中事，以为眷属，眷属即伴，故证主伴。

此华事十玄，例于余事。举华既尔，一尘等事亦然。华上十门，唯约事说，谓华事上一切事，同时具足事、广狭无碍事、一多事乃至主伴事。此事华既带同时十义，又具余教义等十门。谓事上有教义，同时具足教义、广狭教义、一多乃至主伴教义。又，教义至感应各有同时等，为百门以事所依，例余所依。谓事法既有百门，二教义为百门，乃至感应具百门，故有千门。如教义等有此千门，以所依例能依门，亦成千门。谓前以所依体事为首，今以能依玄门为首，谓同时门中具同时教义、同时事理、同时境智，乃至同时感应，故有十门。同时门中，具广狭等、其广狭等、有广狭教义等，故成百门。二广狭具百，例同时门，三相入门具百，四相即门具百，乃至第十主伴门具百，故成千门。然其后千不异前千，但互举为首而成异耳。若重重取之，至于无尽者，结成无尽。言重重取者，谓如初一门中具十，十中取一，此一亦须具十、具百、具千,以不相离故。如一既尔,千门各十亦然,则具十千。十千之中随取其一,亦具十千。如一千钱共为缘起,一钱为首,则具一千钱。余亦如是,则有千千,千千之中随取其一,亦具千千,故至无尽。又,重重者,一事之中亦有多境、一智之中复有多智等,更相涉入,亦无尽也。以是具德无尽法门,唯普眼境界上智能入,故当勤修,必成大益。

问:如何是十玄门安立所以?

答:本是一心真如妙性无尽之理,因体用卷舒,性相即入。理事包遍,缘性依持。义分多种,略即六相,广乃十玄,乃是诸佛菩萨德相业用。一行一法,皆具十玄,悉入《宗镜》之中,一心无尽之旨。如《华严演义》云:一、同时具足相应门,以是总故,贯于九门之初。二、广狭门,别中先辩此者,是别门之由。由上事理无碍中,事理相遍,故生下诸门。且约事如理遍故广,不坏事相故狭,故为事事无碍之始。三、由广狭无碍,所遍有多,以巳望多,故有一多相容。相容则二体俱存,但力用交彻耳。四、由此容彼,彼便即此。由此遍彼,此便即彼等,故有相即门。五、由互相摄,则互有隐显。谓摄他他所见,故有相入门。摄他他无体,故有相即门。摄他他虽存而不可见,故有隐显门。以为门别故,故此三门,皆由相摄而有,相入则如二镜互照,相即则如波水相收,隐显则如片月相映。六、由此摄他,一切齐摄,彼摄亦然,故有微细相容。七、由互摄重重,故有帝网无尽。八、由既如帝网,随一即是一切无尽,故有托事显法。九、由上八

皆是所依,所依之法既融,次辩能依,能依之时亦尔。十、由法法皆然,故随举其一,则便为主。连带缘起,便有伴生门。

又,《刊定记》分德相业用,各有十玄:德相十玄者:一同时具足相应德,二相即德,三相在德,四隐显德,五主伴德,六同体成即德,七具足无尽德,八纯杂德,九微细德,十因陀罗网德。二、业用十玄者:一同时具足相应用,二相即用,三相在用,四相入用,五相作用,六纯杂用,七隐显用,八主伴用,九微细用,十因陀罗网用。故知,无有一法,不具无边性德,真如妙用矣。是以,此重玄门,名言路绝,随智所演,以广见闻,唯证方知,非情所解。若亲证时,悉是现量之境,处处入法界,念念见遮那。若但随文义所解,只是阴识依通,当逆顺境时,还成滞碍。遇差别问处,皆堕疑情。如盐官和尚勘讲《华严》,大师云:《华严经》有几种法界?对云:略而言之,有十种法界。广而言之,重重无尽。师竖起拂子云:是第几种法界?当时低头拟祇对次,师诃云:思而知、虑而解,是鬼家活计。日下孤灯,果然失照。出去!

问:诸总持陀罗尼门,差别句义,数若恒沙。云何但于一心,悉皆开演?

答:离心无说,离说无心。舒则恒沙法门,卷则一心妙旨。微尘经卷,尽大千而未展全文。普眼法门,竭大海而不书一偈。如忉利天鼓,演莫测之真诠。雷音宝林,说无生之妙偈。安养国内,水鸟皆谈苦空。华藏海中,云台尽敷圆旨。所以《华严经》云:譬如诸天有大法鼓,名为觉悟。若诸天子行放逸时,于虚空中出声告言:汝等当知一切欲乐,皆悉无常，虚妄颠倒，须臾变坏。但诳愚夫，令其恋著，汝莫放逸。若放逸者，堕诸恶趣，后悔无及。放逸诸天，闻此音已，生大忧怖，舍自宫中所有欲乐，诣天王所，求法行道。佛子，彼天鼓音无主无作、无起无灭，而能利益无量众生。《阿弥陀经》云：复次，舍利弗，彼国常有种种奇妙杂色之鸟：白鹤、孔雀、鹦鹉、舍利、迦陵频伽、共命之鸟。是诸众鸟，昼夜六时出和雅音，其音演畅五根五力、七菩提分、八圣道分，如是等法。其土众生闻如是音已，皆悉念佛、念法、念僧。斯则皆是顿悟自心，更无余法。此一心法界，是诸经通体，故如来所说十二分教，亲从大悲心中之所流出。大悲心从后得智，后得智从根本智，根本智从清净法界流出，即是本原，更无所从。无有法，离于法界而有。此一心门，是一字中王，亦名一语，亦名一句。《思益经》云：如佛所说，汝等集会，当行二事：若圣说法，若圣默然。何谓说法？何谓默然？答言：若说法不违佛、不违法、不违僧，是名说法。若知法即是佛，离相即是法，无为即是僧，是名圣默然。又，善男子，因四念处而有所说，名圣说法。于一切法无所忆念，名圣默然。斯正说时心契法理，即不说耳，明非缄口名不说也。如《入佛境界经》云：佛言：文殊师利，诸佛如来，无有人见，无有人闻。无有人现在供养，无有人未来供养。文殊师利，诸佛如来，不说诸法一，不说诸法多。文殊师利，诸佛如来不证菩提，诸佛如来不依一法得名，亦非多法得名。文殊师利，诸佛如来不见诸法，不闻诸法，不念诸法，不知诸法，不觉诸法。文殊师利，诸佛如来，不说一法，不示诸法。《璎珞经》云：以一句偈，训诲八万四千国邑。《大集经》偈云：无量智者佛真子，数如十方微尘等。于无量劫谘问佛，不尽如来一字义。又云：能以一字入一切法为众生说，是名般若波罗蜜无涯际。《总持经》云：是般若波罗蜜一语，能答万亿之心。《首楞严三昧经》云：文殊言：若人得闻一句之法，即解其中千万句义，百千万劫敷演解说，智慧辩才不可穷尽，是名多闻。《大涅槃经》云：若见如来常不说法，是名具足多闻。又云：宁愿少闻，多解义理。不愿多闻，于义不了。即是入此《宗镜》，一解千从。虽广引文，只证此义。上根一览，已断纤疑。中下再披，方能具信。对根故尔，非法合然。所以《胜天王般若经》云：佛复告善思惟菩萨言：贤德天子，已于过去无量百千亿劫修习陀罗尼门，穷劫说法，亦无终尽。善思惟菩萨白佛言：世尊，何等陀罗尼？佛言：善男子，名众法不入陀罗尼。善男子，此陀罗尼，过诸文字，言不能入，心不能量，内外众法，皆不可得。善男子，无有少法能入此者，故名众法不入陀罗尼。何以故？此法平等，无有高下，亦无出入。无一文字从外来入，亦无一字从此法出。又无一字住此法中，亦无文字共相见者，亦不分别法与非法。是诸文字，说亦不减，不说无增。从本以来，无起造者，无坏灭者。善男子，如文字，心亦如是。如心，一切法亦如是。何以故？法离言语，亦离思量。本无生灭，故无出入，是名众法不入陀罗尼。若能通达此法门者，辩才无尽。何以故？通达不断无尽法故。善男子，能入虚空者，则能入此陀罗尼门。《华严·出现品》云：佛子，菩萨摩诃萨，应知如来音声遍至，普遍无量诸音声故。应知如来音声，随其心乐皆令欢喜，说法明了故。应知如来音声，随其信解皆令欢喜，心得清凉故。应知如来音声,化不失时,所应闻者无不闻故。应知如来音声无生灭,如呼响故。应知如来音声无主,修习一切业所起故。应知如来音声甚深,难可度量故。应知如来音声无邪曲,法界所生故。应知如来音声无断绝,普入法界故。应知如来音声无变易,至于究竟故。佛子,菩萨摩诃萨,应知如来音声,非量非无量,非主非无主,非示非无示。《疏》释云:收上十声,要不出三:约相则广无量,约体则无主宰,约用则有显示。今并双非,以显中道,谓莫穷其边,故非量。随机随时,有闻不闻,故非无量。多缘集,故非有主。纯一法界生,故非无主。当体无生,故无能示。巧显义理,故非无示。更以四句,明体用无碍,谓:一、以用从体,由体无不在,故能令上十类声,皆遍一切。非唯遍声,亦遍一切时处众生如来法界等,虽复于色等皆遍,恒不杂乱。若不等遍,则音非圆。若由等遍失其音曲,则圆非音。今不坏曲而等遍,不动遍而差韵,方成圆音。二、以体从用,其一一音皆具含真性。三、用即体故,上十类声皆不可得,唯第一义永离所执故,法螺恒震,妙音常寂,名寂静音。如空谷响,有而即虚。若不即虚,非但失于一音,亦不得圆融自在。四、体即用故,寂而恒宣。若天鼓无心而应一切,长风随窍,万吹不同。若不遍同,非但失于能圆,亦非真一。故经云:一切众生种种语言,皆悉不离如来法轮。何以故?言音实相,即法轮故。是以,众生言音,皆不出虚空性。以性无不在,则法轮遍一切处,无有间断。《止观》云:观心摄一切教者,《毗婆沙论》云:心能为一切法作名。若无心,则无一切名字。当知,世出世名字,悉从心起。若观心僻越,顺无明流,则有一切诸恶教起。所谓僧佉卫世,九十五种邪见教生,亦有诸善教起。五行六甲、阴阳八卦、五经子史、世智无道名教,皆从心起。云何出世名教,皆从心起?《宝性论》云:有一大经卷,如三千大千世界大,记大千界事,如中、如小、四天下三界等大者,皆记其事在一微尘中。一尘既然,一切尘亦尔。一人出世,以净天眼见此大经卷,而作是念:云何大经在微尘内,而不饶益一切众生?即以方便,破出此经,以益于他。如来无碍智慧经卷,具在众生身中,颠倒覆之,不信不见。佛教众生修八圣道,破一切虚妄,见已智慧与如来等。此约微尘附有为喻。又约空为喻者,《发菩提心论》云:譬如有人,见佛法灭,以如来十二部经,仰书虚空,宛然具足,一切众生无有知者。久久之后,更有一人游行于空,见经咄嗟,云何众生不知不见?即便写取,示导众生。云何写经?谓令众生修八正道、破虚空等。修有多种,若观心因缘生灭无常,修八正道者,即写三藏之经。若观心因缘即空,修八圣道,即写通教之经。若观心分别校计有无量种,凡夫二乘所不能测,法眼菩萨乃能见之,是修无量八正道,即写别教之经。若观心即是佛性,圆修八正道,即写中道之经。明一切法悉出心中,心即大乘,心即佛性,自见已智慧与如来等。又,观心即假即中者,即摄《华严》之经。若观心因缘生法生灭者,即摄三藏四《阿含》教如乳之经。若观心即空者,即摄共《般若》如酪之经。若其观心因缘生法,即空即假即中者,即摄《方等》生酥之经。若但用即空即假即中者,即摄《大品》熟酥之经。若用即中观心者,即摄《法华》开佛知见大事正直醍醐之经。若用四句相即观心,即有《涅槃》同见佛性醍醐之经。又,若观因缘,又观因缘即是佛性,佛性即是如来,是名乳中杀人。若观析空,又观析空即是佛性,佛性即是如来,是名酪中杀人。若观即空,又观即空即是佛性,是名生酥杀人。若观假名,又观假名即是佛性,是为熟酥杀人。若观即中,又观即中即是佛性,是名醍醐杀人。今通言杀人者,取二死已断,三道清净,名为杀人,是名止观摄不定教。

又,心摄诸教有二:一者,一切众生心中,具足一切法门,如来明审照其心法、按彼心说,无量教法从心而出。二者,如来往昔曾作观心,偏圆具足。依此心观为众生说,教化弟子,令学如来破尘出卷、仰写空经,故有一切经教,一心止观摄尽。《华严经》颂云:若欲三千大千界,教化一切诸群生。如云广布无不及,随其根欲悉令喜。毛端佛众无有数,众生心乐亦无极。悉应其心与法门,一切法界皆如是。《华严演义》云:至圣垂诰,镜一心之玄极。大士弘阐,烛微言之幽致。虽忘怀于诠旨之域,而浩汗于文义之海。盖欲寄象系之迹,穷无尽之趣矣。故知,非言无以立其文,非文无以广其义,非义无以穷其玄。夫得其玄者,则《宗镜》无尽之旨矣。旨既无尽,不说不知,今为未知者言,不为已知者说。脱或诸宗异执,见解差殊,或空有相非,大小各诤,斯乃不穷理本,强说异同。入《宗镜》中,胜负俱息,如析金枝,段段俱金。犹截琼枝,寸寸是宝。

问:信入此法,还有退者不?

答:信有二种:一、若正信坚固,谛了无疑,理观分明,乘

戒兼急。如此则一生可办,谁论退耶?二、若依通之信,观力粗浮,习重境强,遇缘即退。如《华严论》云:如《涅槃经》,闻常住二字,尚七世不堕地狱。如《华严经》云:设闻如来名及所说法,不生信解,亦能成种,必得解脱,至成佛故。何故经言第六住心及从凡夫信位,犹言有退。此意若为和会?解云:十信之中胜解未成,未得谓得,便生憍慢,不近善友,不敬贤良。为慢怠故,久处人天,恶业便起,能成就大地狱业。若一信不慢,常求胜友,即无此失。若权教中第六住心可有退位、实教中为稽滞者,责令进修。如舍利弗是示现声闻,非实声闻,所作方便,皆度众生使令进策。如权教中第六住心,可说实退,何以故?为权教中地前三贤,总未见道,所修作业皆是有为,所有无明皆是折伏。功不强者,便生退还。若折伏有力,亦不退失。如蛇有毒,为咒力故,毒不能起。但于佛法中种于信心,谦下无慢,敬顺贤良,于诸恶人心常慈忍,于诸胜已者谘受未闻,所闻胜法奉行无妄,所有虚妄依教蠲除,于三菩提道常勤不息,夫为人生之法,法合如然。但不长恶而生,何须虑退?《华严疏》云:深心信解常清净者,信烦恼即菩提,方为常净。由称本性而发菩提心,本来是佛。更无所进,如在虚空,退至何所?

宗镜录第二十九

宋 慧日永明妙圆正修智觉禅师延寿集

夫既法轮遍一切处，无有间断，常恒说者。云何更逐会结集，说处不同，如《华严》九会之文，《法华》三周之说？

答：广略不等，皆为对机。以一显多，令入无尽。如《华严指归》云：谓于一刹那中则遍无尽之处，顿说如此无边法海。问云：准此所说，说华严会总无了时，何容有此一部经教？答：为下劣众生，于无尽说中，略取此等结集流通，故有此部，令其见闻，方便引入无际限中。如观牖隙，见无际虚空。当知此中道理亦尔，视此一部，见无边法海。故知，若提纲撮要，一尘尚含法界，一字即演无边，岂况九会、三周之说乎？如是解者，则一时一切时，一说一切说。

又问：若此多劫常恒说者，何故如来有涅槃耶？答：说此经佛本不涅槃，《法界品》中开栴檀塔，见三世佛无涅槃者。又以摄化仪之中，涅槃亦是说法摄生，与成道说法无差别故。复次，舍那佛常在华藏，恒时说法，元无涅槃常住故。乃知出世涅槃，皆是众生自见，诸佛本不出世，亦不涅槃故。入宗镜中，自然二见俱绝。

问：法唯心说者，云何教立五时、听分四众？

答：诸佛无有色声功德，唯有如如及如如智独存。凡有

见闻,皆是众生自心影像,则说唯心说,听唯心听。离心之外,何处有法?

如《思益经》云:梵天言:何故说不听法者,乃为听经?文殊言:眼耳鼻舌身意不漏,是听法也。所以者何?于内六入,不漏色声香味触法,乃为听经。乃至梵天问:得忍菩萨,汝等岂不听是经耶?答:如我等听,以不听为听。古德云:如来演出八辩洪音,闻者托起自心所现。如依状貌,变起毫端,本质已无,影像如在。群贤结集,自随见闻,依所闻见,结集自语,良以离自心原无有外境,离境亦无内心可得。诸传法者,非授与他,但为胜缘,令自得法。自解未起,无以悟他。自解不从他来,他解宁非自起?是故,结集及传授者,皆得影像,不得本质,无有自心得他境故。是知,结集乃是自心所变之经,至传授者,传授自心所变之法,得影非质,思而可知。若能常善分别自心所现,能知一切外性非性,此人知见,可与佛同。所说之法,与佛无异,悟入自觉圣智乐故。《宝性论》偈云:天妙法鼓声,依自业而有。诸佛说法者,众生自业闻。如妙声远离,功用处身心。令一切众生,离怖得寂静。佛声亦如是,离功用身心。令一切众生,得证寂灭道。又偈云:譬如虚空中,雨八功德水。到咸等住处,生种种异味。如来慈悲云,雨八圣道水。到众生心处,生种种解味。释曰:如天鼓声,应诸天所知之量。犹龙王雨,随世间能感之缘。证自法而不同,成异味而有别。法亦如是,随见差殊:于一乘而开出诸乘,从一法而分成多法。《华严探玄记》云:缘起唯心门者,此上一切差别教法,无不皆是唯心所显,是故俱以唯识为体。然有二义:一本影相对,二说听全收。初中通辩诸教，总有四句：一、唯本无影，如小乘教，以无唯识义故，达摩多罗等诸论师，多立此义。二、亦本亦影，如大乘始教，众生心外，佛有微妙色声等法，由闻者善根增上缘力，击佛利他种子为因，于佛智上文义相生，为本性相教。由佛此教增上缘力，击闻法者有流善根种子，闻者识上文义相生，为影像相教。《三十唯识论》颂云：展转增上力，二识成决定。护法论师等，悉立此义。三、唯影无本，如大乘终教，离众生心，佛果无有色身音声、事相功德，唯有如如及如如智、大悲大愿，为增上缘，彼所化根熟众生，心中显佛色声说法，是故圣教，唯是众生心中影像。故经偈云：一切诸如来，无有说佛法。随其所应化，而为演说法。又偈云：如来法身不思议，无色无相无伦匹。示现色像为众生，十方受化靡不见。如是非一，龙军、坚慧、诸论师等，并立此义。四、非本非影，如顿教中，非直心外无佛色等，众生心内所显之佛，亦当相空，以唯是识无别影故，色等性离，无所有故。一切无言，无言亦无故，是故圣教即是无教之教。如经颂云：如来不出世，亦无有涅槃。又《密严经》，明佛常在法界，无出世等，龙树等宗，多立此义。此有四说，总为一教圆融无碍，皆不相妨，以各圣教从浅至深摄众生故，思之可见。第二说听全收者，亦四句：一、离佛心外无所化众生，况所说教？是故唯是佛心所显。此义云何？谓诸众生无别自体，揽如来藏以成众生。然此如来藏，即是智证为自体，是故众生举体总在佛智心中。经颂云：诸佛悉了知，一切从心转。又云：如来菩提身中，悉见一切众生发菩提心成等正觉，乃至见一切众生皆已寂灭，亦复如是，皆悉一性，以无性故。

又颂云:三世一切劫,佛刹及诸法。诸根心心法,一切虚妄法。于一佛身中,此法皆悉显。是故离佛心智,无一法可得。二、总在众生心中,以离众生,无别佛德故。此义云何?谓佛证于众生心中真如成佛,亦以始觉同本觉故。是故,总在众生心中,从体起用应化身时,即是众生心中真如用大,更无别佛。三、随一圣教全唯二心,以前二说不相离故。谓众生心内佛,为佛心中众生说法。佛心中众生,听众生心中佛说法,如是全收,说听无碍,是谓甚深唯识道理。四、或彼圣教俱非二心,以两俱形夺不并显故,双融二位无不泯故,谓佛心中众生无听者故,众生心中佛无说者故,两俱双辩二相尽故。经云:夫说法者,无说无示。其听法者,无闻无得。又经颂云:众生所生不是生,亦无流转生死中。又经颂云:如来不说法,亦不度众生等。是故此四,于一圣教圆融无碍,方为究竟。《华严演义》问云:生佛约体虽同,相用自别,岂得全同?释云:从体起用,用不异体。体既众生之体,用岂离于众生?故依体起用,即是众生心中真如用大,更无别佛。若尔,《起信论》中已有此义,何以独明《华严》为别教耶?释云:《起信》虽明始觉、本觉不二,体、相、用三大攸同,而是自心各各修证,不言生佛二互全收,是则用《起信》之文,成《华严》之义。

又,说听全收、生佛相在者,略举二喻:一者,如一明镜,师弟同对说听,以师取之,即是师镜。弟子取之,是弟子镜。镜喻一心,师弟喻生佛。是谓弟子镜中和尚,为和尚镜中弟子说法。和尚镜中弟子,听弟子镜中和尚说法。诸有知识,请详斯喻。此喻犹恐未晓,又如水乳和同一处,而互为能和所和,且顺说听:以能和为说,所和为听。且将水喻于佛,乳喻众生,应言乳中之水和水中之乳,水中之乳受乳中之水,虽同一味,能所宛然。虽能所宛然,而互相在,相遍相摄,思以准之。又,众生心中佛者,此明众生称性普周,而佛不坏相在众生心内。言为佛心中众生说法者,此明佛心称性普周,而众生不坏相在佛心内也。更无别理,但说听之异耳。是知,一切众生语言,皆法轮正体。若离众生言说,即佛无所说。先德云:若离方言,佛则无说。圣人无心,以万物心为心。圣人无身,亦以万物身为身。即知圣人无言,亦以万物言为言矣。《华严论》云:一切凡圣境界庄严果报以为教体。此乃见境发心,不待说故。见恶厌之,见善乐之,总能起善故,又一切法无非佛事故。又,以一切法自性清净以为教体,以观察力心契自相应故,不待说故。又,以行住坐卧四威仪以为教体,见敬发心,不待语故。《肇论》云:为莫之大,故乃反于小成。施莫之广,故乃归于无名。何谓小成?通百千恒沙之法门,在毛头之心地。何谓无名?形教遍于三千,无名相之可得。故须宗说双通,方成师匠。所以经偈云:宗通自修行,说通示未悟。真觉大师云:宗亦通,说亦通,定慧圆明不滞空。宗通是定,说通是慧,则宗说兼畅定慧双明,二义相成,阙一不可。如《法华经》云:定慧力庄严,以此度众生。又,昔人颂云:说通宗不通,如日被云朦。宗通说亦通,如日处虚空。故知,若先了宗,说则无过。故《法华·序品》偈云:又见诸菩萨,知法寂灭相。各于其国土,说法求佛道。

又,凡有诠表形于言教者,皆是明心,不诠余法:或言广

大自在,此约德相以明心。或言寂灭无为,此约离过以明心。乃至或说事,是心之事。或说理,是心之理。故云千经万论,皆是言心,岂止《宗镜》耶?如《法华经》云:为一大事因缘故出现于世。凡言大者,莫越于心。于五大之中虚空最大,尚为心之所含。故《首楞严经》云:空生大觉中,如海一沤发。又云:寂照含虚空。此大非对数量称大,又非形待称大,故云一大事。又,此一非一,如《法句经》颂云:森罗及万像,一法之所印。一亦不为一,为欲破诸数。是知,诸佛出世、祖师西来,皆明斯旨,非为别事矣。《起信钞》云:一心该于万有,万有不出一心者,此但意在出体,不在收于万法。恐存物外之见,故总该之。然诸教中,皆说万法一心,而浅深有异,今约五教略而辩之:一、愚人法。声闻教,假说一心,谓世出世间染净等法,皆由心造业之所感故若推征,则一心之义不成。以立前境,故云假说。二、大乘权教。明异熟赖耶以为一心,三界万法唯识变故。三、终教。说如来藏以为一心,识境诸法皆如梦故。四、顿教。泯绝染净以说一心,为破诸数假名故。五、圆教。总该万有以为一心,事理本末无别异故。如上所说,前浅后深,浅不至深,深必该浅。所以《宗镜》虽备引五教一心证明,唯指归圆教一心,总摄前故。又如《钞》云一心为如来所说法之根本者,盖缘如来依此一心而成就故。是则信解行证,皆依此心,从微至著,未尝离此。若离于心得成佛者,无有是处。离此有说者,皆外道教也。所以《起信论》云:所言法者,谓众生心。是心则摄一切世间出世间法,依于此心,显示摩诃衍义。疏释云:辩法功能,以其此心体相无碍,染净同依,随流返流,唯转此心，是故，若随染成于不觉，则摄世间法。若不变之本觉及返流之始觉，则摄出世间法。此犹约生灭门中辩。若约真如门者，则镕融含摄染净不殊。如上所指，尽理无过。然一切染净之法，法无自立，唯心所转。是知，因心成法，法岂非心？所依既全是心，能依何得有异？以能依从所依起故，如波从水起、器自金成，本末皆同，体用无际。《法苑义林》云：遍详诸教，所说一切唯识，不过五种：一、境唯识，《阿毗达磨经》颂云：鬼傍生人天，各随其所应。等事心异故，许义非真实。如是等文，但说唯识所观境者，皆境唯识。二、教唯识，由自心执著等颂，皆教唯识。三、理唯识，《三十颂》云：是诸识转变，分别所分别。由此彼皆无，故一切唯识。如是成立唯识道理，皆理唯识。四、行唯识，菩萨于定位等颂、四种寻思如实等，皆行唯识。五、果唯识，《佛地经》言：大圆镜智，诸处境识皆于中现。

又，《如来功德庄严经》颂云：如来无垢识，是净无漏界。解脱一切障，圆镜智相应。如是诸说，唯识得果，皆果唯识。此中所说境教理行果等五种唯识，总摄一切唯识皆尽。然诸教中就义随机，于境唯识种种异说：或依所执以辩唯识，《楞伽经》颂云：由自心执著，心似外境现。以彼境非有，是故说唯心。但依执心虚妄现故。或依有漏以明唯识，《华严经》云三界唯心，就于世间说唯识故。或依所执及随有为以辩唯识，《三十颂》云：由假说我法，有种种相转。彼依识所变，依识自体起。或依有情以辩唯识，《无垢称经》云：心清净故，有情清净。心杂染故，有情杂染。或依一切无有诸法以辩唯识，《解深密经》云：诸识所缘，唯识所现。或随指事以辩唯识,《阿毗达磨论》引契经颂云:鬼傍生人天,各随其所应。随指一事辩唯识故。如是等说无量教门类,摄诸教理义尽者,唯第五教,总说一切为唯识故。乃至辩名离合会释者:离者,别也。合者,同也。诸经论各各别说诸观等名,今合解云:但是唯识之差别义,非体异也。一名有三十二类,《华严》等经中遮境唯识,名为唯心。《辩中边论》遮边执路,名为中道。《般若经》中明简择性,名为般若。《法华经》中明究竟运载,名曰一乘。此之四名,通能所观。若约真俗境观者,正智唯真。加行后得,并通真俗。若言证者,后得唯俗。《胜鬘经》中遮余虚妄,名一实谛,显法根本,亦名一依。由空而证,又是空性,亦名为空。彰异出缠,显摄佛德,佛从中出,名如来藏。明体不染贞实法性,名自性清净心。功德自体,亦名法身。能出四乘,能入二乘,亦名一乘,与《法华》一乘别。《无垢称经》遮理有差别,名不二法门。《大慧经》中表无起尽,亦名不生不灭。《涅槃经》中彰法身因,多名佛性,离缚解脱,亦名涅槃。《楞伽经》中表离言说,名不思议。《瑜伽》等中显不可施设,名非安立。《摄大乘》等显此遍常等,名圆成实。《对法论》等明非妄倒,名曰真如。此之十五类名,唯所观理,唯真智境。恐文繁广,略举尔所,非更无也。谓诸法界、法性、不虚妄性、不变异性、平等性、离生性、法定、法住、法位、真际、虚空界、无我、胜义不思议界等,乃至《瑜伽论》中,施设非施设浅深异故,名为安立非安立谛。即《胜鬘经》有作四圣谛,无作四圣谛。《涅槃经》中亦名胜义、世俗二谛。乃至《解深密》等,显一切法有无事理种类差别,名为三性,显三俱无遍计所执,亦名三无性。

又,《瑜伽》等中明离系之方便,亦名三解脱门。表印深理,名三无生忍。《大智度论》显示差别,名四悉檀。诸论以后观细,亦名四如实智。《仁王经》中位别印可,亦名五忍。如是一切,虽异名说,皆是此中唯识境智差别名也。

又,或说因果体,俱一识作用,成多一类菩萨义:或因果俱说二,决择分中有心地说,谓本识及转识。或唯因说三,《辩中边论》颂云:识生变似义,有情我及了。或因果俱说三,《三十唯识论》云:谓异熟思量,及了别境识,多异熟性,故偏说之,阿陀那名。理通果。或唯果说四,《佛地经》等,说四智品。或因果俱说(此处阙第五义,诸本皆无)。六,随顺小乘经中说六识。或因果俱说七,诸教说七心界。或因果俱说八,谓八识。或因果合说九,《楞伽经》第九颂云:八九种种识,如水中诸波。此依《无相论》、《同性经》中,彼取真如为第九识。真一俗八二合说故,今取净位第八本识以为第九,染净本识各别论故,所依本故,第九复名阿末罗识,故第八染净别说,以为九也。如是所说诸识差别,一往而论,依《成唯识论》云:八识自性,不可言定异,因果性故,无定性故,如水波故,亦非定一。行相所依缘,相应异故,起灭异故,熏习异故。《楞伽经》颂云:心意识八种,俗故相有别。真故相无别,相所相无故。如是一切识类差别,名为唯识。此幻性识,若加行观,唯共非自。若后得观、自相观,一一依他,各各证故。

如上所引,是知,诸佛所证、菩萨所修,若教若理、若因若果、若行若位,乃至世间出世间一切万法,无有纤毫一法不是心者。《宗镜》大旨,见闻信向之者,如宝印所印,明镜所照，可永绝纤疑矣。但一切毛道异生，或居不定聚者，习性易染，犹如白丝。如《孟子》云：人性犹湍水，决东则东，决西则西。犹如尺蠖，食黄而身黄，食苍而身苍。且八识藏中，十法界种子具有，随所闻法，即发起现行。若闻《宗镜》之文，即熏起佛乘种子。然须染神入心，穷源见性，不涘耳入口出，但记浮言。如荀卿子云：君子之学，入乎神，著乎心，布乎四支，动静皆可为法。小人之学，入乎耳，出乎口。口耳之间，则四寸耳，何足美七尺之躯者也？

问：十方诸佛无尽教海，广大无边。云何于十帙之中，而言搜尽？

答：若历事广分，言过无穷之教海。若撮其妙旨，理尽百卷之要文。一言已达其原，况乎十帙？以无量经教，皆是一心。所以《法华经》云：种种言词，演说一法。如傅大士《行路难》云：君不见，心相微细最奇精，非作非缘非色名。虽复恬然非有相，若凡若圣己之灵。此灵无形而常应，虽复常应实无形。心性无来亦无去，缘虑流转实无停。正觉觉此真常觉，方便鹿苑制尊经。又云：能知此心无隔碍，生死虚妄不能羁。而此一心皆悉具，八万四千诸律仪。《思益经》云：譬如大火，一切诸焰皆是烧相。如是诸善男子，所说法，皆入法性。故知，一切凡圣所有言说，皆入《宗镜》之中，终无异法。所以经偈云：粗言及细语，皆归第一义。乃至前后横竖之说，广略之文，一一皆为引入第一义中。若实入其中，则佛法皆平现，不用记一字，念尽一切经。不用解一法，会尽无边义。不用说一句，常转正法轮。不用举一步，遍参法界友。何者?若记得,是想边际。若解得,落意根中。若说得,是辩才门。若参得,堕外学地。并不干自己事,《宗镜》中不收。如手撮虚空,徒劳心力。所以迎之不见其首,随之不见其后,存之一一皆空,亡之处处咸有。故志公和尚云:佛祖言,外边事,取著元来还不是。作意搜求实勿踪,生死魔来任相试。先德云:第一不得于一机一教边守文作解,实无有定法如来可说,我宗门中不论此事,但知自心即休,不更用思前虑后。又偈云:千般比不得,万种况不成。智者不能知,上贤亦不识。

问:既谈无言之道、绝相之真,云何遍引言诠,广明行相?

答:非言何以知乎无言,非相何能显乎无相?《华严经》偈云:了法不在言,善入无言际。而能示言说,如响遍世间。《净名经》云:夫说法者,无说无示,不言不说,故云当如法说。又云:无离文字说解脱也。《法华经》偈云:诸法寂灭相,不可以言宣。以方便力故,为五比丘说。又偈云:又见菩萨,安禅合掌。以千万偈,赞诸法王。斯皆以无言显言,言显无言也。又,《华严经》颂云:佛以法为身,清净如虚空。所现众色像,令入此法中。又偈云:色身非是佛,音声亦复然。亦不离色声,见佛神通力。《金刚经》云:若见诸相非相,则见如来。斯皆以相显无相也,则无言不碍言,无相不碍相。故知,无言即言,曾无别体。相即无相,岂有异形?故经偈云:无中无有二,无二亦复无。三界一切空,是则诸佛见。且诸佛见中,宁立有无同异见耶?故先德云:是以佛证离言,流八音于听表,演大藏于龙宫。故知,至趣非远,功行得之则甚深。言象非近,虚怀体之而目击。言绝之理而非绝,繁兴玄籍而非兴,故即言亡言也。所以,无言之言,横分教海。非有之有,高立义天。如《唯识疏序钞》释云:疏云:无言之言,风警。非有之有,波腾。此四句疏文,前二句显佛本质教,后二句显闻者影像教。何者?谓佛说之教,离心无体,名为无言。从心现故,名之为言。此为能击发,如似风警,即佛于利他后得智上,有三乘十二分教蔟然显现,即与众生为增上缘,欲令闻者识上有文义相生,故云无言之言风警也。非有之有波腾者,即闻者识上文义相生,因质起教故,有似波腾。离心无体,名为非有。从心现故,名之为有。又云:悟之者,得理亡言。迷之者,执文遗旨。证之者,言理一心。是知,若入《宗镜》,无旨外之文可执,无文外之旨可尊。理事双消,悟迷俱绝。

问:从禅定而发慧,因静虑以证真,何不令息念澄神、冥宗照体?故云禅能洗根情之欲垢,摧结使之高山,灭觉观之猛风,遮烦恼之毒箭。曷乃广论总别,说佛说心,惑乱初机,有违正典。

答:夫禅有四种:一、作异计,忻上厌下而修者,是外道禅。二、信正因果,亦以忻厌而修者,是凡夫禅。三、了生空理,证偏真之道而修者,是小乘禅。四、达人法二空而修者,是大乘禅。若背教而唯成闇证,只为己眼不明。守默而但坐痴禅,所以慧心弗朗。徒兴邪行,空滥真修。入道之初,教观须具。执观门而弃教旨,终成上慢之愚。徇他说而背自心,实招数宝之诮。所以《华严》明成就无生之慧,先赖多闻。佛藏说速入涅槃之门,皆因听法。如《佛藏经》颂云:百千哑羊僧,无慧修静虑。设经百千劫,无一得涅槃。聪敏智慧人,能听法说法。敛念须臾顷,必速至涅槃。此颂是自利入道也。又,经颂云:假使顶戴尘沙劫,身为床座遍三千。若不传法利众生,决定无能真报者。斯颂乃利他报恩也。《华严》明菩萨证无生慧光,皆因善巧多闻,又闻有助观起信之功,能圆自行。说有断疑成佛之力,可以化他。故《华严经》颂云:譬如闇中宝,无灯不可见。佛法无人说,虽智不能了。是以,说圆顿教印众生心,开大施之门,成无边之益。若不以此示人,虽有利他而不尽善,所益既尠,用力尤多。若直指自心,全提家宝。如倾囊倒藏,大施无遮,彻果该因,究竟常乐。所以《辅行记》云:若以权法化人,法门虽开,不名倾藏。今于一心开利物门,倾秘密藏,示真实珠。心既不穷,藏亦无量。藏既无量,珠则无边。含一切法,故名为藏。理体无缺,譬之以珠。是则开示众生本有觉藏,非余外来。《维摩经》云:法施会者,无前无后,一时供养一切众生,是名法施之会。什法师云:若一起慈心,则十方同缘。施中之最,莫先于此。故曰无前后也。肇法师云:夫以方会人,不可一息期。以财济物,不可一时周。是以,会通无隅者,弥纶而不漏。法泽冥被者,不易时而同覆。故能即无疆为一会而道无不润,虚心怀德而物自宾。曷为存濡沫之小慧,舍江海之大益。置一时之法养而设前后之俗施乎?夫财养养身,法养养神。养神之道,存乎冥益。何则?群生流转以无穷,为尘路冥冥,相承莫能自返。故大士建德,不自为身。一念之善,皆为群生。以为群生,故行愿俱果。行果,则已

功立。愿果,则群生益。己功立,则有济物之能。群生益,则有返流之分。然则,菩萨始建德于内,群生以蒙益于外矣。何必待哺养启导,然后为益乎?菩提者,弘济之道也。是以,为菩提而起慈者,一念一时,所益无际矣。则是承宗镜之光,遍法界之照,宁有遗余乎?如《首楞严疏钞》云:心灵万变者,坐禅在定时,魔境千差俱不识。昔有禅师在山坐,见一孝子,擎一死尸来,向禅师前著,便哭云:何故杀我阿母?禅师知是魔,思云:此是魔境,我将斧斫却可不得解脱。便于柱上取斧,遂斫一斧,孝子走去。后觉股上湿,便看,乃见血,不期自斫。斯乃正坐禅时,心中起见,遂感外魔来入,行人心不知皆由自心,或自歌舞等元是自心影像。故知,若了唯心,诸境自灭,何处心外别有境魔耶?又,昔有禅师坐时,见一猪来在前。禅师将是魔,则缓擎把猪鼻拽,唱叫把火来!乃见和尚自把鼻唱叫。明知由心变,但修正定,何有魔事?如经云:汝心不明,认贼为子。五十重魔境,皆由妄心为贼子,盗汝法界中法财智宝,处三界往来贫穷孤露之苦。

问:世间染法,有贪瞋痴为所治。出世净法,有戒定慧为能治。则真俗互显,能所对治,行相分明,理事具足。云何但说一心之旨,能祛万法乎?

答:古德云:至道本乎其心,心法本乎无住。无住心体,灵知不昧,则万法出生,皆依无住一心为体。离心之外,无别有法。如群波依水,离水无波。万像依空,离空无像。《大庄严论》偈云:远离于法界,无别有贪法。是故诸佛说,贪出贪余尔。如佛先说：我不说有异贪之法，能出于贪。瞋痴亦尔，由离法界，别法无体故，是故贪等法性，得贪等名。此说贪等法性，能出贪等，此义是经旨眡。又颂云：于贪起正思，于贪得解脱。故说贪出贪，瞋痴出亦尔。释曰：离贪之外，无别有法。以贪法界故，则一切法趣贪，是趣不过。何者？若于贪趣正思，了贪无自性，则于贪得解脱。若于贪起邪想，迷贪生执著，则于贪被系缚。系缚解脱，遂成真俗二门。于真俗二门，则收尽染净诸法。贪一法既尔，余瞋痴等八万四千烦恼尘劳门亦然，一一遍含法界故。斯乃是诸经旨趣之门，亦可全证《宗镜》大意矣。若迷方便，贪诸义门，则疑焰水以漂人，望乾城而投足，凭虚自失，得实何忧？此一心之旨，万德攸归。若善若恶，皆能回转。若逆若顺，悉使善成。所以十玄门中，有唯心回转善成门。古释云：所言唯心回转者，前诸义门等，并是如来藏性清净真心之所建立，若善若恶，随心所转，故云回转善成。心外无别境，故言唯心也。若顺转，即名涅槃。经云：心造诸如来，若逆转即是生死。经云：三界虚妄，皆一心作。生死涅槃，皆不出心。是故，不得定说性是净及与不净也。故《涅槃经》云：佛性非净，亦非不净。净与不净皆唯心故，离心更无别法也。《楞伽经》偈云：唯心无境界，无尘虚妄见。故知，逆顺唯由人转，苦乐自逐缘分。一念无住真心，尘劫未曾改变。但随智分别，所见不同。《涅槃疏》云：若言心性本净，为惑所覆，犹属教道，且顺权说。若云本心清净，众生闻者起于邪见，谓心即是，不肯修道。为令众生断除贪等，方见佛性，故云终不定说等。若依实理，心性本来未净，犹如无始唯冰无水。

虽全是冰，则不得云冰不是水。众生心性，亦复如是，虽本是无明，则不得云非是三德秘藏。是故，圆人唯观无始三道即三德，故不同权人却覆方见。《金刚三昧经》云：梵行长者言：诸法一味，云何三乘其智有异？佛言：长者，譬如江河淮海，大小异故，深浅殊故，名文别故：水在江中，名为江水。在淮中，名为淮水。在河中，名为河水。俱在海中，唯名海水。法亦如是，俱在真如，唯名佛道。是以，纵横幻境，在一性而融真。寂灭灵空，寄森罗而显相。如《华严经》颂云：譬如一心力，能生种种心。如是一佛身，普现一切佛。《华手经》偈云：若欲以一念，遍知一切心。是心无形色，如幻不坚固。《贤劫定意经》云：见于证明，三界如幻。一切本元，无所违失，是曰一心。又云：以是名号，为无所有。有所睹见，见一切本，是曰一心。如经偈云：广博诸世界，无量无有边。知种种是一，知一是种种。何者？一是万法之一，以心为自性故。所以古颂云：万法由心生，心清万法清。五通无障碍，心王如眼睛。《月灯三昧经》云：尔时世尊，知月光童子心所默念，而作偈问，告月光童子言：若菩萨与一法相应，皆悉能获最胜功德，速成阿耨多罗三藐三菩提。何谓一法？童子，若菩萨于一切法体性，如实了知，乃至偈言：诸法但说一，所谓法无相。是智者所说，如实而了知。若说如是法，菩萨了知者。彼得无碍辩，说亿修多罗。导师所加护，显示于实际。不分别假名，曾无有所说。以一知一切，以一切知一。虽有种种说，而不起于慢。其心能了知，一切法无名。随顺学诸名，而演说真实。释曰：若如实了知一切法体性即自心体性，观一切法悉皆无名无相，以假名相说演其真实，令归无相之真原、无名之实际，则入修多罗教海，辩说无穷。又如经云：童子，其心无性，又无形色，不可睹见。童子，如是心体性即是佛功德体性，如是佛功德体性即是一切诸法体性。以是义故，童子，若菩萨说一切法体性一义，如实知者，名为菩萨寂灭于心，善解三界出离善根，如实了知、如实知见、能如实说、无有异说，乃至善解离文字法，善解分别字智，善解离语言法等。

又，《楞伽经》偈云：不生现于生，不退常现退。同时如水月，万亿国土现。一身及无量，燃火及霔雨。心心体不异，故说但是心。心中但是心，心无心而生。种种色形相，所见唯是心。又偈云：心中无断常，身资生住处。唯心愚无智，无物而见有。又偈云：佛子见世间，唯心无诸法。种类非身作，得力自在成。何以故？若得心王，一切自在。要成即成，非他所碍。如持地菩萨云：我常于一切要路津口、田地险隘，有不如法妨损车马，我皆平填。乃至遇毗舍如来摩顶，谓我当平心地，则世界地一切皆平。何以故？由心不平，其地即不平。如舍利弗心有高下，见丘陵坑坎。是知，提纲撮要，莫越观心，见道不隔刹那，取证犹如反掌。陈文帝《法华忏》文云：理无二极，趣必同归。但因业因心，禀万类之识。随见随著，异群生之相。梁武帝《金刚忏》云：得之于心，然后为法。是以无言童子，妙得不言之妙。不说菩萨，深见无说之深。所云理无二极，趣必同归者，则一法标宗，异途泯迹。不言之妙，无说之深者，若不亲证自心，曷乃洞其深妙？则言思道断，冥合斯宗矣。唐德宗皇帝云：夫万有之法，本缘于心，心生法生，心灭法灭。故以心观心，心外无法,心性常住,道其远乎?如先德云:夫修道之体,自识常身本来清净,不生不灭,无有分别,自性圆满清净之心,此是本师。故知,自真心自然而有,不从外来。于三界中所有至亲,莫过于心。问:生佛同体,何故苦乐有殊?答:诸佛悟达,法性皆自然,了心原妄想不生,不失正念,我所心灭,故不受生死,即究竟常寂灭。以寂灭故,万乐自归。一切众生迷于真性,不达本心,种种妄想,不得正念,故即憎爱。以憎爱故,心器破坏,即受生死,故诸苦自现。欲知法要,守心第一。若一人不守真心得成佛者,无有是处。故云:制心一处,无事不办。一切万法,不出自心。八万法门、三乘位体一切贤圣,论其宗教,莫非自心是本。《文句疏》云:若寻教迹,迹广,徒自疲劳。若寻理本,本高,高不可极。日夜数他宝,自无半钱分。但观己心之高广,扣无穷之圣应,机成致感,逮得己利,故用观心释。当知种种声教,若微若著、若权若实,皆为佛道而作筌罤。《大经》偈云:粗言及软语,皆归第一义。此之谓也。《法华·方便品》偈云:我本立誓愿,普令一切众。亦同得此道,如我等无异。又偈云:正直舍方便,但说无上道。此正,不指世间为正,不指荧光析智为正,不指灯炬体法智为正,不指星月道种智为正,乃指日光一切种智为正。此流通,非为杨叶木牛木马而作流通,非流通半字,非流通共字,非流通别字,纯是流通圆满修多罗满字法也。如宗镜一光,更无余照,不唯位高行满,亦乃因深果圆,巧拙顿殊,迟速莫等。如《大智度论》云:譬如治病,苦药针灸,痛而得差。如有妙药,名苏陀扇陀,病人眼见,众疾皆愈。除病虽同,优劣法异。声闻菩萨教化度人,亦复如是:

苦行头陀，初中后夜，勤心禅观，苦而得道，声闻教也。观诸法相，无缚无解，心得清净，菩萨教也。是以，了心实相，悟在刹那。积行而成，因赊果远。但有一毫之善，悉随喜回向实相之心。乃至四威仪中，触途成观，念念契旨，步步入玄，不令一尘而失真智，如箭射地，无不中者。故《论》云：复次，正回向菩萨，应作是念：如十方三世诸佛所知，用无上智慧，知诸善根相。一切智人中，佛第一胜。佛所知诸善根，必是实相。如佛所知，我亦用如是善根相回向。譬如射地，无不著时。若射余物，或著或不著。如诸佛所知随喜，如射地无不著。若用余道随喜，如射余物，或著或不著。如是回向，是为不谤诸佛。故知，信解实相心，入宗镜内，举念皆是，无往不真。方顺佛所知，不谤三宝。若得实相智慧所荫，一切万行悉皆成就。如大鹏影覆其子，令子增长。如今学人，但自直下内了自心，莫疑外境，心若得了，外境皆虚。一法才通，万像尽归心地。一轮有阻，千车悉滞修途。明明而只在自知，念念而无非真实。外粗叵鉴，不虑他疑。内密难穷，唯应亲证。如庞居士偈云：中人乐寂静，下士好威仪。菩萨心无碍，同凡凡不知。佛是无相体，何须有相持。但令心了事，遮莫外人疑。如人渴饮水，冷暖自心知。又如外书中云：有威名于世者，若呼其名，则可以止儿啼。《魏略》云：张辽为孙权所围，辽复入，权众破走，由是威震江东。儿啼不止，其父母以辽名恐之便止。又，《炖煌实录》云：宋质直，破虏有威名。儿啼，恐之即止。且孩儿未识其人，闻名即能止啼者，全证唯心矣。乃至如念观音名号，火不能烧等，此托观音为增上缘，并是自心所感。致兹灵验，灾祥成败，荣辱

升沉，无不由心者矣。所以融大师颂云：亦不从天生，亦不从地出。但是空心性，照世间如日。若如日照世间，何光明而不透？则触目寓情，无非我心矣。皆成法宝，尽作家珍。自利利他，用而无尽。傅大士《三谏歌》云：舍世荣，舍世荣华道理长，怒力殷勤学三谏：谏我身心还本乡，谏意意根莫令起。谏口口根莫说彰，谏手手根莫鞭杖。三谏三王王自香，虚空自得到仙堂。仙堂不近亦不远，徘徊只是众中央。若欲行住仙堂里，不用匍匐在他乡。若欲求念弥陀佛，东西南北是西方。西方弥陀触处是，面前睑后七重行。或黄或赤或红白，或大或小或短长。天盖正是弥陀屋，木孔木穿弥陀房。天上空中弥陀路，草木正是弥陀乡。日夜前后嘈嘈闹，正是弥陀口放光。若欲礼拜弥陀佛，不用思想强干忙。若不诳人是礼拜，若不求人是道场。努力自使三功作，殷勤肆力种衣粮。山河是家无尽藏，草木是人常满仓。泥水是人常满库，藤萝是人无底囊。多作功夫自成就，自行手脚熟严眹。若欲往生安乐国，只是个物是西方。又歌云：诸佛村乡在世界，四海三田遍满生。佛共众生同一体，众生是佛之假名。若欲见佛看三郡，田宅园林处处停。或飞虚空中扰扰，或掷山水口轰轰。或结群朋往来去，或复孤单而独行。或使白日东西走，或使暗夜巡五更。或乌或赤而复白，或紫或黑而黄青。或大或小而新养，或老或少旧时生。或身腰上有灯火，或羽翼上有琴筝。或游虚空乱上下，或在草木乱纵横。或无言行自出宅，或入土坑暂寄生。或攒木孔为乡贯，或遍草木作窠城。或转罗网为村巷，或卧土石作阶厅。诸佛菩萨家如是，只个名为舍卫城。

宗镜录第三十

宋　慧日永明妙圆正修智觉禅师延寿集

夫菩萨欲报佛恩，皆须不惜身命，护持如来正法。云何唯述一心，能报慈化？

答：觉王最后慈勅，唯令于念处修真。首祖当初所传，只但指人心是佛。若能信受，是真报恩。示他则不负前机，自究则克成大事。

如智者《观心论》偈云：大师将涅槃，慈父有遗嘱。四念处修道，当依木叉住。我等非佛子，不念此遗嘱。乘缓内无道，戒缓堕三涂。由不问观心，令他信渐薄。乌鸦不施食，岂报白鸦恩？非但田不良，无平等种子。法雨若不降，法种必燋枯。各无来世粮，失三利致苦。大法将欲颓，哀哉见此事。为是因缘故，须造《观心论》。平等真法界，无行亦无到。若能问观心，能行亦能到。即是四念处，能依木叉住。乘急内有道，戒急生人天。此是真佛子，不乖慈父嘱。天龙皆庆喜，一切岂不忻？能报白鸦恩，普施乌鸦食。既有好良田，有平等种子。法雨应时降，法种皆生长。各有未来资，俱获三利乐。为是因缘故，须造《观心论》。诸来求法者，欲闻无上道。不知问观心，闻慧终不发。诸来求法者，欲思无上道。不知问观心，思慧终不生。诸来求法者，欲修无上道。不知问观心，修慧终不成。诸来求法者，勤修四三昧。

不知问观心,困苦无所获。诸来求法者,多听得言语。不知问观心,未得真实乐。诸来求法者,修三昧得定。不知问观心,盲禅无所见。诸来求法者,欲忏悔众罪。不知问观心,罪终难得脱。诸来求法者,意欲离烦恼。不知问观心,烦恼终不灭。诸来求法者,本欲利益他。不知问观心,退转令他谤。诸来求法者,欲兴显佛法。不知问观心,退还大污损。如此众得失,非偈可具传。有此诸得失,无人觉悟者。为是因缘故,须造《观心论》。末世修观心,得邪定发见。辩才无穷尽,自谓人间宝。无智者鼻嗅,野狐气冲眼。举尾共却行,次第堕坑殒。为是因缘故,须造《观心论》。守鼻隅安般,及修不净观。安般得四禅,不免泥犁苦。不净谓无学,覆钵受女饭。设得随禅生,堕长寿天难。为是因缘故,须造《观心论》。依事法用心,无慧发鬼定。显异动物心,事发坏佛法。命终生鬼趣,九十六眷属。像法决定明,三师破佛法。为是因缘故,须造《观心论》。内心不为道,邪谄念名利。诈现坐禅相,得名利眷属。事发坏他信,毁损佛正道。此是扇提罗,死堕无间狱。为是因缘故,须造《观心论》。说法得解脱,听法众亦然。不知问观心,如贫数他宝。说者问观心,无说亦无示。听者问观心,无闻亦无得。为是因缘故,须造《观心论》。戒为制心马,虽持五部律。不知问观心,心马终不调。律住持佛法,解外不解内。净名诃上首,乃名真奉律。为是因缘故,须造《观心论》。诵经得解脱,非为世财利。若能问观心,破一微尘中。出大千经卷,受持读诵者。闻持无遗忘,心开得解脱。为是因缘故,须造《观心论》。劝化修供养,兴显安行人。密心为自利,倚托以资身。

壤他喜舍善，驼驴以偿人。若能问观心，即如驼骡也。为是因缘故，须造《观心论》。诸道各有法，了不自寻研。忽窥窬释教，动经十数年。非但彼法拙，亦有谋坏心。此是迦毗梨，仙圣岂听说？为是因缘故，须造《观心论》。富贵而无道，多增长憍逸。若能问观心，得真法富贵。虽高而不危，虽满而不溢。不著世富贵，心常在道法。为是因缘故，须造《观心论》。贫贱多奸谄，窥窬造众恶。现被王法治，死堕三恶道。若能问观心，即安贫养道。有道即真实，无为即富乐。为是因缘故，须造《观心论》。四众皆佛子，无非是法亲。因执善法诤，遂结未来怨。若能问观心，和合如水乳。皆师子之子，悉是栴檀林。为是因缘故，须造《观心论》。年衰身带疾，眼闇耳渐聋。心惛多忘漏，年不如一年。死王金翅鸟，不久吞命根。一旦业绳断，气绝岂能言？为是因缘故，须造《观心论》。稽首十方佛，深慈观心者。劝善谛观察，发正觉妙乐。稽首十方法，深悲观心者。善劝谛观察，得真免诸苦。稽首十方僧，大众和合海。若能善观察，欢喜心无量。稽首龙树师，令速得开晓。亦加舍三心，今承三宝力。起三十六问，其间诸细问，对事难可数，若观一念心。能答此问者，当知心眼开，得入清凉池。不能答此问，奈何盲瞑也，少义尚不见，那能行大道？哀哉末法中，无复行道人。设令有三数，宁别此问也。故生悲愍心，归命礼三宝。作此《问心论》，令观者开朗。愿诸见闻者，莫生疑谤心。信受勤修习，必获大法利。乃至偈问云：问观自生心，云何四不说？离戏论执诤，心净如虚空。问观自生心，云何是魔行？业烦恼所系，三界火宅烧。问观自生心，云何是外道？

诸见烦恼业，流转于六道。问观自生心，云何是三业？拙度断见思，出三界火宅。问观自生心，云何是巧度？三乘不断结，得入二涅槃。问观自生心，云何是别教？求大乘常果，菩萨断别惑。问观自生心，云何圆教乘？不破坏法界，住三德涅槃。问观自生心，云何为涅槃？修四种三昧，得真无生忍。问观自生心，云何巧成就？二十五方便，调心入正道。问观自生心，云何知自心？起十种境界，成一心三智。问观自生心，云何知十境？各成十法乘，游四方快乐。问观自生心，云何不住法？入初发心住，及四十二位。问观自生心，云何六度成？能得诸三昧，及诸陀罗尼。问观自生心，云何得六通？用四摄行化，四辩无罣碍。问观自生心，云何得相好？成真应二身，对缘如镜像。问观自生心，云何具十力？及四无所畏，内外照用圆。问观自生心，云何于观心，能得十八种，不共世间法？问观自生心，云何得大慈？大悲三念处，愍众无异想。问观自生心，云何巧方便？成就诸众生，严净一切刹。问观自生心，云何于此心？庄严菩提树，建清净道场。问观自生心，云何降魔怨？能制诸外道，令众悉归敬。问观自生心，云何坐道场？现四种成佛，赴机无差殊。问观自生心，云何转四教？清净妙法轮，一切得甘露。问观自生心，云何现四佛？四种涅槃相，究竟灭无余。问观自生心，云何知依正？四土天器同，而饭色有异。问观自生心，云何于此心？是一切根缘，通达无罣碍？问观自生心，云何知悉檀？无形无所说，现形广说法。问观自生心，云何知渐顿？秘密不定教，一音说此四。问观自生心，云何知四教？各开出四门，及一切法门。问观自生心，云何于四教？四门十六门，作论通众经。问观自生心，云何住灭定？普入十法界，广利诸众生。问观自生心，云何知四土？用教有增减，普利一切众。问观自生心，云何知此心？具一切佛法，无一法出心。问观自生心，云何知此心？即平等法界，佛不度众生。问观自生心，云何知此心？法界如虚空，毕竟无所念。问观自生心，云何无文字？一切言语断，寂然无言说。今约观一念自生心，略起三十六问。外观心人，及久相逐眷属，行四种三昧者，彼观心者，若能一一通达，当生心如佛想，亲近受行，如四依也。门徒眷属，若于此无滞，是真同行，是真法王子孙，绍三宝种，使不断绝。若不能观于一念自生心、一一答此问者，即是天魔外道眷属，为彼之所驱驰，方处三界牢狱，未有出离之期。若心不惬，欲求挽出者，必堕二乘三恶道坑，自断法身慧命，诛灭菩提眷属，是破佛法国土大乘家。哀哉！哀哉！知奈何也。若观自生心，得失如此，观他生、共生、无因生心，亦然也。释曰：此观心三十六问，上等十方诸佛之慈心，无恩不报。下及法界群生之悲仰，有感皆从。乃至修行妙门、度生仪轨、教观融摄、理事圆通、彻果该因、自他兼利、十身遍应、四土包含，但观自一心，无不悉备。如论偈云：乌鸦不施食，岂报白鸦恩？非但田不良，无平等种子。法雨若不降，法种必燋枯。各无来世粮，失三利致苦者，释云：此偈明不修念处之观，即是无平等种子。不依木叉而住，即非良田。何者？夫观大乘念处者，观生死五阴之身非枯非荣，即大寂定。《涅槃经》云：色解脱涅槃，乃至识解脱涅槃，若修此念处观，即是观一切六道众生，即是常乐我净大涅槃，具足佛之知见，如常不轻圆信成就。经

云:施城中最下乞人,与难胜如来等,是则岂可分别是田非田、可施不可施耶?故念处观,即平等种子。若不修,则见生死涅槃有异,凡圣有殊。圣是敬田,则崇仰而施。凡是悲田,则厌贱而不舍,故言无平等种子。今取王为喻者,喻无平等种子也。昔有王,但借白鸦以喻圣人,乌鸦以喻凡人,王喻众生不修念处,不修念处平等种子之人也,故简悲敬两田。然内无平等种子圆观之道,外则不能弘宣化大乘,岂能报佛恩?又,破如来禁戒,则无良田。是故偈云:法雨若不降,法种则燋枯。此两句,明四众无戒慧之机,圣则不应。何者?《涅槃经》云:纯陀自云:我今身有良田,无诸荒秽,唯希如来甘露法雨,雨我身田,令生法芽。而今四众,不依念处修道,则无慧种。不依木叉而住,则无良田。既无种,则众生无感圣之机,岂能招圣法雨之应?众生佛性之芽,何得不枯也?乃至内无善机,外无圣应,法种之芽又枯,是则,失现在未来涅槃、三利之乐,乃更招三涂之苦。又偈云:能报白鸦恩,普施乌鸦食者,释云:此偈明有平等种子,复有良田能施乌鸦食,能报白鸦恩。何者?然佛圣人能觉悟众生,不令为三毒诸烦恼蛇毒所伤,即是圣人于众生有恩。如白鸦觉悟于王,不为毒蛇所害。经云:依教修行,名报佛恩。而今行者,依念处观慧,依木叉而住,即是依教修行,名报佛恩。复能以己之行,化导一切众生,即是普施一切乌鸦食,能报白鸦之恩。又偈云:守鼻隅安般,及修不净观。安般得四禅,不免泥犁苦。不净谓无学,覆钵受女饭。设得随禅生,堕长寿天难。为是因缘故,须造《观心论》者,释云:此明事相修禅之倒也。鼻隅安般一句,标修有漏四禅章门。及修不净观一句，标修无漏事禅章门。守鼻隅者，安心在鼻也。安般者，数息也，以数息故，能得四禅八定。昔有比丘得四禅，谓阿罗汉，临命谤佛，堕于地狱也。昔有比丘学不净观，少时伏心，欲想不起，自谓圣人。后出聚落乞食，见女送饭，欲心即发，情迷心醉，覆钵受于女饭。然数息得禅，设不起谤，及不堕地狱，而随禅受生，堕长寿天难。故知，若于一心四念处修道，不忘慈父嘱，真孝顺之子孙。但入宗镜中，无恩而不报。是以，心若正，万法皆正。心若邪，万法亦邪。若离自心外，欲破他邪，则立自立他，见邪见正。如卸甲入阵，弃火焚畲，欲破敌下种，无有是处。但能守护自心，即是护持正法，亦是普念十方一切如来。自心护法既尔，转化他心亦然，则正外无邪，云何说破。邪外无正，云何说持？如是通明，真护正法，乃至圆满具足一切法门。所以《首楞严经》偈云：将此深心奉尘刹，是则名为报佛恩。《大集经》云：眼识于色，是名非法。若能远离，是名护法。故知，善摄诸根，不为六尘所侵者，可谓真护法矣。《法集经》云：菩萨不须守护诸法，世尊，若菩萨但能善护自心，是菩萨善护自心故，则能成就诸佛妙法，乃至见自心如幻。如是见诸法如幻，而心非内非外，二中间可得。如是见一切法，见即如心，无于色相，不可得示，不可得见，无于形碍，不可执捉，不照不住。见一切诸法，其相如是。若能如是见者，是菩萨则能得于平等之心。以得平等心故，如是菩萨不复更得于法。以平等外无差别法，了差别法即平等故。若入此平等法门，则知一切法皆悉性空，不生爱著，即是无非舍身命处耳。亦是成道处，亦是转法轮处，亦是度生处，亦是入灭处，亦是究

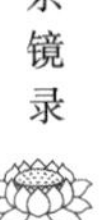

竟报恩处，亦是成满大愿处，亦是万行具足处。

何者？如云万物得地而生，万行得理而成者，理即心也。或行孝思，或输忠烈，靡不由心者哉！如则天朝，孟景休，丁母忧，哀毁迨至灭性。有弟景祎，在襁褓，景休自乳之，乳谓之溢。又，毕构，为吏部尚书，初丁继母萧氏忧。卢氏二妹俱在襁褓，构亲乳之，乃至成长。斯则孝行之所感，乳出于心，非定男女之体也。

问：八万四千法门，门门解脱。云何偏取一心门，以为真趣？

答：此一心门，是真性解脱。古佛慈勅：诸佛解脱，只令于众生心行中求，不于余处求。何以故？只谓众生心，是诸佛心。诸佛解脱，是众生解脱。随缘转变，自号众生。缘性常空，真佛不动。如冰元是水结，若欲求水，应当就冰。冰水虽殊，湿性不坏。时节有异，体性无亏。如是信入，名真解脱。其余法门，非无进趣。若比斯宗，顿渐天隔。但明佛慧，唯接上机。所以法华会上，世尊亲嘱累诸大菩萨：若说此经，直入佛慧，能广开示，真报佛恩。其有不信受者，当于余深法中，示教利喜。即是演余解脱法门。今《宗镜》中，唯论不思议解脱。

如台教问：何意不断烦恼而入涅槃，方是不思议解脱？

答：须弥入芥，小不障大，大不即小，故云不思议耳。今有烦恼惑不障智慧涅槃，智慧涅槃不碍烦恼结惑，乃名不思议。

又，约有体无体，无色无心，以明解脱无体也。若不思议观，色心即是法性之色心，具色心不生不灭而得解脱。故知，真善妙色，妙心之体也。又，妙色湛然常安住。又，色解脱涅槃，若无色者如死人，那得解脱也？乃至黄蜂作蜜，蜘蛛作网，皆不可思议，皆有心数法之解脱也。是知，直了此心，无行不足。以一心具足万行，无一行而非心故。且如云布施者，大菩萨行施等时，能观唯识。知境是心，即心外无法。三轮体空，是称真施。持戒者，谓证唯心，离念常净。无明垢尽，即成佛戒。但佛心中具诸功德，离过义边，则名为戒。忍辱者，观众生唯识妄见，知本心外无法可瞋。精进者，如来精进，若据自行，常观唯识。故《摄论》云：如来常不出观故。寂静禅定者，大菩萨定。谓观唯识不见境时，心无缘念，则是真定。智慧者，大菩萨皆观自心意言分别，以为境界，从初发心乃至成佛，皆作此观，岂止四等六度，成佛化生？乃至欲托质莲台、永抛胎藏、生极乐等诸佛国土，游戏神通者，皆能了达自心，无不化往，又复岂止一行一愿？凡有一切希求，无不从意。故《如来不思议境界经》云：三世一切诸佛皆无所有，唯依自心。菩萨若能了知诸佛及一切法皆唯心量，得随顺忍，或入初地舍身速生妙喜世界，或生极乐净佛土中。《金刚般若论》偈云：智习唯识通，如是取净土。《起信论》云：初信大乘心人，诸佛皆摄生净土。《诸法无行经》云：若能教化三千大千世界中众生，令行十善。不如菩萨如一食顷一心静处，入一相法门。《大般若经》云：佛告善现：当知甚深般若波罗蜜多，是诸善法所趣向门。譬如大海，是一切水趣向门。《楞伽经》偈云：一切诸度中，佛心为第一。所以一切诸乘中，斯乘为究竟。台教云：诸佛解脱，于众生心行中求者，若观众生心行，入本性清净智，穷众生心原者，即显诸佛解脱之果。若见众生心空，即见佛国空，即是心行中求，得三种解脱：众生心性，即真性解脱。痴爱，即实慧解脱。诸不善行，即是方便解脱。是知，此一心真性解脱，能空烦恼系缚九结十使等。如一栴檀树，改四十由旬伊兰林悉香，能令烦恼即菩提故。

又，若断惑忏罪，比余渐教，如氎华千斤，不如真金一两。故云：若欲忏悔者，端坐念实相，则直了无生之心，当处解脱。《金光明经疏》云：毗卢遮那，遍一切处。若行若住，若明若暗，皆得不离见佛世尊。六根所对，无非佛法。耆婆揽草，无非药者，普能愈病。释摩男所执一切砂砾，皆变为宝。阿那律空器，悉满甘露。若能如是者，所观之罪，非复是罪，罪即实相。所观之福，福即非福，福即实相，纯是实相，是名大忏悔也。《观普贤菩萨行法经》云：观心无心，从颠倒想起。如此想心；从妄想起。如空中风，无依止处。如是法相，不生不没，何者是罪，何者是福？我心自空，罪福无主。一切诸法，皆亦如是，无住无坏，如是忏悔。

又，夫有罪可露，非真忏悔。有善可见，非真随喜。有法可趣，非真回向。有事可求，非真发愿。若入宗镜，谛了自心，则无处无方、一切清净。如《甚深大回向经》云：佛言有三种回向。何等为三？谓过去空、当来空、现在空。无有回向者，亦无回向法，亦无回向处。菩萨摩诃萨，当作是回向。作是回向时，三处皆清净。以此清净功德与一切众生，共回向阿耨多罗三藐三菩提。作是回向者，无有凡夫及凡夫法，乃至亦无有佛及向佛者。何以故？法性无缘，不生不灭，无所住故。《法集经》云：菩萨摩诃萨，于一切法，不求究竟处。何以故？是菩萨于一切法，无非究竟故。是菩萨不求解脱，一切诸法本性寂灭，无非解脱。是菩萨不乐一法，亦不厌一法。是菩萨于诸佛法，非是自法，亦非他法。不取一法，不舍一法。《法华经》云：尔时佛告上行等菩萨大众：诸佛神力如是无量无边不可思议，若我以是神力于无量无边百千万亿阿僧祇劫，为嘱累故，说此经功德，犹不能尽。以要言之，如来一切所有之法、如来一切自在神力、如来一切秘要之藏、如来一切甚深之事，皆于此经宣示显说。故知，三世觉王、十方大士、一切所有诸佛之法、一切神通摄化之门、一切宗旨秘要之藏、一切甚深因果之事，皆于此心无不圆足。故云于无量无边阿僧祇劫，嘱累此法，赞叹此心无作之功、无比之德，犹不能尽，岂可率尔顷克而措言乎？此《宗镜录》，是大智所行，上根能受，绝投岩痴狂之见，舍草庵下劣之心，非限量之怀，辄可希冀。持螺何以酌海，折草焉能量天？若遇大机，又不可行于小径。须依宗镜，直示本心。如经云：无以秽食置于宝器，无以大海内于牛迹。是知，于此生信者，甚为希有。何者？信果佛则易，如十方诸佛。信因佛则难，如现今众生。故《起信钞》云：信过去释迦、当来弥勒等是佛，则为易有。今信众生心中真如，是凡圣通依。迷之则六趣无穷，悟之则三宝不断，此为希有。如信皇后王胎则易，信贫女圣孕则难。是以，染法净法，俱是心苗，本地发生，更无余孕。如无著菩萨《大乘庄严经论》偈云：自界及二光，痴共诸惑起。如是诸分别，二实应远离。

释曰：自界，谓自阿赖分种子。二光，谓能取光、所取光。此等分别，由共无明及诸余惑故得生起，如是诸分别二实应远离。二实，谓所取实及能取实，如是二实染净，应求远离。释曰：此亦摄末归本义。《论》云：《求唯识人》云：能取及所取，此二唯心光。贪光及信光，二光无二法。释曰：求唯识人，应知能取、所取，此之二种，唯是心光。如是贪等烦恼光、及信等善法光，如是二光，亦无染净二法。何以故？不离心光，别有贪等、信等染净法故，二光亦无相。偈曰：种种心光起，如是种种相。光体非体故，不得彼法实。释曰：种种心光，即是种种事相。或异时起者，谓贪光、瞋光等。或同时起者，谓信光、进光等。光体等者，如是也。染位心数、净位心数，唯有光相而无光体。是故世尊，不说彼为真实之法。是知，万法之体，不出遮那心源。万善之门，靡越普贤行海。云何不出遮那心源？如《华严经》颂云：佛刹微尘数，如是诸刹土。能于一念中，一一尘中现。云何靡越普贤行海？如《阿僧祇品》颂云：于一微细毛端处，有不可说诸普贤。如一毛端一切尔，如是乃至遍法界。此遮那心即菩提心，此普贤行即菩提行。如《华严经》颂云：欲见十方一切佛，欲施无尽功德藏，欲灭众生诸苦恼，宜应速发菩提心。昔人云：菩提心，即万行之本。即此发心，便名为行。

问：若独取一心解脱，其余非者，则一不收一切，法界义不圆。乖此广乘，失其遍理。

答：若圆修顿悟之机，则举一蔽诸，无复方便。只为不入者，方便开三、乃至八万。虽即开三，本明一道。所以《金刚三昧经》云：如如之理，具一切法。善男子，住如理者，过三苦海。又《楞伽经》偈云：有无是二边，以为心境界。离诸境界法，平等心寂静。《贤劫定意经》云：若复弃捐一切所有，在于所有而无所有，是曰一心。《法句经》云：人寿百岁，情欣放逸，不如一日归心空寂。傅大士颂云：诸佛不许外求名，达本真心即为正。故知，万法归心，则道全矣。如庚桑子《道全篇》云：鲁公卑辞以问之，庚桑子曰：吾能听视不用耳目，非易耳目之所苦者过也。公曰：孰如是，寡人增异矣。其道若何？寡人早愿闻之。庚桑子曰：我体合于心，心合于气，气合于神，神合于无。具有介然之有、唯然之音，虽远际八荒之表，迩在眉睫之内，来于我者，吾必尽知之。乃不知为是我七窍手足之觉、五藏六腑心虑之所知，其自知而已矣。何璨注云：心形泯合，神气冥符，洞然至忘，与无同体，然后心弥静而智弥远，神愈默而照愈彰，理极而自通，不思而玄览。非夫至神至圣，其孰能与于此哉？斯乃灵真之要枢，重玄之妙道者也。是以，内外指归，须冥符心体，则洞照无遗矣。遂能和光万有，体纳十方。夫言和者，非有能所二法相顺名和，如古德云：凡圣各别，不得名和。心体离念，不得众生相。法界即我，我即法界名和。《首楞严经》云：观世音菩萨白佛言：世尊，我从闻思修入三摩地，初于闻中入流亡所。所入既寂，动静二相，了然不生。如是渐增，闻所闻尽。尽闻不住，觉所觉空。空觉极圆，空所空灭。生灭既灭，寂灭现前。忽然超越世出世间，十方圆明，获二殊胜：一者，上合十方诸佛本妙觉心，与佛如来同一慈力。二者，下合十方一切六道众生，与诸众生同一悲仰。斯乃能所迹消，

真俗冥合。非从事行,因异而同。但了心无自他,万法自然一体。外书亦云:心和,即言和。言和,即言满天下无口过。以身心和故,行满天下无怨恶。既与万法体和,则不共物诤。如《华手经》云:佛告舍利弗:是故,菩萨发菩提心,应当观察是心空相。舍利弗,何等是心?云何空相?舍利弗,心名意识,即是识阴、意入、意界。心空相者,心无心相,亦无作者。何以故?若有作者,则有彼作而此人受。若心自作,则自作自受。舍利弗,是心相空,无有作者,无使作者。若无作者,则无作相。若人戏论,是心相者,则与无碍空无相诤。若与无碍空无相诤,是人则与如来共诤。若与如来共诤,当知是人则坠深坑。

是知,若入宗镜海中,已摄余一切法门。如登法性山,悉见诸无边境界。如《大涅槃经》云:譬如有人,在大海浴,当知是人,已用诸河泉池之水。菩萨摩诃萨,亦复如是,修习如是金刚三昧,当知已为修习其余一切三昧。又云:譬如高山,有人登之,远望诸方,皆悉明了。金刚定山,亦复如是,菩萨登之,远望诸法,无不明了。故知自心,无能过者。所以教中,亦名甚深法,亦名最上乘。是以,一法指南,万途归顺,但有名字差别,终无异体别陈。如有颂云:诸色心现时,如金银隐起。金处异名生,与金无前后。且如金银隐起功德之形,但有异名,金体不动。例似一心,现出凡圣之道。虽立别号,心性无生。达此名空,见法如镜,自然息意,冥合真宗矣。

宗镜录第三十一

宋 慧日永明妙圆正修智觉禅师延寿集

夫诸佛境界，唯趣不思议一心解脱之门。何谓不思议解脱？以一切法非有而有、有而非有，非定量之所知，故称不思议。既以非有而有，即不住于无。有而非有，即不住于有。有无不住，即于诸法悉皆解脱，以一切法不出有无故。是知，一心解脱之中无有文字，则无生死、无烦恼、无阴界、无众生、无忧喜、无苦乐、无系缚、无往来、无是无非、无得无失，乃至无菩提、无涅槃、无真如、无解脱。以要言之，一切世出世间诸法，悉皆无有。如《首楞严经》云：知见立知，即无明本。知见无见，斯即涅槃无漏真净，云何是中更容他物？

如上所说世间生死，出世涅槃等，无量差别之名，皆从知见文字所立。若无知见文字，名体本空，于妙明心中，更有何物？如六祖偈云：菩提亦非树，明镜亦非台。本来无一物，何用拂尘埃？融大师云：至理无诠，非解非缠。灵通应物，常存目前。目前无物，无物宛然。不用人致，体自虚玄。又云：无物即天真，天真即大道。寒山子诗云：寒山居一窟，窟中无一物。净洁空堂堂，皎皎明如日。粝食资微躯，布裘遮幻质。任汝千圣现，我有天真佛。所以《大涅槃经》中，佛说一百句解脱，况百斤金，即诸佛无上之珍、涅槃秘密之宝。是以，句句皆云真解脱者，即是如来。夫如来者，即一心真

如自性中来，故云如来。又，如者，不变不异，不失自性，故名为如。来者，即真如不守自性，随缘显现，故名为来。斯乃是不来之来，以真如性遍一切处，实无去来，从心所感，无出没故。又经云：如来者，即是法也。故《起信论》云：所言法者，即众生心。所以古德云：心本清净，亦无净相，方见我心。故知，一百句解脱中，句句明心，心心解脱，未有一文一字不是《宗镜》之指南。如经云：尔时迦叶菩萨复白佛言：世尊，唯愿哀愍，重垂广说大涅槃行解脱之义。佛赞迦叶：善哉，善哉，善男子，真解脱者，名曰远离一切系缚。若真解脱，离诸系缚，则无有生，亦无和合。譬如父母，和合生子。真解脱者，则不如是。是故解脱，名曰不生。迦叶，譬如醍醐，其性清净。如来亦尔，非因父母和合而生。其性清净，所以示现有父母者，为欲化度诸众生故。真解脱者，即是如来。如来解脱，无二无别。譬如春月下诸豆子，得暖气已，寻便出生。真解脱者，则不如是。又，解脱者，名曰虚无。虚无即是解脱，解脱即是如来，如来即是虚无，非作所作。凡是作者，犹如城郭楼观却敌。真解脱者则不如是，是故解脱即是如来。又，解脱者，即无为法。譬如陶师，作已还破。解脱不尔，真解脱者不生不灭，是故解脱即是如来。如来亦尔，不生不灭，不老不死，不破不坏，非有为法，以是义故，名曰如来。入大涅槃，不老不死，有何等义？老者，为迁变，发白面皱。死者，身坏命终。如是等法，解脱中无。以无是事，故名解脱。如来亦无发白面皱有为之法，是故如来无有老也。无有老故，则无有死。又，解脱者，名曰无病。所谓病者，四百四病、及余外来侵损身者，是处无故，故名解脱。

无疾病者即真解脱,真解脱者即是如来。如来无病,是故法身亦无有病。如是无病,即是如来。死者,名曰身坏命终。是处无死,即是甘露。是甘露者,即真解脱,真解脱者,即是如来。如来成就如是功德,云何当言如来无常?若言无常,无有是处。是金刚身,云何无常?是故,如来不名命终,如来清净,无有垢秽。如来之身,非胎所污,如分陀利,本性清净。如来解脱,亦复如是,如是解脱,即是如来,是故如来清净无垢。又,解脱者,诸漏疮疣永无遗余。如来亦尔,无有一切诸漏疮疣。又,解脱者,无有斗诤。譬如饥人见他饮食,生贪夺想,解脱不尔。又,解脱者,名曰安静。凡夫人言:夫安静者,谓摩醯首罗。如是之言,即是虚妄。真安静者,毕竟解脱,即是如来。又,解脱者,名曰安隐。如多贼处不名安隐,清夷之处乃名安隐,是解脱中,无有怖畏,故名安隐。是故,安隐即真解脱,真解脱者即是如来,如来者即是法也。又,解脱者,无有等侣。有等侣者,如有国王、有邻国等。夫解脱者,则无如是。无等侣者,谓转轮圣王,无有能与作齐等者。解脱亦尔,无有等侣。无等侣者即真解脱,真解脱者,即是如来,转轮法王。是故,如来无有等侣,有等侣者无有是处。又,解脱者,名无忧愁。有忧愁者,譬如国王,畏难强邻而生忧愁。夫解脱者,则无是事。譬如坏怨,则无忧虑。解脱亦尔,是无忧畏。无忧畏者,即是如来。又,解脱者,名无忧喜。譬如女人止有一子,从役远行,卒得凶问,闻之愁苦,后复闻活,便生欢喜。夫解脱中,无如是事。无忧喜者,即真解脱。真解脱者,即是如来。又,解脱者,无有尘垢。譬如春月,日没之后,风起尘雾。夫解脱中,无如是事。无尘雾者,喻真解脱。真解脱者,即是如来。譬如圣王髻中明珠,无有垢秽。夫解脱性,亦复如是,无有垢秽。无垢秽者,喻真解脱。真解脱者,即是如来。如真金性不杂沙石,乃名真宝,有人得之,生于财想。夫解脱性,亦复如是,如彼真宝。彼真宝者,喻真解脱。真解脱者,即是如来。譬如瓦瓶,破而声眵。金刚宝瓶,则不如是。夫解脱者,亦无眧破。金刚宝瓶喻真解脱,真解脱者即是如来。是故,如来身不可坏,其声眵者,如蓖麻子,盛热之时,置之日曝,出声震爆。夫解脱者,无如是事,如彼金刚真宝之瓶,无眵破声。假使无量百千之人,悉共射之,无能坏者,无眵破声,喻真解脱。真解脱者,即是如来。如贫宝穷人,负他物故,为他所系,枷锁策罚,受诸苦毒。夫解脱中,无如是事,无有负责。犹如长者,多有财宝,无量亿数,势力自在,不负他物。夫解脱者,亦复如是,多有无量法财珍宝,势力自在,无所负也。无所负者,喻真解脱,真解脱者,即是如来。

又,解脱者,名无逼切。如春涉热,夏日食甜,冬日冷触。真解脱中,无有如是不适意事。无逼切者,喻真解脱。真解脱者,即是如来。又,无逼切者,譬如有人,饱食鱼肉,而复饮乳,是人则为近死不久。真解脱中,无如是事。是人若得甘露良药,所患得除。真解脱者,亦复如是,甘露良药,喻真解脱。真解脱者,即是如来。云何逼切不逼切也?譬如凡人,我慢自高,而作是念:一切众中,谁能害我?即便携持,蛇虎毒虫。当知是人不尽寿命,则为横死。真解脱中,无如是事。不逼切者,如转轮王所有神珠,能伏蜣螂、九十六种诸毒虫等,若有闻是神珠香者,诸毒消灭。真解脱者,亦复如是，皆悉远离二十五有，毒消灭者，喻真解脱。真解脱者，即是如来。又，不逼切者，譬如虚空。解脱亦尔，彼虚空者，喻真解脱。真解脱者，即是如来。又，逼切者，如近干草，然诸灯火，近则炽然。真解脱中，无如是事。又，不逼切者，譬如日月，不逼众生。解脱亦尔，于诸众生，无有逼切。无有逼切，喻真解脱。真解脱者，即是如来。

又，解脱者，名无动法。犹如怨亲，真解脱中，无如是事。又，不动者，如转轮王，更无圣王以为亲友。若更有亲，则无是处。解脱亦尔，更无有亲，若有亲者，亦无是处。彼王无亲，喻真解脱。真解脱者，即是如来。如来者，即是法也。又，无动者，譬如素衣，易受染色，解脱不尔。又，无动者，如婆师华，欲令有臭及青色者，无有是处。解脱亦尔，欲令有臭及诸色者，亦无是处，是故解脱，即是如来。又，解脱者，名为希有。譬如水中生于莲华，非为希有。火中生者，是乃希有。有人见之，便生欢喜。真解脱者，亦复如是，其有见者，心生欢喜。彼希有者，喻真解脱。真解脱者，即是如来。其如来者，即是法身。又，希有者，譬如婴儿，其齿未生，渐渐长大，然后乃生。解脱不尔，无有生与不生。

又，解脱者，名曰虚寂，无有不定。夫不定者，如一阐提究竟不移，犯重禁者不成佛道，无有是处。何以故？是人若于佛正法中心得净信，尔时即便灭一阐提。若复得作优婆塞者，亦得断灭于一阐提。犯重禁者，灭此罪已，则得成佛。是故，若言毕定不移，不成佛道，无有是处。真解脱中，都无如是灭尽之事。又，虚寂者，堕于法界，如法界性，即真解脱。真解脱者，即是如来。又，一阐提若尽灭者，则不得称

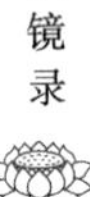
一阐提也。何等名为一阐提耶？一阐提者，断灭一切诸善根本，心不攀缘一切善法，乃至不生一念之善。真解脱中，都无是事，无是事故，即真解脱。真解脱者，即是如来。

又，解脱者，名不可量。譬如谷聚，其量可知。真解脱者，则不如是。譬如大海，不可度量。解脱亦尔，不可度量。不可量者，即真解脱。真解脱者，即是如来。又，解脱者，名无量法。如一众生，多有业报。解脱亦尔，有无量报。无量报者，即真解脱。真解脱者，即是如来。又，解脱者，名为广大。譬如大海，无与等者。解脱亦尔，无能与等。无与等者，即真解脱。真解脱者，即是如来。又，解脱者，名曰最上。譬如虚空，最高无比。解脱亦尔，最高无比。高无比者，即真解脱。真解脱者，即是如来。又，解脱者，名无能过。譬如师子所住之处，一切百兽无能过者。解脱亦尔，无有能过。无能过者，即真解脱。真解脱者，即是如来。又，解脱者，名为无上。譬如北方，诸方中上。解脱亦尔，为无有上。无有上者，即真解脱。真解脱者，即是如来。又，解脱者，名无上上。譬如北方之于东方，为无上上。解脱亦尔，无有上上。无上上者，即真解脱。真解脱者，即是如来。又，解脱者，名曰恒法。譬如人天，身坏命终，是名曰恒，非不恒也。解脱亦尔，非是不恒。非不恒者，即真解脱。真解脱者，即是如来。又，解脱者，名曰坚住。如佉罗栴檀沉水，其性坚实。解脱亦尔，其性坚实。性坚实者，即真解脱。真解脱者，即是如来。又，解脱者，名曰不虚。譬如竹苇，其体空疏。解脱不尔，当知解脱，即是如来。又，解脱者，名不可污。譬如墙壁，未见涂治，蚊虻在上止住游戏。若以涂治彩画雕饰,虫闻彩香即便不住。如是不住,喻真解脱。真解脱者,即是如来。

又,解脱者,名曰无边。譬如村落,皆有边表。解脱不尔,譬如虚空,无有边际。解脱亦尔,无有边际。如是解脱,即是如来。又,解脱者,名不可见。譬如空中,鸟迹难见。如是难见,喻真解脱。真解脱者,即是如来。又,解脱者,名甚深。何以故?声闻缘觉,所不能入。不能入者,即真解脱。真解脱者,即是如来。又,甚深者,诸佛菩萨之所恭敬,譬如孝子,供养父母,功德甚深。功德甚深,喻真解脱。真解脱者,即是如来。又,解脱者,名不可见。譬如有人,不见自顶。解脱亦尔,声闻缘觉,所不能见。不能见者,即真解脱。真解脱者,即是如来。又,解脱者,名无屋宅。譬如虚空,无有屋宅。解脱亦尔,言屋宅者,喻二十五有。无有屋宅,喻真解脱。真解脱者,即是如来。又,解脱者,名不可取。如阿摩勒果,人可取持。解脱不尔,不可取持。不可取持,即真解脱。真解脱者,即是如来。又,解脱者,名不可执。譬如幻物,不可执持。解脱亦尔,不可执持。不可执持,即真解脱。真解脱者,即是如来。又,解脱者,无有身体。譬如有人,体生疮癞,又诸痈疽癫狂干枯。真解脱中,无如是病。无如是病,喻真解脱。真解脱者,即是如来。又,解脱者,名为一味,如乳一味。解脱亦尔,唯有一味。如是一味,即真解脱。真解脱者,即是如来。又,解脱者,名曰清净。如水无泥,澄静清净。解脱亦尔,澄静清净。澄静清净,则真解脱。真解脱者,即是如来。又,解脱者,名曰一味。如空中雨,一味清净。一味清净,喻真解脱。真解脱者，即是如来。

又，解脱者，名曰除却。譬如满月，无诸云曀。解脱亦尔，无诸云曀。无诸云曀，即真解脱。真解脱者，即是如来。又，解脱者，名曰寂静。譬如有人，热病除愈，身得寂静。解脱亦尔，身得寂静。身得寂静，即真解脱。真解脱者，即是如来。又，解脱者，即是平等。譬如野猫毒蛇鼠狼，俱有杀心。解脱不尔，无有杀心。无杀心者，即真解脱。真解脱者，即是如来。又，平等者，譬如父母，等心于子。解脱亦尔，其心平等。心平等者，即真解脱。真解脱者，即是如来。又，解脱者，无有异处。譬如有人，唯居上妙，清净屋宅，更无异处。解脱亦尔，无有异处。无异处者，即真解脱。真解脱者，即是如来。又，解脱者，名曰知足。譬如饥人，值遇甘膳食之无厌。解脱不尔，如食乳糜，更无所须。更无所须，喻真解脱。真解脱者，即是如来。又，解脱者，名曰断绝。如人被缚，断缚得脱。解脱亦尔，断绝一切疑心结缚。如是断疑，即真解脱。真解脱者，即是如来。又，解脱者，名到彼岸。譬如大海，有此彼岸。解脱不尔，虽无此岸，而有彼岸。有彼岸者，即真解脱。真解脱者，即是如来。又，解脱者，名曰默然。譬如大海，其水泛涨、多诸音声。解脱不尔，如是解脱，即是如来。又，解脱者，名曰美妙。譬如众药，杂诃梨勒，其味则苦。解脱不尔，味如甘露。味如甘露，喻真解脱。真解脱者，即是如来。

又，解脱者，除诸烦恼。譬如良医，和合诸药，善疗众病。解脱亦尔，能除烦恼。除烦恼者，即真解脱。真解脱者，即是如来。又，解脱者，名曰无窄。譬如小舍，不容多人。解脱不尔,多所容受。多所容受,即真解脱。真解脱者,即是如来。又,解脱者,名灭诸爱,不杂淫欲。譬如女人,多诸爱欲。解脱不尔,如是解脱,即是如来。如来如是,无有贪欲瞋恚愚痴憍慢等结。又,解脱者,名曰无爱。爱有二种:一者饿鬼爱,二者法爱。真解脱者,离饿鬼爱,怜愍众生,故有法爱。如是法爱,即真解脱。真解脱者,即是如来。又,解脱者,离我我所。如是解脱,即是如来。如来者,即是法也。又,解脱者,是灭尽,离诸有贪。如是解脱,即是如来。如来者,即法也。又,解脱者,即是救护。能救一切诸怖畏者,如是解脱,即是如来。如来者,即是法也。又,解脱者,即是归处,若有归依。如是解脱,不求余依。譬如有人,依恃于王,不求余依。虽复依王,则有动转。依解脱者,无有动转。无动转者,即真解脱。真解脱者,即是如来。如来者,即是法也。

又,解脱者,名为屋宅。譬如有人,行于旷野,则有险难。解脱不尔,无有险难。无险难者,即真解脱。真解脱者,即是如来。又,解脱者,是无所畏。如师子王,于诸百兽不生怖畏。解脱亦尔,于诸魔众不生怖畏。无怖畏者,即真解脱。真解脱者,即是如来。及,解脱者,无有窄聍。譬如隘路,乃至不受二人并行。解脱不尔,如是解脱,即是如来。又有不窄,譬如有人,畏虎堕井。解脱不尔,如是解脱,即是如来。又有不窄,如大海中,舍坏小船,得坚牢船,乘之渡海,到安隐处,心得快乐。解脱亦尔,心得快乐。得快乐者,即真解脱。真解脱者,即是如来。又,解脱者,拔诸因缘。譬如因乳得酪,因酪得酥,因酥得醍醐。真解脱中,都无是因。无是因者,即真解脱。真解脱者,即是如来。又,解脱者,能伏憍慢。譬如大王,慢于小王。解脱不尔,如是解脱,即是如来。如来者,即是法也。又,解脱者,伏诸放逸。谓放逸者,多有贪欲。真解脱中,无有是名。无是名者,即真解脱。真解脱者,即是如来。又,解脱者,能除无明。如上妙酥,除诸滓秽,乃名醍醐。解脱亦尔,除无明滓,生于真明。如是真明,即真解脱。真解脱者,即是如来。

又,解脱者,名为寂静,纯一无二。如空野象,独一无侣。解脱亦尔,独一无二。独一无二,即真解脱。真解脱者,即是如来。又,解脱者,名为坚实。如竹苇蓖麻,茎干虚空而子坚实。除佛如来,其余人天皆不坚实。真解脱者,远离一切诸有流等。如是解脱,即是如来。又,解脱者,名能觉了,增益于我。真解脱者,亦复如是。如是解脱,即是如来。又,解脱者,名舍诸有。譬如有人,食已而吐。解脱亦尔,舍于诸有。舍诸有者,即真解脱。真解脱者,即是如来。又,解脱者,名曰决定。如婆师华香,七叶中无。解脱亦尔,如是解脱,即是如来。又,解脱者,名曰水大。譬如水大,于诸大胜,能润一切草木种子。解脱亦尔,能润一切有生之类。如是解脱,即是如来。又,解脱者,名曰为入。如有门户,则通路入金性之处,金则可得。解脱亦尔,如彼门户,修无我者,则得入中。如是解脱,即是如来。又,解脱者,名曰为善。譬如弟子,随逐于师,善奉教勅,得名为善。解脱亦尔,如是解脱,即是如来。又,解脱者,名出世法,于一切法,最为出过。如众味中,酥乳最胜。解脱亦尔,如是解脱,即是如来。

又，解脱者，名四不动。譬如门间，风不能动。真解脱者，亦复如是。如是解脱，即是如来。又，解脱者，名无涛波。如彼大海，其水涛波。解脱不尔，如是解脱，即是如来。又，解脱者，譬如宫殿。解脱亦尔，当知解脱，即是如来。又，解脱者，名曰所用。如阎浮檀金，多有所任，无有能说是金过恶。解脱亦尔，无有过恶，即真解脱。真解脱者，即是如来。又，解脱者，舍婴儿行。譬如大人，舍小儿行。解脱亦尔，除舍五阴。除舍五阴，即真解脱。真解脱者，即是如来。又，解脱者，名曰究竟。如被系者，从系得脱，洗浴清净，然后还家。解脱亦尔，毕竟清净。毕竟清净，即真解脱。真解脱者，即是如来。又，解脱者，名无作乐。无作乐者，贪欲瞋恚愚痴吐故。喻如有人，误饮蛇毒，为除毒故，即服吐药。既得吐已，毒即除愈，身得安乐。解脱亦尔，吐于烦恼诸结缚毒，身得安乐，名无作乐。无作乐者，即真解脱。真解脱者，即是如来。

又，解脱者，名断四种毒蛇烦恼。断烦恼者，即真解脱。真解脱者，即是如来。又，解脱者，名离诸有、灭一切苦、得一切乐，永断贪欲瞋恚愚痴，拔断一切烦恼根本。拔根本者，即真解脱。真解脱者，即是如来。又，解脱者，名断一切有为之法，出生一切无漏善法。断塞诸道，所谓若我无我，非我非无我，唯断取著，不断我见。我见者，名为佛性。佛性者，即真解脱。真解脱者，即是如来。又，解脱者，名不空空。空空者，名无所有。无所有者，即是外道尼揵子等所计解脱。而是尼揵实无解脱，故名空空。真解脱者，则不如是，故不空空。不空空者，即真解脱。真解脱者，即是如来。

又，解脱者，名曰不空。如水酒酪酥蜜等瓶，虽无水酒酪酥蜜时，犹故得名为水等瓶。如是瓶等，不可说空及以不空。若言空者，则不得有色香味触。若言不空，而复无有水酒等实。解脱亦尔，不可说色及以非色，不可说空及以不空。若言空者，则不得有常乐我净。若言不空，谁受是常乐我净者。以是义故，不可说空及以不空。空者，谓无二十五有及诸烦恼、一切苦、一切相、一切有为行，如瓶无酪，则名为空。不空者，谓真实善色、常乐我净、不动不变，犹如彼瓶色香味触，故名不空。是故，解脱喻如彼瓶，彼瓶遇缘则有破坏。解脱不尔，不可破坏。不可破坏，即真解脱。真解脱者，即是如来。

又，解脱者，名曰离爱。譬如有人爱心希望释提桓因、大梵天王、自在天王。解脱不尔，若得成于阿耨多罗三藐三菩提已，无爱无疑。无爱无疑，即真解脱。真解脱者，即是如来。若言解脱有爱疑者，无有是处。又，解脱者，断诸有贪，断一切相、一切系缚、一切烦恼、一切生死、一切因缘、一切果报。如是解脱，即是如来。如来者，即是涅槃。一切众生，怖畏生死，诸烦恼故，故受三归。譬如群鹿怖畏猎师，既得免离，若得一越，则喻一归。如是三越，则喻三归。以三越故，得受安乐。众生亦尔，怖畏四魔恶猎师故，受三归依。三归依故，则得安乐。受安乐者，即真解脱。真解脱者，即是如来。如来者，即是涅槃。涅槃者，即是无尽。无尽者，即是佛性。佛性者，即是决定。决定者，即是阿耨多罗三藐三菩提。释曰：上来一百句解脱，文现不繁，更释大意：只明一心真性解脱，以实慧解脱显此真性，然后成方便慧解脱，故能自觉觉他，名之为佛，即是平等法身天真之佛。所以经云：当知解脱即是如来，如来之性即是解脱，解脱如来无二无别。是以，如来之性即众生性，众生之性即一切法性，一切法性即是心性。以心性遍一切处故，则一切处悉是不思议解脱。以不见自性故，则随处贪著，著即被缚。若了斯宗，缚脱俱寂。所以云：离即著，著即离，幻化门中生实义。亦无离，亦无著，何处更求无病药？

又，此一百句解脱，委曲披陈，是最后指归，究竟垂示，则涅槃之秘藏，祖佛之正宗。所以具录全文，证明宗镜，请不厌繁览。所冀子细明心，斯乃解缚之原，迷悟之本。若心解则一切解，与真性而相应。若心缚则一切缚，与尘劳而共处。出要之道，于此绝言。方便之门，更无过上。此不思议真性解脱法门，一入全真，真外无法。意消能所，情断是非。此非诵文法师凑其智海，闇证禅伯了此慧灯，唯除直见性人，一乘道种，方能悟入顿了无疑。此圆顿教门，唯一无分别法耳，无有际畔，不涉一多，以即边而中，故无法可比。以即妄而真，故无法可待。岂更佛法待于佛法？唯一绝待如来法界故，出法界外，无复有法。无所可待，亦无所绝。唯证相应，不在言说。如《大集经》云：不待庄严，了知诸法，以得一总得余故。所以云：一叶落，天下秋。一尘起，大地收。一华开，天下春。一事寂，万法真。则上根一览，终不再疑。中下之机，宁无方便。如《孤寂吟》云：举一例诸足可知，何用喃喃说引词！只见饿夫来取饱，不闻浆逐渴人飞。

问:众生法身与佛平等,云何不起报化之用耶?

答:虽本平等,隐显有殊:隐名如来藏,显名法身。《起信疏》云:但众生迷自真理,起于妄念,是时真如但现染相,不显其用。

《钞》问云:众生心与佛体既同,众生迷时何不起用?答:以无明有力,起于九相。真如无力被隐,故不能现用。如水为风所击,但起波澜,而不能现像。《石壁钞》云:论云本觉常起用者,有其二意:一约内熏,即自体相熏习义。故论云:从无始来具无漏法,备有不思议业,作境界之性。依此二义,恒常熏习。二约应化不起者,但以妄染覆之,非谓本觉无此应用,亦非固心抑令不起。斯则过在于妄迷而不知,何关于觉?以本觉常具常熏故,如修竹有龙凤之音,尘镜有照胆之用。是知,灵台绝妙,众生莫知。若暂返照回光,无有不得之者。如地中求水,矿里求金,唯虑不肯承当,沉埋心宝。宗镜委细,意嘱于斯,普劝后贤,直须知有。

宗镜录第三十二

宋 慧日永明妙圆正修智觉禅师延寿集

夫《华严经》是圆满教，所明一法才起，皆有眷属随生。今此何故唯论绝待？

答：所言眷属者，皆是理内眷属，众生如、佛如，一如无二如。理性相关，故称如来为世间之父，一切众生为诸佛之子。若法门眷属者，约自证法，则禅定为父，般若为母，而生真净法身。若化他法，则方便为父，慈悲为母而生应化佛身。从般若真性起同体大悲，所有万行庄严皆是性起功德，必无心外法而为主伴。如《般若经》云：欲为佛亲侍者及内眷属等，应学般若，般若即心灵之性故。是以，诸佛菩萨凡有施为，皆是内秘外现，不舍道法，现凡夫事。如《华严·入法界品》云：复次善男子，菩萨以般若波罗蜜为母，方便善巧为父，檀那波罗蜜为乳母，尸罗波罗蜜为养母，忍辱波罗蜜为庄严具，精进波罗蜜为养育者，禅那波罗蜜为浣濯人，善知识为教授师，一切菩提分为伴侣，一切善法为亲属，一切菩萨为兄弟，菩提心为家，如理修行为家法，诸地善法为家处，得诸忍法为家族，大愿现前为家教，以清净智满足诸行为顺家法，劝发勤修不断大乘为绍家业，法水灌顶一生所系菩萨为王太子，成就广大真实菩提为净家族。《鸯崛魔罗经》云：佛言：一切众生有如来藏，一切男子皆为兄弟，一切

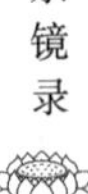

女人皆为姊妹。乃至女有佛藏,男亦如是。云何一性而自染著?以一性故,是故,如来净修梵行,住于自地、不退转地,得如来地。《维摩经》偈云:智度菩萨母,方便以为父。一切众导师,无不由是生。法喜以为妻,慈悲心为女。善心诚实男,毕竟空寂舍。弟子众尘劳,随意之所转。道品善知识,由是成正觉。诸度法等侣,四摄众妓女。歌咏诵法言,以此为音乐。总持之园苑,无漏法林树。觉意净妙华,解脱智慧果。八解之浴池,定水湛然满。布以七净华,浴此无垢人。象马五通驰,大乘以为车。调御以一心,游于八正路。相具以严容,众好饰其姿。惭愧之上服,深心为华鬘。富有七财宝,教授以滋息。如所说修行,回向为大利。四禅为床座,从于净命生。多闻增智慧,以为自觉音。甘露法之食,解脱味为浆。净心以澡浴,戒品为涂香。摧灭烦恼贼,勇健无能踰。降伏四种魔,胜幡建道场。崇福《疏》云:实德内资,长养如母。方便外摄,度生称父。内证深法,悦已智心。喜乐盈怀,故名为妻。肇师云:慈悲之心,虚而外适,其性柔弱,随物不违,故如女也。善心力大,灭恶尽原,真证相应,故名为男。所证二空之理为其舍宅,外障六尘风雨,内去三毒之虫。又,有非真要,时复暂游。空为理宗,以为常宅。故云:毕竟空寂舍,能转尘劳众生以成佛法。昔无明郎主,恩爱魔王,今化令随道名为弟子,故云:弟子众尘劳,随意之所转。乃至三十七品之知识、六度万行之法侣,为真实道畔,助成菩提,四摄广被,令人喜悦。如妓女,赞诵法言,令人爱味。如音乐,以总持为苑,能摄诸法。以无漏为林,能除热恼。以七觉净妙之华,成八解智慧之果。湛然定水,恒开觉华。用一乘为车，五通为马，御之以一心，游行八正道。乃至妙相严容，众好饰体，惭愧为服，深心为鬘，具七圣之财，踞四禅之座，入多闻宝藏，从净命而生。饮解脱一味之浆，得甘露究竟之食。破八万烦恼，成五分法身。降四种魔军，圆三菩提道。若主若伴，若因若缘，皆是宗镜卷舒、心之体用，未曾一法建立，从外而生。

天台《净名疏》问：那忽处处对法门，约观心作如此等说，佛意必如此也？

答曰：若言经中无对法门解释义者，此经《佛道品》，普现色身菩萨问维摩诘言：居士父母妻子亲戚眷属等，悉为是谁？大士偈答言：智度菩萨母等。净名既是在家菩萨，何容无有父母妻子家宅？而不依事答、悉约内行法门答者，当知诸佛菩萨，不起道法现凡夫事。虽现凡事，皆内表道法也。如佛般涅槃处在双树，四枯四荣，岂可直作树木之解？且如来诚说，皆表半满枯荣。今在毗耶庵罗树园，欲说不思议解脱法门，不舍道法、现迹同凡，住毗耶离，岂不表极地所住法门也？《华严经》明十城十园，岂止是世间城园也？此经下文《菩萨行品》云：诸佛威仪，有所进止，无非佛事。何得俱作事解，都不寻思诸佛菩萨不思议教，善权秘密表发之事？又，《法华经》云：欲说是经，应入如来室，著如来衣，坐如来座。如来室者，乃是大慈悲心。如来衣者，即是柔和忍辱。如来座者，即是一切法空。

问曰：《华严》顿教大乘可得约行明诸法门，此方等经及小乘教，何得亦约观行明义？

答曰：此经既云诸佛解脱，当于众生心行中求。若不约观行，岂称斯文？若不以毗耶离庵罗树园对诸法门，则不得约观心解释，何得于众生心行中求诸佛解脱？若不于心行求解脱者，云何得住不思议解脱？若不住不思议解脱，云何于一毛孔见诸佛土变现自在？如《不思议品》所明也。复云何得如《法华经》，明身根清净，一切十方国土皆于身中现？又岂得如《华严经》颂，说无量诸世界，悉从心缘起。无量诸佛国，皆于毛孔现也？如前问言小乘不得约观心解释者，何故声闻经中，佛为牧牛人说十一法，皆一一内合比丘观心？如是等例，岂非方等及三藏经，对诸法门观心明义也？故知，了义教、不了义教，皆是了义，以唯一心故。所以云：圆机对教，无教不圆。理心涉事，无事非理。又云：根羸则法劣，器广则道圆故。

问：此宗玄奥，性自天真，非生因之所生，唯了因之所了。云何广述诸有，差别行门？

答：夫妙达殊伦，则法法齐旨。巧通异道，乃物物咸如。夫言了因者，乃是于真心中性德显了，故名了因。生因者，亦是信心中能生六度万行，故名生因。生了俱心，理行非外。若不了此，取舍万端，才入斯宗，自无高下。夫三界之有，是菩提之用，本末相遍，空有融通。岂同豁尔之无、块然之有？如《大智度论》云：空有二种：一者善空，炽然修一切行，而了性空。二者恶空，恣行恶法，而欲拨令空。今论不可得空，此空不离诸法，诸法不离此空。当知，一切法趣空，如瓶处空。十方界空不异瓶空，故十方空皆趣瓶空。《华严论》云：若也但修空，无想法身，即于智不能起用。若但一向生想，不见无相法身，即纯是有为。又云：如是大悲，如是智慧，如是万行，皆为长养初发心住、初生佛家之智慧大悲，令惯习自在，故时亦不改，法亦不异，智亦不迁。犹如竹苇依旧而成，初生与终，无有粗细。亦如小儿初生而后长为大，无异大也。是知，差别行门，皆入毕竟空中，无有分别。

如龙树菩萨问曰：若菩萨知佛是福田，众生非福田，是非菩萨法。菩萨以何力故，能令佛与畜生等？

答曰：菩萨以般若波罗蜜力故，一切法中修毕竟空心。是故，于一切法无分别，如畜生，五阴、十二入、十八界和合生，名为畜生。佛亦如是，从诸善法和合，假名为佛。若人怜愍众生，得无量福德。于佛著心起诸恶因缘，得无量罪。是故，知一切法毕竟空，故不轻畜生，不著心贵佛。复次诸法实相，是一切法无相，是无相中，不分别是佛是畜生。若分别即是取相，是故等观。故经偈云：一切诸法中，皆以等观入。《大法炬经》云：涅槃义者，本来自有。非人所为，故名涅槃。又，真涅槃者，所谓一切世间，乃至若有若无，如是一切悉名涅槃。若取相分别，则非涅槃。是以，若见一法异，则失唯心第一义门，便成魔事。故《大集经》云：于众生生异想，是为魔业。厌有为功德，是为魔业。故天台《净名疏》云：住此观心，不见悭相施相，而能慈悲利益众生。所有财物，拯济贫乏。兴诸福业，供养三尊。修故造新，随喜奖善。若是长者，一村行施，因施说法，是则一村贫民、四众受施之徒，感恩慕德，非但归心受化，悭悋之心，渐渐微薄，亦复学是施主舍财修福也。若在一县，令长官司，住正观心，所有资财，能如是财施、法施者，则一县贫民、四众受施之徒，皆亦归心受化，悭心自然休息，舍财修福，利益兴显。乃至一管一国，人主官僚、天王帝主，住正观心，不见悭施，所有资财，慈爱贫民，恩惠分施，因为善巧说四教法，州管国内所有贫民四众，荷恩慕德，敬仰归心，承事亲近受道，因是悭心渐薄，皆能惠施，修诸福业，转相教化，行恩布德，正道居怀，是则诸州诸管、举国人民，有善有恶、有智有道，譬如一灯然百千灯，本灯湛然，余灯遍满，冥者皆明，明终不绝。是为四众长者、官司国主，住檀波罗蜜无尽灯法门，摄一切众生也。是诸所摄众生，未来在家、出家，还为眷属，或为亲戚，或为臣民，或为弟子，同生净土，依报巍巍，七珍无量，值佛闻经，道心开发。是诸施主，若得无生法忍，住不思议解脱，昔布施所摄众生得道时至，是诸施主，即于有因缘之国，示成正觉，昔布施所摄众生皆来其国，一切能舍，修三乘道。若闻《法华》开佛知见之说，即同入大乘，乘此宝乘，游于四方，嬉戏快乐，此即净名大士，何处更往毗耶离别觅维摩诘耶？

故知，若能了此真如一心无尽之理，则一切六度四摄万行皆无有尽。转示他心，亦同无尽。乃至重重涉入，递出无穷，如无尽灯，布影分光，遍周法界。非唯净名是我，实乃千圣同俦：纯行救度之心，则观音出现。常运大慈之意，则弥勒下生。乃触途皆证法门，寓目尽成愿海。高低岳渎，共转根本法轮。大小鳞毛，普现色身三昧。是以，从体起用，用自遍周。以性成行，行无边际。如《还原观》，从自性之体，分其二用：一、海印森罗常住用，谓真如本觉也。妄尽心澄，万像齐现。犹如大海,因风起浪。若风止浪息,海水澄清,无像不现。二、法界圆明自在用,即《华严》三昧也。谓广修万行,称理成德,普周法界而证菩提。何故分其二用?前海印用是本用,亦名理行,亦名性德。后《华严》用是修成,亦名事行,亦名修德。此二相假成其大用,谓因修显性,以性成修。若无性,修亦不成。若无修,性亦不显。是以,离性无修,离修无性。故云:万法显必同时,一际理无前后。斯则二而不二,又不二而二。何者?以海印用本具是所现,谓真如自性,有遍照法界义故。《华严》用是能现,以修成契理,能成万行故。能所有异,本末似分,则非一非异,能成妙行。

问:既以心为宗,教中云何又说破色心论?且何心可宗、何心可破?

答:心有二种:一、随染缘所起妄心,而无自体。但是前尘逐境有无,随尘生灭。唯破此心,虽云可破而无所破,以无性故。《百论·破情品》云:譬如愚人见热时焰,妄生水想,逐之疲劳。智者告言:此非水也。为断彼想,不为破水。如是诸法自性空,众生取相故著,为破是颠倒故言破,实无所破。二、常住真心,无有变异,即立此心以为宗镜。《识论》云:心有二种:一、相应心。谓无常妄识,虚妄分别,与烦恼结使相应。二、不相应心。所谓常住第一义谛,古今一相自性清净心。今言破者,是相应心。不相应心,立为宗本。是以,一切自行履践之路、无边化他方便之门,皆以心为本,本立而道生。万法浩然,宗一无相。欲举一蔽诸、指咸知海者,即此常住不动真心也。

问:众生觉性,天真自然,何假因缘文义开析?本自无疮,勿伤之也。

答:若执此性决定是自然者,应须现推有自然之理,且如本性以何法为自体?如《首楞严经》云:佛告阿难:我今如是开示方便,真实告汝。汝犹未悟,惑为自然。自须甄明,有自然体。汝且观此妙明见中,以何为自?此见为复以明为自、以暗为自?以空为自、以塞为自?阿难,若明为自,应不见暗。若复以空为自体者,应不见塞。如是乃至诸暗等相以为自者,则于明时,见性断灭,云何见明?故知,恒常之性,不逐缘生。若随明暗幻化之法以为自体者,明暗等法缘散之时,此性应随断灭。

问:本性既非自然,应是因缘之性?

答:此性若是因缘为体者,今推以何法为因,何法为缘?应须礭定真实体性。如经云:阿难言:必此妙见性非自然,我今发明是因缘性,心犹未明,咨询如来,是义云何合因缘性?佛言:汝言因缘,吾复问汝:汝今因见,见性现前,此见为复因明有见,因暗有见?因空有见,因塞有见?阿难,若因明有,应不见暗。如因暗有,应不见明。如是乃至因空因塞,同于明暗。复次阿难,此见又复缘明有见,缘暗有见?缘空有见,缘塞有见?阿难,若缘空有,应不见塞。若缘塞有,应不见空。如是乃至缘明缘暗,同于空塞。当知如是精觉妙明,非因非缘,亦非自然,非不自然,无非不非,无是非是。离一切相,即一切法。汝今云何于中措心,以诸世间戏论名相而得分别?如以手掌撮摩虚空,只益自劳,虚空云何随汝执捉?阿难白佛言:世尊,必妙觉性非因非缘。世尊,云何常与比丘宣说见性具四种缘?所谓因空因明,因心因眼,是义云何?佛告阿难:我说世间诸因缘相,非第一义。阿难,吾复问汝:诸世间人说我能见,云何名见,云何不见?阿难言:世人因于日月灯光,见种种相,名之为见。若复无此三种光明,则不能见。阿难,若无明时名不见者,应不见暗。若必见暗,此但无明,云何无见?阿难,若在暗时,不见明故,名为不见。今在明时,不见暗相,还名不见。如是二相,俱名不见。若复二相自相陵夺,非汝见性于中暂无,如是则知二俱名见,云何不见?是故阿难,汝今当知,见明之时,见非是明。见暗之时,见非是暗。见空之时,见非是空。见塞之时,见非是塞。四义成就,汝复应知,见见之时,见非是见。见犹离见,见不能及。云何复说因缘、自然,及和合相?汝等声闻,狭劣无识,不能通达清净实相。吾今诲汝,当善思惟,无得疲怠妙菩提路。故知,说因缘、自然,皆属世间言论。谈有无、真俗,悉是分别识心。当见性之时,岂留观听。在发明之际,焉落言思?

问:此妙明性,既非因缘自然,则无有一法不从和合而生。如无所证之真如,何由发能证之妙智?则境智和合,能成见性。

答:若智外有真如,则可为所证。真如外有智,则可为能证。今智外无如,如外无智,欲将何法以为和合、非和合

耶？如经云：佛告阿难：汝虽先悟本觉妙明，性非因缘、非自然性。而犹未明如是觉，元非和合生、及不和合。阿难，吾今复以前尘问汝：汝今犹以一切世间妄想和合诸因缘性，而自疑惑，证菩提心和合起者，则汝今者妙净见精，为与明和、为与暗和？为与通和、为与塞和？若明和者，且汝观明，当明现前，何处杂见？见相可辩，杂何形像？若非见者，云何见明？若即见者，云何见见？必见圆满，何处和明？若明圆满，不合见和，见必异明，杂则失彼性明名字。杂失明性，和明非义。彼暗与通，及诸群塞，亦复如是。复次阿难，又汝今者妙净见精，为与明合，为与暗合？为与通合，为与塞合？若明合者，至于暗时明相已灭，此见即不与诸暗合，云何见暗？若见暗时不与暗合，与明合者应非见明。既不见明，云何明合？了明非暗，彼暗与通，及诸群塞，亦复如是。阿难白佛言：世尊，如我思惟，此妙觉元，与诸缘尘及心念虑，非和合耶？佛言：汝今又言觉非和合，吾复问汝：此妙见精非和合者，为非明和、为非暗和？为非通和、为非塞和？若非明和，则见与明必有边畔。汝且谛观，何处是明，何处是见？在见在明，自何为畔？阿难，若明际中必无见者，则不相及，自不知其明相所在，畔云何成？彼暗与通，及诸群塞，亦复如是。又，妙见精非和合者，为非明合、为非暗合？为非通合、为非塞合？若非明合，则见与明，性相乖角。如耳与明，了不相触。见且不知明相所在，云何甄明合非合理？彼暗与通，及诸群塞，亦复如是。乃至佛告富楼那：汝虽除疑，余惑未尽。吾以世间现前诸事，今复问汝：汝岂不闻室罗城中演若达多，忽于晨朝，以镜照面，爱镜中头眉目可见，瞋责己头不见面目，以为魑魅，无状狂走。于意云何？此人何因无故狂走？富楼那言：是人心狂，更无他故。佛言：妙觉明圆，本圆明妙。既称为妄，云何有因？若有所因，云何名妄？自诸妄想展转相因，从迷积迷以历尘劫，虽佛发明，犹不能返。如是迷因，因迷自有。识迷无因，妄无所依。尚无有生，欲何为灭？得菩提者，如寤时人说梦中事，心纵精明，欲何因缘取梦中物？况复无因本无所有，如彼城中演若达多，岂有因缘自怖头走？忽然狂歇，头非外得。纵未歇狂，亦何遗失？富楼那，妄性如是，因何为在？汝但不随分别世间业果众生三种相续，三缘断故，三因不生，则汝心中演若达多，狂性自歇，歇即菩提。胜净明心本周法界，不从人得，何藉劬劳肯綮修证？乃至佛告阿难：即如城中演若达多，狂性因缘若得灭除，则不狂性自然而出。因缘自然，理穷于是。阿难，演若达多，头本自然。本自其然，无然非自，何因缘故怖头狂走？若自然头因缘故狂，何不自然因缘故失？本头不失，狂怖妄出。曾无变易，何藉因缘？本狂自然，本有狂怖。未狂之际，狂何所潜？不狂自然，头本无妄，何为狂走？若悟本头，识知狂走，因缘自然，俱为戏论。是故，我言三缘断故，即菩提心。菩提心生，生灭心灭。此但生灭，灭生俱尽，无功用道。若有自然，如是则明自然心生，生灭心灭，此亦生灭。无生灭者，名为自然，犹如世间诸相杂和成一体者，名和合性。非和合者，称本然性。本然非然，和合非合。合然俱离，离合俱非。此句方名无戏论法，菩提涅槃，尚在遥远。释曰：若悟本头，识知狂走，因缘自然，俱为戏论者，若实发明，悟了本头一灵真性，非动非静、非得非失、非生非灭、非合非离,则知无始已来,三界伶俜、六趣狂走、是迷是倒、是妄是虚,皆是情想结成,识心鼓动。则知本觉真性,非因非缘,亦非自然,非不自然,非和非合,非不和合,尽成戏论,悉堕邪思。且无住真心,岂存名相及与处所?若欲以识心图度,句义诠量,而求真实者,如系风捕影,理可然乎?所以祖师云:非自然,非因缘,妙中之妙玄中玄。森罗万像光中现,寻之不见有根原。

如上剖析,此为未识本头、不知狂走之人,令离句绝非,言思道断。此方始除世间分别戏论之法,于自见性大道之中,尚犹赊远,应须亲到,不俟更言。似镜照容,直须心眼相似。如人饮水,方能冷暖自知。故云:唯证乃知难可测,未到之者,徒自狂迷。

问:法门无量,皆有破执显道之功。何故偏赞一心,以为纲骨?

答:此是起惑之初、发真之始,迷悟之本、染净之由。故云:至妙灵通,目之曰道。则心外无道,道外无心。微妙甚深,凡小非分。菩萨分知,唯佛穷了。以彼二乘但觉四住、不了无明故,此无明所起之识,非其境也。菩萨十信之初、创发心时,即观本识自性缘起因果之体,得成正信。《摄论》云:菩萨初起,应先观诸法如实因缘。此之谓也。如实因缘,莫非一心本识,斯则发真之始也。《起信论》云:以不觉一法界故,心不相应,无明分别,生诸染心。一法界者,即无二真心为一法界。此非算数云一,谓如理虚融,平等不二,故称为一。斯则起惑之初也。又因不识无明作众生,了此无明成诸佛,斯则迷悟之本也。又,一法界,举体全作生灭门,举体全作真如门。顺法界则出离解脱,违法界则系缚轮回,斯乃染净之由也。是以,千圣仰之,为母为师。群贤归之,如王如导。诸经纲骨,万法指南。撮要言之,罔逮于兹矣。故经云:心为法本,心作天堂,心作地狱。若离众生心,更有何真俗等事?以一切法但如影响故。如向居士云:影由形起,响逐声来。弄影劳形,不知形是复印件。扬声止响,不识声是响根。除烦恼身而求涅槃者,喻去形而觅影。离众生心而求佛道者,喻默声而寻响。故知,迷悟一途,愚智非别。无名作名,因其名则是非生矣。无理作理,因其理则诤论起矣。幻作非真,谁非谁是?虚妄非实,何有何空?将知得无所得,失无所失矣。

故知,但了一心,则万法皆寂。如《华严经》解脱长者告善财言:我若欲见安乐世界阿弥陀如来,随意即见。我若欲见栴檀世界金刚光明如来、妙香世界宝光明如来、莲华世界宝莲华光明如来、妙金世界寂静光如来、妙喜世界不动如来、善住世界师子如来、镜光明世界月觉如来、宝师子庄严世界毗卢遮那如来,如是一切,悉皆即见。然彼如来不来至此,我身亦不往诣于彼。知一切佛及与我心,悉皆如梦。知一切佛犹如影像,自心如水。知一切佛所有色相及以自心,悉皆如幻。知一切佛及以己心,悉皆如响。我如是知,如是忆念,所见诸佛,皆由自心。善男子,当知菩萨修诸佛法、净诸佛刹、积集妙行、调伏众生、发大誓愿、入一切智自在、游戏不可思议解脱之门、得佛菩提、现大神通、遍往一切十方法界、以微细智普入诸劫,如是一切,悉由自心。是故善男子,应以善法扶助自心,应以法水润泽自心,应于境界净治自心,应以精进坚固自心,应以忍辱坦荡自心,应以智证洁白自心,应以智慧明利自心,应以佛自在开发自心,应以佛平等广大自心,应以佛十力照察自心。疏释云:心该万法,谓非但一念观佛,由于自心。菩萨万行,佛果体用,亦不离心,亦去妄执之失。谓有计云:万法皆心,任之是佛。驱驰万行,岂不唐劳?今明心虽即佛,久翳尘劳,故以万行增修,令其莹彻。但说万行由心,不说不修为是。又,万法即心,修何碍心?

故云卷舒变化,唯心所在。寿殀得丧,唯心所宰。故《诗》三百,一言可蔽矣。教五千,一心能贯之。实入道之要津,修行之玄镜。实谓深谈佛旨,妙达真空。低头举手而尽入圆因,发念兴心而皆同本果。掘凡夫之干土,见诸佛之水泉。抽二乘之焦芽,结常乐之果实。变毒药而成甘露,转酥酪而作醍醐。定父子而全付家珍,拂权迹而顿开宝藏。

今《宗镜》所录,唯穷祖佛正宗。若欲见道修行,无出自身心之内。如《华严经》颂云:身为正法藏,心为无碍灯。照了诸法空,名曰度众生。故知,身为法聚,无一法出我身田。心为慧光,无一智离我心海。若迷之者,则身为苦聚病原,心作无明怨贼,先须察所治过患之迹,方立能治功德之门。则一切众生所造过患,莫越身心。若欲对治,唯戒以慧:若修身戒,则戒急而妙行成。若修心慧,则乘急而真性显。故得乘戒兼急,理行俱圆,正助相资,方入宗镜,内外朗鉴,一道清虚。如《大涅槃经》云:复次,不修身者,不能观身。虽无过咎,而常是怨。善男子,譬如男子,有怨常逐,伺求其便。智者觉已，系心慎护。若不慎护，则为所害。一切众生身亦如是，常以饮食、冷暖将养，若不如是将护守慎，即当散坏。善男子，如婆罗门奉事火天，常以香华赞叹礼拜，供养奉事，期满百年。若一触时，寻烧人手，是火虽得如是供养，终无一念报事者恩。一切众生亦复如是，虽于多年，以好香华璎珞衣服、饮食卧具、病瘦医药，而供给之，若遇内外诸恶缘，即时灭坏，都不忆念往日供给衣服之恩。善男子，譬如有王，畜四毒蛇，置之一箧，以付一人，仰令瞻养。是四蛇中，误一生瞋，则能害人。是人恐怖，常求饮食，随时守护。一切众生四大毒蛇，亦复如是，若一大瞋，则能坏身。善男子，如人久病，应当至心求医疗治。若不勤求，必死不疑。一切众生身亦如是，常应摄心，不令放逸。若放逸者，则便灭坏。善男子，譬如坏瓶，不耐风雨、打掷椎压。一切众生身亦如是，不耐饥渴寒热风雨、打击恶骂。善男子，如痈未熟，常当善护，不令人触。设有触者，则大苦痛。一切众生身亦如是。善男子，如骡怀妊，自害其躯。一切众生身亦如是，内有风冷，身则受苦。善男子，譬如芭蕉，生实则枯。一切众生身亦如是。善男子，亦如芭蕉，内无坚实。一切众生身亦如是。善男子，如蛇鼠狼，各各相于常生怨心。众生四大，亦复如是。善男子，譬如鹅王，不乐冢墓。菩萨亦尔，于身冢墓，亦不贪乐。善男子，如栴陀罗，七世相继，不舍其业，是故为人之所轻贱。是身种子，亦复如是：种子精血，究竟不净，以不净故，诸佛菩萨之所轻诃。善男子，是身不如魔罗耶山，生于栴檀，亦不能生优钵罗华、分陀利华、瞻婆罗华、摩利迦华、婆师迦华。九孔常漏脓血不净，生处臭秽，丑

陋可恶,常与诸虫共在一处。善男子,譬如世间,虽有上妙清净园林,死尸至中,则为不净。众共舍之,不生爱著。色界亦尔,虽复净妙,以有身故,诸佛菩萨悉共舍之。善男子,若有不能作如是观,不名修身。不修戒者,善男子,若不能观,戒是一切善法梯隥,亦是一切善法根本,如地悉是一切树木所生之本。戒是诸善根之导首也,如彼商主导诸商人。戒是一切善法胜幢,如天帝释所立胜幢。戒能永断一切恶业及三恶道,能疗恶病,犹如药树。戒是生死险道资粮,戒是摧结恶贼铠仗,戒是灭结毒蛇良咒,戒是度恶业行桥梁。若有不能如是观者,名不修戒。不修心者,不能观心轻躁动转,难捉难调,驰骋奔逸,如大恶象,念念迅速。如彼电光,躁扰不住。犹如猕猴,如幻如焰,乃是一切诸恶根本。五欲难满,如火获薪。亦如大海,吞受众流。如曼陀山,草木滋多,不能观察生死虚妄,睆惑致患,如鱼吞钩。常先引导,诸业随从,犹如贝母引导诸子。贪著五欲,不乐涅槃,如驼食蜜,乃至于死,不顾蒭草。深著现乐,不观后过,如牛贪苗不惧杖楚。驰骋周遍二十五有,犹如疾风吹兜罗毦。所不应求,求无厌足,如无智人求无热火。常乐生死,不乐解脱,如稔婆虫乐稔婆树。迷惑爱著生死臭秽,犹如狱囚乐狱卒女,亦如厕猪乐处不净。若有不能如是观者,名不修心。不修慧者,不观智慧有大势力,如金翅鸟。能坏恶业,坏无明暗,犹如日光能拔阴树,如水漂物。焚烧邪见,犹如猛火。慧是一切善法根本,佛菩萨母之种子也。若有不能如是观者,名不修慧。乃至若有修集身戒心慧,如上所说。能观诸法,同如虚空,不见智慧,不见智者。不见愚痴,不见愚者。不见修集及修集者，是名智者。如是之人，则能修集身戒心慧，是人能令地狱果报，现世轻受。是人设作极重恶业，思惟观察，能令轻微。作是念言：我业虽重，不如善业。譬如氎华虽复百斤，终不能敌真金一两。如恒河中投一升盐，水无醎味，饮者不觉。如巨富者，虽多负人千万宝物，无能系缚令其受苦。如大香象，能坏铁锁自在而去。智慧之人，亦复如是。

然上虽观身不净，为破凡夫执此毒身以为苦本，不种菩提之果，唯陷五欲之泥，不能自利兼他，所以诃破。若乃假兹业迹，以续正因，不入烦恼大海之中，难求觉宝。非处尘劳粪壤之地，奚生净华？是以《华严经》云：不厌生死苦，方成普贤行。又如《大宝积经》云：佛告优波离：声闻乘人，乃至不应起于一念更受后身，是名声闻持清净戒。然于菩萨，名大破戒。乃至菩萨摩诃萨修行大乘，能于无量阿僧祇劫堪忍受身，不生厌患，是名菩萨持清净戒。于声闻乘，名大破戒。今《宗镜》所录，总诸大乘经了义妙旨，只为悟宗行菩萨道，故阐观音普门之慧，迹任方圆。入普贤无尽之宗，运心无际。

宗镜录第三十三

宋 慧日永明妙圆正修智觉禅师延寿集

夫道无可修，法无可问。才悟大旨，万事俱休。故云言语道断，心行处灭。既云宗镜，何乃广引身戒心慧之文？《法华经》云：三藏学者尚不许亲近，既违大乘之经教，何成后学之信门？

答：经中所斥三藏学者，即是小乘戒定慧：戒则但持身口，断四住枝叶之病苗。定则形同枯木，绝现外威仪之妙用。慧则唯证偏空，失中道不空之圆理。故称贫所乐法，堕下劣之乘，为《净名》所诃，是愚人之法。今此圆宗定慧，尚不同大乘初教无相之空，及大乘别教偏圆之理，岂与三藏灰断定慧之所论乎？此《宗镜录》戒定慧，乃至一事一行，一一皆入法界，具无边德，是无尽宗趣性起法门，无碍圆通，实不思议。如台教云：如镜有像，瓦砾不现，中具诸相，但空即无。微妙净法身，具相三十二。观和尚云：凡圣交彻，即凡心而见佛心。理事双修，依本智而求佛智。古德释云：禅宗失意之徒，执理迷事，云性本具足，何假修求，但要亡情，即真佛自现。法学之辈，执事迷理，何须孜孜修习理法？合之双美，离之两伤。理行双修，以彰圆妙。休心绝念名理行，兴功涉有名事行。依本智者，本觉智，此是因智，此虚明不昧名智，成前理行，亡情显理。求佛智者，即无障碍解脱智，此是果智,约圆明决断为智,成前事行,以起行成果故。此则体性同故,所以依之。相用异故,所以求之。但求相用,不求体性。前亡情理行,即是除染缘起以显体性。兴功事行,即是发净缘起以成相用。无相宗云:如上所说,相用可然。但依本智,情亡则相用自显,以本具故,何须特尔起于事行?圆宗云:性诠本具。亡情之时,但除染分相用,自显真体,者无事行,彼起净分相用,无因得生。如金中虽有众器,除矿但能显金。若不施功造作,无因得成其器。岂金出矿已,不造不作,自然得成于器?若亡情则不假事行,佛令具修,岂不虚劳学者?是以,八地已能离念,佛劝方令起于事行,知由离念不了,所以经颂云:法性真常离心念,二乘于此亦能得。不以此故为世尊,但以甚深无碍智。七劝皆是事行故。是知果佛,须性相具足。因行,必须事理双修。依本智如得金,修理行如去矿,修事行如造作,求佛智如成器也。

又,《华严演义》云:若执禅者,则依本智性,无作无修,镜本自明,不拂不莹。若执法者,须起事行,求依他胜缘以成己德。并为偏执,故辩双行。依本智者约理,无漏智性本具足故。而求佛智者约事,无所求中吾故求之。心镜本净,久翳尘劳。恒沙性德,并埋尘沙烦恼。是故,须以随顺法性、无悭贪等修檀等六波罗蜜故,诸佛已证,我未证故。又理不碍事,不妨求故。事不碍理、求无求故。若此之修,修即无修,为真修矣。如上开示,本末无遗,理备行周,因圆果满。可谓其车高广,又多仆从而侍卫之,方能入此一乘,归于宗镜。若初心入已,须冥合真空,唯在心行,非从口说,直下步步著力，念念相应。如大死人，永绝余想。若非恳志，曷称丈夫？但有虚言，终成自诳。如天台拾得颂云：东阳海水清，水清复见底。灵源流法泉，斫水刀无痕。我见顽愚士，灯心拄须弥。寸樵煮大海，足抹大地石。蒸沙成饭无，磨砖将为镜。说食终不饱，直须著力行。恢恢大丈夫，堂堂六尺士。枉死埋冢下，可惜孤标物。庞居士诗云：读经须解义，解义即修行。若依了义学，即入涅槃城。如其不解义，多见不如盲。寻文广占地，心牛不肯耕。田田总是草，稻从何处生？故知，须在心行，忍力成就。忍有二种：一、生忍，二、法忍。若于法忍，观行易成，以了唯心，故内外平等。如《大智度论》云：法忍者，于内六情不著，于外六尘不受，能于此二不作分别。何以故？内相如外，外相如内，二相俱不可得故，一相故，因缘合故，其实空故，一切法相常清净故。何谓一切法相常清净？以同遵一道故。所以《华严疏》云：一道甚深者，亦名一乘，佛佛皆同一真道故。佛佛所乘，同观心性，万行齐修，自始至终，更无异径，故为一道。

问：真心常住遍一切处者，即万法皆真，云何而有四时生灭？

答：了真心不动故，则万法不迁，即常住义。若见万法迁谢，皆是妄心，以一切境界唯心妄动。心若不起，外境本空，以从识变故。若离心识，则尚无一法常住，岂况有万法迁移？

问：如今现见物像荣枯、时景代谢，如何微细披剥，明见不迁之旨？

答：但当见性，自断狐疑。余曾推穷，似信斯理。《不迁论》云：旋风偃岳而常静，江河竞注而不流，野马漂鼓而不动，日月历天而不周。疏云：前风非后风，故偃岳而常静。前水非后水，故竞注而不流。前气非后气，故漂鼓而不动。前日非后日，故历天而不周。《钞》云：然自体念念不同，则初一念起时，非第二念时。乃至最后吹著山时，非初起时，则无前念风体，定从彼来吹其山也。且山从初动时、以至倒卧地时，其山自体，念念不同。则初一念动时，非第二念动时。乃至最后著地时，非初动时，则无初动山体，定从彼来至著地时，斯皆风不至山，岳不著地，虽旋岚偃岳未曾动也。以此四物，世为迁动，然虽则倒岳历天，皆不相知相到，念念自住，各各不迁。且如世间称大，莫过四大。四大中动，莫越风轮。以性推之，本实不动。如《义海》云：鉴动寂者，为尘随风飘扬是动，寂然不起是静。而今静时由动不灭，即全以动成静也。今动时由静不灭，即全以静成动也。由全体相成，是故，动时正静，静时正动。亦如风本不动，能动诸物。若先有动，则失自体，不复更动。今观此风，周遍法界，湛然不动，寂尔无形，推此动由，皆从缘起。且如密室之中，若云有风，风何不动？若云无风，遇缘即起。或遍法界拂，则满法界生。故知，风大不动，动属诸缘。若于外十方虚空中，设不因人拂，或自起时，亦是龙蜃鬼神所作，以鬼神属阴，至晚则风多故。乃至劫初劫末，成坏之风并因众生业感，世间无有一法不从缘生，缘会则生，缘散则灭。若执自然生者，只合常生，何得紧缦不定，动静无恒？故知悉从缘

起。又,推诸缘和合成事,各各不有,和合亦无。缘缘之中,俱无自性,但是心动。反推自心,心亦不动,以心无形,故起处不可得,即知皆从真性起。真性即不起,方见心性遍四大性。体合真空,性无动静。以因相彰动,因动对静。动相既无,静尘亦灭。故《首楞严经》云:性风真空,性空真风。又,不迁之宗,岂离动摇之境?无生之旨,匪越生灭之门。故《金刚三昧经》云:因缘所生义,是义灭非生。灭诸生灭义,是义生非灭。是以,起恒不起,不起恒起。如此通达,不落断常,可正解一心不迁之义矣。如先德云:夫物性无差,悟即真理。真即不变,物自湛然。常情所封,于不动中妄以为动。道体渊默,语路玄微,日用而不知者,物不迁也。事像可观,称之为物。物体各住,故号不迁。不迁故,随流湛然清净。为物故,与四像而所相依。故知,无生不生,无形不形,处性相而守一者,其为不迁论焉。所以,《不迁论》云:是以如来,因群情之所滞,即方言以辩惑,乘莫二之真心,吐不一之殊教。乖而不可异者,其唯圣言乎?故谈真有不迁之称,导俗有流动之说,虽复千途异唱,会归同致矣。而征文者,闻不迁,则谓昔物不至今。聆流动者,而谓今物可至昔。既曰古今,而欲迁之者何耶?是以,言往不必往,古今常存。以其不动,称去不必去。谓不从今至古,以其不来。不来故,不驰骋于古今。不动故,各性住于一世。然则群籍殊文,百家异说者,苟得其会,岂文言能惑之哉?是以,人之所谓住,我则言其去。人之所谓去,我则言其住。然则,去住虽殊,其致一也。故经云:正言似反,谁当信者?斯言有由矣。何者?人则求古于今,谓其不住。吾则求今于古,知其不去。今若至古，古应有今。古若至今，今应有古。今而无古，以知不来。古而无今，以知不去。若古不至今，今亦不至古。事各性住，有何物而可去来？然则四像风驰，旋机电卷，得意毫微，虽速而不转也。是以如来，功流万世而常存，道通百劫而弥固，成山假就于始篑，修途托至于初步者，果以功业不可朽故也。功业不可朽故，虽在昔而不化，不化故不迁。不迁故，则湛然矣。故经云：二灾弥沦，而行业湛然。信其言也！何者？夫果不俱因，因因而果。因因而果，因昔不灭。果不俱因，因不来今。不灭不来，则不迁之致明矣。复何惑于去留，踌躇于动静之间哉？然则，乾坤倒覆，无谓不静。洪流滔天，无谓其动。若能契神于即物，斯不远而可知矣。古释云：前言古今各性住于一世，不相往来者，则壮老不同一色，定为婴儿无匍匐时，乃至老年则无相续，失亲属法，无父无子。应唯婴儿得父，余则匍匐老年不应有分，则前功便失，有断灭过。从此便明功流始篑、初步因果等，相续不失。不断不常，不一不异，不来不去，故圆正不迁理也。乘莫二之真心、吐不一之殊教者，诸圣依一心之正宗，逗机演差别之教迹，虽九流八教不等，而不迁一念无亏。故云虽千途异唱，会归同致矣。而随文迷旨者，但执权门生灭之言，妄见世相去来之事，因此以为流动随境轮回，殊不知生死去来毕竟无性。所以《中观论》破三时无去：一、已去无去者，去法已谢。二、未去无去者，去法未萌。三、去时无去者，正去无住。又以去者去法，二事俱无，若无去者，即无去法，亦无方所。去者即是人，以法因人致，离人无有法，离法无有人。故《钞》云：观方知彼去，去者不至方者，明三时无

去来，以辩不迁也。如人初在东方，卓立不动，即名未去，未去故，未去不得名为去。若动一步，离本立处，反望本立处，名已去，已去故，已去不得名为去。惑人便转计云：动处则有去，此中有去时，非已去未去，是故去时去。龙树便以相待破云：若有已去未去，则有去时。若无已去未去，则无去时。故偈云：离已去未去，去时亦无去。如因两边短，有中间长。若无两边短，即无中间长也。青目即以相违破：何者？去时者，谓半去半未去，名曰去时，则一法中有二：堕相违，去义不成，是故去时亦无去。故偈云：已去无有去，未去亦无去。离已去未去，去时亦无去也。如一人从东方行至西方时，望其从东至西，如似有去，故言知彼去。然步步中三时无去，则无去法。既无去法，即无去人从此至彼，故言去者不至方也。去者，谓人也。

已上一经一论，皆明三时无去，以标宗辩不迁也。此来去因果不迁，即会中道八不意也。如论偈云：不生亦不灭，不常亦不断，不一亦不异，不来亦不去。能说是因缘，善灭诸戏论，我稽首礼佛，诸说中第一。

今以因果会释八不义：言不生者，如二十时为因，三十时为果，若离二十有今三十，可言有生。若离二十，则三十不可得，是故不生。故《中论》云：离劫初谷，今谷不可得，是故不生。不灭者，则二十时不无，故不灭。若二十时灭，今不应有三十时。《中论》云：若灭，今应无谷。而实有谷，是故不灭也。不常者，则三十时无二十时，是故不常。《中论》云：如谷芽时，种则变坏，是故不常。不断者，因二十有三十相续，是故不断。《中论》云：如从谷有芽，是故不断。若断，不应相续。不一者,二十不与三十同体,各性而住,故不一。《中论》云:如谷不作芽,芽不作谷,是故不一。不异者,不离二十有三十,若二十姓张,三十不异。《中论》云:若异,何故分别谷芽、谷茎、谷叶?是故不异。不来者,二十不至三十时,是故不来。不出者,二十时当处自寂,不复更生,故不出也。

达此理者,则离一切戏论,契会中道,则真谛矣。是知,于真谛中无一法可得,岂有去来?如《大涅槃经》云:尔时世尊问彼菩萨:善男子,汝为到来,为不到来?瑠璃光菩萨言:世尊,到亦不来,不到亦不来。我观是义,都无有来。世尊,诸行若常,亦复不来。若是无常,亦无有来。若人见有众生性者,有来不来。我今不见众生定性,云何当言有来不来?有憍慢者,见有去来。无憍慢者,则无去来。有取行者,见有去来。无取行者,则无去来。若见如来毕竟涅槃,则有去来。不见如来毕竟涅槃,则无去来。不闻佛性,则有去来。闻佛性者,则无去来。《般若灯论》问:汝为已行名初发,为未行名初发,为行时名初发耶?三皆不然。如偈曰:已去中无发,未去亦无发。去时中无发,何处当有发?释曰:已去中无发者,谓去作用,于彼已谢故。未去亦无发者,谓未行无去,去则不然。去时中无发者,谓已去未去等皆无去义,云何可说去时有去?如是三种,俱无初发,是故偈言:何处当有发?又偈云:无已去未去,亦无彼去时。于无去法中,何故妄分别?释云:妄分别者,如瞖目人于虚空中,或见毛发蝇等,皆无体故。又偈云:是故去无性,去者亦复然。去时及诸法,一切无所有。又偈云:未灭法不灭,已灭法不灭。

灭时亦不灭,无生何等灭。释曰:第一句者,以灭空故,譬如住。第二句者,如人已死不复更死。第三句者,离彼已灭及未灭法,更无灭时,有俱过故,是故定知灭时不灭。第四句者,其义云何?一切诸法皆不生故。言无生者,生相无故,无生有灭。义则不然,如石女儿,乃至复次汝言灭者,为有体灭耶、为无体灭耶?二俱不然。如偈曰:法若有体者,有则无灭相。释曰:以相违故,譬如水火。由如是故,偈曰:一法有有无,于义不应尔。复次偈曰:法若无体者,有灭亦不然。如无第二头,不可言其断。

是以,既无来去之法,亦无住止之时,以因法明时,亦因时辩法。法既无有,时岂成耶?如《中观论》偈云:时住不可得,时去亦叵得。时若不可得,云何说时相?因物故有时,离物何有时?物尚无所有,何况当有时?释曰:如上引证,直指世间,皆即事辩真,从凡见道,目前现证,可以绝疑。去法既然,乃至六趣轮回,四时代谢,皆是不迁,常住一心之道。然则群籍殊文,百家异说。苟得其会,岂文言能惑哉者?若达万法唯我一心,观此心性尚未曾生,云何说灭。尚不得静,云何说动?如楞严会上,实时如来于大众中,屈五轮指,屈已复开,开已又屈。谓阿难言:汝今何见?阿难言:我见如来百宝轮掌众中开合。佛告阿难:汝见我手众中开合,为是我手有开有合,为复汝见有开有合?阿难言:世尊,宝手众中开合,我见如来手自开合,非我见性自开自合。佛言:谁动谁静?阿难言:佛手不住,而我见性尚无有静,谁为无住?佛言:如是,乃至云何汝今以动为身,以动为境,从始洎终,念念生灭。遗失真性,颠倒行事。性心失真,认物为己。轮回是中，自取流转？故知，见性不迁，理周法界。但是认物为己，背觉合尘。若以动为身、以动为境，则颠倒行，性心失真。境实不迁，唯心妄动，可谓云驶月运，舟行岸移矣。故《论》云：是以，言往不必往，古今常存，以其不动，称去不必去。谓不从今至古，以其不来。不来，故不驰骋于古今。不动，故各性住于一世。此乃是法法各住真如之位，无有一物往来，亦未曾一念暂住，皆不相待，岂非不迁乎？若能如是通达，己眼圆明，何似有之幻尘、一期之异说而能惑我哉？

又，古释云：百家异说，岂文言之能惑者，此明于三教不惑，各立其宗：儒有二十七家，若契五常之理，即无惑也。黄老有二十五家，若契虚无，亦无惑也。释有十二分教，若了本心，亦无惑也。然则三教虽殊，若法界收之，则无别原矣。若孔老二教、百氏九流，总而言之，不离法界，其犹百川归于大海。若佛教圆宗，一乘妙旨，别而言之，百家犹若荧光，宁齐巨照，如大海不归百川也。然则四像风驰，旋机电卷，得意毫微，虽速而不转者：四像，则四时也。旋机者，北斗七星也。虽寒来暑往，斗转星移，电转风驰，刹那不住，若得意者，了于一心毫微之密旨，则见性而不动也。果不俱因，因因而果者，譬如为高山，初覆一篑之土为因，直至垒土成山。此初一篑土虽未成山，初不至后，而亦不灭，又终因此一篑土成山。故云：果不俱因，因因而果。因因而果，因不昔灭。果不俱因，因不来今。不灭不来，则不迁之致明矣。又如千里之程，起于初步，虽未即到，果不俱因。然全因初步之功，能达千里之路，则因因而果。故云：成山假就于始篑，修途托至于初步。又如初发一念菩提善心之因,究竟成就无上妙觉之果,即最初一念不亡。若初一念已灭,则不能成佛果,故云:是以如来功流万世而常存,道通百劫而弥固。以其不灭不来,成功成业。因不虚弃,事不唐捐。则知万法俱不迁矣,岂更犹豫于动静之间哉?若能触境而明宗,契神于即物,假使天翻地覆、海沸山崩,尚不见动静之兆眹,况其余之幻化影响乎?

问:一切真俗等法,有相有用,有因有缘,云何一向作观心释耶?

答:若不回观自心,则失佛法大旨。高推诸圣,不慕进修。枉处沉沦,于己绝分。如不劬观心进道者,如抱石沉渊,夜行去烛,则于佛智海必死无疑,向涅槃城故难措足。

是以,十方诸佛起教之由,唯说一切众生佛性,大般涅槃一心秘密之藏。若凡若圣,悉入其中。如世尊言:此大般涅槃,是十方诸佛放舍身命之处。安置诸子,悉入其中,我亦自住其中。何者?以觉自心性,故名为佛性。以从性起无漏功德,自行化他,法利无尽,故称为藏。以难信难知,故云秘密。以法性幽奥,故名涅槃。可谓无量法宝之所出生,犹四大海。一切万法之所依处,如十方空。若不遇之,大失法利。有暂闻者,功德无边。如《大般涅槃经》中所赞:佛告迦叶菩萨:善男子,如是微妙《大涅槃经》、乃至一切法之宝藏,譬如大海,是众宝藏。是《涅槃经》,亦复如是,即是一切字义秘藏。善男子,如须弥山,众药根本。是经亦尔,即是菩萨戒之根本。善男子,譬如虚空,是一切物之所住处。是经亦尔,即是一切善法住处。善男子,譬如猛风,无能系缚。一切菩萨行是经者,亦复如是,不为一切烦恼恶法之所系缚。善男子,譬如金刚,无能坏者。是经亦尔,虽有外道恶邪之人,不能破坏。善男子,如恒河沙,无能数者。如是经义,亦复如是,无能数者。善男子,是经典者,为诸菩萨而作法幢,如帝释幢。善男子,是经即是趣涅槃城之商主也,如大导师,引诸商人趣向大海。善男子,是经能为诸菩萨等作法光明,如世日月,能破诸暗。善男子,是经能为病苦众生作大良药,如雪山中微妙药王,能治众病。善男子,是经能为一阐提杖,犹如羸人因之得起。乃至善男子,是经即是金刚利斧,能伐一切烦恼大树。即是利刀,能割习气。即是勇健,能摧魔怨。即是智火,焚烦恼薪。即因缘藏,出辟支佛。即是闻藏,生声闻人。即是一切诸天之眼,即是一切人之正道,即是一切畜生依处,即是饿鬼解脱之处,即是地狱无上之尊,即是一切十方众生无上之器,即是十方过去未来现在诸佛之父母也。

是知,了此一心总持涅槃秘密之藏,如上所赞,众德攸归。所有一毫之功,随真如无尽之理,力齐法界,福等虚空,皆能成就菩提无作妙果。若未悟斯旨,设有进修,但成有为,终不得道。任经多劫勤苦修行,唯成拙度之门,终无胜报之事。如《大智度论》云:如舍利弗弟子罗频周比丘,持戒精进,乞食六日而不能得,乃至七日,命在不久,有同道者乞食持与,鸟即持去。时舍利弗语目犍连:汝大神力,守护此食,令彼得之。实时目连,持食往与,始欲向口,变成为泥。又舍利弗乞食持与,而口自合。最后佛来持食与之,以佛福德无量因缘故，令彼得食。是比丘食已，心生欢喜，倍加信敬。佛告比丘：有为之法，皆是苦相。为说四谛，即时比丘漏尽意解，得阿罗汉道。故知，信一乘之福，福等真如。持四句之功，功齐大觉。所以《楞伽经》云：佛告大慧：此是过去、未来、现在如来应供等正觉，性自性第一义心。以性自性第一义心，成就如来世间出世间上上法真心之德。以第一义心，究竟获世出世等菩提胜果之福。

问：万法唯识者，于诸识中，何识究竟？

答：唯阿摩罗识，此云无垢净识，无有变异，可为究竟。《三无性论》云：识如如者，谓一切诸行，但唯是识，此识二义，故称如如：一、摄无倒者，谓十二入等一切诸法，但唯是识。离乱识外，无别余法，故一切诸法，皆为识摄。此义决定，故称摄无倒如如。二、无变异者，明此乱识，即是分别依他似尘识所显，由分别性永无，故依他性亦不有。此二无所有，即是阿摩罗识，唯有此识独无变异，故称如如。又云：一切世出世间境，不过唯识，是如量境界。此唯识由外境成，外境既无，唯识亦无。境无相，识无生。是一切诸法平等，通以如理。故以理量二门，一切性相收尽：以识相妙有，是如量门。以识性真空，是如理门。若理量双消，则唯真性。

又，阿摩罗识有二种：一、所缘，即是真如。二、本觉，即真如智。能缘即不空如来藏，所缘即空如来藏。《十二门论》明：唯识真实辩，一切诸法，唯有净识。无有能疑，亦无所疑。唯识有二：一、方便，谓先观唯有阿赖耶识，无余境界。现得境智二空，除妄识已尽，名为方便唯识。二、正观唯识,遣荡生死虚妄识心、及以境像,一切皆净尽,唯有阿摩罗清净心也。

问:万法唯识,佛住识不?

答:若阿赖耶,此云藏识,能藏一切杂染品法,令不失故,我见爱等执藏以为自内我故,此名唯在异生有学。阿陀那,此名执持,执持种子及色根故,此名通一切位。我执若亡,即舍赖耶,名阿陀那。持无漏种,则妄心斯灭,真心显现。则佛住无垢净识。故经云:心若灭者生死尽。即是妄心灭,非心体灭。所以《起信论》云:复次分别心生灭相者,有二种别:一、粗,谓相应心。二、细,谓不相应心。粗中之粗,凡夫智境。粗中之细及细中之粗,菩萨智境。此二种相,皆由无明熏习力起。然依因依缘,因是不觉,缘是妄境。因灭则缘灭,缘灭故相应心灭。因灭,故不相应心灭。问:若心灭者,云何相续?若相续者,云何言灭?答:实然。今言灭者,但心相灭,非心体灭。如水因风而有动相,以风灭故,动相即灭,非水体灭。若水灭者,动相应断,以无所依、无能依故。以水体不灭,动相相续。众生亦尔,以无明力令其心动,无明灭故,动相即灭,非心体灭。若心灭者,则众生断,以无所依、无能依故。以心体不灭,心动相续。释曰:《论》明粗细二种心境,皆由无明熏习力起。然依因依缘,因是不觉,缘是妄境者,只谓不觉自心,妄生外境。故知,境无自性,从心而生,和合而起。故云:心生即法生,因灭则缘灭矣。以水体不灭,动相相续者,此况真心自体非动非止,因无明风起,生死动摇。若妄风息时,心之动相即灭,非心体灭。以心体是所依,万法是能依。若无所依,能依非有。故知,一心之体为群有之依,犹如太虚作万像之体。

又,本识有二义:一、妄染义,凡夫所住。二、真净义,八地所住。佛地单住真如,但名无垢识。

问:诸佛单住真如名无垢识者,无垢净识即是常住真心,为复诸佛决定有心、决定无心?

答:据体,则言亡四句,意绝百非。约用,则唯智能明,非情所及。《华严经》云:佛子,如来心意识俱不可得,但应以智无量故,知如来心。古释云:如来心意识俱不可得者,约体遮诠也。但应以智无量故知如来心者,寄用表诠也。一师云:识等有二:一染,二净。佛地无有漏染心及心所,而有净分心及心所,果位之中智强识劣故,于心王上以显无染,约彼智所以明无量。若必无王所,智依何立?经云:如来无垢识,是净无漏界。解脱一切障,圆镜智相应。则有心王明矣。一师云:以无积集思量等义,故说心等叵得。就无分别智以显无量,非无心体。上之二解,俱明心意识有。又云:佛果实无心意意识及余心法,云不可得。唯有大智,故言智无量故,知如来心。经云:唯如如及如如智独存。《佛地论》中,五法摄大觉性,唯一真法界及四智菩提,不言更有余法。此二说约无,若依前有,未免增益,亦不能通不可得言。若依后无,未免损减,亦不通能知佛心言。既云知如来心,不可言无心,可知明非无心矣。又,心既是无,智何独立?亦违涅槃灭无常识,获常识义。若有无二义双取,未免相违。若互泯双非,宁逃戏论?若后宗言唯如智者,以心即同真性，故曰唯如。照用不失，故云如智。岂离心外而别有如？是则唯如，不乖于有。前宗以纯如之体，故有净心。心既是如，有之何失？是知，即真之有与即有之真，二义相成，有无无碍。正消经意者、言不可得者，以心义深玄，言不及故，寄遮显深。言但以智知如来心者，托心所寄表显深，云何深玄？欲言其有，同如绝相。欲言其无，幽灵不竭。欲谓之情，无殊色性。欲谓无情，无幽不彻。是知，佛心即有即无，即王即数。心中非有意，亦非不有意。意中非有心，亦非不有心。数非依于王，亦非不依王。一一皆尔，圆融无碍。清凉《记》释云：言佛无心有智，成相违过。心王最胜，尚说为无。智无所依，岂当独立？如无君主，何有臣下？今先别会二宗，后通合二宗。先会法性宗意云：心即是如，智即如智，离心无如。则知有如已有心矣。况即体之用，称如智。即用之体，即是真如。如一明珠，珠体即如。明即如智，岂得存如亡于心矣？前宗以纯如，下会法相宗意云：即如之有，有岂乖如？如镜即虚，则有心无失。是知，即真之有，通会二宗：即真之有，是法相宗。即有之真，是法性宗。两不相离，方成无碍真佛心矣。

又，心中非有意亦复非无意者，非有，是不即义，二相别故。亦非不有，是不离义，无二体故。又，非有者，以无二体，互摄尽故。亦非不有者，二相不坏，力用交彻故。

宗镜录

[宋] 释延寿 著

[叁]

陕西新华出版传媒集团
三　秦　出　版　社

目录

宗镜录第三十四

宋慧日永明妙圆正修智觉禅师延寿集

夫境识俱遣，众生界空，诸佛究竟成得何法？

答：一切异生，因识对境，于生死中妄生执著，起常等四倒。二乘之人，于涅槃中妄求解脱，起无常等四倒。诸佛如来，因境识俱空，能离八倒，成得真常乐我净四波罗蜜。《宝性论》云：依二种法，如来法身有净波罗蜜：一者本来自性清净，以同相故。二者离垢清净，以胜相故。有二种法，如来法身有我波罗蜜：一者远离诸外道边，以离虚妄我戏论故。二者远离诸声闻边，以离无我戏论故。有二种法，如来身有乐波罗蜜：一者远离一切苦，二者远离一切烦恼习气。有二种法，如来法身有常波罗蜜：一者不灭一切诸有为行，以离断见边故。二者不取无为涅槃，以离常见边故。《胜鬘经》云：世尊见诸行无常，是断见，非正见。见涅槃常，是常见，非正见。妄想见故，作如是见，所以如来，唯证四德涅槃秘密之藏。

问：既经云：见诸行无常是断见非正见，见涅槃常是常见非正见者，云何教中或说无我、又说于我，岂不相违耶？

答：夫说常与无常、我与无我，但形言迹，皆是方便，所以《肇论》云：菩萨于计常之中，演非常之教。以佛初出世，便欲说圆常之妙门、真我之佛性，为一切外道，皆妄执神我，遍十方界，起于常见。若说真常乐我净，恐滥邪解。且一时拂下情尘，故云无常、无乐、无我、无净。

又，二乘及权假菩萨，不知诸佛秘旨，执方便门，忽忽取证，皆住无我之理以为究竟。世尊又愍不达，遂乃具说常乐我净。若有于此究竟之说，明见真我佛性，人木虫尘分明无惑，尚不住于中道，岂更见有常、无常，我、无我二见之所乱乎？或若虽闻常乐我净之名，只作常乐我净之解，随语生见，昧自真心，则我、无我之药，成我无我之病。故知真我难辩，非证不明。如《大涅槃经》云：譬如二人，共为亲友：一是王子，一是贫贱。如是二人，互相往反。是时贫人，见是王子有一好刀，净妙第一，心中贪著。王子后时捉持是刀，逃至他国。于是贫人，后于他家寄卧止宿，即于眠中寱语刀刀。傍人闻之，收至王所。时王问言：汝言刀者，何处得耶？是人具以上事答王：王今设所屠割臣身，分张手足，欲得刀者，实不可得。臣与王子，素为亲厚，先与一处，虽曾眼见，乃至不敢以手砵触，况当故取？王复问言：卿见刀时，相貌何类？答言：大王，臣所见者，如羖羊角。王闻是已，欣然而笑，语言：汝今随意所至，莫生忧怖，我库藏中都无是刀，况汝乃于王子边见。时王即问诸群臣言：汝等曾见如是刀不？言已崩背，寻立余子，绍继王位。复问辅相：卿等曾于官藏之中，见是刀不？诸臣答言：臣等曾见。覆复问言：其状何似？答言：大王，如羖羊角。王言：我库藏中，何处当有如是相刀？次第四王，皆检校求索不得。却后数时，先逃王子从他国还，来至本土，复得为王。既登王位，复问诸臣：汝见刀不？答言：大王，臣等皆见。覆复问言：其状何似？答言：大王，其色清净，如优钵罗华。复有答言：形如羊角。复有说言：其色红赤，犹如火聚。复有答言：犹如黑蛇。时王大笑：卿等皆悉不见我刀真实之相。善男子，菩萨摩诃萨亦复如是，出现于世，说我真相，说已舍去，喻如王子持净妙刀，逃至他国。凡夫愚人，说言一切有我有我，如彼贫人止宿他舍，寱语刀刀。声闻、缘觉，问诸众生：我有何相？答言：我见我相大如拇指，或言如米，或如稗子，有言我相住在心中，炽然如日。如是众生，不知我相，喻如诸臣不知刀相。菩萨如是说于我法，凡夫不知，种种分别，妄作我相。如问刀相，答似羊角，是诸凡夫，次第相续而起邪见。为断如是诸邪见故，如来示现说于无我，喻如王子语诸臣言：我库藏中无如是刀。善男子，今日如来所说真我，名曰佛性，如是佛性，我佛法中喻如净刀。善男子，若有凡夫能善说者，即是随顺无上佛法。若有善能分别随顺宣说，是等当知即是菩萨相貌。

问：平等空门，一心大旨，既美恶无际，凡圣俱圆。何乃受润有差，苦乐不等？

答：万事由人自召，唯心一理无亏。美恶但自念生，果报焉从他得？如传奥法师云：但以内有恶业，则外感邪魔。若内起善心，则外值诸佛。斯则善恶在己，而由人乎哉？是以，西施爱江，嫫母嫌镜，实为痴也。且君子尚求诸已，而不怨天尤人，况菩萨欤？若能深信斯谈，则可以虚心绝想，顿入法空矣。故《起信论》云：或有众生无善根力，则为诸魔外道鬼神之所惑乱。若于坐中现形恐怖，或现端正男女等相，当念唯心境界则灭，终不为恼。是知，圣者，正也，心正即圣。故云心正可以辟邪，如日月正当天，草木无邪影。故知，此心是凡圣之宅、根境之原，只为凡夫执作赖耶之识，成生死苦恼之因。圣者达为如来藏心，受涅槃常乐之果。若云阿赖耶识，则有名无体，以情执有，不究竟故，当证圣时，其名即舍。若云如来藏心，则有名有体，以本有非执故，至未来际不断故。如以金作镮，镮相虚，金体露现。如来藏作赖耶，赖耶相虚，藏性现。今众生以随情执重，故多认赖耶，不信有如来藏。以不信故，自既轻慢。

又，毁灭他人，谤法之愆，无过此失：念念昧如来法界之性，步步造众生业果之因，恶业日新，苦缘无尽。于安隐处生衰恼心，向解脱中成系缚果。受焰口针喉之体，经劫而饥火焚烧。作披毛戴角之身，触目而网罗萦绊。或堕无间狱，抱剧苦而常处火轮。或生修罗宫，起斗诤而恒雨刀剑。或暂居人界，刹那而八苦交煎。或偶处天宫，倏忽而五衰陷坠。长沉三障，不出四魔。皆为不知如来藏心，失唯识妙性。背真慈父，佣赁外方。舍大智王，依投他国。是以，诸佛惊入火宅，祖师特地西来，指真归而不归，示正见而弗见，都为藏识熏处无始坚牢，执情厚而如万迭冰崖，疑根深而似千重闇室。

今者广搜玄奥，不厌文繁，和会千圣之微言，洞达百家之秘说。无一法不顺，能成孝义之门。无一念不和，尽为无诤之道。则六入空聚，毕竟无人。五阴舍中，豁然虚寂。是以，内无所作，外无所依。外无所依，万有不能绊。内无所作，千虑不能驰。遂得静佛边疆，绝一尘而作乱。匡法国土，无一境而不降。可谓会天性于此时，更无异种。定父子于今日，唯我家风。如《鸯崛魔罗经》云：常受人天一切快乐，族姓殊胜，悉皆具足，斯由闻知一切众生悉有如来常住藏故。乃至若彼众生，去来现在于五趣中，支节不具，轮转生死，受一切苦，斯由轻慢如来藏故。

问：但了一心，不求诸法。绍隆三宝，自行化他，得圆满妙觉位不？

答：觉心无易，则开佛知见。佛知见开，无幽不瞩。不二之相，佛眼所见。一实之道，佛智所知。照穷法界之边，洞彻真原之底，上成诸佛，下化众生，靡不由兹，自他俱利。夫欲正修行者，不归宗镜，皆堕邪修，或滞权小。此宗镜正义，过去十方一切诸佛，于此圆修已成，现在一切诸佛现成，未来一切诸佛当成。过去一切菩萨已学，现在一切菩萨现学，未来一切菩萨当学。所以《起信论》明，须先正念真如之法。《石壁钞》云：谓一切行门，皆从真如所起，以是行原故。非真流之行，无以契真。何有契真之行，不从真起？此乃是所信法中之根本故，所以万缘所起，起自真如。会缘所入，入于真如。菩萨发心，先念真如。菩萨起信，亦先信真如。菩萨所行，亦契会真如。

又问：云何是信真如之相？答：不信一切法，是信真如之相。以真如理中，本无诸法。若见诸法为有，是信诸法，不信真如。是以，无夙植广大菩提一乘种子之因缘者，卒难起信。故祖师颂云：大缘与信合。或得入宗镜者，是知非小缘矣。如《楞伽经》云：尔时世尊告大慧菩萨：摄受大乘者，

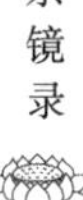

则摄受诸佛菩萨缘觉声闻。摄受诸佛菩萨缘觉声闻者,则摄受一切众生。摄受一切众生者,则摄受正法。摄受正法者,则佛种不断。佛种不断者,则能了知得殊胜入处。知得殊胜入处,菩萨摩诃萨常得化生,建立大乘,十自在力,现众色像,通达众生形类希望烦恼诸相,如实说法。如实者,不异。如实者,不来不去相。一切虚伪息,是名如实。又云:佛言:但觉自心现量,妄想不生,安隐快乐,世事永息。安隐快乐者,则寂静妙常。世事永息者,则攀缘已断。可谓遇圆满宝藏,顿绝希求。到常乐涅槃,更无所至。是凡圣之际,如达家乡。为迷悟之依,已穷根本。《大涅槃经》云:金刚宝藏,无所缺减。《华严经》偈云:种种变化无量力,一切世界微尘等。欲悉了达从心起,菩萨以此初发心。《宝藏论·本际品》云:是以本际无名,名于无名。本际无相,名于无相。名相既立,妄惑遂生。真一理沉,道宗事隐。是以,无名之朴,遍通一切,不可名目,过限量界,一体无二。故经云:森罗及万像,一法之所印,即本际也。然本际之理,无自无他,非一非异,包含一气,该入万有。若复有人自性清净,含一而生,中无妄想,即谓圣人,然实际中,亦无圣人法如微尘许而有异也。若复有人自性清净,含一而生,中有妄想,自然浊乱,则谓凡夫,然实际中,亦无凡夫法如微尘许而有异也。故经云:佛性平等,广大难量。凡圣不二,一切圆满。咸备草木,周遍蝼蚁。乃至微尘毛发,莫不含一而生,故云能了知一,万事毕也。是以众生皆乘一而生,故云一乘。若迷故则异,觉故则一,故云前念是凡,后念即圣。一念知一切法也。是以一即一切,一切即一,故云以一之法,功成万像。

故经云：一切若有心即迷，一切若无心即遍十方。故真一万差，万差真一。譬如海涌千波，千波即海，一切皆无有异也。乃至万物含一而生，即彼万物亦为一也。何以故？以本一故，末则无异，譬如檀生檀枝，非椿木也。故《法华经》偈云：十方佛土中，唯有一乘法。一乘者，即一心也。一切万有，十方虚空，皆从真如一心之种子所现，如檀生檀枝，兰生兰叶。乃至本末中边，更无异相，故云：一即一切，一切即一。若能如是，何虑不毕？若能如是究竟圆通，此外更无不了之法，则无理而不明，无事而不尽，以一法能成一切法故。如《华严疏》云：若入此观法，则智与心相应。是以，因由心学，果是心成。境由心现，解由心起：分位神通是心，力用造作是心，现起分别是心，决择所得是心，乃至寻求知识、造诣佛土，并皆是心。心外无得，何所疑耶？

故知，心垢则娑婆现相，心净则华藏含空。回转而恒起识轮，交罗而匪离心网。故海幢不起寂定，广作十方佛事之门。善财不出道场，遍历一百十城之法。是以，文殊即自心能证之妙慧，善财至弥勒，一心佛果满后，却令见文殊。因位将极，令返照心原，更无有异，未始动念故。再访文殊不见其身者，但了自心空般若故，是真见文殊。普贤是自心所证法界无尽妙行，善财虽遍法界参诸善友，欲见普贤，不假别指，便于初会始成之处、如来座前而起念求，随念即见普贤在如来前，初无动移。此正显观心即见希奇之相，见闻证入，由睹前相即是见心。所以普贤身相如虚空遍一切处故，以普眼菩萨等入百千三昧，求觅普贤不见，只谓离念入定，厌境求真，不知尘尘是文殊、念念即普贤故。是以，善财一人，运悲智而横广十方，修愿行而竖穷三际，从初至后，因满果圆。明显一心以为牓样，总摄一切始行菩萨。诸观行人，皆仿此修。离此观心，别无殊胜。乃至六度万行，若不了自心，皆成权渐，果归生灭，报在人天。若能运心，福智无尽。如《大智度论》云：菩萨摩诃萨，知诸法实相，无取无舍、无所破坏，行不可得般若波罗蜜。以大悲心，还修福行。福行初门，先行布施。菩萨行般若波罗蜜，智慧明利，能分别施福。施物虽同，福德多少随心优劣，如舍利弗以一钵饭上佛，佛即回施狗，而问舍利弗：汝以饭施我，我以饭施狗，谁得福多？舍利弗言：如我解佛法义，佛施狗得福多。舍利弗者，于一切人中智慧最上，而佛福田最为第一，不如佛施狗恶田得福极多。以是故知，大福从心生，不在田也。如舍利弗千万亿倍，不及佛心。问曰：如汝说福田妙故得福多，而舍利弗施佛不得大福？答曰：良田虽复得福多，而不如心，所以者何？心为内主，田是外事。《菩萨本缘经》偈云：若行慧施时，福田虽不净，能生广大心，果报无有量。故知，福从心生，不因田出。别请五百阿罗汉，不如依次一凡僧。何者？以平等心福胜，取舍心福微。则胜劣由心，岂在田乎？施法既尔，六度万行亦然。所以清凉《钞》云：因该果海，果彻因原。以极果由于始信，信依本智而起，今不离本智故。斯则以因成果，摄果酬因。然因有二种：一、约本有恒沙性德，信解行愿等无不具故，二、约修起，谓依本信德而起信心，依本解德而起解心。如《起信论》云：以知法性无悭贪故，随顺修行檀波罗蜜等，故一一修起，皆带本有，俱来至果。无间道中，一时顿圆。解脱道中，因果交彻，名为得果。果亦有二：

一者本有菩提涅槃，一切佛性本觉具故。二者修起今证菩提，始觉悟故。始觉同本，无复始本之异，名究竟觉，则二果无碍。然二因本从本觉体上起来，则二因与本果无碍。始觉既同本觉，则果全同于二因，则二因与二果交彻。故因该果海，果彻因原。又，初发心时便成正觉，因该果也。虽得佛道，不舍菩萨行，果彻因也。《华严论》云：善财一念发心，顿无能所。了三世性，性绝古今。自觉自心本来是佛，不成正觉、不证菩提、身心性相无证修者，不成不坏，本来如是。随缘动寂，不坏有无。所行诸行，皆唯智起。

斯《宗镜》旨，是善巧智之所知，广大心之所信。如《华严经》云：知一切众生种种所缘，唯是一相，悉不可得。一切诸法，皆如金刚善巧智。是以，上至妙觉极圣之位，中及大权菩萨修行之门，下至底下凡夫生死之地，皆同一心，无有高下。迷之自堕，悟之即升。迷悟似殊，真心靡易。古德云：不镜方寸，虚负性灵。又云：自己不明，则是空受例物。如此开示，不负前机。持王库之真刀，得雪山之正味。证解信入之者，直绍宝王。见闻随喜之人，能成佛种。斯恩难报，莫等寻常。任肩负顶戴，尽尘沙劫中亦不能报一句之恩。仰思旷古求法之人，释迦文等，投身大火，翘足深林，析骨剜身，剥皮刺血。乃至常啼东请，善财南求，药王烧手，普明刎头，皆是知恩报德之人、为法忘躯之士。今劝后学，生殷重心，勿得自轻，虚掷光景。

问：妙明真心、觉王秘旨，理虽圆顿，正解难成。更希善巧之门，重证将来之信。

答：前已引法说，今更将喻明。此宗镜一心，是诸法自性，如一珠有八万四千孔，入一孔全收珠体。似一月影现一切水，一一影不离月轮。又，若分白栴檀，片片而本香无异。犹布青阳令，处处而春色皆同。是则一法明心，万缘指掌。皎然法喻，可以收疑。

问：凡曰提宗，直陈正义。何须引喻，广具繁文？

答：为未直下顿悟之人，不无方便。如《方便心论》云：若就喻者，凡圣同解，然后可说。如言是心动发，犹如迅风，一切凡夫，知风动故，便得决了心为轻躁。若不知者，不得为喻。

问曰：何故不但说正义而说喻也？

答曰：凡说喻者，为明正义。又云：凡欲立义，当依四种知见。何等为四？一者现见，二者比知，三以喻知，四随经教。又，《法华经》云：智者可以譬喻得解。今但取正解圆明，非论法说喻说，若不悟道，徒执绝言。今所言者，皆是提宗唱道之言、极妙穷原之说，如云万句浮言，不及一句妙理。千般鱼目，不及径寸明珠。夫一句妙理者，即宗镜之言也。斯言不可辩而自通，不可解而自释。所以云：善言不辩，辩言不善。

问：佛旨开顿渐之教，禅门分南北之宗。今此敷扬，依何宗教？

答：此论见性明心，不广分宗判教。单提直入，顿悟圆修，亦不离筌罤而求解脱，终不执文字而迷本宗。若依教，是《华严》即示一心广大之文。若依宗，即达摩直显众生心性之旨。如宗密禅师，立三宗三教，和会祖教，一际融通。

禅三宗者：一、息妄修心宗，二、泯绝无寄宗，三、直显心性宗。教三种者：一、密意依性说相教，二、密意破相显性教，三、显示真心即性教。先叙禅宗，初、息妄修心宗者，说众生虽本有佛性，而无始无明覆之不见，故轮回生死。诸佛已断妄想，故见性了了，出离生死，神通自在。当知，凡圣功用不同，外境由心，故各有分限，故须背境观心，息灭妄念。念尽即觉，无所不知。如镜昏尘，尘尽明现。须修禅观，远离喧杂，调息调身，心注一境等。二、泯绝无寄宗者，说凡圣等法，皆如梦幻，都无所有，本来空寂，非今始无。即此达无之智亦不可得，平等法界，无佛众生，法界亦是假名。心既不有，谁言法界？无修不修，无佛不佛。设有一法胜过涅槃，我说亦如梦幻。无法可拘，无佛可作，凡有所作，皆是迷妄。如了达本来无事，心无所寄，方免颠倒，始名解脱。三、直显心性宗者，说一切诸法，若有若空，皆唯真性。无相无为，体非一切，谓非凡非圣，然即体之用，谓能凡能圣等。于中指示心性，复有二类：一云：即今能言语动作贪瞋慈忍造善恶受苦乐等，即汝佛性，即此本来是佛，除此无别佛。了此天真自然，故不可起心修道。道即是心性，如虚空不增不减，但随时随处，息业养神，自然神妙，此为真悟。二云：诸法如梦，诸圣同说。妄念本寂，尘境本空。本空之心，灵知不昧。即此空寂之知，是汝真性，任迷任悟，心本自知。不藉缘生，不因境起。知之一字，众妙之门。若顿悟此空寂之知,知且无念无形,谁为我相人相?觉诸相空,心自无念。念起即觉,觉之即无。修行妙门,唯在此也。此上两说,皆是会相归性,故同一宗。

次佛教三种:一、密意依性说相教者,佛说三界六道,悉是真性之相,但是众生迷性而起,无别自体,故云依性。然根钝者本难开悟,故且随他所见境相说法,渐渐度之,故云说相。说未彰显,故云密意。此一教中,自有三类:一人天因果教,说善恶业报,令知因果。二断惑灭苦教,说三界无安,皆如火宅之苦,令断业惑之集、修道证灭等。三将识破境教,说上生灭等法,不关真如,但各是众生无始已来,法尔有八种识,于中第八识是其根本,顿变根身器界种子,转生七识,各能变现自分所缘。此八识外,都无实法。问:如何变耶?答:我法分别熏习力故,诸识生时,变似我法。六七二识,无明覆故,缘此执为实我法。如患梦者,患梦力故,心似种种外境相现:梦时执为实有外物,寤来方知唯梦所变。我此身相及外世界,亦复如是,唯识所变,迷故执有我及诸境,既悟本无我法、唯有心识,遂依此二空之智,修唯识观、及六度四摄等行,渐渐伏断烦恼、所知二障,证二空所显真如。十地圆满,转八识成四智菩提。真如障尽,成法性身大涅槃之果。此第三将识破境,与禅门息妄修心宗而相扶会,以知外境皆空,故不修外境事相,唯息妄修心也。息我法之妄,修唯识之心。二、密意破相显性教者,据真实了义,则妄执本空,更无可破。无漏诸法,是真性随缘妙用,永不断绝,又不应破。但为一类众生,执虚妄相,障真如实性,难得玄悟,故佛且不拣善恶垢净性相一切诃破,以真性及妙用不无而且云无，故云密意。又意在显性，语乃破相，意不形于言中，故云密也。此教说前教中所变之境，既皆虚妄。能变之识，岂独真实？心境互依，空而似有。且心不孤起，托境方生。境不自生，由心故现。心如境谢，境灭心空，皆假众缘无自性故。是以，一切诸法，无不是空，凡所有相，皆是虚妄。是故，空中无五阴六根因缘四谛，无智亦无得。生死涅槃，平等如幻。此教与禅门泯绝无寄宗全同。三、显示真心即性教，直示自心即是真性。不约事相而示，亦不约破相而示，故云即性。不是方便隐密之意，故云示也。此教说一切众生皆有空寂真心，无始本来性自清净、明明不昧、了了常知，尽未来际，常住不灭，名为佛性，亦名如来藏，亦名心地。达摩所传，是此心也。

问：既云性自了了常知，何须诸佛开示？

答：此言知者，不是证知。意说真性不同虚空木石，故云知也。非如缘境分别之识，非如照体了达之智，直是真如之性，自然常知。《起信论》云：真如者，自体真实识知。《华严经》云：真如照明为性。又，《问明品》说：智与知异。智局于圣，不通于凡。知即凡圣皆有，通于理智。觉首等诸菩萨，问文殊师利菩萨：何等是佛境界智，何等是佛境界知？文殊颂答云：诸佛智自在，三世无所碍。如是慧境界，平等如虚空。又颂云：非识所能识，亦非心境界。其性本清净，开示诸群生。既云本净不待断障，即知群生本来皆有，但以惑翳而不自知，故《法华》中开示令得清净者，即是《宝性论》中离垢清净也。此心虽自性清净，终须悟修，方得究竟。经

论所明,有二种清净、二种解脱:或只得离垢清净解脱,故毁禅门即心即佛。或只知自性清净解脱,故轻于教相,斥于持律坐禅调伏等行。不知必须顿悟自性清净自性解脱,渐修令得离垢清净。离障解脱,成圆满清净究竟解脱。若身若心,无所壅滞,同释迦佛。经问云何佛境界智?此问证悟之智。云何佛境界知?此问本有真心。答智云:诸佛智自在,三世无所碍。答知云:非识所能识,亦非心境界。识是分别,分别非真知,唯无念方见。又,若以智证之,即属所诠之境,真知非境界故。瞥起照心,即非真知。故非心境界,以不起心为玄妙。以集起名心,起心看即妄想,故非真知。是以,真知必虚心遗照,言思道断矣。北宗看心,是失真旨。若有可看,即是境界也。《宝藏论》云:知有有坏,知无无败。其知之智,有无不计。既不计有无,即自性无分别之知。是以,此真心自体之知,即无缘心,不假作意,任运常知。非涉有无,永超能所。水南和尚云:即体之用曰知,即用之体为寂。如即灯之时即是光,即光之时即是灯,灯为体,光为用,无二而二也。又云:知之一字,众妙之门。如是开示灵知之心,即是真性,与佛无异,故名显示真心即性教。全同禅门第三直显心性之宗。既马鸣摽心为本原,文殊择知为真体,如何破相之党但云寂灭,不许真如。说相之家执凡异圣,不许即佛。今约教判定,正为斯人,故西域传心,多兼经论,无二途也。但以此方迷心执文,以名为体,故达摩善巧,拣文传心,摽举其名心是名也,默示其体知是心也,喻以壁观,令绝诸缘。绝诸缘时,问:断灭不?答:虽绝诸念,亦不断灭。问:以何证验,云不断灭?答:了了自知,言不可及。师即印云:只此是自性清净心,更勿疑也。若所答不契,即但遮诸非,更令观察,毕竟不与他先言知字。直待他自悟,方验真实。是亲证其体,然后印之,令绝余疑,故云默传心印。所言默者,唯默知字,非总不言。六代相传,皆如此也。至荷泽时,他宗竞起,欲求默契,不遇机缘。又思惟达摩悬丝之记(达摩云:我法第六代后,命若悬丝),恐宗旨灭绝,遂言:知之一字,众妙之门。

问:悟此心已,如何修之?还依初说相教中,令坐禅不?

答:若惛沉厚重难可策发,掉举猛利不可抑伏,贪瞋炽盛触境难制者,即用前教中种种方便,随病调伏。若烦恼微薄,慧解明利,即依本宗一行三昧。如《起信论》云:若修止者,住于静处,端身正意,不依气息形色,乃至唯心无外境界。《法句经》偈云:若学诸三昧,是动非是禅。心随境界流,云何名为定?即不起灭定,现行坐之威仪。不于三界,现攀缘之身意。然此教中,以一真心性,对染净诸法,全拣全收。全拣者,如上所说,但克体直指灵知,即是心性,余皆虚妄。故云:非识非心,非境非智。乃至非性非相,非佛非众生。离四句,绝百非也。全收者,染净诸法,无不是心,心迷故妄起惑业,乃至四生六道杂秽国土。心悟故从体起用,四等六度,乃至四辩六通妙身净刹,无所不现。既是此心现诸法,故法法全即真心。如人梦所现事,事事皆人。如金作器,器器皆金。如镜现影,影影皆镜。故《华严经》云:知一切法,即心自性。成就慧身,不由他悟。《起信论》云:三界虚伪,唯心所作。离心则无六尘境界,乃至一切分别,皆分别自心。心不见心,无相可得,故云一切法如镜中像。《楞伽经》云:寂灭者,名为一心。一心者,名如来藏。能遍兴造一切趣生,造善造恶,受苦受乐,果与因俱,故知一切无非心也。全拣门,摄前第二破相教。全收门,摄前第一说相教。将前望此,此则迥异于前。将此望前,前则全同于此。深必该浅,浅不至深。深者直显出真心之体,方于中拣一切收一切也。如是收拣自在,性相无碍,方能于一切悉无所住,唯此名为了义。

上之三教,摄尽一代经论之所宗,三义全殊,一法无别。就三义中,第一、第二,空有相对。第三、第一,性相相对,皆迢然易见。唯第二、第三,破相与显性相对,讲者禅者,俱迷为同是一宗一教,皆以破相便为真性,故今广辩空宗、性宗,有其十异。空宗唯破相,性宗唯显性。权实有异,遮表全殊。不可以遮诠遣荡、排情破执之言,为表诠直示、建立显宗之教。又不可以逗机诱引、一期权渐之说,为最后全提、见性真实之门。如上判教分宗,言约义丰,最为殊绝。初则历然不滥,后则一味融通,可释群疑,能归宗镜。十异者:一、法义真俗异者。空宗未显真性,但以一切差别之相为法,法是俗谛。照此诸法无为无相无生无灭为义,义是真谛。性宗以一真之性为法,空有等种种差别为义。经云:无量义者,从一法生。《华严经》云:法者知自性,义者知生灭。二、心性二名异者。空宗一向目诸法本原为性,性宗多目诸法本原为心。《起信论》云:一切诸法,从本已来唯是一心,良由所说本性,不但空寂,而乃自然常知故,应目为心。三、性字二体异者。空宗以诸法无性为性,性宗以虚明常住不空之体为性。性字虽同，而体异也。四、真智真知异者。空宗以分别为知，无分别为智，智深知浅。性宗以能证圣理之妙慧为智，以该于理智。通于凡圣之真性为知，知通智局。《华严经》云：真如照明为性。《起信论》云：真如自体，真实识知。五、有我无我异者。空宗以有我为妄、无我为真，性宗以无我为妄、有我为真。故《涅槃经》云：无我者，名为生死。我者，名为如来。六、遮诠表诠异者。遮谓遣其所非，表谓显其所是。又，遮者拣却诸余，表者直示当体。如诸经所说真如妙性，每云：不生不灭、不垢不净、无因无果、无相无为、非凡非圣、非性非相等，皆是遮诠，遣非荡迹，绝想祛情。若云知见觉照、灵鉴光明、朗朗昭昭、堂堂寂寂等，皆是表诠。若无知见等体，显何法为性、说何法不生不灭等，必须认得现今了然而知即是我之心性，方说此知不生不灭等。如说盐，云不淡是遮，云咸是表。说水，云不干是遮，云湿是表。空宗但遮，性宗有遮有表。今时人，皆谓遮言为深，表言为浅，故唯重非心非佛、无为无相，乃至一切不可得之言，良由只以遮非之词为妙，不欲亲自证认法体，故如此也。又，若实识我心，不同虚空。性自神解，非从他悟，岂藉缘生？若不对机随世语言，于自性上，尚无表示真实之词，焉有遮非方便之说？如今实未亲证见性之人，但效依通，情传意解，唯取言语中妙，以遮非泯绝之文而为极则，以未见谛，故不居实地。一向托空，随言所转。近来尤盛，莫可遏之。若不因上代先贤，多闻广学，深入教海，妙达禅宗，何能微细指陈、始终和会，显出一灵之性，剔开万法之原？是以，具录要文，同明宗镜。七、认名认体异者。谓佛法世法，一一皆

有名。且如世间称大,不过四物。如《智论》云:地水火风,是四物名。坚湿暖动,是四物体。今且说水,设有人问:每闻澄之即清,混之即浊。堰之即止,决之即流。而能溉灌万物,洗涤群秽,此是何物举功能义用而问之?答云:是水举名答也。愚者认名谓已解。智者应更问云:何者是水征其体也?答云:湿即是水克体指也。佛法亦尔,设有人问:每闻诸经云:迷之即垢,悟之即净。纵之即凡,修之即圣。能生世出世间一切诸法,此是何物此举功能义用问也?答云:是心举名答也。愚者认名便为已识。智者应更问:何者是心征其体也?答:知即是心指其体也。此一言最亲最的,余字余说皆疏。如云非性非相能言能语等是体,缘虑动用等是心,即何异他之所问也?以此而推,水之名体,名唯一字,余皆义用。湿之一字,贯于清浊等万用万义之中。心之名体亦然,知之一字,亦贯于贪瞋慈忍善恶苦乐万用万义之处,直须悟得水是名,不是水。湿是水,不是名。即清浊凝流,无义不通也。以例心是名,不是心。知是心,不是名。即真妄善恶,无义不通也。空宗、相宗,为对初学及浅机,恐随言生执,故但标名而遮其非,唯广义用而引其意。性宗,为对久学及上根,令忘言认体,故一言直示达摩云:指一言以直示,即是知字一言。若言即心是佛,此乃四言矣。若领解不谬,亲照灵知之性,方于体上照察义用,故无不通矣。八、二谛三谛异者。空宗唯二谛,性宗摄一切性相及自体,总为三谛:以缘起色等诸法为俗谛。缘无自性,诸法即空为真谛。一真心体,非空非色,能空能色,为中道第一义谛。九、三性空有异。空宗说有,即遍计依他。空,即圆成。性宗即三法皆具空有之义,遍计，即情有理无。依他，即相有性无。圆成，即情无理有。十、佛德空有异。空宗说佛以空为德，无有少法是名菩提。性宗一切诸佛自体，皆有常乐我净、十身十智、相好无尽，性自本有，不待机缘，十异历然二门奂矣，故须先约三种佛教，证三宗禅心。然后禅教双亡，佛心俱寂。俱寂，即念念皆佛，无一念而非佛心。双亡，即句句皆禅，无一句而非禅教。如此则自然闻泯绝无寄之说，知是破我执情，闻息妄修心之言。知是断我习气，执情破而真性显。即泯绝是显性之宗，习气尽而佛道成。即修心是成佛之行，顿渐互显，空有相成。若能如是圆通，则为他人说，无非妙方。闻他人说，无非妙药。药之与病，只在执之与通。故先德云：执则字字疮疣，通则文文妙药。

如上依教依宗，撮略和会，挑趒宗旨之本末，开析法义之差殊，校量顿渐之异同，融即真妄之和合，对会遮表之回互，褒贬权实之浅深，可谓卷教海之波澜，湛然掌内。簇义天之星象，奂若目前，则顿释群疑，豁然妙旨。若心外立法立境，起斗诤之端倪。识上变我变人，为胜负之由渐，遂乃立空破有，宾有非空。崇教毁禅，宗禅斥教。权实两道，常为障碍之因。性相二宗，永作怨雠之见。皆为智灯焰短，心镜光昏，终不能入无诤之门，履一实之道矣。

宗镜录第三十五

宋 慧日永明妙圆正修智觉禅师延寿集

夫说此法门，是无始终说，不定方所，亦无时分。以无时之时，理无间断。无处之处，说遍十方。故一切佛，法尔皆于无尽世界，常转如是无尽法轮，令诸众生反本还原，穷未来际，无有休息。《华严疏》云：夫心冥至道，则浑一古今，法界无生，本亡时分。故经颂云：诸佛得菩提，实不计于日。又云：此圆教法门，以会缘入实体者有二：一、以本收末，以诸圣教从真流故，不异于真。二、会相显性，谓彼一切差别教法，从缘无性，即是真如。是故，虚相本尽，真性本现。如来言说，皆顺于如。故《金刚三昧经》云：如我说者，义语非文。众生说者，文语非义。

又，理事无碍体者，谓一切教法虽举体即真，不碍十二分等事相宛然显现。虽真如举体为一切，不碍一味湛然平等。夫一乘三乘、一性五性，就机则三约法则一，新熏则五，本有无二。若入理双拂，则三一两亡。若约佛化仪，则能三能一。是故，竞执是非，达无违诤。《大集》五部虽异，不离法界本原。《涅槃》各说身因，佛许无非正说。此宗镜机，是圆教摄，则圆根所对，大小俱含。故先德云：教海宏深，包含无外。色空交映，德用重重。语其横收，五教乃至人天，总无不包，方显深广。其犹百川不摄大海，大海必摄百川。虽摄百川,同一咸味,故随一滴,迥异百川。前之四教不摄于圆,圆必摄四。虽摄于四,圆以贯之,故十善五戒,亦圆教摄。今依宗镜,若约教唯依一心而说,则何教非心,何心非教?诸经通辩,皆以一心真法界为体。如来所说十二分教,亲从大悲心中之所流出。大悲心从后得智,后得智从根本智,根本智从清净法界流出,即是本原,更无所从,无有法离于法界而有。《华严经》颂云:未曾有一法,得离于法性。即一切众生迷悟本。若不迷此,即不成迷,以无颠倒执著轮回生死故。若不悟此,即不成悟,以无如法修行证穷果故。所以真如一心,为迷悟依。夫立教之本,无出意言。以意诠量,从言开演。故基师云:至理澄寂,是非之论息言。般若幽玄,一异之情绝虑。息情虑故,非识非心。绝言论故,非声非说。法非声说,说遍尘沙。理无识心,心该法界。心该法界,斯乃非心作心。说遍尘沙,此亦无说为说。非心作心,心开二种。无说为说,说乃两门。心开二种者:一、心生灭门,二、心真如门。释生灭门者,只如三界循环,斯皆妄识。四生盘泊,并是惑心。荣辱迅譬石光,古今繞过拍毱,此则生灭门也。释真如门者,只如摩罗净识,湛若太虚。佛性明珠,皎同朗月。隐显虽异,肤内更明。染净缘分,法身澄止,此则真如门也。言说乃两门者:一、大机受法,则教说满乘。二、小圣闻思,则藏开半字。神锴和尚云:教起所由者,如来一代说法,欲令众生悟佛知见。佛知见者,所谓平等真心,诸法无二。无二之法,即是实性。实性之体,离有离无,不生不灭,理自恒真,不由观智所显。道常显露,实无翳障。平等真心者,若法相宗,真即是智,将智证真,三乘无别，即是真家之心，依主释也。若法性宗，真即是心，体同名别，真心即平等，持业释也。故经云：泥洹真法宝，众生从种种门，入种种之门。是能通、所通唯一道。又云：经说门不同，或文字为门，《大品经》明四十二字门是也。或观行为门，释论明菩萨修三三昧缘诸法实相是也。或智慧为门，《法华经》云其智慧门难解难入是也。或理为门，《大品经》云明无生法，无来无去，即是佛也。依教门通观，依观门通智，依智门通理。理为门复通何处？教观智等诸门，悉依于理。能依是门，所依何得非门？虽无所通，究竟遍通，是妙门也。则众妙之门，一真心之所依也。《华严经》云：譬如日出，先照高山。日譬于佛，光譬说教。日即无缘之慈，非出而出。随众机之所扣，非照而照。说《华严》如高山，说《方等》如食时，说《般若》如禺中，说《法华》如正中，说《涅槃》如平地。若菩萨大人，蒙般若光诸法之用，二乘之人，既无此用，譬如七日婴儿，若视日轮，令眼失光，以无明全在，丧一切智明故。外道闇证，譬如夜游，以未承正教之照故。菩萨利他，譬如日中，作务施运役之功。然平地高山，同承日照。小根大器，咸禀教光。约能照则无浅深，对所照自分前后。如大车等赐，一雨普沾。道绝始终，理无偏党。若得宗镜一乘之光，平等大慧，自他兼利，更无差别。故《大涅槃经》云：譬如有人，以新毒药涂大鼓，于众中击令出声，虽无心欲闻，若有闻者，远近皆死。唯除一人不横死者，谓一阐提。才闻即能破无明惑，名为近死。闻未即益，作后世因，名为远死。《止观》释云：一切众生心性正因，譬之如乳。闻了因法，名为置毒。正因不断，如乳四微。五味虽变，四微恒存。是故，毒随四微，味味杀人。众生心性，亦复如是：正因不坏，了因之毒随正奢促，处处得发。或理发，教行证发，如辟支佛利根，根熟出无佛世，自然得悟。理发亦尔，久植善根，今生虽不闻圆教，了因之毒任运自发。若闻《华严》日照高山即得悟者，此是教发。闻已思惟，思惟即悟，是为观行发。若是六根净位进破无明，是相似证发。若见道损生，亦是证发。

今依华严立五教，天台立四教、乃至八教。且华严一心立五教，约识而论者：一如小乘教，但有六识赖耶，但得其名。二大乘始教，但得一分生灭之义，以其真理未能体通，但说凝然不作诸法。第三大乘终教，于此赖耶，得理事通体。不生灭与生灭和合，非一非异，以许真如随缘而作诸法。以阿赖耶识所熏净法，与能熏染法各差别，故非一。能熏所熏，但一心作无有他，故非异。始教约法相差别门说，终教约体相容门说，为第一义真心也。谓如来藏性，依此有诸趣等。第四顿教，即一切法，唯一真心。差别相尽，离言绝虑，不可说也。以一切染净相尽，无有二法可以体会，故不可说，如《净名》所显，入不二门也。第五圆教，约性海圆明法界所起，唯一法界性，起心即具十德。问：云何一心约就诸教，得有如是差别义耶？答：约法通收，由此甚深所起一心，具五义门，随以一行摄化众生：一、小乘，摄义从名门。二、始教，摄理从事门。三、终教，理事无碍门。四、顿教，事尽理显门。五、圆教，性海具德门。五义相显，唯一心转。《秘密义记》云：佛子，善听！譬如暗家宝，人不知故，无灯明故，于彼砵触误，谓为蛇所毒。由误故，毒气入身，其身膖胀,受种种苦。智者见已,即将灯明,示以利宝,其所螫人即见此宝,身内毒气即能除愈。以得此宝故,飞行无碍,见人恭敬。诸恶者皆以慈心相向,恶心消灭。由无怨雠故,得无所畏。无所畏故,安隐快乐。行者亦尔,由不知法性家内实德宝故,为八万四千尘劳。由知亲近善友闻法故,返尘劳垢为八万四千道品法,除自然执。又知因缘空,又知佛性常住,又知言语道亡、心行处灭,又开悟法界缘起,由是一切诸法,从一地不至一地,会是净心中。是故,诸烦恼及诸净心,不从他方来,一手反复耳,智者不须疑也。

又,前所譬暗家实宝,即是显清净法门,为对治染法。对治有五:一者小乘教,即对治外道,不依因缘,起自然执。二初教,即对治小乘,由于因缘有执,已前总名有为缘起。三者终教,即对治初教,一切诸法无常苦空无我,执此名无为缘起。由真如随缘,名为无为缘起。四者顿教,即对治终教,念念纷纷,起有言说。即自体缘起,穷源尽性,一念不生,故为自体。五者圆教,即对治顿教,寂默言说、心行处灭、一切归寂源、不能一即一切、一切即一自在等,此法界缘起,动静具足,故名性起。圆融无碍,取舍都尽,即三毒即佛故。若小乘虽随起对治,唯知第六识,不知由心有诸法故。言心者,即八识心王。又,小乘不知常乐我净心,万法主故,不可得故,如虚空故不可治。虽有如是法,以不知所因故,不知由心有万法故,不觉心源故,唯取小乘,皆灭色取空。若不灭色取空,知色即是空,即得入初教。次初教人,如上诸次第所起法,皆言识变有,识外不有。识者,即第八识。约识性亦不可得,才证此心,即知诸法因缘生,缘生无自性。

虽证此法，犹有刹那生灭，故名有为，证凝然真如故。次终教人云：一切诸法，不出一心。是一心，譬如大海湿性，依一心所有诸法，如大海波澜，虽摄波入水而不灭波浪，虽波澜纷纷起而不减寂水。如是虽摄万境入一心，而不减万境。虽万境纷纷起，而不减一心。何以故？一心所有故。是故，真该妄末，妄达真源。性相融通，本末平等。虽自性无生，不失业果。虽不失业果，自性无生。虽得一心，不得无尽故，不得重重故，名一实谛。自此已前诸教，依渐次阶位，即名渐教。次顿教者，一念不生，即是佛也。何以故？一切诸法从本以来，常自寂灭相，下自众生，上尽诸佛，一切所作事不遗一毛，诸皆如梦。故成佛度生，犹此梦摄。不明一中多、多中一，一即多、多即一等。次圆教所明，以十十无尽显其义，以十十重重辩其相。随举为主，万法为伴。由主不防伴，伴不防主，俱周遍法界。

问：如上所说，重重无尽者，且何物重重、何物无尽？何法广大、何法圆融？何法包含、何法秘密？

答：则是一切凡圣，心相重重，心性无尽。是心广大，是心圆融，是心包含，是心秘密。若无此一心为宗，则教门无一法可兴，诸佛无一字可说。既全归心旨，广备信根。圆解已周，纤疑不起。不可唯凭口说，密在心行。但以定水潜澄，慧灯转耀。若一向持文求理，执教谈宗。如入海算尘砂，仰空数星宿，终不亲见，去道尤赊。昔人云：如天地终日轰轰，不及真理。是故，学人去文取理，端坐凝情，以心眼自看，是名专住一境，修定胜因也。又，圆教义者，本末融通，

理事无碍。说真妄,则凡圣昭昭而交彻。语法界,则理事历历而相收。佛知见一偈,开示而无遗。《大涅槃》一章,必尽其体用。如《华严经》云:无有智外如为智所入,亦无如外智能证于如。又云:无有少法与法同止。以举心摄境,则无心外之境。举境摄心,则无境外之心。以性无二,相即性故,相随性融,随一皆摄。是以,性外无相,则何法不融。理中立事,则何门不入?可谓触目菩提,一念圆证。所以《无量义经》云:无量义者,从一法生。其一法者,所谓无相。古人云:此是出生义。《法华经》云:究竟至于一切智地。此是收入之法,则三乘万化,从实相生,究竟还归一实相。则初后不离一心,本末咸居正位。如《法华经》云:心相体信,入出无难,可以知大乘家业,绍佛种位。又,初则一出无量,后乃无量归一。今无量非无量,一亦非一,即证法华三昧。又,先德目为教海者,以含众法,喻如大海,傍无边涯。连天一色,空彻海底。海映空天,即是圆教。总摄诸教归真,并皆空净,理事无碍,如交映色空,色不碍空,空不碍色,德用重重,即唯明唯深。具十玄门,重重无尽,即事事无碍,如海十德,互相周遍,即心海包容,深广无际矣。所以《守护国界主陀罗尼经》偈云:一字演说一切法,多劫无有穷尽时。一一字门亦复然,此住宝箧真言地。生法师释《法华经》一毫之善、举手低头,皆已成佛言:无非佛流,即涅槃意。乃至外道典籍,亦佛法流,况内法耶?大小等教,皆从如来大悲所流故。是知,无有一法不从心原性空而出,如源出水,似空出云。以十方如来证心成佛,佛即是心,所有万善万德悲智愿行,无不从此流矣。又,约《金师子章》论五教者:一、此师子虽是因缘之法，念念生灭，实无师子可得，名愚人法，是声闻教。二、即此缘生诸法，各无自性，彻底唯空，名大乘初教。三、虽复彻底唯空，不碍幻法宛然，缘生幻有，二相双存，名大乘终教。四、即此师子与金二相，互夺两亡，情谓不存，俱无有力，空有双泯，名言路绝，栖心无寄，名大乘顿教。五、即此情尽体露之法，混成一块，繁兴大用，起必全真，万像纷然，参而不杂。一切即一，皆同无性。一即一切，因果历然。力用相收，卷舒自在，名一乘圆教，此名最上乘也。

次天台立四教者：一、藏教，明因缘生灭四谛理，正教小乘，傍化菩萨。二、通教，三人同禀，明因缘即空无生四真谛，正为菩萨，傍通二乘，教理智断行位因果皆空，三人同证。此藏通二教，俱不识常住真心，皆以灭心为极果。三、别教，是不共之名，明因缘假名无量四圣谛理，约化菩萨，不共二乘。若教别者，具演恒沙佛法，别为菩萨。若理别者，藏识有恒沙俗谛之理，乃至智断行位因果，俱与三教事别。虽知一心不空无尽之理，即今未具，犹待次第生起，执教道而不融，据行布而成别。四、圆教，明不思议因缘无作四谛教理，正说中道，即一切法圆理不偏：智圆，则一成一切成。断圆，则不断而断。行圆，则一心具足万行。位圆，则一地具足一切地。因圆，则双照二谛，自然流入萨婆若海。果圆，则妙觉不思议三德之果，即一念心圆具法界。约观心明四教者，《净名疏》云：今但论即心行用识一切教门，皆从初心观行而起。四教既摄一切经教，若一念观心分明，能分别一念无明因缘所生之心，四辩历然，则一切经教大意，皆约观心通达。就此即为四意：第一、约观心明三藏教相者，即是观一念因缘所生之心生灭，析假入空，约观门起一切三藏教也。若观生灭四谛入道，即是修多罗藏，故《增一阿含》云：佛告诸比丘，谓一切法者，只是一法。何等为一法？心是一法，离心无一切法也。《智度论》云：从《初转法轮经》，至大涅槃，结修多罗藏，此只是约心生灭说四圣谛，即是法归法本之义也。观心出一切毗尼藏者，佛制戒时，问诸比丘：汝何心作？若有心作，即是犯戒，有犯故有持也。若无心作，则不名犯，犯义不成，不说持也。故重心发戒，无心则不发戒。若言从心出阿毗昙藏者，四卷略说，名毗昙心。达磨多罗处中而说，名为杂心，如此皆是约心而辩。毗昙无比法者，分别诸心心数法，一切法不可比也。第二、约观心明通教者，观心因缘所生一切法，心空则一切法空，是为体假入空，一切通教所明行位因果，皆从此起也。第三、约观心明别教者，观心因缘所生即假名，具足一切恒沙佛法，依无明阿赖耶识，分别无量圣谛，一切别教所明行位因果，皆从此起也。第四、约观心明圆教者，观心因缘所生，具足一切十法界法，无所积聚，不纵不横，不思议中道二谛之理、一切圆教所明行位因果，皆从此起，如轮王顶上明珠。是则四教皆从一念无明心起。上来数引《华严经》，明破微尘出三千大千世界经卷义，意在此也。

又，约顿、渐、不定、秘密，通前四教总立八教：一顿教，如《华严》无声闻乘，故名为顿。二渐教，即三藏及方等般若，渐引入圆教。三不定教，谓一音异解，或说大而得小果，或说小而得大道，故名为不定。四秘密教，此有二种：一显露秘密，谓同席异闻，不得道果，互不相知，故名秘密。二秘密秘密，唯佛能证，密令众生而得开悟，不可指示。总前四教而成八教。

又，教分五味，释论云旃延子明六度限剂而满者，此调杂血众生为乳也。《大品》云菩萨发心与萨婆若相应者，此欲调乳入酪也。《大品》云：菩萨发心游戏神通净佛国土。又如《净名》中得不思议解脱者，皆能变身登座，而复能受屈被诃者，此欲调酪为生酥就熟酥也。《大品》云菩萨发心，即坐道树、成正觉、转法轮、度众生者，是调熟酥为醍醐也。此乃从一开一，接引酥酪之机。后即会一归一，成熟醍醐之众。终无别法，更有卷舒。本迹相收，机应冥合。

又分半满之教：小乘为半，大乘为满。又，三乘为半，一乘为满。如《涅槃经》明半字及满字等，说半字故，半字即显，满字即隐。今日说满字者，满字即显，半字即隐，此即约缘而说隐显。又如《月喻品》，此方见半，他方见满，而彼月性本无亏盈，随缘所见，故有增减，此即是大乘宗中说也。如智俨法师，依《华严》一乘宗辩者，不待说与不说、常半而常满，隐显无别时，如彼月性常满而常半，增减无异路。正同《宗镜》所录法门，隐则一心无相，显则万法标形。不坏前后而同时，常居一际而前后。当舒即卷，当卷即舒。故知，以教照心，以心明教。诸佛所说，悉是自心。《辅行记》：引《华严经》颂云：诸佛悉了知，一切从心转。若能如是解，彼人真见佛。《宝性论》云：有神通人，见佛法灭，以大千经卷，藏一尘中。又，《华严》云：善哉善哉，云何如来在于身中而不觉知？故明四谛十二因缘境，八万四千法门，不出一心。若得此意，八年广演《法华》，在乎一念。经五十劫，讵动刹

那。例一代逗机,居于心性,十方佛事,宛然瞩目。乃至涅槃三德,在一心中,则《大经》一部,全标方寸。无边教法,摄一刹那。千枝万叶,同宗一根。众籍群经,咸诠一法。

如上所引,五味、八教、半满等文,然虽分判一代时教,皆是一心融摄,一理全收。分而非多,聚而非一。散而不异,合而不同。恒沙义门,无尽宗趣,皆于一乘圆教宗镜中现。所以古德云:契之于心,然后以之为法。在心为法,形言为教。法有自相共相,教有遮诠表诠。故知,就事虽分,约理常合。乃至开为恒沙法门,究竟不离一心之旨。若从一心中方便开示成其教迹者,即不可定其权实时分前后。以是如来逗机一期方便,窃不得自生决定解耶,有乖正法。如《法华玄义》云:约五味半满相成者,若直论五味,犹同南师,但得方便。若直论半满,犹同北师,但得其实。今明五味不离半满,半满不离五味。五味有半满,则有慧方便解。半满有五味,则有方便慧解。权实俱游,如鸟二翼,虽复俱游,行藏得所。若《华严》顿满大乘家业,但明一实,不须方便,唯满不半,于渐成乳。三藏客作,但是方便,唯半不满,于渐成酪。若方等弹诃,则半满相对,以满斥半,于渐成生酥。若《大品》领教,带半论满,半则通为三乘,满则独为菩萨,于渐成熟酥。若《法华》付财,废半明满,若无半字方便调熟钝根,则亦无满字开佛知见,于渐成醍醐。如来殷懃称叹方便者,半有成满之功,意在此也。

次约观分别者,唯识宗立二种观,华严宗立四观,天台教立三观,普贤门立十观。唯识二观者:一、唯心识观,二、真如实观。《进趣大乘方便经》云:若依一实境界修信解者,应当学习二种观道:一唯心识观,二真如实观。学唯心识观者,所谓于一切时一切处、随身口意所有作业,悉当观察,知唯是心。乃至一切境界,若心往念,皆当察知,勿令使心无记攀缘,不自觉知。于念念间,悉应观察,随心所有缘念,当使心随逐彼念,令心自知。知已,内心自生想念,非一切境界有念有分别也。所谓内心自生长短好恶、是非得失、衰利有无等见,无量诸想,而一切境界未曾有想起于分别。当知,一切境界自无分别想故,即自非长非短、非好非恶,乃至非有非无、离一切相。如是观察一切法,唯心想生。若使离心,则无一法一相而能自见有差别也。真如实观者,思惟心性无生无灭,不住见闻觉知,永离一切分别之想。华严四观者,此约一心真如法界,就理事行布圆融,成四种法界。对此法界,为四种观门。此四观门,法本如是,故依法而观,故名为观:一事观,谓迷悟因果,染净历然。二理观,谓我法俱空,平等一相。三理事无碍观,谓彼此相遍、隐显成夺同时无碍。四事事无碍观,谓观事法以理融故,相即相入,重重无尽。若依此一心无碍之观,念念即是华严法界,念念即是毗卢遮那法界。经云:若与如是观行相应,于诸法中不生二解,一切佛法疾得现前。台教三观者,《三观义》云:夫三寸之管,气序不衰。一尺之表,朝阳可测。是知,得其道者,岂远乎哉?三观诣理之妙门,今明此义,故借为喻也。仰佛法遐踪,神功浩旷。求兹非远,寄以一心。体之有原,总乎三智。若其假方便以致殊,会归一道,寂然而双照。三观之名,出自《璎珞》。经云:从假入空,名二谛观。从空入假,名平等观。双照二谛,心心寂灭,自然流入萨婆若海也。

天台《疏》问曰：三观俱照二谛，有何等殊？

答曰：前观虽照二谛，破用不等。次观亦照二谛，破用平等，既不见中道，但是异时平等。第三观者得见中道，双照二谛，即是一时平等也。若修观心，还用前二观双亡双照之方便也。双亡方便者，初观知俗非俗，即是俗空。次观知真非真，即是真空。非真非俗，即是中道。因是二空观，入中道第一义谛观。今明一心三观者：一明所观不思议之境者，即是一念无明心，因缘所生十法界以为境也。此心神微妙，一念具一切三世诸心诸法，譬眠法覆心，一念之内梦见一切诸心诸事。若正眠梦之时，谓经无量。如《法华经》说，梦见初发心、乃至成佛无量诸事，比其觉时反观，只是一念眠心也。心譬自性清净心。眠法覆心，譬于无明。无量梦事，譬恒沙无知，覆一切恒沙佛法。梦事不实善恶忧喜，譬见思惑覆真空也。若不细寻梦譬，不思议之疑终无决理，故诸大乘经多说十喻。但诸法师，不圆取譬意，止偏得虚伪空边，不见譬无量无明法性边也，故三谛之境义不成也。二明能观者，若观此一念无明之心非空非假，一切诸法亦非空非假，而能知心空假，即照一切法空假。是即一心三观，圆照三谛之理，不断痴爱，起诸明脱。若水澄清，珠相自现，此即观行即也。三明证成者，若证一心三观，即是一心三智五眼也。若得六根清净，名相似证，即十信位也。若发真无漏，名分证真实，即此是初住也。经云：一念知一切法是道场，成就一切智故。《大品经》云：有菩萨从初发心，即坐道场，当知是菩萨为如佛也。《智度论》云：三智其实一心中得，佛欲分别为人说，令易解故，所以次第说耳。

又，总明三种三观：一者别相三观，二者通相三观，三者一心三观。一别相三观者，历别观三谛。若从假入空，但得观真，尚不得观俗，岂得观中道也？若从空入假，但得观俗，尚未得观中道。若入中道正观，方得双照二谛。二通相三观者，则异于此：从假入空，非但知俗假是空，真谛中道亦通是空也。若从空入假，非但知俗假是假，真空中道亦通是假。若入中道正观，非但知中道是中，俗真通是中也。是则，一空一切空，无假无中而不空。一假一切假，无中无空而不假。一中一切中，无假无空而不中。但以一观当名，解心无不通也。三一心三观者，知一念心不可得不可说，而能圆观三谛也，即《净名经》云：一念知一切法是道场，成就一切智故。是以，在境为一谛而三谛，在心为一观而三观，在果为一智而三智。如一圆珠，珠相喻有，珠彻净喻空，圆明喻中，三无前后，此喻一谛而三谛。若以明镜照之珠上，三义一时顿现，即喻一观而三观。若就镜中观珠，珠之与镜非一非异，则喻心境二而不二，为真觉也。妙观者，观一念心为所缘境，返观此心，从何处来、去至何所。净若虚空，名空观。观境历历分明，名假观。虽历历分明，而性常自空，而境观历然，名中观。即三而一，即一而三。语默行住，不生不灭、不常不断、不一不异、不来不去，不有不无、不住不著、不垢不净、不爱不取、不虚不实、不缚不脱，皆不生不灭之异名，义无别也。即空不住空，即假不住假，即中不住中，是名中。何以故？为即空，空有何可住？即假，幻化影复何可住？二边既无可住，岂有中可住？故曰：三谛无住，是名为中。当须如此，空中无空只勿空，假中无假只勿假，中中无中只勿中。当如是照,照中无照只勿照,若见如是理,即见万物而自虚也。此三观者,是不思议境。若阙一观,境智不成,故云不思议,备收一切法。一切虽多,十法界收尽。既其镕融,一则具十,成百法界。一界又具十如,一如又具三种世间:谓五阴、众生、国土。千如则有三千世间,名不思议假。此假即空即中,若无中,摄理不遍。若无十界,收事不尽。若无十如,因果不具。若无三种世间,依正不足。故知,实相,悉总诸法,重重无尽,融融无碍,犹如帝网,名不思议境也。凡圣同有此理,故云:己之三千,遍彼三千。彼彼三千,互遍亦尔,故得依正终日炳然,无所分别,法界洞朗。为显此境,故云观不思议境也。如《三观颂》云:空观如性不可得,假观相含法界。边中观体等理无二,即一而三常宛然。

又,空观,了诸法无自性故。二假观,此空处具诸法故。三中观,空假无别体故,唯一真心。故以空是心之性,即是真空,非是但空。以假是心之相,即是妙假,非是偏假。性相分三而非三,真心冥一而非一。非一而三观宛然,非三而一心不动。又,即一而三相不同,如镜体一,有光明影像差别之相。即三而一体无异,如影像光明,俱同一镜。又,古释《三观义》云:一念心起,起无起相,彻底唯空,三际寂然,了不可得。无见闻觉知相,无眼耳鼻舌身意相,空观也。一念心起,有三千世间相:国土世间一千,山河大地日月星辰是也。五阴世间一千,染净一切色心是也。众生世间一千,六凡四圣假质是也。一念心起,三千性相一时起。一念心灭,三千性相一时灭也。念外无一毫法可得,法外无一毫念可得也。此心性圆明,一而能多,小而能大,染而能净,因而能果，有而能无，故一一色、一一香、一一念，介尔有心，即具三千也。一处见多，多处见一。一念即多劫，多劫即一念。重重互现，喻天帝珠网，此假观也。一念心起，起而无起。三际寂然，无起而起。三千性相，非空非假，双照空假，此中观也。说即有三名字，照时不作三一解，只念念见自心性，任运非三非一，亦不用破除身心，亦不要安立境观。念想断处，一切时中任运心常三观也。人无圆机，自谓：我是凡秽、我多烦恼、我智慧劣、我是生死人。此乃瞖眼见空华，空实无华也。圆人观明，触事全同古佛，非分同也。何以故？法性圆理、三德三身，只是一念，不可分故。此圆理亦无次位，为人未能任运常观，观有断续，我性未破，破而未尽，故分六即四十二位，点空接引令至无修耳。或谓凡人但有佛法身性，未有报化德用，此乃别教中解，圆观惑业苦三，本自无性，全是三德。三德本无住处，住惑业苦中。三身三道，悉是假名，毕竟空中，了不可得，无恶可舍，无道可证。才见有一毫理可依泊者，便是妄境牵生心，三观不明也。学人嫌恶贪瞋痴作意断除，殊不知此嫌恶心自是惑也。若才觉起，即照此起处，自无性不可取舍，三观明也。若别作对治，别作真如实相解，别作佛菩萨想，别运身心遍法界想，并非圆意圆人即念无念耳。若谓能觉知识别者是心，此是心苗，非心性也。故云：动是法王苗，寂是法王根。心性者，三观明时是也。三观明时，不见有情无情、佛与众生，若罪若福，在我观内、在我观外、在我观中，皆不可也。

若不明三观，妄情计佛性在身中，计遍草木上，经中唤作遍计所执性。外道所宗，四教所不摄，况圆人解乎？夫中观难明,圆解微妙。凡言中者,有二种中:一但中,二圆中。如《首楞严经》明八还义,若析前尘,见无还处,见性独妙,但中也。见与见缘,元是菩提妙净明体,云何于中有是非是,此圆中也。又,空假即中,但中也。中即空假,不但中也,即是圆中。如藏通二教,是但空,即析色体尘,归彻底自性之空。如别圆二教,是不可得空,具中道佛性不空之理。傅大士颂云:独自精,其实离声名,三观一心融万品,荆棘丛林何处生?释曰:若能内观返照独精自心,何言诠所及?故云其实离声名。了此一念心,起处不可得,是名空观。即于空处,见缘生法似有现显,故云一切法,是一切法,非于无性无像而有得有像,是名假观。求空不得空,寻假不得假,非空非假,全是一心,是名中观。念念具三观之法,尘尘成佛智之门,故云三观一心融万品。则烦恼荆棘、五阴丛林、生死根株、我慢原阜,更从何处而起?故云荆棘丛林何处生。普贤观云:止观十门者,一、心行称理,摄散名止。二、止不滞寂,不碍观事。三、由理事交彻而必俱,遂使止观无碍而双运。四、理事形夺而俱尽,故止观两亡而绝寄。五、绝理事无碍之境,与泯止观无碍之心,二而不二,故不碍心境而一味。不二而二,故不坏一味而心境。六、由即理之事,收一切法,故即止之观,亦见一切。七、由此事即是彼事,故令止观见此心即是彼心。八、由前中六则一多相入而非一,七则一多相是而非异,此二不二,同一法界止观无二之智,顿见即入二门,同一法界而无散动。九、由事则重重无尽,止观亦普眼齐照。十、即此普门之智为主,故顿照普门法界时,必摄一切为伴,无尽无尽。

宗镜录第三十六

宋 慧日永明妙圆正修智觉禅师延寿集

夫观门,略有二种:一依禅宗及圆教上上根人,直观心性,不立能所,不作想念,定散俱观,内外咸等,即无观之观,灵知寂照。二依观门,观心似现前境,虽权立假相,悉从心变。如《观经》中,立日观水观等十六观门。《上生经》中,观兜率天宫弥勒内院等。诸章钞释云:言观一字,理有二种:一观瞩,二观察。初观瞩者,如前五识缘五尘境,瞩对前境显现分明,无推度故,现量性境之所摄故。次观察者,向自识上安模建立,伺察推寻境分剂故。今立观门,即当第二观察。约能观之心,出体有四:一、克性出体,唯别境慧。此慧能拣去散乱染无记等,择留善净所变境故。二、能所引体,定引慧故。三、相应体,五蕴除色。四、眷属体,并色五蕴。

问:相应四蕴心王心所,取其何者为能观察?

答:先辩心王,次明心所。若八识心王,唯取第六。

问:前五七八俱能缘虑,何以不取?

答:且前五识有漏位中,唯现量缘实五尘境。第八唯现量缘三境故,种子根身器世间境,性唯无记。第七有漏位中,常缘第八见分为境,非量所收。今能观心,因教比知变起相分,比量善性独影境摄,故唯第六有此功能。

问:第六心王,有其几种?

答:义说有四:一、明了意识,与前五识同缘五尘,分明显了。二、定中意识,引得上定,定中所起。三、独散意识,不与前五同缘,为拣明了,故立独名。又非定中所起,故名为散,独于散位而生起故。四、梦中意识,于睡眠位起此识故。

问:四中何者是能观心?

答:得上定者,定中意识,现量观故。未得定者,独散意识,能为观体。次明心所者,有五十一法,总分六位。且通辩诸识有漏位中相应者,前五识各有三十四心所相应,谓遍行五、别境五、善十一、根本烦恼三(贪瞋痴)、中随二、大随八。第六识三界三性定散通论,具与五十一心所相应。第七识与十八心所相应,谓遍行五、根本烦恼四(我痴、我见、我慢、我爱)、大随八、别境中慧。第八识唯与遍行心所相应。此八种识,若成无漏,唯与二十一心所相应,谓遍行别境善法,今明能观心,但唯善性。第六识,其相应心所,随心王说,定中心所唯二十一:谓遍行五、别境五、善十一。或寻伺中随取一法,即二十二,寻粗伺细,不俱起故,浅深推度,思慧为体。若与散位心王相应,即二十法,于前善中除轻安故。轻安一法是定引故,有定资身,方得调畅有轻安义。或二十一,于寻伺中随取一故。

问:能观心于三境之中,此何境?

答:定散二位皆独影境,变假相故。此假相分,从能缘见分种生,自无其种,故名独影。不同性境是实色,心各有种生,如眼识缘色等。又,不同带质境,心缘心时定有质故,中间相分从质见起。言独影境,自有二类:一、有质,即此观心,托彼为质。二、无质,缘龟毛等。

问:既有彼质,何非带质?

答:带质有二:一真带质,以心缘心。如第七缘第八,第六缘余识。二似带质,心缘色故。即此所观,带彼质故,通似带质。

问:定散二位,托彼质缘,熏得何种?

答:唯熏能观心心所见分种子。相分是假,不熏有漏观心,不熏无漏质种。

问:三量之中,此是何量?

答:定位现量收,散位比量摄。不通非量,非正观故。

问:三性何性?

答:唯善性故。

问:四缘何缘?

答:四缘皆具,第六心王并实心所,皆从种生。此因缘,假相分是所缘,为缘即前念引后念,是等无间缘。增上有二:一顺,二违。顺增上有二:一有力顺,作此观时,诸缘有力,随顺能观,名有力增上,作此观时,不障余法。虽无力,能不违他,故名无力增上。二违增上,亦有二种:一违背,作此观时,而能违背散乱心心所,又能违背无记性等。二违损,作此观时,而能违损诸染法故。

问:于三依中,此是何依?

答:三依皆具。一、因缘依,能观心等有自种子,为因缘依,现依种故,亦名种子依。二、俱有依,谓六根处能与诸心心所为依故,今能观第六,用七八二识为所依故,亦名增上缘依。三、开导依,谓前念心心所开避引导后念心心所,取前念心王,名开导依。后念必依前念生故,即现在心望后念心,假名前念,亦名等无间缘依。

问:五果之中,此是何果?

答:能观心体非异熟果,唯第八识是真异熟。二等流果,此能观心心所从自种生,种现俱善,流类齐等。三离系果,此有漏观,未断障染系缚法故,非离系果。四士用果,有二:一人士用,此人能作此观,人为士用。因观心成就,即士用果。二法士用,作此观时,诸缘法等有力。如世士夫力用,成就观心,即士用果。五增上果,前四果中有不摄法,但于观心有随顺义,即为其因,观心成就,即增上果。

问:此能观心等,具几缘生?

答:具五缘生。一、作意,警心故。二、种子,生现法。

三、根，即第七识。四、境，假相分。五、根本，即第八识。若加等无间，即六缘生。如上理事双明，方圆观法。

问：若境本无生，心常不住。又何烦立观，背自天真？

答：为未达本无生而欲向外妄修者，令自内观，冥合真性。如《永嘉集》云：诫其疏怠者，然渡海先须上船，非船何以能渡。修心必须入观，非观何以明心？心尚未明，相应何日？此劝守愚空坐不慕进修者，如欲渡关津，非船靡济。将穷生死，无智焉明？又云：妙契玄原者，夫悟心之士，宁执观而迷旨。达教之人，岂滞言而惑理？理明则言语道断，何言之能议。旨会则心行处灭，何观之能思？心言不能思议者，可谓妙契寰中矣。斯乃得旨之人，奚须言境，即届宝所。终不问程，已见玉蟾，宁当执指？故《般若吟》云：见月休观指，归家罢问程。即心心是佛，何佛更堪成？

《辅行记》问云：四句推检，贪欲泯然。但有妙观，无复贪欲。何得复云而起而照？答：防于起时理须照，起不起俱照，照不照俱亡，亡不亡咸泯，泯不泯湛然，如是方成入空之观。故云：不见起照，起照宛然。

如上所说诸观门，一心之旨，义理昭彰，解虽分明，行须冥合，因解成行，行成解绝。不可一向执解，背道述宗。行解相应，方明宗镜。

如《首楞严经》所明，全为见性修行，不取多闻知解。所以如来诃阿难言：非汝历劫辛勤证修，虽复忆持十方如来十二部经清净妙理如恒河沙，只益戏论。汝虽谈说因缘自然，决定明了，人间称汝多闻第一，以此积劫多闻熏习，不能免

离摩登伽难。乃至阿难白佛言:世尊,我今虽承如是法音,知如来藏妙觉明心,遍十方界,含育如来十方国土,清净宝严妙觉王刹。如来复责多闻无功,不逮修习。我今犹如旅泊之人,忽蒙天王赐与华屋,虽获大宅,要因门入。唯愿如来,不舍大悲。示我在会,诸蒙闇者,捐舍小乘,毕获如来无余涅槃,本发心路。令有学者,从何摄伏畴昔攀缘,得陀罗尼,入佛知见。是以佛告阿难:汝常闻我毗柰耶中,宣说修行三决定义:所谓摄心为戒,因戒生定,因定发慧,是则名为三无漏学。阿难,云何摄心?我名为戒。若诸世界六道众生,其心不淫,则不随其生死相续。汝修三昧,本出尘劳,淫心不除,尘不可出。纵有多智禅定现前,如不断淫,必落魔道。上品魔王、中品魔民、下品魔女,乃至汝以淫身求佛妙果,纵得妙悟,皆是淫根。根本成淫,轮转三涂,必不能出。如来涅槃,何路修证?必使淫机,身心俱断,断性亦无,于佛菩提,斯可希冀。若不断杀,修禅定者,譬如有人自塞其耳,高声大叫,求人不闻,此等名为欲隐弥露。若不断偷,修禅定者,譬如有人水灌漏卮,欲求其满,纵经尘劫,终无平复。若不断大妄语者,如刻人粪为栴檀形,欲求香气无有是处。乃至造十习因,受六交报。十习因者:一者淫习,是故十方一切如来色目行淫,同名欲火,菩萨见欲,如避火坑。二者贪习,是故十方一切如来色目多求,同名贪水,菩萨见贪,如避瘴海。三者慢习,是故十方一切如来色目我慢,名饮痴水,菩萨见慢,如避巨溺。四者瞋习,是故十方一切如来色目瞋恚,名利刀剑,菩萨见瞋,如避诛戮。五者诈习,是故十方一切如来色目奸伪,同名谗贼,菩萨见诈,如畏豺狼。六者诳习,是故十方一切如来色目欺诈,同名劫杀,菩萨见诳,如践蛇虺。七者怨习,是故十方一切如来色目怨家,名违害鬼,菩萨见怨,如饮鸩酒。八者见习,是故十方一切如来色目恶见,同名见坑,菩萨见诸虚妄遍执,如入毒壑。九者枉习,是故十方一切如来色目怨谤,同名谗虎,菩萨见枉,如遭霹雳。十者讼习交諠发于覆藏,是故十方一切如来色目覆藏,同名阴贼,菩萨观覆,如戴高山,履于巨海。六交报者:一者见报,二者闻报,三者嗅报,四者味报,五者触报,六者思报。此六识造业,所招恶报,从六根出,各各招引恶果:临终神识堕无间狱,见受明暗二苦相,闻受开闭二苦相,嗅受通塞二苦相,味受吸吐二苦相,触受合离二苦相,思受不觉觉知二苦相。一一受苦无量,具在经文。是以阿难已悟妙觉明心知宗不昧,方乃重告善逝,密请修行。故知,先悟后修,应须理行冥合。若但取一期知解,不慕进修,欲证究竟菩提,无有是处。故经云:纵得妙悟,皆是淫根。以生死根本不断故,直须保护浮囊,方渡业海。如《大涅槃经》云:尔时海中有罗刹者,贪等烦恼各别现行,名一罗刹。全乞,喻索交合也。乞半,喻求摩触也。三分之一,喻索行事也。手许,喻共坐等也。微尘许,喻衣相触也。若但破四重禁等者,合全乞浮囊也。破僧残者,合乞其半也。犯偷兰者,合三分之一也。犯舍堕及波逸提者,合乞手许也。二罪同篇,共合手许也。破突吉罗者,合乞微尘也。故知,微细须持,方全戒体,如虽乞微尘之许,终坏浮囊,岂况全半乎?是以,若犯此篇,其过尤重。非唯有障大道,不出尘劳。以恶业相酬,果牵地狱。十习因既作,六交报宁亡?皆是一念恶觉心

生,颠倒想起,对境作因成之假,随情运相续之心,不以智眼正观,遂陷凡夫业道。虽则一期徇意,罔思万劫沉身。是以,一切如来同宣,审宜刻骨。十方菩萨皆惧,实可惊心。所以《华严经》云:尔时文殊师利菩萨,问法首菩萨言:佛子,如佛所说,若有众生受持正法,悉能除断一切烦恼,何故复有受持正法而不断者?随贪瞋痴,随慢随覆,随忿随恨,随嫉随悭,随诳随谄,势力所转。无有离心,能受持法,何故复于心行之内,起诸烦恼?时法首菩萨,以颂答曰:佛子,善谛听!所问如实义,非但以多闻,能入如来法。如人水所漂,惧溺而渴死。于法不修行,多闻亦如是。如人设美膳,自饿而不食。于法不修行,多闻亦如是。如人善方药,自疾不能救。于法不修行,多闻亦如是。如人数他宝,自无半钱分。于法不修行,多闻亦如是。如有生王宫,而受馁与寒。于法不修行,多闻亦如是。如聋奏音乐,悦彼不自闻。于法不修行,多闻亦如是。如盲缋众像,示彼不自见。于法不修行,多闻亦如是。譬如海船师,而于海中死。于法不修行,多闻亦如是。如在四衢道,广说众好事,内自无实德,不行亦如是。《大宝积经》云:佛言:迦叶,若有趣菩萨乘善男子善女人等,适闻此法不能生于如实深信,终不能得阿耨多罗三藐三菩提。何以故?由修学故证彼菩提,非不修学而能得证。若不修习得菩提者,猫兔等类亦应证得无上菩提。何以故?不正行者,不能证得无上觉故。何以故?若不正行得菩提者,音声言说,亦应证得无上菩提,作如是言:我当作佛、我当作佛!以此语故,无边众生应成正觉。《永嘉集》云:心与空相应,讥毁赞誉,何忧何喜?身与空相应,刀割香涂,何苦何乐？依报与空相应，施与劫夺，何得何失？心与空不空相应，爱见都忘，慈悲普救。身与空不空相应，内同枯木，外现威仪。依报与空不空相应，永绝贪求资财给济。心与空不空非空非不空相应，实相初明，开佛知见。身与空不空非空非不空相应，一尘入正受，诸尘三昧起。依报与空不空非空非不空相应，香台宝阁，严土化生。

是以，若不断四重深愆，欲求一乘妙果，如塞耳大叫，难免他闻。徒灌漏卮，终无满日。又若所行非所说，所说非所行，心口自违，相应何日？似盲画众像，如聋奏乐音，但悦彼情，于己无益。故知，闻之不证，解之不行，虽处多闻宝藏，如王宫冻死。虚游诸佛智海，犹水中渴亡。比况可知，应须改辙。不生惭悔，焉称智乎？

问：此《宗镜录》，于顿渐两教、真缘二修，云何悟入，如何修行？

答：今《宗镜》中依无作三昧，观真如一心，念念冥真，念念圆满。如台教明：修无作三昧，观真如实相，不见缘修作佛，亦不见真修作佛，亦不见真缘二修合故作佛，亦不离真缘二修而作佛。若无四修，即无四作，是无作三昧，岂同尔相州北道明缘修作佛？南土大小乘师亦多用缘修，亦不同相州南道用真修作佛。问：偏用何过？答：道无诤，何得诤同水火？今明用三昧，修中道第一义谛，开无明，显法性，忘真缘，离诤论。言语法灭，无量罪除，清净心一。水若澄清，佛性宝珠自然现也。见佛性故，即住大涅槃。问曰：若尔者，今云何说？答曰：《大涅槃经》云：不生不生，名大涅槃。

以修道得故，故不可说。岂如诸大乘论师，偏执定说？今以因缘故，亦可得说者。若解四悉檀意，如前四种说则无咎。次明证成者，若观无明见中道者，即是入不二法门，住不思议解脱。故《入不思议法门品》云：若知无明即是明，明亦不可得，是为入不二法门。若入中道，即能双照二谛，自然流入萨婆若海。今依四悉普为群机，于真缘二修中，是无作真修。顿渐四句中，若约上上根是顿悟顿修，若约上根或是顿悟渐修。

问：如何是真缘二修？

答：若约缘修用智成佛，真如但是境，故约缘修以明自也。真修正用真如一心为佛，万行及智，但是福智庄严，故用真如一心为自，一切福智为他。若直了真如心即成佛者，是圆顿宗。若不了此心妄有修证者，是藏通等教灰断之果。若依此心发行别修者，是别教大乘，与圆教即心便具者，所有行位功程，日劫相倍。故云即心是者疾，发心行者迟。

问：既即心是，何用更修？

答：只为是故，所以修。如铁非金，即不可锻成妙器。

问：如何是顿渐四句？

答：一、渐修顿悟，二、顿悟渐修，三、渐修渐悟，四顿悟顿修。《楞伽经》中，有四渐四顿，经云：大慧白佛言：世尊，云何净除自心现流，为顿为渐？答中先明四渐，后说四顿。渐，经云：佛告大慧：渐净非顿，一如庵罗果，渐熟非顿。如来渐除众生自心现流，亦复如是，渐净非顿。二如陶家作器，渐成非顿。三如大地，渐生非顿。四如习艺，渐就非顿。上之四渐，约于修行，未证理故。下之四顿，约已证理故。一、明镜顿现喻，经云：譬如明镜，顿现一切无相色像，如来净除一切众生自心现流，亦复如是，顿现无相无所有清净法界。二、日月顿照喻，经云：如日月轮，顿照显示一切色像，如来为离自心现习气过患众生，亦复如是，顿为显示不思议胜智境界。三、藏识顿知喻，经云：譬如藏识，顿分别知自心现及身安立受用境界，彼诸报佛，亦复如是，顿熟众生所处境界，以修行者安处于彼色究竟天。四、佛光顿照喻，经云：譬如法佛所作，依佛光明照耀，自觉圣趣，亦复如是，于彼法相有性无性恶见妄想，照令除灭。

今取顿悟渐修，深谐教理，《首楞严经》云：理虽顿悟，承悟并消。事在渐修，依次第尽。如大海猛风顿息，波浪渐停。犹孩子诸根顿生，力量渐备。似朒光之顿出，霜露渐消。若即文之顿成，读有前后。或顿悟顿修，正当《宗镜》。如华严宗，取悟如日照，即解悟证悟，皆悉顿也。又如磨镜，一时遍磨，明净有渐。今论明是本明，渐为圆渐。明是本明者，恐谓拂镜非顿，明镜本来净，何用拂尘埃？此是六祖直显本性，破其渐修。今为顺经明其渐证，随渐渐明，皆本明矣。故云：明是本明，即无念体上自有真知，非别有知，知即心体也。渐为圆渐者，即天台智者意，彼云：渐渐非圆渐，圆圆非渐圆。谓渐家亦有圆渐，圆家亦有圆渐。渐家渐者，如江出岷山，始于滥觞。渐家圆者，如大江千里。圆家渐者，如初入海，虽则渐深，一滴之水已过大江，况滥觞耶？圆家圆者,如穷海涯底。故今云渐,是圆家渐。尚过渐家之圆,况渐家之渐!《禅原集》云:顿门有二:一逐机顿,二化仪顿。一逐机顿者,遇凡夫上根利智,直示真法,闻即顿悟,全同佛果。如《华严》中初发心时即得阿耨菩提,圆觉中观行即成佛。二化仪顿者,谓佛初成道,为宿世缘熟上根之流,一时顿说性相事理、众生万惑、菩萨万行、贤圣地位、诸佛万德。因该果海,初心即得菩提。果彻因原,位满犹同菩萨。此唯《华严》一经,名为顿教,其中所说,诸法是全一心之诸法,一心是全诸法之一心。性相圆融,一多自在。又,约机顿渐不同,有云先因渐修功成,而豁然顿悟,如伐木片片渐斫,一时顿倒。亦如远诣皇城,步步渐行,一日顿到。有云先因顿修而后渐悟,如人学射,顿者;箭箭直注意在的。渐者,久始渐亲渐中。此说运心顿修,不言功行顿毕。有云渐修渐悟,如登九层之台,足履渐高,所见渐远。已上皆证悟也。有云先须顿悟,方可渐修,此约解悟。若约断障说者,如日顿出,霜露渐消。若约成德说者,如孩初生即具四支六根,长即渐成志气功用。如《华严经》云:初发心时,即成正觉。三贤十圣,次第修证,若未悟而修,非真修也。良以非真流之行,无以称真。何有饰真之行,不从真起?经云:若未闻此法,多劫修六度万行,竟不证真。有云顿悟顿修者,此说上上智根性乐欲俱胜,一闻千悟,得大总持。一念不生,前后际断。若断障说,如斩一籰丝,万条顿断。若修德说,如染一籰丝,万条顿色。荷泽云:见无念体,不逐物生。又云:一念与本性相应,八万波罗蜜行,一时齐用。

又,顿悟者,不离此生即得解脱。如师子儿,初生之时是真师子,即修之时,即入佛位。如竹春生笋,不离于春,即与母齐。何以故?心空故。若除妄念,永绝我人,即与佛齐。经云:不坏世间而超世间,不舍烦恼而入涅槃。不修顿悟,犹如野干随逐师子,经百千劫,终不得成师子。故知,若不直了自心,岂成圆顿?随他妄学,终不成真。此《宗镜录》,是圆顿门,即之于心,了之无际,更无前后,万法同时。所以《证道歌》云:是以禅门了却心,顿入无生慈忍力。又,若用悟而修,即是解悟。若因修而悟,即是证悟。又,顿教初如华严海会,于逝多林中,入师子嚬伸三昧,大众皆顿证法界,无有别异。后乃至将欲灭度,在拘尸那城娑罗双树间作大师子吼,显常住法,决定说言一切众生皆有佛性,凡是有心定当作佛。究竟涅槃常乐我净,皆令安住秘密藏中。以此教法,本从世尊一真心体流出,亦只是凡圣所依一心真体,随缘流出,展转遍一切处,一切众生身心之中。只各于自心静念,如理思惟,即如是如是显现,于《宗镜》中,了然明白。起此无涯之一照,遍法界无际之虚空,无一尘而不被光明,凡一念而咸承照烛。斯乃般若无知之照,照岂有边?涅槃大寂之宗,宗何有尽?故如《般若无知论》云:《放光》云:般若无所有相,无生灭相。《道行》云:般若无所知,无所见。此辩智照之用,而曰无相无知者何也?果有无相之知,不知之照,明矣。何者?夫有所知,则有所不知。以圣心无知,故无所不知。不知之知,乃曰一切知。故经云:圣心无知,无所不知。信矣!是以,圣人虚其心而实其照,终日知未尝知也,故能默耀韬光,虚心玄鉴,闭智塞聪而独觉冥冥者矣。然则智有穷幽之鉴而无知焉,神有应会之用而无虑焉。神无虑,故能独王于世表。智无知,故能玄照于事外。智虽事外,未始无事。神虽世表,终日域中。所以俯仰顺化,应接无穷,无幽不察而无照功。斯则无知之所知,圣神之所会也。然其为物实而不有,虚而不无,存而不可论者,其唯圣智乎?何者?欲言其有,无状无名。欲言其无,圣以之灵。圣以之灵故,虚不失照。无状无名故,照不失虚。照不失虚故,浑而不渝。虚不失照故,动以接粗。是以,圣智之用,未始暂废。求之形相,未始可得。故《宝积》曰:以无心意而现行。《放光》曰:不动等觉而建立诸法。所以圣迹万端,其致一而已矣。是以,般若可虚而照,真谛可亡而知,万动可即而静,圣应可无而为。斯则不知而自知,不为而自为矣。复何知哉?复何为哉?

问曰:夫圣人真心独朗,物物斯照,应接无方,故动与事会。物物斯照,故知无所遗。动与事会,故会不失机。会不失机,故有会于可会。知无所遗,故必有知于可知。有知于可知,故圣不虚知。有会于可会,故圣不虚会。既知既会,而曰无知无会者何耶?若夫忘知遗会者,则是圣人无私于知会以成其私耳,斯可曰不自有其知,安得无知而以哉?

答曰:夫圣人功高二仪而不仁、明逾日月而弥昏者,岂曰木石瞽其怀,其于无知而已哉?诚以异于人者神明,故不可以事相求之耳。子意欲令圣人不自有知,而圣人未尝不有知。无乃乖于圣心、失于文旨者乎?何者?经云真般若者,清净如虚空,无知无见,无作无缘。斯则知自无知矣。岂待反照,然后无知哉?若有知性空而称净者,则不辩于惑智，三毒四倒皆亦清净，又何独尊净于般若？若以所知美般若，所知则非般若。所知自常净，般若未尝净，亦无缘致净叹于般若。然经云般若清净者，将无以般若体相真净，本无惑取之知，无惑取之知，不可以知名哉。岂唯无知名无知？知自无知矣。是以，圣人以无知之般若，照彼无相之真谛，真谛无兔马之遗，般若无不穷之鉴。所以会而不差，当而无是。寂怕无知，而无不知者矣。

难曰：夫物无以自通，故立名以通物。物虽非名，果有可名之物，当于此名矣。是以即名求物，物不能隐。而论云圣心无知，又云无所不知，意谓无知未尝知，知未尝无知。斯则名教之所通，立言之本意也。然论者，欲一于圣心，异于文旨，寻文求实，未见其当。何者？若知得于圣心，无知无所辩。若无知得于圣心，知亦无所辩。若二都无得，无所复论哉。

答曰：般若义者，无名无说，非有非无，非实非虚。斯无名之法，故非言所能言也。言虽不能言，然非言无以传，是以圣人，终日言而未尝言也。今试为子狂言辩之，夫圣心者，微妙无相，不可为有。用之弥勤，不可为无。不可为无故，圣智存焉。不可为有，故名教绝焉。是以，言知不为知，欲以通其鉴。不知非不知，欲以辩其相。辩相不为无，通鉴不为有。非有故知而无知，非无故无知而知。是以，知即无知，无知即知，无以言异而异于圣心也。

难曰：夫真谛深玄，非智不测。圣智之能，在兹而显。故经云：不得般若，不见真谛。真谛则般若之缘也。以缘求智，智则知矣。

答:以缘求智,知非知也。何者?《放光》云:不缘色生识,是名不见色。又云:五阴清净,故般若清净。般若即能知也,五阴即所知也,所知即缘也。夫知与所知相与而有,相与而无。相与而无,故物莫之有。相与而有,故物莫之无。物莫之无,故为缘之所起。物莫之有,故缘所不能生。缘所不能生,故照缘而非知。为缘之所起,故知缘相因而生。是以,知与无知,生于所知矣。何者?夫知以所知取相,故名知。真谛自无相,真智何由知?所以然者,夫所知非所知,所知生于知。所知既生知,知亦生所知。所知既相生,相生即缘法。缘法故非真,非真故非真谛。故《中观》曰:物从因缘有,故不真。不从因缘有,故即真。今真谛曰真,真则非缘。真非缘,故无物从缘而生也。故经云:不见有法,无缘而生。是心真智观真谛,未尝取所知,智不取所知,此智何由知?然智非无知,但真谛非所知,故真智亦非知,而子欲以缘求智,故以智为知,缘自非缘,于何而求知乎?

难曰:论云不取者,为无知故不取,为知然后不取耶?若无知故不取,圣人则冥若夜游,不辩缁素之异也。若知然后不取,知则异于不取矣。

答曰:非无知故不取,又非知然后不取。知则不取,故能不取而知。

难曰:论云不取者,诚以圣心不物于物,故无惑取耶。无取则无是,无是则无当,谁当于圣心而云圣心无所不知耶?

答曰:然无是无当也。夫无当,则物无不当。无是,则物无不是。物无不是,故是而无是。物无不当,故当而无当。故经云尽见诸法而无所见者也。

难曰:圣心非不能是,诚以无是可是。虽不是是,故当是于无是矣。是以经云:真谛无相,故般若无知者,诚以般若无有有相之知。若以无相为无相,又何累于真谛耶?

答曰:圣人无无相也。何者?若以无相为无相,无相即为相,舍有而之无,犹逃峰而赴壑,俱不免于患矣。是以,至人处有而不有,居无而不无。虽不取于有无,然亦不舍于有无,所以和光尘劳,周旋五趣。寂然而往,怕尔而来。恬淡无为,而无不为者也。难曰:圣心虽无知,然其应会之道不差。是以可应者应之,不可应者存之。然则圣心有时而生,有时而灭,可乎?

答曰:生灭者,生灭心也。圣人无心,生灭焉起?然非无心,但无心心耳。又非不应,但是不应应耳。是以,应会则信,若四时之质,直以虚无为体。斯不可得而生,不可得而灭也。

难曰:圣智之无、惑智之无,俱无生灭,何以异之耶?

答曰:圣智之无者,无知。惑智之无者,知无。其无虽同,所以无者异也,何者?夫圣心虚静,无知可无,可曰无知,非谓知无。惑智有知,故有知可无,可谓知无,非曰无知也。无知,即般若之无也。知无,即真谛之无也。是以,般若之与真谛,言用即同而异,言寂即异而同。同故无心于彼此,异故不失于照功。是以,辩同者同于异,辩异者异于同。斯则不可得而异,不可得而同也,何者?内有独鉴之明,外有万法之实。万法虽实,然非照不得,内外相与,以成其照功,此圣所不能同,用也。内虽照而无知,外虽实而无相,内外寂然,相与俱无,此则圣所不能异,寂也。是以经云:诸法不异者,岂曰续凫截鹤、夷岳盈壑,然后无异哉?诚以不异于异,故虽异而不异耳。故经曰:甚奇世尊,于无异法中而说诸法异。又云:般若与诸法,亦不一相,亦不异相,信矣!

难曰:论云:言用则异,言寂则同。未详般若之内,则有寂用之异乎?

答曰:用即寂,寂即用,用寂体一,同出而异名,更无无用之寂,主于用也。是以,智弥昧,照逾明。神弥静,应逾动。岂曰明昧动静之异哉?故《成具》曰:不为而过为。《宝积》曰:无心无识,无不觉知。斯则穷神尽智,极象外之谈也。即之明文,圣心可知矣。释曰:般若无知者,是一论之宏纲,乃《宗镜》之大体,微妙难解,所以全引证明。夫般若者,是智用。无知者,是智体。用不离体,知即无知。体不离用,无知即知。若有知者,是取相之知,即为所知之相缚,不能遍知一切,故《论》云:夫有所知,则有所不知。若是无相之知,不被所知之相碍,即能遍知一切,故《论》云:以圣心无知,故无所不知。以要言之,但是理事无碍,非即非离,如《论》云:神无虑,故能独王于世表。智无知,故能玄照于事外者,不即事也。智虽事外,未始无事。神虽世表,终日域中者,不离事也。理非即非离,如事亦然。是以,理从事显,理彻于事。事因理成,事彻于理。理事交彻,般若方圆。故能有无齐行,权实双运,岂可执有执无,迷于圣旨乎?所以《论》云:欲言其有,无状无名。欲言其无,圣以之灵。何者?此有是不有之有,曷有其名?斯无是不无之无,宁亏其体?有无但分两名,其性元一。不可以有为有,以无为无。故《论》云:非有,故知而无知者,以知自无性,岂待亡知然后无知乎？《论》云：非无，故无知而知者，以无相之知，非同木石，无而失照。此灵知之性，虽无名相，寂照无遗。如《论》云：考之玄籍，本之圣意。岂复真伪殊心，空色异照耶！是以，照无相，不失抚会之功。睹变动，不乖无相之旨。造有不异无，造无不异有。未尝不有，未尝不无。故曰：不动等觉而建立诸法，以此而推，寂用何妨？如何谓睹变之知，异无相之照乎？又，《论》云：知即无知，无知即知，无以言异，而异于圣心也。故知若云有之与无，同之与异，皆是世间言语，但有虚名而无实体。岂可以不定之名言，而欲定其无言之妙性也？今总结大意，般若无知者，但是无心，自然灵鉴。非待相显，靡假缘生。不住有无，不涉能所。非一非异，而成其妙道也。所以先德云：夫圣心无思，名言路绝。体虚不可以色取，无虑不可以心求。包法界而不大，处毫端而不微。寂寥绝于生灭，应物无有去来。鉴彻天镜而无鉴照之勤，智周十方而不生二相，森罗万像与之同原。大哉！妙用而无心者，其唯般若无知之谓乎？《钞》云：然无知之兴，为破邪执。有四论文一一破之：一者或执有知，为常见。二者或执无知，为断见。三者亦知亦无知，为相违见。四者非有知非无知，为戏论见。第一破常见者，惑人闻说般若者，智慧也。智则知也，慧则见也。则谓圣人同于凡夫，有心取相，知见堕于常见，不了般若。论主便则斥云：闻圣有知，谓之有心。为破此执，故云般若无知也。斯则照俗不执相，照真不著空。无执无著，即四句本亡。无种不知，而未尝分别。以无缘之知照实相之境，智则虽照而无知，境则虽实而无相。境智冥一，故相与寂然，能所两亡，故云般若无知也。

故云:是以真智观真谛,未尝取所知。智不取所知,此智何由知?又云:将无以般若体相真净,本无惑取之知,不可以知名哉。又云:夫陈有无者,夫智之生也。极于相内,法本无相,圣智何知?故《中论》云:若使无有有,云何当有无。有无既已无,知有无者谁?此上并破有知之常见也。第二破无知之断见者,惑人闻经云:真般若者,无知无见,无作无缘。便谓般若同于太虚无情之流,堕于断见。既乖般若,论主破之,故云:世称无知者,谓木石太虚无情之流。灵鉴幽烛,形于未兆,道无隐机,宁曰无知。所以论题无知者,为明圣心无有取相之知,故云无知,非谓则无真知也。何者?般若灵鉴,无种不知,不同太虚一向无知也。然则断见无知,略明有十一种,论中略言三种。十一种者:一者太虚,一向空故。二者木石,谓无情故。三者聋瞽,谓根不具,无见闻故。此上三种,是论所破。四者愚痴,谓无智慧,于境不了故。五者癫狂,恶鬼惑心,失本性故。六者心乱,境多惑心,不能决断故。七者闷绝,心神闇黑,如死人故。八者惛醉,为药所迷故。九者睡眠,神识困熟故。十者无想定,外道伏惑,心想不行故。十一者灭尽定,二乘住寂,心智止灭故。此上并是惑倒,非般若无知也。第三破亦有知亦无知者,则是学人闻经所明,或说般若有知,或说无知,不能正解,便生异执。论主而复破之,异执有三种:一者反照故无知,则是学人谓圣人实是有知,但以知物之时忘却知心,不自言我能知。此只成不私自作知解,非都不知也。二者以般若性空故无知者,则是学人谓言般若实自有知,但以知性空故则无知。此只成性空故无知,而未是无惑取之无知。第三真谛境净故，叹美般若无知。何者？学人则谓般若能知真谛之境，因境净无相故，则叹美般若无知。此只成境是无知，般若常是有知也。此上三见，并参亦有亦无知，俱乖圣智，论主所以破之也。第四破非有知非无知者，则是惑人闻经云：真般若者，非有非无，无起无灭，不可说示，人不能亡言会其玄旨，则谓般若唯是非有非无，便作非有非无之解。此并心量乖乎真智，论主破之，故云：言其非有者，言其非是有，非谓是非有。言其非无者，言其非是无，非谓是非无。非有非非有，非无非非无。此绝言之道，知何以传？此破非有知非无知也。

论若如此，则破四执之理昭然。今题目但云无知者，盖是举一隅而三隅反，所以智人闻说无，则不取无。不取亦有亦无，非有非无。斯则离四句，绝百非，可谓真无知也。论中分明破其四执，人自不见，故云是以圣人处有不有，此破有知也。居无不无，此破无知也。虽不取于有无，此破亦有知亦无知也。然亦不舍于有无，此破非有知非无知也。然上四破，说虽前后，辩之不同，论意只于一句中，则四句理圆。何者？处有不有，即是居无不无，即是不取有无，即是不舍有无。斯则圣心能亡四句，离诸现量，可谓无知。言偏理圆，故云无知也。今更依宗本义意，以释般若无知，亦是一家美也。论明般若无知者，则权实二智平等大慧也。今则以略摄广，言约义丰，但云般若则会二智矣。故宗本云：沤和般若者，大慧之称也。何者？若唯般若观于实相，而无权智涉有者，则沉滞于空。若唯权智涉有，而无般若达空者，则涉有之时染于尘累。若能二智圆明者，则真智观真谛而不取空，权智化物而不著有。故《论》云：智有穷幽之鉴，而无知焉者，此则真智照真，不取于无也。神有应会之用而无虑焉者，此则权智涉俗，不取于有也。神无虑故独王于世表，智无知故能玄照于事外者，此谓二智俱能照真，则权中有实也。智虽事外，未始无事。神虽世表，终日域中矣者，谓二智俱能照俗，则实中有权也。然则权实自在，事理混融。处有不取于尘，居无不沉于寂。真俗双泯，空有两亡。何实何权，谁境谁智？傥然靡据，萧散纵横，不取不舍，可谓平等大慧，故云般若无知也。如《起信论》云：所言觉义者，谓心体离念。离念相者，等虚空界无所不遍，法界一相即是如来平等法身，依此法身说名本觉。离念者，即是此《论》之无知。无知之真知，即是本觉。本觉，即是佛一切智也。无所不遍者，即无所不知也。夫一切境界，只于一念心中，一时顿知，无有遗余，真俗并照，不堕有无也。故《论》云：知即无知，无知即知，无以言异，而异于圣心也。知即无知，即是真智遍知，名一切智也。无知即知，即是无种不知，名一切种智也。圣心不殊，以心无二故，唯只一智，但随境照说有二也。二既不二，一亦非一。若约天台，即言直缘中道，名一切智。双照二谛，名一切种智。

又，佛智照空，如二乘所见，名一切智照假。如菩萨所见，名道种智。佛智照中，皆见实相，名一切种智。故言三智一心中得。一心，即般若无知之智也。以心不属有无，常照中道，即是自性，有大智慧光明义，遍照法界义，真实识知义，故云斯则不知而自知矣。即不假作意，故不知也。自性明照故，而自知也。以神解之性，自然寂而常照，不依他发起也。故《信心铭》云:虚明自照,不劳心力。又云:若体自无取相之知,故言无知。不是前念起知,至后念妄却知想,然后名无知。若然者,则成无记之心,何名般若无知耶?盖是无缘之智,照无相之境。真境无相,真智无知。境智冥一,理无不尽,鉴无不穷,可谓佛智见性也。

又,夫有取相之知,则心有间碍,不能垢净同如,有无一旨。照空迷于辩有,知俗乖乎了真,不能圆照万法,故云有所不知也。《永嘉集》云:若以知知寂,此非无缘知。如手执如意,非无如意手。若以自知知,亦非无缘知。如手自作拳,非无不拳手。亦不知知寂,亦不自知知,不可为无知,自性了然故,不同于木石。手不执如意,亦不自作拳,不可为无手。以手安然故,不同于兔角。乃至今言知者,不须知知,但知而已。则前不接灭,后不引起。前后断续,中间自孤。当体不顾,应时消灭。知体既已灭,豁然如托空。寂尔少时间,唯觉无所得。即觉无觉,无觉之觉,异乎木石。观和尚云:此上无缘之知,斯为禅宗之妙,以彼但显无缘真智,以为真道。若夺之者,但显本心,不随妄心,未有智慧照了心原,故须能所平等。等不失照,为无知之知。此知,知于空寂无生如来藏性,方为妙耳。然上依教方便,虽分顿渐,不离一心。如有偈云:诸论各异端,修行理无二。竞执有是非,达者无违诤。

宗镜录第三十七

宋 慧日永明妙圆正修智觉禅师延寿集

夫万行教法，总约心解者，只如诸佛所说经教，皆以名句文身诠表，方成法义，云何但明一心而已？

答：今且先约古德机应合说，质影双明。佛言：自从光耀，终至鹤林。不说一字，汝亦不闻。此是佛密意说。约本真法体，离言诠故，不说一字，即诸法寂灭相，不可以言宣，又但是佛不说心外一字法。教体者，护法云：如来既实现身，实说法者，即通用说者听者，正兼声名句文而为教体。教体通有漏无漏影像本质，即是合宜。闻者根性已熟，遂感激如来识上，有文义相生，佛以慈悲本愿缘力，即为众生说三乘法。所有声名句文，是正无漏本质教。若是三乘五性众生佛边听法，不能亲闻，自变相分而缘。所有声名句文，即取有漏无漏，是影像兼教。即以质教为本，能现影像故。影像教为末，依质有故。由此取本质教为正教体，影像教为兼教体。无性菩萨难云：我宗但取众生识上影像相分为教体者，即不违唯识。汝护法若取佛本质声名句文为教体者，即是心外有法，何成唯识？护法答：唯识之宗约亲相分，众生听时变起相分而缘，非取他质以为自性。然他本质即佛菩萨，亦成唯识，故不相违。

问:何不唯取本质为正教体,即休?

答:缘众生不能亲闻无漏质故,必资影像。

问:若尔,何不唯取影像为教体?是亲闻故。

答:虽即亲闻,必假本质。是以《唯识论》云:展转增上力,二识成决定。言展转增上力者,即佛与众生,互为增上缘。言二识成决定者,即众生根决定,如来悲决定。谓众生根熟,合闻法决定。如来即有悲决定,决定与众生说法,为增上缘故。

又,诸师影质有无不同,应须四句分别:一、唯质无影,即小乘有部等。二、唯影无质,即龙军无性。三、俱具,即护法亲光。四、俱非,即龙猛清辩。谓彼计胜义门中不辩教体,全拨菩提涅槃为空故。已上约四句料简门中质影双通,护法为胜。然若约名句文身解释诠表,皆是意言分别。凡有诠量,不出心识。乃至能说所说,并属见闻觉知,心含善恶诸心数等,无有一法出于心外。当知此心诸法之都,显事合理,心可轨持,故称曰经。岂止于心?乃至一切六尘,悉皆是经,以心遍一切处故。如《法华玄义》云历法明经者:若以经为正翻,何法是经?旧用三种:一、用声为经,如佛在金口演说,但有声音诠辩,听者得道,故以声为经。《大品》云从善知识所闻也。二、用色为经,若佛在世,可以声为经。今佛去世,纸墨传持,应用为色经。《大品》云从经卷中闻。三、用法为经,故云修我法者,证乃自知。又,尘为经,若于此土耳识利者,能于声尘分别取悟,则声是其经,于余非经。若意识利者,自能研心思惟取决,法是其经,于余非经。眼识利者，文字诠量而得道理，色是其经，于余非经。此方用三尘而已，余三识钝，鼻嗅纸墨，则无所知。身触经卷，亦不能解。舌噉文字，宁别是非。若他土亦用六尘，亦偏用一尘。如《净名》曰：以一食施一切，于食等者，于法亦等。于法等，于食亦等。此即偏用舌根所对为经。或有国土以天衣触身即得道，此偏用触为经。或见佛光明得道，此偏用色为经。或寂灭无言，观心得道，此偏用意为经。如众香土以香为佛事，此偏用香为经。他方六根识利，六尘得为经。此土三根识钝，鼻不及驴狗鹿等，云何于香味触等能得通达？

问：根利故，于尘是经。钝者，尘则非经耶？

答：六尘是法界体自是经，非根利取，方乃是经。何者？《大品》云：一切法趣色，是趣不过，此色能诠一切法。如墨黑色，一划诠一，二划诠二，三划诠三。竖一划则诠王，足右划则诠丑，足左划则诠田。出上诠由，出下诠申。如是回转，诠不可尽。或一字诠无量法，无量字共诠一法。无量字诠无量法，一字诠一法。于黑墨小小回转，诠量大异：左回诠恶，右回诠善。上点诠无漏，下点诠有漏。杀活与夺，毁誉苦乐，皆在墨中，更无一法出此墨外。略而言之，黑墨诠无量教、无量行、无量理，黑墨亦是教本、行本、理本。黑墨从初一点至无量点，从点至字，从字至句，从句至偈，从偈至卷，从卷至部。又从一字句中初立小行，后著大行。又从点字中初见浅理，后到深理。是名黑色教行义，三种微发。乃至当知黑字是诸法本，青黄赤白，亦复如是。非字非非字，双照字非字。不可说，非不可说。不可见，非不可见。何所简择,何所不简择。何所摄,何所不摄。何所弃,何所不弃。是则俱是,非则悉非。能于黑色,通达一切非。于一切非,通达一切是,通达一切非非非是,一切法邪,一切法正。若于黑色不如是解,则不知字与非字。青黄赤白、有对无对,皆不能知。若于黑色通达,知余色亦如是。此即《法华经》意,以色为经也。声尘亦如是:或一声诠一法,耳根利者,即解声爱见因缘,即空即假即中。知唇舌牙齿皆不可得,声即非声,非声亦声,非声非非声,声为教行义本。种种等义皆如上说,是即通达声经。香味触等,亦复如是。经云:一切世间治生产业,皆与实相不相违背。即此意也。外入皆经,周遍法界。内入亦如是,内外入亦如是。经云:非内观得解脱,亦不离内观得解脱等。又云:能观心性,名为上定,心是体。夫有心者,皆当得三菩提,心是宗。制心一处,无事不办,心是用。三界无别法,唯是一心作。觉观心是语本,以心分别于心,证心是教相。故云:华香云树,即法界之法门。刹土众生,本十身之正体。故《华严经》云:知一切法,是正思惟藏。

问:若心外无法,唯听无说者,云何佛言我已所说法如手中叶?又,佛皆自说我成佛来,不说一字等?

答:古释云:林中叶喻,据为其缘,令诸有情识变法解。名我已说如手中叶,未为作缘,众生自心未起法解。名我未说如林中叶,约为增上,名说未说。

又,《唯识镜》问云:此中既云佛皆自说,何故乃言佛不说法,岂非自语相违过耶?

答:此亦是可闻者自识变生,佛实不说,但为增上也。众生识上变此言故,故引为证。

问:但了一心能成深观者,若无位次,皂白何分?须合教乘以祛讹滥,教观双辩,方契佛心。

答:诚如所言,阙一不可。圆教观心,须明六即。以三观故,免数他宝。以六即故,无增上心。然心非数量,岂有四六之文。理合幽玄,谁分浅深之位?但为证入有异,俄分四教之门。升进亦殊,故列六即之位,此出台教《止观》正文。简慢滥于初心,证究竟于后位。

《止观》云:约六即显是者,问:为初心是?后心是?

答:如论云:焦炷非初不离初,非后不离后。若智信具足,闻一念即是,信故不谤,智故不惧,初后皆是。若无信,高推圣境,非己智分。若无智,起增上慢,谓己均佛,初后俱非。为此事故,须知六即:谓理即、名字即、观行即、相似即、分真即、究竟即。此六即者,始凡终圣。始凡故,除疑怯。终圣故,除慢大。理即者,一念心即如来藏理:如故即空,藏故即假,理故即中,三智一心中,具不可思议三谛一谛,非三非一。一色一香、一切法、一切心,亦复如是,名为理即菩提,亦是理即止观,即寂名止,即照名观。名字即者,理虽即是,日用不知。以未闻三谛,全不识佛法,如牛羊眼不解方隅。或从知识,或从经卷,闻上所说一实菩提,于名字中通达解了,知一切法皆是佛法,是为名字即菩提,亦是名字止观。若未闻时,处处驰求,既得闻已,攀觅心息,名止。但信法性,不信其诸,名为观。观行即者,若但闻名口说,如虫食木，偶得成字，是虫不知是字非字，既不通达，宁是菩提？必须心观明了，理慧相应，所行如所言，所言如所行。《华首》云：言说多不行，我不以言说，但心行菩提，此心口相应，是观行菩提。释论云：四句评闻慧，具足如眼得。日照了无僻，观行亦如是。虽未契理，观心不息。如《首楞严》中射的喻，是名观行菩提，亦名观行止观。恒作此想名观，余想息名止。相似即菩提者，以其逾观逾明，逾止逾寂，如射邻的，名相似观慧。一切世间治生产业不相违背，所有思想筹量皆是先佛经中所说，如六根清净中说，圆伏无明名止，似中慧名观。分真即者，因相似观力，入铜轮位。初破无明，见佛性。开宝藏，显真如，名发心住，乃至等觉无明微薄，智慧转著。如从初月至十四日月，光垂圆，闇垂尽。若人应以佛身得度者，即八相成道。应以九法界身得度者，以普门示现。如经广说，是名分真菩提，亦名分真止观，分真智断。究竟即菩提者，等觉一转，入于妙觉，智光圆满，不复可增，名菩提果。大涅槃断，更无可断，名果果。等觉不通，唯佛能通，过茶无道可说，故名究竟菩提，亦名究竟止观。

古德约四教、明六即者：若藏教，执色为有，施拙度破析之因，成但空灰断之果。通教，执色心是空，了缘生无性之宗，失中道不空之理。别教，从心生十法界心，但有能生十界之理性，未即便具十界之因果。如从地，生一切草木。但从一心，次第生十界也。圆教，心具十法界，不待能所生，亦无前后际。只一念是十界，只十界是一念。一切时、一切处、一切法，念念中体常圆满，尘沙万德不欠少一分，八万惑业不除断一分。不谓佛是果头极圣，我未证得。不谓凡是底下秽浊,我应舍离。总览法界在一念心头,如一圆珠莹彻,明白圆解,更无觉观进修,亦不见有凡圣取舍,分别妄念悉尽也。以初圆信人,未得纯净,烦恼有厚薄,习气有浅深,分别难忘,攀缘易起,心浮观浅,惑重境强,于对治之中故分六即。是以,凡夫心性本体,实齐上圣。但凡夫未能常用本,随境生心,分别计校,千差万别,虽在人道,心多不定:或发地狱心,或发饿鬼畜生心,何况人天善道,何况三乘圣道,无始妄习,何能顿遣?虽有见解,未能常照,故是凡也。若生死即涅槃,烦恼即菩提,是理即。若能暂照谛理,即坐佛座、证佛身、用佛法。当此一念圆现时,不见十方佛,异我此身此念也。解而未修,是名字即。念有分数,名观行即。念似于境,名相似即。境入于念,名分真即。无境无念,名究竟即。虽六常一,何凡何圣?虽一常六,凡圣天绝。

又,六而常一,故言即。一而常六,故初后不齐。当观念时,非一非六。又譬如,不离贫女家得金,即也。贫女得金即富,可喻众生即佛。取金有次第,岂非六乎?耘除草秽,观行伏惑也。掘土近金,似见物未分明,岂非相似?收得一分,岂非分真,尽得受用?女人欢喜,岂非究竟耶?是以,顿悟宗已,复须言行相应。既得本清净,又须离垢清净。如《大集经》偈云:远离一切诸烦恼,清净无垢犹真实。其心能作大光明,是名宝炬陀罗尼。又云:若有不觉一切境界及自境界,如是之人,则能调伏。

问:如来无密语,迦叶不覆藏。则众生心常自明现,何须教观开示,广论横竖?

答：只为佛之知见，蕴在众生心，虽然显现而迷者不知。以客尘所覆，妄见所障，虽有如无。似世间宝藏，为物所覆，莫有知者。是以，须的示其宝处，令亲得见，遂获其宝，利济无穷。此亦如是，因斯方便之门，得见心宝，遂以缘了资发，亲得现前，智藏丰隆，法财具足，有兹胜利，教迹非虚。如《大涅槃经》云：譬如大海，虽同一咸，其中亦有上妙之水，味同于乳。喻如雪山，虽复成就种种功德，多生诸药，亦有毒草。诸众生身，亦复如是，虽有四大毒蛇之种，其中亦有妙药大王。所谓佛性非是作法，但为烦恼客尘所覆。若刹利、婆罗门、毗舍、首陀能断除者，即见佛性，成无上道。所以古德云：开物性原者，良以众生性含智海，识洞真空。但衣蔽明珠，室埋秘藏。要假开示令其悟入，须凭观慧以契无生。

又欲广其义用，须明横竖法门。竖唯一心，横遍一切。心非横竖，横竖是心。隐显同时，卷舒无碍。念念相即，法法融通。将竖约横，则无横而不竖，一一法皆至心原。将横约竖，则无竖而不横，具一切句及一一句，皆广等法界。所以《义海》云：体无别异，举则全锋。理不殊途，谈皆顿显。良由二边相尽，差别体融。随智卷舒，应机屈曲。是故，言起即起，谁云路之不通？举多即多，孰谈法之无在？故知，立教皆为对机，机宜不同，教分多种。且如观色一法，五教证入不同：初小乘，见是实色，不说性空。初教，见此色法，从缘所成，必无自性，即空无所有，如波归水。终教，见色空无碍，以真空不守自性，随缘成色，即是幻色，遂赖空成。即此赖空之色，虚相无体，恒自性尽而空现。是故，色即空而常泯，空即色而常存。要由自尽之色，方是空色。成色之空,乃是真空。举体互融,无有障碍,如水入波。顿教,一色法,无非真理所收,是故此色,即真理一味等,更无别法而可显说,水波双绝。圆教,起即全收,一多互摄。同时成立,一块圆明。随举即色,随举即空。义味自在,随智取用。何以故?随举一门无不显现。古德云:皆本一心而贯诸法。夫一心者,万法之总也。分而为戒定慧,开而为六度,散而为万行。万行未尝非一心,一心未尝违万行。然则一心者,万法之所生,而不属于万法。得之者则于法自在矣,见之者则于教无碍矣。本非法,不可以法说。本非教,不可以教传。岂可以轨迹而寻哉?故知,但研精一法,内照分明,自然柔软入神,顺法界之性,无心合道,履一际之门。所以《大智度论》云:以人心多散,如狂如贼如醉,一心敬慎,是诸功德初门,摄心得禅,便得实智慧。得实智慧,便得解脱。得解脱,便得尽苦。如是等事,皆从一心得。《华严私记》云:无缚无著回向者,只了一切皆如故,所以无缚著耳。知一切皆无缚脱,一法既尔,一切法皆然。所以一切法即一法,一法即一切法。若一切法皆无性,即是分身佛集,宝塔出现,须弥入芥耳。如是洞达,一解千从,则知佛向无所有中出生,法于毕竟空中建立。以无生无性,故回转由心,遂得集散同时,大小即入。所以森罗义趣、报化影像,乃至无量德业、广大神通,于宗镜中,一时显现。且如龙蜃等类,全是业果生死之身,尚现不思议之力用。何况悟根本心,具如实智,而不能现广大之神用乎?如《华严经》云:佛子,如罗睺阿修罗王,本身长七百由旬,化形长十六万八千由旬,于大海中出其半身,与须弥山而正齐等。佛子,彼阿修罗王,虽化其身长十六万八千由旬,然亦不坏本身之相。诸蕴界处,悉皆如本,心不错乱。不于变化身而作他想,于其本身生非己想。本受生身,恒受诸乐,化身常现种种自在神通威力。佛子,阿修罗王有贪恚痴,具足憍慢,尚能如是变现其身,何况菩萨摩诃萨能深了达心法如幻,一切世间皆悉如梦,一切诸佛出兴于世皆如影像,一切世界犹如变化,言语音声悉皆如响。见如实法,以如实法而为其身,知一切法本性清净,了知身心无有实体,其身普住无量境界,以佛智慧广大光明净修一切菩提之行。乃至如有幻师,随于一处作诸幻术,不以幻地故,坏于本地。不以幻日故,坏于本日。菩萨摩诃萨,亦复如是,于无国土,现有国土。于有国土,现无国土。于有众生,现无众生。于无众生,现有众生。无色现色,色现无色。初不乱后,后不乱初。菩萨了知一切世法,悉亦如是,同于幻化:知法幻故,知智幻。知智幻故,知业幻。知智幻业幻已,起于幻智,观一切业,如世幻者,不于处外而现其幻,亦不于幻外而有其处。菩萨摩诃萨,亦复如是,不于虚空外入世间,亦不于世间外入虚空。何以故?虚空世间无差别故。住于世间,亦住虚空。菩萨摩诃萨于虚空中,能见能修一切世间种种差别妙庄严业,于一念顷悉能了知无数世界若成若坏。亦知诸劫相续次第,能于一念现无数劫,亦不令其一念广大。菩萨摩诃萨得不思议解脱幻智,到于彼岸,住于幻际,入世幻数,思惟诸法,悉皆如幻,不违幻世,尽于幻智。了知三世典幻无别,决定通达心无边际,如诸如来住如幻智,其心平等。菩萨摩诃萨,亦复如是,知诸世间皆悉如幻,于一切处皆无所著,无有我所。如彼幻师,作诸幻事，虽不与彼幻事同住，而于幻事亦无迷惑。菩萨摩诃萨，亦复如是，知一切法，到于彼岸，心不计我能入于法，亦不于法而有错乱。

问：只如自心，如何观耶？

答：性该始终之际，体非起尽之缘。体遍迷悟之中，性非解惑之事。又云：夫心原本净，无为无数，非一非二，无色无相，非偏非圆。虽复觉知，亦无觉知。若念未念，四运检心，毕竟叵得。岂可次第不次第偏圆观耶？犹如虚空，等无有异，此之心性，毕竟无心，有因缘时，亦得明心。既有论心，即有方便正观之义。譬如虚空，亦有阴阳时雨。心亦如是，虽无偏圆，亦论渐顿。若观心具有性得三谛、性得三观及一切法无前无后，无有次第，一念具足十法界法。若观心非空非有，则一切从心生法亦非空非有。如是等一切诸法，在一心中。当知观此心原，与如来等。若作如此圆观，其人行住坐卧，皆应起塔，生如来心。如此观心，名观佛心也。《辅行记》云：心造即是心具，故引心造之文，以证心具。《华严经》偈云：心如工画师，造种种五阴。一切世界中，无法而不造。如心佛亦尔，如佛众生然。心佛及众生，是三无差别。若人欲求知，三世一切佛。应当如是观，心造诸如来。不解今文，如何消偈心造一切，三无差别？言心造者，不出二意：一者约理，造即是具。二者约事，不出三世。三世又三：一者过造于现，过现造当，如无始来及以现在乃至造于尽未来际一切诸业，不出十界、百界、千如、三千世间。二者现造于现，即是现在同业所感，逐境心变，名之为造。以心有故,一切皆有。以心空故,一切皆空。如世一官,所见不同:是畏是爱,是亲是怨。三者圣人变化所造,亦令众生变心所见,并由理具,方有事用。今欲修观,但观理具。俱破俱立,俱是法界,任运摄得权实所现。

又,问:此不思议,亦约次第以释十法界,与思议何别?

答:其实无别。思议,乃作从心生说。不思议,作一心具说。若能如上信解,福德无量。佛亲比校,万行难偕。如《法华经》偈云:若人求佛慧,于八十万亿那由他劫数,行五波罗蜜,于是诸劫中,布施供养佛,及缘觉弟子,并诸菩萨众,珍异之饮食,上服与卧具,栴檀立精舍,以园林庄严。如是等布施,种种皆微妙,尽此诸劫数,以回向佛道。若复持禁戒,清净无缺漏,求于无上道,诸佛之所叹。若复行忍辱,住于调柔地,设众恶来加,其心不倾动。诸有得法者,怀于增上慢,为此所轻恼,如是亦能忍。若复勤精进,志念常坚固,于无量亿劫,一心不懈息,又于无数劫,住于空闲处,若坐若经行,除睡常摄心,以是因缘故,能生诸禅定。八十亿万劫,安住心不乱。持此一心福,愿求无上道。我得一切智,尽诸禅定际。是人于百千,万亿劫数中,行此诸功德。如上之所说,有善男女等,闻我说寿命,乃至一念信,其福过于彼。《文句》疏释云:一念信解者,谓随所闻处,豁尔开明,随语而入,无有罣碍。信一切法,皆是佛法。又信佛法,不隔一切法。不得佛法,不得一切法,而见一切法,亦见佛法。即一而三,即三而一。亦是行于非道,通达佛道。行于佛道,通达一切道。不得佛道一切道,而通达佛道一切道。无所有而有，而有无所有。非所有，非无所有。如门前路，通达一切东西南北，划无壅碍。眼耳鼻舌身意，凡有所对，悉亦如是，无疑曰信，明了曰解，是为一念信解心也。此一念信解心，心同佛心，信齐佛信，入真实般若之性，到究竟解脱之原。所以无量无数劫中，修五波罗蜜之功德，校量信解宗镜一念之功，万不及一。故云：不识玄旨，徒劳念静。是以，先悟宗镜，然后圆修，理行无差，方为契当。

问：如上观心，如何是所入、能入之门？

答：能所之入，唯是一心。约智而论，假分能所。所入，即所证一心之理。能入，即能观一心之智。又，理是心之体，智是心之用。犹如日光还照日体，以此心光复照心体，则二而不二，体用冥一。不二而二，能所似分。

今约先德依华严宗，立所入、能入二门：先明所入者，统唯一真法界。谓寂寥虚旷，冲深包博，总该万有，即是一心。体绝有无，相非生灭。迷之则生死无穷，解之则廓然大悟。为总开示，不知以何詺目，强分理事二门，而理事浑融，无有障碍。一、事法界。二、理法界，略有二门：一性净门，在缠不染，性恒清净，虽遍一切，不同一切，如湿之性遍于动静，凝流不易，净秽恒如。二离垢门，由对治障尽，随位浅深，体虽湛然，随缘有异。三、事理无障碍法界，亦有二门：一相即无碍门，一心法界，含真如、生灭二门，互相交彻，不坏性相，其犹摄水之波非静，摄波之水非动。二形夺无寄门，谓无事非理，故事非事也。无理非事，故理非理也。四、双融俱离，性相浑然，而有十门：一由离相，故事坏而即理。二由离性，故理泯而即事。三由离相不坏相,故事即理而事在,以非事为事。四由离性不泯性,故理即事而理在,以非理为理。五由离相不异离性,故事理双夺,迥超言念。六由不坏不异不泯,故有初事理二界俱存,烂然可见。七由不坏不泯,不异离相离性,故为一事理无碍法界,使超视听之妙法,无不恒通见闻,绝思议之深义,未尝碍于言念。八由以理融事,令无分剂,如理之遍,一入一切。如理之包,一切入 ·。故缘起之法,一一各摄法界无尽。九由因果法各全摄,故令普贤身中佛佛无尽,佛毛孔内菩萨重重。十因果法界差别之法,无不恒摄法界无遗,故随一一门、一一位,各摄重重。故广刹大身、轻尘毛孔,皆无尽相。以其后一,总融前九,为浑融门。夫法界者,即一心之总名,万行之归趣。如《华严论》云:从信住行回向十地十一地及佛果,总以法界为果体,文殊为法界理,普贤为法界智,理智妙用为一佛门。以此一门,为化群蒙分为二法。若也逐根随俗,法门无尽。若论实理,不离无法界之中一法,一多无碍,名为普贤。始接童蒙,诀无性理中,妙简正邪,入无生慧,名号文殊,亦名童子菩萨。能同苦际,兴行利生,治佛家法,名为普贤。二人参体,名之为佛。本来自在,名为法界。从初彻后,总此法界为体,更无别法。此品为一切诸佛因果之大都,亦是众圣贤所行之大路,无出此也。亦是自心一切智王之所游观之大宅也,亦是一切众生之所依,故名法界。二能入门有二:一果海离于说相,二因门可寄言说。今且略明无分别智证理法界,以为五门:一、能所历然,谓以无分别智证无差别理。如日合空,虽不可分而日非空,空非日光。二、能所无二,以知一切法即心自性,以即体之智还照心体,举一全收。举理收智,智非理外。举智收理,智体即寂。如一明珠,珠自有光,光还照珠。三、能所俱泯,由智即理,故智非智,以全同理,无自体故。由理即智,故理非理,以全同智,无自立故。如波即水,动相便虚。如水即波,静相亦隐。动静两亡,性相齐离。四、存泯无碍,离相离性,则能所双泯,不坏性相,能所历然。如波与水,虽动静两亡,不坏波湿。五、举一全收,上列四门,欲彰义异,理既融摄,曾无二原。如海一滴,具百川味。

又,所入境者,即不思议解脱境界。何名不思议?心言罔及故。何法不思议?即解脱境界。解脱有二:一作用解脱,作用自在,脱拘碍故。二离障解脱,具足二智,脱二障故。二障者,即烦恼、所知二障。烦恼障事,所知障理。一切众生不证真心,皆为二障所缠。由内离障,外用无羁,二义相成,总名解脱。境界有二:一分剂境,如国疆域,各有分剂,佛及普贤德用分剂,无能及故。二、所知境界,事理无边,唯佛普贤方究尽故,由证所知无边之境,故成德用无有边涯。二亦相成,总为境界。此二不二,故不思议。

又,能入者,即普贤行愿。又,人与法俱称普义,若约人,即普贤。若约法,即普法。所言入者,能所契合,泯绝无寄。一入全真,方为真入。又,不入而入,以智体即如,如外无法而可攀缘,故无可入。心行处灭,寂然无入,不失照用故,恒以一如而观诸法,故名而入。此二无碍,方为真入。

又,佛境入无所入,有三:一约一切众生即如来藏,更何所入?翻迷之悟,故云证入。二约理,非即非异,故云入无所入。三约心境,心冥真境,故说为入。若有所入,境智未亡,岂得称入?实无所入,方名真入。

又,入不入二义,上约缘起相由门,今法性融通门者,即性之一字。夫法性融通,要不坏相而即真性。入则坏缘起者,无可相入。不入则坏性者,则性不遍一切法故。由不坏性相,方是法性融通义也。二、又要由不入方能入耳者,亦通二门,唯就相说:若约缘起门,要由诸缘历然不入,方得相资遍相入耳。若约法性融通门者,要由事相历然,方随理融入一切法。故说若唯约理,无可即入。若双约性相上第一义,相即不入,性即能入。若独相独性,俱不能入,要二相融方能入。又,若约体空,则无来无入。若唯约性,无可即入。若约相不坏如本无差者,或唯约事不能即入。以性融相,故得互入,是显正入义。谓不异理之一事,全摄法性时,令彼不异理之多事随所依理皆于一中现等。一事摄理既尔,多事摄理亦然。则一事随所依理,皆于多中现,故得互入,是法性融通门。以此一门,能入万法。故《法华疏》云:以实相入真,决了声闻法,是诸经之王。实相入俗,一切治生产业,皆与实相不相违背。实相入中,诸法无非佛法。若入此三观,即是入一切法,以诸法不出三谛故。

问:十住菩萨证入之时,唯一真如,无有境界,云何复说分剂二种境界?

答:此是不思议境界,非同情执。或存或泯,或总合,或俱离,不出一心而论舒卷:若存,非立心外之法,是存其全理之事。若泯,非坏全事之理,是泯其体外之见。则不碍心镜而一味，不坏一味而心境。故《华严经》颂云：如来甚深境，其量等虚空。一切众生入，而实无所入。

问：若正观成时，以有心成，以无心成？

答：夫入此宗，不可以有无求，不可以能所辩。若以有念析归无念，此念还成有。若以无心作空无会者，即成断灭，皆落意地，不出见知。

又，若逆之，则不合事理。若顺之，又成能所。只可以妙会，不可以事求。所以《华严会意》云：并须除念会意，无间相续，顺法修行。若动念起心，即入魔网。以法不动念故，顺法即念除，我见是妄心，违法故生死。是知，法无动念，不可以有念求。又非无念，不可以无心得，应可玄会取其意耳。如说有不有、无不无等，但动心即寂，是彼法，故名顺法也。若以心顺于法，即有能所，非顺法也。故《维摩经》云：法离一切观行。肇师云：法本无相，非观行之所能见。见之者，其唯无观乎？如赤水求于玄珠，罔象而得之。故云藏于身，不藏于川。在于心，不在乎水。故《庄子》云：黄帝游于赤水之北，登昆仑之丘，南望，遗其玄珠，使智索之而不得，使离娄索之而不得，乃因罔象得之。黄帝曰：异哉，罔象乃可得之。夫真不可以定求，故无心以得之。如《弄珠吟》云：罔象无心却得珠，能见能闻是虚伪。然虽不落见闻，又非无知觉。如融大师《信心铭》云：惺惺了知，见网转弥。寂寂无见，闇室不移。惺惺无妄，寂寂寥亮。宝印真宗，森罗一相。所以无念者，即念而无念。以念无自性，缘起即空。

又，缘起者，皆是真性中缘起，岂属有无？乃至即生无生、即灭无灭，亦复如是。故《宝藏论》云：若言其生，无状无形。若言其灭，今古常灵。又云：是以斩首灰形，其无以损生。金丹玉屑，其无以养生。故真生不灭，真灭不生。可谓常灭，可谓常生。其有爱生恶灭者，斯不悟常灭。爱灭恶生者，斯不悟常生。《永嘉集》云：故知，妙道无形，万像不乖其致。真如寂灭，众响靡异其原。迷之则见倒惑生，悟之则顺违无地。阒寂非有，缘会而能生。峨嶷非无，缘散而能灭。灭既非灭，以何灭灭？生既非生，以何生生？生灭既虚，实相常住矣。《华严疏》云：生之无生，真性湛然。无生之生，业果宛然。是知，若即念存有念，即是常见。离生求无生，即是断见。皆不达实相无生无灭之理。若正了无生，则无生无不生，岂定执有生、无生之二见乎？所以云：谁无念，谁无生？若实无生无不生，唤取机关木人问，求佛施功早晚成。若以息念归无念，如同寒木死灰，与木人何别，岂有成佛之期耶？斯乃尚未知即念而无念，宁知一念顿圆乎？如有问言：夫妙行者，统唯无念，今见善见恶，愿离愿成，疲役身心，岂当为道？答：若斯见者，离念求于无念，尚未得于真无念也，况念无念之无碍耶？又，无念，但是行之一也，岂成一念顿圆？

此一念顿圆之旨，非意解所知，唯忘情可以契会。如《悟玄》序云：夫玄道者，不可以设功得。圣智者，不可以有心知。真谛者，不可以存我会。至功者，不可以营事为。忘言者，可以道合。虚怀者，可以理通。冥心者，可以真一。遗智者，可以圣同。虽云道合，无心于合，合者合焉。虽云圣同，不求于同，同者同焉。无心于合，则无合无散。不求

于同,则无异无同。超非于百非之外,非所不能非焉。忘是于万是之前,是所不能是焉。是所不能是,则无是矣。非所不能非,则无非矣。无异无同,则怨亲不二。无非无是,则毁赞常一。是以忘言者,舍筌罤也。虚怀者,离取著也。冥心者,不己见也。遗智者,泯能证也。若运心合道则背道,若起念求同则失同。若为是所是,则没是。若为非所非,则沉非。以要言之,但得直下无心,则同异俱空,是非咸泯,斯泯亦泯,兹空亦空。此犹寄言因迹对待,若得绝待顿悟一心,唯契相应,不俟更说。

宗镜录第三十八

宋 慧日永明妙圆正修智觉禅师延寿集

夫初后之位，不离本觉，能所之化，唯是一心。若悟本称觉，则本不可得。若不可得，行位徒施。得与不得，其旨如何？

答：得而不得，始本之觉无差。不得而得，妙证之时玄会。如《金刚三昧经》云：佛言：善男子，五位一觉，从本利入，若化众生，从其本处。舍利弗言：云何从其本处？佛言：本来无本处，于无处本际，入实发菩提，而当成圣道。何以故？善男子，如手执彼空，不得非不得。《论》释云：举疑发起云，若本处，应得入。若得入，非无本处。为遣是疑，故引喻释：手执彼空者，手执喻能入之行处，空喻所入之本。不得者，虚空无形可握故。非不得者，握内不无虚空故。本利亦尔，本来无本处性，故不可得。无本之本不无，故非不可得也。斯则悟本称得，非向外求。若有所求，即是失本。又，若有所得，不得菩提，以无得故，出生菩提故。又，无得之法非在得外，要求一切法，方尽无得之原。如《发菩提心论》云：于无法中说诸法相，于无得中说有得法，如是之事，诸佛境界。然虽求一切法，以了无得故，即无所依。无所求中，吾故求之耳。故《大宝积经》云：佛问文殊：依何正修行？文殊曰：正修行者，为无所依。释曰：凡有言教所诠，并证一心之义。若心外见法,是邪修行,则有所依故。若正修行,不依一物。所依既寂,能依亦亡。能所俱空,邪正双泯,即正修行矣。《无生义》云:经言:法离眼耳鼻舌身意,是故六根不能取,故言学者无取。《大智度论》言:譬如婴痦虫,处处能集,唯不能集火中。众生意识,亦复如是,预是可闻见法,悉皆能缘,而不能缘般若。故知,般若性离,意不能取。

又,能取之人,性复自空,故不能取。若以眼取,如经言眼性复空。若以耳取,耳性又空。若以手取,手性又空。若以意取,意性又空。人与法共是一如,如不能取得如也。空不能取得空,即是学者无取,故言无得。

又,一念心起,有二种觉:一约有心者,察一念才起,后念不续,即不成过。所以禅门中云:不怕念起,唯虑觉迟。又云:瞥起是病,不续是药。以心生即是罪生时故,是以,初心摄念为先,是入道之阶渐。如《诸经要集》云:摄心一处便是功德丛林,散虑片时即名烦恼罗刹。所以昙光释子降猛虎于膝前,螺髻仙人宿巢禽于顶上。乃至森罗不能自触,要须因倚诸根内想感发。何以知然?今有心感于内,事发于外。或缘于外,起染于内,故知,内外相资,表里递用。君臣心识,不可备舍。故经云:心王若正,则六臣不邪。识意惛沉,则其主不明。今悔六臣,当各惭愧,制御六根,不令驰散也。《法句经·心意品》云:昔佛在世时,有一道人,在河边树下学道,十二年中,贪想不除。走心散意,但念六:欲目色耳声,鼻香口味,身受心法,身静意游,曾无宁息,十二年中,不能得道。佛知可度,化作沙门,往至其所,树下共宿。须臾月明,有龟从河中出,来至树下。复有水狗饥行求食,与龟相逢,便欲噉龟。龟缩其头尾及其四脚,藏于甲中,不能得噉。水狗小远,复出头足,行步如故,不能奈何,遂便得脱。于是道人,问化沙门:此龟有护命之铠,水狗不能得其便。化沙门答言:吾念世人不如此龟,不知无常,放恣六情,外魔得便,形坏神去,生死无端,轮转五道。苦恼百千,皆意所造,宜自勉励,求灭度安。于是化沙门即说偈言:藏六如龟,防意如城。慧与魔战,胜则无患。是以,意地若息,则六趣俱闲,一切境魔不能为便,如龟藏六,善护其命。《起信论》云:若后念觉知前念,此虽名觉,犹为不觉,故约有心说,以是初行凡夫故。二约无心者,知初起时即无初相,不待后念更灭。以正生一念之时,毕竟不可得故。如《五十校计经》云:菩萨问佛言:罪生复灭,何以故我了不见?佛问诸菩萨:汝曹心宁转不?诸菩萨报佛言:我心转生。设我心不转生,亦不能与佛共语。佛问诸菩萨言:若心生时,宁还自觉心生不?诸菩萨言:我但识见因缘时,不觉初起生时。佛言:如汝所说,尚不能知心初生时,何能无罪?故知,不察最初一念因成之假,宁免后念相续成事之过乎?以一切生死烦恼,皆因不觉故。若智为先导,咎何由生?

又,若了心外无法,则情想不生,不用加功,直入不思议地。如清凉《钞》云:经明十地法体,心言路绝,释不思议:谓言语道断,心行处灭,据法望情,名不思议,以其法外本无情故。其义云何?情相之兴,原由妄想。妄想故,便有相生。以依相故,复起心想。随名取实,即是觉观。依此觉观,便起言说。依言说已,复起妄心想取所说法,此即言语以之为道,心以为行,于是相想炽然不息。今契法实,灭除妄想,相即不生。相不生故，立名心灭。名心灭故，名即不生。名不生故，觉观不起。觉不起故，言说随亡。言说亡故，不复依言取于所说。不取说故，言语道断，心行处灭。心行灭故，名不思议。以法出情，心言不及，故不思议。是知，妄想心亡，境界缘灭，如灸病得穴，永断病原，可谓觉宝之良医矣。

问：诸法所生，唯心所现者，若从心现，即自性痴。若执缘生，即他性痴。若心缘和合而生，即共性痴。若非心非缘而生，即无因痴。如何通明，免堕四执？

答：若论四性实智，于自相门中，俱不可说。若以四悉檀智，于共相门中，亦可得说。

如《止观》，问：心起必托缘，为心具三千法：为缘具，为共具，为离具。若心具者，心起不用缘。若缘具者，缘具不关心。若共具者，未共各无，共时安有？若离具者，既离心离缘，那忽心具？四句尚不可得，云何具三千法耶？

答：地人云：一切解惑真妄依持法性，法性持真妄，真妄依法性也。《摄大乘论》云：法性不为惑所染，不为真所净，故法性非依持。言依持者，阿赖耶是也。无没无明，盛持一切种子。若从地师，则心具一切法。若从摄师，则缘具一切法，此两师各据一边。若法性生一切法者，法性非心非缘。非心故，而心生一切法者。非缘故，亦应缘生一切法。何得独言法性是真妄依持耶？若言法性非依持，赖耶是依持，离法性外，别有赖耶依持，则不关法性。若法性不离赖耶，赖耶依持即是法性依持，何得独言赖耶是依持？又违经，经言：非内非外，亦非中间，亦不常自有。又违龙树，龙树云：

诸法不自生，亦不从他生，不共不无因。更就譬检，为当依心故有梦，依眠故有梦，眠法合心故有梦，离心离眠故有梦。若依心有梦者，不眠应有梦。若依眠有梦者，死人如眠应有梦。若眠心两合而有梦者，眠人那有不梦时？又，眠心各有梦，合可有梦。各既无梦，合不应有。若离心离眠而有梦者，虚空离二，应常有梦。四句求梦尚不得，云何于眠梦见一切事？心喻法性，梦喻赖耶，云何偏据法性赖耶生一切法？当知四句求心不可得，求三千法亦不可得。既横从四句生三千法不可得者，应从一念心灭生三千法耶？心灭尚不能生一法，云何能生三千法耶？若从心亦灭亦不灭生三千法者，亦灭亦不灭，其性相违，犹如水火。二俱不立，云何能生三千法耶？若谓心非灭非不灭生三千法者，非灭非不灭，非能非所，云何能生三千法耶？亦纵亦横求三千法亦不可得，非纵非横求三千法亦不可得。言语道断，心行处灭，故名不可思议境。《大涅槃经》云：生生不可说，生不生不可说。不生生不可说，不生不生不可说。即此义也。当知第一义中一法不可得，况三千法？世谛中一心尚具无量法，况三千耶？如佛告德女：无明内有不？不也。外有不？不也。内外有不？不也。非内非外有不？不也。佛言：如是而有。《大涅槃经》云：有因缘故，亦可得说。谓四悉檀因缘也。虽四句冥寂，慈悲怜愍，于无名相中假名相说，或作世界说心具一切法，闻者欢喜。如言：三界无别法，唯是一心造，即其文也。或说缘生一切法，闻者欢喜。如言：五欲令人堕恶道，善知识者，是大因缘，所谓化导令得见佛，即其文也。或言因缘共生一切法，闻者欢喜。如偈言：水银和真金，能涂诸色像。功德和法身,应现处处往,即其文也。或言离生一切法,闻者欢喜。如言:十二因缘非佛作,非天人修罗作,性自尔,即其文也。此四句即世界悉檀,说心生三千一切法。云何为人悉檀?如言:佛法如海,唯信能入。信则道原功德母,一切善法由之生。汝但发三菩提心,是则出家禁戒具足。闻者生信,即其文也。或说缘生一切法,如言:若不值佛,当于无量劫堕地狱苦。以见佛故,得无根信,如从伊兰出生栴檀。闻者生信,即其文也。或说合生一切法,如言:心水澄清,珠相自现,慈善根力,见如此事。闻者生信,即其文也。或说离生一切法,如言:非内观得是智慧,乃至非内外观得是智慧。若有住著先尼梵志,小信尚不可得,况舍邪入正!闻者生信,即其文也。是为为人悉檀四句,说心生三千一切法也。云何对治悉檀?说心治一切法,如言得一心者,万邪灭矣。即其文也。或说缘治一切恶,如说:得闻无上大慧,明心定如地,不可动。即其文也。或说因缘和合治一切恶,如言:一分从思生,一分从师得。即其文也。或说离治一切恶,我坐道场时,不得一法。实空拳诳小儿,诱度于一切。即其文也。是为对治悉檀,心破一切恶。云何第一义悉檀,心得见理?如言:心开意解,豁然得道。或说缘能见理,如言:须臾闻之,即得究竟三菩提。或说因缘和合得道:驶马见鞭影,即得正路。或说离能见理,如言:无所得即是得,已是得无所得。是名第一义四句见理,何况心生三千法耶?佛旨尽净,不在因缘共离,即世谛,是第一义谛也。又,四句俱皆可说:说因亦是,缘亦是,共亦是,离亦是。若为盲人,说乳若贝、若粖、若雪、若鹄,盲闻诸说,即得解乳。

即世谛,是第一义谛。当知,终日说终日不说,终日不说终日说。终日双遮,终日双照。即破即立,即立即破。经论皆尔,天亲龙树,内鉴冷然,外适时宜,各权所据。而人师偏解,学者局执,遂兴矢石,各保一边,大乖圣道也。若得此意,俱不可说,俱可说。若随便宜者,应言无明法、法性,生一切法:如眠法、法心,则有一切梦事。心与缘合,则三种世间。三千相性,皆从心起。一性虽少而不无,无明虽多而不有。何者?指一为多,多非多。指多为一,一非少。故名此心为不思议境也。若解一心一切心,一切心一心,非一非一切,乃至遍历一切,皆是不可思议境。

已上依台教所说,今依华严无碍法界自性缘起说不思议境界者,如《华严·入法界品》中,善财童子于毗卢遮那庄严藏大楼阁前,五体投地,暂时敛念,思惟观察,以深信解大愿力故,入遍一切处智慧身平等门,普现其身,在于一切如来前、一切菩萨前、一切善知识前、一切如来塔庙前、一切如来形像前、一切诸佛诸菩萨住处前、一切法宝前、一切声闻辟支佛及其塔庙前、一切圣众福田前、一切父母尊者前、一切十方众生前。皆如上说,尊重礼赞,尽未来际无有休息。等虚空,无边量故。等法界,无障碍故。等实际,遍一切故。等如来,无分别故。犹如影,随智现故。犹如梦,从思起故。犹如像,示一切故。犹如响,缘所发故。无有生,递兴谢故。无有性,随缘转故。又决定知一切诸报皆从业起,一切诸果皆从因起,一切诸业皆从习起,一切佛兴皆从信起,一切化现诸供养事皆悉从于决定解起,一切化佛从敬心起,一切佛法从善根起,一切化身从方便起,一切佛事从大愿起,一切菩萨所修诸行从回向起，一切法界广大庄严从一切智境界而起。离于断见，知回向故。离于常见，知无生故。离无因见，知正因故。离颠倒见，知如实理故。离自在见，知不由他故。离自他见，知从缘起故。离边执见，知法界无边故。离往来见，知如影像故。离有无见，知不生灭故。离一切法见，知空无生故，知不自在故，知愿力出生故。离一切相见，入无相际故，知一切法如种生芽故，如印生文故，知质如像故，知声如响故，知境如梦故，知业如幻故，了世心现故，了果因起故，了报业集故，了知一切诸功德法皆从菩萨善巧方便所流出故。善财童子入如是智，端心洁念，于楼观前举体投地，殷懃顶礼，不思议善根流注身心，清凉悦泽从地而起。一心瞻仰，目不暂舍，合掌围遶经无量匝，作是念言：此大楼阁，是解空无相无愿者之所住处，是于一切法无分别者之所住处，是了法界无差别者之所住处，是知一切众生不可得者之所住处，是知一切法无生者之所住处，是不著一切世间者之所住处，是不著一切窟宅者之所住处，是不乐一切聚落者之所住处，是不依一切境界者之所住处，是离一切想者之所住处，是知一切法无自性者之所住处，是断一切分别业者之所住处，是离一切想心意识者之所住处，是不入不出一切道者之所住处，是入一切甚深般若波罗蜜者之所住处，是能以方便住普门法界者之所住处，是息灭一切烦恼火者之所住处，是以增上慧除断一切见爱慢者之所住处，是出生一切诸禅解脱三昧通明而游戏者之所住处，是观察一切菩萨三昧境界者之所住处，是安住一切如来所者之所住处，是以一劫入一切劫、以一切劫入一劫而不坏其相者之所住处，是以一刹入一切刹、以一切刹入一刹而不坏其相者之所住处，是以一法入一切法、以一切法入一法而不坏其相者之所住处，是以一众生入一切众生、以一切众生入一众生而不坏其相者之所住处，是以一佛入一切佛、以一切佛入一佛而不坏其相者之所住处，是于一念中而知一切三世者之所住处，是于一念中往诣一切国土者之所住处。乃至尔时善财童子，恭敬右绕弥勒菩萨摩诃萨已，而白之言：唯愿大圣开楼阁门，令我得入。时弥勒菩萨前诣楼阁，弹指出声，其门即开，命善财入。善财心喜，入已还闭，见其楼阁广博无量，同于虚空，乃至自见其身遍在一切诸楼阁中，具见种种不可思议自在境界，弥勒三生行菩萨行、八相成道之事。尔时弥勒菩萨摩诃萨，即摄神力，入楼阁中，弹指作声，告善财言：善男子，起！法性如是。此是菩萨知诸法智因缘聚集所现之相，如是自性，如幻如梦如影如像，悉不成就。乃至譬如幻师作诸幻事，无所从来，无所至去。虽无去来，以幻力故，分明可见。彼庄严事，亦复如是：无所从来，亦无所去。虽无来去，然以惯习不可思议幻智力故，及由往昔大愿力故，如是显现。释曰：弹指出声其门即开者，创发明处，豁见性时，名之为开。入已还闭者，所悟如本，非从新得，故云还闭。或云：慈氏菩萨弹指出声，其门即开者，明声是震动、启发之义。弹指者，去尘之义。尘亡执去，法门自开。善财入已，其门还闭者，以迷亡智现，名之为开。智无内外中间，无出无入，无迷无证，名为还闭。见其楼阁广博无量同于虚空者，智境界也。如是自性如幻如梦如影如像悉不成就者，总上一切不思议无边佛事境界。以真如之性，法尔随缘。虽即随缘，法尔归性。以随缘时,似有显现,如看幻法,不有而有。犹观梦境,不见而见。若水中之影,非出非入。似镜里之像,不内不外。以无性随缘故,理不成就。以随缘无性故,事不成就。若理事不成,即一切法俱不成,故云悉不成就。但如是如是显现,如是如是证知,了了分明,还同宗镜,光光涉入,影影相含。如十玄门,重重无尽。

十玄门者:一、同时具足相应门。智俨师释云:此约相应无前后说。此十玄门,一一皆具十法,同时具足。一教义,二理事,三境智,四行位,五因果,六依正,七体用,八人法,九逆顺,十感应。随有一处,即具此十法,悉皆同时具足。今且据因果同时,若小乘说因果,即转因以成果,因灭始果成。若大乘因果,亦得同时,而不彰无尽。如似舍缘以成舍,因果同时成,而不成余物,以因有亲疏故,所以成有尽也。若一乘宗明因果同时者,举疏缘以入亲。是故,如舍成时,一切法界皆一时成也。若有一法不成,此舍亦不成。如似初步若到,一切步皆到。若有一步非到者,一切步皆非到也。故经云:虽成等正觉,不舍初发心。所以一成一切成,为一际法门也。二、因陀罗网境界门。此约譬说,如帝释殿上珠网,一一珠中互现一切影像无尽。一宝珠内千光万色,重重交映,历历区分。况此一心法界中,一切人法境智,重重涉入。以真如性毕竟无尽故重重复重重、无尽复无尽也。《论》云:帝网有别者,唯智能知,非眼所见。帝网者,此网乃是众宝丝缕所共合成。其善住法堂,纵广四十由旬,亦是众宝所共合成。其网一一丝孔之中皆有明珠,其珠体莹净,宝网交罗,互相映现。一一珠网之中皆有珠网全身及四十由旬宝殿，各各全身，于中互相显现，如珠及网所有影现。其殿一一梁栋、一一椽柱、一一墙壁、一一栱枓、一一镜像之中，皆有全身殿网，珠影重重，互相映现，故云：如天帝网，重重无尽。今此法门，亦复如是，一一位中、一一法中、一一尘中、一一境像中、一一名字中，及以九世十世、一一互周法界，并以真俗二智，互体交参，周遍法界。如《法界品》中云：善财所参，始于文殊，末至弥勒普贤，五十二善知识。其中比丘比丘尼、优婆塞优婆夷、童男童女、仙人外道、婆罗门、长者居士、天神地神、夜神昼神、国王王妃、诸大菩萨等，各各处大道场，互为主伴，同说舍那境界。若佛出世，若不出世，此法界法尔常住，无有变异。又如善财至弥勒佛所，初登一阁，入已，见其阁中广博无量同于虚空，别有不可说楼阁布列其中，一一亦等虚空，一一阁中皆闻弥勒菩萨转一生菩萨所有法门，一一阁内境像之中会三世事无有前后。弥勒是当来成佛，善财即始发心，一念之间而能相会。此乃依于法界智乘成佛，非论前后，以古印今，以今通古，融合无二。又，以一阁是总，一智含其万善。多阁为别，体用重重，自在无碍。此是善财乘本不动智乘从凡入圣，至此楼阁中，与三世佛，会同无二总别同异帝网之门。一切众生有能发心乘者，亦复如是，未见普贤，起等虚空广大心，即闻普贤名字，便见自身入普贤身，观普贤一一毛孔中皆有广大刹土，地水火风轮，咸在其中。于一念中，举不可说不可说步，一步过不可说不可说佛刹，如是念念经过不可说劫，不能尽其一毛孔之边际。反观自身一一毛孔，普贤亦在其中。一一毛孔，悉同虚空，不相障碍。斯乃法尔之门，恒真法界。行依理现,用称体周。即是善财常行,普贤行满。如《华严经·十定品》云:佛子,此菩萨摩诃萨,有一莲华,其华广大,尽十方际,以不可说叶、不可说宝、不可说香而为庄严。其不可说宝,复各示现种种众宝、清净妙好、极善安住。其华常放众色光明,普照十方一切世界,无所障碍。真金为网,弥覆其上。宝铎徐摇,出微妙音,其音演畅一切智法。此大莲华,具足如来清净庄严,一切善根之所生起,吉祥为表,神力所现,有十千阿僧祇清净功德、菩萨妙道之所成就、一切智心之所流出、十方佛影于中显现。世间瞻仰,犹如佛塔。众生见者,无不礼敬。从能了幻正法所生,一切世间不可为喻。菩萨摩诃萨,于此华上结加趺坐,其身大小,与华相称。一切诸佛神力所加,令菩萨身一一毛孔,各出百万亿那由他不可说佛刹微尘数光明。一一光明,现百万亿那由他不可说佛刹微尘数摩尼宝,皆名普光明藏,种种色相以为庄严,无量功德之所成就,众宝及华以为罗网弥覆其上,散百千亿那由他殊胜妙香,无量色相,种种庄严,复现不思议宝庄严盖,以覆其上。一一摩尼宝,悉现百万亿那由他不可说佛刹微尘数楼阁。一一楼阁,现百万亿那由他不可说佛刹微尘数莲华藏师子之座。一一师子座,现百万亿那由他不可说佛刹微尘数光明。一一光明,现百万亿那由他不可说佛刹微尘数色相。一一色相,现百万亿那由他不可说佛刹微尘数光明轮。一一光明轮,现百万亿那由他不可说佛刹微尘数毗卢遮那摩尼宝华。一一华,现百万亿那由他不可说佛刹微尘数台。一一台,现百万亿那由他不可说佛刹微尘数佛。一一佛,现百万亿那由他不可说佛刹微尘数神变。一一神,变净百万亿那由他不可说佛刹微尘数众生众。一一众生众中,现百万亿那由他不可说佛刹微尘数诸佛自在。一一自在,雨百万亿那由他不可说佛刹微尘数佛法。一一佛法,有百万亿那由他不可说佛刹微尘数修多罗。一一修多罗,说百万亿那由他不可说佛刹微尘数法门。一一法门,有百万亿那由他不可说佛刹微尘数金刚智所入法轮,差别言词各别演说。一一法轮,成熟百万亿那由他不可说佛刹微尘数众生界。一一众生界,有百万亿那由他不可说佛刹微尘数众生于佛法中而得调伏。佛子,菩萨摩诃萨住此三昧,示现如是神通境界无量变化,悉知如幻而不染著。夫莲华者,则表因果同时,清净无染,况自性清净心能起普贤无尽之因门,圆满舍那无作之果海。理事交彻,舒卷同时,起尽随缘而无染著。又,《十定品》云:譬如有人为鬼所持,其身战动,不能自安,鬼不现身,令他身然。菩萨摩诃萨住此三昧,亦复如是,自身入定他身起,他身入定自身起。佛子,譬如死尸,以咒力故而能起行,随所作事,皆得成就。尸之与咒,虽各差别,而能和合成就彼事。菩萨摩诃萨住此三昧,亦复如是,同境入定异境起,异境入定同境起。佛子,譬如比丘得心自在,或以一身作多身,或以多身作一身。非一身殁,多身生。非多身殁,一身生。菩萨摩诃萨住此三昧,亦复如是,一身入定多身起,多身入定一身起。佛子,譬如大地其味一种,所生苗稼种种味别,地虽无差别,然味有殊异。菩萨摩诃萨住此三昧,亦复如是,无所分别,然有一种入定多种起,多种入定一种起。乃至譬如妙光大梵天王所住之宫,名一切世间最胜清净藏。此大宫中,普见三千大千世界诸四天下天宫、龙宫、夜叉宫、乾闼婆宫、阿修罗宫、迦楼罗宫、紧那罗宫、摩睺罗伽宫、人间住处，及三恶道、须弥山等种种诸山、大海江河、陂泽泉源、城邑聚落、树林众宝，如是一切种种庄严，尽大轮围所有边际。乃至空中微细游尘，莫不皆于梵宫显现，如于明镜见其面像。菩萨摩诃萨，住此一切众生差别身大三昧，知种种刹，见种种佛，度种种众，证种种法，成种种行，满种种解，入种种三昧，起种种神通，得种种智慧，住种种刹那际。又，《入法界品》云：尔时善财童子，发是念已，即诣喜目观察众生夜神所，见彼夜神在于如来众会道场，坐莲华藏师子之座，入大势力普喜幢解脱。于其身上一一毛孔，出无量种变化身云，随其所应以妙言音而为说法，普摄无量一切众生，皆令欢喜而得利益。乃至又出一切世界微尘数身云，普诣一切众生之前，念念中示普贤菩萨一切行愿，念念中示清净大愿充满法界，念念中示严净一切世界海，念念中示供养一切如来海，念念中示入一切法门海，念念中示入一切微尘数世界海，念念中示于一切刹尽未来劫清净修行一切智道，念念中示入如来力，念念中示入一切三世方便海，念念中示往一切刹现种种神通变化，念念中示诸菩萨一切行愿令一切众生住一切智，如是所作，恒无休息。所以《漩洑颂》云：时处帝网现重重，一切智通无罣碍。

如上帝网之行、无尽之宗，若以缘起相由门，则隐显互兴，一多相入。若以法性融通门，则空有镕融，理事相即。乃至一切自在神通之慧，出入妙定之门，皆不离无尽真心，致兹无碍，须归宗镜，法尔照明。更以六相十玄该之，历然可见。三、秘密隐显俱成门。此约缘说，是以如来于一念中八相成道不出刹那际，以降生时即是成道时，即是度人时，即是入灭时。何以故？以一切法同时俱成故，一成一切成，所以称秘密。是故，隐则一心无相，显则万法标形。性相同时，空有无碍。四、微细相容安立门。此就相说，微细有二：一所容微细。以毛孔称性，能容诸刹，诸刹存相既不能遍，是以所容微细也。二能容微细。以一尘一毛即能容故，一切理事主伴、一多染净等，皆从一心中齐现。若诸门隐映，互相显发，重重复重重，成其无尽者，即是帝网门中摄。若诸门一时炳然齐现，犹如束箭齐头显现，不相妨碍者，即是此微细门中摄。如经明：一微尘中，见不可说差别净秽国土。又云：无尽佛国，不出一尘。五、十世隔法异成门。此约三世说，如是十世，以缘起力故，相即复相入，而不失三世前后短长之相，故云隔法。一切教义理事等十法，相即复相入，而不失始终差别，故名异成。十世者，三世递相即入，即成九世。束为一念，一念即是平等世，合前九为十世。如五指成拳，不失五指。十世一念，不坏短长。《华严经》颂云：无量无数劫，解之即一念。知念亦无念，如是见世间。无量诸国土，一念悉超越。经于无量劫，不动于本处。不可说诸劫，即是须臾顷。莫见短与修，究竟刹那法。心住于世间，世间住于心。于此不妄起，二非二分别。又，《回向品》颂云：有数无数一切劫，菩萨了知即一念。于此善入菩提行，常勤修习不退转。六、诸藏纯杂具德门。此约诸行说，如似就一施门说者，则一切万法皆悉名施，则是纯。而此施门，即具诸度等万行，名杂。如是纯杂不相妨碍，故名具德。以纯杂义，丝毫不滥，主伴互立，能所相生，具德圆融，资摄无碍。七、一多相容不同门。此约理说，如是一多缘起，皆是法界中实德法性海印力用，故得如然，非是方便缘修所成故。随湛寂，则论一义。随智用，则显多门。非一非多，恒不失体。而多而一，岂碍随缘？此大缘起陀罗尼法，若无一，即一切不成。所言一者，非自性一，缘起成故。乃至十者皆非自性，十由缘成故。是故，一切缘起，皆无自性。随去一缘，即一切不成。是故，一中即具多者，方名缘起一耳。是以一中多、多中一，相容无碍，仍不相是。问：一多义门，为一时圆具，为前后不同耶？答：即圆具，即前后。逆顺同体，德用自在。

问：所明来去即入之义，其相如何？答：自位不动，而恒去来。何以故？去来不动，即一物故。但为生智显理，故说去来等义。

问：为由智耶，法如是耶？答：同时具足故，以一入多，多入一，故名相容。即体无前后，而不失一多之相，故曰不同。

又，一与多互相生起。且一依多起，则一是所起，而无力也。多是能起，故有力也。以多有力能摄一，以一无力入于多。是故，此一恒是多，多依一起。准上知之，是则此多，恒在一中也。以俱有力及俱无力，各不并，故无彼不相在也。以一有力、一无力，不相违，故有此恒相在也。缘起法界，理数常尔。如《大涅槃经》云：尔时树林，其地狭小，以佛神力如针锋处，皆有无量诸佛世尊及其眷属等坐而食，所食之物，亦无差别。八、诸法相即自在门。此约用说，若帝网门,即互映重现。若微细门,即一时齐现。若此相即门,就三世间圆融无碍,自在即入而成无尽,如弥勒阁中现三世之事。如上自在法门,即是其法界缘起,如理实德,非是变化,对缘方便故说也。若是大乘宗所明者,即言神力变化,故大小得相入。或云菩萨力故入,又云不二故入,不同此一乘实教所说。问:若此宗明即入,不论神力,乃言自体常如此者,斯则浑无疆界,无终无始。何缘得辩因果教义等十法耶?答:只以随智差别,故举一为主,余皆为伴。犹如帝网,举一孔为首,众孔现中,一孔既尔,一切孔现,亦如是。又,如诸方菩萨,皆来证诚,同其名号。一切十方证诚,皆亦如是,所以成其无尽复无尽,而不失因果先后次第,而体无增减。故经云:一切众生成佛,佛界不增,众生界不减。九、唯心回转善成门。此约心说,一切义门无尽等诸理事,并是如来藏性清净真心之所建立,显现无碍,若善若恶、若凡若圣,随心所转。世尊所说华严身,遍七处九会,乃至十方法界虚空界一切尘中毛道,皆不离最初成道处。经云:虽复七处九会,而不离寂灭道场。又云:不离菩提树,而升忉利天。此则万境万缘,皆不出一真心矣。如《回向品》颂云:如是一切人中主,随其所有诸境界。于一念中皆了悟,而亦不舍菩提行。又颂云:一切诸佛刹,佛子悉充遍。平等共一心,所作皆不空。一切毛端处,一时成正觉。如是等大愿,无量无边际。虚空与众生,法界及涅槃。世间佛出兴,佛智心境界。

问:若一切染净万法皆由心成者,如人先见障外有物,别有人去物时,心犹谓有,尔时物实无,何名由心成耶?

答：若随虚妄心中转，此障外物亦随心之有无。此亦心随去物不失物而转矣。若论如来藏性真实净心说者，此物不动本处，体应十方，性常不转，纵移到他方而常不动本处也。

又，迷时境摄心，悟时心摄境。何者？迷时但随境转，境正心正，境邪心邪，著邪正之缘，成善恶之业。若悟时知唯我心，心有境有，心空境空。不定空有之缘，岂成物我之别？则非空非有，能有能空，一一皆自在转也，所以《净名经》云：天魔外道，皆吾侍也。此犹约对治教中，为被物转者，方便言转。若直见心性之人，既无所转之物，亦无能转之智。总上十玄门，皆于此唯心回转门，成就不出一心之义：以平等心，是一义。差别心，是多义。以一心即一切心，是相即义，是同时相应义。以一切心入一心，是相入义。以一心摄一切心，是隐义。以一切心资一心，是显义。以不坏差别心而现平等心，是多中一义。以不隐平等心而现差别心，是一中多义。又，微细心不碍广大心、广大心不碍微细心，是一多不同义。以一实心是纯，差别心是杂。差别心即一实心，杂恒纯。一实心即差别心，纯恒杂，即诸藏纯杂义。以一心带一切心，还入一心，是帝网义。因心现境，见境识心，是托事显法义。长劫短劫，延促时量，皆从积念而成，一心所现，是十世义。因一心正义，演难思法门，究竟指归，言亡虑绝，即唯心回转义。自心既尔，彼心亦然。涉入交罗，重重无尽。十、托事显法生解门。此约智说，以智观照，则万法如镜，能生正解不起邪倒。如经最初举金色世界，显始起于实际之心，所见法界中，一切幢一切盖等事，皆显无生智行，如善财所见楼观园林，皆入法界。

如上十玄门，自在无碍，皆是缘起相由，具有力无力、有体无体，即入相持，似有显现。此宗镜，是法界大缘起门，皆因即入二义，得有诸门成就，显此一心无碍。以体用二法，成其即入二义：一据体，有空不空，皆同体故，有相即义。二约用，则有有力无力，互相交彻，有力持无力故，有相入义。又，以用收体，更无别体，故有相入。以体收用，更无别用，故唯相即。以体用无二，故常相即入。又，体即是理，用即是事。无分是理，分即是事，分与无分，皆无障碍，各有四句。先理四句：一、无分限，以遍一切处故。二、非无分，以一法中无不具故。三、具分无分，谓分无分一味故，以全体在一法而一切处恒满故，如观一尘中，见一切处法界故。四、俱非，以自体绝待故。事四句者：一、有分，以随自事相，有分剂故。二、无分，以全体得理故，《大品》云：色前后际不可得。三、具分无分，二义无碍，是故具此二义，方是事故。四、俱非，以二义融故。以一切缘起不出理事，以事故非一，以理故非异。于无差之性，随有差之相，则性随相异，此是不异而异。于有分之事，随无分之理，则事随理一，此是不一而一。不一而一，方成其一。不异而异，方成其异。又，理事诸法，由不异方得不一。何者？若异，即妄有体，不依真立。不依真故，即不有妄。今有妄者，由不异故，得成不一。以妄无自体故，全依真成。明妄成故，与真不一。如波依水，由不异水，遂得成波。以成波故，与湿不一。又，不一方成不异，由有能依所依故，交彻不异。如有波故，说波即湿。由有湿故，说水即波。是故，一异无性，全体相收，不坏

大小之形，而成即入之势。以理事各无性故，互相成立。以事无定体故，长非长相，短非短相，既无长短，即不用坏。以即相无相故，所以长劫即短劫，短劫即长劫。以无相即相故，大尘入小尘，小尘入大尘。以即故理同，以入故事异。以理即事故，非异即是非一。以事即理故，非一即是非异。由非一即非异故，令此事法不离一处而全遍十方。由非异即非一故，全遍十方而不动一位。一无性理，自在义成。微细相容，无碍安立。

如上理事融通，非一非异，非有非无，不堕边邪，方能悟入。如理无分限，总曰无边。事有分限，故名有边。若依理成事，理性全隐，则无边即边。若会事归理，事相全尽，则边即无边。今则不尔，不失理而事现，云无边之边。不坏事而理显，云边之无边。若定言一异，非一非异，非非一非非异等，尽同戏论，不契真如。故《三无性论》：复次无戏论故，名为真实。无戏论者，于相等离一异虚妄故。乃至若真如与相等异，即有三过失：一者，此真如则非相等实体。二者，修观行则不依相等为方便，得通达真如。三者，觉真如已，则应未达相等诸法，不相关故也。若真如与相等是一，亦有三过：一者，真如既无差别，相等亦应无差别。二者，若见相等，即见真如。三者，若见真如不能清净，如见相等，则无有圣人，无得解脱，无有涅槃，世出世异。是故，由离一异等无戏论，故无变异。无变异故，即是真实性也。是知，非一非异，非有非空，此《宗镜》奥旨，自在圆融，谓欲一则一，欲异则异。欲存即存，欲泯便泯。异不碍一，泯不碍存，方为自在。常一常异，常存常泯，名为圆融。又，如弄珠铃之者，其珠不住空中,不落地上,不在手里。既不在三处,亦不住一处:不住空中,即喻不住空观。不落地上,即喻不住假观。不在手里,即喻不住中观。既不住三,亦不成一,则非一非三,而三而一,斯为妙矣。若未偶斯旨,所有见闻,皆堕断常,不成玄妙。若入宗镜,无往不真。昔所不知,而今得知。昔所不见,如今得见。如《大涅槃经》云:于一心中,则具足现五趣身。所以者何?以得如来《大涅槃经》之势力故。是则,名为昔所不得,而今得之。乃至于一念中,遍知六趣众生之心,是名菩萨昔所不知,而今得知。

宗镜录第三十九

宋 慧日永明妙圆正修智觉禅师延寿集

夫觉王明勅，大教指归，末法比丘须于四念处修道，其旨如何？

答：此出《大般涅槃经》最后垂示，总前教迹，同此指归，以四念处即是《宗镜》所明一切众生身受心法。如经云：佛告阿难：如汝所问，佛涅槃后依何住者，阿难，依四念处严心而住。观身性相，同于虚空，名身念处。观受不在内外，不住中间，名受念处。观心但有名字，名字性离，名心念处。观法不得善法，不得不善法，名法念处。阿难，一切行者应当依此四念处住。又云：譬如国王，安住己界，身心安乐。若在他界，则得众苦。一切众生，亦复如是，若能自住于己境界，则得安乐。若至他界，则遇恶魔，受诸苦恼。自境界者，谓四念处。他境界者，谓五欲也。《华手经》云：佛告跋陀婆罗：于尔时世，一切善人应作是念：我等当自依四念处。四念处者，于圣法中一切诸法皆名念处，何以故？一切诸法常住自性，无能坏故。一切诸法皆名念处者，故知，即法是心，即心是法，皆同一性，岂能坏乎？若有二法，则能相坏。《大宝积经》偈云：得无动处者，常住于无处。无动处者，则自心境界，此境界即无处所。如《金刚三昧经》云：心无边际，不见处所。《论》释云：心无边际者，归一心原，心体周遍。遍十方故无边,周三世故无际。虽周三世而无古今之殊,虽遍十方而无此彼之处,故言不见处所。《大法炬陀罗尼经》云:夫念处者,云何念义?当知是念无有违诤,随顺如法,趣向平等,远离邪念,无有移转及诸别异。唯是一心,入不动定。若能如是,名为念义。如天台智者,广述真诠,大小兼弘,教观双辩,末后唯说《观心论》章,意亦如是。亦如祖师马鸣菩萨,广释经造论,末后唯制一卷略论,名《大乘起信论》云:有摩诃衍能起大乘信根,立心真如、心生灭二门,总论一心,别开体用。若了此一心大旨,即是起一切众生大乘信根。若未信者,设经无量亿劫广大修行,不入祖佛正宗,皆是假名菩萨。以此一论之要义,总摄诸部之广文。以源摄流,有何不尽?亦是诸圣制作大意,亦是《宗镜》本怀。乃诸佛所知,群贤所证,众德所备,万行所弘,妙义所诠,究竟所趣。

此四念处,破八颠倒:一、不净中作净想,二、苦中作乐想,三、无常中作常想,四、无我中作我想。此是外道凡夫四倒。又,一、净中作不净想,二、乐中作苦想,三、常中作无常想,四、我中作无我想。此是二乘四倒,共成八倒。是以修四念处观,破八颠倒,于中而般涅槃,是十方诸佛出世本怀、究竟指归,秘密藏中,最后放舍身命之处,正当《宗镜》大旨、一心法门。《辅行记》云:四念处观者,一一念处,皆悉先明空假破倒,次以中道结成秘藏。自他俱满,义兼大小。言俱破者,既以中道显秘密藏,故四念处咸皆破倒。何者?以即空故,破常倒,义兼于小。以即假故,破无常倒,义兼于大。中道为正,故曰义兼大小。以即中故,双照大小,双非大小,即是双照双破八倒。三谛相即,兼无前后。破无次第,即破即立,即照即遮。四荣四枯者,《大涅槃经》云:东方双者,喻常无常。南方双者,喻乐无乐。西方双者,喻我无我。北方双者,喻净不净。四方各双,故名双树。方面皆悉一枯一荣,荣喻于常等,枯喻无常等。如来于中北首而卧,入般涅槃,表非枯非荣。荣即表假,枯即表空,即是于其空假中间而入秘藏。《后分经》云:东方一双,在于佛后。西方一双,在于佛前。南方一双,在于佛足。北方一双,在于佛首。入涅槃已,东西二双合为一树,南北二双亦合为一,二合皆悉垂覆如来。其树惨然,皆悉变白。常无常等,二即不二。常乐我净,遍覆法界故。二合垂覆如来,即是如来契于秘藏,亦是念处无非寂灭。白者,即是众色之本,常等称本故,名为变白。言北首者,《增一阿含》云:表于佛法久住北天。《长阿含》第四云:佛告阿难:安我头南首、面向北,则使佛法久住不灭。况涅槃终极,不表秘藏耶!然一代教门,凡诸所表,文义显著,莫过双树。以四念处,能为大小观行初门,是故尔也。殷勤遗嘱,意在于斯。

又,但凡夫谓身为净,言受是乐,执心是常,计法为我。由斯四倒而起贪爱无明,而有诸行乃至老死,苦集浩然。八万四千烦恼火,烧于五阴舍宅。故《法华经》云:四面俱时歘然火起,即喻四倒。若小乘观人,即观身不净,破于净倒。观受是苦,破于乐倒。观心无常,破于常倒。观法无我,破于我倒。是则由前迷心颠倒,谓身是常乐我净,故起贪爱诸烦恼。今既观知身是不净,乃至苦无常无我,则不起贪爱,无明行识乃至老死灭,则生死河倾,涅槃海满,即是竞共推排,争出火宅,到无畏处。为是因缘,劝为小行之人,令依念处修道也。大乘四念处者,观生死五阴之身,非枯非荣,即大寂定。《涅槃经》云:色解脱涅槃,乃至识解脱涅槃,若修此念处观,即是观一切六道众生,即是常乐我净大涅槃,具足佛之知见,如常不轻圆信成就。经云:施城中最下乞人,与难胜如来等。是则岂可分别是田非田、可施不可施耶?故念处观,即平等种了,若不修,则见生死涅槃有异,凡圣有殊:圣是敬田,即崇仰而施。凡是悲田,则厌贱而不舍。若入一心平等法界念处法门,则无分别。夫四念处者,念即观慧之心,处即智照之境,能所冥合,唯是一心。

今依天台四念处观,略明四教四念处四句分别者:若非苦非乐,结成生灭苦乐。乃至非我非无我,结成无我,是三藏意。若非苦非乐,结成无苦无乐之苦乐,属通教摄。《净名经》云:五受阴通达,空无所起。是苦义,结受念处观。如《大品》不净观,即是摩诃衍,皆不可得故,以是不净心观色,自念我身未脱是法,未免三界生,犹应受百千生死,故言未脱,引《广乘品》,成身念处观。诸法不生不灭,是无常义,结成心念处观。于我无我而不二,是无我义,结成法念处观,是通教意。若作非常非无常,结成常。非垢非净,结成净。非苦非乐,结成乐。非我无我,结成我,即成别教,常乐我净断惑,历别来证也。若作非垢非净,双照垢净。非苦非乐,双照苦乐。非常非无常,双照常无常。非我非无我,双照我无我,结成圆教,圆心修习,不断烦恼而入涅槃。又,前三教藏通别等,非今所用,是以略引。今重广引圆四念处文,助成后信四念处观,云四念处者,念是观慧。《大论》云:念想

智，皆一法异名：初录心名念，次习行名想，后成办名智。处者，境也，皆不离萨婆若。能观之智，照而常寂，名之为念。所观之境，寂而常照，名之为处。境寂智亦寂，智照境亦照。一相无相，无相一相，即是实相。实相即是一实谛，亦名虚空佛性，亦名大般涅槃。如是境智，无二无异。如如之境，即如如之智，智即是境。说智及智处，皆名为般若。亦例云：说处及处智，皆名为所谛。是非境之境而言为境，非智之智而名为智，亦名心寂三昧，亦名色寂三昧。亦是明心三昧，亦是明色三昧。《请观音经》云：身出大智光，如烧紫金山。《大涅槃经》云：光明者，即是智慧。《金光明经》云：不可思议智境，不可思议智照。此诸经皆明念只是处，处只是念。色心不二，二而不二，为化众生，假名二说耳。此之观慧，只观众生一念无明心，此心即是法性，为因缘所生，即空即假即中，一心三心，三心一心。此观亦名一切种智，此境亦名一圆谛。一谛三谛，三谛一谛。诸佛为此一大事因缘出现于世，欲令众生佛知见开，诸佛出世事足。《大涅槃经》云：王道夷坦。《无量义经》云：行大直道，无留难故。《法华经》云：具足道虽言三智，其实一心。为向人说，令易解故，而说为三。若教道，为言所断烦恼，如翻大地，河海俱覆。似崩大树，根枝悉倒。用此智断惑，亦复如是，通别尘沙无明，一时清净。无量功德，诸波罗蜜万行法门，具足无减。佛法秘藏，悉现在前。《大品经》云：诸法虽空，一心具足万行。《大涅槃经》云：发心毕竟二不别。《法华经》云：本末究竟等。等故，名妙觉平等道。当知此慧，即法界心灵之原，三世诸佛无上法母，以法常故，诸佛亦常。乐我净等，亦复如是，亦名宝所，亦名秘藏，佛及一切之所同归。前三藏隘路，不得并行。通教共禀共行共入，入不能深。别教纡回，历别遥远，即不能达。今此念处，旷若虚空，际于无际，犹如直绳直入西海，故名圆教四念处耳。张衡曰：翔鹍仰而不逮，况青鸟与黄雀？当知前三念处所不能及，唯圆念处孤飞独运，陵摩绛霄，无上、无等、无等等。竖无高盖，故言无上。横无俦例，故言无等。等等于十方三世诸佛，言无等等也。欲重说此义，更引天亲《唯识论》，唯是一识，复有分别识、无分别识。分别识者，是识识。无分别者，似尘识。一切法界，所有瓶衣车乘等，皆是无分别识。龙树云：四念处即摩诃衍，摩诃衍即四念处。一切法趣身念处，即是一性色，得有分别色、无分别色。分别色者，如言光明即是智慧是也。无分别色，即是法界，四大所成色皆是无分别等，是色心不二。彼既得作两识之名，此亦作两色之说：若色心相对，离色无心，离心无色。若不得作此分别色，无分别色，云何得作分别识、无分别识耶？若圆说者，亦得唯色唯声唯香唯味唯触唯识。若合论，一一法皆具足法界。诸法等，故般若等。内照既等，外化亦等。即是四，随逐物情有难易。《大智度论》云：一切法并空。何须更用十喻？答：空有二种：一难解空，二易解空。十喻是易解空，今以易解空，喻难解空。唯识意，亦如是，但约唯识，具一切法门，而众生有二种：一多著外色，二少著内识。如上界多著内识，下二界著外色多，著内识少，如学问人多得外解。若约唯识论者，破外向内，令观明白，法界法皆是一识：识空十法界空，识假十法界假，识中十法界亦中。专以内心，破一切法。若外观十法

界，即见内心。当知，若色若识，皆是唯识。若识若色，皆是唯色。今虽说色心两名，其实只一念无明法性，十界即是不可思议一心，具一切因缘所生法。一句，名为一念无明法性心。若广说四句成一偈：即因缘所生心，即空即假即中。故《般若经》云：受持一四句偈，与十方虚空等。《法华经》云：闻一偈，亦与菩提记。一句亦然，三句亦如是。今只观此一心，即不可思议，十界恒现前，入心地法门，故能不起寂场，现身八会。只是一句，一句中有无量，无量中只一句，是为不思议故。如心诸佛尔，如佛众生然，心佛与众生，是三无差别。诸佛解脱，当于众生心中求。众生心，亦于诸佛解脱中求，始是般若究竟，等未了者，一切法正、一切法邪，不以心分别，即一切法正。若以心分别，一切法邪。心起想即痴，无想即泥洹。此不思议非青黄赤白、方圆长短，无名无相，究竟寂灭，唯当心知，口不能说。若有因缘，善方便用四悉檀，亦可得说，为众生无量劫自性心，不为烦恼所染而染，难可了知。迷妄名染，染即覆心，不见净性，所以久处生死，不能返本还原。原实难解，二乘尚不闻其名，何况凡夫？今佛为作习因，如大通佛所系珠，至释迦时方成果实。令此种子渐渐积习，后遇声光，发此种子，转凡入圣，渐积功德，具足大悲心，皆已成佛道。若不尔者，无明覆法性，出十法界五阴，重迷积沓。若能超悟，起二乘五阴，乃至佛阴。《华严经》颂云：心如工画师，造种种五阴。一切世间中，无不由心造。诸阴只心作耳，观无明心毕竟无所有，而能出十界诸阴，此即不思议。如《法华经》云：一念梦心，行因得果。在一念眠中，无明心与法界性合，起无量烦恼，寻此烦恼，即得法性。

问:别圆俱作此譬,云何有异?

答:别则隔历,圆则一念具。如芥子含须弥山,故名不思议。一微尘中有大千经卷,智人开尘出经,是一念无明心有烦恼法、有智慧法。烦恼是恶尘善尘无记尘,开出法身般若解脱。《法华经》云:如是性相等,一界十界、百千法界,究竟皆等。今观此无明心从何而生?为从无明,为从法性,为共为离,若自若他,四皆叵得,名空解脱门。只观心性为有为无、为共为离、若常若断,四倒不可得,名无相解脱门。只此心性为真为缘、为共为离,非四句所作,名无作解脱门。无生而说生,是十法界性相也。无明性即是实性,亦言无明即是明,明亦不可得,是为入不二法门。但众生迷倒,不见心之无心,明成无明尔。又,《大涅槃经》云:其后不久,王复得病,医占王病,定应服乳。王者,八倒众生也。其后病者,初倒伏。后倒起,故言不久也。定服乳者,应授四荣之术也,正是今之念处意耳。又譬有人,以毒涂鼓众中打之,近者死,远者未死。后打毒鼓,近远俱死。初涂四枯,止枯分段,故言未死。今涂四荣,无明根断,故近远俱死,亦是今四念处意也。又云:如鸟出笼,才得离网。今二鸟俱飞,高翔远逝,去住自在,正是今四念处意也。又云:初枯生死,不能照明佛法,不能开悟众生。于佛法无功夫,于众生无利益,故言枯双树。今圆显佛法,大益众生。夫有心者,皆当作佛。八千声闻,得见佛性。如秋收冬藏,成大果实,故言四荣庄严双树。《大涅槃经》云:不令啾酒糟麦䴬,不与特牛同

共一群。不在高原,亦不下湿。下湿者,凡邪四倒也。高原者,偏曲四倒也。酒糟是愚痴,麦䴵是瞋恚,特牛是贪欲。选择中原,安处其子。《法华经》云:正直舍方便,但说无上道。又,诸佛法久后,要当说真实。真实者,非生死非涅槃,无邪无偏,无僻无倒。咄哉丈夫,示昔系珠!咄哉去来,宝处在近。是故,从本垂迹,与法身眷属,隐实杨权,藏高设下,共化众生,开示正道,内秘外现,开显令得入妙,正是此四念处也。所言四者,不可思议数也。一即无量,无量即一。一一皆是法界,三谛具足,摄一切法。出法界外,更无有法。法界无法界,具足法界。虽无法,具足诸法,是不思议数也。《华严》中云:一微尘具一切尘及一切法,于一念具一切念及一切法。尘即是色,念即是心,色心即念处之异名耳。《大品经》云:四念处即摩诃衍,摩诃衍即四念处者,于一念处,与三念处无二无别。一切法趣四念处,是趣不过。念处尚不可得,云何当有趣不趣?此亦不思议意同也。《普贤观经》云:观心无心,法不住法,名大忏悔。观心既然,观色亦尔。《大涅槃经》云:佛性者,亦一非一,非一非非一。亦一者,一切众生悉一乘故。非一者,说三乘故。非一非非一者,数非数不决定。是故当知,于四数不可决定,即不思议之四也。乃至若不依《宗镜》中四念处行道,设有智解修行,皆成外道。所以云:若无念慧,一切行法,皆非佛法,非行道人。皆空剃头,如放牧者。空著染衣,如木头幡。虽执钵锡,如病人乞具。虽读诵经书,如盲人诵赋。虽复礼拜,如碓上下。虽复兴造,媒衒客作。种树货易,沉沦生死,蚕茧自缠,无解脱期。舍身命财,但得名施,非波罗蜜。虽复持戒，不免鸡狗。虽复精进，精进无秀媚。虽复坐禅，如彼株杌。虽复知解，狂颠智慧。常在此岸，不到彼岸。不降爱见，不破取相，不得入道品，非贤圣位，不成四枯树，非波罗蜜。何以故？无念慧故，以念慧能破邪显正。《大涅槃经》云：旧医乳药，其实是毒，如虫食木，偶成字耳，是虫不知是字非字。更有新医，从远方来，晓八种术，谓四枯四荣，以新四枯，破其旧乳。《法华经》云：大火从四面而起。即斯意也。是以，八种异术，破八倒之迷途。一心妙门，入一乘之种智。

问：此平等法性一乘妙心，一切众生声闻缘觉菩萨诸佛，悉皆共禀，云何于异生界等，此一灵性念念处轮回。于声闻乘，同共一法中而不得此事？

答：如黄石中金，以福德炉火因缘成就。若大福人得金，中福人得银，下福人得铜。此亦如是，凡夫人唯得烦恼无明，声闻人但证无常生灭，唯佛菩萨究竟常乐涅槃。如《大集经》云：如然灯器，金则黄光，铜则赤光。其色虽异，灯无差别。法界亦尔，诸佛然之，智光无边。声闻然之，智光有边，而法界性实无差别。且心之一法，微妙幽玄，见有浅深，智分优劣，须凭广学以至法原。《法华经》云：其不习学者，不能晓了此。外书云：玉不琢，不成器。人不学，不知道。但坚志节，常闻未闻，熏修而观力转深，磨炼而行门益净。常起难遭之想，道业恒新。长怀庆幸之心，终无退转。所以《华严经》云：菩萨日夜，唯愿闻法，喜法乐法，依法随法，解法顺法，到法住法行法。菩萨如是勤求佛法，所有珍财,皆无悋惜,不见有物难得可重,但于能说佛法之人生难遭想。是故,菩萨于内外财,为求佛法,悉能舍施,无有恭敬而不能行,无有憍慢而不能舍,无有承事而不能作,无有勤苦而不能受。若闻一句未曾闻法生大欢喜,胜得三千大千世界满中珍宝。若闻一偈未闻正法生大欢喜,胜得转轮王位。若得一偈未曾闻法能净菩萨行,胜得帝释梵王位,住无量百千劫。若有人言:我有一句佛所说法,能净菩萨行,汝今若能入大火坑,受极大苦,当以相与。菩萨尔时作如是念:我以一句佛所说法净菩萨行故,假使三千大千世界大火满中,尚欲从于梵天之上投身而下,亲自受取,况小火坑而不能入?然我今者为求佛法,应受一切地狱众苦,何况人中诸小苦恼?菩萨如是发勤精进,求于佛法,如其所闻观察修行。此菩萨得闻法已,摄心安住,于空闲处作是思惟,如说修行,乃得佛法,非但口言而可清净。又,《普贤行愿品》颂云:智海广难量,不测反增谤。牛饮水成乳,蛇饮水成毒。智学成菩提,愚学为生死。如是不了知,斯由少学过。《大涅槃经》偈云:或有服甘露,伤命而早夭。或有服甘露,寿命得长存。或有服毒生,有缘服毒死。无碍智甘露,所谓大乘典。如是大乘典,亦名杂毒药。如酥醍醐等,及以诸石蜜。服消则为药,不消则为毒。方等亦如是,智者为甘露。愚不知佛性,服之则成毒。又如木中火性、乳中酪性,缘若未具,有亦同无。众生佛性,亦复如是,不学不知,非不成佛。如《金刚三昧经》云:地藏菩萨言:尊者,知有非实如阳焰水,知实非无如火性生。如是观者,是人智耶?《论》释曰:如经云:若说法有,一如焰水迷倒。若见于法无,如盲无日倒,故知实非无。非无之义，如火性生，谓如木中有火性，分析求之，不得火相，而实不无木中火性，钻而求之，火必现故。一心亦尔，分析诸相，不得心性，而实不无诸法中心，修道求之，一心显故。

是以，含识界中，从无始来，内为五阴所縻，外为六尘所梏，触途现境，寓目生情，如猕猴而五处俱黏，类翳痁而诸尘尽泊。所以见不超于色界，听不出于声尘，若投网之鱼，犹处笼之鸟。进退俱阻，如羝羊之触籓。惊惧齐临，似乳燕之巢幕。若能知尘是识，了物唯心，不为延促之所拘，岂令大小之所转？即能随缘应迹，赴感徇机，不动道场，分身法界，常在此而恒在彼，不居方而不离方。入此宗门，广大如是。会差别之迹，御平等之原，如金刚山纯现金光，似师子王师子围遶，犹摩梨山内尽出栴檀，若瞻卜林中唯闻香气，比须弥南面靡现杂形，如金沙大河无复回曲，同金刚之斧力欲拟皆空，等无翳之日光所临俱朗。如《入法界品》中，逝多林中所现境界。颂云：汝应观此逝多林，以佛威神广无际。一切庄严皆示现，十方法界悉充满。十方一切诸国土，无边品类大庄严。于其座等境界中，色像分明皆显现。又如慈行童女，毗卢遮那藏殿内，一一壁中、一一柱中、一一镜中、一一相中、一一形中、一一摩尼宝中、一一庄严具中、一一金铃中、一一宝树中、一一宝形像中、一一宝璎珞中，悉见法界一切如来，从初发心，修菩萨行，成满大愿，具足功德，成等正觉，转妙法轮，乃至示现入于涅槃。如是影像，靡不皆现，如净水中，普见虚空日月星宿所有众像。又如法宝髻长者宅中，得菩萨无量福德宝藏解脱门，其宅广博，十层八门。善财入已，次第观察，见最下层，施诸饮食。见第二层，施诸宝衣。见第三层，布施一切宝庄严具。乃至见第十层，一切如来充满其中。从初发心，修菩萨行，超出生死，成满大愿及神通力、净佛国土、道场众会、转正法轮，调伏众生，如是一切，悉使明见。释曰：逝多林之无际、遮那藏之显现、宝髻宅之广博，皆是不思议之心融摄无碍。十层则十波罗蜜，八门则八正道分，乃至一切庄严具中示现佛事，尽是一心法门体用周遍，重重显道，一一提宗。以昧之者不悟不明，以执之者为缘为对。如盲不见，非无五色之纹。似聋不闻，岂绝五音之响？又如，若逝多林里声闻不知，恒河水中饿鬼不见，皆是自业所障，非法隐藏。今劝未省之人，观听直入，犹谷中闻响终无异音，似镜里见形更非他质。分明可验，自绝思量。现证无疑，复谁前后？可谓圣远乎哉，体之即神。道远乎哉，触事而真矣。

问：既以真心为宗为本，如何辩其功能湛然常住，尽未来际？

答：此心法妙故，如神不可测，无依无住，非古非今。只是有而不可见闻，非是一向空寂。蕴无尽之妙用，不断不常；具莫测之灵通，非隐非显。古德云：因虽涅槃永寂，而智体不无不尔，将何穷未来际？故知，此之心神，凡圣之本，尽未来际，无有断绝。诸佛常正念此法，祖师唯的指此宗。斯乃无相之真，真何有尽。无为之道，道何有穷？如幽谷之风，相续而微声不断。若洪锺之响，随扣而清韵常生。《宝藏论》云：唯道无根，灵照常存。唯道无体，微妙恒真。唯道无事,古今同贵。唯道无心,万物圆备。释曰:夫有根则有住,住即入于闇室,如穿针不见天,拾针不见地。无根则无住,如日月光明,照见种种色,乃灵照常存矣。夫有体则差别质碍,无体则一性常通,乃微妙恒真矣。夫有事则为相所局,无事则心地坦然,乃古今同贵矣。夫有心则分别各取,无心则逆顺同归,乃万物圆备矣。既达此常住宗体,自然尽未来际不休息佛业,即是佛后普贤,纯是利他无始无终无尽之行。所以《宝性论》有《自然不休息佛业》,偈云:佛体如镜像,如彼瑠璃地。人非不有声,如天妙法鼓。非不作法事,如彼大云雨。非不作利益,而地非不生。种种诸种子,如梵天不动,而非不纯淑。如彼大日轮,非不破诸暗。如彼如意宝,而非不希有。犹如彼声响,非不因缘成。犹如彼虚空,非不为一切,众生作依止。犹如彼大地,而非不住持。一切种种物,以依彼大地。荷负诸世间,种种诸物故。依诸佛菩提,出世间妙法,成就诸白业。诸禅四无量,及以四空定。诸如来自然,常住诸世间,有如是诸业,一切非前后,作如是妙业。《无生义》云:若无有妙神一向空寂者,则不应有佛出世说法度人。故知,本地有妙神,不空不断。乃至师子吼言:佛性者,名第一义空。第一义空,名为智慧,智慧即是妙神。故云因灭是色,获得常住解脱之色。故知如中含有妙色,五阴常住不动。《神不灭》篇云:夫神者何耶?精极而为灵者也。精极则非封像之所图,故圣人以妙物而为言。虽有上智犹不能定,其体状穷其幽致。神也者,圆应无主,妙尽无名,感物而动,假数而行。感物而非物,故物化而不灭。假数而非数,故数尽而不穷。有情则可以物感,有识则可以

数求。数有精粗故其性各异，智有明昧故其照不同。推此而论，则知化以情感，神以化传。情为化之母，神为情之根。情有会物之道，神有冥移之功。但悟彻者反本，惑理者逐物耳。乃至或聚散于一化，不思神道有妙物之灵，而谓精粗同尽，不亦悲乎？如火之传于薪，犹神之传于形。深惑者，见形朽于一生，便以为神情俱丧，犹睹火穷于一木，谓终斯都尽耳。故知，缘谢形枯，真灵不坠，如薪尽火灭，火性常然。此缘虽灭于今生，彼缘复兴于异世。故《般若吟》云：百骸虽溃散，一物镇长灵。可谓真心湛然常住矣。如《华严经》云：知一切幻心所缘法无量故，佛子，如如意珠，随有所求，一切皆得，求者无尽，意皆满足，而珠势力终不匮止。菩萨摩诃萨，亦复如是，入此三昧，知心如幻，出生一切诸法境界，周遍无尽，不匮不息。何以故？菩萨摩诃萨，成就普贤无碍行智，观察无量广大幻境，犹如影像无增减故。佛子，譬如凡夫，各别生心，已生现生及以当生，无有边际，无断无尽，其心流转，相续不绝，不可思议。菩萨摩诃萨，亦复如是，入此普幻门三昧，无有边际，不可测量。何以故？了达普贤菩萨普幻门无量法故。佛子，譬如难陀摩那斯龙王及余大龙，降雨之时，滴如车轴，无有边际，虽如是雨，云终不尽，此是诸龙无作境界。又云：于一念中尽知一切心非心地境界之藏，于非心处示生于心，远离语言，安住知慧，同诸菩萨所行之行。以自在力示成佛道，尽未来际常无休息。一切世间众生劫数妄想言说之所建立，神通愿力悉能示现。释曰：尽知一切心非心地境界之藏者，识行于境，名之曰心。智行于境，名曰非心。故《楞伽经》云：得相者识，不得相者智。故知菩萨随顺妄缘，不舍世法，于方便中悉能示现，随增减劫，任长短缘，乘大愿风，相续不断，供佛利生，无有休息。如《华严论》云：十一地等觉位菩萨，以大慈悲心行，赴俗济生之门，表自出世道满，无更求解脱离染离净之心。但以乘法性船，张大慈悲帆，以大智为船师，顺本愿风，吹诸波罗蜜网，常游生死海，漉一切众生有著之鱼，安置无依普光明之智岸，常生一切幻住万行功德法界无碍宝堂，如下慈氏所居楼阁是。

宗镜录第四十

宋 慧日永明妙圆正修智觉禅师延寿集

夫真心无相,云何知有不空常住湛然之体?

答:以事验知,因用可辩。事能显理,用能彰体。如见波生,知有水体。《十八空论》云:不舍离空菩萨,修学此定,止为功德善根无尽。何以故?一切诸佛于无余涅槃中亦不舍功德善根门,有流果报已尽功德善根,本为化物,故恒有此用。如来虽入涅槃,犹随众生机缘,现应化两身导利含识,即是更起心义。故众生不尽,应化之用亦不尽。故言虽入无余,而不舍功德善根也。若二乘入灭,无更起心,以慈悲薄少,不化众生。若佛入无余,而更起心者,以诸佛菩萨三身利物无穷故,如来法身即是一切无流法之依处,故言不舍离功德也。所以得知涅槃之中,犹有法身者,以用证体。既睹应化之用不尽,故知此身之体,常自湛然,永无迁坏。如毗婆沙师说无涅槃、无有自相而可言无,何以故?为能显事用故。若不依涅槃,不成智慧。智慧不成,则烦恼不灭。涅槃既能生道,道能灭惑,即是涅槃家事。既见有事,则知应有体,故不得言无也。

问：有何胜义广集一心正宗，于末学进修，得疾入道不？

答：若以宗镜示人，直至道场，疾证菩提，更无迂曲。

《法华经》偈云：演畅实相义，开阐一乘法。广导诸众生，令速成菩提。如有颂云：行自境界中，获得所应得。行他境界中，如鱼堕陆地。是以，若行自境内，如同己物，取复何难？若行他境中，即不自在，如王失国，似鸟离空。足可知之，此是千圣入道之门、诸佛证真之路，若有入者，一入全真。博地凡夫，位齐诸佛。《法华经》云：乘此宝乘，直至道场，可谓顿入顿超，诸乘匪及。以三乘之人，不知诸尘唯是识，故执心外实有境界。凡夫二乘，虽有发心趣向解脱，而犹计有生死可厌，涅槃可欣，不了唯心道理。若知一切法唯是识量，舍彼事识外计分别，既了唯心，趣理速疾，异前渐悟，故《论》云：速趣涅槃。

又，凡夫二乘，不觉赖耶，但依分别事识资持力故，而发心修行，以不达本故，向大菩提疏而且远，故云渐也。菩萨既了赖耶本识，则依此识资持力故，而发心修行，以了本故，向大菩提亲而且近，故云速也。此《宗镜》中开示大意，唯论自心妙达，何待他文？为未荐者，假以文言示令亲悟，才闻便入，目击道存。故《止观》云：直闻其言，病即除愈。如经云：佛告菩提树神：过去有佛名曰宝胜，灭后有长者名曰持水，善知医方，救诸病苦。持水有子，名曰流水。是时国内，天降灾变，流水见已，自思惟言：我父年迈，不能至彼城邑聚落。便至父所，问医方已，因得了知一切方术，遍至城邑，作如是言：我是医师，我是医师，善知方药，疗治一切！一切众生,闻许治病,直闻是言,所患即除。此譬闻妙境得入初住。以不思议境本自圆成,长时显现,上根才览,直进无疑,不待举明,重加指示。如《华严·回向品》颂云:诸佛随宜所作业,无量无边等法界。智者能以一方便,一切了知无不尽。是以,若入此宗镜,己眼圆明,一一皆照自心,决定不从他学。法藏而全开身聚,智灯而高挂灵台。步步现无尽法门,念念成六波罗蜜。如《首楞严三昧经》云:佛告坚意菩萨:住首楞严三昧,六波罗蜜,世世自知,不从他学。举足下足,入息出息,念念常有六波罗蜜,何以故?坚意,如是菩萨身皆是法,行皆是法。坚意,譬如有王,若诸大臣,百千种香捣以为末,若有人来索中一种,不用余香共相熏杂。坚意,如是百千种众香末中,可得一种不杂余不?不也,世尊。坚意,是菩萨以一切波罗蜜熏身心故,于念念中常生六波罗蜜。坚意,菩萨云何于念念中生六波罗蜜?坚意,是菩萨一切悉舍,心无贪著,是檀波罗蜜。心善寂灭,毕竟无恶,是尸波罗蜜。知心尽相,于诸尘中而无所伤,是羼提波罗蜜。勤观择心,知心离相,是毗梨耶波罗蜜。毕竟善寂,调伏其心,是禅波罗蜜。观心知心,通达心相,是般若波罗蜜。坚意,菩萨住首楞严三昧如是法门,念念皆有六波罗蜜。

问:依此寂灭无为之道,即入绝学绝待之门,莫不沉空,成于断见不?

答:未入兹门,触途虚幻。待真立俗,对色明空。才证斯宗,万缘俱寂。如异色之鸟,投须弥而纯变金光。犹三十三天,入杂林而更无分别。是以,诸法无体,相待而成,皆无待而成待。若执有法互相待成,则不成待,以有自体各定,不假相待故。如《中观论》偈云:若法有待成,未成云何待?若成已有待,成已何用待?若法因待成,是法先未成。未成则无无,则云何有因待?若是法先已成,已成何用因待?是二俱不相因待。是知,未成已成,俱无有待。若悟入宗镜之时,了知虚空尚是幻生,岂更有法可为对待?如《首楞严经》云:若一人反真归原,此十方空一时消殒。《菩萨璎珞经》云:佛告天子:如吾昔求道,从无数劫分别本末,未能究尽一法定意。云何为一法?所谓无念也。菩萨得无念者,观一切法悉皆无形。天子,吾今成佛,由此一行,得成无上正真之道。既万法无形,对何称有?有既不有,曷得云常?空复何空,凭谁称断?若心外有法,即成断常。若法外无心,孰言空有?所以傅大士云:君不见,自心非断亦非常,普在诸方不入方。亦复不依前后际,又复非圆非短长。寂然无生亦无灭,非黑非白与青黄。虽复念虑知诸法,而实不住念中央。众生入而无所入,虽趣六境实无伤。智者分明了知此,是故号曰法中王。故《思益经》云:若有于法生见,则于其人佛不出世。世尊,若有决定见涅槃者,是人不度生死。所以者何?涅槃名为除灭诸相,远离一切动念戏论。是以若论成坏有空,皆徇世间名字,不出外道诸见,如狗逐块,岂达自宗?则知名字如块,真理如人。无明痴犬,逐名言块。种智师子,得理亡名。故知,言语从觉观生,息觉观则名言绝,言思绝则待绝亡。《中观论》疏云:尽不尽门者,若念念迁灭,灭无可成。若念念相续,续非始成。若念念迁灭,灭无始坏。若念念相续,续不可坏。故尽不尽,俱无成坏。又,诸法日夜中,念念常灭尽。过去如水流不住,是则名尽。是事不可取,不可说,如野马无决定性,云何可分别说有成?又,念念生灭,常相续不断,故名不尽,云何可分别说言今是成时?是故,尽亦无成,不尽亦无成。既无成,亦无坏。是以,一切诸法,尚无有成,云何说断?皆以实际为定量,则无有变异。

如经问:何等是真智慧?

答言:无变异相,如众生无变异相,真智慧亦无变异。又问:云何是众生相?答:假名字毕竟离,是众生相。如是相,则无变异。乃至如虚空无变异相,一切诸法亦无变异相。云何无变异?以无二故,亦无无二,方成真智。但云无有二,非是有无二。如《华严经》颂云:常于诸法不作二,亦复不作于不二。于二不二并皆离,知其悉是语言道。是知一切言语,皆从觉观而生,才有觉观,便形纹彩。发萠芽于境上,起兆眹于心中。心境对治,便为质碍。若入宗镜,自绝言思,妙旨潜通,了无所得。又,若一切修行趣佛乘人,但先得旨之后,方可以佛知见,治诸余习。以正定水,莹净禅支。用多闻慧,助生观力。乃至习诵熏修,万行严饰。若未入宗镜,不了自心,纵多闻习诵,俱不成就。如善星受持读诵十二部经,获得四禅,不达无生,返堕地狱。又如阿难多闻,不明实相,遭淫席所缚,为文殊所诃。应须先入正宗,后修福智,如瑠璃之含宝月,似摩尼之置高幢,方得通透无瑕,能雨众宝,自他兼利,岂虚构哉?又,此绝待无作真心,非是断空但空,若众生一切妄心、世间一切幻法,以情识分别不及,故目之为空。如洞山和尚偈云:世间尘事乱如毛,不向空门何处消。若待境缘除荡尽,古人那得喻芭蕉?庞居士偈云:识乐众生乐,缘绳妄走作。智乐菩萨乐,无绳亦无缚。若有发心者,直须学无作。莫道怕落空,得空亦不恶。见矿不识金,入炉始知错。黄蘗和尚云:无人敢入此门,恐畏落空,尽望涯而退。《证道歌》云:嗟末法,恶时代,众生薄福难调制。去圣远兮邪见深,魔强法弱多冤害。闻说如来顿教门,恨不灭除令瓦碎。作在心,殃在身,不须怨诉更尤人。欲得不招无间业,莫谤如来正法轮。

问:悟此心宗修行之人,得圆满普贤行不?

答:一切理智,无边行愿,皆不出普贤一毛孔。若实入此宗镜中,乃至凡圣之身一一毛孔,皆能圆满普贤之行。如《华严经》海幢比丘,入般若波罗蜜境界清净光明三昧,经行地侧,结加趺坐,入于三昧,离出入息,无别思觉,身安不动,从其身分出十法界身云一切供具,雨无量法雨等。又如善见比丘,告善财言:我经行时,一念中一切十方,皆悉现前,智慧清净故。一念中一切世界,皆悉现前,经过不可说不可说世界故。又如喜目观察众生夜神,入大势力普喜幢解脱门,于其身上一一毛孔出无量种变化身云,随其所应,以妙言音而为说法,普摄无量一切众生,皆令欢喜而得利益。又如善财重观普贤一一身分、一一毛孔,悉有三千大千世界风轮水轮、地轮火轮、大海江河及诸宝山、须弥铁围、村营城邑、宫殿园苑、一切地狱饿鬼畜生、阎罗王界、天龙八部、人与非人、欲界色界、无色界处、日月星宿、风云雷电、昼夜月时及以年劫,诸佛出世、菩萨众会、道场庄严,如是等事,悉皆明见。如见此世界，十方所有一切世界，悉如是见。如见现在十方世界，前际后际一切世界，亦如是见，各各差别，不相杂乱。如说海幢身分之上，善见一念之中，普贤毛孔之内，尽十方法界虚空界、所有一切凡圣境界、净秽国土，靡所不现。可证宗镜无外，无法不含。如卷大海之波澜，收归一滴。犹撮十方之刹土，指在一尘。如古德云：以遮那之境界，众妙之玄门，知识说之而不穷，善财酌之而不竭，文殊体之而寂寂，普贤证之以重重。何者？以文殊是自心如理之体，体常湛然。以普贤是自心如量之用，用周法界。所以《宝性论》明，有二种修行：一、如实修行，了如理一味。二、遍满修行，备知一心有恒沙法界。

是以，悟此真如无尽之心，成得普贤无尽之行。亦云梵行已立，已事已办。如不了此而妄有所修，非唯不具普贤行门，乃至三归五戒等一切修进之门，悉不成就，以不达本故。所以《法华经》云：若不能得见闻读诵书持供养是《法华经》者，当知是人未善行菩萨道。以自他所隔，但为爱见之心。未达一乘，岂成同体之行？又云：此经难持，若暂持者，我则欢喜。诸佛亦然，如是之人，诸佛所叹。是则勇猛，是则精进，是名持戒行头陀者，则为疾得无上佛道。

故知，见性修行，性周万行。如《华严经》云：菩萨行即如来性，如来性即菩萨行。若明见此旨，方称圆修。权教罔思，下位天隔。赞一念随喜，福尚无量，何况正念修行，为人开示？所以《文句》疏释：一念随喜者，自未有行，但随喜法及人，功报尚多，况行到耶？随喜心有二：若闻开权显实，即于一念心中解非权非实之理，信佛知见，又双解权实，事理圆融，虽具烦恼性，能知如来秘密之藏，此即竖论随喜。又，若闻开权显实之意，即于一心广解一切心，又一切法皆是佛法，无有障碍，若欲分别，辩说无穷，月四月至岁，旋转不尽，虽未得真随喜心，能如此解。法既如此，人亦如是。此约横论随喜，即横而竖，即竖而横故。《大涅槃经》云：宁愿少闻，多解义味。即此意也。故知，才闻一心，能生随喜，则洞了诸法，无有遗余。可谓一闻千悟，得大总持，于凡夫心能生圆信，格量功德，唯佛方知。若外道得五通者，能移山竭海而不伏见爱，不及暖法人。二乘无学，子果俱脱，犹被涅槃缚，不知其因果俱权。通教人修因虽巧，发心不识五百由旬，得果止除四住。别人虽胜二乘，修因则偏，其门又拙，非佛所赞，皆不及初随喜一念圆信之人。又，《止观》云：能如是入唯心观者，则具一切法门，该括周备，规矩初心，送行人到彼萨云盖。如来积劫之所勤求、道场之所妙悟，正在兹乎？故知，万途虽别，一性无差。若未归此自心之性，终非究竟。凡有所作，心境不亡，皆堕轮回，不入真实。如《大智度论》云：复次如水性下流故，会归于海，合为一味，诸法亦如是，一切总相别相，皆归法性，同为一相，是名为法性。如金刚在山顶，渐渐穿下至金刚地际，到自性乃止，诸法亦如是，智慧分别推求，已到如中，从如入自性，如无本末生灭诸法戏论，是名为法性。又如犊子周章鸣唤，得母乃止，诸法亦如是，种种别异，取舍不同，得到自性乃止，无复过处，是名法性。如一切菩萨求道修行，若未到宗镜，心终不止。所以《宗镜》略有二意：一为顿悟知宗，二为圆修办事。如《首楞严经》云：佛责阿难言：非汝历劫辛勤证修，虽复忆持十方如来十二部经清净妙理,如恒河沙,只益戏论。汝虽谈说因缘自然,决定明了,人间称汝多闻第一,以此积劫多闻熏习,不能免离摩登伽难,何须待我佛顶神咒,摩登伽心淫火顿歇,得阿那含,于我法中成精进林,爱河干枯,令汝解脱?是故阿难,汝虽历劫忆持如来秘密妙严,不如一日修无漏业,远离世间憎爱二苦。如摩登伽宿为淫女,由神咒力消其爱欲,法中今名性比丘尼,与罗睺母耶输陀罗,同悟宿因,知历世因贪欲为苦,一念熏修无漏善故,或得出缠,或蒙授记,如何自欺,尚留观听?乃至阿难等既开悟后,重请妙修行路,如经云:世尊,我今虽承如是法音,知如来藏妙觉明心遍十方界,含育如来十方国土、清净宝严、妙觉王刹,如来复责多闻无功、不逮修习,我今犹如旅泊之人,忽蒙天王赐以华屋,虽获大宅,要因门入,唯愿如来不舍大悲,示我在会诸蒙闇者,捐舍小乘,毕获如来无余涅槃本发心路。乃至佛告阿难:汝等若欲捐舍声闻,修菩萨乘,入佛知见,应当审观因地发心,与果地觉为同为异。阿难,若于因地以生灭心为本修因,而求佛乘不生不灭,无有是处。以是义故,汝当照明诸器世间可作之法,皆从变灭。阿难,汝观世间可作之法,谁为不坏?然终不闻烂坏虚空。何以故?空非可作,由是始终无坏灭故。释曰:详夫诸大乘经,祖佛正意,凡从今日去绍佛乘人,先须得本,悟自真心不生不灭为因,然后以无生之旨遍治一切。所以《华严论》云:若有习气,还以佛知见治之。若不入佛知见,设有修行,但成折伏,终不能入诸佛驶水之流。如《法华》明,开示悟入佛之知见,只是于众生心中而论开示,以佛知见,蕴在众生心故。若宗门中,从上亦云先须知有，然后保任。又云：头尾须得相称，不可理行有阙，心口相违，入我宗中无有是处。若未悟自心无生之理，唯以生灭心为因，欲求无生之果，如蒸砂作饭，种苦求甘，因果不同，体用俱失。邪修妄习，犹九十六种，捏目生华，趣寂执权。似三乘道人，劳神费力。若入宗镜，理行俱圆，可谓二见之良医，释真之皎日矣。故《大涅槃经》云：譬如雾露，势虽欲住，不过日出。日既出已，消灭无余。善男子，是诸众生所有恶业，亦复如是，住世势力，不过得见大涅槃日。是日既出，悉能除灭一切恶业。

夫未遇宗镜正法之日，一心实智之海，归前所有一切修行三昧诸行，皆是无常，不成上善，以未究竟故。如经云：佛言：善男子，虽修一切契经诸定，未闻如是《大涅槃经》，咸言一切悉是无常。闻是经已，虽有烦恼，如无烦恼，即能利益一切人天。何以故？晓了己身有佛性故，是名为常。复次善男子，譬如众流，皆归于海。一切契经诸定三昧，皆归大乘《大涅槃经》。何以故？究竟善说有佛性故。所以才知有佛性，自然解行相应，如结网而终是取鱼，裹粮而必须前进。如云：若唯解而无行，同沙井之非润。专虚而不实，似空云而无雨。是以此录，全为修习菩萨道，圆满普贤门，遂乃广集了义金文、先德遗旨，皆令信顺，与道相应，该括始终，自他兼利。以真如一心，性无尽故，法尔如是顺性而行，无有匮息，自然圆满一切智慧、一切慈悲、一切三昧、一切神通、一切行愿、一切因果、一切理事、一切权实、一切行布、一切圆融。所以《华严论》云：经明法云地菩萨，随心念力，广大微细，自他相入，一多大小互参，神通德用自在，皆随自心念

所成故。如一切众生作用境界,皆是自心执业所成。人天地狱畜生饿鬼善恶等报果,一依心造。如此十地菩萨,以无作法身大智之力,随所心念,莫不十方一时自在,皆悉知见。以普光明智为体,为智体无依,称性遍周法界,与虚空量等,周满十方世界:以无性智,大用随念。以不忘失智,随念皆成。以具总别同异,成坏俱作。以广狭大小自在智,化通无碍。以与一切众生同体智,能变一切众生境界,纯为净土之刹。以自他无二智,一身而作多身、多身而作一身。以法身无大小离量之智,能以毛孔广容佛刹。以等虚空无边无方之智,而一念现生,满十方而无去来。以如响智,而能响应对现,等众生应形。以是具足圆满福德智,而恒居妙刹,常与一切众生同居,若非圣所加持力,而众生不见。如《华严经》云:佛子,譬如有人,以摩尼宝置色衣中,其摩尼宝虽同衣色,不舍自性。菩萨摩诃萨,亦复如是,成就知慧以为心宝,观一切智普皆明现,然不舍于菩萨诸行。何以故?菩萨摩诃萨发大誓愿,利益一切众生,度脱一切众生,承事一切诸佛,严净一切世界,安慰众生深入法海,为净众生界现大自在,给施众生普照世间,入于无边幻化法门,不退不转,无疲无厌。佛子,譬如虚空,持众世界,若成若住,无厌无倦,无羸无朽,无散无坏,无变无异,无有差别,不舍自性。何以故?虚空自性,法应尔故。菩萨摩诃萨,亦复如是,立无量大愿,度一切众生,心无厌倦。乃至佛子,菩萨摩诃萨以此开示一切如来无差别性,此是无碍方便之门,此能出生菩萨众会,此法唯是三昧境界,此能勇进入萨婆若,此能开显诸三昧门,此能无碍普入诸刹,此能调伏一切众生,此能住于无众生际,此能开示一切佛法,此于境界皆无所得。虽一切时演说开示而恒远离妄想分别,虽知诸法皆无所作而能示现一切作业,虽知诸佛无有二相而能显示一切诸佛,虽知无色而演说诸色,虽知无受而演说诸受,虽知无想而演说诸想,虽知无行而演说诸行,虽知无识而演说诸识,恒以法轮开示一切。虽知法无生而常转法轮,虽知法无差别而说诸差别门,虽知诸法无有生灭而说一切生灭之相,虽知诸法无粗无细而说诸法粗细之相,虽知诸法无上中下而能宣说最上之法,虽知诸法不可言说而能演说清净言词,虽知诸法无内无外而说一切内外诸法,虽知诸法不可了知而说种种智慧观察,虽知诸法无有真实而说出离真实之道,虽知诸法毕竟无尽而能演说尽诸有漏,虽知诸法无违无诤然亦不无自他差别,虽知诸法毕竟无师而常尊敬一切师长,虽知诸法不由他悟而常尊敬诸善知识,虽知法无转而转法轮,虽知法无起而示诸因缘,虽知诸法无有前际而广说过去,虽知诸法无有后际而广说未来,虽知诸法无有中际而广说现在,虽知诸法无有作者而说诸作业,虽知诸法无有因缘而说诸集因,虽知诸法无有等比而说平等不平等道,虽知诸法无有言说而决定说三世之法,虽知诸法无有所依而说依善法而得出离,虽知法无身而广说法身,虽知三世诸佛无边而能演说唯有一佛,虽知法无色而现种种色,虽知法无见而广说诸见,虽知法无相而说种种相,虽知诸法无有境界而广宣说智慧境界,虽知诸法无有差别而说行果种种差别,虽知诸法无有出离而说清净诸出离行,虽知诸法本来常住而说一切诸流转法,虽知诸法无有照明而恒广说照明之法。释曰:譬如虚空，持众世界，若成若住，无厌无倦者，以普贤智了一切法皆如虚空性故，虚空之性即凡圣身。只为众生不了，迷为生死，变作根尘，菩萨故能对现色身，随应说法，故云普贤身相如虚空。又偈云：心闻洞十方，生于大因力。又偈云：空生大觉中，如海一沤发。是知，若法若行，皆我之心性，犹如虚空，岂有厌倦乎？若不了一切法同虚空性，执有前境相状可观，随相发心，缘尘起行，不达同体之旨，悉堕有为，尽成爱见之悲，终成厌倦。若依《宗镜》，如说修行，所有一毫之功，毕趣菩提之果。是以无缘之缘，显无化之化，谓众生真心称理，不可得故。若无缘，即无所化。若真心随缘，不坏缘起，则亦有所化。如是则非真流之行，无以契真。非起行之真，不从行显。良以体融行而因圆，行该真而果满。理行兼备，因果同时，圆解圆修，方成宗镜。又此普贤之行，全是佛智，佛智即是真心。如《华严经》颂云：佛智广大同虚空，普遍一切众生心。悉了世间诸妄想，不起种种异分别。则全佛智是众生心，世间妄想皆从众生心变。能变之心，既是佛智。所变之境，岂成实耶？则了世间妄想皆空，终不起于异见分别，谓凡谓圣、谓有谓无等。

又，了世间妄想，即如量智。不起异分别，即如理智。如量观俗，如理了真。又，即体之相包含，是如量智。即相之体一味，是如理智。若理量双消，方冥佛智。是以，若欲真俗双照，因果俱圆，不出如理、如量之二智。如《佛性论》云：此理量二智，有二种相：一者无著，二者无碍。言无著者，见众生界自性清净，名为无著，是如理智相。无碍者，能通达观无量无边境界故，是名无碍，是如量智相。又，此二智,有二义:如理智为因,如量智为果。言如理为因者,能作生死及涅槃因。如量为果者,由此理故,知于如来真俗等法,具足成就。又,如理智者是清净因,如量智者是圆满因。清净因者,由如理智,三惑灭尽。圆满因者,由如量智,三德圆满。故知成佛皆由二智,如理智者,即一心之体为因。如量智者,即一心之用为果。所以体用相即,因果同时,初后卷舒,悉于一心圆满。乃至法界显于尘内,宝刹现于毛端,皆是如理智中如量境界。若但证如理之旨,普贤大用不得现前。若唯行如量之宗,文殊正智不能究竟,具此二门,方明宗镜。所以善财一生,能办多劫之行。古释云:善财既因毗目仙人善友力,瞬息之间。或有佛所,见经不可说不可说佛刹微尘数劫修行不倦,何得一生不经多劫?仙人之力,长短自在故。如世王质,遇仙之碁,令斧柯烂,三岁尚谓食顷。既能以长为短,亦能以短为长,如周穆随于幻人,虽经多年,实唯瞬息。故不应以长短之时、广狭之处,定其旨也。故知,随心转变,不定长短,心长则长,心短即短。延促是心,非于时分。一切万法,皆是心成,离心计度,皆失宗旨。

宗镜录第四十一

宋 慧日永明妙圆正修智觉禅师延寿集

夫此宗如何投凑,即得相应?

答:向之即背,近之即离。取而复失,急而复迟。千圣拱手而无计校,一门深入而忘觉知。此是心中自证法门,非待问答而得。如《法华经》偈云:我意难可测,亦无能问者。无问而自说,称叹所行道。所以先德云:诸祖共传诸佛清净自觉圣智真如妙心,不同世间文字所得。若有悟斯真实法性,此人则能了知三世诸佛,及一切众生同一法界,本来平等,常恒不变。先曹山和尚偈云:从缘荐得相应疾,就体消机道却迟。瞥起本来无处所,吾师暂说不思议。故知,千圣皆目此一念心起时了不可得,是真不思议,离此决定别无殊胜。如是了者,岂非疾乎!何待消融,方能见道?若不直见其事,欲以意解情求,如将兔角之弓,驾龟毛之箭。以无手之者,拟射碎须弥之山。似倾压沙之油,点无烟之火。贮漏卮之内,欲照破铁围之闇。徒役狂心,无有是处。

故《思益经》云问:以何法修道?答言:不以见闻觉知法,不以得,不以证,于一切法无相无示,名为修道。《华严疏》云:顿教者,总不说法相,唯辩真性,无有八识差别之相者,释云:八识心王尚无差别,况心所变岂当有耶?心生则种种法生,心灭则种种法灭。故《起信论》云:一切诸法,唯依妄念而有差别。若离心念,则无一切境界之相。是故,一切法从本已来,离言说相,离名字相,离心缘相,毕竟平等,无有变异,唯是一心,故名真如。以一切言说,假名无实,但随妄念,不可得故。所以疏云:一切所有,唯是妄想。一切法界,唯是绝言。故《起信论》云:言真如者,亦无有相。谓言说之极,因言遣言,此真如体无有可遣,以一切法悉皆真故,亦无可立。以一切法皆同如故,当知一切法,不可说不可念,故名真如。以一切法性皆离言故,亦通四种法界,皆不可说。名无得物之功,物无当名之实。理本无言,故事理交彻,不可作事理说。事事相即,不可作一多说。如《楞伽》虽明五法,名、相、妄想、正智、如如,五皆空寂。何者?谓迷如以成名相,妄想是生。悟名相之本如,妄便称智,则无名相妄想,唯如智矣。智因如立,智体亦空。如假智明,本来常寂,故并空矣。况八识约事皆缘生性空,因有我法说二无我,我尚叵得,无我宁存?故《中论》偈云:诸佛或说我,或说于无我。诸法实相中,无我无非我。故双遣也。疏云诃教劝离、毁相泯心者,诃教者,谓以心传心,不在文字故。劝离者,令离法。法虽无量,不出色心。离心心如,离色色如,故令皆离,则契心体离念矣。毁相约境,凡所有相,皆是虚妄故。泯心约智,了境相空,假称为智,相既不有,智岂有真?心境两亡,则皆泯绝,心无心相,即是安心,故说生心即妄,不生即佛。言生心者,非但生于余心。纵生菩提涅槃,观心见性,亦曰生心,并为妄想。念相都寂,方曰不生。寂照现前,岂不名佛?故达摩碑云:心有也,旷劫而滞凡夫。心无也,刹那而登正觉。言心无者,非了心空,不生于了耳。

故韦侍御问仰山和尚了心之旨。答云：若欲了心，无心可了。无了之了，是为真了。《华严经》颂云：一切法不生，一切法不灭。若能如是解，诸佛常现前。言如是解者，如不生解而无解相，非谓空解于不生耳。疏云：无佛无不佛、无生无不生者，重拂前迹。为迷众生，言即心即佛，既无众生，何曾有佛？故经偈云：平等真法界，无佛无众生。执佛言无佛，非谓是无佛。故云无不佛矣。则遣之又遣之，若少有所得，皆是妄想。故《佛藏经》云：于法少有所得，则与佛诤者。与佛诤者，皆入邪道，非我弟子。又，只詺无佛以为真佛，故言无不佛耳。故经颂云：性空即是佛，不可得思量。若有生心，生心是妄，故说不生。佛尚不有，何有无生？作无生解，还被无生之所缠缚，故云无不生矣。又，一切法不生则般若生，故云无不生矣。则生与不生，反复相违，亦反复相成。唯亡言者可与道合，虚怀者可与理通矣。若亡言则止止不须说，岂强起言端乎？若虚怀则我法妙难思，宁妄生知解乎？

又，夫入宗镜，法尔亡言，非智所知，唯信所及。如赞般若偈云：若人见般若，论义心皆绝。犹如日出时，朝露一时失。故祖师云：论即不义，义即不论。若欲论义，终非义论。昔梁武帝，于华林园重云殿，集四部众，自讲《三慧般若经》。时傅大士在会，太子遣问：大士何不论义？答曰：皇帝菩萨所说，非长非短，非广非狭，非有边，非无边。如如正理，复有何言？刘中丞又问：大士何不往复？众所愿闻。答曰：日月停景，四时和适。

又，中天竺有出家外道马鸣，世智辩才，善通言论。唱言：若诸比丘能与我论义者，可打揵搥。如其不能，不足公鸣揵搥，受人供养。时长老胁到彼国言：但鸣揵搥，设彼来者，吾自对之。即鸣揵搥，外道即问：今日何故打此木耶？答言：北方有长老沙门来鸣揵搥。外道问言：欲论义耶？答言：然。于是广备论场，大众云集乃至。长老胁言：吾既年迈，故从远来，又先在此坐，理应先语。外道言：亦可尔耳，现汝所说，吾尽当破。长老胁即言：当今天下泰平，大王长寿，国土丰乐，无诸灾患。外道默然，不知所言论法，无对，即堕负处。伏为弟子，剃除须发，度为沙弥，受具足戒。

又，有学人请忠国师和尚立义，师云：立了也。学人罔措，被师喝出：非公境界！故知，若入宗镜，玄鉴豁然。如临镜中，自见面像，见即便见，更俟发言耶？所以《月上女经》云：时舍利弗复问女言：众生界者，复有几许？其女报言：如彼过去未来现在诸佛境界。舍利弗言：若如此者，汝说何事，是何解释？其女报言：依尊者问，我还依答。时舍利弗复问女言：我问何义？其女答言：问文字也。舍利弗言：彼文字灭，无有足迹。其女答言：尊者舍利弗，如是灭相，一切法中如有问者、如有答者，二俱灭相不可得也。《华手经》云：佛告跋陀婆罗：善哉善哉，如汝所说，如来道场所得法者，是法非法，亦非非法。我于此，智不能行，目不能见，无有行处，慧所不通，明不能了，问无有答。于此法中，无受无取，无垢无净。若我说是自所得法，若以行相行是法者，则皆迷闷。《佛藏经》云：佛言：舍利弗，于圣法中计得寂灭，皆堕邪见，何况言说，何况说者？如是空法，以何可说？舍利弗，佛何以故，说诸语言皆名为邪？不能通达一切法者，是则皆为言说所覆。是故，如来知诸语言皆为是邪，乃至少有言语不得其实。舍利弗，诸佛阿耨多罗三藐三菩提，皆无想无念。何以故？如来于法，不得体性，亦不得念。《大法炬陀罗尼经》云：佛告毗舍佉：应当先为说彼六波罗蜜，次第修已，然后为说空解脱门。若为众生说此空法，或有得闻，或有思惟，或能证者，是亦不应但有言说。何以故？如是空法，不可惟以心想知故。若彼空法但以心想能证知者，一切众生未修道时，亦应即是阿罗汉也。毗舍佉，彼空法者，亦不可说相貌形体。若可说者，则是作相。若有作相，则有愿求。若有愿求，则是三世。何以故？毗舍佉，无相法中，一切三世皆不可得。所以者何？过去未来现在等事皆寂灭故，云何起愿？复次应观是色，作无相想。云何观色作无相想？当知此色，生灭轮转，念念不停。毗舍佉，如是色相，不可眼见，当知彼是心识境界，唯意所知，是故不可以眼得见。毗舍佉，一切众生所有心意不可言说，唯佛智知。虽可虑知，而不可见。念念不住，犹如幻化，云何可取而可得见？如是毗舍佉，不可以彼众生心识，取心真相。既不可取，云何可说？何以故？以爱憎事违平等故。毗舍佉，若欲灭除爱憎想者，当勤精进，观一切法悉皆空寂，无有取著。

问：岂无今时学路，何乃顿断方便之门？

答：中下之机，不无学路。童蒙之训，岂断今时？故《楞伽经》云：宗通为菩萨，说通为童蒙。助观之门，深有利益。若一向背己徇文，执学而办，则对木人而待语，期石女以生儿，空历尘沙，终无得理。设尔外学得成，皆非真实。如云写月非真月，图龙失本龙。如今若要真成，但能净意内观，则了然寂现，犹临明镜，自见其形。若以见闻妄求，如捞水月，岂有得时？所以《真觉歌》云：净五眼，得五力，唯证乃知难可测。镜里看形见不难，水中捉月争拈得？盘山和尚云：向上一路，千圣不传。学者劳形，如猿捉月。庞居士偈云：行学非真道，徒劳神与躯。千生寻水月，终是枉功夫。

问：如何即是？

答：是则第二头，非则第三手。心智路绝，限量情消。所以《文殊般若经》云：不可解者即般若，般若非可解、非不可解。《肇论》云：玄道在于绝域，故不得以得之。妙智存乎物外，故不知以知之。大象隐于无形，故不见以见之。大音匿于希声，故不闻以闻之。唯信入之时自然洞鉴，若洞彻圆明了达之际尚不因于心念，何况就他人而求自法，取彼眼而作圆通？数宝终不济贫，说食焉能得饱？但自亲到，顿入绝学之门。唯在发明，方达无为之旨。若能如是如是入理思惟，则能如是如是了然显现，自然二际冥合，物我无差，契万境以虚玄，同一心之憺怕，皆依空而立，抱一而生。是以，云融曳而缓清霄，山幽隐而闲绿野，乔松倚岩而自长，修竹拂径而长新。内则襟怀憺然，外则道性常尔。故《心要笺》云：若一念不生，则前后际断，照体独立，物我皆如，直造心原，无知无得，不取不舍，无对无修。然迷悟更依，真妄相待。若求真去妄，似弃影劳形。若体妄即真，似处阴灭影。故无心于忘照，则万累都捐。若任运以寂知，则众行爰起。放旷任其去住，静鉴觉其源流。语默不失玄微，动静未离法界。《灵叟吟》云：我欲学菩提，输他释迦先。我欲学阐提，落他调达后。不涉二家风,未免中途走。设使总不是,凭何而开口?开口不开口,切忌犯灵叟。若会个中意,望南观北斗。傅大士颂云:人道行路难,我道行路易。入山数载余,长伸两脚睡。行路易,路易莫思量。刹那心不异,何处不天堂?如上虽广引先达诚言,才入宗镜之中,法尔言思道断,识智齐泯,胜负俱亡,四辩莫穷,群贤罔测。故《净名私记》云:净名默然,从前已来,至此究竟,实智满足。亦如善财值弥勒入楼观,方得究竟。今默无言,即楼观体。《大集经》云:光明寂静无诤,三句法竟,释迦默然而住,与今无异。又如西天韵陀山中,有一罗汉名富楼那,马鸣往见,端坐林中,志气眇然,若不可测。神色谦退,似而可屈。遂与言曰:沙门说之,敢有所明,要必屈汝,我若不胜,便刎颈相谢。沙门默然,容无负色,亦无胜颜。扣之数四,曾无应情。马鸣退自思惟:我负矣,彼胜矣。彼安无言,故无可屈。吾以言之,虽知言者可屈,自吾未免于言,真可愧矣。遂投出家。

问:若如上说,道体自然,则祖佛何烦出世?

答:古教云:不得一法,疾与授记。祖师云:不得一法,号曰传心。了烦恼性空,即佛出世。故经云:贪瞋痴出,即是佛出。但令众生绝凡圣之清,无出没之相,闲居静住,无所施为。达斯法门,是真佛出。说如斯事,是真实慈。

问:既无心念,木石何殊。又绝见闻,如何觉悟?

答:只谓强觉妄知而能障道,唯当脱粘内伏,发自灵知,根尘既消,光明顿发。《释摩诃衍论》云:以一切法本来唯心，实无于念者，即是自宗正理。所谓法性，从无始来，唯是一心，无一法而非心故，而有妄心不觉起念见诸境界，故说无明。若一心之性寂灭无起，即是本觉慧明。如《论》云：心性无起，即是大智慧光明义。

又，妄心起见，一向唯转虚妄境中，不能通达真实境界。所以者何？真伪相违，不契当故。如《论》云：若心起见，则有不见之相。真实知见，离能所之边见。如《论》云：心体若离见，即是遍照法界义。

又，若心有动转相，即是无明熏习气。故心性寂静，无有喧动，正直无有颠倒之解，即是实智之照。如《论》云：若心有动，非真识知。若一心有动转相，更有前境可缘者，能见之心、所见之境二差别故，本觉功德则不圆满。而本性德，虽过恒沙，唯一心量，终无二体。所以者何？如是诸德，悉皆各各不分其体，于一法界，其量等故。《首楞严经》云：佛告阿难：如是六根，由彼觉明，有明明觉。失彼精了，粘妄发光。是以，汝今离暗离明，无有见体。离动离静，元无听质。无通无塞，嗅性不生。非变非恬，尝无所出。不离不合，觉触本无。无灭无生，了知安寄。汝但不循动静、合离、恬变、通塞、生灭、暗明，如是十二诸有为相，随拔一根，脱粘内伏，伏归元真，发本明耀。耀性发明，诸余五粘应拔圆脱，不由前尘所起知见。明不循根，寄根明发，由是六根，互相为用。阿难，汝岂不知，今此会中，阿那律陀无目而见、跋难陀龙无耳而听、殑伽神女非鼻闻香、骄梵钵提异舌知味、舜若多神无身有触？如来光中，映令暂现，既为风质，其体元无，诸灭尽定，得寂声闻。如此会中摩诃迦叶，久灭意根，圆明了知,不因心念。阿难,今汝诸根,若圆拔已,内莹发光,如是浮尘及器世间诸变化相,如汤消火,应念化成无上知觉。阿难,如彼世人,聚见于眼,若令急合,暗相现前,六根黯然,头足相类。彼人以手循体外绕,彼虽不见,头足一辩,知觉是同,缘见因明,暗成无见。不明自发,则诸暗相永不能昏。根尘既消,云何觉明不成圆妙?

问:如上所说,并约大根,如初日照高山,駚马见鞭影。若中机下品,不可孤然未入之人,以何方便?

答:亦须自省,开发信心。若未发时,直须静虑,以时研究,永断攀缘,身心一如,以悟为限。或因闻入,或从境明,豁尔意消,真心自现。

问:境识俱无自体者,境从识生,识从何起?

答:识从真性起。

问:真性从何而起?

答:真性则无所起。

问:若无所起,云何显现?

答:无起即起,起即无起,非起不起,是不思议起。

问:如何是不思议起?

答:红埃飞碧海,白浪涌青岑。

问:修习此宗,闻解信人得何法利,获何胜报?

答:此是第一之说、无等之诠。学而不得,福犹胜于人天。闻而不信,尚结菩提之种。十方金口同共称扬,诸大乘经无不具载。《法华经》云:一念随喜,皆记无上菩提。一句受持,悉同如来供养。古释《华严·出现品》云:此品文旨宏奥,能顿能圆,究众生之本原,罄诸佛之渊海。根本法轮之内,更处其心。生在金轮种中,复为嫡子。妙中之妙,玄中之玄,并居凡类之心,小功而能速证,安得自欺不受?今闻解能欣,尤须自庆。故知,慕斯法者,起信乐心,才举念时已作如来真子,始回向际便成无上菩提。兴少学而齐上贤,施微功而获大果。促三祇于一念,圆万德于小成。犹长者得摩尼之珠,尽未来施而不尽。似小国获轮王之宝,遍法界用而无穷。妙德药王,献香华而侍立。释迦名宝,同欢喜而证明。随所至方,接足而如逢善逝。说一偈处,起塔而堪作宝坊,法利何穷,功德无尽。《华严论》云:修信解力者,常信自他凡圣,一体同如,无所依住,无我无我所,心境平等无二相故。一切凡圣,本唯法界,无造作性,依真而住,住无所住。与一切诸佛众生,同一心智,住性真法界。所有分别是一切诸佛本不动智,凡圣一真,共同此智。全信自心是佛种智及一切智,不于心外别有信佛之心,亦不于自心之内见自心有佛相。故信如斯法,自力未充,以此是人,获得人中一切胜报。衣服饮食随念而至。

又,不唯正报依报具足,乃至有情无情悉皆归顺,以得法界根本,更有何事而不从乎?如《华严经》云:时大光王告言:善男子,我净修菩萨大慈幢行,我满足菩萨大慈幢行。

乃至善男子,此妙光城,所住众生,皆是菩萨发大乘意,随心所见不同:或见此城其量狭小,或见此城其量广大,或见土沙以为其地,或见众宝而以庄严,或见聚土以为垣墙,或见宝墙周匝围绕,或见其地多诸瓦石高下不平,或见无量大摩尼宝间错庄严平坦如掌,或见屋宅土木所成,或见殿堂及诸楼阁阶墀窗闼轩槛户牖,如是一切无非妙宝。善男子,若有众生其心清净,曾种善根,供养诸佛,发心趣向一切智道,以一切智为究竟处,及我昔时修菩萨行曾所摄受,则见此城众宝严净,余皆见秽。善男子,此国土中一切众生,五浊世时,乐作诸恶,我心哀愍而欲救护,入于菩萨大慈为首随顺世间三昧之门,入此三昧时,彼诸众生所有怖畏心、恼害心、怨敌心、诤论心,如是诸心,悉自消灭。何以故?入于菩萨大慈为首顺世三昧,法如是故。善男子,且待须臾,自当现见。时大光王,即入此定,其城内外,六种震动:诸宝地宝墙、宝堂宝殿、台观楼阁、阶砌户牖,如是一切咸出妙音,悉向于王曲躬敬礼。妙光城内所有居人,靡不同时欢喜踊跃,俱向王所举身投地。村营城邑一切人众,咸来见王,欢喜敬礼。近王所住、鸟兽之属,互相瞻视,起慈悲心,咸向王前,恭敬礼拜。一切山原及诸草树,莫不回转,向王敬礼。陂池泉井及以河海,悉皆腾溢,流注王前。《释摩诃衍论》云:自所作之功德,回向三处:一者真如,二者一心法,三者本觉佛性,是名为三。以何义故回向三处?谓为欲自所作功德令平等故,回向真如。或为欲自所作功德令广大故,回向一心。或为欲自所作功德令明了故,回向本觉。应如是知,应如是观。如是回向,有何利益?谓众多故。此义云何?譬如用一微尘置大地中，所置微尘与彼大地，等无差别。回向法门，亦如是故。又譬如用一注水置大海中，所置注水与彼大海，等无差别。回向法门，亦如是故。又譬如破一小有，即便与大虚空，等无差别。回向法门，亦如是故。已说展舒功德令广门，次说施于众生普利门。言普利一切众生界者，即是施于众生普利门，谓举广大圆满功德，周遍利益众生界故。颂云：欢喜大士志心劝，无量佛子众海中。我已超毛头三角，过于生华之四根。第一无数粗满讫，第二僧祇始入无。如宜汝等诸佛子，以于左右之两手。捧于本识之明镜，临七识散虑之面。见六尘境界之垢，洗法执人我之咎。汝等佛子若如是，法身应化之三身。如舒伊字圆现前，常乐我净之四德。如入达池具出生，我从四王自在处。下入大海龙宫殿，随分窥诸契经海。总有一百洛叉数，如是诸经真实法。无量无边差别义，《摩诃衍论》立义中。该摄安立具足说，有善男子善女人。若自手捧斯经卷，名捧百洛叉经者。若口自诵经本分，名诵百洛叉经者。此人所得之功德，十方世界微尘数。诸佛及大菩萨众，各出微尘数舌相。如是微尘劫数中，不息称说不能尽。何况观察其义理，思惟文下之所诠。是以，若人于此《宗镜》之中，或介尔起心，或瞥然举意，或偶得手触，或暂以目观，皆成入道之缘，尽结一乘之种。以是祖佛正诀、经论本宗，高布涅槃之天，深穷般若之海。又此中文包义富，宗赡理圆。搜之而句句尽彻根原，编之而一一遍含旨趣，何况信解悟入，正念修行，书写受持，开演传布！格量功果，唯佛乃知，非算数之可量，岂赞扬之所及？

问:唯心之体,前已略明。唯识之相,如何指示?性相双辩,方显正宗。理事俱通,始祛邪执。

答:欲显正宗先除邪执者,故须因事明理,会妄归真。真是依妄之真,因情说会。事是从理之事,破执言明。无执而理事俱虚,离情而真妄双绝。翳消而空华自谢,念息而幻境俄沉。今依诸圣,于众生界中抱教迷宗,盖非一二,撮其枢要,无先二空:以迷人空故,起我见之愚,受妄生死。以迷法空故,违现量之境,障净菩提。所以我法俱空,唯从识变。今立第一心法,能变识有三:一、第八异熟识变,二、第七思量识变,三、第六了别境识变。既唯识变,我法皆虚,因此二空,故契会玄旨。以我空故,烦恼障断。以法空故,所知障消。烦恼障断故,证真解脱。所知障断故,获大菩提。然后行满因门,心冥果海,则境识俱寂,唯一真空。

问:从上宗乘,唯令绝学,单刀直入,教外别传。何假智慧多闻,广论性相。言繁理隐,水动珠昏?

答:显宗破执,权拂学路讨论。达旨融通,非离文字解脱。《法华经》云:若有利根,智慧明了,多闻强识,乃可为说。大凡参玄之士,须具二眼:一、己眼明宗,二、智眼辩惑。所以禅宗云:单明自己,不了目前,如此之人,只具一眼。理孤事寡,终不圆通。只翼单轮,岂能飞运?若执只要单刀直入不用广参者,则善财初见妙德发明之后,不合遍参法界。故知初后心等,理行同时,所以善财至弥勒佛果圆后,却指再见初友文殊。如先德云:文殊之妙智,宛是初心。普贤之玄门,曾无别体。是则理事冥齐于一旨,本末匪越于刹那,曷乃守一疑诸,顿迷法界。舍此取彼,宰割虚空?

又,若以智慧为非,则大智文殊,不应称法王之子。若以多闻是过,则无闻比丘,不合作地狱之人。应须以智慧合其多闻,终不执诠而认指。以多闻而广其智慧,免成孤陋而面墙。所以云:有智无行,国之师。有行无智,国之用。有智有行,国之宝。无智无行,国之贼。是以,智应须学,行应须修。阙智则为道之雠,无行乃国之贼。当知名相关锁,非智钥而难开。情想句牵,匪慧刀而莫断,应须责躬省已,策发进修。是以,复圆通之人,岂堕绝言之见?发菩提之者,不生断灭之心。若能直了自心,即是单刀直入,最为省要,以一解千从,摄法无余,故亦是教外别传,离此别无奇特。

又,此《宗镜》大意,以妙悟见谛为期,不取依通齐文作解。法既真实,行须契同。唯在心知,不俟言说。为未了者,亦不绝言。究竟相应,终须亲省。此是十方诸佛同证同说,古今不易一际法门。如经云:我不见有一佛国土,其中如来不说此法。是以,佛佛道同,心心理合。故知,离宗镜外,无法可说,以凡有言教,俱不出平等性故,终无有二。所以经云:如大师子,杀香象时,皆尽其力。杀兔亦尔,不生轻想。诸佛如来,亦复如是,为诸菩萨及一阐提演说法时,功用无二。仰唯圣旨,鉴诫昭然,岂可于平等至教之中起差别解耶,于一真众生界中生胜劣见耶?若入《宗镜》之中,自免斯咎,今所录者,一一皆是古佛圣教,于无量亿劫,舍无数身命,普为一切众生,求此难得阿耨多罗三藐三菩提法,付嘱诸大菩萨。为未代求无上菩提之人,千途异说,共显一心。

云何负恩，不生信受？如《智度论》云：诸摩诃衍经，皆名为法，此中求法者，书写读诵，正忆念如是等，治众生心病，故集诸法药，不惜身命。如释迦文佛，本为菩萨时，名曰乐法，时世无佛，不闻善语，四方求法，精勤不懈，了不能得。尔时魔变作婆罗门，而语之言：我有佛所说一偈，汝能以皮为纸，以骨为笔，以血为墨，书写此偈，当以与汝。乐法即时自念：我世世丧身无数，不得是利。即自剥皮，曝之令干。欲书其偈，魔便灭身。是时佛知其志心，即从下方踊出，为说深法，即得无生法忍。又如萨陀波仑，苦行求法。如释迦文菩萨，五百钉钉身，为求法故。又如金坚王，割身五百处为灯炷，投岩入火，如是等种种难行苦行，为众生求法。故知，善知识者，难得遭逢。譬如梵天投一芥子，安下界针锋之上犹易，值明师道友得闻正法甚难。如西天九十六种外道，皆求出离，因遇邪师，反沉生死。是以《涅槃经》云：具四因缘，能证涅槃之道：一者亲近善友，二者听闻正法，三者如理思惟，四者如说修行。若不遇善友，不得闻正法。何者？因闻正法，则能思惟信入，正念修行。有如是法利，应须殷重，生难遭想，摧我慢心。乃至遇经卷得闻，或因人举示，如有悟入之处，皆是我师。况此《宗镜》，唯录要文，可谓端拱坐参，不出门而知天下。易办成现，弗动足而到龙宫。是以《华严经》云：善男子，善知识者如慈母，出生佛种故。如慈父，广大利益故。如乳母，守护不令作恶故。如教师，示其菩萨所学故。如善导，能示波罗蜜道故。如良医，能治烦恼诸病故。如雪山，增长一切智药故。如勇将，殄除一切怖畏故。如济客，令出生死瀑流故。如船师，令到智慧宝洲故。善男子，常当如是正念思惟诸善知识。复次善男子，汝承事一切善知识，应发如大地心，荷负重任无疲倦故。应发如金刚心，志愿坚固不可坏故。应发如铁围山心，一切诸苦无能动故。应发如给侍心，所有教令皆随顺故。应发如弟子心，所有训诲无违逆故。应发如僮仆心，不厌一切诸作务故。应发如养母心，受诸勤苦不告劳故。应发如佣作心，随所受教无违逆故。应发如除粪人心，离憍慢故。应发如已熟稼心，能低下故。应发如良马心，离恶性故。应发如大车心，能运重故。应发如调顺象心，恒伏从故。应发如须弥山心，不倾动故。应发如良犬心，不害主故。应发如栴陀罗心，离憍慢故。应发如牸牛心，无威怒故。应发如舟船心，往来不倦故。应发如桥梁心，济渡忘疲故。应发如孝子心，承顺颜色故。应发如王子心，遵行教命故。是以，因人闻法，因法悟道，因道修行，因行成佛，岂可憍慢而不顺旨乎？故世尊言：我今得成佛，最初皆因遇善友因缘。且如外道须跋陀，最后若不遇释迦，何由舍邪归正？故《大涅槃经》云：佛言：须跋陀，仁者若受苦行便得道者，一切畜生悉应得道。是故，先当调伏其心，不调伏身。以是因缘，我经中说，斫伐此林，莫斫伐树，何以故？从林生怖，不从树生。欲调伏身，先当调心。心喻于林，身喻于树。须跋陀言：世尊，我已先调伏心。佛言：善男子，汝今云何能先调心？须跋陀言：世尊，我先思惟：欲是无常、无乐、无净，观色即是常乐清净，作是观已，欲界结断，获得色处，是故名为先调伏心。复次观色，色是无常，如痈如疮，如毒如箭，见无色常，清净寂静，如是观已，色界结尽，得无色处，是故名为先调伏心。次复观想，即是无

常，痈疮毒箭，如是观已，获得非想非非想处，是非想非非想，即一切智，寂静清净，无有坠堕常恒不变，是故我能调伏其心。佛言：善男子，汝云何能调伏心也？汝今所得非想非非想定，犹名为想。涅槃无想，汝云何言获得涅槃？善男子，汝已先能诃责粗想，今者云何爱著细想不知诃责？如是非想非非想处，故名为想，如痈如疮，如毒如箭。善男子，汝师郁头蓝弗，利根聪明，尚不能断，如是非想非非想处受于恶身，况其余者？世尊，云何能断一切诸有？佛言：善男子，若观实想，是人能断一切诸有。须跋陀言：世尊，云何名为实想？善男子，无想之想，名为实想。世尊，云何名为无想之想？善男子，一切法无自相、他相及自他相，无无因相，无作相，无受相，无作者相，无受者相，无法非法相，无男女相，无士夫相，无微尘相，无时节相，无为自相，无为他相，无为自他相，无有相，无无相，无生相，无生者相，无因相，无因因相，无果相，无果果相，无昼夜相，无明暗相，无见相，无见者相，无闻相，无闻者相，无觉知相，无觉知者相，无菩提相，无得菩提者相，无业相，无业主相，无烦恼相，无烦恼主相。善男子，如是等相，随所灭处，名真实想。善男子，一切诸法，皆是虚假，随其灭处，是名为实想，是名法界，名毕竟智，名第一义谛，名第一义空。

宗镜录第四十二

宋 慧日永明妙圆正修智觉禅师延寿集

夫大乘圆顿，识智俱亡。云何却述缘生，反论因果？

答：经云：深信大乘，不谤因果。又云：深入缘起，断诸邪见。

夫唯识之旨，不出因果：正因相者，由识变故，诸法得生，以识为因。正果相者，由种识故，生诸分别法体之果，及异熟等分位之果。所以上至诸佛，下及众生，皆因果所收，何得拨无，堕诸邪网？只为一切外道，不达缘生，唯执自然，拨无因果。二乘眇目，但证偏空，灭智灰身，远离因果，世间业系。无闻凡夫，五欲火烧，执著因果，尽成狂解，不体圆常，皆背法界缘起之门，悉昧般若无生之旨。今所论因果者，唯以实相为因，还用实相为果，但了平等一心故，终不作前后同时之见。若能如是信入一心，皆成圆因妙果。如《贤劫定意经》云：指长吉祥，见者悦然，无不吉利，此者皆是一心之报。又云：其演光明，无所不照。多所安隐，是一心报。又云：威光巍巍，无见顶相，是一心报。《华手经》偈云：汝等观是心，念念常生灭。如幻无所有，而能得大报。又偈云：是心不在缘，亦不离众缘。非有亦非无，而能起大果。《显扬论》颂云：由彼心果故，生已自然灭。后变异可得，念念灭应知。论曰：彼一切行是心果故，其性才生，离灭因缘，自然灭坏,又复后时变异可得。当知诸行皆刹那灭,云何应知诸行是心果耶?颂曰:心熏习增上,定转变自在。影像生道理,及三种圣教。论曰:由道理及圣教,证知诸行是心果性。道理者,谓善不善法,熏习于心,由习气增上力故,故行得生。又,脱定障心清净者,一切诸行,随心转变,由彼意解自在力故,种种转变。又,由定心自在力故,随其所欲,定心境界,影像而生,是名道理。圣教者,谓三种圣言:如经中偈云:心将引世间,心力所防护。随心生起已,自在皆随转。又说:是故苾蒭,应善专精,如正道理,观察于心,乃至广说。又说:苾刍当知:言城主者,即是一切有取识蕴,是名圣教。

是知,福随心至,患逐心生。如响应声,似影随质。如阿那律供辟支佛之一食,甘露而常盈空器,金人而用尽还生。阿那律者,此翻无贫。《贤愚经》云:弗沙佛末世时饥馑,有辟支佛利咤行乞,空钵无获。有一贫人见而悲悼,白言:胜士,能受稗不?即以所噉奉之。食已,作十八变。后更采稗,有兔跳抱其背,变为死人,无伴得脱。待暗还家,委地即成金人,拔指随生,用脚还出。恶人恶王欲来夺之,但见死尸。而其金宝,九十劫果报充足,故号无贫。其生已后,家业丰溢,日夜增益。父母欲试之,盖空器皿往送,发看,百味具足。而其门下,日日常有一万二千人:六千取债,六千还直。出家已后,随所至处,人见欢喜。欲有所须,如己家无异。又如,金色王施辟支佛一饭,后满阎浮提,于七日内唯雨七宝,一切人民贫穷永断。当知此七宝,不从余处来,皆从彼王供养心中出,因起自心中，果不生异处。如阿那律金人，自作自受，所以福者见为金宝，恶人观是死尸，故知转变从心，前尘无定。又如未开空器，甘露本无。随福所生，百味具足。善恶之境，皆是自心。故《唯识论》云：境随业识转，是故说唯心。则无有一法不归宗镜。

已上是世间因果，次论诸佛因果者。如《华严论》云：显佛果有三种不同：一、亡言绝行，独明法身无作果。二、从行积修，行满功成多劫始成果。三、创发心时，十住初位体用随缘所成果。初，亡言绝行、所明法身无作果者，即《涅槃》、《无行》等经是，隐身不现，万事休息。又云：罗刹为雪山童子说：诸行无常，是生灭法。生灭灭已，寂灭为乐。是无作果，不具行故。二、从行积修、行满多劫方明果者，即权教之中，说从行修成，三僧祇劫行满所成佛果是也。此以不了无明十二有支，本是法身智慧。压，而以空观折伏现行烦恼，忻别净门。三、从凡十住初心、创证随缘运用所成果者，即《华严经》是也。十信终心，即以方便三昧，达无明十二有支，成理智大悲，即具文殊普贤，体用法界法门。又如化佛所施因果教行、《定经》三僧祇中，所有功德，总是修生：百劫修相好业，燃灯得光明，不杀得长寿，布施得资财，忍辱得端正，一一因果属对，相似具足，仍对治种种法门，始得见性成佛。如《华严经》即不然，一念顿证法界法门。身心性相，本唯法体。施为运用，动寂皆平。任无作智，即是佛也。为一切佛法，应如是无长无短，始终毕竟法皆如是，于一真法界，任法施为，悉皆具足恒沙德用，即因即果。以此普门法界，理智诸障自无，无别对治，别修别断，不见变化，变与不变，

无异性相。故普观一切无非法门,无非解脱,但为自心强生系著,为多事故,沉潜苦流,故劳圣说,种种差别,于所说处,复生系著,以此义故,圣说不同,或渐或圆,应诸根器。如此经教顿示,圆乘人所应堪受。设不堪受者,当须乐修究竟流归,毕居此海。是故,余教先因后果,不同此教因果同时。为法性智海中,因果不可得故。为不可得中,因果同时无有障碍也。可得因果,即有前后。有所得者,皆是无常,非究竟说也。若先因后果者,因亦不成,故果亦坏也。缘生之法,不相续故,即断灭故,自他不成故。如数一钱,不数后钱。无后二者,一亦不成。为刹那不相续,刹那因果坏。多劫不相续,多劫因果坏。待数后钱时,前一始成。因果亦尔,要待一时,中无间者,因果始成。若尔者,如数两钱同数,无前无后,谁为一二?如竖二指,谁为因果?如二指等,随心数处为因,后数为果。若是有前有后,即有中间者,还有刹那间断。有间断者,不成因果。若同时者,如竖二指,无先无后,谁为因果,亦皆不成。如此《华严经》因果同时者,俱无如是前后因果,及同时情量系著、妄想有无、俱不俱、常无常等系著因果。但了法体非所施设,非因果系,名为因果。非情所立,同时前后之妄想也。如是者,何异《楞伽》渐教之说?此则不然。乃至《楞伽》中,唯论破相,但救显理,无系著故,不论缘起。如缘起法界者,法界不成不破,但知了法如是故。是故《楞伽经》云:先示相似物,后当与真实。又云:得相者是识,不得相者智。如此经中,无有假法,诸法总真,纯真无假,更无相似存真存假。经云:众生界即佛界也。如文殊以理会行,普贤以行会理,二人体用相彻,以成一真法界。前后相收,品品之中,互相该括,前后相彻,文义更收,一法门中,具多法也。是故经偈云:于多法中为一法,于一法中为众多。

然此心是法界之都,无法不摄,非但凡圣因果,乃至逆顺善恶同归。若一一悟是自心,则事事无非正理。如经云:提婆达多不可思议,所修行业,皆同如来。六群比丘实非弊恶,所行之法,皆同佛行。有修善者,地狱受果。恶行之人,天上受报。如不达斯文,则逆顺分岐,焉能美恶同化?然初章之内,已述正宗,若上上机人,则一闻千悟,斯皆宿习见解生知。若是中下之根,须凭开导,因他助发,方悟圆成。为此因缘,微细纂集。所以云:若有一微尘处未了,此犹有无明在,以不了处为障翳故。何况自身根门之内,日用之中,有无量应急法门,全未明一。如生盲人,每日吃一百味饭,虽然得吃,品馔何分?若言无分,又每日得吃。若言有分,设问总不知。若欲为未了之人,凭何剖析?只成自诳,反堕无知。自眼未开,焉治他目?是以,善财首见文殊,已明根本智,入圣智流中。然后遍参道友,为求差别智道,习菩萨行门,遇无厌足国王如幻法门,见胜热婆罗门无尽轮解脱,尚乃迷宗失旨,对境茫然。故知,佛法玄微,非浅智所及。何乃将蚊子足,拟穷沧溟之底?用蜘蛛丝,欲悬妙高之中?益抱惭颜,须申忏悔。是以,般若海阔,入之者方悟无边。法性山高,升之者乃知弥峻。伏自大雄应世,诸圣发扬。至像法初,则有马鸣、龙树等五百论师,大弘至教。及像法中,复有护法、陈那等十大菩萨,广解深经,辩空有之宗,立唯识之理。悉是贤劫千佛,十刹能仁,同酬本愿之怀,共助无缘之化。何乃持荧光而干日驭，捧布鼓而近雷门？不揆寡闻，退惭劣解，牛迹岂将大海齐量，腐草焉与灵椿等荣？今此持论，为成法器深心好乐大乘之者。如《大宝积经》云：佛言：若有求大利益善男子善女人信我教者，后滓浊世，极覆藏时，善人难得，时闻如是等甚深法已，应为如理者说，不为不如理者。为信者说，非不信者。我今亦为如理者说，非不如理者。为信者说，非不信者。又，识者爱者，贵若珠珍。不识不爱，贱同泥土。仰惟参玄之士，愿禀佛言。深嘱慕道之贤，同遵祖意。

问：依上标宗，甚谐正脉。何用更引言诠，广开诸道？

答：马鸣祖师虽标唯心一法，开出真如生灭二门。达摩直指一心，建立随缘无碍四行。详夫宗本无异，因人得名。故云祖师顿悟直入名禅宗，诸佛果德根本名佛性，菩萨万行原穴名心地，众生轮回起处名识藏，万法所依名法性，能生般若名智海。不可定一执多，生诸情见。是以《金光明经》云：法性甚深无量。无量者，非别有一法名为无量，毗卢遮那遍一切处，一切诸法，皆是佛法。甚深者，亦非别有一法名为甚深，即事而真，无非实相。可谓一中之多，当存而正泯。多中之一，在卷而亦舒。如《华严经》云：菩萨摩诃萨，知三界唯心。三世唯心，而了知其心无量无边，是为无等住。又，先德云：言虽不能言，然非言无以传，是以圣人终日言而未尝言也。以终日言故，不绝沤和之心。而未尝言故，靡失般若之性。以沤和故，不违大化之门。以般若故，不见言象之迹。又，经云：诸佛常依二谛说法。若不得世谛，不得第一义。以了俗无性，即是真门。何乃逐物随情，横生异见。局方隅之远近，定器量之浅深？如尺蠖寻条，安前足而进后足。似痴猴得树，放高枝而捉低枝。若能除器观空，自亡方圆长短。知心是境，岂有高下是非？且如世谛门中，有八万四千尘劳烦恼。于诸凡夫妄想中，唯生死一法最大。以有生死，心境并生。若无生死，人法俱寂。故知，了存今日，不可因循。夫业系四生，身居九有，得人身者，如爪上之尘。失人身者，犹大地之土。处三涂地而永埋尘劫，居四空天而恒没禅支。设暂生人中，千般障难：或机钝而难省，或根利而信邪，或身器不完，或遮障俱重，皆不可化，无由证真。如《大智度论》云：当知人身难得，佛世难值，好时易过。一堕诸难，永不可治：若堕地狱，烧炙屠割，何可教化？若堕畜生，共相残害，亦不可化。若堕饿鬼，饥渴热恼，亦不可化。若生长寿天，千万佛过，著禅定味故，皆不觉知。如安息国，诸边地生者，皆是人身愚，不可教化。虽生中国，或六情不具，或四支不完，或盲聋瘖症，或不识义理，或时六情具足，诸根通利，而深著邪见，言无罪福，不可教化。故为说好时易过，堕诸难中，不可得度。

设无诸难，烦恼业深，仍为八苦火烧、五浊所乱。夫言苦者无量：或三苦、五苦、八苦，乃至瑜伽一百一十苦，及八万四千尘劳之苦，皆不出流转之苦及行苦等，而凡夫甘处，曾不觉知。如《俱舍论》颂云：如以一睫毛，置掌人不觉。若置眼睛上，为苦极不安。凡夫如手掌，不觉行苦缘。智者如眼睛，胥极生厌怖。故知，生老病死之苦，谁能免乎？四山常来切人。如先德云：故贤与不肖，豪强羸弱，同为四迁，一

无脱者。梵王帝释，贫穷下贱，尧舜桀纣，三皇四凶，并归灰壤，皆为苦依。夫八苦者，生苦，则众苦积聚之因，六趣受身之本。如食粪中之果，犹飡毒树之根，取甘露而堕坑，买上食而致死。功德、黑闇，二女相随，有智主人，二俱不受。《对法论》云：生苦者，众苦所依故，众苦逼迫故。九月十月处胎藏间，如在粪秽坑中，长受寒热等种种众苦。生熟藏间，如两山迫逼，趣产门时，其苦难堪，乍出风飘，如刀割锥刺，不觉失声，废忘已前所有事业，名为生苦。老苦者，时分变异故苦，身分沉重，诸根熟昧，皮肤缓皱，行步伛曲，寝膳不安，起坐呻吟，喘息气逆，所为缦缓，为人所轻，世情弥笃，世事皆息，名为老苦。又，老者，忘若婴儿，狂犹鬼著。以危脆衰熟之质，当易破烂坏之时。落日西垂，萎华欲谢。如甘蔗之滓，无三种出家禅诵之味。劫勇力而全因老贼，擒壮色而将付死王。犹莲遭雹而摧残，似车折轴而无用。若枯河乏水不利于人，如残炷无油势宁得久？病苦者，四大变易乖违故苦，百节酸疼，四支苦楚，能坏一切安隐乐事。由此经言：如人壮美，王妃窃爱，遣信私通。王便捉获，挑其眼目，截其耳鼻，刖其手足，形容顿改，为人恶贱，病苦所逼，以是难堪。为人所恶，亦复如是，为苦恼愁忧之本，作死亡怖畏之由，如雹坏苗，似怨所逼，劫夺正命，摧灭壮容。减福力而退大菩提，增放逸而失真善本，此名病苦。死苦者，寿命变坏故苦，风刀解支节，无处不苦痛。张口叹息，手足纷乱，翻睛沮沫，扪摸虚空，汗液交流，便洟零落。昔虽假以沐浴，必归不净。昔虽假以涂熏，必归臭秽。昔时王位，财宝荣盛，亲族妇妾万亿，于时顿舍，独往后世，无一相随。卧置床枕，横尸偃仰。父母妻子，槌胸哽咽，众人号慕，披发拍头。虽生恋仰之悲，终致永分之痛。或埋殡坟陵，肉消骨腐。或有露尸以施身肉，禽兽蝼蚁，交横楂掣。或以火焚，臭烟蓬勃，四面充塞，人所伤嗟。悲恸绝声，咸归故里，唯余灰粪，独从风土。平生意气，触处陵云，一旦长辞，困沾霜月。是知，禄命尽处，临死之时，如劫风吹散，犹瀑布漂流，往无所遮，到不能脱。向深远处，怖境常惊。于幽闇中，孤魂独逝。怨臣恒遂，曾不觉知。死王所追，无能免者。《大涅槃经》云：夫死者，于崄难处无有资粮，去处悬远而无伴侣，昼夜常行不知边际，深邃幽闇无有灯明，入无门户而有处所，虽无痛处不可疗治，往无遮止到不得脱，无所破坏见者愁毒，非是恶色而令人怖，敷在身边不可觉知。释云：于崄难处者，二十五有恐畏之世。无有资粮者，无善法以自资。去处悬远者，生死无穷也。而无伴侣者，魂灵自逝也。昼夜常行不知边际者，随业漂流，循环无际。深邃幽闇无有灯明者，死是后相，一入死分昏沉，难出生死长夜，故名深邃。死已，多入三涂大黑闇处，故云无有灯明。入无门户而有处所者，死入身内，不因门户，即身辩死，名有处所。虽无痛处者，临欲死时，虽有五根，无有知觉也。不可疗治者，报终必死，世医拱手也。往无遮止到不得脱者，业尽报终，时至必迁，自业所追，无人系缚。无所破坏见者愁毒者，报色虽灭，肤体不毁，而见悲酸酸，莫不愁毒。非是恶色而令人怖者，无恐人相貌，而见者惶惧。敷在身边不可觉知者，此明人死，在身最后边，然不能知死之时节也。又，诸识昏昧，六腑空虚，余息淹淹，心魂憷憷。《无常经》偈云：命根气欲尽，支节悉分离。

众苦与死俱,此时徒叹恨。两目俱翻上,死不随业下。意想并慞惶,无能相救济。所以先德云:人命无常,一息不追,千载长往。幽途绵邈,无有资粮。苦海攸深,船筏安寄?圣贤诃弃,无所恃怙。年事稍去,风刀不赊。岂可晏然,坐待酸痛。譬如野干,失耳尾牙,诈眠望脱,忽闻断头,心大惊怖。遭生老病,尚不为急。死事不赊,那得不怖?怖心起时,如履汤火,六尘五欲,不暇贪染。如阿输柯王弟大帝王,闻栴陀罗朝朝振铃,一日已尽,六日当死,虽有五欲,无一念受,行者怖畏,苦到忏悔,不惜身命,如野干决绝,无所思念,如彼怖王。是知,万祸之因、众苦之本,皆从一念结构而生。应须密护根门,常防意地,无令妄起,暂逐前尘。如《佛垂般涅槃略说教诫经》云:此五根者,心为其主,是故汝等,当好制心。心之可畏,甚于毒蛇,恶兽怨贼,大火越逸,未足喻也。动转轻躁,但观于蜜,不见深坑。譬如狂象无钩,猨猴得树,腾跃踔踯,难可禁制。当急挫之,勿令放逸。纵此心者,丧人善事,制之一处,无事不办。是故比丘,当勤精进,折伏汝心。故知,生死难出,应须兢慎。且如二乘圣人,及自在菩萨,俱出三界之外,尚有变易之身,四种生死。何况三界之内,现行烦恼,业系凡夫分段死乎?四种生死者,则是一切阿罗汉、辟支佛、大地菩萨,由四种障,不得如来四德:一、方便生死,二、因缘生死,三、有有生死,四、无有生死。《无上依经》云:佛告阿难:于三界中,有四种难:一者烦恼难,二者业难,三者生报难,四者过失难。无明住地所起方便生死,如三界内烦恼难。无明住地所起因缘生死,如三界内业难。无明住地所起有有生死,如三界内生报难。无明住地所起无有生死，如三界内过失难。应如是知，阿难，四种生死未除灭故，三种意生身，无有常乐我净波罗蜜果。唯佛法身，是常是乐是我是净波罗蜜，汝等应知。爱别离苦者，《大涅槃经》云：因爱生忧，因爱生怖。若离于爱，何忧何怖？《法华经》云：诸苦所因，贪欲为本。《净名经》云：从痴有爱，则我病生。怨憎会苦者，《大涅槃经》云：观于五道一切受生，悉是怨憎，合会大苦。若未了无生，于所生之处，无非是怨，无非是苦。何者？为境所缚，不得自在故。求不得苦者，有其二种：一者所希望处求不能得，二者多役功力不得果报。五阴盛苦者，生苦、老苦、病苦、死苦、爱别离苦、怨憎会苦、求不得苦，是故名为五阴盛苦。以执阴是有，为阴所笼，便成阴魔众苦所集。五浊者：一、劫浊，四浊增剧，聚在此时：瞋恚增剧刀兵起，贪欲增剧饥饿起，愚痴增剧疾疫起。三灾起故，烦恼倍隆，诸见转炽，粗弊色心，恶名秽称，摧年减寿，众浊交凑，如水奔昏，风波鼓怒，鱼龙搅扰，无一聊赖，时使之然。如劫初光音天堕地，地使有欲。如忉利天入粗涩园，园生斗心，是名劫浊相。烦恼浊者，贪海纳流，未曾饱足。瞋虺吸毒，烧诸世间。痴闇顽嚚，过于漆墨。慢高下视，陵忽无度。疑网无信，不可告实，是为烦恼浊相。见浊者，无人谓有人，有道谓无道，十六知见、六十三见等，犹如罗网，又似稠林，缠缚屈曲，不能得出，是见浊相。众生浊者，揽于色心，立一宰主，譬如黐胶，无物不著。流浪六道，处处受生，如贫如痤，名长名富，是为众生浊相。命浊者，朝生暮殒，昼出夕没，波转烟回，晌息不住，是命浊相。居此浊乱之时，遮障增剧：境飘识焰，烧尽善根。业动心风，吹残白法。著瞋魑魅之鬼趣，堕痴罗刹之网中，为贪爱王之拘留，被魔怨主之驱役。孰能顿省，勑此圆修？既得在中华，又难逢佛世，今须庆幸，得遇遗文，况收《宗镜》之中，前后无非真实，言言可以悟道，字字唯是标宗。直须晓夜忘疲，兢兢研究，忽从闻省，悟我真心，顿为得道之人，永绍菩提之种。若未见道，念念缘差，一失人身，万劫不复。所以古教云：一息有四百生灭，性命在呼吸之间。若未得道之人，只有轮回生死，命若悬丝。若得朝闻，夕死可矣。故《提谓经》云：如有一人在须弥山上以纤缕下之，一人在下持针迎之，中有旋岚猛风吹缕难入针孔，人身难得，甚过于是。又，《菩萨处胎经》偈云：盲龟浮木孔，时时犹可值。人一失命根，亿劫复难是。海水深广大，三百三十六。一针投海底，求之尚可得。又偈云：吾从无数劫，往来生死道。舍身复受身，不离胞胎法。计我所经历，记一不记余。纯作白狗形，积骨亿须弥。以利针地种，无不值我体。何况杂色狗，其数不可量。吾故摄其心，不贪著放逸。

伏自祖教西至，贤圣交驰，皆为明心、决择生死。生死所起不出根尘，因不觉而妄念忽生，迷法界而幻境潜现，从此执人执法、立自立他，随对待而逆顺牵情，逐分别而爱憎关念，遂乃伶俜五趣，匍匐四生。今欲反究妄原，须明起处。故《首楞严经》云：佛告阿难：如汝所说，真所爱乐，因于心目。若不识知心目所在，则不能得降伏尘劳。譬如国王为贼所侵，发兵讨除，是兵要当知贼所在。使汝流转，心目为咎。故知，心为群妄之原，目是诸见之本。是以，生死之始，起惑之初，因迷自心而作外尘，为执妄识而为内我，由我而强为主宰,从想而建立自他,抱幻凭虚,遂成颠倒。颠倒之法,略说有三:一、心颠倒,二、见颠倒,三、想颠倒。心如停贼主人,见是贼身,想如贼脚,根尘是贼媒,内外构连,劫尽家宝。是以,见劫眼根善,声劫耳根善,香劫鼻根善,味劫舌根善,触劫身根善,法劫意根善。法财倾竭,智藏空虚。如怨诈亲,谁有知者?如或识贼,贼无能为。若了境识心,终不更为外尘所侵,内结能缚。且如心王八法,乃至六种无为,撮要一百法门,并是众生日用,无一时而不具,无一念而不生。以此校量,故非闲事。若不能深济生死,危苦急难,则往圣古贤虚烦制作。为有深益,方可施为。圣不诳凡,真焉惑伪?今所录者,略证此宗,寻万丈而未得毫厘,指百分而才言一二,请不厌繁息志,子细披寻,览之如登宝山,信之似游海藏。又,此虽假文言,一一示其真实,不可随语生著,昧我正宗。如经云:刀轮害阎浮人头,其失犹少。有所得心说大乘者,其罪过彼也。《大智度论》云:执有与无诤,乃至非有非无与有无诤,如牛皮龙绳,俱不免患。《中观论》云:诸佛说空法,本为化于有。若有著于空,诸佛所不化。若定言诸法非有非无者,是名愚痴论。若失四悉檀意,自行化他,皆名著法。若得四悉檀意,自他俱无著也。又,《论》云:佛法中不著有,不著无,有无亦不著。非有非无,非非有非非无亦不著。不著亦不著,如是则不容难。譬如以刀斫空,终无所伤,为众生故随缘说法,自无所著。故《般若灯论》序云:观明中道,而存中失观。空显第一,而得一乖空。然则,司南之车,本示迷者。照胆之镜,为鉴邪人。无邪则镜无所施,不迷则车不为用。斯论破申,其由此矣。若如斯者,宁

容执教随言语之所转乎？是以，若未遇《宗镜》大录祖佛微细正意内得见性，但外学多闻者，则身虽出家，心不入道。故《大涅槃经》云：佛言：汝诸比丘，身虽得服袈裟染衣，其心犹未得染大乘清净之法。汝诸比丘，虽行乞食经历多处，初未曾乞大乘法食。故云虽有胜意之通、善星之辩，若不知实相之理者，不免没魂于裂地之患。如《首楞严经》云：如第四禅无闻比丘，妄言证圣，天报已毕，衰相现前。谤阿罗汉，身遭后有，堕阿鼻狱。又云：善星妄说一切法空，生身陷入阿鼻地狱。故知，若未入《宗镜》，先悟实相真心，假饶大辩神通，长劫禅诵，终不免斯咎。若达此旨，凡所施为，举足下足，自然不离一心涅槃之道。如《月上女经》云：舍利弗告月上女言：汝于今者，欲何所去？月上女报言：汝问今欲向何所去者，我今亦如舍利弗去，作如是去耳。舍利弗报月上女言：我今欲入毗耶离城，汝于今者乃从彼出，云何报言我今乃如舍利弗去，作如是去？尔时月上女复报舍利弗言：然舍利弗举足下足，凡依何处？舍利弗言：我举足下足，并依虚空。女报言：我亦如是，举足下足悉依虚空，而虚空界不作分别，是故我言亦如舍利弗去，作如是去耳。女言：舍利弗，此事且然，今舍利弗行何行？舍利弗言：我向涅槃如是行也。月上女言：舍利弗，一切诸法岂不向涅槃行也？我今者亦向行也。舍利弗问月上：若一切法向涅槃者，汝今云何不灭度？月上女言：舍利弗，若向涅槃，即不灭度。何以故？其涅槃行，不生不灭，不可得见，体无分别，无可灭度者。释曰：其涅槃行不生不灭者，即自心无生之义。纵千途出没，靡离涅槃之门。任万法纵横，岂越无生之道？故《法华经》偈云:佛子住此地,即是佛受用。常在于其中,经行及坐卧。

如上所述,似如逆耳,本之正意皆是击发之心,犹石中之火,若无人扣击,千年万年只成顽石,终不成火用。如《孔子家语》云:孔子曰:良药苦口而利于病,忠言逆耳而利于行。汤武以谔谔而昌,桀纣以唯唯而亡。君无诤臣,父无诤子,兄无诤弟,士无诤友。无其过者,未之有也。故曰:君失之,臣得之。父失之,子得之。兄失之,弟得之。已失之,友得之。是以,国无危亡之兆,家无悖乱之恶。父子兄弟无失,而交友无绝也。今《宗镜》内,虽广引苦切之言,皆为后学成器,普令悛恶从善,慕道进修,使法国土无背道之臣,令大乘家绝邪见之子。是以,菩萨虽能自利,又乃讥他,常为众生不请之友。故《胜鬘经》云:以摄受折伏故,令佛法久住。是以,沩山有《警策》之文,无非苦口。净名垂诃责之力,尽破执心。若佛法中有诤友,则学般若道侣,保无过失。故《书》云:道吾恶者是吾师,道吾好者是吾贼。又云:三人同行,必有我师焉。况佛法内学,出世良因,宁不依师匠乎?今若于初机助道门中,此《宗镜》文,深资观力,言下现证,修慧顿成。如云:为道日损,为学日益。损者损于情欲,益者益于知见。不同外道邪师,及学大乘语者,口虽说空,不损烦恼,此非善达正法,皆是恶取邪空。唯法器圆机,方能信受。堪嗟邪见垢重之人,闻亦不信。如《壱疏》云:历千佛而不惊,炷万灯而莫曙。释云:十方无量世界众生,佛向身中出家成道说法度生,众生皆不觉知。都由无明,迷本觉性,不知如来藏中出现。如来藏,即众生第八识,故云历千佛而

不惊,以不知即心是佛故。又如一室中有一醉客,有百千盏灯,照而不醒。喻闻法不识其理,不能染神,都无省悟,故云:炷万灯而莫曙。曙者,明也。何者为灯?即方便智为灯,照见心境界。

宗镜录第四十三

宋 慧日永明妙圆正修智觉禅师延寿集

夫初祖西来，唯传一心之法，二祖求缘虑不安之心不得。即知唯一真心圆成周遍，当下言思道断，达摩印可，遂得祖印大行，迄至今日。云何著于言说，违背自宗。义学三乘，自有阶等？

答：前标宗门中，已唯提大旨。若决定信入，正解无差，则举一例诸，言思路绝。窃见今时学者：唯在意思，多著言说。但云心外无法，念念常随境生。唯知口说于空，步步恒游有内。只总举心之名字，微细行相不知。若论无量法门，广说穷劫不尽。今所录者为成前义，终无别旨妄有披陈。此一心法门，是凡圣之本，若不先明行相，何以深究根原？故须三量定其是非，真修匪滥。四分成其体用，正理无亏。然后十因四缘，辩染净之生处。三报五果，鉴真俗之所归，则能斥小除邪，刳情破执，遂乃护法菩萨，正义圆明，西天大行，教传此土。佛日沉而再朗，慧云散而重生，遂得心境融通，自他交彻，不一不异，触境冥宗。非有非空，随缘合道。若不达三量，真妄何分？若不知四分，体用俱失。故知，浪说心之名字，微细行相懵然不知，终不免心境缘拘，自他见缚，目下狐疑不断，临终津济何凭？所以般若是送神符，临终能令生死无滞。只为盲无智眼，教观不明，从无始已来不

能洞晓，违现量而失自心体，逐比非而妄认外尘，终日将心取心，以幻缘幻，似狗齩枯骨，自咽其津。如象鼻取水，还沐己体，必无前境而作对治。自从受身含识已来，居三界尘劳之内，犹热病见鬼，于非怨处认怨。若瞖眼生华，向无爱中起爱。妄生妄死，空是空非，都不觉知，莫能暂省。今更不信，复待何时？生死海深，匪慧舟而不渡。尘劳网密，非智刃而莫挥。其四分三量，诸多义门，下当广辩。

问：祖佛大意，贵在心行。采义徇文，只益戏论。所以文殊诃阿难云：将闻持佛佛，何不自闻闻？争如一念还原，深谐遗旨？

答：此为未知者说，不为已知者言。为未行者言，不为已行者说。若已知已行之者，则心迹尚亡，何待言说？今只为初学未知者，己眼不开，圆机未发，须假闻慧以助初心。为未行者，但执依通，学大乘语，如虫食木，犹奴数钱，乃至尘沙教门，皆为此之二等，因兹见谛，如说而行。且智慧之光如日普照，多闻之力犹膏助明。以劣解众生，从无始来受无量劫洞然之苦，只为迷正信路，失妙慧门，狂乱用心，颠倒行事，何乃盲无智照，翻嫌真实慧光。贫阙法财，更祛多闻宝藏？如《华严经》云：欲度众生令住涅槃不离无障碍解脱智，无障碍解脱智不离一切法如实觉，一切法如实觉不离无行无生行慧光，无行无生行慧光不离禅善巧决定观察智，禅善巧决定观察智不离善巧多闻。是以，因闻显心能辩决定观察之禅，因禅发起无行无生之慧，因慧了达诸法如实之觉，因觉圆满无碍解脱之智，斯皆全因最初多闻之力成就菩提。若离此《宗镜》,别无成佛之门,设有所修,皆成魔外之法。《大智度论》偈云:有慧无多闻,是不知实相,譬如大暗中,有目无所见。多闻无智慧,亦不知实相,譬如大明中,有灯而无目。多闻利智慧,是所说应受。无闻无智慧,是名人身牛。且如有慧无多闻者,况如大暗中,有目而无所见,虽有智眼,而不能遍知万法、法界缘起诸识熏习等,如处大暗之中,一无所见。是以,实相遍一切法,一切法即实相,未曾有一法而出于法性。若不遍知一切法,则何由深达实相?故云亦不知实相。多闻无智慧者,况如大明中,有灯而无目,虽有多闻记持名相,而无自证真智,圆解不发,唯堕无明,大信不成,空成邪见。如大明中,虽有日月灯光,无眼何由睹见?虽闻如来宝藏,一生传唱,听受无疲,己眼不开,但数他宝,智眼不发,焉辩教宗?如是之人,故是不知实相。闻慧具足,方达实相之原。闻慧俱无,如牛羊之眼,岂辩万法性相总别之方隅耶?

夫学般若菩萨,不可受人牛之诮。绍佛乘大士,宁甘堕虫木之讥?若乃智人,应须三省。是以,未知心佛之宝,甘处尘劳。才闻性觉之宗,便登圣地。如《贤劫定意经》云:喜王菩萨宴坐七日,过七日已,诣佛启请:行何三昧,能悉通达八万四千诸度法门?佛告喜王:有三昧门名了诸法本,菩萨行时,便能通达诸度法门。诸度法门者,诸佛有三百五十功德,一一德各修六度为因。释曰:诸法本者,即众生心。若随善心成六度门,若随恶心作三涂道。当乐土而为苦境,皆是心成。处地狱而变天堂,悉由心转。或即刹那成佛,或即永劫沉沦,只在最初一念之力,故云:法无定相,但随人心,如天意树，随天意转，可谓变通立验，因果现前，不动丝毫，遍穷法界，如牖隙之内观无际之空，似径尺镜中见千里之影。有斯奇特，昧者不知，如见金为蛇，误执宝成砾。故《密严经》偈云：譬如殊胜宝，野人所轻贱。若用饰冕旒，则为王顶戴。如是赖耶识，是清净佛性。凡位恒杂染，佛果常保持。如美玉在水，苔衣所缠覆。赖耶处生死，习气萦不现。于此赖耶识，有二取生相。如蛇有二头，随乐而同往。赖耶亦如是，与诸色相俱。一切诸世间，取之以为色。恶觉者迷惑，计为我我所。若有若非有，自在作世间。赖耶虽变现，体性恒甚深。于诸无智人，悉不能觉了。是以，若能觉了，即察动心，万境万缘，皆从此起。若心不动，诸事寂然，入如实门，住无分别。如入《楞伽经》偈云：但有心动转，皆是世俗法。不复起转生，见世是自心。来者是事生，去者是事灭。如实知去来，不复生分别。

又，若执经论无益，翻成诸圣虚功，则西土上德声闻，徒劳结集。此方大权菩萨，何假翻经？如抱沉痾之人，不须妙药。似迷险道之者，曷用导师？良医终不救无病之人，导师亦不引识路之者。嘉肴美膳，岂可劝饱人之餐？异宝奇珍，未必动廉士之念。见与不见，全在心知。行之不行，唯关意密。实不敢以己，妨于上上机人，但一心为报佛恩，依教略而纂录，如漏管中之见，莫测义天。似偷壁罅之光，焉裨法日？今遵慈勅，教有明文：法尔沙门，须具三施。三施之内，法施为先。此八识心王，性相分量，上至极圣、下至凡夫，本末推穷，悉皆具足，只于明昧，得失似分。诸圣了之成真如妙用，尽未来际建佛事门。众生昧之为烦恼尘劳，从无始来造生死事。于日用中，以不识故，莫辩心王与心所，宁知内尘与外尘？如有目之人，处闇室之内，犹生盲之者，居宝藏之中，无般若之光，何由辩真识伪？阙智眼之鉴，焉能别宝探珠？遂乃以妄为真，执常为断，不应作而作，投虚妄之苦轮。不应思而思，集颠倒之恶业。只为不遇出世道友，未闻无上圆诠，任自胸襟，纵我情性，取一期之暂乐，积万劫之余殃。以日继时，罔知罔觉。从生至老，不省不思。以无明俱时而生，以无明俱时而死，从一闇室投一闇室，出一苦轮入一苦轮，历劫逾生，未有休日。此身他世，几是脱时？《宗镜》本怀，正为于此。是以，照之如镜，何法而不明。归之如海，何川而不入？若千年闇室，破之唯一灯。无始尘劳，照之唯一观。此具足诠旨，信入而不动神情。成现法门，谛了而匪劳心力。若更不信，徒抱惛迷，深嘱后贤，无失法利。故《法华经》偈云：不求大势佛，及与断苦法。深入诸邪见，以苦欲舍苦。为是众生故，而起大悲心。为不依正觉广大威势之力，及正念一心法威德力，于心外取法，成诸邪见。以生灭为因，以生灭为果，本出生死，重增生死。为是等故，而起大悲，拔其妄苦。以生死是众苦之本，虽年百岁，犹若刹那，如东逝之长波，似西垂之残照。击石之星火，骤隙之迅驹。风里之微灯，草头之悬露。临崖之朽树，烁目之电光，若不遇正法广大修行，则万劫沉沦，虚生浪死。如《大涅槃经》云：复次菩萨修于死想，观是寿命，常为无量怨雠所绕，念念损减，无有增长，犹山瀑水不得停住，亦如朝露势不久停，如囚趣市步步近死，如牵牛羊诣于屠所。迦叶菩萨言：世尊，云何智者观念念灭？善男子，譬如四人皆善射术，聚在一处，各射一方，俱作是念：我等四箭，俱发俱堕。复有一人，作是念言：如是四箭，及其未堕，我能一时以手接取。善男子，如是之人，可说疾不？迦叶菩萨言：如是，世尊。佛言：善男子，地行鬼疾，复速是人。有飞行鬼，复速地行。四天王疾，复速飞行。日月神天，复速四天王。坚疾天，复疾日月。众生寿命，复速坚疾。善男子，一息一眴，众生寿命四百生灭。智者若能观命如是，是名能观念念灭也。善男子，智者观命，系属死王，我若能离如是死王，则得永断无常寿命。复次智者观是寿命，犹如河岸，临峻大树。亦如有人，作大逆罪，及其受戮，无怜愍者。如师子王，大饥困时。亦如毒蛇，吸大风时。犹如渴马，护惜水时。如大恶鬼，瞋恚发时，众生死王，亦复如是。善男子，智者若能作如是观，是则名为修集死想。善男子，智者复观，我今出家，设得寿命七日七夜，我当于中精勤修道，护持禁戒，说法教化，利益众生，是名智者修于死想。复以七日七夜为多，若得六日五日四日三日二日一日一时，乃至出息入息之顷，我当于中精勤修道，护持禁戒，说法教化，利益众生，是名智者善修死想。

又，梁朝有高僧，奉帝请百大德试有道者，请至朝门，严备一百甲兵，旌旗耀日，怖百大德。九十九人，悉皆惊走，唯有一大德而无惊怖。王问和尚何故不怕，僧答云：怕何物？我初生孩童之时，刹那刹那，念念已死。故知，诸佛苦心，菩萨誓志，为救众生，如是悲切，应须递相警策，不可倏尔因循。且三界受身，未脱死地，新新生灭，念念轮回。直饶天帝五欲之荣、轮王七宝之富，泰来运合，赏悦暂时。报尽缘终，悲忧长久。物极则返，因果相酬，处业系中，谁能免者？

故《法界箴》云:莫言无畏,其祸鼎沸。勿言无伤,其祸犹长。争如一念还原,绍隆佛种,念念不忘利物,步步与道相应,究竟同归,莫先《宗镜》。所以《华严经》云:佛子,此菩萨摩诃萨,复于一切众生,生利益心、安乐心、慈心、悲心、怜愍心、摄受心、守护心、自己心、师心、大师心,作是念言:众生可愍,堕于邪见,恶慧恶欲,恶道稠林,我应令彼住于正见,行真实道。又作是念:一切众生,分别彼我,互相破坏,斗诤瞋恨,炽然不息,我当令彼住于无上大慈之中。又作是念:一切众生,贪取无厌,唯求财利,邪命自活,我当令彼住于清净身语意业正命法中。又作是念:一切众生,常随三毒,种种烦恼,因之炽然,不解志求出要方便,我当令彼除灭一切烦恼大火,安置清凉涅槃之处。又作是念:一切众生,为愚痴重闇妄见厚膜之所覆,故入荫翳稠林,失智慧光明,行旷野险道,起诸恶见,我当令彼得无障碍清净智眼,知一切法如实相,不随他教。又作是念:一切众生,在于生死险道之中,将堕地狱畜生饿鬼,入恶见网中,为愚痴稠林所迷,随逐邪道,行颠倒行,譬如盲人,无有导师,非出要道,谓为出要,入魔境界,恶贼所摄,随顺魔心,远离佛意,我当拔出如是险难,令住无畏一切智城。又作是念:一切众生,为大瀑水波浪所没,入欲流、有流、无明流、见流,生死洄洑,爱河漂转,湍驰奔激,不暇观察。为欲觉、恚觉、害觉,随逐不舍,身见罗刹,于中执取,将其永入爱欲稠林,于所贪爱,深生染著,住我慢原阜,安六处聚落,无善救者,无能度者,我当于彼起大悲心,以诸善根而为救济,令无灾患,离染寂静,住于一切智慧宝洲。又作是念:一切众生,处世牢狱,多诸苦恼,常怀

爱憎，自生忧怖，贪欲重械之所系缚，无明稠林以为覆障，于三界内，莫能自出，我当令彼永离三有，住无障碍大涅槃中。又作是念：一切众生，执著于我，诸蕴窟宅，不求出离，依六处空聚，起四颠倒行，为四大毒蛇之所侵恼，五蕴怨贼之所杀害，受无量苦，我当令彼住于最胜无所著处，所谓灭一切障碍，住无上涅槃。所以如上经云：我当令彼住于正见，行真实道。又云：令彼安置清凉涅槃之处。又云：令彼知一切法如实相，不随他教。又云：令住无畏一切智城。又云：住于一切智慧宝洲。又云：令彼住于最胜无所著处。故知句句，悉皆指归宗镜。何者？若悟自心，即是正见，离颠倒故。《楞伽经》云：心外见法，名为外道。若悟自心，即是涅槃，离生死故。论云：心外有法，生死轮回。若了一心，生死永绝。若悟自心，即是实相，离虚妄故。《法华经》云：唯此一事实，余二即非真。若悟自心，即是智城，离愚痴故。《思益经》云：愚于阴界入而欲求菩提，阴界入即是，离是无菩提。若悟自心，即是宝洲，具法财故。《华严论》云：宝洲在何处？即众生心是。若悟自心，即是最胜无所著处，离住相故。若心外立法，则随处生著。《法华经》云：拔出众生，处处贪著。《金刚经》云：若菩萨心不住法而行布施，如人有目，日光明照，见种种色。是知，心目开明，智日普照，光吞万像，法界洞然，岂更有一纤尘而作障翳乎？如是则空心不动，具足六波罗蜜。何者？若不见一尘，则无所取。若无所取，亦无可与，是布施义，是大舍义。故经云：无可与者，名曰布施。如是则悭施同伦，取舍平等，不归宗镜，何以裁之？如一钵和尚歌云：悭时舍，舍时悭，不离内外及中间。亦无悭，亦无舍，寂寂寥寥无可把。又，《证道歌》云：默时说，说时默，大施门开无壅塞。有人问我解何宗，报道摩诃般若力。又，若不见一尘，则无持无犯，故云：若觅戒三毒，疮痍几时差？辱境如龟毛，忍心不可得。精进心不起，无法可对治。内外心不生，定乱俱无寄。悉入无生忍，皆成般若门。

问：本宗大旨，举意便知，何待敷扬，劳神述作？

答：一切施为，无非佛事，尽堪悟道，皆是入门。所以普贤佛国，以瞪目为佛事。南阎浮提，以音声为佛事。乃至山海亭台、衣服饮食、语默动静、异相施为，一一提宗，皆入法界。但随缘体妙，遇境知心。乃至见色闻声，俱能证果。华飞钏动，尽可栖神。如论云：有国王观华飞叶动，得辟支佛。钏动者，《禅经》云：有国王令宫女摩身，为镮钏闹，令渐渐减钏，乃至唯一，则不复声。因思此声，从因缘生，悟辟支佛。亦如猕猴，见辟支佛坐禅，后于余处见诸外道种种苦行，乃教外道加趺而坐，手捻其口，令合其眼。诸外道叹云：必有胜法。外道受教，皆证辟支佛。故知，但遵教行者，依法不依人，无不证果。唯除不信人，千佛不能救。如《华严经》中，说信为手，如人有手，至珍宝所，随意采取。若当无手，空无所获。如是入佛法者，有信心乎，随意采取道法之宝。若无信心，空无所得。如昔人云：人之无道，犹车之无轴，车无轴不可驾，人无道不可行。又云：君子无亲，非道不同。何得一向略虚，不勤求至道？此《宗镜录》，是珍宝聚，能得诸佛无上大菩提法宝，一切不可思议功德故。是清净聚，无六十二之邪见垢，八万四千之烦恼浊故，能满一切众生愿，能净一切众生心。如《大智度论》云：是般若波罗蜜，乃至毕竟空亦不著，不可思议亦不著，是故名清净聚。尔时须菩提，应作是念：是般若波罗蜜是珍宝聚，能满一切众生愿：所谓今世乐、涅槃乐、阿耨多罗三藐三菩提乐，愚痴之人而复欲破坏。是般若波罗蜜清净聚，如如意宝珠无有瑕秽，如虚空无有尘垢。般若波罗蜜毕竟清净聚，而人自起邪见因缘，欲作留难破坏，譬如人眼瞖，见妙珍宝，谓为不净。故知，空华生病眼，空本无华。邪见起妄心，法本无见。

又，若以不信恶心，欲毁坏《宗镜》般若正义，但自招谤罪，妙旨何亏？如人以手障矛，但自伤其手，矛无所损。夫般若说则福大，谤亦罪深。若随情谬解，乃至不信等，皆成谤。如《大涅槃经》云：我今为诸声闻弟子等，说《毗伽罗论》。所谓如来常存不变，若有说言：如来无常，云何是人舌不落地？若能正信，圆解无差，遍境遍空，皆同妙证。楞严会上，佛告阿难：十方如来，于十八界，一一修行，皆得圆满无上菩提。于其中间，亦无优劣。但汝下劣，未能于中圆自在慧，故我宣扬，令汝但于一门深入，入一无妄，彼六知根，一时清净。是以，憍陈那因声悟道，优波尼沙陀因色悟道，香严童子因香悟道，乃至虚空藏菩萨因空悟道，则知自性遍一切处，皆是入路，岂局一门，而专以蚊蚋之愚，翻恃鵾鹏之量？且法无迟速，见有浅深，遮障之门，各任轻重。是以《文殊菩萨》颂云：归元性无二，方便有多门。圣性无不通，顺逆皆方便。初心入三昧，迟速不同伦。此《宗镜录》中，并是十方诸佛大威德不思议法门，犹赫赫日轮，岂婴孩之所视？高高法座，非矬陋之能升。唯文殊大人、普贤长子、上上根器，方堪能尔。如《华严论》云:大光王入菩萨大慈为首三昧,显所行慈心业用饶益自在,令后学者仿之,以明无依之智,入一切众生心,与之同体无有别性,有情无情,皆悉同体。入此三昧所感业故,令一切众生及以树林涌泉,悉皆归流,悉皆低枝,悉皆稽首。夜叉罗刹,悉皆息恶。以明智随一切众生,皆与同其业用一性无二。如世间帝王,有慈悲于人,龙神顺伏,凤集麟翔,何况人焉,而不归仰?况此大光王,智彻真原,行齐法界,慈心为首,神会含灵,与众物而同光,为万有之根末。如摩尼宝,与物同色,而本色不违。如圣智无心,以物心为心,而物无违也。明同体大慈悲心,与物同用,对现色身,而令发明,故山原及诸草树,无不回转向王礼敬。陂池泉井,及以河海悉,皆腾溢注王前者,以智境大慈,法合如此。若众生情识所变之境,即众生不能为之,如莲华藏世界中境界,尽作佛事。以是智境,非情所为,故圣者以智归情,令有情众生报得无情草木山泉河海,悉皆随智回转,以末为本故。如世间有志孝于心,冰池涌鱼,冬竹抽笋,尚自如斯,况真智从慈者欤?故知,得法界之妙用,用何有尽。从真性中缘起,起无不妙,则理无不事,佛法即世法,岂可拣是除非耶?事无不理,世法即佛法,宁须斥俗崇真耶?但是未入《宗镜》,境智未亡,兴梦念而异法现前,发焰想而殊途交应,致兹取舍,违背圆常。所以,不能喧静同观、善恶俱化者,未闻《宗镜》故耳。

问:何不依自禅宗,蹑玄学正路,但一切处无著,放旷任缘,无作无修,自然合道。何必拘怀局志,徇义迷文?可谓弃静求喧,厌同好异。

答:近代相承,不看古教,唯专己见,不合圆诠。或称悟而意解情传,设得定而守愚闇证。所以后学讹谬,不禀师承,先圣教中已一一推破。如云一切处无著者,是以阿难悬知末法,皆堕此愚,于楞严会中,示疑起执,无上觉王以亲诃破。《首楞严经》云:阿难白佛言:世尊,我昔见佛,与大目连、须菩提、富楼那、舍利弗四大弟子,共转法轮,常言:觉知分别心性,既不在内,亦不在外,不在中间,俱无所在,一切无著,名之为心。则我无著,名为心不?佛告阿难:汝言觉知分别心性俱无在者,世间虚空、水陆飞行,诸所物像,名为一切。汝不著者,为在为无?无则同于龟毛兔角,云何不著?有不著者,不可名无。无相则无,非无则相,相有则在,云何无著?是故应知,一切无著名觉知心,无有是处。

又,所言放旷任缘者,于《圆觉》中,犹是四病之数。《圆觉经》云:善男子,彼善知识所证妙法,应离四病。云何四病?一者作病,若复有人,作如是言:我于本心作种种行,欲求圆觉。彼圆觉性,非作得故,说名为病。二者任病,若复有人,作如是言:我等今者,不断生死,不求涅槃,涅槃生死,无起灭念,任彼一切随诸法性,欲求圆觉。彼圆觉性,非任有故,说名为病。三者止病,若复有人,作如是言:我今自心,永息诸念,得一切性,寂然平等,欲求圆觉。彼圆觉性,非止合故,说名为病。四者灭病,若复有人,作如是言:我今永断一切烦恼,身心毕竟空无所有,何况根尘虚妄境界,一切永寂,欲求圆觉。彼圆觉性,非寂相故,说名为病。离四病者,则知清净。作是观者,名为正观。若他观者,名为邪观。如上所说，不唯作无著任缘之解，堕于邪观。乃至起寂然冥合之心，皆存意地。

如有学人问忠国师云：不作意时，得寂然不？答：若见寂然，即是作意。所以意根难出，动静皆落法尘。故知，并是执见修禅，说病为法，如蒸砂作饭，缘木求鱼，费力劳功，枉经尘劫。且经中佛语幽玄，则义语非文。不同众生情见粗浮，乃文语非义。又，若执任缘无著之事，尽落邪观。得悉檀方便之门，皆成正教。是以，药病难辩，取舍俱非，但且直悟自心，自然言思道断，境智齐泯，人法俱空，向众生三业之中开佛知见，就生死五阴之内显大菩提，则了义金文可为绳墨，实地知识堪作真归，故得智炬增辉，照耀十方之际。心华发艳，荣敷法界之中。又，若深达此宗，不收不摄，即想念而成智，当语默而冥真，出入之定难亲，忻厌之怀莫及。故云：忻寂不当，放逸还非。如《华严论》云：普眼等诸菩萨，以出入三昧，不得见普贤三业及座境界，故举幻术文字中种种幻相，无所住处，喻明幻术文字之体，了无处所，如何所求。不可将出入三昧处所求之，去彼沉寂生灭，却令想念，明想念动用体自遍周，用而常寂，非更灭也。以是普贤，以金刚慧普入法界，于一切世界无所行无所住，知一切众生身皆非身、无去无来，得无断尽无差别自在神通。此明任物自真，称之为神，不为不思，不定不乱，不来不去。任智遍周，利生自在，知根应现，名之为通。万法如是无出入定乱，方称普贤所行三业作用及座。如十地菩萨座体，但言满三千大千世界之量。此普贤座量，量等虚空一切法界大莲华藏故。明知十地菩萨，智量犹隔，以此来升此位，如许乖宜入

出，如许不可说三昧之门，犹有寂用有限障，未得十地果位，后普贤菩萨大自在故。故三求普贤，三重升进，却生想念，方始现身，及说十三昧境界之事，意责彼十地，犹有求于出世间生死境界，未得等于十方任用自在。以此如来教令却生想念，去彼十地中染习出世净心故，此明十地缘真俗出世余习气惑故。已上意明，治十地菩萨缘真俗二习未亡、寂乱二习未尽，于诸三昧有出入习故，未得常入生死。犹如虚空无作者，而常普遍，非限量所收，一切众生及以境界，以之为体。普贤之智，犹如虚空，一切众生以为生体。有诸众生，自迷智者，名为无明，普贤菩萨，随彼迷事，十方世界对现色身。以智无体，犹如虚空，非造作性，无有去来，非生非灭，但以等虚空之智海，于一切众生处启迷，智无体相，能随等法界虚空界之大用故。岂将十地之位，诸菩萨，以出入三昧有所推求，云何得见？是故，如来为诸菩萨，说幻术文字，求其体相有可得，不求幻之心尚不可得，如何有彼幻相可求？是故，将出入三昧及以求心，而求普贤大用无依善巧智身，了无可得。是故，教诸菩萨，却生想念，殷勤三礼，普贤菩萨，方以神通力如应现身。明智身不可以三昧处所求，为智体无所住、无所依故。若想念愿乐，即如应现化，无有处所依止故，犹如谷响，但有应物之音。若有求，即无有处所可得。佛言：普贤菩萨，今现在此道场众会，亲近我住，初无动移者，明以根本智，性自无依，名为现在此道场故，为能治有所得诸见蕴故。以无碍总别同异普光明智，与十方一切诸佛大用体同，名为众会故。无边差别智海一时等用，不移根本智体无依住智，名为亲近我住，初无移故。

宗镜录第四十四

宋 慧日永明妙圆正修智觉禅师延寿集

夫若谈心佛，唯唱性宗者，则举一摄诸，不论余义。今何背己，述教迷宗？

答：夫论至教，皆为未了之人，从上禀承，无不指示。如忠国师临终之时，学人乞师一言，师云：教有明文，依而行之，即无累矣，吾何言哉？如斯殷勤真实付属，岂局已见，生上慢心？终不妄斥如来无上甘露，不可思议大悲所熏、金口所宣难思圣教。如云依而行之者，且依何旨趣？不可是依文字语句而行，不可是依义路道理而行，直须亲悟其宗，不可辄生孟浪。若决定信入者，了了自知，何须他说？闻甚深法，如清风届耳。今只为昧性徇文之者，假以言诠方便开示，直指出六根现用常住无生灭性，与佛无异，亲证现知，分明无惑，免随言语之所转，不逐境界之所流。今于六根之中，且指见闻二性，最为显现，可验初心，疾入圆通，同归宗镜。且见性者，当见之时，即是自性，以性遍一切处故，不可以性更见于性。分明显露，丝毫不隐。古教云：摩尼殿有四角，一角常露。祖师云：眼门放光，照破山河大地。又歌云：应眼时，若千日，万像不能逃影质，凡夫只是未曾观，何得自轻而退屈。是知，颜貌虽童耄，见性未曾亏。明暗自去来，灵光终不昧。则是现今生灭中指出不生灭性，方知穷子衣

中宝乃轮王髻里珠,贫女室中金是如来藏中物。何假高推极圣,自鄙下凡,一向外求,不能内省,枉功多劫,违背已灵,空滞行门,失本真性?所以《首楞严经》云:佛告阿难:若汝见时,是汝非我。见性周遍,非汝而谁?云何自疑汝之真性,性汝不真,取我求实?故知,明暗差别,是可还之法。真如妙性,乃不迁之门。若随物观,局大小之所在。若约性见,绝器量之方圆。见性即成如来,于一毛端建十方之宝刹。徇物即为凡庶,向真空里现六趣之狴牢。变易在人,一性无异。迷悟由己,万法不迁。如经云:波斯匿王起立白佛:我昔未承诸佛诲勅,见迦旃延毗罗胝子,咸言此身死后断灭,名为涅槃。我虽值佛,今犹狐疑,云何发挥,证知此心不生灭地?今此大众,诸有漏者,咸皆愿闻。佛告大王:汝身现存,今复问汝:汝此肉身,为同金刚常住不朽,为复变坏?世尊,我今此身,终从变灭。佛言:大王,汝未曾灭,云何知灭?世尊,我此无常变坏之身,虽未曾灭,我观现前念念迁谢,新新不住,如火成灰,渐渐消殒,殒亡不息,决知此身当从灭尽。佛言:如是大王,汝今生龄,已从衰老,颜貌何如童子之时?世尊,我昔孩孺,肤腠润泽。年至长成,血气充满。而今颓龄,迫于衰耄,形色枯悴,精神昏昧,发白面皱,逮将不久,如何见比充盛之时?佛言:大王,汝之形容,应不顿朽。王言:世尊,变化密移,我诚不觉。寒暑迁流,渐至于此。何以故?我年二十,虽号年少,颜貌已老初十年时,三十之年又衰二十,于今六十又过于二,观五十时宛然强壮。世尊,我见密移,虽此殂落,其间流易,且限十年,若复令我微细思惟,其变宁唯一纪、二纪?实为年变。岂唯年变,亦兼月化。何直月化,兼又日迁。沉思谛观,刹那刹那,念念之间,不得停住,故知我身,终从变灭。佛言:大王,汝见变化迁改不停,悟知汝灭,亦于灭时,知汝身中有不灭耶?波斯匿王合掌白佛:我实不知。佛言:我今示汝不生灭性。大王,汝年几时见恒河水?王言:我生三岁,慈母携我谒耆婆天,经过此流,尔时即知是恒河水。佛言:大王,如汝所说,二十之时衰于十岁,乃至六十,日月岁时,念念迁变。则汝三岁见此河时,至年十三,其水云何?王言:如三岁时宛然无异,乃至于今年六十二,亦无有异。佛言:汝今自伤发白面皱,其面必定皱于童年。则汝今时观此恒河,与昔童时观河之见,有童耄不?王言:不也,世尊。佛言:大王,汝面虽皱,而此见精性未曾皱。皱者为变,不皱非变,变者受灭,彼不变者元无生灭,云何于中受汝生死?而犹引彼末伽梨等,都言此身死后全灭?王闻是言,信知身后舍生趣生,与诸大众踊跃欢喜,得未曾有。又如众生八识之中,前眼耳鼻舌身等五根,及第八识,俱缘现量,得诸法之自性,不带一切名言,又无二种计度分别,随念分别,即现前不生灭。若六七二识,落在比非二量,及具计度随念分别,即念念常生灭,亦是于生灭中有不生灭性。

已上经文,此是因阇王示疑,寄破外道断见,有此方便分别生灭不生灭二性。若不执断常见性之人,则八识心王,同一真性,皆是实相,无有生灭。如《大智度论》云:当知色生时,但是空生。色灭时,但是空灭。《中观论》偈云:无物从缘起,无物从缘灭。起唯诸缘起,灭唯诸缘灭。故知,万法既不从缘生,亦不非缘生。又,不空亦不生,空亦不生。

何者？若一切法是不空者，即无有生，以无自性空故，方能随缘成诸幻有。若一切法是空者，亦无有生，以无自体故，无有生相。既无有生，亦无有灭。如《论》偈云：果不空不生，果不空不灭。以果不空故，不生亦不灭。果空故不生，果空故不灭。以果是空故，不生亦不灭。但随心现，毕竟无生。如《首楞严经》云：佛言：善男子，我常说言色心诸缘、及心所使、诸所缘法，唯心所现，汝身汝心皆是妙明真精妙心中所现物，云何汝等，遗失本妙圆妙明心、宝明妙性？认悟中迷，晦昧为空。空晦昧中，结暗为色。色杂妄想，想相为身。聚缘内摇，趣外奔逸。昏扰扰相，以为心性。一迷为心，决定惑为色身之内。不知色身，外洎山河虚空大地，咸是妙明真心中物。譬如澄清百千大海弃之，唯认一浮沤体，目为全潮，穷尽瀛渤。汝等即是迷中倍人，如我垂手，等无差别，如来说为可怜愍者。

如上所说，见性周遍湛然，似镜常明，如空不动。万像自分出没，一性未曾往还，但随生灭之缘，遗此妙明之性。是以，一切祖教，皆指见性识心，不从生因之所生，唯从了因之所了。相粗易辩，性密难明。随转处而莫知，在照时而方了。如今不见者，皆被三惑心牵，六尘境换，不知境元是我，翻成主被客迷。但能随流得性之时，自然无惑。复有云：般若唯以心神契会，以心传心，方成密付，不可以言迹事相而求者，此是为未入人显宗破执，恐取相背心，情求意解，故有是说。若融会而论，则随缘体妙，即相恒真。且如正见相时，是谁见相？以六尘钝故，名不自立，相不自施。以六根利故，强自建立，而为缘对。若能了境本寂，识自无生，则入平等真空,方称究竟见性耳。故云:见性周遍,非汝而谁?闻性者,即今闻性,具三真实,文殊简出,现证可知。观音入门,圆通立验。非从行得,不堕有为。岂假功成,本来如是。《首楞严经》偈云:譬如人静居,十方俱击鼓。十处一时闻,此则圆真实。目非观障外,口鼻亦复然。身以合方知,心念纷无绪。隔垣听音响,遐迩俱可闻。五根所不齐,是则通真实。音声性动静,闻中为有无。无声号无闻,非实闻无性。声无既无灭,声有亦非生。生灭二圆离,是则常真实。

释曰:此是直说如今一切众生,日用现行闻性三真实之理:一、圆真实,二、通真实,三、常真实。一、圆真实者,以闻性遍一切处,十方声尘应时无有前后,以同时周遍,一一皆不出自性。如水起波,波不离水。以声处全闻,闻外无法,即是本闻自具圆通之性,非待证圣方有斯事。故《法华经》偈云:父母所生耳,清净无瑕秽。以此常耳闻,三千世界声。又云:持是《法华》者,虽未得天耳,但用所生耳,功德已如是。二、通真实者,且眼根见性,虽即洞然,能观前而不观后。鼻舌身等三根,皆以合中知,因能所而生起。若意知根,所缘不定,念念迁移。故五根所不齐,唯耳根圆通无碍。听响之际,任隔碍而远近俱闻。妙应之时,无拣择而大小咸备。故高城和尚歌云:应耳时,若幽谷,大小音声无不足。十方钟鼓一时鸣,灵光运运常相续。则处凡身而不减,居圣体而非增。常现常通,尘劳不能匿其神彩。非间非断,天魔不能挫其威光。不坏缘生之耳根,圆具一灵之妙性。三、常真实者,音声性动静者,动静是音声之体,性于闻中似有似无。若无声时号无闻,非实闻无性,以闻性常在。若闻性随声尘灭，则前声灭时，后声不合更闻。故知，声尘自无，闻性非灭。声尘自有，闻性非生。又，非唯闻性无生，返观声尘亦无生灭，以从缘而起，自体全无。如《华严论》云：一切诸法，犹如谷响。《楞严疏钞》云：如谷中无声，无声即无响，法界中皆无声，一切声皆是妄心，妄心不动时，皆无妄想。以有差别心执受，即有声四大，如枯木即本无声，皆缘执故。诸大菩萨不以音声听法。是知，声尘本无，皆因执有。情消执丧，万法本虚。有无既虚，生灭何有？则知，我性与如来性无异，一切世间法即是佛法。故经云：是法住法位，世间相常住。如憍陈那因声悟道，妙音密圆。古释云：若有能所，未得名密。悟四谛理，推能闻及所闻，皆是自心，心即是本觉光明，圆照法界，始觉智心亦圆照法界，即是因声得悟。一切众生，依此观亦得解脱。若闻声可意不可意生憎爱，便被声缚。但观心海中是声出处，以心海元无有相，心虽含声，声亦无相，无相，即于一切声中而得解脱。故知，无法不心，无心不法。如是明达，则于一切诸法，不合不散，无缚无脱矣。故佛告阿难：汝学多闻，未尽诸漏，心中徒知颠倒所因，真倒现前，实未能识。恐汝诚心由未信伏，吾今试将尘俗诸事，当除汝疑。实时如来，勅罗睺罗击钟一声，问阿难言：汝今闻不？阿难大众，俱言我闻。钟歇无声，佛又问言：汝今闻不？阿难大众，俱言不闻。时罗睺罗又击一声，佛又问言：汝今闻不？阿难大众，又言俱闻。佛问阿难：汝云何闻，云何不闻？阿难大众，俱白佛言：钟声若击，则我得闻。击久声消，音响双绝，则名无闻。如来又勅罗睺罗击钟，问阿难言：尔今声不？阿难言：声。少选声消，佛又问言：汝今声不?阿难大众,答言无声。又顷,罗睺罗更来撞钟,佛又问言:尔今声不?阿难大众,俱言有声。佛问阿难:汝云何声,云何无声?阿难大众,俱白佛言:钟声若击,则名有声。击久声消,音响双绝,则名无声。佛语阿难,及诸大众:汝今云何自语矫乱?大众阿难,俱时问佛:我今云何名为矫乱?佛言:我问汝闻,汝则言闻。又问汝声,汝则言声。唯闻与声,报答无定,如是云何不名矫乱?阿难,声消无响,汝说无闻,若实无闻,闻性已灭,同于枯木。钟声更击,汝云何知?知有知无,自是声尘。或无或有,岂彼闻性为汝有无?闻实云无,谁知无者?是故阿难,声于闻中自有生灭,非为汝闻声生声灭,令汝闻性为有为无。汝尚颠倒,或声为闻,何怪昏迷以常为断?终不应言,离诸动静闭塞开通说闻无性。如重睡人,眠熟床枕,其家有人,于彼睡时捣练舂米,其人梦中闻舂捣声,别作他物:或为击鼓,或复撞钟,即于梦时,自怪其钟为石木响。于时忽寤,遄知杵音,自告家人:我正梦时,惑此舂音,将为鼓响。阿难,是人梦中,岂忆静摇开闭通塞?其形虽寐,闻性不昏。纵汝形消,命光迁谢,此性云何为汝消灭?《楞严疏》云:击钟以辩真妄者,即闻性而可真,举声尘而辩妄。若因声有闻,此闻不离声。若离声有闻,此是真闻。汝今但执随声之闻,此闻不离于声,只合是声,不合是声。若真闻性如水,不灭声尘如风,鼓水成波,故有闻相。声尘不起,闻相即无,而闻性不灭。以性不灭,声尘若来,还有闻相。如水不灭,若风动时,即有波相。如色真性,遍十方界,随心感现,则有色相。此之闻性,亦复如是。故知,不认自体恒常之闻性,却徇声尘生灭之闻相,遂乃闻赞而生喜,闻毁而起瞋,以迷本闻,故随声流转。故文殊云:众生迷本闻,循声故流转。阿难纵强记,不免落邪思。岂非随所沦,旋流获无妄。又云:旋汝倒闻机,返闻闻自性。性成无上道,圆通实如是。如今以声为闻,背心循境,岂不是倒闻之机?若能旋声尘之有流,复本闻之无妄,则是返闻自性,得本归原。内灭翳根,外消尘境,能所既脱,本觉道成,寂照圆通,真实如是。所以佛告阿难:以诸众生,从无始来,循诸色声,逐念流转,曾不开悟性净妙常。不循所常,逐诸生灭,由是生生,杂染流转。若弃生灭,守于真常,常光现前,根尘识心,应时消落,想相为尘,识情为垢,二俱远离,则汝法眼,应时清明,云何不成无上知觉?是以,若了闻性,即成正觉。于是心境双融,动静俱泯。如观音言:彼佛教我,从闻思修入三摩地。初于闻中入流亡所,所入既寂,动静二相,了然不生。如是渐增,闻所闻尽,尽闻不住。觉所觉空,空觉极圆,空所空灭。生灭既灭,寂灭现前。忽然超越,世出世间,十方圆明,获二殊胜:一者,上合十方诸佛本妙觉心,与佛如来同一慈力。二者,下合十方一切六道众生,与诸众生同一悲仰。是以,初从闻性入时,先亡动静声尘之境,次亡能闻所闻之心。既心境俱亡,又不住无心境、及能觉所觉之智,则觉智俱空,此空亦空,方成圆觉。故云:空觉极圆,空所空灭。始尽生灭之原,到寂灭本妙觉心之地。如《起信论》云:一切诸法,皆由妄念而有差别,若离妄念,则无境界差别之相。故知,妄念空而根境谢,识想消而尘垢沉,则法眼应时清明,常光了然顿现。见闻本性既尔,诸根所现亦然。故经云:六自在王,常清净故。又,《首楞严经》偈云:

一根既返原,六根成解脱。见闻如幻翳,三界若空华。闻复翳根除,尘消觉圆净。净极光通达,寂照含虚空。却来观世间,犹如梦中事。但以未觉悟前,于染净中有一毫见闻取舍之处,皆在三界无明长夜生死梦中。才得见性,便同觉后,自觉觉他,故名为佛。

又,此自心之性,遍一切处,随处得入,非独见闻:或意消香界而入圆通,或心开尘境而证法忍,或入水观而达性,或审风力而悟宗,或刺足疼痛而纯觉遗身,或了心无际而入佛知见,或观暖触而成火光三昧,或演法音而降伏魔怨。当此大悟之时,终不见有一境可生、一言可执,今只为迷性徇文、背心求道者,假以言说,指归自心。从此一向内观,舍诠究理。斯则岂不是因言悟道,藉教明宗?为此之人,不无利益。遂使初心学者,信有所归,便能息外驰求,回光反照,顿见自己,了了明心。如正饮醍醐,亲开宝藏,方悟随言之失,深惭背己之愆。故阿难等,因世尊开示自性之后,发自庆言:消我亿劫颠倒想,不历僧祇获法身。故能不动尘劳,现身成佛。祖佛言教,有如是不可思议之力,为是广大无边法利故,所以具引全文佛语为证,云何反有背己之言、论文之诮乎?

若不观心内证,法、律、禅师等,各有十种过患。如《像法决疑经》云:三师破坏佛法,略各有十过:一法师十过者:一、但外求文解,而不内观修心。释论云:有论而无慧,所说不应受。二、不融经息诤趣道,但执己非他,我慢自高,不识见心苦集。三、不遵遗嘱,不依念处修道,不依木叉住,非佛弟子。四、经云:非禅不慧,偏慧不禅。一翅一轮,岂能远

运？五、法本无说，说破贪求，名利弘宣，宁会圣旨？六、贵耳入口出，何利于己？经云：如人数他宝，自无半钱分。无行而宣，何利于他？八、又多加水乳无道之教，教误后生。九、四众失真法利，转就浇漓。十、非但不能光显佛法，亦乃破于佛法也。禅师十过者：一、经云：假名阿练若，纳衣在空闲。自谓行真道，好说我等过。二者、恃行陵他，不识戒取苦集烦恼。三、无慧修定，盲禅无目，宁出生死也。四、不遵遗嘱，不依念处修道，不依木叉而住，非佛弟子。五、无慧之禅，多发鬼定。生破坏佛法，死堕鬼道。六、名利坐禅，如扇提罗，死堕地狱。七、设证得禅，即堕长寿天难。八、加水乳禅，教授学徒，绍三涂种子。九、四众不沾真法之润，转就浇漓。十、非止不能光显三宝，亦乃破佛法也。律师十过者：一、但执外律，不识内戒，故被净名诃。二、执律名相，诤计是非，不识见心苦集。三、然戒定慧相资，方能进道。但律不慧不禅，何能进道？四、弘在名誉，志不存道，果在三涂。五、不遵遗嘱，不依念处修道，不依木叉而住。六、执律方便小教以为正理，而障大道。七、师师执律不同，弘则多加水乳。八、不依圣教传授，误累后生。九、四众不沾真法，转就浇漓。十、非止不能光显三宝，亦乃破佛法也。

是知，若不观心，具如上之大失。如《大智度论》云：菩萨摩诃萨，若欲不空食国中之施者，当学般若波罗蜜。又，《宝梁经》云：若学大乘佛法者，受施主抟食，如须弥山。受施主衣，可敷大地。如不学者，若未堕僧数，十方无唾地处。《维摩经》亦云：敬学如师，才起学心，便有为人天之分。或闻《宗镜》一句，定成佛无疑。故《法华经》云：若有闻是法，无一不成佛。唯除未闻者,盲冥不信人。若已闻者,皆是曩因。既受衣珠,曾亲佛会。不可放逸,须志披寻。忽遇缘差,空无所得。所以《瑜伽论》云:不缓加行中,又能如是勇猛精进,谓我今定当趣证,所应证得,不应慢缓。何以故?我有多种横死因缘。所谓身中,或风或热,或痰发动,或所饮食不正消化,住在身中。或宿食病,或为于外,蛇蝎蚰蜒、百足等类诸恶毒虫之所蛆螫,或复为人非人类等之所惊恐,因斯夭没。于如是等诸横死处,恒常思惟,修无常想,住不放逸。由住如是不放逸故,恒自思惟:我之寿命,傥得更经七日六日五日四日三日二日一日一时半时须臾,或经食顷,或从入息至于出息,或从出息至于入想,乃至存活经尔所时,于佛圣教,精勤作意,修习瑜伽。剂尔所时,于佛圣教,我当决定多有所作。如是名为不缓加行。

问:义学多乐听读,禅宗唯精内观。然教观二门,阙一不可。若但观心而不寻教,堕闇证上慢之愚。若但寻教而不观心,受执指数宝之诮。有不达者,递相是非。今《宗镜》广搜,祖教意足,请为微细开折,以决深疑。

答:教观难明,须分四句。如云:一、教门非理门,教是能通,理是所通,能所异故。二、理门非教门,吾闻解脱之中,无有言说故。三、教门即理门,文字即解脱故。四、理门即教门,解脱即文字故。又以门对教,四句分别:一、得教不得门,文字法师是。二、得门不得教,观慧禅师是。三、得门复得教,闻慧法师是。四、门教俱不得,假名阿练若是。又,或随方便之诠,则执权害实。若达圆顿之教,则了实开权。

执权则教观两分，了实则人法一旨。人法一旨，则境智俱冥。教观两分，则信法双现。信法双现，则有观有闻。境智俱冥，则无内无外。斯乃随根利钝，有此开遮，若能就旨圆融，自无取舍。则尘尘合道，信行同法行之机。念念归宗，教门等观门之旨。如是则无一心可照，谁执观门？无一法可闻，孰论教道？方入《宗镜》，与此相应。未达斯门，终成隔碍。且教中具述，有二种修行人：一是信行，二是法行。萨婆多，明此二人，位在见道：因闻入者，是为信行。因思入者，是为法行。昙无德云：位在方便，自见法少，凭闻力多。后时要须闻法得悟，名为信行。凭闻力少，自见法多，后时要须思惟得悟，名为法行。《止观》云：若论利钝者，法行利，内自观法故。信行钝，藉他闻故。又，信行利，一闻即悟故。法行钝，历法观察故。或俱利，或俱钝。信行人闻慧利，修慧钝。法行人修慧利，闻慧钝。已上且约三师所说，自然不可偏执观心与教道，定据听学与坐禅。今若得一心，万邪灭矣，则何心而非教？若一闻千悟，获大总持，则何教而非心？何教而非心，则心外无法。何心而非教，则法外无心。更约智者大师对法行二人，以止观安心，随四悉檀意以逗机宜，俱令入道。师即问言：汝于定慧，为志何等？其人若言：我闻佛说，善知识者，如月形光，渐渐圆著。又如梯隥，渐渐增高。说转令心，得道大因缘。志欣渴饮，如犊逐母。当知是则信行人也。若言：我闻佛说，明镜若不动，色像自分明。净水无波，鱼石自现。欣舍恶觉，如弃重担。当知是则法行人也。既知根性，于一人所，八番安心，咄！善男子，无量劫来，饮狂散毒，驰逐五尘，升沉三界，犹如猛风，吹兜罗毦。

大热沸镬，煮豆升沉，从苦至恼，从恼至苦，何不息心达本，以一其意？意若一者，何事不办？苦集得一，则不轮回。无明得一，不至于行。乃至不至老死，摧折大树，毕故不造新。六弊得一，则度彼岸，唯此为快。善巧方便、种种因缘、种种譬喻，广赞于止，发悦其情，是名随乐欲以止安心也。又，善男子，如天亢旱，河池悉干，万卉燋枯，百谷零落。娑伽罗王，七日构云，四方霔雨，大地沾洽，一切种子皆萌芽，一切根株皆开发，一切枝叶皆郁茂，一切华果皆敷荣。人亦如是，以散逸故，应生善不复生，已生善还退失，禅定河干，道品树灭，万善燋枯，百福残悴，因华道果不复成熟。若能闲林一意，内不出，外不入，静云兴也，发诸禅定，即是降雨也，功德丛林、暖顶方便、眼智明觉，信忍、顺忍、无生寂灭忍，乃至无上菩提，悉皆克获。善巧方便，种种缘喻，广赞于止，生其善根，是名随便宜以止安心也。又，善男子，夫散心者，恶中之恶，如无钩醉象蹋坏华池，穴鼻骆驼翻倒负驮，疾于掣电，毒逾蛇舌，重沓五翳，埃蔼曜灵，睫近霄远，俱皆不见。若能修定，如密室中灯，能破巨闇。金鎞抉膜，空色朗然，一指二指三指皆了。大雨能淹嚣尘，大定能静狂逸，止能破散，虚妄灭矣。善巧方便、种种缘喻，广赞于止，破其睡散，是名对治以止安心也。又，善男子，心若在定，能知世间生灭法相，亦知出世不生不灭法相。如来成道，犹尚乐定，况诸凡夫？有禅定者，如夜见电光，即得见道，破无数亿洞然之恶，乃至得成一切种智。善巧方便、种种缘喻，广赞于止，即会真如，是名随第一义以止安心也。其人若言：我闻寂灭，都不入怀。若闻分别，听受无厌。即应为说：三恶烧然、驼驴重楚、饿鬼饥渴，不名为苦。痴闇无闻、不识方隅，乃是大苦。多闻分别乐，见法法喜乐，以善攻恶乐，无著阿罗汉，是名为最乐。从多闻人闻甘露乐，如教观察知道，远离坑埳，直去不回。善巧方便，种种缘喻，广赞于观，发悦其情，是名随乐欲以观安心。又，善男子，月开莲华，日兴作务，商应随主，彩画须胶，坏不遇火，无须臾用。盲不得导，一步不前。行无观智，亦复如是：一切种智，以观为根，本无量功德之所庄严，善巧方便、种种缘喻，广赞于观，生其功德，是名随便宜以观安心。又，善男子，智者识怨，怨不能害。武将有谋，能破强敌。非风何以卷云，非云何以遮热。非水何以灭火，非火何以除闇？析薪之斧、解缚之刀，岂过智慧？善巧方便、种种缘喻，广赞于观，使其破恶，是名对治以观安心。又，善男子，井中七宝、闇室瓶盆，要待日明。日既出已，皆得明了。须智慧眼，观知诸法实，一切诸法中，皆以等观入，般若波罗蜜，最为照明，善巧方便，种种缘喻，广赞于观，令得悟解，是名第一义。

以观安心，如是八番，为信行人说安心也。其人若云：我乐息心，默以复默，损之又损之，遂至于无为，不乐分别，坐驰无益。此则法行根性，当为说止。汝勿外寻，但内守一。攀觉流动，皆从妄生。如旋火轮，辍手则息。洪波鼓怒，风静则澄。《净名经》云：何谓攀缘？谓有三界。何谓息攀缘？谓心无所得。《瑞应经》云：其得一心者，则万邪灭矣。龙树云：实法不颠倒。念想观已除，言语法皆灭。无量众罪除，清净心常一。如是尊妙人，则能见般若。夫山中幽寂，神仙所赞。况涅槃澄静，贤圣尊崇。《佛话经》云：比丘在聚，身口精勤，诸佛咸忧。比丘在山，息事安卧，诸佛皆喜。况复结跏束手、缄唇结舌？思惟寂相，心原一止。法界洞寂，岂非要道？唯此为贵，余不能及。善巧方便，种种因缘，种种譬喻，广赞于止，发悦其心，是名随乐欲以止安心。其人若云：我观法相，只增纷动。善法不明，当为说止：止是法界平正良田，何法不备？止舍攀缘即是檀，止体非恶即是戒，止体不动即是忍，止无间杂即是精进，止则决定即是禅，止法亦无、止者亦无即是慧。因止会非止非不止即是方便，一止一切止即是愿，止止爱、止止见即是力。此止如佛止无二无别即是智，止具一切法即是秘藏。但安于止，何用别修诸法？善巧方便、种种缘喻，令生善根，即是随便宜以止安心也。若言：我观法相，散睡不除者，当为说止，大有功能：止是壁定，八风恶觉不能入。止是净水，荡于贪淫，八倒犹如朝露，见阳则晞。止是大慈，怨亲俱愍，能破恚怒。止是大明咒，痴疑皆遣。止即是佛，破除障道。如阿伽陀药，遍治一切。如妙良医，咒枯起死。善巧方便，种种缘喻，令其破恶，是名对治以止安心。其人若言我观察时，不得开悟，当为说止：止即体真，照而常寂。止即随缘，寂而常照。止即不止止，双遮双照。止即佛母，止即佛父，亦即父即母。止即佛师、佛身、佛眼、佛之相好、佛藏、佛住处。何所不具，何所不除？善巧方便，种种缘喻，广赞于止，是为第一义以止安心。彼人言：止状沉寂，非我悦乐。当为说观：推寻道理，七觉中有择觉支，八正中有正见，六度中有般若，于法门中为主为导，乃至成佛，正觉、大觉、遍觉，皆是观慧异名，当知观慧最为尊妙。如是广赞，是为随乐欲以观安心。若勤

修观,能生信、戒定慧、解脱、解脱知见。知病识药,化道大行。众善普会,莫复过观,是为随便宜以观安心。观能破闇,能照道,能除怨,能得宝,倾邪山,竭爱海,皆观之力,是为随对治以观安心。若观法时,不得能所,心虑虚豁,朦胧欲开,但当勤观,开示悟入,是为用第一义以观安心,是为八番为法行人说安心也。复次人根不定,或时回转。萨婆多,明转钝为利。《成论》,明数习则利,此乃始终论利钝,不得一时辩也。今明众生心行不定:或须臾而钝,须臾而利,任运自尔,非关根转,亦不数习。或作观不彻,因听即悟。或久听不解,暂思即决。是故更论,转根安心:若法行转为信行,逐其根转,用八番悉檀而授安心。若信行转成法行,亦逐根转,用八番悉檀而授安心。得此意,广略自在说之。转不转,合有三十二安心也。自行安心者,当察此心,欲何所乐:若欲息妄,令念相寂然,是乐法行。若乐听闻,彻无明底,是乐信行。乐寂者,知妄从心出,息心则众妄皆静。若欲照知,须知心原。心原不二,则一切诸法皆同虚空,是为随乐欲自行安心。其心虽广分别心及诸法,而信念精进,毫善不生,即当凝停莫动。诸善功德,因静而生,若凝停时,弥见沉寂,都无进忍,当计校筹量,策之令起。若念念不住,如汗马奔逸,即当以止,对治驰荡。若静默然无记,与睡相应,即当修观,破诸昏塞。修止既久,不能开发,即应修观,观一切法无碍无异,怗怗明利,渐觉如空。修观若久,闇障不除,宜更修止。止诸缘念,无能无所,所我皆寂,空慧将生。是为自修法行,八番善巧布历,令得心安信行。安心者,或欲闻寂,定如须弥,不畏八动,即应听止。欲闻利观,破诸烦恼,如日除闇,即应听观。听观多,如日燋芽,即应听止,润以定水。或听定淹久,如芽烂不生,即应听观,令风日发动,使善法现前。或时驰觉,一念叵住,即应听止,以治散心。或沉昏蒙蒙坐雾,即当听观,破此睡熟。或听止豁豁,即专听止。或闻观朗朗,即专听观。是为自修信行,八番巧安心也。若法行心转为信行,信行心转为法行,皆随其所宜,巧钻研之。自行有三十二,化他亦三十二,合为六十四安心也。复次信法不孤立,须闻思相资。如法行者,随闻一句,体寂湛然,梦妄皆遣,还坐思惟,心生欢喜。又闻止已,还更思惟,即生禅定。又闻于止,还即思惟,妄念皆破。又闻止已,还更思惟,朗然欲悟。又闻观已,还更思惟,心大欢喜。又闻观已,还更思惟,生善破恶欲悟等。准前可知:此乃听少思多,名为法行,非都不听法也。信行端坐,思惟寂灭,欣踊未生,起已闻止。欢喜甘乐,端坐念善,善不能发,起已闻止。信戒精进,倍更增多,端坐治恶,恶不能遣,起已闻止。散动破灭,端坐即真,真道不启,起已闻止。豁如悟寂,是为信行,坐少闻多,非都不思惟。前作一向根性,今作相资根性。就相资中,复论转不转,亦有三十二安心。化他相资,亦有三十二安心,合六十四,合前为一百二十八安心也。夫心地难安,违苦顺乐,今随其所愿,逐而安之。譬如养生,或饮或食,适身立命。养法身亦尔:以止为饮,以观为食。药法亦两:或丸或散,以除冷热,治无明病。以止为丸,以观为散。如阴阳法,阳则风日,阴则云雨,雨多则烂,日多则燋。阴如定,阳如慧,定慧偏者,皆不见佛性。八番调和,贵在得意。一种禅师,不许作观,唯专用止,引偈云:思思徒自思,

思思徒自苦。息思即是道,有思终不睹。又一师不许作止,专在于观,引偈云:止止徒自止,昏闇无所以。止止即是道,观观得会理。两师各从一门入,以己益教他,学者不见意,一向服乳,浆犹难得,况复醍醐?若一向作解者,佛何故种种说耶?天不常晴,医不专散,食不恒饭。世间尚尔,况出世耶?今随根随病,回转自行化他,有六十四。若就三番止观,即三百八十四。又,一心止观,复有六十四,合五百一十二。三悉檀,是世间安心,世医所治差已。复生一悉檀,是出世安心,如来所治,毕竟不发。世出世法,互相成显。若离三谛,无安心处。若离止观,无安心法。若心安于谛,一句即足。如其不安,巧用方便令心得安。一目之罗,不能得鸟。得鸟者,罗之一目耳。众生心行,各各不同:或多人同一心行,或一人多种心行。如为一人,众多亦然。如为多人,一人亦然。须广施法网之目,捕心行之鸟耳。如是委细,种种安心,利钝齐收,自他兼利,若有闻者,顶戴修行。

宗镜录第四十五

宋 慧日永明妙圆正修智觉禅师延寿集

夫已上是引台教明定慧二法安心，次依华严宗释《华严经》云：于眼根中入正定，于色尘中从定出。示现色性不思议，一切天人莫能知。于色尘中入正定，于眼起定心不乱。说眼无生无有起，性空寂灭无所作。疏释云：定慧虽多，不出二种：一事，二理。制之一处，无事不办，事定门也。能观心性，契理不动，理定门也。明达法相，事观也。善了无生，理观也。诸经论中，或单说事定，或但明理定。二观亦然：或敌体事理，止观相对。或以事观，对于理定。如《起信论》云：止一切相，乃至心不可得为止，而观因缘生灭为观。或以理观，对于事定，此经云：一心不动入诸禅，了境无生名般若是也。或俱通二，此经云：禅定持心常一缘，智慧了境同三昧是也。或二俱泯，非定非散。或即观之定，但名为定，如观心性名上定是也。或即定之观，但名为观，如以无分别智观名般若是也。或说双运，谓即寂之照是也。所以局见之者，随瞩一文，互相非拨。偏修之者，随入一门，皆有克证，然非圆畅。今此经文，巧显无碍，略分五对：第一对：根境无碍，谓观根入定，应从根出，而从境出者，为显根境唯是一心，缘起无二，理性融通，是故，根入境出耳，境入根出亦然。第二对：理事二定无碍，谓分别事相，应入事定，而入理

定。欲观性空,应入理定而入事定。以契即事之理而不动故,入理即是入事。制心即理之事而一缘故,入事即是入理。而经文但云:入正定不言事理,及乎出观,境中即云分别色相,斯事观也。根中即云性空寂者,理观也。亦合将根事对于境理,以辩无碍。第三对:事理二观无碍,谓欲分别事相,应从事观起,而反从理观起,以所观之境既真俗双融、法界不二,故分别事智,即是无生之智,二观唯是一心,故亦应将境事理、对根事理以辩无碍。第四对:出入无碍,以起定即是入定,故起定而心不乱。若以事理相望,应成四句:谓事入事起,事入理起,理入理起,理入事起。若以根境相望,又成四句:谓根事入,境事起等。一一思之,皆有所由。又,或以理观对于事止,谓契理妄息也。或事观对于理寂,谓无念知境也。或事观对于事寂,谓观于一境心,不动摇也。或理观对于理寂,亡心照极也。如《百门义海》云:明出入定者,谓见尘性空,十方一切真实之理,名为入定也。然此见尘无性空理空时,乃是十方之空也。何以故?由十方之心,见于一尘,是故,全以十方为尘定,亦不碍事相宛然,是故起与定俱,等虚空界。但以一多融通,同异无碍。是故,一入多起,多入一起。差别入一际起,一际入差别起,皆悉同时一际成立,无有别异。当知定即起,起即定,一与一切同时成立,出入无碍也。第五对:二利体用无碍,谓于深根起,定心不乱。是体也,自利也,而不碍理,舒于广境。是用也,人天不能知,利他也。良以体用无二故,自利即是利他。

此上十义,同为一聚法界缘起,相即自在,菩萨善达,作用无碍。又,经且约根境相对,亦应境境相对,谓色尘入正受,声香三昧起。复应根根相对,谓眼根入正受,耳根三昧起等。云色性难思等者,即色等总持,是色陀罗尼自在佛等。亦应云分别眼性难思,有眼陀罗尼自在佛等。又,眼中云:性空寂灭,即眼之度门,眼等本净。亦应云:色等度门,色等本净,不唯取相为染,无心为净而已也。又,以《智论》三观束之,分别色相等,是假名观也。性空寂灭,是空观也。此二不二,色性难思,中道观也。三无前后,皆是一心。

上来无碍,深妙难思。始学之流,如何趣入?今当总结,但能知事理无碍,根境一如,念虑不生,自当趣入。是以,事中即理,何曾有碍?心外无境,念自不生。如是则入《宗镜》之一心,成止观之双运,方能究竟定慧庄严,自利利他,圆无尽行。又,若心不安,人在三界内,未入止观门,非习学之者。情牵万境,意起百思,投五欲旋火之轮,未曾略暇。陷五浊狴牢之处,何省暂离?尘网千重,密密而常笼意地。爱绳万结,条条而尽系情田。耸高阜于慢山,横遮法界。汹长波于贪海,吞尽欲流。若蚁聚蜂攒,攀缘役役。如鼠偷狗窃,结构营营。八苦之焰长烧,二死之河恒没,轮回生灭,苦恼萦缠,皆是不能自安心耳。今为于生死长夜、无明尘劳、三界大梦之中独觉悟人,割开爱网,欲透苦原,将求如来大寂灭乐者,如前所述安心之门,直下相应。无先定慧,定是自心之体,慧是自心之用。定即慧故,体不离用。慧即定故,用不离体。双遮则俱泯,双照则俱存。体用相成,遮照无碍。此定慧二法,修行之要,祖佛大旨,经论同诠。所以《法华经》云:以禅定智慧力,得法国土。又云:定慧力庄严,以此度众生。《华严经》颂云:众生惑见恒随缚,无始稠林未除翦。与志共俱心并生,常相羁系不断绝。但唯妄想非实物,不离于心无处所。禅定境排仍退转,金刚道灭方毕竟。《大涅槃经》云:定慧等学,明见佛性。又云先以定动,后以智拔。《大智度论》云:禅定为父,智慧为母,能生一切导师。又云:以业力故入生死,以定力故出生死。故云:禅非智无以穷其寂,智非禅无以发其照。何者?谓禅无智,但是事定。若得智慧观于心性,即为上定。若智不得禅,乃为散善分别。慧若有定,如密室灯,寂而能照,离动分别,成实慧故。若定慧双运,动寂融通,则念念入三昧之门,寂寂运无涯之照。

如上种种开示、种种证明,如是调停、如是剖析,削繁简要、去伪存真,以无数万亿诸方便门,皆令一切含生,尽入此《宗镜》。如囊中有宝,不探示之,谁有知者?犹室中金藏,未遇智人,何由发掘?若珠蔽内衣里,弗因亲友所示,争致富饶。似穷子之家珍,非长者之诱引,曷能承绍?设或明了信入无疑,更在当人克己成办:炼磨余习,直取相应。一切时中,不得忘照,自量生熟,各逐便宜。此是修定时,此是修慧时。若掉散心,须行三昧。若惛沉意,宜启慧门。若处见修位中,此是行时,非是证时。若居究竟即内,此是证时,非是行时。不可如二乘,忽忽取证,沉实际之海,溺解脱之坑。又不可效无闻比丘,妄指无生,求升反坠。似苦行外道,唯投见网,期悟遭迷。斯定慧门,是真修路,照宗门之皎日,泛觉海之迅航。驾大白牛车之二轮,升第一义天之两翼。等学而明见佛性,庄严而可度众生。为法国土之王,因兹二力。出生死海之底,全假双修。散妄乱而似风吹云,破愚闇而如日照世。动邪见之深刺,拔无明之厚根。为大觉海之阴阳,作宝华王之父母,备一乘之基地,坚万行之垣墙。以此相应,能入宗镜。

前据台教,明五百番安心法门,皆为逗机,对病施药。今依祖教,更有一门,最为省要,所为无心。何者?若有心则不安,无心则自乐。故先德偈云:莫与心为伴,无心心自安。若将心作伴,动即被心谩。《法华经》云:破有法王,出现世间。《净名经》云:除去所有,唯置一床。即是除妄心之有,外境本空,以心有法有,心空境空。故《起信论》云:是故当知,一切世间境界之相,皆依众生无明妄念而得建立。如镜中像,无体可得,唯从虚妄分别心转。心生则种种法生,心灭则种种法灭故。是以,但得无心,境自不现。既无对待,逆顺何生?以逆境故,生瞋恼强贼干怀。以顺境故,牵爱情华箭入体。能令心动,故称不安。今若无心,坦然无事,则万机顿赴而不挠其神,千难殊对而不干其虑。所以阿难执有而无据,七处茫然。二祖体无而自安,言下成道。若不直了无心之旨,虽然对治折伏,其不安之相,常现在前。若了无心,触途无滞,绝一尘而作对,何劳遣荡之功?无一念而生情,不假忘缘之力。又,无心约教有二:一者澄湛令无,二者当体是无。澄湛令无者,则是摄念安禅,蠲消觉观,虚襟静虑,渐至微细。当体是无者,则直了无生,以一念起处不可得故。经云:一念初起,无有初相,是真护念。《宝藏论》云:夫离者无身,微者无心。无身故大身,无心故大心。大心故,则智周万物。大身故,则应备无穷。是以,执身为身者,则失其大应。执心为心者,则失其大智。故千经万论,莫不说离身心破于执著,乃入真实。譬如金师,销矿取金,方为器用。若有身者,则有身碍,有身碍故,则法身隐于形瘫之中。若有心者,则有心碍,有心碍故,则真智隐于念虑之中。故大道不通,妙理沉隐,六神内乱,六境外缘,昼夜惶惶,无有止息矣。夫不观其心者,而不见其微。不观其身者,而不见其离。若不见其离微者,则失其道要。故经云:佛说非身,是名大身。心亦如是。此谓破权归实,会假归真。譬如金师,销矿取金,方为器用。灭相混融,以通大冶。大冶者,谓大道。此大道冶中,造化无穷,流出万宗,若成若坏,体无增减。故经云:有佛无佛,性相常住。所言混融相者,但为愚夫,著相畏无相也。所以说相者,为彼外道,著于无相畏有相。所以说中道者,欲令有相无相不二也。此皆破执除疑,言非尽理。若复有人,了相无相,平等不二,无取无舍,无彼无此,亦无中间,则不假圣人言说,理自通也。

如上所述,皆为有心成障。若乃无心,自然合道,即是离其妄心,真心不动。如《释摩诃衍论》云:离心缘相者,心量有十:一者眼识心,二者耳识心,三者鼻识心,四者舌识心,五者身识心,六者意识心,七者末那识心,八者阿赖耶识心,九者多一识心,十者一一识心。如是十中,初九种心,不缘真理。后一种心,得缘真理,而为境界。今据前九,作如是说:离心缘相。本有契经中,作如是说:甚深真体,非余境界,唯自所依缘为境界故。《楞伽经》云:非心之心量,我说为心量者,谓以非心量,为遣心量。若以非心量为是,斯即心量。今谓非心量即不思议之心量者,不碍心量故。如《华严经》云：菩萨住是不思议，即非心量。于中思议不可尽，即之心量。以二相即夺，故思与非思俱寂灭。又云于非心处示生于心者，人多误解。情作非情，非情作情。若执于非心处示生于心是非情为情者，既言示生，非真无情为有情矣。《大宝积经》云：佛言：文殊，汝入不思议三昧耶？文殊师利言：不也，世尊，我即不思议，不见有心能思议者，云何而言入不思议三昧？我初发心，欲入是定，而今思惟，实无心相而入三昧。如人学射，久习则巧，后虽无心，以久习故，箭发皆中。我亦如是，初学不思议三昧，系心一缘，若久习成就，更无心想，恒与定俱。又，先德云：一念妄心才动，即具世间诸苦。如人在荆棘林不动，即刺不伤。妄心不起，恒处寂灭之乐。一念妄心才动，即被诸有刺伤。故经云：有心皆苦，无心乃乐。当知妄心不起，始合法身寂灭乐也。

问：本自无心，妄依何起？

答：为不了本自无心名妄。若知本自无心，即妄无所起，真无所得。

问：何故有心即妄，无心即无妄？

答：以法界性空寂，无主宰故，有心即有主宰，有主宰即有分剂。无心即无主宰，无主宰即无分剂，无分剂即无生死。

问：无心者，为当离心是无心，即心得无心？

答：即心得无心。

问：即心是有心，云何得无心？

答：不坏心相，而无分别。

问：岂不辩知也？

答：即辩知无能所，是无心也。岂浑无用，始是无心？譬如明镜照物，岂有心耶？当知一切众生，恒自无心，心体本来常寂，寂而常用，用而常寂，随境鉴辩，皆是实性自尔，非是有心方始用也。只谓众生，不了自心常寂，妄计有心，心便成境。以即心无心故，心恒是理。即理无理故，理恒是心。理恒是心故，不动心相。心恒是理故，不得心相。不得心相故，即是众生不生。不动心相故，即是佛亦不生。以生佛俱不生故，即凡圣常自平等法界性也，纯一道清净，更无异法。当知但有心分别作解之处，俱是虚妄，犹如梦中，若未全觉，所见纤毫亦犹是梦中事。但得无心，即同觉后绝诸境界。但有一微尘可作修证不思议解处，俱不离三界梦中所见。经云：无有少法可得，佛即授记。《无生义》云：不退转天子言：此佛土未曾思惟分别于我见与不见，我亦不思惟佛土见与不见。故知，诸见从有心而生。佛土无心，故不见天子。天子有心而不生念，故言不见佛土，便成不异，故知有心无心俱空。融大师云：镜像本无心，说镜像无心。从无心中说无心，人说有心。说人无心，从有心中说无心。有心中说无心，是末观。无心中说无心，是本观。众生计有身心，说镜像破身心。众生著镜像，说毕竟空破镜像。若知镜像毕竟空，即身心毕竟空，假名毕竟空，亦无毕竟空。若身心本无，佛道亦本无，一切法亦本无，本无亦本无。若知本无亦假名，假名佛道，佛道非天生，亦不从地出，直是空心性，照世间如日。

《智论》问曰：若知心不可见，佛何以故说如实知不可见心？答曰：有坐禅人，忆想分别，见是心如清净珠中缕。观白骨人中，见心次第相续生，或时见心在身，或见在缘。如无边识处，但见识无量无边，破如是等虚妄。故佛言：如实知众生心，众生心自相空，故无相相。复次佛以五眼观此心不可得，肉眼天眼缘色，故不见。慧眼缘涅槃，故不见。初学法眼分别，知诸法善不善、有漏无漏等，是法眼入实相中，则无所分别，如先说一切法，无知者无见者，是故不应见。佛眼观寂灭相，故不应见。乃至不如凡夫人忆想分别见。复次五眼，因缘和合生，皆是作相，虚诳不实，佛不信不用，是故言不以五眼见。又，问曰：舍利弗知心相常净，何以故问？答曰：以菩萨发阿耨多罗三藐三菩提心，深入深著，故虽闻心毕竟空、常清净，犹忆想分别，取是无心相，以是故问是无心相心为有为无。若有，云何言无心相？若无，何以赞叹是无等等心，当成佛道？须菩提答：是无心相中毕竟清净，有无不可得，不应难。舍利弗复问：何等是无心相？须菩提答：毕竟空一切诸法无分别，是名无心相。此无心相，是即心无心，非待断灭。如经云：若有众生，能观一切妄念无相，则为证得如来智慧。又且无心者，不得作有无情见之解。若将心作无，此即成有。若一切处无心，如土木瓦砾，此成断灭，皆属意根强知妄识边事。是以，称不思议定者，以有无情见不及故。又，澄湛是事，当体是理。事有显理之功，亦有覆理之义。理有成事之力，亦有夺事之能。各取则

两伤，并观则俱是。何谓显理？若妙性未发，须假事行助显庄严，如水澄清，鱼石自现。何谓成事？若功行未圆，必仗理观引发开导。何谓覆理？若一向执事坐禅，反迷己眼，未识玄旨，徒劳念静。何谓夺事？若天真顿朗，如日消冰，何须调心收摄伏捺？故经偈云：若学诸三昧，是动非是禅。心随境界流，云何名为定？是以，不可执一执二、定是定非，但临时随用，圆融得力，自谙深浅。若也归宗顺旨，则理事双消，心境俱亡，定慧齐泯。如《永嘉集》云：以奢摩他故，虽寂而常照。以毗婆舍那故，虽照而常寂。以优毕叉故，非照而非寂。照而常寂故，说俗而即真。寂而常照故，说真而即俗。非寂而非照故，杜口于毗耶。斯则不唯言语道断，亦乃心行处灭。所以《圆觉经》云：有作思惟，从有心起，皆是六尘，妄想缘气，非实心体，已如空华。用此思惟辩于佛境，犹如空华，复结空果，展转妄想，无有是处。

问：既不得作有无之解，如何是正了无心？

答：石虎山前斗，芦华水底沉。

问：前标宗不言法相，云何已下，更用广说诸识种现、熏习差别义理，瑜伽唯识、百法五位事相法门？

答：祖佛大意，唯说二空，证会一心真如本性，所以《百法论》云：如世尊言：一切法无我。云何一切法？所谓心法。云何二无我？所谓人无我、法无我。若一切众生，但得人法俱空，知一切法即心自性，复更有何异法而敷演乎？如《瑜伽论》，是无著菩萨请弥勒所说，《论》云：无著菩萨，位登初地，证法光定，得大神通。事大慈尊，请说此论，理无不穷，事无不尽。文无不释，义无不诠。疑无不遣，执无不破。行无不修，果无不证。正为菩萨，令于诸乘境行果等，皆得善巧，勤修大行，证大菩提。广为有情，常无倒说。乃至瑜伽中行，观无少法，欲令证得，及欲现观，或说究竟清净真如名为《瑜伽》，理中最极，一切功德共相应故。

是以，智者大师于《净名疏》中问云：今依龙树之学，何意用天亲之义？答：龙树、天亲，岂不同入不二法门乎？今本为佛教随义有所开而用释，何得取舍定执也？若分别界外结惑生死，及诸行名义，当细寻天亲所作。若观门遣荡，安心入道，何过龙树？若不取《地论》、《摄大乘论》相映望者，他或谓于非义理，多端强说也。故知菩萨制作，一一关于圣典，故非出自胸襟，广引证明，令生闻慧。《宗镜》纂集，大意亦同。若不先明识论、天亲护法等，剖析根尘微细生死，又焉得依龙树观门遣荡？如无差别，无可圆融。若不先胗候察其病原，何以依方施其妙药？只如净名居士，位临等觉，尚有原品无明实因疾未尽，现受后有生死实果疾犹存。

如《净名疏》问：实报无障碍土，何得犹有烦恼四分之因疾？答：开菩萨自体法界缘集，即有四分。所以然者，取自体一实谛，即是贪爱。舍二边生死，即是瞋断。迷一实谛，无明未尽，故犹有痴也。三分等取，即是等分，此即是根本之三毒故。《请观音经》云：净于三毒根，成佛道无疑。何况业系凡夫分段生死之病？然今时多不就已子细推寻，及广披圣典，教观俱昧，理行全亏。唯尚随语依通，一时遣荡，拂迹而迹不泯，归空而空不亡。以不出法尘，全为影事。殊不识心王心所，种现根随，微细根尘，生灭起处，心心流注，念念现行，如醉如痴，懵无知者。智灯既闇，定水全枯。未审何门能得清净，但学成现高茆之语，名标众圣之前。都无正念修行之门，迹陷群邪之后。今普使知病识药，令得服行，净三毒之根，见一心之性。且如马鸣龙树，皆是西天传佛心印祖师：马鸣制《大乘起信论》，广说阿赖耶等三细识六粗相、一心真如生灭二门。龙树制《摩诃衍论》，引一百本大乘经，证说八识心王、性相微细等义。云何末学，不绍先贤？可谓绠短而不勾深泉，翅弱而弗能高逝。又，若不先论其事相之表，何以辩其体性之原？如世间法，未见其海，争识其波。未见其山，宁谙其土？今欲总别双辩，理事具陈。不达事而理非圆，不了理而事奚立？故云：理随事现，一多缘起之无边。事得理融，千差涉入而无碍。又，从总出别，因别成总。不得别而何成总，不因总而岂称别？则理事总别，一际无差。只为今时，但唯执总滞理，见解不圆。法眼将明而不明，疑心欲断而非断，皆是理事成碍，总别不通。故《四弘誓愿》云：法门无边誓愿学，佛道无上誓愿成。何乃虚掷寸阴，顿违本愿。守愚空坐，辜负四恩？若愚痴人，不分菽麦。似牛羊眼，罔辩方隅。现今对境，尚不圆明。临终遇缘，焉能甄别？真须达事通理，彻果穷因。无一法而不明，无一尘而不照，则见闻莫能惑，境界不能拘。故《法华经》云：佛所成就第一希有难解之法，唯佛与佛乃能究尽诸法实相。所谓诸法如是相、如是性、如是体、如是力、如是作、如是因、如是缘、如是果、如是报、如是本末究竟等，故知，一心实相，悉是诸法。诸法所生，皆从现行善恶熏习。第八识含藏种子为因,发起染净差别报应为果。若不微细剖析,问答决疑,则何由到一心总别之原,彻八识性相之际?古德云:提纲意在张网,不可去网存网。举领意在著衣,不可弃衣取领。若秖集而不叙,如无纲之网。若秖叙而不集,如无网之纲。

故知,理事双明,方通圆旨。教观齐运,始达一乘。且如等觉菩萨,妙果将圆,却入幻网门,倒学凡夫事,习世间三昧,具工巧神通。今之所宗,且明人旨,须先立后破,以洗情尘。然即破立同时,而无所破,不同权教定执教相之有门,宁比小乘唯证析法之空理?今则以别成总,将偏显圆。别成总而一际无差,偏显圆而万法齐旨。开合自在,隐显无方。若执之成万有之疮疣,若定之为四魔之根蒂。此百法明门,大乘菩萨初地方了,乃至十方诸佛本后二智,俱证俱缘。若不证唯识之性,不成根本智,无成佛之期。若不了唯识之相,百法明门,不成后得智,阙化他之行。此唯识百法者,乃是有为无为真俗一切法之性相根本。所以经云:若不证真如,焉能了诸行?若不证唯识真如之性,焉能了唯识百法之行相?故云:根本智证百法性,后得智缘百法相。《大乘起信论》云:信成就发心,略说有三:一、发正直心,如理正念真如法故。二、发深重心,乐集一切诸善行故。三、发大悲心,愿拔一切众生苦故。

问:一切众生、一切诸法,皆同一法界,无有二相,据理但应正念真如。何假复修一切善行救一切众生?

答:不然。如摩尼宝,本性明洁,在矿秽中,假使有人,勤加忆念,而不作方便,不施功力,欲求清净,终不可得。真如之法，亦复如是，体虽明洁，具足功德，而被无边客尘所染，假使有人，勤加忆念，而不作方便，不修诸行，欲求清净，终无得理。是故，要当集一切善行，救一切众生，离彼无边客尘垢染显现真法。《起信疏》云：一、直心正念真如法者，即心平等。更无别岐，何有回曲？即是二行之根本。二、深心者，是穷原义，若一善不备，无由归原。归原之来，必具万行，故言乐集诸善行故，即是自利之行本也。大悲心者，是普济义，故言欲拔众生苦故，即是利他之行本也。又，此初一直心，唯正念真如之法，是宗是本，因此起深重心大悲心是行，又开此直心为十心：一、广大心，谓誓愿观一切法，悉如如故。二、甚深心，谓誓愿观真如，要尽原底故。三、方便心，谓推求简择，趣真方便故。四、坚固心，谓设逢极苦乐受，此观心不舍离故：五、无间心，谓观此真理，尽未来际不觉其久故。六、折伏心，谓若失念，烦恼暂起，即便觉察，折伏令尽，使观心相续故。七、善巧心，谓观真理，不碍随事巧修万行故。八、不二心，谓随事万行，与一味真理融无二故。九、无碍心，谓理事既全，融通不二，还令全理之事，而相即入故。十、圆明心，谓顿观法界，全一全多，同时显现无障无碍故。即此十心，理行具足。且无理不能导行，无行不能成理，可谓即真如之理，成真如之行，无有一法能出唯识之性相矣。是知，一心为万法之性，万法是一心之相。相即性之相，是一中之多。性即相之性，是多中之一。若不了性，亦不了相，其相即妄。若不识相，亦不识性，其性即孤。应须性相俱通，方得自他兼利。如《首楞严经》云：幻妄称相，其性真为妙觉明体。是以，若偏执相而成妄，定据性而沉空。

今则性相融通，真妄交彻，不随断常之见，能成无尽之宗。故知，若欲深达法原、妙穷佛旨者，非上智而莫及，岂下机而能通？所以《法华经》偈云：如是大果报，种种性相义。我及十方佛，乃能知是事。

又，见解圆明是目，行解相应是足。目足更资，理行扶助，可趣涅槃之域，能到清凉之池。若定慧未熏，如摩尼之匿矿，性相不辩。犹古镜之未磨，欲望雨宝鉴容，无有是处。若意珠既净，心镜才明，更以万行熏修，转加光洁。如《华严经》云：佛子，譬如金师，善巧炼金，数数入火，转转明净，调柔成就，随意堪用。菩萨亦复如是，供养诸佛，教化众生，皆为修行清净地法，所有善根，悉以回向一切智地，转转明净，调柔成就，随意堪用。然虽万行磨练，皆是自法所行。如先德云：一切佛事无边化门，皆依自法融转而行：即自心中有真如体大，今日体解，引出法身。由心中有真如相大，今日了达，引出报身。由身中有真如用大，今日修行，引出化身。乃至十波罗蜜一切尘沙万行，但是自心中引出，未曾心外得一法、行一行。若言更有从外新得者，即是魔王外道说。

问：信入此法，还有退者否？

答：信有二种：一、若正信坚固，谛了无疑，理观分明，乘戒兼急，如此则一生可办，谁论退耶？二、若依通之信，观力粗浮，习重境强，遇缘即退。如《华严论》云：如《涅槃经》，闻常住二字，尚七世不堕地狱。如《华严经》云，设闻如来名及所说法，不生信解，亦能成种，必得解脱至成佛故。何故经言：第六住心，及从凡夫信位，犹言有退？此意若为和会，解

云：十信之中，胜解未成，未得谓得，便生憍慢，不近善友，不敬贤良。为慢怠故，久处人天，恶业便起，能成就大地狱业。若一信不慢，常求胜友，即无此失。若权教第六住心，可有退位。实教中为稽滞者，责令进修如舍利弗，是示现声闻，非实声闻，所作方便，皆度众生使令进策。如权教中第六住心，可说实退。何以故？地前三贤总未见道，所修作业，皆是有为。所有无明，皆是折伏，功不强者，便生退还。若折伏有力，亦不退失，如蛇有毒，为咒力故，毒不能起。但于佛法中，种于信心，谦下无慢，敬顺贤良。于诸恶人，心常慈忍。于诸胜己者，谘受未闻。所闻胜法，奉行无妄，所有虚妄，依教蠲除，于三菩提道，常勤不息。夫为人生之法，法合如然，但不长恶而生，何须虑退？《华严疏》云：深心信解常清净者，信烦恼即菩提，方为常净。由称本性而发菩提心，本来是佛，更无所进。如在虚空，退至何所？

宗镜录第四十六

宋 慧日永明妙圆正修智觉禅师延寿集

夫欲显正宗先除邪执者，约外道小乘诸古师等，谬解唯识正理，凡有几种？

答：不达唯识真性，邪执盖多，《宗镜》所明，正为于此。如《唯识论》云：复有迷谬唯识理者，或执外境如识非无，或执内识如境非有，或执诸识用别体同，或执离心无别心所。古释云：或执外境如识非无者，此即有宗依十二处教，执心境俱有是第一义。论云：或执内识如境非有者。释曰：此破清辩依密意空教，拨识亦无。论云：或执识用别体同者，释曰：即大乘一类菩萨，言八识体唯是一也，如一水镜，多波像生。论云：或执离心无别心所者，释曰：此即经部觉天所计，以经言士夫六界，染净由心，无心所故。虽于蕴中亦有心所，但于识上分位假立，无别实有。慈恩大师释护法菩萨《唯识论》中，略有四种：一、清辩顺世，有境无心。二、中道大乘，有心无境。三、小乘多部，有境有心。四、邪见一说，都无心境。又，四句分别：一、有见无相，谓正量师，不作相分而缘境也。二、有相无见，谓清辩师。三、相见俱有，余部及大乘等。四、相见俱无，即安慧等。《大乘起信论》云：对治邪执者，一切邪执，皆依我见。若离于我，则无邪执。是我见有二种，云何为二？一者人我见，二者法我见。人我见

者，依诸凡夫说有五种，云何为五？一者，闻修多罗说如来法身，毕竟寂寞，犹如虚空，以不知为破著故，即谓虚空是如来性。云何对治？明虚空相是其妄法，体无不实，以对色故有，是可见相，令心生灭，以一切色法本来是心，实无外色。若无色者，则无虚空之相。所谓一切境界，唯心妄起故有。若心离于妄动，则一切境界灭，唯一真心，无所不遍。此谓如来广大性智究竟之义，非如虚空相故。二者，闻修多罗说世间诸法，毕竟体空，乃至涅槃真如之法亦毕竟空，从本已来自空，离一切相，以不知为破著故，即谓真如涅槃之性，唯是其空。云何对治？明真如法身自体不空，具足无量性功德故。三者，闻修多罗之藏无有增减，体备一切功德之法，以不解故，即谓如来之藏，有色心法自相差别。云何对治？以唯依真如义说故，因生灭故染义，示现说差别故。四者，闻修多罗说一切世间生死染法，皆依如来藏而有，一切诸法，不离真如，以不解故，谓如来藏自体具有一切世间生死等法。云何对治？以如来藏从本已来，唯有过恒沙等诸净功德，不离不断，不异真如义故，以过恒沙等烦恼染法唯是妄有，性自本无，从无始世来，未曾与如来藏相应故。若如来藏体有妄法，而使证会永息妄者，则无是处故。五者，闻修多罗说依如来藏，故有生死。依如来藏，故得涅槃。以不解故，谓众生有始。以见始故，复为如来所得涅槃，有其终尽，还作众生。云何对治？以如来藏，无前后际故，无明之相，亦无有始。若说三界外，更有众生始起者，即是外道经说。又，如来藏无有后际，诸佛所得涅槃与之相应，则无后际故。法我见者，依二乘钝根故，如来但为说人无我，以说不究竟,见有五阴生灭之法,怖畏生死,妄取涅槃。云何对治?以五阴法自性不生,则无有灭,本来涅槃故。复次究竟离妄执者,当知染法净法,皆悉相待,无有自相可说。是故,一切法从本已来,非色非心,非智非识,非有非无,毕竟不可说相,而有言说者。当知如来善巧方便,假以言说,引导众生得其旨趣者,皆为离念归于真如,以念一切法令心生灭,不入实智故。

但是不了正因缘,皆成外道。所执有四:一、不知有情业缘,执之为道,或执自然。二、不知共业所感空劫,执为浑沌之气。三、不知空后成劫,执为清浊两分。四、不知上界有情下生,执为天地变化。故知,见网难出,邪解易生。如《止观》细推,观诸见境者,非一曰诸,邪解称见。又,解知是见义,推理不当,而偏见分明,作决定解,名之为见。夫听学人诵得名相,齐文作解,心眼不开,全无理观。据文者生,无证者死。夫习禅人,唯尚理观,触处心融,闇于名相,一句不识。诵文者守株,情通者妙悟。两家互阙,论评皆失。大约邪见有三:一、佛法外外道者,本原有三:一、迦毗罗外道(此翻黄头),计因中有果。二、沤楼僧佉(此翻休睺),计因中无果。三、勒沙婆(此翻苦行),计因中亦有果亦无果。又,《入大乘论》,迦罗所说有计一过:作者与作一,相与相者一,分与有分一,如是等名为计一。优楼佉计异,迦罗鸠驮计一异,若提子计非一非异。一切外道及摩迦罗等计异,皆不离此四,从三四外道,派出枝流,至佛出时,有六大师:所谓富兰那(迦叶姓也),计不生不灭。末伽梨拘赊梨子,计众生苦乐,无有因缘,自然而尔。删阇夜毗罗胝子,计众生时熟得道,八万劫苦尽自解脱,如缕丸,线尽自止。阿耆多翅舍钦婆罗(钦婆罗,粗衣也),计罪报之苦,以投岩拔发代之。迦罗鸠驮迦旃延,计亦有亦无。尼犍陀若提子,计业所作,定不可改。二、附佛法外道者,起自犊子方广,自以聪明读佛经书,而生一见,附佛法起,故得此名。犊子读舍利弗《毗昙》,自制别义,言:我在四句外,第五不可说藏中。云何四句?外道计色即是我,离色有我,色中有我,我中有色。四阴亦如是,合二十身见。《大论》云:破二十身见,成须陀洹。即此义也。今犊子计我异于六师,复非佛法论诸,皆摧不受,便是附佛法邪人法也。或云:三世及无为法,为四句也。又,方广道人,自以聪明读佛十喻,自作义云:不生不灭,如幻如化,空幻为宗。龙树斥云:非佛法理。方广所作,亦是邪人法也。三、学佛法成外道,执佛教门而生烦恼,不得入理。《大论》云:若不得般若方便,入阿毗昙,即堕有中。入空,即堕无中。入毗勒,堕亦有亦无中。《中论》云:执非有非无,名愚痴论,倒执正法,还成邪人法也。若学摩诃衍四门,既失般若意,为邪见火所烧,四成邪人法。乃至若于观支忽解,无明转,即变为明,明具一切法。或谓无明不可得,变为明,明何可得?此不可得,亦具一切法。或谓法性之明,亦可得亦不可得,非可得非不可得。一门即三门,三门即一门。此解明利,所破无不坏,所存无不立,无能踰胜,亦复自谓是无生忍。如此解者,是圆教四门见发也。又,大乘四门皆成见者,实语是虚妄,生语见故。涅槃是生死,起贪著故。多服甘露,伤命早夭,失方便门,堕于邪执,故称内邪见也。又,此土振旦,亦有其义:周弘正释三玄云:易判八卦阴阳吉凶，此约有明玄。《老子》虚融，此约无明玄。《庄子》自然，约有无明玄。自外枝派，祖原出此。今且约此，以明得失。如《庄子》云：贵贱苦乐、是非得失，皆其自然。若言自然，是不破果。不辩先业，即是破因。礼制仁义，卫身安国，若不行用，灭族亡家，但现世立德，不招后世报，是为破果不破因。若言庆流后世，并前，则是亦有果亦无果也。约一计即有三行：一、谓计有行善，二、计有行恶，三、计有行无记。如玄理分，应尔富贵不可企求，贫贱不可怨避。生无足欣，死何劳畏？将此虚心，令居贵莫憍，处穷不闷，贪恚心息，安一怀抱，以自然训物，作入理咔胤，此其德也。德有多种，若言常无，欲观其妙，无何等欲，忽玉璧、弃公相，洗耳还牛、自守高志，此乃弃欲界之欲，攀上胜出之妙，即以初禅等为妙。何以得知？《庄子》云：黄帝问道观神气，见身内众物，以此为道。似如通明观中，发得初禅之妙。若言诸苦所因，贪欲为本。若离贪欲，即得涅槃。此无三界之欲，此得灭止妙离之妙。又，法名无染。若染于法，是染涅槃。无此染欲，得一道微妙。妙此诸欲，欲妙皆无，汝得何等？尚不识欲界欲、初禅妙，况后欲妙耶？若与权论，乃是逗机渐引，覆相论欲妙，不得彰言了义而说。但息夸企之欲，观自然之妙，谄诐之行既除，仁让之风斯在，此皆计有自然而行善也。又计自然，任运恣气，亦不运御从善，亦不动役作恶。若伤神和，不会自然。虽无取舍，而是行无记，行业未尽，受报何疑？若计自然作恶者，谓万物自然，恣意造恶，终归自然，斯乃背无欲而恣欲，违于妙而就粗，如庄周斥仁义，虽防小盗，不意大盗。揭仁义以谋其国。本以自然息欲，乃揭自然而为恶,此义可知也。

已上外道及内道执见,有二并决真伪者:一就所起法并决,二就所依法并决。一、今通从外外道四句,乃至圆四门外道见,通韦陀、乃至圆门三念处、三解脱,名数是同,所起见罪,系缚无异,譬如金铁二锁。又从外道四句,乃至圆门四见,名虽清美,所起烦恼,体是污秽,譬如玉鼠二璞。又从外道四句,乃至圆门四见,虽同研炼,有成不成,譬如牛驴二乳。又从外道四句,乃至圆门四见,有害不害,譬如迦罗镇头二果,所计神我,乃是缚法,非自在我。各执已是,余为妄语。互相是非,何关如实?自谓真道,翻开有路,望得涅槃,方沉生死。自言谛当,终成邪僻,爱处生爱,瞋处生瞋。虽起慈悲,爱见悲耳。虽安涂割,乃生灭强忍。虽一切智,世情推度。虽得神通根本变化,有漏变化。所读韦陀,世智所说,非陀罗尼力,非法界流。虽断钝使,如屈步虫,世医所治,差已更发。八十八使集海浩然,三界生死苦轮无际,沉著有漏,永无出期。皆是诸见幻伪,岂可为真实之道也?二、约所依法异者,一切诸见,各依其法,三外外道是有漏人,发有漏法,以有漏心,著于著法,著法著心,体是诤竞,非但因时捉头拔发。发诸见已,谓是涅槃,执成见猛毒增斗盛。所依之法非真,所发之见亦伪也。此虽邪法,若密得意,以邪相入正相,如华飞叶动,藉少因缘尚证支佛,何况世间旧法?然支佛虽正,华叶终非正教。外外密悟,而其法门但通诸见,非正法也,皆由著心于著法,因果俱斗断,莫是邪法生邪见也。若三藏四门,是出世圣人得出世法,体是清净灭烦恼处,非唯佛经是正法,五百所申,亦能得道。《妙胜定》云：佛去世后一百年，十万人出家，九万人得道。二百年时，十万人出家，一万人得道。当知，以无著心，不著无著法，发心真正，觉悟无常念念生灭，朝不保夕，志求出要，不封门生染而起戏论。譬如有人，欲速见王受赐拜职，从四门入，何暇盘停诤计好丑？知门是通途，不须诤计。如药为治病，不应分别。速出火宅，尽诸苦际，真明发时，证究竟道，毕竟无诤。无诤则无业，无业则无生死，但有道灭，心地坦然，因果俱无，斗诤俱灭，唯有正见无邪见也。复次四门虽是正法，若以著心著此四门，则生邪见见四门异，于修因时，多起斗诤。譬如有人，久住城门，分别瓦木，评薄精粗，谓南是北非，东巧西拙，自作稽留，不肯前进，非门过也。著者亦尔，分别名相，广知烦恼，多谓道品，要名聚众，媒衒求达，打自大鼓，竖我慢幢，夸耀于他，互生斗诤，捉头拔发，八十八使瞋爱浩然皆由著心，于正法门而生邪见，所起烦恼与外外道更无有异，论所计法，天地悬殊。《方等》云：种种问桥，智者所诃。人亦如是，为学道故，修此四门，三十余年分别一门，尚未明了，功夫才著，年已老矣。无三种味，空生空死，唐弃一期。如彼问桥，有何利益？此由著心，著无著法而起邪见。次通教四门，体是正法，近通化城，前曲此直。巧拙虽殊，通处无别。如天门直华，余门曲陋，不住二门，俱得通进。若数瓦木，二俱迟壅。若不稽留法门，若因若果，俱无诤著，是名无著心，不著无著法，不生邪见也。复次以著心著此直门，亦生邪见，或为名为众、为胜为利，分别门相，瞋爱慢结，因此得生。譬如以毒内良药中，安得不死？以见著毒入正法中，增长苦集，非如来咎。利根外道，以邪相入正

相,令著无著,成佛弟子。钝根内道,以正相入邪相,令无著有著,成邪弟子,岂不悲哉?别圆四门,巧拙利钝,俱通究竟涅槃。因不住著,果无斗诤。若封门起见,则生烦恼,与沤楼佉等。以此而观,如明眼人,临于泾渭,岂容迷名而不识清浊也?《辅行记》释云:金铁二锁者,《大智度论》云:譬在囹圄,桎梏所拘,虽复蒙赦,更系金锁。人为爱系,如在囹圄。虽得出家,更著禁戒,如系金锁。今借譬此内外生著,在狱铁锁,如外计。逢赦金锁,如内计。金铁虽殊,被缚义等。佛法虽胜,见系无差。玉鼠二璞者,璞者,玉也。郑重玉璞,若有得者,与其厚赐。周人闻之,规其厚赐,周人风俗,名死鼠为玉璞,乃将诣郑,郑人笑之。其人悟已,答郑人曰:楚人凤凰,其实山鸡,以楚王重凤,有不识凤者,路有担山鸡者,问之曰:此何鸟?担者知其不识,乃戏曰凤凰。其人谓实,便问担者:贩耶?答:贩。问:几钱?答:万钱。用价买之,拟欲上王,得已便死。楚王闻之,愧而召问,王亦谓实,乃以十万钱赐之。故知,周郑之体,净秽永殊。无著如郑,起见如周,名同体异,此之谓也。有于三藏乃至圆教四门之名义,如璞。起于见爱,其如死鼠。牛驴二乳者,又论云:余处或有好语,亦从佛经中出。若非佛法,初闻以好,久则不妙。譬如驴乳,其色虽同,抨但成粪。故佛法外道语,同有不杀慈悲之言,搜穷其实,尽归虚妄。今此亦尔,外计虽有有无等言,研核无实,尽是虚妄。佛法大小一十六门,虽云有无,但破执心,自归正辙,故云有成不成。于外起计,如驴乳。藏等起计,如牛乳。乳名虽同,其体永别。见名虽等,所执各异。外虽除执,无理可成。藏等离著,自入正辙。

又,《大智度论》云:谓佛教如牛乳,修得解脱如抨得酪生熟酥等。外道教犹彼驴乳,本非出酪之物,外道之教无解脱味故。抨驴乳,但成屎尿。依外道教行,但招苦果,无所成益。迦罗镇头二果者,《大涅槃经》云:善男子,如迦罗林,其树众多,唯有一株镇头迦树,二果相似。是果熟时,有一女人,悉皆拾取。镇头迦果,唯有一分,迦罗迦果乃有十分。女人不识,持来诣市,凡愚不识,买迦罗迦,噉已命终。有智人辈,闻是事已,问是女人:汝于何处得是果来?女人示处,诸人即言:彼方多有无量迦罗迦树,唯有一株镇头迦树。诸人知已,笑而舍去。经譬僧伽蓝清浊二众,今借以譬内见外见,二见名同,有害不害。如外见发,说无因果,归于邪无。若内见起,犹执大小经论所诠,害谓损其善根。故知,或名同体异,不可雷同。或名异体同,应须甄别。邪正既辩,玉石俄分,不滥初修,深裨后学。

又,《华严演义》云:此方儒道,玄妙不越三玄:《周易》为真玄,《老子》为虚玄,《庄子》为谈玄。老子《道德经》云:道生一,一生二,二生三,三生万物。注云:一者,冲和之气也。言道动出冲和妙气,于生物之理未足,又生阳气。阳气不能独生,又生阴气。积冲气之一,故云一生二。生积阳气之二,故云二生三。阴阳含孕,冲气调和,然后万物阜成,故云三生万物。次下又云:万物负阴而抱阳,冲气以为和。上来皆明万物自然生也。《庄子·宗师篇》云:在太极之先而不为高,在六合之下而不为深,先天地生而不为久,长于上古而不为老。注云:言道之无所不在也,故在高为无高,在深为无深,在久为无久,在老为无老,无所不在,所在皆无也。

又云：知天之所为，知人之所为。注云：知天之所为者，自然也。意云但有知有为，皆不为而为，故自然也。今断云：若以自然为因者，断义也，即《老子》意——由道生一，道是自然，故以为因，是邪因也。又若谓万物自然而生，即《庄子》意，则万物自然，无使之然，故曰自然，即无因也，如乌之黑，即《庄子》文、《涅槃》经意。《周易》云：一阴一阳谓之道，阴阳不测谓之神。释云：一，谓无也。无阴无阳，乃谓之道。一得为无者，无是虚无，虚空不可分别，唯一而已，故以一为无也。若有境，则有彼此相形，有二有三，不得为一故。在阴之时而不见为阴之功，在阳之时而不见为阳之力。自然而有阴阳，自然无所营为，此则道之谓也。今断云：若以阴阳变易能生，即是邪因。又一者无也，即是无因。若计一为虚无自然，则皆无因也，则人自然生，应常生人，不待父母等众缘。菩提自然生，则一切果报，不由修得。又，《易》云：寂然不动，感而遂通天下之故。《礼》云：人生而静，天之性也。感物而动，性之欲也。后儒皆以言词小同，不观前后本所建立，致欲浑和三教。但见言有小同，岂知义有大异？是知，不入正宗，焉知言同意别。未明已眼，宁鉴名异体同？所以徇语者迷，据文者惑。恐参大旨，故录示之。且如外道说自然以为至道，不成方便，仍坏正因。佛教亦说自然，虽成正教，犹是悉檀对治，未为究竟。以此一例，其余可知。

又，直饶见超四句，始出单四句，犹有复四句，具足四句。且单四句者：一有，二无，三亦有亦无，四非有非无。复四句者：一有有有无，二无有无无，三亦有亦无有、亦有亦无无，四非有非无有、非有非无无。而言复者，四句之中，皆说有无。具足四句者,四句之中,皆具四故:第一有句具四者:谓一有有,二有无,三有亦有亦无、四有非有非无。第二无句中具四者:一无有,二无无,三无亦有亦无、四无非有非无。第三亦有亦无具四者:一亦有亦无有,二亦有亦无无,三亦有亦无、亦有亦无,四亦有亦无、非有非无。第四非有非无具四者:一非有非无有,二非有非无无,三非有非无、亦有亦无,四非有非无、非有非无,上四一十六句,为具足四句。第四绝言四句者:一单四句外一绝言,二复四句外一绝言,三具足四句外一绝言,有三绝言,上诸四见一一皆有八十八使相应,是见即外道见故。若约佛法历四教四门各生四见,又一种四门各一绝言,如是一一六各有八十八使、六十二见、百八等惑。《百法钞》云:破邪执者,即二边之邪执,总有三种二边:一、外道断常二边,如有外道一向执常,即四遍常论等是,此即常见边。又有外道一向执断,即七断灭论是,此即断见边。第二、小乘假实二边,或有小乘一向执假,即一说部等执一切法但有假名而无实体,即是著假边。又有小乘一向执实,即萨婆多及犊子部等执诸法皆实,即是著实边。第三、大小乘空有二边,即小乘有部等执心外有法,是著有边。大乘清辩菩萨等拨菩提涅槃悉无,即是著空边。显中道者有二:一假施设中道,二真实中道。真实中道有三:一者、能证净分依他,是其妙有。智起惑尽,名曰真空。妙有真空,正处中道。二者、能证有为,是其妙有。所证真理,名曰真空。妙有真空,正处中道。三者、唯于法身上说本来实性,名为妙有。即此实性,便是真空。妙有真空,正处中道。二假施设中道者,即佛于后得智中而假施设,亦有

三种：一者、不断不常中道，谓佛经中，说有异熟识为总报主，此阴才灭，彼阴便生，即不是断。此破外道断常二边，又说生灭不定，名曰无常，即是不常。二者、不假不实中道者，谓佛经中，说一切色心从种而生者，即是不假。依此分位，或有相形，即是不实。称实而谈，正处中道，此破小乘假实二边。三者、不有不无中道，即经说我法遍计，即是不有。依圆妙有，即是不无。离有离无，正处中道，此破大小乘空有二边。是以，欲执二边之情，即背中道之理。才作四句之解，便失一乘之门。须知非离边有中，亦非即边是中：若离边求中，则边见未泯。若即边是中，中解犹存。是以，难解难知，唯深般若。执之如大火聚，四边不可触之。了之若清凉池，诸门皆可入矣。故知，法无定相，回转随心。执即成非，达之无咎。如四句法，通塞犹人。在法名四句，悟入名四门，妄计名四执，毁法名四谤。是知，四句不动，得失空生。一法无差，升沉自异。

又，《唯心诀》破一百二十种见解云：或和神养气而保自然。或苦质摧形而为至道。或执无著而椿立前境。或求静虑而伏捺妄心。或刬情灭法以凝空。或附影缘尘而抱相。或丧灵原之真照。或殒佛种之正因。或纯识凝神，受报于无情之地。或澄心泯色，住果于八难之天。或著有而守乾城。或拨无而同兔角。或绝见而居闇室。或立照而存所知。或认有觉，是真佛之形。或效无知，同木石之类。或执妄取究竟之果，如即泥是瓶。或忘缘趣解脱之门，似拨波求水。或外骋而妄兴梦事。或内守而端居抱愚。或宗一而物像同如。或见异而各立法界。或守愚痴，无分别而为大道。

或尚空见,排善恶而作真修。或解不思议性作顽空。或体真善妙色为实有。或修沉机绝想,同有漏之天。或学觉观思惟,堕情量之域。或不穷妄性,作冥初之解。或昧于幻体,立空无之宗。或认影像而为真。或舍虚妄而求实。或諂见闻性为活物。或指幻化境作无情。或起意而乖寂知。或断念而亏佛用。或迷性功德,而起色身之见。或据毕竟空,而生断灭之心。或执大理而顿弃庄严。或迷渐说而一向造作。或据体离缘而坚性执。或忘泯一切而守己愚。或定人法自尔,而堕无因。或执境智和合,而生共见。或执心境混同,乱能所之法。或著分别真俗,缚智障之愚。或守一如不变而堕常。或定四相所迁而沉断。或执无修而祛圣位。或言有证而背天真。或耽依正而随世轮回。或厌生死而丧真解脱。或迷真空而崇因著果。或昧实际而欣佛厌魔。或著随宜所说,而守语为真。或失音声实相,而离言求默。或宗教乘而厌自性之定。或弘禅观而斥了义之诠。或斗奇特而但顾出身,俄沉识海。或作净洁而唯求玄密,反堕阴城。或起殊胜知解,而斡肉为疮。或住本性清净,而执药成病。或寻文采义而饮客水。或守静居闲而坐法尘。或起有得心,谈无相大乘。或运图度想,探物外玄旨。或废说起绝言之见。或存诠招执指之机。或认动用而处生灭根原。或专记忆而住识想边际。或安排失圆觉之性。或纵任亏入道之门。或起身心精进,而滞有为。或守任真无事,而沉慧缚。或专计念勤思,而失于正受。或效无碍自在,而放舍修行。或随结使而恃本性空。或执缠盖而妄加除断。或保重而生法爱。或轻慢而毁佛因。或进求而乖本心。或退堕而成放逸。或语证相违而亏实地。或体用各据而乖佛乘。或欣寂而住空,失大悲之性。或泯缘而厌假,违法尔之门。或著我见而昧人空。或迷现量而坚法执。或解不兼信而滋邪见。或信不具解而养无明。或云人是而法非。或称境深而智浅。或取而迷物性。或舍而乖即真。或离而违因。或即而亡果。或非而谤实。或是而毁权。或恶无明而背不动智门。或憎异境而坏法性三昧。或据同理而起增上慢。或贬别相而破方便门。或是菩提而谤正法轮。或非众生而毁真佛体。或著本智而非权慧。或迷正宗而执化门。或滞理溺无为之坑。或执事投虚幻之网。或绝边泯迹,违双照之门。或保正存中,失方便之意。或定慧偏习而燋烂道芽。或行愿孤兴而沉埋佛道。或作无作行,修有为菩提。或著无著心,学相似般若。或趣净相而迷垢实性。或住正位而失俗本空。或立无相观而障翳真如。或起了知心而违背法性。或守真诠而生语见,服甘露而早终。或敦圆理而起著心,饮醍醐而成毒。

已上略标一百二十种见解,并是迷宗失旨,背湛乖真,捏目生华,迷头认影。若敲冰而索火,如缘木以求鱼。畏影逃空,扪风捉电。苦非甘种,砂岂饭因?皆不能以法性融通,一旨和会,尽迷方便,悉入见缠。不达正宗,皆投见网。绵密难出,如曲木曳于稠林。势猛力强,犹碉河漂于香象。所以天魔外道,本无其种,修行失念,遂派其原。故知,但有所重所依,立知立解,丝毫见处不亡,皆成外道。如《华严经》颂云:以法无性故,无有能了知。如是解诸法,究竟无所解。以法无自体,凭何作解?如辩兔角之大小,了龟毛之短长,理事俱虚,可取笑于天下。情尘自隔,实丧道于目前。如《华严论》云:见在即凡,情亡即佛。祖师云:不用求真,唯须息见。《法华经》云:此法非思量分别之所能解。《圆觉经》云:若以思惟心测度如来圆觉境界,如将萤火烧须弥山,终不能著。斯皆是有作世俗之心,岂能探无作出世之旨?如先德云:俗务者,非但执耒运斤,名为俗务。坐驰五尘六欲,即是世务。又,专念空无相愿,亦是世务。又,念苍生涂炭慈悲慰拔,亦是世务。若能念念于无念、非念非无念,一心中觉,方非世务。是以,若实悟宗之人,尚不得无见无解。岂可更随言执意,而起有见有解乎?如《大法镜经》云:若诸菩萨,随言取义,不如正理思择法故,便生二十八不正见。谓初相见者,谓闻大乘经中所说一切诸法皆无自性、无生无灭、本来寂静、自性涅槃等言,不善密意,但随此言义,便生胜解,谓佛所说一切诸法定无自性、定无生等,执著如是无性等相,是名相见。彼执著如是无性等相时,便谤三自性:谓遍计所执自性,依他起自性,圆成实自性等。是知,若谤此三性,则拨真俗二谛等一切法,所以有无二见,为诸见本。若能断于诸见,自然以《宗镜》相应。《华手经》云:尔时世尊,告舍利弗:所言正见,为何谓也?舍利弗,其正见者,无高无下,等观诸法。乃至又正见者,无一切见。何以故?诸有所见,皆是邪见。无一切见,即是正见。《佛藏经》云:佛言:一切诸见,皆从虚妄缘起。舍利弗,若作是念,此是正见,是人即是邪见。舍利弗,于圣法中,拔断一切诸见根本,悉断一切诸语言道。如虚空中,手无触碍。诸沙门法,皆应如是。又云:佛言:舍利弗,诸佛阿耨多罗三藐三菩提,唯是一义，所谓离也。何等为离？离诸欲诸见，欲者即是无明，见者即是忆念。何以故？一切诸法，忆念为本，所有念想即为是见，见即是邪。是以，若能离见，即成诸佛，十方稽首，万类归依。如《中观论》云：瞿昙大圣主，怜愍说是法。悉断一切见，我今稽首礼。

又，夫远离二边住于中道者，约《华严经》释，略举四种以等一切：一者染净，约惑。二者缚脱，通惑业。三者有无，通事理。四者一异，约心境。何以有此？谓成菩提，既离细念妄惑尽，已显现法身智慧纯净，若为此见，未免是边。故经云：若有见正觉，解脱离诸漏，不著一切世，此非证道眼。今了于惑，体性本空，复无所净，故离二边。又，染净交彻，故无住著，是曰离边。缚脱者，谓昔常被惑业系缚，流转无穷，今谓菩提，释然解脱，若为此见，即是住边。菩萨智了本自无缚，于何有解？无缚无解，则无苦乐，故得离耳。有无通事理者，若昔谓惑有，今了惑空。昔谓心空，今知妙有。又，真乐本有，失而不知。妄苦本空，得而不觉。今日始知空者妄苦，有者涅槃，若如是知，并未离边。又，烦恼业苦，本有今无。菩提佛身，本无今有等，皆三世有法。菩提之性，不属三世，故三世有无，皆是边摄。真智契理，绝于三世，故离有无之二边等，一异有二：一者、心境不了则二，契合则一，亦成于边。二者、生佛有异，今了一性，亦名为边。今正觉了此中无有二，亦不有无二。若善见者，如理安住，故离此边。今一契菩提，一切都寂，故云远离。义净禅师云：《瑜伽》则真有俗无，以三性为本。《中观》乃真无俗有，实二谛为先。《般若》大宗，含斯两意，致使东夏则道分南北,西方乃义隔有空。如上所说,或诸凡夫执有著空,情见非一,四倒八邪之执,五谤二见之愚。或诸贤圣判教分宗,智解亦别,三时八教之道,五性十宗之科。未显圆文,或得或失。若入《宗镜》,正解分明,体用相含,心境交涉。空具德而彻万有之表,事无碍而全一理之中。

又,若究竟欲免断常边邪之见,须明《华严》六相义门,则能任法施为,自亡能所,随缘动寂,不坏有无,具大总持,究竟无过矣。此六相义,是辩世间法自在无碍,正显缘起无分别理。若善见者,得智总持门,不堕诸见。不可废一取一,双立双亡。虽总同时,繁兴不有。纵各具别,冥寂非无。不可以有心知,不可以无心会。详法界内,无总别之文。就果海中,绝成坏之旨。今依因门智照,古德略以喻明:六相义者:一总相,二别相,三同相,四异相,五成相,六坏相。总相者,譬如一舍是总相,椽等是别相。椽等诸缘,和同作舍,各不相违,非作余物,故名同相。椽等诸缘,递互相望,一一不同,名异相。椽等诸缘,一多相成,名成相。椽等诸缘,各住自法,本不作故,名坏相。又,椽即是舍,为椽独能作舍,若离椽,舍即全不成故。若得椽时,即得舍故。所以椽非是少力共成,皆是全力故。舍既即是椽,余瓦木等总并是椽。若却椽即舍无,故舍坏,故不名瓦木等,是故瓦木等即是此椽也。若不即椽者,舍即不成,椽瓦木等皆不成。今既并成,故知相即耳,椽即瓦木等。一椽既尔,余一切缘例然。是故一切缘起法不成,即已成也。别相者,椽等诸缘,别于总故,若不别者,总义不成。由无别时,即无总故,以因别而得总故,是故别者,以总为别也。如椽即舍故,名总相。即是椽故，名别相。若不即舍，不是椽。若不即椽，不是舍。例如若不即总，不名别。若不即别，不名总。

问：若相即者，云何说别？

答：只由相即，是故成别。若不相即者，总在别外，故非总也。别在总外，故非别也。同相者，椽等诸缘，和同作舍，不相违故，皆名舍缘，非作余物，故名同相。总相唯望一舍说，今此同相，约椽木等诸缘说：虽体各别，成力义齐，故名同相。若不同者，椽等诸缘互相违故，皆不同作舍，舍不得有故，即是断也。若相违不作舍而执有舍者，无因有舍故，即是常也。异相者，椽等诸缘随自形类，相差别故。

问：若异者，应不同耶？

答：只由异故，所以同耳。今既舍成，同名缘者，当知异也。又，因同不异故，方说于诸法异耳。是以经云：奇哉！世尊，能于无异法中而说诸法异。前别相者，俱椽等诸缘，别于一舍故。今异相者，椽等诸缘递互相望，各各异故。若不异者，坏本缘法不成舍故，即是断。若坏缘不成舍而执有舍，无因有者，即是常也。成相者，以诸缘各住自法，本不作故，舍义得成。若椽作舍，即失本椽法故，舍义不得成。坏相者，椽等诸缘各住自法，本不作故，是坏义。若椽作即失椽法，失椽法故，舍即无椽，不得有舍，是断也。若失椽法而有舍者，无椽即无因，无因而有舍，即是常也。是故，真如一心为总相，能摄世出世间一切法故，约摄诸法得总名，能生诸缘成别号，法法皆齐为同相，随相不等称异门，建立境界故称成，不动自位而为坏。又云：一总相者，一合多德故。二别相者，多德非一故。三同相者，多义不相违故。四异相者，多义不相似故。五成相者，由此诸义，缘起成故。六坏相者，诸缘各住自性，不移动故。此上六相义门，是菩萨初地中观，通世间一切法门，能入法界之宗，不堕断常之见。若一向别逐行位而乖宗，若一向同失进修而堕寂。所以位位即佛，阶降宛然。重重炼磨，本位不动。斯则同异俱济，理事不亏。因果无差，迷悟全别。欲论大旨，六相还同梦里渡河。若约正宗，十地犹如空中鸟迹。若约圆修，断惑对治，习气非无，理行相资，阙一不可。是以，文殊以理印行，差别之道无亏。普贤以行会理，根本之门不废。

如上微细择见真实识心，可谓教观相应，境智冥合。正助齐运，目足更资，则定可以继先德之后尘，绍觉正之末裔矣。

宗镜录第四十七

宋 慧日永明妙圆正修智觉禅师延寿集

夫言正唯识义，约有几种识？

答：经论通辩，有八种识：一眼识，二耳识，三鼻识，四舌识，五身识，六意识，七末那识，八阿赖耶识。正文出护法菩萨《唯识论》十卷，此论释天亲菩萨《唯识三十颂》文，慈恩大师制疏释论。此颂文初为居士所掌，后有乐观者，输金一两。慈恩《成唯识论·掌中枢要》云：世亲菩萨，乐博综于三乘，乃遍游于诸部，知小教而非极，遂回趣于大乘，因闻诵《华严·十地品》、《阿毗达磨·摄大乘品》，遂悔谢前非，谤法先见，持刀截舌，用表深衷。其兄无著菩萨，止其自割，说以利害：汝虽以舌谤法，岂截舌而罪除？应赞释大乘，以悔先犯。菩萨敬从兄诺，因归妙理，遂制《十地论》、《摄大乘论》。故此二论，菩萨创归大乘之作，既而久蕴玄宗，情恢奥旨，更为宏论，用畅深极，采撮幽机，提控精邃。著《唯识三十颂》，以畅大乘之妙趣也。万像含于一字，千训备于一言。道超群典，誉光众圣。略诵既毕，广释方陈。机感未符，杳从冥往。复有护法等菩萨，赏翫颂文，各为义释，虽分峰昆岫，竦干琼枝，而独擅光辉，颖标芬馥者，其唯护法一人乎？菩萨果成先劫，位克今贤，抚物潜资，随机利见。春秋二十有九，知息化之有期，厌无常以禅习，誓不离于菩提树，以终三载，禅礼之暇，注裁斯释，文迈旨远，智赡名高，执破毕于一言，纷解穷于半颂。文殊水火，则会符胶漆。义等江湖，乃疏成清浊。平郊弭弭，耸层峰而接汉。堆阜峨峨，夷穹窿以坦荡。俯钻邃而无底，仰寻高而靡际。疏文浅义，派演不穷，浩句宏宗，陶甄有极，功逾千圣，道合百王。时有玄鉴居士，识凤鹓之衬羽，委麟龙之潜迹，每罄所资，恒为供养，深诚固志，物竭积年。菩萨诱接多端，答遗兹释而诫之曰：我灭之后，凡有来观，即取金一两。脱逢神颖，当可传通。期既渐，奄绝玄遵，菩萨名振此州，论释声超彼土，有灵之类，谁不怀欢？朝闻夕殒，岂悋金璧？若市趍贤，如丘迭货。五天鹤望，未辄流行。大师叡发天资，识假循谒，无神迹而不瞻礼，何圣教而不披讽？闻斯妙理，殷俯谛求。居士记先圣之遗言，必今贤之是嘱，乃奉兹草本并《五蕴论释》，大师赏翫，犹睹圣容，每置掌中，不殊真说。自西霏玉牒，东驰素象，虽复广演微筌赏之，以为秘决，及乎神栖别馆，景阻炎辉，清耳目以征思，荡心灵而绎妙，乃曰：今者方怡我心耳。宣尼云：我有美玉，蕴椟藏之，谁为善价，我今沽诸。基，夙运单舛，九岁丁艰，自尔志托烟霞，加每庶几缁服，浮俗尘赏，幼绝情分。至年十七，遂预缁林，别奉明诏，得为门侍。自参预三千，即欣规七十。必谐善愿，福果函丈。不以散才之质，遂得随伍译僚，即事操觚，餐受此论。初功之际，十释别翻，昉、尚、光、基四人，同受润饰、执笔、检文、纂义。既为令范，务各有司。数朝之后，基求退迹。大师固问，基殷懃请曰：自夕梦金容，晨趍白马，英髦间出，灵智肩随，闻五分以心祈，揽八藏而遐望，虽得法门之糟粕，然失玄源之淳粹。

今东土荣赉，并目击玄宗，幸复擢秀万方，颖超千古。不立功于参糅，可谓失时者也。况群圣制作，各驰誉于五天，虽文具传于贝叶，而义不备于一本，情见各异，禀者无依。况时渐人浇，命促慧舛，讨支离而颇究，揽殊指而难悟。请错综群言以为一本，楷定真谬权衡盛。则久而遂许，故得此论行焉。大师理遣三贤，独授庸拙。此论也，括众经之秘，包群圣之旨，何滞不融，无幽不烛。仰之不极，俯之不测。远之无智，近之有识。其有隐括五明，搜扬八藏。幽关每拥，玄路未通。嘱犹毫毳丘盈，投之以炎烁。霜冰涧积，沃之以畏景。信巨夜之银辉，昏旦之金镜矣。虽复本出五天，然彼无兹糅释。直尔十师之别作，鸠集犹难。况更摭此幽文，诚为未有。斯乃此论之因起也。

问：此八种识，行相如何？

答：经论成立，自有明文。此八种识，具三能变：一异熟能变，即第八识。二思量能变，即第七识。三了别能变，即前六识。《唯识论》云：识所变相，虽无量种，而能变识，类别唯三：一谓异熟，即第八识，多异熟性故。二谓思量，即第七识，恒审思量故。三谓了境，即前六识，了境粗相故。论颂曰：初阿赖耶识，异熟一切种。不可知执受，处了常与触。作意受想思，想应唯舍受。是无覆无记，触等亦如是。恒转如瀑流，阿罗汉位舍。初能变识，大乘教名阿赖耶，此识有能藏、所藏、执藏义故，谓与杂染互为缘故，有情执为自内我故。古释云：一能藏者，即能含藏义。犹如库藏，能含藏宝贝，得藏名。此能含藏杂染种，故名为藏，亦即持义。二所藏者,即是所依义。犹如库藏,是宝等所依故,此识是杂染法所依处故。三执藏者,坚守不舍义。犹如金银等藏,为人坚守执为自内我,故名为藏。此识为染末那坚执为我,故名为藏。《起信钞》释云:第八能藏所藏义者,且所藏义,谓此识体藏也,是根身种子器世间所藏处也,以根身等是此识相分故。如藏中物像,如身在室内,欲觅赖耶识,只在色心中。欲觅摩尼珠,只在青黄内。次能藏义,谓根身等法,皆藏在识身之中,如像在珠内,欲觅一切法,总在赖耶中。欲觅一切像,总在摩尼内。与前义互为能所。《瑜伽论》云:以八种义,证本识有:一依止执受相,二最初生起相,三有明了性相,四有种子性相,五业用差别相,六身受差别相,七处无心定相,八命终时分相。

又,古德依论解释,证有第八识者。论云:此第八识,非是世间现量所见之境,唯凭圣言量及以真正道理而知有之,引七本经证之:《阿毗达磨经》有二颂,初颂云:无始时来界,一切法等依。由此有诸趣。及涅槃证得,无始时来界者。言界者,是因义,为第八识从无始至今,能持一切漏无漏色心等诸法种子,又能与漏无漏种子力令生现行,即第八与一切种子为依持生起二因。一切法等依者,依是缘义,为第八识,能变为身器作有情依,与一切漏无漏现行法而为所依,以能执受五色根身,与前七识现为俱有依故,即第八识能与一切现行色心等法,为增上缘依也。由此有诸趣及涅槃证得者,此第八识,不唯独与有漏流转法为依持用,兼能与一切无漏顺还灭法为依持用。第二颂云:由摄藏诸法,一切种子识,故名阿赖耶。胜者我开演者,即第八识自证分,能持

种故,名种子识。

《解深密经》颂云:阿陀那识甚深细,一切种子如瀑流。我于凡愚不开演,恐彼分别执为我。阿陀那者,此云执持。为此识能执持诸法种子,及能执受色根及根依处,亦能执取结生相续,故说此识,名阿陀那。一切种子如瀑流者,谓第八识中一切种子,若遇缘鼓击,便生转识现行,或种子有生住异灭不停,如似瀑流。《楞伽经》颂云:譬如巨海浪,斯由猛风起。洪波鼓溟壑,无有断绝时。藏识海常住,境界风所动。种种诸识浪,腾跃而转生。又,小乘《增一阿含经》云:有根本识,是诸识所依。此根本识,即是第八识,以第八识能发起前六转识故。二、上座部说有有分识,便是第八识。此有分识体,常不间断,遍三界有。有谓三有,分者因义。即三有之因,皆由此识。三、化地部中说有穷生死蕴,缘此第八,遍三界九地,恒常有故,但有生死处,即常遍为依,直至大乘金刚心末,烦恼尽时方舍,故名穷生死蕴。若诸转识,即无此功能,以第六识体多间断故。入五位无心时,六识皆间断不行,此时应不名有情,以无识任持故,即应烂坏。四、一切有部说此识名阿赖耶,有爱、乐、欣、喜四种阿赖耶。爱是总句,总缘三世为境。余三是别句,别缘三世。乐是现在,欣是过去,喜是未来。即此第八识,是诸有情常执为自内我,是真爱著处,故名阿赖耶。真正理有十:一者,持种心,《唯识论》云:谓契经说:杂染清净诸法种子之所集起,故名为心。若无此识,彼持种心不应有故,谓诸转识在灭定等有间断故,根境作意善等类别易起故,如电光等不坚住故,非可熏皆不能持种、非染净种所集起故。二、异熟心,《唯识论》云:如契经说:有异熟心,善恶业感。若无此识,彼异熟心不应有故者,即第八识。谓前世中以善不善业为因,招感得今生第八异熟心是果。论云:定应许有真异熟识,酬牵引业遍而无断,变为身器作有情依,身器离心理非有故。三、界趣生体,《唯识论》云:契经说:有情流转五趣四生,若无此识,彼趣生体不应有故,须信有第八识为三界九地五趣四生之体。若无此识,即一切有情不应得有。四、有执受,《唯识论》云:又契经说:有色根身,是有执受。若无此识,彼能执受不应有故。其有色界中有情,有五色根及内五尘,是第八亲相分,唯第八识能执受。若是余识,即无此能。五、寿暖识三,证有第八识,《唯识论》云:又契经说:寿暖识三更互依持,得相续住,若无此识,能持寿暖令久住,识不应有故。六、生死时有心,证有第八识,《唯识论》云:又契经说:诸有情类受生命终,心住散位,作无心定。若无此识,生死时心不应有故。又将死时,由善恶业,上下身分冷触渐起。若无此识,彼事不成。第七、引缘起依,证有第八识,《唯识论》云:又契经说:识缘名色,名色缘识。如是二法,展转相依,譬如束芦,俱时而转。若无此识,彼识自体不应有故。小乘云:我将六识为名色依,何要第八?《论》破云:眼等转识,摄在名中。此识若无,说谁为识?论主云:眼等六识已摄在名中,为识蕴故,须得第八为名外识支与名色为依。又,如此界人生时,中有初念心执取,结生时由未有前六识为名中识蕴,名色唯具三蕴。此三蕴名色,一念间依何而住?故知,信有第八识,是名外识支与名色为依。八、引识食,证有第八识,《唯识论》云:又契经说:一切有情皆依食住,若无此

识，彼识食体不应有故。所以佛告外道言：所为一切有情，皆依食住。此是正觉正说，余不能知。汝外道自饿己身，终无有益。食是资益义、任持义。九、引灭定有心，证有第八识，《唯识论》云：又契经说：住灭定者，身语心行无不皆灭。而寿不灭，亦不离暖。根无变坏，识不离身。若无此识，住灭定者识不离身不应有故。论主云：入灭定圣人，身语心行无不皆灭，即出入息是身加行，受想是心加行，寻伺是语加行，此三加行与第六识相应，在灭定中皆悉灭故。而寿不灭者，即第八识种上有连持一报色心不断功能，名寿。言亦不离识者，暖触是第八识相分，即此二法，皆不离第八识。既在灭定中，六识身语心加行皆悉不行，而有寿暖在者，明知即是第八识与寿暖为依。十、引染净心，证有第八，《唯识论》云：又契经说：心杂染故，有情杂染。心清净故，有情清净。若无此识，彼染净心不应有故。谓染净法以心为本，因心而生，依心而住，受彼熏，持彼种故。以心为本者，即一切染净有为无为法，皆以第八识为根本。依心而住者，即前七现行，皆依第八识而住。言受彼熏者，即第八识受彼前七识熏。言持彼种者，即第八能持前七三性染净种子。

所以《密严经》云：是身如起尸，亦如热时焰。随行因缘转，非妄亦非实。为受之所牵，性空无有我。意等识所识，与心而共生。五识复更依，意识而因起。如是一切时，大地而俱转。赖耶为于爱，所熏而增长。既自增长已，复增于余识。展转不断绝，犹如于井轮。以有诸识故，众趣而生起。于是诸趣中，识复得增长。识与世间法，更互以为因。譬如河水流，前后而不断。亦如芽与种，相续而转生。各各相差别,分别而显现。识行亦如是,既三和合已。而复更和合,差别相而生。如是而流转,常无有断绝。内外一切法,皆因此而起。愚不了唯心,汝等勤观察。《华严经》云:善男子,诸业虚妄积集名心,末那思量、意识分别、眼等五识了境不同。愚痴凡夫,不能知觉,怖老病死,求入涅槃。生死涅槃,二俱不识,于一切境,妄起分别。又,由未来诸根、五尘境界断灭,凡愚之人以为涅槃。诸佛菩萨自证悟时,转阿赖耶得本觉智。善男子,一切凡愚迷佛方便,执有三乘,不了三界由心所起,不知三世一切佛法自心现量,见外五尘,执为实有,犹如牛羊不能知觉,生死轮中无由出离。善男子,佛说诸法无生无灭,亦无三世,何以故?如自心现五尘境界本无有故,有无诸法本不生故,圣者自悟,境界如是。善男子,愚痴凡夫妄起分别,无中执有,有中执无,取阿赖耶种种行相,堕于生灭二种见中,不了自心而起分别。善男子,当知自心,即是一切佛菩萨法。由知自心即佛法故,则能净一切刹,入一切劫。是以藏识顿变根身器世间故,为甚深之义,现量、比量俱不能量,又过量无量故。如经偈云:法界非有量,亦复非无量。牟尼悉超越,有量及无量。故知识性,浅智难明。究竟穷通,唯佛能了。是以《宗镜》广引斯文,为微密难知故一。

问:唯识正义,为破我法二执,显二空理,证一真心。云何世间及诸圣教,说有我法?

答:但是假说,唯依识变。如《唯识颂》云:由假说我法,有种种相转。彼依识所变,此能变唯三。谓异熟思量,及了

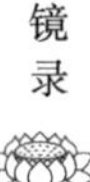

别境识。世间圣教说有我法,但由假立,非实有性。我谓主宰,法谓轨持。乃至云何应知实无外境?唯有内识似外境生,实我、实法,不可得故。如何实我不可得耶?诸所执我,略有三种:一者、执我体常周遍,量同虚空,随处造业受苦乐故。二者、执我其体虽常,而量不定,随身大小有卷舒故。三者、执我体常至细,如一极微,潜转身中作事业故。初且非理,所以者何?执我常遍量同虚空,应不随身受苦乐等。又常遍故,应无动转,如何随身能造诸业?乃至中亦非理,所以者何?执我体常住,不应随身而有舒卷。既有舒卷,如橐钥风,应非常住。乃至后亦非理,所以者何?我量至小,如何速巡身,如旋火轮?以转动故,则所执我非一非常,诸有往来,非常一故。又,所执我,复有三种:一者即蕴,二者离蕴,三者与蕴非即非离。初即蕴我,理且不然,我应如蕴,非常一故。又内诸色,定非实我,如外诸色,有质碍故。心心所法,亦非实我,不恒相续,待众缘故。余行余色,亦非实我,如虚空等,非觉性故。中离蕴我,理亦不然,应如虚空,无作受故。后具非我,理亦不然,许依蕴立,非即离蕴,应如瓶等,非实我故。又,既不可说有为无为,亦应不可说是我非我,故彼所执实我不成。乃至如是所说一切我执,自心外蕴,或有或无。自心内蕴,一切皆有。是故我执,皆缘无常五取蕴相,妄执为我。然诸蕴相,从缘生故,是如幻有。妄所执我,横计度故,决定非有。故契经说:苾刍当知,世间沙门、婆罗门等所有我见,一切皆缘五取蕴起。

问:若离心外,无实我及实法者,则假法亦无,以假法依真而建立故。

答：夫假法者，但是虚假似有而转，必不依真。如《唯识论》云：有作是难：若无离识实我法者，假亦应无，谓假必依真事似事共法而立。乃至答云：又假必依真事立者，亦不应理。真谓自相，假智及诠，俱非境故。谓假智诠，不得自相，唯于诸法共相而转。亦非离此有别方便，施设自相，为假所依。然假智诠，必依声起，声不及处，此便不转。能诠所诠，俱非自相，故知假说不依真事。由此但依似事而转，似谓增益，非实有相。声依增益似相而转，故不可说假必依真。

问：此第八识，有几能变，令诸识生长显现？

答：有二能变：一、因能变，二、果能变。《唯识论》云：能变有二种：一因能变，谓第八识中，等流、异熟，二因习气。等流习气，由七识中善恶无记，熏令生长。异熟习气，由六识中有漏善恶，熏令生长。二果能变，谓前二种习气力故，有八识生，现种种相。等流习气因缘故，八识体相差别而生，名等流果，果似因故。异熟习气为增上缘，感第八识，酬引业力，恒相续故，立异熟名。感前六识酬满业者，从异熟起，名异熟生，不名异熟，有间断故，即前异熟及异熟生，名异熟果，果异因故。此中且说，我爱执藏持杂染种能变果识，名为异熟。

问：第八识广容周遍，为万法根原。经论同推，故称第一。微细体性，如何指陈？

答：此体不可说，微妙最难知。周遍法界而无住心，任持一切而不现相。如空中飞鸟,虽往来骞翥而迹不可寻。似眼里童人,任照瞩森罗而眼终不见。若月含一色,遍分万像之形。等日耀千光,普照四天之下。类摩尼无思而雨宝,广济群生。犹磁石无觉而转移,周回六趣。《密严经》偈云:藏识持于世,犹如线穿珠。亦如车有轮,随于业风转。陶师运轮杖,器成随所用。藏识与诸界,共力无不成。内外诸世间,弥纶悉周遍。譬如众星象,布列在虚空。风力之所持,运行常不息。如空中鸟迹,求之不可见。然鸟不离空,颉颃而进退。藏识亦如是,不离自他身。如海起波涛,如空含万像。藏识亦如是,蕴藏诸习气。譬如水中月,及以诸莲华。与水不相离,不为水所著。藏识亦复然,习气莫能染。如目有童子,眼终不自见。藏识住于身,摄藏诸种子。遍持寿暖识,如云覆世间。业用曾不停,众生莫能见。又云:诸仁者,一切众色,皆阿赖耶与色习相应,变似其相,非别有体,同于愚夫妄所分别。诸仁者,一切众生,若坐若卧、若行若立、惛醉睡眠乃至狂走,莫不皆是赖耶识。乃至如磁石力令铁转移,虽无有心,似有心者。阿赖耶识,亦复如是,为生死法之所摄持,往来诸趣,非我似我。如水中有物,虽无思觉,而随于水,流动不住。阿赖耶识,亦复如是,虽无分别,依身运行。乃至若有于此能正观察,知诸世间皆是自心,是分别见,即皆转灭。又颂云:能持世间因,所谓阿赖耶。第八丈夫识,运动于一切。如轮转众瓶,如油遍在麻。盐中有咸未,亦如无常性,普遍于诸色。

问:此识周遍,凡圣境通,为当离此别有真性、为复即是?

答:非一非异,得此识名。不合而合,成其藏义。此阿赖耶识,即是真心不守自性,随染净缘,不合而合,能含藏一切真俗境界,故名藏识,如明镜不与影像合,而含影像,此约有和合义边说。若不和合义者,即体常不变,故号真如。因合不合,分其二义,本一真心,湛然不动。若有不信阿赖耶识即是如来藏,别求真如理者,如离像觅镜,即是恶慧。以未了不变随缘随缘不变之义,而生二执。

问:第八识变义如何?

答:变谓识体转似二分。释云:论明诸识体,即自证分转似相、见二分而生。此说识体,是依他性。转似相见二外非无,亦依他起。依此二分,执实二取,圣说为无,非无依他中无此二分。论说唯二依他性故,此缘真智缘于真如无相分故,余皆有相。不尔,如何名他心智、后得智等?不外取故,许有相、见二体性故,说相见种,或同或异。若同种者,即一识体,转似二分相用而生,如一蜗牛变生二角。此说影像相见离体,更无别性,是识用故。若言相、见各别种者,见是自体,义用分之,故离识更无别种。即一识体,转似见分别用而生。识为所依,转相分种似相而起,以作用别,性各不同故,相别种生,于理为胜。故言识体转似二分。此依他起非有似有,实非二分。似计所执二分见相,故立似名。相别有种,何名识变?不离识故,内识变时相方生故。此显能变相见二分,用体别有,何故又说识似二分生,论说相见俱依自证起故。若无自证,二定不生。如无头时角定非有,及无镜时面影不起,皆于识上现相貌故,故说二分依识体生。

又，非唯相见二分依识体生，乃至凡圣之身、净秽之土，皆从识现。如弥勒菩萨云：日月灯明如来，教我修习唯心识定，入三摩地。历劫已来，以此三昧事恒沙佛，求世名心，歇灭无有。至然灯佛出现于世，我乃得成无上妙圆识心三昧，乃至尽空如来国土，净秽有无，皆是我心变化所现。世尊，我了如是唯心识故，识性流出无量如来。今得授记，次补佛处。佛问圆通，我以谛观十方唯识，识心圆明，入圆成实，远离依他及遍计执，得无生忍，斯为第一。是以，十方法界，净秽国土，皆是我心中变出，总是我屋宅。真妄随心，巧拙由智。对大菩萨，阐彼净方。逗劣众生，现斯秽土。十方如来，皆是我心中流出者，古释云：如海上沤，各各不同时，由差别心观，即有彼此，但水体是一。即知一佛出现时，即一切佛土现，离自他相故。但众生有处，十方如来为种种身而助化之。非但如来含于一义，一切众生亦是我流出。

问：转变、变现，其义同别？

答：古释云：有唯转变，非变现者。转变之言，通于种现。现能熏种，种能生种。种生现行皆名转变，变现之言唯现心等。能起见相名之为变，不通于种相分色等。

问：第八本识与所生果，为复是一、是异？

答：非一非异。《论》云：本识中亲生自果功能差别，此与本识及所生果不一不异。体用因果，理应尔故。释云：本识是体，种子是用。种子是因，所生是果。此之二法，理应如是不一不异。本识望种，于出体中，摄相归性，故皆无记。

种从现行，望于本识，相用别论，故通三性。若即是一，不可说为有因果法、有体有法。若一向异，应谷麦等能生豆等，以许因果一向异故。不尔，法灭应方有用，以许体用一向异故。用体相似，气势必同。因果相似，功能状貌可相随顺，非一向异。

问：阿赖耶识，与几心所相应？

答：《识论》云：常与触、作意、受、想、思相应，阿赖耶识无始时来乃至未转，于一切位恒与此五心所相应，以是遍行心所摄故。一触者，《论》云：谓三和分别变异，令心、心所触境为性，受、想、思等所依为业。释云：以此五种，体是遍行心所摄故，决定相应。虽复不增，亦不可减，定俱生灭，名遍行故。触，谓三和者，即根、境、识，体异名三，不相乖返，更相交涉，名为随顺。根，可为依。境，可为取。识三所生，可依于根而取于境。此三之上，皆有顺生一切心所功能作用，名为变异。分别之用，是触功能，谓触之上有似前三顺生心所变异功能，说名分别。分别，即是领似异名，如子似父，名分别父。问：何故三和，唯根独胜？答：一由主故，有殊胜能，名之为主。二由近故，能近生心，及心所故。三由遍故，不唯心所，亦能生心故。四由续故，常相续有，境识不尔故。境体虽能生心、心所，以非主故，又非近故，偏阙二义，不名为胜。心虽是主，近生心所，不能生心，不自在故，非遍也，偏阙一义，故非胜。境识皆不续，识有境生，故俱阙续义，非得胜名，唯根独胜。问：触自性，是实是假？答：此触数，定是实有，四食性故。二、作意者，《论》云：作意，谓能警心为

性，于所缘境别心为业。释云：作意警心，有二功力：一者令心未起而起，二者令心起已趣境，故言警觉应起心种，引令趣境。三、受者，《论》云：受，谓领纳顺违俱非境相为性，起爱为业。四、想者，《论》云：想，谓于境取像为性，施设种种名言为业。谓要安立境分剂相，方能随起种种名言。释云：此中安立取像异名，谓此是青非青等，作分剂而取其相，名为安立。由此取像，便起名言，此是青等，性类众多，故名种种。五、思者，《论》云：思，谓令心造作为性，于善品等役心为业，谓能取境正因等相，驱役自心令造善等。此五段是遍行所摄，故与藏识决定相应。此触等五，与异熟识行相虽异，而时依同，所缘事等，故名相应。此识行相，极不明了，不能分别逆顺境相、微细一类，唯与舍受相应。又，此相应受，唯是异熟，随先引业转，不待现缘。任善恶业势力转故，唯是舍受。苦乐二受，是异熟生，非真异熟，待现缘故，非此相应。又，由此识常无转变，有情恒执为自内我，若与苦乐二受相应，便有转变，宁执为我？故此但与舍受相应。释曰：此触等五，与异熟识行相虽异，而时依同，所缘事等，故名相应者，由四等故，说名相应：谓事等、处等、时等、所依等。今约见分为行相，影像相分为所缘。自体名事，等者相似义。体各唯一，境相相似，故所缘事，皆名为等。以触等五相，托本识相生，所缘既相似，故名为等。唯识为宗，不约本质名为所缘，亦非影像名为行相。时谓刹那定同一世，依谓根俱无有间，唯与舍受相应者。此有五义：一极不明了，是舍受相，若苦乐受，必明了故。受，总有五：一忧，二喜，三苦，四乐，五舍。此中忧喜入苦乐中，依三受门分别，不言忧喜。二不能分别顺违境相,取中容境,是舍受相。若是余受,取违顺境故。三由微细,若是余受,行相必粗。四由一类,若是余受,必是易脱。此行相定,故成一类。五相续而转,若是余受,必有间断。此恒相续,故唯舍受。若能分别违顺境相,非真异熟。异熟者,取境定故。若粗动者,如余心,非异熟主。显行相难知,异余识也。由此五义,必其有故,便能受熏持种相续。又解此识极不明了:曾无慧念,慧念行相,极明了故,不能分别违顺境相,显唯舍受。非苦乐俱,及简不与善染等并。相续而转,显无有欲。今有希望,方有欲起。此相续故,无有欲也。由此五义,第二义正显唯舍受所由,所余四义因简别境等,故唯与舍受俱。

问:此识既与舍受相应,如何亦是恶业异熟?

答:《论》云:舍受不违善恶品故,如无记法,善恶俱招。释云:无记既寂静,何为恶业果?舍虽寂静,不违二故,得为恶果,不同禅定寂静,此无所能为,故通恶业感。余七转识设起苦乐,此识皆俱,以舍不违苦乐品故。若或苦乐不俱,于人天中,应不受苦果,以相违故。三恶趣中,应不受乐果,亦相违故。此中苦乐,皆是别招,故舍不违。

问:本识云何不与别境等五心所相应?

答:《论》云:互相违故。为欲,希望所乐事转,此识任业无所希望。胜解,印持决定事转,此识懵昧无所印持。念,唯明记曾习事转,此识昧劣不能明记。定,能令心专注一境,此识任运刹那别缘。慧,唯简择得等事转,此识微昧不能简择，故此不与别境相应。此识唯是异熟性故，善染污等亦不相应。恶作等四无记性者，有间断故，定非异熟。释云：定能令心专注一境，此识任运刹那别缘者，定虽影像相分刹那新起，至加行时所观本质，前后相续，恒专注境。此识任运，不作加行专注本质，恒缘现在影像，所缘但新新起。且定行相，一一刹那，深取专注，趣向所缘。此识浮疏，行相不尔，故非定位。言任运者，是随业转。恶作等，定非异熟者，非真异熟，不遮异熟生。亦有恶作等，非一切时常相续故，非此相应。故知第八真识，常如舍相，以任运之缘合恒常之道，不为垢法之所染，宁为净法之所治？非生死之所羁，岂涅槃之能寂？是以称为识主，故号心王。迩后因一念无明，起七识波浪，遂生心所，失本心王，皆因强觉觉明，分能立所。起明了之解，心境历然。运分别之情，自他宛尔。因兹有情心内，逐憎爱而结怨亲。无情境中，随想念而标形碍。遂使外则桑田变海，海变桑田。内则亲作怨由，怨为亲种。互为高下，反复相酬，从兹业果恒新，苦缘不断。是以《首楞严经》云：佛告富楼那：明妄非他，觉明为咎。所妄既立，明理不踰。以是因缘，听不出声，见不超色。乃至唯杀盗淫，三为根本，以是因缘，业果相续。富楼那，如是三种颠倒相续，皆是觉明明了知性，因了发相，从妄见生，山河大地诸有为相次第迁流，因此虚妄终而复始。是故，若欲还原反本，旋妄冥真，但一念不生，前后际断，分别心灭，轮回业亡，根尽枝枯，因空果丧，无始之情尘识垢，应念全消。本来之佛眼常身，随真顿现。

宗镜录第四十八

宋 慧日永明妙圆正修智觉禅师延寿集

夫三性法门,该通万法,于第八识,何性所摄,约有几位?

答:《论》云:诸有漏种,与异熟识体无别故,无记性摄,因果俱有善等性故,亦名善等。诸无漏种,非异熟识性所摄故,因果俱是善性摄故,唯名为善。释云:此有漏种,与本第八识体无别故,性类是同,唯是无记。若能所生法,皆通善等三性,谓此种子,本能熏习现行之因,及后所生现行之果,皆通三性。故言因果俱善等性,即是功能差别门说,非依体门性唯无记,此约有漏种说。若无漏种,非异熟性所摄故,故非无记。体性不顺本识体故,体既不同,不可相即。又性类别,能治所治,漏无漏殊,不可相即。

问:无漏既不从识名无记性,此为何性?

答:因果俱是善性摄故,唯名为善。法尔一切无漏之法,顺理违生,无恶无记。又,《摄论》云:然第八识,总有二位:一有漏位,无记性摄,唯与触等五法相应,但缘前说执受处境。二无漏位,唯善性摄,与二十一心所相应,为遍行别境各五及善十一。与一切心恒相应故,常乐证知所观境故,于所观境恒印持故,于曾受境恒明记故,世尊无有不定心故,于一切法常决择故,极净信等常相应故,无染污故,无散动故。此唯亦与舍受相应,任运恒时平等转故。以一切法为所缘境,镜智遍缘一切法故。

问:本识于一切时中为有间断、为无间断?定缘于内、定缘于外?

答:此识从初至末无有刹那间断,内外俱缘。《瑜伽论》云:阿赖耶识于一切时无有间断,器世间相,譬如灯焰生时,内执膏炷,外发光明。如是阿赖耶识,缘内执受,缘外器相,生起道理,应知亦尔。又,缘境无废,时无变易。从初执受刹那乃至命终,一味了别而转。

问:阿赖耶识与诸转识,为复作因,为复作果?

答:互为因果。经偈云:诸法于识藏,识于法亦尔。更互为果性,亦常为因性。《摄大乘论》说:阿赖耶识与杂染法,互为因缘,如炷生焰,展转生烧。又如束芦,互相依住。释云:诸法于识藏,能摄藏也,为与诸识作二缘性:一为彼种子,二为彼所依。识于法亦尔,所摄藏也,为诸转识与阿赖耶亦为二缘:一于现法长养彼种,二、于后法转摄植彼种,互相生故。如灯炷束芦者,举增上缘,喻因缘义。如灯炷与焰,展转生焰,内炷生焰,如种生现。内焰烧炷,如现熏种。又如束芦相依,为俱有因。类显二法为喻,喻因缘义。

问:种子识与阿赖耶识,为一为异?

答:非一非异。《摄论》云:是不净品法种子,在阿赖耶识中,为有别体故异,为无别体故不异。二俱有失,须明不一不异：此阿赖耶识与种子，如此共生，虽有能依、所依，不由别体故异。乃至能，是假，无体。所，是依是实，有体。假实和合，异相难可分别，以无二体故。此识先未有功能，熏习生后，方有功能，故异于前。前识但是果报，不得名一切种子。后识能为他生因，说名一切种子。前识但生自相续，后识能生自他相续，故胜于前。譬如麦种生于自芽，有功能故，说麦是芽种子。麦若陈久，或为火所损，则失功能，麦相不异，以功能坏故，不名种子。此识亦尔，若有生一切法功能，由与功能相应，说名一切种子。此功能若谢无余，但说名果报识，非一切种子，是故非不异。

问：种子有几多？

答：《摄论》云：种子有二：一外种子，但是假名，以一切法唯有识故。二内种子，则是真实，以一切法以识为本。此二种子，念念生灭。刹那刹那，先生后灭，无有间故，此法得成种子。何以故？常住法不成种子，一切时无差别故。复次云何外种子？如谷麦等，无熏习，得成种子，由内，外得成。是故，内有熏者，外若成种子，不由自能，必由内熏习感外，故成种子。何以故？一切外法，离内则不成。是故，于外不成熏习。一、由内有熏习，得成种子。又第八识从种子生，故称果报识。能摄持种子故，亦名种子识。又本识是集谛，故名种子。是苦谛，故名果报。又，二、果俱有，与所生现行果法，俱现和合，方成种子。释云：谓此种子，要望所生现行果法，俱时现有。现者：一显现，二现在，三现有。三义名现，由此无性入第七识，不名种子，果不显现故。即显现言,简彼第七。现在,简前后。现有,简假法。体是实有,方成种子故。显现唯在果,现有唯在因,现在通因果,和合简相离。

问:种子为是本有,为新熏生?

答:《唯识论》云:一切种子,皆本性有,不从熏生。由熏习力,但可增长。如契经说:一切有情,无始时来有种种界,如恶叉聚,法尔而有,界即种子差别名故。又,经偈云:无始时来界,一切法等依。界是因义。《瑜伽》亦说:诸种子体,无始时来性虽本有,而由染净新所熏发。诸有情类无始时来,若般涅槃法者,一切种子皆悉具足,不般涅槃法者,便阙三种菩提种子。如是等文,诚证非一。契经说心性净者,说心空理所显真如,真如是心真实性故。或说心体非烦恼故,名性本净,非有漏心,性是无漏,故名本净。由此应信,诸有情无始时来有无漏种,不由熏习,法尔成就,后胜进位熏令增长。无漏法起,以此为因。无漏起时,复熏成种。有漏法种,类此应知。释云:心性者,真如也。真如无为,非心之因,亦非种子,能有果法。如虚空等故,非有漏心。性是无漏,名本性净也。

又,若取正义,本有新熏,合生现行,非有前后:一本有者,谓无始时异熟识内,法尔而生蕴处界等功能差别。世尊依此,说诸有情,无始时来有种种界,如恶叉聚,法尔而有。一切种子与第八识,一时而有。从此能生前七现行,现行头上又熏种子。二新熏者,谓无始时来数数现行熏习而有,名新熏故。世尊依此,说有情心,染净诸法所熏习故,无量种子之所积习。故护法意云:有漏无漏种子,皆有新熏本有,合生现行,亦不杂乱。若新熏遇缘,即从新熏生。若本有遇缘,即从本有生。若偏执唯从新熏,或偏执但是本有,二俱违教。若二义俱取,善符教理。

古德问:此总未闻熏时,此本有从何而生?

答:谓从无始时来,此身与种子俱时而有,如外草木等种。又,古德解熏种义:诸法虽有新旧二种,当生现时,或从新生,或从旧生,名为二种。非谓二种于一念中,同生一现。若尔,即有多种共生一芽之过。以此准知色等相分种,并同于此。

又问:八识之中,既具本有新熏之义,何识是能熏因、所熏果?

答:依经论正义,即是前七现行识为能熏因缘之因,熏生新熏种子。第八识是前七现行识所熏生因缘之果。

又问:本识等虽无力能熏自种,而能亲生自种,故现行本识等得自生种为因缘者。既不熏自种,如何能生自种?又,熏与生何别?

答:熏者资熏,击发之义。生者生起,从因生出之义。谓本识等,虽无力资熏、击发自种之义,而有亲生自种之义。如有种性者,法尔本有无漏种子,虽有生果之能,若不得资加二位有漏诸善资熏击发,即不能生现。须假有漏诸善资熏,方能生现。又如本识中善染等种,能别次后自类种子,虽有生义，无自熏义。如谷麦等种，虽有生芽之能，若不得水土等资熏击发，亦不能生其现行。本识虽有生种之能，然自力劣，须假六七与熏方生。由是义故，本识等虽非能熏，而能生种，故与亲种得为因缘，五根尘等诸根分，亦应然。此解，今依因位现行，望自亲所熏种，能为二缘，即是因缘、增上缘，唯除第八及六识中极劣无记，非能熏故。今按此文现于亲种得为因缘中，既除第八及六识中极劣无记，非能熏故，望自亲种无因缘义。若言本识及六识中极劣无记，能生自种，得为因缘者，便犯异熟有能熏过，违圣教失。

又问：如前六识所变五尘相分，不能自熏新种，须假能变心缘，方能熏自种。故五尘相分得为能熏，其极劣无记亦假能变心缘，何故不同五尘相分，得为能熏？

答：今按有为法分为三品：一者上品，如七转识、及相应等一分能缘虑，故力最强，悉有力自熏。二者中品，如五尘相分等，虽有熏力而力稍微，假心与力彼方自熏。三者下品，即极劣无记，而极羸病无力之人，不能自起。纵人与力扶持，亦不能起。本识等类，亦复如是，本无熏力，谓心与力，亦不能熏，由是义故，极劣无记一向无力，故非能熏。与五尘相分不同，彼自有力，但力稍劣不能独熏，假心相助，自有半力，故是能熏。由是义故，今正解者，第八识聚，及此所变异熟五根相分，并异熟扶根等，及异熟前六识等，并无新种，以其极劣，非能熏故，从本有旧种所生。其长养五根，及此扶根，及等流五尘等相分前六识所变者，皆可各有新本二种。

问：净法种子从闻熏生，于本识中，与不净种子熏发之义，有何同别？

答：染净种子皆具熏义，则增减有殊：若净法熏，损本识。若染法熏，增本识。如《摄论》云：转依名法身，由闻熏四法得成：一、信乐大乘是大净种子，二、般若波罗蜜是大我种子，三、虚空器三昧是大乐种子，四、大悲是大常种子。此闻熏习及四法为四德种子，四德圆时本识都尽。四德本来是有，不从种子生，从因作名，故称种子。此闻熏习，非为增益本识故生，为欲灭损本识力势故生，能对治本识与本识性相违，故不为本识性所摄。若不净种子，则熏习生。增益本识，与净种有异。

问：熏习以何为义？

答：熏者，发也，或犹致也。习者，生也，近也，数也。即发致果于本识内，令种子生近生长故。熏有二种：一习熏，谓熏心体，成染净等事。二资熏，谓现行心境，及伽惑相资等。《楞经》云：大慧，不思议熏，及不思议变，是现识因。取种种尘，及无始妄想熏，是分别事识因。是以，无明能熏真如，成其染法。本觉能熏无明，起其净用。此皆不可熏处而能熏，名不思议熏。不可变异而变异，云不思议变。《胜鬘经》云：不染而染，难可了知。染而不染，难可了知。《显识论》云：分别识者，若起安立熏习力于第八识中，熏习力故，譬如烧香熏习衣，香体灭，而香气犹在衣中，名为熏衣。此香不可言有，香体灭故。不可言无，香气在故。如六识起善恶,留在熏力于本识中,能得未来报,名为种子。

问:能熏、所熏,各具几义能成熏习?

答:各具四义令种子生长,故名熏习。《唯识论》云:先所熏四义者:一坚住性,二无记性,三可熏性,四和合性。古释云:即此四义,各有所简。《论》云:一坚住性,若法始终一类相续,能持习气,乃是所熏。此遮转识,及声风等,性不坚住,故非所熏。释云:夫为所熏识者,且须一类坚住,相续不断能持习气,乃是所熏。今前六转识,若五位无心时皆间断故,既非坚住,非是所熏。此亦遮经部师,将色心更互持种。论主云:且如于无色界入灭定时,色心俱间断,此时将何法能持种?又如五根五尘,皆不通三界,亦非坚住,如何堪为所熏性?又,第七识,在有漏位虽不间断,在十地位中亦有解脱间断。谓得无漏时,不能持有漏种,以有漏无漏,体相违故。以第八识虽是有漏,以在因中体无解脱,唯无覆性,即不妨亦能持无漏种,得名所熏。应立量云:前七转识是有法,非所熏,宗。因云:不坚住故。同喻如电光声风等。

问:若言有坚住性即是所熏者,只如佛果第八,亦是坚住性,应名所熏。

答:将第二义简,《论》云:二无记性。若法平等无所违逆,能容习气,乃是所熏。此遮善染势力强盛,无所容纳,故非所熏。释云:夫为所熏者,须唯是一类无记,即不违善恶性,方受彼熏。今佛果第八既是善性,即不容不善及无记性,非是所熏。以佛果圆满故,如似沉麝,不受臭秽物熏。

若不善性者，即是烦恼，又不容信等心所熏，互不相容纳故，其所熏性，如宽心舍行之人，能容纳得一切善恶事。若恶心性人，即不中。第八识似宽心舍行之人，能容一切习气，有此义故，方名所熏。若如来第八无漏净识，唯在因中曾所熏习带此旧种，非新受熏，以唯善故，违于不善等。又云：善染如沉麝非蒜等，故不受熏。无记如素帛，故能受熏。如善不容于恶，犹白不受于黑。若恶不容于善，如臭不纳于香。唯本识之含藏，同大虚之广纳矣。

问：若言有坚住性及无记性二义，便名所熏者，且如第五心所，同心王具此二义，应是所熏。又如无为亦有坚住性义，为所熏何失？

答：将第三义简，《论》云：三可熏性。若法自在，性非坚密，能受习气，乃是所熏。此遮心所及无为法，无为坚密，故非所熏。言自在者，正简难陀许第八五心所变受熏。论主云：心所不自在故，依他生起，非所熏性。言性非坚密者，即简马鸣菩萨真如受熏。论主云：无为体坚密，如金石等，而不受熏。夫可熏者，且须体性虚疏，能容种子方得。马鸣救云：我言真如受熏者，以真如是性，第八是相，性相不相离。若熏著相时，兼熏著性，或摄相归性故，真如受熏何失？如将金石作指镮等。护法破云：熏相不熏性，如火烧世界，不烧虚空。今唯是第八心王体性虚疏，方可受熏。如衣服虚疏，方能受香等熏。

问：若言有坚住性、无记性及可熏性三义，即是所熏者，应可此人第八识。受他人前七识熏,以此人第八,是可熏性故。

答:将第四义简,《论》云:四与能熏等和合性。若与能熏同时同处,不即不离,乃是所熏。此遮他身刹那前后,无和合义,故非所熏。唯异熟识具此四义,可是所熏,非心所等。释云:今将此人第八,望他人前七,无同时同处和合义故,非是所熏。亦遮经部师,将前念识体熏后念识相,不同时,亦非所熏。次能熏四义者:一有生灭,二有胜用,三有增减,四与所熏和合,此四义亦各有所简。

且外人问:无为法,得名能熏不?

答:将第一义简,《论》云:一有生灭。若法非常,能有作用生长习气,乃是能熏。此遮无为前后不变无生长用,故非能熏。释云:今前七识有生灭,有生长作用,乃是能熏。

问:若尔者,且如业感异熟生心、心所及色法、不相应行等,皆有生灭,亦有作用,应是能熏?

答:将第二义简,《论》云:二有胜用。若有生灭,势力增盛能引习气,乃是能熏。此遮异熟心心所等,势力羸劣,故非能熏。释云:其业感异熟生心心所等劣弱,无强盛作用能熏。色法虽有强盛,又无缘虑胜用,不相应行二用俱阙,此非能熏。又,势用有二:一能缘用,即简诸色为相分熏,非能缘熏。二强盛用,为不任运起,即异熟心等有缘虑用,无强盛用。为相分熏,非能缘熏。内色等有强盛用,无能缘用。异熟心等有能缘用,无强盛用,不相应法二俱无,皆非能熏。

即缘势用，可致熏习，如强健人，能致功効故。

问：若有生灭及有胜用，即名能熏者。且如佛果前七识亦具此二义，应是能熏？

答：将第三义简，《论》云：三有增减。若有胜用，可增可减，摄植习气，乃是能熏。此遮佛果圆满善法，无增无减，故非能熏。彼若能熏，便非圆满。前后佛果，应有胜劣。

问：若言具有生灭、有胜用、有增减三义，即名能缘者。且如他人前七识亦有上三义，应与此人第八熏得种不？

答：将第四义简，《论》云：四与所熏和合而转。若与所熏同时同处，不即不离，乃是能熏。此遮他身刹那前后，无和合义，故非能熏。唯七转识及彼心所，有胜势用，而增减者，具此四义，可是能熏。如是能熏与所熏识，俱生俱灭，熏习义成。今所熏中种子生长，如熏苣胜，故名熏习。释云：《摄论》云：苣胜本来是炭，多时埋在地中，便变为苣胜。如苣胜与华，俱生俱灭，内熏习，故生香气。又种子，是习气之异名，习气必由熏习而有。举喻，如麻香气，华熏故生，即胡麻中所有香气，必假华熏方得香也。西方若欲作涂身香油，先以华香，取于苣胜子聚为一处，淹令极烂，后取苣胜压油，油遂香气芬馥。比来胡麻中无香气，因华熏故生，熏习义者，要俱生灭，熏习义成。非如种生芽，异时故，不同生灭，故以为喻。

问：若言须与所熏和合一处，方名能熏者，且如生亡父母，及先亡子孙等，后人为作功德，此亦是熏他识以获福故，如何不许？

答：此有二解：一云此但为增上，令亡者自发心，非熏他识。二云七分之中，许获一分。

难：只此所获一分功德，便是此人造福，他人受果，应乖唯识义。

答：有五力，唯识不判：一定力，二通力，三借识力，四大愿力，五法威德力。

问：七能熏中熏第八，四分之中，约熏何分？

答：前五转识，能熏阿赖相分种子。第六意识，能熏第八相见分种子。第七末那，唯熏第八见分种子。

问：前七识四分，何分能熏？

答：见相二分能熏种，以此二分有作用故。

问：相分是色，何能熏种？

答：但是见分与力，令相分熏种，如枭附块而成卵疱，又见分是自证分与力。

问：前五识与第八熏相分种者，其第八相分有三境，今熏何相分种？

答：但熏内身及外器实五尘相分种，余即不熏，以不能缘故。

问:五识于一切时,为皆熏三种,为有不尔?

答:皆熏三种。纵异界相缘时,五识须托自第八相而熏本质种。又如二禅已上,借初禅三识缘上地三境时,亦各熏三种:其相质种,二禅已上收。见分种,即属初禅系。以越界地地法无,故言借。若得诸根互用,缘自他五尘境,皆熏三种子。以是性境收,本质同是第八相分故。若第六缘第八见分时,熏得见质二种,皆是心种,即与第八熏得见分种,又自熏得第六见分种,中间相分即不熏。若第六缘第八相分时,或熏三种子,为自熏得能缘见分种。若现量时,亦自熏得相分五尘种,又与第八熏得五根尘本质种,多分只熏见质二种。问:第六缘第八三境相分时,皆与熏得三境种不?

答:只熏根身器界种,缘种子境,即不熏种。恐犯无穷过故,其第六缘五根及种子境时,皆是独影境。有说是性境者,即须相分是实,便有两重五根现行,犯有情界增过,故知不可。

问:第六能缘第八四分,何言唯熏见相分种?

答:以内二分与见分,同是心种故,于见分中摄。

问:第六缘一百法时,皆熏本质种不?

答:若缘无为,并不相应行及心所中一分假者,皆不熏本质种,实者即熏。以缘假法时,但是独影境故,亦不熏相分种,其能缘见分种即熏。若第七识缘第八见分熏种者,但熏见质二种,定不熏相分种。其中间相分,但从两头合起,仍通二性：一半从本质上起者，是无覆性。一半从能缘见分上生者，是有覆性。

问：如前第三所熏中，护法难马鸣真如受熏义：夫熏习之义，熏相不熏性。如火烧世界，不烧虚空。此真如受熏之义，如何会通？

答：夫能所之熏，约有二宗：一法相宗，二法性宗。前护法是依法相宗所难，今马鸣是依法性宗。今法性宗，亦七识等而为能熏，八为所熏。其第八中，以如来藏随缘成立，含有生灭不生灭义故。今言熏者，是不熏之熏、不变之变，即熏生灭门中真如随缘之相。若真如门中即不熏，此熏变义，俱不可思议，以不染而染故。如《起信论》云：复次以四种法熏习义故，染净法起，无有断绝：一净，谓真如。二染，谓无明。三妄心，谓业识。四妄境，谓六尘。熏习义者，如世衣服非臭非香，随以物熏，则有彼气。真如净法性非是染，无明熏故，则有染相。无明染法实无净业，真如熏故，说有净用。云何熏习染法不断？所谓依真如故而起无明，为诸染因，然此无明，即熏真如。既熏习已，生妄念心，此妄念心，复熏无明。以熏习故，不觉真法，以不觉故，妄境相现。以妄念心熏习力故，生于种种差别执著，造种种业，受身心等众苦果报。妄境熏义，有二种别：一增长分别熏，二增长执取熏。妄心熏义，亦二种别：一增长根本业识熏，令阿罗汉、辟支佛、一切菩萨受生灭苦。二增长分别事识熏，令诸凡夫受业系苦。无明熏义，亦二种别：一根本熏，成就业识义。二见爱熏，成就分别事识义。云何熏习净法不断？谓以真如熏于无明,以熏习因缘力故,令妄念心厌生死苦、求涅槃乐。以此妄心压求因缘,复熏真如,以熏习故,则自信己身有真如法,本性清净,知一切境界唯心妄动,毕竟无有。以能如是如实知故,修远离法,起于种种诸随顺行,无所分别,无所取著。经于无量阿僧祇劫惯习力故,无明则灭。无明灭故,心相不起。心不起故,境界相灭。如是一切染因染缘及以染界心相都灭,名得涅槃,成就种种自在业用。妄心熏义,有二种别:一分别事识熏,令一切凡夫二乘厌生死苦,随己堪能趣无上道。二、意熏,令诸菩萨发心勇猛,速疾趣入无住涅槃。真如熏义,亦二种别:一体熏,二用熏。体熏者,所谓真如从无始来,具足一切无量无漏,亦具难思胜境界用,常无间断,熏众生心。以此力故,令诸众生厌生死苦、求涅槃乐,自信己身有真实法,发心修行。用熏者,即是众生外缘之力。有无量义,略说二种:一差别缘,二平等缘。差别缘者,谓诸众生从初发心乃至成佛,蒙佛菩萨等诸善知识随所应化而为现身等。平等缘者,谓一切诸佛及诸菩萨,以平等智慧、平等志愿,普欲拔济一切众生,任运相续,常无断绝。以此智慧熏众生故,令其忆念诸佛菩萨,或见或闻而作利益,入净三昧。随所断障,得无碍眼。于念念中,一切世界平等显现,见无量诸佛及诸菩萨。《华严记》云:是则真如亦为能熏,亦能受熏,故《楞伽经》云:不思议熏,不思议变,是现识因。谓不可熏而熏,故名不思议熏。真如不变而随缘成法,名不思议变,亦即不染而染也。藏法师云:妄心通业识及事识。今据其本,言业识耳。言熏习故有染相者,真如本无相,随熏现相。又显妄法无体,故但云相。此释经中,如来藏为恶习所熏等,上即生灭门中真如。言有净用者,此是生灭门中本觉真如,故有熏义。真如门中,则无此义,由此本觉内熏不觉,令成厌求,反流顺真,故云用也。此释经中,由如来藏故,能厌生死苦,乐求涅槃也。《涅槃经》云:阐提之人,佛性力故,还生善根。彼言佛性力者,即此本觉内熏之力耳。良以一识含此二义,更互相熏遍生染净也。此中佛者是觉,性者是本,故名本觉。

问:佛种从缘起者,即是熏习义。约法报化三身中,是何佛种从缘起?

答:是报身佛。由熏成故,以智为种。法身是无为断惑所显,不从种子生。以法报具足,能起化现,即化身是法报之用。唯报佛性,即是一切众生闻熏种子。且如世间甘露叶上,雾露润湿,滴入土中,一滴成一连珠,又更湿润,生长芽茎。报佛性亦尔,我等第六识见分,及耳识见分,如同甘露叶。如来大乘教法,如似雾露。耳识第六识熏得大乘种子,似润湿。落在第八识中,如入土中生得连珠。后数资熏,至成自受用报身佛,更遇湿润生起芽茎。故知,佛种全自熏成,初学之人,争不仗于闻法之力?且众生虽有正因性,须假缘因发起。如《大智度论》云:如经中说二因缘,发起正见:一者外闻正法,二者内有正念。又如草木内有种子,外有雨泽,然后得生。若无菩萨,众生虽有业因缘,无由发起。然欲弘扬佛法,剖析圆宗,应须性相双明,总别俱辩。故《法华经》偈云:如是大果报,种种性相义。我及十方佛,乃能知是事。今《宗镜》本意,要理事分明,方显一心体用具足。若有体而无用,如有身而无手足。若有用而无体,如有手足而无身。若无身手,人相不具。若无体用,法身不圆。《释摩诃衍论》云:自性清净无漏性德,从无始来一向明白,亦无垢累,亦无染污。而以无明而熏习故,即有垢累。无明藏海,从无始来一向闇黑,亦无智明,亦无白品。而以本觉而熏习故,即有净用。如是染净,但是假立,染非实染,净非实净,皆是幻化,无实自性。故知,染净无体,随熏所成。若离熏习之缘,决定无法可得。若无第八识所熏之体,万法不成。以前众多义门,成就唯识,即知无有一法,不从心化生,随善恶以熏成,因修习而为种。似裹香之纸,染芬馥以腾馨。如系鱼之绳,近鮏膻而作气。况异熟本识,坚住真心,闻善法熏,则净种子增长。因恶法发,则染种子圆成。是以,内则为因,虽然本有。外为缘助,须仗新熏。遂能起果酬因,为凡作圣,故经云:佛种从缘起。故知无法不熏成。是以,多闻熏习之功,须亲道友。积学炼磨之力,全在当人。不可虚度时光,不勤妙行。如木中火性,是火正因,未遇人工,不成火用。如身中佛性,是佛正因,不偶净缘,难成妙用。

问:心识无形无对,云何说受熏之义?

答:经明:若熏若变,俱不思议。约随缘鼓动,彰熏变之相:以根本无明熏本觉时,即本觉随动,故说为熏。又,本觉之体,理虽不变,由随缘故,故说为变。虽然熏变,染而不染。虽不熏变,不染而染。莫可以心意测,故云:不思议熏,靡可以文句诠,故云不思议变。

宗镜录第四十九

宋 慧日永明妙圆正修智觉禅师延寿集

夫一切情识,因执受得名,只如第八种子根身器等,为惣有执受、为无执受?

答:种子器世,即第八缘,而不执。执受各具二义,且执二义者:一摄义,二持义。言摄者,即摄为自体。言持者,即持令不散。受二义者:一领义,二觉义。且领者,即领以为境。言觉者,即令生觉受,安危共同。根身具执受四义:一摄为自体,同是无记性故。二持令不散,第八能任持此身,令不烂坏。三领已为境,此根身是第八亲相分。四令生觉受,安危共同。若第八危,五根危。第八安,五根安。若器世间量,但缘非执受,即受二义中领已为境。又言非执受者,而无摄为自体持令不散令生觉受三义,不似他根身,名非执受即无受,四义中领已为境一义。

问:何以器界不似根身,第八亲执受?

答:以与第八远故,所以不摄为自体。又,器界损时,第八亦不随彼安危共同,所以不执受。若发毛爪齿膀胱宿水等虽近,已同外器摄,所以第八亦不执受。由此第八或持或缘,应具四句:一持而不缘,即无漏种。二缘而不持,即器界现行。三俱句,即内身根尘。四俱非,即前七现行。

问：第八何不缘前七现行？

答：有多过，故不缘。若变影缘，即第八犯缘假过。若亲缘，即犯唯识义不成过，亲取他心故。西明云：若变影缘，即有情界增过，以变起前七现行故，而有两重第七等。又解：以心法要种而生，今异熟第八微劣，设缘得前七，亦不能熏种，故不缘也。

问：第八何不缘长等？

答：是假，故不缘。

问：无为是实，第八何故不缘？

答：若实无为，因位不证。若假无为，又非彼境。三量分别者，散位心心所，若具四义，即名现量：一任运缘，二不带名言，三唯性境，四无计度分别。今第八四义既足，极成现量。假实分别者，因中第八见分，定不缘假，唯因缘变故。因缘变具二义：一任运义，二种子义。为境从种生，识任运缘，名因缘变。今第八所缘境，定以见分别种生，是因缘变。

问：第八与前五，皆因缘变。何故前五缘境有本质，第八便无？

答：前五非根本识，缘境即须藉本质。今第八是根本识，故不假本质。忽若离自三境外，更有法与第八为质者，即心外有法。然第八若望缘定果色，及他人扶尘异界器，即有本质不遮，故知第八缘三境，唯实非假。

问:识中无漏种子,具此三义不?

答:一切有漏种子,即具三义。若是无漏种子,不随第八成无记,唯是善性即第八不领为境。以相违故,不妨持而不缘,三义中但具二义。

问:若不领以为境,应是心外有法?

答:但持令不散,不离识故,亦是唯识。

问:无漏种子,既不离识中有,如何不缘?

答:具三义故,所以不缘:一能对治故,即无漏然对治有污法,亦能破坏有漏法。二体性异故,以第八唯无记,无漏种子唯善性。三不相顺故,以无漏种子,不顺有漏第八识故,无漏善性,不顺无记性故,所以不缘。

问:无漏种子是相分不?

答:有二。一云:第八不缘,非是相分摄。二云:亦是相分,因虽不缘,是果中之相分流类故。

问:种子与自证分既不离,第八见分,如何不缘自证分?

答:种子虽与自证不相离,若见分缘时,但缘种子,不缘自证分。若缘自证分,即犯因中内缘过,喻如水中咸味,色里胶青。

问:此第八识有几执受?

答:有二种。《摄论》云:一切种子心识成熟,展转和合,增长广大,依二执受:一者有色诸根及所依执受,二者相名分别言说戏论习气执受。

问:前说第八具四义,故成现量,未审三量行相如何?又,八识各具几量?

答:古德释云:现量者,现谓显现,即分明证境,不带名言,无筹度心,亲得法体,离妄分别,名之为现。言量者,量度,是楷定之义,谓心于境上度量,楷定法之自相,不错谬故,名量。比量者,比谓比类,量即量度,以比类量度而知有故,名为比量。非量者,谓心缘境时,于境错乱,虚妄分别,不能正知,境不称心,名为非量。《显扬论》云:现量者有三种相:一、非不现见相,二、非思构所成相,三、非错乱所见相。一、非不现见相者,复有四种应知,谓由诸根不坏,作意现前时,同类生,异类生,无障碍,不极远。同类生者,谓欲尘诸根于欲尘境,上地诸根于上地境,已生等,若生若起,是名同类生。异类生者,谓上地诸根于下地境,若已生等,是名异类生。无障碍者,复有四种:一非覆障所碍,二非隐障所碍,三非映障所碍,四非惑障所碍。覆障所碍者,谓黑闇无明闇,不澄净色之所覆隔。隐障所碍者,谓或药草力,或咒术力,或神通力之所隐蔽。映障所碍者,谓少为多物之所映夺,故不可见:或饮食等为诸毒药之所映夺,或发毛端为余粗物之所映夺,如是等类,无量无边。且如小光为大光所映,不可得见,所谓日光映星月等。又如能治映夺所治,令不可得:谓不净观映夺净相,无常苦无我观映夺常乐我相,

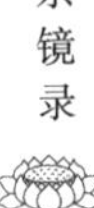

无相观力映夺众相。惑障所碍者,谓幻化所作,或相貌差别,或复相似,或内所作目眩惛梦,闷乱酒醉,放逸癫狂,如是等类,名为惑障。若不为此四障所碍,名无障碍。不极远者,谓非三种极远:一处极远,二时极远,三推析极远。如是总名非不现见,由非不现见,故名现量。二、非思构所成相者,谓建立境界,取所依境,才取便成,非思构之所成故,名为现量。三、非错乱所见相者,当有七种:一想错乱,二数错乱,三形错乱,四显错乱,五业错乱,六心错乱,七见错乱。想错乱者,谓于非彼相,起彼相想,如于阳焰鹿渴相,起于水想。数错乱者,谓于少数,起多增上慢,如瞖眩者,于一月处,见多月像。形错乱者,谓于余形,起余形增上慢,如于旋火,见彼轮形。显错乱者,谓于余显色,起余显色增上慢,如为迦末罗病损坏眼根,于非黄色,悉见黄相。业错乱者,谓于无业,起有业增上慢,如执卷驰走,见树奔流。心错乱者,谓即于五种所错乱义,心生喜乐。见错乱者,谓即于五种所错乱义,忍受显说,安立宝重,妄想坚执。若非如是错乱所见,名为现量。又云:现量者,如五尘色法,是第八识所变相分,前五转识并明了意识缘此之时,最初遇境未起分别,不带名言,能缘之智亲证境体,得法自性,名为现量得自相也。若前五识及第八识,于一切时皆是现量,得法自相,不简因果漏无漏位,一切皆尔。若第六识缘彼五尘境时,于彼法体生分别心,而起言说,言说所及,不能亲证,以是假智所缘,名得共相,不简因中果位,但于境体,起分别心及起言诠之时,皆名得于共相。及佛后得智缘事境时,起分别故,起言说故,亦是假智。非是得彼共相法体,但是得彼共相之义也。因此更依因明,解现量义。准《因明疏》,略有二解:一现之量,谓前五识依所依根,于现在世缘现有境,根亦与识同照前境,有发识用,根义显胜,得显现名。虽照于境,以体是色,无缘虑用不能量度,但有现义,不得量名。唯心心所量度于境,缘虑用增,体具现义,亦有量境之能。今从能发之根,显所发识,名现之量,依士释也。二现即量,谓明了意识一分,除余散意识及独头起者,并取定意识及第八识能缘见分,亲缘现境作用显现,而彼所依意根界体非显现故,故不取之。但就能缘见分,现即是量,持业释也。

又,古师问:若准前说,假智所诠,但得共相之义,不得共相法体。如口说色时口应被碍,以彼色体以质碍为自相故,既不被色碍,故知不得彼体但得彼义者。且如第八识及与眼识并明了意识,现量智起,缘火之时,既言现量得法自相,宁不烧心?若不被烧,应不得于火之自相,何名现量境耶?若许被烧,即世间现见火时,眼不被损,便有世间现量相违过。

答曰:虽不被烧,亦得自相,名为现量。所以者何?以心细色粗故。心细无状,色粗有形,故缘彼火时,虽得自相,然不被烧,亦名现量。又彼粗色,实亦不能坏于细色,何况心法?如火灾起时,欲界火灾,但烧欲界。然不能烧色界定地,殊妙细色,故彼色界自起火灾,烧于自地。

问:既言心细色粗,心缘火时,心不被烧者,如阿罗汉化火焚身,心智随灭,此如何通?

答曰:化火焚身,但烧扶根之尘,非烧五种清净色根,及彼心智。其五种清净色根,及彼心智,以无所依扶尘,缘阙不生,得非择灭。虽是定火,亦不能烧,粗细异故。定火对世火虽是细妙,对心犹粗,以是色法有形质故。比量者,此复五种:一相,二体,三业,四法,五因果。一、相比量者,谓随其所有相貌相属,或由现在及先所推度境界:如以见幢故,比知有车。以见烟故,比知有火等。二、体比量者,由现见彼自体性故,比类彼物不现见体。或现见彼一分自体,比类余分,如以现在比类去来等。三、业比量者,谓以作用,比业所依:如见远物无有动摇,鸟集其上,如是等事,比知是机。若有动摇等事,比知是人等。四、法比量者,谓于一切相属著法,以一比余:如属无常,比知有故。以属苦故,比空无我。以属生故,比有老法。以属老故,比有死法等。五、因果比量者,谓因果相比:如见物行,比有所至。见有所至,比先有行。若见有人如法事王,比知当获广大禄位。见大禄位,比知先已如法事王等。

三量八识分别者,前五转识,唯是现量,以前五识显现证境,不作行解心,得法自性,任运转故。第六意识遍通三量有二:一明了意识,与五同缘,通三量。初念得五尘自性,是现量。第二念至作解心时,若量境不谬,是比量。若心所不称境知,即是非量。二独头意识有三:一散位独头,亦通三量,多是比非。若缘现量,此得五识引起独散意识。说为于第一念,缘前来五识所缘五尘之境,得其自性,名现量。二定中独头,唯是现量。三梦中独头,唯是非量。若见分唯非量,内二分是现量。第七末那,约有漏位中,唯是非量,妄执第八见分为我、为法故，本来第八见分，是白净无记，然非是我。今被第七妄执为我，不称境知，故名非量。若第七内二分，唯现量。第八赖耶同五现量，如前已解。

问：真似现量，如何分别？

答：古释现量有二：一真，二似。真现量者，体即五识身，五俱意，诸自证分，诸定心，兼第八识。此等诸心心所，有六义名现：一现有，简龟毛等。二现在，简过未。三显现，简种子，无作用故。四现离照现，名为现，谓能缘之心行相，远离诸分别故，谓离随念计度名言种类诸门等，分别心故。《因明论》云：此中现量，谓无分别。释云：即显能缘行相，不筹不度，任运因循，照符前境故也。五现谓明现，谓诸定心澄湛，随缘何境，皆明证故。即明证众境，名为现量。六现谓亲现，即亲冥自体。若一切散心，若亲于境明异自体，皆名现量。第五明现，第六亲现，此二种义，简诸邪智等，如病眼见空华毛轮等，虽离分别任运而缘，然不能明证众境，亲冥自体故，非现量也。似现量者，准理而言有五种智，皆名似现量：一散心缘过去，二独意缘现在，三散意缘未来，四缘三世疑智，五缘现在诸惑乱解。此等诸心能缘行相，有筹度故，皆不以自相为境故，又随先所受分别转故，名似现量。然有二种：一无分别心，谓愚痴人类，及任运见于空华等，虽无分别，然不分明冥证境故，名似现量。二有分别心，现带名言，不得法之自相，妄谓分明，得境自体，名似现量。又云：男女天地等，见一合相，名似现量。此以众缘合故，如揽众微以成于色，合五阴以成于人，名一合相。如是见者，是有分别智，于义异转，故名似现量。真现量者，如一合相，相不可得。《金刚经》云：如来说一合相，即非一合相。以从缘合，即无性故，无性之性，是所证理。如是知者，是正智生，是自相处转，名真现量。又，拂能所证迹，为真现量，谓若有如外之智与如合者，犹有所得，非真实证。能所两亡，方为真现。《唯识论》云：若时于所缘，智都无所得。尔时住唯识，离二取相故。经云：亦无如外智能证于如，乃是为真现量也。是以，诸佛施为，悉皆现量。如《守护国界主陀罗尼经》云：如来悉知彼诸众生，出息入息、种种饮食、种种资具、种种相貌、种种根器、种种行解、种种心性、死此生彼、刹那流注，生灭相续。如来悉知如是一切，现量所得，非比量知。云何现量？谓不动念，如实而知。非流注心，入于过去。如是知时，智慧具足，随众生心，种种说法。

问：本识变似根身器世间等，为是自变、为是共变？

答：此有四句：一共中共变，二共中不共变，三不共中不共变，四不共中共变。《识论》云：所言共变者，谓异熟识，由共相种成熟力故，变似色等器世间相，即外大种，及所造色。虽诸有情所变各别，而相相似，处所无异。如众灯明，各遍似一。释云：此义意言：由自种子为因缘故，本识变为器世间相，唯外非情，此即能造及所造色，在外处，故言外大种，非心外法。且诸种子，总有二种：一是共相，二不共相。何为共相？多人所感故。虽知人人所变各别，名为唯识，然有相似共受用义，说名共相。实非自变，他能用之。若能用者，此即名缘心外法故。然我此物为增上缘，令多人可共受用,名共,如山河等。不共相者,若唯识理,唯自心变,名不共相。一切皆是他变,是他物自不能用,亦名不共相。然今且约自身能用,他不得用,名为不共,如奴婢等。又释云:共中有二:一共中共,如山河等,非唯一趣用,他趣不能用。又,《唯识义镜》云:共中共者,多识同变,名之为共。变已同用,重名为共。又,《唯识钞》云:谓多趣有情识所变色,同在一处,互相涉入,其相相似,同共受用,名共中共。初之共字,约所缘缘。后之共字,约增上缘,即无主山河等是。若有主者,即共中不共所摄。二共中不共,如己田宅,及鬼等所见猛火等物,人见为水,余趣余人不能用故。不共相中,亦有二种:一不共中不共,如眼等根,唯自识依用,非他用故。二不共中共,如自扶根尘,他亦受用故。此言共相种者,即共中共,如众灯明,各遍似一者。此释共果同在一处,不相障碍,谓外器相,如众灯明共在一室,各各遍室,一一自别,而相相似,处所无异。此如何知各各遍也?一灯去时,其光常遍。若共为一,是则应将一灯去已,余明不遍。又相涉入不相隔碍,故见似一,置多灯已,人影亦多故。又云:一不共中不共变,如眼等五根,唯自第八于中有末心,第一念托父母遗体时变,名不共,唯自第八变故。又,唯自受用,复名不共。如眼识,唯依眼根发眼识,乃至身识依身根等。二不共中共变,即内扶尘根,初唯自第八变,名不共。变生已后,他人亦有受用义,复名为共。

问:若许受用他人扶尘者,何名唯识,心外取法?

答:受用他人扶尘时,自识先变一重相分在他人身上。

若受用时,还受用自相分,心外无法,得成唯识。

问:若言受用自相分,因何杀他人得地狱罪,以杀自相分故?

答:自相分与他相分,同在他身处。杀自相分,亦能令他五根相分断灭,故得罪也。三共中共变,如山河大地,众人共业力变,又共得受用。

问:多人共变名共者,如有一树,二十人共变,有二十重相分。忽被一人斫却此树,自相分无,可名唯识。余十九人相分亦无,应非唯识,以自不斫故。

答:一人所斫相分是所随,余十九人相分是能随。能随相分,必依所随有,故所随既无,能随亦灭。由此义边,亦名唯识。故《瑜伽论》云:相似业生。随顺业转。即众人共业变时,得名相似业。其多人相分被一人受用,即名随顺业转。又共变共受用故,四共中不共变者,如田宅妻子,多人第八共变,得名为共。若受用时,唯自前六受用,不通他人,即名不共。又如一水应四心,随业各异见。

问:诸识各变自根,还变他根不?

答:唯变似他根依处,他根于已都无用故。《论颂》云:识生变似义,有情我及了。此境实非有,境无故识无。释云:八识生变似义者,即是五尘。义之言境,以依他法似实有故。变似有情者,即是五根众生数法,情即是根,名萨埵故。变似我者,是末那能变。及了者,六识缘了。即第八缘根、尘二色，第七缘我，六识缘六尘所了法义。《论》云：有义唯能变似依处，他根于己非所用故，似自他身五根现者，说自他识各自变义者，此唯变他根依处，他根于己都无用故。若无用亦变，何不变七识？无缘虑用而得缘故。若尔，说自他根现，文如何通？所说自他阿赖耶识，各自变为根，非自变他根，一则无用不变他根，二由不定说言自身本识变他根故，不可为证。

问：色从识变者，无色界无色，云何说变？

答：下界众生所见，是业果色。无色界现境，即定果色，俱不离心。慈恩云：由定中变异他身者，《瑜伽论》云：色无色天，变身万亿。共立毛端，是平等心。无色既无通力，即唯是定力。《华严经》说：菩萨鼻根，闻无色界宫殿之香。《阿含经》云：舍利弗入涅槃时，色无色天宫中，泪下如春细雨。波阇波提入涅槃时，色无色天，佛边侧立。及实色中定境者，是所变境力。为相续、为间断？若内身多续，少分间断，由有生一念，即便命终故。或如蜉蝣等，生已则死故。若变外器，多分长时，随业势力任运变故。

问：本识定缘何法？

答：唯缘实法，不缘假法。

慈恩问云：本识岂不缘极略等四色？答：以假故不缘，如不相应法。《对法论》云：极略极迥，但是第六意识，可析为极微故。第八不缘，受所引色中，若定道共色，即此不缘，唯以现行思为体故。遍计所起色，唯是镜像水月，此亦不缘,唯第六识遍计起故。又,定所生色中,如十一切处观,亦不缘假想色故。故此论文但缘实色,不缘假故,第八所缘必有用故。彼无实用,第八不缘。然诸法体,一者有法,二者无法。第八何故不缘无法?此任运缘,非分别故,无筹度故,后得智等有筹度故,诸六识等有分别故。由此故知第八识体,不缘我也。第八识变,变必有用,故不缘无用。无用,故不缘我等,以无体用故。于有法中,略有二种:一者有为,二者无为。何故此识不缘无为?若实无为,因未证故。若假无为,无体用故,皆不得缘。

问:有漏识变,有几种变?

答:略有二种:一因缘变,二分别变。《识论》云:有漏识变,略有二种:一随因缘势力故变,二随分别势力故变。释云:因缘生者,谓由先业及名言实种,即要有力,唯任运心,非由作意其心乃生。即五八识,随其增上异熟因为缘,名言种为因,故变于境。分别变者,谓作意生心,是筹度心,即六七识,随自分别作意生故,由此六七缘时,影像相分无有实体,未必有用。初随因缘变,必有实体用,即五八等所变之境。后随分别变,但能为境,非必有用,即第七识等。又解:初唯第八异熟主故,所熏处故,能持种故,变必有用。后余七识所变色触等,皆无实用,似本质用,如镜中光,于三境中,性境不随心,因缘变摄,独影带质,皆分别变。又论云:异熟识变,但随因缘,所变色等必有实用。若变心等便无实用,相分心等不能缘故者。显变色等,从实种生,故所变法,必有体用。若相分心心所,如化心等,故不缘之,缘便无用。

《解深密经》说：诸变化心，无自依心，有依他心。《佛地论》云：无自缘虑实体之心，有随见分所变相分似虑之心，如镜中光。此即分别变。四句分别者：一因缘变，非分别变，即五识心心所及第八识心王，为所缘相分，从自种生故。二唯分别变，非因缘变，即有漏第七识及第八五心所是，为所变相分，唯从分别心生故。三俱句，即有漏第六及无漏八识，以能通缘假实法故。四俱非，即不相应行是，以无实体故，不与能缘同种生故。

问：此识于善、不善、有覆无记、无覆无记，四种法中何法所摄？

答：《论》云：此识唯是无覆无记，异熟性故。异熟若是善染性者，流转还灭应不得成。又此识是善染依故，若善染者，互相违故，应不与二俱作所依。又此识是所熏性故，若善染者，如极香臭，应不受熏，无熏习故，染净因果俱不成立。此唯是无覆无记，覆谓染法，障圣道故，又能蔽心令不净故，此识非染，故无覆。记，谓善恶有爱非爱果，及殊胜自体，可记别故，比非善恶，故名无记。触等亦如是，谓如阿赖耶识，唯是无覆无记性摄。触、作意、受、想、思亦尔，诸相应法，必同性故。释云：异熟若是善染性者，流转还灭应不得成者，善趣既是善，应不生不善，恒生善故，即无流转恶趣之义，由业故生死流，由苦故生死转。恶趣翻亦然，既恒生恶应无还灭，由道故还，由灭故灭。又此识是善染依故者，此识既是果报之主，既恒是善，应不为恶依。是恶亦应不为善依，互相违故。若善染者，如极香臭，应不受熏者，此识唯无

记性,可受熏习。既无熏习,即无种子。种子若无,即是无因。因既无故,其果亦无。此唯无覆无记者,无记有三:一相应无记,谓诸无记心、心所法。二不相应无记,谓无记色、不相应法。三真实无记,谓虚空非择灭。又,广辩四种无记:一能变无记,即无记心、心所法是。二所变无记,即诸色法,及诸种子等是。三分位无记,即二十四不相应行中,有假无记法分位立者是。四胜义无记,即虚空非择灭无为是。

又,就第一能变无记中,更有四种无记:一异熟,二威仪,三功巧,四变化。异熟无记者,异者,别异,即因果性别,因通善恶,果唯无记。熟者,成熟,此唯属果。因果合说,名为异熟。无记者,不能记别当果,名为无记。或于善恶中无所记别,名无记。此业感真异熟无记,即第八识。业,即善恶二思。感者,集义招义。为此现行思,能造作感集当来总报识等五果种子,又能招感当来异熟五蕴现行果,故名业感。言真者,实也。简命根虽是异熟,而且是假。又,真者,常也。体常相续,更不间断,遍界地有者,名真异熟无记。又,若法体是异熟,从异熟识起而无间断,遍界地有者,名真异熟,亦名异熟生。若法体是异熟,从异熟识起有其间断。又,不遍界地者,但名异熟生,不得名真异熟,即简六识体,必若体非异熟,又有间断,又不遍界地,虽从异熟识起,不名真异熟,但得名异熟生。若威仪功巧变化等,虽有能作而不招善恶等果,故名无记。

问:阿赖耶识若常,则无转变。若断,则不相续。如何会通,得合正理?

答：不一不异，非断非常，方契因缘唯识正理。《识论》云：此识非断非常，以恒转故。恒，谓此识无始时来一类相续，常无间断，是界趣生，施设本故。性坚持种，令不失故。转，谓此识无始时来念念生灭，前后变异，因灭果生，非常一故，可为转识，熏成种故。恒言遮断，转表非常，犹如瀑流，因果法尔，如瀑流水，非断非常。相续长时，有所漂溺。此识亦尔，从无始来生灭相续，非常非断，漂溺有情，令不出离。又如瀑流，风等击起诸波浪，而流不断。此识亦尔，虽遇众缘起眼识等，而恒相续。又如瀑流，漂水上下鱼草等物，随流不舍。此识亦尔，与内习气外触等法，恒相随转。如是法喻，意显此识无始因果，非断常义，谓此识性无始时来刹那刹那，果生因灭。果生故非断，因灭故非常，非断非常，是缘起理，故说此识，恒转如流。释云：一类者，常无记义。相续者，未曾断义。界趣生本者，即是依此识故，施设三界五趣四生，是引果故，识是界趣生之本。因灭果生，非常一故者，因果性故，简非我也。有生灭故，简常非自性也，常一之法无因果。又，若无因果，即是断常，以是常故，如虚空等，应不受熏，若不受熏，即无生死涅槃差别。若受熏，须具四义：一无记，二坚住，三可熏，四非常一。是四相应，可为转识熏也。

问：此识既云恒转如流，定有生灭去来不？

答：此识不守自性，随缘变时，似有流转，而实无生灭，亦非去来。如湛水起沤，沤全是水。华生空界，华全是空。识性未常去来，虚空何曾生灭？如马祖大师云：若此生所经行之处，及自家田宅处所，父母兄弟等，举心见者，此心本来不去，莫道见彼事，则言心去。心性本无来去，亦无起灭，所经行处及自家父母眷属等，今所见者，由昔时见故，皆是第八含藏识中，忆持在心，非今心去。亦名种子识，亦名含藏识，贮积昔所见者，识性虚通，念念自见。名巡旧识，亦名流注生死，此念念自离，不用断灭，若灭此心，名断佛种性，此心本是真如之体，甚深如来藏，而与七识俱。傅大士云：心性无来亦无去，缘虑流转实无停。

又，心无处所，故云无停，心体实无来去。昔所行处，了了知见，性自虚通，体无去住，不用除灭此心。若识此心，本是佛体不须帕。今有不识心人，将此为妄，终日除灭，亦不可得灭。纵令得灭，证声闻果，亦非究竟。只如过去诸佛恒沙劫事，见如今日，真如之性，灵通自在，照用无方，不可同无情物。佛性是生气物，不可兀尔无知。但无心量，种种施为，如幻如化，如机关木人，毕竟无有心量。于一切处无执系、无住著、无所求，于一切时中，更无一法可得。

问：此阿赖耶识，既为一切法因，又称引果。只如因果之法，为真实有，为假施设？

答：皆从识变，是假施设。《论》云：谓此正理，深妙离言。因果等言，皆假施设。观现在法有引后用，假立当果，对说现因。观现在法有酬前相，假立曾因，对说现果。假，谓现识似彼相现，如是因果，理趣显然，远离二边，契会中道。诸有智者，应顺修学。释云：今明诸法自相离言，谓观三世，唯有现法。观此现法，有能引生当果之用。当果虽无,而现在法有引彼用。用者,功能。行者寻见现法之上,有此功用,观此法果,遂心变作未来之相,此似未来,实是现在。即假说此所变未来,名为当果,对此假当有之果,而说现在法为因。此未来果,即观现在法功能而假变也。其因亦尔,观此现法有酬前之相,即异熟变相等,观此所从生处,而能变为过去,实非过去,而是现在假说所变为现法。即对此假曾有过去因,而说现在为果。而实所观,非因非不因,非果非不果。且如于因,性离言故,非实是因。有功能故,非定不因。果亦如是。

宗镜录第五十

宋 慧日永明妙圆正修智觉禅师延寿集

夫此第八识，为定是真、是假？

答：是真，是假，不可定执。《首楞严经》云：陀那微细识，习气成瀑流。真非真恐迷，我常不开演。释曰：梵语阿陀那者，此云执持识。此识体净，被无明熏习，水乳难分，唯佛能了。以不觉妄染故，则为习气，变起前之七识瀑流波浪，鼓成生死海。若大觉顿了故，则为无漏净识，执持不断，尽未来际，作大佛事，能成智慧海。真非真恐迷者，佛意我若一向说真，则众生不复进修，堕增上慢，以不染而染，非无客尘垢故。又，外道执此识为我，若言即是佛性真我，则扶其邪执，有滥真修。我若一向说不真，则众生又于自身拨无，生断见故，无成佛之期。是以，对凡夫二乘前，不定开演，恐生迷倒，不达如来密旨，以此根本识，微细难知故。

问：此第八识，于真俗二谛中，俱建立不？

答：染净之本，真俗俱存。不达真异熟正唯识人，多执俗有真无，强生异见，不知诸佛密意，执遣相空理以为究竟，此乃破遍计情执，是护过遮诠。便拨依他圆成，悉作空华之相。若无依圆，本识及一切法皆则无体，既非实有，成大邪见。《论》云：外道毁谤染净因果，亦不谓全无，但执非实故。

若一切皆非实有，菩萨不应为不舍生死，精勤修集菩提资粮。谁有智者，为除幻敌，求石女儿用为军旅？故应信有能持种心，依之建立染净因果，彼心即是此第八识。又，契经说有异熟心，善恶业感，若无此识，彼异熟心不应有故，谓眼等识有间断故，非一切时是业果故，如电光等，非异熟心，异熟不应断已更续。彼离命根等，无斯事故，眼等六识业所感者，犹如声等非恒续故，是异熟生，非真异熟。定应许有真异熟心，酬牵引业，遍而无断，变为身器，作有情依，身器离心理非有故，不相应法无实体故，诸转识等非恒有故。若无此识，谁变身器，复依何法恒立有情？释云：外道亦不谓染净等皆无，现所见故。但执非实，染因不能感恶果，善因不能感善果，以非实故，如空华等，因果不无，可信此识总立三性。若于二谛中分别有无者，我真谛中，亦非无法，但不可说为因为果，言语道断故。俗谛之中，依他圆成有故，遍计所执是无。真异熟心，酬牵引业，遍而无断者，真异熟心，一切时相续酬牵引业，非余满业者。有间断者，是满业故。余转识不能引业，但来满善恶之业果，引果之识遍三界有，六识不遍无色界，无心定等，五识及意无故，无断者，言恒续故。所以经云：深信大乘，不谤因果。但真谛中，以一切法不可得故，言语道断故，心智路绝故。或言一切法空，此是第一义空，不可得空，非是外道断空、小乘但空等。不可起龟毛兔角之心，执蛇足盐香之见。

问：受生命终，既依本识。生时死时，复住何心？

答：夫论生灭之事，必住散动之心。经云：有念即魔网，

不动即法印。魔网立生死之道，法印成涅槃之门。故知，散乱寂静二途，皆依本识而有。《论》云：契经说诸有情类受生命终，必住散心，非无心定。若无此识，生死时心不应有故，谓生死时身心惛昧，如睡无梦，极闷绝时，明了转识，必不现起。又此位中，六种转识行相所缘，不可知故，如无心位必不现行，六种转识行相所缘，有必可知。如余时故，真异熟识极微细故，行相所缘，俱不可了。是引业果，一期相续，恒无转变，是散有心，名生死心，不违正理。又说五识此位定无，意识取境，或因五识，或因他教，或定为因。生位诸因既不可得，故受生位意识亦无。乃至又将死时，由善恶业，下上身分冷触渐起。若无此识，彼事不成，转识不能执受身故，眼等五识各别依故、或不行故。第六意识不住身故，境不定故，遍寄身中恒相续故，不应冷触由彼渐生。唯异熟心由先业力，恒遍相续，执受身分。舍执受处，冷触便生，寿暖识三，不相离故。冷触起处，即是非情，虽变亦缘，而不执受，故知定有此第八识。又，契经说识缘名色，名色缘识，如是二法，展转相依，譬如束芦，俱时而转。若无此识，彼识自体不应有故。谓彼经中自作是释：名，谓非色四蕴。色，谓羯逻蓝等。此二与识，相依而住，如二束芦，更互为缘，恒俱时转不相舍离，眼等转识摄在名中，此识若无，说谁为识？亦不可说名中识蕴为五识身，识为第六，羯逻蓝时无五识故。又诸转识有间转故，无力恒时执持名色，意说恒与名色为缘，故彼识言显第八识。

问：一切有情，皆依食住。即是第八识食，约有几种，行相如何?

答:《识论》云:经说食有四种:一者段食,变坏为相。为欲界系,香味触三,于变坏时能为食事,由此色处非段食摄,以变坏时色无用故。二者触食,触境为相。为有漏触才取境时,摄受喜等能为食事,此触虽与诸识相应,属六识者食义偏胜,触粗显境,摄受喜乐及顺益舍,资养胜故。三者意思食,希望为相。谓有漏思与欲俱转,希可爱境能为食事。此思虽与诸识相应,属意识者食义偏胜,意识于境希望胜故。四者识食,执持为相。谓有漏识,由段触思势力增长,能为食事。此识虽通诸识自体,而第八识食义偏胜,一类相续,执持胜故。此四能持有情身命,令不坏断,故名为食。段食唯于欲界有用,触意思食虽遍三界,而依识转,随识有无。眼等转识有间有转,非遍恒时能持身命。谓无心定、熟眠、闷绝、无想天中有间断故,设有心位,随所依缘性界地等有转易故,于持身命非遍非恒。乃至由此定知异诸转识、有异熟识,一类恒遍,执持身命令不断坏,世尊依此故作是言:一切有情皆依食住。释云:此触虽与诸识相应,属六识者食义偏胜者,此触食体,皆通八识。虽通与诸识相应,属六识者食义偏胜,以所触之境相粗显故,别能摄受喜乐受故,能生顺益身之舍故,是偏胜义,七八俱触境微细故,全不能生喜乐受故,虽生舍受,但不为损,而非益故,由此义显触生忧苦,非顺益舍,即非食体,不资养故。《增一经》云:世尊告阿那律曰:一切诸法,由食而住:在眼以眠为食,耳以声为食,鼻以香为食,舌以味为食,身以细滑为食,意以法为食,涅槃以无放逸为食,尔时佛告诸比丘如此妙法。夫饮食有九事,人间有四食：一段食，二更乐食，三念食，四识食。复有五种是出世间食：一禅食，二愿食，三念食，四八解脱食，五喜食，是出世间之表。当共专念：舍除四种之食，求办出世之食。所以《维摩经》云：迦叶住平等法，应次行乞食。为不食故，应行乞食。为坏和合相故，应取抟食。为不受故，应受彼食。斯皆是破五阴法，成涅槃食。

问：住灭定者，于八识中灭何等识？

答：但灭六识，以第八识持身故。《论》云：契经说住灭定者，身语心行无不皆灭，而寿不灭，亦不离暖，根无变坏，识不离身。若无此识，住灭定者不离身识不应有故。谓眼等识行相粗动，于所缘境起必劳虑，厌患彼故，暂求止息。渐次伏除，至都尽位。依此位立住灭定者，故此定中彼识皆灭，若不许有微细一类恒遍执持寿等识在，依何而说识不离身？若谓后时彼识还起，如隔日疟，名不离身，是则不应说心行灭，识与想等起灭同故。寿暖诸根应亦如识，便成大过，故应许识如寿暖等，实不离身。又此位中若全无识，应如瓦砾，非有情数，岂得说为住灭定者？又异熟识此位若无，谁能执持诸根寿暖？无执持故，皆应坏灭，犹如死尸，便无寿等。既尔，后识必不还生，说不离身，彼何所属？诸异熟识舍此身已，离托余身，无重生故。又，若此位持种识，后识无种如何得生？过去未来不相应法，非实有体，已极成故。诸色等法，离识皆无，受熏持种，亦已遮故。乃至无想等位，类此应知。又，灭定等位称无心者，未必全无。《成业论》云：心有二种：一集起心，无量种子集起处故。二种种心,所缘行相差别转故。灭定等位阙第二心,名无心。如一足马,阙一足故,亦名无足。

问:小乘入灭尽定,云何不能现其威仪?

答:小乘是事灭,大乘是理灭。如清凉《疏》云:一切法灭尽三昧智通者,谓五聚之法,皆当体寂灭故。斯即理灭,不同余宗灭定,但明事灭,唯灭六七心心所法,不灭第八等。但事灭故,不能即定而用。证理灭故,定散无碍。由即事而理,故不碍灭。即理而事,故不碍用。是以经云:虽念念入,而不废菩萨道等。亦非心定而身起用,亦不独明定散双绝,但是事理无碍。故《十地》中云:虽行实际,而不作证。能念念入,亦念念起。及《净名经》云:不起灭定,现诸威仪。皆斯义也。又,古师云:若大乘灭定,由具五蕴,有第八识及第十净分末那平等性智在,而能引起种种威仪。小乘唯有色行二蕴,前六识已灭,以小乘所现威仪事,须意识始能引起。既无意识,则无运用之功,与大乘有异。

问:大小等乘,皆从意识能起威仪,以第六意识是灭定所厌,即第六意识已无,纵有第七平等性智,且非起威仪之识,第八识虽许持缘,亦非能起威仪,如何说能引起威仪耶?

答:古释云:正入灭定之时,虽无意识。然未灭之前,加行心中,愿我入灭之后,若有众生合闻我说法,见我威仪,我当教化。以此愿故,入定之后,击发本识化相种子,生起现行,以平等性智而能现起威仪。然平等性智,虽与第六愿乐所现威仪而不相应,若欲起于平等之化,须平等性智也。已上犹是约行相分别，若就理而论，威仪即定，定即威仪，以色心其已久如故。

问：百法数中，虽名义差别，穷原究本，但唯一识。经中云何于命根中，说为三法寿暖识等？

答：虽是一识，义别说三。《论》云：义别说三，如四正勤等。释云：谓阿赖耶识相分色法，身根所得名暖，此识之种名寿。以能持识故，现行识是识，故言三法义别说之。非谓别有体性，是则身舍暖时，有余二不必舍。如无色界生，如余二舍时，暖必随舍。然今此三，约义别说，但是一体。如四正勤，已生未生善恶二法，义别说为四体，但是一体。如四正勤，已生未生善恶二法，义别说为四体，但是一精进数。

问：识种即是命根者，以何义为根？

答：《论》云：然依亲生此识种子，由业所引功能差别，住时决定，假立命根。释云：言此者，简亲生余识种子。言识者，简相应法种，唯取识故。言种者，简现行，不取第八现行为命根故。彼所简者，非皆命根。今取亲生之名言种上，由先世业所引持身差别功能，令色心等住时决定。依此功能，说为命根，非取生现行识义。以此种子为业力故，有持一报之身功能差别，令得决定。若此种子无此功能，身便烂坏。阿赖耶识现行，由此种故能缘，及任持于眼等法，亦名能持，此种正能持于现行之识。若不尔者，现行之识应不得有，及无能持余根等法。由此功能故，识持于身，现行内种力故，生及缘持法，不名命根，非根本故，由种生故，此种不由现行有故，种为诸法之根本故。又，现行识是所持故，从所持说，能持种识，名命根。命根之法持体，非命根今六处住时决定故，故种子为命根，余现行色心等非命根，不恒续故，非业所引故。然业正牵时，唯牵此种子，种子方能造生现行。非谓现行名命根，故唯种是根。又，夫命根者，依心假立，命为能依，心为所依。生法师云：焚薪之火，旋之成轮，轮必揽火而成照。情亦如之，必资心成用也。命之依心，如情之依心矣。

问：诸心法等，为有差别，为无差别？

答：法性无差，约相有异。虽然有异，互不相违。《瑜伽论》云：如诸心法，虽心法性无有差别，然相异故，于一身中一时俱转。如是阿赖耶识与诸转识，于一身中一时俱转，当知更互，亦不相违，如一瀑流，有多波浪。又如于一清净镜面，有多影像，一时而转，互不相违。如是于一阿赖耶识，有多转识一时俱转，当知更互，亦不相违。又如一眼识，于一时间、于一事境，唯取一类无异色相，或于一时顿取非一种种色相，及耳鼻舌身识乃至分别意识，于一时间，或取一境相，或取非一种种境相。当知道理，亦不相违。并末那亦恒与阿赖耶识俱转，常与俱生任运我慢等四种烦恼，一时相应。

问：《净名经》云：从无住本，立一切法。无住本，即阿赖耶识。云何说此识为一切法本？

答：此识建立有情无情，发生染法净法。若有知有觉，则众生界起。若无想无虑，则国土缘生。因染法而六趣回旋，随净法而四圣阶降。可谓凡圣之本，身器之由。了此识

原,何法非悟。证斯心性,何境不真?可谓绝学之门,栖神之地矣。《瑜伽论》云:阿赖耶识,是一切杂染根本。所以者何?由此识,是有情世间生起根本,能生诸根、根所依处及转识等故。亦是器世间生起根本,由能生起器世间故。亦是有情互起根本,一切有情相望,互为增上缘故。所以者何?无有有情与余有情互相见等时,不生苦乐等更相受用。由此道理,当知有情界互为增上缘。又即此阿赖耶识,能持一切法种子故,于现在世是苦谛体,亦是未来苦谛生因,又是现在集谛生因。如是能生有情世间故,能生器世间故。乃至阿赖耶识所摄持顺解脱分,及顺决择分等善法种子,及眼识等十八界。经云:恶叉聚喻,由于阿赖耶识中有多界故。

问:若成就阿赖耶识,亦成就转识不?

答:应作四句分别。《瑜伽论》云:或有成就阿赖耶识非转识,谓无心睡眠、无心闷绝,入无想定、入灭尽定、生无想天。或有成就转识非阿赖耶识,谓阿罗汉,若诸独觉,不退菩萨,及诸如来,住有心位。或有俱成就,谓余有情住有心位。或有俱不成就,谓阿罗汉,若诸独觉,不退菩萨,及诸如来,入灭尽定,处无余依般涅槃界。

问:至圣垂慈,觉王应迹,以广长之舌相,出诚实之微言。于无名相中,布难思之教海。以假名相说,演无尽之义宗。且如第八识心,本无名相,随位立号,因执得名。至何位次之中,而舍虚假之称?

答:《唯识论》云:第八识,虽诸有情皆悉成就,而随义别,立种种名。谓或名心,由种种法熏习种子,所积习故。或名阿陀那,执持种子及诸色根而不坏故。或名所知依,能与染净所知诸法,为依止故。或名种子识,能遍任持世出世间法种子故。此等诸名,通一切位。或名阿赖耶识,藏一切杂染品法,令不失故,我见等执藏,以为自内我故,此名唯在异生有学、非无学位、不退菩萨,有杂染法执藏义故。或名异熟,能引生死善不善业异熟果故,此名唯在异生二乘、诸菩萨位,非如来地,犹有异熟无记法故。或名无垢识,最极清净诸无漏法,所依止故,此名唯在如来地有,菩萨二乘及异生位持有漏种可受熏习,未得善净第八识故。如契经偈说:如来无垢识,是净无漏界。解脱一切障,圆镜智相应。阿赖耶识名,过失重故,最初舍故,此中偏说。异熟识体,菩萨将得菩提时舍,声闻独觉入无余依涅槃时舍。无垢识体,无有舍时,利乐有情无尽时故,心等通故,随义应说。释云:积集义是心义,集起义是心义。以能集生多种子故,或能熏种于此识中。既能积集,复起诸法,故说此识名为心义。阿陀那者,此云执持,执持诸种有色根故,此通凡圣。所知依者,即三性与彼为依,名所知依。又,古德云:阿赖耶识,名为藏义,良以真心不守自性,随熏和合,似一似常,故诸愚者以似为真,取为内我,我见所摄,故名为藏。又能藏自体于诸法中,又能藏诸法于自体内,二种我见永不起位,即失赖耶名。又云:第八识名者,八地已上无阿赖耶名,唯有异熟识。第七但执异熟识为法。又,第八识本无阿赖耶名,由第七执第八见分为我,令第八得阿赖耶名。若不执时,但名异熟识。第八或名为心者,由种种法积集种子,故名为心。虽受熏持种积集集起义得名心者，唯自证分也，喻如仓库能藏诸物，能持一切种子故，后令种子生起现行，与种子为依持生起二因也。即知第八受熏持种，得名心也，因中持新旧种子故名为心，果位持旧种一切无漏种子，故名心也。此亦名持种心，或名质多，此名有为心。或名牟呼栗多，此云贞实心，即是真如。此是无为心，或名阿陀那，此云执持识，能执持种子根身，生相续义，即是界趣生义，此通一切位。执持有三：一、执持根身令不烂坏，二、执持种子令不散失，三、执取结生相续者，即有情于中有身临末位，第八识初一念受生时，有执取结生相续义。结者，系也，属也。于母腹中一念受生，便系属彼故。亦如磁毛石吸铁，铁如父母精血二点。第八识如磁毛石，一刹那间，便揽而住。同时根尘等种，从自识中亦生现行，名为执取结生故。在胎五位者：初七日内名杂秽，状如薄酪。父精母血相和名杂，自体不净名秽。二七日内名皰，犹如豌豆疮皰之形，表里如酪，未生肉故。三七日内名凝结，谓稍凝结形，如就了血。四七日内名凝厚，渐次坚硬。五七日内名形位，内风所吹生诸根形，一身四支生差别故。用此三十五日尽，其五根皆足，六七日内名发毛爪齿位，七七日内名具根位。以五根圆满，渐次生识，即未具空明等缘，或名种子识。

问：此识与心义何别？

答：种子与心义别，即取第八识现行，亦名种子。故但是种，能生现行，故名种子识。此识现行，能起前七识，即有能生法种。功能义边，第八识名种子识，前言心者，但是积集集起义名心。又第八识，而随义别立种种名，或名根本识、流转因、还灭因、界趣生体、引果总报主。阿赖耶者，此云我爱执藏。异熟识者，此是善恶业果位。以善恶业果为因，即招感得此引果故。前世业为因，因是善恶。今世感第八识，是无记异熟。即果异于因，故名异熟，又具四义：一实，二常，三遍，四无杂，是名真异熟识。

问：第八真异熟识，如何名引果？

答：为善恶业为能引，第八为所引，是能引家之果，故名引果。故是总报主，前六识名为满果，有一分善恶别报来满故。此满业所招，名异熟生，非真异熟也，不具四义。唯第八是引果真异熟识，具四义故。此通异生至十地，皆有异熟识名，至金刚心末，一刹那间永舍也。解脱道中，即成无垢识，名阿摩罗，即果中第八识。一纯无漏，不摄一切染法种子故，不与杂染种现为所依故，唯与镜智相应，名无垢识。

又，心之别名有六：一集起名心，唯属第八，集诸种子起现行故。二积集名心，属前七转识，能熏积集诸法种故。或初集起属前七转识，现行共集熏起种故。后积集名心属于第八，含藏积集诸法种故。此上二解，虽各有能集、所集之义，今唯取能集名心，如理应思。三缘虑名心，俱能缘虑自分境故。四或名为识，了别义故。五或名为意，等无间故。六或名心。又，广释：一、集起名心者，即第八识集诸种子，起现行故。言集诸种子者，即色心人天三界有漏无漏一切诸法种子，皆是他第八识能集，犹如世间人库藏。言起现行故者，为三界五趣有漏无漏一切色心等现行，皆从第八识生起，即第八识是能集起，一切色心等种子是所集起，今但取能集起名心，今正取第八心王自证分名集起心，相分是色，见分是用，证自证分落后边故，为自证分能集诸法种子令不散失，复能起诸种现行功能，从无始来更不间断故，独有集起义。即知第八自证分，与识中种子为二因，便是此中集起二义：一为依持因，即是集义。二与力令生起因，即是起义。二、积集名心者，亦第八识中持诸三界五趣种子，故第八得名含藏积集，即第八自证分能持旧种，故名积。又，能集新熏，故名集。即知积集集起以解心，第八识独名心为正义。故《唯识论》云：能遍任持世出世间诸法种故，是藏识义。即自证分是能任持、能积集，一切种子是所任持、所积集。前七名转识者，转为改转，是不定义，即三性三量三境易脱不定，方名转识，今第八唯是一类无记。又唯性境唯现量故，名不转识。又，集起名心，亦属第七转识，集者，为集前七现行。言起者，即前七现行各自有力，能熏生新种名起。且如眼识缘色时，必假同时意识，共集熏种，余四识亦尔。问：若明了意识，与五同缘，所名共集，且如独头意识缘十八界时，不与余识同缘，亦熏起种，何有共集之义？答：由第七为所依，第六方转熏种，亦名共集。三、缘虑名心者，谓能缘虑自分境故，即八个识各能缘虑自分之境。缘谓缘持，虑即思虑。若缘虑以解心，是通名。前五识唯缘五尘，是自分境。除诸根互用及佛果位，第六识缘十八界及三世法，并一切有漏无漏世出出间法，为自分境。第七识缘第八见分为自分境，第八识缘三境为自分境，是顿常缘三境。以第八是常识，境常有故，不同前六识有间断，所缘境又非常有，其第八正义，若欲界系者，即缘欲界根身器界为自分境。若种子，即通缘三界为自分境。上二界亦尔，只除无漏种不能缘，以有漏无漏种，不相顺故，由是但能持而不能缘，以持义通，缘义狭。喻如赤眼人把火，亦如顶上戴物。但持而不缘，只持令不散，不离识故。第四名了别识，即八个识见分，皆能了别自所缘境。即眼识能了别色，乃至第八识能了别根身器界种子。即了别以解识，八识通名识。若了别粗境以解识，即于六转名识。第五或名为意者，等无间故，即前念八识与后念八识为依止。今取前念八识名意，若前念心不灭者，后念无因得生，依前灭处后方得生。于等无间自类心不间隔，名等无间。大乘有二种：一思量意，即七识。二无间意，通八识。意者，是依止义。即如第七，与第六为依止，故名意。若为等无间以解意，八识通名意。若思量以解意，第七独名意。第六名心者，或第八名心，第七名意，第六名识。此第六义，是约胜彰名。谓积集集起以解心，第八独名心。思量以解意，第七独名意。了别粗境以解识，前六独名识。即于八识，各具通别二名，为第八具二义名心：一积集集起义，二缘虑义。第七亦二：一思量义，二等无间义。前六名识亦二：一了别义，二了别粗境义。具四义名粗：一易可了知，乃至儿童亦知。二共许有，即三乘共许。三行相粗，为了别行相显故。四、所缘粗，即五尘是粗境。

又，九识中总分四段，每识别立十名：一、第六识十名者：一对根得名，名为六识。二能筹量是非，名为意识。三能应涉尘境，名攀缘识。四能遍缘五尘，名巡旧识。五念念流散，名波浪识。六能辩前境，名分别事识。七所在坏他，名人我识。八爱业牵生,名四住识。九令正解不生,名烦恼障识。十感报终尽,心境两别,名分段死识。二、第七识十名者:一六后得称,名为七识。二根尘不会,名为转识。三不觉习气,忽然念起,名妄想识。四无间生灭,名相续识。五障理不明,名无明识。六返迷从正,能断四住烦恼,名为解识。七与涉玄途,顺理生善,名为行识。八解三界生死尽是我心,更无外法,名无畏识。九照了分明,如镜显像,名为现识。十法既妄起,恃智为怀,令真性不显,名智障识。三、第八识十名者:一七后得称,名为八识。二真伪杂间,名为和合识。三蕴积诸法,名为藏识。四住持起发,名熏变识。五凡成圣,名为出生识。六藏体无断,名金刚智识。七体非静乱,名寂灭识。八中实非假,名为体识。九藏体非迷,名本觉识。十功德圆满,名一切种智识。四、第九识十名者:一自体非伪,名为真识。二、体非有无,名无相识。三轨用不改,名法性识。四真觉常存,体非隐显,名佛性真识。五性绝虚假,名实际识。六大用无方,名法身识。七随流不染,名自性清净识。八阿摩罗识,此翻名无垢识。九体非一异,名真如识。十胜妙绝待,号不可名目识。

《解节经》云:佛告广慧菩萨:此识或说名阿陀那,何以故?由此本识,能执持身故。或说名阿梨耶识,何以故?此本识于身常藏隐,同成坏故。或说名质多,何以故?此识色声香味触等,诸尘所生长故。广慧,此本识,是识聚得生,谓眼识乃至意识,依有识,眼根缘外色尘,眼识得生。与眼识同一时共境,有分别意识起。若一眼识生,是时一分别意识生,与眼识共境。此眼识,若共二识,或三四五共起,是时一有分别意识，与五识共缘境生。如大水流，若有一能起浪因至，则一浪起。若二若多能起浪因至，则多浪起。是水常流，不废不断。复次于清净圆镜面中，若有一能起影因至，则一影起。若二若多能起影因至，则多影起。是圆镜面不转成影，亦无损灭。此本识犹如流水，及镜面等。又，《成业论》云：心有二种：一集起心，无量种子集起处故。二名种种心，所缘行相差别转故。天台《净名疏》云：法异名者，诸经异名说真性实相：或言一实谛，或言自性清净心，或言如来藏，或言如如，或言实际，或言实相般若，或言一乘，或言即是首楞严，或言法性，或言法身，或言中道，或言毕竟空，或言正因佛性、性净涅槃。如是等种种异名，此皆是实相之异称。故《大智论》偈云：般若是一法，佛说种种名。随诸众生类，为之立异字。《大涅槃经》云：如天帝释，有千种名。解脱亦尔，多诸名字。又云：佛性者，有五种名故，皆是赴机利物，为立异名也，而法体是一，未曾有异。如帝释千名，名虽不同，终是目于天主，岂有闻异名故，而言非实相理？如人供养帝释，毁憍尸迦。供养憍尸迦，毁于帝释，如此供养，未必得福。末代弘法者亦尔：或信赖耶自性清净心，而毁毕竟空。或信毕竟空无所有，毁赖耶识自性清净心。或言《般若》明实相、《法华》明一乘，皆非佛性，此之求福，岂不虑祸？若知名异体一，则随喜之善遍于法界，何所诤乎？又，诸经内逗缘称机，更有多名，随处安立：以广大义边，目之为海。以圆明理显，称之曰珠。以万法所宗，号之曰王。以能生一切，諮之曰母。但是无义之真义，多亦不多。无心之真心，一亦不一。故《华严私记》云：取决断义，以智言之。取能生长,以地言之。取其高显,以山言之。取其深广,以海言之。取其圆净,以珠言之。

此上约有名,尚乃无数。更有无名,岂可测量?如《大法炬陀罗尼经》云:佛告诸菩萨:汝等勿谓天定天也,人定人也,饿鬼定饿鬼也。乃至如一事有种种名,如一人有种种名,如一天、乃至饿鬼畜生有种种名,亦复如是,亦有多饿鬼全无名字,于一弹指顷,转变身体作种种形。如是众生,于一时间现无量色身,云何可得呼其名也?若饿鬼等有生处名字、受食名字及寿命名字,若地狱众生无有名字生处者,则其形亦无定。彼中恶业因缘未尽故,于一念中种种变身。释曰:如地狱中一日一夜之中,万生万死。又无间狱中,一一身无间,各各尽遍八万四千由旬地狱之量,不相障碍。如云清净妙法身,湛然应一切。今时人,将谓诸佛法身,能分能遍。不信众生亦一身无量身,以众生业果不可思议故,是以经云:佛界不可思议,众生界亦不可思议。

宗镜录

［宋］释延寿 著

［肆］

陕西新华出版传媒集团
三　秦　出　版　社

目录

宗镜录第五十一

宋 慧日永明妙圆正修智觉禅师延寿集

夫因相立名,因名显相。名已广辩,识相如何?

答:诠表呼召,目之为名。行状可观,号之曰相。第六分别事识是名,取境染心是相。第七现识是名,无明熏妄心是相。第八藏识是名,心清净是相。第九真识是名,体性不改是相。斯皆是无名之名、无相之相,何者?以名相不出心境故。是以心无自性,因境而生。境无自性,因心而有,则张心无心外之境,张境无境外之心。若互夺两亡,心境俱泯。若相资并立,心境宛然。此乃无性而空,空而不空。无性而有,有而不有。不有之有,有显一如。不空之空,空成万德。可谓摧万有于性空,荡一无于毕竟矣。又,《唯识枢要》云:起自心相之言有二解:一云即影像相,二云即所执相。虽无实体,当情现故,诸说心相,皆准应知。释曰:影像相者,万法是心之影像。所执相者,诸境无体,随执而生。因自心生,还与心为相。

问:阿赖耶识,因何得名?为复自体而生,为复和合而有?

答:若言自生,是自生痴。若言他生,是他性痴。若言和合而生,是共性痴。若言离自他生,是无因痴。今依世谛

悉檀方便而说，如法性与无明合而生一切法，似眠心与梦合见一切境界之事。此根本识，从生灭门建立，因真妄和合得名。《起信论》云：心生灭门者，谓依如来藏有生灭心转，不生灭与生灭和合，非一非异名阿赖耶识。此识有二种义：谓能摄一切法，能生一切法。复有二种义：一者觉义，二者不觉义。言觉义者，谓心第一义性，离一切妄念相。离一切妄念相故，等虚空界，无所不遍，法界一相，即是一切如来平等法身。依此法身，说一切如来为本觉，以待始觉，立为本觉。然始觉时，即是本觉，无别觉起。立始觉者，谓依本觉有不觉，依不觉说有始觉。又以觉心原故，名究竟觉。不觉心原故，非究竟觉。乃至不觉义者，谓从无始来，不如实知真法一故，不觉心起而有妄念，自无实相，不离本觉。犹如迷人，依方故迷，迷无自相，不离于方。众生亦尔，依于觉故，而有不觉，妄念迷生。然彼不觉，自无实相，不离本觉。复待不觉，以说真觉，不觉既无，真觉亦遣。古德释云：不生灭心与生灭和合非一非异者，以七识染法为生灭，以如来藏净法为不生灭。不生灭心举体动故，心不离生灭相。生灭之相莫非神解故，生灭不离心相。如是不相离故，名和合为阿赖耶识。以和合故，非一非异。若一，即无和合。若异，亦无和合。非一非异，故得和合也。又，如来藏清净心，动作生灭不相离，故云和合。非谓别有生灭来与真合，谓生灭之心，心之生灭无相故。心之生灭，因无明成。生灭之心，从本觉起，而无二体，不相舍离，故云和合。如大海水，因风波动，水相风相，不相舍离。生与无生，若是一者，生灭识相灭尽之时，心神之体亦应随灭，堕于断边。若是异者，依无明风熏动之时,静心之体不应随缘,即堕常边。离此二边,非一非异。又,上所说觉与不觉,二法互熏,成其染净,既无自体,全是一觉。何者?由无明故成不觉,以不觉义熏本觉故,生诸染法。又由本觉熏不觉故,生诸净法。依此二义,遍生一切,故言识有二义,生一切法。

问:阿赖耶识,以何为因,以何为缘,以何为体?

答:《显扬论》云:阿赖耶识者,谓先世所作增长业烦恼为缘,无始时来戏论熏习为因,所生一切种子异熟为体。此识能执受了别色根根所依处及戏论熏习,于一切时,一类生死不可了知。又能执持了别外器世界,与不苦不乐受等相应,一向无覆无记与转识等作所依因。经云:无明所覆,爱结所系,愚夫感得有识之身。此言显有异熟阿赖耶识。

问:阿赖耶识,当体是自相,酬善恶因故是果相,受熏持种故是因相,第八既是因果相,于六因中属何因,向五果中是何果?

答:六因中有四:能持种子义边,是持种因。若因种子俱时而有,即俱有因。若望自类种子前后相引,即是同类因。若望同时心所等,即相应因。无余二因者:异熟因是善恶性,此识是无记。若遍行因是染,谓见疑无明等,此识非染。于五果中具四:唯除离系,望自种子是等流果,望作意等心所是士用果,望第七识为增上果,望善恶因即异熟果。

问：诸心识中，何识坚牢，不为诸缘之所飘动？

答：世间无有一法不从缘生。缘生之法，悉皆无常，唯有根本心不从前际生，不从中际住，不于后际灭，实为万有之根基、诸佛之住处。是以，喻之如镜，可以精鉴妍丑，深洞玄微。仰之为宗，犹乎巨浸纳川，太虚含像。《密严经》云：心有八种，或复有九，与无明俱，为世间因，世间悉是心心法现。是心心法，及以诸根，生灭流转，为无明等之所变异。其根本心，坚固不动。世间因缘，有十二分，若根若境、能生所生，刹那坏灭，从于梵世，至非非想，皆因缘起。唯有如来，离诸因缘，内外世间动不动法，皆如瓶等，坏灭为性。又颂云：汝等诸佛子，云何不见闻？藏识体清净，众身所依止。或具三十二，佛相及轮王。或为种种形，世间皆悉见。譬如净空月，众星所环遶。诸识阿赖耶，如是身中住。譬如欲天主，侍卫游宝宫。江海等诸神，水中而自在。藏识处于世，当知亦复然。如地生众物，是心多所现。譬如日天子，赫奕乘宝宫。旋遶须弥山，周流照天下。诸天世人等，见之而礼敬。藏识佛地中，其相亦如是。十地行众行，显发大乘法。普与众生乐，常赞于如来。在于菩萨身，是即名菩萨。佛与诸菩萨，皆是赖耶名。佛及诸佛子，已受当受记。广大阿赖耶，而成于正觉。密严诸定者，与妙定相应。能于阿赖耶，明了而观见。佛及辟支佛，声闻诸异道。见理无怯人，所观皆此识。种种诸识境，皆从心所变。瓶衣等众物，如是性皆无。悉依阿赖耶，众生迷惑见。以诸习气故，所取能取转。此性非如幻，阳焰及毛轮。非生非不生，非空亦非有。譬如长短等,离一即皆无。智者观幻事,此皆唯幻术。未曾有一物,与幻而同起。幻焰及毛轮,和合而可见。离一无和合,过未亦非有。幻事毛轮等,在在诸物相。此皆心变异,无体亦无名。世中迷惑人,其心不自在。妄说有能幻,幻成种种物。幻师砖瓦等,所作众物类。种种若去来,此见皆非实。如铁因磁石,所向而转移。藏识亦如是,随于分别转。一切诸世间,无处不周遍。如日摩尼宝,无思及分别。此识遍诸处,见之谓流转。不死亦不生,本非流转法。定者勤观察,生死犹如梦。是时即转依,说名为解脱。此即是诸佛,最上之教理。审量一切法,如秤如明镜。又如大明灯,亦如试金石。远离于断灭,正道之标相。修行妙定者,至解脱之因。永离诸杂染,转依而显现。

问:本识与诸识和合同起同灭,至转依位,诸烦恼识灭,唯本识在。如何分别灭不灭之异?

答:《摄大乘论》云:若本识与非本识,共起共灭,犹如水乳和合。云何本识不灭非本识灭?譬如于水,鹅所饮乳。《释》云:譬如水乳虽和合,鹅饮之时,唯饮乳,不饮水,故乳虽尽,而水不竭。本识与非本识亦尔,虽复和合,而一灭一在。

问:此根本识心,既称为一切法体,又云常住不动,只如万法,即此心有,离此心有?若即此心,万法迁变,此心云何称为常住?若离此心,复云何得为一切法体?

答:开合随缘,非即非离。以缘会故合,以缘散故开。

开合但缘，卷舒无体。缘但开合，缘亦本空。彼此无知，能所俱寂。《密严经》偈云：譬如金石等，本来无水相。与火共和合，若水而流动。藏识亦如是，体非流转法。诸识共相应，与法同流转。如铁因磁石，周回而转移。二俱无有思，状若有思觉。赖耶与七识，当知亦复然。习绳之所系，无人而若有。普遍众生身，周行诸阴趣。如铁与磁石，展转不相知。

问：第八藏识，当有几种？

答：《释摩诃衍论》云：阿赖耶识，总有十种。所以者何？于契经中别别说故。一者，名为大摄主阿赖耶识，所谓即是总相大识，义如前说。二者，名为根本无明，别立以为阿赖耶识。故十种妄想契经中作如是说：刹阇只多提王识，直是妄法，不能了达一法界体。一切染法，阿赖耶识以为根本，出生增长，无断绝时。若无提王识，黑品眷属，永无所依，不能生长故。此阿赖耶识，当何决择摄？于本论中作如是说：所言不觉义者，谓不如实知真如法一故，不觉心起而有其念，乃至广说故。三者，名为清净本觉阿赖耶识，所谓自然本智，别立以为阿赖耶。故本觉契经中作如是说：自体净佛阿赖耶识，具足无漏圆满功德常恒决定，无受熏相，无变异相，智体不动，具足白品，是故名为独一净识故。此阿赖耶识，当何决择摄？于本论中作如是说：复次觉体相者，有四种大义，与虚空等，犹如净镜，乃至广说故。四者，名染净本觉阿赖耶识，所谓不守自性陀罗尼智，别立以为阿赖耶识。故本因缘起契经中作如是说：尔时光严童子即白佛言：尊者,以何因故,难入未曾有会中作如是说:随他缘起陀罗尼智,名为楞伽王识。云何名为楞伽王?以之为喻,示彼缘起陀罗尼智。于是尊者告光严言:童子,此楞伽王,常在大海摩罗山中,率十万六千鬼神之众以为眷属,如是诸眷属,乘华宫殿,游于诸刹,皆悉承赖彼楞伽王,方得游行。所谓诸鬼神众,作如是言:我等神众,无有威德,无有气力。于诸所作,无有其能,如宜大王。我等众中,与堪能力。彼楞伽王,即随其时,与殊胜力,不相舍离而共转。谓楞伽王,虽非分身,而能遍满诸神众中,各各令得全身之量,于一切时、于一切处,共转不离。不守自性智,亦复如是,能受一切无量无边烦恼染法,鬼神众熏,不相舍离而俱转故,以此因缘,故我难入中作如是说,随转觉智,名为楞伽王识故。此阿赖耶识,当何决择摄?于本论中作如是说:自性清净心,因无明风动,心与无明,俱无形相,不相舍离,乃至广说故。五者,名为业相业识阿赖耶识,所谓根本业相及与业识,别立以为阿赖耶。故本性智契经中作如是说:阿赖耶识无能了作,无所了作,不可分析,不可隔别,唯由精动隐流义故,名为键摩故。此阿赖耶识,当何决择摄?于本论中作如是说:复次依不觉故,生三种相,与彼不觉相应不离。云何为三?一者无明业相,以依不觉故心动,说名为业。觉则不动,动则有苦,果不离因故。六者,名为转相转识阿赖耶识,所谓能见境界之相及与转识,别立以为阿赖耶。故大无量契经中作如是说:阿赖耶识有见见转,无见见起故。此阿赖耶识,当何决择摄?于本论中作如是说:二者能见相,以依动故能见,不动则无见故。七者,名为现相识阿赖耶识,所谓境界之相及与现识，别立以为阿赖耶。故实际契经中作如是说：别异别异，现前地转相异相，具足行转，是故名为阿赖耶识。复次此阿赖耶识，真是异熟无记之法，白净相故，或名成就故。此阿赖耶识，当何决择摄？于本论中作如是说：三者境界相，以依能见，故境界妄现，离见则无境界故。第八者，名为性真如理阿赖耶识，所谓正智所证清净真如，别立以为阿赖耶故。故诸法同体契经中作如是说：有识，是识非识识摄，所谓如如阿赖耶识故。此阿赖耶识，当何决择摄？所谓清净般若质境真如摄故。九者，名为清净始觉阿赖耶识，所谓本有清白始觉般若，别立以为阿赖耶。故果圆满契经中作如是说：佛告菩提树王言：自然始觉阿赖耶识，常当不离清净本觉，清净本觉常当不离始觉净识。随是彼有，随彼是有。或非同种，或非异种故。此阿赖耶识，当何决择摄？于本论中作如是说：本觉义者，对始觉者，即同本觉故。十者，名为染净始觉阿赖耶识，所谓随缘始觉般若，别立以为阿赖耶。故果圆满契经中作如是说：复次树王，如始觉净识及自本觉，说染净始觉阿赖耶识，不守自性，缘起本觉，亦复如是。故此阿赖耶识，当何决择摄？于本论中作如是说：始觉义者，依本觉故而有不觉，依不觉故而有始觉。又以觉心原故，名究竟觉。不觉心原故，非究竟觉。乃至已说藏识剖字别相门，次说总识摄生圆满门。此识有二种义，能摄一切法，生一切法：一者觉义，二者不觉义者，而总显示大识殊胜圆满相故。此义云何？所谓具足二种圆满故：一者功德圆满，二者过患圆满。功德圆满者，觉义字句，能摄一切无量无边，过于恒沙不离不断诸功德故。能生一切无量无边，过于恒沙不离不断诸功德故。过患圆满者，不觉义字句，能摄一切无量无边，过于恒沙若离若脱诸过患故。能生一切无量无边，过于恒沙若离若脱诸过患故。

问：若不立此第八识，有何等过？

答：有大过失。一切染净法不成，俱无因故。《识论》云：若无此识持烦恼种，界地往还无染心后，诸烦恼起，皆应无因，余法不能持彼种故。若诸烦恼无因而生，则无三乘学无学果，诸已断者皆应起故。又若无此识持世出世清净道种，异类心后，起彼净法，皆应无因。又出世道初不应生，无法持彼法尔种故，初不生故，后亦不生，是则应无三乘道果。若无此识持烦恼种，转依断果，亦不得成，谓道起时，现行烦恼及彼种子俱非有故，染净二心不俱起故，道相应心不持彼种，自性相违如涅槃故，余法持种理不成故。既无所断，能断亦无，依谁由谁而立断果？若由道力，后惑不生，立断果者，则初道起，应成无学，后诸烦恼，皆已无因，永不生故。许有此识，一切皆成，唯此能持染净种故。证此识有，理趣无边，恐厌繁文，略述纲要。则有此识，教理显然，诸有智人，应深信受。

又，此真唯识旨，千圣同遵，此土西天，无有破者，如《百法钞》云：真唯识量者，此量即大唐三藏，于中印土曲女城，戒日王与设十八日无遮大会，广召五天竺国解法义沙门婆罗门等，并及小乘外道而为对敌，立一比量，书在金牌，经十八日，无有一人敢破斥者。故《因明疏》云：且如大师周游西域，学满将还。时戒日王，王五印土，为设十八日无遮大会，令大师立义。遍诸天竺,拣选贤良,皆集会所,遣外道小乘,竞生难诘。大师立量,无敢对扬者。大师立唯识比量云:真故极成色是有法,定不离眼识宗。因云:自许初三摄,眼所不摄故,同喻如眼识。合云:诸初三摄眼所不摄故者,皆不离眼识。同喻如眼识,异喻如眼根。

问:何不合自许之言?

答:非是正因,但是因初寄言简过,亦非小乘不许,大乘自许。因于有法上转三支,皆是共故,初明宗因,后申问答。初文有二:初辩宗,次解因。且初宗,前陈言真故极成色五个字,色之一字,正是有法。余之四字,但是防过。且初真故二字防过者,简其世间相违过及违教等过。

外人问云:世间浅近,生而知之,色离识有。今者大乘立色不离眼识,以不共世间共所知故。此量何不犯世间相违过?

答:夫立比量,有自他共,随其所应,各有标简:若自比量,自许言简。若他比量,汝执言简。若共比量,胜义言简。今此共比量,有所简别。真故之言,表依胜义,即依四种胜义谛中,体用显现谛立。

问:不违世间非学即可尔。又如世尊于小乘《阿含经》,亦许色离识有。学者小乘,共计心外有其实境。岂不违于《阿含》等教、学者小乘?

答:但依大乘殊胜义立,不违小乘之教、学者世间之失。

问:真故之言,简世间及违教等过。极成二字,简何过耶?

答:置极成言,简两般不极成色:小乘二十部中,除一说部、说假部、说出世部、鸡胤部等四,余十六部,皆许最后身菩萨染污色及佛有漏色。大乘不许,是一般不极成色,大乘说他方佛色及佛无漏色。经部虽许他方佛色,而不许是无漏,余十九部皆不许有。并前两师不极成色,若不言极成,但言真故色是有法,定不离眼识是宗。且言色时,许之不许,尽包有法之中。在前小乘许者,大乘不许,今若立为唯识,便犯一分自所别不极成,亦犯一分违宗之失。又大乘许者,小乘不许,今立为有法,即犯他一分所别不极成。及至举初三摄眼所不摄因,便犯自他随一一分所依不成。前陈无极成色为所依故,今具简此四般,故置极成言。

问:极成二字,简其两宗不极成色,未审三藏立何色为唯识?

答:除二宗不极成色外,取立敌共许,余一切色总为唯识故。《因明疏》云:立二所余共许诸色为唯识故。宗后陈言:定不离眼识。是极成能别。

问:何不犯能别不极成过?且小乘谁许色不离于眼识?

答:今此是宗依,但他宗中有不离义,便得以小乘许眼识缘色,亲取其体,有不离义,兼许眼识,当体亦不离眼识,故无能别不极成过。

问：既许眼识取所缘色，有不相离义，后合成宗体，应有相扶过耶？

答：无相扶失，今大乘但取境不离心，外无实境。若前陈后陈和合为宗了，立者即许，敌者不许，立敌共诤，名为宗体。此中但诤言陈，未推意许。辩宗竟，次辩因者有二：初明正因，次辩寄言简过。且初正因，言初三摄者，十八界中三六界，皆取初之一界也：即眼根界、眼识界、色境界，是十八界中初三界也。

问：设不言初三摄，但言眼所不摄，复有何过？

答：有二过：一不定过，二违自教过。且不定过者，若立量云：真故极成色，定不离眼识。因云：眼所不摄，喻如眼识。即眼所不摄因阔，向异喻后五三上转，皆是眼所不摄故。被外人出不定过云：为如眼识眼所不摄，眼识不离眼识，证极成色不离眼识耶？为如后五三亦是眼所不摄，后五三定离眼识，却证汝极成色定离眼识耶？

问：今大乘言后五三，亦不离眼识得不？

答：设大乘许后五三亦不离眼识，免犯不定，便违自宗，大乘宗说后五三定离眼识故。故置初三摄半因，遮后五三非初三摄故

问：但言初三摄，不言眼所不摄，复有何过？

答：亦犯二过：一不定过，二法自相决定相违过。且不

定者，若立量云：真故极成色，定不离眼识。因云：初三摄，喻如眼识。即初三摄因阔，向异喻眼根上转。出不定云：为如眼识初三摄，眼识不离眼识，证极成色不离眼识耶？为如眼根亦初三摄，眼根非定不离眼识，证汝极成色非定不离眼识耶？

问：何不言定离，而言非定不离？

答：大乘眼根望于眼识，非定即离。且非离者，根因识果，以同时故，即是非离也。又色心各别，名非即故，今但言非定不离。二犯法自相决定相违过者：言法自相者，即宗后陈法之自相。言决定相违者，即因违于宗也。外人申相违量云：真故极成色，是有法，非不离眼识宗。因云：初三摄故，喻如眼根。即外人将前量异喻为同喻，将同喻为异喻。

问：得成法自相相违耶？

答：非真能破。夫法自相相违之量，须立者同无异有，敌者同有异无，方成法自相相违。今立敌两家，同喻有、异喻有故，非真法自相相违过。

问：既非法自相相违，作决定相违不定过得不？

答：亦非。夫决定相违不定过，立敌共诤一有法，因喻各异，皆具三相：遍是宗法性，同品定有性，异品遍无性。但互不生其正智，两家犹预不能定成一宗，名决定相违不定过。今真故极成色，虽是共诤一有法，因且是共，又各阙第三相，故非决定相违不定过。

问:既无此过,何以《因明疏》云:犯法自相相违决定过?

答:但是疏主纵笔之势,是前共不定过中分出,是似法自相相违决定过。非真有故,有此所因,故置初三摄眼所不摄。更互简诸不定及相违等过,次明寄言简过者。

问:因初自许之言何用?

答:缘三藏量中,犯有法差别相违过,因明之法,量若有过,许著言遮。今三藏量既有此过,故置自许言遮。

问:何得有此过耶?

答:谓三藏量有法中,言虽不带,意许,谙含。缘大乘宗有两般色:有离眼识本质色,有不离眼识相分色。若离眼识色,小乘即许。若不离眼识色,小乘不许。今三藏量云:真故极成色是有法,若望言陈自相,是立敌共许色。及举初三摄眼所不摄因,亦但成立共许色不离于眼识。若望三藏意中所许,但立相分色不离眼识,将初三摄眼所不摄因,成立有法上意之差别相分色,定不离眼识。故《因明疏》云:谓真故极成色,是有法自相。定不离眼识色,是法自相。定离眼识色,非定离眼识色,是有法差别,立者意许,是不离眼识色。

问:外人出三藏量有法相违过时,自许之言,如何遮得?

答:待外人申违量时,将自许两字,出外人量不定过。外量既自带过,更有何理,能显得三藏量中,有法差别相违过耶?

问:小乘申违量行相如何?

答:小乘云:乍观立者言陈自相,三支无过,及推所立,元是谙含。若于有法上意之差别,将因喻成立有法上意许相分色,不离眼识者,即眼识不得为同喻。且如眼识无不离色,以一切色皆离眼识故。既离眼识,不得为同喻,便成异喻,即初三等因,却向异喻眼识上转。故论云:同品无处,不成立者之宗。异品有处,返成敌者相违宗义。即小乘不改立者之因,申相违量云:真故极成,色是有法,非不离眼识宗。因云:初三摄,眼所不摄故,同喻如眼识。合云:诸初三摄眼所不摄故者,皆非不离眼识,同喻如眼识。言非者,无也。小乘云:无不离眼识色,即遮三藏意许相分色是无也。所以三藏预著自许之言句,取他方佛色,却与外人量作不定过。出过云:为如眼识,是初三摄眼所不摄,眼识非不离眼识色,证汝极成色非不离眼识色耶?为如我自许他方佛色,亦是初三摄眼所不摄,他方佛色是不离眼识色,却证汝极成色是不离眼识耶?外人相违量,既犯共中他不定过,明知非真能破也,三藏量却成真能立也。

问:因中若不言自许,空将他方佛色,与外人相违量,作不定过,有何不可?

答:若空将他方佛色,不言自许者,即他小乘不许,犯一分他随一过。他不许此一分他方佛色,在初三摄眼所不摄因中故。故《因明疏》云:若不言自许,即不得以他方佛色而为不定。此言便有随一过故。

问:何不待外人申违量后,著自许言,何要预前著耶?

答:临时恐难,所以先防,次申问答者。

一问:真故二字,已简违教过,何故前陈宗依上,若不著极成言,又有违宗之失?

答:真故二字,但简宗体上违教过,不简宗依上违宗。若极成二字,即简宗依上违宗等过也。

问:后陈眼识,与同喻眼识何别?

答:言后陈眼识虽同,意许各别:后陈眼识,意许是自证分。同喻眼识,意许是见分。即见不离自证分故,如同宗中相分,不离自证分也。

问:若尔,何不立量云:相分是有法,定不离自证分是宗。因云:初三摄,眼所不摄故。同喻如见分?

答:小乘不许有四分故,恐犯随一等过,故但言眼识。

问:此量言陈,立得何色耶?

答:若但望言陈,即相质二色,皆成不得。若将意就言,即立得相分色也。又解:若小乘未征问前,即将言就意立。若大乘答后,即将意就言立也。

问:既分相分本质两种色,便是不极成故,前陈何言极成色耶?相分非共许故。

答:若望言陈有法自相,立敌共许色,故著极成。若相分色是大乘意许，何关言陈自相，宁有不极成乎？诸钞皆云不得分开者，非也。若尔，小乘执佛有漏色，大乘佛无漏色等，在于前陈，若不分开，应名极成色耶？彼既不尔，此云何然？

问：今谈宗显性，云何广引三支比量之文？

答：诸佛说法，尚依俗谛。况三支比量，理贯五明，以破立为宗，言生智了为体，摧凡小之异执，定佛法之纲宗。所以教无智至不圆，木非绳而靡直。比之可以生诚信，伏邪倒之疑心。量之可以定真诠，杜狂愚之妄说。故得正法之轮永转，唯识之旨广行，则事有显理之功，言有定邦之力。如慈恩大师云：因明论者，元唯佛说，文广义散，备在众经。故《地持论》云：菩萨求法，当于何求？当于一切五明处求。求因明者，为破邪论，安立正道，劫初足目，创标真似。爰暨世亲，再陈轨式，虽纪纲已列，而幽致未分，故使宾主对扬，犹疑立破之则。有陈那菩萨，是称命世，贤劫千佛之一佛也，匿迹岩薮，栖峦等持，观述作之利害，审文义之繁约。于时岩谷振吼，云霞变彩，山神捧菩萨足，高数百尺，唱言：佛说因明，玄妙难究。如来灭后，大义沦绝。今幸福智攸邈，深达圣旨，因明论道，愿请重弘。菩萨乃放神光，照烛机感。时彼南印土按达罗国王，见放光明，疑入金刚喻定，请证无学果。菩萨曰：入定观察，将释深经。心期大觉，非愿小果。王言：无学果者，诸圣攸仰，请尊速证。菩萨抚之，欲遂王请，妙吉祥菩萨因弹指警曰：何舍大心，方兴小志？为广利益者，当转慈氏所说《瑜伽》，匡正颓纲，可制因明，重成规

非。陈那敬受指诲，奉以周旋，于是谭思研精，乃作《因明正理门论》。正理者，诸法本真之体。我门者，权衡照解之所由。

又，《瑜伽论》云：云何名因明处？为于观察义中，诸所有事，所建立能，名观察义，能随顺法，名诸所有事。诸所有事，即是因明，为因照明观察义故。且如外道执声为常，若不以量比破之，何由破执？如外道立量云：声是有法，定常为宗。因云：所作性故，同喻如虚空。所以虚空非所作性，则因上不转，引喻不齐，立声为常不成。若佛法中，声是无常，立量云：声是有法，定无常为宗。因云：所作性故，同喻如瓶盆，异喻如虚空等。是知若无此量，曷能显正摧邪？所以实际理地，不受一尘。佛事门中，不舍一法。若欲学诸佛方便，须具菩萨遍行，一一洞明，方成大化。如上广引藏识之文，祖佛所明，经论共立。第八本识，真如一心，广大无边，体性微细，显心原而无外，包性藏以该通。擅持种之名，作总报之主。建有情之体，立涅槃之因。居初位而总号赖耶，处极果而唯称无垢。备本后之智地，成自他之利门。随有执无执而立多名，据染缘净缘而作众体。孕一切而如太虚包纳，现万法而似大地发生，则何法不收，无门不入。但以迷一真之解，作第二之观，初因觉明能了之心，发起内外尘劳之相。于一圆湛，析出根尘，聚内四大为身，分外四大为境。内以识情为垢，外因想相成尘。无念而境贯一如，有想而真成万别。若能心融法界，境豁真空，幻翳全消，一道明现。可谓裂迷途之致网，抽觉户之重关。惛梦醒而大觉常明，狂性歇而本头自现。

宗镜录第五十二

宋 慧日永明妙圆正修智觉禅师延寿集

夫第二能变识者，《识论》颂云：次第二能变，是识名末那。依彼转缘彼，思量为性相。四烦恼常俱，谓我痴我见。并我慢我爱，及余触等俱。有覆无记摄，随所生所系。阿罗汉灭定，出世道无有。乃至应知此意，但缘藏识见分，非余，彼无始来一类相续似常似一故，恒与诸法为所依故，此唯执彼为自内我。我语势故，说我所言。或此执彼是我之我，故于一见，义说二义。若作是说，善顺教理，多处唯言有我见故，我我所执不俱起故。未转依位，唯缘藏识。既转依已，亦缘真如及余诸法，平等性智证得十种平等性故，为诸有情缘解差别示现种种佛影像故。释云：此第七识，但缘见分，非余相分种子心所等。唯缘见分者，谓无始时来，微细一类，似常似一。不断故似常，简境界，彼色等法皆间断故。种子亦然，或被损伏，或时永断，由此遮计余识为我。似一故，简心所，心所多法故。何故不缘余识？夫言我者，有作用相，见分受境，作用相显，似于我故。不缘余识，自证等，用细难知。问：何不但缘一受等为我，亦常一故？答：夫言我者，是自在义、万物主义，与一切法而为所依。心所不然，不可为我，唯心王是所依故。此第七识，恒执为内我。非色等故，不执为外我。若唯缘识，即唯起我，无有我所，我语势故。《论》说我所言，非是离我，别起我所执，唯执第八是我之我。前五蕴假者，是第六所缘之我，后我第七所计。或前我前念、后我后念，二俱第七所计。或即一念计此即是，此唯第七所计。或前是体，后是识用，于一我见之上，亦义说之为我及所二言，实但一我见。多处唯言有我见故者，《瑜伽论》云：由此末那，我见慢等，恒共相应。《显扬论》云：由此意根，恒与我见我慢等相应。我我所执不俱起故者，行相及境，二俱别故，不可并生，无此事故。若已转依位善心等可，然彼非执故亦不可，例人法二执，境是一故。若未起对治，断其我执，名未转依，唯缘藏识。初地已去，既转依已，入无漏心，亦缘真如及余一切法。二乘无学等，唯缘异熟识。证得十种平等性者，《佛地经》云：一、诸相增上喜爱，二、一切领受缘起，三、远离异相非相，四、弘济大慈，五、无待大悲，六、随诸有情所乐示现，七、一切有情我爱所说，八、世间寂静皆同一味，九、世间诸法苦乐一味，十、修植无量功德究竟。即知十地有情缘解意乐差别，能起受用身之影像。论云：未转依位，恒审思重所执我相。已转依位，亦审思量无我相故者，第七末那，以思量为自性故。《摄论》云：思量是意，即自证分，前第八识了别是行相。今既言意，故知即是第七行相，即是见分，体性难知，以行相显，其实思量但是行相，其体即是识蕴摄故。初地已前，二乘有学，恒审思量我相，知有漏末那。已转依位，亦审思量无我相故，亦名末那。

《论》问：如世尊言：出世末那，云何建立？

答：有二义：一、名不必如义，彼无漏第七不名末那，名是假故。二、能审思量无我相故,亦名末那,显通无漏,即知此名,非唯有漏。《论》云:谓从无始至未转依,此意任运恒缘藏识,与四根本烦恼相应:我痴者,谓无明,愚于我相,迷无我理,故名我痴。我见者,谓我执,于非我法,妄计为我,故名我见。我慢者,谓倨傲,恃所执我,令心高举,故名我慢。我爱者,谓我贪,于所执我,深生耽著,故名我爱。乃至此四常起,扰浊内心,令外转识恒成杂染,有情由此生死轮回,不能出离,故名烦恼。释云:此第七意,除四惑外,不与余心所相应者,一恒故,二内执故,三一类境生故,所以不作意而向外驰求,唯任运而一向内执。此第七识,于五受中,唯舍受相应。《论》云:此无始来,任运一类缘内执我,恒无转易,与变异受不相应故。

又问:末那心所,何性所摄?

《论》答云:此意相应四烦恼等,是染法故,障碍圣道,隐蔽真心,说名有覆,非善不善,故名无记。若已转依,唯是善性。《密严经》偈云:末那缘藏识,如磁石吸铁。如蛇有二头,各别为其业。染意亦如是,执取阿赖耶。能为我事业,增长于我所。复与意识俱,为因而转谢。于身生暖触,运动作诸业。饮食与衣裳,随物而受用。腾跃或歌舞,种种自嬉游。持诸有情身,皆由意功力。如火轮垂发,乾闼婆之城。不了唯自心,妄起诸分别。身相器世间,如动秋千势。无力不坚固,分别亦复然。分别无所依,但行于自境。譬如镜中像,识种动而见。愚夫此迷惑,非诸明智者。仁主应当知,此三皆识现。于斯远离处,是即圆成实。

问:此意有几种差别?

答:略有三种。《论》云:一、补特伽罗我见相应,二、法我见相应,三、平等性智相应。初通一切异生相续,二乘有学、七地已前一类菩萨,有漏心位,彼缘阿赖耶识起补特伽罗我见。次通一切异生声闻独觉相续,一切菩萨法空智果不现前位,彼缘异熟识起法我见。后通一切如来相续,菩萨见道,及顺道中,法空智果现在前位,彼缘无垢异熟识等起平等性智。

问:人法二执俱起,何故分位前后不同?

答:人法必依法执起,又法我通、人我局。《论》云:补特伽罗我见起位,彼法我见,亦必现前,我执必依法执而起。如要迷杌等,方谓人等故。释云:今显初位,必带后位,以初短故。人我位,必有法我,人我必依法我起故。人我,是主宰作者等用故。法我,有自性胜用等故。即法我通,人我局。

问:此第七识,云何离眼等识别有自体,出何经文?

答:《论》云:圣教正理,为定量故,谓《薄伽梵处处经》中,说心意识三种别义:集起名心、思量名意、了别名识,是三别义。如是三义,虽通八识,而随胜显:第八名心,集诸法种,起诸法故。第七名意,缘藏识等,恒审思量为我等故。余六名识,于六别境,粗动间断,了别转故。如《入楞伽》颂说:藏识说名心,思量性名意。能了诸境相,是说名为识。释云:虽通八识,皆名心意识,而随胜显:第八名心,为一切现行熏集诸法种,现行为依,种子识为因,能生一切法故,是起诸法。第七名意者,因中有漏,唯缘我境,无漏缘第八及真如,果上许缘一切法故。余六识名识,于六别境,体是粗动,有间断法,了别转故。易了名粗,转易名动,不续名间。各有此胜,各别得名。

又,《论》云:谓契经说:不共无明,微细恒行,覆蔽真实。若无此识,彼应非有。谓诸异生,于一切分,恒起迷理,不共无明,覆真实义,障胜慧眼。如有颂说:真义心当生,常时为障碍。俱行一切分,谓不共无明。是故契经,说异生类,恒处长夜,无明所盲,惛醉缠心,曾无醒觉。若异生位,有暂不起此无明时,便违经义。谓异生位,迷理无明,有行不行,不应理故。此依六识,皆不得成,应此间断,彼恒缘故。许有末那,便无此失。释云:如《缘起经》,有四无明:一现,二种,三相应,四不相应。或有为二:共、不共等。今说不共者,谓此微细常行,行相难知,覆无我理,蔽无漏智,名覆蔽真实。真实有二:一无我理,二无漏见。义有二义:一谓境义,见分境故。二谓义理,真如即理故。

问:染污末那,常与四惑相应,如何说不共无明?

答:《论》云:应说四中,无明是主,虽三俱起,亦名不共:从无始际,恒内惛迷,曾不省察,痴增上故。乃至谓第七相应无明,无始恒行,障真义智,如是胜用,余识所无,唯此识有,故名不共。又,不共无明,总有二种:一恒行不共,余识所无。二独行不共,此识非有。释云:主是自在义,为因依义,与彼为依,故名不共。何故无明,名为不共?谓从无始际,显长夜常起,恒内惛迷,明一切时不了空理,曾不省察,彰恒执我，无循反时，此意总显痴主自在义。一恒行不共者，此识俱是，今此所论，余识无也。二独行不共者，则与忿等相应起故，名为独行。或不与余俱起无明，独迷谛理，此识非有。

又，不共无明者，无明是主故。名不共者，以主是不共义，不共，即是独一之义，谓无明是闇义，七俱无明，恒行不断，是长闇义，由长闇故，名为长夜。唯此无明为长夜体，余法皆无长夜之义，唯此独有，故名不共。除此已外，余法有一类长相续义而无闇义，或有一类虽有闇义而无长相续义。应作四句分别：一者有是长而非是夜，如七俱贪等三，及妙平二智相应心品等。二者有是夜而非是长，如前六识相应无明。三是长亦是夜，七俱无明是。四者非长非夜。前六识除无明，取余贪等，及因中善等，并果中观察成事，二智相应心品等。今此七俱无明准此，不但不与余识共，兼亦不与自聚贪等三共，谓虽与同聚贪等俱起，而贪等无长夜闇义，贪等以染著等为义。此以长闇为义，与彼不同，故名不共，此以第七恒时迷闇名不共。六识中者，无恒时义，但有独起之义，名为不共。

问：恒行不共无明相应，有几种义？

答：有四义。古德云：一是主者，谓前六识无明是客，有间断故。第七无明是主，无间断故。二恒行者，有漏位中，常起现行不间断，故名恒行。三不共者，不同第六识独头名不共。第六不共，但不与余九烦恼同起，名为不共。若第七名不共者，障无漏法胜故，又恒行不间断故。四前六识通三性心时,此识无明,皆起现行。谓前六识善性心时,于施等不能亡相者,皆是第七恒行不共无明内执我,令六识等行施时,不能达三轮体空。又以有不共无明,常能为障,而令彼当生无漏智不生,此无明与第七识俱有故,至今不舍,故名俱行。

又,经云:眼色为缘,生于眼识。乃至意法为缘,生于意识。若无此识,彼意非有。眼根色境为二缘,能发引得眼识。乃至意识法境为二缘,能发得意识。若无第七识者,即应第六识唯有一法境为缘,应无所依根缘也。既有俱有根者,明知即是第七识与第六识为俱有根。小乘云:我宗取肉团与第六识为依,何要别执有第七识耶?论主破云:亦不可说第六依于色故,第六必依意有,说意非是色故。又说第六有三分别,随念计度自性分别故。若许第六依色而住者,即同前五识,无随念计度二种分别。救云:我宗五识,根先识后,故即前念五根,发后念五识。论主破云:但有根者,如叶依种起,芽种俱时。影藉身生,身影同有。识依根发,理必同时。无前念根,发后念识故。既若五识有俱有根,将证第六亦须有俱有根,即第七识是也。引理证者,教中说有思量者,即是第七识。小乘云:但是第六等无间,名思量意,何要别说第七为思量意耶?论主破云:且如第六意识现在前时,念等无间意,已灭无体,如何有思量用名意耶?且如第六识,若居现在时,虽有思量,但名为识,不名意故,要待过去方名意故。须信有第七识,具恒审思量,方得名意。意者,依止义。若等无间意,依此第七,假得意名,俱有依止思量用故。又,第七识与四惑俱,名为染污,恒审思量名之为意,常有恒行不共无明,故名染污。正是有覆性,即覆真缘义,蔽净妙智。恒审思量者,此拣第八、前六识:恒者,不间断。审者,决定执我法故。

问:第八亦无间断,第六决定有思量,何不名意?

答:有四句:一恒而非审,第八恒无间断,不审思量我法故。二审而非恒,即第六虽审思量,而非恒故,不名意也。前五俱非,非恒非审。第七俱摄,而恒审故,独名意也。

问:第七思量何法?

答:执第八见分,思量有我法故。二乘无学无我执,以思量法我执故名意。佛果我法二执俱无,恒审思量无我理,佛果第七亦名意。

问:为第七自体有思量,为第七相应遍行中思,名思量意不?

答:取心所思量者,即八识皆有思,何独第七?

问:若唯取自体有思量者,即何用心所中思耶?

答:具二义:一有相应思量,二亦自体思量。今取自体有思量名意。

问:心所与心王,一种是常审思量,执第八为我,如何不说心所为意?

答:言意者,依止义。心所虽恒审思量,非主,是劣法。

非所依止故，不名意也。二者自体识有思量，与余七识为所依止，唯取心王，即名意也。

问：若言自体有思量名意者，即第七有四分，何分名思量意？

答：有二解：第一见分名思量，内二分不名思量，但名意。见分不名意，有思量。以是用故，思量我无我。内二分不能思量我无我，但名意，以是体故。第二见分是思量相，相者，体相、相状。内二分是思量性，即内外皆名意。三分皆思量，但除相分，相分是所量境也。

问：何以得知内外三分总是思量？

答：《识论》云：思量为性相。内二分是体，名思量性。外见分是思量相，是用。一种是思量，三分皆名意，即不取相分名思量，以无能缘用故。

问：见分缘执我法，即思量我故，得名思量。自证分不缘于我相分，如何自证分亦名思量？

答：自证分证彼见分思量我执故，亦名思量也。

问：见分思量我，是非量摄。自证分证彼见分思量我，自证分亦是非量耶？

答：见分思量我，见分妄执，故名非量。自证是内证见分妄执，故自证体是现量，即体用皆是思量。即内二分亦名意、亦名识，见分亦名意、亦名识，是意之用故。思量是用，意是体。思量即意,持业释也。

问:第七识但缘第八见分为我,云何不取相分及内二分等?

答:相分间断,又是外缘,内二分作用,沉隐难知,不执也。种子无作用故,不执为我,以见分作用显现故。

问:第七识三量假实,如何分别?

答:古释三量分别者:第七见分是非量,境不称心故。其第八见分,本非是我,今第七妄执为我,即不称本质。又亲缘第八见分不著,变相分缘,相分本非是我,第七又执为我,又不称相分,即两重不称境,故知非量。假实分别者,第七缘他本质第八见分不著,但缘得中间假我相分,故境假非实。

问:中间相分,为定是假,为亦通实?

答:第七中间相分是假,无实种生,但从两头起此相分,仍通二性。若一半从本质上起者,是无覆性,即属本质。若一半从自能缘第七见分上起者,同见分,是有覆性。但两头心法烁起,成一相分。今言境假者,但约随妄心我相分以说。

问:若言第七当情相分但是假,从两头起,通二性者,应可第七所缘我相分中,一半有覆、一半无覆,一半是我、一半非我?

答:其第八见分上所起无覆性相分,与能缘第七妄心遍计相分，密合一处，若是第七，但自执妄起遍计有覆性假相分，为自内我，虽密合一处，亦不犯所执我中通二性过。如水中盐味，但执是水，不执于盐，水与盐元不相离。

问：第七自有相分，如何不自缘相分，缘他第八见分为我耶？

答：古德云：今言缘见分者，即是疏缘。若言亲者，唯识义何在？

又问：设许疏缘第八者，且第七自识于何法上起执？

答：于自识相分起执。

又问：相见何别？

答：若论外境，相见全殊。若就心论，相见无异，相即是见。故经云：心如相显现，见如心所依。

问：若无末那，有何等过？

答：若无第七，则无凡可厌，无圣可欣。凡圣不成，染净俱失。《论》云：是故定应别有此意。又，契经说：无想有情，一期生中，心心所灭。若无此识，彼应无染。谓彼长时无六转识，若无此意，我执便无。乃至故应别有染污末那，于无想天恒起我执，由斯贤圣，同诃厌彼。又，契经说：异生善染无记心时，恒带我执，若无此识，彼不应有。谓异生类三性心时，虽外起诸业，而内恒执我。内执我故，令六识中所起施等，不能亡相。故《瑜伽》说：染污末那，为识依止，彼未灭

时,相了别缚,不得解脱。末那灭已,相缚解脱。言相缚者,谓于境相,不能了达如幻事等。由斯见分相分所拘,不得自在,故名相缚。依如是义,有伽陀言:如是染污意,是识之所依。此意未灭时,识缚终不脱。释云:于无想天恒起我执,由斯贤圣,同诃厌彼者,有第七于彼起我执,是异生故。出定已后,复沉生死,起诸烦恼,圣贤诃彼。若无第七,不应诃彼,无过失果。由执我故,令六识中所起施等不能亡相者,此我外缘,行相粗动,非第七起,由第七故,第六起此,全由七生,增明为论。第六识中,我执体有间断,通三性心,间杂生故,第七不缘外境生故。

已上略录第七末那,诸教同诠,群贤共释。创入道者,此意须明,是起凡圣之因,宜穷体性。乃立解惑之本,可究根原。迷之则为人法执之愚,悟之则成平等性之智。于诸识内独得意名,向有漏中作无明主。不间不断,无想定治而不消。常审常恒,四空天避而还起。虽有覆而无记,不外执而内缘,常起现行,能蔽真而障道。唯称不共,但成染而润生。是以,欲透尘劳,须知要径。将施妙药,先候病原。若细意推寻,冥心体察,则何尘而不出,何病而不消?断惑之门,斯为要矣。

宗镜录第五十三

宋 慧日永明妙圆正修智觉禅师延寿集

第三能变者,《唯识论》颂云:次第三能变,差别有六种。了境为性相,善不善俱非。此三能变是了别境识,自证分是了别性,见分是了别相,有覆有记,识以了境为自性,即复用彼为行相故。则了境者,是识自性,亦是行相,行相是用故。《识论》云:随六根境,种类异故,或名色识,乃至法识,随境立名,顺识义故。谓于六境,了别名识,色等五识,唯了色等,法识通能了一切法,或能了别法,独得法识名,故六识名,无相滥失。

问:若心外无实色,则眼等五识无有所缘?

答:《识论》云:虽非无色而是识变,谓识生时,内因缘力,变似眼等色等相现,即以此相为所依缘,然眼等根非现量得,以能发识,比知是有。此但功能,非外所造,外有对色,理既不成,故应但是内识变现。释云:眼等虽有所依所缘之色,而是识所变现,非是心外别有极微以成根境。但八识生时,内因缘种子力等,第八识变似五根五尘,眼等五识,依彼所变根,缘彼本质尘境,虽亲不得,要托彼生。实于本识色尘之上,变作五尘相现,即以彼五根为所依,以彼及此二种五尘为所缘缘。五识若不托第八所变,便无所缘缘,所缘缘中有亲疏故。然眼等根非现量得者,色等五尘,世间共见,现量所得。眼等五根,非现量得。除第八识缘,及如来等缘,是现量得。世不共言,余散心中,无现量得。此但能有发识之用,此知是有。此但有功能,非是心外别有大种所造之色。此功能言,即是发生五识作用,观用知体,如观生芽,比知种体是有。所以《密严经》偈云:眼色等为缘,而得生于识。犹火因薪炽,识起亦复然。境转随妄心,犹铁逐磁石。如乾城阳焰,愚渴之所取。中无能造物,但随心变异。复如乾城人,往来皆不实。众生身亦尔,进止悉非真。亦如梦中见,寤后即非有。妄见蕴等法,觉已本寂然。四大微尘聚,离心无所得。《华严经》云:自在主童子告善财言:善男子,我复善知十八工巧、种种技术,并六十二眷属明论,及内明等一切方法,治内烦恼。何等名为内身烦恼?有四因缘:一谓眼根摄受色境,二由无始取著习气,三由彼识自性本性,四于色境作意希望。由此四种因缘力故,藏识转已,识波浪生,譬如瀑流,相续不断。善男子,如眼识起,一切根识微尘毛孔,俱时出生,亦复如是。譬如明镜,顿现众像,诸识亦尔,或时顿现。善男子,譬如猛风,吹大海水,波浪不停,由境界风,飘静心海,起识波浪,相续不断,因缘相作,不相舍离,不一不异,如水与波,由业生相,深起系缚,不能了知色等自性,五识身转。彼阿赖耶,终不自言:我生七识。七识不言:从阿赖耶生。但由自心,执取境相,分别而生。如是甚深阿赖耶识,行相微细,究竟边际,唯诸如来住地菩萨之所通达,愚法声闻及辟支佛、凡夫外道,悉不能知。

问:眼识等,为复依根发识,依境发识?

答:定依根发。《百法》云:眼识依根发识,乃至意识亦尔。若眼根变异,眼识必随变异。如眼病所见青色为黄色,此不是坏境,但是根损,令识取境,变为黄色,故知随根得名。

问:眼识缘青色为黄,岂不是非量?

答:但是同时乱意识,以眼根有损,令同时意识缘乱故,便变青为黄,其实眼识不作青黄缘也。意根损,意识亦损,如初地我法二执,实时成无漏,此时意根坏,无其二执,能缘之识,亦能坏却二执也。故知依根所发,得名眼识,但随根立也。护法云:六识体性各别,但依根境而立其名。若执有一识能缘六境者,若六境一时到,如何一个意识能一时缘得耶?若前后起,即不遍故,所以随六根境种类异故,依根得名。

问:眼识等六,既依根发识,以何为根?

答:护法通用现种为根。根既然,境亦尔。《瑜伽论》亦云:皆以现行及种子二法,为眼等根,由本熏时,心变似色,从熏时为名。以四大所造清净色故,对所生之果识,假说现行为功能,实唯现色功能,生识之义,大小共成。

问:根以何为义?

答:根者,即五根,有增上出生义故,名之为根。于中有清净五色根,有扶尘五色根。若清净五色根,即是不可见有对净色以为体性,能发生五识,有照境用故。若扶尘五色根者,即扶清净根,能照其境,自体即不能照境,为扶尘根是粗显色故,不妨与清净根为所依。《五蕴论》云:根者,最胜义、自在义、主义、增上义,是为根义。云何眼根?谓以色为境,净色为性,谓于眼中一分净色,如净醍醐。此性有故,眼识得生,无即不生。乃至身根以触为境,并净色为性,无即不生。

问:未转依中,前五转识,于三量中定是何量?

答:古德云:且眼识缘色境相分,即各自缘自相分。三量分别者,是现量。现量具三义:一、现在,非过未。二、显现,非种子。三、现有,简无体法。缘现量境名现量者,不度量也。即因修证境,不带名言,是任运义。即五识缘境,得法自相,但中间无隔碍,故名亲缘。相分有赤色,即得赤色之相分,但不分别故,任运不带名言故,名得自相也。护法云:五识唯缘实五尘境,即不缘假,但任运而缘,不作行解,不带名言,是现量故。且如眼识缘青黄赤白四般实色时,长短方圆假色,虽不离实色上有,眼识但缘实,不缘长短假色也。眼识定不缘长短色,唯意识作长短心而缘也。如五识初念与明了意识缘五尘境时,唯是现量,得五尘之实色。若后念分别意识起时,即行解心中作长短色缘,是比量心缘也。即五识唯是现量,缘实不缘假故。《论》云:无有眼等识,不缘实境生。即五识唯缘实,是自相境。如眼识缘青境自相时,得青色之自相,若后念分别意识起时,即非青色解,便是共相比量也。才作解心时,不实青色心体,为带名言,是在假相也。故《识论》云:谓假智诠不得自相,唯于诸法共相而转也。言假智者，即作行解心，名假智也。言诠者，心上解心名句文，及声上名句文是能诠，皆不得所诠自相也。又释云：显假不依真，唯依共相转。即此真事，不说心识实体名真，但心所取法自体相，言说不及，假智缘不著，说之为真。此唯现量智，知性离言说，及智分别，此出真体非智诠及。如色法等而为自性，水湿为性，但可证知，言说不及。第六意识，随五识后起，缘此智故，发言语等。但是所缘所说，法之共相，非彼自相，又遮得自相，名得共相。若所变中，有共相法是可得者，即得自体。应一切法可说可缘，故共相法，亦说缘不及。然非是执，不坚取故，如五蕴中以五蕴事为自相，空无我等理为共相。又以理推，无自相体，且说不可言法体名自相，可说为共相。以理而论，共既非共，自亦非自，为互遮故，但各别说。说空无我等是共相者，从假智说。此但有能缘行解，都无所缘空实共体，入真观时，则一一法皆别了知，非作共解言说。若著自相者，说火之时，火应烧口，火以烧物为自相故。缘亦如是，缘火之时，火应烧心，今不烧心及不烧口，明缘及说，俱得共相，若尔，唤火何不得水？不得火之自相故，如唤于水，此理不然，无始惯习共呼故。今缘于青，作青解者，此比量智，不称前法，如眼识缘色，称自相故，不作色解。后起意识，缘色共相，不著色故，遂作青解。遮缘非青之物，遂作青解，非谓青解即称青事，故《唯识》颂云：现觉如梦等，已起现觉时。见及境已无，宁许有现量。此谓假智，唯缘共相而得起故，法之自相离分别故。言说亦尔，不称本法，亦但只于共相处转。今大乘宗，唯有自相体，都无共相体，假智及诠，但唯得共，不得自相。若说共相，唯有观心现量，通缘自相共相。若法自相，唯现量得，共相亦通比量所得。乃至故言唯于诸法共相而转，此之自相，证量所知，非言说等境故。

又，《疏》问云：何故名自相共相？

答曰：若法自体，唯证智知，言说不及，是为自相。若法体性，言说所及，假智所缘，是为共相。

问曰：如一切法，皆言不及，而复乃云：言说及者是为共相，一何乖返？

答曰：共相是法自体上义，更无别体。又此名诠火等法时，遮非火等，此义即通一切火上，故言共相，即其义也，非苦空等之共相理。若尔，即一切法不可言，不可言亦不称理，遮可言故言不可言，非不可言即称法体，法体亦非不可言故。而今乃言名得共相之自性，故今应解此非法体，其义可然，言名等诠共相，非谓即得共相体，但遮得自相，故言名诠共相。

又，自相者，即诸法之自体相，如火以暖为自相，唤火之时，不得暖故，不得自相。此暖自相，唯身识现量证故，非名所得。共相者，此以名下所诠之义名共相。共相有二：一者共自类相，二者共异类相。如言火时，不该于水等，但遍一切火上，故名共自类相。若言苦空无常等，则不唯在一类法上，及遍一切水火等法上，故名共异类相。又，自相者，唯五根五尘，心心所得。谓五根，是第八现证，五尘是五八心心所现量，证自体性。独散意识等，尚不得自体性，何况名诠得自体性也？五识缘五尘境时，具四义故，名得法自相：一任运故,二现量故,三不带名言故,四唯缘现在境故,得名自相。意识所缘境有二:若是独头意识所缘境,即于法处收。若明了意识所缘境,即于色处摄。且如眼识明了意识,初一念率尔同缘色时,但缘色之自相。后念明了意识,分别所缘色上长等假色,即是共相。虽然长等假色是明了意识所缘境,亦在于色处收,为是假,故眼识不缘也。乃至声亦耳,且如耳识初刹那,率尔与明了意识同缘声时,亦是得法自相,后念意识起,缘于声上名、句、文三,有分别行解等,缘假也。今五识既无分别行解,所以不缘假也。

问:且如色有二十五种,青黄等四般显色是实,余是假。声有十二种,唯执受不执受声是实,余是假。触有二十六种,四大是实,余是假。此中实者,五识缘于五尘处摄。若假者,论主既言五识不缘,是意识缘,如何不于法处摄耶?

答:第六明了意识,缘长等假色,有三义故,所以不于法处摄:一明闇不同,二以假从实,三以影从质。具此三义,故于色处摄也。若独头意识,无此三故,所以法处摄。且第一明闇有异者,若明了意识,与五识初念率尔心时,即是现量,不缘其假。至后念明了意识分别心生,即缘假色。五识正缘实色时,此意于五识所缘实色,而生行解。缘其假是六,与五识不同时起分别故,即此意识,即是明也。所缘假色等,即于色处摄,不于法处收。若是独头意,不假五识而生分别,但约独起者,即是闇意识,即于法处摄。二以假从实者,以长等假色,依他实色上立,虽意识缘,摄此假色归于实色,总于色处摄也,不于法处收。三以影从质,长等假色,是第六识托五尘实色为质，而变起长等假相分缘，将此假相分长等色，就五尘实色处收，总于色处摄也，若独头意识，不必有本质也。此有三义故，假五尘色，总于色收。若是独头生闇意识所缘之境，即法处收。

问：五根于何教中证是现量？

答：诚证非一。《圆觉经》云：譬如眼光，照了前境。其光圆满，得无憎爱。可证五根现量不生分别，其眼光到处无有前后，终不舍怨取亲、爱妍增丑。例如耳根不分毁赞之声，鼻根不避香臭之气，舌根不简甜苦之味，身根不隔涩滑之触。以率尔心时不分别故，刹那流入意地。才起寻求，便落比量，则染净心生，取舍情起。

问：眼等五根缘境之时，当具几义？

答：缘者，是缘藉之义。境有二义：一所藉义，二所照义。言所藉者，如缘有体境，藉彼为所缘缘故。言所照者，虽不藉彼为所缘，然是所照瞩处，亦说为境。如眼等五根照色等境，虽非所缘，然对此根，得名为境，是所照故。又，眼根照色，眼识缘色，乃至身根觉触、身识了触等。

又，古德问：五识既唯缘实色，只如长短等依色境现前时，眼根不坏。此时眼识，为缘、为不缘？若言缘者，便犯五识缘假之过。若不缘者，何故闭眼不见，开眼乃见耶？

答：此时眼识，但得青等实色。而同时意识，依眼根为门，分明显了取得长等，据意识得，合法处收。但缘此时意识，依眼根取，对所依根，故色处摄。

问：前五识具几业，能了前境？

答：前五识具六业。《瑜伽论》云：一唯了别自境所缘，二唯了别自相，三唯了别现在，四唯一刹那了别，五随意识转、随善染转、随发业转，六能取爱非爱果。

问：眼识现量，称境而知。若眼病之时，或见青为黄，岂称境耶？若不称境，何名现量？

答：一师云：见青为黄，实是意识，谓由根病故，引得病眼识，由病眼识故，遂引非量意识见青为黄，非眼识见青为黄，由病眼识能起见黄识，故作是说。二师云：由病眼根，引病眼识，虽见青为黄，而不作黄解，故是现量。如无分别，观佛性真如为八自在我时，虽不称境，而无分别智不作我解故，得是现量。此亦然也。

《杂集论》问云：若了别色等故名为识，何故但名眼等识，不名色等识耶？

答：以依眼等五种解释，道理成就，非于色等。何以故？眼中之识故名眼识，依眼处所识得生故，又由有眼识得有故。所以者何？若有眼根识定生，不盲瞑者，乃至闇中亦能见故，不由有色眼识定生，以盲瞑者不能见故。又，眼所发识故名眼识，由眼变异，识亦变异，色虽无变，识有变故。如迦末罗病，损坏眼根，于青等色皆见为黄。又，属眼之识故名眼识，由识种子，随逐于眼而得生故。又，助眼之识故名眼识，作彼损益故。所以者何？由根合识，有所领受。令根损益,非境界故。又,如眼之识故名眼识,俱有情数之所摄故。色则不尔,不决定故。眼识既然,余识亦尔。

问:为眼见色,为识等耶?

答:非眼见色,亦非识等,以一切法无作用故,由有和合,假立为见。又由六相,眼于见色中最胜,非识等,是故说眼能见诸色。何等为六?一由生因,眼能生彼故。二由依处,见依眼故。三由无动转,眼常一类故。四由自在转,不待缘合,念念生故。五由端严转,由此庄严所依身故。六由圣教,如经中说,眼能见色故。如是所说六种相貌于识等中,皆不可得,识动转者,当知多种差别生起。

问:六根所成,各有几义?

答:古释云:各有二义:一是异熟,二是长养。且如眼根者,如过去业,招今世眼,名异熟眼。于今世时,因饮食等,长小令大,养瘦令肥,名长养眼。余五根亦然。

问:若无外境,应无现量能觉之心。若无现量能觉,云何世人作如是觉,我今现证如是境耶?

答:古德云现觉如梦者,如正起现量五识证色等五境之时,但唯能证所证色等境,不能觉现量能觉之心。所以者何?觉能觉法是意识,正随起五识时,必无意识,故于此念必不能觉现量之心。至第二念正起意识,觉前念五识现量时无所觉,现量五识及现量所觉之境,并已谢灭。所以者何?以诸识不并生故,起意识时,现量五识已灭。又,有为法刹那灭故,现量五识所缘之境,此时亦已谢灭。若言须有实外境方能生心者,且如后念意识缘前念现量五识为境,岂是实有法耶?由过去无体故,此过去现量五识已灭,今虽无体,犹能为境,生于意识,何必五识须缘心外实境而生耶?谓若在睡时正起梦心,即不能起觉梦之心,至睡惺后起觉梦心时,其所觉之梦心已灭。其五识现量正起时,未能起觉现量意识心,及至第二念起得觉现量五识之意识心,其所觉现量五识已灭,与觉梦心相似,故举为喻。又难:定许有现量耶?谓正起觉现量之能觉意识时,彼所觉五识定有耶?

答:此时所觉已灭,虽无体犹生能觉之心,何妨外境是无,能生识耶?然大乘五境,虽似有而非心外,与凡小不同。

问:于眼等六识中有几分别?

答:略有三种:一自性分别。唯缘现在所缘诸行、自相行分别:所缘行,即五尘也。自相行,如色以青为行相,眼识缘时,亦任运作青行相,名自行。又,自相行即能缘行,简共相行,如缘青时,即缘黄不著。二随念分别。于昔曾所受诸行,追念行分别。唯缘过去,三计度分别。于去来今不现前,思秬行分别。即非有计有,是非量境。然约三世计度,不定一世。

又,《杂集论》于三分别中,复有七种分别:一谓于缘任运分别,谓五识身,如所缘相,无异分别,于自境界任运转故。二有相分别,谓自性随念二种分别,取过现境种种相故。三无相分别,谓希求未来境行分别。四寻求分别。五伺察分别。六染污分别。七不染污分别。此四分别,皆用计度分别以为自性。所以者何?以思度故,或时寻求,或时伺察,或时染污,或不染污,种种分别。

又,《摄大乘论》有十种根境微细分别。《论》云:复次总摄一切分别,略有十种:一根本分别,谓阿赖耶识。二缘相分别,谓色等识。三显相分别,谓眼识等,并所依识。四缘相变异分别,谓老等变异、乐受等变异、贪等变异、逼害时节代谢等变异、捺落迦等诸趣变异、及欲界等诸界变异。五显相变异分别,谓即如前所说变异所有变异。六他引分别,谓闻非正法类,及闻正法类分别。七不如理分别,谓诸外道闻非正法类分别。八如理分别,谓正法中闻正法类分别。九执著分别,谓不如理作意,类萨迦邪见为本,六十二见趣相应分别。十散动分别,谓诸菩萨十种分别。

释曰:根本分别者,谓阿赖耶识是余分别根,自性亦是分别故,名根本分别。缘相分别者,谓分别色等,有如是缘相。显相分别者,谓眼识等并所依识,显现似彼所缘相故。缘相变异分别者,谓以色等,影识变异所起分别。老等变异者,谓色等识,似老等相,起诸变异。何以故?内外色等,皆有老等转变相故,等者,等取病死变异。乐受等变异者,由乐受故,身相变异,如说乐者,面目端严,等者,等取苦、及不苦不乐受。贪等变异者,谓由贪等身相变异,等者,等取瞋痴忿等,如说忿等、恶形色等。逼害时节代谢等变异者,谓杀缚等,令身相等生起变异,时节代谢,亦令内外身树色等,形相改变,如说寒等所逼切时,身等变异。捺落迦等诸趣变异者,等,即等取一切恶趣,彼恶色等变异共了。及欲界等诸界变异者,等取色界、无色界中,无似色等影像识故,于诸天中及静虑中，亦有有情及器色等种种变异，如末尼珠威神力故，种种净妙光色变异。显相变异分别者，谓由眼等所依根故，令似色等影像显现，眼识等识种种变异，即于此中起诸分别。即知如前说老等变异，随其所应而起变异。何以故？如说眼等根有利钝，识明昧故。如无表色，所依变异，彼亦变异。由乐受等，变异亦尔，如说乐者，心安定故。如说苦者，心散动故。贪等逼害时节代谢，亦尔，捺落迦等及欲界等，依身变异，识亦变异。如应当知，无色界中亦有受等，所作变异，诸识分别。他引分别者，谓善恶友亲近所起，及与听闻正非正法，为因分别。即是外道迦比罗等，及正法中诸骚揭多，所有分别，名不如理、如理分别。如是二种，随其所应，能生邪见、正见相应二种分别。萨迦邪见为因，所起六十二见相应分别，即《梵网经》中前际后际分别，谓我过去为曾有耶？如是等分别，名执著分别。言见趣者，是品类义。散动分别者，散乱扰动，故名散动，此即分别，是故说名散动分别，此即扰乱无分别智。何以故？由此扰乱般若波罗蜜多故，无分别智，即是般若波罗蜜多。

谓诸菩萨十种分别者，谓诸菩萨能发语言，他引而转不称真理十种分别。何以故？证会真理，若正现前，不可说故。

问：前三分别，于八识中，几识能具？

答：八识中唯第六识具三分别。自第七识，唯有自性分别，以缘现在故，或可末那亦有计度。以计度执我故，若论体性，计度分别，以慧为性。随念，以念为性。分别，以慧为性。真法之中，既无虚妄，八识所以无此分别。又，古师于十种分别,就八识广辩。

问:八识中各具几分别?

答:第六识具广略十种分别,前五识唯自性、任运二种分别,五识于自境界任运转故。第七识具计度、染污、有相三种分别,第八识同前五识,得有自性、任运分别。若自性任运分别,自现量。若计度染污无相分别,唯比非二量。若有相分别,一分缘现在者,通三量。一分缘过去者,唯比非二量。若随念分别,无漏即是现量,若有漏即比非二量。

问:何故五识无分别执耶?

答:夫言执者,须是分别筹度之意方能坚执。五识虽有慧而但任运,不能分别筹度,故五无执,唯第六也。

宗镜录第五十四

宋 慧日永明妙圆正修智觉禅师延寿集

夫意言分别，万有俱空，则名义无性，一切众生于见闻中应不成颠倒，以名中无义，义中无名，俱是客故。

答：万法本空，熏习成有，于本空中，起诸情执颠倒。《宝性论》云：问：名中无义，义中无名，二俱客者。若人执名异于义，义异于名，此人既无颠倒，则于义中应无僻执，不应闻说好恶，生忧喜心，名义不相关故，当知客义，是汝颠倒。答：由久时数习颠倒故，有此僻执，不关名义相应。由名言熏习心故，必由此法门，生分别心，起虚妄僻执。如《密严经》偈云：是时金刚藏，复告大众言：赖耶无始来，为戏论熏习。诸业所系缚，轮转无有穷。亦如于大海，因风起波浪。恒生亦恒灭，不断亦不常。由不悟自心，随识境界现。若了于自心，如火焚薪尽。通达于无漏，则名为圣人。藏识变众境，弥纶于世间。意执我我所，思量恒流转。诸识类差别，各各了自境。积集业为心，遍积集名意。了别名为识，五识取现境。如瞖见毛轮，随见而迷惑。于似色心中，非色计于色。譬如摩尼珠，日月光所照。随其所应现，各雨自类物。阿赖耶亦尔，如来清净藏。和合于习气，变现周世间。与无漏相应，雨诸功德法。譬如乳变异，成酪至酪浆。藏识亦如是，变似于众色。如瞖见毛轮，有情亦复尔。以恶习气瞖，

住藏识眼中。于诸非色处,此所见诸色。犹如于阳焰,远离于有无,皆赖耶所现。仁者依眼色,而生似色识。如幻住眼中,飘动犹热焰。色皆是藏识,与色习相应。变似体非有,愚夫妄分别。诸惛醉放逸,坐卧及狂走。顿起诸事业,皆是赖耶识。犹如盛赫日,舒光照于地。蒸气如水流,渴兽望之走,赖耶亦复尔,体性实非色,而似于色现,恶觉妄生著,如磁石吸铁,迅速而转移。虽无于情识,似情识而动,如是赖耶识,为生死所摄。往来于诸趣,非我而似我。如海中漂物,无思随水流。赖耶无分别,后身而运动。譬如二象斗,被伤者永退。赖耶亦如是,断染无流转。譬如净莲华,离泥而皎洁。人天皆受用,莫不咸珍敬。如是赖耶识,出于习气泥。转依得清净,佛菩萨所重。譬如殊胜宝,野人所轻贱。若用饰冕旒,则为王顶戴。如是赖耶识,是清净佛性。凡位恒杂染,佛果常宝持。如美玉在水,苔衣所缠覆。赖耶处生死,习气萦不现。于此赖耶识,有二取相生。如蛇有二头,随乐而同往。赖耶亦如是,与诸色相具。一切诸世间,取之以为色。恶觉者迷惑,计为我我所。若有若非有,自在作世间。赖耶虽变现,体性恒甚深。于诸无智人,悉不能觉了。譬如于幻师,幻作种种兽。或行而或走,似有情非实。赖耶亦如是,幻作于世间。一切诸有情,体性无真实。凡愚不能了,妄生于取著。起微尘胜性,有无异分别。及与于梵天,丈夫等诸见。

问:眼见色者,为是眼见、为是识见?

答:非眼识境等,各有决定见性,但以三和合故,假名为见,下五根闻嗅尝触等例尔。《杂集论》云:非眼见色,亦非识等,以一切法无作用故,由有和合假立为见,故称眼能见色。

又,识之于根,乍出乍入,如鹿在网,犹鸟处笼,啄一舍一,周而复始,无暂休息。识在根笼,亦复如是:或在于耳,或在于眼,来去无定,不可执常。虽复无定,相续不断。何为不断?以妙用无间故。若凡夫为色尘所缚不得自在,若见一法则被一法碍,不能圆通法界。是以《金刚经》云:若菩萨心住于法而行布施,如人入闇,则无所见。《首楞严经》云:由尘发知,因根有相。相见无性,犹若交芦。由尘发知者,即见分。因根有相者,即相分。相见无性者,心境互生,各无自体:心不自立,由尘发知。境不自生,因根有相,二虚相倚,犹若交芦。知见立知,即无明本。知见无见,斯即涅槃。但了了见无可见,即通法界见,即是涅槃。若了了闻无可闻,无可闻,即通法界闻,即是涅槃。一切诸法本来涅槃,以分别心妄见所隔,不知自识,翻作无明。又,《首楞严经》云:缘见因明,暗成无见,不明自发。若不假明暗等见,见色之时则见余根。若离念遍法界见,铁围山一切相皆不能蔽。若六根伏,则不得六根相。如十人患瞖,共见空华,一人眼可,则不见,余九人还见。各各自除妄见,则不得一切相,物物皆真。又,十个空华,一人能见,十人眼可,余华总亡。但一妄除,皆不见诸相。一相则一切相,为一切相皆我心起。是知,一瞖在目,千华竞飞。一妄动心,诸尘并起。若能离念,则当处坐道场,转大法轮,俱成佛道。

问:耳闻说法声时,总具几识?

答:具三识:第八先托佛无漏声名句文为本质了,耳识缘声,意识同时缘名句文等,方得名闻。

古德问云:且如缘佛声名句文时,为自耳识、意识缘得名句文名闻。为先要自第八托佛本质声变起相分了,耳识、意识托第八相分为质变相分缘,方得闻耶?

答:设尔何失?难:二俱有过。若第八不先变佛声,耳意二识便缘名句文者,即因中前六劣,不能直缘,须先假第八变,若第八不先变,即心外取法,唯识不成。若托自第八相分为质缘者,第六识所变相分即无名句文,既无名句文,即意不能生解。为第八识,但变得佛本质径直声,本质径直声上,且无名句文,为第八不缘。故此答云:理实第六识缘自第八相分为境,谓佛本质声及自第八变影像声合为一声,世尊本质声既有名句文等,第六识于自耳根缘第八相分声,名、句、文三不无,为佛本质声上有名句文。例如世间人,共看一纸文书,若不识书人,但见其纸墨黑白色,即不能知其义理差别。若识书人,见纸墨黑白,及能知其间义理差别。今耳识及第八如不识书人,第六如识书人。第六既缘实声,亦能缘得名句文故。又,声是所依,名句文是能依,名句文依实声上有。既有实声,其名句文,自连带声上有故,意识为能分别故,自然缘得。又,闻即比量,听闻名句文三等时,向心所上比度生解,唯第六识具比量,若缘名义,便在意中。

问:夫闻法者,既托诸佛悲愿为本质作增上缘,众生但自心识心上所变得影像相分文义。此即实无心外法，为执见未信者，于世法中事，如何引证，印成后信，入一乘门？

答：世法即佛法，佛法即世法。云何更举事立况？然为未决定信者，宁无方便？若论比知，触目咸是。且举一二，略类此宗：如西国婆罗门求聪明，常供养天神等，后于梦中，见有天人授与咒论等法。然梦中实无天人为说聪明法论咒等，托天人为增上缘，自识心上变作论咒解。今众生见闻亦尔，然于比况中，梦喻最亲，以自梦中实无外境，皆是梦心变起，可为现证。

又，此土周畅耕田，母欲得子归，其母遂啮指，周畅在田下心痛，念云：是母唤我。及归，果如其言。母虽有唤子之心，而不发言。如来但有说法之心，而不说法，自是众生心上变起故。若正解者，即诸佛悲愿为应，机熟宜闻为感。感应道交，非一非异，唯心方显，不落断常。不可各取一边，违于中道。

问：根尘所对，现证分明，如何圆通得入空理？

答：眼对色尘，无而有见，异熟业果，不可思议，唯智所知，非情所测。诸法实性，亲证方明，有见有闻，世俗心量。若约真谛，根境俱空。且如世俗门中，见无自性，如眼胜义根，如火，既能发识，又能照境。识如人能了别，境如物。故知，无根不能发识，无识不能了境，无境不能起见，三法和合，方成见性，则见性无从，和合非有。如《思益经》偈云：悉见十方国，一切众生类。而于眼色中，终不生二相。诸佛所说法，一切能听受。而于耳声中，亦不生二相。能于一心

中,知众生诸心。自心及彼心,此二不分别。《广百门论·破根境品》云:眼等根尘,若执实有,理必不然。所以者何?违比量故。谓眼非见,如耳等根。耳亦非闻,如眼等根。鼻不能嗅,如舌等根。舌不能尝,如鼻等根。身不能觉,如上诸根。一切皆由造色性故,或大种故,或业果故。又,眼等根皆有质碍,故可分析,悉令归空,或无穷过,是故不应执为实有,但是自心随因缘力,虚假变现,如幻事等,俗有真无。又,《破情品》云:眼为到色见耶,不到色见耶?若眼去到色乃见者,远色应迟见,近色应速见。何以故?去法尔故,而今近瓶远月一时见,是故知眼不去。若不去,则无和合。复次若眼力不到色而见者,何故见近不见远?远近应一时见。故知,见性无从,诸根例尔。如《还原集·自他观门》云:两身为自他:彼身为他,己身为自。一身复为自他:色身为他,心即为自。心复为自他:心即为他,智即为自。智复有自他:有所得智为他,无所得智为自。无所得智复有自他:净智为他,是净亦净为自。观身实相,观佛亦然:稽首如空无所依,心净已度诸禅定。无住则无本,觉此名为佛。假名名为佛,亦无佛可成。无成可成,无出可出,是名佛出。无所见,了了见。了了见,无所见。但有名字,名字性空无所有。镜像如虚空,虚空如镜像。色心如虚空,虚空如色心。色心如镜像,镜像身无二,亦复非是一。若能如是解,诸佛从中出。诸佛唯有名,如空应响声。无心究竟道,法法自然平。平处亦无平,无平作平说。此中言语断,心行处亦灭。眼空保色空,色空保眼空,两空自相保,则无眼识贼。耳空保声空,声空保耳空,两空自相保,则无耳识贼。鼻空保香空,香空保鼻空,两空自相保,则无鼻识贼。舌空保味空,味空保舌空,两空自相保,则无舌识贼。身空保触空,触空保身空,两空自相保,则无身识贼。心空保法空,法空保心空,还是一空能保二空,亦能保一空,是故号空空,假名说见谛。若知六根净,即无六尘贼。若无六尘贼,心王自清净。方便持化凡,题名寄佛性。释曰:是以,若眼空色不空,色空眼不空,则不可相保,以根境异故,必为侵害。若同一性,即无疑矣。如世间作保之人,若是忠良人,即可忠良人作保。若恶行人则不可保,以情性异故。六种根尘,和同既尔,一切万法,顺旨亦然。故《首楞严经》云:佛告阿难:根尘同原,缚脱无二。识性虚妄,犹如空华。阿难,由尘发知,因根有相。相见无性,同于交芦。是故汝今,知见立知,即无明本。知见无见,斯即涅槃无漏真净,云何是中更容他物?

问:色尘质碍,可分析归空。声性虚通,应是实有?

答:声尘生灭,动静皆空。声不至于耳根,根不往于声所。既无一物中间往来,则心境俱虚,声不可得。如《首楞严经》云:复次阿难:云何十二处,本如来藏妙真如性?阿难,汝且观此祇陀树林及诸泉池,于意云何?此等为是色生眼见,眼生色相。阿难,若复眼根生色相者,见空非色,色性应消,消则显发一切都无,色相既无,谁明空质?空亦如是。若复色尘生眼见者,观空非色,见即消亡,亡则都无,谁明空色?是故当知,见与色空,俱无处所。即色与见,二处虚妄,本非因缘,非自然性。又,推声处文云:阿难,汝更听此祇陀园中,食办击鼓,众集撞钟,钟鼓音声,前后相续,于意云何?

此等为是声来耳边,耳往声处?阿难,若复此声来于耳边,如我乞食室罗筏城,在祇陀林,则无有我。此声必来阿难耳处,目连、迦叶,应不俱闻,何况其中一千二百五十沙门,一闻钟声同来食处?若复汝耳往彼声边,如我归住祇陀林中,在室罗城,则无有我。汝闻鼓声,其耳已往击鼓之处,钟声齐出,应不俱闻,何况其中象马牛羊,种种音响,若无来往,亦复无闻。是故当知,听与音声,俱无处所,即听与声,二处虚妄,本非因缘,非自然性。又,推香处文云:阿难,汝又嗅此炉中栴檀,此香若复燃于一铢,室罗筏城四十里内同时闻气,于意云何?此香为复生栴檀木,生于汝鼻,为生于空?阿难,若复此香生于汝鼻,称鼻所生,当从鼻出,鼻非栴檀,云何鼻中有栴檀气?称汝闻香,当于鼻入,鼻中出香,说闻非义。若生于空,空性常恒,香应常在,何藉炉中爇此枯木?若生于木,则此香质,因爇成烟。若鼻得闻,合蒙烟气,其烟腾空未及遥远,四十里内云何已闻?是故当知,香鼻与闻,俱无处所,即嗅与香,二处虚妄,本非因缘,非自然性。推味处文云:阿难,汝常二时,众中持钵,其间或遇酥酪醍醐,名为上味,于意云何?此味为复生于空中,生于舌中,为生食中?阿难,若复此味生于汝舌,在汝口中,只有一舌,其舌尔时已成酥味,遇黑石蜜,应不推移。若不变移,不名知味。若变移者,舌非多体,云何多味,一舌之知?若生于食,食非有识,云何自知?又,食自知,即同他食,何预于汝,名味之知?若生于空,汝啖虚空,当作何味?必其虚空若作咸味,既咸汝舌,亦咸汝面,则此界人同于海鱼。既常受咸,了不知淡。若不识淡,亦不觉咸,必无所知,云何名味?是故当知，味舌与尝，俱无处所，即尝与味，二俱虚妄，本非因缘，非自然性。推触处文云：阿难，汝常晨朝，以手摩头，于意云何？此摩所知，谁为能触？能为在手，为复在头？若在于手，头则无知，云何成触？若在于头，手则无用，云何名触？若各各有，则汝阿难应有二身。若头与手一触所生，则手与头，当为一体，若一体者，触则无成。若二体者，触谁为在？在能非所，在所非能，不应虚空与汝成触。是故当知，觉触与身，俱无处所，即身与触，二俱虚妄，本非因缘，非自然性。

今推十二根尘处所既无，则前六根门无处而入，后十八界无界而分，可验众生界中，即今现行心境俱空。世俗谛中，假施设法悉皆无有。夫《宗镜》所录，皆是现证法门，一入全真，更无前后。如或不信，但静思看，若见一念无生，自然与经冥合。如《菩萨念佛三昧经》偈云：此身常无知，如草木瓦砾。菩提无形色，寂灭恒不生。身不触菩提，菩提不触身。心不触菩提，菩提不触心。而能有相触，实为不思议。释曰：故知色不至眼、耳不到声，而有见闻，是不可思议，以自性离中而有显现。故知，六根无对，皆是无诤法门。诸境含虚，尽冥不二之道。即今众生境界，真不可思议矣！曷用远求诸圣作用，而自鄙劣者哉？此《宗镜》，是照众生之痴闇，同诸佛之光明，使法界含生，一时圆证。如《法集经》云：须菩提白佛言：世尊，眼色二法无所诤竞，以不和合故，以此二法不相到故，夫不合不到法，皆无违诤。世尊，法无有二，是故不诤。《广百门论·破根境品》云：复次若耳根境合，知者，不应远近一时俱闻。声从质来既有远近，不应一念同至耳根，耳无光明，不应趣境。又，声离质来入耳闻，亦不应理,钟鼓等声现不离质,远可闻故。若耳与声无闻而取,如香等不辩方维,若耳与声不合而取,应无远近一切皆闻,不合体无,相无别故,或应一切皆不能闻。是故耳根,声合不合,实取自境,二俱不成。又云:心若趣尘,体则不遍。心常往境,我应无心。然微细心身中恒有,睡眠闷等诸位常行,有息等故,梦可得故,劳倦增故,引觉心故,任持身故,触身觉故。又,若内身恒无心者,如死尸等,害应无紒,供应无福,则与空见外道应同,有执心体不遍不行,但用有行,亦同此过,心用心体,不相离故。又,若心体往趣前尘,有触内身,应无觉受,应动思虑,不损内心。如是诸宗,执实根境,皆不应理,应信非真。又,一切世间有情无情,诸法义相,如依阳焰有水想生,诳惑自心,亦为他说。由此妄想,建立根尘及余世间诸事差别,如显此想,依多法成,是假非真,故说想蕴。乃至如诸幻事,体实虽无,而能发生种种妄识。眼等亦尔,体相皆虚。如矫诳人,生他妄识,想随此发,境岂为真?根境皆虚,犹如幻事。《大集经》偈云:至心念法思惟法,是故不见色与声。若得入于深法界,尔时则无色声等。《般若灯论》偈云:眼不见色尘,意不知诸法。此名最上实,世人不能度。是以根境唯心,名相俱寂,故知世谛真谛,同趣佛乘。有情无情,咸归智地。以真无中,绝名绝相,心智路断,是不可思议。以俗有中,如幻如化,无中显现,是不可思议。不可以情识知,不可以有无测。所以《广百门论》明世间法有五种难测,颂云:世间诸所有,无不皆难测。根境理同然,智者何惊异?《论》曰:如一思业,能感当来内外无边果相差别,极善工匠所不能为,是名世间第一难测。又如外种生长芽茎,无量枝条华叶根果,形色间杂,严丽宛然,是名世间第二难测。又如华树,名曰无忧,淫女触之,众华竞发,枝条垂拂,如有爱心,是名世间第三难测。又如华树,名如乐音,闻作乐声,举身摇动,枝条里娜,如舞跃人,是名世间第四难测。又如华树,名好鸟吟,闻鸟吟声,即便摇动,枝条里娜,如喜抃人,是名世间第五难测。如是难测,世事无边。根境有无,方之甚易。世俗故有,胜义故空。诸有智人,不应惊异。如《中观论》偈云:以法知有人,以人知有法。离法何有人,离人何有法?法者,眼耳苦乐等。人者,是本住。汝谓以有法故知有人,以有人故知有法。今离眼耳等法何有人,离人何有眼耳等法?复次一切眼等根,实无有本住,眼耳等诸根,异相而分别。眼耳等诸根,苦乐等诸法,实无有本住,因眼缘色生眼识,以和合因缘知有眼等诸根,不以本住故如是,故偈中说:一切眼耳等根,实无有本住。眼耳等诸根,各自能分别。

问曰:若眼等诸根无有本住者,眼等一一根,云何能知尘?若一切眼耳等诸根苦乐等诸法无本住者,今一一根,云何能知尘?眼耳等诸根无思惟,不应有知而实知尘,当知离眼耳等诸根,更有能知尘者。

答曰:若尔者,为一一根中各有知者,为一知者在诸根中?二俱有过。何者?若诸根各有知者,即成多人。若一知在诸根中者,或眼正缘色时,知已属眼,声尘起时,耳应不闻。如《无言说经》偈云:内外地界无二义,如来智慧能觉了。彼无二相及不二,一相无相如是知。《金光女经》云:文

殊师利语彼童女，应观诸界。童女答言：文殊师利，譬如劫烧时，三界等亦尔。《般若波罗蜜经》云：彼一切法无知者，无见者，彼说法师亦不可得，不可以心分别，不可以意能知。《佛母经》云：阿姊，眼不见色，乃至意不知法。如是菩提离，故眼色离。乃至菩提离，故意法离等。《入楞伽经》偈云：如水流枯竭，波浪则不起。如是意识灭，种种识不生。又偈云：此中无心识，如虚空阳焰。如是知诸法，而不知一法。《究竟一乘宝性论》偈云：如一切世间，依虚空生灭。依于无漏界，有诸根生灭。火不烧虚空，若烧无是处。如是老病死，不能烧佛性。地依于水住，水复依于风。风依于虚空，空不依地等。如是阴界根，住烦恼业中。诸烦恼业等，住不善思惟。不善思惟行，住清净心中。自性清净心，不住彼诸法。阴入界如地，烦恼业如水。不正念如风，净心界如空。依性起邪念，念起烦恼业。能起阴界入，依止于五阴。界入等诸法，有诸根生灭。如世界成坏，净心如虚空。无因复无缘，及无和合义，亦无生住灭。如虚空净心，常明无转变。为虚妄分别，客尘烦恼染。

又，五现识不动，唯意识分别。如《首楞严经》云：佛告阿难：识性无源，因于六种根尘妄出。汝今遍观此会圣众，用目循历，其目周视，但如镜中无别分析。汝识于中，次第标指：此是文殊，此富楼那，此目犍连，此须菩提，此舍利弗等。如五现量周圆而视，如镜中鉴像而无分别。若第六意根，即次第分别，非如五现量顿见。又，经云识动见澄者，见澄，即五现量识，分别为动。又经云本无所从者，此识心本来湛然，不从修得，本来澄寂。五现量识，亦复如是。

问:意识缘境多少?三境三量,如何分别?

答:古德云第六意识,即比量。意识能缘三世法、三性法、三界法、一百法等,法尔皆是第六意识缘也。有二:一明了,二独头。且明了者,唯于五根门中取五尘境。是初念与五同缘时,率尔心中,唯是现量缘其实五尘境。若后念已去,不妨通比量非量:作行解缘其长等假色,即比量。或于五尘上起执时,便是非量。即明了意识,前后许通三量。三境中,若缘五尘实法时,是性境,若后念行解心缘长等假色时,即真独影,似带质。二独头意识有三:一梦中独头,亦缘十八界法,唯是独影境非实。此梦中境,唯是法处收,亦无本质。二觉寤独头,而缘一切法:有漏无漏,有为无为,世出世间,有体无体,空华兔角,三世一切法,皆悉缘得。

问:此觉寤意识一念缘十八界时,有几相分、几本质、几见分?

答:本质、相分,各有十八个。见分唯一。

问:如何有十八相分?

答:十八相分,从十八本质起,即有十八相分。如一面镜中,观无量人影,外边有十八实人,镜即是一,于镜上现有十八人影像。见分亦尔,一见分能缘得十八相分,若质影有十八,以是所缘境,则无过。若一念有十八见分,便有多心过。三定中独头,亦缘十八界、一百法、过未境及真如等,若假若实,皆能缘故。三量分别者,若是明了意识,前后念通

三量，梦中独头唯非量，以不称境故。觉寤，通三量：若缘有体法时，缘五境界等，通现量故。若缘五根界、七心界等，是比量。若缘空华过未境等，通比量非量。若定中，唯是现量，虽缘假法，以不妄执无计度故唯现量。又，独头意识，即独生散意，缘影像门。影像者，诸有极微，是极迥极略二色，皆是假影色也。但于观心，析粗色至色边际，假立极微，唯观心影像，都无实体。

宗镜录第五十五

宋 慧日永明妙圆正修智觉禅师延寿集

夫论法处之色,都有几种?

答:有五种:一极略色,二极迥色,三受所引色,四遍计色,五定果色。一极略色者,以极微为体,但是析彼五根、五尘、四大,定果色至极微位,即此极微,便是极略色体。二极迥色者,即空间六般光影明暗等粗色。今析此六般粗色至极微位,取此细色为极迥色体。又,若上下空界所见青黄赤白光影明暗,即总名空一显色。及门窓孔隙中所现者,即总名迥色。三受所引色者,受者,是领纳义。所引色者,即思种现上有防发功能,名所引色。意云:由于师教处领受,为能引发起思种现上防发功能,名所引色。即此防发功能不能表示他故,亦名无表色,即以无表色为体。四遍计色者,即妄心遍计。五定果色者,定中现境。已上法处五般色,都分为三门:一、影像门,二、无表门,三、定果门。第一影像门者,影者,流类义。像者,相似义。即所变相分是本质之流类,又与本质相似,故名影像。诸有极微者,即是极略、极迥二色,此但是观心析粗成细,假立极微,唯有观心影像,都无实体。独生散意者,即简定中及明了意识,今唯取散位独头闇意识故,此散意识构获缘五根五尘水月镜像时,当情变起遍计影像相分。此是假非实,故与极略等同立一影像门。

问：且如水中月、镜中像，眼识亦缘，如何言假唯意识缘？

答：水月镜像，唯是法境，但以水镜为缘，其意识便妄计有月有像，并非眼识之境，亦是遍计色收。又遍计是妄心，极略等是观心，同是假影像故，所以总立。第二无表门：一律仪有表色者，即师前受戒时是。由此表色故，方熏得善思种子，有防发功能，立其无表色。二不律仪有表色者，即正下刀杀生造业时是。由此有表色，方熏得不善思种子，有防发功能，立其无表色。若处中有表色者，即正礼佛行道及驱击骂詈时是。由此有无表色，方熏得善恶思种，亦有防发功能，立其无表色。

问：若水月镜像是第六意识作解心缘，唯是其假，长短方圆色收者，即是明了意识缘于色尘故，如何是独头意识缘遍计色收耶？

答：若是智者，了此见相形假，即于色尘处收。若迷者不了，妄执为实变起影像，此假相分，但遍计色收，法处所摄。

问：所云影像是二所缘者何？

答：一亲者，影像。疏者，是质也。先辩影像者：亲所缘缘者，谓诸相分与能缘见分，体不相离，即见分所仗托境，是所筹量处也。即所托名为缘，所虑名所缘。缘此二义，名所缘缘也。即此影像有四名：一影像，二相分，三内所虑托，四亲所缘缘。次辩本质者：若与能缘体相离，即疏所缘缘，以隔相分故。即本质上能缘见分相离，故名离。

问：既相离，如何名所缘缘？

答：为质能起相分生故，以起约相分，令见分有所虑故，即本质起所缘故，亦名所缘缘也。以亲所缘缘为增上缘故，亦得名所缘缘。即起所缘故，亦有三名：一名本质，二名外所虑托，三名疏所缘缘。即为本质能起相分，相分起见分，见分起自证分，自证分能起证自证分，即为质能起。约自所虑托相分，故说本质亦名所缘缘。且如法识能了一切法者，即第六意识，都有五般，皆缘法境：一、定中独头意识，缘于定境，定境之中有理有事，事中有极略极迥，及定自在所生法处诸色。二、散位独头，缘受所引，及遍计所起诸法处色，如缘空华、兔角镜像、水月，构画所生者，并法处摄。三、梦中独头，缘梦中境，遍计所执法处色。四、明了意识，依五根门，与前五识同缘五尘，明了取境，名明了意识。五、乱意识，是散意识，于五根中狂乱而起，然不与五识同缘。如患热病见青为黄，非是眼识，是此缘故，缘遍计所执色。又若明了意识，于五根门，与五同缘五尘境故，应以五识为俱有依，除独头起。独头起者，总有四种：一谓定中独头，缘于定境，不与五识同缘。二梦中独头，缘法尘境，梦中诸相，亦遍计所起。三散位独头，构划境相，缘遍计所起色。四乱意识，亦名独头，可知。

问：六识与几心所相应？

答：《论》颂云：此心所遍行，别境善烦恼。随烦恼不定，皆三受相应。此六转识，总与六位心所相应，谓遍行等，恒依心起，与心相应，系属于心，故名心所。如属我物，立我所名，心于所缘唯取总相，心所于彼亦取别相，助成心事，得心所名。如画师资，作模填彩。《瑜伽》说：识能了别事之总相，作意了此所未了相。即诸心所所取别相：触能了此可意等相，受能了此摄受等相，想能了此言说因相，思能了此正因等相。故作意等名心所法，此表心所亦缘总相。余处复说，欲亦能了可乐事相，胜解亦了决定事相，念亦能了惯习事相，定慧亦了得失等相。由此于境起善染等诸心所法，皆于所缘兼取别相。六位差别者：谓遍行有五，别境亦五，善有十一，烦恼有六，随烦恼有二十，不定有四。如是六位，合五十一，一切心中定可得故，余别别境而得生故，唯善心中可得生故，性是根本烦恼摄故，唯是烦恼等染性故，于善染等皆不定故，乃至此六转识易脱不定故，皆容与三受相应，皆领顺违非二相故。领顺境相，适悦身心，说名乐受。领违境相，逼迫身心，说名苦受。领中容境相，于身于心，非逼非悦，名不苦乐受。释云：上三句颂，列六位心所总名。下一句，正解受位。心所行相者，心取境之总相，但总取而已，不别分别。如言缘青，但总取青，不更分别，心所于彼取总别相，故说亦言。如画师资作模填彩者，师谓博士，资谓弟子。如师作模画形既已，弟子填彩。彩于模填，不离模故，如取总相。著彩色时，令媚好出，如亦取别相。心心所法，取境亦尔：识能了别事之总相，不言取别相，以是主故。若取别相，即心所故。作意一法，独能了别众多别相，由作意能令心心所取境功力胜故，有此总取多法别相。《瑜伽论》云：以作意为初。此论以触为初，和合胜故，各据一义，触能取三，谓可意不可意俱相违相、受中摄受损害俱相违等。想能了言说因相者，能取境分剂相故，谓此是青非青等，便起言说，故想之相，言说因也。思了正因邪因俱相违等，即是境上正邪等相，业之因也。一切心中定可得者，即遍行，不问何心，但起必有故。余别别境而得生者，五别境也。唯善心中可得生故者，善十一法唯善心有体，是根本能生诸惑，即贪等六。于善染心皆不定者，即不定四，谓于善染无记三性心皆不定故。此六转识易脱不定故者，然此六识，非如七八，体皆易脱，恒不定故。易脱，是间断转变义。不定，是欣戚舍行互起故，皆通三受。

问：如何是六识现起分位？

答：《唯识》颂云：依止根本识，五识随缘现。或俱或不俱，如涛波依水。意识常现起，除生无想天。及无心二定，睡眠与闷绝。根本识者，阿陀那识，染净诸识生根本故。依止者，谓前六转识，以根本识为共依。五识者，谓前五转识，种类相似，故总说之，随缘现言显非常起。缘，谓作意根境等缘，谓五识身内依本识，外随作意五根境等众缘和合，方得现前。由此或俱，或不俱起。外缘合者，有顿渐故。如水涛波，随缘多少，五转识行相粗动，所藉众缘时多不具，故起时少，不起时多。第六意识虽亦粗动，而所藉缘无时不具，由违缘故，有时不起。第七八识行相微细，所藉众缘一切时有，故无缘碍令总不行。又，五识身不能思虑，唯外门转，起藉多缘，故断时多，现行时少。第六意识自能思虑，内外门转，不藉多缘，唯除五位，常能现起，故断时少现起时多。由

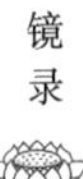

斯不说此随缘现。释云：依止者，谓前六转识以根本识为共依者，此前六识，以根本识为共依，即现行本识也，识皆共故。亲依者，即种子识，各别种故。前五转识种类相似者，有五：一谓俱依色根，二同缘色境，三俱但缘现在，四俱现量得，五俱有间断，种类相似，故总合说。如水波涛随缘多少者，《解深密经》云：如大瀑流水，若有一浪生缘现前，唯一浪转。乃至多浪生缘现前，有多浪转。诸识亦尔，如瀑流水，依阿陀那故，乃至诸识得转等。此以五识喻于涛波，本识喻瀑水。五识身不能思虑，无寻伺故，不能自起，藉他引故。第六意识自能思虑，内外门转，唯除无想天、无想定、灭尽定、睡眠、闷绝等五位，常能现起故。又，古释云：一者如多波浪，以一大海为依起多浪。二者镜像，以一大镜为依起多像。海镜二法，喻本心识。浪像，喻于转识。一念之中，有四业：一了别器业，二了别依业，三了别我业，四了别境业。此诸了别，刹那刹那俱转可得，是故一识，于一刹那，有如是等业用差别。如《密严经》偈云：如奔电浮云，皆伪而非实。如匠作瓶等，由分别所成。仁主应谛听，世间诸有情。习气常覆心，生种种戏论。末那与意识，并诸识相续。五法及三性，二种之无我。恒共而相应，如风击瀑水。转起诸识浪，浪生流不停。赖耶亦如是，无始诸习气。犹如彼瀑流，为境风所动。而起诸识浪，恒无断绝时。八种流注心，虽无若干体。或随缘顿起，或时而渐生。取境亦复然，渐顿而差别。心转于舍宅，日月与星宿，树枝叶华果，山林及军众。于如是等处，皆能渐顿生。多令能顿现，或渐起差别。若时于梦中，见昔所更境，及想念初生，乃至于老死。算数与众物，寻思于句义。观于异文彩，受诸好饮食。于如是境界，渐次能了知。或有时顿生，而能取之者。心性本清净，不可得思议。是如来妙藏，如金处于矿。意生从藏识，余六亦复然。识六种或多，差别于三界。赖耶与能熏，及余心法等。染净诸种子，虽同住无染。佛种性亦然，定非定常净。如海水常住，波涛而转移。赖耶亦复然，随诸地差别。修有下中上，舍染而明显。

如上广明意根缘境分别，最强诸识，所以一切善恶，意为先导：意起速疾，意在言前，意善即法正，意恶即境邪。如一气，嗡之即温，吹之即冷。似一水，寒之即结，暖之即融。况一心，纵之即凡，弘之即圣。转变虽异，真性无亏。如《鸯崛魔罗经》云：意法前行，意胜意生。意法净信，若说若作。快乐自追，如影随形。我为声闻乘说此偈意者，谓如来藏义。若自性清净意是如来藏，胜一切法，一切法是如来藏所作，及净信意法，断一切烦恼故，见我界故。若自净信有如来藏，然后若说若作，得成佛时，若说若作，度一切世间，如人见影。见如来藏，亦复如是，是故说如影随顺。意法前行，意胜意生，意法为恶，若说若作，众苦自追，如轮随迹，此偈说烦恼义。意法恶者，为无量烦恼所覆，造作诸恶，故名为恶。自性净心如来藏，入无量烦恼义。如是躁浊不息，故若说若作，一切众苦常随不绝，如轮随迹者，诸恶积聚，生死轮回，转一切众生于三恶趣中，如轮随迹，是故说于福迟缓者，心乐于恶法。释曰：一念心净，见如来藏性，能自度度他，受寂灭乐，如影顺身。若一念心恶，入尘劳网，堕诸趣中，受生死苦，如轮随迹。以影顺喻者，即常不离故。以轮迹喻者,即速疾转故。所以善恶随心,未曾间断。若善见者,当处解脱。所以《大乘理趣经》云:是故菩萨观察五盖,何因而起,云何远离?菩萨应当先观色欲,犹如水月,水动月动,心生法生。贪欲之心,亦复如是:念念不住,速起速灭。《大乘本生心地观经》云:以清净心为善业根,以不善心为恶业根。心清净故,世界清净。心杂秽故,世界杂秽。我佛法中以心为主,一切诸法无不由心。所以如树提生于猛火之中,火不能害,佛言:是儿业报,非我所作。故知,自心所造,他力不移,则升沉之路匪遥,黑白之报斯在,善恶果报虽殊,皆从妄想心镜所现。如《入楞伽经》偈云:譬如镜中像,虽见而非有。熏习镜心见,凡夫言有二。不知唯心见,是故分别二。如实但知心,分别则不生。故知,若实识心,如镜中自见面像,终不更于外尘妄生执取,既解相缚,业海全枯。如《贤劫定意经》云:消灭一切诸所有业,睹见一切众生根原,是曰智慧。

问:意识于五位不起者,如何是五位行相,能令意识不起?

答:《识论》云:无想天者,谓修彼定,厌粗想力,生彼天中,违不恒行心及心所,想灭为首,名无想天。及无心二定者,谓无想定、灭尽定俱无六识,故名无心。无想定者,谓有异生伏遍净贪,未伏上染,由出离想作意为先,令不恒行心心所灭,想灭为首,立无想名,令身安和,故亦名定。灭尽定者,谓有无学或有学圣,已伏或离无所有贪,上贪不定,由止息想作意为先,令不恒行恒行染污心心所灭,立灭尽名,令心安和,故亦名定。无心睡眠与闷绝者,谓有极重睡眠闷绝,令前六识皆不现行,至此五位中,异生有四,除在灭定,圣唯后三,于中如来自在菩萨唯得有一,无睡闷故。释云:无想天厌粗想力者,谓诸外道以想为生死之因,即偏厌之。唯前六识想,非第七八,故言粗想。细想在故,灭于六识,七八微细,彼不能知,故不灭也。无想定伏遍净贪者,谓第三禅无,第四禅已上,贪犹未伏,显离欲也。出离想者,显想即作涅槃想也。不恒行等灭者,显所灭识多少也。作意伏染而入定者,观想如病如痈如箭,于所生起种种想中,厌背而住,唯谓无想寂静微妙,于无想中持心而住。如是渐次离诸所缘,心便寂灭。灭尽定者谓有无学等者、有学圣者,除初二果,唯身证不还第三果人,有学中除异生故。离无所有贪上贪不障定者,以灭定唯依非想定起故,此依初修二乘者言离,菩萨伏不离贪,即此亦名灭受想定。此五位中异生有四等者,除灭尽定,圣唯有后三,佛及八地已去菩萨,唯得有一灭定。无睡眠闷绝二,以恶法故,现似有睡,实无有故,即二乘无学,亦有闷绝也。

问:灭尽定与无想定俱称无心,二定何别?

答:有四义不同。古释云:一约得人异,灭尽定是圣人得,无想是凡夫得。二祈愿异,入灭尽定者,作正息想,求功德入。无想定,作解脱入。三感果不感果异,无想定是有漏,能感无想天别报果。灭定是无漏,不感三界果。四灭识多少异,灭尽定灭识多,兼灭第七染分末那。无想定灭识少,空灭前六识。

问:且如灭尽无心等位,既是无心,云何不出三界?

答:无心者,但伏前六识粗心,亦称无心。七八识心犹在,非全无心。如《成业论》云:心有二种:一集起心,无量种子集起处故。二种种心,所缘行相差别转故。灭定等位,阙第二心,名无心。如一足马,阙一足故,亦名无足。

问:五根四大种而成内外一切诸法,何法具大,何法具种?

答:古释四句料简:一是大而非种,即虚空,周遍故是大,非生故非种。二是种非大,即五根等,能生故名种,不遍故非大。三亦种亦大,即地水等,体宽广故名大,与所造色为依故名种。四非大非种,即趣寂声闻。

问:六根分见闻觉知,都具几量?

答:准《瑜伽》有三量:一证量,二比量,三至教量。论云:三量建立六根。依证量中眼根心心数法名见,依余耳等五根心心数法名知,依比量心心数法名觉,依至教量心心数法名闻。又云:若见若知言说,是依现量。若觉言说,是依比量。若闻言说,依至教量。

释云:证量者,即境现在前,分明证了名证量。眼心心数名见。耳等五根心心数法,于证量中了自境时,总名知。意根心心数法,于比量中了别境界名觉,如隔墙见角,比知是牛,比度推求,唯在意根。依至教量心心数法名闻,即至圣之言教,名为至教量,亦云圣言教量。西土简法,须具此三量。

问：四大六根中以何为主？

答：以心为主，四大等无自体故，互无力用，因心而有，故称为主。《遗教经》云：此五根者，心为其主。此明托胎之始，心在诸根之初，名之为主。然虽一期为主，亦不定故。台教明：其心不能控制诸根，心为受总门。若身病时，心亦随病，宁得是主耶？或时更互论主：如地具四微则钝，为水所制。水有三微，为火所制。火但二微，为风所制。风有一微，为心所制。心无有微，故得为主。复为四大所恼，主义不成，故无正主。又，若四大各守其性者：地守坚性不应动，水守湿性不应波，火守热性不应焰，风守动性不应持。失本性故，则是不实，不实故空。《请观音经》云：地无坚性，水性不住，火从缘生，风性无碍，一一皆入如实之际。又，心亦不定，善恶互夺，强熟业牵。《识论》云：心意识，一法异名：对数名心，能生名意，分别名识。又，前起为心，次起为意，后了为识。或此世心虽行善，先世恶业熟，既与时合，即受恶报，故为熟业所牵。或一生心虽行恶，临终时善心猛盛，即随善上升，故为强业所牵。以知世间无一法定有自体，但随缘转，念念不可得，故不可定执一门而生取舍。既一一法无体用，不自在，念念不可得，则悉入如实之际，于实际中，名义俱息：如四眼入佛眼，十智入实智，皆失名字。如物投蜜，似川会海，一一异味，无不甘咸。如万法归宗镜之中，同遵一道。

问：随境各立六识之名，此依五色根未自在说，于自在位，如何分别？

答：若自在位中，则诸根互用，如《法华》明鼻根即能见色观心等。《论》云：若得自在，诸根互用。一根发识，缘一切境，但可随根，无相滥失。乃至《佛地经》说成所作智，决择有情心行差别，起三业化，作四记等，若不遍缘，无此能故。释云：三业化，合有十种。《佛地经》说：身化有三：一现神通化，二现受生化，三现业果化。语化亦有三：一庆慰语化，二方便语化，三辩物语化。意化有四：一决择意化，二造作意化，三发起意化，四领受意化。领受化中四记者：一谓一向记，二分别记，三反问记，四默置记。

已上六识之相，总成三业之门，未转依中，随流徇境，发杂染之种，结生死之根，唯起盖缠，但萦苦集，背清净之觉性，合界处之妄尘，立三有之垣墙，作四流之波浪。至转依位，冥真返流，随智慧行，成无漏善，道谛所摄，正理相应，现妙观察心，决四生之疑网，为成所作智，起三轮之化原。若也究之于心，尘劳为菩提之妙用。失之于旨，常乐作生灭之苦轮。故知，染净非他，得丧在我，似手反复，如人醉醒。何者？反亦是手，覆亦是手，要且反时非覆时，覆时非反时，然俱不离手。醉亦是人，醒亦是人，要且醉时非醒时，醒时非醉时，然不离醉有醒，亦不即醉是醒。如迷亦是心，悟亦是心，要且迷时非悟时，悟时非迷时，然迷悟非别，即时节有异，唯在般若，转变临时，一体匪移，千差自别，迷之枉遭沉没，念念成凡。悟之本自圆明，心心证圣。

问:一切诸法皆藉缘生,八识之中,各具几缘成立?

答:眼具九缘:一空缘,谓空疏无物障碍于前境故,谓无障碍引发生起能缘识故,又离中知故。二明缘,明谓光明,离暗相故。分明显了,开辟引导能缘识故。三根缘,谓自眼根为所依故。四境缘,与能缘识为所缘故,牵生引发能缘识故。五作意缘,发作心意能生起故。于心种位,警令生现,于现行位,引心至境。六根本缘,谓第八识,与其眼等识而为根株作元本故,与前七识为所依故。七染净缘,谓第七识,与前六皆为染净所依故。八分别缘,谓第六识,分明了别于前境故。九种子缘,谓眼识种子能生现故。亦名亲办自果缘,亲实建办自识现行,名为自果。若耳识缘径直之声,唯具前八缘,除前明缘,设于暗中亦能闻故。若鼻舌身三识缘香味触时,唯具七缘,除前空明二缘,此三是合中知故,不假空缘。若第六意识缘一切境时,唯具五缘:一根本,二根缘,三作意,四种子,五境缘,除空、明、分别、染净四缘。又,第六意识四种中,若定梦独散,此三即具五缘。若明了意,随前五识,或七八九等,具缘多少故。若第七识有漏位中缘第八见分为我之时,唯具三缘:一根本缘(即第八识),二作意,三种子。若第八识缘种子根身器世间时,唯具四缘:一境缘(即前三境),二根缘(即第七识),三种子,四作意。若加等无间缘,于前八识上,更各添一缘,眼即具十缘等。

问:八识于三界中总具不?

答:不具。古释云:八识于三界九地其有无者:欲界一地,具有八种识。色界初禅一地,只有六识,无鼻舌二识。从二禅已上乃至无色界已来,唯有后三识,无前五识。欲界人天鬼畜四趣,皆具八识。就地狱趣中,无间狱无前五识,唯有后三识,或兼无第六,已居极重闷位故。

问:如何是诸识遍计有无?

答:古德云:五八识无执,以因缘变故,唯现量。夫为执者,必须强思计度等,有执也唯第六。第七有遍计分别故,即六七二识有执也。又,四句:一、遍而非计,即第六独头意识,遍缘一切,不计执故。二、计而非遍,即第七识,唯缘赖耶起计度故。三、亦遍亦计,第六识因中,有周遍计度。四、非计非遍,即五识唯缘五尘,无计度故。前五识任运证境,不带名言,唯现量故。第八亦然。

宗镜录第五十六

宋 慧日永明妙圆正修智觉禅师延寿集

夫三能变中,已论八识。今依经论,更有多门。舒则无边,卷唯一道。经中又明有九种识,以兼识性故,或以第八染净别开,故言九识。非是依他体有九,亦非体类别有九识。九识者,以第八染净别开为二,以有漏为染,无漏为净。前七识不分染净,以俱是转识摄故。第八既非转识,独开为二,谓染与净,合前七种,故成九识。

问:以何经论,证有九识?

答:《楞伽经》说颂云:由虚妄分别,是则有识生。八九识种种,如海泉波浪。又,《金刚三昧经》云:尔时无住菩萨而白佛言:尊者,以何利转,而转众生一切情识入唵摩罗?佛言:诸佛如来,常以一觉而转诸识入唵摩罗。何以故?一切众生本觉,常以一觉觉诸众生,令彼众生皆得本觉,觉诸情识空寂无生。何以故?决定本性,本无有动。《论》释云:一切情识则是八识,奄摩罗者是第九识。古德云:一切唯心造者,然其佛果契心,则佛亦心造,谓四智菩提是净八识之所造故。若取根本,即净第八。若依真谛三藏,此佛净识,称为第九,名阿摩罗识。唐三藏云:此翻无垢,是第八异熟。谓成佛时,转第八成,无别第九。若依《密严》文具说之,经云:心有八识,或复有九。又云:如来清净藏,亦名无垢智。即同真谛所立第九,以出障故,不同异熟为九有。又,真谛所翻《决定藏·论九识品》云:第九阿摩罗识。三藏释云:阿摩罗识有二种:一者所缘,即是真如。二者本觉,即真如智。能缘即不空藏,所缘即空如来藏。若据通论,此二并以真如为体。《华严论》明《解深密经》说:九识为纯净无染识,如瀑流水,生多波浪,诸波浪等,以水为依,五六七八等,皆以阿陀那识为依故。又云:如是菩萨虽由法住智为依止为建立故,此经意令于识处,便明识体本唯真智故。如彼瀑流,不离水体而生波浪。又如明镜,依彼净体无所分别,含多影像,不碍有而常无故。如是自心所现识相,不离本体无作净智,所现影相都无自他内外等执,任用随智,无所分别。又经云:阿陀那识甚深细。深细者,引彼凡流,就识成智,不同二乘及渐始菩萨破相成空,不同凡夫系而实有。不同彼故,不空不有。何法不空?为智能随缘照机利物故。何法不有?为智正随缘时无性相故,无生住灭故。《华严经》则不然,但彰本身本法界一真之根本智佛体用故。混真性相法报之海,直为上上根人顿示佛果德一真法界本智以为开示悟入之门,不论随妄而生识等。如《法华经》以佛智慧示悟众生使得清净出现于世,故不为余乘,若二若三。今《宗镜》大意,亦同此说:但先标诸识次第权门,然后会同真智,然不即识,亦不离识,但见唯识实性之时,方鉴斯旨。似宝镜普临众像,若海印顿现森罗。万法同时,更无前后。

又,《释摩诃衍论》云:凡集一代圣说中异说契经,总有十种识:一者,立一种识总摄诸识。此中有四:一者立一切一心识总摄诸识，所谓以一心识遍于二种自在，无所不安立故。《一心法契经》中作如是说：尔时文殊师利，承佛威神之力，即白佛言：世尊，说几种识，体相云何？当愿为我分别开示。尔时世尊告文殊言：善哉善哉，文殊师利，为诸大众，当问此事。谛听谛听，善思念之，我当为汝分别解说。于是文殊白佛言：善哉世尊，愿欲乐闻。佛告文殊言：我唯建立一种识，所余之识，非建立焉。所以者何？　种识者，多一一识。此识有种种力，能作一切种种名字，而唯一识，终无余法。是故我说建立一种识，所余之识，非建立焉。二者立阿赖耶识总摄诸识，所谓以阿赖耶识，具足障碍义无障碍义，无所不摄故。《阿赖耶识契经》中作如是说：尔时观自在菩萨即白佛言：世尊，云何名为通达总相识，以何义故名为总相？佛告观自在菩萨言：通达总相识者，即是阿赖耶识。此识有碍事及非碍事，具一切法，备一切法。譬如大海，为水波等，作总相名，以此义故，名为总相故。三者立末那识总摄诸识，所谓以末那识，具足十一种义，无所不摄故。显了契经中作如是说：种种心识，虽有无量，唯末那转，无有余法。所以者何？是末那识，具足十一义，无所不作故。四者立四种识：一者立一意识总摄诸识，所谓以意识有七种转变自在，随能作其事故。《七化契经》中作如是说：譬如幻师，唯是一人，以幻术力变化七人，愚人见之谓有七人，而智者见唯有一人，无余七人。意识幻师，亦复如是：唯是一识，能作七事，凡夫谓之有七事，而觉者见唯有意识，无余七事故，是名建立同一种识，四种契经中作如是说。二者，立二种识总摄诸识：一者阿赖耶识，二者意识。阿赖耶识者，总举业

转现三识故。意识者,总举七种转识故。《楞伽经》中作如是说:大慧,广说有八种识,略说有二种:一者了别识,二者分别事识,乃至广说故。三者,立三种识总摄诸识:一者阿赖耶识,二者末那识,三者意识。阿赖耶识者,总举三相识故。末那识者,直意根故。意识者,总举六种转识故。《慈云契经》中作如是说:复次敬首,广说有十种识,总说有三种识:一者细相性识,二者根相性识,三者分离识,乃至广说。四者,立四种识总摄诸识,谓前三中,加一心识故。《无相契经》中作如是说:识法虽无量,不出四种识:一者所依本一识,二者能依持藏识,三者意持识,四者遍分别识,乃至广说故。五者,立五种识总摄诸识,谓前四中,加随顺遍转识故。《大无量契经》中作如是说:复次有识非彼彼识摄,遍于彼彼识,所谓随顺转识故。六者,立六种识总摄诸识,所为眼等五种别识,及第六意识故。《四圣谛契经》中作如是说:佛告树王:我为小根诸众生故,以密意趣,作如是说,但有六识,无有余识,而实本意,为欲令知六种识中,具一切识,于大众中作如是唱故。七者,立七种识总摄诸识,谓前六识,加末那识故。《法门契经》中作如是说:复次文殊师利,识法有七种,所谓六识身,及末那识。如是七识,或一时转,或前后转。复次第七识,有殊胜力故,或时造作持藏之用,或时造作分别之依故。八者,立八种识总摄诸识,谓前七中,加阿赖耶识故。道智契经中作如是说:心王有八:一者眼识心王,乃至八者异熟执识心王,种种识法,不出此数故。九者,立九种识总摄诸识,谓前八中,加唵摩罗识故。《金刚三昧契经》中作如是说:尔时无住菩萨而白佛言:世尊,以何利转,而转众生一切情识入唵摩罗?佛言:诸佛如来,常以一觉而转诸识入唵摩罗故。十者,立十种识总摄诸识,谓前九中,加一切一心识故。《法门契经》中作如是说:心量虽无量,而不出十识。

又,《摄大乘论》明十一种识:由本识能变异作十一识。本识即是十一识种子,分别是识性。识性何所分别?分别无为有,故言虚妄。分别为因,虚妄为果,以此分别性摄切种子尽。诸识差别有十一:身识、身者识、受者识、应受识、正受识、世识、数识、处识、言说识、自他差别识、善恶两道生死识。身识至言说等九识,因言说熏习种子生。自他差别识,因我见熏习种子生。善恶两道生死识,因有支熏习种子生。身识,谓眼等五界。身者识,谓染污识。受者识,谓意界。应受识,谓色等六外界。正受识,谓六识界。世识,谓生死相续不断识。数识,谓从一至阿僧祇。处识,谓器世间。言说识,谓见闻觉知。又,欲显虚妄分别,但以依他性为体相。虚妄分别,即是乱识变异,略有四种识:一似尘识,二似根识,三似我识,四似识识。若不定明一切法唯有识,真实性不得显现。

又,《大乘起信论》说三细识、六粗相。三细相者,《论》云:复次依于觉故,而有不觉,生三种相,不相舍离:一无明业相,以依不觉,心动为业,觉则不动,动则有苦,果不离因故。二能见相,以依心动,能见境界,不动则无见。三境界相,以依能见,妄境相现,离见则无境。以有虚妄境界缘故,复生六种相:一智相,谓缘境界,生爱非爱心。二相续相,谓依于智,苦乐觉念相应不断。三执著相,谓依苦乐觉念,相续而生执著。四执名等相，谓依执著，分别名等诸安立相。五起业相，谓依执名等，起于种种诸差别业。六业系苦相，谓依业受苦，不得自在。是故当知，一切染法，悉无有相，皆因无明而生起故。古释云：初无明为因，生三细识。后境界为缘，生六粗相。以依无明成妄心，依妄心起无明。三细相者，初业相，依不觉心动，心动名业。业有二种：一动作故，是业义，故云依不觉故，心动名业，觉则不动，得始觉时，则无动念。是知今动，只由不觉也，动则有苦。如得寂静无念之时，是涅槃妙乐。故知今动，则有生死若患。此动念极微细，是精动隐流之义，缘起一相，能所不分，当阿赖耶识自体分也。

如《无相论》问：此识相何境界？

答：相及境界，不可分别，一体无异，当知此约赖耶业相义说也。心王念法，不分能所故。次约本识见相二分为二也，能见相，即是转相，依前业相转成能见，故言以依动故能见。若依性静门，即无能见，故云不动即无见，反显能见心必依动义。如是转相，虽有能缘，以境界微细故，犹未辩之。如《摄论》云：此识缘境，不可知故，既所缘不可知，则约能缘以明本识转相义也。三境界相，则是现识依前转相，能显境界，故云依见故境界妄现。《楞伽经》云：譬如明镜，持诸色像，现识处现，亦复如是。此之现相，当在本识。此三细相，并由根本无明，动本静心，成此三细，后以境界为缘，生六种粗相，则分别事识也。如《楞伽》偈云：境界风所动，起种种识浪。

问：三细属赖耶，六粗属意识。何故不说末那？

答：有二义：一、前既说赖耶，末那必执相应，故不别说。《瑜伽》云：赖耶识起，必第二识相应故。又由意识缘外境时，必内依末那为染污根，方得生起，是故随说六粗必自依末那，故亦不别说。二、以义不便故，略不说之。不便相者，以无明住地动本静心，令心起和合成赖耶。末那既无此义，故前三细中略不说。

又由外境牵起事识，末那无此缘外境义，故六粗中亦略不说。亦可计内为我，属前三细。计外为我所，属后六粗，故略不论也。《楞伽》亦同此说，彼经云：大慧，略有三义，广说八相。何等为三？谓真识、现识、分别事识。即是六粗。

又，《显识论》但说二种识，彼《论》云：一切三界但唯有识，识有二种：一显识，即是本识，此本识转作五尘四大等。二分别识，即是意识，于显识中分别作人天、长短、大小、男女诸物等，分别一切法。譬如依镜，影色得起。如是缘显识，分别色得起。

又，转识能回转造作无量识法：或转作根，或转作尘，转作我，转作识。如此种种不同，唯识所作。或于自于他，互相随逐，于自则转为五阴，于他则转为怨亲中人。一一识中，皆具能所：能分别是识，所分别是境。能即依他性，所即分别性。由如此义，离识之外无别境，但唯有识。

又，《转识论》明，所缘识转有二转：一转为众生，二转为法。一切所缘，不出此二，此二实无，但是识转作二相貌也。次明能缘识有三种：一果报识，即是阿赖耶识。二执识，即是阿陀那识。三尘识，即是六识。果报识者，为烦恼业所

引,故名果报。亦名本识,一切有为法种子所依止。亦名宅识,一切种子之所栖处。亦名藏识,一切种子隐伏之处。又,此阿赖耶识,与五种心所法相应:一触,二作意,三受,四思惟,五想。以根尘识三事和合生触,心恒动行,名为作意。受,但是舍受。思惟筹量可行不可行,令心成邪成正,名为思惟。作意如马行,思惟如骑者。马但直行,不能避就是非。由骑者故,令其离非就是。思惟亦尔,能令作意离漫行也。此识及心法,但是自性无记,念念恒流如水流浪。本识如流,五法如浪。乃至罗汉果,此流浪法,亦犹未灭,是名第一本识。依缘此识,有第二执识,此识以执著为体,即末那与四惑相应。此识名有覆无记,亦有五种触等心所法相应,前细此粗。此识及相应法至罗汉位究竟灭尽,及入无心定亦皆灭尽,是名第二识。第三尘识者,识转似尘,更成六种,体通三性,与十种遍行别境心所法相应,及十善恶,并大小或,具三种受,五识于第六意识、及本识、执识,于此三识中,随因缘,或时俱起,或次第起。以作意为因,外尘为缘,故识得起。若先作意,欲取色声二尘,后则眼耳二识,一时俱起,而得二尘。若作意欲至某处著色听声取香,后亦一时三识俱起,得三尘,乃至一时具五识,俱起亦尔,或前后次第而起,唯起一识,但得一尘,皆随因缘,是故不同也。如是七识,于阿赖耶识中,尽相应起,如众影像,俱现镜中,亦如众浪,同集一水。乃至如此识转,不离二义:一能分别,二所分别。所分别既无,能分别亦无。无境可取,识不得生。以是义故,唯识义得成。何者?立唯识义意,本为遣境遣心,今境界既无,唯识又泯,即是说唯识义成也。已上能缘三种识,亦是三能变。

又,《楞伽经》云:有三种识:谓真识、现识、及分别事识。譬如明镜,持诸色像,现识处现,亦复如是,不思议熏、不思议变,是现识因。取种种尘,及无始妄想熏,是分别事识因。又,诸识有三种相:谓转相、业相、真相。乃至譬如泥团微尘,非异非不异,金庄严具,亦复如是。大慧,若泥团微尘异者,非彼所成,而实彼成,是故不异。若不异者,则泥团微尘,应无分别。如是大慧,转识藏识真相若异者,藏识非因。若不异者,转识灭,藏识亦应灭,而自真相实不灭。是故大慧,非自真相识灭,但业相灭。若自真相灭者,藏识则灭。大慧,藏识灭者,不异外道断见论议。大慧,彼诸外道,作如是论,谓摄受境果灭,识流注亦灭。若识流注灭者,无始流注应断。释云:《入楞伽经》直明自真相:本觉之心不藉妄缘,性自神解,名自真相,是依异义门说。又随无明风作生灭时,神解之性与本不异,故亦得名为自真相,是依不异义门说。

又,识有二种生:谓流注生、及相生。所言真识,是根本无明所熏本觉真心。现识,是阿赖耶识。分别事识,是意识。经云:妙严菩萨白佛言:世尊,粗相意识、细相意识,以何为因,以何为缘?佛言:如是粗细意识,以现镜识而为其因,以六尘境为缘,相续而转故。又,三细中粗是现识,七识中强是意识,第六意识分别六尘,必依末那为所依根。意识是能依,末那是所依。略三细识,粗有八相。又,粗分意识,细分末那。《楞伽经》偈云:譬如巨海浪,斯由猛风起。洪波鼓溟壑,无有断绝时。藏识海常住,境界风所动。种种诸识

浪,腾跃而转生。青赤种种色,珂乳及石蜜。淡味众华果,日月与光明。非异非不异,海水起波浪。七识亦如是,心俱和合生。譬如海水变,种种波浪转。七识亦如是,心俱和合生。为彼藏识处,种种诸识转。谓以彼意识,思惟诸相义。不坏相有八,无相亦无相。《释论》云:依此经文作解释故,起六相文。今此经文为明何义?谓欲显示现识之海,性自常住,为彼六尘境界之风所飘动故。此七种识,现识之体以为内因,六尘境界以为外缘,兴盛六种粗重相故。如经:譬如巨海浪,斯由猛风起。洪波鼓溟壑,无有断绝时。藏识海常住,境界风所动。种种诸识浪,腾跃而转生。云何名为境界之风?其风形状,当如何耶?谓青黄等种种显色,能起眼识。宝珂等珠,出现种种胜妙音声,能起耳识。檀乳等香,熏布种种芬芬香气,能起鼻识。木罗石蜜等诸安触著,和种种善美乐具,能起身识。甘淡等味,随其所应出种种味,能起舌识。现在之华、未来之果、种种法尘,随为彼识所缘境界,能起意识。今此文中,举尘取识,应审观察彼末那识,即是意微细分位,无别体耳。如是六尘,能动心体,令使散乱,譬如猛风,故名为风。如经:青赤种种色,珂乳及石蜜,淡味众华果。如是七识及与藏识,同耶异耶?非同非异,离二边故。譬如日与光明、水与波浪,非同非异。七识藏识,非同非异义,亦复如是。如经:日月与光明。非异非不异,海水起波浪。七识亦如是,心俱和合生。如是七识,从何处所,来入藏识作七种数,流转起动,无断绝时?如是七转识,不从内来,不从外来,不从中间来,唯藏识体,变作七识。譬如海水,变作波浪,如经:譬如海水变,种种波浪转。七识亦如是,心俱和合生。谓彼藏识处,种种诸识转。谓以彼意识思惟诸相义。如是现识,及七转识、八种心识,唯有生灭无常相耶,亦有实相常住相耶?如是八识,从无始来,三际不动,四相不迁,真实常住,自性清净不坏之相具足圆满,无所阙失。而如是等一切功德,同法界故,无有二相。无二相故,唯是一相。唯一相故,亦是无相。皆以无相故,无相亦无相。如经:不坏相有八,无相亦无相。此《楞伽经》,凡明几识?即有二门:一者略说门,二者广说门。如是二门中,三本各异说:谓一本分流《楞伽》中作如是说:大慧,略说有三种识,广说有二相。何等为三?谓真识、现识、分别事识。又一本分流《楞伽》中作如是说:大慧,广说有八种,略说有二种。何等为二?一者了别识,二者分别事识。又一本分流《楞伽》中作如是说:大慧,略说有四种,广说有七种识。云何为四?业识、转识、现识、分别事识。如是三经,直是真说,当应归依。初契经中第一真识,直是根本无明所熏本觉真心。第二现识,直是现相阿赖耶识。第三分别事识,直是意识粗分、意识细分,即末那故。中契经中作如是说:第一了别识,直是现相阿赖耶识。第二分别事识,直是意识。义如前说,同说末那。后契经中四种识法,文相明故,且略不说。言七识者,末那意识,总为一故。粗细虽别,唯一识故。《法界法轮契经》中作如是说:第六意识分别六尘境界时,中必依末那为所依根,方得生起。是故意识当是能依,彼末那识当是所依也。又,《华严论》云:世尊于南海中楞伽山说法,其山高峻,下瞰大海,傍无门户。得神通者堪能升往,乃表心地法门,无心无证者,方能升也。下瞰大海,表其心海

本自清净，因境风所转，识浪波动。欲明达境心空，海亦自寂。心境俱寂，事无不照，犹如大海无风，日月森罗焕然明白。此经意直为根熟，顿说种子业识，为如来藏，异彼二乘灭识趣寂者故。亦为异彼般若修空菩萨，空增胜者故。直明识体本性全真，便明识体即成智用。如彼大海无风，即境像便明。心海法门，亦复如是，了真即识成智。此经异彼《深密经》意，别立九识接引初根，渐令留惑长大菩提故，不令其心植种于空，亦不令心犹如败种。《解深密经》乃是入惑之初门，《楞伽》、《维摩》直示惑之本实。《楞伽》即明八识为如来藏，《净名》即观身实相，观佛亦然。《净名》与《楞伽》同，《深密》经文，与此二部少别。

当知入胎出胎、少年老年、乃至资生住处、若色若空、若性若相，皆是自识，唯佛能知。如《显识论》云：四有者：从识支至六岁，是生有。从七岁已上能分别生熟起贪，至未舍命，是业有。死有者，唯一念。中有，即中阴。就业有中，六识起三种业：善、不善、不动等三业有为，有分识所摄持。六识自谢灭，由有分识摄持力用在。问曰：何故立有分识？一期生中，常缘一境。若生人天，此识见楼观等事报。若起六识，用粗覆障，则不觉此识用。若生恶道，此识但缘火车等。若报起六识用强，则不觉此识缘也。若欲界六识缘欲界，凡夫不能觉，乃至无色亦然：若无色诸识灭，此有分识用则显，如赖耶及意识也。是以诸教同诠，圆证非一。又如《入楞伽经》云：大慧，复有余外道见色有因，妄想执著形相长短，见虚空无形相分剂，见诸色相异于虚空有其分剂。大慧，虚空即是色，以色大入虚空故。大慧，色即是虚空，依此法有彼法，依彼法有此法故，以依色分别虚空，依虚空分别色故。大慧，四大种性，自相各别，不住虚空，而四大中，非无虚空。大慧，兔角亦如是：因牛角有，言兔角无。大慧，又彼牛角析为微尘，分别微尘相，不可得见。彼何等何等法有，何等何等法无，而言有耶无耶？若如是观，余法亦然。大慧，汝当应离兔角牛角，虚空色异妄想见等。大慧，汝亦应为诸菩萨说离兔角等相。大慧，汝应当知，自心所见虚妄分别之相。大慧，汝当于诸佛国土中，为诸佛子，说汝自心现见一切虚妄境界。尔时世尊，重说偈言：色于心中无，心依境见有。内识众生见，身资生住处。心意与意识，自性及五法。二种无我净，如来如是说。长短有无等，展转互相生。以无故成有，以有故成无。分别微尘体，不起色妄想。但心安住处，恶见不能净。非妄智境界，声闻亦不知。如来之所说，自觉之境界。《摄大乘论》云：又此识，皆唯有识，都无义故。此中以何为喻显示？应知梦等为喻显示。谓如梦中，都无其义，独唯有识。虽种种色声香味触、舍林地山，似义影现，而于此中都无有义。由此喻显，应随了知一切时处，皆唯有识。夫从心现境，结业受生，不出三细六粗，九相之法。如石壁释云：唯一梦心喻，如有一人，忽然睡著作梦，见种种事，起心分别，念念无间。于其违顺，深生取著，为善为恶，是亲是疏。于善于亲，则种种惠利。于恶于疏，则种种陵损。或有报恩受乐，或有报怨受苦。忽然觉来，上事都遣。如有一人者，即真如一心也。忽然睡著者，即不觉无明忽起也。作梦者，最初三细业识相也。见者，第二转识相也。种种事者，第三现识相也。起心分别者，最初六粗境智相也。

念念无间者,第二相续相也。于其违顺深生取著者,第三执取相也。为善为恶是亲是疏者,第四计名字相也。于善于恶得损益者,第五起业相也。受苦乐报者,业系苦相也。忽然觉来上事都遣者,即觉唯心,得入宗镜。故云:佛者,觉也。如睡梦觉,如莲华开。

宗镜录第五十七

宋 慧日永明妙圆正修智觉禅师延寿集

夫《楞伽经》所明三种识，谓真识、现识、及分别事识。此中三识，于八识中如何分别？

答：真谓本觉，现谓第八，余七俱名分别事识。虽第七识不缘外尘，缘第八故，名分别事。真谓本觉者，即八识之性。经中有明九识，于八识外立九识名，即是真识。若约性收，亦不离八识，以性遍一切处故。

问：但说赖耶等八识，俗谛已显，云何说十一种识？又，究竟指归，唯一真实性，复云何说广略等诸识？

答：因相显性，非无所以。摄末归本，自有端由。《摄大乘论》云：若不定明一切法唯有识，真实性则不得显现。若不具说十一识，说俗谛不尽。若止说前五识，唯得俗谛根本，不得俗谛差别义。若说俗谛不遍，真识则不明了。真不明了，则遣俗不尽。是故具说十一识，通摄俗谛。是以了俗无性，即达真空，真空虽空而不坏相，俗有虽有恒常体虚。是知随缘非有之真谛，恒不异事而显现。寂灭非无之俗谛，恒不异真而成立。上来所引二识、三识、八识、九识、十一识等，不出一心宗。所以《楞伽经》云：一切诸度门，佛心为第一。又云：佛语心为宗，无门为法门。所言宗者，谓心实处。

约其真心之性，随其义开体用二门，即同《起信》立心真如门、心生灭门，真如是体，生灭是用。然诸识不出体用二心：一体心，是寂灭心，即九识体。二用心，是生灭心，即前八识用。体用隐显，说为二心。以用即体故，生灭即不生灭。以体即用故，不生灭即生灭。以生灭无性，用而不多。以寂灭随缘，体而非一。非多非一，体用常冥。而一而多，体用恒现。识性是体，识相是用，体用互成，皆归宗镜。《唯识疏钞》云：识性识相无不归心，心王心所皆名唯识者，谓圆成实性是识性，依他起性是识相，皆不离心也。或可诸无为法，名识性。得等分位，色等所变，是识相，皆不离心也。识之相应名心所，识之自性名心王。心王最胜，称之为主。摄所从心，名归心。摄得等分位，兼色等所变，归于见分等，名泯相。性相不相离，总名唯识也。

问：境不离识，识不离境者，何秖云唯识，不名唯境？

答：虽互相生，境从识变。然古释，境由心分别方生，由心生故名唯识，识不由境分别生，不由境故，不可名唯境。

问：心是境家增上缘，境假心生，名唯识。境是心家所缘缘，心假境生，应名唯境？

答：离心执境是虚妄，为遮妄心名唯识。悟心无我出沉沦，不约二缘名唯境。又，有境无境，皆是自心，其心悉生：一若缘有境生心者，即是自识相分。一切实境不离能缘之心，于自识外实无其境。二若缘无境生心者，如独生散意，缘过去未来，空华兔角一切无法时，心亦起故。如《百法钞》

云:旧云:缘无不生虑不正。

问:何以不正?

答:如缘空华兔角一切无法时心亦起故,何以言缘无不生虑耶?故知有独影境内心相分,此相分望见分,亦成所缘缘义。若无内心相分,其心即不生。唐三藏云:境非真虑起,证知唯有识。虽遍计所执相虽即非真,而不无内心相分能牵生心故。由此四句分别:一无影有质,其心不生。二有影无质,其心得生。三影质俱有,心生可知。四影质俱无,心亦得起。即根本智,证真如是。《唯识论》云:有境牵生心:若真理为境,能牵生智心。若俗谛为境,能牵生识心。则未有无心境,曾无无境心。

问:八识之中,约因位初地已去,几识成无漏?

答:古德释云:唯六七二识成无漏。六,即第六识初地门中二十二心,所成妙观察智。七,即第七识二十二心,所成平等性智。此二智品相应,俱离障染,故名无漏。若五八等识,定是有漏。

问:云何第六得成无漏耶?

答:谓初地入无漏心时,断分别二障种现习气,故无漏。

问:第六能断惑,断惑成无漏。第七不能断惑,何故亦成无漏?

答:谓第七识是第六所依根,第六是能依识。能依识既成无漏，第七所依亦成无漏。谓第六入生法二空观时，第七识中俱生我法二执现行，伏令不起故，第七成无漏。

问：何故第八是有漏耶？

答：第八是总报主，持种受熏。若因中便成无漏，即一切有漏杂染种子皆散失故，即便成佛，何用更二劫修行耶？

问：前五既非是总报主，何故不成无漏？

答：前五根是第八亲相分。能变第八既是有漏，所变五根亦有漏。五根是所依尚有漏，能依五识，亦成有漏也。

如上依经论分别诸识，开合不同，皆依体用。约体则无差而差，以全用之体不碍用故。约用则差而无差，以全体之用不失体故。如举海成波不失海，举波成海不碍波。非有非无，方穷识性。不一不异，可究心原。如古德云：约诸识门，虽一多不定，皆是体用缘起，本末相收。本者九识，末者五识。从本向末，寂而常用。从末向本，用而常寂。寂而常用，故静而不结。用而常寂，故动而不乱。静而不结，故真如是缘起。动而不乱，故缘起是真如。真如是缘起，故无涅槃不生死，即八九为六七。缘起是真如，故无生死不涅槃，即六七为八九。无生死不涅槃，故法界皆生死。无涅槃不生死，故法界皆涅槃。法界皆涅槃，故生死非杂乱。法界皆生死，故涅槃非寂静。生死非杂乱，众生即是佛。涅槃非寂静，佛即是众生。是以，法界违故，说涅槃是生死，即理随情用。法界顺故，说生死是涅槃，即情随理用。如此明时，说情非理外、理非情外：情非理外故，所以即实说六七为八九，实者,体也。理非情外故,所以即假说八九为六七,假者,用也。以假实无碍,故人法俱空。以体用无碍,故空无可空。人法俱空,故说绝待。空无可空,故言妙用。如斯说者,亦是排情之言论,其至实者,不可以名相得。至极者,不可以二谛辩。不可以名相得,故非言像能诠。不可以二谛辩,故非有无能说。故云至理无言,贤圣默然,言语道断,心行处灭。正可以神会,不可以心求。

问:觉海澄源,一心湛寂。云何最初,起诸识浪?

答:虽云识浪,起处无从,无始无生,能穷识性,只谓不觉,忽尔念生。犹若澄澜,欻然风起。不出不入,汹涌之洪浪滔天。非内非外,颠倒之狂心遍境。《起信论》云:以不知真法一故,心不相应。忽然念动,名为无明。此是现根本无明,最极微细,未有能所王数差别,故云不相应,非同心王心所相应也。唯此无明为染法之原,最极微细,更无染法能为此本,故云忽然念起也。无明之前,无别有法为始集之本,故云无始,则是忽然义,非约时节以说忽然而起,无初故也。又,《释摩诃衍论》云:不如实知真如法一故,不觉心起者,即是显示根本不觉之起因缘。根本不觉,何因缘故得起而有?因不如故,得起而有。何等法中而不如耶?谓三法中而不如故。言不如者,当有何义?谓违逆义故。云何三法?一者实知一法,二者真如一法,三者一心一法,是名为三。实知法者,谓一切觉,即能达智。真如法者,谓平等理,即所达境。一心法者,谓一法界,即所依体。于此三法皆违逆故,无明元起。是故说言:谓不如实知真如法一故,不觉心起。

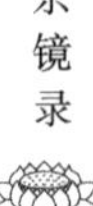

彼三种法,皆守一中终不离,故通名一。又,《论》云:以无明熏力,不觉心动,最初成其业识,因此业识,复生转识等,论释云:最初不觉,称为第一业相,能见所见无有差别,心王念法不可分析,唯有精动隐流之义,故名为业,如是动流,只由不觉。第二转相,以业相念为所依,故转作能缘,流成了相。第三现相,以了别转为所依,戏论境界具足现前,所缘相分圆满安布,依此见分,现彼相分。又,动相者,动为业识,理极微细,谓本觉心因无明风举体微动,微动之相未能外缘,即不觉故。谓从本觉有不觉生,即为业相,喻如海微波,从静微动,而未从此转移本众。转相者,假无明力,资助业相,转成能缘,有能见用向外面起,即名转相。虽有转相,而未能现五尘所缘境相,喻如海波浪,假于风力,兼资微动,从此击波,转移而起。现相者,从转相而成现相,方有色尘山河大地器世间等。《仁王般若经》云:尔时世尊告波斯匿王:汝先问云:复以何相而住观察?菩萨摩诃萨,应如是观:以幻化身而见幻化,正住平等,无有彼我。如是观察,化利众生。然诸有情于久远劫,初刹那识,异于木石,生得染净,各自能为无量无数染净识本。从初刹那不可说劫,乃至金刚终一刹那,有不可说不可说识,生诸有情色心二法,色名色蕴,心名四蕴,皆积聚性,隐覆真实。古释云:初刹那识异于木石者,有说初识,随于何趣续生位中?最初刹那第八识也。识有缘虑,异于木石,有说初识,如《楞伽经》云:诸识有三种相:谓转相、业相、真相。言真相者,本觉真心,不藉妄缘,名自真相。业相者,根本无明,起静令动,动为业识,极微细故。转相者,是能见相,依前业相,转成能缘,虽有能缘而未能显所缘境故。现相者,即境界相,依前转相能现境故。又云:顿分别知自心现身及身安立受用境界,如次即是根身、外器、色等五境,以一切时任运现故。此是三细,即本识故。最初业识,即为初依生起门,为次第故。又,远劫来时,无初始过未,无体熏习,唯心妄念为初,违真起故。又,从静起动,名之为业。从内趣外,名之为转。真如之性,不可增减,名为真相,亦名真识。此真识,即业转现等三性,即神解性,不同虚空,通名识。亦名自相,不藉他成故。亦名智相,觉照性故。所以云本觉真心,不藉妄缘,以真心之体即是本觉,非动转相,是觉性故。又释云:初刹那识异于木石者,谓一念识有觉受故,异于木石,即显前念中有末心所见赤白二秽,即同外器木石种类。此识生时,揽彼为身,故异木石。

问:远劫无始,何名初识耶?

答:过去未来无体,刹那熏习唯属现在,现在正起妄念之时,妄念违贞,名为初识。非是过去有识创起,名为初识也。故知横该一切处,竖通无量时,皆是即今现在一心,更无别理。所以《法华经》云:我观久远,犹若今日。则三世情消,契无时之正轨。一真道现,证唯识之圆宗。

问:经明:初刹那识,异于木石,生得染净,各自能为无量无数染净识本。从初刹那不可说劫,乃至金刚经一刹那,有不可说不可说识,生诸有情色心二法者,则有染有净,有生有灭。此识约生灭门中,有几种生灭?

答:真门顺性,妙合无生。世相随缘,似分起尽。《楞伽

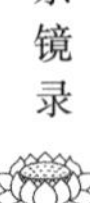

经》云：大慧菩萨摩诃萨白佛言：世尊，诸识有几种生住灭？佛告大慧：识有二种生住灭，非思量所知，谓流注生住灭、相生住灭。古释云：言流注者，唯目第八三相微隐，种现不断，名为流注。由无明缘，初起业识，故说为生。相续长劫，故名为住。到金刚定，等觉一念，断本无明，名流注灭。相生灭住者，谓余七识心境粗显，故名为相。虽七缘八、望六为细，具有四惑，亦云粗故。依彼现识自种诸境，缘合生七，说为相生，长劫熏习，名为相住，从末向本，渐伏及断，至七地满，名为相灭。依前生灭，立迷悟依。依后生灭，立染净依。后短前长，事分二别，即是流注生住灭、相生住灭。是以，海水得风，变作波涛之相。心水遇境，密成流注之生。前波引后波，鼓沧溟而不绝。新念续旧念，腾心海以常兴，从此汩乱澄源，昏沉觉海。是知，因真起妄，不觉无明之动摇。如从水成波，全是外风之鼓击。内外和合，因缘发萌，遂成能见之心，便现所观之境。因照而俄生智鉴，因智而分别妍媸。从此取舍情分，爱憎心变，于五尘境执著坚牢，向六情根相续不断。因兹爱河浪底沉溺无忧，欲火焰中焚烧罔惧，甘心受黑城之极苦，不觉不知。没命贪梦宅之浮荣，难惺难悟。若能了最初一念，起灭何从？顿入无生，复本真觉，则尘尘寂灭，六趣之笼槛难羁。念念虚玄，九结之网罗休绊。犹如巨海风息，不起微涟。察动相之本空，见缘生之无体，则穷源湿性，湛尔清冷。万像森罗，焕然明白。所以《贤劫定意经》云：了一切空，是曰一心。

问:《宗镜》搜玄,云何说识?

答:只为识性幽玄,难穷本末,唯佛能了,下位莫知。以无迹无形,为万有之本。唯深唯妙,作众圣之原。如《菩萨处胎经·五道寻识品》云:尔时世尊,将欲示现识所趣向:道识、俗识、有为识、无为识、有漏识、无漏识、华识、果识、报识、无报识、天识、龙识、鬼、神、阿修罗、迦楼罗、紧那罗、摩睺罗伽、人、非人识。上至二十八天识,下至无救地狱识。尔时世尊,即于胎中,现勾锁骸骨遍满三千大千世界。佛告阿祈陀:能别此骸骨识耶?对曰:不别。何以故?未得通彻,行力未至。佛告弥勒菩萨:汝此天中,未得神通耶?弥勒白佛言:有成就者,有不成就者。佛告弥勒:汝观勾锁骸骨,令一切众知识所趣,分别决了,令无疑滞。尔时弥勒菩萨即从座起,手执金刚七宝神枝搅勾锁骸骨,听彼骨声,即白佛言:此人命终,瞋恚结多,识堕龙中。次复搅骨:此人前身,十迹行具,得生天上。次复搅骨:此人前身,破戒犯律,生地狱中。如是搅骨,有漏无漏、有为无为,从二十八天,下至无救地狱,知识所趣,善恶果报,白黑行报。有一全身舍利,无有缺减,尔时弥勒,以杖搅之,推寻此识,了不知处。如是三搅,前白佛言:此人神识,了不可知,将非如来入涅槃耶?佛告弥勒:汝绍佛位,于当来世,当得作佛,成无上道,何以搅舍利而不知识处耶?弥勒白佛言:佛不思议,不可限量,非我等境界所能筹量。今有狐疑,唯愿世尊当解说之,五道神识,尽能得知彼善恶所趣,不敢有疑于如来所。今此舍利,无有缺减,愿说此识,令我等知。佛告弥勒:过去、未来、现在诸佛，舍利流布，非汝等境界所能分别。何以故？此舍利，即是吾舍利，何能寻究如来神识？今当与汝分别如来上中下识，至萨芸然，各各不同：初住菩萨，未立根德力，虽得神通。二住菩萨，以天眼观，知识所趣退不退地，亦复观见欲界、色界、无色界者。或复观见生东方无数恒河沙佛刹，供养诸佛，奉律无碍。亦复知彼受记劫数，一劫、二劫、乃至百千亿劫。或有菩萨，于三住地，观见舍利，知识所趣，于有余涅槃、无余涅槃，然复不见四住所行、识所趣向。四住菩萨，见一见二三住识法，然复不见五住舍利识法所趣，乃至唯佛知佛神识所念。又偈云：识神无形法，五大以为家。分别善恶行，去就别真伪。识示善道处，永到安隐道。识为第六王，余大最不如。

问：心识二名，有何胜劣？

答：心是如来藏心真如之性，识是心之所生，无有一法不从真心性起。故《首楞严经》云：诸法所生，唯心所现。心是本，即胜。识是依，即劣。如《圆觉疏》云：生法本无，一切唯识。识如幻梦，但是一心。

问：设使识无其体，云何得是心乎？

答：以识本是心所成故，故识无体，则是一心，何异境从识生，摄境归识？若通而论之，则本是一心。心变为识，识变诸境。由是摄境归识，摄识归心也。

问:前已广明识相,如何是智?

答:分别是识,无分别是智。如《大宝积经》云:佛言:所言识者,谓能了别眼所知色、耳所知声、鼻所知香、舌所知味、身所知触、意所知法,是名为识。所言智者,于内寂静,不行于外,唯依于智,不于一法,生分别及种种分别,是名为智。又,舍利弗,从境界生,是名为识。从作意生,是名为识。从分别生,是名为识。无取无执,无有所缘,无所了别,无有分别,是名为智。又,舍利弗,所言识者,住有为法。何以故?无为法中,识不能行。若能了达无为之法,是名为智。又,《月灯三昧经》偈云:不寂者是想,寂灭者是智。若知想自性,便离于诸想。若有想可遣,是则还有想。彼行想戏论,是人不离想。若人作是心,是想谁所起?是想谁能证,谁能灭是想?起想之法者,诸佛莫能得。即于此处有,无我离取著。若其心不生,何由得起想?若心得解脱,彼则无由起。若证于解脱,心则不思议。心不思议故,成就不思议。我本作是念,安住心地已。弃舍一切心,愿成不思议。白净法果报,睹见于无为。一念能了知,一切众生念。众生即是心,心即是如来。诸佛不思议,显了于此心。

问:心王妙义、八识真原,显正理以圆明,据圣教为定量,理事齐举,已断纤疑。心所之门,如何开演?

答:此申第二心所有法。此心所六位,都有五十一法:遍行有五,别境有五,善有十一,根本烦恼有六,随烦恼有二十,不定有四。遍行者,遍四一切。四一切者:一、性一切者，即三性、一善、二不善、三无记性等。二、地一切者，即九地：一欲界五趣地，色界四禅四地，无色界四空四地。三时一切者，时，即同一刹那时也，此作意等五心所皆同时起，故名时一切。四、俱一切者，俱，即遍诸心等，与八识俱。意云：此作意等五遍行，与八识心王俱起时，必有同时相应五数。又如八识俱起时，皆有遍行五数，故名俱一切。即四一切是所行所遍，触等五数是能行能遍。遍者，是圆义。行者，是游履义。缘境义，但取见分能缘四一切，不取内二分，内二分但互相缘，即不能外缘一切。又，若别境欲等五数，有行非遍，行是能缘，遍是所缘，即所乐等四境，以四境不能令能缘欲等所遍缘，故名有行非遍，应以四句分别：一是行非遍，即别境。二是遍非行，即真如。三俱句，即遍行。四俱非，即色等。《显扬论》云：心所有法者，谓若法从阿赖耶种子所生，依心所起，与心俱转相应。

彼复云何谓遍行有五？一作意者，谓能警心为性，于所缘境，引心为业。问：作意，为在种位能警心，为在现行能警心？答：在种位能警心。以作意自性明利，虽在种位，若有境至，而能警心心所种，令生起现。举喻：如多人同一室宿，外边有贼来时，众中有一人为性少睡，便能警觉余人。此人虽自身未起，而能警觉余人令起。亦如内心相分，虽与见分同起，法尔有能牵心功能。今作意亦尔，其作意种子，既警彼诸心心所种，生现行已，作意现行，又能引心现行令趣前境。即此作意，有二功能：一心未起时，能警令起。二若起已，能引令趣境。初是体性，后是业用。二触，谓根境识三事和合，分别为体，受依为业。又，即三和是因，触是其果，令心心所触境为性,受想思等所依为业。触若不生时,余受一心所亦不能生,和合一切心及心所令同触前境,是触自性也。即诸心所缘境时,皆是触功能自性也。即此触似彼三和与受等为所依,是触之业用也。三受,领纳为体,爱缘为业。四想,谓名句文身熏习为缘,取相为体,发言议为业。又,想能安立自境分剂,若心起时无此想者,应不能取境分剂相。于境取像为性,施设种种名言为业。种种名言,皆由于想,是想功能。五思,谓念心造作一切善恶总别报为思体,于善品等役心为业。触等五法,心起必有,故是遍行,余非遍行。

别境有五,欲等不遍心故,以四境别,名为别境也:一欲,谓于所乐境,希望为体,勤依为业。又于一切事欲观察者有希望故,若不欲观,随因境势任运缘者,即全无欲。由斯理趣,欲非遍行。二胜解,谓于决定境,如其所应,印解为体,不可引转为业。又谓邪正等教理证力,于所取境审决印持,由此异缘不能引转,故犹预境,胜解全无,非审决心,亦无胜解,非遍行摄。三念,谓于惯习境,令心明记不忘为体,等持所依为业。又于曾未受体类境中,令不起念,设曾所受,不能明记,念亦不生,故念必非遍行所摄。念与定为所依、为业用,能生正定,故言定依为业。四定,亦云等持,谓于所观境,专注一缘为体,令心不散,智依为业。又由定令心专注不散,依斯便有决择智生。若不系心专注境位,便无定起,故非遍行。五慧,谓于所观境,简择为体,断疑为业。又于非观境,愚昧心中,无简择故,非遍行摄。此别境五,随位有无,所缘能缘,非定俱故。善有十一:一信,谓于有体有德有能，心净为体，断不信障，能得菩提资粮圆满为业。又《识论》云：信以心净为性。此性澄清，能净心等。以心胜故，立心净名。如水清珠，能清浊水。释云：唯信是能净，余善等皆所净。故以心王为主，但言心净，不言心所。水喻心等，清珠喻信体。以投珠故，浊水便清。以有信故，其心遂净。二惭，谓依自增上及法增上，羞耻过恶为体，断无惭障为业。三愧，谓依世增上、羞耻过恶为体，断无愧障为业。四无贪，谓于有有具，厌离无执，不藏不爱，无著为体，能断贪障为业。五无瞋，谓于诸有情，心无损害，慈愍为体，能断瞋障为业。六无痴，谓正了真实为体，能断痴障为业。七精进，谓心勇无堕，不自轻贱为体，断懈怠障为业。八轻安，谓远离粗重、身心调畅为体，断粗重障为业。九不放逸，谓总摄无贪瞋痴，精进为体，断放逸障为业。十舍，谓总摄无贪瞋痴为体，依此舍故，得心平等，得心正直，心无发动，断发动障为业。十一不害，谓由不恼害诸有情故，悲哀恻怆愍物为体，能断害障为业。根本烦恼有六：一贪，谓于五取蕴，爱乐覆藏，保著为体，损害自他，能趣恶道为业。二瞋，谓于有情，欲兴损害为体，能障无瞋为业。三慢，谓以他劣己，计我为胜，令心高举为体，能障无慢为业。四无明，谓不正了真实为体，能障正了为业。五邪见，谓五见为体：一萨迦邪见，谓于五取蕴计我我所染污慧为体，能障无我无颠倒解为业。二边执见，谓于五取蕴执计断常染污慧为体，能障无常无颠倒解为业。三邪见，谓谤因果染污慧为体，唯分别起能障正见为业。四见取，谓于前三见及见所依蕴，计最胜上及与第一染污慧为体，唯分别起，能障苦及不净无颠倒解为业。五戒禁取，谓于前诸见及见所依蕴，计为清净解脱出离染污慧为体，唯分别起能障如前无颠倒解为业。释云：萨迦邪见者，此翻身见也。见取者，论又云：一切斗诤所依为业，此于诸见及所依蕴执为最胜，能得涅槃清净法，是见取。由此各各互执为胜诸见等故，一切外道斗诤因斯而起。戒禁取者，又云无利勤苦所依为业，谓依诸见所受戒，说此戒为胜，及能得涅槃，由此戒故，一切外道受持拔发等无利勤苦。六疑，谓于诸谛犹豫不决为体，唯分别起，能障无疑为业。

问：此十烦恼，何识相应？

答：第八藏识全无，第七末那有四，第六意识具十，前五识唯三。古释云：五识但三，以无分别，故无慢等，慢等必由有随念计度分别生故。又由慢于称量门起，劣胜真故。疑，犹豫简择门起。见，推求门起故。五识无此等行相故。七识具我痴等四烦恼，犹具审决，故疑无容起，由爱著我，瞋不得生。无一心王中有二慧，故余见不生。随烦恼有二十，释论云：唯是烦恼，分位差别等流性故，名随烦恼。此二十种，类别有三：谓分等十，各别起故，名小随烦恼。无惭等二，遍不善故，名中随烦恼。掉举等八，遍染心故，名大随烦恼。一、忿，谓于现在违缘，令心愤发为体，能障无瞋为业。二、恨，谓于过去违缘，结怨不舍为体，能障无瞋为业。三、覆，谓于过犯，若他谏诲、若不谏诲，秘所作恶为体，能障发露悔过为业。四、恼，谓于过犯，若他谏诲，便发粗言，心暴不忍为体，能障善友为业。五、嫉，谓于他所有功德名誉，心妬不悦为体，能障仁慈为业。六、悭，谓积聚悭著为体，障无贪为业。七、诳，谓惑乱于他，现不实事，心诡为体，能障爱敬为业。八、谄，为欺彼故，诈现恭顺，心曲为体，能障爱敬为业。九、憍，谓恃世间兴盛等，心恃高举，无所忌惮为体，能障厌离为业。十、害，谓逼恼有情、无悲无愍、无哀、无怜、无恻为体，能障不害为业。十一、无惭，谓不耻过恶为体，能障惭为业。十二、无愧，谓于世增上，不耻过恶为体，能障愧为业。十三、惛沉，谓令心懵重为体，能障毗钵舍那为业。十四、掉举，谓依不正寻求，心不寂静为体，能障奢摩他为业。十五、不信，谓于有体有德有能，心不净信为体，障信为业。十六、懈怠，谓心不勉励为体，能障发起正勤为业。十七、放逸，谓总贪瞋痴懈怠为体，障不放逸为业。十八、失念，谓染污不记为体，障不妄念为业。十九、散乱，谓于所修善心，不喜乐为依止故，驰散外缘为体，能障等持为业。二十、不正知，谓于三业，不正了住，染污慧为体，能障正知为业。

宗镜录第五十八

宋 慧日永明妙圆正修智觉禅师延寿集

夫不定有四:悔、眠、寻、伺。于善染等皆不定故,非如触等定遍心故,非如欲等定遍地故,立不定名。一、恶作,谓于已作未作善不善事,若染不染,怅怏追变为体,能障奢摩他为业。又,《识论》称悔,此即于果,假立因名,先恶所作业,后方追悔故。二、睡眠,谓略摄于心,不自在转为体,能障毗钵舍那为业。三、寻,谓或时由思于法造作,或时由慧于法推求,散行外境,令心粗转为体,障心内净为业。四、伺,谓从阿赖耶识种子所生,依心所造,与心俱转相应,于所寻法略行外境,令心细转为体,障心内净为业。释云:寻即浅推,伺即深度。寻于粗发言,伺则细发语。《识论》云:四不定者,于善染等皆不定故。释云:一解:显不定义,此于界性识等皆不定故。二解:简前信等贪等,此通三性,性不定故。如上根随烦恼,过患尤深,开恶趣门,障菩提道。如《瑜伽论》云:烦恼差别者,多种差别应知,谓结、缚、随眠、随烦恼、缠、瀑流、扼、取、系、盖、株杌、垢、常害、箭、所有、根、恶行、漏匮、烧、恼、有诤、火、炽然、稠林、拘碍,如是等类,烦恼差别。当知此中:能和合苦,故名为结。令于善行,不随所欲,故名为缚。一切世间,增上种子,之行随逐,故名随眠。倒染心故,名随烦恼。数起现行,故名为缠。深难渡故,顺流漂故,名为瀑流。邪行方便,故名为扼。能取自身,相续不绝,故名为取。难可解脱,故名为系。覆真实义,故名为盖。坏善稼田,故名株杌。自性染污,故名为垢。常能为害,故名为常害。不静相故,远所随故,名为箭。能摄依事,故名所有。不善所依,故名为根。邪行自性,故名恶行。流动其心,故名为漏。能令受用,无有厌足,故名为匮。能令所欲,常有匮乏,故名为烧。无引衰损,故名为恼。能为斗讼诤竞之因,故名有诤。烧所积集诸善根薪,故名为火。如大热病,故名炽然。种种自身大树聚集,故名稠林。能令众生乐著种种妙欲尘故,能障证得出世法故,名为拘碍。诸如是等烦恼差别,乃至烦恼过患者,当知诸烦恼有无量过患,谓烦恼起时,先恼乱其心。次于所缘,发起颠倒,令诸随眠皆得坚固,令等流行相续而转,能引自害,能引他害,能引俱害,生现法罪,生后法罪,生俱法罪。令受彼生身心忧苦,能引生等种种大苦,能令相续远涅槃乐,能令退失诸胜善法,能令资财衰损散失,能令入众不得无畏、悚惧无威,能令鄙恶名称流布十方,常为智者所诃毁。令临终时生大忧悔,令身坏已堕诸恶趣生那落迦中,令不证得自胜义利。如是等过,无量无边。

如上所作烦恼,生诸过患,皆从最初一念无明心起。何谓无明?以不知前境本空,妄生对待,唯是自心分别,以忿恨风,吹心识火,自烧自害,曾不觉知,不了唯心第一义谛,故曰无明。痴暗所缠,空生空死。《大智度论》云:复次一切法性皆空无所有,汝所瞋因缘亦皆虚诳无定。汝云何以虚诳事故,瞋骂加害,乃至夺命?起此重罪业故,堕三恶道,受无量苦。汝莫以虚诳无实事故,而受大罪。如山中有一佛图,彼中有一别房,房中有鬼来恐恼道人,故诸道人皆舍房而去。有一客僧来,维那处分令住此房,而语之言:此房中有鬼神喜恼人,能住中者住。客僧自以持戒力多闻故,言:小鬼何所能?我能伏之!即入房住。暮更有一僧来求住处,维那亦令在此房住,亦语有鬼恼人。其人亦言:小鬼何所能?我当伏之!先入者,闭户端坐待鬼。后来者,夜暗打门求入。先入者谓为是鬼,不为开户。后来者极力打门,在内道人,以力拒之。外者得胜,排门得入,内者打之,外者亦极力熟打,至明旦相见,乃是故旧同学,各相愧谢,众人云集,笑而怪之。众生亦如是,五众无我无人,空取相致斗诤。若支解在地,但有骨肉,无人无我。是故菩萨,语众生言:汝莫于根本空中,斗诤作罪。斗诤故,人身尚不可得,何况值佛?又云:一切烦恼,虽是过去业因缘,无明是根本。乃至若知先一世无明业因缘,则亿万世可知。譬如现在火热,过去、未来火亦如是。复次菩萨求无明,体即是明。所谓诸法实相,名为实际,观诸法如幻如化。众生颠倒因缘故,起诸烦恼,作恶罪业,轮转五道,受生死苦。譬如蚕出丝自裹缚,入沸汤火炙,凡夫众生亦如是:初生时未有诸烦恼,后自生贪欲瞋恚等诸烦恼。是烦恼因缘故,覆真智慧,转身受地狱火烧汤煮。菩萨知是法本末皆空,但众生颠倒错故,受如是苦。菩萨于此众生起大悲心,欲破是颠倒故求于实法,行般若波罗蜜通达实际。种种因缘教化众生令住实际,是故住实际无咎。释曰:如了今世无明业是心,则能通达过去未来一切善恶诸业,悉是自心。如一火性热,则一切火皆热。既实知已，终不更将手触，惧烧手故。若如实知，今现在一尘一念悉是自心，终不更故起心贪取前境，虑失宗故。所以《宝藏论》云：一切如幻，其幻不实。知幻是幻，守真抱一。如是则智灯常照，业海自枯，究竟住于无过咎，真唯识性之实际。于实际中，不见有一法若生若灭，若合若散。所以《寂调音所问经》云：寂调音天子言：文殊师利，为有烦恼故调伏，为无烦恼故调伏？文殊师利言：天子，喻如有梦为毒蛇所螫，此人为苦所逼，即于梦中而服解药。以服药故，毒气得除。天子，于意云何？此人实为所螫不耶？天子言：不也。文殊师利言：彼毒实为除不耶？天子言：文殊师利，如实不被螫，除亦如是。文殊师利言：天子，一切贤圣调伏，亦复如是。天子，汝作是言：为有烦恼故调伏、无故调伏者，天子，如我与无我，有烦恼无烦恼，亦复如是，乃至一切法无我，以无主故。一切法无主，与虚空等故。一切法无来，无所依故。一切法无去，无窠窟故。一切法无住，无所安立故。一切法无安立，生即灭故。一切法无为，以无漏故。一切法无受，究竟调伏故。《大庄严法门经》云：文殊师利见此大众，于金色女无染心已，问金色女言：汝今烦恼置在何处，令诸王子乃至居士等，不生染心？金色女言：一切烦恼及众生烦恼，皆住智慧解脱之岸，如如法界平等法中。彼诸烦恼，非有生，非有灭，亦不安置。如《中观论》偈云：染法染者一，一法云何合？染法染者异，异法云何合？古释：烦恼为能染，众生是所染。一即能所不成，异即如同水火，俱无合义。《止观》云：若一念烦恼心起，具十法界百法，不相妨碍。虽多不有，虽一不无。多不积，一不散。多不异，一不同。

多即一,一即多。亦如初灯,与暗共住。如是明暗不相妨碍,亦不相破。如是了达烦恼性空,则四种瀑流唯正法行日之能竭,七重慢阜因平等慧风之所摧。能害所害俱消,自缚他缚同解。逢缘犹莲华上之水,历事若虚空中之风。一切时中,常居宗镜,见万法无异,如太虚空。因分别识生,名色影现。分别不起,名色本虚。向性空地中,美恶平等。如《大智度论》云:譬如除宫殿,及诸陋庐,如烧栴檀及杂木,其处虚空,无有异色。及萨婆若等诸法,求其实皆如是。故《净名疏》云:但除其病,不除其法者,即是明其去取也。有师解言:如人眼病见空中华,眼病差时即无华可除。众生亦尔,妄见诸法,但除妄惑。妄惑若灭,则无法可除,此是本无法义。何谓不除法也?今言一切众生悉具十法界法,无明不了,触处病生。若有智慧,无碍自在,悉为佛事。譬如火是烧法,若触烧痛。谨慎不触,即是除病,不可除火。若除此火,则失温身照闇成食之能。十二因缘三道之法亦尔,此有去取,法不同除也。又,火能烧人,得法术者出入无碍,不须除火也。故八万四千烦恼,凡夫为之受恼,诸佛菩萨以为佛事也。亦如治眼之法,去病不得损睛珠也。经言:为断病本而教导者,此正明化物也。病本,即是一念无明取相故。《华严经》云:三界无别法,唯是一心作。今谓唯是一念无明取相心作也,此即三界生死之病本也。若知无明,不起取有,即毕故不造新,即是断病本也。是知,一念之心,既名病本,亦是道原。执实成非,了空无过。悟在刹那,更无前后。如志公和尚《道体不二科》云:众生不解修道,便欲遣除烦恼。不知烦恼本空,将道更欲觅道。一念之心即是,何须别处追讨。大道皎在目前,迷倒愚人不了。佛性天真自然,亦无因缘修造。不识三毒虚假,妄执沉沦生老。昔日迷时谓晚,今日始觉非早。

第三色法,色有十五种:一地,有二种:一内,二外。内,谓各别身内,眼等五根,及彼居处之所依止,坚硬所摄,有执受性。复有增上积集,所谓发毛爪齿、皮肉筋骨等,是内地体,形段受用为业。外,谓各别身外,色等五境之所依止,坚硬所摄,非执受性。复有增上积集,所谓砾石丘山等,是外地体,形段受用为业,又依持资养为业。二水,亦二种:一内,二外。内,谓各别身内,眼等五根,及彼居处之所依止,湿润所摄,有执受性。复有增上积集,所谓洟泪涎汗等,是内水体,润泽聚集受用为业。外,为各别身外,色等五境之所依止,湿润所摄,非执受性。复有增上积集,所谓泉源溪沼等,是外水体,依治受用资养为业。三火,亦二:一内,二外。内,谓各别身内,眼等五根,及彼居处之所依止,暖热所摄,有执受性。复有增上积集,所谓能令有情遍温增热,又能消化饮噉,是内火体,成熟和合受用为业。外,谓各别身外,色等五境之所依止,暖热所摄,非执受性。复有增上积集,所谓炎燎村城,或钻木击石,种种求之,是外火体,变坏受用对治资养为业。四风,亦二种:一内,二外。内,谓各别身,眼等五根,及彼居处之所依止,轻动所摄,有执受性。复有增上积集,所谓上下横行、入出气息等,是内风体,动作事受用为业。外,谓各别身外,色等五境之所依止,轻动所摄,非执受性。复有增上积集,所谓摧破山崖、偃拔林木等,彼既散坏,无依故静。若求风者,动衣摇扇,其不动摇,无缘故息。如是等,是外风体,依持受用,对治资养为业。五眼,谓一切种子阿赖耶识之所执受,四大所造色为境界,缘色境识之所依止,净色为体,色蕴所摄,无见有对性。六耳、七鼻、八舌、九身,亦尔。此中差别者,谓各行自境,缘自境之所依止。十色,谓眼所行境,眼识所缘,四大所造,色蕴所摄,有见有对性。十一声,谓耳所行境,耳识所缘,四大所造,可闻音为体,色蕴所摄,无见有对性。十二香,谓鼻所行境,鼻识所缘,四大所造,可嗅物为体,色蕴所摄,无见有对性。十三味,谓舌所行境,舌识所缘,四大所造,可尝物为体,色蕴所摄,无见有对性。十四触,谓身所行境,身识所缘,四大所造,可触物为体,色蕴所摄,无见有对性。十五法处所摄色,谓一切时意所行境,色蕴所摄,无见无对性。

又,《百法》明色有十一种,所谓五根六境。五根者,《阿毗达磨论》云:以造色为体。一能造,即四大地水火风。二所造,即四微色香味触。

六境者:一色,有三十一。显色有十三:一青,二黄,三赤,四白,五光,六影,七明,八暗,九云,十烟,十一尘,十二雾,十三空一显色。形色有十:一长,二短,三方,四圆,五粗,六细,七高,八下,九正,十不正。表色有八:一取,二舍,三屈,四伸,五行,六住,七坐,八卧。法处色有五:一极迥色,二极略色,三定自在所生色,四受所引色,五遍计所执色。五根色,以能造为体,法处境中以极迥极略为体,遍计所执,受所引色等四色,非是造色,无体性故,是假非实。又,除青黄赤白四色是实,长短二十七种皆是假。四实色上立故,以相形立故。二声,有十一种:一因执受大种声。因

者,假藉之义,即藉彼第八识执受四大所发之声,即血脉流注声等是也,即内四大有情作声,皆是执受故。二因不执受大种声,外四大声是。三因执受不执受大种声,如外四大种,亲造彼声,即手是。内四大种,亲造果声,外四大种但为助缘,共造一声,四世所共成声,世间言教书籍阴阳等,名共成声。仁义礼智信等,五成所引声。或成所作智,所引言教,即唯如来。六可意声,情所乐欲。七不可意声,情不乐欲。八俱相违声,非乐非不乐,名俱相违声。九遍计所执声,谓外道所立言教。十圣言量所摄声。十一非圣言量所摄声。三香,有六:一好,约情说。随自识变,称己心等,方名好香。二恶。三平等,非好非恶。四俱生,沉檀等,与质俱起。五和合,众香等成一香。六变异,未熟无香之时,名变异。四味,有十二:一苦,二酸,三甘,四辛,五咸,六淡,七可意,谓称情故。八不可意,谓不称情。九俱相违,上二相反。十俱生,与质同有。十一和合,众味聚集。十二变异,成熟后,味异于前。五触,有二十六:一地,二水,三火,四风,五滑,六涩。七轻,八重,九软,十缓,十一急,十二冷,十三饥,十四渴,十五饱,十六力,十七劣,十八闷,十九痒,二十黏,二十一病,二十二老,二十三死,二十四疲,二十五息,二十六勇。前四地水火风是实,余二十二,依四大差别建立是假。

问:色法有几义?

答:有四义。《百法》云:一、识所依色,唯属五根。二、识所缘色,唯属六境。三、总相而言,质碍名色。四、别相而言，略有二种：一者有对，若准有宗，极微所成，大乘即用能造色成。二者无对，非极微成，即法处所摄色。如上地水火风一切色法，因缘似有，体用俱虚。何者？自体他体皆悉性空，能缘所缘俱无有力。以自因他立，他因自生，他是自他，自是他自，互成互夺，定性俱无。又，能因所成，所从能立，能无有力则入所，所无有力则入能，互摄互资，悉假施设。缘会似有，缘散还无，以唯识所持，终归空性。如《大智度论》云：复次地，若常是坚相，不应舍其相。如凝酥、蜡蜜、树胶，融则舍其坚相，堕湿相中。金银铜铁等，亦尔。如水为湿相，寒则转为坚相。如是等种种，悉皆舍相。复次诸论师辈，有能令无，无能令有。诸贤圣人及坐禅人，能令地作水、水作地。如是等诸法，皆可转相，以无定体，故随缘变现，不可执有执无，违于法性。

第四不相应行法，有二十四。不相应行者，相应者，和顺义。如心王心所，得等非能缘，故不与心心所相应，名不相应。又，得等非质碍义，不与色相应。又，有生灭，不与无为相应，为拣四位法，故名不相应。一得，谓诸行种子所摄，自在生起，相续差别性。又，《杂集论》云：谓于善不善无记法，若增若减，假立获得成就。善不善无记法者，显依处。若增若减者，显自体。何以故？由有增故，说名成就上品信等。由有减故，说名成就下品信等。二无想定，谓已离净欲，未离上地欲，由于无想天，起出离想。《杂集论》云：于不恒行心心所灭，假立无想定。不恒行，转识所摄。灭者，谓定心所引，不恒现行诸心心所，暂时间灭。三灭尽定，谓已离无所有处欲，或入非想、非非想处定。又云欲超过有顶，

作止息想，作意为先，故于不恒行诸心心所及恒行一分心心所灭，假立灭尽定。此中所以不言未离上欲者，为显离有顶欲，阿罗汉等亦得此定故。一分恒行者，谓染污意所摄。四无想天，谓于此间得无想定。由此后生无想有情天中，于不恒行心心所灭，假立无想异熟。五命根，谓于众同分，先业所感，住时决定，假立寿命。众同分者，于一生中诸蕴相续。住时决定者，剂尔所时令众同分常得安住，或经百年千年等，由业所引功能差别，又依业所引第八识种，令色心不断，名为命根。六众同分，谓如是如是有情，于种种类自体相似，假立众同分。七异生性，谓行自相发起性，又由二障种，各趣差别。八生，谓于众同分，诸行本无今有性，假立为生。九异，谓于众同分，诸行相续变异性，假立为异，亦名为老。十住，谓于众同分，诸行相续不变坏性，假立为住。十一无常，谓于众同分，诸行自相生后灭坏性，假立无常相。十二名身，谓于诸法自性增言，假立名身。十三句身，谓于诸法差别增言，假立句身。十四文身，谓于彼前二文句所依诸字，假立文身。十五流转，谓于因果相续不断，假立流转。十六定异，谓于因果种种差别，假立定异。十七相应，谓诸行因果相称性。十八势速，谓诸行流转迅疾性。十九次第，谓诸行一一次第流转性。二十时，谓诸行展转新新生灭性。二十一方，谓诸色行遍分剂性。二十二数，谓诸行等各别相续，体相流转性。二十三和合，谓诸行缘会性。二十四不和合，谓诸行缘乖性。此不相应行，虽不与心王、心所、色法、无为等四位相应，然皆是心之分位，亦不离心变，及出唯识真性，约一期行相分别故尔。如《广百论》云：自心分别所见境界即是自心，但随众缘诸行种熟，自心变作种种分位。自心所变，无实体相，何为精勤，安立异法？但应信受诸法唯心。

问：一心妙旨，八识真原。有为门中，已明王所。无为法内，如何指陈？

答：此申第五无为法，有为无为，皆一心变起故，又不出一心性故。

问：有为无为，各有几种？一一行相，如何分别？

答：有为略有三种，无为略有六种，初有为极成之法，不过三种。《识论》云：一、现所知法，如色心等。二、现受用法，如瓶衣等。如是二法，世共知有，不待因成。三、有作用法，如眼耳等，由彼彼用，证知是有。释云：如色心等者，即是五识身，他心智境，谓色等五尘及心心所，此约总聚，不别分别。此何识境？现量所知，非境所知。如瓶衣等者，此虽现见受用，而非现量所缘，是假法故，但是现世而受用物。

问：此中缘瓶等心，是何量摄？

答：非量收，不亲缘得法自体故。非比度故，非量所收。如眼耳等者，此五色根，非现量得，亦非现世人所有知。此眼耳等，各由彼彼有发识用，比知是有。言证知者，证成道理也，以现见果，比有因故。果，谓所生心心所法，比量知有诸净色根，此非现量他心智知。然今大乘第八识境，亦现量得。佛智缘时，亦现量得。除佛已外，共许为论，非世共悉，

是故但言此知是有。次约诸经论,有六种无为。《百法》云:一、虚空无为者,离一切色心诸法障碍所显真理,名为虚空无为。虚空有三:一识变虚空,即第六识上作解心,变起虚空相分故。二法性虚空,即真如体有离诸障碍,故名为虚空。三事虚空,即所见顽空是也。二、择灭无为,由无漏智起简择,灭诸障染,所显真如理故。三、非择灭无为,有法不由择力起无漏智简择,而本性净,即自性清净涅槃是也。即真如本性离诸障染,不由起智断惑,本体净故。四、不动无为,第四禅离八患三灾,证得不动无为。五、想受灭无为,从第四禅已上,至无所有处已来,舍受不行,并粗想亦无,显得真如,名想受灭无为。六、真如无为,有二:一约对得名,谓真如理,对事得名。二简法者,即真如简遍计,离于生灭也。出体者,大乘但约心变相分,假说有虚空故,非是离心外有空也。若说本质无为者,即不离于识变有也。

问:若说识变相分说是无为者,即是相状之相随识而为,何成无为耶?

答:此说是识变,假说是无为,其实非是无为,无为是常住法故。今此依无为体者,但取随识独影相分为体。以前后相似无有变,而唯有一类空等相故,假说无为。此六无为,地前菩萨识变,即是有漏。若地上后得智变,即无漏。若依法性出体者,五种无为皆是真如,真如体外,更无别出。六种无为,各皆依真如实德也。

问:如何圣教说真如实耶?

答:今言有者,不是真如名实有。但说有,即是遣恶取空,故说有。体是妙有真空,故言非空非有。

问:如何圣教说真空为空耶?

答:谓破执真如心外实有,故说为空。即空其情执,即不空其真如空也。又,《识论》云:然诸契经说有虚空等诸无为法,略有二种:一、依识变假施设有,谓曾闻说虚空等名,随分别有虚空等相,数习力故,心等生时,似虚空等,无为相现。此所现相,前后相似,无有变易,假说为常。二、依法性假施设有,谓空无我所显真如,有无俱非,心言路绝,与一切法非一异等,是法真理,故名法性。离诸障碍,故名虚空。由简择力,灭诸杂染,究竟证会,故名择灭。不由择力,本性清净,或缘阙所显,故名非择灭。苦乐受灭,故名不动。想受不行,名想受灭。此五皆依真如假立,真如亦是假施设名。释云:一依识变假施设有者,此无本质,唯心所变,如极微等,变似空等相现,此皆变境而缘故也。真如亦是假施设者,真如约诠,而诠体是一。此五无为,依真如上假名空等,而真如体,非如、非不如,故真如名,亦是假立。如食油虫等,不称彼体,唯言显故。譬如有虫,名曰食油。实非食油,假名食油,不称体故,真如亦尔。又,《释摩诃衍论》云:无为有四:一真如无为,二本觉无为,三始觉无为,四虚空无为。有为法有五种:一者根本无明有为,二者生相有为,三者住相有为,四者异相有为,五者灭相有为,是名为五。且四无

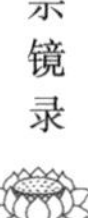

为者,以何为体,有何等用?颂曰:依各有二种,所谓通及别。如体用亦尔,随释应观察。论云:真如无为,有二所依:一者通所依,非有为、非无为,一心本法以为体故。二者别所依,生灭门内,寂静理法以为体故。本觉无为,有二所依:一者通所依,非有为、非无为,一心本法以为体故。二者别所依,生灭门内,自然本智以为体故。始觉无为,有二所依:一者通所依,非有为、非无为,一心本法以为体故。二者别所依,生灭门内,随他起智以为体故。虚空无为,有二所依:一者通所依,非有为、非无为,一心本法以为体故。二者别所依,生灭门内,无所有事以为体故。复次真如无为,有二种用:一者通用,一切诸法,令出生故。二者别用,平等之性,令不失故。本觉无为,有二种用:一者通用,不守自性故。二者别用,不转变故。始觉无为,有二种用:一者通用,随妄转故。二者别用,对治自过故。虚空无为,有二种用:一者通用,欲有令有故。二者别用,空无之性,令不失故,是名二用。此中所说,通谓他义,别谓自义。五种有为,以何为体,有何等用?颂曰:依各有二种,所谓通及别。如体用亦尔,随释应观察。论曰:根本无明,有二种依:一者通所依,非有为、非无为,一心本法以为体故。二者别所依,生灭门内,大力住地以为体故。生相有为,有二种依:一者通所依,非有非无为,一心本法以为体故。二者别所依,生灭门内,细分染法以为体故。住相,有二种依:一者通所依,非有为、非无为,一心本法以为体故。二者别所依,生灭门内,粗分染法以为体故。异相、灭相二种通依别依,如前住相有为所说无别。复次根本无明有为,有二种用:一者通用,能生一切诸染法故。二者别用,随所至处,作碍事故。生相有为,有二种用:一者通用,于上下中,与其力故。二者别用,随所至处,作碍事故。如说生相,住异亦尔。灭相有为,有二种用:一者通用,于上及自,与其力故。二者别用,能作碍事故,是名二用。以何义故,作如是说,有为无为一切诸法,通以一心而为其体?于《道智契经》中作如是说:尔时文殊师利白佛言:世尊,阿赖耶识,具一切法过于恒沙,过于恒沙如是诸法,以谁为本,生于何处?佛言:如是有为无为一切诸法,生处殊胜,不可思议。何以故?于非有为非无为处,是有为是无为法而能生故。文殊又白佛言:世尊,云何名为非有为非无为处?佛言:非有为非无为处者,所谓一心本法,非有为故,能作有为。非无为故,能作无为。是故我言:生处殊胜,不可思议。复次善男子,譬如庶子,有二所依:一者大王,二者父母。有为无为一切诸法,亦复如是,各有二依:谓通达依,及支分依。复次善男子,譬如一切草木,有二所依:一者大地,二者种子。有为无为一切诸法,亦复如是,各有二依:谓通达依,及支分依。乃至广说不生不灭与生灭和合者,即是开示能熏所熏之差别故。云何开示?所谓显示染净诸法、有力无力,互有胜劣故。今当作二门,分明显说:一者下转门,二者上转门。生灭门中,不出此二。如是二门,云何差别?颂曰:诸染法有力,诸净法无力。背本下下转,名为下转门。诸净法有力,诸染法无力。向原上上转,名为上转门。论曰:由染净诸法互有胜劣故,二种转门得成而已。今当先说初下转门:根本无明,以何等法而为所熏,于何时中而作熏事?颂曰:所熏有五种,为一法界心。

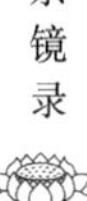

及四种无为，非初非中后。取前中后故，如契经分明说。论曰：根本无明，以五种法而为所熏，谓一法界及四无为，熏一法界，其相云何？颂曰：一种法界心，有二种自在。谓有为无为，是根本无明。依于初自在，而能作熏事。论曰：一法界心，有二种自在：一者有为自在，能为有为法，而作依止故。二者无为自在，能为无为法，而作依止故。根本无明，依初自在，能作熏事，非后自在。《中实契经》中作如是说：根本无明，依初自在能作熏事，非后自在。《中实契经》中作如是说：根本无明，熏自所依分际之量，非他所依故。熏真如法，其相云何？颂曰：真如无为法，有二种作用。所谓通及别，如前决择说。是根本无明，依于初作用。而能作熏事，余无为亦尔。论曰：真如无为，有二种用，谓通及别，如前所说：根本无明，依初作用，能作熏事，非后作用。如说真如，余三无为，亦复如是，皆依初作用，非后用故。作熏时量，非初亦非中后，取前中后故。《本智契经》中作如是说：大力无明作熏事时，初及中后，一时俱取，而非别取故。此中所说能熏所熏，以何义故名言熏？谓能引彼法而合自体，不相舍离，俱行俱转，故名能熏。又，能与彼法不作障碍，若随若顺，不违逆故，名为所熏。谓五种有为，能熏四种无为法及一法界心，所熏五法随来而与五能熏共会和合，同事俱转，是故说言：不生不灭，与生灭和合。如大无明，一心本法为通依故，依初自在，作熏习事，四相有为，应如是知。如大无明，依四无为，通达作用，能作熏事。四相有为，应如是知。

宗镜录第五十九

宋 慧日永明妙圆正修智觉禅师延寿集

夫有为无为二门,为当是一是异?

答:非一非异,非泯非存。何者?若是一者,《仁王经》不应云:诸菩萨等,有为功德、无为功德,悉皆成就。又,《维摩经》云:菩萨不尽有为,不住无为等。二义双明,岂是一耶?若是异者,《般若经》佛告善现:不得离有为说无为,不得离无为说有为。岂成异耶?若云俱泯者,《华严经》云:于有为界示无为之理,不灭有为之相。于无为界示有为之法,不坏无为之性。则有无性相,无碍俱存。若言俱存者,如前论云:二依法性假施设有,谓空无我所显真如,有无俱非,心言路绝。则百非莫能惑,四句不能诠。非可以情谓有无,唯应智超言像,方达有为无为唯识之真性矣。如《大智度论》:复次夫生灭法者,若先有心,后有生,则心不待生。何以故?先已有心故。若先有生,则生无所生。又,生灭性相违,生则不应有灭,灭时不应有生。以是故,一时不可得,异亦不可得,是则无生。若无生,则无住灭。若无生住灭,则无心数法。无心数法,则无心不相应诸行色法。色法无故,无为法亦无故。何以故?因有为,故有无为。若无有为,则亦无无为。是故不应言诸法有。又,《胜思惟梵天所问经》云:有为无为之法,文字言说有差别耳。《持世经》云:有为法如实相,即是无为。

问:心所具几义,立心所之门?

答:古德释云:心所义有三:一恒依心起,二与心相应,三系属于心。心王缘总相,如画师作模。心所通缘总别相,如弟子于总相模中,填众多彩色,即心所于心王揔青。如眼识心王,缘青色境时是总相,更不作多般行解。心所缘别相者,如五心所中作意,以警心引心为别相等上,便领纳想象,造作种种行相,是通缘总别相。

问:心王与心所,为同为别?

答:约俗则似同似别,论真则非即非离。《识论》云:如是六位心所法,为离心体有别自性,为即是心分位差别。设尔何失,二俱有过:若离心体有别自性,如何圣教说唯有识?又如何说,心远独行,染净由心,士夫六界?《庄严论》说:复云何通?如彼颂言:许心似二现,如是似贪等。或似于信等,无别染善法。若即是心分位差别,如何圣教说心相应,他性相应,非自性故?又如何说心与心所,俱时而起,如日与光?《瑜伽论》说:心所非即心故,应说离心有别自性。以心胜故,说唯识等。心所依心势力生故,说似彼现,非彼即心。又识心言,亦摄心所,恒相应故。唯识等言,及现似彼,皆无有失。此依世俗,若依胜义,心所与心,非即非离,诸识相望,应知亦然,是谓大乘真俗妙理。《摄论》颂云:远行及独行,无身寐于窟。调其难调心,是名真梵志。《百法》释云:如来依意根处,说远行及独行也。随无明意识,遍缘一切境也,故名远行。又,诸心相续,一一转故,无实主宰,名独行。无身者,即心无形质故。寐于窟者,即依附诸根,潜转身内,名为寐于窟也。寐者,藏也,即心之所蕴在身中。此偈意谓破外道执有实我也。世尊云:但是心独行,无别主宰。故言独行也。又,无始游历六尘境,故名远行。无别心所,故名独行,明知无别心所也。士夫六界者,《瑜伽》云:佛说皆云四大、空、识,能成有情,色、动、心三法最胜,为所依。色所依者,即四大也。动所依者,空即是也,谓内空界不取外者,由内身中有此空界故,所以有动,故为动依。心所依者,识是也,即说六界能成有情,不言心所界也。释云:许心似二现者,此中似言,似心外所计实二分等法,故名为似。无别染善法者,谓唯心变似见相二分,二分离心,无别有法。复言心变似贪信等,故贪信等离心之外,无别染善法,体即心也。如二分故,应说离心有别自性。以心胜故,说唯识等者。既说离心有所,何故说唯识?心远独行染净由心,六界之中唯说心者,以心胜故,说此唯识等。如何胜?总有四义:一能为主,二能为依,三行相总,四恒决定。非如心所等,有时不定。又,若依第一体用显现谛,即心王为体,心所为用,即体用不即不离也。若依胜义,即是因果差别谛,即王所互为因果,法尔非离也。若依第三证得胜义谛,即依诠显者,若依能诠依他起性说,非即。若依所诠二无我理说,即王所非离。若第四胜义胜义谛,废诠谈旨,亦不言即离也。即一真法界,离言绝相,即王所道理同归一真如故。

问:心王心所,云何明假实?

答:从种生者名实,依他立者名假。心法唯是实有,心所之中遍行别境唯是实有,其余诸法,或假或实。真如无为,虽非自从种起,亦名为实,不依他故。或诸法名义俱假,唯真如无为一种,名假体实,离言诠故。

问:《识论》云:但说识即摄心所者,真如与识,非如心所,何故不说?

答:识实性故,识俱有故,不离识故,非我法依,故但说识,不说真如。故知,真如即识,识即真如。

问:真如即识,识即真如。且真如非识之所变现,何成唯识?

答:虽非识变,识实性故,亦名唯识。真如离言,与能计识非一非异,非如色等可依起执,故非执依,此中不说。若远望疏言,亦可依执,法末学者,依起执故。又,真如既非识所转变,应非唯识。不以变故,名为唯识。不离识故,正名唯识。

问:一百法中,凡圣总具不?

答:若凡夫位,通约三界九地种子,皆具一百法。若诸佛果位,唯具六十六法,除根本烦恼六、随烦恼二十、不定四、不相应行中四,共除三十四法。

问:心摄一切,云何但标五位百法之门?

答:虽标百法以为纲要,此中五位次第已摄,无尽法门,不出于此。何者?《百法》云:一明心法,谓此八种心王,有为法中此最胜故,世出世间,无不由心造。二明心所有法,与此心王常相应故,名相应法。望前心王,此即是劣。先胜后劣,所以次明。三色法,心王等之所现影,谓此色法不能自起,要藉前二心王心所之变现故。变不亲缘,故致影言,或通本质前二能变,此为所变。先能后所,所以次明。四不相应行,谓此得等二十四法不能自起,藉前三位差别假立。前三是实,此即是假。先实后假,所以次明。五无为法,体性甚深,若不约法以明无为,无由得显,故藉前四断染成净之所显示。前四有为,此即无为,坐有后无,所以后明。

又,钞中广释第一心法最胜故者,《华严经》颂云:心如工画师,能画诸世间。一切世间中,无法而不造者。此八识心王最胜,由如画师,能画一切人天五趣形像,乃至佛菩萨等形像。然经中举喻,佛但取少分。以画师只画得色蕴,余四蕴即不能画。法中若是八识,即能通造得五蕴。且如第八识,相应不共无明及余分别俱生惑等,若造得地狱总别报业,即自画得地狱五蕴。乃至若造得人天总别报业,即自画得人天形像。若具修万行,获得二转依果,即自画得佛果形像。故知,一切世出世间五蕴,皆是自第六识画得,不简依报正报,皆是心变,所以心法,独称最胜。第二心所有法,与此相应故者,《瑜伽论》五义略辩相应:一时者,所谓王所同时起。二依者,即王所同一所依根。三缘者,即王所同一所缘境。四行者,所谓王所三量,行相俱同。五事者,即王所各有自证分体事。第三色法，二所现影故现者，变也，为十一种色，皆是心、心所所变现故。影，谓影像，是相似流类之义，即此十一种色相分，是本质之流类，似于本质。若无质者，即似内心，故言影也。变不亲缘故置影言者，为八识皆有变相分缘义。且如前五识缘五尘境时须变影像缘，第六缘十八界法亦变相分缘，第七缘第八见分为我时亦变相分缘。若第八缘他人浮尘，及定果色，并界器时，亦变相分缘，相分望八识，即亲所缘缘。本质望八识，即疏所缘缘。此上所说，且望有质影者说。若唯有相分无本质者，即第八缘自三境，定意识缘自定果色是。第四分位差别故者，此得等二十四法，即依他前三位种现上假立。第五显示实性故，即五无为，如前已释。

又，第一八种心王，是最胜能缘门。第二心所有法与心相应，是共胜同缘门。第三色法，心之影像，是所缘境界门。第四不相应法，是分位建立门。第五无为法，是显示实性门。如上胜劣显现，能所互成，假实诠量，有无隐显等，能彰无尽法门。无尽法门，不出五位百法。五位百法，不出色心二法。摄末归本，不出唯心一法矣。

问：八识真原，万法栖止，约其体性，都有几种？

答：经论通辩，有三种性，约能所染净分别，随事说三。纵有卷舒，皆不离识性。合则一体无异，开则三相不同。三相不同，约用而行布。一体无异，就性以圆融。行布乃随义以施为，圆融则顺性而冥寂。若无行布，无可圆融。如无妄情，不立真智，染净既失，二谛不成。是以，因妄辩真，在行相而须悉。寻迹得本,假因缘以发明。斯三性法门,收凡圣境界,事无不尽,理无不穷。今言三性者,约经论共立:一遍计所执性,二依他起性,三圆成实性。遍计所执性者,谓愚夫周遍计度,所执蕴等实我实法,名为遍计性,有二:一自性,总执诸法实有自性。二差别,别执取常无常等,实有自体。或依名遍计义,如未识牛,闻牛名便推度:因何道理,名之为牛。或依义遍计名,或见物体,不知其名,便妄推度:此物名何。如未识牛,共推度云:为鬼耶?为兽耶?此诸遍计,约体不出人法二体,约执不出名义二种。

又,一有遍非计,如无漏诸心、有漏善识,能遍广缘而非计执。无漏诸心,即诸圣人无漏智慧,了诸法空,即无法不遍,都无计执,名为非计。唯后得智,有漏善识,即地前菩萨,虽有漏心中能作无我观故,亦能观一切皆无有我,亦是遍而非计。二有计非遍,如有漏第七识,恒缘第八见分起我法二执,从第六识入生空观时,第七识中犹尚缘第八见分起于法执,故知计而非遍。

三亦遍亦计,即众生染心。四非遍非计,即有漏五识及第八赖耶,各了自分境界,不遍。无计度,随念分别,故非计也。赖耶,唯缘种子、根身、器世间三种境故,尚不能缘前七现行,故非遍非计。有漏种子能持能缘,无漏种子即持而不缘,况余境耶?

又,古德云:众生染心,于依他起自性中。当知有二种遍计所执自性执:一者随觉,即现行执。二者惯习,习气随眠,即执种子。依他起性者,依他众缘和合生起,犹如幻事,名依他性。圆成实性者,一味真如圆满成就。

问:如何是能遍计自性之理?

答:准护法云:第六第七心品执我法者,是能遍计,唯说意识能遍计故。

问:如何是所遍计自性之理?

答:准《摄论》云:是依他起,遍计心等所缘缘故。慈恩云:三性之中,是依他起,言所缘必是有法,遍计心等以此为缘,亲相分者必依他故,不以圆成而为境也,谓不相似故。

问:三性中遍计是妄想,即无。依他属因缘,是有不?

答:此二性能所相生,俱无自体。何者?因妄想故立名相,因名相故立因缘。若妄想不生,名相何有?名相不有,因缘即空,以万法不出名故。《楞伽》颂云:譬如修行事,于一种种现。于彼无种种,妄想相如是。释云:此破妄想遍计性也。如二乘修诸观行,若作青想观时,天地万物莫不皆青也。以无青处见青,由心变故,于一色境,种种不同。譬凡夫妄见生死,亦是无生死处妄见生死也。又,经颂云:譬如种种翳,妄想众色现。翳无色非色,缘起不觉然。此破因缘依他起性也。如目翳所见,差别不同,彼实非有缘所起法,斯则妄想体空,因缘无性,即是圆成究竟一法。如明眼人,见净虚空。况一真心,更无所有。

问:此三性中,几法是假,几法是实?

答:《识论》云:遍计所执,妄安立故,可说为假。无体相故,非假非实。依他起性,有实有假:聚集相续,分位性故,说为假有。心心所色,从缘生故,说为实有。若无实法,假法亦无,假法依实因而施设故。圆成实性,唯是实有,不依他缘而施设故。释云:遍计,有名无体,妄情安立,可说为假。谈其法体,既无有相,非假非实。非兔角等,可说假实,必依有体总别法上,立为假实故。依他,假有三种:一聚集假者,如瓶盆有情等,是聚集法,多法一时所集成故。能成虽实,所成是假。二相续假者,如过未等世,唯有因果,是相续性,多法多时上,立一假法,如佛说言:昔者鹿王,今我身是。所依五蕴刹那灭者,虽体是实,于此多法相续假,立一有情,至今犹在故。三分位假者,如不相应行,是分位性,故皆是假,一时一法上立。如一色上,名有漏、可见、有对,亦名色等,并是于一法上,假施设故。若彼实者,应有多体,其忿恨等皆此假摄,心心所色从因缘种生,故说为实。

又,三性者即是一性,一性即无性。何者?遍计无相,依他无生,圆成无性。《解深密经》云:瞖眼人,如遍计。现青黄,如依他。净眼,如圆成。《摄论》云:分别性如蛇,依他性如藤。若人缘四尘相,分析此藤,但见四相,不见别藤。但是色香味触相故,藤非实有,以离四尘外,无别有藤。所以论偈云:于藤起蛇知,见藤则无境。若知藤分已,藤知如蛇知。若知藤之性分是空,则例如藤上妄生蛇想。《摄论》云:菩萨不见外尘,但见意言分别,即了依他性。云何了别?此法若离因缘自不得生,根尘为因缘,根尘既不成。此法无因缘,云何得生?依初真观,入依他性。由第二真观,除依他性,则唯识想息,意言分别显现,似所闻思一切义乃至似唯有识想皆不得生。生缘有二:谓分别性、及依他性。分别性已灭,依他性又不得生。既无二境,故一切义乃至似唯识想皆不得生。唯识想尚不得起,何况余意言分别而当得生?菩萨住何处?唯住无分别。一切名义中平等平等。又依二种平等,谓能缘、所缘:能缘即无分别智,以智无分别,故称平等。所缘即真如境,境亦无分别,故称平等。又此境智,不住能取所取义中,譬如虚空,故说平等平等。由此义故,菩萨得入真实性。此位不可言说,以自所诠故,证时离觉观思惟分别故。

古德问云:我见所缘影像若是依他有者,应有依他性实我?

答:此相仗因缘生,但是依他性幻有之法,而非是我。由彼妄执为我,故名妄执。此有两重相:约此相从因缘生,有力能生心,此乃是有,名依他性法。于此不称所执法义边,名遍计所执,乃名为无。如人昏冥,执石为牛,石体不无,我见所缘缘,依他相有,如石本非牛,妄心执为牛,此所执牛,其体全无。如相分本非我,妄心执为我,此所执,其体全无,但有能执心,而无所执我,谓于此石处,有所缘石,而无所执牛。于此相分上,有所缘法,而无所执我。又况云:如南方人不识驼毛,曾于一处闻说龟毛。后忽见驼毛,由不识故,妄谓驼毛以为龟毛。此所见驼毛是有故,如依他性法。其驼毛上无龟毛,妄心谓为龟毛,如所执实我法。故《论》云:有义,一切及心所法,由熏习力所变二分,从缘生故,名依他起。遍计依斯,妄执定实、有无一异、俱不俱等,此二名遍计所执性。

问:三性中几性不可灭,几性可灭耶?

答:准《佛性论》云:二性不可灭,一性可得灭。何以故?分别性本来是无,故不可灭。真实性本来是真,故不可灭。依他性虽有不真实,是故可灭。所以《分别中边论》云:分别性者,谓是六尘,永不可得,犹如空华。依他性者,谓唯乱识,有非实故,犹如幻物。真实性者,谓能取所取,二无所有,真实有无故,犹如虚寂。

问:依他起相,但是自心妄分别有,理事双寂,名体俱虚。云何有忧喜,所行境界?

答:譬如夜行,见杌为鬼,疑绳作蛇。蛇之与鬼,名体都无,性相恒寂,虽不可得而生怖心,以体虚而成事故。清凉《疏》云:若依《摄论》说喻,皆喻依他起性。然并为遣疑,所疑不同,故所喻亦异:一以外人闻依他起相,但是妄分别有,非真实义,遂即生疑云:若无实义,何有所行境界?故说如幻,谓幻者幻作,所缘六处,岂有实耶?二疑云:若无实,何有心心法转?故说如焰飘动,非水似水,妄有心转。三疑云:若无实,何有爱非爱受用?故说如梦中实无男女,而有爱非爱受用,觉时亦尔。四疑云:若无实,何有戏论言说?故说如响,实无有声,听者谓有。五疑云:若无实,何有善恶业果?故说如影,谓如镜影像,故亦非实。六疑云:若无实,何以菩萨作利乐事?故说如化,谓变化者虽知不实,而作化事,菩萨亦尔。是以,万法虽空,体虚成事。一真非有,无性随缘。则湛尔坚凝,常随物化。纷然起作,不动真如。

宗镜录第六十

宋 慧日永明妙圆正修智觉禅师延寿集

夫此三性法,为当是一是异?若道是一,不合云依圆是有,遍计是无。若道是异,又云皆同一性,所谓无性。

答:此三性法门,是诸佛密意所说,诸识起处,教网根由。若即之取之,皆落凡常之见。若离之舍之,俱失圣智之门。所以藏法师依华严宗,释三性同异义:一、圆成真如有二义:一不变,二随缘。二、依他二义:一似有,二无性。三、遍计所执二义:一情有,二理无。由真如不变,依他无性,所执理无。由此三义,故三性一际。又,约真如随缘,依他似有,所执情有,由此三义亦无异也。是故,真该妄求,末彻真原,性相融通,无障无阂。

问:依他似有等,岂同所执是情有耶?

答:由二义故,无异也:一、以彼所执,执似为实,故无异法。二、若离所执,似无起故。真中随缘亦尔,以无所执,无随缘故。又以三性,各有二义不相违,故无异性。且如圆成,虽复随缘成于染净,而恒不失自性清净,只由不失自性清净,故能随缘成染净也。犹如明镜现于染净,而恒不失镜之明净,只由不失镜明净故,方能现染净之相。以现染净,知镜明净。以镜明净,知现染净。是故二义,唯是一性。虽现净法,不增镜明。虽现染法,不污镜净。非直不污,亦乃由此反现镜之明净。真如亦尔,非直不动性净成于染净,亦乃由成染净方现性净。非直不坏染净明于性净,亦乃由性净故方成染净。是故二义,全体相收,一性无二,岂相违也?由依他无性,得成似有。由成似有,是故无性。此即无性即因缘,因缘即无性,是不二法门也。所执性中,虽复当情称执现有,然于道理毕竟是无,以于无处横计有故。如于机,横计有鬼。今既横计,明知理无。是故无二,唯一性也。

问:真如是有耶?

答:不也,随缘不变故,空,真如离妄念故。

问:真如是无耶?

答:不也,不变随缘故,不空故,圣智所行处故。

问:真如是亦有亦无耶?

答:不也,无二性故,离相违故。

问:真如是非有非无耶?

答:具法故,离戏论故。

问:依他是有耶?

答:不也,缘起无性故,约观遣故,异圆成故。

问:依他是无耶?

答：不也，无性缘起故，能现无生故，异遍计故，是智境故。

问：依他是亦有亦无耶？

答：不也，无二性故，离相违故。

问：依他是非有非无耶？

答：不也，有多义门故，离戏论故。

问：遍计是有耶？

答：不也，理无故，无体相故。

问：遍计是无耶？

答：不也，情有故，无相观境故，能翳真故。

问：遍计是亦有名亦无耶？

答：不也，无二性故。

问：遍计是非有非无耶？

答：不也，所执性成故。

已上护执竟，今执成过者，若计真如一向是有者，有二失：一不随缘，二不待了因故。

问：教云：真如为凝然常。既不随缘，岂是过耶？

答：圣说真如为凝然者，此是随缘成染净时，恒作染净而不失自体,即是不异无常之常,名不思议常。非谓不作诸法,如情所谓之凝然也。不异无常之常,出于情外,故名真如常。经云:不染而染明常作无常,染而不染明作无常时不失常也。又,不异常之无常,故说真如为无常。经云:如来藏,受苦乐与因俱,若生若灭。又,依他是生灭法,亦得有不异常之无常、不异无常之常,以诸缘起无常之法,即无自性,方成缘起。是故不异常性而得无常,故云不生不灭是无常义,此即不异于常,成无常也。又,诸缘起即是无性,非灭缘起方说无性,即是不异无常之常也。经云:色即是空,非色灭空。又,众生即涅槃,不更灭也,此与真如二义同,即真俗双融,二而无二故。论云:智障甚盲闇,谓真俗别执故也。又,真如若不随缘成于染净,染净等法,即无所依,无所依有法,又堕常也。又,真如若有者,即不随染净。染净诸法,既无自体,真又不随,不得有法,亦是断也。乃至执非有非无等四句,皆堕断常也。若依他执有者,谓已有体,不藉缘故,无缘有法,即是常也。又由执有,即不藉缘,不藉缘故,不得有法,即是断也。

问:依他性是有义便有失者,何故《摄论》云依他性以为有耶?

答:此即不异空之有,从缘无体故,一一缘中无作者故,由缘无作方得缘起。是故非有之有,为依他有,即是不动真际,建立诸法。若谓依他如言有者,即缘起有性。缘若有性,即不相藉。不相藉故,即坏依他。坏依他者,良由执有。汝恐堕空立有,不谓不达缘所起法,无自性故,即坏缘起,便堕空无。又,若依他执无者,亦二失:谓依他是无法者,即缘无所起,不得有法,即是断也。

问:若说缘生为空无即堕断者,何故《中论》广说缘生为毕竟空耶?

答:圣说缘生以为空者,此即不异有之空也,此即不动缘生说实相法也。若谓缘生如言空者,即无缘生。缘生无故,即无空理。无空理者,良由执空。是故汝恐堕有立空,不谓不达无性缘生故,失性空故,还堕情中恶取空也。故清辩为成有,故破于有。护法为成空,故破于空也。如情执无,即是断过。若说无法为依他者,无法非缘,非缘之法,即常也。乃至执非有非无,皆成断常二患:若遍计性中计所执为有者,圣智所照,理应不空,即是常也。若妄执遍计于理无者,即失情有,故是断也。乃至非有非无,皆具上失。

上已护過,今当显德者,真如是有义。何者?迷悟所依故,不空故,不坏故。真如是空义,随缘故,对染故。真如是亦有亦无义,具德故,违顺自在故,镕融故。真如是非有非无义,二不二故,定取不得故。依他是有义,无性缘成故。依他是无义,缘成无性故。依他是亦有亦无义,缘成故,无性故。依他是非有非无义,随取一不得故。遍计是有义,约情故。遍计是无义,约理故。遍计是亦有亦无义,由是所执故。遍计是非有非无义,由所执故。故知,执则为断常二患,不执成性德之门,但除妄情,非遣法也。是以,不离有以谈真,见有之本际。匪存无而观法,了无之真原,则不出有无,不在有无,何取舍之干怀,断常之所惑乎?是则,三性一性,情有而即是真空。一性三性,真如而能成缘起。终日有而不有,有彻空原。终日空而不空,空该有际。自然一心无寄,万法俱闲。境智相应,理行融即。方入宗镜,莹净无瑕。照破古今,光吞万汇矣。

问:若不立三性,有何等过?

答:若无三性,凡圣不成,失大因缘,成断常过。

《摄论》云:于世间中,离分别依他二法,更无余法:阿赖耶识是依他性,余一切法是分别性。此二法,摄一切法皆尽,三界唯有识故。《阿毗达磨经》说:三性法者,染污分、清净分。彼二分于依他性说:分别性是染污分,真实性是清净分。譬如金土藏,有三种可见:谓一地界、二土、三金。于地界中,土非有而可见,金实有而不可见。若以火烧,土则不现,金则显现。复次于地界中,土相现时是虚妄体现,金体现时是清净体现,是故地界有二分,如是如是。此识性未为无分别智火所烧时,于识性中虚妄分别性显现,清净性不现。此识性若为无分别智火所烧,于识性中实有清净性显现,虚妄分别性不显现。故知,妄依真起而能覆真,真因妄显而能夺妄。真妄无体,皆依识性。如土与金,俱依地界。

《摄论》问:云何一识,成一切种种识相貌:八识、十一识等?

答:欲显依他性,具有三性:一识,从种子生,是依他有。种种识相貌,是分别。分别实无所有,是真实性。一识,谓一本识,本识变异为诸识故。

问：三性行相，有假有实，义理可分。云何复说三无性，及云一切法皆无自性？

答：《论》颂云：即依此三性，立彼三无性。故佛密意说，一切法无性。初即相无性，次无自然性。后由远离前，所执我法性。此诸法胜义，亦即是真如。常如其性故，即唯识实性。即依此前所说三性，立彼后说三种无性：谓即相、生、胜义、无性，故佛密意说：一切法皆无自性。非性全无，说密意言，显非了义。谓后二性，虽体非无而有，愚夫于彼增益妄执实有我法自性，此即名为遍计所执。为除此执，故佛世尊，于有及无，总说无性。云何依此而立彼三？谓依此初遍计所执，立相无性，由此体性，毕竟无有，如空华故。次依他立生无性，此如幻事，托众缘生，如妄执自然性故，假说无性，非性全无。依后圆成实，立胜义无性，谓即胜义，由远离前遍计所执我法性故，假说无性，非性全无。如太虚空，虽遍众色，而是众色无性所显。乃至契经中说无性言：非极了义，诸有智者，不应依之总拨诸法都无自性。《解深密经》偈云：相生胜义无自性，如是我皆已显示。若不知佛此密意，失坏正道不能往。相者，是遍计。生者，是依他。胜义，是圆成。无自性者，于此三性上皆无妄执我法遍计自然之自性故。若人不知佛密意，于三性上说三无性，破外道小乘我执，便拨菩提涅槃依圆皆无者，即此人失坏正道，不能往至也。此言三性三无性，不是依圆体亦无，但无遍计妄执之我法，故名无性也。是以，三性无际，随一全收。真妄互融，性相无碍。如来一代时教，恒沙义门，密意总在三性门中，真俗本末，一时收尽，以显唯识正理，更无异辙。以依他性，是唯识体。从依他起分别,即是遍计。从依他悟真实,即是圆成。由分别故,一分成生死。由真实故,一分成涅槃。了分别性空,即生死成涅槃。迷真实性有,即涅槃成生死,都是一法随情,显义成三。三非三而一理圆,一非一而三性具。卷舒不失,隐显常如。非一非三,泯性相于实地。而三而一,耀行布于义天。撮要所归,莫先斯旨。

问:三能变相,已细披陈。所变之相,如何开演?

答:三能变,谓异熟思量及了别境识,此是能变自体。所变者,即见相二分,是自体分之所变故,是自体分之用,故说自体是二分所依。《识论》云:云何应知依识所变,假说我法,非别实有,由斯一切唯有识耶?颂曰:是诸识转变,分别所分别。由此彼皆无,故一切唯识。是诸识者,谓前所说三能变识及彼心所,皆能变似见相二分,立转变名。所变见分,说名分别,能取相故。所变相分,名所分别,见所取故。由此正理,彼实我法。离识所变,皆定非有,离能所取无别物故,非有实物离二相故。是故一切有为无为,若实若假,皆不离识,唯言,为遮离识实物,非无不离识心所法等。或转变者,谓诸内识转似我法,外境相现,此能转变,即名分别,虚妄分别为自性故。谓即三界心、及心所,此所执境,名所分别,即所妄执实我法性,由此分别变似外境,假我法相,彼所分别实我法性,决定皆无,前引教理,已广破故。是故一切皆唯有识,虚妄分别有,极成故,唯既不遮不离识法。故真如等,亦是有性,由斯远离增减二边,唯识义成,契会中道。释云:是诸识转变者,转变是改转义,谓一识体,改转为二相起，异于自体，即见分有能取之用，相分有质碍之用。由识自体，转起能取，及有碍故，所变见分，说名分别，能取相故者，前所变中以所变见分名为分别，是依他性。能取于所变依他相分故，起种种遍计所执分别，是此识体所变，用能分别，故名分别，其识体所变依他性相分，似所执相分者，名所分别。是前能分别见分之所取相故，非谓识自体能缘名为分别。起分别见者，识之用也，相见俱依自证起故，唯既不遮不离识法，故真如等亦是有性者，唯言不遮不离识法，真如及心所者亦不离识，故体皆有。今此位但遮离识所分别有，不遮不离识真如等有。如理应知，此意既有能变分别识及所变境依他相分，所分别心外实法等，决定皆无，唯有真如心所等法皆不离识，亦是实有。远离增减二边者，无心外法故，除增益边。有虚妄心等故，离损减边。离损减边故，除拨无如空清辩等说。离增益边故，除心外有法诸小乘执，唯识义成，契会中道，无偏执故。

又，诸师所明，总有四分义：一、相分，二、见分，三、自证分，四、证自证分。相分有四：一实相名相，体即真如，是真实相故。二境相名相，为能与根心而为境故。三相状名相，此唯有为法，有相状故，通影及质，唯是识之所变。四义相名相，即能诠下所诠义。相分，是于上四种相中，唯取后三相而为相分相。又相分有二：一识所顿变，即是本质。二识等缘境，唯变影缘，不得本质。二、见分者，《唯识论》云：于自所缘，有了别用。此见分有五类：一证见名见，即三根本智见分是。二照烛名见，此通根心，俱有照烛义故。三能缘名见，即通内三分，俱能缘故。四念解名见，以念解所诠义故。五推度名见，即比量心，推度一切境故。于此五种见中，除五色根及内二分，余皆见分所摄。三、自证分，为能亲证自见分缘相分不谬，能作证故。四、证自证分，谓能亲证第三自证分缘见分不谬故，从所证处得名。此四分义，总以镜喻：镜，如自证分。镜明，如见分。镜像，如相分。镜后弝，如证自证分。

此四分，有四师立义：第一安慧菩萨，立一分自证分。《识论》云：此自证分，从缘所生，是依他起故，故说为有。见相二分，不从缘生，因遍计心，妄执而有。如是二分，情有理无。唯自证分，是依他起性，有种子生，是实有故。见相二分是无，更变起我法二执，又是无，以无似无。若准护法菩萨，即是以有似无，见相二分是有体，变起我法二执是无体。故安慧引《楞伽经》云：三界有漏心心所，皆是虚妄分别为自性故。故知，八识见相二分，皆是遍计妄执有故。唯有自证一分，是依他起性，是实有故。《密严经》偈云：愚夫所分别，外境实皆无。习气扰浊心，故似彼而转。故知，但是愚夫依实自证分上，起遍计妄情，变似无体二分现故，理实二分，无其实体。但是愚夫不了，妄执为实故。所以《论》云：凡夫执有，圣者达无。

问：若言相见二分是假者，且如大地山河是相分收，现见是实，如何言假耶？

答：虽见山河等是实，元是妄执有外山河大地等。理实而论，皆不离自证分故。所以《楞伽经》偈云：由自心执著，心似外境转。彼所见非有，是故说唯心。故知离自证分外，无实见相二分。

第二难陀论师,立二分成唯识者。初标宗者,即一切心生,皆有见相二分,见相二分是能所二缘也。若无相分牵心,心法无由得生。若无能缘见分,谁知有所缘相分耶?即有境有心,等成唯识也。见分为能变,相分是所变,能所得成,须具二分。见分相分是依他起性,有时缘独影境,即同种生。有时缘带质境,即别种生。从种生故,非遍计也。若不许者,诸佛不应现身土等种种影像也。安慧却难:汝若立相分,岂不心外有境,何名唯识?难陀言:见分是能缘,相分是所缘。摄所从能,还是唯识。又,汝若言无相分,则所立一分唯识不成。何以故?安慧执相分是妄情有,即第八所缘识中相分种子,是相分摄,即种子是能生自证现行亲因缘法。若种子相分是妄情者,何妨所生现行自证分,亦是妄情?不违种子识义也。若不许自证分是妄情者,即能生种子亦是实有,即因果皆实,证相分亦是实有。既有相分,即有见分,能所既成,即二分成立唯识也。又,五根是第八识相分,若相分是遍计,岂有遍计根能发生五识也?安慧云:不假五根发生五识,五识俱自从种子生也。

问:若不假根发生,但从种子生者,汝许五识种子,是第八相分不?

答:许是第八相分。难:既尔,即种子是遍计,能生五识,亦是遍计也。安慧救云:种子但是第八识上气分,有生现行功能,故假名种子。但是习气之异名,非实也。难:诸圣教从种子生者名实,依他立者名假,岂有假种子生实现行？若是假种子者，如何亲报自果耶？若种子是假法者，即因中第八识因缘变义不成。若非因缘变者，即违一切。安慧绝救：既有能所二缘者，皆是实依他起性者，即知见相是实。引证者，《密严经》云：一切唯有觉，所觉义皆无。能觉所觉分，各自然而转。释云：一切唯有觉者，即唯识也。所觉义皆无者，即心外妄执实境是无。能觉所觉分者，能觉是依他实见分，所觉是依他实相分。各自然而转者，见分从心种子生，相分从相分种子生起。故知须立二分，唯识方成。会相违者，安慧难云：若尔，前来《密严》、《楞伽》二文，如何通会？正会者，前来经文，不是证一分，但遮执心外实有我法等，亦不遮相分不离心。

第三陈那菩萨立三分，非前师安慧立一分，即但有体而无用。难陀立见相二分，但有用而无体，皆互不足。立理者，谓立量果义。《论》云：能量、所量、量果别故，相见必有所依体故。相分为所量，见分为能量，即要自证分为证者是量果也。喻如尺量绢时，绢为所量，尺人为能量，记数之智名为量果。今见分缘相分不错，皆由自证分为作果故，今眼识见分缘青时定不缘黄也。如见分缘不曾见境，忽然缘黄境时，即定不缘青。若无自证分，即见分不能自记忆。故知须立三分：若无自证分，即相见亦无。若言有二分者，即须定有自证分。自证分喻如牛头，二角喻相见二分。《集量论》颂云：似境相所量，能取相自证。释云：似境相所量者，即相分似外境现。能取相自证者，能取相者，即是见分能取相分故。自证，即是体也。

第四护法菩萨立四分，立宗者，心心所若细分别，应有

四分。立理者，若无第四分，将何法与第三分为量果耶？汝陈那立三分者，为见分有能量了境用故，即将自证分为量果，汝自证分亦有能量照境故，即将何法与能量自证分为量果耶？即须将第四证自证分，为第三分量果也。引证，《密严经》偈云：众生心二性，内外一切分。所取能取缠，见种种差别。心二性者，即是内二分为一性，见相二分为第二性，即心境内外二性。能取缠者，即是能缘粗动，是能缘见分。所取缠者，即是相缚，所缘缚也。见种种差别者，见分通三量，有此义，故言见种种差别。前二师，皆非全不正。第三师陈那三分，似有体用。若成量者，于中道理犹未足，即须更立第四分。相分为所量，见分为能量，即将自证分为量果。若将见分为所量，自证分为能量，即更将何法为量果？故知将证自证分为量果方足也。见分外缘虚疏，通比非二量，故即不取见分为自证量果。内二分唯现量，故互为果无失。夫为量果者，须是现量，方为量果。比、非，定非量果。喻如作保证人，须是敦直者，方为证。若略虚人，不能堪为保证。又，前五识与第八见分，虽是现量，以外缘，即非量果。夫量果者，须内缘故，方为量果。又第七识，虽是内缘，是非量也，亦不可为量果。夫为量果者，具二义：一现量，二内缘。又，果中后得见分虽是现量，内缘时，变影缘，故非量果，即须具三义。又，果中根本智见分，虽亲证真如，不变影故，是心用故，非量果，即须具心体，须具四义：一现量，二内缘，三不变影，四是心体，方为量果。又，《论》云：如是四分，或摄为三，第四摄入自证分故。或摄为二，后三俱是能缘性故，皆见分摄，此言见者，是能缘义。或摄为一，体无别故。

如《入楞伽经》云：由自心执著，心似外境转。彼所见非有，是故说唯心。如是处处说唯一心，此一心言亦摄心所故。释云：如是处处唯一心者，外境无故，唯有一心内执著故。似外境转定无外境，许有自心不离心故，总名一识。心所与心相应，色法心之所变，真如识之实性，又皆不离识故，并名唯识。

又，《清凉记》引论，释第四证自证分：若无此者，谁证第三？心分既同，应皆证故。释曰：见分是心分，须有自证分。自证是心分，应有第四证。论又云：自证分应无有果，诸能量者皆有果故。释曰：见分是能量，须有自证果。自证量见分，须有第四果。恐彼救云：却用见分为第三果。故次论云：不应见分是第三果，见分或时非量摄故。由此见分不证第三，证自体者必现量故。又，意明见分通于三量，三量者，谓现量、比量、非量。即明见缘相时，或是非量，不可非量法为现量果。或见缘相，是于比量。及缘自证，复是现量。故自证是心体，得与比量、非量而为果。见分非心体，不得与自证而为其量果。故不得见分证于第三，证自体者必现量故。第三四分，既是现量，故得相证，无无穷失。意云：若以见分为能量，但用三分亦得足矣。若以见分为所量，必须第四为量果。若通作喻者，绢如所量，尺如能量，智为量果，即自证分。若尺为所使，智为能使，何物用智？即是于人，如证自证分，人能用智，智能使人，故能更证。亦如明镜，镜像为相，镜明为见，镜面如自证，镜背如证自证，面依于背，背复依面，故得互证。亦可以铜为证自证，镜依于铜，铜依于镜。

宗镜录第六十一

宋 慧日永明妙圆正修智觉禅师延寿集

夫四分义,以何为体性?

答:相分所变色心为体性,若内三分,即用现行心所为体。

问:果位之中,亲证真如,无有境界。若四智缘境之时,为具四分不?

答:定有见分照前境故,有自证分通照见分,亦有证自证分照自证分故。相分者,《佛地论》云:如是所说四智相应心品,为有相分、见分等耶?若无,应无所缘,应不名智。答:无漏心品,无障碍故,亲照前境,无逐心变似前境相,以无漏心说名无相无分别故,又说缘境不思议故。有义,真实无漏心品,亦有相分。诸心心法,法尔似境显现名缘,非如钳等动作取物,非如灯等舒光照物。如明镜等,现影照物,由似境现,分明照了,名无障碍,不执不计,说名无相,亦无分明,妙用难测,名不思议,非不现影。若言无相,则无相分。言无分别,应无见分。睹无相见,应如虚空兔角等,应不名智。无执计故,言无能取所取等相,非无似境缘照义用。若无漏心全无相分,诸佛不应现身土等种种影像。乃至如是分别,但就世谛言说道理。若就胜义,离言绝虑。既无相见,不可言心及心法等,离诸戏论,不可思议。有义,无分别智,无分别故,所缘真如不离体故,如照自体,无别相分。此无分别若变相分,于真如境便非亲证。若后得智有分别故,所缘境界或离体故。如有漏心似境相现,分明缘照,名缘前境。是故此后得智,定有相分。

问:只如安慧说一分,不立见相等。今护法摄四归一分时,亦不别立见相等。义势既同,何故言非安慧等诸师知见耶?

答:乍看似同,细详理别。且如安慧立一自证分,全不说证自证分。虽说见相二分,然一向判为遍计所执性。此乃四分中一分分无,二分有名无体,亦是其无,唯立一依他自证分。今护法虽摄四归一,然不名自证分,但总名一心。虽总说一心分,而不失自证等四分义,但以与心无决定相离义总名一分,与彼别立自证分义别。乃至摄四归三时,内之二分虽互相缘,其用各别。然其所缘不失自体,故但名自证。虽总名自证,而互相缘二分之义不失,不同陈那自证但有证自见分之自证,即无证自证之自证。由此义故,非诸师之知见。

问:所变中是相分色,云何诸师说现识名为色识?

答:古师云:现识名为色识者,此言色识,是从境为名。见分识变似色故,名为色识。体实是识,由能变色,故名色识。此取见分识为体,由能缘色,或能变色,故名色识。又,相分色不离识故,名为色识,此即取相分色为体,相分之色实非识，由从识变，不离识故，名为色识。或相分名色，见分名识。此双取识境二法为体，以见相同种故。此许前念相分为后念识所缘缘义，谓前念识之相分为后念识之境，即本识中生。以自果功能念起，即前念识相为后念识境之所以，谓因前念所缘故，还熏得种。由种故生今念历转，推功归本，乃是前念所缘，为今识缘。自果者，相分现行也。功能者，种子也。谓由前念识相分为能熏，故熏引得生自种子在本识中，能生后念识相分色等，与后念识为境。由前念相熏种生后念境相，说前念相分为后识所缘缘也。

问：前相種如何生今識？

答：由见相同种故。

问：既尔，何不即说种为缘？

答：种是因缘，非所缘缘。

又，古德问：如第六识缘龟毛兔角等时，此所缘境，为有为无？若言有者，圣教不应指此喻于遍计所执性是无。若言无者，无法无体。非所缘缘，缘此意识阙所缘缘，如何得起？若言此心无所缘缘者，云何论言亲所缘缘能缘皆有？若龟本无毛，兔本无角，约此本无喻所执性，由所执我及所执法皆本无故，其能缘心将缘此等无法之时，由无始来熏习力故，依种生时，从识自证分上变起龟毛等相分，及缘此龟毛见分，此相见分与识自证分同一种生。既依种生，是依他性，非体全无，不同本来无体龟毛，故得成所缘缘。是故，缘此之心，亦得说从四缘而生。乃至如离蕴计有实我实法等，亦复如是:离蕴性外,都无实我,亦无决定实法,但是有情虚妄执有,以理推征都无有体,故如本来无体龟毛。然我法执心缘执此时,亦由无始虚妄熏习力故,变起假我法相,此相与见等同种,亦依他起,成所缘缘。是故《论》云:如是我执,自心外蕴,或有或无。自心内蕴,一切皆有。自心内蕴者,即相分也。若言独影境是遍计性者,其体即无,犹如龟毛等。即此一分相分无,何得论言自心内缊一切皆有耶?已上并护法义,若安慧见相二分,是遍计所执性,其体是无。今相承多云:独影是遍计所执性,非所缘缘者,此即安慧宗。护法一切四分,皆依他起,于中妄执为决定实者,方名遍计所执。乃至于圆成性及五尘性境,若坚执为实者,亦名遍计所执。然本来无体龟毛兔角等,不对执心,即非遍计性。今亦多有妄认龟毛等为遍计性者,非也。

又,立况解自证分见相二分者,且如自证分起见相二分,更执二分为我法,如结巾成兔,手巾是有,喻自证分。结手巾为兔头,手巾上本无兔头,今结出之,是故名无。如自证分上本无见相二分,由不证实故似二分起,是故名无。如所结手巾为兔头,已是一重假。更结出二耳,又是一重假。如从自证分变起见相二分,已是一重假。更执二分为我法,又是一重假。则见相二分,虽假似有,从种生故。其我法二执非有,是遍计妄执故。

问:唯心之旨,一分尚无,云何广说四分?

答:四分成心,千圣同禀,只为安慧菩萨唯执自证心体一分,尚不识心,为难陀菩萨所破。乃至陈那菩萨执有三分，体用虽具，犹阙量果第四证自证分。唯护法菩萨唯识义圆，四分具足，因制《唯识论》十卷，西天此土，正义大行。制此论终，寻当坐蜕，乃有空中神人告众曰：护法菩萨是贤劫千佛之中一数。故知，非十方大觉，何以圆证此心？若不达四分成心者，斯皆但念名言，罔知成心实义。体用既失，量果全无，终被心境缘拘，无由解脱。今时学者，全寡见闻，恃我解而不近明师，执己见而罔披宝藏，故兹遍录，以示后贤，莫踵前非，免有后悔。

问答章第二

夫一心妙门，唯识正理，能变所变，内外皆通，举一例诸，收无不尽。如众星列宿匪离于空，万木群萌咸归于地，则可以拔疑根而开信户，朗智照而洗情尘。若机思迟回未成胜解，须凭问答渐入圆通。真金尚假锻炼而成，美玉犹仗琢磨而出。《华严私记》云：正念思惟甚深法门者，有二种人能枯十二因缘大树：一者温故不忘，二者谘受新法。此之谓也。

问：心法不可思议离言自性，云何广兴问答，横剖义宗？

答：然理唯一心，事收万法。若不细穷旨趣，何以得至觉原？今时不到之者，皆是谬解粗浮，正信力薄。玄关绵密，岂情识之能通？大旨希夷，非一期之所入。若乃未到如来之地，焉能顿悟众生之心？今因自力未到之人少为开示，全凭佛语以印凡心。凭佛语以契同,渺然无际。印凡心而不异,豁尔归宗。又有二义须说:一若不言说,则不能为他说一切法离言自性。二即说无说,说与不说,性无二故。

又,此宗但论见性亲证,非在文诠,为破情尘,助生正信。若随语生见,执解依通,则实语是虚妄,生语见故。若因教照心,唯在得意,则虚妄是实语,除邪执故。《起信论》云:当知一切诸法,从本已来,非色非心,非智非识,非无非有,毕竟皆是不可说相。所有言说示教之者,皆是如来善巧方便,假以言语,引导众生,令舍文字入于真实。若随言执义,增妄分别,不生实智,不得涅槃。又,若文字显总持,因言而悟道,但依义而不依语,得意而不徇文,则与正理不违,何关语默?故《大般若经》云:若顺文字,不违正理,常无诤论,名护正法。

问:《楞伽经》偈云:从其所立宗,则有众杂义。等观自心量,言说不可得。既达唯心,何须演说?如《大般若经》云:佛告善现:如是如是,诸菩萨摩诃萨,虽多处学而无所学,所以者何?实无有法可令菩萨摩诃萨众于中修学。又云:无句义,是菩萨句义。譬如空中,实无鸟迹。

答:若了自心则成佛慧,终不心外有法可说、有事可立。只为不回光自省之人,一向但徇文诠,著其外境,以无名相中假名相说,即彼虚妄以显真实。既不著文字,亦不离文字。所以《天王般若经》偈云:总持无文字,文字显总持。大悲方便力,离言文字说。《楞伽经》云:佛告大慧:我等诸佛及诸菩萨,不说一字,所以者何?法离文字故,非不饶益义。

说言说者，众生妄想故。大慧，若不说一切法者，教法则坏。教法坏者，则无诸佛菩萨缘觉声闻。若无者，谁说为谁？是故大慧，菩萨摩诃萨莫著言说，随宜方便，广说经法。《净名经》云：夫说法者，当如法说。乃至法顺空、随无相、应无作，法离好丑，法无增损、法无生灭、法无所归、法过眼耳鼻舌身心、法无高下、法常住不动、法离一切观行，唯大目连法相如是，岂可说乎？夫说法者，无说无示。其听法者，无闻无得。譬如幻士为幻人说法，当建是意而为说法，当了众生根有利钝。善于知见，无所罣碍，以大悲心赞于大乘，念报佛恩，不断三宝，然后说法。故知非是不许说法，但说时无著，说即无咎。如《思益经》云：汝等比丘，当行二事：一圣说法，二圣默然。但正说时了不可得，即是默然，不是杜口无说。故昔人云：幻人说法幻人听，由来两个总无情。说时无说从君说，听处无听一任听。

又，若以四实性、自得法、本住法，约真谛中即不可说。若以四悉檀、随他意语、断深疑、生正信，有因缘故则亦可得说。又，不可说即可说，真理普遍故。可说即不可说，缘修无性故。如《楞伽经》云：大慧复白佛言：如世尊所说，我从某夜得最正觉，乃至某夜入般涅槃，于其中间不说一字，亦不已说当说，不说是佛说。大慧白佛言：世尊，如来应正等觉，何因说言不说是佛说？佛告大慧：我因二法，故作是说。云何二法？谓缘自得法、及本住法，是名二法。因此二法故，我作如是说：云何缘自得法？若彼如来所得，我亦得之，无增无减。缘自得法究竟境界，离言说妄想，离文字二趣。云何本住法？谓古先圣道，如金银等性，法界常住。若如来出世、若不出世，法界常住，如趣彼城道。譬如士夫行旷野中，见向古城平坦正道，即随入城，受如意乐。偈云：我某夜得道，至某夜涅槃。于此二中间，我都无所说。缘自本住故，我作如是说。彼佛及与我，悉无有差别。释云：此有二因：一即缘自得法，自所得法即是证道，证法在己，离过显德。二即缘本住法，本住，即古先圣道，传古非作。此上是据理约证云不说，若但是自心闻，则佛常不说。如《宝性论》偈云：譬如诸响声，依地而得起。自然无分别，非内非外住。如来声亦尔，依心地而起。自然无分别，非内非外住。是以既非内外所生，亦不从四句而起。此约实智，应须玄会。若约权门，亦不绝方便。如《止观》云：若言智由心生，自能照境，谛智不相由藉。若言智不自智，由境故智。境不自境，由智故境，如长短相待。若言境智因缘故有，此是共合得名。若言皆不如上三种，但自然尔，即无因，皆有四取之过，皆不可说。随四悉因缘亦可得说，但有名字，名字无性。无性之字，是字不住，亦不不住，是为不可思议。经云：不可思议智境，不可思议智照，即此义也。若破四性境智，此名实慧。若四悉赴缘说四境智，此名权慧。则权实双行，自他兼利，方冥佛旨，免堕己愚。

问：山河大地一一皆宗，五性三乘人人是佛，何须《宗镜》强立异端？

答：诸佛凡敷教迹，不为已知者言。祖师直指人心，只为未明者说。今之所录，但示初机，令顿悟圆宗，不迂小径。若不得《宗镜》之广照，何由鉴自性之幽深。匪因智慧之光，岂破愚痴之闇？如临古镜，妍丑自分。若遇斯宗，真伪可鉴。岂有日出而不照，燃灯而不明者乎？故《华严记》中述十种法明，法即是境，明即是心。以智慧明，照二谛法，故云法明。虽然法无成破，此属第一义门中，且教自有开遮，宁无善巧方便？如《大涅槃经》云：高贵德王菩萨品因，瑠璃光菩萨欲来放光，佛问于文殊，文殊初入第一义。答云：世尊，如是光明名为智慧，智慧者即常住之法，常住之法无有因缘，云何佛问：何因缘故有是光明，广说无因缘竟？末后云：世尊，亦有因缘，因灭无明，则得炽然阿耨多罗三藐三菩提灯。是知，因教明宗，非无所以。从缘入道，终不唐捐。方便之门，不可暂废。又夫《宗镜》中才说一字，便是谈宗，更无前后，以说时有异，理且无差，如《智度论》云：先分别诸法，后说毕竟空。然但说之前后，法乃同时，文不顿书，空非渐次。

问：但云方便，说则无妨。若约正宗，有言伤旨？

答：我此圆宗，情解不及，岂同执方便教人：空有不融通，体用两分，理事成隔，说常住则成常见，说无常则归断灭，斥边则成边执，存中则著中理。之此圆融之旨，无碍之宗，说常则无常之常，说无常则常之无常，言空则不空之空，言有则幻有之有，谈边则即中之边，谈中则不但之中，立理则成事之理，立事则显理之事。是以卷舒在我，隐显同时，说不乖于无说，无说不乖于说。《宝藏论》云：常空不有，常有不空。两不相待，句句皆宗。是以，圣人随有说有，随空道空。空不乖有，有不乖空，两语无病，二义双通。乃至说我,亦不乖无我。乃至无说,事亦不宗。何以故?不为言语所转也。释曰:常空不有者,常空则不因有而空,若因有而空,则成对待,以他为体自无力故,不自在故,不得称常。常有不空者,亦不因空而有,则一空一切空,一有一切有,以绝待故,乃得句句皆宗也。空有既尔,法法皆然,可谓宗无不通,道无不现,云何简法取尘,自生差别?不为言语之所转者,以知宗故,无一事而不随实地,无一法而不顺无生。祖师云:承言须会宗,勿自立规矩。何者?若立规矩,则落限量。才成限量,便违本宗,但随言语之所转也。所以一切众生不知真实者,皆为言语之所覆。《大宝积经》云:音声语言中,若得不随转。于义乃随行,是名求义者。何者名为义?应知秘密说。秘密说者,即《宗镜》旨矣。唯佛智之所知,非情见之能解。如《胜天王般若经》云:尔时众中有一菩萨摩诃萨,名须真胝,白胜天王言:如来为大王受记乎?胜天王答善思惟菩萨言:善男子,我受记如梦相。又问:大王如此受记,当得何法?答曰:善男子,佛授我记,竟无所得。又问:无所得者,为是何法?答曰:不得众生寿者我人,养育阴界入悉无所得:若善不善、若染若净、若有漏若无漏、若世间若出世间、若有为若无为、若生死若涅槃,悉无所得。又问:若无所得用受记为?答曰:善男子,无所得故,则得授记。又问:若如大王所说义者,则有二智:一无所得,二得授记。答曰:若有二者,则无授记。何以故?佛智无二,诸佛世尊,以不二智授菩萨记。又问:若智不二,云何而有授记得记?答曰:得记授记,其际不二。又问:不二际者,云何有记?答曰:通达不二际即是授记。又问:大王住何际中而得授记?

答曰：住我际得授记，住众生际、寿命际、人际得授记。又问：我际当于何求？答曰：当于如来解脱际求。又问：如来解脱际，复于何求？答曰：当于无明有爱际求。又问：无明有爱，当于何求？答曰：当于毕竟不生际求。又问：毕竟不生际，当于何求？答曰：当于无知际求。又问：无知者，为无所知，云何于此际求？答曰：若有所知求不可得，以无知故于此际求。又问：此际无言，云何可求？答曰：以言语断，是故可求。又问：云何言语断？答曰：诸法依义不依语。又问：云何依义？答曰：不见义相。又问：云何不见？答曰：不生分别义是可依，我为能依，无此二事故名通达。又问：若不见义，此何所求？答曰：不见不取，故名为求。又问：若法可求，即是有求？答曰：不尔，夫求法者，是无所求。何以故？若是可求，则为非法。又问：何者是法？答曰：法无文字，亦离言语。又问：离文言中，何者是法？答曰：文言性离，心行处灭，是名为法。一切诸法皆不可说，其不可说亦不可说。善男子，若有所说，即是虚妄，中无实法。又问：诸佛菩萨常有言说，皆虚妄乎？答曰：诸佛菩萨从始至终不说一字，云何虚妄？又问：若有所说，云何过咎？答曰：谓言语过。又问：言语何咎？答曰：谓思量过。又问：何法无咎？答曰：无说有说，不见二相，是即无咎。又问：过何为本？答曰：能执为本。又问：执何为本？答曰：著心为本。又问：著何为本？答曰：虚妄分别。又问：虚妄分别，以何为本？答曰：攀缘为本。又问：何所攀缘？答曰：缘色声香味触法。又问：云何不缘？答曰：若离爱取，则无所缘。以是义故，如来常说诸法平等。是以法平等故，说无差别，此方说法，十刹皆然,即一处遍一切处故。所以同证同宣,互为主伴。如《华严指归》问云:如忉利天说十住时,既遍虚空,未知夜摩天等处,亦说十住不?设尔何失?二俱有过。若彼不说,则说处不遍。若彼亦说,何故经中唯言忉利说十住法门、夜摩说十行等?答:此说十住忉利天处,尽遍十方一切尘道,是故夜摩等处皆有忉利,即于如此遍夜摩等忉利天处说十住法。是故忉利无不普遍,仍非夜摩。夜摩等处说十行等,皆亦遍于忉利等处,仍非忉利,当知余位亦尔。若约十住与十行等,全位相摄,即彼此互无,各遍法界。若约诸位相资,即此彼互有,同遍法界。

又问:余佛说处,与舍那说处,为相见不?设尔何失?二俱有过:谓若相见,即乖相遍。若不相见,不成主伴。

答:互为主伴。若性遍法界,彼此互无,故不相见。若相遍法界,此彼互有,故无不相见。如舍那为主,证处为伴,无有主而不具伴。是故舍那与证处同遍法界,谓于东方证法来处彼有舍那,还有东方而来作证,一一远近皆同遍法界,一切尘道无障无碍,思之可见。

问:既称观心自悟,不假外缘,云何广赞佛恩、称扬经教?

答:若不因教所指,何由得识自心?设不因教发明,亦须凭教印可。若不然者,皆成自然外道闇证禅师,直饶生而知之,亦是多生闻经熏种,或乃诸圣本愿冥加。所以台教云:夫一向无生观人,但信心益,不信外佛威加益,此堕自性痴。又一向信外佛加,不内心求益,此堕他性痴。共痴、无因痴,亦可解。自性痴人,眼见世间牵重不前者,傍力助进,云何不信罪垢重者,佛威建立,令观慧得益?又汝从何处得是无生内观?从师耶,从经耶,从自悟耶?师与经,即是汝之外缘。若自悟者,必被冥加,汝不知恩,如树木不识日月风雨等恩。经云:非内非外,而内而外。而内故,诸佛解脱,于心行中求。而外故,诸佛护念,云何不信外益也?又,若论至理,无佛无众生,岂云感应?若于佛事门中,机应非一。若无众生机,诸佛则不应,岂可执自执他、论内论外,而生边见耶?

如《法华玄义》问云:众生机,圣人应,为一为异?若一,则非机应。若异,何相交关而论机应?

答:不一不异。现论则同如,是故不异。事论有机感,是故不一。譬如父子天性相关,骨肉遗体,异则不可。若同者,父即子,子即父,同又不可。只不一不异,而论父子也。众生理性与佛不殊,是故不异。而众生隐,如来显,是故不一。不一不异,而论机应也。又,同是非事非理,故不异。众生得事圣人得理,又圣人得事凡夫有理,故论异。

问:为用法身应,用应身应?若应身应,身无本,何能应?若用法身应,应则非法。

答:至论诸法,非去来今,非应非不应,而能有应,亦可言法应,亦可言应应。法应则冥益,应应则显益。分别冥显有四义,如后说明:机应相者,约善恶明机相,约慈悲论应相。若善恶为机,为单、为共,解者不同,或言单恶为机承,经云:我为断一切众生疮疣重病。又云:如有七子,然于病者心则偏重。如来亦尔，于诸众生非不平等，然于罪者心则偏重。又云：如来不为无为众生而住于世。又无记是无明，终属恶摄，此即单以恶为机。或单以善为机承，《大涅槃经》云：我观众生，不观老少中年、贫富贵贱。善心者，即便慈念。此则单善为机。或云善恶不得独为机，何者？如金刚后心即是佛，众善普会，善恶无过，此何得为机耶？虽云佛佛相念，此是通语，而无拔无与。故知，单善不得为机、单恶不得为机者，如阐提极恶，不能感佛。《大涅槃经》云：唯有一发不能胜身。即是性得理善，此是通机，终不成感也。或取善恶相带为机者，从阐提起改悔心，上至等觉，皆有善恶相带，故得为机，是故约此善恶明其相也。次约慈以明应相者，或单以慈应，经云：慈善根力，象见师子。广说如《涅槃经》。或单以悲为应，如《请观音经》云：或游戏地狱，大悲代受苦。或合用慈悲为应，何者？良以悲心熏于智慧，能拔他苦。慈心熏于禅定，能与他乐。经云：定慧力庄严，以此度众生。论云：水银和真金，能涂诸色像。功德和法身，处处应现往。岂是水银真金，单能度色像耶？当知慈悲和合论应也。

问：众生善恶有三世，何世为机？圣法亦有三世，何世为应？过去已谢，现在不住，未来未至，悉不得为机，亦不得为应，云何论机应耶？

答：若就至理穷核，三世皆不可得，故无应。故经言：非谓菩提有去来今，但以世俗文字数故，说有三世，以四悉檀力，随顺众生说。或用过去善为机，故言我等宿福庆，今得值世尊。又如五方便人,过去集方便者,发真则易,不集则难,是故以过去善为机。或可以现在善为机,故言即生此念时,佛于空中现。或可以未来善为机,未生善法,为令生故。又如无漏无集因而能感佛也,故《智度论》云:譬如莲华在水,有已生、始生、未生者,若不得日光,翳死不疑。三世善若不值佛,无由得成。

恶亦如是:或以过去之罪今悉忏悔,现造众罪今亦忏悔,未来之罪断相续心遮未来故名之为救。何者?过去造恶障,现善不得起,为除此恶,是故请佛。又现在果苦报逼迫众生,而求救护。又未来之恶,与时相值,遮令不起,故通用三世恶为机,应亦如是。或用过去慈悲为应,故云我本立誓愿,欲令得此法。或用现在慈悲为应者,一切天人阿修罗皆应至此,为听法故未度令度也。又用未来为应者,即是寿量中,未来世益物也。亦如《安乐品》中云:我得三菩提时,引之令得住是法中。若通论,三世善恶皆为机。别论,但取未来善恶为正机也。何者?过去已谢,现在已定,只为拔未来恶、生未来善耳。

问:若未来为正机者,四懃意云何?

答:此以属通意,今更别答者:只为过去恶遮未来善,故勤断过去恶,只为过去善不得增长。增长者,即未来善也。是故四正勤中,言虽过去,意实未来。

问:未来有善恶,佛云何照?

答:如来智鉴,能如是知,非下地知,仰信而已,何可分别？

问：为是众生自能感，由佛故感？如来自能应，由众生故应？

答：此应作四句：自、他、共、无因。破是性义悉不可，无此四句故，则无性。无性故，但以世间名字，四悉檀中而论感应能所等，无能应属佛。若更番迭作诸语言名字则乱，不可分别。虽作如此名字，是不住，是字无所有，故如梦幻。

问：既善恶俱为机者，谁无善恶，此皆应得益耶？

答：如世病者近医，而有差不差。机亦如是，如有熟不熟，则应有远有近。明机感不同者，但众生根性百千，诸佛巧应无量，随其种种，得度不同。故经云：名色各异，种类若干。如上中下，根茎叶等，随其种性，各得生长。即是机应不同意也。今略言为四：一者冥应，二者冥机，三者显机显应，四者显机冥应。其相云何？若修三业，现在未运身口，藉往善力，此名为冥机也。虽不相见灵应，而密为法身所益，不见不闻，而觉而知，是为冥益也。二冥机显益者，过去殖善而冥机已成，便得值佛闻法，现前获利，是为显益。如佛最初得度之人，现在何尝修善？诸佛照其宿机，自往度之，即其义也。三显机显应者，现在身口精勤不懈，而能感降。如须达长跪，佛往祇洹。月盖曲躬，圣居门阃。如即行人道场礼忏，能感灵瑞，即是显机显应也。四者显机冥应者，如虽一世勤苦，现善浓积，而不显感，冥有其利，此是显机冥益。若解四意，一切低头举手，福不虚弃，终日无感，终日无悔。若见喜杀寿长,好施贫乏,不生邪见。若不解此者,谓其徒功丧计,忧悔失理。释论云:今我病苦皆过去,今生修福,报在当来。正念无僻,得此四意也。

宗镜录第六十二

宋 慧日永明妙圆正修智觉禅师延寿集

夫平等真心，群生佛智，虽然等有，信解难生，多抱狐疑，少能圆证。以辟支佛之利智，舍利弗之上根，乃至不退位中诸大菩萨，尽思竭力，罔测其原。巧辩妙通，靡知其际。更希再明教理，确实指陈。显大旨于目前，断纤疑于意地。

答：广略之教，遮表之诠，虽开合不同、总别有异，然皆显唯心之旨，终无识外之文。证若恒沙，岂唯一二？所以《法华经》偈云：知第一寂灭，以方便力故。虽说种种道，其实为佛乘。又偈云：我今亦如是，安隐众生故。以种种法门，宣示于佛道。释曰：知第一寂灭者，真如一心，是本寂灭，非轮回生灭之灭，亦非观行对治之灭，故称第一，于一心寂灭之中，即无法可敷扬，无道可建立。为未了者以方便大慈力故，虽说种种别门异道，若克礼而论，唯但指归一心佛乘，更无余事。今我亦如是者，今我与十方佛同证此法，悉皆如是以此安乐一切有情，示三乘五性种种法门，宣扬于唯心佛道。《楞伽经》云：佛告大慧：身及资生器世间等，一切皆是藏识影像、所取能取二种相现，彼诸愚夫，堕生住灭二见中故，于中妄起有无分别。大慧，汝于此义，应勤修学。又，《入楞伽经》偈云：种种随心转，唯心非余法。心生种种生，心灭种种灭。众生妄分别，无物而见物。无义唯是心，无分别得脱。又偈云:无地及诸谛,无国土及化。佛辟支声闻,唯是心分别。人体及五阴,诸缘及微尘。胜性自在作,唯是心分别。心遍一切处,一切处皆心。以心不善观,心性无诸相。《华严经》偈云:一切方海中,依于众生心想而住。又云:知一切法界所安立,悉住心念际三昧。《大智度论》云:譬如调马,自见影不惊。何以故?自知影从身出。如信入一乘调顺之人,见一切怖境不惊,自知境从心出。《唯识论》云:如契经说三界唯心。又说所缘唯识所现,又说诸法皆不离心,又说有情随心垢净,又说成就四智菩萨能随悟入唯识无境。又颂说:心意识所缘,皆非离自性。故我说一切,唯有识无余。此等圣教,诚证非一。释云:又说所缘唯识所现者,汝谓识外所缘,我说即是内识上所现,世亲说谓识所缘,唯识所现。乃至佛告慈氏:无有少法能取少法,无作用故。但法生时,缘起力大。即一体上有二影生,更互相望,不即不离,诸心心所由缘起力,其性法尔如是而生。心意识所缘,皆非离自性者,自性即自心法。或理体,即义之所依本事,谓第八心、第七意、余六识所缘,皆自心为境。佛言:由如是理故,我说一切有为无为,皆唯有识无余,实无心外境也。乃知凡有见闻,皆自心生,实无一法当情而有自体独立者,尽从缘起,皆逐想成,生死涅槃,俱如幻梦。所以《不退转法轮经》云:尔时阿难,即往佛所,白言世尊:诸比丘不能得来,何以故?见祇桓中大水悉满,清净无垢,亦不见精舍树木。以是义故,皆不得来。佛告阿难:彼诸比丘,于无水中而生水想,于无色中生于色想,无受想行识中生受想行识想,无声闻辟支佛中作声闻辟支佛想。《华严经》云:佛子,云何为菩萨摩诃萨,次第遍往诸佛国土神通三昧?佛子,此菩萨摩诃萨,过于东方无数世界,复过尔所世界微尘数世界,于彼诸世界中入此三昧,乃至于彼一一诸如来所恭敬尊重,头顶礼敬,举身布地,请问佛法,赞佛平等,称扬诸佛广大功德,入于诸佛所入大悲,得佛平等无碍之力,于一念顷一切佛所勤求妙法,然于诸佛出兴于世入般涅槃,如是之相,皆无所得。如散动心了别所缘,心起不知何所缘起,心灭不知何所缘灭。此菩萨摩诃萨,亦复如是,终不分别如来出世、及涅槃相。佛子,如日中阳焰,不从云生、不从池生,不处于陆、不住于水,非有非无、非善非恶、非清非浊,不堪饮漱、不可秽污,非有体、非无体,非有味、非无味,以因缘故,而现水相,为识所了。远望似水,而兴水想。近之则无,水想自灭。此菩萨摩诃萨,亦复如是,不得如来出兴于世及涅槃相,诸佛有相及以无相,皆是想心之所分别。佛子,此三昧,名为清净深心行。菩萨摩诃萨于此三昧,入已而起,起已不失。

是知,非唯佛教以心为宗,三教所归,皆云反己为上。如《孔子家语》,卫灵公问于孔子曰:有语寡人为国家者,谨之于庙堂之上,则政治矣,何如?子曰:其可也。爱人者,则人爱之。恶人者,则人恶之。所谓不出圜堵之室而知天下者,知反己之谓也。是知,若疋己以徇物,则无事而不归,自然取舍忘怀,美恶齐旨。是知,但了一心,无相自显,则六趣尘牢,自然超越,出必由户,莫不由斯道矣。如古德云:六道群蒙,自此门出,历千劫而不反,一何痛矣!所以诸佛惊入火宅,祖师特地西来,乃至千圣悲嗟,皆为不达唯心出要道耳。故知,若不了万法即真如一心者,悉成遍计,以真如无相见,有相者,皆是情执故。《起信论》云:一切境界,唯依妄念而有差别。若离心念,则无一切境界之相。

问:八识自性行相作用,为复是一,为复各异?

答:非一非异。《论》云:八识自性,不可言定一,行相所依缘相应异故。又,一灭时余不灭故,能所熏等相各异故,亦非定异。经说八识如水波等,无差别故。定异,应非因果性故,如幻事等无定性故。如前所说识差别相,依理世俗非真胜义,真胜义中心言绝故。如伽陀说:心意识八种,俗故相有别。真故相无别,相所相无故。释云:以三义释不可定:一行相,谓见分。二所依,谓根。三缘,谓所缘。以此三义相应异故,如眼识见色为行相,乃至第八变色等为行相。若一识灭余七等不必灭者,七是能熏,八是所熏。又七是因,八是果,亦非定异者。《楞伽经》说:识如大海水波,无有差别相。又若定异,应非因果,更互为因果故。法尔因果,非定异,如麦不生豆等芽故。又一切法如幻等,故知无定异性。

问:若尔,前来所说三能变相是何?

答:此依四俗谛中第二道理世俗,说有八等随事差别,非四重真谛中第四真胜义谛。胜义谛中,若八识理,分别心与言皆绝,故非一非异。相所相无故者,相即是能,所相是所。识上何者为能相所相?谓用为能相,体为所相。或以见分为能相,相分为所相。又以七识为能相,第八为所相。

所相既无,能相非有。若入真门,理皆无别。真门但是遮别言无别,无别,亦无别无不别。释曰:但以从初业识起见相二门,因见立能,因相立所。能所才具,我法互兴,从此因有为而立无为,对虚假而谈真实,皆无定体,似有非真。是以认互起之名,见色有表而执空无表。对相待之质,见牛角有而执兔角无。不知以有遮无,有非定有。以无遮有,无非定无。若了八识真心,自然绝待。疑消能所,藤蛇于是并空。见息对治,形名以之双寂。

问:心外无法,祖佛正宗。今目睹森罗,初学难晓,不细开示,何以断疑?须凭征诘之由,以破情尘之执。

答:前已广明,今重引证。《唯识》颂云:是法识转变,分别所分别。由此彼皆无,故一切唯识。言转变者,即八种识从自证分转变似二分现。即所变见分,有能作用,说名为见。所变相分,为所作用,说名为相,即俱依自证分而转,既若见相二分包一切法尽,即此二分从心体上变起,故知一切诸法,皆不离心。分别所分别者,见分是能分别,相分是所分别。由此彼皆无者,此见相二分上,妄执彼我法二执是无。即由此见相二分外,妄情执有心外我法之境皆是无,故云由此彼皆无。故一切唯识者,唯遮境有,识简心空,除执二边,正处中道。即将唯字遮萨婆多执心外有其实境,将识字简清辩等执恶取空,即破空有二边,正处中道故。疏云:外则包罗万像,内则能所俱成。可谓四分一心,理无逾者。

又,小乘九难,难心外无法唯心之旨。

一、唯识所因难:诸小乘师云:离心之外,现见色法,是其实境所缘。论主何故包罗归心,总说名为唯识?一乃色心有异,二又能所不同。关云:色境不牵能缘心,以色从心,可唯识。当情色境外迷心,心被境迷,非唯识义。论主云:只此外边色境,一是一切有情缘心变,二是一切有情心之所持,根本皆由于心,是故摄归唯识。《十地经》及《华严经》说三界唯心,意云三界之法,唯是心之所变,离心之外,更无一物。此亦为遮我法二执,但是妄情执有,举体全无,唯有内心,故言唯心。

问:欲色二界,有外器色境,云是心变,故所言唯心。且如无色界天,唯有内心,无外色境,何要更言唯心,岂不成相扶极成过?

答:不但说色境不离心方名唯心,此亦遮无色界天贪等取能取之心故。为无色界有情,亦贪于空等境起其妄心,故无色界亦名唯心。若得无漏时,其出世无漏色等,是出世无漏心心所唯识,亦是唯心,故云三界唯心。《解深密经》云:又说所缘唯识所现,即一切所缘之境,唯是识之所变,更无外法。所以佛告慈氏菩萨云:无有少法能取少法,无作用故。《楞伽经》又说诸法皆不离心,《无垢称经》又说有情随心垢净。又,《钞》释唯识所因,立四种道理,即四比量也:第一比量成立五尘相分色,皆是五识亲所缘缘,成其唯识义。第二成立第六识,并闇成立七八二识,皆缘自之亲相分不离于识,是唯识义。第三总成立一切亲相分不离心体,得成唯识。第四成立一切疏所缘缘境皆不离心,得成唯识。且第一成立五尘相分皆不离五识者,今但成立一识相分不离于识,余四识准作。量云:极成眼识是有法,定不亲缘离自识色,是宗。因云:极成五识中随一摄故。如余极成四识,将释此量,分之为二:初释名拣过,次略申问答。初者,宗前陈云极成者,即拣两宗不极成眼识。且如大乘宗中许有他方佛眼识、及佛无漏眼识,为小乘不许,亦拣之不取。若小乘宗中执佛是有漏眼识、及最后身菩萨染污眼识,即大乘不许,亦须简之。即两宗互不许者,是不极成法。今但取两宗共许极成眼识,方立为宗,故前陈言极成眼识也。

问:若不致极成两宗简,即有何过?

答:前陈便有自他一分所别不极成过,因中亦犯自他一分所依不成过,为前陈无极成眼识为所依故,所以安极成二字简。后陈言定不亲缘离自识色宗者,但是离眼识相分外所有本质色、及余四尘,但离眼识者,皆不亲缘。若立敌共诤,只诤本质也。若大乘自宗,成立眼识亲相分色。

问:何故不言定亲缘不离自识色耶?

答:恐犯能别不极成过故,谓小乘不许色不离于眼识故。次因云:极成五识中随一摄故者,因言极成,亦简不极成五识。若不言极成简,空言五识中随一摄者,即此因犯自他一分随一不成过,所以因安极成言拣之。喻云如余极成四识者,喻言极成,亦拣不极成法。若不安极成,犯一分能立所立不极成过,所以安极成言简。既立得相分色不离于眼识,余声香味触等皆准此成立,皆不离于余四识故。所以《唯识论》颂云:极成眼等识,五随一摄故。如余不亲缘,离自识色等。

次申问答：

一问：宗依须两共许，今后称，立者言不亲缘离自识色，敌者许亲缘离自识本质色，何言极成？

答：小乘亦许眼识不亲缘余四尘，以离眼识故，但使他宗许有不亲缘离自识色，即是宗依极成也。

二问：他宗既许余四尘眼识不亲缘，后合为宗，便是相扶，岂成宗诤？

答：今所诤者，但取色尘本质，眼不亲缘。互相差别，顺己违他，正成宗体。以小乘虽许色本质，离于眼识，且是亲缘，今言不亲缘，岂非宗诤？

三问：宗中所诤，是眼识不亲缘本质色，同喻如余四识，余四识但不亲缘余四尘，岂得相似？

答：余四识是喻依，各有不亲缘离自识法，是喻体。今取喻体，不取喻依。亦如声，无常宗，同喻如瓶，不应分别声瓶有异，但取声瓶各有无常义，相似为因等也。

第二以理成立第六，兼闇成立七八二识者，量云：极成余识是有法，亦不亲缘离自识法，宗。因云：是识性故。同喻：如极成五识。释云：宗前陈言极成，亦简不极成。若不言极成，犯自他一分所别不极成过。若言六七八识为有法，他不许七八二识，即犯他一分所别不极成过。若但立意识为有法，因中便犯不定过。被他将七八二识为异喻，量犯共中自不定过。今但总言余,别取第六,意兼七八。即闇成立,摄取七八于余识之中。后陈言亦不亲缘离自识法者,亦者,同也,同前极成五识,不亲缘离自识诸法。因云是识性故者,即同五识是识性故。喻如极成五识者,即同五识亦不亲缘离自识故。明知即亲缘不离自识法,既成立已,故知一切亲所缘缘境,皆不离心,是唯识义。所以《唯识论》云:余识,识故,如眼识等,亦不亲缘离自诸法。第三以理成立前六识亲所缘缘相分,皆归心体。所言心体者,即自证分也。然虽见分,亦依自证而转。今但立相分者,以见分共许故。量云:六识亲所缘缘是有法,定不离六识体,宗。因云:见相二分中随一摄故。如彼能缘见分。小乘许见分不离心体,故取为同喻。所以《唯识论》云:此亲所缘缘定非离此,二随一故如彼能缘。第四道理成立一切疏所缘缘境,皆不离心,是其唯识。即第八识相分,望前六,名疏所缘缘,以小乘不许第八,故但云疏所缘缘也。量云:一切随自识所缘是有法,决定不离我之能缘心及心所,宗。因云:以是所缘法故。同喻:如相应法。释曰:此量后陈言定不离我之能缘者,谓一切有为无为,但所缘之法,定不离我之能缘识。若后陈不言我之能缘者,便犯一分相扶之失,谓小乘亦许他心智所缘之境,不离能缘心故。为简此相扶过,遂言我之能缘,即简他之能缘也。同喻如相应法者,即是前来已成立亲相分是也,皆所缘法故。所以《唯识论》云:所缘,法故,如相应法,决定不离心及心所。

是以,我法非有,空识非无。离有离无,正契中道。由此慈尊说中道二颂云:虚妄分别有,于此二都无。此中唯有

空，于彼亦有此。故说一切法，非空非不空。有无及有故，是则契中道。言虚妄分别有者，即有三界虚妄分别心。言于此二都无者，谓无能取所取我法二执之相，于此妄心之上都无。言此中唯有空者，谓此妄心中，唯有真如，此是空性依空所显故。言于彼亦有此者，彼者，彼空性中，亦有此者，亦有此妄分别识。即虚妄分别，是世俗谛故。于此俗谛中，亦有真谛之空性也。言故说一切法者，即有为、无为二法，是一切法也。言非空非不空者，非空，谓虚妄分别心及空性，即依圆是有，故名非空，以二谛有故。非不空者，谓能取所取我法二执之相是空，即遍计性也。言有无及有故者，有，谓虚妄分别有故。无，谓二取我法无故。及有故者，谓于妄分别中有真空故，于真空中亦有妄分别故。言是则契中道者，谓非一向空如清辩等，非一向有如小乘等，故名中道。谓二谛有不同清辩，二取我法无不同小乘，故名中道。

又，《阿毗达磨经》说：菩萨成就四智，能随悟入唯识无境。即是地前小菩萨，虽未证唯识之理，而依佛说。及见地上菩萨，成就四般唯识之智，遂入有漏观，观彼十地菩萨所变大地为黄金，搅长河为酥酪，化肉山鱼米等事。此小菩萨入观观已，即云如是所变实金银等，皆不离十地菩萨能变之心，更无外境。既作观已，亦能随顺悟入真唯识理。又如胜论祖师，为守六句义故，变身为大石，此有实用。若定实境者，不应随心变身境为石。

问：且如变大地为金时，为灭却地令金种别生，为转其地便成金耶？

答:《唯识镜》云:为佛菩萨,以妙观察智,系大圆镜智,及异熟识,令地种不起,金种生现。以此为增上,能令众生地灭金生,名之为变,非为便转地成金故。《摄论》云:由观行为增上,令余人识变。《大涅槃经》云:佛言:善男子,菩萨摩诃萨修行如是大涅槃者,观土为金,观金为土。地作水相,水作地相,随意成就,无有虚妄。观实众生为非众生,观非众生为实众生,悉随意成,无有虚妄。台教云:诸物中一切皆有可转之理,如僧护见身为床瓶等。当知色法皆随感现,色无定体,随心所变。此理元是如来藏中不思议法,随心取著,成外成小。汝等所行是菩萨道,平等法界,方寸无亏。

四般唯识智者:第一相违识相智者,即四类有情各别能缘之识。识既相违者,其所变相分亦相违故,即天见是宝严地,鱼见是窟宅,人见是清冷水,鬼见是脓河猛火。缘此四类有情能变之识,各相违故,致令所变之境亦乃相违。所言相者,非是遍计相,但是相分之相。由四类有情先业之力共于一处,各变相分不同,故名相违识相。言智者,即是十地菩萨能缘之智。智能了彼四类有情自业识所变相分不同,更无心外别四境。旧云:一境应四心者,不正。

问:何以不正?

答:若言一境者,未审定是何境。若离四类有情所变相分外更别有一境者,即是心外有法。

问:其四类有情,为是各变相分,为本质亦别?

答：四类有情由业增上力，其第八所变相分亦别。若将此第八相分，望四类有情前六识说，即为本质，故相质皆别。故知更无外境，唯有识也。所以《唯识论》云：一相违识相智，谓于一处，鬼人天等，随业差别，所见各异。境若是实，此云何成？唐三藏云：境非定一，故为四类有情所变相分，随四类有情能变之心，境亦成四。一处解成差，证知唯有识。《论》云：如人见有粪秽处，傍生见为净妙饮食。于人所见净妙饮食，诸天见为臭秽不净。故知随福见异，垢净唯心。业自差殊，食无粗细。《大智度论》云：如佛在耆阇崛山中，与比丘僧，俱入王舍城，道中见大木，佛于木上敷尼师坛坐，告诸比丘：若比丘入禅，心得自在，能令大木作地，即成实地。何以故？是木中有地分故。如是水火风、金银种种宝物，即皆成实。何以故？是木中皆有其分。复次如一美色，淫人见之以为净妙，心生染著。不净观人观之，种种恶露，无一净处。等妇见之，妬瞋憎恶，目不欲见，以为不净。淫人观之为乐，妬人观之为苦，净行之人观之得道，无预之人观之无所适莫，如见土木。若此美色实净，四种人观皆应见净。若实不净，四种人观皆应不净。以是故知，好丑在心，外无定也。

又问：定力变化事，为实为虚？若实，云何石作金、地作水？若虚，云何圣人而行不实？

答曰：皆实，圣人无虚也，三毒已拔故。以一切法各各无定相，故可转地，或作水相，如酥胶蜡是地类，得火则消为水则成湿相，水得寒则结成冰而为坚相。石汁作金，金败为铜,或还为石。众生亦如是,恶可为善,善可为恶。以是故知一切法无定相。

第二无所缘识智者,言无所缘识者,即是一切异生将自第六独生散意识,缘过去未来水月镜像等变起假相分是。此等相分,但是众生第六识妄构画遍计,当情变起,都无心外实境,名无所缘识。言智者,即是十地菩萨能缘之心。菩萨云:此等异生所变假相分,皆不离一切异生能变之心,是其唯识。即以此例于一切实境,亦不离一切有情能缘之心。离心之外,更无一物。旧云:缘无不生虑,即不正。

问:何以不正?

答:且如缘空华等一切假境之时,心亦起故,何言缘无不生虑?故知缘无体假境时,不无内心实相分能牵生心,望见分亦成所缘缘义。未有无心境,曾无无境心,又不违护法四分成唯识义。若离却内心实相分外,其构画遍计执心之境即无。唐三藏云:应言境非真虑起,证知唯有识。所以《唯识论》云:二无所缘识智,谓缘过未梦镜像等,非实有境,识现可得。彼境既无,余亦应尔。既若菩萨观诸异生遍计所执之境,皆不离异生心者,明知余一切实境,皆悉如是。

第三自应无倒智者,即十地菩萨起智观察一切众生妄执自身为常乐我净。菩萨云:此但是凡夫执心倒见,离却妄执心外,其凡夫身上实无常乐我净之境。必若有者,应异生不假修行而得解脱。既不尔者,明知唯有妄识。故《唯识论》云:三自应无倒智,谓愚夫智若得实境,彼应自然成无颠倒。不由功用,应得解脱。

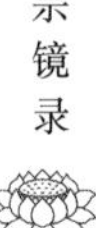

第四随三智转智者：一随自在者智转智。即是菩萨起智观自所变之境，皆不离我能变之心，是其唯识。为八地已去菩萨，能任运变大地为黄金，搅长河为酥酪。此是境随真智转，所变事皆成。转者，改换旧质义。即改转大地山河旧质成金银等，众生实得受用，锻炼作诸器具皆得。若离心有外实境者，如何山河等能随菩萨心便变为金银等物？以相分本质皆悉转故，故知一切诸境，皆不离菩萨能变之心。乃至异生亦能变火为水、变昼为夜、点铁成金等，此皆是境随事智转，所变事皆成，亦是唯识。若是迦多演那所变宫殿金银等，皆不成就，故知离心更无实境。论云：凡变金银宫殿者，是实定果色，从初地已去方能变。若约自在八地已上菩萨，于相及土，皆得自在，以上品定心有大势力，所变金银宫殿等皆得成就。如变金银锻炼作诸器具，实得受用。其所变金银是实定果色，皆不离菩萨内心，是其唯识，心外无境。若诸声闻及地前小菩萨，若变金银宫殿时，即托菩萨所变金银宫殿以为本质。第六识所变金银等，皆不成就，无实作用。然所变金银是假定果色，不离声闻诸小菩萨内心，是其唯识，心外无境。今迦多演那缘是声闻，未得上品定故，所变金银虽无实作用，然不离内识，心外无境。所以《唯识论》云：一随自在者智转智，谓已证得心自在者，随欲转变，地等皆成，境若是实，如何可变？又，古德云：色自在心生，故心能变色。所以移山覆海、倒地翻天，搅长河为酥酪、变大地为黄金，悉无难事。二随观察者智转智者。无性菩萨云：谓诸声闻独觉菩萨等，若修苦空等观得相应者，或作四谛观时，随观一法之上，唯有无常苦空无我等众相显然。非是诸法体上有此众多苦空等义，但是苦空等众相，即是诸法之体，既若无常相于圣人观心上有者。故知，一切诸法，皆不离观心而有。所以《唯识论》云：二随观察者智转智，谓得胜定修法观者，随观一境，众相现前，境若是真，宁随心转。三随无分别智转智者。为菩萨根本智证真如时，真如境与智冥合，能所一般，更无分别，离本智外更无别境。即境随真智转，是故说唯心。汝小乘若执有心外实境者，即证真如时，一切境相何不现前？故《唯识论》云：三随无分别智转智，谓现证实无分别智，一切境相，皆不现前，境若是实，何容不现？

第二世事乖宗难，此是经部师难云：论主若言唯有内识无心外境者，如何现见世间情与非情等物，有处定、时定、身不定、作用不定等？就此中自有四难：一处定难，二时定难，三身不定难，四作用不定难。初难云：论主若言一切皆是唯识无心外境者，且如世人将现量识正缘南山处，其识与山俱在其南，山不离识，可言唯识。忽若将现量识缘北之时，其山定在南，且不随缘者心转来向北。既若缘北之时缘南山心不生者，明知离识之外有实南山之境，此何成唯识？第二时定难者，难云：若正缘南山时识现起，山亦随心起，即可成唯识义。且如不缘南山时，其缘山心即不生。然山且在，不随心灭，即是离心有境，何成唯识义？此上二难，皆是难现量识，不难比量。若约比量心者，即山相分，亦于余处心上现故。第三有情身不定难者，难云：若言一切皆是唯识者，且如有众多有情同在一处，于中一半眼有患眩瞖者，或十或五。或有见空华，或有见头发，或有见苍蝇，或有全不见物

者。此等皆是病眼人自识变起，所变发蝇等相分，皆不离患眩瞖者之心，可是唯识。且如一半不患眩瞖者，或十或五，共在一处，所见一般，物皆同境。既是一者，明知离心有境，何成唯识？

宗镜录第六十三

宋 慧日永明妙圆正修智觉禅师延寿集

第四作用不定难者，于中分出三难：第一难云：复有何因，患眩瞖者所见发蝇等即无发蝇等实用，余不患眩瞖者所见发蝇等物是实用非无。汝大乘既许皆是唯识者，即须一时有实作用。不然，一时无实作用，今既不同，未审何者是其唯识？第二难云：复有何因，有情于梦中所得饮食刀杖毒药衣服等即无实作用，及至觉时若得便有实用？第三难云：复有何因，寻香城等即无实作用，余砖土城等便有实作用？论主答前四难，引《三十唯识论》颂云：处时定如梦，身不定如鬼。同见脓河等，如梦损有用。若依此颂答前四难，即足。且第一答前处定难者，论主云：汝还许有情，于梦中有时见有村园，或男或女等物，在于一处，即定。其有情梦心，有时便缘余处，余处便不见前村园等物，即梦心不定，汝且总许是唯识不？经部答云：我宗梦中虽梦境处定，梦心不定。然不离有情梦心，皆是唯识。论主云：我觉时境色，亦复如然：虽山处长定，其有情能缘心不定，然皆不离现心，总是唯识。立量云：我宗觉时所见境色是有法，定是唯识为宗。因云：境处定心不定故。喻如汝宗梦中之境，皆是唯识。第二答前时定难者，论主云：且如有情于梦中所见村园等物，其梦心若缘时，可是唯识。若不缘时，应非唯识。经

部答云：我梦中之境，若梦心缘时，亦是唯识。若梦心有不缘时，然不离梦心，亦是唯识。论主云：我觉时境色，亦复如然：我今长时缘南山，山不离心，是唯识。有时缘山，心虽不生，然不离现心，亦是唯识。颂云：处时定如梦。此一句，答前二难。第三答身不定难，论主云：汝经部还许众多饿鬼同于一处，于中有三有五业同之者，即同见脓河定。又有三五随自业力，所见不定，即同于一处，或有见猛火，或有见粪秽，或有见人把棒栏隔。如是饿鬼，同于一处，一半见境定，一半所见各异，汝总许是饿鬼唯识不？答云：虽见有同异，然不离饿鬼自业识所变，皆是唯识。论主云：我宗唯识，亦复如然。虽一类悉眩瞖者所见各别，有一类不患眩瞖者所见即同。然不离此二类有情识之所变，皆是唯识。颂云：身不定如鬼，同见脓河等。此两句颂，答此一难。《成唯识宝生论》偈云：身不定如鬼者，实是清河，无外异境。然诸饿鬼，悉皆同见脓满而流，非唯一睹。然于此处，实无片许脓血可得，何容得有溢岸而流？虽无实境，决定属一，理定不成。此即应知观色等心，虽无外境，不决定性，于身非有，遮却境无，即彼成立有境之因，有不定过：于无境处，亦有多身，共观不定，如何实无脓流之事，而诸饿鬼不别观之？由其同业感于此位，俱见脓流。悭悋业熟，同见此苦，由昔同业，各熏自体，此时异熟，皆并现前。彼多有情，同见斯事，实无外境，为思忆故，准其道理，仁亦如斯，共同造作。所有熏习成熟之时，便无别相，色等相分从识而生。是故定知，不由外境，识方得起，岂非许此同一趣生？然非决定彼情同业，由现见有良家贱室、贫富等异，如是便成见其色等，应有差别,同彼异类,见成非等。故知斯类,与彼不同,彼亦不由外境力故,生色等境。然诸饿鬼,虽同一趣,见亦差别,由业异相,所见亦然。彼或有见大热铁团,融煮迸瀼,或时见有屎尿横流,非相似故。虽同人趣,薄福之人,金带现时,见为铁锁,赫热难近,或见是蛇,吐其毒火。是故定知,虽在人趣,亦非同见。若如是类,无别见性,由其皆有同类之业。然由彼类,有同分业,生同分趣,复有别业,各别而见。此一功能,随其力故,令彼诸人,有同异见。复以此义,亦答余言。有说别趣有情鬼傍生等,应非一处,有不别见,由别作业异熟性故。此虽成趣,业有差别,同观之业,还有不异。即诸有情自相续中,有其别异业种随故,彼任其缘,各得生起。第四总答作用不定中三难者,论主云:汝经部等还许有情梦中所得刀杖饮食等,无实作用,是唯识不?答云:尔。又问:只如有情于梦中有时遗失不净及失尿等事,即有实作用,汝亦许是唯识不?答云:尔。论主例答:汝既许梦中有实作用、及无实作用,俱是唯识者,即知我宗患眩瞖及不患者,并梦中现觉、兼假城实城此三般,皆是有实作用,亦如汝梦中有实无实作用,皆是唯识。论主以量成立云:我宗觉时境色是有法,定是唯识,宗。因云:有实作用故。如汝梦中境色。不然,汝梦中境色是有法,应非唯识,宗。因云:有实无实作用故。如汝觉时境色。《唯识颂》云:如梦损有用。此一句答上难境。又,都将一喻,总答四难,《三十唯识颂》云:一切如地狱,同见狱卒等。能为逼恼事,故四义皆成。且如世间处定、时定、身不定、作用不定等事,亦如地狱中受罪有情各见治罚事,亦有处定、时定、身不定、作用不定,此皆唯识。但是诸有情恶业增上,虽同一狱,然受苦时所见铜狗铁蛇、牛头狱卒、治罚之具或同或异,如是苦器,逼害罪人。此皆是罪人自恶业心现,并无心外实铜狗等物。今世间事法,亦复如然:若罪人同一狱者,是总报恶业力。若各别受苦者,即是别报恶业力。《诸经要集》云:夫云罪行,妄见境染,执定我人,取著违顺,便令自他,皆成恶业。是以,经偈云:贪欲不生灭,不能令心恼。若人有我心,及有得见者。是人为贪欲,将入于地狱。是故心外虽无别境,称彼迷情,强见起染。如梦见境,起诸贪瞋,称彼梦者,谓实不虚,理实无境,唯情妄见。故《智度论》说:如梦中无善事而善,无瞋事而瞋,无怖事而怖。三界众生,亦复如是,无明眠故,不应瞋而瞋等。故知,心外虽无别境,称彼迷情,妄见起染,心外虽无地狱等相,恶业成时,妄见受苦。如《正法念经》云:阎摩罗人,非是众生,罪人见之,谓是众生,手中执持焰然铁钳。彼地狱人恶业既尽,命终之后,不复见于阎罗狱卒。何以故?以彼非是众生数故。如油炷尽则无有灯,业尽亦尔,不复见于阎罗狱卒。如阎浮提,日光既现,则无暗冥。恶业尽时,阎罗狱卒,亦复如是:恶眼恶口,如众生相,可畏之色,皆悉磨灭。如破画壁,画亦随灭。恶业画壁,亦复如是,不复见于阎罗狱卒可畏之色。以此文证,众生恶业应受苦者,自然其中妄见地狱。

问曰:见地狱者,所见狱卒及虎狼等,可使妄见,彼地狱处,阎罗在中判诸罪人,则有此境,云何言无?

答曰:彼见狱主,亦是妄见,直是罪人恶业熏心,令心变异，无中妄见，实无地狱阎罗在中。

又，《唯识论》中，问曰：地狱中主、乌狗羊等，为是众生，为非众生？答曰：非是众生。问曰：以何义故，非是众生？答曰：以不相应故。此以何义？有五种义，彼地狱主及乌狗等，非是众生。何等为五？一者，如地狱中罪众生等受种种苦，地狱主等若是众生，亦应如是受种种苦，而彼一向不受如是种种苦恼，以是义故，彼非众生。二者，地狱主等若是众生，应递相杀害，不可分别此是罪人、此是主等，而实不共递相杀害，可得分别此是罪人、此是狱主，以是义故，彼非众生。三者，地狱主等若是众生，形体力等应递相杀害，不应偏为受罪人畏，而实偏为罪人所畏，以是义故，彼非众生。四者，彼地狱地，常是热铁，地狱主等是众生者不能忍苦，云何能害彼受罪人？而实能害彼受罪人，以是义故，彼非众生。五者，地狱主等若是众生，非受罪人，不应于彼地狱中生，而实生于彼地狱中，以是义故，彼非众生。此以何义？彼地狱中受苦众生，造五逆等诸恶罪业，于彼中生，地狱主等不造恶业，云何生彼？以如是等五种义故，名不相应。问曰：若彼主等非是众生，不作罪业，不生彼者，云何天中得有畜生？此以何义？如彼中有种种鸟、诸畜生等生在彼处，于地狱中何故不尔，畜生饿鬼、种种杂生，令彼为主？答曰：偈言：畜生生天中，地狱不如是。以在于天上，不受畜生苦。此偈明何义？彼畜生等生天上者，彼于天上器世间中有少分业，是故于彼器世间中受乐果报，彼地狱主及乌狗等不受诸苦。以是义故，彼地狱中无有实主及乌狗等除罪众生。

又，《宝生论》云：如上所言，得差别体。地狱苦器，不同受之，或诸猛火，由业力故，便无烧苦。斯则自非善友，谁能辄作斯说？凡是密友性善之人，不论夷险，常为思益，为欲显其不受烧苦，故致斯言。然于此时助成立义，即是显出善友之意。由其不受彼之苦故，意欲成立非那洛迦。今复更云：由其业力，说有大火，言不烧者，斯则真成立唯识义。由无实火，但唯业力能坏自性。既定不受如斯苦故，便成此火，自性元无，然有实性，是宗所许。若也许其是识现相，事体元无，此由业力故无火，斯成应理，由其先业为限剂故。若异此者，彼增上业所招之果，既现在彼，如何不见？如无智者，欲求火灭，更复浇酥。令唯识宗，转益光炽，由斯众理，证此非成那洛迦类。故知唯心所现，正理无差。如《观佛三昧海经·观佛心品》云：是时佛心，如红莲华，莲华叶间，有八万四千诸白色光，其光遍照五道众生。此光出时，受苦众生皆悉出现。所谓苦者，阿鼻地狱、十八小地狱、十八寒地狱、乃至五百亿刀林地狱等。

问：若众生恶业心，感现地狱事，理即可然。且如观佛心时，云何纯现地狱？

答：此略有二义：一若约理而观。佛之心性本含法界，无一尘而不遍，无一法而不通。二若约事而观。佛唯用救苦为意，以物心为心，则地狱界全是佛心，运无缘慈，不间同体。所以《观佛心品》云：佛告天王：欲知佛心光明所照，常照如此无间无救诸苦众生。佛心所缘，常缘此等极恶众生。以佛心力自庄严故，过算数劫，令彼罪人发菩提心。乃至尔时世尊说是语时，佛心力放十种白光，从佛心出，其光遍照十方世界,一一光中无量化佛乘宝莲华。时会大众,见佛光明如玻璃水,或见如乳,见诸化佛从佛胸出,入于佛脐,游佛心间,乘大宝船,经往五道受罪人所。一一罪人,见诸化佛如己父母,善友所亲。渐渐为说出世间法,是时空中有大音声,告诸大众:汝等今者应观佛心,诸佛心者是大慈也,大慈所缘,缘苦众生。乃至次行大喜,见诸众生安隐受乐,心生欢喜,如己无异。既生喜已,次行舍法。是诸众生无来去相,从心想生。心想生者,因缘和合,假名为心。如此心想,犹如狂华,从颠倒起。苦从想起,乐从想生,心如芭蕉,中无坚实,广说如经十譬。作是观时,不见身心,见一切法同如实性,是名菩萨身受心法。依因此法广修三十七助菩提分,若取证者,是声闻法。不取证者,是菩萨法。又,《宝生论》云:时处定如梦者,有说由心惑乱,遂乃便生时处定解。然于梦中,无其实境决定可得,故世共许。如何将此,比余定事为作过耶?乃至尔时于彼梦中,实亦无其时处决定相状在心,由何得知?如有颂言:若眠于夜里,见日北方生。参差梦时处,如何有定心?又云:此之梦心,有何奇异?营大功业,不假外形,而能巧利,构兹壮丽。或见崇墉九仞,飞甍十丈,碧条靃靡,红华璀璨,匠人极思,亦未能雕。若言于他同斯难者,彼无此过,不假外色功力起故。但由种熟,仗识为缘,即于此时,意识便现。又,未曾见有经论说,于彼梦中生其别色。《百法钞》云:论主言:如于梦中与女交会,流泄不净。梦被蛇螫,能令闷绝,流汗心迷,虽无实境而有实作用。此是唯识不?经部答云:此是唯识。论主云:汝既许梦中有实作用、无实作用皆是唯识,即我宗梦中现觉、眩瞖者

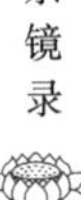

不眩瞖者、假城实城此三般,有实无实作用,如汝梦中,亦是唯识。论主立量云:有瞖无瞖等是有法,有用无用其理亦成,宗。因云:许无实境故。如梦中染污等。所以《唯识论》云:如梦损有用。

第三明圣教相违难者,小乘难意云:论主若言一切皆是唯识、无心外实境者,何故世尊于《阿含经》中说有十二处?若一切皆唯识者,世尊只合说意处法处,即不合说有十色处。今世尊既说有十二处者,明知离却意法处外,别有十色处,是心外有,何言一切皆是唯识?论主答中分三:初假答,二正答,三喻答。初假答,引《三十唯识颂》云:识从自种生,似境相而转。为成内外处,佛说彼为十。言识从自种生者,即五识自证分现行,各从五识自种而生,将五识自种便为五根。言似境相而转者,即五识自证分从自种生已,而能变似二分现,其所变见分说名五识,所变相分似外境现说名五境。其实根境十处皆不离识,亦是唯识。此是假将五识种子为五根,答经部师,以经部许有种子。

问:设许有种子,岂不执离识有?

答:彼许种子在前六识中持,亦不离识有。论主云:其所变相分似外五境,亦不离识有。能变五识种即五根,亦不离识有。虽分内外十处,然皆是唯识。言佛说彼为十者,以佛密意为破外道执身为一合相我,故遂于无言之法,强以言分别说有根尘十处,有大胜利。故《唯识颂》云:依此教能入,数取趣无我。解云:为若有智者,即依此佛说根尘十处教文,便作观云:我于无量劫来为恶慧推求,愚痴迷闇,妄执自他身为一合相我,因此生死沉沦。今依教观自他身,但有根尘十处以成其体,于一一处中,都无主宰自在常一等用,何曾有我?因此便能悟入无我之理,成我空观。此即大乘假将五种子为五根,假答小乘也。小乘又难云:若尔者,且如五尘相分色是五识所变,故可如汝宗是唯识。其本质五境色,未审是何识之唯识?谓五识及第六,皆不亲缘本质五境,即此本质五境,岂不是离心外有,何成唯识?因此问故,便是论主第二正答。《唯识论》云:依识所变,非别实有。解云:此依大乘自宗正解,即约已建立第八识了,既论主云:五尘本质色,此是第八识之亲相分。相分不离第八识,亦是唯识。第三喻答者,即论主举喻答小乘世尊建立十二处之所以。《唯识论》云:如遮断见,说续有情,但是佛密意破于众生一合相我,假说有十二处名,令众生观十二处法都无有我,便入我空。次依唯识,能观一切诸法之上,皆无实轨持胜性等用,既除法执,便成法空。小乘难云:既言一切诸法皆无实轨持自在胜性等用、成法空观者,即此唯识之体,岂不亦空?

因此便成第四唯识成空难。论主答云:唯识体即不空,非所执故。我前言空者,但是空其一切法上妄心执有实轨持胜性等用,遍计虚妄之法,此即是空,非空离执唯识之体。即如根本智正证如时,离言绝相,其遍计虚妄一切我法皆不现前,于此位中,唯有本智与理冥合,不分能所。此识体亦空,便无俗谛。俗谛无故,真谛亦无,真俗相依而建立故。《唯识论》云:拨无二谛,是恶取空,诸佛说为不可治者。

第五色相非心难,《唯识论》云:若诸色处亦识为体,何缘不似色相显现,一类坚住,相续而转?小乘难意云:若言一切外色皆心为体,由心自证分变似能取说名见分、变似可取说为相分者,何故所变色相即显现,其能变心即不显现?又若外色以心为体者,何故所变色即一类相续而转?且如外色山河大地等,即千年万年,一类更无改变,又相续不断,得多时住。若有情能变心,即有改变不定,又不得多时。今外色既不似内心者,明知离心有外实色,何言一切皆是唯识?答云:《唯识论》云:名言熏习势力起故。此但由一切有情,无始时来前后递互,以名言虚妄熏习,作心外坚住相续等解。由此势力有此相现,非是真实有心外坚色等。外人又问:既言唯识者,有情何要变似外色而现?答:《唯识论》云:谓此若无,应无颠倒,便无杂染,亦无净法,是故诸识变似色现。论主云:一切有情若不变似外色现者,便无染净之法。且如一切凡夫,由先迷色等诸境颠倒妄执,由此杂染便生。杂染体,即二障。汝外人若不许识变似外色现者,即有情不起颠倒。颠倒妄执既若不起,即杂染烦恼不生。杂染既若不生,净法因何而有?所以《摄论》颂云:乱相及乱体,应许为色识。及与非色识,若无余亦无。言乱相者,即所变色相。言乱体者,即能变心体。应许为色识者,即前所变乱相。及与非色识者,即前变心是体。若无余亦无者,若无所变似外色境为乱相者,亦无能变之识体。故知,须变似外境现,所以诸色皆不离心,总是唯识。

第六现量违宗难者,《唯识论》云:色等外境,分明现证,现量所得,宁拨为无。小乘难意云:且如外五尘色境,分明五识现证,是现量所得。大小乘皆共极成,何故拨无,言一切唯识?《三十唯识论》中亦有此难云:诸法由量,刊定有无,一切量中,现量为胜。若无外境,宁有此觉,我今现证,如是境耶?意云:论主若言无外实境者,如何言五识现量,取外五尘境?若是比量、非量遍计所起,遍计所执,强思计度,构画所生,相分不离于心,可成唯识。今五识既现量得外实五尘境者,何故亦言皆是唯识?答:《唯识论》云:现量证时,不执为外,后意分别,妄生外想。论主云:且如现量五识正缘五尘境时,得法自性,不带名言,无筹度心,不生分别,不执为外。但是后念分别意识妄生分别,便执为外,言有实境。

问:且小乘许现量心中,不执为外不?

答:许。

问:与大乘何别?

答:《唯识镜》云:若是大乘,即五识及同时意识,皆现量不执为外。若小乘宗,即唯是五识,不执为外。论主云:汝小乘既许五识缘境是现量不执为外者,明知现量心中,皆无外境,是其唯识。

外人又问云:其五识所缘现量五尘境,为实为假?

答:是实。

难云:若尔者,即是离心外有实五尘境,何言唯识?

答:五识缘五尘境时,虽即是实,但是五识之所变。自

识相分,不离五识,皆成唯识。故《唯识论》云:故现量境,是自相分,识所变故,亦说为有。意识所执外实色等,妄计有故,说彼为无。意云:五识各有四分,其五尘境,是五识之亲相分,由五识自证分变似色等相分境现,其相分又不离见分,皆是唯识。若后分别意识起时,妄执心外有其实境,此即是无,不称境体而知故。

问:且如五识中瞋等烦恼起时,不称本质,何言唯是现量?

答:虽不称本质,然称相分,亦是现量。由心无执故,其第六意识相应瞋,若与执俱时,相分本质皆不称。若不与执俱起时,即同五识。

问:何故五识无执?

答:由不通比非二量,故无执。故知五识现量缘境,不执为外,皆是唯识。

又,小乘都申一难:若唯识无外境者,由何而得种种心生?既若无境牵生心,即妄心由何而起?未有无心境,曾无无境心?

答:论颂云:由一切种识,如是如是变。以展转力故,彼彼分别生。一切种识者,即是第八识,此识能持一切有为之法种故。即一切种子,各能自生果差别功能,名一切种识。功能有二:一、现行名功能,即似谷麦等种,能生芽功能是。二、第八识中种子名功能,有能生现行功能故。今言一切种识者,但取本识中种子功能,能生一切有为色心等法。即色为所缘,心便是能缘。即色是境,不离心,是唯识。即此心境,但从本识中而生起,何要外境而方生?如是如是变者,如是八识从种生,即是八识自证分,转变起见相二分,相分不离见分,是唯识。以展转力故者,即余缘是展转力,以心法四缘生,色法二缘起。彼彼分别生者,即由彼见相二分上,妄执外有实我法等分别而生。故知但由本识中种而生诸识,不假外妄境而亦得生,故知一切皆是唯识。

又,《唯识论》云:问曰:如汝向言唯有内识,无外境界。若尔,内识为可取,为不可取?若可取者,同色香等外诸境界。若不可取者,则是无法。云何说言唯有内识,无外境界?答曰:如来方便,渐令众生得入我空及法空,故说有内识,而实无有内识可取。若不如是,则不得说我空法空。以是义故,虚妄分别,此心知彼心,彼心知此心。

问曰:又复有难:云何得知诸佛如来,依此义故,说有色等一切诸入,而非实有色等诸入?又以识等能取境界,以是义故,不得说言无色等入。

答曰:偈言:彼一非可见,多亦不可见。和合不可见,是故无尘法。

宗镜录第六十四

宋 慧日永明妙圆正修智觉禅师延寿集

第七梦觉相违难,《唯识论》云:若觉时色皆如梦境不离识者,如从梦觉,知彼唯心,何故觉时于自色境不知唯识?

答:《唯识论》云:如梦未觉,不能自知,要至觉时,方能追觉。觉时境色应知亦尔,未真觉位,不能自知。至真觉时,方能追觉。未得真觉,恒处梦中,故佛说为生死长夜。由斯未了色境唯识。即第七,是生死长夜根本,能令起惑造业,三界轮回,直须至真觉位时,方知一切皆是唯识。

所以《唯识枢要》,问云:若诸识生似我法时,为皆由我法分别熏习之力,为亦不由?若皆由者,八识五识无二分别,生果时应不似二。若不由者,此中何故但说我法熏习为因?

答:二解俱得。其皆由解者,一切有漏与第七二分别俱故,或第六识二分别引故,后生果时,皆似我法。其不由解者,此说第六根本,兼缘一切为因缘,发诸识令熏习故,后生果时,似我法相起。或非外似外,六七计为似外起故。如梦者梦娑刺拏王事,此云流转。其王容貌端正,自谓无双,求觅形容,欲同等比,显己殊类。时有人言:王舍城中有大迦旃延,形容甚好,世中无比。遣使迎之,迦旃延至,王出宫迎。王不及彼,人视迦旃延,无看王者。王问所以,众曰:迦旃延容貌胜王。王问大德，今果，宿因？迦旃延答曰：我昔出家，王作乞儿。我扫寺地，王来乞食。我扫地竟，令王除粪扫，除粪扫讫方与王食。以此业因，生人天中，得报端正。王闻此已，寻请出家，为迦旃延弟子。后共迦旃延往阿盘地国山中修道，别处坐禅。阿盘地王，名钵树多，将宫人入山游戏。宫人见王形貌端正，围遶看之。钵树多王见娑刺拏王，疑有欲意，问娑刺拏王曰：汝是阿罗汉耶？王答言：非。次第二问余三果，皆答言非。又言：汝离欲不？答言：非。钵树多王瞋曰：何故入我婇女之中？遂鞭身破，闷绝而死，至夜方惺，至迦旃延所。迦旃延见已，心生悲愍。其诸同学，方为疗治。娑刺拏王语迦旃延曰：我从师乞，暂还本国，举军破彼阿盘地国，杀钵树多王，事毕当还，从师修道。迦旃延从请，语曰：汝若欲去，且停一宿。迦旃延安置好处令眠，欲令感梦，梦见举军征阿盘地国，自军破败，身被他获，坚缚手足，赤华插项，严鼓欲杀。王于梦中，便大恐怖，叫唤失声云：我今无归，愿师济拔，作归依处，得寿命长。迦旃延以神力手指火，唤之令寤，问言何故，其心未惺，尚言灾事。迦旃延以火照而问之：此是何处，汝自看！其心方寤。迦旃延语言：汝若征彼，必当破败，如梦所见。王曰：愿师为除毒意。迦旃延为说一切诸法，譬如国土，假名无实，离舍屋等，无别国土。乃至广说种种因缘，至一极微，亦非实事，无此无彼，无怨无亲。王闻法已，得预流果，后渐获得阿罗汉果。故知万法唯识，梦觉一如。觉中所见即明了意识，梦中所见即梦中意识。分别之意既同，差别之境何异？迷悟若此，曷疑虑焉？昏觉如斯，可洞达矣。

第八外取他心难,若论主言外色实无,是内识之境者,即可然。且如他人心是实有,岂非自心所缘耶?意云:且如此人心若亲缘得他人心著,即离此人心,别有心为境。若此人心缘他人心不著者,即有境而不缘。若缘著,即乖唯识义。若缘不著者,即何成他心智耶?论主答云:虽说他心非自识境,但不说彼是亲所缘。意云虽说他人心非此人境,若此人亲缘他人心,即不得。若托他人心为质,自变相分缘,亦有他心智,但变相分缘时即不得他人本质,但由他人影像相自心上现,名了他心。即知他心相分,不离自心,亦唯识。意云此人心缘他人心时,变起相分当情,相分无实作用,非如手等执物,亦非如日舒光,亲照其境。缘他人心时,但如镜中影,似外质现,镜中像亦无实作用。缘他人心时,亦复如是,非无缘他人心体,故名了他心。非亲能了,亲所了者,谓自所变。

又,古德问:他心智者,谓既有他人心为自心之所知,即是离自心外,有他人心为自心之境,何得言无境唯有识耶?

答:谓缘他身扶尘根相分色,亦不亲得,但托为质。如自身眼识缘第八识所变器世间色时,亦但托为质,亦不亲得。其耳等四识,缘本识所变声等亦耳,以本质是第八识变。今望五识,故名影识,如五识等缘本识所变本质境,亦不亲得。虽亦得缘,只成疏所缘缘。若如实知,即是佛境者。《论》云:二智于境,各各由无知所覆蔽,故不知如佛所行,不可言境。此有二解:一云是真如妙理,言诠不及,不可言境,谓此离言真如之境,唯佛独能显了分别证,余不能证者,由第七恒行不共无明所覆,故不知。二云不可言境者,即他心智境及自心智境,此二智名不可言境。谓真如自相,假智及诠,俱非境故,诠谓名言能诠之名,既不得自相,即显自他二智之境,是佛智所行,不可言境。由此二智所知之境自相,是佛智所行,不可言境。余人由恒行不共无明所覆蔽,故不得如实而知也。

又,既言此人缘他人心时,托他人心为质,自变相分缘者,即相分不离此人心,是唯识。若他人心本质缘不著者,即离此人心外,有他人心,何成唯识耶?因此便申第九异境非识难。小乘云:唯识之义,但离心之外更无一物,方名唯识。既他人心,异此人心为境,何成唯识耶?又,他人境,亦异此境,即离此人心外有异境,何成唯识?答责云:奇哉,固执!触处生疑,岂唯识言,但说一识?汝小乘何以此坚执处处生疑,岂唯识之言,但说一人之识?若言有一人之识者,即岂有凡圣尊卑?若无佛者,众生何求。若无凡夫,佛为谁说?应知我唯识言,有深旨趣。论云:唯识言,总显一切有情,各有八识,六位心所,所变相分,分位差别,及彼空理所显真如。言识之一字者,非是一人之识,总显一切有情,各各皆有八识,即是识之自体。五十一心所,识之相应,何独执一人之识?

问:维摩诘即入三昧,令此比丘自识宿命,曾于五百佛所殖众德本,回向阿耨多罗三藐三菩提,即时豁然,还得本心者。且如过去心已过去,未来心未至,现在心不住,云何观他过去善根心?

答:约真即无,随俗故有。一念心起,尚具十世四运分别,不可作龟毛兔角断灭之见。过去之法,虽念念不住,然皆熏在第八识中,有过去种子,知过去事者,过去所熏得种,现在阿赖耶识自证分中含藏。然过去世时,虽即无体,但将识中种为本质,变影而缘,即知过去世事,此带质境知也。或云:可缘心上影像相者,即第六意识见分之上,变起过去影像相而知也,此即独影境,谓过去无体无本质也。又,过去之法若不落谢,不名过去。若已落谢,无法可知。若但曾径心中有种影现前,故说忆知者,是则但见自心,不见彼法。如《月灯三昧经》云:佛言:云何菩萨摩诃萨,得过去、未来、现在智藏?童子,是菩萨如实知一切众生心行,准自心行次第所起,观自心法,以无乱想修习方便。如自心行,类他亦尔,随所见色闻声,有爱无爱,心皆如实知。童子,是名菩萨得过去、未来、现在知藏。

问:观他心智者,为实知他心,为不实知,二俱有过?

答:如前已说,若立自他,于宗俱失,此皆约世谛识心分别故。《识论》颂云:他心知于境,不如实觉知。以非离识境,唯佛如实知。他心智者,不如实知,以自内心虚妄分别以为他心,以自心意意识杂故。如彼佛地如实果体,无言语处胜妙境界,唯佛能知,余人不知。以彼世间他心智者,于彼二法不如实知,以彼能取所取境界虚妄分别故,此唯是识,无量无边甚深境界,非是心识可测量故。

如上约法相宗说。若约法性宗,先德云:知他心者,皆如实知。审于事实,见理实故。亦非心外可见,亦非无境可知。若自他相绝,则与众生心同一体,故无心外也。不坏所,故能知也。又,他心者,安慧云:佛智缘他心,缘得本质,余皆变影。若缘本质得心外法,坏唯识故。今以摄境唯心,不坏境故。能所两亡,不碍存故。第一义唯心,非一非异,正缘他时,即是自故。以即佛心之众生心为所缘,非即众生心之佛心。即众生心之佛心为能缘,非即佛心之众生心。如是镕融,非一非异。若离佛外,别有众生,更须变影,却失真唯识义。释云:摄境从心不坏境者,即示心境有无,彼得本质,恐坏唯心。既不坏境,得之何妨,坏有何失?以无心者,无心于万物,万物未尝无,此得在于神静,失在于物虚,谓物实有故。若唯心坏境,则得在于境空,失在于心有。故以境由心变,故说唯心,所变不无,何必须坏?若以缘生无性,则心境两亡。故借心以遣境,境遣而心亡,非独存心矣。若能所两亡,不碍存故者,上不坏境,且遣惧质之病。今遣空有之理,故心境并许存亡,心境因借故空,相依缘生故有。有即存也,空即亡也。空有交彻,存亡两全。云第一义唯心,非一非异者,正出具分唯心之理。上第一释,虽有唯心之义,尚通生灭唯心。第二义,虽两亡不羁,而未言心境相摄。今明具分唯识,故云第一义唯心。同第一义,故非异。不坏能所,故非一。非一故,有能所缘,他义成矣。非异故,能所平等,唯心义成矣。云正缘他时,即是自故者,结成得于本质,无心外过。以即自故,不失唯识。云以即佛心之众生心,正示法性他心之相。此有两对语:前对明所缘,后对明能缘。今初言即佛心之众生心者,此明所缘,众生心即是佛心,此明不异。次云非即众生心之佛心者,此句明众生心与佛心非即,非即,故有所缘义。非异,故不坏唯心义。言为所缘者,结成所缘,简非能缘也。次下辩能缘云,以即众生心之佛心者,此句明能缘,佛心即是众生心,此明非异。次云非即佛心之众生心者,此明佛心与众生心有非一义,非一,故为能缘。非异,故不坏唯识之义。言为能缘者,结成能缘,简非所缘也。更以喻况:如水和乳,乳为所和,喻众生心是所缘。水为能和,喻佛心为能缘。以此二和合,如似一味。鹅王唼之,乳尽水存,则知非一。然此水名即乳之水,此乳名即水之乳,二虽相即,而有不一之义。故应喻云:以即水之乳,非即乳之水为所和。以即乳之水,非即水之乳为能和,义可知矣。云如是镕融,非一非异者,结成正义。若离佛外,结弹护法言,却失真唯识者,不知外质即佛心故。

又,诸佛如来,随多心念,意能顿了。如《金刚经》云:尔所国土中,所有众生若干种心,如来悉知。《华严经》颂云:无量亿劫勤修学,得是无上菩提智。云何不于一念中,善知一切众生心。此是意圆对,如来一念之中,皆一时顿应,无一不应,故名圆对。斯乃了心非心,方能遍应,若心在有无,则成隔碍。故《金刚经》云:如来说诸心,皆为非心,是名为心。

《华严论》问:何谓诸佛知众生心时与非时?

答曰:以如来心与一切众生心,本不异故,是一心一智慧故,以此知时与非时,诸佛悟了,而与众生共之。众生迷,自谓为隔。一切诸佛,以一切众生心智慧而成正觉。一切众生,迷诸佛智慧而作众生。及至成佛时,还成众生迷理之佛,所说法门,还解众生心里迷佛众生。以此不异故,知众生心。

又问曰:大众何不以言自问,因何默念致疑?何不自以言赞劝请,云何供养云出音请佛?

答曰:明佛得法界心,与一切众生同心故。以心不异故,知彼心疑。供具说颂者,明一切法,总法界体也。法界不思议,一切法不思议故,明圣众心境无二故。凡夫迷法界,自见心境有二故,即颠倒生也。又云:心无内外中间,万法自他同体。一亦不一,他亦不他。故知凡圣同一真心,众生妄隔而不知,诸佛契同而顿了。如镜面照而镜背昏,俱一铜体,而分明昧。犹河水清而河泥浊,在一湿性,而有混澄。凡心圣心,可喻斯旨。

问:众生缘佛身时,是识所变,只如佛缘所化有情身土之时,是何所变?

答:若众生见佛,是有漏转识所变相分,等流色摄。若佛缘有情,是无漏智所变,定果色摄。识智虽殊,俱不出自心之境,并是增上缘力,互令心现。如《义天钞》云:依大乘宗通说,依于他身及非情法。谓以自心缘他身时,不亲缘彼,但缘自识所变相分为亲所缘。此相分色,虽托他身本质而起,然非依彼他识而生,由自识中种子生故。故此相分等流色摄,是五尘色之流类故,托他为质方变影像,是增上缘。此所变相分从自种生,是因缘义,即显自心缘得他身,得依现行处有,是于他身现行成就。以从自心种子生故,亦是依种建立于得,即种子成就也。以此理故,有情见佛色身之时,所缘佛身,唯是有漏自识变故,自种生故,等流色摄。缘佛所变净土亦尔,若佛缘所化有情色身及秽土时,所变相分,皆是无漏,无实有情杂染等用。如镜中像,全是明镜,无漏定果色摄,亦是等流色收。是外五尘之流类故,佛识变故,无垢识中净种生故。

问:若论一心无外境界,如前九难,答已分明,则眼际无色,耳外无声。如今所见所闻,为当是一,为当是二?为复是有,为复是无?若言是一,则坏能所。若言是二,又违自宗。若言是有,根境常虚。若言是无,现见不滥。如何融会,得契斯旨?

答:如大地一,生种种芽。类八识心,现种种法。所观是藏识之相分,能见是眼识之见分。能所虽分,俱不离识。皆是现量,不带名言。则非有非空,非一非二。若落比量,执作外尘,则一二情生,内外心起。《密严经》偈云:如地无分别,庶物依以生。藏识亦如是,众境之依处。如人以己手,还自摩拄身。亦如象与鼻,取水自沾沐。复似诸婴儿,以口含其指。如是自心内,现境还自缘。是心之境界,普遍于三有。久修观行者,而能善通达。内外诸世间,一切唯心现。《华严经》颂云:譬如深大海,珍宝不可尽。于中悉显现,众生之形影。甚深因缘海,功德悉无尽。清净法身中,无像而不现。《正法念处经》云:又修行者,内心思惟,随顺正法,观察法行。乃至云何世间愚痴凡夫,眼见色已,或贪或瞋,或生于痴。彼诸凡夫,若见知识,若见妇女,心则生贪。若复异见,则生于瞋。见他具足,贪瞋所覆,以眼于色,不如实见,痴蔽于心。愚痴凡夫,唯有分别,眼见于色,若贪若瞋，若痴所覆。爱诳之人，自意分别，此我我所，如是染著。譬如狗齩离肉之骨，涎汁和合，望得其髓。如是贪狗，齿间血出，得其味已，谓是骨汁，不知自血有如是味。以贪味故，不觉次第自食其舌，复贪其味。以贪覆故，谓骨汁味。愚痴凡夫，亦复如是，虚妄分别：眼识见色，贪著喜乐，思量分别，以色枯骨，著眼口中，境界如齿，如是齩之。染意如涎，爱血流出，贪爱血味，为色为美，于色得味，犹如彼狗。凡夫愚痴，眼识见彼如骨之色，虚妄分别，如狗齩骨。如是观察，眼见于色，犹如枯骨，如是一切愚痴凡夫，虚妄分别之所诳惑。又云：阎罗王说偈责疏罪人云：若属邪见者，彼人非黠慧。一切地狱行，怨家心所诳。心是第一怨，此怨最为恶。此怨能缚人，送到阎罗处。故知，诸苦所因，贪欲为本。若贪心瞥起，为五欲之火焚烧。觉意才生，被三界之轮系缚。如帝释与修罗战胜，造得胜堂：七宝楼观，庄严奇特，梁柱楷柢，皆容一綖，不相著而能相持，天福之妙力能如此。目连飞往，帝释将目连看堂，诸天女皆羞目连，悉隐逃不出。目连念帝释著乐，不修道本，即变化火，烧得胜堂，爀然崩坏。仍为帝释广说无常，帝释欢喜。后堂俨然，无灰烟色。释曰：以帝释恃其天福，执著有为，故目连垂方便门，示无常境。

问：天堂既爀然崩坏，云何俨然无灰烟之色？

答：此火非是目连神通之火，即是帝释心中火。故《法华经》云：贪著所爱，则为所烧。既以贪著之心，遂见宫殿焚爇。及悟无常之事，则贪欲之火潜消，所以即见堂殿宛然，无有灰烟之色。以目连为增上缘故,自见被烧,然则堂本不烧。故知迷悟唯心,隐显在己,例余见闻,悉亦如是。又经云:恶从心生,反以自贼。如铁生垢,消毁其形。树繁华果,还折其枝。蚖蛇含毒,反害其驱。方知无始已来至于今日,四威仪内,十二时中,皆是将心取心,以识缘识,毕竟内外无有一尘,为对为治,可取可舍。堪嗟世俗迷倒之人,背觉合尘,日用心行,损他害彼,润己资身,并是自陷自伤,不知不觉。未穷此旨,物我难忘。直了斯宗,自他无寄。

《百论》问云:如虚空华无,故不可见。如瓶现见故,当知有瓶?

答曰:不见。何故不见?汝言现见,为眼见,为识见?若眼见者,死人有眼,亦应见。若识见者,盲人有识,亦应见。若根识一一别不见,和合亦不见。喻如一盲不能见,众盲亦不见。五根亦尔,四性皆空。《大智度论》云:色等诸法,不作大,不作小,故凡夫人心,于诸法中,随意作大小。如人急时,其心缩小。安隐富乐时,心则宽大。又如八背舍中随心,故外色或大或小等。故《摩诃般若经》云:般若波罗蜜无闻无见,诸法钝故。是以凡夫界中,观相元妄。圣人境内,观性元真。以观相故,不得无。以观性故,不得有。以不得无故,如但见其波,不见其水。以不得有故,但见其水,不见其波。又如向瞖眼人,说空中无华。对狂病人,说目前无鬼。徒费言语,终不信受,直待目净心安,自然无见。

宗镜录第六十五

宋 慧日永明妙圆正修智觉禅师延寿集

夫能所之见,则心境宛然。圣人知见,如何甄别?

答:双照有空,不住内外,似谷答声而绝虑,如镜鉴像而无心,妙湛圆明,寂而常照。故云常在正念,亦名正知,非是有念有知,亦非无念无知。有无皆想,俱非正知。但无念而照,名曰正知。若唯无念,寂而失照。若但照体,照而失寂。并称不正,正在双行。《还原集》云:圣人有二种用心:一、不见一切物皆空,唯见于空不见一切物。二、见一切物即空,了了见一切有,不住于有。了了见一切空,不住于空。双照有无,分别宛然而无念动。犹如明镜,睹其色像,一切皆于中现。用心亦尔,得其妙性起照,照见一切,了了知无所知,了了见无能见。无能,不废常见,见性既常,无一间断。分明彻照十方,净无瑕秽,内外圆明,廓周法界。亦名毗卢遮那无障碍眼,圆满十方照见一切佛刹,即此义也。所以达人见闻,不落能所:既非是有见,亦非无见。但不生二相,常合真空。是以全色为眼,常见色而无缘。全眼为色,恒称见而非我。以色是所缘之境,眼是能缘之根,今即是眼,故无缘也。又,眼是我能见,今全为色,正见之时,即非我也,则色心无二,能所非殊,所以影公颂云:法性不并真,圣贤无异道。故《大集经》云:慧灯三昧者,即是诸法无二相也。无二

相者,不在有无,不出有无。夫有无者,以惑情所执,有无皆失。理无惑计,有无皆真。是知诸法,非实非虚,非空非有。若无于有,不成于无。若无于无,不成于有。有无交彻,万化齐融。

又,约圣人亲证见闻之境,有其四种,所以《大涅槃经》云:约佛妙证,有四种闻:一不闻闻,二不闻不闻,三闻不闻,四闻闻。台教释云:初入证道,修道忽谢,无所可有,名为不闻。真明豁开,无所不照,即是于闻,故名不闻。闻证得如是大般涅槃,无有闻相,故名不闻不闻。证起惑灭,名闻不闻。寂而常照,随扣则应,名曰闻闻。初句证智,次句证理,第三句证断,第四句证应。若事若理,智断自他,于初智证之中具足无缺,此一妙证,尽涅槃海。复次不闻闻是证了因,闻不闻是证缘因,不闻不闻是证正因,闻闻是证境界。乃至明四种:生生,生不生,不生生,不生不生,亦同四种闻义:一生生,是因缘所生法。二生不生,是我说即是空。三不生生,是亦名为假名。四不生不生,是亦名中道义。若能了此四生之无生,方达圣人见闻之境。是以,不取不舍,达一道之原。非有非空,见诸法之实。如《肇论》云:且夫心之有也,以其有有,有自不有,故圣心不有有。不有有故,有无有。有无有故,则无无。无无故,圣心不有不无。不有不无故,其神乃虚。何者?夫有也,无也,心之影响也。言也,象也,影响之所攀缘也。有无既废,则心无影响。影响既沦,则言象莫测。言象莫测,则道绝群方。道绝群方,故能穷灵极数。穷灵极数,乃曰妙尽。妙尽之道,本乎无寄,夫无寄在乎冥寂,冥寂故,虚以谓之。妙尽在乎极数,极数故,数以应之。数以应之,故动与事会。虚以谓之,故道超名外。道超名外,因谓之无。动与事会,因谓之有。谓之有者,应夫有为。强谓之然耳,彼何然哉?故经云:圣智无知而无所不知,无为而无所不为。此无相寂然之道,岂曰有而为有、无而为无,动而乖静、静而废用耶?而今之谈者,多即言以定旨,寻大方而征隅,怀前识以标玄,存所存之必当。是以,闻圣有知,谓之有心。闻圣无知,谓等大虚。有无之境,边见所存,岂是处中莫二之道乎?何者?万物虽殊,然性本常一。不可而物,然非不物。可物于物,则名相异陈。不物于物,则物而即真。是以,圣人不物于物,不非物于物。不物于物,物非有也。不非物于物,物非无也。非有所以不取,非无所以不舍。不舍,故妙存则真。不取,故名相靡因。名相靡因,非有知也。妙存即真,非无知也。故经云:般若于诸法无取无舍,无知无不知。此攀缘之外,绝心之域,而欲以有无诘者,不亦远乎?释曰:夫说有说无,是心之影响,岂当真实乎?若能穷其灵智之原,极乎心数之表,则可妙尽其道矣。自然真心无寄,不属有无。不以有,故虚以谓之。不以无,故数以应之。然此犹是强言,则圣智无心于彼此,故云圣人不物于物,不非物于物,不物于物。故名相靡因者,以不取诸法,无法当情,则名相无因得起。不非物于物,故妙存即真者,以不舍诸法,故无法可舍,则见诸法之实性,湛然常住,妙体恒真,此真实甚深般若,岂在即言审定,随意思量,说有说无,非有非无之所能及?故云此攀缘之外,绝心之域,而欲以有无诘者,不亦远乎?应当妙证之时,自然明了。

问：此佛之知见，如何开示悟入？

答：若约教，天台文句疏，配圆教四位，开即十住，示即十行，悟即十向，入即十地。《华严记》释大意云：谓开除惑障，显示真理，令悟体空，证入心体。若禅门南北二宗释者，北宗云：智用是知，慧用是见。心不起名智，智能知五根。不动名慧，慧能见，是佛知见。心不动是开，开者，开方便门。色不动是示，示者，示真实相。悟即妄念不生，入即万境常寂。南宗云：众生佛智，妄隔不见，但得无念，即本来自性寂静，为开。寂静体上自有本智，以本智能见本来自性寂静，名示。既得指示，即见本性，佛与众生本来无异，为悟。悟后于一切有为无为、有佛无佛，常见本性，自知妄想无性，自觉圣智，是故菩萨，前圣所知，转相传授，即是入义。《海龙王经》云：心不住内，亦不游外，识无所住，度于一切堕颠倒者，乃至见诸法寂，观诸法默。诸法寂寞，无行无处。诸法澹然，无所成就。普观诸法，皆已如是。如是观者，是为法观。法观如是，不见诸法之所归趣。其有见法而不观者，不以见法而成观也。无求无晓，不知不见，是为见法。《法华经》云：不得诸法，不知不见，亦不分别是男是女。

又，昔人云：亦无见，亦无闻，无见无闻真见闻。又，肇法师云：闭智塞聪，独觉冥冥者矣。如是则默契寂知，俱通宗镜矣。所以《首楞严经》云：佛告阿难：吾复问汝，诸世间人说我能见。云何名见，云何不见？阿难言：世人因于日月灯光，见种种相，名之为见。若复无此三种光明，则不能见。阿难，若无明时名不见者，应不见暗。若必见暗，此但无明，云何无见?阿难,若在暗时,不见明故,名为不见。今在明时,不见暗相,还名不见。如是二相,俱名不见。若复二相自相陵夺,非汝见性于中暂无。如是则知,二俱名见,云何不见?是故阿难,汝今当知:见明之时见非是明,见暗之时见非是暗,见通之时见非是通,见塞之时见非是塞。四义成就,汝复应知:见见之时见非是见,见犹离见见不能及。云何复说因缘自然,及和合相?

问:圣人见实相之妙色,惑情还见不?

答:唯见不实,不见不实之实。如见杌为贼,不见杌也。又如一真空理,见成二谛:若世人知者,名为世俗谛。出世人知,名第一义。其所知处,未必悬殊。其所知境,各从心现。如瞖目见明珠有颣,净眼观莹净无瑕。美恶唯自见殊,珠体本末如一。

问:众生不见实色者,凡有所见,还成妄不?

答:虽然不实,亦不成妄。如见杌为贼,贼何所有?以无体故。《华严经》颂云:若能了邪法,如实不颠倒。知妄本自真,见佛即清净。《起信论》云:虽有染心,而常恒不变。法藏和尚云:众生异见不妄,所以从凡愿求佛地。若异见妄,终不从凡趣真佛地。何以故?众生界即佛界,佛界即众生界。是以,从凡入圣,从圣现凡,名字有差,一体不动。然此《宗镜录》,唯论一实,如《法华经》以实相为体。此实之一字,虽普该万法,以是彼之体性故,统论其宗,即不简真伪。若以见解智证论之,则须分优劣。以情怀取舍,智有浅深故。

《法华玄义》云:夫正体玄绝,一往难知。又,邪小之名,乱于正大。譬如鱼目,混杂明珠,故须简伪。即为六意:一就凡简,二就外简,三就小简,四就偏简,五就譬简,六就悟简。一就凡简者,释论云:世典亦称实者,乃护国治家称实也。外道亦称实者,邪智僻解谓为实也。小乘称实者,厌苦穌息,以偏真为实也。如是等,但有实名,而无其义,何者?世间妖幻道术,亦称为实,多是鬼神媚法。此法入心,迷醉狂乱,自衒善好,谓胜真实,立异动众,示奇特相:髑髅盛屎,约多人前,张口大咽。或生鱼臭肉,增状哺食。或裸形弊服,夸傲规矩。或直来直去,不问不答。种种谲诡,誸诱无智令信。染惑著已,求脱叵得,内则病害其身,外则诛家灭族,祸延亲里,现受众苦,后受地狱长夜之苦,生生障道,无解脱期。此乃世间现见,何实可论?钝使爱论摄,若周孔经籍、治法礼法、兵法医法、天文地理、八卦五行、世间《坟典》,孝以治家,忠以治国。各亲其亲,各子其子,敬上爱下,仁义揖让,安于百姓,霸立社稷。若失此法,强者陵弱,天下燋遑,民无聊生,鸟不暇栖,兽不暇伏。若依此法,天下太平,牛马内向,当知此法,乃是爱民治国,而称为实。《金光明经》云:释提桓因,种种胜论。即其义也,盖十善意耳。修十善,上符天心,诸天欢喜。求天然报,此法为胜,故言胜论耳。又,大梵天王说出欲论,即是修定,出欲淤泥,亦是爱论摄耳。世又方术,服药长生、炼形易色、飞仙隐形者,称此药方,秘要真实,此亦爱论钝使摄耳。二就外简者,即是外道典籍也。若服药求知,聪利明达,推寻道理,称此药方为胜为实者,药力薄知,不能鉴远。触药则失,药歇则失,亦非实也。若此间庄老,无为无欲,天真虚静,息诸夸仙,弃世绝智等,直是虚无,其抱尚不出单四见外,何关圣法?纵令出单四见外,尚堕复四见中,见网中行,非解脱道。若外国论力,受梨唱募,撰《五百明》难。其一云:瞿昙为一究竟道?为众多究竟道?佛言:但一究竟道。论力云:诸师各各说究竟道。佛指鹿头:汝识其人不?论力言:识。究竟道中,其为第一。佛言:若其得究竟道,云何自舍其道,为我弟子耶?论力即悟,叹佛法中,独一究竟道。又如长爪云:一切论可破,一切语可转,观诸法实相,于久不得一法入心。释论云:长爪执亦无见。又云:亦计不可说见。如斯流类,百千万种虚妄戏论,为惑流转,见网浩然,邪智澜漫,触境生著。或时福牒,有无为有、无有为无,乃至有非有非无为有、无非有非无为无,百千番牒,悉皆见倒。生死诸边,非真实也。《大涅槃经》云:被无明枷,系生死柱,遶二十五有,不能得脱。即此义也。三就小简者,声闻法中,亦云离有离无,名圣中道。《大集经》云:拘邻如沙门,最初获得真实之知见。然小乘不运大悲,不济众生,功德力薄,不求作佛,不深穷实相,则智慧劣弱。虽云离有离无名圣中道,乃以断常二见边真谛为中道,无漏慧名为见,证涅槃法名为知。虽断见思,除灭分段,而住草庵,非究竟理。对前生死有边,即涅槃无边。二俱可破可坏,非真实道,故不名实相也。四就偏简者,诸大乘经,共二乘经人,带方便说者,名字既同,义须分别。如《摩诃衍》中云:三乘之人,同以无言说道断烦恼。《中论》云:诸法实相,三人共得者。二乘之人,虽共禀无言说道,自求出苦,无大悲心,得空则止。钝根菩萨亦尔。利根菩萨,

大悲心为物,深求实相。共实相者,智如萤火,是故非实。不共实相,智如日光,是故为实。《大涅槃经》云:第一义空,名为智慧。二乘但空,空无智慧。菩萨得不但空,即中道慧。即此慧寂而常照,二乘但得其寂,不得寂照,故非实相。菩萨得寂,又得寂照,即是实相。见不空者,复有多种:一见不空,次第断结,从浅至深。此乃相似之实,非正实也。二见不空,具一切法,初阿字门,则解一切义,即中即假即空,不一不异,无三无一。二乘但一即,别教但二即,圆具三即,三即真实相也。释论云:何等是实相?谓菩萨入于一相,知无量相,无量相又入一相。二乘但入一相,不能知无量相。别教虽入一相,又入无量相,不能更入一相。利根菩萨,空,故入一相。即假,故知无量相。即中,更入一相。如此菩萨,深求智度大海,一心即三,是真实相体也。华严不共二乘,但约菩萨,三智次第得,亦非正实。不次第得者,是正实也。若方等中,四人得三智,三人为虚,一人为实。《大品》三慧,说三智属三人,前二不深求,浅而非实。后一人深求一心三智,是故是实。此经云:汝实我子,无复四三之人。十方谛求,更无余乘,但一实相智,决了声闻法,但说无上道,纯是一实体也。《大涅槃经》云:一实谛者,则无有有无,有无无二故,名一实谛。又一实谛,名无虚伪。又一实谛,无有颠倒。又一实谛,非魔所说。又一实谛,名常乐我净。常乐我净,无空假中之异。异则为二,二故非一实谛。一实谛即空即假即中,无异无二故,名一实谛。若有三异,即为虚伪,虚伪之法,不名一实谛。无三异故,即一实谛。若异即是颠倒,颠倒未破,非一实谛。无三异故,无颠倒,无颠倒故,名一实谛。异者不名一乘,三法不异,具足圆满,名为一乘,是乘高广,众宝庄校,故名一实谛。魔虽不证别异空假,而能说别异空假:若空假中不异者,魔不能说。魔不能说,名一实谛。若空假中异者,名颠倒。不异者,名不颠倒。不颠倒故,无烦恼。无烦恼故,名为净。无烦恼则无业,无业故名为我。无业故无报,无报故名乐。无报则无生死,无生死则名常。常乐我净,名一实谛。一实谛者,即是实相。实相者,即经之正体也。如是实相,即空、即假、即中。即空故,破一切凡夫爱论,一切外道见论。即假故,破三藏四门小实,破三人共见小实。即中故,破次第偏实,无复诸颠倒小偏等因果四谛之法,亦无小偏等三宝之名。唯有实相因果四谛三宝,宛然具足,亦具诸方便因果四谛三宝。何以故?实相是法界海故,唯此三谛,即真实相也。又开次第之实,即是圆实,证道是同故。又开三人共得实,深求即到底故。又开三藏三实,决了声闻法。又开诸见论实,于见不动,而修道品故。又开诸爱论实,魔界即佛界故。行于非道,通达佛道。一切诸法中,悉有安隐性,即绝待明实,是经体也。五譬简者,今借三喻,正显伪真,兼明开合破会等意:一譬三兽渡河,同入于水,三兽有强弱,河水有底岸。兔马力弱,虽济彼岸,浮浅不深,又不到底。大象力强,俱得底岸。三兽喻三人,水喻即空,底喻不空。二乘智少,不能深求,喻如兔马。菩萨智深,喻如大象。水软喻空,同见于空,不见不空。底喻实相,菩萨独到,智者见空及与不空。到又二种:小象但到底泥,大象深到实土。别智虽见不空,历别非实。圆不空,穷显真实。如是喻者,非但简破兔马二乘非实,亦简小象不空非实,乃取大象不空为此经体也。此约空中共为真谛,作如此简也。二譬颇梨如意,两珠相似,形类欲同,而颇梨但空,不能雨宝,如意珠亦雨宝。颇梨无宝,以喻偏空。如意能雨,以喻中道。此就有无合为俗,简伪显真,今经体同如意也。又,但约一如意珠为譬者,得珠不知力用,唯珠而已。智者得之,多有所获。二乘得空,证空休息。菩萨得空,方便利益,普度一切。此就含中真谛,简其得失也,今经如智者得如意珠,以为经体。三譬如矿石中金,愚夫无识,视之谓石,掷在粪秽,都不领录。贾客得之,镕出其金,保重而已。金匠得之,造作种种钗钏环珰。仙客得之,炼为金丹,飞天入地,扪摸日月,变通自在。愚人喻一切凡夫,虽具实相,不知修习。贾客喻二乘,但断烦恼矿,保即空金,更无所为。金匠喻别教菩萨,善巧方便,知空非空,出假化物,庄严佛土,成就众生。仙客喻圆教菩萨,即事而真,初发心时,便成正觉,得一身无量身,普应于一切。今经但取金丹实相,以为体也。就同而为喻,从初至后,同是于金,凡夫圆教,俱是实相也。就异为喻者,初石异金,次金异器,器异丹,丹色净彻,类若清油,柔软妙好,岂同镮钏,状乖色别,故不一种。此就与夺破会,简其得失,引此三喻者:前喻根性,根性有浅深,浅得其空,深得其假,又得其中。次喻三情,初情但出苦,不志求佛道,见真即息,次情历别不能圆修,后者广大遍法界求。第三喻三方便,二乘方便少守金而住,别教方便弱止能严饰营生,圆教方便深故能吞云纳汉。今明此经实相之体,如大象得底,坚不可坏,以譬体妙。圆珠普雨,譬其用妙。巧智成仙,譬其宗妙。如此三譬,即是三德，不纵不横，名为大乘，于大乘中，别指真性以为经体。六就悟简者，夫法相真正，诚如上说，行未会理，岂得名谛？徒劳四说，逐语生迷。闻粖谓软，闻雪谓冷，闻贝谓痾，闻鹄谓动，终不能见乳之真色。情闇夜游，何能见谛？叫唤求食，无有饱理。执己为实，余是妄语。此有彼无，是非互起。更益流动，云何名谛？若欲见谛，慚愧有差。若苦到忏悔，机感诸佛，禅慧开发，观心明净，信解虚融。尔时犹名闇中见杌，仿佛不明。人木虫尘，尚不了了。若能安忍，法爱不生，无明豁破。如明镜不动，净水无波，鱼石色像，任运自明，清净心常一。如是尊妙人，则能见般若，金錍抉眼，一指二指三指分明。尔时见色，言有亦是，言无亦是。云何为有？的的之色，与眼相应。谛谛之理，与智相称，名之为有。云何为无？无坚冷软动之相，名之为无。论云：一切实，一切非实，亦实亦不实，非实非不实，如是皆名诸法之实相。如舍利弗云：安住实智中，我定当作佛，为天人所敬，尔时乃可谓，永尽灭无余，是名真实见体。故《涅槃经》云：八千声闻，于《法华经》中见如来性，如秋收冬藏，更无所作。约理明无所作，此是究竟之理也。约教无所作，闻此教已，更不他闻也。约行无所作者，修此行已，更不改辙。如是等种种无所作义，略而言之，随智妙悟，得见经体。当以随智妙悟意，历诸谛境中，节节有随情、随情智、随智种种分别，简余情想，唯取随智明见经体也。

问：唯识正理，我法本空，众生妄执我法二心，从何而起？

答：从六七二识，缘识所起。《唯识论》云：诸心心所，依他起故，亦如幻事，非真实有，为遣妄执心心所外实有境故，说唯有识。若执唯识真实有者，如执外境，亦是法执。然诸法执，略有二种：一者俱生，二者分别。俱生法执：无始时来，虚妄熏习内因力故，恒与身俱，不待邪教及邪分别，任运而转，故名俱生。此有二种：一者常相续，在第七识，缘第八识，起自心相，执为实法。二者间断，在第六识，缘识所变蕴处界相，或总或别，起自心相，执为实法。此二法执，细故难断。后十地中，数数修习缘法空观，方能除灭。分别法执：亦由现在外缘力故，非与身俱，要待邪教及邪分别，然后方起，故名分别，唯在第六意识中有。此亦二种：一缘邪教所说蕴处界相，起自心相，分别计度，执为实法。二缘邪师所说自性等相，起自心相，分别计度，执为实法。此二法执，粗故易断。入初地时，观一切法，法空真如，即能除灭。如是所说一切法执，自心外法，或有或无。自心内法，一切皆有。是故法执，皆缘自心内法，一切皆有。是故法执，皆缘自心所现似法，执为实有。然似法相，从缘生故，是如幻有。所执实法，妄计度故，决定非有。故世尊说：慈氏当知：诸识所缘，唯识所现，依他起性，如幻事等。如是外道余乘，所执离识我法，皆非实有，故心心所，决定不用外色等法，为所缘缘，缘用必依实有体故。释云：若执唯识真实有者，如执外境，亦是法执者，由是理故，但应遣彼心外之境，同兔角无。能缘彼心，如幻事有，故少分不同。非谓即心，亦名实有。又，夫心外执我执法者，有其两种：一者如外道等，执离心等，别有一物，是常是一，名之为我，此乃是妄计所执，其体都无。二者疏所缘缘，本质之法，能缘之心亲缘之不著，亦名心外。此是依他,其体是有。

问:六七二识,执生我见,能起计处。于心内外,云何有无?

答:《论》云如是所说一切我执,自心外蕴,或有或无者,释云:能缘缘不著处,皆名心外。第七计我心外唯有。第六计我心外之蕴,或是于无。《论》云自心内蕴一切皆有者,亲所缘也,不问即离,计为我者,影像必有故,无有少法能取少法,唯有自心还取自心,故皆缘蕴。此皆辩我所依也。《论》云是故我执,皆缘无常五取蕴相,妄执为我者,结成前义,影像相分,必是蕴故,缘此为我,义显大乘亲缘,于无心不生也,成所缘缘,必有法故。《论》云:然诸蕴相从缘生故,是如幻有。妄所执我横计度故,决定非有。又,诸外道等,多于心王计为主宰,作者受者,由不能知本无自性,随缘流转故。《大宝积经》佛言:迦叶,譬如咽塞病,即能断命。如是迦叶,一切见中,唯有我见,实时能断于智慧命。故知法我见者,违现量境,障法空智。人我见者,为生死根,断智慧命。不入宗镜,二患难消。

问:我法各以何为义?

答:我者,是主宰二义:我有自在力、宰割断力。义同我故,主是我体,宰是我所,或是我用。法者,则是轨持,轨谓轨范,可生物解。持谓任持,不舍自相。

问:我是主宰义者,主宰二义,各属何识?须知有我之病原，方施无我之妙药。

答：主是俱生我，无分别故，属第七识我。宰是分别我，有割断故，属第六识我。

问：凡有施为，无非我为主宰。云何言一切唯是识乎？

答：西天外道，多执身有神我，故能使身动作。若无神我，谁使身耶？龙树菩萨破云：心是识相，自能使身，不待神也。如火性能烧物，非假于人。《密严经》云：阿赖耶识，恒与一切染净之法，而作所依。是诸圣人，现法乐住三昧之境。人天等趣，诸佛国土，悉以为因，常以诸乘而作种性，若能了悟，即成佛道。一切众生，有具功德，威力自在，乃至有生险难之处，阿赖耶识，恒住其中，作所依止。此是众生无始时界诸业习气，能自增长，亦能增长余之七识。由是凡夫执为所作，能作内我。诸仁者，意在身中如风速转，业风吹种遍在诸根，七识同时如浪而起，外道所计胜性、微尘、自在等，悉是清净阿赖耶识。诸仁者，阿赖耶识，由先业力及爱为因，成就世间若干品类。妄计之人，执为作者。《楞伽经》云：观诸众生，如死尸无知，以妄想故，见有往来。若离妄想，如彼死尸，无鬼入中。是知人亦如是，但有四大，无人入中。

《大智度论》问云：有出入气，则是我相。视眴寿命心、苦乐爱憎精勤等，是我相。若无我，谁有是出入息、视眴寿命心、苦乐爱憎精勤等？当知有我在内动发故，寿命心，亦是我法。若无我，如牛无御。有我，故能制心入法，不为放逸。若无我者，谁制御心？受苦乐者是我。若无我者，为如树木,则不应别苦乐爱憎。精勤亦如是,我虽微细,不可以五情知。因是相故,可知为有。

答曰:是诸相,皆是识相。有识,则有出入息视眴寿命等。若识离身,则无汝。若云我常遍故,死人亦应有视眴出入息寿命等。复次出入息等是色法,随心风力故动发。此是识相,非我相。寿命是心相应行,亦是识相。

问曰:若入无心定中,或眠无梦时,息亦出入有寿命。何以故言皆是识相?

答曰:无心定等,识虽暂无,不久必还生识,不舍身故。有识时多,无识时少,是故名识相。如人出行,不得言其家无主,苦乐憎爱精勤等,是心相应,共缘随心行,心有故便有,心无故便无,以是故是识相,非我相。又云:复次四大,及造色围虚空,故名为身。是中内外入因缘和合,生识种身,得是种和合,作种种事,言语坐起去来空。六种和合中,强名为男,强名为女。若六种是男,应有六男。不可以一作六,六作一。既于地种中无男女相,乃至识种,亦无男女相。若各各中无,和合中亦无。如六狗各各不能生师子,和合亦不能生,无性故。

问:经说所有我见,一切皆缘五取蕴起,实我若无,云何得有忆识诵习恩怨等事?若实无我,忆识等事不成,谁为主宰?

答:五蕴之法,约众生界说,情有边事。以智推检,五蕴俱空。经云:是身如聚沫,不可撮摩,即色蕴空。是身如泡,不得久立,即受蕴空。是身如焰,从渴爱生,即想蕴空。是身如芭蕉，中无有坚，即行蕴空。是身如幻，从颠倒起，即识蕴空。五蕴既空，谁为主宰？所有分别，是妄识攀缘。言语去来，唯风力所转，离情执外，中间唯有空性。故知我但有名，名亦无性。名体俱空，我法何有？《唯识论》云：又诸所执，实有我体，为有作用，为无作用？若有作用，如手足等，应是无常。若无作用，如兔角等，应非实我。故所执我，二俱不成。又，忆识等事，皆从本识熏习之力而得成就，乃至所执实我既常无变，后应如前，是事非有。前应如后，是事非无，以后与前，体无别故。若谓我用，前后变易，非我体者，理亦不然。用不离体，应常有故。体不离用，应非常故。然诸有情，各有本识一类相续住持种子，与一切法更互为因，熏习力故，得有如是忆识等事。故《宝积经》偈云：法同草木无觉知，若离于心不可得。众生自性无所有，一切诸法亦如是。若现在阴入界，是念念不住。何以故？世法无有一念住者。若有一念是一念中住，亦有生住灭，是生住灭，亦复不住。如生住灭中，有内外阴界入，是内外阴界入亦有生住灭。若如是不住者，即是非我、非我所。又，佛言：从本已来，无我无人，无有丈夫，但是内心见有我人。内心起时，彼已害我，即名为害。乃至是中，无有一法和合聚集，决定成就，得名为佛、名法、名僧、名父、名母、名阿罗汉，定可取者。又颂云：俯仰屈申立去来，瞻视言语中无实。风依识故有所作，是识灭相念念无。彼此男女有我心，无智慧故妄见有。骨锁相连皮肉覆，机关动作如木人。内虽无实外似人，譬如热金投水中。亦如野火焚竹林，因缘和合有声出。《华严经》颂云：菩萨一切业果报，悉为无尽智所印。如是无尽自性尽,是故无尽方便灭。菩萨观心不在外,亦复不得在于内。知其心性无所有,我法皆离永寂灭。彼诸佛子如是知,一切法性常空寂。无有一法能造作,同于诸佛悟无我。《大集经》云:若复有言:眼色因缘,故有我者,是义不然。何以故?眼中无我,色亦如是。而和合中,亦复无我。和合因缘,生于眼识,如是识中,亦复无我,风中空中,悉亦无我。如是推寻,竟不可得。此识但是十二因缘,犹环流转,离十二因缘,识不可见。但因识生名色,乃至则有衰老及以病死,如是等法。因眼识,生而是眼识,非东方来。南西北方,四维上下,亦复如是。所因之念生根识者,是念亦灭。眼识不住第二念中,亦不语念汝住我灭。而是灭法,亦非复去至十方面,亦复不专一处住止。是故诸法,因缘故生。若离因缘,则不得生。因因缘生,因因缘灭。如是因缘,名相续法。是故当知,实无有我,而是因缘,亦无作者,无有受者,无有起者,无他起者,是故无我。若无我者,我既是空,我所亦空。何以故?然体性尔故。是故眼性无我我所,无有积聚,非合非散,即生灭故。一切诸法,亦复如是。是风因缘,亦入根中,左旋右转。清净照了,彼风如幻,亦不可捉。又,虽似有能作所作,二事相成,但从缘生,俱无自性。不知唯识之人,尽执为实我。如《大涅槃经》云:佛言:比丘,譬如二手相拍,声出其中。我亦如是。

宗镜录第六十六

宋 慧日永明妙圆正修智觉禅师延寿集

夫既无我，亦无于人，乃至众生寿者、十六知见等。如《大涅槃经》云：佛言：如说名色系缚众生，名色若灭，则无众生。离名色已，无别众生。离众生已，无别名色。亦名名色系缚众生，亦名众生系缚名色。师子吼言：世尊，如眼不自见、指不自触、刀不自割、爱不自受，云何如来说言名色系缚名色？何以故？言名色者，即是众生。言众生者，即是名色。若言名色系缚众生，即是名色系缚名色。佛言：善男子，如二手合时，更无异法而来合也。名之与色，亦复如是，以是义故，我言名色系缚众生。若离名色，则得解脱。释曰：如二手合时，更无异法者，二手虽有相合，以但是一身之用，故无异法。虽非异法，若以一手，合义不成。如名色众生虽然不异，要因名色系缚众生，要离名色方得解脱。一切诸法离合缚脱，亦复如是。《维摩经》云：法无有人，前后际断故。肇法师曰：天生万物，以人为贵，始终不改谓之人。外道以人名神，谓始终不变。若法前后际断，则新新不同。新新不同，则无不变之者。无不变之者，则无人矣。既前际无人，后际无寿者，中际无我无众生。世间凡所有法，皆是意言分别立其名相，都无实义，众生不了，妄有所得，没在其中，不能出离。

是以诸佛方便说人法二空,唯识正义,于虚诳名相中而能拔出。如《大智度论》云:须菩提白佛言:世尊,若一切法空无根本,如梦如幻等,众生在何处住,而菩萨拔出?须菩提意谓:如人没深泥而得拔出。佛答:众生但住名相虚诳忆想分别中。佛意一切法中无决定实者,但凡夫虚诳故著。如人暗中见似人物,谓是实人,而生畏怖。又如恶狗临井,自吠其影,水中无狗,但有其相,而生恶心,投井而死。众生亦如是,四大和合,故名为身。因缘生识和合,故动作言语。凡夫人于中起人相生爱生恚,起罪业堕三恶道。菩萨行般若波罗蜜时,怜愍众生,种种因缘教化,令知空法而拔出之,作是言:是法皆毕竟空无所有,众生颠倒虚妄,故见似有。如化如幻,如乾闼婆城,无有实事,但诳惑人眼。乃至佛告须菩提:若诸法当实有如毫厘许,菩萨坐道场时,不能觉一切法,空无相无所有,得成阿耨多罗三藐三菩提,亦不能以此法利益众生等。又云:如人远行,独宿空亭,夜中有鬼,担一死尸来著其前。复有一鬼从后而来,瞋骂前鬼云:是我尸,何以担来?前鬼复言:本是我物,我自担来。二鬼各以一手争之,前鬼语曰:可问此人。后鬼即问:是谁死人,谁担将来?是人思惟:此之二鬼,皆有大力,实语虚语,皆不免死,我今不应妄语答鬼。便答后鬼:前鬼担来。后鬼大瞋,拔其手足,出著地上。前鬼愧之,取尸补之,补之便著,臂手足等,举身皆易。于是二鬼,共食所易活人之身,各各拭口,分首而去。其人思惟:父母生身,眼见食尽。我今此身,尽是他肉,为有身耶?为无身耶?如是思惟,心怀迷乱,不知所措,犹如狂人。天既明矣,寻路而去。至前国土,见有佛

塔,凡见众僧,不论余事,但问已身为有为无。诸比丘问:汝何人耶?答曰:我亦不知是人非人,即为众僧广说上事。众僧皆云:此人自知已身无我,易可化度。即语之言:汝身本来恒自无我,但以四大和合聚集,计为本身,如汝本身,与今无异。时诸比丘,度为沙门,断烦恼尽,得阿罗汉。是故有时,于他人身亦计为我,已无我故。有时于我,谓为他人。故《文殊问经》云:有老人夜卧,手捉两膝而便问云:那得有此两小儿耶?身若有我,云何不识,谓为小儿?故知横计,皆无定实。又云:菩萨作是念:诸法空、无我、无众生,而从因缘故,有四大六识。是十法,各各有力,能生能起,能有所作。如地能持,水能烂,火能消,风能回转,识能分别。是十法,各有所作,众生颠倒故,谓是人作我作。如皮骨和合,故有语声,惑者谓人语。如火烧干竹林,出大音声,此中无有作者。又如木人、幻人、化人,虽能动作,无有作者。此十法亦如是。《广百论》云:若随自觉执有我者,岂不但缘无常身等,虚妄分别,执为实我?所以者何?现见世间但缘身等,前后随缘,分位差别,虚妄计度我肥我瘦、我胜我劣、我明我暗、我苦我乐,身等无常,可有是事?常住实我,无此差别。由此比知一切我见,皆无实我以为境界,唯缘虚妄身等为境。随自妄想觉慧生故,如缘暗绳,颠倒蛇执。《宝行王正论》偈云:如人依净镜,得见自面影。此影但可见,一向不真实。我见亦如是,依阴得显现。如实检非有,犹如镜面影。《显扬论》问曰:若唯有蕴无别我者,谁见谁闻,谁能了别?乃至偈答云:如光能照用,离光无异体。是故于内外,空无我义成。论曰:现见世间,即于光体有能照用说为照者,离光体外无别照者，如是眼等有见等用说为见者，乃至了别者、无别见者等，是故内外诸法，等无有我。

问：若实无我，云何世间有染有净？

答：染净诸法，从因缘生，不由实我。何以故？颂曰：如世间外物，离我有损益。内虽无实我，染净义应成。论曰：如世外物虽无有我，而有种种灾横顺益事业成就，如是内法虽无有我，而有种种染净义成，是故无过。

问：既人法俱空，若实无我，谁受生死依正果报？或复厌苦求趣涅槃，缚解去来，升沉等事？

答：虽无作者，而有作业，以众缘力，至于后世，相续不断，但以识为种，能有厌求记忆等事。《大涅槃经》云：师子吼菩萨言：世尊，众生五阴空无所有，谁有受教，修集道者？佛言：善男子，一切众生，皆有念心、慧心、发心、勤精进心、信心、定心，如是等法，虽念念灭，犹故相似相续不断，故名修道。乃至如灯，虽念念灭，而有光明，除破闇冥。念等诸法，亦复如是：如众生食，虽念念灭，亦能令饥者而得饱满。譬如上药，虽念念灭，亦能愈病。日月光明，虽念念灭，亦能增长草木树林。善男子，汝言念念灭，云何增长者，心不断故，名为增长。如《净名经》偈云：虽无我无造无受者，善恶之业亦不亡失。善恶之业因，苦乐之果报，非有人我，能作能受，但是识持，因果不亡。如古师云：众生为善恶而受其报者，皆由众生心识，三世相续，念念相传。如今世现行五蕴，犹前世识种为因，起今世果。今世有作业熏种，而为来世现行因,展转相续为因果故。又善恶之业,皆由心识而起,谓前念造得善恶业,然此一念识虽灭,而后念心识生,既心识相传不断,即能任持善恶之业,而亦不亡,以由识持故。《识论》云:然有情类,身心相续,烦恼业力,轮回诸趣,厌患苦故,求趣涅槃。由此故知,定无实我。但有诸识,无始时来,前灭后生,因果相续。由妄熏习似我相现,愚者于中妄执为我。故知厌苦求乐,舍此生彼,则验知无我。若定有我有体,则不能去来,随缘起灭。以定有故,不可移易。只为识心,如幻无定故,乃有从凡入圣之理,厌妄求真之门,则不坏因缘,能含正理。

《大庄严论》问:有缚则有解,无我则无有缚。若无有缚,谁得解脱?

答:虽无有我,犹有缚解。何以故?烦恼覆故,则为所缚。若断烦恼,则得解脱。是故虽复无我,犹有缚解。

问:若无我者,谁至后世?

答:从于过去烦恼诸业,得现在身,及以诸根。从今现世复造诸业,以是因缘,得未来身,及以诸根。譬如谷子,众缘和合,故得生芽。然此种子,实不至芽。种子灭故,芽便增长。种子灭故不常,芽生故不断。佛说受身,亦复如是:虽复无我,业报不失。

问:若无我者,先所作事,云何故忆而不忘失?

答:以有念觉,与心相应,便能忆念三世之事,而不忘失。

又复问：若无我者，过去已灭，现在心生。生灭既异，云何而得忆念不忘？

答：一切受生，识为种子。入母胎田，爱水润渍，身树得生。如胡桃子，随类而生。此阴造业，能感后阴。然此前阴，不生后阴，以业缘故，便受后阴，至灭虽异，相续不断。如婴儿病，与乳母药，儿患得愈。母虽非儿，药之力势，能及于儿。阴亦如是，以有业力，便受后阴，忆念不忘。

又，《大智度论》云：问曰：心所趣向，心为去、为不去？若去，此则无心，犹如死人。若不去，云何能缘？如佛言：依意缘法，意识生意。若不去，则无和合。

答：心不去不住而能知。如《般若》中说：一切法无来无去相，云何言心有来去？若有来去，即堕常见。诸法无有定相。知心不住，为无常相。结使未断，或生吾我，如是思惟：若心无常，谁知是心，心为属谁？谁为心主，而受若乐？一切诸物，谁之所有？即分别知，无有别主，但于五阴计有人相而生我心，以我心故生我所。我所心生故，有利益我者生贪欲，违逆我者而生瞋恚、爱等诸烦恼，假名为缚。若修道解是缚而得解脱，即名涅槃，更无有法名为涅槃。如人被械得脱，而作戏论：是械是脚，何者是解脱？是人可怪，于脚械外，更求解脱。众生亦如是，离五阴灭，更求解脱。故知有识则系缚，无识则解脱。若离五阴空别求解脱者，如离此方空，别求他方空。故《思益经》云：愚于阴界入，而欲求菩提。荫界入即是，离是无菩提。

《华严会意》问云：若准六根无我，谁造谁受耶？

答：佛说作善生天、为恶受苦者，此但因缘法尔，非是我能为受也。若言是我非因缘者,作恶何不生天,乃堕地狱耶?我岂爱彼地狱,故受苦耶?我既作恶而不受乐者,故知善恶感报,唯因缘非是我也。如《论》云:因缘故生天,因缘故堕地狱。是此意也。

问:既言无我,谁感因缘?若言无我,但是因缘自为者,草木亦禀因缘,何不生天与受苦耶?

答:内外虽但禀因缘,因缘有二:一、善恶增上业因缘。但感生天,及地狱异熟等。二、善恶等流业因缘。生天者,感宝地金华。堕地狱者,感刀林铜柱等。此是因缘业作,非我能为,岂谓受报不同,而计有我也?故经云:无我无造无受者,善恶之业亦不亡。

问:若言造业受报但是因缘非由我者,何故有证无我者,虽有已造恶业因缘,而不感受报耶?既得无我即不受报者,故知我造恶业受报,非是业因缘也。

答:由得无我已,即断恶业因缘。无彼因缘,故不受报。非谓有我无我、受不受也。故经云:因缘故法灭等,此之谓也。即以如实推究,我不可得,是故无我,唯六根也。外我所执外分有六尘也,非实我所有。

问:若言唯是色聚等无实财宝非我所者,即我等遍有。何得世人有富饶财宝,有贫无一钱等?

答:财宝是色,从业因生:以业增胜故,即财宝丰盈:由业不清净故,贫无一物也。此则有无因业,非是我所能为也。若言财宝实有非由业因缘有者,即一切众生执有我所,何故有贫富不同?故知由业因缘,非我实有也。说长者多盈财宝,饿鬼无一毛覆身,业是也。破中间见闻等病,故于中间分为六识也。见闻等病,空无所有也。若言见闻等是我非是识者,如聋盲人有我,何不得见闻等耶?既聋盲等人虽有于我而不得见闻者,故知见是识非是我也。是知,于此根尘识三处推择,唯有法而无我人。

问:或言有我由迷似生非实有者,何不迷他为自?今既以自为自不得为他、以他为他不得为自者,故知自他实有,非由计生也。又,但是迷心非实有者,何不于水迷见为火,于火迷见于水?故知,水火实有,不是迷生也。

答曰:有二:初者,然此分别计我,藉三缘生:谓邪师、邪教、邪思惟等。由此三缘久久熏力惯习,遂计彼为他、执自为我,此但由计有实有故。若言实有,非熏习而计有者,初出胎时,何不执自及以他身?既初出胎时,未熏习故,不计自他。故知,计有自他,由妄熏故也。如说分别我执,藉二缘生故。又云恶见熏习等二者,凡所见执实,必迷似生,离似则无所执性。故知,如计水火,由执似生也。何者?以水火似有,但是虚相诳心,以不了相虚,执为实有。何以故?所得冷热,但是触尘,所见青黄赤白,是色法故。流相腾焰,是法尘故,执实水火,但唯法尘妄见有也。如说从自心生,与心作相等是也。

问:既亲验水火,但唯尘等,云何有水火相别?

答:六尘不别,但是虚似有殊。即此似相,由迷执所起故。是故,似之与执,但有迷生。如说饿鬼恒河见水为火喻等,此但从自心生,外非实有也。又云:凡有见自见他,皆是迷心自现。如迷东为西,然迷人西,不离悟人东,但为迷人迷故,不见悟人东也。非谓迷见西处,无彼东也。若言迷见西处,无实东者,即见西是悟,不是迷也,以无悟人东,无所迷故。既知实东谓为西者,何以人不离东也?信知众生不离佛界,佛界不离众生界,但为迷故痴盲,对目不知见,深自悲哉!如《大涅槃经》云:外道先尼言:瞿昙,若无我者,谁见谁闻?佛言:善男子,内有六入,外有六尘,内外和合,生六种识。是六种识,因缘得名。善男子,譬如一火,因木得故,名为木火。因草得故,名为草火。乃至众生意识,亦复如是:因眼因色、因明因欲,名为眼识。善男子,如是眼识,不在眼中、乃至欲中,四事和合,故生是识。乃至意识,亦复如是。若是因缘和合故生,智者不应说见即是我、乃至触即是我。善男子,是故我说眼识乃至意识,一切诸法,即是幻也。云何如幻?本无今有,已有还无。乃至内外六入,是名众生我人士夫。离内外入,无别众生我人士夫。又言:瞿昙,如汝所言:内外和合,谁出声言,我作我受?佛言:先尼,从爱无明,因缘生业,从业生有,从有出生无量心数,心生觉观,觉观动风,风随心触喉舌齿唇。众生倒想,声出言说:我作我受,我见我闻。善男子,如幢头铃,风因缘故,便出音声,风大声大,风小声小,无有作者。又,《百论》云:我若是有,应如色等从缘而生。生定归灭,则非常住。若非缘生,应如兔角,无胜体用,何名为我?又,念念灭,所以非常。相似相续，所以非断。如是佛子，远离二边，悟入缘生，处中妙理。

问：既无我人，云何有生有死？

答：但生是空生，死是空死，毕竟无有我人可得。如经云：一切世间法，唯因果无人。但是依空法，还生于空法。是知众生果中，但有名数。名数本空，万法何有？如《法性论》云：数尽则群有皆虚，名废则万像自毕。因兹以观，斯乃会通之津径，反神之玄路。是以，境因名立，名虚则境空。有从数生，数虚则有寂。名数起处，皆是自心。心若不生，万法何有？所以《华严经》颂云：世间一切法，但以心为主。随解取众相，颠倒不如实。若能如实观之，则见自心之性，可谓会通之津径，反神之玄路矣。

又，《净名疏》，智者广释六大性无我：如经云：是身无我，为如地。此正约地种明无我也。今例作两释：一作破外人解，二约内观明义。一、破外人者，外人计云：若言身无神我，那得能担轻负重？内人破言：地亦能荷负山岳，可有神我耶？次约内观解者，若《毗昙》明众生是假名，地大是实法。《成论》明地大亦是假名，四微是实法。今明虽复假实之殊，同是若谛下无我行观门所摄。如地是四微所成，若一微是主，三亦是主。若一非主，三亦非主，当知无主。若内地四微所成无主者，外地四微所成，亦无有主也。若内外地无主者，此三事所成，何得有主？若无主，即是无我，故云此身无主，为如地也。又，《请观音经》云：地大，地无坚性。地若是有者，为自性有、他性有、共性有、无因性有？四种中随计一性，即是有见。若谓是事实、余妄语，实即是刚义、是性、是主义也。若检四性不得，此为见地是无、是事实、余妄语，实即是刚、是性、是主。若见地亦有亦无、是事实、余妄语，实即是刚、是性、是主。若见地是非有非无、是事实、余妄语，实即是性、是主。若于此四句有所计执者，即是性实、是刚、是主。《金刚般若经》云：是诸众生，若心取相，则著我人众生寿者。若取法相，亦著我人众生寿者。若取非法相，亦著我人众生寿者也。若不取四句，则是观地无刚性。若无刚实，则无主无我。故说是身无主，犹如地也。经云是身无我，为如火。亦作两释：一作破外人解者，外人计有神我，云何知耶？见身能东西驰走，及出音声，故知有神我也。内人破曰：约火一法，破其两计。所以者何？火烧野草，亦能东西自在，亦是我也。又，烧著竹木，出诸音声，亦是有神我也。次约内观释者，火为二微所成，无有定性，无性，即是无火也。今身为名色所成，身无定性，若身无定性，即无我也。复次此身中诸暖即是火，若外火无我，内火亦无我也。又，《请观音经》云：火大，火性从因缘生。若从缘生，即无自性。无实，即无我。破性及四句，类地可知。经云：是身无寿，为如风。亦作破内外观释：破外人者，外人计有寿者，云何知耶？若无寿者，何得有出入息、相续不断？内人破曰：出入息者但风相，外风无寿者，内风岂是寿者也？次内观解者，风相触击，故轻虚自在，游中无碍，有何寿命？《大集》云：出入息者，名为寿命。若观此出入息，入无积聚、出无分散，来无经游、去无履涉，如空中风，求不可得。风既非寿，息亦何得是寿也？又，《请观音经》云：风性无碍。今以四句观风：若言有性有生四句可得者，即是碍相，不得入道。若四句观风,风不可得,即是无碍。无碍故,即是入如实之际。观身三事,息非寿命如风,故说是身无寿,为如风也。经云:是身无人,为如水。此约水种破人,亦作破外人内观解:初明破外人者,外人计有神即是人,云何知耶?若身中无神,何能慈恩润下,曲随物情也?内人破曰:我见水能下润,随器方圆,水无神无人者,而汝能恩润顺物,亦无神无人也。今明内观解者,水为三微所成,无有定性,无性即无水。三事成身,无有定性,无性即无身,无身即无人,故说是身无人,为如水也。又解:如小儿水中见影,谓言水里有人。入水求人,终不可得。凡夫三事中生身见,谓身是人。深观三事,不见身相,即无人也。又如《请观音经》云:水性不住。以其住者,池沼方圆,碍之即住,非水有住性也。今检人亦如是:随诸法得人,名无定性。若四句检水,有性有著,即是住义。若检水四句,无性无著,即是无住,无住故入如实际。经云:是身不实,四大为家。此是总约四大破我,说无我行也。若作破外人解,外人计云:若身中无实有神我者,今现见六情依身而住,故知实有神我也。内人破曰:现见六情依四大住,无别我神之所依也。若约内观解者,身名是一,一身不应在四我住。若一大我住,三大应无假名身。若各有者,即有四身。若即若离四句,约四大中检身不得,故知身无有实。若不得身实,即身见破。身见破,即我见十六知见皆破也。经云:是身为空,离我我所者,此是第二约空种破,说无我行也。若作破外人解,外人计有我所。若无神我,何得所有国土人物是实?所若见实,当知我亦是实。内人破曰:若尔,所是空,我亦应空。如身中空种,空种及一切外空是所。

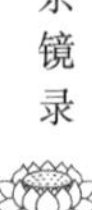

所空故，我亦空也。若约内观解者，即是正约空种破身见也：四大造色围虚空故，假名为身，离空即无身。若外内空，不名身。今约空种检身不可得，即身见破。身见破，即离我我所也。经云是身无知，如草木瓦砾者，此是第三检识种破我，是知说无我行也。若作破外人解，外人计云：若身中无神，那得知四时气序等事也？内人破曰：如草木瓦砾，亦犹阴阳气候，逐时转变，似有所知，而非神知者。令身虽有知，如草木瓦砾，无神知也。又，外人计身内有神，神使知知之。内人破曰：若神使知知，复谁使神？知遂无使，神何须使？若无神使，即无知者。无知者，即如草木瓦砾也。若约内观，的观识种。所以者何？三事成身，命暖无知，知只是识。若谓识能知者，过去识已灭，灭故不能知。现在识刹那不住，无暂停时，亦不得知。未来识未有，未有之识，岂得有知？三世求识，知不可得，离三世无别有知，故说此身无知，如草木瓦砾也。经云：是身无作，风力所转。次约风动，助成破识有作，说无我行也。若作破外人解，外人计身内有神我，故能执作施为，作一切事。内人破曰：此非神作。身有所作，皆风力转也。若约内观心解，妄念心动，身内依风得有种种所作。故《大集经》云：有风能上，有风能下。心若念上，风随心牵起。心若念下，风随心牵下。运转所作，皆是风随心转，作一切事。若风道不通，手脚不遂，心虽有念，即举动无从。譬如人牵关楔，即影技种种所作。捩绳若断，手无所牵。当知皆是依风之所作也。今观此依风，不自生、亦不他生，若无生，即是空。尚不能自有，令三事成身不可得，谁是作也？

释曰：夫外计内执我者，皆于地水火风空识六大种中，及身内识暖息三事等起执。今观六大三事内，唯是识之一大，世多坚执以为实我。今只用于内外三世中推，自然无我无识。内外推者：只如执识实在身内者，且何者是识？若言身分皮肉筋骨等是识者，此是地大。若言精血便利等是识者，此是水大。若言身中暖触是识者，此是火大。若言折旋俯仰言谈只对是识者，此是风大。除四大外，唯是空大，何者是识？各各既无，和合岂有？如一砂压无油，合众砂而岂有？似一狗非师子，聚群狗而亦无。此四大种，现推无体，即是内空。死后各复外四大，一一归空，即是外空。内外俱空，识性无寄。

又，内推既无识，应在外者，外属他身，自无主宰，及同虚空，有何分别？内外既空，中间奚有？以因内外立中间故，但破内外，中间自虚。若识内外空者，应在心世。何者？因三世以辩识，因识以立三世。若无有识，谁分三世。若无三世，何以明识？以此三识，若不思过去，即想未来。过未不缘，即住现在。离三际外，更无有识。故祖师云：一念不生，前后际断。今则念念成三世，念念识不住，念念唯是风，念念无主宰。故《金刚经》云：过去心不可得，未来心不可得，现在心不可得。以因现在立过去，因过去立未来，现在既不住，过未亦无生，互检互无，彻底空寂。但有微毫起处，皆从识生。今推既无，分别自灭。分别既灭，境界无依。如依水生波，依镜现像。无水则波不起，无镜则像不生。故知，非关法有法无，但是识生识灭。如《金刚三昧经》偈云：法从分别生，还从分别灭。灭是诸分别，是法非生灭。如是洞达,根境豁然,自觉既明,又能利他普照。故经偈云:究竟离虚妄,无染如虚空。清净妙法身,湛然应一切。是以世间粗浮,不于自身子细明察,妙观不习,智眼全盲。执妄迷真,以空作有。若能善观,即齐诸圣。如《圆觉经》云:尔时世尊告普眼菩萨:善男子,汝等乃能为诸菩萨及末世众生,问于如来修行渐次、思惟住持,乃至假设种种方便。汝今谛听,当为汝说。时普眼菩萨奉教欢喜,及诸大众默然而听。善男子,彼新学菩萨及末世众生,欲求如来净圆觉心,应当正念远离诸幻。先依如来奢摩他行,坚持禁戒,安处徒众,宴坐净室,常作是念:我今此身,四大和合,所谓发毛爪齿、皮肉筋骨、髓脑垢色,皆归于地。唾涕脓血、津液涎沫、淡泪精气、大小便利,皆归于水。暖气归火。动转归风。四大各离,今者妄身,当在何处?即知此身毕竟无体,和合为相实同幻化:四缘假合,妄有六根,六根四大,中外合成,妄有缘气,于中积聚,似有缘相,假名为心。善男子,此虚妄心,若无六尘,则不能有。四大分解,无尘可得,于中缘尘,各归散灭,毕竟无有缘心可见。善男子,彼之众生幻身灭故,幻心亦灭。幻心灭故,幻尘亦灭。幻尘灭故,幻灭亦灭。幻灭灭故,非幻不灭。譬如磨镜,垢尽明现。善男子,当知身心皆为幻垢,垢相永灭,十方清净。善男子,譬如清净摩尼宝珠,映于五色,随方各现。诸愚痴者,见彼摩尼,实有五色。善男子,圆觉净性,现于身心,随类各应。彼愚痴者,说净圆觉,实有如是身心自相,亦复如是,由此不能远于幻化。是故我说:身心幻垢。对离幻垢,说名菩萨。垢尽对除,即无对垢,及说名者。善男子,此菩萨及末世众生,证得诸幻灭影像故,尔时便得无方清净。无边虚空,觉所显发。觉圆明故,显心清净。心清净故,见尘清净。见清净故,眼根清净。根清净故,眼识清净。识清净故,闻尘清净。闻清净故,耳根清净。根清净故,耳识清净。识清净故,觉尘清净。如是乃至鼻舌身意,亦复如是。善男子,根清净故,色尘清净。色清净故,声尘清净。香味触法,亦复如是。善男子,六尘清净故,地大清净。地清净故,水大清净。火大风大,亦复如是。善男子,四大清净故,十二处、十八界、二十五有清净。彼清净故,十力、四无所畏、四无碍智、佛十八不共法、三十七助道品清净。如是乃至八万四千陀罗尼门,一切清净。善男子,一切实相性清净故,一身清净。一身清净故,多身清净。多身清净故,如是乃至十方众生圆觉清净。善男子,一世界清净故,多世界清净。多世界清净故,如是乃至尽于虚空、圆裹三世,一切平等、清净不动。善男子,虚空如是平等不动,当知觉性平等不动。四大不动故,当知觉性平等不动。如是乃至八万四千陀罗尼门平等不动,当知觉性平等不动。善男子,觉性遍满,清净不动圆无际故,当知六根遍满法界。根遍满故,当知六尘遍满法界。尘遍满故,当知四大遍满法界。如是乃至陀罗尼门,遍满法界。善男子,由彼妙觉性遍满故,根性尘性,无坏无杂。根尘无坏故,如是乃至陀罗尼门,无坏无杂。如百千灯,光照一室,其光遍满,无坏无杂。善男子,觉成就故,当知菩萨,不与法缚、不求法脱,不厌生死、不爱涅槃,不敬持戒、不憎毁禁,不重久习、不轻初学。何以故?一切觉故。譬如眼光,晓了前境,其光圆满,得无憎爱。何以故?光体无二,无憎爱故。

善男子,此菩萨及末世众生修习此心,得成就者,于此无修,亦无成就,圆觉普照,寂灭无二,于中百千万亿不可说阿僧祇恒河沙诸佛世界,犹如空华,乱起乱灭,不即不离,无缚无脱。始知众生本来成佛,生死涅槃,犹如昨梦。善男子,如昨梦故,当知生死及与涅槃,无起无灭、无来无去。其所证者,无得无失、无取无舍。其能证者,无作无止、无任无灭。于此证中,无能无所,毕竟无证,亦无证者,一切法性,平等不坏。善男子,彼诸菩萨如是修行,如是渐次如是思惟,如是住持,如是方便,如是开悟,求如是法,亦不迷闷。

所以凡夫迷梦,怕怖生老病死,以二乘偏见,厌离成住坏空。若顿悟之时,不厌不怖,全将生死法度脱于群生,以生死性空故,如释迦如来,不离不著。生则王宫降诞,演独尊之文。老则寿八十年,示迁坏之法。病则背痛偃卧,警泡幻之身。死则示灭双林,显无常之苦。令小根者悟其迁变,俾大器者顿了圆常。故知,生老病死之中,尽能发觉。行住坐卧之内,俱可证真。岂同怖厌凡小之见乎?

宗镜录第六十七

宋 慧日永明妙圆正修智觉禅师延寿集

夫虽说我相起尽根由,皆是外道凡夫粗重情执。如何是内教修行之人,微细法我之见?

答:法执难亡,更是微细。以法执为本,人执为末。所以法爱不尽,皆为顶堕之人。圆证涅槃,犹是我见之者。如《圆觉经》中,净诸业障菩萨白佛言:大悲世尊,为我等辈,广说如是不思议事,一切如来因地行相,令诸大众得未曾有,睹见调御历恒沙劫勤苦境界,一切功用犹如一念,我等菩萨,深自庆慰。世尊,若此觉心本恒清净,因何染污,使诸众生迷闷不入?乃至佛言:善男子,一切众生,从无始来,妄想执有我人众生及与寿命,认四颠倒为实我体,由此便生憎爱二境,于虚妄体重执虚妄。二妄相依,生妄业道。有妄业故,妄见流转。厌流转者,妄见涅槃。由此不能入清净觉,非觉违拒诸能入者,有诸能入非觉入故。是故动念及与息念,皆归迷闷。何以故?由有无始本起无明为己主宰,一切众生生无慧目,身心等性,皆是无明。譬如有人,不自断命。是故当知,有爱我者,我与随顺。非随顺者,便生憎怨。为憎爱心养无明故,相续求道,皆不成就。善男子,云何我相?谓诸众生心所证者。善男子,譬如有人百骸调适,忽忘我身,四支弦缓,摄养乖方,微加针艾,则知有我。是故证取,

方现我体。善男子,其心乃至证于如来,毕竟了知清净涅槃,皆是我相。善男子,云何人相?谓诸众生心悟证者。善男子,悟有我者,不复认我,所悟非我。悟亦如是,悟已超过一切证者,悉为人相。善男子,其心乃至圆悟涅槃俱是我者,心存少悟,备殚证理,皆名人相。善男子,云何众生相?谓诸众生心自证悟所不及者。善男子,譬如有人作如是言:我是众生。则知彼人说众生者,非我非彼:云何非我?我是众生,则非是我。云何非彼?我是众生,非彼我故。善男子,但诸众生,了证了悟,皆为我人。而我人相所不及者,存有所了,名众生相。善男子,云何寿者相?谓诸众生心照清净,觉所了者。一切业智所不自见,犹如命根。善男子,若心照见一切觉者皆为尘垢,觉所觉者,不离尘故。如汤消冰,无有别冰,知冰消者。存我觉我,亦复如是。善男子,末世众生不了四相,虽经多劫,勤苦修道,但名有为,终不能成一切圣果。

此我法二执,经论偏治,助业润生,顺情发爱,于六七识上妄起端由,向根尘法中强为主宰。固异生之疆界,为烦恼之导师。立生死之根原,作众苦之基址。坏正法之宝藏,违成佛之妙宗。塞涅槃之要津,盲般若之智眼。障菩提之大道,断解脱之正因。背觉合尘,无先于此。如上广引,破斥分明。愿断疑根,顿消冰执,则正修有路,功不唐捐。一念证真,全成觉道。

问:不了唯识之徒,妄执我法。圣教之内,云何复言有我法等?

答:对机假设,非同情执。假有二种:一者无体随情假,多分世间,外道所执。虽无如彼所执我法,随执心缘,亦名我法,故说为假。二者有体施设假,圣教所说,虽有法体,而非我法,本体无名,强名我法。不称法体,随缘施设,故说为假。

又,凡圣通论,我有六种:一执我,谓分别俱生,在于凡位。二慢我,谓但俱生,在有学位。三习气我,谓二我余习,在无学位。四随世流布我,谓诸佛等,随世假称。五自在我,谓八自在等,如来后得智为性。六真我,谓真如常乐我净等,以真如为性,圆中称我,通后三种。

问:云何是无二我义?

答:人我见,如六阴七情,毕竟无体。法我见,犹乾城焰水,彻底唯空。如经论明二无我者:一人无我者,梵云补特伽罗,唐言数取趣,谓诸有情起惑造业,即为能取。当来五趣,名之为趣。虽复数数起惑造业,五趣轮回,都无主宰实自在用,故名无我。二、法无我者,谓诸法体,虽复任持轨生物解,亦无胜性实自在用,故言无我。

问:执有我见,虽顺所缘,是颠倒体。无我之心,成何胜善?

答:了二无我理,证会真如,则成佛之正宗,超凡之妙轨。若论法利,功德难量。古德云:无我之心虽不称境,违于缘故,名非颠倒。如缘真如,作有如解,即是法执。若作无解,虽不称如,仍因成圣。释曰:若作如解,即是法执者,若起能解之心，即立所证之理。所境既立，迷现量心。知解才生，便成比量。皆为法执，失唯识宗。所以《华严经》云：智外无如，为智所入。如外无智，能证于如，则心境如如，一道清净。《广百门论》云：识能发生诸烦恼业，能牵后有。如是识心，缘色等起，无所缘境，识必不生。若能正观境为无我，所缘无故，能缘亦无。能所既亡，众苦随灭，证寂无影清净涅槃。至此位时，名自利满。诸有本愿，为利益他。住此位中，化用无尽，亦令有识，住此涅槃。是故欲求自他胜利真方便者，应正勤修空无我理。

问：《涅槃经》，佛说有真我佛性之理，诸菩萨等皆申忏悔：我等无量劫来，常被无我之所漂流。今广说无我者，莫不违涅槃之教不？

答：今言无我者，谓破凡夫外道迷唯识理，妄执心外实有我法。如外道所执，略有三等：一僧佉等，执我体常周遍，量同虚空，随处造业受苦乐等。二尼乾子，执我其体虽常，而量不定，随身大小有卷舒故。三遍出，执我体常至细，如一极微，潜转身中作事业故。余九十种所计我等，不异此三。故此等妄执，俱无道理，唯成五见之邪思，岂同四德之真我？如《涅槃经》云：外道言：如瞿昙说：无我我所，何缘复说常乐我净？佛言：善男子，我亦不说内外六入、及六识意、常乐我净，我乃宣说灭内外入、所生六识，名之为常。以常故，名之为我。有常我故，名之为乐。常我乐故，名之为净。夫真我者，是佛性义。常恒不变，非生因之所生。具足圆成，唯了因之所了。又如经云：尔时世尊赞诸比丘：善哉善哉,汝等善能修无我想。时诸比丘即白佛言:世尊,我等不但修无我想,亦更修习其余诸想:所谓苦想、无常、无我想。世尊,譬如人醉,其心愐眩,见诸山河、石壁草木、宫殿屋舍、日月星辰,皆悉回转。世尊,若有不修苦无常想、无我等想,如是之人,不名为圣,多诸放逸,流转生死。世尊,以是因缘,我等善修如是诸想。尔时佛告诸比丘言:谛听谛听,汝向所引醉人喻者,但知文字,未达其义。何等为义?如彼醉人,见上日月,实非回转,生回转想。众生亦尔:为诸烦恼无明所覆,生颠倒心,我计无我,常计无常,净计不净,乐计为苦,以为烦恼之所覆故。虽生此想,不达其义,如彼醉人,于非转处而生转想。我者,即是佛义。常者,是法身义。乐者,是涅槃义。净者,是法义。汝等比丘,云何而言有我想者,憍慢贡高,流转生死?汝等若言:我亦修集无常苦无我等想,是三种修,无有实义。我今当说胜三修法。苦者计乐,乐者计苦,是颠倒法。无常计常,常计无常,是颠倒法。无我计我,我计无我,是颠倒法。不净计净,净计不净,是颠倒法。有如是等四颠倒法,是人不知正修诸法。汝诸比丘,于苦法中生于乐想,于无常中生于常想,于无我中生于我想,于不净中生于净想。世间亦有常乐我净,出世亦有常乐我净。世间法者,有字无义。出世间者,有字有义。何以故?世间之法,有四颠倒,故不知义。所以者何?有想倒、心倒、见倒。以三倒故,世间之人,乐中见苦,常见无常,我见无我,净见不净,是名颠倒。以颠倒故,世间知字而不知义。何等为义?无我者,名为生死。我者,名为如来。无常者,声闻缘觉。常者,如来法身。苦者,一切外道。乐者,即是涅槃。不净者,即有为法。净者,诸佛菩萨所有正法,是名不颠倒。以不倒故,知字知义。若欲远离四颠倒者,应知如是常乐我净。释曰:夫迷四真实起八颠倒者,无非人法二我之见,为生死之枢穴,作烦恼之基垧,成九结之樊笼,开十使之业道。二乘虽断人我,常被无我之所漂流。外道谬认识神,恒为妄我所之轮转。所以上云无我者,名为生死者,以昧一真我之门,无大自在之力。我者,名为如来者,达佛性之妙理,承如实之道来。无常者,声闻缘觉者,修生灭之妄因,证灰断之小果。常者,如来法身者,入不动之真宗,契圆常之妙体。苦者,一切外道者,运无益之苦行,堕生灭之邪轮。乐者,即是涅槃者,断二死之妄原,入四德之秘藏。不净者,即有为法者,积杂染之情尘,成梦幻之虚事。净者,诸佛菩萨所有正法者,乃究竟之圆诠,履无为之至道。是以,外道执有我见,如蒸砂作饭,认妄为真。二乘证无我门,似捉石为珠,以常为断。俱不达无我之中,而有真我。又,常乐我净者,但是一法。以心性不变异故常,常故乐,乐故我,我故净。以不了心性常住,故心外别求,妄有所作,作故无常,无常故无乐,无乐故无我,无我故无净。何者?以无常迁变,纯受其苦,宁有乐乎?既不得乐,恒俱系缚,不得自在,岂成我乎?既不见真我佛性,长随染缘,岂得净耶?如上剖析,皆属一期教门,不可于此定执有无,迷于方便。如《广百论》云:为止邪见,拨无涅槃,故说真有常乐我净。此方便言,不应定执,既不执有,亦不拨无,如是乃名正智解脱。

问:外尘无体,唯识理成。正教昭然,妙旨非谬。今凡夫所执，多徇妄情，以见闻之心、熏习之力，多执现见之境，难断纤疑。前虽广明，犹虑未信，更希再示，以破执情。

答：法性无量，得之者有边。真如相空，执之者形碍。如《还原观》云：真空滞于心首，恒为缘虑之场。实际居在目前，翻为名相之境。《起信钞》云：若是唯心，则不合有境，以心无相，不可见故。既有所见，云何唯心？意云一切法从心起故，所起无体即是一心，何用说见与不见？根本是心故。又云：境本非善，但以顺己之情，便名为善。境本非恶，但以违己之情，便名为恶。故知，妍丑随情，境无定体。既无自体，曷有境乎？唯心之门，从兹明矣。故知，佛为信者说，不为疑者施。垢重障深，自生疑谤，遮轻根利，顿入玄微。《广百论》云：一切所见，皆识所为，离识无有一法是实，为无始来数习诸见、随所习见、随所遇缘、随自种子成熟。若差别变似种种法相而生，犹如梦中所见事等，皆虚妄现，都无一实，一切皆是识心所为。难：若尔，大乘应如梦哑，拨一切法，皆悉是虚，不能辩说一切世间、出世间法自性差别，是大苦哉！我等不能随喜如是大乘所立虚假法义，以一切法皆可现见，不可拨无现见法故。答：奇哉可愍！薄福愚人，不能信解大乘法义。若有能见，可见所见。能见既无，谁见所见？以诸能见，不能自审知自有体，亦不审他，于审察时，能见所见皆无所有。是故，不应执现见法决定有体，以回心时，诸所缘境皆虚假故。所以者何？起忆念时，实无见等种种境界。但随因缘，自心变似见等种种境相而生。以所忆念非真实故，唯有虚假忆念名生。如曾更诸法体相，回心追忆，故名为念，当忆念时，曾所更境，皆无有故，能念亦无，而

名念者,随顺惯习颠倒诸见,假名施设。由此念故,世间有情妄起种种分别诤论,竞执诸法自性差别,没恶见泥,不能自出。若无所见,亦无所闻,是则一切都无所有。云何今时,编石为筏?

《唯识论》问云:依信说有四种:一现见,二比知,三譬喻,四阿含。此诸信中,现信最胜。若无外境,云何世人言我现见此青等物?

偈答:现见如梦中,见所见不俱。见时不分别,云何言现见?

诸凡夫人,烦恼梦中有所见事,皆如梦中。如现见色不知色义,以后时意识分别,然后了知。意识分别时无眼等识,先灭故,以一切法念念不住故,以见色时无彼意识,意识起时无彼眼识。

《入大乘论》问云:诸法体相,世间现见,云何无耶?

答:凡愚妄见,此非可信。生灭之法,皆悉是空。生灭轮转,无暂停时,相似相续,故妄见有实。犹如灯焰,念念生灭,凡夫愚人谓为一焰。

《中观论》问:汝虽种种门,破去去者、住住者,而眼见有去住?

答:肉眼所见不可信。若实有去去者,为以一法成,为以二法成?二俱有过。夫肉眼者,是过去颠倒业因所成。如牛羊眼,不辩方隅,实不可信。唯佛眼真实,只可从实,不可凭虚。

又问:现见众生作业受报,是事云何?

答:如化人无有实事,但可眼见。又,化人口业说法、身业布施等,是业虽无实,而可眼见。如是生死、作者及业,亦应如是,诸业皆空无性,如幻如梦。

又问曰:世间人尽见诸法,是有是无。汝何以独与世间相违,言无所见?

答曰:若人未得道,不见诸法实相。爱见因缘,故种种戏论。见法生时,谓之为常,取相言有。见法灭时,谓之为断,取相言无。智者见诸法生,即灭无见。见诸法灭,即灭有见。是故于一切法,虽有所见,皆如幻如梦。乃至无漏道见尚可灭,何况余见?是故若不见安隐法者,则见有无。

《大智度论》问:若一切诸法空如幻,何以故诸法有可见可闻、可嗅可尝、可触可识者?若无而妄见者,何不见声闻色?若皆一等空无所有,何以有可见不可见者?

答曰:诸法相虽空,亦有分别可见不可见。譬如幻化象马,及种种诸物,虽知无实,然色可见、声可闻,不相错乱,与六情对故。诸法亦如是,虽空而可见可闻,不相错乱。

详斯论意,是约世间凡情所见,以眼根对色尘、及中间眼识三种和合,得称为见。此根尘识自性俱空,各各不能生见,和合亦不能生见,但虚妄情识,所对见闻不无故。经云:以凡夫见之为世谛,以圣人见之为真谛。所称谛者,审实不虚,故称为谛。世谛不无,执假为谛。真谛非有,证实为谛。

问:一切内外诸法,皆有流类。于诸类中,约有几种差别,及随类通别等义?

答:古释有五。一异熟类:一通,即一切草木,皆是初青后黄,岂非异熟?二别,唯善恶二业,感异熟果。二长养类:

一通，即是一切皆有长养。二别，唯是饮食睡眠、梵行等持所益故。三等流类：一通，即一切自类相似，皆是等流。二别，唯同类因之所生。四实事类：一通，即一切有体诸法。二别，唯是无为，简有为非是实事故。五刹那类：一通，即一切有生灭法。二别，唯是见道初一刹那也。

问：有情所住，遍三界中。云何《维摩经》云七识处为种？

答：有情通凡至圣，有六十二有情身，约依处有四十二居止。若通门由业系故，乐与不乐，并立居止，不在七识心住之例，为识心唯乐于七处住故。四十二居止者：八地狱、傍生、饿鬼、四洲、六欲天、色界十八、无色有四，都成四十二居止。七识处者：一、种种身种种想。种种身者，欲界人天，有尊卑上下也。种种想者，有苦乐舍三受想。二、种种身一想。种种身者，初禅梵王为尊，梵众为卑，故有种种身。一想者，有一戒取想也。梵王自谓我能生诸梵，诸梵谓已从梵王生，非因计因，是戒取。三、一身种种想。一身者，二禅地上，无尊卑上下也。种种想者，有喜乐想也。四、一身一想。一身者，三禅无尊卑上下也。一想者，唯一乐想也。空识已上无身，唯有一想。五空处，唯一空想。六识处，唯一识想。七无所有处，唯一慧想。此上七识处，对治众生计识为我，乐住七处。以有漏五阴为体，第四禅有无想定，非想地中有灭尽定，三涂之中能受诸苦，识不乐住，故不说也。又，第四禅及非想地，虽复灭识不灭，假名众生居，所以不立。三恶趣中，为苦所逼，众生不乐居，所以不立。

问:破外境空,立唯识有者,境从何而空,识从何而有?

答:境随情起,识逐缘生。情唯遍计之心,缘是依他之性。缘法是有,依胜义之门。情执本空,归世俗之道。《识论》云:外境随情而施设故,非有如识。内识必依因缘生故,非无如境。由此便遮增减二执,境依内识而假立故,唯世俗有。识是假境所依事故,亦胜义有。释云:外境,是遍计所执心外实境,由随妄情施设为假,体实都无,非与依他内识相似。内识,体是依他故,必依种子因缘所生,非体全无,如遍计境,彼实我法,犹如龟毛,识依他有,故非彼类。此中色等相见二分,内识所变,不离识故,总名内识。由此内识体性非无,心外我法体性非有,便遮外计离心之境,实有增减执。及遮邪见恶取空者,拨识亦无妄空减执。即离空有,说唯识教有心外法,轮回生死。觉知一心,生死永弃。可谓无上处中道理。

问:境唯世俗之有,识通胜义之门者,云何为世俗谛,云何说胜义谛?

答:夫一切谛智,皆从无谛而起。无谛者,即绝待真心,非是对有称无,故云绝待。犹如虚空,非对小空而称大空。从此无谛,立一实谛。此一实之名,是对三权而名一实,待虚名实,此是对待得名。

又,从此一实,对机约教,或分开二谛等。此二谛者,约情智而开。如《涅槃经》云:如出世人之所知者,名第一义谛。世间人知者,为世谛。《仁王经》云:于解常自一,于谛常自二。所以《仁王》虽分二谛,智照常一。《涅槃》本唯一谛,解惑分二。斯则二而不二,不二而二,一二自在,为真二谛。故昔人颂云:二谛并非双,恒乖未曾各。即其义也。生公云:是非相待故,有真俗名生。梁《摄论》云:智障甚盲闇,谓真俗别执。然法相务欲分析,法性务在融通。各据一门,勿生偏滞。何者?若但分析而不融通,法成差异。若不分析,事成混滥,又无可融通,则性相历然而非异,事理融即而非同。非异非同,圆中妙理。又,境则不碍真而恒俗,智则不碍寂而常照。意以心寂对于境真,心照对于境俗。以照对俗,则心境非一。以寂对真,则心境非异。虽双融空有二境、寂照二心,终不得言:境则不碍真而恒俗,智则不碍照而恒寂。境则不碍俗而恒真,智则不碍寂而常照。《中观论》偈云:若人不能知,分别于二谛。则于深佛法,不知真实义。《金刚般若不坏假名论》云:佛所说法,咸归二谛:一者俗谛,二者真谛。俗谛者,谓诸凡夫、声闻独觉、菩萨如来,乃至名义智境,业果相属。真谛者,谓即于此,都无所得。如说第一义,非智之所行,何况文字,乃至无业、无业果,是诸圣种性?是故此般若波罗蜜中,说不住布施,一切法无相、不可取、不可说、生法无我、无所得、无能证、无成就、无来无去等。此释真谛。又说内外世间出世间一切法相,及诸功德,此建立俗谛。

又,台教约四教、四证、三接,立七种二谛、及五种三谛。如《法华玄义》云:夫经论异说,悉是如来善权方便。知根知欲,种种不同,略有三异:一谓随情,二随情智,三随智。随情说者,情性不同,说随情异。如《毗婆沙》明世第一法,有无量种。真际尚尔,况复余耶?如顺盲情,种种示乳,盲闻异说而诤白色,岂即乳耶?众师不达此意,各执一文,自起见诤,互相是非,信一不信一,浩浩乱哉!莫知孰是。若世三说及能破者,有经文证,皆判是随情二谛意耶?无文证者,悉是邪见,谓同彼外道,非二谛摄也。随情智者,情谓二谛,二皆是俗。若悟谛理,乃可为真,真则唯一。如五百比丘各说身因,身因乃多,正理唯一。经云:世人心所见,名为世谛。出世人心所见,名第一义谛。如此说者,即随情智二谛也。随智者,圣人悟理,非但见真,亦能了俗。如眼除膜,见色见空。又如入禅者出观之时,身虚心豁,似轻云蔼空,已不同散心,何况悟真而不了俗?《毗昙》云:小云发障,大云发障。无漏逾深,世智转净。故经偈云:凡人行世间,不知世间相。如来行世间,明了世间相。此是随智二谛也。若解此三意,将寻经论,虽说种种,于一一谛,皆备三意也。二正明二谛者,取意存略,但点法性为真谛,无明十二因缘为俗谛,于义即足。但人粗浅,不觉其深妙,更须开拓,则论七种二谛,一一二谛,更开三种,合二十一种二谛。若用初番二谛,破一切邪,谓执著皆尽,如劫火烧,不留遗芥。况铺后诸谛,回出文外,非复世情图度。所言七种二谛者:一者实有为俗,实有灭为真。二者幻有为俗,即幻有空为真。三者幻有为俗,即幻有空不空共为真。四者幻有为俗,幻有即空不空、一切法趣空不空为真。五者幻有幻有即空皆名为俗,不有不空为真。六者幻有幻有即空皆名为俗,不有不空、一切法趣不有不空为真。七者幻有幻有即空皆为俗,一切法趣有趣空、趣不有不空为真。实有二谛者,阴入界等,皆是实法，实法所成森罗万品，故名为俗。方便修道，灭此俗已，乃得会真。《大品经》云：空色色空，以灭色故，谓为空色。不灭色故，谓为色空。病中无药，文字中无菩提，皆此意，是为实有二谛相也。约此亦有随情智等三义，准此可知。幻有空二谛者，斥前意也。何者？实有时无真，灭有时无俗，二谛义不成。若明幻有者，幻有是俗。幻有不可得，即俗而真。《大品经》云：即色是空，即空是色。空色相即，二谛义成。是名幻有二谛也。约此亦有随情、情智、智等三义，随智小当分别。何者？实有随智照真，与此不异，随智照俗不同。何者？通人入观巧，复局照俗亦巧。如百川会海，其味不别。复局还源，江河则异。俗是事法，照异非疑。真是理法，不可不同。只就通人出假，亦人人不同，可以意得，例三藏出假，亦应如是。幻有空不空二谛者，俗不异前，真则三种不同：一俗随三真，即成三种二谛。其相云何？如《大品》明非漏非无漏，初，人谓非漏是非俗，非无漏是遣著。何者？行人缘无漏生著，如缘灭生使，破其心还入无漏，此是一番二谛也。次，人闻非漏非无漏，谓非二边，别显中理。中理为真，又是一番二谛也。又，人闻非有漏非无漏，即知双非，正显中道，中道法界，力用广大，与虚空等，一切法趣非有漏非无漏，又是一番二谛也。《大涅槃经》云：声闻之人，但见于空，不见不空。智者见空，及与不空。即是此意。二乘谓著此空，破著空故，故言不空，空著若破，但是见空，不见不空也。利人谓不空是妙有，故言不空，利人闻不空谓是如来藏，一切法趣如来藏，还约空不空。即有三种二谛也。复次一切法趣非漏非无漏显三种异者：初，人闻一切法趣非漏非无漏者,诸法不离空,周行十方界,还是瓶处如。又,人闻趣知此中理,须一切行来趣发之。又一人闻一切趣,即非漏非无漏具一切法也。是故说此一俗,随三真转:或对单真,或对复真,或对不思议真。无量形势,婉转赴机。出没利物,一一皆有随情、情智、智等三义。若随智证,俗随智转,智证偏真,即成通二谛。智证不空真,即成别入通二谛。智证一切趣不空真,即成圆入通二谛。三人入智不同,复局照俗亦异。何故三人同闻二谛,而取解各异者?此是不共般若,与二乘共说,则深浅之殊耳。《大品经》云:有菩萨初发心,与萨婆若相应。有菩萨初发心,游戏神通,净佛国土。有菩萨初发心,即坐道场为如佛。即此意也。幻有无为俗,不有不无为真者,有无二故为俗,中道不有不无不二为真。二乘闻此真俗,俱皆不解,故如哑如聋。《大涅槃经》云:我与弥勒共论世谛,五百声闻,谓说真谛。即此意也。约此亦有随情、情智、智等三义。圆入别二谛者,俗与别同,真谛则异。别人不空,但理而已。欲显此理,须缘修方便。故言:一切法趣不空,圆人闻不空理。即知具一切佛法,无有缺减,故言一切趣不空也。约此亦有随情等三义。圆教二谛者,直说不思议二谛也:真即是俗,俗即是真。如如意珠,以珠譬真,用以譬俗。即珠是用,即用是珠。不二而二,分真俗耳。约此亦有随情、情智等三义。身子偈云:佛以种种缘,譬喻巧言说。其心安如海,我闻疑网断。即其义焉。

问:真俗应相对,云何不同耶?

答:此应四句:俗异真同,真异俗同,真俗异相对,真俗不异而异相对。三藏与通,真同而俗异。二入通,真异而俗同。别,真俗皆异而相对。圆,真俗不异而异相对,不同而同。若不相入,当分真俗即相对。七种二谛,广说如前。略说者:界内相即不相即,界外相即不相即,四种二谛也,别接通五也,圆接通六也,圆接别七也。

问:何不接三藏?

答:三藏是界内不相即,小乘取证,根败之士,故不论接。余六是摩诃衍门,若欲前进,亦可得去,是故被接。

问:若不接亦不会?

答:接义非会义,未会之前,即论被接。判粗妙者,实有二谛,半字法门,引钝根人,蠲除戏论之粪,二谛义不成,此法为粗。如幻二谛,满字法门,为教利根,诸法实相,三人共得,比前为妙。同见但空,方后则粗。以别入通,能见不空是则为妙。教谈理不融,是故为粗。以圆入通为妙。妙不异后带通方便,是故为粗。别二谛不带通方便,故为妙。教谈理不融,是故为粗。圆入别,理融为妙。带别方便为粗。唯圆二谛,正直舍方便,但说无上道,是故为妙。次约随情智等判粗妙者,且约三藏:初闻随情二谛,执实语为虚语,起语见故,生死浩然,无佛法气分。若能勤修念处,发四善根,是时随情二谛,皆名为俗。发得无漏,所照二谛,皆名为真。从四果人,以无漏智,所照真俗,皆名随智二谛,随情则粗,随智则妙。譬如转乳,始得成酪,既成酪已。心相体信,入出无难,即得随情、情智、智等。说通别入通、圆入通,令其耻小慕大,自悲败种,渴仰上乘,是时如转酪为生酥,心渐通泰,即为随情、情智、智等,说别圆入别,明不共般若,命领家业,金银珍宝,出入取与,皆使令知。既知是已,即如转生酥为熟酥。诸佛法久后,要当说真实,即随情、情智、智等,说圆二谛,如转熟酥为醍醐。是则六种二谛,调熟众生,虽成四味,是故为粗。醍醐一味,是则为妙。又,束判粗妙,前二教虽有随智等,一向是随情,说他意语故,故名为粗。别入通去,虽有随情等,一向束为情智智,说自他意语,故亦粗亦妙。圆二谛虽有随情等,一向是随智,说佛自智,说佛自意语,故称为妙。

问:前二二谛,一向是随情,应非见谛,亦不得道。

答:不得中道,故称随情。诸佛如来不空说法,虽非中道第一义悉檀,不失三悉檀益。大概判之,皆属随情为粗耳。次明三谛者,妙却前两种二谛,以不明中道故,就五种二谛得论中道,即有五种三谛。约别入通点,非有漏、非无漏,二谛义成:有漏是俗,无漏是真,非有漏非无漏是中。当教论中,但异空而已,中无功用,不备诸法。圆入通三谛者,二谛不异前点,非漏非无漏,具一切法,与前中异也。别三谛者,彼俗为两谛,对真为中,中理而已。圆入别三谛者,二谛不异前点,真中道具足佛法也。圆三谛者,非但中道具足佛法,真俗亦然,三谛圆融,一三三一。判粗妙者,别圆入通,带通方便故为粗,别不带通为妙。圆入别,带别方便为粗,圆不带方便最妙。约五味教者,乳教说三种三谛,二粗一妙:酪教但粗为妙,生酥熟酥,皆是五种三谛,四粗一妙。此经唯一种三谛,即相待妙也。开粗显妙者,决前诸粗入一妙。三谛无所可待,是为绝待妙也。又明一谛者,《大涅槃经》云:所言二谛,其实是一,方便说二。如醉未吐,见日月转,谓有转日,及不转日?醒人但见不转,不见于转。转二为粗,不转为妙。三藏全是转二,同彼醉人。诸大乘经,带转二说不转一。今经正直舍方便,但说无上道,不转一实,是故为妙。诸谛不可说者,诸法从本来,常自寂灭相,那得诸谛,纷纭相碍?一谛尚无,诸谛安有?一一皆不可说。可说为粗,不可说为妙。不可说亦不可说,是妙亦妙,言语道断故。若通作不可说者,生生不可说,乃至不生不生不可说。前不可说为粗,不生不生不可说为妙。若粗异妙,相待不融。粗妙不二,即绝待妙也。

问:何故大小通论无谛?

答:《释论》云:不破圣人心中所得涅槃,为未得者,执涅槃生戏论,如缘无生使,故破言无谛也。

问:若尔,小乘得与不得,俱皆被破。大乘得与不得,亦俱应破?

答:不例小乘,犹有别惑可除、别理可显,故虽得须破。中道不尔,云何破?

问:若尔,中道唯应有一实谛,不应言无谛。

答:为未得者,执中生惑,故须无谛。实得者有,戏论者无。又,《唯识论》于真俗二谛,各开四重,都成八谛。俗谛四者:一、假名无实谛,谓瓶盆等,但有假名,而无实体,从能诠说,故名为谛。二、随事差别谛,谓蕴界等,随彼彼事,立蕴等法。三、方便安立谛,谓苦集等,由证得理,而安立故。四、假名非安立谛,谓二空理,依彼空门,说为真性,由彼真性内证智境,不可言说,名二空如,但假说故。胜义四者:一、体用显现谛,谓蕴界等,有实体性,过初世俗,名胜义。随事差别,说名蕴等,故名显现。二、因果差别谛,谓苦集等,智断证修,因果差别。三、依门显实谛,谓二空理,过俗证得,故名胜义。依空能证,以显于实,故名依门。四、废诠谈旨谛,谓一实真如,体妙离言,已名胜义。又真不自真,待俗故真,即前三真,亦说为俗。俗不自俗,待真故俗,即后三俗,亦名为真。至理冲玄,弥验于此。又,《华严经》,约其圆数,立于十谛等,乃至一一法,圆融无尽。

宗镜录第六十八

宋 慧日永明妙圆正修智觉禅师延寿集

夫既云约俗假立，心境双陈，开之则两分，合之则一味。今约开义，则互相生，未有无心境，曾无无境心？凡圣通论，都有几境？

答：大约有三境。颂云：性境不随心，独影唯从见。带质通情本，性种等随应。性境不随心者，性境者，性是实义，即实根尘四大、及实定果色等相分境。言不随心者，为此根尘等相分，皆自有实种生，不随能缘见分种生故。独影唯从见者，影为影像，是相分异名，为此假相分，无种为伴，但独自有，故名独影。即空华兔角，过去未来，诸假影像法是，此但从能缘见分变生，与见分同种，故名独影唯从见。带质通情本者，即相分，一半与本质同一种生，一半与见分同一种生，故言通情本。情即能缘见分，本即所缘本质。言性种等随应者，随应，是不定义，谓于三境中名随所应，有性、种、界系、三科、异熟等，差别不定。

又，广释云：性境者，为有体实相分名性境，即前五识及第八心王，并现量第六识所缘诸实色，得境之自相，不带名言，无筹度心，此境方名性境。及根本智缘真如时，亦是性境，以无分别任运转故。言不随心者，都有五种不随：一、性不随者，其能缘见分、通三性，所缘相分境，唯无记性，即不随能缘见分通三性。二、种不随者，即见分从自见分种生，相分从自相分种生，不随能缘见分心种生故，名种不随。三、界系不随者，如明了意识缘香味境时，其香味二境，唯欲界系，不随明了意识通上界系。又如欲界第八缘种子境时，其能缘第八，唯欲界系，所缘种子，便通三界，即六八二识，有界系不随。四、三科不随者：且五蕴不随者，即如五识见分是识种收，五尘相分即色蕴摄，是蕴科不随。十二处不随者，其五识见分是意处收，五尘相分五境处摄，是处科不随。十八界不随者，其五识见分是五识界收，五尘相分五境界摄，此是三科不随。五、异熟不随者，即如第八见分是异熟性，所缘五尘相分非异熟性，名异熟不随。独影境者，谓相分与见分同种生，名独影唯从见。即如第六识缘空华兔角过未，及变影缘无为，并缘地界法，或缘假定果、极迥、极略等，皆是假影像。此但从见分变生，自无其种，名为从见。独影有二种：一者无质独影，即第六缘空华兔角，及过未等所变相分，是其相分与第六见分同种生，无空华等质。二者有质独影，即第六识缘五根种现，是皆托质而起，故其相分亦与见分同种而生，亦名独影境。三带质者，即心缘心是。如第七缘第八见分境时，其相分无别种生，一半与本质同种生，一半与能缘见分同种生。从本质生者，即无覆性。从能缘见分生者，即有覆性。以两头摄不定，故名通情本。质即第七能缘见分，本即第八所缘见分。

又，四句分别：一唯别种，非同种，即性境。二唯同种，非别种，即独影境。三俱句，即带质境。四俱非，即本智缘如。以真如不从见分种生，故名非同种。又，真如当体是无为,但因证显得,非生因所生法,故名非别种。性种说随应者,性即性境,种谓种类,谓于三境中,各有种类不同,今皆须随应而说。

又,约八识分别者,前五转识,一切时中皆唯性境,不简互用不互用。二种变中,唯因缘变。又与五根同种故,第六意识有四类:一明了意识,亦通三境,与五同缘实五尘,初率尔心中是性境。若以后念缘五尘上方圆长短等假色,即有质独影,亦名似带质境。二散位独头意识,亦通三境,多是独影,通缘三世有质无质法故。若缘自身现行心心所时,是带质境。若缘自身五根,及缘他人心心所,是独影境,亦名似带质境。又,独头意识,初刹那缘五尘,少分缘实色,亦名性境。三定中意识,亦通三境,通缘三世有质无质法故,是独影境。又能缘自身现行心心所故,是带质境。又七地已前有漏定位,亦能引起五识缘五尘故,即是性境。四梦中意识,唯是独影境。第七识唯带质境,第八识其心王唯性境,因缘变故,相应作意等五心所,是似带质真独影境。

问:三境以何为体?

答:初性境,用实五尘为体,具八法成故。八法者:即四大地水火风,四微色香味触等。约有为说,若能缘有漏位中除第七识,余七皆用自心心所为体。第二独影境,将第六识见分所变假相分为体,能缘即自心心所为体。第三带质,即变起中间假相分为体,若能缘有漏位中,唯六七二识心心所为体。

又,《成唯识论枢要》志云:真色真心,俱是所缘。所变相分,俱名性境。或能缘心,而非妄执分别构画,名为真心。真心缘彼真色等境所变相分,方名性境。若心缘心所变相分,相分无实,但带质故。性者,体也。体性是实,名为性境。独影者,独者,单也。单有影像,而无本质,故相名独,如缘龟毛石女等相。或虽有质相分,不能熏彼质种,望质无能,但有假影,亦名为独,如分别心缘无为相,及第八识心所相及,余准此知。带质之境者,质者,《周易》云:形体也。带者,《说文》谓之绅也,绅也,谓束。又,《方言》云:带谓行也。今云带质,义通二也。若依《说文》,谓即挟带逼附之义,如绅束也。若依《方言》,影仗质生,如因其路,行义方有。然此相分,虽有能熏自及质种,然无实用。如缘心相,相分之心,无虑用故。通情本者,情谓见分,本谓质也。显所变相,随见随质,以判种性,二义不定。又境有二:一众生遍计所执情境,心外见法,名之曰境。二诸圣自在德用智境,以从心现故,成其妙用智境。又二:一分剂境,广大无边故。二所知境,唯佛能尽故。又有二种:一是心境,唯心现故。张心无心外之境,张境无境外之心,常含一味故。二是境界之境,谓心境无碍,隐显同时,体用相成,理事齐现。

问:心外无境,境外无心。云何又说心说境?

答:前已广明,何须重执?一心四分,理教无差。有境有心,方成唯识。如心缘境时,必有相分故。如镜照面时,有面影像也。量云:心缘境是有法,心上必带境之影像,宗。因云:心对外质,同喻如镜照面时。

问:智境各一,何分多种?

答:智因境分,有真俗之异。境从智立,标凡圣之殊。约用似多,究体元一。如《起信钞》问云:境智为一为异?答云:智体无二,境亦无二。智无二者,只是一智,义用有殊:约知真处,名为真智。约知俗处,名为俗智。境无二者,谓色即是空为真境,空即是色为俗境。由是证真时必达俗,达俗时必证真。了俗无性,即是真空,岂有前后耶?况无心外之境,何有境外之心?是即心境浑融,为一法界。

问:一心二谛,理事非虚。证理性而成真,审事实而为俗,皆具极成之义,不坏二谛之门,大小二乘同共建立,如何是极成之义?

答:所成决定不可移易,随真随俗,各有道理。《瑜伽论》云:一有世间极成真实,二道理极成真实。世间极成真实者,谓一切世间,于彼彼事,随顺假立,世俗惯习,悟入觉慧所见同性。谓地唯是地非是火等,乃至苦唯是苦非是乐等,乐唯是乐非是苦等。以要言之:此即如此,非不如此。是即如是,非不如是。决定胜解,所行境事,一切世间,从其本际,展转传来,想自分别,共所成立,不由思惟筹量观察,然后方取,是名世间极成真实。道理极成真实者,依止现比,及至校量极善思择决定智,所行所知事,由证成道理所建立、所施设义,是名道理极成真实。

问:离识有色,文义俱虚。心外无尘,教理同证。其奈名言熏习,世见坚牢,若不微细剖陈,难圆正信。只如外色,若粗若细,云何推检,知其本空,了了分明,成就唯识?

答:粗细之色,皆从识变。既从识有,外色全空。故经云:色性自空,非色灭空。为未了者,更须破析,直至极微,方信空现。《识论》云:余乘所执离识实有色等诸法,如何非有?彼所执色,不相应行,及诸无为,理非有故。且所执色,总有二种:一者有对,极微所成。二者无对,非极微成。彼有对色,定非实有,能成极微,非实有故。谓诸极微,若有质碍,应如瓶等,是假非实。若无质碍,应如非色,如何可集成瓶衣等。又,诸极微若有方分,必可分析,便非实有。若无方分,则如非色,乃至虽非无色,而是识变。谓识生时,内因缘力,变似眼等色等相现,即以此相,为所依缘。然眼等根,非现量得,以能发识,比知是有。此但功能,非外所造,外有对色,理既不成,故应但是内识变现。发眼等识,名眼等根,此为所依,生眼等识。此眼等识,外所缘缘,理非有故,决定应许自识所变为所缘缘。谓能引生似自识者,乃至由此定知:自识所变以色等相为所缘缘,见托彼生,带彼相起故。然识变时,随量大小,顿现一相,非别变作众多极微,合成一物。为执粗色有实体者,佛说极微,令其除析,非谓诸色实有极微。诸瑜伽师,以假想慧,于粗色相渐次除析,至不可析,假说极微。虽此极微犹有方分,而不可析,若更析之,便似空现,不名为色,故说极微是色边际。由此应知诸有对色,皆识变现,非极微成,余无对色,是此类故,亦非实有。或无对故,如心心所,定非实色,诸有对色,现有色相。以理推究,离识尚无,况无对色,现无色相,而可说为真实色法?

问:表无表色,不居身外。内所动作,显现非虚。如《成业论》偈云:由外发身语,表内心所思。譬彼潜渊鱼,鼓波而自表。此表无表色,是实有不?

答:《识论》云:且身表色,若是实有,以何为性?若言是形,便非实有,可分析故,长等极微不可得故。若言是动,亦非实有,才生即灭,无动义故,有为法灭不待因故,灭若待因应非灭故。若言有色,非显非形,心所引生,能动手等,名身表业,理亦不然。此若是动,义如前破。若是动因,应即风界,风无表示,不应名表,故身表业,定非实有。然心为因,令识所变手等色相,生灭相续,转趣余方,似有动作,表示心故,假名身表。语表亦非实有声性,一刹那声,无诠表故,多念相续便非实故,外有对色前已破故。然因心故识变似声,生灭相续似有表示,假名语表,于理无违。表既实无,无表宁实?然依思愿善恶分限,假立无表,理亦无违。

问:经中说有三业善恶果报,不滥升沉。云何拨无,岂不违教?

答:不拨为无,为显识故,推其不实,于世俗门,善顺成立。《识论》云:不拨为无,但言非色。能动身思,说名身业。能发语思,说名语业。审决二思,意相应故,作动意故,说名意业。起身语思,有所造作,说名为业。是审决思所游履处故,通生苦乐异熟果故,亦名为道。或身语表,由思发故,假说为业。思所履故,说名业道。由此应知实无外色,唯有内识变似色生。

问：不相应行，是实有不？

答：《识论》云：不相应行，亦非实有。所以者何？得非得等，非如色心及诸心所体相可得，非异色心及诸心所作用可得。由此故知定非实有，但依色等分位假立，此定非异色心心所有实体用。

问：二无心定，无想异熟，应异色心等有实自性。若无实性，应不能遮心心所法，令不现起。

答：《识论》云：若无心位，有别实法，异色心等，能遮于心，名无心定。应无色时，有别实法，异色心等，能碍于色，名无色定。彼既不尔，此云何然？又遮碍心，何须实法？如堤塘等，假亦能遮。谓修定时，于定加行，厌患粗动心心所故，发胜期愿，遮心心所，念心心所，渐细渐微，微微心时，熏异熟识，成极增上厌心等种。由此损伏心等种故，粗动等暂不现行，依此分位，假立二定。此种善故，定亦名善。无想定前求无想果，故所熏成种，招彼异熟识，依之粗动想等不行。于此分位，假立无想，依异熟立，得异熟名。故此三法，亦非实有。

问：世间依想建立，有为之法皆虚。俗谛从识施为，无体之门尽伪。且如圣教，文句能诠，乃广长舌相之所宣，妙观察智之所演。云何俱称不实，咸是虚耶？

答：诸圣演教谈诠，是依世俗文字，所以佛告三乘学者，只令依义不依语，权藉教以明心。是以，文字俱无自性，亦从识变。《广百门论》云：然诸世间，随自心变，谓有众字和合为名,复谓众名和合为句。谓此名句,能有所诠,能诠所诠,皆自心变,诸心所变,情有理无,圣者于中,如实知见。云何知见?谓彼法,皆是愚夫虚妄识心分别所作,假而非实,俗有真无,随顺世间,权说为有。

问:音声可闻,色尘有对,可言心变。只如时法无相,应为实有?

答:有相尚空,无相何有?时亦无体,延促由心。以始从一念,终成于劫。念若不起,时劫本空。但有初中后等时量,皆是唯识之时。《广百论·破时品》云:复次是则一切若假若实,皆依世俗假相施设。云何汝等,定执诸法,皆是实体?

难:若一切法皆非实有,如何现前分明可见?

答:镜像水月、乾闼婆城、梦境幻事、第二月等,分明可见,岂实有耶?世间所见,皆无有实。云何以现证法是真,觉时所见一切非真?是识所缘,如梦所见。梦心所见,决定非真。乱识所缘,如第二月。如是虽无真实法体,而能为境生现见心。因斯展转发生忆念,前后俱缘,非真有境。是故不可以生忆念证法是真,法既非真,时如何实?

难:若缘妄境,生于倒见,境可是虚,见应是实。

答:境既是虚,见云何实?如在梦中,谓眼等识缘色等境,觉时知彼二事俱无。妄境倒心,亦复如是:愚夫谓有,圣者知无。

难:有倒心境,二种皆虚。无倒境心,俱应是实。

答:世俗可尔,胜义不然,以胜义中心言绝故。若于胜义心言绝者，云何数说心境是虚？为破实执，故且言虚，实执若除，虚亦不有，若实若虚，皆为遣执，依世俗说，非就胜义。胜义谛言，亦是假立，为翻世俗，非有定诠。

难：现见心境，可言是无。忆念境心，云何非有？

答：现见尚无，忆念岂有？

难：若一切法都非实有，如何世间现造善恶？若无善恶，苦乐亦无，是则拨无一切因果。若拨无因果，则无邪见。岂不怖此邪见罪耶？

答：奇哉世间，愚痴难悟！唯知怖罪，不识罪因。一切善恶，苦乐因果，并世俗有，胜义中无。我依胜义，言不可得。不拨世俗，何成邪见？于世俗中，执胜义有，不称正理，是为邪见。今于此中，为破时执，略说诸法，俗有真无。

又，古释云：凡如来三时说法，或云一时、三世十世等时，皆从能变心生，外无三世之境。离自心外，诸法无体。如世尊说弥勒作佛，即听者于自心上，变作过去相分生起。世尊答云：从今十二年后，必得往生。听者心上，又变作未来相分而起。能变心，即现在也。此过去时，无其实境，尽从心变。但随心分限，变起长时短时。是以，时因心立，无有定性。因现在，则有过去未来。因延有促，因一念有大劫。若无现在心，何处立过未？《西域记·第七》云：昔有隐士，结庐屏迹，博习技艺，究极神理，能使瓦砾成宝，人畜变形，但未能驭风云、陪仙驾。阅图考古，更求仙法，遂得求仙方云：将欲求仙，当筑坛场，命一烈士，按长剑，立坛隅，屏息绝言，自昏达曙。求仙者坛中而坐，按长剑，诵神咒，收视返听，达曙登仙。既得此方，数年之间，求烈士不得。后遇一

人，先为人佣力，艰辛五载，一旦违失，遂被笞辱，又无所得，悲号巡路。隐士见命，数加优赠，烈士欲求报効，隐士曰：我弥历多年，幸而遇会，奇貌应图，非有他故，愿一旦不语耳。烈士曰：死尚不辞，何况不语？于是隐士，立坛受仙，依事行之。日暮之后，各思其事：隐者诵咒，烈士按剑。俟将晓矣，烈士忽然大叫，时空中火下，烟焰云蒸，隐士疾引此人入池避难。问曰：诫子无声，何乃惊叫？烈士曰：受命之后，至夜昏然若梦，见昔所事主人，躬来至傍，感厚恩而不语。被打震怒，而见致害，遂见托生南印土大婆罗门家，受生乃至出胎，苦厄备受，荷恩不语。洎乎受冠生子，每念前恩，思而不语，合家亲戚，咸见怪矣。年过六十而有一子，其妻谓曰：汝若不语，我杀汝子。我自怀念：今已隔生，唯有一子，宁忍令杀？因止其妻，遂发此言。隐士曰：我之过也，被魔所娆。烈士感激其事，忿恚而死。故知睡梦与觉，所见唯心。延促之时，不离一念，故引梦时，以明觉位。

又，《法华经·安乐行品》，梦入铜轮，成道度生，经无量时，唯只一夜梦心。所以《无性摄论》颂云：处梦谓经年，觉乃须臾顷。故时虽无量，摄在一刹那。可证听者心上，自变长短二时，实唯现在心心所也。故《义海》云：如见尘时，是一念心所现。此一念心之时，全是百千大劫成。何以故？百千大劫，本由一念方成。大劫既相由成立，俱无体性。乃至远近世界佛及众生、三世一切事物，莫不于一念中现。何以故？一切事法，依心而现，念既无碍，法亦随融。是故一念，即见三世事物显然。所以《华严经》颂云：一念普观无量劫，无去无来亦无住。如是了知三世事，超诸方便成十力。

又颂云：始从一念终成劫，悉从众生心想生。一切刹海劫无边，以一方便皆清净。又颂云：或从心海生，随心所解住。如幻无处所，一切是分别。故知，横收刹海，竖彻僧祇，皆一念心，前后际断，既无大小之刹，亦无延促之时。以一方便唯心之门，令众生界悉皆清净。何者？以知境唯妄识分别，则不起心。以心不起故，则妄境不现。妄境不现，垢净之法无依。粗想不生，长短之时自绝。若教中所说劫量延促，皆是善巧逗机方便：或为怯弱众生，说成佛只在刹那。或为懈怠众生，说须经阿僧祇劫。若成佛之旨一际无差，延促之诠，尽归权智。

又，古释云：一方便者，即了唯心也。一念与劫，并由想心。心想不生，长短安在？非长非短，是谓清净。不坏于相，则劫海无边。故知，一切诸法，皆无自体，悉不坚牢，唯从想生。若执为实，但是颠倒。所以《广博严净经》云：文殊师利告阿难言：愚小之人，以日为昼想，无黠慧故。所以者何？若令此昼是真实者、是常住者、是坚牢者，应有积聚，不应过去，唯应有昼，不应有夜。

问：此三世时，既从心变。于八识内，何识所缘？

答：古释云：唯意所缘。谓时之一法是假，前五第八，俱不能缘。第七又常缘内第八见分为我，兼无分别故，唯第六能缘。

又，四种意识中，唯明了意识不能缘，时是假故。即定中、梦中、独散，此三俱能缘。若约三境中，是独影境。

问:不相应行中诸有为法,似有作用,应不离识。如六种无为,无有作用,应离色心等有其实性?

答:有无之法,皆依识变。虚空等五无为,皆依妄识所变。真如无为,是净识之性,亦不离识。乃至有无真假,一切性相,离真唯识性,更无所有。

宗镜录第六十九

宋 慧日永明妙圆正修智觉禅师延寿集

夫觉王随顺世法曲徇机宜，欲显无相之门，先明有相之理，因方便而开真实，假有作而证无生。非称本怀，但施密意。于四俗谛中，立第二随事差别谛，说三科法门，谓蕴处界等。今欲会有归空，应当先立后破，须知窟穴，方可倾巢。只如五蕴初科，四大元始，以何为义？

答：蕴者，藏也。亦云五阴，阴者，覆也。即蕴藏妄种，覆蔽真心。《杂集论》云：蕴者，积聚义。又，荷杂染担，故名为蕴，如肩荷担。此约俗谛所释，若论真谛，无一法可聚，以各无自体，亦无作用故。《楞伽经》云：佛告大慧：当善四大造色。云何菩萨善四大造色？大慧，菩萨摩诃萨作是学，彼真谛者，四大不生。于彼四大不生，作如是观察。观察已竟，名相妄想分剂，自心现分剂。乃至大慧，彼四大种，云可生造色，谓津润妄想大种，生内外水界。堪能妄想大种，生内外火界。飘动妄想大种，生内外风界。断截色妄想大种，生内外地界。释云：堪能妄想者，即计火大堪能成熟万物之性。断截色妄想者，即计可断截性为地大。四大既空，五蕴无主。是以，先观色阴，从四大所造，展转相因而生。四大中既无主宰，谁能合集以成色乎？以此观之，色阴即空。色阴既空，四阴何有？善学真谛第一净心，不住一相，则无四大可生。故知，一切莫非真觉，则一觉一切觉，统括一心无不觉，故外法本无名相，所见分剂，皆唯心量。以般若照五蕴皆空，聚沫之色既虚，水泡之受何有？阳焰之想非实，芭蕉之行唯空。幻识倏尔无依，空大湛然不动。穷四大根本，性相尚无。则六根枝条，影响奚有？身见既不立，妄识又无从，唯一真心，神性独立。恒沙海藏，无量义门，该括指归，理穷于此，不出一念，人法俱空。如《持地经》云：佛言：诸凡夫于见闻觉知法中，计得识阴，贪著念有，是人贪著见闻觉知法，为识阴所缚。贵其所知，以心意识合系，故驰走往来，所谓从此世至彼世，从彼世至此世，皆识阴所缚故，不能如实知识阴。识阴是虚妄不实，颠倒相应，因见闻觉知法起，此中无有实识者。若不能如是实观，或起善识，或起不善识，或起善不善识，是人常随识行，不知识所生处，不知识如实相。持世，诸菩萨摩诃萨于此中如是正观，知识阴从虚妄识起。所谓见闻觉知法中众因缘生，无法生法想，故贪著识阴，故知诸阴，不出一念法空之心。所以《永嘉集》云：明识一念之中五阴者，谓历历分明，即是识阴。领纳在心，即是受阴。心缘此理，即是想阴。行用此理，即是行阴。污秽真性，即是色阴。此五阴者，举体即是一念。一念者，举体全是五阴。历历见此一念之中无有主宰，即人空慧。见如幻化，即法空慧。故《最胜王经》云：佛告善天女：五蕴能现法界，法界即是五蕴。

问：处以何为义？

答：论云：识生长门义，当知种子义摄一切法差别义，亦是处义。

问:界以何为义?

答:是界分建立义,以内外中间,各对待立故。《杂集论》云:一切法种子义,谓依阿赖耶识中诸法种子,说名为界。界是因义,又能持自相义,又能持因果性义,又摄持一切法差别义。

问:何因五蕴,说唯有五?

答:《杂集论》云:为显五种我事故:一、身具我事,谓内外色蕴所摄。二、受用我事,即受蕴。三言说我事,即想蕴。四、造作一切法非法我事,谓行蕴。五、彼所依止我自体事,谓识蕴。是身具等所依我相事义,世间有情多于识蕴计执为我,于余蕴计执我所。问:色蕴何相?答:变现相是色相。此有三:触对变坏,谓由手足,乃至蚊蛇所触对时,即便变坏。二方所示现,谓由方所可相示现。问:受蕴何相?答:领纳相是受相。由此受故,领纳种种净不净业。所得异熟,若清净业,受乐异熟。不清净业,受苦异熟。净不净业,受不苦不乐异熟。所以者何?由净不净业,感得异熟阿赖耶识恒与舍受相应,唯此舍受是实异熟体。苦乐两受,从异熟生故,假说名异熟。问:想蕴何相?答:构了相是想相。由此想故,构画种种诸法像类,随所见闻觉知之义起诸言说。诸言说者,谓诠辩义。问:行蕴何相?答:造作相是行相。由此行故,念心造作,谓于善恶无记品中,驱役心故。问:识蕴何相?答:了别相是识相。由此识故,了别色声香味触法等种种境界。

问:何因处唯十二?

答:《杂集论》云:唯由身及具,能与未来六行受用,为生长门故。谓如过现六行受用相,为眼等所持。未来六行受用相,以根及义为生长门,亦尔,唯依根境立十二处,不依六种受用相识。问:处以何为相?答:如界应知,随其所应,谓眼当见色,及此种子等,随义应说。

问:何因界唯十八?

答:《杂集论》云:由身具等,能持过现六行受用性故。身者,谓眼等六根。具者,谓色等六境。过现六行受用者,谓六识。能持者,谓六根六境,能持六识所依所缘故。过现六识能持受用者,不舍自相故。当知十八,以能持义,故说名界。

问:眼界何相?

答:谓眼曾现见色,及此种了积集异熟赖耶识,是眼界相。眼曾见色者,谓能持过去识受用义,以显界性。现见色者,谓能持现在识受用义,以显界性。及此种子积集异熟阿赖耶识者,谓眼种子,或唯积集,为引当来眼根故。或已成熟,为生现在眼根故。此二种名眼界者,眼生因故,如眼界相。耳鼻舌身意界相,亦尔。问:色界何相?答:诸色眼曾现见,及眼界于此增上,是色界相。眼界于此增上者,谓依色根增上力,外境生故,如色界相。声香味触法界相,亦尔。

问:眼识界何相?答:谓依眼缘色,似色了别,及此种子积集异熟阿赖耶识,是眼识界相,如眼识界。耳鼻舌身意识界相,亦尔。是以,真谛不有,世谛非无。迷之则一二情生,悟之则性相无碍。故先德云:真俗双泯,二谛恒存。空有两亡,一味常现。如《瑜伽论》云:思正法者,乃至云何以称量行相依正道理思惟诸蕴相应言教?谓依四道理观察。何等为四?一观待道理,二作用道理,三证成道理,四法尔道理。云何名为观待道理?谓略说有二种观待:一生起观待,二施设观待。生起观待者,谓由诸因诸缘势力生起诸蕴,此蕴生起,要当观待诸因诸缘。施设观待者,谓由名身、句身、文身施设诸蕴,此蕴施设,要当观待名句文身,是名于蕴,生起观待,施设观待。即此生起观待、施设观待,生起施设诸蕴,说名道理瑜伽方便,是故说为观待道理。云何名为作用道理?谓诸蕴生已,由自缘故,有自作用,各各差别:谓眼能见色,耳能闻声,鼻能嗅香,舌能尝味,身能觉触,意能了法。色为眼境,为眼所行。乃至法为意境,为意所行。或复所余如是等类于彼彼法,别别作用,当知亦尔。即此诸法各别作用,所有道理瑜伽方便,皆说名为作用道理。云何名为证成道理?谓一切蕴,皆是无常,众缘所生,苦空无我。由三量故如实观察,谓由至教量故,由现量故,由比量故,由此三量,证验道理。诸有智者,心正执受,安置成立,谓一切蕴,皆无常性、众缘生性、苦性空性及无我性,如是等,名证成道理。云何名为法尔道理?谓何因缘故,即彼诸蕴,如是种类,诸器世间,如是安布。何因缘故?地坚为相,水湿为相,火暖为相,风用轻动以为其相。何因缘故?诸蕴无常,诸法无我,涅槃寂静。何因缘故?色变坏相,受领纳相,想等了相,行造作相,识了别相,由彼诸法,本性应尔。自性应尔,法性应尔。即此法尔,说名道理瑜伽方便。或即如是,或异如是,或非如是。一切皆以法尔为依,一切皆归法尔道理,令心安住,令心晓了。如是名为法尔道理,如是名为依四道理,观察诸蕴,相应言教。故知法性自尔,一切如然,未有一法而为障碍。了之无过,执之患生。但依观待、作用、证成、法尔四种道理观察,则二谛双通,一心无碍。

问:万法唯识,正量可知。又云境灭识亡,心境俱遣。今观阴入界等,如上分析性相宛然。云何同境,一时俱拂?

答:上约世谛分别,似有非真,但立空名,终无实体。所以《首楞严经》微细推检阴入界处,一一皆空,非因非缘,非自然性。非因,即是不自生。非缘,即是不他生。既无自他二法,无法和合,即是不共生。非自然性,即是非无因生。四句无生,阴从何有?

又,当观此一念心,不从根尘离合而生。若言合生者,譬如镜面,各有像故,合生应有两像。若各无像,合不应生。若镜面合为一而生像者,今实不合,合则无像。若镜面离故生像者,各在一方,则应有像,今实不尔。根尘离合,亦复如是。当知即念无念,自他起处俱空。即生无生,离合推之无体。破五阴文云:佛告阿难,譬如有人取频伽瓶,塞其两孔,满中擎空,千里远行,用饷他国。识阴当知,亦复如是。阿难,如是虚空,非彼方来,非此方入。如是阿难,若彼方来,则本瓶中既贮空去，于本瓶地应少虚空。若此方入，开孔倒瓶，应见空出。是故当知，识阴虚妄，本非因缘，非自然性。释曰：此破识阴也。瓶喻于身，空喻于识。若执有识随身往来者，此处识阴灭，往彼处生时，如将此方虚空远饷他国。若此阴实灭，如于本瓶地应少虚空。若彼阴复生，如开孔倒瓶，应见空出。故知虚空不动，识无去来。一阴既虚，四阴皆尔。《大涅槃经》云：若人舍命之时，然心意识即生善道。而是心法，实无去来，亦无所至，直是前后相似相续，相貌不异。如是之言，即是如来秘密之教。又，佛告阿阇世王：如汝所言，先王无辜，横加逆害者，何者是父？但于假名众生五阴，妄生父想。于十二入、十八界中，何者是父？若色是父，四阴应非。若四阴是父，色亦应非。若色非色合为父者，无有是处。何以故？色与非色，性无合故。大王，凡夫众生于是色阴，妄生父想，如是色阴，亦不可害。乃至阿阇世王即白佛言：世尊，我今始知色是无常，乃至识是无常。我本若能如是知者，则不作罪。《持世经》云：佛言：是诸菩萨如实观时，知识阴虚妄不实，从本已来，常不生相。知非阴是识阴，像阴是识阴，幻阴是识阴。譬如幻所化人，识不在内，亦不在外，不在中间。识性亦如是，如幻性虚妄缘生，从忆想分别起，无有实事，如机关木人。识亦如是，从颠倒起，虚妄因缘和合而有。幻人岂有心识，木像谁称觉知？比妄识而况同，从幻缘而似有。《大智度论》云：日初出时，见城门楼橹宫殿、行人出入，日转高转灭，但可眼见而无有实，是名乾闼婆城。有人初不见乾闼婆城，晨朝东向见之，意谓实乐，疾行趣之，转近转失，日高转灭。饥渴闷极，见热气如野马，谓之为水，疾走趣之，转近转灭。疲极困厄，至穷山狭谷中，大唤啼哭，闻有响应，谓有居民，求之疲极，而无所见。思惟自悟，渴愿心息。无智人，亦如是：空阴界入中，见吾我及诸法，淫瞋心著，四方狂走，求乐自满，颠倒欺诳，穷极懊恼。若以智慧知无我无实法者，是时颠倒愿息。

故知色阴如劳目睛，忽现空华之相。受阴如手摩触，妄生冷热之缘。想阴如人说酸梅，口中自然水出。行阴如水上波浪，观之似有奔流。识阴如瓶贮虚空，持之用饷他国。斯则非内非外，不即不离，和合既不成，自然亦非有。若此况是实，则五阴不虚。既并世相而非真，审知阴入而无体，唯是性空法界，如来藏心，无始无终，平等显现。是以《首楞严经》云：佛告阿难：是故如来与汝发明，五阴本因，同是妄想。汝体先因父母想生，汝心非想，则不能来想中传命。如我先言：心想酸味，口中涎生。心想登高，足心酸起。悬崖不有，酸物未来，汝体必非虚妄通伦，口水如何因谈酸出？是故当知：汝现色身，名为坚固第一妄想，即此所说，临高想心，能令汝形，真受酸涩。由因受生，能动色体，汝今现前顺益违损，二现驱驰，名为虚明第二妄想。由汝念虑，使汝色身，身非念伦，汝身何因随念所使，种种取像，心生形取，与念相应。寤即想心，寐为诸梦，则汝想念，摇动妄情，名为融通第三妄想。化理不住，运运密移，甲长发生，气消容皱，日夜相代，曾无觉悟。阿难，此若非汝，云何体迁？如必是真，汝何无觉？则汝诸行，念念不停，名为幽隐第四妄想。又汝精明，湛不摇处，名恒常者，于身不出见闻觉知。若实精真，不容习妄，何因汝等曾于昔年睹一奇物，经历年岁，忆忘俱无。于后忽然覆睹前异,记忆宛然,曾不遗失?则此精了,湛不摇中,念念受熏,有何筹算?阿难当知:此湛非真,如急流水,望如恬静,流急不见,非是无流。若非想元,宁受想习,非汝六根互用合开,此之妄想无时得灭。故汝现在见闻觉知,中串习几,则湛了内,罔象虚无。第五颠倒,细微精想。阿难,是五受阴,五妄想成。汝今欲知因界浅深,唯色与空,是色边际。唯触及离,是受边际。唯记与忘,是想边际。唯灭与生,是行边际。湛入合湛,归识边际。此五阴元,重迭生起,生因识有,灭从色除。理则顿悟,承悟并消。事非顿除,非次第尽。是以,若见五阴有,即众生世间。若了五阴空,即真谛世间。若达五阴实相,即中道第一义正智世间。离:此五阴三世间外,更无一法能建能立,为俗为真,一代时教所诠,除此别无方便。悟此成佛,迷此为凡,唯是一心开合无异。何者?以一阴名色,四阴名心。从心所生,故称为色。心是所依,色是能依,摄能归所,但是一心,本末元同,体用常合。《宗镜》大旨,于此绝言。破六入文云:佛告阿难:譬如有人劳倦则眠,睡熟便寤。览尘斯忆,失忆为忘。是其颠倒生住异灭,吸习中归,不相逾越,称意知根,兼意与劳,同是菩提瞪发劳相,因于生灭二种妄尘,集知居中,吸撮内尘,见闻逆流,流不及地,名觉知性。此觉知性,离彼寤寐生灭二尘,毕竟无体。如是阿难,当知如是觉知之根,非寤寐来,非生灭有,不于根出,亦非空生。何以故?若从寤来,寐即随灭,将何为寐?必生时有,灭即同无,令谁受灭?若从灭有,生即灭无,孰知生者?若从根出,寤寐二相,随身开合。离斯二体,此觉知者,同于空华,毕竟无性。若从空生，自是空知，何关汝入？是故当知，意入虚妄，本非因缘，非自然性。释曰：此破意入也。疏云：览尘斯忆者，忆即是生。失忆为忘者，忘即是灭。失忆不离自心，妄谓为境。故云是其颠倒生住异灭，吸习中归不相逾越者，吸习生住异灭，归识心内，故云中归。前念灭、后念生，无杂乱失，故云不相逾越。故经云：心性生灭，犹如猿猴。当知见境生灭者，即是自心生灭相故，故云心生种种法生。吸撮内尘，见闻逆流，流不及地，名觉知性者，谓眼耳取外尘境，刹那流入意地，从外入内，名为逆流。眼耳唯缘现境，至第二念缘不及故，故云流不及地，唯意根独取，名觉知性。此觉知性，因前尘起，毕竟无体。以妄知强觉，成内众生。因灭想凝空，为外国土。经云：想澄成国土，知觉乃众生。迷湛寂一心，作内六入，更无别体，唯是真空。意入既虚，前眼等五入亦尔。破十二处文云：佛告阿难：汝常意中，所缘善恶无记三性，生成法则，此法为复即心所生，为当离心别有方所？阿难，若即心者，法则非尘，非心所缘，云何成处？若离于心别有方所，则法自性，为知非知？知则名心，异汝非尘，同他心量，即汝即心，云何汝心，更二于汝？若非知者，此尘既非色声香味，离合冷暖及虚空相，当知何在？今于色空都无表示，不应人间更有空外。心非所缘，处从谁立？是故当知：法则与心，俱无处所，则意与法，二俱虚妄，本非因缘，非自然性。释曰：此破意法二处也。夫分能标所，构画成持，立境立心，皆是意法，先破其分别惑本，则前五根十处自倾。法处是所缘，意处是能缘。只如法处，为复即心不即心？若即心者，法则全心，心不见心，云何成处？若离于心别有方所,则法之自性,为有知无知?若有知则名心,不成于法。若无知则不属自心,同他心量。以知二处,俱无自体,则善恶无记三性等法、四种意根等心,皆同一性,无有能缘所缘之异,心境皆空。故《论》云:凡所分别,皆分别自心。心不见心,无相可得。则无相理现,有作情亡。因缘自然,名义俱绝。例十处色心,亦复如是。破十八界文云:佛告阿难:汝所明意法为缘,生于意识,此识为复因意所生,以意为界。因法所生,以法为界?阿难,若因意生,于汝意中必有所思,发明汝意。若无前法,意无所生,离缘无形,识将何用?又汝识心,与诸思量,兼了别性,为同为异?同意即意,云何所生?异意不同,应无所识。若无所识,云何意生?若有所识,云何识意?唯同与异,二性无成,界云何立?若因法生,世间诸法,不离五尘,汝观色法及诸声法、香法、味法、及与触法,相状分明,以对五根,非意所摄。汝识决定依于法生,汝今谛观,法法何状?若离色空、动静、通塞、合离、生灭,越此诸相,终无所得。生则色空诸法等生,灭则色空诸法等灭。所因既无,因生有识,作何形相?相状不有,界云何生?是故当知:意法为缘,生意识界,三处都无,则意与法,及意界三,本非因缘,非自然性。释曰:此破意识界也。如十八界中,皆因意识建立,根本立处尚空,所生枝末何有?既无处所可得,又无界分可凭,事诳理虚,情危执劣,恶见之根株尽拔,妄识之巢穴齐倾,独朗真心,圆周法界。安国云:谓色等五尘界是现量境,五识亲证都无尘相,如来藏中顿现身器无尘相。六七妄想,谓有我法,想所现相是分别变,分别变相但可为境而无实用。如日发焰,带微尘而共红,非实红也。如水澄清,含轻云而俱绿,非实绿也。若了藏性,则知尘境而为妄也。故知诸法但从分别而生,分别既空,名相何有?夫人空易了,法我难除。不达法逐缘生,执有自体。如《摄论》云:若执法体是有,名法我执。如二乘人,依粗分别事识修行,但了法中无我,不知法体全空。闻诸法空,生大怖畏。是知,法空是本,人空是末。夜绳未晓,蛇想宁除。瞖目犹存,空华岂灭?破七大性文云:佛告阿难:识性无原,因于六种根尘妄出。汝今遍观此会圣众,用目循历,其目周视,但如镜中无别分析。汝识于中,次第标指:此是文殊,此富楼那,此目犍连,此须菩提,此舍利弗。此识了知,为生于见、为生于相、为生虚空、为无所因突然而出?阿难,若汝识性生于见中,如无明暗及与色空,四种必无,元无汝见,见性尚无,从何发识?若汝识性生于相中,不从见生,既不见明,亦不见暗,明暗不瞩,即无色空,彼相尚无,识何所发?若生于空,非相非见,非见无辩,自不能知明暗色空,非相灭缘,见闻觉知无处安立,处此二非,空则同无,有非同物,纵发汝识,欲何分别?若无所因突然而出,何不日中别识明月?汝更细详,微细详审,见托汝睛,相推前境,可状成有,不相成无。如是识缘,因何所出?识动见澄,非和非合。闻听觉知,亦复如是,不应识缘,无从自出。若此识心本无所从,当知了别见闻觉知,圆满湛然,性非从所,兼彼地水火风,均名七大。性真圆融,皆如来藏,本无生灭。阿难,汝心粗浮,不悟见闻发明了知本如来藏。汝应观此六处识心,为同为异、为空为有,为非同异、为非空有?汝元不知,如来藏中性识明知,觉明真识,妙觉湛然,遍周法界,含吐十虚,宁有方所?

循业发现,世间无知,或为因缘,及自然性,皆是识心分别计度,但有言说,都无实义。释曰:此破识大性也。谛详佛旨,本契无生。但以有情,唯迷妄识,以昏扰之性,起遍计于觉原。逐杂染之缘,沉圆成于识海。眠三界之梦宅,一觉而尘劫不惺。造四大之幻身,生灭而恒沙莫算。今推此识,决定无体,从缘所起,悉顺无生。

四句检之,自合妙理:此识了知为生于见者,如无明暗色空,元无见性。见性尚无,从何发识?此破自生也。为生于相者,不从见生,则不见暗明。明暗不瞩,即无色空。彼相尚无,识何所发?此破他生也。既不得自见之性,又不得他相之观,自他既虚,即无和合。所以推云:见托汝睛,相推前境,可状成有,不相成无。如是识缘,因何所出?识动见澄,非和非合。闻听觉知,亦复如是,以动静相乖,事非和合。此破共生也。为生虚空,为无所因突然而出者,若生于空,非相非见。纵发汝识,欲何分别?若无所因突然而出,何不日中别识明月?日属朝阳,月含阴魄。时候晷刻,今古不移。各有所因,无因非有。此破无因生也。四句才空,百非俱殄。则妄计所执,内因外缘,心和境合,无因自然等,妄想情尘,皆无实义。狂华之影迹俱虚,不真何待?戏论之名言顿息,意解全消。虚空之性既融,六大之体何有?以地大无性,四轮所成。水大无性,凝流不定。火大无性,寄于诸缘。风大无性,附物彰动。空大无性,对色得名。见性从缘,和合而有。识性无体,如幻即虚。且如火大无性者,如《首楞严经》云:性火真空者。古释云:性是本觉性,火是本觉火,皆是众生心变。如第六识心热,遍身即狭。若第八识

中变起，即遍同法界，悟法界性，皆是我心中所变之火。如西京崇慧法师，于大历四年，在京与道士斗能，入火不烧，是求观音之力，何况自证？证得已后，入地狱中，皆不被烧。今世间火，随处发现，应众生业力，多少随意。如龙斗，亦起火烧林薮，乃至云中霹雳火，如人欲心炽盛，火烧天祠，皆从心火起。由心动摇，故有火起。但心不动，即不被烧。譬如人畏时，非人得其便，如来得性火，三界火烧不得。如来自起智火，焚得舍利，其火猛盛，诸大弟子将水求不得，乃至龙王求亦不得。唯天帝释云：我本愿力始求得，虽有性火而不自烧。如刀能割，不自割。如眼能看，不自看。如火大性唯心。七大性亦如是，随心俱遍法界。法界本遍，由执心故不能遍。如三界中，三乘天眼俱不能遍。唯如来无执，性合真空，故能周遍。如《般若经》中佛自言：我以无执故，得真金身，圆光常现。火烧天祠者，昔有渔师，河上见公主过，因生染心，思求不得，身渐羸疾。其母遂问病因，与作方便，日送鲤鱼一头。公主怪问，母直陈其事。遂许云：我因拜天祠，即潜相见。子知便喜。公主后来，正见渔人睡熟，撼之不觉，便系帛子在手上。公主去后，渔人睡觉，见手上帛子，知公主来。心生恨忆，心中欲火内烧，自身烂坏，并烧天祠，房室净尽。所以三界有法，识外无文，皆从四大内外成，尽是一心虚妄变。何者？最初因不觉，故有业识。从业识因动，故有转识。从转识起见，故有现识。因见分，成相分。能所才分，心境顿现。古钞释《首楞严经》云：明妄非他觉明为咎者，六识取尘，由业识发起，后有第七识执第八识中明，变起外四大，四大引起六根尘，六根尘引起六识，六识依六根尘。

因外有色,内引眼根等。明妄非他者,其妄最初,因自心动有风,因执有金,因爱有水,因求有火,皆是自心变起四大,还自分别结业受生,故非他累。觉明为咎者,由强觉了本体明为咎,则无知觉明,有知明觉。如人见不净,便生厌心,由分别故。以猪狗见,便生净想,皆由强觉无明,但无分别妄见,唯见法性净土。是知,内外四大地水火风,念念发现,所以经云:或各各发明,若俱发明。各各发明者,汝见圆明,知心欲取,失却本明性空。思想摇动,心生风轮。情爱相续,性感水轮。执心炽盛,金轮则现。求心若起,火轮方兴。若俱发明,初起强觉,四大俱现。如人恨忆,瞋则火生。身心动转,以况于风。目中泪盈,而表于水。面发赤相,则表于地。是以内外四大,元是我心之性,以为自性。

又,自第八识,变起根身器内外四大之相分为自相。又因妄念而起,强觉而知,所以万像森萝,欝然显现。若能穷因体本,皆是自心之性,自心之相。于中妍丑憎爱,全是意识计度分别而成。既识根由,须存正智,但除强觉,一念不生,自然心境俱空,前后际断。故知,七大之性,性真圆融,一一大俱遍法界,皆是一体。如七颗冰,将火镕为一水。亦如因陀罗网,同而不同。如水与冰,异而不异。乃至五阴、六入、十二处、十八界等,皆满法界。一一微尘,亦满法界。一一毛孔,亦遍法界。一一身心亦遍,皆如来藏。如香水海中,常说一切法,为诸菩萨不见菩萨相、不见邪师相、不见生住异灭相。所以尽合真空,俱遍实际。如说龟毛兔角、焰水乾城,但有言说之名,且无实事。例凡夫界中,所有见闻阴入之根,名色之境,亦但有其名,都无实事。今将世间共知

龟毛易解之虚,破如今现执名色难解之虚,还同龟毛无所执著。即知从来所执一切境界,皆从识变,尽逐想生,离识无尘,识寂则诸尘并寂。离想无法,想空则诸法皆空。因缘自然,俱成戏论。知解分别,本末无从。但有意言,都无真实。如此明达,顿悟前非。终不更待空里之华,将期结果。取梦中之物,拟欲牢藏。杌见鬼空,绳消蛇想。渴鹿罢驰于阳焰,痴猿息弄于月轮。遂乃静虑虚襟,若陵空之逸翮。随缘养性,犹纵浪之虚舟。毕故不造新,任真而合道。如是五阴、六入、十二处、十八界、七大性等,非是本来自然无因而有,非从今日和合因缘所生,但是识心分别建立。今破此识性,则七大性、乃至一切法皆空。如寻流得源,捕贼获将,则无明怨对、生死魔军,应念俱消,如汤沃雪。唯如来藏妙湛明心,性真圆融,遍十方界。如波澄秋渚,含虚洞然。云朗晴空,迥无所有。所以《首楞严经》云:佛告阿难:汝犹未明一切浮尘诸幻化相,当处出生,随处灭尽,幻妄称相,其性真为妙觉明体。如是乃至五阴、六入,从十二处至十八界,因缘和合,虚妄有生。因缘别离,虚妄名灭。殊不能知:生灭去来,本如来藏,常住妙明不动周圆,妙真如性。性真常中,求于去来迷悟生死,了无所得。是以,先令照彻心境分明,后乃顿融,须亡心境。如《华严演义》云:谓此《华严经》中,教人观察,若心若境。如颂云:欲知诸佛心,当观佛智慧。佛智无依处,如空无所依。此令观佛心也。又颂云:若有欲知佛境界,当净其意如虚空。此教观佛境也。次空心境颂云:法性本空寂,无取亦无见。性空即是佛,不可得思量。无取即无境,无见即无心。又颂云:若有欲得如来智,应离一切妄分别。有无通达皆平等,疾作人天大导师。即空心境也。菩萨凡夫所有心境,观照例知。故经颂云:知妄本自真,见佛则清净。又云:心佛与众生,是三无差别。

宗镜录第七十

宋 慧日永明妙圆正修智觉禅师延寿集

夫祖佛正意，本显一心，何必教中更谈阴界？

答：随妄心而破妄境，谓显人空。除异执而说异门，成法解脱。无有定法，故号之为阿耨菩提。病差药消，如筏喻之法尚应舍。

《识论》问云：以有《阿含》证验知故，若但心识虚妄分别见外境界，不从色等外境界生眼识等者。以何义故，如来说眼色等十二种入？明知有色香味等外境界也。

答曰：偈言：说色等诸入，为可化众生。依前人受法，说言有化生。如来依彼心业相续，不断不绝，是故说有化生众生。又说言无我无众生无寿者，唯因缘和合有诸法生，如来如是说色等入，为令前人得受法故，以彼前人未解因缘诸法体空，非谓实有色香味等外诸境界。

问：若实无有色等入者，以何义故，如来经中作如是说？

答曰：偈言：依彼本心智，识妄取外境。是故如来说，有内外诸入。此依无始心意识等种子转变，虚妄见彼色香味等外诸境界。是故如来依此虚妄二种法故，作如是说：一本识种子，二虚妄外境界等。依此二法，如来说有眼色等入。

问:依如是偈说,有何功德利益?

答:偈曰:观虚妄无实,如是入我空。观知诸法异,入诸法无我。为令声闻解知,因彼六根六尘,生六种识,无有一法是实觉者,乃至无有一法是实见者。为令可化众生等,作是观察,入人无我空。观于诸法异者,谓菩萨观实无色等外尘一法可见,乃至实无　触可觉。如是观察,得入因缘诸法体空。为欲遮彼虚妄分别,故说色等一切诸法,毕竟空无,非无言处,皆悉空无。无言处者,所谓诸佛如来行处,如是唯有真识,更无余识,不能如是分别观察,入于识空。如是依识,说入一切诸法无我,非谓一向谤真识我,说言无有佛性实我。又,如来方便,渐令众生得入我空及法空故,说有内识,而识无有内识可取。若不如是,则不得说我法空。以是义故,虚妄分别,此心于彼心,彼心知此心。《辩中边》颂云:识生变似义,有情我及了。此境实非有,境无故识无。变似义者,谓似色等诸境性现。变似有情者,谓似自他身五根性现。变似我者,谓染污末那,与我痴等恒相应故。变似了者,诸余六识,了别相粗故。此境实非有者,谓似义似相,无行相故。似我似了,非真现故,皆非实有。境无故识无者,谓所取义、有情、我、了别等,四境无故,能取诸识,亦非实有。是以,若约大根顿悟之人,尚不得一,何况说多?何以故?以执多故迷,了一故悟。于迷多中,根有不同,遂开阴处界。若迷心不迷色,则数为五阴。若迷色不迷心,则数为十二处。若心色俱迷者,则数为十八界。若直见真心神解之性,则非一非多,非法非数。其余能诠之教,皆是善巧之门。将逗机宜,广申破立。欲显真空之理,先明幻有之端,究竟指归一心之海。

问:于世间法,五蕴身中,作何见解成外道义?云何通达成佛法义?

答:外道不达诸法因缘和合成诸蕴,凡有所为,皆是识阴,便于蕴上执有实我,受用自在,名为神主。于似常似一相续之中,说有神性,是外道义。若了内外和合因缘所成、唯识所变,似境所现,即第八识任持不断,似有相续,即佛法义。外道不知,将为实有,迷无性之理,执身见之愚。

问:前破五阴、六入、十八界、七大性,识义俱无,云何建立唯识?

答:一为遣境故立识。何者?若不因识,何以立境?若不显识,何以遣境?二为以有妄想心故,能知名义。何者?若无妄则不能显真,若无真则不能破惑。故知,破立在我,染净由心。《三无性论》云:今为成就此依他性故,说成立道理。此性不但以言说为体,何以故?言说必有所依故。若不依乱识品类,名言得立,无有是处。若不尔,所依品类既无有,所说名言则不得立。若尔,则无二性,无二性故,则无惑品。无惑品故,则有二过:一不由功用,自然解脱。二则生死涅槃,不可显现。由无此二过失故,是故应知决有依他性。有此性故,世谛立。若不立世谛,亦不得真谛。何者?以了俗无性故,即成真谛。若拨无二谛,是恶取邪空,非善通正理。

又，若无真谛之本，何以垂俗谛之迹？本迹虽殊，不思议一。如《法华玄义》，广释本迹为六：本者，理本，即是实相一究竟道。迹者，除诸法实相，其余种种，皆名为迹。又，理之与事，皆名为本。说理说事，皆名教迹也。又，理事之教皆为本，禀教修行名为迹。如人依处，则有行迹，寻迹得处也。又，行能证体，体为本。依体起用，用为迹。又，实得体用名为本，权施体用名为迹。又，今日所显者为本，先来已说者为迹。约此六义，以明本迹也。一、又约理事明本迹者，从无住本，立一切法。无住之理，即是本时实相真谛也，一切法，即是本时森罗俗谛也。由实相真本，垂于俗迹。寻于俗迹，即显真本。本迹虽殊，不思议一。故经云：观一切法空，如实相，但以因缘有，从颠倒生。二、理教明本迹者，即是本时所照二谛，俱不可说，故皆名本也。昔佛方便说之，即是二谛之教，教名为迹。若无二谛之本，则无二种之教。若无教迹，岂显谛本？本迹虽殊，不思议一也。经偈云：是法不可示，言词相寂灭。以方便力故，为五比丘说。三、约教行为本迹者，最初禀昔佛之教以为本，则有修因致果之行。由教诠理而得起行，由行会教而得显理。本迹虽殊，不思议一也。经偈云：诸法从本来，常自寂灭相。佛子行道已，来世得作佛。四、约体用明本迹者，由昔最初修行契理，证于法身为本。初得法身本故，即体起应身之用。由于应身，得显法身。本迹虽殊，不思议一也。经云：吾从成佛已来，甚大久远若斯。但以方便教化众生，作如此说。五、约权实明本迹者，实者，最初久远，实得法应二身，皆名为本。中间数数唱生唱灭，种种施权法应二身，故名为迹。

非初得法应之本，则无中间法应之迹，由迹显本。本迹虽殊，不思议一也。经云：是我方便，诸佛亦然。六、约今已论本迹者，前来诸教已说理事，乃至权实者，皆是迹也。今经所说久远理事，乃至权实者，皆名为本。非今所明久远之本，无以垂于已说之迹。非已说迹，岂显今本？本迹虽殊，不思议一也。经偈云：诸佛法久后，要当说真实。

问：世间无有一法不从缘生，具几因缘，能生万法？

答：曾无心外法，能与心为缘。但是自心生，还与心为相。《义海》云：明缘起者，如见尘时，此尘是自心现。由自心现，即与自心为缘。由缘现前，心法方起，故名为缘起法也。经云：诸法从缘起，无缘即不起。乃至则知尘体空无所有。今悟缘非缘，起无不妙。但缘起体寂，起恒不起。达体随缘，不起恒起。如是见者，名实知见。何谓实知见？若见缘而不见体，即是常见。若见体而不见缘，即是断见。今从因缘而见性，则不落常。于真性中而缘起，则不堕断，名实知见。所以广辩因缘行相者，谓因事而显理，令理不孤。因理而成事，令事融即。然约经论随顺世谛所立，有四因缘，内外假立，不无行相：一、因缘者，《论》云：一因缘，谓有为法亲办自果。此体有二：一种子，二现行。释云：若一切烦恼种，被加行智折伏已，永无生现行用。虽种子是因缘法，以不能生现行故，不得名因缘。又如将心种望色现，亦不名因缘。若心种生心现、色种生色现等，皆是因缘，此双通新本二类种子故。二、等无间缘，谓八现识及彼心所，前聚于后，自类无间，等而开导，令彼定生。释云：八现识及心所者，出缘体，唯见自证，此是缘体，总名现识，简色、不相应、种子、无为、非此缘性。《论》说等无间缘，唯望一切心心所说，以前生开导所摄受故。开者，避义，与彼处义。导者，招引义。即前往避其处，招引后法令生。前聚于后者，简俱时及后为前缘义，非开导故。自类者，显非他识为缘。无间者，显虽前无间为后缘，非中间隔要无间者。等而开导者，显缘义。令彼定生，即显后果虽经久远，如经八万劫前眼识，望后亦为此缘。以彼后果当定生故，即简入无余依最后心，无果定生，故非此缘，虽有开义，无导引力故。

问：心与心所，既非自类，如八种识恒时俱转，体用各殊，如何俱起望后，并得互为缘义？

答：《论》云：心与心所，虽恒俱转，而相应故，和合似一，不可施设离别殊异，故得互作等无间缘。和合似一者，同一所缘及同一依，同一时转，同一性摄，不可离别令其殊异。不同八识行相所缘及依，各不等故，非互为缘。又，但除却入无余依者外，余一切心心所，皆是等无间缘，以力用齐等，无自类间隔故。三、所缘缘，谓若有法，是带己相，心或相应，所虑所托。此体有二：一亲，二疏。若与能缘体不相离，是见分等内所虑托，应知彼是亲所缘缘。若与能缘体虽相离，为质能起内所虑托，应知彼是疏所缘缘。亲所缘缘，能缘皆有，离内所虑托，必不生故。疏所缘缘，能缘或有，离外所虑托，亦得生故。释云：谓若有法者，谓非遍计所执，所执无体，不能发生能缘之识，故非是缘。缘者，必是依他。今此必是有体方缘，是带己相者，谓能缘心等，带此色等己之相也。带者,是挟带义。相者,体相,非相状义。谓正智等生时,挟带真如之体相起,与真不一不异,非相非非相。若挟带所缘之己以为境相者,是所缘故。若相言体,即有同时心心所之体相,亦心挟带而有。相者,分义,或体相义。真如亦名为相,无相之相,所以经言:皆同一相。所谓无相,亲所缘缘者,若与见分等体不相离者,简他识所变及自八识各各所缘别,唯是见分内所虑托。此有二种:一是有为,即识所变,名内所虑托。二是无为,真如体不离识,名所虑托。即如自证缘见分等,并是此例。此说亲缘,疏所缘缘与能缘心相离法是,谓即他识所变,及自身中别识所变,仗为质者是。又,亲所缘者,即谓见分是带已相,此疏中即影像相分,是带本质之相,故名所缘。又,亲所缘缘,但是能缘之心皆有,离内所虑托之相分,一切心等,必不行故。今大乘中,若缘无法,不生心也。疏所缘缘,能缘之法,或有或无,以是心外法故。如执实我法,虽无本质,然离彼法,心亦生故。又,《观所缘缘论》颂云:内色如外现,为识所缘缘。许彼相在识,及能生识故。以自内识所变之色,为所缘缘,是依他性,有体法故,不缘心外所执无法。故论云:见托彼生,带彼相起。见托彼生,即是缘义。然心起时,带彼相起,名为所缘。带,是挟带逼附之义。《百法》云:护法明此所缘如见相,无定相分,以本智亲证如体不取相故,与如体冥合故。即无相状之相,即但有体相之相,即挟带之义,亦所缘缘。

难云:若有见分,即有分别相。何名无分别相也?又云:无能取耶?

答:虽有见分而无分别,复无能取,正智缘如,亲挟附体相缘故，更无相状之相。说无相分，言无能取者，即无分别妄执实能取故，不无内分能缘见分。又难：若言无相分者，《所缘缘论》云：依彼生，带彼相，故名所缘相。若无真如相分者，即无所缘。护法云：亦有所缘缘义，虽见相分，而可有带如相起，不离故。即本智见分，亲挟带真如之体相起故，名所缘缘。如自证分亲带见分，名所缘缘。此亦应尔，实无变带之义，唯有挟带，名所缘缘，故与后得别也。若变相分缘者，便非亲证。即如后得智，应有分别。既异后得，即明知有见分无相分也。又，一切见分皆有挟带境相义者，由相不离见故，即是挟带之义。不离有二：一者有为相分，望自能变之识，血脉相连，犹如父子，故名不离。二者真如等境，虽非识变，然是识等实体，故名不离。

问：《所缘缘论》偈云：内色如外现，为识所缘缘。许彼相在识，及能生识故。是以外境虽无，而有内色似外境现，为所缘缘。既外相在识，即是俱起，以相在故，云何复能生识，能作识缘？

答：如眼等识，带彼相起，虽即同时，不碍前后，以展转相因，成所缘缘之理。

《论》问云：此内境相，既不离识，如何俱起，能作识缘？

颂答云：决定相随故，俱时亦作缘。或前为后缘，引彼功能故。境相与识，定相随故，虽俱时起，亦作识缘。而外诸法，理非有故，定应许在识非余。此根功能与前境色，从无始际，展转为因。如是诸识，唯内境相，为所缘缘，理善成立。

问：所明挟带，是亲所缘缘者，为复挟体挟用？

答：应作四句分别：一、体挟体者，即自证分缘证自证分，证自证分却缘自证分是也。二、用挟用者，即八识心心所见分，缘自亲相分是也。三、用挟体者，即根本智见分缘真如是也。四、体挟用者，即自证分缘见分也。

问：所缘缘义，于八识如何料简亲疏？

答：《百法》云：护法解此第八心及心所，名此品，若因若果，疏所缘有无不定。若因中第八识托他人扶尘，器世间境，自变相分缘，即可互受用，有疏所缘义。若是自他缘义，五根及种子，不互变缘，即无疏所缘缘义也。又，有色界，即有扶尘，器世间可互扶尘，即有疏所缘缘。若无色界，即无色可扶托故，即无疏所缘缘义也。若自第八识缘自三境，唯有亲所缘缘也。此是因中料简。若至佛果位中第八识，若缘自境、及缘真如、及缘过未一切无体法时，即无疏所缘缘也。若缘他佛身土，即变影而缘，亦有疏义，即第八识心王自果位中，疏所缘缘有无不定。若第八五心所因果位中，皆有疏所缘缘也。若为托第八心王三境为质而缘故，若第七识者。《论》云：第七心品未转依位，是俱生故，必扶外质，故亦定有疏所缘缘。于转依位，此非定有，缘真如，无外质故。今言此第七识有漏位中者，体是俱生，任运无力，必扶第八识以为外质故，自方变影缘故，即定有疏所缘缘。若约无漏时，即疏所缘缘，有无不定。若第七根本智相应心品缘真如，即无疏缘。若后得智缘如，即有疏缘。若是无漏第七缘过未及诸无体法，皆无疏所缘缘。

问：何故有漏第七起执事，须扶托本质起耶？夫是执者，构画所生，即不合假于外质而起。

答：执有二：一有强思分别计度而起执者，即所托外质，有无不定，如第六识独生散意是也。二者有任运起执，即第七识是，为第七心心所是俱生任运，自无力起，要假外质，自方起执也。故知，第七有漏位中疏所缘缘，有无不定。若第六识者，此识身心品，行相猛利，于一切位能自在转，所仗外质，或有或无，疏所缘缘，有无不定。于因果位中，皆自在转，或分别起，或俱生故。缘一切法时，有仗质起，有不仗质起，缘境最广，故疏所缘缘，有无不定。若前五转识者，未转依粗，观劣故，必仗外质，故即定有疏所缘缘。若转依位，此非定有，缘过未等，无外质故。前五转识因果位中，约诸根互用，亦须仗质而起，定有疏所缘缘。若至果位，有无不定。

又，诸识互缘者，第八识与前七为所缘缘，即八识相分与五识为所缘缘，第六识缘第八四分为所缘缘，第七即唯托第八见分为所缘缘。即第八识四分为本质，即前七识见分变相分缘，即第八与前七为所缘义，故八于七有也，即第八与前七为疏所缘缘。七于八无者，即前七不与第八为所缘缘，以第八不缘前七故，不托前七生故，唯缘自三境为所缘缘。

又，广释云：古大乘师立所缘缘义者，彼云谓若有法者，即有体本质法，名缘。言是带已相者，即相分，名所缘相。相质合说，名所缘缘。所言带已相者，带字属心，已字属本

质,相即相分。谓能缘心缘所缘境时,带起本质家已有之相分,故名是带已相。被小乘正量部,般若毱多不立相分师,造谤大乘论七百偈,破古大乘师所缘缘义云:汝若言已相是相分,将为所缘者,且如汝大乘宗,无分别智缘真如时,不带起真如相分,其真如望能缘智见分,应无所缘缘义。必若言本智缘如,亦有相分者,即违汝自宗一切经论。如何通会?古大乘师被此一难,当时绝救。经一十二年,无人救得大乘所缘缘义。唐三藏救云:我宗大乘解带有二义:一者变带变,二者挟带变。若变带者,即变带似质之已相起,是相状之相,令根本智缘如时即无。若挟带者,即有根本智亲挟带真如体相而缘,更不变相分故,亦成所缘缘。三藏云:谓若有法,即真如是有体法,名缘。即此真如,是本智所虑处,又名所缘。二势合说,名所缘缘,所缘即缘。持业释:亦如八识见分,各缘自亲相分时,皆是挟带,乃至内二分相缘亦尔。故知本智缘如,虽不变相分,然亲挟带真如体相而缘,亦成所缘缘。古大乘师错解所缘缘义者:夫所缘缘义者,以有体法是缘,即此有体法,是能缘心所虑处故,便名所缘。今古大乘师,既唯将实相分为所缘者,错之甚矣。正解所缘缘义者:谓若有法是带已相者,谓若有法者即有实法,简于假法及遍计相分无体法,无体法但是所缘,不成缘。夫为缘者,须是有体实法。有力用故,能牵生识,即实圆成依他,是有体法。言是带已相者,带有二义:一者变带,即八个识,有疏所缘缘本质是,为托此有体境为本质,变似质之相起,名为变带。二者挟带,即一切亲所缘缘实相分是,为此相分,十离能缘心故,其能缘心,亲挟此相分而缘,名为挟带。言已相者，亦有二义：且第一于变带疏所缘缘上说者，即变似质之已相。已者，体也，即相分似本质已体，此是相状之相。二于挟带亲所缘缘上说者，即能缘心上亲挟带所缘相分之已相，此是境相之相，即不同于疏所缘缘，带本质家之已相起。忽有人问云：言是带已相者，未审能缘心，带谁家之已相而缘？应答云：若疏所缘缘，即变带本质家之已相缘。若亲所缘缘，即挟带相分家之已相缘。又，疏所缘缘，是带相状之相，即带似质之相状。若亲所缘缘，即带境相之相，以亲挟境相而缘故。有人云：带能缘心之已相者，此人不会所缘义。

问：若言亲挟带境相及变带似质之相状起，成亲疏二缘者，即外色法，亦成亲疏二缘。且如将镜照人时，于镜面上亦能亲挟于人影像，以人影不离于镜面故，应成亲所缘缘。又，镜面望外边人本质，应成疏所缘缘。

答：将所虑简之，意云：夫为所缘缘者，须对能缘虑法，所虑方名所缘缘。今镜面既非能缘虑法者，即镜中人影及外边人本质，亦不得名所虑法。既阙所虑义者，不成所缘缘。

外人又难：若尔者，且如第六识缘空华无体法时，有所虑义，应成所缘缘，为识是能缘虑故。

答：将所托简之，意云：其意缘无体法时，虽有所虑义，又阙所托义。以空华等无体，不与能缘心为所托，不妨但成所缘，即不成缘。由是，应须四句分别：一有所虑，非所托，即遍计妄执我法等是，以无体故，但为所虑，不为所托。二有所托，非所虑，即镜水所照人等是，此但有所托而无所虑，以镜水等非能虑故。三俱句，即一切所缘缘实相分是。四俱非，即除镜水等所照外，余不缘者是。

又，亲缘者，是逼附义、近义。即如相分，亲逼附近于见分，更无余分间隔故。言疏者，是远义，被相分隔故，即本质法是。

又，亲所缘缘，都有四类：一有亲所缘缘，从质及心而变起，即五识缘五尘境所缘相分是。二有亲所缘缘，但从心变，不仗质起，即第八识缘三境相分是。三有亲所缘缘，不由心变，亦不由质起，即根本智所证真如是。四有亲所缘缘，而非相分，即内二分互相缘是。慈恩云：若与能缘体不相离，是见分等内所虑托，应知彼是亲所缘缘者。若与能缘者，是见分。体不相离者，即与自证分体不相离。意云：相分是见分亲所缘缘，见分是自证分亲所缘缘，皆不离自证分体。此正简疏所缘缘本质法，望能缘见分有相离八识故。此亦简他人所变相分及自身八识，各各所变相分，更互相望，皆不是亲。今唯取自识所变相分名亲，望能变见分，体不相离，中间更无物隔碍，方是亲义。言是见分等内所虑托者，言见分等者，即等取自证分及第四分，并本智缘如等，此皆成亲所缘缘。且如相分，是见分家亲所缘缘。见分，即自证分亲所缘缘。自证分，是证自证分亲所缘缘。又，真如，是根本智亲所缘缘。又，等取心心所缘亲相分，亦是亲所缘缘。此上皆是挟带而缘。

宗镜录

[宋] 释延寿 著

[伍]

陕西新华出版传媒集团
三　秦　出　版　社

目录

宗镜录第七十一

宋 慧日永明妙圆正修智觉禅师延寿集

夫心不孤起,托境而方生,还有不仗境质起不?

答:有。护法菩萨云:心生不必有本质正义者,若疏所缘缘,有无不定,不假本质心,亦得生唯识之境。若亲相分,若待外质方生。慈恩云:良恐理乖唯识。若第八第六,有无不定。即如八识缘境时,前五第七定有本质。第八若缘他人扶尘根并异界器及定果色时,即有本质。若缘自三境者,唯是亲变亲缘,即无本质。第六若缘现在十八界时,可有本质。若缘过去十八界,或缘无体法时,将何为质?故知,六八所仗本质,有无不定,若定果色,有变有化。言有变者,托质即有本质。言有化者,是离质。或有缘他起者,即有变之义,即托他为质,自变影像,如搅长河为酥酪,变大地为黄金,此皆有本质。或有定力生者,即有化之义,即离质化,无而忽有,如虚空华,化出楼台七宝等事,此皆从定心离质而化。应作四句,分别本质相分三境有无:一有本质相分,是实性境,即前五识及明了意识初念,并少分独头意识是。二有本质相分,是假,即有质独影,及带质境是。三无质相分,是假,即无质独影是。四无质相分,是实性境,即第八心王缘三境,及本智缘如是。

又,《别行钞》云:所缘缘者,谓是心之所虑处,故名为所

缘。只此所缘境,又有牵心令生,是心之所托,故复说名缘。即所缘为缘,名所缘缘,缘是体,所缘是用。六识之中,所缘即缘,持业释也。今先立正义者,汝鵄多师,不解我大乘所缘缘义,只如我大乘言是带已相者,带与已相,各有二义。言带有二义者:一者挟带,即能缘心亲挟境体而缘。二者变带,即能缘心变起相分而缘。已相亦有二义:一体相名相,二相状名相。且初挟带体相者,根本智缘真如,是挟带体相而缘,是所缘缘。乃至内二分相缘,及自证分缘见分,亦是挟带体相,名所缘缘,谓能缘心亲挟带内二分见相也。二变带相状相者,有两解不同:初《龙兴钞》主云:即有漏心心所及无漏后得智见分,缘境之时,变相而缘,不简有质无质,皆是变带名带、相状名相,为所缘缘也。第二《显幽钞》云:八识见分缘自亲相时,皆是挟带者,然虽多此说,理恐未然。若尔,即有三失:一挟带变带无别失,亲挟境体缘,名为挟带。变起相分而缘,名为变带。今既呼相分为挟带,故知无别。二今古相违失,古时挟带,有少乖理。若于变带,即乃无违。今言相分是挟带,古云变带,岂不相违?三变带唯缘本质失,岂无质相分,非心变耶?今以理而推,但是相分,非论有质无质,皆名变带。若不变相分,直附境体,即名挟带。所以唐三藏将挟带以救前义,谓古大乘师但明变带也。次依论破小乘所缘缘义,分二:初破正量部师。论主云:夫五识所缘者,谓能缘识带彼相起,及有实体,令能缘识托彼而生。汝正量部师,若言所缘缘义但有能生识之一义,不许能缘眼识带彼相起者,即应非是所缘缘。大乘量云:汝眼识所缘缘是有法,应非眼识所缘缘,宗。因云:但有能生识一义故,同喻如眼识因缘。又,返立量破云:汝眼识因缘是有法,应是眼识所缘缘,宗。因云:但有能生一义故,如眼缘色时。此中意云:古大乘师不说挟带,即本智缘真如时为所缘缘义如有失。若正量部不许变带,即眼识缘色时所缘缘义不成。次破经部师者,论主云:汝经部师,将外和合假色作所缘缘者,不然。设许汝眼识带彼粗色相故,许作所缘,亦不得名缘,以汝执假色无体故。犹如眼识错乱,见第二月,彼无实体,不能生识,但名所缘,不得名缘。和合假色,亦复如是。立量破云:汝和合粗色是有法,设为眼识所缘非缘,宗。因云:汝执是假无体故,同喻如第二月故。《观所缘缘论》偈云:和合于五识,设所缘非缘。彼体实无故,犹如第二月。经部有执云:和合粗色虽即是假有,能成一一极微,是其实有,各得为缘引生五识,又何不可?论主破云:其和合色等能成极微,设许为缘,又非所缘,以眼等识生,不带彼极微相故。如眼识生,不带彼眼根相,其眼等五根,但能生眼等五识。然眼等五识,即不能缘眼等五根。将根为喻,立量云:汝色等能成极微是有法,设为五识缘非所缘,宗。因云:五识生不带彼相故,同喻如五根。《观所缘缘论》偈云:极微于五识,设许非所缘。彼相分无故,犹如眼根等。若十八部师义,已许带彼相故,所以不破。今正解者,疏云:谓若有法是带已相。所言有法者,有两解:初,《显幽钞》解云:有法,即有体实法,拣于假法及遍计相无体法,但是所缘,不成缘。夫为缘,须是有体实法,有力用,能牵生识,即圆成依他起,是有体法。二,龙兴云:谓若有法者,即依圆二性。以有体故,能牵于心,名之为缘,不通无体。若是遍计,以无体故,但有所缘,而非缘体。若是所缘,即体通有无。

问:遍计所执,既也无体,不能生心,何得名为所缘?

答:无体所缘,依有体缘生,于有体法上,妄增益而有非缘,故两解之中,后解为正。

问:前解有何过?

答:若前解有法,唯取实法为所缘者,然先德虽多礶此义,今略推征,有三过失:一固违疏文失,假法若非有体者,何以疏主将依圆二性出百法体?以百法通假实故,今言假法无体,岂不相违?二遍计无别失,依圆假法既言无体,与遍计所执无体何别?论云依圆是有,遍计是无,岂不相违?三有法例不成失,所缘缘体,论云:有法便言唯实。增上缘体,论云有法,何乃通假?即命根等,岂是实耶?若依今明有法,通取三境假之与实,但名有法,尽作所缘缘。于八识中分别,前五第八,性境为所缘缘。拣诸假法及遍计所执,第七带质境为所缘缘,唯假非实,及简遍计所执。第六意识缘于三境作所缘缘,通于假实,唯简遍计所执。更立量云:诸假相分是有法,定为能变心亲所缘缘,宗。因云:法处有无门中影字摄故,同喻如实定果色,遍计所执为异喻。或作量云:带质独影是有法,是亲所缘缘,宗。因云:影之差别故,同喻如性境。

问:实法有体名所缘缘,假法无体非所缘缘?

答:假法有二种:一有体假,即依圆性中诸假法也。二无体假，即遍计所执也。若我若法、空华兔角等，但简无体非所缘缘，不简有体故。

问：若遍计所执非所缘者，如何第六缘空华等时，亦有所缘缘义，岂即有体耶？

答：但望自亲相分为亲所缘缘，非望空华也。若是空华等，但于相分上妄执生华解，其体是无。若所变相分，其体是有，得成所缘缘。

问：有何教说带质独影境假相分，得为所缘缘？

答：其教极多，下约识分别，辩所缘缘。疏云：八于七有，七于八无，余七非八所仗质故。且如第七缘第八见分，岂非带质境作所缘缘？乃至疏云：第六于五无，余五于彼有，亦是带质境作所缘缘。又，《唯识论》云：亲所缘缘，一切心生，决定皆有。离内所虑托，必不能生。为证极多，不能繁引。

问：应一切有体法，总是所缘缘，以是有法故。

答：疏云：是带已相，须是能缘之心缘所缘时，带起所缘已相，此有体法，即是所缘缘。余不带起已相者，虽是有法，不为所缘缘。如眼识缘境时，所带起色已相，此有体法，即是眼识家所缘缘。余不带起已相者，虽是有法，不是眼识所缘缘。眼识既尔，余识亦然。带与已相，各有二义。且带二义者：一者挟带，即能缘心亲附境体而缘。二者变带，即能缘心变起相分而缘。言已相，亦有二义：一体相相，二相状相。若无分别智缘真如,是挟带体相而缘,是所缘缘。及内二分相缘,并自证缘见分,是挟带。若有漏心心所见分,及无漏后得智起见分缘境时,即是变带相状而缘,是所缘缘。谓若有法,是缘。是带已相,是所缘。具此二义,名所缘缘义。又,简法辩果者,先引慈恩征云:缘生于谁,谁带已相?《疏》答云:心或相应。此辩所缘缘果也。以所缘为缘是因,生得心心所是果。言心者,即八识心王。言或相应者,即五十一心所,有起、有不起,不定故,而言或也。即简不立色及不相应无为等为所缘缘,彼非心法,无缘虑故。

问:亲疏所缘缘中,于相分内,何者是实?

答:二俱不实。《唯识镜》云:相见二分之中,见分唯实。就相分中,真如是实。余亲疏相,皆非是实。疏云:以疏所缘缘等取亲相,不即亲得,不为行相者,疏所缘缘能缘之心,不亲得本质,故疏所缘不名行相。如前五识缘五尘时,必托第八所变五尘为其本质。五识缘时,但得自识所变相分。以此相分必带本质,缘相分时,疏缘本质,故疏所缘不即亲得,不名行相。五识相分各望自识,依他中假,摄假从实,无心外境,故名唯识。其本质境望于能变第八识体,本质之境,亦非实有,故亲疏二境,皆不实也。夫所缘缘义者,大小虽通,疏亲莫辩。亲则挟带逼附而起,如钳取物,似日舒光,亲照亲持,体不相离。疏则变带仗托附影而起,缘似质之状,离相分之亲,体不相收,内生虑托。若如是了达,亲疏不滥。方知心外无境,见法是心。或愚暗不分,则心境宛尔。深穷缘性,始荡情尘。细达见原,方明佛旨。四增上缘者,谓若有法,有胜势用,能于余法,或顺或违,则成增上缘义。释云:谓若有法,亦是有体,此简所执。有胜势用者,谓为胜义,即有为无为有胜势用,此用非是与果等用,但不障力。能于余法者,简其自体,显不同前所缘缘故。或顺或违者,显与顺违俱能为缘,与后生异法为缘,非前灭法。谓十因中前九是顺,第十是违,亦是此缘故。

问:增上缘,约逆顺有力无力,都有几种?

答:古释有四种:夫增上缘者,即简遍计所执是无体法,须是有体法得为增上缘,即是依圆二性,皆是有体法,为增上缘义。若无体法,即是我法等,全无体故,从妄执生,非增上缘。一顺,如水土,与青草等顺增上缘。六波罗蜜行,为佛果为顺增上缘。受取二支,与五果种子为顺增上缘。二违,即如霜雹,与青草作违增上缘。又如智,与惑作违增上缘,即一念间智起时,惑便断。即知一念有二增上:一念正与惑作违增上,便与二空理作顺增上。三有力增上,亦名亲增上,如五根发生五识等。四无力增上,即此人五根望彼人五识,是无力增上,亦名疏增上。如灯焰正生时,一切大地等法不碍此焰生,名疏增上。但取不障碍义边,名增上缘。

问:因缘与缘起,二义同别?答:古德云:因缘者,随俗差别,即是因缘相望,显无自性义,正是俗谛体也。缘起者,顺性无分别,即是相即相融,显平等义,正顺第一义谛体也。

问:染净诸法,有因有缘,因亲缘疏,成其二义。缘义已显,因理如何?广略备陈,都有几种?

答：经论共立，有六因十因。且六因者：一能作因，除自，余能作者。除自体外，余一切法不障有为法生，总名能作因。因是一切有为无为法，是体。体上有能作之用，能作即因，持业释。持即任持，业即业用。因是体，能作是用，摄用归体，名持业释。二俱有因，俱有互为果。心于心随转，俱时而有，果与因俱，名俱有因。互为果者，有三：一四大种，互为俱有因，互为士用果。二如能相所相法，能相为因，所相为果。所相为因，能相为果。三心心所法，心王为因，心所为果。心所为因，心王为果。三同类因，即因似果，果似因。如染性五蕴中，色蕴能引色蕴，色蕴引余四蕴，四蕴引色蕴。虽心色不同，同是染性故。四相应因，决定心心所同依，即心王心所具五义：一同一所依根，二同一所缘境，三同一时，四同一事，五同一行相。具足五义，名相应。相应之因，且如心所引起心王时，心王是相应法、是果，即胜。心所是因，即劣，依主释也。五遍行因，为同地染因，即十一遍使，遍行即因，遍行即十一遍使。是体上有遍行五部为因之用，持业释也。六异熟因，有漏善不善业为异熟因。因通善恶，果唯无记，异熟即因，因即善不善业。是体上有异熟之用，持业释也。十因者，《瑜伽论》云：五明中，诸佛语言名内明。云何内明？《论》云：显示正因果相，谓有十种因，当知建立无颠倒因，摄一切因：或为杂染，或为清净，或为世间彼彼稼穑等无记法转。云何十因？一随说因，谓一切法名为先，故想。想为先，故说，是名彼诸法随说因。二观待因，观待此故，此为因，故于彼彼事若求若取，此名彼观待因。如观待手故，手为因，故有亲持业。观待足故，足为因，故有往来业。三牵引因,一切种子望后自果,名牵引因。四摄受因,除种子外所余诸缘,名摄受因。五生起因,即诸种子望初自果,名生起因。六引发因,即初种子所生起果,望后种子所牵引果,名引发因。七定异因,种种异类各别因缘,名定异因。八同事因,从随说因至定异因,如是诸因总摄为一,名同事因。九相违因,于所生法能障碍因,名相违因。十不相违因,此障碍因若阙若离,名不相违因。此一切因,二因所摄:一能生因,二方便因。当知此中牵引种子,生起种子,名能生因。所余诸因,名方便因。当知此中若能生因,是名因缘。若方便因,是增上缘。若等无间缘及所缘缘,唯望一切心心法说。由彼一切心及心法,前生开导所摄受故,所缘境界所摄受故,方生方转。是故当知:等无间缘及所缘缘,摄受因摄。

问:一心建立,已具因缘,因缘所感,必有其果。所以《法华经》云:如是因,如是缘。如是果,如是报。其果有几种,各依何处而得?

答:凡圣通论,略有五种。

《识论》云:一者异熟果,谓有漏善及不善法,所招自相续异熟生无记。释云:有漏善者,简无漏善。自相续者,简他身及非情。若但言异熟,即六识中报,非真异熟摄。今为总摄彼,故言异熟生。然本识亦名异熟生,是无记故,此位稍长,至金刚心,顿通三乘无学:一真异熟,即第八识。二异熟生,即前六识。或本识亦名异熟生故,从自异熟种子而生起故。若前六识,从真异熟识生起故,亦名异熟生。是一分

心心所,缘境昧劣不明利、不熏解心种故,是无记性。异熟有四:一异时而熟,异,谓是别异,属因。熟,谓成熟,是果。异因居过去,熟果即现在,故名异熟。二异性而熟,过去修异因,因五戒十戒等业,所招天人总别报异熟果。若因十不善恶业,所招三涂不善总别报异熟果,总无记性。三异类而熟,造异类业,受异类生,五趣各别。四异圣而熟,谓异熟果依分别二障种上,有趣生差别功用,故圣人已无。八识之中,唯第八具三义:一遍,简前五识。二相续,简第六。三业招,简第七。二等流果者,等,谓平等。流,谓流类。等流不同,有二:一真等流,为善、不善、无记三性为因,所引同类果,故名等流果。如第八识中三性种子,各生三性现行果,果与因性同故。即心种子生心现行,色种子生色现行,有漏种生有漏现行,无漏种生无漏现行。名等流者,是流类义。二假等流者,前生令他命短,今生自身亦命短,是先杀业同类果故。依所招总报第八识有短长,名假等流,理实是增上果。但取杀他,令他命短,今生自命亦短,有相似义故,假名等流。实是善恶感无记果。三增上果者,增胜殊上。但除四果外,余一切所得果者,皆是此增上缘果收。此增上果最广,如四缘中增上缘,五见中邪见,不简有漏无漏、有为无为,但有所得果,于前四果中所不摄,皆是增上果中收。此有二种:一与力增上果,如外器能受用顺益义故。二不与力增上果,如他人金帛妻子等。复有二种:一顺,如眼识得明缘。二违,如遇暗相等。四士用果者,谓诸作者,于诸器等成办种种事业,名士用果。《瑜伽论》云:一类于现法中依止,随一切工巧业处,吉士夫用。所谓士农商贾、书算占卜等事，由此士夫之用，成办诸稼穑财利等果，名士用果。

问：于八识中，一一识如何各具四果？

答：古释云：且如眼识从种生现，是等流果。眼根为所依故，名增上果。眼识作意警心，为士用果。或眼识能缘实色等，亦士用果。眼根是第八亲相分故，亦异熟果。耳等四识，亦皆例此。若第六识种生现，是等流果。前念意根为能引，或能引前五识，故增上果。又能缘三世内外境等用，名士用果。能造当来总别报，名异熟果。约与异熟为因故，名异熟果。若第七识种生现，等流果。前念第七与后念为所依，即增上果。内能缘第八见分为我，即士用果。能与真异熟识为所依故，名异熟果。若八识种生现，名等流果。与第七为所依故，是增上果。能缘三境及持种受熏，名士用果，当体是真异熟故。

五离系果者，唯圣人，非凡夫得。《瑜伽》《显扬》等论皆云：异生以世俗智，灭诸烦恼，不究竟故，非此果摄。《唯识论》云：离系果，谓无漏道断障，证得无漏法故。若本智与真如合时，是离系果摄。若后得缘真如时，是士用果摄。

问：六因能感几果？

答：六因总威五果：能作因，感增上果。相应、俱有二因，得士用果。同类遍行二因，得等流果。异熟因，感异熟果、五离系果。以择灭无为为体。体是无漏，能断道之所证得，名离系果。

问:相应、俱有,二因何别?

答:相应,唯心心所法。俱有,即通色通心。得士用果者,缘二种因,各于所得果有士夫力用,名同体别。

问:同类、遍行,二因何别?

答:同类,遍三性,通有漏无漏。遍行,唯染污,别也。二种因所得之果,皆似于因,名等流果也。夫四缘六因十因五果者,收尽凡圣之道,能成教法之门。阙之则一法不圆,昧之则终为外道。且四缘者:因缘,则于有为之门,亲办自果。无间,则为开导之义,万有咸生。所缘,则具虑托而方成,约亲疏而俱立。增上,则有胜势力,不障他缘。六因者:能作因,则业用成办。俱有因,则更互同时。同类因,初后相似。相应因,则决定一缘。遍行因,则同其染类。异熟因,则成熟后果。十因者:随说因,为诸法先导之门。观待因,了现得作用之事。牵引因,则令成自果。摄受因,则能摄万缘。生起因,令万类能生。引发因,使诸果成办。定异因,则种类各别。同事因,则体总一如。相违因,能起障碍之门。不违因,随顺缘生之理。五果者:异熟果,则因生果熟,异时而成。等流,则因果性同,流类无滥。增上,则力用殊胜,能助他缘。士用,则功业所成,能获财利。离系,则断障证真,超诸漏缚。总摄如上因缘,报成五果,咸归真异熟第八识中。斯异熟果门,于异时而熟。若起一念善,如将甜种子下于肥田内。或生一念恶,似植苦种子下向瘦田中。以水土因缘时节际会,则抽芽布叶次第而生,华发果成积渐而熟。此染净种子,异熟亦然:若作善因,下人天之乐种。

或兴恶行,生四趣之恶田。靡起善恶因,终无苦乐报。不下粗好种,岂有华果生?故知,因果相酬,唯识变定。如镜现像,似影随形。无有影而不随形,无有镜而不现像。斯则无有作而不受报,无有果而不酬因。法尔如然,世所共悉。唯有不作者,业果定难羁。但了一心宗,诸缘皆顿息。是以,了唯识理,无所用心,终不妄兴三界业果。以唯识变定故,惧业之人方能信受。如《前定录》云:昔韩公滉之在中书也,尝召一吏,不时而至,怒将鞭之。吏曰:某别有所属,不得遽至。晋公曰:宰相之吏,更属何人?吏曰:某不幸,兼属阴官。晋公以为不诚,怒曰:既属阴司,有何所主?吏曰:某所主三品已上食料。晋公曰:若然,某明日当以何食?吏曰:此虽细事,不可显言。乞疏于纸,过后为验。乃如之,而系其吏。明旦遽有诏命,既对,适遇太官进食,糕糜一器,上以其半赐晋公。晋公食之美,又以赐之。既退而腹胀,归于私第,召医视之,曰:食物所壅,宜服少橘皮汤,至夜可饮浆水,明旦疾愈。思前吏言,召之,视其书云:明晨,相公只食一饤半糕糜,橘皮汤一椀,浆水一瓯。则皆如其言。公固复问:人间之食皆有籍耶?答曰:三品已上,日支。五品已上有权者,旬支。无则月支。凡六品至一命,皆季支。其不食禄者,年支耳。故知,饮啄有分,丰俭无差。所谓玉食锦袍、鹑衣藜藿、席门金屋、千驷一瓢,皆因最初一念而造。心迹才现,果报难逃。以过去善恶为因,现今苦乐为果,丝毫匪滥,孰能免之?犹响之应声,影之随形,此必然之理也。唯除悟道,定力所排,若处世幻之中,焉有能脱之者?所以经偈云:假使百千劫,所作业不忘。因缘会遇时,果报还自受。所以

《财命论》云：贫者无立锥之地，刁彝则田逾万顷。饿者无担石之储，李衡则木号千奴。故《史记》：楚相孙叔敖，尽忠于国。及身死，其子贫无立锥之地。《汉书》云：刁彝，历官尚书郎，不随德行，种植为务，有田万顷，奴婢千人。《魏志》云：华歆，効官清贫，家无担石之储。《晋书》云：李衡，植橘千株，号为木奴千头。又，不但贫富唯识变定，寿命亦然：以先心所作慈杀之因，今定受后报修短之果，非干今身善恶之行。故云：无礼必毙，跖何事而独寿？行善则吉，托何事而早终？如《庄子》云：盗跖，从卒九千，横行天下，侵暴诸侯，而其寿考。《论语疏》云：项托，七岁为孔子之师，而少殀焉。

宗镜录第七十二

宋 慧日永明妙圆正修智觉禅师延寿集

夫对登地大士，天鼓演无依印之法门。破外道邪伦，教主述有因缘之正道。既立因依之处，须凭开析之门，未审依处当有几种？

答：广有十五依处，略有三依。

且十五依处者：一语依处，二领受依处，三习气依处，四有润依处，五无间灭依处，六境界依处，七根依处，八作用依处，九士用依处，十真实见依处，十一随顺依处，十二善功能依处，十三和合依处，十四障碍依处，十五不障碍依处。

《百法钞》，与十五依处配十因：一语依处者，即以法名想三为语因。所言法者，即一切法。为有此所诠诸法故，便能令诸有情内心起想。想象此等所诠诸法已，次方安立其名。内心安立名，后方能发语。即法名想三为先，是能起。方起得所起之语，即语依处，立随说因。二领受依处者，领，谓领纳。受，通五受。五受皆以领纳为性，即领受依处，立观待因。观者，对义。待者，藉义。即能所相对，藉以立其因。三习气依处者，所谓内外一种子，未来熟位，未经被润已前，此名习气依处，即依此未润种上，立为牵引因。且内种者，如第八识中有无量种子。若有漏种子，未被爱取水润已前，虽未便生现行，然此种上，且有能牵引生当起现行果

子功能，即以此种子，名牵引因。四有润依处，为前习气依处种子，若曾被润已去，虽未便生现行，然且润了，即此有润种子，能与后近现行果为依处。前习气依处，约内外种未被润者，今有润依处，即约内外种曾被润已去说。即有润依处，立生起因。五无间灭依处者，即心心所法等无间缘，谓前灭心心所为缘。缘者，是开避导引功能。即前灭为缘，能与后念一聚心心所为依处。其后念心心所，依他前念为缘处生，故名无间灭依处。即无间灭依处，立摄受因。此一因宽，自下六种依处，皆是摄受因摄。六境界依处者，即是一切所缘缘境。为此一切所缘缘境，能与一切能缘心心所为依凭起处故，以心不孤起，托境方生，亦立摄受因。七根依处者，即内六处。谓五色根及意根，成六。即此六根，是八识心所心所依之处，前无间灭依处即取八识前念功能为依处，引后念令生。今此根依处，即取现在五色根及第七意，名根依处，亦立摄受因。八作用依处者，问：何名作用依处？答：此通作业，并作具之作用。且作业者，即有情工巧智，能造殿堂，或造立种种器具等物。是言作具者，即世间种种作具，如斤斧车船等所受用之具是。但知一切疏助现缘，能成办种种事业者，皆是此作用依处。即除却识中种子、及外法种子、及种子生现行、现行熏种子、种子引种子、及亲助现缘，非作用依处，此处亦立摄受因。九士用依处者，即于前作用依处中，唯取作者士夫之用，此处亦立摄受因。十真实见依处者，谓一切无漏见不虚妄，故名真实，能与余一切无漏有为法及无为法而所依，名依处，此处亦立摄受因。此前六摄受因者，摄受即是因果相关涉义。但除却亲因缘外，取余一切疏助成因缘者，名为摄受因。故《对法论》云：如日水粪，望谷麦芽等，虽有自种所生，然增彼力，名摄受因。十一随顺依处者，即一切色心等种现，皆有随顺自性、及胜同类品诸法，故名随顺依处。言随顺自性者，即简他法不得为此依因，如第八识中三性种子，各各自望三性现行，为依为因。言胜同类品诸法者，如无漏法，即唯与自无漏有为及无为胜品法为因处，不与下品劣有漏法为因。就有漏位中亦自有胜劣，为因果亦尔。此处立引发因，引谓引起，发谓发生，为因能引起发生果故。十二差别功能依处者，谓一切法不简自性他性，各各自有因果相称，名为差别功能。如五八戒善业，定引人天第八，非引三涂第八，以不相称故。若十不善业，定引三涂第八，非引人天第八，性不相称为因故。若自界法，即与自界为因。如是等三界一切有漏法，各各自有差别功能为因，如长安一百二十司官职，各各自有公事为因，与所绾相称。若净因者，即自三乘种子，各望自三乘有为无为果为因，此处立定异因。定者，是因果自相称义。不共他故，名异。如僧人以持斋戒相称，名定。不共他俗人四业同故，名异。即一切诸法各各相望，皆有定异因。十三和合依处者，立同事因，从前第二领受依处，乃至第十二差别功能依处，即总摄前六因十一依，为此和合处体。谓前十一依，各各于自所获生住成得果中，皆有和合力故，名和合依处。即依此处立同事因，为观待乃至定异，如是六因各共成一事，故说六因为同事。略举一法以辩者：且如眼识生时，待爱明等缘，立此为观待因。由有新本二类种故，如其次第，得有牵引及生起因。次取等无间缘及根境等，立为摄受因。

望前引于后,是引发因。由名言种故,有定异因。余法亦尔。十四障碍依处,立相违因者,惑能障智、明能障暗等,即明为因,暗立为果。即依此处,立相违因。十五不障碍依处,立不相违因者,《唯识论》云:十五不障碍依处,谓于生住成得事中,不障碍法。即依此处,立不相违因。

略说三依者:一因缘依,即是俱有依,亦种子依。二增上缘依,即增上缘。三等无间缘依,即开导依。一因缘依者,谓自种子,诸有为法皆托此依,离自因缘必不生故。此因缘依者,对果得名。因即是缘,即不取因由之义。此因是果之所依故,即现行名果,能生种子名因缘。又,因者,是现行果之因。缘者,即此因有亲生现行果之用,名缘。

问:因缘依,与因缘何别?

答:依狭,缘宽。若因缘即有三义:一种引种,二种生现,三现熏种。若因缘依,即唯取种生现一义,是真因缘依。若种生种,但名因缘,不得名依,以异念因果故。即前念无体非依,定须同时。

问:且如现熏种,亦是同念因果,何不为依?

答:现熏种,虽同念,然又阙因沉隐,果显现义,亦非因缘依。故知唯取真因缘义名依。都具三义,方名因缘依:一是主,即种是主。二因沉隐、果显现,即简现熏种。三因果同时,即简种生种。

问:此种子为因缘依体者,取何法为能依?

答:诸有为法,皆托此依。即一切有为缘生法、色之与心,皆须托自种为依。有此种故,一切色心现行,方始得生。离自因缘,必不生故。意云:心现若亲自心种,必不生。色法亦尔。

二增上缘依者,若增上缘即宽,谓通有无及疏增上。若为依即狭,唯取有力及亲增上。以五色根并意根处,唯此内六处为增上依体,即简外六处望心心所法,但为增上,即不得为依体。又,唯取同时八识心王为意根处,以意根处,缘得八个识故。若是等无间意,即自为一依,故不取。即此增上依,须具三义:一有力,二亲,三内。其外六处,以不具三义,但为缘非依。若能依法,即诸心心所皆托此依。言诸心心所者,即简色不相应行无为后三位,皆无增上依。

问:其一切心心所法,若无内六处时,亦得转不?

答:离俱有根,必不转故。意云:若无所依根时,其心心所定不得转。

三等无间缘依者,等无间依即狭,唯取心王,心王有主义故。若四缘中等无间缘即宽,双通心心所,为前念心王有力,能引生后念一聚心心所法,名等。以力用齐等故,无自类为间隔,名无间。

问:此依以何为体?

答:以前念八识心王总名等无间,此是依体。即前念心王与后念心心所为依。

问：前念心法，已灭无体，何得为依？

答：彼先灭时，已于今识为开导故。意云：彼前念心王临欲灭时，有其力用，能引后念令生。作此功能了，便灭。即现在一念有行后功能，以为法体，非取过去已灭无体法为依。

问：其前念心王有引后力用，名为依者，未审将何法为能依？

答：诸心心所，皆托此依。即一切心心所法起，定能须托此前灭意为依，方起。

问：诸心心所，若不依前灭心王，亦得起不？

答：离开导根，必不转故。意云：心心所，若不得前念心王为开避引导，即无因得起。

问：心法四缘生，何故三缘别立为依，所缘缘不尔？

答：三缘有常义主义故，亦缘亦依。所缘缘皆有常义，阙主义故，但为缘不为依。又，种子依具六义，六义者：一刹那灭，二果俱有，三恒随转，四性决定，五待众缘，六引自果。一刹那灭者，谓体才生，无间必灭。有胜功能，方成种子。二果俱有者，谓与所生现行果俱现，和合方成种子。三恒随转者，谓要长时一类相续，至究竟位，方成种子。四性决定者，谓随因力，生善恶等功能决定，方名种子。五待众缘者，谓此要待自众缘和合，功能殊胜，方成种子。六引自果者，谓于别别色心等果，各各引生，方成种子。又，具有依者，即所依与能依俱时而有。依者,但是一切有为生灭法仗因托缘而生住者,皆名为依。依具四义:一决定,二有境,三为主,四令心心所取自所缘,方名所依。此四依各有所简。且第一义者:若法决定,此正简将前五识与第六识作不定依。夫为所依者,且须决定有方得。今有第六时,不决定有前五故,亦简将五色根与第八为依,亦是不定有。如生无色界第八,即无色根为依,又简将能熏七现与所熏种子为生长依等。即此能熏现识,有间断故,无决定义。

问:若有决定义,便是所依者,即如四大种及命根、五尘等及种子,皆有决定义,应是所依。有现行识时,必决定有种子故。

答:将第二义简云:有境。言有境者,即有照境缘境功能,除心心所及五色根识,余法皆非有境。今四大五尘命根等,虽有决定义,而阙有境义,故非所依。

问:若具二义,即名所依者,且如遍行五数,亦具决定、有境二义,应与心心所为所依?

答:将第三义简云:为主。今遍行五数,虽有二义,阙主义故,亦非所依。

问:若具三义,便成所依者,且如第八识现行,望识中种子,亦有决定、有境、为主三义。即此等八识现行,应与种子为俱有依?

答:将第四义简云:令心心所取自所缘,即令能依心心所，缘取自所依家境，方成所依。今第八现行识，不能令种子取自所缘，故非所依。今第八识中种子，无缘虑，不能取自所缘，故第八非种子所依，但为依义。

问：未审何法具此四义足，得名所依？

答：为五色根及意处，即此六处，具前四义足，独名所依。

问：内六处为俱有依，与六根体义何别？

答：俱有依，唯取六处现行，不取种子，阙有境义故。若但言六根，即通种现。又，俱有依，取所依义，若言六根，即取生长义，各据胜以论。又，若心心所法生时住时，即具俱有依。若色法生时住时，但有因缘依即得，定无俱有依，以色法无所缘故，自体不是能缘法故。又，《瑜伽论》云：于五识有三依：一种子依，二俱有依，三开导依。

问：所依有几重？

答：有四重，谓五色根六七八识。即五识各依自根，若后三识，即通与五识为依。

问：五色根六七八识，四重所依，各有何用？而言随阙一种，即便不转？

答：谓一同境、二分别、三染净、四根本等，所依别故。言同境者，即自五色根是。如眼根照青色境时，眼识亦缘青色境，以青色境同，故名同境。乃至身根识亦尔。言分别者，即第六识能与前五为分别依，同缘境时，起分别故。此是第六自体与五识为分别依。《瑜伽论》云:有分别无分别,同缘现在境故,即第六名有分别,前五名无分别。《解深密经》云:五识起时,定有意识同缘境。言染净者,即第七识。第七识,能与五识为染净依。第七若在有漏位中,即与五识为染依。若成无漏时,即与前五为净依。有此染净依,前五方转。若无,即不得生。言根本者,即第八识。第八识,与前五识为根本依,前五识是枝条。又,第八能持前五识种,种方生现,推功归本,皆从第八识中成故。此第八,不唯与前五识为根本依,亦与万法为根本,以能持万法种故,于因果位中,第八皆为根本。此四重依,各各不同,即八识俱有所依。四种名义不同者,如眼等五识,即同境等四种所依,各有决定义。且如眼识,以眼根为决定同境依,以决定共取一境故。余四境与四根,各决定取自境亦尔:以第六识为决定分别依,以第七识为决定染净依,以第八识为决定根本依。又,能所依,四句分别:一唯能依非所依,即心所法。二唯所依非能依,即五色根。三俱句,即八识心王。四俱非,即外色法。又,开导依者,开者避也,即开避处所。导谓导引,导引令生。即前念心王临灭时,开避处所。引后念心心所,令彼生起。即后念心心所,托前念开导心王所依而生,名开导依。夫因依之处,则染净出生之始。果报之境,乃苦乐成熟之时。则十因五果以无差,三依四缘而非滥,皆为最初一念,背觉合尘,转作能心,现为诸境。三细识全因不觉,六粗相永为所缘。入生死旋火之轮,未曾暂歇。处尘劳无间之狱,曷有出期?若能明万法元起之由,了一念最初之际,方知自我心起,起处无踪。唯我心亡,灭时无迹。则永枯苦本,六趣为之冰消。顿竭爱原,二死因兹云散。二十八祖之正意,从此皎然。三世诸佛之本怀,于斯释矣。

问:般若无相,不受一尘,云何广辩四缘,及诸因果?

答:夫佛道正法,皆从缘生。故云心法四缘生,色法二缘起。若执不从缘生者,皆非正法,悉属外道自然邪见。且心之一法,若无第一因缘者,无有亲生现行果之义,则诸法不成立。若无第二等无间缘者,则无开导引后生义,无有相续,全成间断。若无第三所缘缘者,则心无所虑处,不能牵心用,心无所托,乃心境俱成断灭。若无第四增上缘者,虽具前三缘,若无增上,即成障碍,法亦不生。四缘具足,方成心法。若能明了世间因缘所生之法,方乃见无生之旨,以即生法达无生故。且生法尚不知正因,云何能了无生妙理?所以《华严钞》云:缘起深义,佛教所宗。自古诸德,多云三教之宗:儒则宗于五常,道宗自然,佛宗因缘。然《老子》虽云道生一,一生二,二生三,三生万物,似有因缘,而非正因缘。言道生一者,道即虚无自然故。彼又云人法地,地法天,天法道,道法自然。谓虚通曰道,即自然而然。是虽有因缘,亦成自然之义耳。佛法虽有无师智、自然智,而是常住真理,要假缘显,则亦因缘矣。故教说三世,修因契果,非无善因恶因。故《楞伽经》,大慧白佛:佛说常不思议。彼诸外道,亦有常不思议。何以异耶?佛言:彼诸外道,无有常不思议,以无因故。我说常不思议有因,因于内证。岂得同耶?是则真常,亦因缘显。《净名经》云:说法不有亦不无,以因缘故诸法生。《法华经》云:诸佛两足尊,知法常无性。

佛种从缘起，是故说一乘。又经云：一切诸法，因缘为本。《中论》云：未曾有一法，不从因缘生。是故一切法，无不是空者，则真空中道，亦因缘矣。若尔，《涅槃经》云：我观诸行，悉皆无常。云何知耶？以因缘故。若一切法从缘生者，则知无常。是诸外道，无有一法不从缘生，是故无常，则外道有因缘矣。释曰：此明外道在因缘内，执于缘相以为常住，是故破之，言无常耳。今明教诠因缘妙理，具常无常，岂得同耶？况复宗者，从多分说，所以因缘是所宗，不应致疑。故知，唯是一心缘起法门，以法无自性，随心所现。所现之法，全是自心。终无心外法，能与心为缘。所以本末相收，皆归宗镜。何者？内即是本，外即是末。以唯心义，则内收外。托境生心，则末亦收内。若以法性为本，法性融通，缘起相由，则尘包大身，毛容刹土，故合为一大缘起也。故知有智慧无多闻，有多闻无智慧，俱不达实相。闻慧具足，真见心原。

又，经云：若欲学般若，应学一切法。以色无边故，般若无边。又，经云：若欲了达因缘、等无间缘、所缘缘、增上缘者，应当学般若。《智论》释云：不破四缘之义，唯破四缘之执。如水中之月，不破所见，只破所取。故知，但有能取执情，则非幻而成幻法。若成无所得慧，则非幻尚自不生。执丧情虚，万法无咎。般若真性，何所滞乎？如《大涅槃经》云：菩萨善知诸缘，菩萨摩诃萨不见色相，不见色缘，不见色体。不见色生，不见色灭。不见一相，不见异相。不见见者，不见相貌，不见受者。何以故？了因缘故。如色，一切法亦如是。

又，前十因四缘等义，是约法相宗说，略明行相。今依法性宗自在无碍法门说，明其体性。据华严法界缘起无尽宗，亦有因门六义、缘起十义。今且释因门六义者：一空、有力、不待缘，是刹那灭义。由刹那灭故，即无自体，是空也。由此灭故，果法得生，是有力也。然此谢灭，非由缘力，故不待缘。二空、有力、待缘，是俱有义。由俱有故，方有即显是不有，空义也。俱故能成有，是有力也。俱故非散，是待缘也。三空、无力、待缘，是待缘义。由无自性故，是空也。因不生缘生故，是无力也。四有、有力、不待缘，是决定义。由自类不改故，是有义。然自不改而生果故，是有力义。然此不改非由缘力，故不待缘。五有、有力、待缘，引自果义。由引现自果，是有义。虽得缘方生，然不生缘果，是有力义。即由此故，是待缘义。六有、无力、待缘，恒随转义。由随他，故无力，是故待缘。正因对缘，唯有三义：一因、有力、不待缘，全能生故，不杂缘力故。二因、有力、待缘，相资发故。三因、无力、待缘，全不作故，用缘故。又，由上三义，因中各有空有二义，二门各三，唯有六故，不增减也。何故不立第四句无力不待缘义者？以彼非因义，故不立。

问：果中有六义不？

答：果中唯空有二义：谓从他生无体故，是空义。酬因故，是有义。若约互为因果说，即为他因时，具斯六义。与他作果时，即唯有二义，是故六义唯在因中。待缘者，待因事之外增上等三缘也。若缘起秘密义，皆具此六义。六义，约体用各有四句：一约体。有无四句：一是有，谓决定义故。

二是无，谓刹那灭义故。三亦有亦无，谓合彼引自果及俱有无二是也。四非有非无，谓合彼恒随转及待众缘无二是也。二就用。四句：一由合彼恒随及待众缘无二故，是不自生。二由合彼刹那灭及决定义无二故，是不他生。三由合彼俱有及引自果无二故，不共生也。四由具三句合其六义因义方成故，非无因生也。《中观》八不，据遮诠。六义，约表诠。八不约反，情理自现。六义据现，理情自亡，有斯左右耳。六义开合者，或约体唯一，以因无二体故。或约义分二，谓空有，以无自性故，缘起现前故。或约用分三：一有力、不待缘，二有力、待缘，三无力、待缘。初即全有力，后即全无力，中即亦有力亦无力。第四句，无力、不待缘，非因，故不论。六义据缘起自体，六相据缘起义门。六义由空有义，故有相即门。由有力无力义，故有相入门。由有待缘不待缘义，故有同体异体门。由诸义门，故得有毛容刹海等事也。若论相入相持，皆因有力无力。即此二义，不得同时。若俱有力，无无力者，即成多果过，一一各生故。若俱无力，无有力者，即成无果过，俱不生故。论云：因不生缘生故，缘不生因生故。以一有力能持多，以多无力即入一中。以多有力能持一，以一无力即入多中。是以，一尘有力，能含刹海。刹海无力，潜入一中。

问：有力无力，其义如何？

答：若以一有力者，是空无性义，无性故能成诸法，以有空义故，一切法得成，则是一有力为主，多无力为伴。若以多有力者，则无一法而有自体能独立者，皆假众缘相待而成,则多有力为主,一无力为伴。所以主伴相成,自他互立。无伴则主不立,阙自则他不成。又,约用,由相待故,具有力无力义,是相收及相入。二约体,由相作故,具有体无体义,是故相即及相是。经偈云:诸法无作用,亦无有体性。是故一切法,各各不相知。以他而为自,故无体性。以相待而成,故无作用。此是无力义。又,因此无知无性,方有缘起。若一法有体,则不假相依。若无相依,则无诸法。若诸法不空,则无道无果。此是有力义。

次缘起十门者,即缘起相由之力,谓一与多互为缘起,相由成立,故有相即相入等。此有二种:一约缘用,有有力无力、相待相依,全体相收,故有相入。二约缘体,有空不空、能作所作,全体相是,故有相即。此即入二门,复有二义:一异体相望,故有微细隐显。谓异体相容,是微细义。异体相是,具隐显义。二同体内具德,故有一多广狭。谓同体相入,故有一多无碍。同体相即,故有广狭无碍。又,由以异摄同,故有帝网义。于时中,故有十世义。缘起无性,故有性相无碍义。相关互摄,故有主伴义。十缘义者:一诸缘各异义,大缘起中诸缘相望,要须体用各别,不相杂乱,方成缘起。若杂乱者,失本缘法,缘起不成,此则诸缘各各自守一位。经颂云:多中无一性,一亦无有多。二互遍相资义,要互相遍,方成缘起。如一缘遍应多缘,各与彼多全为一故。此一即是多个一也,此即一一各具一切。经颂云:知以一故众,知以众故一。三俱存无碍义,凡是一缘,要具前二。以要住自一,方能遍应。遍应多缘,多缘方是一故。以一不自作一,以多作一。以多不自多,以一作多。是故,唯一多一,自在无碍:或举体全住,是唯一也。或举体遍应,是多一也。或俱存,或双泯。或总合,或全离。经颂云:诸法无所依,但从和合起。此三门,总明缘起本法竟。四异体相入义,谓法门力用,递相依持,互形夺故,各有全力全无力义。由一有力,必不与多有力俱,是故无有一而不持多也。由多无力,必不与一无力俱,是故无有多而不入一也。多持一依亦然。五异体相即义,诸缘相望,全体形夺,有有体无体义。是故一缘是能起能成,故有体。多缘是所起所成,故无体。由一有体,必不得与多有体俱。多无体,必不得与一无体俱。是故,无有不多之一,无有不一之多。六体用双融义,一以体无不用,故举体全用,即有相入、无相即义。二用无不体,故举用全体,即唯有相即、无相入义。三归体之用不碍用,全用之体不失体。无碍双存,亦即亦入,自在俱现。四全用之体体泯,全体之用用亡,非即非入,圆融一味。五合前四句,同一缘起,无碍双存。六泯前五句,绝待离言,冥同性海。此上三门,于初异体门中显义理竟。七同体相入义,谓前一缘所有多一,与彼一缘体无别故,名为同体。又,由此一缘应多缘故,先明相入。谓一缘有力能持多一,多一无力依彼一缘。是故一能摄多,多便入一。八同体相即义,谓前一缘所具多一,亦有有体无体义,故亦相即。以多一无体,由本一成,多即一也。由本一有体,能持多一,全一摄多。如一有多空既尔,多有一空亦然。九俱融无碍义,同前六句体用双融。此三门,于前第二同体门中辩义理竟。十同异圆满义,以前九门,总合为一大缘起,令多种义门同时具足:由住一遍应,故有广狭自在门。由就体,有相即。就用,有相入。由异体相容,具微细门。由异体相即,具隐显门。就用相入为显,就体相即为隐。又,由异体相入,带同体相入,具帝网门。由此大缘起,即无碍法界,有托事门。显于时中,有十世门。相关互摄,有主伴门。此圆满门,就第三门中以辩义理竟。经颂云:菩萨善观缘起法,于一法中解众多,众多法中解了一。如是理事开合缘性融通,方达一心无尽之用。《华严演义》释云:夫缘起者,初有三门:一异体门,二同体门,三同异合明门。所谓同异体者,以诸缘起门内有二义故:一不相由义,谓自具德故,如因中不待缘是。二相由义,如待缘等是也。初即同体门,后即异体门。若尔,何以初异体门中云:诸缘各别,不相杂乱。第二同体门中云:互相遍应,方成缘起?释曰:谓要由各异,方得待缘。要由遍应,方自具德耳。所以前之二门,各生三者:一互相依持,有力无力故。二互相形夺,有体无体故。三体用双融,无前后故。此即缘起大意。次,第一异体门者,然由相成,方各有体。二互遍相资义者,即同体门,则具多个一。如十钱为缘,当体自是本一。应二之时,乃諮初一以为二一,应三为三一。乃至应十为十一,故有多一。若此一缘不具多一,则资应不遍,不成缘起。此则一一各具一切者,一既有十,二三四等亦各有十,故云一一各具。如十钱为喻,其法界差别无尽法中,各各遍应,故随一一各具法界差别法也。三俱存无碍义者,唯一多一自在无碍者,总明欲多常多、欲一常一,故云自在。一或举体遍应、二或举体全住、三或俱存者,俱存住自及遍应也,亦俱存唯一及多一也。四双泯者,即由俱存,则相即夺,故住一即遍应,非住一也。遍应即住一,非遍应也。五或总合者,合前四句为解境故。六或全离者,全离前五成行境故。四异门相入义者,递相依持者,以是缘起一多等,非定性一多等。谓一有定性,不由于多。多有定性,不由于一。今由一无定性,假多而起。多无定性,由一而生,故由无性平等之义,方成缘起。若有一可一,此是自性一。若有多可多,此是定性多。若是定性多,多不因于一。若是定性一,一不因于多。今由多故一,此一不自一。今由一故多,此多不自多。此多则无力,此一不自一。此一则无力,无力随有力。一多互相收,故随一佛会,即一切佛会。一切法会,即是一法会,故此一法会,不动而常遍,不分而常多,前后互相成,如何不信?

又,谓前一望多中,一为持边,一能摄多。一为依边,一能入多。如一望多,有依有持者,有依者,即前多持,故一成也。有持者,即前一有力,为多依故。言全力者,成上持。言无力者,成上依。言常含多在已中者,一有力为持,能摄多故。言潜入已在多中者,一无力为依,便入多故。俱存双泯者,谓一摄多,是第一句。多摄一,是第二句。俱存,即第三句,谓即一摄一入时,即多摄多入故。双泯者,即第四句,一摄一入故,则多摄多入故,便一摄一入泯。多摄多入故,即一摄一入故,则多摄多入泯,故云双泯。对前别明二句,则有四句,亦可成六。五俱照前四成解境故,六顿绝前五成行境故。五异体相即义者,为能起边,即有体。为所起边,即无体。如云法从缘生,是法即空,意取所生空也。空,即无体义。若形夺者,以能起之缘,形对所起。夺彼所起,令无体也。由一有体,不得与多有体俱者,谓有难言:一之与多，俱有有体、无体二义，云何独言一有体耶？故今通云：由有无义不得并故，今一为能起边，多必是所起故。若不尔者，能所不成，缘起亦坏。是故，无有不多之一者，此一是多故。无有不一之多者，此多是一故。

问：一不即多有何过？

答：有二过故：一不成多过，谓既不成多，余亦不成多故。如一不成十，二三四等亦不成十，故无十过。二不成一过，谓若一不成十，此即不成一。由十不成故，一义亦不成。以无于十，是谁一故，一不即多，成过既尔。多不即一，成过亦然。又，若不相即，缘起门中空有二义即不成立，便有自性断灭等过故。俱存双泯者，俱，谓正一摄他同己、废己同他时，即是多摄一同己、废己同一也。双泯者，以一望于他二义，即是多望于一二义故，则一望于他二义泯矣。多望于一二义，即是一望于多二义故，即多望于一二义泯也。旨不异前，思之！

六体用双融义者，一以体就用，二以用就体，三体用双存，四体用双泯。以体用交彻，形夺两亡，即入同原，故圆融一味，五成解境，六成行境。七同体相入义者，此门即指前第二门。以第二，是本同体门故。如一，本自是一，为本一应二为二一，应三为三一等。只是一个一，对他成多。亦如一人，望父名子、望子名父、望兄为弟、望弟为兄等，同一人体而有多名。今本一，如一人。多一，如诸名也。八同体相即义者，一有多空既尔者，例多一有体也。由有多一，方諮本一为本一故。多一有体，本一无体也。多一有体故，能摄本一。本一无体,潜入多一。九俱融无碍者,同前异体门也,即前第六门。谓同体缘起法中,力用交涉,全体融合,方成缘起。十同异圆满义者,谓前来异体四门、同体四门、及第三同异俱存,并不出同异。合居一处,不偏一门,故云圆满。若具足皆具十玄,有多种义门:有本有末、有同有异、有即有入、四句六句等,合前九门,为同时门也。且如由异体相入,带同体相入故,有帝网门者,同体相入,一中已含于多,更入异体,故有重重之义。同体相入,如镜已含多影。更入异体,如含影之镜,更入余镜,故有重重无尽之义。余九玄如文。

今结属者,由第一本门之中融同异故,今则融前六门,则异体中三门与同体三门相成。无异体,同体不成。无同体,异体不成,故六门相成。后之七门,从前三生,前三融故,后七必融,故十门一际也。例前第三融通,亦有六句:一或举体全异,具入即俱。二或举体全同,亦具入即俱。三或具同异,双现无二体故。四或双非同异,以相夺俱尽故。谓同即异,故非同。异即同,故非异。五或具前四,为解境故。六或绝前五,成行境故。故约智显理,诸门不同。废智忘筌,一切叵说。说与不说,无碍难思,没同果海。唯亡言遗照,庶几玄取耳。如上缘起总因云:外由内变,本末相收。外诸器界,内识顿变。增上之果,亦因自业,故云内变。内即是本,外即是末。以唯心义,则内收外,以末摄本。若以法性为本,法性融通,缘起相由,则尘包大身,毛容刹土,故合为一大缘起。

宗镜录第七十三

宋 慧日永明妙圆正修智觉禅师延寿集

夫八识之中,覆真习妄,何识造业,何识为因,何识为依,成其妄种?

答:前五识取尘,第六识为因,第七识计我造业,第八识为依,以此生死苦果不断。《楞伽经》偈云:如水大流尽,波浪则不起。如是意识灭,种种识不生。释云:谓五识取尘转入六识,六识记法为因。七识攀缘六识,造善恶业,得未来生死,覆障八识,不得显现。若五识不取尘,即无六识。六识无故,七识不生。七识不生故,则无善恶业。无善恶业故,即无生死。无生死故,如来藏心湛然常住,即是六七识灭,建立八识。又,八识为五六七识所依,与诸识作因者,即第六识心,诸识依之。如水尽则无波浪,六识灭七识亦不生。故云:一念无明风,鼓动真如海。无明风尽,识浪不生,则觉海性澄源,源澄觉元妙。

问:一切世间因果相酬、生死不绝,于诸识中,何识为主?

答:生灭因缘,最初依阿赖耶识为体,以意识为用。如是三世因果,流转不绝,功在意识,以是义故,意名相续识。《起信论》云:复次生灭因缘者,谓诸众生依心意识转。此义云何?以依阿赖耶识,有无明不觉,起能见能现,能取境界,分别相续,说名为意。此意复有五种异名:一名业识,谓无明力,不觉心动。二名转识,谓依动心,能见境相。三名现识,谓现一切境界相,犹如明镜,现众色像。现识亦尔,如其五境对至即现,无有前后,不由功力。四名智识,谓分别染净诸差别法。五名相续识,谓恒作意相应不断,任持过去善恶等业,令无失坏。成熟现未苦乐等报,使无违越。已曾经事,忽然忆念。未曾经事,妄生分别。是故三界一切,皆以心为自性,离心则无六尘境界。何以故?一切诸法,以心为主,从妄念起。凡所分别,皆分别自心。心不见心,无相可得。是故当知:一切世间境界之相,皆依众生无明妄念而得建立,如镜中像,无体可得,唯从虚妄分别心转,心生则种种法生,心灭则种种法灭故。释云:通论五种之识,皆名为意。就本而言,但取业识,以最微细,作诸识本故。如是业识,见相未分,然诸菩萨知心妄动,无前境界。了一切法,唯是识量。舍前外执,顺业识义,故名业识。心不见心,无相可得者,是明诸法非有之义。《入楞伽经》偈云:身资生住持,若如梦中生。应有二种心,而心无二相。如刀不自割,如指不自触。如心不自见,其事亦如是。若如梦中所见诸事是实有者,即有能见所见二相。而其梦中,实无二法。三界诸心,皆如此梦,离心之外,无可分别,故言一切分别,即分别自心。而就自心不能自见,如刀指等,故言心不见心。既无他可见,亦不能自见。所见无故,能见不成。能所二相皆无所得,故言无相可得。又,一心随无明动,作五种识,故说三界唯心转也。此心随熏,似现虽有种种,然穷其因缘,唯心作也。离现识,则无六尘境。反验六尘,唯是一心。故云:

离心则无境等。

问:现有六尘境,云何唯心?

答:以一切法,皆是此心随熏所起,更无异体,故说唯心。

疑云:何作诸法耶?答:由妄念熏故,生起诸法,故云从妄念起。亦可疑云:法既唯心,我何不见?而我所见,唯是异心。释云:异心者,是妄念分别而作,故云妄念生也。既境唯识,无外异法,是故种种分别皆是自心。即尘无相,识不自缘,是故无尘识不生,则心不见心矣。《摄论》云:无有别法能取别法,能所既穷,故无相可得也。心生种种法生,心灭种种法灭者。《瑜伽论》问:诸修观行者,见遍计所执无相时,当言入何等性?答:入圆成实性。问:入圆成实性时,当言遣何等性?答:遣依他起性。以此当知:唯识观成,则无有识。《楞伽经》偈亦云:无心之心量,我说为心量。此之谓也。若依此论,无明动真如,成生灭缘起。无明风灭,识浪即止。唯是真如,平等平等也,此境界离心之外,无体可得也。又,亦即是心,故复无体也。如镜外无体,镜内复无体也。疑云:既其无体,何以宛然显现?释云:并是真心之上虚妄显现,何处有体而可得也?疑云:何以知心上显现?释云:以心生则种种法生,以无明力不觉心动能现一切境界,则心随熏动,故云生也。若无明灭,境界随灭,诸分别识,皆灭无余,故言心灭则种种法灭。此则心原还净,故云灭也。既心随不觉,妄现诸境,则验诸境,唯心无体也。又,夫心者形于未兆,动静无不应于自心。如诗云:愿言则嚏。愿,思也。言,我也。谓人或思己则嚏,故知心应千里。设有处远而思者，我皆知矣。是以，万事唯心先知，故得称心灵，斯之谓也。如太山吴伯武，与弟相失二十余年，相遇于市，仍共相驱。伯武觉心神悲恸，因问，乃兄弟也。

问：生灭因缘别，以何为因，以何为缘，而得生起？

答：古师释云：生灭因缘，体相有二：一阿赖耶心体，不守自性，变作诸法，是生灭因。根本无明，熏动心体，是生灭缘。又，复无明住地诸染根本，起诸生灭，故说为因。六尘境界能动七识，波浪生灭，是生灭缘。依此二义，以显因缘：诸生灭相，聚集而生故名众生。而无别体，唯依心体，故言依心。即是阿赖耶自心相也。

又，真妄和合诸识缘起，以四句辩之：一、以如来藏唯不生灭，如水湿性。二、七识唯生灭，如水波浪。三、赖耶识亦生亦灭、亦不生灭，如海含动静。四、无明倒执非生灭、非不生灭，如起浪猛风，非水非浪。问：赖耶既通动静，不应唯在生灭门。答：为起静以成动，无别有动体。是故静性随于动，亦在生灭门中。非直赖耶具动静，在此生灭中。亦乃如来藏唯不动，亦在此门中。何以故？彼生灭无别体故。如水作波。

又，《起信论》说：无明为因，境界为缘。生三细之识、六粗之相，则随迷昧之缘，而沉六趣。始觉为因，五度为缘，则随悟解之缘，而升一乘。又说：迷则有过恒沙等妄染之法，即染缘生而净缘灭。悟则有过恒沙等诸净功德，即净缘起而染缘亡。然但一心所作，更无二原。义说逐悟逐迷，实无能逐所逐。故《论》云：以一切法，皆从心起妄念而生，凡所分别，皆分别自心，心不见心，无相可得。如古德释波水之喻、真如生灭二门：以水湿喻心真如，以波动喻心生灭。波无异湿之动，则无异真如之生灭。即水以辩于波，不变性而缘起也。水无异动之湿，则无有离生灭之真如，即波以明于水，不舍缘而即真也。

问：记忆之事，定属何法而生？

答：大乘说能记忆法，有三：一自证分，能记忆见分。二别境中念，能记忆曾所更事。三识中种子，能不妄生自现行。《唯识疏》云：如不曾更境，必不能忆。如现行色，曾被见分缘者，后必能忆。若不曾为相分缘者，后时必不能记忆也。以能缘见分，于过去时及现在世，但缘相分，不曾自缘。前已灭心，既过去已，今时见分有何所以，能自忆持？以于昔时，不曾返缘自见分故。既许今时心心所法能自记忆，明由昔时有自证分，缘于见分，证彼缘境，作量果故，故今能忆。

问：生灭门中、有漏位内，约教所论，有几种生死？

答：略有二种：一分段，二变易。《识论》云：一分段生死，谓诸有漏善不善业，由烦恼障缘助势力，所感三界粗异熟果，身命短长，随因缘力，有定剂限，故名分段。二不思议变易生死，谓诸无漏有分别业，由所知障缘助势力，所感殊胜细异熟果，由悲愿力故，转身命无定剂限，故名变易。无漏定愿正所资感，妙用难恻，名不思议。或名意生身，随意愿成故。如契经说：如取为缘，有漏业因，续后有者，而生三有；如是无明习地为缘，无漏业因，有阿罗汉、独觉、已得自在菩萨三种意生身，亦名变化身，无漏定力，转令异本，如变化故。

问：《论》云：所知障不障解脱，无能发业润生用故，何用资感生死苦为？

答：成二利故，更须资生。《论》云：自证菩提利乐他故，谓不定性独觉声闻及得自在大愿菩萨，已永断伏烦恼障故，无容复受当分段身。恐废长时修菩萨行，遂以无漏胜定愿力，如延寿法，资现身因，令彼长时与果不绝。数数如是定愿资助，乃至证得无上菩提，彼复何须所知障助？既未圆证无相大悲，不执菩提有情实有，无由发起猛利悲愿。又，所知障，障大菩提，为永断除，留身久住。又，所知障，为有漏依，此障若无，彼定非有，故于身住，有大助力。若所留身，有漏定愿所资助者，分段身摄，二乘异生所知境故。无漏定愿所资助者，变易身摄，非彼境故。由此应知变易生死，性是有漏异熟果摄。于无漏业，是增上果。释云：得自在大愿菩萨，已永断伏烦恼障者，谓八地已去菩萨，虽藉烦恼生死受生，不同凡夫及二乘，说现及种润，由起烦恼利益有情业势，方能感生死果。烦恼若伏，业势便尽，故须法执助愿受生，故已永断伏，无容复受当分段果。既有二利之益，观知分段报终，恐废长时修菩萨行，遂入无漏胜定胜愿之力，如阿罗汉延寿之法，资现身之因，即资过去感令身业，令业长时与果不绝。既未圆证无相大悲，不执菩提有情实有，无由发起猛利悲愿者，既未成佛，圆证无相大悲、一味平等之解，若不执菩提可求、有情可度为实有者，无有因由，可能起猛利大悲及猛利愿。以所知障可求可度执为先，方能发起无漏业故，说业为因，以是胜故。无明为缘，以疏远故。非如烦恼资有漏业，但缘义同，少分相似。又，所知障，障大菩提，正障智故，为永断除此所知障，留身久住，说之为缘，为所断缘故。又，此所知障，能为一切有漏之依，由有此障，俱诸行法，不成无漏故。此所依之障若无，彼能依有漏，决定非有。今既留身久住，由有所知障为缘，故说此障，为于身住有大助力，说为缘也。此变易生死，乃是菩萨成就非愿、圆满菩提。若分段生死，即是凡夫妄心所造，念念耽著，入大苦轮，无有休息。如《大涅槃经》云：佛告迦叶：世间众生，颠倒覆心，贪著生相，厌患老死。迦叶，菩萨不尔，观其初生，已见过患。迦叶，如有女人，入于他舍。是女端正，颜貌缋丽，以好璎珞庄严其身。主人见已，便问言：汝字何等，系属于谁？女人答言：我身即是功德大天。主人问言：汝所至处，为何所作？女人答言：我所至处，能与种种金银琉璃、玻璃真珠、珊瑚琥珀、砗磲玛瑙、象马车乘、奴婢仆使。主人闻已，心生欢喜，踊跃无量：我今福德，故令汝来，至我舍宅。即便烧香散华供养，恭敬礼拜。复于门外，更见一女，其形丑陋，衣裳弊坏，多诸垢腻，皮肤皴裂，其色艾白。见已问言：汝字何等，系属谁家？女人答言：我字黑闇。复问：何故名为黑闇？女人答言：我所行处，能令其家所有财宝，一切衰耗。主人闻已，即持利刀，作如是言：汝若不去，当断汝命。女人答言：汝甚愚痴，无有智慧。主人问言：云何名为痴无智慧？女人答言：汝舍中者，即是我姊。我常与姊，进止共俱。汝若驱我，亦当驱彼。主人还入，问功德天：外有一女,云是汝妹,实为是不?功德天言:实是我妹。我与此妹,行住共俱,未曾相离。随所住处,我常作好,彼常作恶。我常利益,彼作衰耗。若爱我者,亦应爱彼。若见恭敬,亦应敬彼。主人即言:若有如是好恶事者,我俱不用,各随意去。是时二女,俱共相将,还其所止。尔时主人,见其还去,心生欢喜,踊跃无量。释曰:功德天者,即喻于生。黑闇女者,即喻于死。只是世间生死二法,诸恶之本、众苦之原,贤圣共诃,愚痴所蔽。主人见已者,心瞩于境,名为见也。即便问言者,以解观生、求生之实,名为问。女人答言者,境对于心,义称答也。功德大天者,喻生是出相也,功德报主具六识光明,照六尘境界,名功德天也。系属于谁者,应言属惑业。我今福德者,宿修善因。今受天报,名至我宅也。复于门外者,死舍身家,义云门外。系属谁家者,缘应即死,无所属也。我字黑闇者,死是没相。虽有五根,无所觉知,名黑闇也。我常与姊,进止共俱者,即生即死,为进止俱。主人即言若有如是好恶事者,我俱不用者,夫于生不喜者,见死则不忧也。尔时主人,见其还去,心生欢喜,踊跃无量者,证初地时,离分段死、入欢喜地,故云欢喜无量。

问:唯有内识而无外缘,云何复说六趣轮回、生死相续?

答:《识论》颂云:由诸业习气,二取习气俱。前异熟既尽,复生余异熟。诸业,谓福业罪业不动业,即有漏善不善思业。思业之眷属,亦立业名,同招引满异熟果故。此虽才起无间即灭,无义能招当异熟果,而熏本识,起自功能。即此功能,说为习气。是业气分熏习所成,简曾现业,故名习

气。如是习气,展转相续,至成熟时,招异熟果,此显当果胜增上缘。相见、名色、心及心所、本末、彼取,皆二取摄,彼所熏发,亲能生彼本识上功能,名二取习气。此显来世异熟果心,及彼相应诸因缘种。谓俱业种二取种俱,是疏亲缘互相助义。业招生显,故颂先说,前异熟者,谓前前生业异熟果。余异熟者,谓后后生业异熟果。虽二取种受果无穷,而业习气受果有尽。由异熟果,性别难招。等流增上,性同易感。由感余生业等种熟,前异熟果受用尽时,后别能生余异熟果。由斯生死轮转无穷,何假外缘方得相续?此颂意说,由业二取,生死轮回,皆不离识,心心所法为彼性故。释云:此虽才起无间即灭,无义能招当异熟果者,虽现用无有过去体,能招当来真异熟果,而现行之业当造之时,熏于本识起自业之功能。功能,即习气。习气展转相续,至成熟时,招异熟果。相见、名色、心及心所、本末、彼取,皆二取摄者:一者相见,谓即取彼实能取、实所取,名二取。二者取名色,色者色蕴,名者四蕴,即是执取五蕴为义。前言相中,亦通取无为以为本质故。今此唯显取亲所缘,不能缘得心外法故。又,变无为之影相分,亦名所摄,不离心等故。三者取心及心所,一切五蕴法不离此二故。四者本末,谓取亲果,第八识是诸异熟之根本故。又,总报品故名本,余识等异熟别报品故名末,即取一异熟也。五彼取者,即彼上四取也。此诸取,皆是二取所摄,即是现行之取也。虽二取种受果无穷,而业习气受果有尽。由异熟果,性别难招。等流增上,性同易感者:二取种子受果无穷,《摄论》说习气有尽。所以者何?由异熟果:一者性别,与业性殊,不多相顺。二者难招,业虽招得，谓必异世果方熟故，业习气有尽，如沉麝、移草，有萎歇故。其等流果及增上果：一者性同，体性相顺。二者易感，同时生故。此念熏已，即能生果，故二取种，易感果也。何者为等流？何者为增上？增上宽，但等流必增上。等流者，谓种子与现行及自种，为俱生同类因故也。增上处无别体，即等流性故。又，是等流果，故性同。是增上果，故易感。又，种望现行，是增上。望自类种，是等流。业种望彼现及种，皆异性故，但是异熟。前异熟受用尽时，复不能生余异熟果意，由感当来余生业等种子熟故，于今身中前异熟果受用尽时，即是此身临终之位，彼所熟业，复别能生彼余果起。即先业尽时，后果种熟时，其异熟果而复得生，所以生死不断绝也。由此业果无断、生死相续、轮转无穷，何假藉心外之缘，方得生死相续？此相续识，无有断时，若未触途成观，谛了自心，皆对境生疑，执有前法，一切生死，尽是疑情。但了唯心，自然无咎。若疑蛇得病，岂有实境居怀？犹悬砂止饥，但是自心想起。如《晋书·乐广传》：广有亲客，久阔不复来，广问其故。答曰：前在座，蒙赐酒，见杯中有蛇，意甚恶之，既饮而疾。于时河南厅署，壁上有角，角边画作蛇。广意杯中蛇，即角影也。复置酒前处，客豁然意解，沉痾顿愈。又，律中《四食章》，古师义门手钞云：思食者，如饥馑之岁，小儿从母求食，啼而不止。母遂悬砂囊诳云：此是饭。儿七日谛视其囊，将为是食。其母七日后，解下视之，其儿见是砂，绝望，因此命终。方验生老病死，皆是自心。地水火风，终无别体。是以，众生耽著生死，二乘厌畏生死，皆不了心外无法，为境所留，取舍虽殊，俱非解脱。

何者？众生为生死缚，二乘被涅槃缚。如《楞伽经》云：复次大慧，诸声闻众，畏生死妄想苦，而求涅槃，不知生死涅槃差别之相，一切皆是妄分别有。无所有故，妄计未来诸根境灭，以为涅槃。不知证自知境界，转所依藏识，为大涅槃。彼愚痴人，不知去来现在诸佛，所说自心境界，取心外境，常于生死轮转不绝。

问：生死相续，由二取有支，我执名言二种习气，成异熟果者，其生死业先来后去，定属何识？

答：唯第八识，是诸异熟之根本。若无此识，生死不成。由前七转识有间断，非主故，此识亦名执持识，能执持种子根身。初一念，有执趣结生相续义，即是界趣生义。此执趣结生，不通果位。八地已上，不通执趣结生也。今但取执持种子根身义故，名执持义。此通一切位，此是生位，最初揽胎成体。乃至死时，前诸识悉皆惛昧迁谢，唯异熟识，最后执受身分。舍执受处，冷触便生，寿暖识三，不相离故。冷触起时，即是非情，虽变亦缘，而不执受故。由此为凡为圣，常作所依。舍生趣生，恒为其主。

问：生死依处，约有几事？

答：生死流转所依事，有三。经云：有三种流转：一是处流转，于三世处，由我分别。二是事流转，由外六处，由我取执。三如是而转，诸业异熟，相续流转。

问：由二取习气，成生死者，必因现行功能，方成习气。

且现行何法，熏成生死？

答：初因无明不了发业，次因情爱贪著润生。故云：从痴有爱，则我病生。以痴爱故，则念念相续，当知念即生死。经云：起一念善，受人天身。起一念恶，受三涂身。故知日夜念念，造未来生死之身，有何穷尽？《安般守意经》序云：弹指之间，心九百六十转。一日一夕，十三亿意。意有一身，心不自知，犹彼种夫也。《菩萨处胎经》云：一弹指顷，有三十二亿百千念，念念成形，形形皆有识。佛之威神，入彼微识中，皆令得度，此识教化非无识也。

问：生死之法，是有是无？

答：非有非无。何者？若言是有，一身内外地水火风，各各性空，未曾聚散，所以无生之生，可说为生。无灭之灭，可说为灭。如《庵提遮女师子吼了义经》云：若能明知地水火风四缘毕竟未曾自得有所和合，而能随其所宜有所说者，是为生义。乃至若能明知地水火风毕竟不自得有所散坏，而能随其所宜有所说者，是为死义。若言是无以染净真如不守自性，不觉随缘，起幻生灭，故云法身流转五道，号曰众生。如上所明，凡圣二种生死，须知生死中道，方离断常。是以，生之无生，真性湛然。无生之生，业果宛然。真性湛然，不可执常。业果宛然，不可执断。又复诸佛出世，尚如空华乱生乱灭。况众生颠倒生死，但如妄梦、如狂醉，岂是实耶？融大师云：一切凡圣，三涂已上，种智已还，皆妄想谓有，并是梦中。如人梦中见在地狱，种种方便求脱，浪生辛苦。但抖擞令觉，即一切事尽，无如今并是梦中所作，还受

梦报。又如狂醉之人，恒随物转，所以一切众生，饮无明酒、卧五住地，长劫惛然，孰有醒者？忽得见性之时，如同醉醒。如经偈云：譬如惛醉人，酒消然后醒。得佛无上体，是我真法身。又，若入宗镜中，顿明实性，反观世间生死，名相虚诳，犹如儿戏，复似技人，然虽改换千差，一性宛然不动。如草堂和尚偈云：乐儿本是一形躯，乍作官人乍作奴。名目服章虽改变，始终奴主了无殊。

宗镜录第七十

宋　慧日永明妙圆正修智觉禅师延寿集

夫生死轮回,不待外缘,既由内识,此即有漏异生,生死相续。诸佛菩萨净法相续,为复亦由内识,为复别有净体?

答:净法相续,应知亦然。论云:谓无始来,依附本识有无漏种,由转识等数数熏发,渐渐增胜。乃至究竟得成佛时,转舍本来杂染识种,转得始起清净种识,任持一切功德种子。由本愿力,尽未来际起诸妙用,相续无穷,由此应知,唯有内识。释云:由法尔种新所熏发,由本愿力,即佛世尊利他无尽清净种识,皆通现种,皆唯第八能持种故。由此上来,所说染净道理,应知诸法相续,唯有内识也。

问:人法二空,一心妙理。云何又说四相所迁、二死相续?且如四相之中,生相则内外无从,推不可得。住相则念念不住。异相则虽似迁移,体未尝变。灭相则法本不然,今亦无灭。

答:四相有二:一粗。约果报而说,即生老病死,此亦四相。二细。即生住异灭,据惑业而论。如《起信论》中释云:不觉心起,名为生。能见能现,妄取境界,起念相续,名之为住。执取计名,名之为异。造作诸业,名之为灭。虽即四相似分,俱是一心而转。然世人多执住相,以为现见。今须推

破,以显真空。凡有一切住持境界,悉如梦中,似有非实,以随心所现,外境本空,故心亦无生,念念不住。如《大智度论》云:佛说诸法,无有根本定实如毫厘许,所有欲证明是事,故说梦中受五欲譬。如须菩提意,若一切法毕竟空,无所有性,今何以故,现有眼见耳闻法?以是故,佛说梦譬。喻如人梦力故,虽无实事,而有种种闻见,瞋处喜处,觉人在傍,则无所见。如是凡夫人,无明颠倒力故,妄有所见。圣人觉悟,则无所见。一切法若有漏、若无漏,若有为、若无为,皆不实,虚妄故有见闻。又云:现在色亦无住时,若法后见坏相,当知初生时坏相已随逐,微细故不识。如人著屐,若初日新而无有旧,后应常新不应有旧。若无旧,应是常,常故无罪无福,无罪无福故则世俗法乱。复次生灭相,常随作法,无有住时。若有住时,则无生灭。夫受生死者,初因妄识造分别业,因兹有身。今先推此身,聚散非有,以身是积聚义,内外四大,假和合成。微细推穷,事无和合,以风火常举,地水恒沉,一一大性,各无定体:风以动为性,乃附物而彰,真理不迁,湛然常寂。火以热为性,未必皆烧,如云中身内之火,何不焚爇?地以坚为性,且如铜铁遇镕成水,刚柔不定。水以湿为性,因火即干。又,寒坚暖释,凝流无体。各各既无,和合非有。如一狗无师子性,聚群狗而亦不成。似一盲不见于明,合众盲而终不睹。《宝藏论》云:清虚之理,毕竟无身。既知身空,又执识暖息三事实有,能为生死成就命根者。台教云:此身无常,揽寿暖识三事而有身,身但假名。三事无常,无别身也。息之出入,计为寿命。息出不反,身如瓦砾,命宁可保?若暖气持水,水润于地,妄谓此身为常存者,火从缘生,缘散故即火灭,身便臭烂。业计妄识,刹那异趣,谓我常自在。业若才断,心即托生,身便散灭。《大集经》云:出胎、盛年、衰老,皆是业持,三事生灭,相续不断。凡夫不了,妄取身相,不觉气断,三事分离。又如出入息,相续百千万出入息,一一息中,身不可得。刹那心识,次第生灭无量,一一刹那,身不可得。不臭不烂,三大成皮肉骨髓,一一验之虚假,身不可得。离此三事,无别有身。故知,身命本空,生死恒寂。凡夫不了,枉入苦轮。命如风里之残灯,刹那磨灭。身似潭中之聚沫,倏尔消洋。所以经云:解无不生,了有不死。若了有空而无我,无我令谁生?解本无而不生,不生令谁死?唯持种本识,妙湛真心体性圆明,寂然常住。处异生位,持无漏而常熏。至佛果门,续菩提而不断。又,心性本来,离生灭相。而有无明,迷自心性。由违心性离相寂静,故能生起动四相。四相无明和合力故,能令心体生住异灭。经云:即此法身,为诸烦恼之所飘动,往来生死,名为众生。《起信论》明自性清净心,因无明风动,四相流转,唯一梦心。处梦之上,谓为前后,各随智力浅深,分分而觉。大觉之者,知梦四相,唯一净心,无有体性,可辩前后。故《论》云:四相俱时,无有自立,生住异灭,一心而转,四相俱有为心所成,离一心外,无别自体,故言俱时而有。无有自立者,本来平等,同一本觉故。如《般若灯论》偈云:生死有际不?佛言毕竟无。此生死无际,前后不可得。如《般若经》云:复次极勇猛,如涅槃无际,一切法亦无际。何者?生死以涅槃为际,涅槃以生死为际。既不得生死,亦不得涅槃。生死涅槃既不可得,则一切法悉无际。如是但了本觉一心，念念契圆常之道。若逐无明散意，尘尘成生死之轮。得失在人，法无邪正。取舍任己，道绝升沉。但自内观，蹑普门而顿入。唯当正眼，履一道以圆成。

问：动识相与真心性，既非一异，为复可坏、不可坏？若不可坏，则为堕常。若可坏，则归断灭。

答：既非一而非是异，即亦可坏而不可坏。《起信论》云：一切心识相，即是无明相，与本觉非一非异，非是可坏，非不可坏。如海水与波，非一非异，波因风动，非水性动。若风止时，波动即灭，非水性灭。众生亦尔，自性清净心，因无明风动，起识波浪。如是三事，皆无形相，非一非异。然性净心，是动识本。无明灭时，动识随灭，智性不坏。根本无明灭者，是合风灭。相续即灭者，业识等灭，合动相灭也。智性不坏者，随染本觉神解之性，名为智性，是合湿性不坏。

问：生死种子不断，皆因发业润生。于烦恼中，何法发业，何法润生？

答：夫业性本空，结成多种。先论黑白行相，后辩发润根由。今初黑白行相者，如《大涅槃经》云：佛言：复次善男子，次当观业。何以故？有智之人，当作是念：受想触欲，即是烦恼者，能作生业，不作受业。如是烦恼，与业共行，则有二种：一作生业，二作受业。是故智者，当观于业。是业三种，谓身口意。善男子，身口二业，亦名为业，亦名业果。意唯名业，不名为果，以业因故，则名为业。善男子，身口二业，名为外业，意业名因。是三种业，共烦恼行故，作二种业：一者生业，二者受业。善男子，正业者，即意业也。期业者，谓身口业。先发故，名意业。从意业生，名身口业。是故意业，得名为正。智者观业已，次观业因，业因者，即无明触。因无明触，众生求有。求有因缘，即是爱也。爱因缘故，造作三种身口意业。善男子，智者如是观业因已，次观果报，果报有四：一者黑黑果报，二者白白果报，三者杂杂果报，四者不黑不白果报。黑黑果报者，作业时垢，果报亦垢。白白果报者，名无漏业。迦叶菩萨白佛言：世尊，先说无漏，无有果报，今云何言不白不黑果报耶？佛言：善男子，是义有二：一者亦果亦报，二者唯果非报。黑黑果报，亦名为果，亦名为报。黑因生故，得名为果。能作因故，复名为报。净杂亦尔，无漏果者，故名为果，不作他因，不名为报。迦叶菩萨白佛言：世尊，是无漏业，非是黑法，何因缘故，不名为白？善男子，无有报故，不名为白。对治黑故，故名为白。我今乃说受果报者，名为黑白。是无漏业，不受报故，不名为白，名为寂静。故知，业不可作，果不可逃。如经偈云：非空非海中，非入山石间。无有地方所，脱之不受业。唯除不作则无果，得道则业亡。如气歔旃陀罗，造恶业而得生天。鸯崛魔罗，作逆罪而得解脱果。是知，受身已来，无有不作业者。设今生不作、过去曾为，但悟此宗，无不解脱。何以解脱？若入宗镜，人法自空。人空，则不见有能作业之人。法空则不见所受果之处。只为妄执人法而造业，不出心境而受殃，但心境俱亡，即当处解脱。故知，一切善恶诸法，无有定相，由心回转，得失任缘。如《大涅槃经》云：佛言：善男子，若言诸业定得报者，则不得有修习梵行，解脱涅槃。当知是人，

非我弟子,是魔眷属。若言诸业有定不定,定者,现报生报后报。不定者,缘合则受,不合不受。以是义故,应有梵行解脱涅槃。当知是人,真我弟子,非魔眷属。乃至譬如二人,俱涉险路,一则有目,一则盲瞽。有目之人,直过无患。盲者坠落,堕深坑险。故知,得《宗镜》之眼者,终不堕三有之险,陷五欲之坑。自然直过无疑,常居觉地。次辩发润根由者,若分别烦恼正发业,俱生无明助发业。发者,动作义。业者,招感义。俱生能润生,分别能造业。招生过重,俱生能润生过轻。若分别发人天业,即俱生助发,以人天业难发,要假俱生助。若分别发三涂业,不假俱生助发,以分别猛利故,不要助发。

问:俱生分别,二种何别?

答:古释经论正意,即分别粗、俱生细。《唯识论》云:俱生我执,无始时来虚妄熏习内力,常与身俱,不待邪教及邪分别,任运转故,名俱生。《十地论》云:远随现行不作意缘,无始至今任运而有,不假作意分别寻伺。如小孩儿见母生喜,是俱生贪。见别人啼哭,是俱生瞋。即不假别缘分别寻伺求,自任运起,故知俱生细。《唯识论》云:分别我执,亦由现世外缘方起,非与身俱,要待邪教邪师及邪分别,然后方起。又此三缘,前二是粗,第三自思惟细。经云:缘力断善根,地狱生时续。因力断善根,地狱死时续。即自邪思惟是因力,余二是缘力。所以《首楞严经》云:佛告阿难:一切众生轮回世间,由二颠倒分别见妄,当处发生,当业轮转。云何二见?一者众生别业妄见,二者众生同分妄见。云何名为别业妄见？阿难，如世间人，目有赤眚，夜见灯光，别有圆影，五色重迭，于意云何？此夜灯明，所现圆光，为是灯色、为当见色？阿难，此若灯色，则非眚人何不同见，而此圆影，唯眚之观？若是见色，见已成色，则彼眚人见圆影者，名为何等？复次阿难，若此圆影离灯别有，则合傍观屏帐凡筵，有圆影出。离见别有，应非眼瞩，云何眚人目见圆影？是故当知：色实在灯，见病为影。影见俱眚，见眚非病。终不应言是灯是见，于是中有非灯非见，如第二月，非体非影。何以故？第二之观，捏所成故。诸有智者，不应说言此捏根元，是形非形，离见非见。此亦如是，目眚所成，今欲名谁是灯是见？何况分别非灯非见，云何名为同分妄见？阿难，此阎浮提，除大海水，中间平陆有三千洲。正中大洲，东西括量，大国凡有二千三百。其余小洲，在诸海中，其间或有三两百国，或一或二，至于三十四十五十。阿难，若复此中有一小洲，只有两国，唯一国人，同感恶缘，则彼小洲当土众生，睹诸一切不祥境界：或见二日，或见两月。其中乃至晕适佩玦、彗孛飞流、负耳虹霓，种种恶相，但此国见。彼国众生本所不见，亦复不闻。阿难，吾今为汝，以此二事进退合明。阿难，如彼众生别业妄见，瞩灯光中所现圆影，虽现似境，终彼见者，目眚所成。眚即见劳，非色所造。然见眚者，终无见咎。例汝今日，以目观见山河国土及诸众生，皆是无始见病所成。见与见缘，似现前境，元我觉明，见所缘眚，觉见即眚，本觉明心，觉缘非眚。觉所觉眚，觉非眚中。此实见见，云何复名觉闻知见？是故汝今见我及汝，并诸世间十类众生，皆即见眚。非见眚者，彼见真精，性非眚者，故不名

见。阿难,如彼众生同分妄见,例彼妄见别业一人,一病目人,同彼一国,彼见圆影,眚妄所生。此众同分所现不祥,同见业中瘴恶所起,俱是无始见妄所生。例阎浮提三千洲中,兼四大海,娑婆世界,并泊十方诸有漏国,及诸众生,同是觉明无漏妙心,见闻觉知虚妄病缘,和合妄生,和合妄死。若能远离诸和合缘,及不和合,则复灭除诸生死因,圆满菩提不生灭性,清净本心,本觉常住。《楞严经》疏释云:别业妄见者,分别烦恼也。同分妄见者,俱生无明也。夜见灯光五重圆影者,喻五见也。蕴喻灯光。此之五见,于蕴上起,妄生推度,是遍计性,情有理无。色实在灯见病为影者,依他蕴性,缘起不无,故云:色实在灯,我见体空。从妄心起,故云:见病为影。影见俱眚者,能执所执,分别惑故。见眚非病者,正证真时,了知遍计脱体全空,故云:见眚非病。分别惑亡,同一真性,离能所取,故云:终不应言是灯是见,及非灯非见。即释上来见见之时,见非是见。如第二月非体非影者,本来无月,将何为形?形既不立,非形亦无。是非一相,能所俱亡,故云:何况分别非灯非见。然见眚者终无见咎者,若知眚即是眼病,终不执影以为实有,故无见咎。见与见缘似现前境者,皆是妄心变起,非实有境,见相二分,俱不离心,况是遍计唯影无质,此释妄见也。元我觉明见所缘眚者,本元真觉也。以真能觉妄,了彼妄见及与所缘,俱是眚故。觉见即眚,本觉明心觉缘非眚者,结前真妄二觉也。妄见即是于眚,能觉真心不是于眚,但能觉彼妄缘,体非是眚,故云:觉缘非眚。觉所觉眚者,牒妄觉能所俱眚也。觉非眚中者,牒真觉非眚也。此之真妄二见,俱离能见所见,故云:此实见见。以证真时,无此二见故,能见所见,既不安立,云何复名觉闻知见?是故汝今见我及汝,并诸世间十类众生,皆即见眚。非见眚者,彼见真精,性非眚者,故不名见者,何故真见不名见?以无眚病故,只由见病分能立所,遂见世间自他相异,故云:皆即见眚。言非见眚者,真见非是眚也。以真无见相可立,故不名眚。既不名眚,亦不名见,正明离见之意。是以,有见即妄,遍计情生,如眚目人,见夜灯之圆影。无见即真,圆成智现,如明眼人,见虚空之清净。又,若别业妄见,如增上恶业熟,生身变为蛇虎等。此不动总报,自受别报,唯自业识变。不同业者,即不见,如灯上圆影,唯眚之观。若非眚人,则不同见。若同分妄见,如同造阿鼻地狱业,同受总报,同苦无间。若不同其恶业者,即不见,如唯一国人同感恶缘,同见一切不祥境界。若彼国众生不同其恶缘者,则本所不见,亦复不闻。故知,苦缘乐缘、总报别报,因缘和合,当处出生。因缘离散,当处灭尽,未曾有一法,非出我心耶?故经云:若能远离诸和合缘,则见清净本心常住。又,若分别烦恼则粗,因邪思而方起。俱生无明则细,自仕运而常生。虽分粗细之文,俱同妄识:如别业妄见之者,因目眚而见灯上圆光。似同分妄见之人,因瘴恶而睹国中灾怪。虽分同别之境,皆是妄心。可验众生界中,凡有一切见闻之事,皆如一人别业之眚影,多人同分之不祥。若能知灯影是目眚所成,识灾境乃瘴恶所起,则灯上之重光自没,天中之两日俄沉。如不动一心,万缘俱寂,则见闻和合之病,分别全消。根本生死之灾,俱生永绝。

问：三涂之内，还具分别俱生不？

答：护法云：三涂内总无分别，而不发业，如猿猴之类。所有烦恼，皆是强盛俱生，而非分别。设造业者，但是别报。若有分别造总报者，即永无出期。

问：既有分别种子，何不造总报？

答：阙主伴故。现行是主，种子助发是伴。

问：若说三涂不造业者，如何大力鬼打舍利弗头，便入地狱？鹦鹉鸟闻四谛法，而得生天？

答：此等造别报。此业有力，能助昔日总报。总报被助已，便能随业势坠地升天。

又，古德问：人天趣中，定总发业不？

答：人中北洲，不造总别二报业，以无分别相。余三洲即发业，并此洲痴人不发业。

问：前言三涂无分别，如何知父母等，如慈乌反哺。猫狗识人，知人瞋喜？

答：此不是分别烦恼，彼任运分别，非烦恼分别。

问：无明发业，有几种无明？

答：有四种：一随眠，二缠无明，三相应，四不共。外法异生具四，内法异生除不共无明。入信位第七心，及加行位中，是内法。十信第七心前有退故，及资粮位中，名外法。

若内法异生，顿悟即造业，渐悟不造。颂悟中悲增造，智增不造。十地位中八地已去，定不发业，惑体无故。七地已前或云圣人，以无漏明为缘而不发业。设有俱生，但助愿润生而已。又云：七地已前俱生起时，亦造别报善业。

问：圣人因何不造总报业？

答：无分别烦恼故，以无漏明为缘故，违生死故，但以俱生润旧总报业，受分段生死。居人中，除北洲人修无我观，无分别，不能造业，此中，除极愚昧者。天上，唯除无想天，以无心，故不造业。四种无明，总能发业：随眠，是种子。余三，即现行。

问：无明发业、贪爱润生者，于烦恼中，几法能润？

答：古释云：即识等五支种子，要假贪等烦恼资润溉灌，方得出生。若俱生惑业者，即六俱生十分别及二十随烦恼是。于此三十六烦恼中，贪一法，唯正中正润。余五俱生，即正中助润。若十分别，即助中助润。又，四句料简：一、有是贪爱而能润生，第六识爱也，前五识不强盛故，但是兼支摄，正唯第六。二、有是贪爱不能润生，即第七识，虽有贪爱，以内缘故，及所知障中者。三、有是生支而贪爱润，即一切凡夫身中生支也。四、有是生支非贪爱润，为最后身菩萨，大乘说是化现故，或变易身中生支。

问：心为起惑之因，身是造业之本。身约几种，有何身能造业？

答：身总四有：一生有，即中有后、本有前，正结生相续时，刹那五蕴起，名生有。二本有者，即生有从、死有前，于其中间所有五蕴，皆名本有，以是本总报业所招故。《俱舍》颂云：本有为死前，居生刹那后。三死有者，即本有后、中有前，将死正死诸蕴灭时，名死有。四中有者，即死有后、生有前，于两中间有故，名为中有。《俱舍》颂云：死生二有中，五蕴名中有。即生死二有身，不即发业，以无心故。若中本二有身，即能发业。

问：于中有身处，中有住及欲趣生时，行相如何？

答：准二十四不相应行中，有势速一法。于势速中，有士用势速。古释云：士用势速者，如中有身往当受生处迅疾，名士用势速。所言中者，对前后以得名。有，则有其情识身，为此五趣有情身，在死有后、生有前，两形中间，故名中有。亦以异熟五蕴为体，为同本有身是业招故，其中有身，便如当生本有身形状，如人中有，似于人等。五趣亦尔，但如五六岁等孩儿大，其形量虽小，然诸根猛利，如本有身，能作诸事业，于父母起颠倒想，而生爱恶。此中有身，唯同类及净天眼者见，于中有中，唯食香气，在中有住时，其不善不恶中客性者，在中有位极迟，受生不过四十九日剂，此无有缘不会者。若极善极恶中有，不论近远，但一刹那便往受生，起颠倒心趣欲境，即第八识结生门。于胎卵二中有，见父母和合生颠倒想，而便受生。若湿化二生中有，由先业力故，不简近远染著称情，当染香处便即受生。

问:同类眼见中有身,未知中有眼为能见本有身不?

答:亦有见本有身。《瑜伽论》云:或云唯见男,或唯见女。如是渐近彼之处所,渐渐不见父母余处,唯见男女根门。又,若薄福中有,当生下贱贫穷家者,彼于死时及入胎时,便闻种种纷飞不可意声。若是福德位中有,当生富贵家者,彼于尔时,自然闻美妙可意音声,乃至香味触境,亦有阶降。

问:中有末位,皆起爱受生不?

答:于中有位,第六识先起爱润生。若执取结生,即唯第八。若男中有,缘母起爱生于欲心。女中有,缘父起爱生于欲心。由起此二种爱心已,便为己身与所爱境合,所泄不净,流至胎藏。认为己有,后便生欢喜。此心生已,中有身便没,受生有身。《宝积经》云:彼中有身,入母胎时,心生颠倒,作邪解心:生寒冷想,大风雨想,云雾想。作此想已,随业优劣,复起十种虚妄之心:一我入舍宅,二我升楼阁,三我升殿堂,四我升床座,五入草庵,六入草舍,七入草丛,八入林间,九入墙孔,十入篱间。作是念已,即入母胎。

问:中有身作何颜色?

答:《瑜伽论》云:造恶业者,中有如黑羺光,或阴闇夜。造善业者,中有如白衣光,或晴明夜。

《宝积经》云:地狱中有,如烧了杌木。傍生中有,如烟。饿鬼中有,如水。人天中有,如白衣光。

问：如人生身变作蛇虎等，有中有身起不？

答：慈恩云：无中有身，以不改转总报故，但是顺现转别报。若总报第八，即不转。又如地狱中万死千生，亦无中有，以不转总报故。

问：如将水蛭虫干成末已，后置水中，一一尘皆却成水蛭虫。有中有不？

答：此但是一类有情同业者，合托此为增上缘而受生，即不是变作多虫。若不尔者，犯有情界增过。

问：平等王见中有身不？

答：不见。

问：且如有人被冥司追将，亦有见者，此是何身？

答：此但是本有身摄。有云：以此人有业，但于自识心上，妄见阎罗王鬼所由等，是独影境上自变起，离识无见。是以，《唯识颂》云：境随业识转，是故说唯心。故知，识是善恶之原，心为苦乐之本。世人唯知寻流徇末，失本迷源。练行而徒满三祇，违真渐远。积功而空经永劫，去道犹赊。是以，得果圣人，遇斯而甘称绝分。出假大士，对此而未得证真。岂况矫乱邪徒，冥初外道，漆园傲吏，恍惚狂生者，而能希冀信受乎？故知《宗镜》难信，悟者希奇。不唯得宗，兼能深达因果。故云深信大乘，不谤因果。是以，一切含识，唯以自心造善恶因，招苦乐果。或居中有之时，作善因者，承白净之光。起恶因者，见黑闇之色。或处胎之日，集白业者,登楼殿之上。造黑业者,投草棘之中。及出世间为人,依正亦分优劣:若有福者,挺燕颔龙颜之相,受华堂金屋之荣。若尠德者,现五露眇小之形,处瓮牖席门之弊。可谓风和响顺,形直影端,因果同时,缘会不失,则应观法界性,一切唯心造。《内德论》云:小乘以依报为业有,大乘以万境为识造。随幻业而施之天地,逐妄心而现之土草。若瞖目睹于空华,比睡梦现其生老。若悟之于心业,则唯闻于佛道。

宗镜录第七十五

宋 慧日永明妙圆正修智觉禅师延寿集

夫总别二报障，于八识中定属何识？

答：古释云：总报唯属第八识者，以第八最初生起，其前七色心等，皆依他第八方生。即第八，能通与前七色心等为所依，得名总报。别报唯在前六识，受报各别不同，名为别报。若总报定不通今世顺现受，唯是顺生来世受。若别报即不定，通今世来世，皆受不遮。

又问：第七识何不辩报障？

答：非是业招，故无报障。又，若有报障而无业障，即第八识。若具有业报二障，即前六识。若业报二障俱无，即第七识。又，若唯有别报障，无总报障者，即前六识。若唯有总报障，无别报障者，即第八识。

问：众生造生死染净二业，受苦乐两报，皆从心起，则离心无体。于八识内，定是何心？

答：今古有二解。一古师解云：是第六识心，由识心分别，作业受报，报起由心，故知无有实众生也。以心净故众生净，无有别净。心垢故众生垢，无有别垢。以垢净由心得，众生但名耳。二神锴和尚解云：心者是第八识，由其识内持染净种子。种子遇缘,即能招苦乐两果。果起由心,故知无众生也。若古师取第六识为垢净心,为此六识与善十一相应,能造人天善业。与根随相应,能造三涂恶业。此总别业成,能招当来苦乐两报,故言染净由心也,此据造业者为心。神锴和尚取第八识为心者,此是总报主,真异熟识,识中能含藏善不善业种子。然识体,因中唯无覆无记性,为含藏染净业种故。又言持染净种子者,即三杂染种子:一烦恼杂染,即是见修烦恼。二业杂染,一切善不善总报业。三果杂染,即三界总别报异熟果。净亦三种:一世间净,即是伏惑道故。二出世间净,谓无漏。三所断果清净,即所证理。上来俱是第八含藏业也,古师约能熏能造业心名心,锴师约所熏能持种名心。又,古师约缘虑以解心,锴师约集起以解心。释云:此之二解,各出一途:前以能熏能造为心,若无能熏,所熏无用,则唯真不立,单妄不成,真妄和合,方有是事。又,若无能造,所造亦不成,因能立所,故经云:一切唯心造。后约所熏能持种子为心,所熏是本,若无所熏,能熏亦无用。又,若无能熏种子,即善恶种子散坏,将何受未来苦乐果报?如有物无可盛故,即当散失,则后解为胜,以是诸识中根本故。前解亦不失,是枝末故。今若双取,正理方圆,本末相资,能所和合,非一非异,方立世间染净之位。故知,生死由识心,无众生可得。升降属因缘,无实我可得。

问:总别二报之业,如何分别?

答:如持五戒,招得人身,是总报业。由于因中有瞋忍等,于人总报而有妍媸,名别报业。唯识亦名为引满业,能

招第八引异熟果，故名引业。能招第六满异熟果，名为满业。《俱舍论》亦云：一业引一生，多业能圆满。犹如缋像，先图形状，后填众彩等。然其引业能造之思，要是第六意识所起。若其满业能造之思，从五识起。然五识无执，不能发润，故非迷理。无推度故，不能造业。虽造满业，亦非自能。但由意引，方能作故。所以《海龙王经》云：尔时世尊，告海龙王：猗世间者，作若干缘，心行不同，罪福各异。以是之故，所生殊别。龙王，且观众会及大海，若干种形，颜貌不同。是诸形貌，皆心所画，又心无色而不可见。一切诸法，诳诈如是：因惑兴相，都无有主，随其所作，各自受之，譬如画师，本无造像。诸法如是，而不可议，自然如幻化相，皆心所作。《温室经》云：佛言：观彼三界天人品类、高下长短、福德多少，皆由先世用心不等，是以所受各异不同。《般若灯论》云：如《阿毗昙》中偈云：自护身口思，及彼摄他者。慈法为种子，能得现未果。所言思者，谓能自调伏，远离非法，与此心相应思，故名为思。摄他者，谓布施爱语、救护怖畏者。以如是等，能摄他故，名为摄他。慈者，谓心，心即名法，亦是种子。种子者，亦名因。为谁因耶？谓果之因。是何等果？谓是现在未来之果。云何名心为种子耶？谓能起身口业故，名为种子。又如《论》偈言：如芽等相续，而从种子生。由是而生果，离种无相续。释曰：此谓从芽生茎，乃至枝叶华果等，各有其相。种子虽灭，由起相续展转至果。若离种子，芽等相续则无流转。以是故，其义云何？故论偈言：种子有相续，从相续有果。先种而后果，不断亦不常。释曰：云何不断？谓有种子相续住故。云何不常？谓芽起已种子坏故,内法亦尔。如《论》偈云:如是从初心,心法相续起。从是而起果,离心无相续。释曰:此谓慈心不慈心,名为业。此心虽灭,而相续起。此相续果起者,谓爱非爱有受相故。若离心者,果则不起。今当说相续法,其义云何?故《论》偈言:从心有相续,从相续有果。故业在果先,不断亦不常。释曰:云何不断?谓相续能起果故。云何不常?不至第二刹那住故。是知,三业难防,应须密护,意为苦聚,口是祸胎。但闭门而守津,方断相续。如《正法念处经》云:彼地狱地,见阎罗人,苦切以偈责言:心不可调御,甚于大猛火。速行不可调,牵人到地狱。心第一难调,此火甚于火。难调速疾行,地狱中地狱。若人心自在,则行于地狱。若人能制心,则不受苦恼。欲为第一火,痴为第一闇。瞋为第一怨,此三秉世间。汝前作恶时,自心思惟作。汝本痴心作,今受此恶报。心好偷他物,窃行他妇女。常杀害众生,自心之所诳。如是业自在,将汝到此处。是汝本恶业,何故尔呻唤?又偈云:作恶不失坏,一切恶有报。恶皆从作得,因心故有作。由心故作恶,由有心果报。一切皆心作,一切皆因心。心能诳众生,将来向恶处。此地狱恶处,最是苦恶处。如上经文,此是恶心招苦果。若善心招乐果者,又云:复次比丘,知业果报,观鬘持天所住之处,乃至其地柔软,犹若生酥。天人行时,随足上下,如兜罗绵。一一住处,足蹑随平,亦如前说。一一宝树,出妙色光,其光如日,光明悦乐。妙色金树华叶常鲜,无有萎落,善业所生,不可喻说。戒力自在善业所得,如印印物。如是天子,游戏园林莲华浴池,自业受报,有上中下,受大戏乐,自业身相,光明可爱。色声香味触

等,恣情悦乐。身无病恼,无有饥渴。常恣五欲,未曾厌足。多起爱欲,心不充满。若天忆念,随念所得,他不能破,自在无碍。心常欢喜,随念能至。化身随心,大小住意。广大轻软,一眴目顷,能行至于百千由旬,无少疲极,如风行空,无所障碍。天亦如是,无有疲极:天身威德,从心而生,轻净无垢。一切行处,如意光色,天子天女欢喜游戏。释曰:然虽善恶由心、苦乐不等,斯乃先明因果,知一念无差。若论至道之中,俱非解脱。如经云:迦留足天,乘阎浮檀金殿,入天戏林。其林柔软,众鸟音声,和合美妙。天子入已,鸟名天音,天同业生。天善业故,即说偈言:若有人能作,爱乐之善业。彼人业果报,成就极端严。既得受天乐,若不行放逸。从乐得乐处,彼必至涅槃。一切乐无常,要必终归尽。莫受此天乐,以为自欢娱。此天乐无常,寿尽必退没。既知此法已,常求涅槃道。一切法皆尽,高者亦当堕。和合必有离,有命皆归死。又云:如是比丘,以闻慧观天乐已,而说颂曰:五根常爱乐,欲境所诳惑。欲火未曾有,须臾闻厌足。一一诸境界,处处见天女。一切胜境界,欲火焰炽然。若合若离散,或说或忆念。以天女因缘,火起烧天人。火法和合有,不合则不生。若合若不合,欲火常炽然。因缘不合故,火远则不然。欲火无远近,常烧爱众生。以意想薪力,邪忆念所使。爱油投欲火,焚烧愚痴人。是以,既知苦乐由心,事非究竟,应当断想薪、干爱油,止念风、息欲火,防制意地,恒顺真如,圆满菩提,常乐妙果。故经偈云:若正善心者,常顺法观察。不为过所使,如日光除暗。

又,经云:宁作心师,不师于心。若师心,则随六趣而不返。作心师，则冥一道而常归。如《庚桑子》云：心平正，不为外所诱曰清，清而能久则明，明而能久则虚，虚则道全而居之。所以《阿差末经》云：常正其心，不尚余学。夫心常正直，本自玄虚。道全是心，心全是道。以不达故，随思虑心为外缘所拘、内结所乱，乃令志当归一，不尚余学，虚明自现，返本之称也。如是开示，可谓把行人手，直至萨婆若海，保不孤然。若信受之人，可谓不动尘劳，顿成正觉。

问：识生于身，身依于识。诸根坏曰，识迁离时，舍此故身，别受余质，去来之识，相状如何？斯旨难明，举世皆惑，如宝处藏，莫有知者。

答：此理绵密，约教可知。《显识经》云：佛告贤护：识之运转迁灭往来，犹风大，无色无形不可显现，而能发动万物，示众形状：或摇振林木，摧折破裂，出大音声。或为冷为热，触众生身，作苦作乐。风无手足面目形容，亦无黑白黄赤诸色。贤护，识界亦尔：无色无形，无光明显现，以因缘故，显示种种功用殊异。当知受觉法界，亦复如是，无色无形，以因缘故，显发功用。贤护，众生死，此受觉法界、识界，皆舍离身。识运受觉法界，受余身者，譬如风大，吹众妙华，华住于此，香流至远。风体不取妙华之香，香体风体及与身根，俱无形色，而非风力，香不远至。贤护，众生身死，识持受觉法界，以至他生，因父母缘，而识托之。受觉法界能随于识，亦复如是，如从华胜力，而鼻有嗅。从嗅胜力，而得香境。又如从风身胜力，得风色触。因风胜力，香得至远。如是从识有受，从受有觉，从觉有法，遂能了知善与不善。乃至识之迁身,如面之像,现之于镜。如印之文,显之于泥。譬如日出,光之所及,众暗咸除。日没光谢,暗便如故。暗无形质,非常无常,能得其处。识亦如是,无质无形,因受想显。识在于身,如暗无体,视不可见,不可执持。如母怀子,不能自知是男是女、黑白黄色、根具不具、手足耳目类与不类。饮食热粝,其子便动,觉知苦痛。众生来去,屈申视眴,语笑谈说,檐运负重,作诸事业,识相具显,而不能知所在。止于身中,不知其状。贤护,识之自性,遍入诸处,不为诸处之所染污。六根六境,五烦恼阴,识遍止之不为其染,由此而显识之事用。贤护,如木机关,系执一所,作种种业:或行走腾跃,或跳掷戏舞,于意云何?机关所作,是谁之力?贤护白佛言:智慧狭浅,非所能了。佛告贤护:当知皆是作业之力。作业无形,但智运耳,如是身之机关,以识之力,作诸事业。仙通、乾闼婆、龙神、人、天、阿修罗等,种种趣业,咸悉依之。识能生身,如工作机关。识无形质,普持法界,智力具足,乃至能知宿命之事。故知,识性是一,无住无形,但随智而彰,逐念而转。此阴才灭,彼阴便生。如印文现之于泥,似面像临之于镜,至于入胎处卵,托质现生,来去无踪,隐显非碍。犹珠吐照,类日传光,火出木中,种生地上,其体是一,用出千差。此一识门,亦复如是:因念力,分十二类种之差殊。随业果,变无量生死之形质。

又,《大乘同性经》云:毗毗沙那楞伽王言:世尊,众生神识,为当几大,为作何色?佛言:楞伽王,众生神识无边大,无色无相不可见,无碍无形无定处,不可说。毗毗沙那白世尊:识相如此无有边大,无色无相不可见,无碍无形无定处不可说者，岂非断绝？佛言：楞伽王，吾分问汝，随汝意答，当为汝说。楞伽王，譬如大王在宫殿中，或高楼上，婇女围遶，安乐坐时，著种种衣及诸璎珞。时大园林，阿输歌树，种种杂华庄严精丽，其园在处，有细软风、或大絖风，吹彼园林，阿输歌树，众华香气，至王所者，王闻之不？毗毗沙那白言：世尊，我闻此香。佛言：楞伽王，汝闻此香，分别知不？王言：世尊，我能得知。佛言：楞伽王，此华香气，王言知者，见大小耶，定作何色？楞伽王言：不也，世尊。何以故？此香气相，无色无现、无碍无相，无定处、不可说，是故不见大小形色。佛言：楞伽王，于意云何？若不见彼香气大小，非断绝相耶？毗毗沙那言：不也，世尊。何以故？若此众香是断相者，无人得闻。佛言：如是如是，楞伽王，识相亦尔，应如是见。楞伽王，若识断相，则无生死而可得知。如是楞伽王，识相清净，唯是无明贪爱习气业等，诸客烦恼之所覆障。楞伽王，譬如清净虚空之界，唯有四种客尘污染。何等为四？所谓烟、云、尘、雾。楞伽王，识相如是，本清净故，无边不可捉，无有色染，唯是诸客烦恼之所覆染。所以者何？楞伽王，若正观时，不得众生，无我、无众生、无寿命、无畜养、无人、无众数、无知者、无见者、无觉者、无受者、无听者，乃至无色、受、想、行、识等。

问：外之境色，因识分别，故名唯识。只如梦中无境唯识，云何梦中识见种种？

答：《显识经》云：佛言：贤护，色有二种：一内二外。内谓眼识，眼则为外。乃至身识为内，身则为外。贤护，如生盲人，梦见美色，手足面目，形容姝丽，便于梦中，生大爱悦。及睡觉已，冥无所见。乃至此生盲人，未曾见物，云何梦中而能见色？贤护白佛言：唯愿开示。佛告贤护：梦见见者，名内眼所，是慧分别，非肉眼见。其肉眼所，以念力故，盲者梦中须臾而现。复以念力，觉而忆之。识之内色，亦复如是。故于所见唯识，闻嗅尝触亦然。见有境界，但是念慧分别。若离念慧分别，决定无有前尘毫末之相。

问：识性无形，至极微细，云何能任持大身、又持小质？

答：识性微妙，不可思议。以随业故，则妍丑俄分。以无形故，则小大咸等。《显识经》云：佛言：大药，如风大无质无形，止于幽谷，或窍隙中，其出暴猛，或摧倒须弥，碎为尘粉，风大微妙，无质无形。识亦如是，妙无形色，大身小身，咸悉能持：或受蚊身，或受象身，乃至如尼瞿陀子，极微细种子，生树婆娑广大，枝条百千，于意云何？其子与树，大小类不？大药言：世尊，其子与树，大小相悬。如藕丝孔，比虚空界。如是大药，树于子中，求不可得。若不因子，树则不生。微细尼瞿陀子，能生大树。微细之识，能生大身。识中求身，身不可得。若际于识，身则无有。

又，《毗耶娑问经》云：佛言：复次大仙，此识微细，无色无质，非是可见。识非有色，非青等色。色中无根，识若离根，则无境界。若人心中惊动怖畏，若疑思量，如是一切，皆是识力。

问：六趣升沉，皆唯是识。初生善恶之趣，其相如何？

答：随福所资，果报不等：胜福资识则境大，劣福资识则相微。《显识经》云：大药复白佛言：世尊，众生舍身，云何生诸天中？乃至云何生于地狱等中？佛言：大药，众生临终之时，福业资者，弃本之视，得天妙视。以天妙视，见六欲天，爰及六趣，见身摇动，见天宫殿及欢喜园杂华园等。乃至如睡不睡，安隐舍寿。将舍寿时，天父天母同止一坐。天母手中，自然华出，天母见华，顾谓天父：甚为福吉，希奇胜果。天今当知：庆子之欢，时将不久，天母遂以两手摇弄其华，弄华之时，命便终尽。无相之识弃舍诸根，持诸境业弃舍诸界，持诸界事迁变果报，犹如乘马，弃一乘一。如日爱引光，如木生火，又如月影现澄清水。识资善业，迁变天报，如脉风移，速托华内，天父天母，同坐视之，甘露欲风，吹华七日，宝珰严身，耀动炫焕，天童朗洁，现天母手。大药白佛言：世尊，无形之识，云何假因缘力，而生有形？云何有形，止因缘内？佛言：大药，如木和合，相触生火。此火，木中不可得。若除于木，亦不得火。因缘和合而生，因缘不具，火即不生。木等之中，寻火色相，觉不可见，然咸见火从木出。如是大药，识假父母因缘和合，生有形身。有形身中，求识不得，离有形身，亦无有识。大药，如火未出，火相不现，亦无暖触，诸相皆无。如是大药，若未有身，识受想行皆悉不现。大药，如见日轮光明照曜，而诸凡夫不见日体，是黑是白、黄白黄赤，皆不能知。但以照热光明，出没环运，诸作用事，而知有日。识亦如是，以诸作用，而知有识。大药白佛言：云何为识作用？佛言：大药，受觉想行，思忧苦恼，此为识之作用。复有善不善业，熏习为种，作用显识。大药白佛言：云

何识离于身,便速受身?识舍故身,新身未受,当尔之时,识作何相?佛言:大药,如有丈夫,长臂勇健,著坚甲胄,马疾如风,乘以入阵,干戈既交,心乱坠马。武艺劲捷,还即跳上。识弃于身,速即受身,亦复如是。又如怯人,见敌怖惧,乘马退走。识资善业,见天父母同座而坐,速托生彼,亦复如是。大药,如汝所问:识弃故身,新身未受,当尔之时,识作何相?大药,譬如人影现于水中,无质可取,手足面目及诸形状,与人不异。体质事业,影中皆无,无冷无热及与诸触,亦无疲乏,肉段诸大,无言音声、苦乐之声。识弃故身新身未受相,亦复如是。大药,是资善果生诸天者。大药白佛言:云何识生地狱?佛言:大药,行恶业者,入于地狱。汝当谛听,大药,此中众生,积不善根,命终之时,作如是念:我今此身死,弃舍父母亲知所爱,甚大忧苦。见诸地狱及见己身应合入者,见足在上,头倒向下。又见一处地血纯,见此血已,心有味著。缘味著心,便生地狱,腐败恶水臭秽因力,识托其中,譬如粪秽臭处臭酪臭酒诸臭因有,虫生其中。入地狱者托臭物生,亦复如是。《般若灯论》云:言从死有,相续至生有时,如授经、如传灯、如行印、如镜像现、如空声响、如水中日月影、如种子生芽、如人见酸口中生涎,如是后阴相续起时,无有中阴往来,传此向彼,是故智者,应如是解。故知,识托业现,境逐心生。刃利刀山,谁人锻炼?华含德水,非彼开敷。辩果知因,见末识本。故云:心能作佛,心作众生。心作天堂,心作地狱。心异则千差竞起,心平则法界坦然。心凡则三毒萦缠,心圣则六通自在。心空则一道清净,心有则万境纵横。如谷应声,语雄而响厉。似镜鉴像,形曲而影凹。以知，万行由心，一切在我。内虚外终不实，外细内终不粗。善因终值善缘，恶行难逃恶境。蹈云霞而饮甘露，非他所授。卧烟焰而噉脓血，皆自能为。非天之所生，非地之所出，只在最初一念，致此升沉。欲外安和，但内宁静，心虚境寂。念起法生，水浊波昏，潭清月朗。修行之要，靡出于斯。可谓众妙之门，群灵之府，升降之本，祸福之原。但正自心，何疑别境？是以，离众生罪行福行不动行，终无三界苦乐果报。若离众生见闻觉知，岂有阴处界等境界？如《大般若经》云：佛言：若梦若觉，要于见闻觉知法中，有觉慧转，由斯起染、或复起净。若无见闻觉知法，无觉慧转，亦无染净。故知，梦觉唯识，染净由心。前贤后学之所宗，千经万论之同指。如《楞伽经》偈云：众生及瓶等，种种诸形相。内外虽不同，一切从心起。但一念不生，诸缘自断。故云：一念心不生，六根总无过。又云：一心不生，万法无咎。如今厌生患老，随思随造，舍妄除身，业果恒新。若能了生无生，知妄无妄，一念心寂，万虑俱消。如云畏影畏迹，逾走逾极。端坐树阴，迹灭影沉。是知，悟心即休，更无异术。如祖师云：一切由心，邪正在己。不思一物，即是本心。智者能知，更无别行。所以本师云：此事唯我能知。

宗镜录第七十六

宋 慧日永明妙圆正修智觉禅师延寿集

夫论一期真妄生死，约事而言，还有终始不？

答：第一义中，尚无生死，何有始终？顺世谛门中，随众生见，而妄说生死。如古德云：真妄相循，难穷初后者，释云：若言先妄后真，真则有始。若谓先真后妄，妄由何生？若妄依真起，真亦非真。若妄体即真，则妄亦无始。为破始起，立无始言。始既不存，终从何立？无终无始，岂有中间？故《中论》云：大圣之所说，本际不可得。生死无有始，亦复无有终。若无有始终，中当云何有？是故于此中，先后共亦无。真妄两亡，方说真妄。真妄交彻，何定始终？

问：如上所说，生死恶业，无量无边。才了此心，得一切同时解脱不？

答：实有此理，全在当人。若障薄遮轻，直了直入，缘深机熟，顿悟顿修，如镜净明生，云开月朗。或垢浓习重，观劣心浮，虽信解一心，行门难立。有八重妄想之垢，犹致网稠林。具六种系缚之门，若坚冰胶漆。若非大力，曷能解分？如《持地论》云：妄想有八种：一自性妄想，即执色等法，各有自体。二差别妄想，即执色等，有可见不可见，对无对色差别。三摄受积聚妄想，即于阴中执我众生，于军林等中起定执实，此一分别，即前执人，后执于法。四我见妄想，无我计我也。五我所妄想，即执我用。六有念妄想，即缘可爱净境分别。七不念妄想，即缘可憎不净境分别。八俱相违妄想，即缘中容境分别。约经论有六种缚，先论心境二种缚者：一相应缚，二所缘缚。烦恼是心心所起，必托于心王，心所染心，名相应缚。心心所法，俱能缘境，境不离系，名所缘缚。次三界中四种缚者：一贪，二瞋，三见取，四戒取。贪瞋二缚，不令众生出于欲界，论家举喻，如守狱卒，见取戒取二缚，不令有情出色无色界。何者？见取，执劣为胜，执非想非非想处、及无想天，执为解脱涅槃，名为见取。戒取者，非因计因，执非想定、及无想定，并鸡戒为生天因、解脱因，名戒禁取。由此二缚，令诸有情，不得出色无色界。如上妄想系缚，除上根顿修外，即须约地位现观之力。如经所明，现观有六。现谓现前，观谓观察，即真理常现在前，妙智恒能观察，不令间断，住运相应。《瑜伽论》云：一、思现观，谓上品思慧，引生暖等，四加行道中，观察诸法，名为现观。二、信现观，谓缘三宝世间出世间净信，此助现观，令不退转，立现观名。三、戒现观，谓道共无漏戒，能除破戒垢，令观增明，亦名现观。四、智谛现观，谓正体后得二智缘真俗。真俗，二谛也。五、边现观，谓智谛观后，观诸缘安立世出世智。六、究竟现观，谓尽无生等究竟位智。古释：前思现观，资粮加行，所有智慧，但能伏，未能断也。初地已上，信、戒、智谛及边现观，当地即断，后地即伏。究竟一观，非伏非断，此断有二：一共相断，二自相断。若断惑证理之时，作空行相及无我行相，即名共相。为空无我，该通四谛故，名共相

断。若断惑证理之时，作真如寂灭行相，不通诸谛，唯在灭谛，名自相断。又有三种断：一自性断，如灯破闇，智慧起时，烦恼闇障自性应断。二不生断，谓得初地法空之时，能令三涂恶道苦果，永更不生，人中无根、二形、北州、无想天等种子，不生后果，名不生断也。三缘缚断者，但断心中之惑，于外尘境不起贪瞋，于境虽缘而不染著，名缘缚断也。于三断之中，自性、不生此二任运能断，皆由缘缚一断，能令三界因果不生。

又，古释智障：有其三门：一是智障，所谓分别有无之心。二是体障，谓观非有非无之解，立己能者，故曰体障。三是治想，谓妄识中合如正慧。依此地有其三：初，一四地乃至七地断除，四五六地断除分别取有之心，谓解法慢身净慢等，入七地时，断除分别取无之心。八地已上，断除体障。前第七地，虽除分别有无之心，犹见己心以为能观。如为所观，其所观如不即心，能观之心不即如，心如别故。心外求法，故有功用。法外立心，故有体障。从第七地入八地时，破舍此障，观察如外由来无心，心外无如。如外无心，心不异如。心外无如，如不异心，故能如心，泯同法界，广大不动。以不异故，自外推求，故舍功用，不复如外建立神智，故灭体障。体障灭故，名无障想。第三治想，至佛方灭，故入八地，虽无障想，而有治想。行八地已上，无生忍体，转转寂灭，令彼治想，运运自亡，至佛乃穷。故知，万境虽空，须得无心契合。不可口虽说空，行在有中。境智相应，能所冥合，方能解缚，随顺无生耳。才生取著，便成魔业。如《华严经》云：佛子，菩萨摩诃萨，有十种魔，何等为十？所谓蕴魔，生诸取故。烦恼魔,恒杂染故。业魔,能障碍故。心魔,起高慢故。死魔,舍生处故。天魔,自憍纵故。善根魔,恒执取故。三昧魔,久耽味故。善知识魔,起著心故。菩提法智魔,不愿舍离故。是为十。菩萨摩诃萨,应作方便,速求远离。疏释云:一蕴魔者,身为道器,体与佛同,岂即是魔?蕴魔之名,特由取著。下九例尔,皆以下句释成魔义。是知,以心分别,万法皆魔,何但此十?故举菩提法智,以胜况劣。不以心分别,一切皆佛,岂舍魔界求佛界耶?然四魔直就体明,十魔多约执取,十表无尽故。菩提法者即所证,智是能证,能所冥合,故名菩提。若不舍于分别,菩提之见,即是魔矣。若入宗镜,分别自亡,既无能证之心,亦无所证之理。又,《华严经》云:无有少法为智所入,亦无少智而入于法。是以,驾一智箭,破众魔军。挥一慧刀,斩群疑网,斯乃宗镜之力,余何言哉?若不悟自心,未达斯旨,虽修智业,不入圆常。纵练行门,唯增我慢,以未达一际法门故,但生分别,长养无明。如经云:若分别是声闻法、是缘觉法、是菩萨法、是诸佛法,此名为净、此名不净,此名为道、此名非道,是名菩萨憍慢。若入宗镜,智行俱成,我慢山崩,贪痴水竭,胜负情尽,差别业亡。如《弄珠吟》云:消六贼兮烁四魔,摧我山兮竭爱河。龙女灵山亲献佛,贫儿衣里枉蹉跎。

问:五阴一法,即妄即真,既作尘劳生死之门,又成出世菩提之道。今且推妄,生死无从。经云:此阴才灭,彼阴便生。既唯识无人,前阴灭,后阴如何得生?

答:五阴性空非常,相续不断,不常不断,即是正因。如

《华严疏》云：五蕴相续，即是正因，亦名生因。言正因者，是中道义，中道即是佛性。谓现在阴灭，中阴阴生。是现在阴，终不变为中阴五阴，故现阴非常。如种生芽，种不至芽，虽不至芽，而能生芽。此现在阴，虽不至后，而能生后，则现阴非断。而中阴五阴，亦非自生，不从余来，因现五阴，生中阴阴，斯则后阴非无因，故后阴非常。既能续前，故后阴非断。非断非常，是中道义正因性也。

又依台教，略有九种五阴，皆无自体，唯逐心生。是以，《华严经》颂云：一切众生界，皆在三世中。三世诸众生，悉住五蕴中。诸蕴业为本，诸业心为本。心法犹如幻，世间亦如是。九种五阴者：一期色心，名果报五阴。平平想受，无记五阴。起见起爱者，二种秽污五阴。动身口业，善恶两种五阴。变化示现，工巧五阴。五善根人，方便五阴。证四果者，无漏五阴。如是种种，原从心出。《正法念经》云：如画师手，画出五彩。黑、青、赤、黄、白、白白。画手譬心，黑色譬地狱，青譬鬼，赤譬畜，黄譬修罗，白譬人，白白譬天。此六种阴，止齐界内。若依《华严经》云：心如工画师，画种种五阴。界内界外，一切世间中，莫不从心造。世间色心，尚叵穷尽，况复出世，宁可凡心知？凡眼瞖尚不见近，那得见远？弥生旷劫，不睹界内一隅，况复界外边表？如渴鹿逐焰、狂狗齩雷，何有得理？所以龙树破五阴一异、同时、前后，皆如焰幻响化，悉不可得，宁更执于王数同时异时耶？然界内外一切阴入，皆由心起。佛告比丘：一法摄一切法，所谓心是。论偈云：一切世间中，但有名与色。若欲如实观，但当观名色。心是惑本，其义如是。《辅行记》云：若示不思议境体,观心即足。以心遍,故摄余法。又,非但心摄一切,亦乃一切摄心。故《四念处观》云:非但唯识,亦乃唯色唯声等。今从广之狭,正示境体,阴界入三,并可为境。以宽缦难示,故从指的,略二界入就阴,如去丈就尺。略四阴从识阴,如去尺就寸。以由界入,所摄宽多,阴唯有为。有为之中,义兼心色,故置色存心,心名复含心及心所。今且观心王置十心所,则一念心,十界三科如丈,一界五阴如尺,唯在识心如寸。若达心具一切法已,方能度入一切色心。如一一尺,无非是寸。及一一丈,无非是尺,是故丈尺,全体是寸。故知,若真谛、若俗谛,若有为、若无为,一刹一尘,无非心矣。今《宗镜》撮其枢要,盖为斯焉。今但观识阴,识阴者,心是也。既从心生,非空非有,不生不灭,无住无依。于生死业果之门,不可思议。以因缘和合,相似相续,如有主宰。诸趣往来,至理穷之,毕竟无体。如磁石吸铁,明镜现像。此皆法尔,岂有情乎?《般若假名论》云:诸蕴循环,受诸异趣,名为取者,是中无人能取诸趣,舍于现蕴而受后蕴,如去故衣而著新衣。然依俗谛,譬如因质而现于像,质不至像而有像现。由前蕴故,后蕴续生,前不至后,而后相续,是故菩萨无取者想。《大涅槃经》云:如蜡印印泥,印与泥合,印灭文成。文非泥出,不余处来,以印因缘,而成是文。经合喻云:现在阴灭,中阴阴生。是现在阴,终不变为中阴五阴,亦非自生,不从余来,因现阴故,生中阴阴。譬合云:如印印泥,印灭文成。名虽无差,而时节各异,是故我说中阴五阴,非肉眼见,天眼所见。释曰:现阴,如印。中阴生处,义之如泥。现在阴灭,名为印坏。中阴阴起,名为文成。于此复以中阴为印，业逼受胎，名为印泥。中阴阴灭，名为印坏。未来阴起，名为文成。业种未断，文复为印，印复为文，文印相成，不可穷已。生死不断，法喻可知。又如灯焰，前焰引后焰，后焰续前焰，相续不断，似常似一。凡夫不达，或执生死为常，不知前焰无体，因后焰续起。后焰无体，仗前焰引生。焰焰皆虚，自性寂灭。此一念心，亦复如是，新新生灭，续续轮回，乃至一念不住，犹如灯焰。不细观察，执此生灭，为一为常。又不了前焰才灭，后焰续生，念念相续，未曾间灭，或执生死为断。若深达因缘之理，自然不落断常。何者？以因缘无性不可得，故非常。以无性因缘能相续，故非断。

又此五阴，只是一法，若执成断常，是凡夫见。若破析成空，是藏教人。若了阴无性，体此成空，是通教人。若悟此五阴不空，具足佛法，修智断惑次第生起，是别教菩萨。若了此即真，更无别法，念念圆满具十法界，即圆教菩萨。如薄运者睹金成蛇，厚福人捉石为宝，法无高下，人自升沉耳。但不造贫富业，终无胜劣报。如《大智度论》偈云：先世业自作，转为种种形。虚空不受害，无业亦如是。

问：生死相续，由诸习气。有几习气，能成轮转？

答：古释：习气自体，总有三义。习气者，与种子名异体同。习气，即约熏习时而论。种子，即对现行立号。都有三义：一种子名习气，气者气分，习谓熏习。由彼现行熏习，得此气分故。二现行亦名习气，谓都由种子能生现行，是种子家之气分。三习气名习气，如裹香纸，而有气分。《唯识论》

云:而熏本识起自功能,即此功能说为习气。功能者,是习气义,体即种子。略有三种习气:一名言习气,二我执习气,三有支习气。一名言习气,谓有为法各别亲种。名言有二:一表义名言,即能诠义音声差别。二显境名言,即能了境心心所法,随二名言所熏成种,作有为法各别因缘。二我执习气,谓虚妄执我我所种。我执有二:一俱生我执,即修所断我我所执。二分别我执,即见所断我我所执。随二我执,所熏成种,令有情等,自他差别。三有支习气,谓招三界异熟业种。有支有二:一有漏善,即是能招可爱果业。二诸不善,即是能招非爱果业。随二有支,所熏成种,令异熟果,善恶趣别,应知我执、有支习气,于差别果,是增上缘。前云空死因业习气者,应知即是有支习气。二取习气,应知即是我执名言二种习气,取我我所及取名言而熏成故,皆说名取。释云:表义名言者,唯第六识,能缘其名,能发其名。余皆不缘,亦不能发。即唯诠义音声之差别,简非诠表声,彼非名言故,名唯无记。然名是声上屈曲差别,唯无记性,不能熏成色心等种。然因名故,心随其名变似五蕴三性法等,而熏成等种,因名起种,号名言种。一切熏种,皆由心心所,心心所种,有因外缘、有不依外者。不依外者,名显境名言。若依外者,名表义名言。分二别,然名自体,不能熏种。显境名言者,即能了境心心所法,即是一切七识见分等心,非相分心,不能显境故。是以,分段生死,从正使有,即是凡夫。若变易生死,从习气生,即是二乘。虽断正使,不断习气,于中有二:一烦恼习气,二业习气。一烦恼习气者,如难陀有欲习,往昔数生,身为国王,习近五欲故。舍利弗有瞋习,往昔数生,曾受蝎身。毕陵伽婆蹉有慢习,往昔数生身,是大婆罗门,博学多才,我慢轻物。乃至盘特比丘,有痴余习等。二业习气者,如牛呞比丘,往昔是牛身,林间奔走,触著遗弃故破袈裟,以是因缘,虽获道果,以业习故,使之然也。又如迦叶闻琴起舞,阿难常好歌吟,俱以往昔曾为乐人,以业习之余故。若烦恼余习,是变易缘。有业余习,是变易因。感变易生死,即是果报。此二乘人,未得如来一心三点涅槃,于无学位虽见修惑尽,所有无知皆是无明之余习。亦名无明住地,亦名所知之障,亦名尘沙无知。又,菩萨约化门有十种习气。《华严经・离世间品》云:佛子,菩萨摩诃萨,有十种习气。何等为十?所谓菩提心习气、善根习气、教化众生习气、见佛习气、于清净世界受生习气、行习气、愿习气、波罗蜜习气、思惟平等法习气、种种境界差别习气,是为十。若诸菩萨安住此法,则永离一切烦恼习气,得如来大智习气、非习气智。故知,染净二业,升沉两门,皆从熏习而生,不是无因而得。应须勤修白业,净法时熏,念念功夫,自成妙果。所以一一众生八识藏中,各具十法界种子,本自具足,非从新生。虽常内熏,须假外缘熏发:若闻十恶,熏发三涂种子。若闻戒善,熏发人天种子。若闻谛缘,熏发二乘种子。若闻六度,熏发菩萨种子。若闻一乘,熏发诸佛种子。各随习熟浓厚处先发。如今多习三涂种子,人天尚少,岂况佛乘?然地狱界现行时,佛种子亦不没,只是转更赊远。如今既在人天,直须努力,常亲知识,乐听一乘,内外资熏,一生取办。故佛诫罗睺罗颂云:十方无量诸众生,念念已证善逝果。彼既丈夫我亦尔,何得自轻而退屈?

问:生死涅槃,苦乐报应,以何为因?

答:如来藏为因。

问:如来藏是无漏常住,非刹那生灭之法,云何与生灭为因?

答:一切异生,因觉故迷,迷无自体。

《楞伽经》云:佛言:大慧,七识不流转,不受苦乐,非涅槃因。大慧,如来藏者,受苦乐与因俱,若生若灭。古释云:七识念念生灭,不能往来六道,故名不流转。以念念灭故,不知苦乐,不与涅槃为因。又,七识从缘,本无自性,尚不能为生死苦乐之本,岂复与涅槃作因?明如来藏,常令诸识知苦乐,七识若无如来藏,自体念念灭,不知苦乐。依如来藏,故知苦乐,名如来藏受苦乐。如来藏体,不受苦乐也。言与因俱者,如来藏与七识,生死苦乐因俱,念念生灭也。又云:七识念念生灭无常,当起即谢,如何流转?自体无成,故不受苦乐。既非染依,亦非无漏涅槃依矣。其如来藏,真常普遍,而在六道,迷此能令随缘成事,受苦乐果,与七识俱,名与因俱。不守自性而成故,七识依此而得生灭,云若生若灭,此明如来藏即是真如随缘,故受苦乐等。又释云:以本害末,令末空故,无可流转。唯如来藏受苦乐者,末害本故,不守自性清净之体,随缘成有。若相顺,则如水乳之和,常恒共器。若相背,则如父母之雠,不与同天。又,存上有不存之义,泯上有不泯之义。若唯泯无不泯,则色空俱亡,无可相即,以不泯故,虽相即而色空历然。若唯存无不存,则色空各有定性，不得相即，由有不存故，虽历然而得相即。如《起信》真如、生灭二门无碍，唯是一心者，结归起信，依一心法立二种门。故须具足二义，方名具分唯识。问：唯识第九，亦说其所转依有其二种：一持种依，谓第八识。二迷悟依，谓即真如。何以说言：然依生灭八识，唯有心境依持？答：彼虽说迷悟依，非即心境持种，以真如不变，不随于心变万境故，但是所迷耳。后还净时，非是摄相即真如故，但是所悟耳。今乃心境依持，即是真妄，非有二体，故说一心。约义不同，分成两义说二门别。故论云：然此二门，皆各总摄一切法，以此二门不相离故。所以《楞严经》云：生灭去来，本如来藏。如今世人，只信有生灭，不信有如来藏，不知生死有名无体，如来藏有名有体。只可从实，不可凭虚。凭虚则妄执所宜，从实则佛所印可。

问：夫论心含教法，如何是一心四谛法门？

答：四谛法门，横该竖彻，法无不备，教无不穷。今约台教一心具无作四谛者：一念心中具十界苦，名为苦谛。具十界惑，名为集谛。苦即涅槃，名为灭谛。惑即菩提，名为道谛。此唯论一心四谛。又，四教四种四谛，藏教生灭四谛，通教无生四谛，别教无量四谛，圆教无作四谛。今但论圆教无作四谛。《止观》云：法性与一切法，无二无别。凡法尚是，况二乘乎？离凡法更求实相，如避此空，彼处求空。即凡法是实法，不须舍凡向圣。经言：生死即涅槃，一色一香，皆是中道。即无作四谛。又，《玄义》云：以迷理故，菩提是烦恼，名集谛。涅槃是生死，名苦谛。以能解故，烦恼即菩提,名道谛。生死即涅槃,名灭谛。即事而中,无思无念,无谁造作,故名无作,亦名一实谛。一实谛者,无虚妄、无颠倒、常乐我净等,是故名为无作四圣谛。《法华经》偈云:更以异方便,助显第一义。又云:唯此一事实。即是无作一实谛也。以真如之性,是自心之实,名一实谛,念念圆成,更何所作,名无作四谛。所以八千声闻,于法华会上见如来性,如秋收冬藏,更无所作。以达本故,法尔如斯。若未见性人,不可安然拱手,效无作无修,直须水到渠成,自然任运故。又,但了一心,自然无作,非是强为,故云:阴入皆如,无苦可舍。无明尘劳即是菩提,无集可断。边邪皆中正,无道可修。生死即涅槃,无灭可证。无苦无集,故无世间。无道无灭,故无出世间。纯一实相,实相外更无别法。又,《文殊道行经》云:佛告文殊师利:若见一切诸法无起,即解苦谛。若见一切诸法无住,即能断集。若见一切诸法毕竟涅槃,即能证灭。文殊师利,若见一切诸无自体,即是修道。

宗镜录第七十七

宋 慧日永明妙圆正修智觉禅师延寿集

夫一念无明心鼓动真如海，成十二缘起，作生死根由。若了之，为佛智海之波澜。昧之，作生死河之漩洑。云何成佛智，云何成生死？

答：天真之佛智本有，妄缘之生死体空。虽有二名，但是一义。只谓不了第一义谛，号曰无明。因不了之所盲，成惑业之众苦。了无明之实性，成涅槃之妙心。若迷为惑业，则成三道：一、无明爱取，是烦恼道。二、行有，是业道。三、识名色六入触受生老死，是苦道。若悟，为三因佛性：一、识名色六入触受生老死七支，是正因佛性。二、无明爱取三支，是了因佛性。三、行有二支，是缘因佛性。如是等义，差别不同，唯是一心，迷成多种，虽成多种，不离一心。《华严经》云：佛子，此菩萨摩诃萨复作是念：三界所有，唯是一心。如来于此分别演说十二有支，皆依一心如是而立。何以故？随事贪欲，与心共生，心是识，事是行。于行迷惑是无明，与无明及心共生是名色，名色增长是六处，六处三分合为触，触共生是受，受无厌足是爱，爱摄不舍是取，彼诸有支生是有，有所起名生，生熟为老，老坏为死。《大集经》云：十二因缘，一人一念，悉皆具足，但随一境，一念起处，无不具足。且如眼见色，不了名无明，生爱恶名行，是中心意名识，色共识行即名色，六处生贪名六入，色与眼作对名触，领纳名受，于色缠绵名爱，想色相名取，念色心起名有，心生名生，心灭名死，乃至意思法，亦复如是。一日一夜，凡起几念？念念织几十二因缘，成六趣无穷之生死？是以，生死无体，全是如来藏第一义心。迷悟升沉，了不可得。《辅行记》云：十二因缘。《华严》、《大集》等经皆云：一念心具。凡诸大乘云一念者，意皆如是。若不尔者，云何遍收一切诸法？《止观》亦云：缘生正一念心。《十二门论》问云：为在一心，为在异心？论问意者：为在一人多人一念心耶？如是一念异念，并得多人一人，于今一念，悉皆具足。多人一人所起之心，不出百界。百界为多，一念为一，一多相即，非一非多。《大品》明一切诸法，皆趣因缘，百界因缘，不出一念，是故名为是趣不过，故得名为一念具足。远法师云：无明缘行者，有四无明：一迷理无明，义通始终。二发业无明，在于行前。三覆业无明，此在行后识前。四受生无明，与识同时，或在识后，望过去种子心识，在于识后，望结生识，与识同时。

又，内外诸法，皆具因缘。如《稻秆经》云：尔时弥勒语舍利弗言：世尊常说见十二因缘即是见法，见法即是见佛。乃至有因有缘，是名因缘法。此是佛略说因缘相，以此因，能生是果。如来出世，因缘生法。如来不出世，亦因缘生法。性相常住，无诸烦恼，究竟如实，非不如实，是真实法，离颠倒法。复次十二因缘法，从二种生。云何为二？一者因，二者果。因缘生法，复有二种：有内因缘，有外因缘。外因缘法，从何而生？如似种子，能生于芽，从芽生叶，从叶生节，从节生茎，从茎生穗，从穗生华，从华生实。无种子故无芽,乃至无有华实。有种子故芽生,乃至有华故果生,而种子不作念:我能生芽。芽亦不作念:我从种子生。乃至华亦不作念:我能生实。实亦不作念:我从华生,而实种子能生于芽,如是名为外因生法。云何名外缘生法?所谓地水火风空时,地种坚持,水种湿润,火种成熟,风种发起,空种不作障碍,又假于时,节气和变。如是六缘,具足便生。若六缘不具,物则不生。地水火风空时,六缘调和不增减故,物则得生:地亦不言我能持,水亦不言我能润,火亦不言我能熟,风亦不言我能发起,空亦不言我能不作障碍,时亦不言我能令生,种亦不言我从六缘而得生芽,芽亦不言我从尔数缘生。虽不作念从尔数缘生,而实从众缘和合得生芽。亦不从自生,亦不从他生,亦不从自他合生,亦不从自在天生,亦不从时方生,亦不从本性生,亦不从无因生,是名生法次第。如是外缘生法,以五事故:当知不断亦非常,亦不从此至彼,如芽种少果则众多,相似相续不生异物。云何不断?从种芽根茎,次第相续,故不断。云何非常?芽茎华果各自别,故非常。亦不种灭而后芽生,亦非不灭而芽便生,而因缘法,芽起种谢,次第生,故非常。种芽各各相异,故不此至彼。种少果多故,当知不一,是名种少果多。如种不生异果,故名相似相续。以此五种外缘,诸法得生。内因缘法,从二种生。云何为因?从无明乃至老死,无明灭则行灭。乃至生灭故,则老死灭。因无明故,有行。乃至因有生故,则有老死。无明不言我能生行,行亦不言我从无明生,乃至老死亦不言我从无明生,而实有无明则有行,有生则有老死,是名内因次第生法。云何名内缘生法?所谓六界:地界、水界、火界、风界、空界、识界。何谓为地？能坚持者名为地界。何谓为水？能润渍者名为水界。何谓为火？能成熟者名为火界。何谓为风？能出入息者名为风界。何谓为空？能无障碍者名为空界。何谓为识？四阴五识，亦言为名，亦名为识。如是众法和合名为身，有漏心名为识，如是四阴为五情根名为色，如是等六缘名为身。若六缘具足无损减者，则便成身。是缘若减，身则不成。地亦不念我能坚持，水亦不念我能湿润，火亦不念我能成熟，风亦不念我能出入息，空亦不念我能无障碍，识亦不念我能生长，身亦不念我从尔数缘生。若无此六缘，身亦不生：地亦无我无人、无众生、无寿命，非男非女、亦非非男非非女，非此非彼，水火风乃至识等，亦皆无我、无众生、无寿命，乃至亦非此非彼。云何名无明？无明者，于六界中，生一想、聚想、常想、不动想、不坏想、内生乐想、众生想、寿命想、人想、我想、我所想，生如是种种众多想，是名无明。如是五情中，生贪欲瞋恚想。行亦如是，随著一切假名法，名为识。四阴为名、色阴为色，是名色。名色增长生六入，六入增长生触，触增长生受，受增长生爱，爱增长生取，取增长生有。有增长故，能生后阴为生。生增长变，名为老。受阴败坏故，名为死。能生嫉热故，名忧悲苦恼：五情违害，名为身苦。意不和适，名为心苦。乃至如月丽天，去地四万二千由旬，水流在下，月耀于上，玄像虽一，影现众水，月体不降，水质不升。如是舍利弗，众生不从此世至于后世，不从后世复至于此，然有业果因缘报应，不可损减。是以，如月不动，影现众流。类识不行，身分六趣。虽无作者，业果宛然。但逐缘生，不乖法尔。

又,《有德女所问大乘经》云:尔时有德婆罗门女白佛言:世尊,所言无明,为内有耶,为外有耶?佛言:不也。有德女言:世尊,若于内外无有无明,云何得有无明缘行?复次世尊,有他世法而来至于今世以不?佛言:不也。有德女复白佛言:世尊,无明行相,是实有耶?佛言:不也。无明自性,从于虚妄分别而生,非真实生。从颠倒生,非如理生。有德女复白佛言:世尊,若如是者,则无无明。云何得有诸行生起,于生死中受诸苦报?世尊,如树无根,则无枝叶华果等物。如是无明无自性故,行等生起,定不可得。佛言:有德女,一切诸法,皆毕竟空。凡愚迷倒,不闻空义。设得闻之,无智不了。由此具造种种诸业,既有众业,诸有则生,于诸有中,备受众苦。第一义谛,无有诸业,亦无诸有而从业生,及以种种众苦恼事。有德女,如来应正等觉,随顺世间,广为众生演说诸法,欲令悟解第一义故。有德女,第一义者,亦随世间而立名字。何以故?实义之中,能觉所觉,一切皆悉不可得故。有德女,譬如诸佛化作于人,此所化人复更化作种种诸物,其所化人,虚诳不实。所化之物,亦无实事。此亦如是,所造诸业,虚诳不实,从业有生,亦无实事。是以,但了唯心之旨,自然万法常虚。随有见闻,悉顺无生之道。凡关动作,皆归无得之门。

问:此十二有支,云何名缘生,复何名缘起?

答:无有主宰、作者、受者,无自作用,不得自在。从因而生,托众缘转,本无而有,有已散灭。唯法所显,能润所润，随相续法，名为缘生。《论》云：由烦恼系缚，往诸趣中，数数生死，故名缘起。又，因名缘起，果名缘生。

问：一念无明心，起十二有支，为自生、他生、共生、无因生？

答：缘起甚深，非四句能测。了则一心冥寂，迷则六道轮回。非妄非真，不常不断。若云是妄，妄不可得。若云是真，复能流转。若云是断，相续恒生。若云是常，念念起灭。所以从心生故，生无能生，无有定性。《佛性论》云：复次一切诸法，无有自性。何以故？依因缘生故。譬如火，依他而生，离樵即不可见。亦如萤火，若火有自性，则应离樵，空中自然。《杂集论》云：诸缘起法，虽刹那则成灭，而住可得。虽无作用缘，而有功能缘可得。虽离有情，而有情可得。虽无作者，而诸业果不坏可得，是故甚深。业果不坏者，虽内无作者，而有作业受果异熟。又，诸缘起法有差别，谓待众缘生，故非自作。虽有众缘，无种子不生，故非他作。彼俱无作用，故非共作。种子及众缘，皆有功能，故非无因作。

如上所说，是约世俗缘起之门。若如实说，尚不见一法是缘非缘，何况十二？湛然尊者云：不见色相，是行支灭。不见色缘，是无明灭。不见色体，是识名色六入触受灭。不见色生，是爱取有生灭。不见色灭，是老死灭。不见一相，是不见十二因缘空。不见见者，是不见因缘假。真俗双亡，二谛俱泯，亦不见中。如是通达，了知因缘。若为此例，见万法亦复如然。

问:万境无明,与一心法性,为是一、为是二?若是一,不合分染净二名。若是二,云何教中说无明即法性?

答:体一是真,名二是假。名因情立,真以智明。情智自分,真原不动。不可定同,不坏世谛故。不可定异,不失真谛故。《涅槃经》云:明与无明,愚人为二。智者了达,其性无二。无二之性,即是实性。古德约十法界释云:愚人者,九界之愚也。愚人取相,见一切法,法性随其取相心,悉无明也。如寒谷千年坚冰,未曾作水也。智者,佛界之智也。圆观行人开佛眼者,见同古佛也。圆眼所见,无明本元是清净法性,如太阳常照海水,未曾作冰也。冰水性一,随缘成二。一不守性,恒自随缘。虽复随缘,不坏自性。况法性无明,亦何定一,亦何定异?则不随事而失体,非共非分。不守性而任缘,亦同亦别。

问:三界初因,四生元始,莫穷本末,罔辩根由。庄老指之为自然,周孔詺之为浑沌。最初起处,如何指南?

答:欲知有情身土真实端由,无先我心,更无余法。谓心法刹那,自类相续,无始时界,展转流来,不断不常,凭缘凭对,非气非禀,唯识唯心。《肇论钞》云:《老子》云:无名天地始,有名万物母。若佛教意,则以如来藏性转变为识藏,从识藏变出根身器世间一切种子。推其化本,即以如来藏性为物始也。无生无始,物之性也。生始不能动于性,即法性也。南齐沈约《均圣论》云:然则有此天地以来,犹一念也。

融大师问云：三界四生，以何为道本，以何为法用？

答：虚空为道本，森罗为法用。

问：于中谁为造作者？

答：此中实无造作者，法界性自然生。《金刚三昧经》云：善不善法，从心化生。可谓总持之门，万法之都矣。光未发处，尚无其名。念欲生时，似分其影，初因强觉，渐起了知。见相才分，心境顿现。《首楞严经》云：皆是觉明，明了知性，因了发相，从妄见生。山河大地，诸有为相，次第迁流，因此虚妄，终而复始。释曰：此皆最初因迷一法界故，不觉念起。念起即是动相，动相即是第一业识。未分能所，乃觉明之咎也。从此变作能缘，流成了相，即明了知性，为第二见分转识。后因见分而生相分，即因了发相，为第三相分现识。能所才分，尽成虚妄。何者？见分生于瞖眼，相分现于幻形，于是密对根尘，坚生情执，从此隔开真性，分出湛圆。于内执受知觉，作有识之身。于外离执想澄，成无情之土。遂使镜中之形影，灭而又生。梦里之山河，终而复始。但以本源性海，不从能所而生，湛尔圆明，照而常寂。只为众生违性不了，背本圆明，执有所明，成于妄见。因明立所观之境，因所起能观之心。能所相生，心境对待。随缘失性，莫反初原。不觉不知，以历尘劫。所以经云：觉非所明，因明立所。所既妄立，生汝妄能。无同异中，炽然成异，异彼所异，因异立同。同异发明，因此复立无同无异。如是扰乱，相待生劳，劳久发尘，自相浑浊。由是引起尘劳烦恼，起为世界，静成虚空，虚空为同，世界为异，彼无同异，真有为法。觉明空昧，相待成摇，故有风轮执持世界。因空生摇，坚明立碍，彼金宝者，明觉立坚，故有金轮保持国土。坚觉宝成，摇明风出，风金相摩，故有火光为变化性。宝明生润，火光上蒸，故有水轮含十方界。火腾水降，交发立坚，湿为巨海，干为洲潬，以是义故，大海之中火光常起，彼洲潬中江河常注，水势劣火结为高山，是故山石击则成炎，融则成水。土势劣水，抽为草木，是故林薮遇烧成土，因绞成水。交妄发生，递相为种，以是因缘，世界相续。古释云：觉明空昧，相待成摇者，由初妄觉影明不了，遂成空昧。如障明生闇，二相相形。觉明即是动相，空昧即是静相。一明一昧、一动一静，刹那相生，如风激浪，相待不息，于内初起，即名为摇。于外即成风轮世界。空昧，即是虚空，既无形相，不名世界。因空生摇，坚明立碍者，地相也。因空异明，相待成摇，摇能坚明以成于碍。如胎遇风，即成坚碍，亦是执明生碍义。于内即是觉明坚执，于外即成金宝，故云：彼金宝者，明觉立坚。故知宝性，因觉明有，是故众宝，皆有光明。小乘但知业感，而不知是何因种。坚觉宝成，摇明风出，风金相摩，故有火光为变化性者，坚执觉性，即成于宝。摇动所明，即出于风。动静不息，即是风金相摩。于外即成火光，能成熟万物，故言为变化性。宝明生润，火光上蒸，故有水轮含十方界者，宝明之体，性有光润，为火热蒸，水便流出。又，觉明生爱，爱即是润，于内即是爱明，于外即成宝润，火性上蒸，融爱成水。一切业种，非爱不生。一切世间，非水不摄。故四大性，互相因藉，体不相离，同一妄心所变起故，如虚空华不离心故。又，妄性不恒，前后变异。所感外相，优劣不同。

爱心多者,即成巨海。执心多者,即成洲潬。风性生慢,火性生瞋,于色起爱,潬中流水。违爱生瞋,海中火起。慢增爱劣,结为高山。爱增慢轻,抽为草木。瞋爱慢三,互相滋蔓,异类成形,草木山川,千差万品。先从妄想,结成四大。从四大性,爱慢滋生,离有情心,更无别体,故云:交妄发生,递相为种。又云:富楼那而白佛言:世尊,若复世间一切根尘、阴处界等,皆如来藏,清净本然。云何忽生山河大地、诸有为相,次第迁流,终而复始?又疑云:若此妙觉本妙觉明,与如来心不增不减,无状忽生山河大地诸有为相。如来今得妙空明觉,山河大地、有为习漏,何当复生?佛言:富楼那,如汝所言,清净本然,云何忽生山河大地?汝常不闻如来宣说,性觉妙明,本觉明妙?富楼那言:唯然,世尊,我尝闻佛宣说斯义。佛言:汝称觉明,为复性明称名为觉,为觉不明称为明觉?富楼那言:若此不明名为觉者,则无所明。佛言:若无所明,则无明觉。有所非觉,无所非明。无明又非觉湛明性,性觉必明,妄为明觉,觉非所明。因明立所,所既妄立,生汝妄能,无同异中,炽然成异。异彼所异,因异立同,同异发明,因此复立无同无异。如是扰乱,相待生劳,劳久发尘,自相浑浊。由是引起尘劳烦恼,起为世界,静成虚空,虚空为同,世界为异。彼无同异,真有为法。释曰:此二觉义,幽旨难明,若欲指陈,须分皂白。大约经论,有二种觉:一性觉,二本觉。又有二种般若:一本觉般若,二始觉般若。又有二种心:一自性清净心,二离垢清净心。又有二种真如:一在缠真如,二出缠真如。此四种,名随义异,体即常同。今一切众生,只具性觉、清净本觉、自性清净心、在缠真

如等，于清净本然中，妄忽生于山河大地，以在缠未离障故，未得出缠真如等。若十方诸佛，二觉俱圆，已具出缠真如等，无有妄想尘劳，永合清净本然，则不更生山河大地、诸有为相等。如金出矿，终不染于尘泥。似木成灰，岂有再生枝叶？将此二觉，已豁疑情。性觉妙明者，是自性清净心，即如来藏性、在缠真如等，本性清净，不为烦恼所染，名性觉。经云：佛告阿难及诸大众：汝等当知有漏世界，十二类生，本觉妙明，觉圆心体，与十方佛无二无别。由汝妄想，迷理为咎，痴爱发生，生发遍迷，故有空性，化迷不息，有世界生。则此十方微尘国土，非无漏者，皆是迷顽妄想安立。当知虚空生汝心内，犹如片云点太清里，况诸世界在虚空耶？汝等一人发真归元，此十方虚空皆悉消殒。云何空中所有国土而不振裂？以此文证，即知凡圣，本同此妙明之觉。本觉明妙者，出缠真如等，从无分别智，觉尽无始妄念，名究竟觉。始觉即本觉，悟本之觉，得本觉名。《论》云：于真如门，名为性觉。于生灭门，名为本觉。由迷此性觉，而有妄念。妄念若尽，而立本觉。以性觉不从能所而生，非假修证而起，本自妙而常明，故云性觉妙明。以始觉般若，明性觉之妙，故云本觉明妙。又，真如之性，性自了故，则性觉妙明。始觉之智，了本性故，则本觉明妙。

又，《摩诃衍论》，有四种觉：一清净本觉，二染净本觉，三清净始觉，四染净始觉。若论本始明昧之事，皆依染净之觉得名。若清净觉原，愚智俱绝。非迷悟之所得，岂文义之能诠？经中佛常说：真如为迷悟依故，如万像依虚空，虚空无所依。所以满慈领言：我常闻佛，宣说斯义。此二觉义，亦同《起信论》所立一心，分真如、生灭二门，以本性清净是性觉义。但以性中说觉，如木中火性，未具因缘，有而无用，非是悟已而更起迷，悟时始立本觉之号。悟本觉已，更不复迷，诸佛重为凡夫，无有是处。佛问：汝称觉明，为复觉性自明，名为觉明。为复觉体不明，能觉于明？富楼那意：必有所明当情，为其所觉。若无所觉之明，则无觉明之号。但可称觉，而无所明，故云则无所明。佛意性觉体性自明，不因能觉所明，方称觉明。《起信论》云：真如自体，有大智慧光明义、遍照法界义等。只缘迷一法界，强分能所，故成于妄。若要因所明方称觉明者，此乃因他而立，非自性觉，故云有所非觉。如缘尘分别而有妄心，离尘则无有体，不可将断灭之心，以为本来真觉故，若以无体之法为究竟者。故经云：法身则同龟毛兔角，其谁修证无生法忍？又释：若以不明名为觉者，则无所明者，故知觉体本无明相，佛证真际，实不见明。若见于明，即是所明。既立所明，便有能觉。但除能所之明，方称妙明。此妙之明，是不明之明，不同所明，因明起照。

故《般若无知论》云：难曰：圣智之无、惑智之无，俱无生灭，何以异之耶？

答曰：圣智之无者，无知。惑智之无者，知无。其无虽同，所以无者异也。何者？夫圣心虚静，无知可无，可曰无知，非谓知无。惑智有知，故有知可无，可谓知无，非曰无知也。故云：般若无知，无所不知。无知者，无能所之知。无不知者，真如自性，有遍照法界义。

又，圣人唯有无心之心、无见之见，非同凡夫有心有见，

皆是分别能所相生。故《涅槃经》云:不可见,了了见。《华严经》颂云:无见即是见,能见一切法。于法若有见,此则无所见。又云:菩萨悉见诸法而无所见,普知一切而无所知。则般若无知,无所不知矣。但不落有无之知、能所之见,非是都无知见矣,诸佛皆具五眼三智、四辩六通,三谛理圆,一心具足。若不见空与不空、非空非不空,方与实相相应耳。故《楞伽经》云一一相相应,远离诸见过者,若于诸相,常与实相相应,自然远离诸过,会第一义清净真心,朗然明彻,而无念著,即事即如,唯心直进,即诸佛所知,唯实相矣。离此立见,皆成诸过。无所非明者,若能觉之体,要因所明者,若无所觉之明,则能觉之体,便非是明,故云无所非明,故知觉之与明,互相假立,本无自体,岂成自性圆明之觉?无明又非觉湛明性者,显妄觉体,无湛明之用。若言但觉于明,何须觉体自明者,则自性非明,便无觉湛之用,故云无明又非觉湛明性,性觉必明,妄为明觉者,释妄觉托真之相也。何以得知?妄觉初起有觉明,只缘性觉必有真明,所以妄觉托此性明,而起影明之觉,执影像之明起攀缘之觉,迷真认影,见相二分,自此而生觉明之号。觉非所明,因明立所者,夫一真之觉,体性虽明,不分能所,故觉非所明。由影明起觉,能所斯分。故云因明立所,所既妄立,生汝妄能,无同异中,炽然成异者,此则元因觉明,起照生所。所立,照性遂亡,则是识精元明,能生诸缘,缘所遗者,乃是但随能缘之相,覆真唯识性,一向能所相生,如风动水,波浪相续,澄湛之性,隐而不现。从此迷妄,生虚空之性。复因虚空,成立世界之形。于真空一心,毕竟无同异中,炽然建立,成诸法究竟之异。皆因情想扰乱，劳发世间之尘。迷妄昏沉，引起虚空之界。分世界差别为异，立虚空清净为同。于分别识中，又立无同无异，皆是有为之法，尽成生灭之缘。未洞本原，终为戏论。

宗镜录第七十八

宋 慧日永明妙圆正修智觉禅师延寿集

夫言一觉一切觉,云何教中分其多种?

答:觉体是一,随用分多。用有浅深,觉无前后。如《璎珞经》云:妙觉方称寂照,等觉照寂。又,觉有三义:一觉察,如睡梦觉。亦如人觉贼,贼无能为,妄即贼也。二觉照,即照理事也。亦如莲华开,照见自心一真法界,恒沙性德,如其胜义,觉诸法故。三妙觉,即上二觉,离觉所觉,故为妙耳,非更别觉故。经云:无有佛涅槃,远离觉所觉。又,觉性无觉,即根本智。觉相历然,即后得智。

问:既云真如一心,古今不易,因何而有众生相续?

答:平等真法界,无佛无众生。随于染净缘,遂成十法界。以真心随缘,不守自性,只为众生不自知无性之性故,但随染缘成凡,随净缘成圣。如虚谷响,任缘所发。又如大虚忽云,明镜忽尘。求一念最初起处,了不可得,故号无始无明。《首楞严经》云:佛告阿难:云何名为众生颠倒?阿难,由性明心,性明圆故,因明发性,性妄见生,从毕竟无,成究竟有。此有所有,非因所因,住所住相,了无根本,本此无住,建立世界,及诸众生,迷本圆明,是生虚妄。妄性无体,非有所依。将欲复真,欲真已非。真真如性,非真求复,宛成非相，非生非住，非心非法，展转发生，生力发明，熏以成业，同业相感，因有感业，相灭相生，由是故有众生颠倒。古释云：因明发性，性妄见生，因托性明，变影而起，托影而生，从虚执有。故云：从毕竟无，成究竟有，即业相也。此有所有，非因所因，转相也。业相为能有，转相为所有，能所既分，二相斯有，故云：有所有相，即此转相能行，现形而立，因前而起，引后而生，展转相因，名非因所因，即此现相，能引六尘境界，现相是能住，六尘是所住，故云：住所住相。本此无住，以立世界者，现相从妄所立，本无所依，此现相以成世界之本，故云：本此无住以立世界。从无住本，立一切法。无住者，即是无明。无明无因，故无住。此之三相，俱是无始一念妄心，总号无明。迷本圆明，是生虚妄。妄性无体，非有所依。将欲复真，欲真已非。真真如性，非真求复，宛成非相，非生非住，非心非法者，初是业相，即是妄觉之心，体即虚妄。此妄初起，更无因始，名非有所依。将欲复真，欲真已非，释转相。即真上影像相，似真非真，妄觉执此为真。即初念名动，动必有静，静复似真，形动立静，非真不动，故云：欲真已非。真真如性，本不因动而立于静，故云：非真求复。宛成非相，释现相，从此现相，变起一切境界。非相现相，非生现生，非住现住，非心现心，非法现法，释次第者。初从明暗二相相形，而生于色，即是结暗成色，形显色也。因色即有根尘留碍，名之为住。因有根尘，即有能分别识，名之为心。览此尘像，为识境界，名之为法。此等展转，相因而有，返显真如，相无明暗。无相形，故非相。无起灭，故非生。无留碍，故非住。无缘虑，故非心。离尘像，故非法。又解：或前标三相，相因而有，以列次第。后三相合释，都言三相虚妄，体即无明，更无所因，故云：非有所依。即此三相，影真而起，似真非真，执影为实，故云：将欲复真。影既不实，故云：欲真已非。宛成非相下，对妄说真，以立名号。既依妄显真以立名号，故知建立地位，从此而有。若不因妄说真，亦无地位名字可说。故知三界有法，皆捏所成，本无根绪，无始妄习，展转相传，迄至于今，成其途辙。如最初一人，捏出一事，后人信受，展转相传，则一人传虚，万人传实，从迷积迷，以历尘劫。若识最初一念起处不真，即顿悟前非，大道坦然，更无余事。如云但知今日是，何虑昔年非？是知，有情无情，究其初原，皆不出一心本际。

如《法性论》云：问：本际可得闻乎？

答：理妙难观，故有不知之说。旨微罕见，故发幢英之问。有天名曰幢英，问文殊师利：所言本际，为何谓乎？文殊答曰：众生之原，名曰本际。又问：众生之原，为何谓乎？答曰：生死之本，为众生原。又问：于彼何谓为生死本？答曰：虚空之本，为生死原。幢英于是抱玄音而辍问，始悟不住之本。若然，则因缘之始，可闻而不可明，可存而不可论。

问：虚空有本乎？

答：无。

问：若无有本，何故云虚空之本，为生死原？

答：此犹本际之本耳。则于虚空无本，为众本之宗。化表无化,为万化之府矣。又,凡亦是心,圣亦是心,以所习处下,不能自弘,则溺尘劳耳。若以心托事则狭劣,若以事从心则广大,凡世人多外重其事,而内不晓其心,是以所作,皆非究竟,以所附处卑故耳。如搏牛之虻,飞极百步。若附鸾尾,则一翥万里。非其翼工,所托迅也。亦如墙头之草、角里之声,皆能致其高远者,所托之胜也。如入宗镜,一一附丁自心,则毛吞巨浸,尘含十方,岂非深广乎?

问:内外唯识,心境皆空,云何教中又立外相?

答:因了相空,方谈唯识。若执有相,唯识义不成。若执无相,真空理不显。以无相即相,方达真空。相即无相,始明唯识。所以《摄大乘论》云:唯识道理,须明三相:一通达唯量,外尘实无所有故。二通达唯二,相及见唯识故。三通达种种色生,但有种种相貌,而无体故。所以《摄大乘论》云:一切相有二种:谓现住及所立,散心所缘六尘,名现住。定心所缘骨锁等,为所立。复次似尘显现名相,谓所缘境。似识显现名见,谓能缘识。此二法,一是因,二是果。又,一是所依,二是能依。是知,因内起念,想象思惟,则外现其相貌。念若不起,相不现前,以因内生外,故摄末归本,全境是心。何者?若心不起,境本空故,一切境界,唯心妄动。

问:约世间妄见,定是何识?

答:众生所见,即是乱识。《中边分别论》云:谓一切世间,但唯乱识。此乱识,云何名虚妄?由境不实故,由体散乱故。又,若执永无乱识,系缚解脱,皆不成就,即起邪见,拨净不净品。故知,因迷得悟,非无所以。从凡入圣,盖有缘由。如影像表镜明,因妄识成真智。

问:定中所见定果色,是定心自现,非缘现在外色。又非忆持过去境,可验唯心。未得定者,皆是散意所见外色,云何证是自心?

答:定内定外,静乱虽殊,所见之色,皆唯自识。以外境无体,从缘而生。生性本空,无相可得。《识论》云:如观行人,定中所见色相境界,识所显现,定无境界。此青等色相,是定境,非所忆持识。忆持识有染污,此起现前所见,分明清净,则唯识之旨,于此弥彰。如依镜面,但有自面,无有别影。何以故?诸法和合道理,难可思议,不可见法而令得见。定心亦尔,定心有二分:一分似识,一分似尘。此二种,实唯是识。若忆持识是过去色,此定中色,若在散心五识,可言缘现在外尘起。若散意识,缘过去尘起。若在观中,必不得缘外色为境。色在现前,又非缘过去境,当知定心所缘色,即见自心,不见别境。以定中色,比定外色,应知亦无别境。是知,一心即万法,万法即一心。何者?以一心不动,举体为万法故。如《起信钞》释疏云:举体者,谓真如举体成生灭,生灭无性即是真如。未曾有真如处不生灭,未曾有生灭处不真如。又云:不同空者,灵然觉知。觉知,即神解义,阴阳不测谓之神。解即是智,智即是知,知即一心也,故以知为心体。所以祖师云:空寂体上,自有本智能知。大意云:于一切染净法中,有真实之体,了然鉴觉,目之为心。

问：外诸境界，既称内识似色显现，但是唯识者，云何不随识变异？

答：若执外色实住，即是于无色中见色，妄生颠倒。如捏目生二相，岂是真实？

《摄论》问云：若无别色尘，唯是本识，何故显现似色等？云何相续坚住，前后相似？若是识变异所作，则应乍起乍灭，改转不定，云何一色，于多时中，相续久住？故知应有别色。

答：由颠倒故，颠倒是烦恼根本。由识变异，起诸分别，依他性与分别性相应，即是颠倒烦恼所依止处。颠倒烦恼，又是识变异所依止处。若无互为依止义，则识无变异，于非物中分别为物，不应有此颠倒。若无烦恼，岂有圣道？故此义亦不成，是故应信离识无别法。

问：内心分别称识。外色不分别，如何是识？

答：能见所见，皆是乱识，无中执有，色本自虚。

《摄论》云：乱识者，无中执有名乱。十一识中，世等六识，随一识唯二分：一分变异成色等相，一分变异成见等。不出此二识性，能分别则成见，不能分别则成相。如《无所有菩萨经》云：尔时世尊，告无所有言：汝当为此诸菩萨等，说五阴聚、和合身事。无所有菩萨言：世尊，如我所见，如佛色空，我色亦尔。如佛色，一切众生色、一切树林药草色亦尔。如一切树林药草色，彼一切界和合聚色亦尔。所有空色、及我色、如来色、一切众生色、一切树林药草等色、一切界和合聚色，无有二相，非法、非非法。诸少智者，于无色中,或作是想:希望欲入此法行。于无色中,妄起行想,略说乃至受想行识中,如是作,如色所作,如虚空识,我识亦尔。如彼识,如来识亦尔。如如来识,彼识、一切众生识亦尔。如一切众生识,彼识、一切树林药草识亦尔。真虚空识、如来识、及我识、一切众生识、一切树林药草识亦尔。一切和合识,无二相,不可知,不可分别,不生,无等等。

问:既称唯有识,何得立色名?

答:一切名,皆是客义。名中无法,法中无名。名不当法,法不当名。经云:是自性,无生无灭,无染无净。此色无所有,为通相。若有生,即有染。若有灭,即有净。由无此四义,故色无别相。经云:由假立客名,随说诸相。《摄论》云:一切法以识为相,真如为体。又云:一切相,有二种:一如外显现,二如内显现。如外是相,如内是思惟。故知,一体现二,内外双分,则心非内外,内外是心。又,能所相成,心境互摄,二而不二,常冥一味之真原。不二而二,恒分心境之虚相。

问:心念念灭刹那相,内身外色,亦刹那灭耶?

答:内外诸色,唯心执受,亦随心念念刹那灭。心外更无一法,可作常住,可作生灭。《杂集论》云:如心心法是刹那相,当知色等亦刹那相,有其八义:一、由心执受故,谓色等身,由刹那心念念执受,故刹那灭等。二、等心安危故,谓色等身,恒与识俱,识若舍离,即便烂坏。三、随心转变故,谓世间现见,心在苦乐贪瞋等位,身随转变,随刹那心而转变，故身念念灭。四、是心所依故，谓世间共知，心依止有根身，如火依薪，如芽依种等，是故此身，是刹那心依止，故亦刹那灭。五、心增上生者，谓一切内外色皆心增上所生，能生因刹那灭故，所生果亦刹那灭。六、心自在转故，谓若证得胜威德心，于一切色如其所欲，自在转变，由随刹那能变胜解转变生故，色等刹那生灭道理成就。七、于最后位变坏可得故，谓诸色等，初离自性念念变坏，于最后位欻尔变坏，不应道理，然此可得，故知色等从初已来，念念变坏，自类相续，渐增为因，能引最后粗相变坏，是故色等念念生灭。八、生已不待缘，自然坏灭故，谓一切法，从缘生已，不待坏缘，自然坏灭。故知，一切可灭坏法，初才生已，即便坏灭，是故诸法刹那义成。《大智度论》云：若诸法实有，不应以心识故知有相。若以心识故知有，是则非有。如地坚相，以身根身识知故有。若无身根身识知，则无坚相。又，因缘和合生故空，唯心故空。是知，内色外色，皆识建立，随心有无，实无自体。

问：《论》唯有内心、实无外境者，如修十善业，受天堂乐。作五逆罪，受地狱苦。升忉利，则五欲悦目。堕泥犁，则万苦攒身。悦目有灵凤翔鸾，作欢乐之事。攒身有铁蛇铜狗，为逼恼之殃。明知非但内心，实有外境。

答：天堂地狱苦乐之相，皆是自心果报业影。既以自心所作为因，还以自心所受为果。故经云：未有自作他受。今且约地狱界受苦，以证唯心，十法界中，例皆如是。

《识论》问：云何名为四大转变？彼四大种种转变，动手脚等及口言说,令受罪人,生于惊怖,如有两羊,从两边来,共杀害彼,地狱众生,见有诸山,或来或去,杀害众生。以是义故,不得说言:唯有内心,无外境界。

答曰:偈言:若依众生业,四大如是变。何故不依业,心如是转变。汝向言彼罪人业、外四大等如是转变,何故不言依彼众生罪业力故,内自心识如是转变?又偈言:业熏于异法,果云何异处。善恶熏于心,何故离心说?故偈言业熏于异法,果云何异处者,此以何义?彼地狱中,受苦众生所有罪业,依本心作,还在心中,不离于心。以是义故,恶业熏心,还应心中,受苦果报。何以故?以善恶业,熏于心识,而不熏彼外四大等。以四大中,无所熏事。云何虚妄分别,说言四大转变,于四大中受苦果报?是故偈言:善恶熏于心,何故离心说。如《无尽意菩萨经》云:菩萨所作精进,常与身口意相应。虽身口精进,皆由于心,心为增上。云何菩萨心精进?所谓心始心终:云何心始?初发心故。云何心终?菩提心寂灭故。是知,起尽俱心,初终咸尔,非唯净业,万事皆然,不出一心,圆满觉道。

又如油尽灯灭,业丧苦亡。若定有外境可观,非内所感,只合长时受苦,无解脱期。既有休时,当知无实,可验心生法生,心灭法灭矣。是以,一切众生从无始来,作虚妄因,受虚妄果,皆从情结,唯逐想生。所以《首楞严经》云:即时阿难及诸大众,乃至而白佛言:世尊,若此妙明真净妙心,本来遍圆,如是乃至大地草木、蠕动含灵,本元真如,即是如来,成佛真体。佛体真实,云何复有地狱、饿鬼、畜生、修罗、人、天等道?世尊,此道为复本来自有,为是众生妄习生起?

世尊,如宝莲香比丘尼,持菩萨戒,私行淫欲,妄言:行淫非杀非偷,无有业报。发是语已,先于女根,生大猛火,后于节节猛火烧然,堕无间狱。瑠璃大王,善星比丘,瑠璃为诛瞿昙族姓,善星妄说一切法空,生身陷入阿鼻地狱。此诸地狱,为有定处,为复自然?彼彼发业,各各私受,唯垂大慈,发开童蒙,令诸一切持戒众生,闻决定义,欢喜顶戴,谨洁无犯。佛告阿难:快哉此问!令诸众生不入邪见。汝今谛听,当为汝说。阿难,一切众生实本真净,因彼妄见,有妄习生,因此分开内分外分。阿难,内分即是众生分内,因诸爱染,发起妄情,情积不休,能生爱水,是故众生心忆珍羞,口中水出。心忆前人,或怜或恨,目中泪盈。贪求财宝,心发爱涎,举体光润。心著行淫,男女二根,自然流液。阿难,诸爱虽别,流结是同,润湿不升,自然从坠,此名内分。阿难,外分即是众生分外,因诸渴仰,发明虚想,想积不休,能生胜气,是故众生,心持禁戒,举身轻清。心持咒印,顾眄雄毅。心欲生天,梦想飞举。心存佛国,圣境冥现。事善知识,自轻身命。阿难,诸想虽别,轻举是同,飞动不沉,自然超越,此名外分。故知因情滞著,能成爱水,浸渍不休,自然成坠,以情地幽隐,故为内分。以举念缘尘,取像名想,运动散乱,故名外分。一切境界,非想不生。故经云:若知一切国土,唯想持之,是则名为初发心菩萨。又,《华严经》颂云:勇猛诸佛子,随顺入妙法。善观一切想,缠网于世间。众想如阳焰,令众生倒解。菩萨善知想,舍离一切倒。众生各别异,形类非一种。了达皆是想,一切无真实。十方诸众生,皆为想所覆。若舍颠倒见,则灭世间想。世间如阳焰,以想有差

别。知世住于想，远离三颠倒。譬如热时焰，世见谓为水。水实无所有，智者不应求。众生亦复然，世趣皆无有。如焰住于想，无碍心境界。若离于诸想，亦离诸戏论。愚痴著想者，悉令得解脱。远离憍慢心，除灭世间想。住尽无尽处，是菩萨方便。又云：譬如有人，将欲命终，见随其业，所受报相。行恶业者，见于地狱、畜生、饿鬼所有一切众苦境界：或见狱卒手持兵仗，或瞋或骂，囚执将去，亦闻号叫悲叹之声。或见灰河，或见镬汤，或见刀山，或见剑树，种种逼迫，受诸苦恼。作善业者，即见一切诸天宫殿，无量天众，天诸婇女，种种衣服，具足庄严，宫殿园林，尽皆妙好。身虽未死，而由业力，见如是事。《大智度论》云：如乾闼婆城者，非城，人心想为城。凡夫亦如是，非身想为身，非心想为心。故知，地狱天堂，本无定处，身犹未往，已现自心。境不现前，唯心妄见。可验苦乐之境，本无从出。善恶之事，唯自召来。空是空非，妄生妄死。如达摩大师云：由己见故不得道。己者，我也。若无我者，逢物不是非。是者我自是，而物非是也。非者我自非，而物非非也。若入宗镜，我法俱空，心境自亡，是非咸寂，神性独立，对待无从，斯皆悟本而成，非因学得。如先德云：境自虚，不须畏，终朝照瞩元无对。设使任持浮幻身，任运都无舌身意。又，昔人偈云：宁神泯是非，现身安乐国。所以《论》云：智境豁然，名为佛国。

又如有学人问百丈和尚云：对一切境，如何得心如木石？

答：一切诸法，本不自言是非垢净，亦无心系缚人。但人自虚妄计著，作若干种解，起若干种见，生若干种畏爱。但了诸法不自生，皆从自己颠倒取相而有，知心与境，本不相到，当处解脱。一一诸法、一一诸心，当处寂灭，当处是道场。又，本有之性，不可名目，本来不是凡、不是圣，不是愚、不是智，不是垢、不是净，亦非空有善恶，与诸染法相应，名众生界。与诸净法相应，名人天二乘。若垢净心尽，不住系缚解脱，无一切有为无为缚脱等心量，处于生死，其心自在，毕竟不与诸虚幻尘劳、蕴界生死诸入和合，迥然无住，一切不拘，去来无碍，往来生死，如门开相似。

问：地狱既是非情，云何动作？

答：是有情不思议业力所感，令受罪众生，自见有如是事。如成劫风，虽是无情，亦能成劫，似磁毛石，岂有识想，令铁转移？设使众生轮回六趣、善恶升沉，实无主宰，人法俱空。所以先德云：往复无际，动静一原。含众妙而有余，超言思而迥出者，其唯法界乎？故知，若入一际法界之中，有何差别？能所冥合，境智同如，岂可更有一法为动为静，随业识之转乎？若未入法界，不悟此宗。但有一法当情，皆是自之业识，离识之外，决定无法。

问：凡所施为皆是自心者，云何杀生而得杀罪？

答：皆是依于自心分别，强执善恶之因，妄受苦乐之果。若究三轮之体，能杀所杀本空。是以，文殊执剑于瞿昙，鸯崛持刀于释氏，终不见生见杀，执自执他，妄受轮回，酬还罪报。

《识论》问云：若彼三界，唯是内心，无有身口外境者，何故屠猎师等，杀害猪羊等，得杀生罪？

偈答云：死依于他心，亦有依自心。依种种因缘，破失自心识。释曰：如人依鬼、毗舍阇等，是故失心。或依自心，是故失心。或有忆念爱不爱事，是故失心。或有梦见鬼著失心，或有圣人神通转变，前人失心。如一比丘，夜蹋爪皮，谓杀虾蟇，死入恶道，故云死依于他心，亦有依自心者，以依仙人瞋心，瞋毗摩质多罗阿修罗王故，杀余众生，此依他心。他众生心，虚妄分别，命根谢灭，以彼身命，相续断绝，应如是知。颂云：经说檀拏迦，迦陵摩灯国。仙人瞋故空，是故心业重。问：依仙人瞋心，依仙人鬼，杀害如是三国众生，非依仙人瞋心而死？答：佛问尼乾子言：摩登伽等三国众生，汝颇曾闻，云何而死？为身业杀，为意业杀？尼乾子言：瞿昙，我昔曾闻，仙人瞋心，以意业杀尔所众生。佛言：以是成我义，三界唯心，无身口业。何以故？如世人言：贼烧山林、聚落城邑，不言火烧。此义亦尔，唯依心，其善恶业得成。故偈云：诸法心为本，诸法心为胜。离心无诸法，唯心身口名。《成实论》云：若离心有业，非众生亦应有罪福。如风颓山，恼害众生，风应有罪。若吹香华，来堕塔寺，亦应有福。是则不可，故知离心无罪福也。以此文证，罪福据心，无身口业。身口业者，但有名字，实是意业，身口名说。《华严会意》云：凡有见自见他，皆是迷心自现。何者？如见他持刀杀自，当知他自，皆从自生，以离自见心，无自他故。非但自他是心妄现，即所持刀杖，故亦是自心。何以故？心外无彼实刀杖故，见所持者唯六尘故。由不知自心现，见杀即惶惧不安。若了唯是自心，纵杀谁忧谁惧？皆由妄心生，故种种有。妄心灭，故种种无。既知唯心妄现，心不见心，即物我俱亡，忧喜咸寂。又如梦中杀事，亦如是也，如说世间恒如梦，不可得有无。《密严经》云：内外境界、心之所行，皆唯是识，惑乱而见。此中无我，亦无我所，能害所害，害及害具，一切皆是意识境界，依阿赖耶识，如是分别。

又，古师问云：若所见皆是自相分，如何杀自相分而得怨报？

答：虽观他人扶尘根是自相分，于他是亲相分，有执受故。如误杀他，即断命根，即有罪，于自即是疏相分。

问：经中所云：一切法如梦，以证唯心者，云何梦中事虚，寤中事实，果报不等？法喻不齐，云何引证？

答：所申譬况，皆为不信之人，假此发明，所以智不难喻，但求见道，证会自心，何用检方便之诠、执圆常之理？此梦喻一法，证验最亲。《识论》答外难云：汝言梦中所见饮食饥饱、刀杖毒药，如是等事，皆悉无用。寤时所见如是等事，皆悉有用，此义不然。颂云：如梦中无女，动身失不净。如梦交会，漏失不净。众生如是无始世来，虚妄受用色香味等外诸境界，皆亦如是，实无而成。

又问：若梦中无境，寤亦尔者，何故梦中寤中，行善恶法、爱与不爱，果报不等？

答：唯有内心，无外境界。以梦寤心，差别不同，是故不依外境，成就善不善业。是以，在梦位心，由睡眠坏，势力羸劣，心弱，不能成善恶业。觉心不尔，故所造行，当受异熟。

胜劣不同,非由外境。设觉中所受苦乐实果报,亦无作者受者,悉如幻梦。

又,论云睡眠昧略为性者,疏云:昧简在定,略别寤时。《义天钞》云:昧简在定者,此睡眠位,虽然专注一类微细之境,与定不同,定意识取境明了故,此乃闇昧。略别寤时者,彼觉寤时,心极明利,具能缘于六尘之境,则寤时心心所缘境宽广也。此睡眠位心心所不明利故,唯缘一法尘境,取境少故,名为略也。《宝积经》偈云:诸法自性不可得,如梦行欲悉皆虚。但随想起非实有,世尊知法亦如是。以一切法,念念无住故,念念生灭故,念念不可得故,念念无自性故,梦寤所受忧喜苦乐,虽延促不等,果报有殊。然悉从识变,皆因想成,道理推穷,无不平等,并是明闇意识所行境界。觉中是明了意识,梦中是梦中意识,觉梦虽殊,俱不出意。故经云:寤则想心,寐为诸梦。若无梦则诸境不现,无想则万法不成,以随意生形,从想立法故。若有入此如梦法门,则亲证唯心,疾成佛智,能满菩提之道,广兴法利之门。如《华严经》颂云:菩萨了世法,一切皆如梦。非处非无处,体性恒寂灭。诸法无分别,如梦不异心。三世诸世间,一切悉如是。梦体无生灭,亦无有方所。三界悉如是,见者心解脱。梦不在世间,不在非世间。此二不分别,得入于忍地。譬如梦中见,种种诸异相。世间亦如是,与梦无差别。住于梦定者,了世皆如梦。非同非是异,非一非种种。众生诸刹业,杂染及清净。如是悉了知,与梦皆平等。菩萨所行行,及以诸大愿。明了皆如梦,与世亦无别。了世皆空寂,不坏于世法。譬如梦所见,长短等诸色。是名如梦忍,因此了世法。

疾成无碍智，广度诸群生。修行如是行，出生广大解。巧知诸法性，于法心无著。《成唯识宝生论》云：如梦有损用，虽无外境，理亦得成。由于梦内男女两交，各以自根，更互相触，虽无外境触，而有作用成，现流不净。但是识想，自与合会，为其动作。此既如是，于余亦然：恶毒刀兵，霜雹伤害，虽无外境，但依其识，有毒刀等，何理不成？乃至若尔梦餐毒等，应成身病，此亦由其唯识有用，犹如于境，而有定属。还将后答，用杜先疑：或复有时见其毒等，虽无实境，而有作用，由见不被蛇之所螫，然有疑毒，能令闷绝，流污心迷。若遭蛇螫，亦于梦中，由咒天等，增上力故，遂令饱食，气力充强。又复闻乎为求子息，事隐林人，梦见有人共为交集，便得其子。如何得知，于彼梦内，被毒等伤，是为非有？睡觉之后，不睹见故。今此所论，还同彼类，于现觉时，将为实事，见毒药等，执为非谬，真智觉时，便不见故，同彼梦中，体非是实。然于梦中许实色等，彼亦获斯非所爱事，毒等果用，便成实有。若言无者，但有毒相等用，无此云毒状，便成违害。许毒相等，固成无益，于其识上，药体无故。是故定知，实无外境，但于觉心生其作用。犹如于梦，觉亦同然，斯乃真成称契道理。释曰：且如梦中，实无蛇螫，识心才变，怖境枞然，如同蛇螫。若觉中实被蛇螫，疑心不生，亦不为害。近闻世间有人，于路被毒蛇螫胫，其人自见，为是树椿所伤，行经三十余里，毒亦不发。忽遇禁蛇之人指云：汝被毒蛇螫了。才闻是语，疑心顿起，毒发便终。若执心外实有毒蛇之境，心未生时，毒何不发？故知，心外无境，蛇毒不能杀人。心毒起时，自能成害。是以，境无心有，境便现前。境有心无，境终不现。例一切法，悉亦如然，可验唯心，成就宗镜。如教中佛密意说如幻等，总有十喻，于中梦喻，所悟不同，随智浅深，且约五种：一、世间凡夫解者，只知浮生短促，如梦不久。二、声闻证处，但了梦心，生灭无常，苦空无我。三、小菩萨，悟梦不实，彻底唯空。四、大菩萨，达梦唯心，非空非有。梦中所见故非空，觉后寂然故非有。五、祖佛圆证法界，如正梦时，只一念眠心，现善恶百千境界。况瞥起一念心时，具十种法界因果，重重无尽，历历区分。如《法华》梦入铜轮，成佛度生，经无量劫。《华严》善财登阁，于一念梦定之心，刹那之间，悉见不可思议三世佛事。如古诗云：枕上片时春梦中，行尽江南数千里。

宗镜录第七十九

宋 慧日永明妙圆正修智觉禅师延寿集

夫心外无法，法外无心，如是了知，则真善知识。一心妙理，圆证无疑，何故闻外善恶知识，而生听受？

答：皆是增上因缘和合，虚妄分别而成，彼此情生，无有真实。

《识论》问云：何故遇善知识，闻说善法。值恶知识，闻说恶法？若无外一切外境者，彼云何说？若不说者，云何得闻。若不闻者，此云何成？

偈答：递共增上因，彼此心缘合。以一切众生，虚妄分别，思惟忆念，彼说我闻，而实无有彼前境界。是以，若执内外，则心境对治，尚未入于信门，何乃称于听法持心？《梵天所问经》云：眼耳鼻舌身意，无所流闻，乃曰听经，其有染污于诸入者，则无所闻，便在于色。《金刚场陀罗尼经》云：无有诸法，是名一字陀罗尼法门。若能如是信解，则听者无闻无得，心境不二，方闻佛所说经，可谓真闻，遇善知识。若以缘心听法，此法亦缘，非得法性，则随境界流，逐因缘转，皆为不了自法，遂令内外缘分。如经云：佛言：随有是经之处，则为有佛，若我住世无异。故知，自心之佛，无处不遍，宁论前后出没耶？若随异境，则生灭无常。见他佛，则隐显无恒。诵他经，则音声间断。故祖师云：外求有相佛，与汝不相似。志公云：每日诵经千卷，纸上见经不识。又，先德云：出息不依外缘，入息不依阴界而住。常转如是经，非但百千万卷，争如悟此真善知识，念念现前。自转无尽藏经，炽然恒演。

问：若心虚境寂，理实无差。现对根尘，事相违反。如何明彻，境智一如？

答：一期根境，俗有真无，毕竟自他皆无所得。又，若定执真有俗无，则成增减二谤。但二谛双会，圆了一心。如《佛性论》难云：若诸法无实性者，即与证量相违，则能所习不可得。我现见声耳相对，所以得闻，故知不空。释曰：是义不然，何以故？是能所及证量自性，皆不可得，自性不成。若一性不成者，多性云何成？又，汝说证量云何成者，今我立证量，显了二空，诸法空故，自性不可得，如见幻事幻物者，证量所见，不如实有。诸法亦尔，不如所见而有所见，由体不实故不有，由证量故不无。由体无故，空义得成。以证量故，假有不失。又云：依他性相者，能执所执，增益又损减。由解此性故，此执不生。若见真为有，则是增益，名为常见。若见俗定无，则是损减，名为断见。唯有似尘识故，别无能所，无能所故，无增益执。由有似尘识故，无损减执。若知外尘是识而似显现，则非无。了外相本虚如幻所作，则非有。非无则不坏俗谛，非有则不隐真谛。是以，真俗融即而常异，空有双现而恒同，方超戏论之情，始会一心之旨。如《摩诃般若经》云：说是般若波罗蜜品时，佛在四众中，天人龙鬼神、紧那罗、摩睺罗伽等，于大众前而现神足变化，一切大众皆见阿閦佛、比丘僧围遶说法。乃至尔时佛摄神足，一切大众不复见阿閦佛、声闻人、菩萨摩诃萨及其国土，不与眼作对。何以故？佛摄神足故。尔时佛告阿难：如是阿难，一切法不与眼作对，法法不相见，法法不相知。如是阿难，如阿閦佛弟子、菩萨国土不与眼作对。如是阿难，一切法不与眼作对，法法不相知，法法不相见。何以故？一切法无知无见、无作无动、不可捉、不可思议。如幻人无受无觉、无真实，菩萨摩诃萨如是行，为行般若波罗蜜。释曰：若行般若者，则是直了一心智性，了色无形，非眼境界。乃至达法体寂，非意所知，但是随心暂现，还随心灭，故云一切法无知无见。《大智度论》云：相不能知无相，譬如刀虽利，不能破空。无相不能知相者，有人言：内智慧无定相，外所缘法有定相，心随缘而生，是故说无相不应知相。譬如无刀，虽有物，无刀可斫。是知，若心有境无，亦不知见。若心无境有，亦不知见。若心境俱有，各无自性。各既不知，合岂成见？若心境俱无，亦不知见，有尚不知，无岂成见？则心境俱空，万有咸寂。如是则尚无一法冥合相顺，宁有根境对待而作相违者乎？如一切差别违顺之境，皆是一心之量，无有障碍，亦无解脱。譬如水不洗水，火不灭火。何者？以一体故，不相陵灭。若有异法，方成对治。如今但先得旨，自合真如。故经云：法随于如，无所随故。若有所随，则有能随之别。既无所随，亦无能随故，则法外无如，如外无法。所以经云：如理作意，于一切法平等相应，是则具足一切佛法。《华严疏》云：以如为佛，则无境非如者。《大品经》答常啼云：诸法如，即是佛。《金刚经》云：如来者，即诸法如义。既

以如为佛，一切法皆如也，何法非佛耶？若信一如，此是开悟本法，生决定解，入自在门。如《华严论》云：经云：善男子，我得自在决定解力，信眼清净，智光照曜，普观境界，离一切障，善巧观察，普眼明彻，具清净行，往诣十方一切佛国土，恭敬供养一切诸佛。此明举本果法，令凡信乐修行，从初发心，修行惯习，十地功终，方依及此初时本样果法也。还以法界中时不迁、智不异、慈悲不异、愿行不异之所成就，以于法界大智无延促中修行故，不如情解。有修行者，莫作延促时分修学，应须善观法界体用。莫如世情，作一刹那计，作三僧祇计，如法界中，都无修短远近故。以此解行，如法修行，于诸境界，善照生灭，令使执尽而成智之大用。于自心境，莫浪摄持，但知放荡任性坦然习之观照，执尽智现，生灭自无，业垢自净，会佛境界，同如来心。佛见自会，非由捉搦。缦作别治，令心狂惑。但自明心境见融，执业便谢。见亡执谢，一切万法，本自无疮，智境朗然，名为佛国也。无烦强生见执，永自沉沦，自作自殃，非他能与。

问：若约见闻外境，则色不至眼，眼不至色，可言唯心，无相可得。只如饮啖之时，根境相入，若言无相，不可以心吃心？

答：六根六境，虽则离合不同，皆唯识变，味性本空。若非是识，谁知咸淡？古师云：只吃相分，本质自在。

问：如吃了，质亦亡，如何？

答：能随既亡，所随亦灭。亦如二十人共一株树，一人伐之,十九人所随亦灭。又,《唯识义镜》释云:共果同在一处,不相障碍者。

问:且如一树,有情共变,而一有情伐用之时,为用自变,为兼用他?若唯自者,余人变者,应存不亡,树何不见?若亦用他,何名唯识?答:有云树等既是共相种生,皆相随顺,互相增益。彼一有情自所变者,所缘亲用。他所变者,与自所变,为增上缘,亦疏缘用。一切相望,自为所顺,他为能顺。由所顺无,能顺亦灭。由斯树丧,唯识亦成。问:何以得知互相增益?答:《对法论》云:有情共业为增上缘。

问:既但唯心,无有万法。目前差别,从何建立?

答:万法但名,实无体相。因名立相,相状元空。因相施名,名字本寂。唯想建立,名相俱虚。反穷想原,亦但名字。既无想体,分别则空。故知,万法出自无名,万名生于无相。名不当相,相不当名,彼此无依,万法何在?相待之名既寂,分别之想俄空。如幻之境冥真,所执之情合觉。《密严经》颂云:世间种种法,一切唯有名。但想所安立,离名无别义。又颂云:能知诸识起,无有所知法。所知唯是名,世法悉如是。以名分别法,法不称于名。诸法性如是,不住于分别。以法唯名故,想即无有体。想无名亦无,何处有分别?若得无分别,身心恒寂静。如木火烧已,毕竟不复生。又颂云:如见杌为人,见人以为杌。人杌二分别,但有于名字。诸大和合中,分别以为色。若离于诸大,色性即无有。

问:若以唯识为宗,则世出世间,唯是一识,万法皆决定空耶?

答:以唯识故,则有世俗谛。既有世俗,则有似尘识幻相不无。以无实不可得,故称空耳。不可起蛇足盐香,决定断空之见。如《密严经》偈云:瓶等众境界,悉以心为体。非瓶似瓶现,是故说为空。世间所有色,诸天宫殿等。皆是阿赖耶,变异而可见。众生身所有,从头至手足。顿生及渐次,无非阿赖耶。习气浊于心,凡愚不能了。此性非是有,亦复非是空。如人以诸物,击破于瓶等。物体若是空,即无能所破。譬如须弥量,我见未为恶。憍慢而著空,此恶过于彼。又经云:宁可执有如须弥,不可执空如芥子。《大般涅槃经》云:解脱者名不空空,空空者名无所有。无所有者,即是外道尼乾子等所计解脱。而是尼乾,实无解脱,故名空空。真解脱者,则不如是,故不空空。不空空者,真解脱,真解脱者即是如来。又,解脱者,名曰不空,如水酒酪酥蜜等瓶,虽无水酒酪酥蜜时,犹故得名为水等瓶,如是瓶等,不可说空及以不空。若言空者,则不得有色香味触。若言不空,而复无有水酒等实。解脱亦尔,不可说色及以非色,不可说空及以不空。若言空者,则不得有常乐我净。若言不空,谁受是常乐我净者?以是义故,不可说空及以不空。空者,谓无二十五有及诸烦恼、一切苦、一切相、一切有为行,如瓶无酪则名为空。不空者,谓真实善色,常乐我净,不动不变,犹如彼瓶色香味触,故名不空。是故解脱,喻如彼瓶,彼瓶遇缘,则有破坏。解脱不尔,不可破坏。不可破坏,即真解脱,真解脱者即是如来。

问：经云：五阴即世间者，一阴名色，四阴名心。云何说内外种种世间，皆从心出？

答：种种五阴，皆从心起，从心现相，名之曰色。经偈云：一切世间中，但有名与色。若欲如实观，但当观名色。色即收尽无情国土，名即收尽有识世间，五阴即世间故。若了五阴俱空，则是出世间，是知世出世间，皆从心起。何者？若意地起贪瞋心，览三涂五阴，罪苦众生发现。意地修戒善心，览人天五阴，受乐众生发现。意地证人空心，览无漏五阴，真圣众生发现。意地立弘誓心，览慈悲五阴，大士众生发现。意地运平等心，览常住五阴，尊极众生发现。今所以置前四阴，但观识阴，如伐树除根、炙病得穴，则生死之苦芽永绝，烦恼之沉痾不生。

又，若毗蓝之风，卷群疑而净尽。犹劫烧之火，荡异执而无余。所以一切世间凡圣同居之处，无不悉是自心，如此悟入，名住真阿兰若正修行处。非论大小之隐，不堕喧静之观。所以古德云：处众不见喧哗，独自亦无寂寞。何故不见喧寂？以但了一心故。如《大乘本生心地观经》云：尔时佛告弥勒菩萨摩诃萨言：汝善男子，当修学者，但有一德，是人应住阿兰若处，求无上道。云何为一？谓观一切烦恼根原，即是自心，了达此法，堪能住止阿兰若处。所以者何？譬如狂犬，被人驱打，但逐瓦石，不逐于人。未来世中，住阿兰若新发心者，亦复如是，若见色声香味触法，其心染著，是人不知烦恼根本，不知五境从自心生，即此名为未能善住阿兰若处。以是因缘，乐住寂静，求无上道。一切菩萨摩诃萨等，

若五欲境现前之时，观察自心，应作是念：我从无始，至于今日，轮回六趣，无有出期，皆自妄心而生迷倒，于五欲境贪爱染著。如是菩萨，名为堪住阿兰若处。是知，不悟自心，徒栖远谷，避喧求静。古人云：举世未有其方。若顿了自心，是真阿兰若，乃至光明遍照，万德俱圆。若不自明，则轮回诸趣。如《顿证毗卢遮那法身字轮瑜伽仪轨》释如来法身观者：先观发起普贤菩萨微妙行愿，复应以三密加持身心，则能入文殊师利大智慧海。然修行最初，于空闲处，摄念安心，闭目端身，结加趺坐，运心普缘无边刹海，谛观三世一切如来，遍于一一佛菩萨前，殷懃恭敬，礼拜旋遶。又以种种供具云海，奉献如是等一切圣众。广大供养已，复应观自心，心本不生，自性成就光明遍照，犹如虚空。复应深起悲念，哀愍众生，不悟自心，轮回诸趣，我当普化拔济，令其开悟，尽无有余。复应观察自心、诸众生心、及诸佛心，本无有异，平等一相，成大菩提心，莹彻清净，廓然周遍，圆明皎洁，成大月轮，量等虚空，无有边际。故知，心无际故，犹若虚空，岂存初后？如《华严经》颂云：心住于世间，世间住于心。于此不妄起，二非二分别。是以，说一说二，是世间语言。立是立非，属意地分别。若顿悟自心，直入宗镜，尚不见无分别，岂特生分别乎？如经颂云：了知非一二，非染亦非净。亦复无杂乱，皆从自想起。不唯世法施为，乃至诸圣作用，起尽根由，皆不出宗镜。故经偈云：刹海无边妙庄严，于一尘中无不入。如是诸佛神通力，一切皆由业性起。如斯妙旨，是现证法门，但初生比信，犹可虚襟，况证入之时，自断余惑，言亡象绝，识灭情消，故祖师云：唯证乃知难可测。

《起信论》云：证发心者，从净心地乃至菩萨究竟地，证何境界？所谓真如，以彼转识，说为境界，而此证者，无有境界，唯真如智，名为法身。

问：内外唯心，是平等理。云何身土不同，内身有觉，外境无知？

答：世界身土，法尔如然，不可执一执异，自性情见。若言法尔者，即法如是。或云法性者，若是法性，即以本识如来藏身为所依持，恒顿变起外诸器界。不出此二：一法应如是，二藏识变起。又，众生业力，亦菩萨万行为因等，所现世界，皆是藏识相分。相分之中，半为外器，而不执受。半为内身，执为自性生觉受故，如来藏识，何缘如此？法如是故，行业引故。上虽分执受不执受二义，俱无自性，全以佛法界如如一真心为体。当知依即正、正即依，不出一心真性矣。且性无不包，有情无情、有觉无觉，皆自心性为体，随缘发现，应处方知。如世间致生祠堂，有政德及民，往往有遗爱去思，为立祠宇，中塑像以四时飨之，其人当飨祭日，则酒气腹饱。亦如丁兰至孝，刻木为母，晨昏敬养，形喜愠之色。且土木不变，唯心感耳。

问：立识方成唯识义，云何境识俱遣？

答：《显识论》云：立唯识，乃一往遣境留心，究竟为论，遣境为欲空心，是其正意。是故境识俱泯，即是实性，实性即是阿摩罗识，所以《唯识论》亦名《破色心论》。《佛性论》云：经中佛以幻师为譬，佛告迦叶：譬如幻师，作诸幻像，所作等幻虎,还食幻师。迦叶,如是观行比丘,随观一境,显现唯空,故实无所有,虚无真实。云何能得离此二边?由依意识,生唯识智。唯识智者,即无尘体智。是唯识智若成,则能还灭自本意识。何以故?以尘无体故,意识不生。意识不生故,唯识自灭。故意识如幻师,唯识智如幻虎,以意识能生唯识。故唯识观成,还能灭于意识。何以故?由尘等无故,意识不生,譬如幻虎,还食幻师。如提婆法师说偈言:意识三有本,识尘是其由。若见尘无体,有种自然灭。《入楞伽经》云:但不取诸境,名为识灭,实不灭识。何者?以境本空,从识变故。以识无体,不须灭故。

是以,识心无体,随境有无,见空生空,见色生色,事来即起,事去还无。如传奥法师云:妄念所缘,于有色处,则不见空,但见于色。于无色处,则见有空。缘有时无时亦尔:缘有时,则见有心生,见无心灭。缘无时,则见无心生,见有心灭。此皆妄念所缘之境。又,事上无事,本全是心,念起尘生,念寂尘灭。如《起信论》云:以一切色法本来是心,实无外色。然既无外色,亦无外空,空尚是无,色焉能有?《论》云:若无色者,则无虚空之相。《疏》释云:本以待色为空,今既唯心无色,何得更有于空也?故知,万法皆相待而有,若入宗镜,自然诸法绝待,归本真心。故《论》云:所谓一切境界,唯心妄起。若心离于妄动,则一切境界灭。唯一真心,无所不遍。

问:世人多执有情动作有识,无情不动作无识。且如葵藿向日而转,芭蕉闻雷而生,橘得尸而敷荣,铁因石而移动。

又如曲发酒醋，火爇山林，此等皆是无情，云何动作？

答：有情无情，各有二义。若有情生死，一是众生业力所为，二是法界性自然生。若无情转动，一是异法性自尔，二是法作。如《大涅槃经》云：佛告师子吼菩萨：善男子，汝言众生悉有佛性，得阿耨多罗三藐三菩提如磁石者，善哉善哉，以有佛性因缘力故，得阿耨多罗三藐三菩提。若言不须修圣道者，是义不然。善男子，譬如有人，行于旷野，渴乏遇井，其井极深，虽不见水，当知必有。是人方便求觅，罐绠汲取则见。佛性亦尔，一切众生虽复有之，要须修集无漏圣道，然后得见。乃至譬如众生造作诸业，若善若恶，非内非外，如是业性，非有非无，亦复非是本无今有、非无因出，非此作此受、此作彼受、彼作彼受、无作无受，时节和合而得果报。众生佛性，亦复如是，亦复非是本无今有，非内非外，非有非无，非此非彼，非余处来，非无因缘，亦非一切众生不见有，诸菩萨时节因缘和合得见。时节者，所谓十住菩萨摩诃萨，修八圣道，于诸众生得平等心，尔时得见，不名为作。善男子，汝言如磁石者，是义不然。何以故？石不吸铁。所以者何？无心业故。善男子，异法有故，异法出生。异法无故，异法灭坏。无有作者，无有坏者。善男子，犹如猛火，不能焚薪，火出薪坏，名为焚薪。善男子，譬如葵藿，随日而转，如是葵藿，亦无敬心，无识无业，异法性故而自回转。善男子，如芭蕉树，因雷增长，是树无耳，无心意识，异法有故，异法增长。异法无故，异法灭坏。善男子，如阿叔迦树，女人摩触，华为之出，是树无心，亦无觉触。异法有故，异法出生。异法无故，异法灭坏。善男子，如橘得尸，果则滋多。

如是橘树，无心无触。异法有故，异法滋多。异法无故，异法灭坏。善男子，如安石榴树，砖骨粪故，果实繁茂。安石榴树，亦无心触。异法有故，异法出生。异法无故，异法灭坏。善男子，磁石吸铁，亦复如是，异法有故，异法出生。异法无故，异法灭坏。众生佛性，亦复如是，不能吸得阿耨多罗三藐三菩提。善男子，无明不能吸取诸行，行亦不能吸取识也。亦得名为无明缘行，行缘于识。有佛无佛，法界常住。

故知，法法无心，尘尘本寂。寂而常用，用而常寂。法无心而随缘成坏，人无心而诸行迁流。如芭蕉闻雷、葵藿向日，无明不取诸行，诸行不吸识心，则法法不相到，法法不相知，法法不相待，法法不相借。皆性自尔故，法如是故。是以，《金刚三昧经》云：心不生境，境不生心。何以故？凡所见境，唯所见心，即不相到也。《华严经》颂云：诸法无作用，亦无有体性。是故彼一切，各各不相知。即不相知也。《维摩经》云：一切法生灭不住，如幻如电。诸法不相待，乃至一念不住。即不相待也。《宝藏论》云：火不待日而热，风不待月而凉。坚石处水，天鼓游光。明暗自尔，干湿同方。物尚不相借，岂况道乎？即不相借也。如火以热为性，风以凉为性，岂假藉他缘乎？天鼓者，日也。常游光照四天下，日出即明，日没即暗，皆是法尔，非关造作。坚石处水者，石虽处水，水不入石。虽同一处，石自干而水自湿。故知，法法标宗，尘尘绝待，则非因缘，亦非自然矣。

问：既唯一真心，教中云何复说诸法如幻？

答：了境是心，万法奚有？以依心所起，无有定体，皆如幻化，毕竟寂灭。《宝积经》云：尔时世尊告幻师言：一切众生及诸资具，皆是幻化，谓由于业之所幻故，诸比丘众，亦是幻化。谓由于法之所幻故，我身亦幻智所幻故，三千大千一切世界亦皆是幻。一切众生共所幻故，凡所有法，无非是幻，因缘和合之所幻故。

又，教中总明十喻，如幻如化，如梦如影等。此是诸佛密意，破众生执世相为实，起于常见，世间共知幻梦等法是空，则不信人法心境等，如幻梦亦空。所以将所信之虚，破所信之实。令所信之实，同所信之虚。然后乃顿悟真宗，遍一切处，心内心外，决定无有实法建立。《大庄严论》云：我昔曾闻有一幻师，有信乐心，至耆阇山为僧设会。供养已讫，幻尸陀罗木，作一女人，端正奇特，在大众前，抱捉此女而呜咂之，共为欲事。时诸比丘见此事已，咸皆嫌忿，而作是言：此无惭人，所为鄙亵，知其如是，不受其供。时彼幻师，既行欲已，闻诸比丘讥诃嫌责，即便以刀，斫刺是女，分解支节，挑目截鼻，种种苦毒，而杀此女。诸比丘等又见此事，倍复嫌忿：我等若当知汝如是，宁饮毒药，不受其供。乃至尔时幻师，即捉尸陀罗木，用示众僧，合掌白言：我向所作，即是此木。于彼木中，有何欲杀？欲安众僧身故，设此饮食，欲令众僧心安，故为此幻耳。愿诸比丘，听我所说，岂可不闻佛于修多罗中，说一切法，犹如幻化？我今为欲成彼语故，故作斯幻。如斯幻身，无寿无命，识之幻师，运转机关，令其视眴，俯仰顾眄，行步进止，或语或笑。以此事故，深知此身，真实无我。《华严经》颂云：世间种种法，一切皆如幻。若能如是知，其心无所动。诸业从心生，故说心如

幻。若离此分别,普灭诸有趣。譬如工幻师,普现诸色像。徒令众贪乐,毕竟无所得。世间亦如是,一切皆如幻。无性亦无生,示现有种种。度脱诸众生,令知法如幻。众生不异幻,了幻无众生。众生及国土,三世所有法。如是悉无余,一切皆如幻。幻作男女形,及象马牛羊。屋宅池泉类,园林华果等。幻物无觉知,亦无有住处。毕竟寂灭相,但随分别现。菩萨能如是,普见诸世间。有无一切法,了达悉如幻。众生及国土,种种业所造。入于如幻际,于彼无依著。如是得善巧,寂灭无戏论。住于无碍地,普现大威力。又,《入法界品》:时童子童女告善财言:善男子,我等证得菩萨解脱,名为幻住。得此解脱故,见一切世界皆幻住,因缘所生故。一切众生皆幻住,业烦恼所起故。一切世间皆幻住,无明有爱等展转缘生故。一切法皆幻住,我见等种种幻缘所生故。一切三世皆幻住,我见等颠倒智所生故。一切众生生灭老死忧悲苦恼皆幻住,虚妄分别所生故。一切国土皆幻住,想倒心倒见倒无明所现故。一切声闻辟支佛皆幻住,智断分别所成故。一切菩萨皆幻住,能自调伏教化众生诸行愿法之所成故。一切菩萨众会变化调伏诸所施为皆幻住,愿智幻所成故。善男子,幻境自性不可思议。《大集经》偈云:如来法界无差别,为钝根者说差别。宣说一法为无量,如大幻师示众生。清凉《疏》释如幻忍者,如一巾幻作一象。《楞伽经》云:智不得有无,而兴大悲心。由了体空,不坏幻相差别故,如象生,即是象死。此二对,应成四句:谓此二无二,故非异。无不二,故非一。非一即非异,故非非一。非异即非一,故非非异。亦绝双照,故非亦一亦异。若以巾上二义、对象上二义辩非一异，略有十句：一、以巾上成象义、对象上差别义，合为一际名不异，此是以本随末、就末明不异。经云：法身流转五道，号曰众生。如来藏受苦乐与因俱，若生若灭等。二、以巾上住自位义、与象上体空义，合为一际名不异，此是以末归本、就本明不异。经云：一切众生即如，不复更灭等。三、以摄末所归之本、与摄本所从之末，此二双融，无碍不异，此是本末平等为不异，以前二经义不相离故。四、以所摄归本之末、亦与所摄随末之本，此二相夺，故名不异，此是本末双泯明不异，以真妄平等，异不可得。次下四门明非一：谓五、以巾住自位义、与象上差别义，此二本末相违相背，故名非一。《楞伽经》云：如来藏不在阿赖耶中，是故七识有生灭，如来藏者不生灭。此之谓也。六、巾上成象义、与象上体空义，此二本末相反相害，故非一。《胜鬘经》云：七识不流转，不受苦乐，非涅槃因，唯如来藏受苦乐等。七、以初相背、与次相害，此二义别，故名非一。谓相背则各相背舍，相去悬远。相害则相与敌对，亲相食害，是故近远非一。以前经文，不相杂故。八、以极相害俱泯而不泯、与极相背俱存而不存，不存不泯，义为非一，此是成坏非一，以七识即空而是有故，真如即隐而是显故。九、上四非一、与四非异，而亦非一，以义不杂故。又，相违是存，相害是泯。然存上有不存之义，泯上有不泯之义。若唯泯无不泯，则色空俱亡，无可相即，以不全泯故，虽相即而色空历然。若唯存无不存，则色空各有定性，不得相即，由有不存故，虽历然而得相即，以体虚故。十、然亦不异，以理遍通故，法无二故。若以不异门取，诸门极相和会。若以非一门取，诸门极

相违害。极违而极顺者,是无障碍法也。又释云:别明义理,于中有二。先成有无,后成四句:言有无者,以三性中,各有二义,皆有无故。圆成二者:一性有,二相无。依他二者:一缘有,二相无。遍计二者:一情有,二理无。今初巾中,即圆成二义,术马皆是依他二义。而术是能成之因,托真而起,故用有体无:用有即是缘有,体无即是性无。三马是所成之果,故相有实无:相有即是缘有,实无即是性无。四明依圆不离,即事同真:生喻于事,死喻于真。事泯理显,故生无死有。以无碍故者,出其所因,即事理无碍也。五中就情则有,妄见分明故。就理则无,以是妄计,必非有故。所以幻喻广说有无者,以惑情所封,有无皆失。理无惑计,有无皆真。是知幻喻诸法,非实非虚、非空非有:若无于有,不成于无。若无于无,不成于有。有无交彻,万化齐融。又五中,各具四句显成,四句者,于中有二:初一重四句,后重重四句。今初又二,先正显,后简非,今初也。初性有相无四者:一有,真性有故。二空,无诸相故。三亦有亦空,义门异故。四非有非空,互融夺故。二用有体无四者:一有,迷真有用故。二空,依真无体故。三亦有亦空,体用不坏故。四非有非空,无体之用故非有,即用之体故非空。三相有实无四者:一有,事相现故。二空,缘成无实故。三俱存,无性不碍缘成,缘成不碍无性故。四俱非,缘成即无性故非有,无性即缘成故非空。四生即是无死即是有四者:一真性显故,二依他即无性故,三性相双存故,四性相即夺故。五情有理无四者:一遍计妄情,能招生死故。二即理而求,不可得故。三要由理无,方即情有。若无情有,不显理无故。四情有即理无，理无即情有故。已上四句，然皆具德以称真故，不同情计定执，四句成谤，皆即有之空，方为具德之空。即空之有，方为具德之有。又，尽有之空，尽空之有，方为具德。又，四句齐照，成解境故。四句齐泯，成行境故，皆言亡虑绝，方为具德耳。所以昔人云：巫山台上，托云雨以去来。舒姑水侧，寄泉流而还往。

故知，聚沫之身非有，如幻之心本空，岂有欲情而成实事？又如庄周，达体虚如幻，见自身为蝴蝶，及梦中自见己身游天崖。是以，凡夫盲无慧目，妄取前尘男女等相，如幻化法，但诳心眼，都无实事，皆业识心动，起见现相，意识分别，强立我人自他差别。若能识幻，方悟前非，终不于空而兴造作。又此幻法，多人错解，执一切法如幻如化，便作空无之见。如方广外道，立空无为宗，不知实义。故《华严论》云：了如幻法，是坚固义。言坚固者，即是常住义。岂可作空无之解？故知，此幻即真，幻不可得。无幻之幻，名为幻法。绝见之见，方名见幻。

问：诸法不真，各无自性，刹那变异，故称为幻。佛身常住，岂称幻耶？

答：诸佛略有二身：一真实身，二方便身。以众生有不见如来真实身故，示方便身，令入真实。若悟入时，即方便身是常住体，了幻不可得故。如鸯崛魔罗，是一切宝庄严国、一切世间乐见上大精进佛，以本愿力，入幻网门，现迹同凡，示行杀害，后见佛悟道，恶业顿消。令一切众生，知得道业亡，不生邪执，皆令仰慕佛法难量，不可思议，有大威力。

所以《鸯崛魔罗经》偈云：如来所变化，众生悉不知。如来所作幻，众幻中之王。大身方便身，是则为如来。

问：一切法如幻，云何有垢净能所对治？

答：只为如幻，故垢净不定，由心回转，凡圣法生。故《思益经》云：垢法说净，见垢实性故。净法说垢，贪著净相故。

又，《庄严经论》云问：若诸法同如幻，以何义故，一为能治，一为所治？偈答云：譬如强幻王，令余幻王退。如是清净法，能令染法尽。释曰：彼能治净法，亦如幻王，由能对治染法，得增上故。彼所治染法，亦如幻王，由于境界，得增上故。如是清净法，能令染法尽者，如彼强力幻王，能令余幻王退。以染净法，各有增上力，随境自在转，故称为王。所以《圆觉经》云：尔时世尊告普眼菩萨言：善男子，彼新学菩萨、及末世众生，欲求如来净圆觉心，应当正念远离诸幻。先依如来奢摩他行，坚持禁戒，安处徒众，宴坐静室，恒作是念：我今此身，四大和合，所谓发毛爪齿、皮肉筋骨、髓脑垢色，皆归于地。涕唾脓血、津液涎沫、淡泪精气、大小便利，皆归于水。暖气归火，动转归风。四大各离，今者妄身，当在何处？即知此身，毕竟无体，和合为相，实同幻化。四缘假合，妄有六根，六根四大，中外合成，妄有缘气，于中积聚，似有缘相，假名为心。善男子，此虚妄心，若无六尘，则不能有。四大分解，无尘可得，于中缘尘，各归散灭，毕竟无有缘心可见。善男子，彼诸众生，幻身灭故，幻心亦灭。幻心灭故，幻尘亦灭。幻尘灭故，幻灭亦灭。幻灭灭故，非幻不灭。

譬如磨镜,垢尽明现。善男子,当知身心,皆为幻垢,垢相永灭,十方清净。善男子,譬如清净摩尼宝珠,映于五色,随方各现。诸愚痴者,见彼摩尼实有五色。善男子,圆觉净性,现于身心,随类各应。彼愚痴者,说净圆觉,实有如是身心自相,亦复如是,由此不能远于幻化。释曰:珠中无五方之色,因光所映。性中无五趣之身,随业而现。迷珠者,执珠中实色。昧性者,认性内虚身。法喻皎然,真伪可验。

宗镜录第八十

宋 慧日永明妙圆正修智觉禅师延寿集

夫入此宗门,云何了一切法如化?

答:以万法无体,名相本空,无而忽有,名之曰化。

如《华严经·十忍品》云:佛子,云何为菩萨摩诃萨如化忍?佛子,此菩萨摩诃萨,知一切世间皆悉如化:所谓一切众生意业化,觉想所起故。一切世间诸行化,分别所起故。一切苦乐颠倒化,妄取所起故。一切世间不实法化,言说所现故。一切烦恼分别化,想念所起故。复有清净调伏化,无分别所现故。于三世不转化,无生平等故。菩萨愿力化,广大修行故。如来大悲化,方便示现故。转法轮方便化,智慧无畏辩才所说故。菩萨如是了知世间出世间化,现证知、广大知、无边知、如事知、自在知、真实知,非虚妄见所能倾动,随世所行,亦不失坏。譬如化不从心起、不从心法起,不从业起、不受果报,非世间生、非世间灭,不可随逐、不可揽触,非久住、非须臾住,非行世间、非离世间,不专系一方、不普属诸方,非有量、非无量,不厌不息、非不厌息,非凡非圣、非染非净、非生非死、非智非愚、非见非不见,非依世间、非入法界,非黠慧、非迟钝,非取非不取,非生死、非涅槃,非有非无有。菩萨如是善巧方便,行于世间,修菩萨道,了知世法,分身化往,不著世间,不取自身,于世于身,无所分别,不住世间、不离世间，不住于法、不离于法，以本愿故，不弃舍一众生界，不调伏少众生界，不分别法，非不分别，知诸法性，无来无去。虽无所有，而满足佛法，了法如化，非有非无。佛子，菩萨摩诃萨，如是安住如化忍时，悉能满足一切诸佛菩提之道，利益众生，是名菩萨摩诃萨第九如化忍。故知善不善法，从心化生，以无作之因，受忽有之果。故六祖云：思恶法，即化为地狱。思善法，化为天堂。毒害化为畜生，慈悲化为菩萨，乃至皆是自性变化。

《大智度论》问云：若一切法皆空如化，何以故有种种说法别异？答曰：如佛所化及余人所化，虽不实，而有种种形像别异。梦中所见种种亦如是：人见梦中好恶事，有生喜者，有生怖者。如镜中像，虽无实事，而随本形，像有好丑。诸法亦如是，虽空而各各有因缘。如佛此中说，于是化法中，有声闻变化、有辟支佛变化、有菩萨变化、有佛变化、有烦恼变化、有业变化。又云：如化者，化主无定物，但以心生，便有所作，皆无有实。人身亦如是，本无所因，但从先世心，生今世身，皆无有实，以是故诸法如化。问：不应言变化事空，何以故？变化心亦从修定得。从此心作种种变化，若人若法，是化有因有果，云何空？答：如佛说观无生从有生得脱，依无为从有为得脱，虽观无生法无，而可作因缘。无为亦尔，变化虽空，亦能生心因缘。复次空不以不见为空，以其无实用故言空，以是故言诸法如化。故知，一切法皆从心生，悉如幻化。虽幻化不实，亦可作善恶之因缘，受升沉之报应，不可生于断见，但了体虚，莫生取舍。

问：凡有相法，皆从变化。心无形相，云何化现？

答：心本是化，理不思议，从心现心，如化起化。《佛地论》云：心化唯二：一自身相应，谓自心上化现种种心，及心法影像差别。二他身相应，谓令他心，亦现种种心，及心法影像差别。此并相分，似见分现。有义，定力能令自心解非分法，名化自心。加被有情，令愚昧者解深细法，令失念者得正忆念，名化他心。然心无化，无形质故。如论说言：心无形故，不可变化。又说：化身无心心法。此就二乘及诸异生定力而说，彼定力劣，不能化现无形质法。诸佛菩萨不思议定，皆能化现。若不尔者，云何如来现贪瞋等？云何声闻及傍生等，知如来心？云何经说化无量类，皆令有心？云何此论说诸化意业？云何经说有依他心？但诸化色，同实色用。化根及心，但有相现，不同实用。又就下类，故作是说。若尔，云何不化非情，令心相现？非情已是心等相分，云何复令有心相现？若心相现，则名有情，非非情摄。是故化心，但说二种：一自身，二他身化等。

问：此一心门，理无异辙。约机对法，教有多门。于一法中，名字差别：或名佛性，或称如来藏。云何成藏义，云何名佛性？

答：如来藏者，是真识心。是真心中，具有一切恒沙佛法。如妄心中，具有恒沙染法。是心与法，同一体性，故名如来藏。即一切众生有如来藏，能为佛因，名有佛性。如睡心中有觉悟性，如黄石中有金性，白石中有银性，如是，一切世间法中皆有涅槃性。此性即是众生自实，故名为我，我即佛性。隐则名为如来藏，显则名为法身。

问：若众生自实，名为佛性，觉此性故，名为佛者。但了一性，即契本原。云何教中，或说二三四五种等佛性不同？

答：《大涅槃经》云：正因佛性，众生心是也。又云：佛性者，不名一法，不名十法，不名百法，不名千法，不名万法。未得菩提时，一切善恶无记，皆名佛性。故知，未得菩提时，一切诸法尚非名数。岂况悟了，更说二三？然虽开合，一性无差，约本末因果，而分多种。《佛性论》云：佛性有三种：所谓三因，三种佛性。三因者：一应得因，二加行因，三圆满因。此三因，前一因则以无为如理为体，后二因则以有为愿行为体。三种佛性者，应得因中，具有三性：一住自性性，二引出性，三至得果性。此三性复成三藏：一所摄藏，二隐覆藏，三能摄藏。一所摄为藏者，佛说约住自性如如，一切众生是如来藏。言如者，有二义：一如如智，二如如境。并不倒故，名如如。言来者，约从自性来，来至至得，是名如来。故如来性，虽因名应得，果名至得，其体不二。但由清浊有异，在因时为违二空，故起无明，而为烦恼所杂，故名染浊。虽未即显，必当可现，故名应得。若至果时，与二空合，无复惑累，烦恼不染，说名清净。果已显现，故名至得。所言藏者，一切众生，悉在如来智内，故名为藏。以如如智，称如如境故，一切众生决定无有出如如境者，并为如来之所摄持，故名所藏众生为如来藏。二隐覆为藏者，如来自隐不现，故名为藏。言如来者，有二义：一者现如不颠倒义，由妄想故，名为颠倒。不妄想故，名之为如。二者现常住义，此如性，从住自性性，来至至得，如体不变异故，是常住义。如来性住道前时，为烦恼隐覆，众生不见，故名为藏。三能摄为藏者，谓果地一切过恒沙数功德，住如来应得性时，摄之已尽。若至果时，方言得性者，此性便是无常。何以故？非如今得，故知本有，是故言常。虽说三因佛性，但是一性。何以故？正因是本有，以众生不觉，故为客尘所蔽。如金在矿，金体不现，要假其功，方成金用。此正因佛性，亦复如是，在缠不现，处烦恼矿中，须先假了因智慧，知有开发。次藉缘因，方便助显，方成大用。缘用虽分，体恒一味，不动众生性，而成佛性矣。以住自性之理，在凡而即真，以引出性之事，成果而不虚。以应得之文，处染而何失？以至得之道，证圣而无疑。又因自性有，故能引出应得至果，克证非虚。如《大涅槃经》云：一阐提等，定当得成阿耨多罗三藐三菩提故，善男子，譬如有人，家有奶酪。有人问言：汝有酥耶？答言：我有。酪实非酥，以巧方便，定当得故，故言有酥。众生亦尔，悉皆有心，凡有心者，定当得成阿耨多罗三藐三菩提。以是义故，我常宣说，一切众生悉有佛性。

又，经论通明四种佛性：初因性，即染净缘起。二因因性，即内熏发心。三果性，即始觉已圆。四果果性，即本觉已显。又，初随缘隐显，二征起净用，三染尽净圆，四还原显实。又，初自性住性，即正因。二是引出佛性，即了因。三四皆是至得果性，即缘因。又，初二因中理智，后二果中理智。因果虽异，智不殊理，契同无二，唯一心转，绝相离言，无不包融，故名佛性。

又，《涅槃疏》云：涅槃正性有五：一正性，非因非因因，非果非果果。二因性,十二因缘。三因因性,十二因缘所生智慧。四果性,三藐三菩提。五果果性,大般涅槃,虽复分别,只是一法。

又,古释有三种性:一理性,谓真如。二行性,谓无漏种子。三隐密性,即尘劳之畴。三性隐显虽分,一体凡圣共有。

又,约常住随缘,而分二种佛性:一常住义。经云:其药本味,停留山中。如常不轻菩萨敬四众等,以此佛性,混烦恼而不污,显菩提而不净,以常住不变故。所以菩萨不敢轻一小众生,以佛性不坏故。二随缘义。经云:随其流处,成种种味。如常惨菩萨愍四众等,以真心不守自性,举体随缘,而作人法。经云:法身流转五道,号曰众生。以众生随缘失性,不觉不知,所以菩萨常生悲惨。又,众生佛性,皆有二义:一是所依佛性,如上二义:一是常住,二是随缘。二能依杂染,一缘成似有义,二无性即空义。由染法有即空义,故所依佛性,常净不变也。由染法有似有义,故所依佛性,随缘成染也。故知,以众生无性即空,故在凡不凡。以法身随缘,故处圣非圣。又以众生缘成似有,故圣不是凡。以法身常住不变,故凡不是圣,则真俗一际,染净恒分。凡圣两途,生佛无异。如是镕融,方明一心佛性。

古德问:一切众生,佛性常住,为现为当?答:三世皆常。

问:若现常者,众生即佛耶?

答:如胎中子,岂不同父姓?若问父姓,宁责耆少?又,佛性非当现者,只见此理,不可推当,修道乃得,不可言现。只见此理,则约理无差。修道乃得,则随事不滥。又,《涅槃经》明六盲摸象，各说异端，虽说不谛，亦不离象。如各执五阴空大等六法为佛性，虽说不著，亦不离六法。如头足之中，既无有象，不可即也。头足之外，亦无别象，不可离也。非即非离，非内非外，而得言象。众生佛性，亦复如是，非即六法，非离六法，非内非外，故名中道，名为佛性。若取六法为佛性者，乃是众盲之佛性。若离六法为佛性者，如指虚空为佛性。如诸婆罗门所谤，为仙预所害。取不即不离中道为佛性者，如大王智臣，所见佛性。《十地经》云：众生身中，有金刚佛性，犹如日轮。佛者是觉，人有灵知之觉。今第一义空，与之为性，故名佛性。非情无觉，但持自体，得称为法。今真性与之为性，故名法性。故云假说能所，而实无差。

云何无差？同一性故。外典亦云：天地万物，同禀阴阳之元气也。

问：夫言佛性，境智俱收，故云：菩提菩提断，俱名为菩提。说智及智处，俱名为般若。云何教中云：在有情数中称佛性，在无情数中称法性？

答：在心称佛性，在境称法性。从缘虽别，能所似分。约性本同，一体无异。如瓶贮醍醐，随诸器而不等。犹水分江海，逐流处而得名。一味真心，亦复如是，凡圣境智，一际无差。所以《法王经》云：一切众生，一心佛性平等，等诸法故。只为真心不守自性，随缘转动，于转动处，立其异名。古德云：譬如珠，向月出水，向日出火，一珠未曾异，而得水火之名，以珠体是一，能应二缘。且如月为水缘时，月中未曾无火性。日为火缘时，日中未曾无水性。何以故？二性相冥故，但缘水火，事有优劣，故使二性，冥伏不现，各从自体得水火名，非全无性。真如一心，亦复如是，在有情中名佛性，在无情中名法性，一如未曾异，而得法佛之名，以真如体一，能应二缘。且如有情正为佛缘时，有情未曾无法性。无情正为法缘时，无情未曾无佛性。何以故？二性相冥故，但犹色心，事有优劣，故二性冥伏不现，各从自体得法佛名，非全无性。《清凉记》云：法性即佛性者，故经云：知一切法，即心自性。若以心性为佛性者，无法非心性，则不隔内外，而体非内外，内外属相，性不同相，何有内外？然迷一性，而变成外，外既唯心，何有非佛？所变无实，故说墙壁，言无佛性，以性说相，无非性矣。如烟因火，烟即是火，而烟翳火。依性起相，相翳于性，而相即性。如水成波，波即是水。境因心变，境不异心。心若有性，境宁非有？况心与境，皆即真性，真性不二，心境岂乖？若以性从相，不妨内外。若以外境而例于心，令有觉知修行作佛，即是邪见外道之法。故须常照，不即不离，不一不异，无所惑矣。故知佛性，非内非外，随物迷悟，强说升沉。

又，今为遮妄执一切无情有佛性义，就计此义，自有浅深。一谓精神化为土木金石，枭獍负块以成于子，情变非情，非情变情，斯为邪见。不异外道众生，计生草木有命，故不可也。若说无情同一性故，则稍近宗，亦须得意，彼本立意，约于真如自体遍故，真实之性无有二故。《涅槃经》说：第一义空，为佛性故。一切法中有安乐性，摄境从心，无非心故。色性智性，体无二故。如是等文，诸经具有。今谓此释，太即太过，失情无情，坏于性相。若以涅槃第一义空，该

通心境,涅槃可以简于瓦砾,言无性耶?今直显正义,谓性与相,非一非异。情与非情,亦非一异。故应释言:以性从缘,则情与非情异一,如涅槃简去墙壁瓦砾等故。二无觉不觉者,真性之中,无心境故。三无非觉悟,以无情性,融觉性故。故《起信论》问云:若诸佛法身离于色相者,云何能现种种色相?答曰:即此法身,是色体故,能现于色。所谓从本已来,色心不二,以色性即智故,色体无形,说名智身。以智性即色故,说名法身,遍一切处。今取二性,相即互融之义说耳。《百门义海》云:谓觉尘及一切法,从缘无性,名为佛性。经云:三世佛种,以无性为性。一切处随了无性,即为佛性,不以有情故有,不以无情故无。今独言有情者,遍世劝人为器,常于一毛一毫之处,明见一切理事,无非如来性,是开如来性起功德,名为佛性。是知六道四生、山河大地、情与非情,皆同一性。如世尊最后垂示《应尽还原品》三告之,又经云:尔时世尊,如是逆顺入诸禅已,普告大众:我以甚深般若,遍观三界一切六道、诸山大海、大地含生,如是三界:根本性离,毕竟寂灭,同虚空相,无名无识,永断诸有,本来平等,无高下想,无见无闻,无觉无知,不可系缚,不可解脱,无众生,无寿命,不生不起,不尽不灭,非世间,非非世间,涅槃生死,皆不可得,二际平等,等诸法故,闲居静住,无所施为,究竟安置,必不可得,从无住法,法性施为,断一切相,一无所有,法相如是。其知是者,名出世人。是事不知,名生死始。汝等大众,应断无明,灭生死始。又复告大众:我以摩诃般若,遍观三界有情无情,一切人法,悉皆究竟:无系缚者,无解脱者,无主无依,不可摄持,不出三界,不入诸有，本来清净无垢，无烦恼，与虚空等，不平等非不平等，尽诸动念，思想心息，如是法相，名大涅槃。真见此法，名为解脱。凡夫不知，名曰无明。作是语已，复入超禅，从初禅出。乃至入灭尽定，从灭尽定出。乃至入初禅，如是逆顺，入超禅已，复告大众：我以佛眼，遍观三界一切诸法，无明本际，性本解脱，于十方求，了不能得，根本无故，所因枝叶，皆悉解脱。无明解脱故，乃至老死，皆得解脱。以是因缘，我今安住，常灭寂光，名大涅槃。如上真实慈父，广大悲心，不可思议三告之文，或有偶斯教者，可以折骨为笔，剥皮为纸，刺血为墨，而书写之。不可顷刻暂忘，刹那失照。且如第一文云：遍观三界一切六道、诸山大海、大地含生，如是三界，根本性离，毕竟寂灭。第二文云：遍观三界有情无情，一切人法，悉皆究竟。第三文云：遍观三界一切诸法，无明本性，性本解脱。是以，遍法界内，尽十方中，若有情、若无情，若有性、若无性，山河大地、草芥人畜，不在三界、不出三界，不随生死、不住涅槃，皆同真如一心妙性。如是信解，顿入一乘，更无秘文，能出斯旨。离此有说，皆是权施。诱引提携，咸归《宗镜》。

问：既云一切众生皆有佛性，云何《涅槃经》云：或有佛性，阐提人有，善根人无等？

答：一切众生实有佛性，经约善恶无记理果等，互说有无。荐福疏云：今准经明佛性，略有五种：谓善不善无记、及理果等。今言一阐提有、善根人无者，此是不善佛性也。然善根人，有其二种：一是离欲善根人，离欲断一切不善故。

二是五住已上,五住已上无不善性故。此之二人,俱无不善性也。善根人有、阐提人无者,此是善佛性也。阐提断一切善,故云无也。二人俱有者,理及无记也。二人俱无者,俱无果性故。《涅槃经》云:如来佛性,则有二种:一有,二无。有者,所谓三十二相,乃至无量三昧,是名为有。无者,所谓如来过未诸善不善无记业因果报烦恼、五阴十二因缘,是名为无。乃至阐提佛性亦尔。是则上从于佛,下至阐提,皆有有无二性,非全无性。是知,但约三性及果,而论有无。若言理性,尚无凡圣,岂说有无?则约理无不具者。所以生法师云:夫禀质二仪,皆是涅槃正因,阐提含生之类,何得独无佛性?盖是此经度未尽耳。故生法师忍死十年,以证斯旨,及《涅槃后分》到后,果有斯文,遂踞师子座,因而坐蜕。

问:如上决定说一切众生有佛性者,众生既具,云何不免沉沦?

答:众生虽具正因,而无缘了。所以《圆觉经》云:未出轮回而辩圆觉,彼圆觉性即同流转。若免轮回,无有是处。故先德颂云:圆成沉识海,流转若飘蓬。是以真如本觉,不守自性,以无性故,但随缘转。如云:法身流转五道,故号众生。应须以善巧方便,发之以智照,助之以良缘,了了见时,方逃境缚。如《起信钞》云:且夫真之与妄,皆依一法界心所说,盖以此心,本来有体有用。即用之体,则荡然空寂。即体之用,则了然觉知。以无始时来迷故,于空寂之处,确然根身尘境。于觉知之处,则纷然分别缘念。故《肇论》云:法身隐于形瘂之中,真智隐于缘虑之内。然其形瘂缘念,元来体空。空寂觉知,元来不变。不变之真,元来随缘。体空之妄,元来成事。非因造作,法尔如斯。众生身心,现今若此,即约此义,以明染净缘之义相也。《大涅槃经》云:佛告善男子:如汝所言,若一阐提有佛性者,云何不遮地狱之罪?善男子,一阐提中,无有佛性。善男子,譬如有王,闻箜篌音,其声清妙,心即耽著,喜乐爱念,情无舍离。即吉大臣:如是妙音,从何处出?大臣答言:如是妙音,从箜篌出。王复语言:持是声来。尔时大臣,持箜篌置于王前,而作是言:大王当知,此即是声。王语箜篌:出声!出声!而箜篌声亦不出。尔时大王,即断其弦,声亦不出。取其皮木,悉皆拆裂,推求其声,了不能得。尔时大王,即瞋大臣云:何乃作如是妄语?大臣白王:夫取声者,法不如是。应以众缘善巧方便,声乃出耳。众生佛性,亦复如是:无有住处,以善方便,故得可见。以可见故,得阿耨多罗三藐三菩提。一阐提辈,不见佛性,云何能遮三恶道罪?善男子,若一阐提信有佛性,当知是人,不至三恶,是亦不名一阐提也。以不自信有佛性故,即堕三恶,故名一阐提。是知,一切众生,虽有正因,不得了缘,枉沉生死。为不知故,甘称下凡。为不闻故,不亲善友。常迷智眼,岂有了因。恒习恶缘,何成善本?今为未闻者,广搜秘藏,发起信心,为未知者,直指心原,了然无滞。为已闻者,智慧开发,万善资熏。为已知者,一向保任,理行成就。有斯深益,岂厌文繁?普望后贤,广重传授。

问:佛性若定有无,即成断常之见。如何体会,理合正因?

答:非一非异,能契一乘之门。亦有亦无,不谤三因之性。如《大涅槃经》云:佛言:善男子,若有说言:一切众生定有佛性,常乐我净,不作不生,烦恼因缘故不可见。当知是人,谤佛法僧。若有说言:一切众生都无佛性,犹如兔角,从方便生,本无今有,已有还无。当知是人,谤佛法僧。若有说言:众生非有如虚空,非无如兔角。何以故?虚空常故,兔角无故。是故得言:亦有亦无,有破兔角,无破虚空。如是说者,不谤三宝。

问:教说一心佛性之理,有何因缘,获何善利?

答:佛眼谛观,正理不谬,若人决定信受,则除五种过失、生五种功德。《佛性论》云:如来为除五种过失、生五种功德,故说一切众生悉有佛性。除五过失者:一为令众生离下劣心故,有诸众生,未闻佛说有佛性理,不知自阴必当有得佛义,故于此身,起下劣想,不能发菩提心。二为离慢下品人故,若有人曾闻佛说众生有佛性故,因此发心。既发心已,便谓我有佛性,故能发心,作轻慢意,谓他不能。为破此执,故佛说一切众生皆有佛性。三为离虚妄执故,若人有此慢心,则于如理如量正智不得生显,故起虚妄。虚妄者,是众生过失。过失有二:一本无,二是客。一本无者,如如理中,本无人我,作人我执,此执本无,乃至故知能执,皆成虚妄,由于此执所起无明、诸业果执,并是虚妄,无受者作者,而于中执有是虚妄,故言本无。二是客者,有为诸法,皆念念灭、无停住义,则能骂所骂二无所有。但初刹那为旧,次刹那为客,能骂所骂起而即谢。是则初刹那是怨,次则非怨。以于客中，作于旧执，此执不实，故名虚妄。若起此执，正智不生。为除此执，故说佛性。佛性者，即是人法二空所显真如。由真如故，无能所骂。通达此理，离虚空执。四为除诽谤真实法故，一切众生过失之事，并是二空。由解此空故，所起清净智慧功德，是名真实。言诽谤者，若不说佛性，则不了空，便执实有，违谤真如。净智功德，皆不成就。五离我执故，若不见虚妄过失真实功德，于众生中不起大悲。由闻佛说佛性故，知虚妄过失真实功德，则于众生中起大悲心，无有彼此，故除我执。为此五义因缘，佛说佛性生五种功德：一起正勤心，二生恭敬事，三生般若，四生阇那，五生大悲。由五功德，能翻五失：由正勤故，翻下劣心。由恭敬故，翻轻慢意。由般若故，翻妄想执。由生阇那俗智，能显实智及诸功德故，翻谤真法。由大悲心，慈念平等故，翻我执。乃至由般若故，不舍涅槃。由大悲故，不舍生死。由般若故，成就佛法。由大悲故，成就众生。是以，若了一切众生皆有佛性，自然不谤不慢，无失无违。何者？以众生妙故，皆不可思议。如佛在竹林中说法，授白鸽鸟，劫国名号八相之记，诸大菩萨等皆申忏悔，咸云：若智未齐如来，我等自此已后，更不敢称量众生。宝坚和尚云：我见老鸦在生盘上回头转脑，便全体见渠法身。又，有俗官入寺，与盘山和尚登殿，问云：此雀儿还有佛性不？师云：有。问：既有佛性，为甚么向佛头上阿？师云：是。何不向鹞子头上阿？

问：佛性于五眼中，何眼能见？

答：《涅槃经》云：佛眼见故，而得明了。以佛眼见一切美恶差别等事,悉皆不动,为见性故。《维摩经》云:善能分别诸法相,于第一义而不动。此是心鉴无碍为眼,非取根尘所对。是以,肉眼见粗,天眼观细,慧眼明空,法眼辩有,佛眼观不二相一实之理。《华严经·离世间品》说十眼:所谓肉眼,见一切色故。天眼,见一切众生心故。慧眼,见一切众生诸根境界故。法眼,见一切法实相故。佛眼,见如来十力故。智眼,见诸法故。光明眼,见佛光明故。出生死眼,见涅槃故。无碍眼,所见无障故。一切智眼,见普门法界故。又,慧眼所见,无法可见故名为见者,见法空故,名为慧眼。非独慧眼能见,五眼俱现。如是五眼,照如千日,十方之中,无处不见。于一切处,地平如掌,无诸秽恶。若有可见,即是生盲。何以故?无所有故。当知无空,色空俱遣。又,见一切尘全是眼,更不可见。闻一切声全是耳,不复更闻。所以云:一切声是佛声,一切色是佛色。又云:离心之外,更无一法,纵见内外,但是自心所见,无别内外,此无过也。乃至若了尘时,尘全是知也,终不以知知于尘,即有所知也。若知于无知,不异知也。今尘即知,不复更以知及不知,知于无知。但无能所之知,非无知也,此方显无知也。经云:显现一切法,各各不相知。见亦如是。又,闻者,圆教明我,我即闻故,能闻所闻皆法界故,故使我外更无别闻。是以,若见若闻、若知若觉,皆一心故。《华严经》云:所见不可见,所闻不可闻,所知不可知,一心不思议。

问:五眼凡圣共有,则众生具佛眼、如来有肉眼。云何唯佛眼能观,十住菩萨等不见佛性?

答:以十住菩萨,有行有住故,所以不了了见。若见性了了证实之时,不见已外更有菩提可行可住。以十住位,缘观未尽,故心有所在。心有所在,故有所不在,是故不能觉一切法。至佛位息缘,真心平等,无处不在。无不在故,无有一法在于心外,亦无一心在于法外。心与法界,同体照明,故觉一切。又,此心性是真实了知义、遍照法界义,以本有为所照,以净眼智明为能照。如《涅槃经》云:见性肉眼,即名佛眼。《大涅槃经》明二种见佛性:一相貌见,二了了见。相貌见者,谓登地菩萨,方便权智,识变似空,名相貌见。了了见者,谓地上菩萨,根本正智,亲证真理,不变相缘,名了了见,即是亲证。相貌见者,比量知。了了见者,现量得。

问:既云佛眼能观佛性,如何教中又言:我以五眼不见三聚众生,狂愚无目而言见耶?答:若约实相体,性遍法界,以实相无相故,则不可见。若论照用,相遍法界,以无相之相,亦可得见。又,五眼圆照三谛之理,诸境分明,虽云洞鉴,未必是有。虽云不见,未必是无。斯乃无相之相、不观之观,当知相中无相只勿相,观中无观,只勿观。体万物而自虚,同一道之清净。岂同执实随尘,作能所断常之见耶?

问:夫佛眼者,皆是圆修圆证方具,十住菩萨尚未分明。云何无明烦恼凡夫,尚未得天眼,云何得同佛眼?

答:如来五眼,众生悉具,非待证圣方有。《涅槃经》云:若学大乘人,虽是肉眼,而名佛眼。二乘虽具天眼,不名佛眼。又云:见如来性者,虽有烦恼,如无烦恼。若实明宗见性,即肉眼而明佛眼,以智照为眼故。台教约五品初位中,以凡夫心,同佛所知。用所生眼,齐如来见。若论明昧浅深,即落修证。今直论见性,即无前后。所以《鸯崛摩罗经》偈云:所谓彼眼根,于诸如来常。具足无减修,了了分明见者。《止观》释云:彼是九法界眼根也。于如来常者,九界自谓各各非真。如来观之,即佛法界,无二无别。无减修者,观诸眼即佛眼,一心三谛,圆因具足,无有缺减也。了了分明见者,照实为了了,照权为分明。三智一心中,五眼具足圆照,名为了了见佛性也。见论圆证,修论圆因。又,具足修者,观于眼根,舍二边漏,名为檀。眼根不为二边所伤,名为尸。眼根寂灭,不为二边所动,名为羼提。眼根及识,自然流入萨婆若海,名为精进。观眼实性,名为上定。以一切种智,照眼中道,名为智慧。是为眼根具足无减修。无减故,了了分明,见眼法界,乃至彼意根,于诸如来常具足无减修,了了分明见,于一一根,即空即假即中,三观一心,名无减修。证慧眼法界,佛眼一心中得,名了了见,皆如上说。根既如此,尘亦复然,一切诸法,亦复如是,是为圆教调伏诸根,满足六度。此则究竟调伏,究竟满足。如是助道,助究竟道。当知六度,遍能调伏一切诸根也。又,若论差别者,则诸天是报得,二乘是修得。我此宗门,非报非修,是发得五眼,以本圆具故。若悟佛乘人,虽具烦恼性,能知如来秘密之藏,即肉眼而名佛眼。二乘人,虽证灭修道,具漏尽通,即天眼而为瞖眼。所以志公云:大士肉眼圆通,二乘天眼有瞖。融大师云:不取天眼等五通,造事外道,唯取入理凡夫耳。

宗镜录第八十一

宋 慧日永明妙圆正修智觉禅师延寿集

夫真如一心,平等法界,众生不了,妄受沉沦。今悟此宗,欲入圆觉位,于六度万行庄严门中,以何法助道保任,速得成就?

答:若论庄严,无非福智二业:于六波罗蜜中,前五是福德业,后般若是智慧业。前五福德业中,唯禅定一门最为枢要,前以广明,今更再述:此《宗镜》所集禅定一门,唯约宗说,于诸定中而称第一,名王三昧,总摄诸门,囊括行原,冠戴智海。亦名无心定,与道相应故。亦名不思议定,情智绝待故。亦名真如三昧,万行根本故。亦名一行三昧,一念法界故。亦名金刚三昧,常不倾动故。亦名法性三昧,恒无变易故。诸佛智光明海、无量观行,皆从此生。若不体此理,非佛智故。以此佛智,证斯本理,理则不待照而自了,智则必资理而成照。若本觉性智,性自了故,以平等性智了本性故。故知,理无兴废,寂照灵知,弘之在人。觉有前后,人有照分,功由理发。失理则失照,要见此理,方成佛耳。此理即是一心,总该万有,顿悟顿修,更无渐次。为未了不入者,于一心法分出多门,义演恒沙乃至无尽。故《法华经》偈云:少智乐小法,不自信作佛。是故以方便,分别说诸果。是以信心是佛,罕遇其机,乃诸佛出世之本怀,祖师西来之正意,自古先德,一闻即心是佛之言,疑根顿尽,或欲灯传后嗣,便坐道场。或乐灰息游心,住深兰若。其或障浓信薄,唯思向外驰求,随他意似鹦鹉之徒,借彼眼如水母之属,才生不信,便起谤心。今则广引遍搜,探微撮要,所冀证成后学,决定无疑,顿悟自心,成佛妙轨,若论法利,功德无边,虚空可量,斯旨难尽。所以台教云:若人欲得一切佛法,相好威仪,说法音声,十方无畏者,当行此一行三昧,勤行不懈,则能得入,如摩尼珠,随磨随光,证不思议功德。一行三昧者,系缘法界,一念法界。信一切法皆是佛法,无前无后,无复际畔。住佛所住,如诸佛住,安处寂灭法界、秘密藏中,则理无不圆,事无不足,故称秘密,亦号总持。究竟指归,自他俱利。云何俱利?以平等故。云何平等?以无相故。如《入佛境界经》偈云:入诸无相定,见诸法寂静。常入平等故,敬礼无所观。

又,一切诸法,有事有理,具体具用,不可偏执,乖此圆乘。以自性定为理,用引发定为事,因事显理,理则昭然。因理成事,事方圆足。以性实之理、相虚之事,体用交彻,隐显同时,无碍双行,能契宗镜。若唯修事定,但集世禅,虽曰修行,犹生恶觉,以不制意地,未断其原,长劫练磨,返沉苦道。所以《大涅槃经》云:一切凡夫虽护身心,犹故生于三种恶觉。三恶觉者:欲觉、恚觉、害觉。以贪欲故,即生瞋恚。因瞋恚故,便行损害。夫修行趣道,本为出五欲之泥。翻求利养名闻,如践蛇虺之地。凡修禅定护念之人,尚被外缘觉观破坏,何况纵情放逸之人?故知日夜常为烦恼欲火焚烧、觉观怨贼侵害,是以,欝头蓝弗以世俗智,伏下地惑,获非想定，具五神通，时君敬重，就宫供养。欝头蓝弗每来与去，皆乘神通，赴宫供养。王因出巡，命其爱女依前旧仪，供养蓝弗，王女珍敬，接足作礼。欝头蓝弗触女身手，因兹起贪，便生欲觉，遂失神通。饭食已讫，矫施异计，语王女言：我顷来去，皆乘神通，国人思敬，莫由见我。我今食竟，意欲步归，令国内人咸得见我。王女谓实，送出阁门。步游归山，既失神通，情怀怅怏，端坐林薮，洁志安禅。林间鸟鸣，喧噪闹乱，久不得定。移就池边，安布求禅，池中鱼游，惊聒禅思，又不得定。因兹起瞋，便生恚觉，遂发恶愿：愿我来生，作著翅水獭身，上树害鸟，入水食鱼，报鱼鸟怨，誓不相放。因兹便起害觉现前，复移异处，专志习禅，久方得定。依前证得非想三昧，命终之后，生非想天，顺生受业，八万大劫受异熟果，八万劫满，顺后受业，酬前恶愿，生于欲界，作水獭身，亦云飞狸身。若到所在，水陆空行一切物命，悉皆吃尽。故经云：虽断烦恼，生非想处，犹故还堕三恶道中。即其义也。故须先入《宗镜》，达一心万行根本，然后福智庄严，则不枉功程，永无退转。得其旨，则大智圆明。得其事，则大用成就。如师子奋迅，成熟法界众生。犹象王回旋，启发十方含识。故《华严论》云：师子奋迅三昧者，于十方世界，普同一切众生想念作用而成熟之。大用而无作，是奋迅义。夫入宗镜，万事周圆，镜外更无一法可得。如《遗教经》云：是故汝等，当好制心，制之一处，无事不办。若不制心，无有是处。一念才起，生死如烟，驾五阴六入之舟航，结十二种类之窟宅。如从一妄念中，结成十二类，根尘相对，发识造业，因色有情，见时生想，于此情想二法，各生四相：从情上生：

一有色，二无色，三非有色，四非无色。从想上生：一有想，二无想，三非有想，四非无想。胎因情有，卵为想生。情想合为湿生，情想离为化现。情上无色，则是空散消沉。想上无想，则为土木株杌。此二虽属无情，然皆从识变。若一念不生，则诸类皆绝。所以《信心铭》云：心若不异，万法一如。眼若不睡，诸梦自除。又，如云：譬如动目，能摇湛水。以眼劳观水，见水有动。眼若不瞬，池水则不摇。妄见若除，亦无草木成坏之相。若举眼见色，由有色阴。举身受苦乐，由有受阴。举心即乱，由有想阴。举眼见生灭，由有行阴。精明湛不摇处，即识阴。又，若以遍身针刺俱知，不带分别，则是识阴。若次第分别，则余识阴。故知，一念才起，五阴俱生。微识未亡，六尘不灭。若唯识之义灯常照，妄何由生？一心之智镜恒明，旨终不昧。

问：四弘十度，皆可发行。云何须依一心，具足菩提之道？

答：若不依一心，求大乘之人疑情不断。古德云：求大乘者，所疑有二：夫大乘法体，为一为多？如其是一，即无异法。无异法故，无诸众生，菩萨为谁发弘誓愿？若是多法，即非一体。非一体故，物我各别，如何得起同体大悲？由是疑惑，不能发心。今为遣此二疑，立一心法，开真如生灭体用二种门。立一心法者，遣彼初疑，明大乘法唯有一心，一心之外，更无别法。但有无明迷自一心，起诸波浪，流转六道。虽起六道之浪，不出一心之海。良由一心动作六道，故得发弘誓之愿。六道不出一心，故能起同体大悲。如是依于一心，能遣二疑，得发大心，具足佛道。《华严演义记》云：释如来法身观者，先观发起普贤菩萨微妙行愿，复应以三密加持身心，则能入文殊师利大智慧海。然修行最初，于空闲处，摄念安心，闭目端身，结加趾坐，运心普缘无边刹海，谛观三世一切如来，遍于一一佛菩萨前，殷勤恭敬，礼拜旋遶，又以种种供具云海，奉献如是等一切圣众。广大供养已，复应观自心，心本不生，自性成就光明遍照，犹如虚空。复应深起悲念，哀愍众生不悟自心，轮回诸趣，我当普化，拔济令其开悟，尽无有余。复应观察自心、诸众生心、及诸佛心，本无有异，平等一相，成大菩提。莹彻清净，廓然周遍，圆明皎洁，成大月轮，量等虚空，无有边际。是以，垢净世界、大小法门、乃至六度万行，皆从凡圣心现。故经云：菩萨摩诃萨，以离垢心，现见无为真如法界。以自在心，现生三界，为教化彼诸众生故。又，经云：依自虚妄染心，众生染。依自性清净心，众生净。《诸法无行经》云：虽赞发菩提心，而知心性即是菩提。虽赞大乘经，而知一切诸法皆是大相。虽说菩萨道，而不分别阿罗汉、辟支佛、诸佛。虽赞布施，而通达布施平等相。虽赞持戒，而了知诸法同是戒性。虽赞忍辱，而知诸法无生无灭无尽相。虽赞精进，而知诸法不发不行相。虽种种赞叹禅定，而知一切法常定相。虽种种赞于智慧，而了智慧之实性。虽说贪欲之过，而不见法有可贪者。虽说瞋恚之过，而不见法有可瞋者。虽说愚痴之过，而知诸法无痴无碍。虽示众生堕三恶道怖畏之苦，而不得地狱饿鬼畜生之相。如是诸菩萨，虽随众生所能信解，以方便力而为说，而自信解一相之法。故知，心外无法，于第一义而不动。为未信者以方便力，虽说种种道，其实为一乘。所以，《般若》说一切法皆摩诃衍，靡不运载。《思益》明解诸法是菩萨遍行。《华严·入法界》不动祇园。《净名》一念知一切法是道场。故知一法周备，无事不该。可谓圆满菩提，成就佛道。乃至坐禅见境，诸魔事起。但了一心，境界自灭。可谓降魔妙术，治惑灵方。匪用心神，安然入道。《起信论》云：修行止者，住寂静处，结加趺坐，端身正意：不依气息，不依形色，不依虚空，不依地水火风，乃至不依见闻觉知。一切分别想念皆除，亦遣除想。以一切法不生不灭，皆无相故，前心依境，以舍于境。后念依心，复舍于心。以心驰外境，摄住内心。后复超心，不取心相，以离真如不可得故。乃至魔事现前，念彼一切皆是思惟，刹那即灭，远离诸相，入真如三昧。心相既离，真相亦尽。《摩诃衍论》释云：若真若伪，唯自妄心现量境界，无有其实，无所著故。又，若真若伪，皆一真如，皆一法身，无有别异，不断除故。

是以，但了一心，不忘正念，一切境界，自然消灭。可谓应念断除，岂劳功行？此乃西来的旨，诸佛正宗，圆信圆修，不同权渐。直下得力，如师子就人。一槌便成，犹王之宝器。可谓等赐高广大车，悉与如来平等灭度。岂同贫所乐法，下劣之乘者哉？若有人不信此《宗镜》正义，反堕邪思，徇假执权而迷真实。如金易鍮石、凤换山鸡，如此愚盲，过在无眼。如昔人乘马，腰著金带。见乘驴者，著驴绦带，即便问之：或中何物贵？彼即答云：驴绦甚贵。其人即易之。或为色声而弃正法，其犹如是。

问:既一心圆满觉道,云何又发菩提等诸心?若有能发,则有所证。能所既成,唯一之义即堕。

答:夫言发者,即无所发,终不离心有菩提、离菩提有心。《大宝积经》云:菩提中,心不可得。心中,菩提亦不可得。离菩提,心不可得。离心,菩提亦不可得。乃至若言见有菩提而取证者,当知此辈,即是增上慢人。若能如是信解,乃为真发菩提之者。《般若经》云:若菩萨知心性即是菩提,而能发起大菩提心,是名菩萨。又,无所发菩萨云:知一切法皆无所发,而发菩提心。然于所证真如,如外无智。能发妙智,智外无如。双照双遮,不存不泯。不二而二,理智似分。二而不二,能所俱寂。则是一心菩提,万行之本。既能通达,法尔利他。运同体之大悲,岂有能所?以无得之方便,谁立自他?《止观》云:发真正菩提心者,既深识不思议境,知一苦一切苦,自悲昔苦起惑,耽湎粗弊色声,纵身口意作不善业,轮环恶趣,婴诸热恼,身苦心苦而自毁伤。而今还以爱茧自缠,痴灯所害,百千万劫,一何痛哉!设使欲舍三涂,欣五戒十善,相心修福,如市易博换,翻更益罪。似鱼入篧口,蛾赴灯中,狂计邪黠,逾迷逾远,渴更饮醎。龙须缚身,入水转痛。牛皮系体,向日弥坚。盲入棘林,溺堕洄洑。把刃抱炬,痛那可言?虎尾蛇头,悚焉悼栗。自惟若此,悲他亦然。假令隘路叛出怨国,备历辛苦,绝而复稣,往至贫里,佣赁一日,止宿草庵,不肯前进,乐为鄙事,不信不识,可悲可怪,思惟彼我,哽痛自他,即起大悲,兴两誓愿:众生无边誓愿度,烦恼无边誓愿断。虽知众生如虚空,誓度如虚空之众生。虽知烦恼无所有,誓断无所有之烦恼。虽知众生

数甚多，而度多多之众生。虽知烦恼无边底，而断无底之烦恼。虽知众生如、如佛如，而度如佛如之众生。虽知烦恼如实相，而断如实相之烦恼。何者？若但拔苦因、拔苦果，此誓杂毒，故须观空。若偏观空，则不见众生可度，是名著空者，诸佛所不化。若偏见众生可度，即堕爱见大悲，非解脱道。今则非毒非伪，故名为真。非空边非有边，故名为正。如鸟飞空，终不住空。虽不住空，迹不可寻。虽空而度，虽度而空。是故誓与虚空共斗，故名真正发菩提心，即此意也。又，识不思议心：一乐心，一切乐心。我及众生，昔虽求乐，不知乐因。如执瓦砾，谓如意珠，妄指荧光，呼为日月。今方始解，故起大慈，兴两誓愿：谓法门无量誓愿知，佛道无上誓愿成。虽知法门永寂如空，誓愿修行永寂如空。虽知菩提无所有，无所有中吾故求之。虽知法门如空无所有，誓画缋庄严虚空。虽知佛道非成所成，如虚空中种树，使得华得果。虽知法门及佛果非修非不修，而修非证非得，以无所证得而证而得，是名非伪非毒名为真，非空非见爱名为正。如此慈悲誓愿，不可思议境智，非前非后，同时俱起，慈悲即智慧，智慧即慈悲，无缘无念，普覆一切。任运拔苦，自然与乐。不同毒害，不同但空，不同爱见，是名真正发菩提心义。

问：《华严经》颂云：禅定持心常一缘，智慧了境同三昧。云何悟入一心，能令根境悉成三昧？

答：内外一切境界，皆从真如一心而起。真心不动，故称为三昧王。以统御一切万法万行，故得称为王。无有一法，不从一心真如三昧起，此是一切三昧根本。了此根本，则从本所现，念念尘尘，尽成三昧，以本末无异故。《宝积经》偈云：如钻木出火，要假众缘力。若缘不和合，火终不得生。是不悦意声，毕竟无所有。知声性空故，瞋亦不复生。瞋不在于声，亦不身中住。因缘和合起，离缘终不生。如因乳等缘，和合生酥酪。瞋自性无起，因于粗恶事。愚者不能了，热恼自烧然。应当如是知，究竟无所有。瞋性本寂静，但有于假名。瞋恚即实际，以依真如起。了知如法界，是名瞋三昧。

又偈云：是大夜叉身，从于自心起。是中无有实，妄生于恐怖。亦无有怖心，而生于怖畏。观法非实故，无相无所得。空无寂静处，现此夜叉身。如是知虚妄，是夜叉三昧。且夜叉一身，于外相分甚为粗恶，令人怖畏。瞋之一门，是根本烦恼，最能烦乱。此内外二法，尚成三昧，举一例诸，可为龟镜，其余一切心镜，即无非三昧矣。《楞伽经》云：佛言：大慧，云何三昧乐正受意生身？谓第三第四第五地，三昧乐正受故，种种自心，寂静安住。心海起浪，识相不生。知自心现境界性非性，是名三昧乐正受意生身。故知，了境即心，更无一物。会于本寂，即心海常安。分别不起，即是正受。是以，无物可纳，名为正受。无境可动，名为正定。《首楞严三昧经》云：问：现意天子，菩萨当修何法，得是三昧？天子答：欲得三昧，当行凡法。若见凡法不合不散，是名修行楞严三昧。又问：诸佛法中，有合散耶？天子曰：凡法尚无合散，况佛法耶？云何修习？若见凡法、佛法不二，是名修习。

是以，了一心成现之门，则无修而修。达万法具足之体，乃不习而习，出入无际，心境一如，即于一切差别法中，念念入、念念起故。所以《华严经》云：佛子，菩萨摩诃萨，入一切众生差别身三昧，于此三昧，内身入、外身起，外身入、内身起。同身入、异身起，异身入、同身起。乃至眼处入、耳处起，耳处入、眼处起。鼻处入、舌处起，舌处入、鼻处起。身处入、意处起，意处入、身处起。自处入、他处起，他处入、自处起。一微尘中入、无数世界微尘中起，无数世界微尘中入、一微尘中起。不唯根境尽成三昧，万法咸作智门。承此宗镜之光，可谓尽善尽美。何者？体含虚寂，不能赞其美。理绝见闻，不能书其过。降兹已下，皆堕形名，则难逃毁赞矣。如昔人云：夫大道混然无形，寂然无声，视之不见，听之不闻，非可以影响知，不得以毁誉称也。降此以往，则事不双美，名不并盛矣。虽天地之大、三光之明、圣贤之智，犹未免于毁誉也。故天有坼之象，地有裂之形，日月有谪蚀之变，五星有勃彗之妖。尧有不慈之诽，舜有謿父之谤，汤有放君之称，武王有弑主之讥，齐桓有贪淫之目，晋文有不臣之声，伊尹有无君之迹，管仲有僭上之名。以夫二仪七曜之灵，不能无亏沴。尧舜汤武之圣也，不能免嫌谤。桓文伊管之贤也，不能遣纤过。由此观之，宇宙庸流，奚能自免怨谤而无悔悋也？若以心智通灵，成无为之化，则万累不能干矣。

问：一心旨趣，盖是总门，法义难明，广须开演。如何是法，如何是义？

答：法本无差，随义有别。从法生义，差别难明。因义显法，一心易了。《禅原集》，以况解释法义二门，如真金随工匠等缘,作镮钏等物,金性必不变为铜铁。金即是法,不变随缘是义。设有人问何物不变,何物随缘?只令答云金也。以喻一藏经论义理,只是说心,心即是法,一切是义。故《论》云:所言法者,谓众生心。经云:无量义者,从一法生。然无量义,统唯二种:一不变,二随缘。诸经只说此心随迷悟缘,成垢净凡圣等。亦只说此心垢净等时,元来不变,常自寂灭,真实如如等。设有人问何法不变,何法随缘?只答云心也。不变是性,随缘是相,当知性相,皆是一心上义。今性相二宗互相非者,良由不识真心。每闻心字,将谓只是八识,不知八识但是真心上随缘之义。故马鸣以一心为法,以真如生灭二门为义。《论》云:依于此心,显示摩诃衍义。心真如是体,心生灭是相用。只说此心不虚妄,故云真。不变易,故云如。不守自性,故随缘。以随缘故,成无量义。又,由不变故,始能随缘。由随缘故,方能不变。何者?谓若变自体,将何随缘?如无水,岂能成波浪?故知,一心不动,义遍恒沙。虽遍恒沙,皆是一心之义。

问:欲净其土,当净其心。则心外有土,何成自净?

答:至极法身,常寂光土,离身无土,离土无身。依报是心之相,正报是心之体,体相无碍,依正本同。所以摄境归心真空观中,则摄相归体,显出法身。从心现境妙有观中,则依体起用,修成报身。若心境秘密圆融观中,则心境交参,依正无碍。心谓无碍心,诸佛证之以成法身。境谓无碍境,诸佛证之以成净土。《净名疏》中观心释四种境界者:一因缘境,二空境,三假境,四中道境。境是心所依住,即是上也，众生者，佛告比丘：汝等日夜，常生无量百千众生。今因缘心多境亦多，心少境亦少。观心照少境，即是小国土。观心照多境，亦是多国土。如是观因缘境，即是化众生：或调恶境而悟，即是秽土入佛智慧。或观善境而悟，即是净土入佛智慧。起菩萨根者，随所观善恶之尘，了知此尘即是一切法。此法本来毕竟常寂，常寂之境，发于真智。真智所依佛土，即常寂光土也。复次行人观是四境，非为贪著境界，但化伏烦恼心数众生，用此四心而起誓愿：愿法界众生，皆得如我化此心数，悉令清净，即是净土安立有为缘集众生也。行人当知，一切菩萨净佛国土根本，从此而起，合抱之树，起于毫末。又，凡圣共居，同一妙土。真俗所依，唯一法身。所依不二，能依自殊。所既不殊，能亦何别？无始妄习，谓依正殊。若能一切皆融，岂有身土别见？如此观心，实真净土，是真了义。若离此者，多是执文随语生见。《义海》云：尘毛刹海是依，佛身智慧光明是正。今此尘是佛智现，举体全是佛智，是故光明中见佛刹等。又，刹海尘等，全以佛法界如如为尘体，是故尘中现一切佛事。当知依即正、正即依，乃至一事一法、一毛一尘，各各如是合佛依正也。故知，万像繁兴，唯一致矣。

宗镜录第八十二

宋 慧日永明妙圆正修智觉禅师延寿集

夫云何一心而成止观？

答：法性寂然名止，寂而常照名观。非能所观，但是一法。

若台教总论二种止观：一相待止观，二绝待止观。前是拙度，后是巧度。相待止观者，有三止三观，三止者：一止息义，二停止义，三不止止义。三观者：一观穿义，二观达义，三不观观义。绝待止观者，有三止三观，三止者：一体真止，二方便随缘止，三息二边分别止。三观者：一从假入空，名二谛观。二从空入假，名平等观。三二观为方便道，得入中道，双照二谛，心心寂灭，自然流入萨婆若海，名中道第一义谛观。今《宗镜》所明，唯论一心圆顿之旨。圆顿止观相者：以止缘于谛，则一谛而三谛。以谛系于止，则一止而三止。譬如三相在一念心，虽一念心而有三相。止谛亦如是：所止之法虽一而三，能止之心虽三而一也。以观观于境，则一境而三境。以境发于观，则一观而三观。如摩酰首罗面上三目，虽是三目，而是一面。观境亦如是：观三即一，发一则三。不可思议，不权不实，不优不劣，不前不后，不并不别，不大不小。故《中论》云：因缘所生法，即空即假即中。又如《金刚般若经》云：譬如人有目，日光明照，见种种色。若眼

独见,不应须日。若无色者,虽有日眼亦无所见。如是三法不异时,不相离,眼喻于止,日喻于观,境喻于色。如是三法不前不后,一时论三。三中论一,亦复如是。若见此意,即解圆顿教止观相也,何但三一一三,总前诸义皆在一心。其相云何?体无明颠倒即是实相之真,名体真止。如此实相,遍一切处,随缘历境,安心不动,名随缘方便止。生死涅槃,静散休息,名息二边止。体一切诸假悉皆是空,空即实相,名入空观。达此空时,观冥中道,能知世间生灭法相,如实而见,名入假观。如此空慧,即是中道,无二无别,名中道观。体真之时,五住盘石砂砾一念休息,名止息义。心缘中道,入实相慧,名停止义。实相之性,即非止非不止义。又,此一念能穿五住,达于实相,实相非观亦非不观,如此等义,但在一念心中,不动真际而有种种差别。经言:善能分别诸法相,于第一义而不动,虽多名字,盖乃般若之一法,佛说种种名。众名皆圆,诸义亦圆,相待绝待对体,不可思议。不可思议故,无有障碍。无有障碍故,具足无减,是圆顿教相显止观体也。又,三止三观为因,所得三智三眼为果。三智者:一切智、道种智、一切种智。三眼者:慧眼、法眼、佛眼。若一心眼智者,眼即是智,智即是眼。眼故论见,智故论知。知即是见,见即是知。佛眼具五眼,佛智具三智,王三昧、一切三昧悉入其中,首楞严定,摄一切定。如来虽具五眼,实不分张。只约一眼备有五用,能照五境。所以者何?佛眼亦能照粗色,如人所见,亦过人所见,名肉眼。亦能照细色,如天所见,亦过天所见,名天眼。达粗细色空,如二乘所见,名慧眼。照达假名不谬,如菩萨所见,名法眼。于诸法中,皆见实相,名佛眼。当知佛眼,圆照无遗。故经云:五眼具足成菩提,永与三界作父母。而独称佛眼者,而众流入海,失本名字,非无四用也。佛智照空,如二乘所见,名一切智。佛智照假,如菩萨所见,名道种智。佛智照空假中,皆见实相,名一切种智。故言三智一心中得,故知一心三止,所成三眼,见不思议三谛,此见从止得,故受眼名。一心三观,所成三智,知不思议三境,此智从观得,故受智名。境之与谛,左右异耳。见之与知,眼目殊称,不应别说。虽作三止三观之三说,实是不思议一法耳。又云:善巧安心者,以观止安于法性。无明痴惑,本是法性。以痴迷故,法性变作无明。如眠来变心有种种梦,虽颠倒起灭,如旋火轮,不信颠倒起灭,唯信此心,但是法性。起是法性起,灭是法性灭,体其实不起灭,妄谓起灭,以法性系法性,以法性念法性。常法性,无不法性时,体达既成,不得妄想,亦不得法性。还原反本,法界俱寂,是名为止。观者,观察无明之心,等于法性,本来皆空。譬如劫尽,下等一切妄想善恶,皆如虚空,无二无别。又如劫尽,从地上至初禅,炎炎无非是火。如虚空藏菩萨所现之相,一切皆空,如海慧如来所现,一切皆水。介尔念起,所念念者,无不即空,空亦不可得。如火木能使薪燃,亦复自燃。法界洞朗,咸皆大明,名之为观。上所言止者,尚不得法性,何况妄想?所言观者,尚不得空,何况有法?则有无俱寂,染净双融,方成究竟一心止观耳。又,绝待止观者,绝横竖诸待,绝诸思议,绝诸教观,悉皆不生故名止,止亦不可得。观冥如境,境既寂灭清净,尚无清净,何得有观?世人约种种语释绝待义,终不得绝。若得意忘言,心行亦断,随智妙悟,无复分别。缘理分别,皆名为待。真慧开发,绝此诸待,绝即复绝。诸法不相待,乃至一念不住故,即此意也。

《辅行记》云:若无生门,千万重迭,唯是一心者,为欲修观人措心难当,故撮示其正意,名为一心。此即正明一心无生之门,乃至既于念念止观现前,约此心念名为众生。何者?总撮前来若横若竖,既入一心,凡一念起,不离于我,我即众生,达念念心而寂而照,寂故名止,照故名观。一心既尔,诸心例然。止观为因,眼智为果,一一念中,无非止观眼智也。

如上三一,若有三可三,便成差别。有一可一,便成无差。若差则失无差,若无差则失差。开一为三,则失一。合三为一,则失三。今明不尔,昔三犹是今一,今一犹是昔三,开三不失一,合一不失三,即是差即无差,无差即差。若得此意,本有今无,三世有法,无有是处。亦应例云:本无今有,三世有法,斯有是处。无常非无常,境智非境智,因果非因果,例皆如是。昔三犹是今一、今一犹是昔三者,即是不动众生之性,能成诸佛之性。亦是从实开权,会权归实。亦是因果同时,迷悟一际。故云:汝等所行是菩萨道,一切众生即涅槃相。又说一心三观,三观一心:若三观一心,即约纵说。一心三观,即约横说。今非纵故不一,非横故不三。三一一三,但是真心上义。不可定执为一为三、非三非一之解,以宗非数量,道绝名言故。

问:经云:一切无碍人,一道出生死。云何立多种观门,行相差别?

答:所观是一,能观自殊。诸佛徇机,密施善巧。又,法是心体,观是心用,自心起用,还照自体。如炷生焰,明还照炷。似珠吐光,反照珠体。如《华严经》,善财参见弥伽长者,彻见十方佛海。显此定者,唯心之观,知众生界无量无边,皆心现故。明随心念佛,诸佛现前,以唯心观,遍该万有。是以,湛然尊者云:上根唯观一法,谓观不思议境。境为所观,观为能观。所观者,谓阴界入,不出色心,色从心造,全体是心。此之能造,具足诸法,众生理具,诸佛已成,成之与理,莫不性等。颂云:一一心中一切心,一一尘中一切尘。一一心中一切尘,一一尘中一切心。一一尘中一切刹,一切刹尘亦复然。诸法诸尘诸刹身,其体悉然无自性。无性本来随物变,所以相入事恒分。故我身心刹尘遍,诸佛众生亦复然。一一身土体恒同,何妨心佛众生异。异故分别染净缘,缘体本空空不空。三谛三观三非三,三一一三无所寄。谛观名别体复同,是故能所二非二。如是观时,名观心性:随缘不变,故名为性。不变随缘,故名为心。故此妙境,为诸法本。故此妙观,为诸行原。上根一观,横竖该摄,便识无相,众相宛然。若中下根,不逗此门。则随机差别,教分多种。虽说种种道,其实为佛乘,佛乘不动,种种随心,犹玻璨珠,随前尘而变众色。若金刚宝,置日中而无定形。

问:自性清净心,本无垢染,云何说断惑之义?

答:有二种心:一自性清净心,二离垢清净心。以自性心虽本清净,以客尘不染而染,修诸对治,得成离垢。未必有垢可离,以自性离故。此即不断而断,虽有能断而无所断，此是圆断惑义。如古师云：断惑相者，要性相无碍：由能断无性，方为能断。所断本空，方成所断。若定有者，则堕于常，不可断故。若定无者，则堕断，失圣智故。《中论》偈云：能说是因缘，善灭诸戏论。拙度为不善灭，巧度为善灭也。善灭者，不断断。不善灭者，是定断也。

又，智障有其三门：一是智障，所谓分别有无之心。二是体障，谓观非有非无之解，立已能知，故曰体障。三是治想，谓妄识中合如正慧。若四五六地，断除分别取有之心。入七地时，断除分别取无之心。八地已上，断除体障。前第七地，虽除分别有无之心，犹见己心以为能观，如为所观。其所观如不即心，能观之心不即如，心如别故。心外求法，故有功用。法外立心，故有体障。从第七地入八地时，破舍此障，观察如外由来无心，心外无如，如外无心，心不异如。心外无如，如不异心，故能如心泯同法界，广大不动。以不异故息外推求，故舍功用。不复如外建立神智，故灭体障。体障灭故，名无障想。第三治想，至佛方灭。故入八地，虽无障想而有治想。从八地已上，无生忍体转转寂灭，令彼治想运运自亡，至佛乃穷。今此未尽。

又，若依顿教，一切烦恼本来自离，不可说即与不即。如《法界体性经》云：佛告文殊师利：汝依何教法，发菩提心？文殊言：教发我见心。何以故？我见际，即是菩提故。若《华严》圆教，一切烦恼，不可说其体性。但约其用，即甚深广大。以所障法一即一切，具足主伴，故能障惑亦如是也。是故，不分使习种现，但如法界一得一切得，是故烦恼亦一即一切即也。《普贤品》明一障一切障，经云：以普贤眼，见一切众生，皆已究竟矣。故知，但了真心，无惑可断。设有余习，还以一心佛知见而治之。不入此宗，皆成权渐。以此忏罪，何罪不消？除三毒根，如翻大地。以此发行，何行不成？彻十地源，似穷海底。游行奋迅，犹师子之王。自在翱翔，若金翅之鸟。

问：唯一真心，入平等际，云何学者证有差殊？

答：此于能证智见有浅深，向无为法自生差别。《涅槃疏》云：佛性如世间道：有未行者，有欲行者，有正行者，有已行者。虽有未行等不同，不可言道有二。佛性亦尔：有未见、欲见、正见、已见。虽见不同，理无有二。诸佛同一法界，则理无二是。一尘无非法界，则事弗毫差，此即是所证一。若能证殊者：如藏通二教，只见空而不见不空，如寻梦得眠。若别圆二教，见不空中道之理，如寻梦得心。

又，别门犹执教道次第生起，若圆乘直了心性，即今具足。又，藏通以灭心为极果，顿皆圆乘。台教云：六识是缘因种，善恶并是六识起。七识是了因种，惑之与解，皆是七识。八识是正因种，无八识，则无生死涅槃。若此三种非佛种类，此外何处更有圆顿之法？二乘断结，结尽便无佛慧之因，不能成一切种智，失了因种也。若除恶有善，恶尽则不能生一切善，岂有缘因种？若离生死入无余涅槃，灭身不受生者，岂有正因种？所以《圆觉经》云：清净慧菩萨白佛言：世尊，愿为一切诸来法众，重宣法王圆满觉性。一切众生、及诸菩萨、如来世尊，所证所得，云何差别？乃至佛言：善男子，圆觉自性，非性性有，循诸性起，无取无证，于实相中，实

无菩萨及诸众生。何以故？菩萨众生，皆是幻化，幻化灭故，无取证者。譬如眼根不自见眼，性自平等。无平等者，众生迷倒，未能除灭一切幻化，于灭未灭妄功用中，便显差别。若得如来寂灭随顺，实无寂灭及寂灭者。善男子，一切众生从无始来，由妄想我及爱我者，曾不自知念念生灭，故起憎爱耽著五欲。若遇善友，教令开悟净圆觉性，发明起灭，即知此生性自劳虑。若复有人劳虑永断，得法界净，即彼净解为自障碍，故于圆觉而不自在，此名凡夫随顺觉性。善男子，一切菩萨见解为碍，虽断解碍，犹住见觉，觉碍为碍而不自在，此名菩萨未入地者随顺觉性。善男子，有照有觉，俱名障碍，是故菩萨常觉不住，照与照者，同时寂灭。譬如有人自断其首，首已断故，无能断者。则以碍心自灭诸碍，碍已断灭，无灭碍者。修多罗教，如标月指，若复见月，了知所标毕竟非月。一切如来种种言说，开示菩萨，亦复如是，此名菩萨已入地者随顺觉性。善男子，一切障碍即究竟觉，得念失念无非解脱，成法破法皆名涅槃，智慧愚痴通为般若，菩萨外道所成就法同是菩提，无明真如无异境界，诸戒定慧及淫怒痴俱是梵行，众生国土同一法性，地狱天堂皆为净土，有性无性齐成佛道，一切烦恼毕竟解脱，法界海慧照了诸相犹如虚空，此名如来随顺觉性。善男子，但诸菩萨及末世众生，居一切时不起妄念，于诸妄心亦不息灭，住妄想境不加了知，于无了知不辩真实。彼诸众生闻是法门，信解受持，不生惊畏，是则名为随顺觉性。释曰：居一切时不起妄念者，念虽即空，不可故起。或串习而生，或接续而起，或觉前念非，别生后念改悔，总皆是病。但一坐之时，内外心不生,即是真如定。设有异境牵生,唯明正念。正念者,即一心本法。心境俱虚,了无所得。于诸妄心亦不息灭者,即推初念不见起处,何须断灭?不见起处,是名真灭。住妄想境不加了知者,妄想内外诸境皆空,何须强生分别?则不取不舍,妙定相应。于无了知不辩真实者,亦不住无分别。非实非虚,心无所寄,则得本之正宗、还原之妙性矣。

问:一切众生皆同法性,故《思益经》云:众生如,即是漏尽解脱如。云何众住不具性起功德?

答:性有二种:一种性义,因所起故。二法性义,若真若应皆此性故。若是法性,凡圣皆同。若是种性,须万善熏修。以净夺染,性方起故。妄虽即性,不顺性故。《清凉记》云:如来出现义,亦名缘起,亦名性起。若八相览缘出现,故名缘起,谓由众生业感、如来大悲而出现故。八相成道从法性,故名性起。今以从缘无性,缘起即名性起。又,净缘起常顺于性,亦名性起。故云应虽从缘,不违性故。即无不从此法界流,即相成门,明性成于缘故。此性起自有二义:一从缘无性而为性起,二法性随缘故名性起。无不还证此法身故。此乃缘起能成性起,即是相成门也。以净夺染性即起故者,明相夺门,亦是通妨。谓有问言:性起唯净,缘起即是性起。故为此通,谓起有二:一染,二净。净谓如来大悲、菩萨万行等,染谓众生惑业等。若以染夺净,则属众生,故唯缘起。今以净夺染,唯属诸佛,故名性起。乃至万法出兴,皆是真性中缘起,所以菩萨凡有施为,皆顺法性。众生以无明根本未尽、我执情见不亡,所有施为,皆违法性。但成有为生灭之行,不成性起功德之门。如《起信论》云:此菩萨知法性离慳贪相,是清净施度,随顺修行檀波罗蜜。知法性离五欲境,无破戒相,是清净戒度,随顺修行尸罗波罗蜜。知法性无有苦恼,离瞋害相,是清净忍度,随顺修行羼提波罗蜜。知法性离身心相,无有懈怠,是清净进度,随顺修行毗梨耶波罗蜜。知法性无动无乱,是清净禅度,随顺修行禅那蜜罗蜜。知法性离诸痴闇,是清净慧度,随顺修行般若波罗蜜。故知,菩萨所修一度一行,皆顺真如一心法性之理,非是于自性外别有所修。以随顺心性故,所有功德皆如性起,无尽无为,不取不舍。凡夫所造慳贪乃至痴闇,皆是违真背性,起我见心,所以不随性起,成无漏功德。设有妄修,皆于自心外别有所得,尽成外道天魔,有为生灭,以不顺真如、违法性故。

又,以修显性,以性成修。若无性,修亦不成。若无修,性亦不显。如古德云:本有如真金,修生如严具。由严具方显金德,严具无体,全揽金成。喻显二德者:如修生在因渐显于本有,在果圆满于本有,非本有理有渐有圆。如初生月明虽渐满,而常带圆月,以圆月常在故,故十五日月,遍在初一二三等中。则知满果遍在因位,亦令后后常具前前,前前常具后后,以初一日有二日月、乃至十五日月,以十五日月即初月故,法合可知。由此故云修生本有,以初圆时先已圆故。本有修生,以初生时亦已圆故。忘怀思之,若不能如是思之而失大利,犹如穷子,于己库藏以为他物:或持衣珠而乞匃,或守金藏以贫穷,皆为不知自心之宝,致兹况矣。又如《首楞严经》云:佛言:一切众生从无始来,迷己为物,失于本心，为物所转，故于是中观大观小。若能转物，则同如来，身心圆明，不动道场，于一毛端，遍能含受十方国土。夫云转物者，物虚非转，唯转自心，以一切法皆从分别生，因想而成、随念而至。所以《金刚三昧经》颂云：法从分别生，还从分别灭。灭诸分别法，是法非生灭。故知，一切诸法，皆从分别识生。若能悟了分别识空，则知诸法寂灭。若生若灭，俱是分别。分别若亡，法非生灭。亦如《法华经》三变土田，唯是变心，非变土耳。《首楞严经钞》云若能转物，即同如来者，心外无物，物即是心。但心离分别为正智，正智即是般若，周遍法界，无有障碍。是故，西方国土、水鸟树林，悉皆说法，说法之处，即如如心，所以如来一一根门遍尘刹土、乃至毛端而说妙法。如今但得离念，便同如来真实知见。昔有禅师，在蜀地绵竹县无为山修道，时有三百余家设斋，俱请和尚，皆由心离分别，即应机无碍。

问：法界群机，以何智证，悉入平等一心、究竟如来之藏？

答：约《佛性论》，有五种如来藏。《释摩诃衍论》，列十种如来藏。且《佛性论》云：藏有五种：一如来藏，在缠含果法故。二自性清净藏，在缠不染。三法身藏，果位为功德所依。四出世间上上藏，出缠超过二乘菩萨。五法界藏，通因彻果。外持一切染净，故名法界。内含一切恒沙性德，故名藏。次，《释摩诃衍论》云：如来藏有十种，于契经中别别说故：一者大总持如来藏，尽摄一切如来故。《诸佛无尽藏契经》中作如是说：佛告文殊，有如来藏名曰大宝无尽殊胜圆满陀罗尼，尽摄诸藏，无所不通，无所不当，圆满圆满，平等平等。一切所有诸如来藏，无有以此非为根本。何以故？此如来藏、如来藏王、如来藏主、如来藏天、如来藏地，以此义故，名曰大宝无尽殊胜圆满陀罗尼如来藏故。此经文明何义？所谓显示陀罗尼藏，所依总相。余契经中诸如来藏，能依别相故。以何义故名如来藏？谓摄持故。二者远转远缚如来藏，一清一满故。《实际契经》中作如是说：佛子，如来藏者，唯有觉者，唯有如如，离流转因，离虑知缚，一一白白，是故名为如来之藏故。此经文明何义？所谓显示真如一心，无有惑因、无有觉因，无有惑果、无有觉果。一真一如，唯有净妙如来体故。以何义故名如来藏？诸无杂故。三者与行与相如来藏，与流转力，法身如来，令覆藏故。《楞伽契经》中作如是说：如来藏者，为善不善因，受苦乐与因俱。若生若灭，犹如技儿故。此经文明何义？所谓显示生灭一心，于惑与力、于觉与力，出现生死涅槃之法。譬如非幻幻人，于诸幻事，随其所应与力用故。以何义故名如来藏？谓令覆故。四者真如真如如来藏，唯有如故。《真修契经》中作如是说：如理如理如来藏，非建立、非诽谤，非常非无常，非正体智之所证得，亦非意意识之所缘境界。何以故？唯有理理，无彼彼故。此经文明何义？所谓显示真如门中性真如理，唯理自理，非智自理故。以何义故明如来藏？谓无他故。五者生灭真如如来藏，不生不灭，被生灭之染故。《楞伽契经》中作如是说：大慧，愚痴凡夫不觉不知，执著诸法刹那不住，堕在邪见，而作是言：无漏之法亦刹那不住，破彼真如如来藏故。复次大慧，金刚如来藏如来证法，若刹那不住者，一切圣人不成圣人故。此经文明何义？

所谓显示生灭门中性真如理，远离无常之相，不生不灭之法故。以何义故名如来藏？谓被染故。六者空如来藏，一切谓空，覆藏如来故。《胜鬘契经》中作如是说：世尊，空如来藏，若离若脱若异，一切烦恼藏故。此经文明何义？所谓显示生灭门中一切染法，隐覆自相本觉无量性功德故。以何义故，一切染法总名为空？所谓一切染法幻化差别，体相无实，作用非真，故名为空，而能隐覆法身如来实德真体。是故名为如来之藏，从能藏染立其名故。七者不空如来藏，一切不空，被空染故。《胜鬘契经》中作如是说：世尊，不空如来藏，过恒沙不离不脱不异不思议佛法故。此经文明何义？所谓显示生灭门中自相本觉，备过恒沙一切功德，被过恒沙一切染法之所染故。以何义故，一切净法总名不空？所谓一切净法自体中实，作用胜妙，远离虚假，超越巧伪，故名不空。被染之覆，名如来藏。于出现时名为法身，于隐覆时名如来藏故，从所净立其名故。八者能摄如来藏，无明藏中自性净心，能摄一切诸功德故。《不增不减契经》中作如是说：如来藏本际相应体、及清净法，此法如实，不虚妄不离不脱、智不思议法，无始本际来，有此清净相应法体故。此经文明何义？所谓显示一切诸众生，自性清净心，从无始已来，具足三智、圆满四德，无所阙失故。以何义故名如来藏？由颠倒心不知不觉故，从能净立其名故。九者所摄如来藏，一切染法无明地藏，既乃出离，圆满觉者为所摄故。《不增不减契经》中作如是说：如来本际不相应体、及烦恼缠不清净法，此本际离脱不相应烦恼缠不清净法，唯有如来菩提智之所能断故。此经文明何义？所谓显示始觉满佛，断一切障、具一切智,智明为外,障闇为内,一切染法,智所摄持故。以何义故名如来藏?谓摄持故。十者隐覆如来藏,法身如来,烦恼所覆隐没藏故。《不增不减契经》中作如是说:如来藏未来际平等,恒及有法,即是一切诸法根本,备一切法、具一切法,于世法中不离不脱故。此经文明何义?所谓显示多一心体,等于法界、遍于三际,具足圆满染净诸法,无所不通、无所不至故。复次显示随缘门中自性净心,于染法中隐藏沉没,法身如来未出现故,是名为十。

今取《佛性论》中第五法界藏,及《释摩诃衍论》中第一大总持如来藏,此义弘通,总摄一切,以实相智,当能证入。如星拱北,似海会川。犹太虚空,无一尘而不入。若宗镜内,无一法而不归。众圣之所乘,诸佛之同证。其余诸藏,随染净缘,成真如生灭二门,功德过患隐显对治故,以不差而差不守自性故,以差而不差不失自性故,则总别同原,本末一际。如《究竟一乘宝性论》偈云:法身遍无差,皆实有佛性。是故说众生,常有如来藏。此偈明何义?有三种义。是故如来说一切时,一切众生有如来藏。何等为三?一者如来法身,遍在一切众生心识,偈言法身遍故。二者真如之体,一切众生平等无差别,偈言无差故。三者一切众生,皆悉等有真如佛性,偈言皆实有佛性故。

问:能证智与所证藏,为同为异?

答:约分别门,亦同亦异。若冥合一味,则无境智之殊。若言用,即同而异,境不能照,智有照故。言寂,即异而同,境智无异味故。同故无心于彼此,忘心契合故。异故不失于照功，智异木石故。是以，境智之原，非离非合，合则境智俱坏，离则境智相乖。无境而不成智，以离法无有人故。无智而不成境，以离人无有法故。是以，智心常寂，虽照境而无缘。寂不失照，虽空寂而恒用。斯则智照境亦照，境寂智亦寂。寂照双分而一味，境智融即而历然。若一二情生，则违真理：或作有情无情之见，自分彼我之怀。或执有用无用之心，唯堕断常之网，都为不了万法之实性、一道之真宗。若洞斯文，诸情顿破。

问：三界五趣，既唯一心，云何而有迷悟不同、凡圣升降？

答：只为因心故迷，因心故悟。又，因悟成圣，因迷作凡。凡圣但因迷悟得名，名亦本空，唯有真心，湛然不动。但于一真心上，妄执人法二我，所以似迷。又因了人法二空，所以似悟。古德云：觉非始终，以迷故执我，以悟故见性。如闇中迷杌为鬼，至明杌有鬼无。迷杌为鬼，见杌非新有。了鬼本无，悟鬼非始无。既唯得杌、不得鬼者，故知鬼不新无、杌非新有，无取舍也。既二念不生，即为实观。何以故？念尽心澄，无生现故，如说水澄得真宝等。又，凡有所见一切，或见自见他，皆是迷心自现。如迷东为西，方实不转，以迷人西，不离悟人东，但为迷人迷故，不见悟人东也，若至悟时，西全是东也。故知，迷常在悟，生不离佛。经云：众生界即佛界，佛界即众生界。但为迷故痴盲，对目不知见，深自悲哉。故知，依方故迷，方位不动。因觉故昧，觉体靡移。则迷无所迷，悟无所悟。迷则以真为妄，悟则以妄为真。如夜见杌为人，昼见人为杌，一物未尝异，二见自成差。既知迷悟空，真妄亦何有？

问：若无迷悟，平等一心，云何断惑证果，迟速不等？

答：虽了一心本末平等，以妄习众生界中差别种子，不熏而熏，无始坚牢，卒难除遣，至十地位犹有色心二习。若不勇猛精进，念念常与佛知见治之，无由得净。如《华严经》云：尔时文殊师利菩萨，问勤首菩萨言：佛子，佛教是一，众生得见，云何不即悉断一切诸烦恼缚，而得出离？然其色蕴、受蕴、想蕴、行蕴、识蕴，欲界、色界、无色界，无明、贪爱，无有差别，是则佛教于诸众生，或有利益，或无利益？时勤首菩萨以颂答曰：佛子善谛听，我今如实答。或有速解脱，或有难出离。若欲求除灭，无量诸过恶。当于佛法中，勇猛常精进。譬如微少火，樵湿速令灭。于佛教法中，懈怠者亦然。如钻燧求火，未出而数息。火势随止灭，懈怠者亦然。如人持日珠，不以物承影。火终不可得，懈怠者亦然。譬如赫日照，孩稚闭其目。怪言何不睹，懈怠者亦然。如人无手足，欲以芒草箭。遍射破大地，懈怠者亦然。如以一毛端，而取大海水。欲令尽干竭，懈怠者亦然。又如劫火起，欲以少水灭。于佛教法中，懈怠者亦然。如有见虚空，端居不摇动。而言普腾蹑，懈怠者亦然。释云：如钻燧求火，未出而数息。火势随止灭，懈怠者亦然者，当以智慧钻注于一境，以方便绳善巧回转，心智无住，四仪无间，则圣道可生。瞥尔起心，暂时忘照，皆名息也。所以《宝积经》云：譬如系彩帛在头上，火来烧彩帛，无暇救火，救实理急。故外书劝学，尚云轻尺璧而重寸阴，况学般若求出生死法，岂可暂忘乎？

宗镜录第八十三

宋 慧日永明妙圆正修智觉禅师延寿集

夫真心是一字之王、般若之母。云何论说,诸佛常依二谛说法?

答:若约正宗,心智路绝。若离二谛,断方便门。以真心是自证法,有何文字?凡能诠教,无非假名,故云依二谛说法。《金刚三昧经》偈云:因缘所生义,是义灭非生。灭诸生灭义,是义生非灭。《论》释云:此四句,义有总别:别则明二门义,总则显一心法。如是一心二门之内,一切诸法无所不摄:前二融俗为真,显平等义。后二融真为俗,显差别门。总而言之,真俗无二而不守一。由无二故,则是一心。不守一故,举体为二。又,真俗无二一实之法,诸佛所归,名如来藏。明无量法及一切行,莫不归入如来藏中。无边教法所诠义相,更无异趣,唯一实义。所言实者,是自心之性,除此之外,皆是虚幻。《智度论》云:除一实相外,其余尽成魔事。《法华经》云:唯此一事实,余二即非真。

凡经论大意并是显宗破执,独标心性。若通达,一切诸法即心自性,心外无法,性无不包。犹若虚空遍一切处,则一切诸法,无非实相。故知,诸义但一念心,一理应一切名,以理外无名故。一切名即一理,以名外无理故,则是无名之真名、无理之真理。是以一心二谛,体用周足。本约真论俗,从一起多。还约俗论真,从多会一。如如意珠,珠以譬真,用以譬俗。即珠是用,即用是珠。不二而二,分真俗耳。《起信论》明一心二门,心真如门者是体,以一切法无生无灭,本来寂静,唯是一心,如是名为心真如门。《楞伽经》云:寂灭者,名为一心。心生灭门者是用,此一心体有本觉,而随无明动作生灭,故于此门,如来之性隐而不显,名如来藏。《楞伽经》云:一心者,名如来藏。又云:如来藏者,是善不善因。此二门,约体用分二。若以全体之用、用不离体,全用之体、体不离用,还念其一,以一心染净其性无二、真妄二门不得有异,故名为一。此无二处,诸法中实,不同虚空,性自神解,故名为心。既无有二,何得有一。一无所有,就谁曰心?如是道理,离言绝虑,不知何以言之,强为一心也。

问:《摩诃衍论》云:一即是心,心即是一。无一别心,无心别一。一切诸法平等一味、一相无相,作一种光明心地之海者,云何复说同相异相?

答:若同若异,俱一心作故。如海涌千波,千波即海。以众生差别性故,不能同种。以如来平等性故,不能异种。众生虽差别,不能自异。如来虽平等,不能自同。不能自异故,即异无异也。不能自同故,即同非同也。《摩诃衍论》云:同相者,一切诸法唯一真如。异者,唯一真如作一切法。《金刚三昧论》云:平等一味故,圣人所不能异也。有通有别故,圣人所不能同也。不能同者,即同于异。不能异者,即异于同。又,不可说异故,可得说是同。不可说同故,可得说是异耳。说与不说,无二无别也。又云:依甚深教如言取义者，有二种失：一者，闻佛所说动静无二，便谓是一，一实一心，由是拨无二谛道理。二者，闻佛所说空有二门，计有二法，而无一实，由是诽谤无二中道。又云：如是一心，通为一切染净诸法之所依止故，即是诸法根本本来静门，恒沙功德无所不备。谓一切是随缘动门，恒沙染法无所不具。然举染法以望心体，不能遍通，所以经云：若离若脱。若举心体望诸净法，无所不遍，故经言：于世法中不离不脱。总明一心通于动静，为染净所依：别显动门，染法所依。别显静门，净法所依。亦如《起信》，于一心立真如、生灭二门，若卷若舒，或总或别，皆是一心之体用。如日月之光明，似江河之波浪，真心无寄，不落言思。但约世谛随缘门中，分其二义：以真心不守性故，随缘成异，即成异门。以随缘时不失自性故，随缘不变，即成同门。虽立同异，常冥一际。古释：一真心非一非异者，真心全体动故，心与生灭非异。而恒不变真性故，与生灭不一。先明不异门有三义：一、本从末明不异，经云：如来藏是善不善因，能遍造一切趣生。又，经云：佛性随流成别味。二、摄末同本明不异，经云：众生即如也。又云：十二因缘，即佛性地。论云：三界唯一心者，第一义谛也。前即末之本，本无别本，唯有生灭，更无别法可相异也。后即本之末，末无别末，故唯有不生灭，亦无别法可相异也。三、本末平等明不异，经偈云：甚深如来藏，而与七识俱。又论云：唯真不立，单妄不成。此显本末镕融，际限不分，故云不异也。次明不一门者，此中非直不乖不异以明不一，亦乃由不异故成于不一。何以故？若如来藏随缘作生灭时，失自不生灭者，即不得有生灭也。如水失湿性，则不能成大小之波。是故由不生灭,得有生灭。是故即不异,故不一也。《起信》明如来藏与生灭和合,非一非异,而成办世出世间染净等事。

问:《论》云:同相者,一切诸法唯一真如。异相者,唯一真如作一切法。此同异二义,为复法尔自作,为复因人所置?

答:法性不动,岂有同异之文?改变从心,自起一多之见。如《大乘起信论》云:复次觉与不觉,有二种相:一者同相,二者异相。言同相者,譬如种种瓦器皆同微尘性相,如是无漏无明种种业幻皆同真如性相,是故修多罗中依于此义,说一切众生本来常住,入于涅槃,菩提之法,非可修相、非可作相,毕竟无得,亦无色相可见。而有见色相者,唯是随染业幻所作,非是智色不空之性,以智相无可见故。言异相者,如种种瓦器,各各不同,如是无漏无明,随染幻差别性,染幻业差别故。《论》释曰:即此文中,故有二门:一者同相门,二者异相门。为明何义故,建立同相门?为欲显示一切诸法唯一真如,无余法故,当真如门。为明何义故,建立异相门?为欲显示唯一真如作一切法,名相各别义用不同故,当生灭门。依何契经所建立耶?谓《文殊师利答第一经》。彼契经中当何说耶?谓彼经中作如是说:佛问文殊:汝久远来,恒无休息,普遍游行十方刹中,见何殊事?文殊答曰:我久远来不见余事,唯见微尘。又,佛问言:汝百年中居于轮家,不见种种瓦器相耶?文殊对曰:我唯见尘,不见瓦器。又,佛问言:汝实不见地水火风、山川林树等种种相耶?对曰:我实不见如是等相,唯见微尘。如是如是,世尊问讫,文殊答曰:至一百数。佛问文殊:见微尘耶?文殊对曰:我久远来不见微尘。尔时世尊告文殊言:善哉善哉,汝是大士,能觉一相。能觉一相,即无相法。文殊师利,汝一仁者,非如是觉,依一相门。一切众生本来常住,入于涅槃,菩提之法,非可修相、非可作相,毕竟无得,亦无色相可见。而有见色相者,唯是随染业幻所作,非是智色不空之性,以智相无可见故。异相门者,彼契经中作如是说:佛告身子:汝见此土,作何心见?身子答曰:我见此土山川林树、沙砾土石、日月宫殿舍宅等种种相,各各形相名字差别不同。佛言:汝智慧力,下劣狭少,心有高下,见如是异。唯汝一人非如是见,一切众生亦复如是,乃至诸法亦复如是:真妄互熏,染净相待,功德过患,形相名字,各各差别。随凡夫心所立名相,有而非实,皆如幻化。

问:一心开真如生灭二门,有何所以?

答:甚有功能,深谐事理:一心者,起大乘之信。二门者,破邪见之执。约真如门信妙理决定,约生灭门信业用不立,可谓理事圆通,真俗无滞。《释摩诃衍论》云:心真如门有十种名:一者名为如来藏门,无杂乱故。二者名为不二平等门,无差别故。三者名为一道清净门,无异岐故。四者名为不起不动门,离作业故。五者名为无断无缚门,无治障故。六者名为无去无来门,无上下故。七者名为出世间门,无四相故。八者名为寂灭寂静门,无往向故。九者名为大总相门,无别相故。十者名为真如门,无虚伪故。是名为十。如是十名,总摄诸佛一切法藏平等义理法门名字。生灭门有十种名：一者名为藏识门，摄持一切染净法故。二者名为如来藏门，覆藏如来法身故。三者名为起动门，相续作业故。四者名为有断有缚门，有治障故。五者名为有去有来门，有上下故。六者名为多相分异门，染净之法过恒沙故。七者名为世间门，四相俱转故。八者名为流转还灭门，具足生死及涅槃故。九者名为相待俱成门，无自成法故。十者名为生灭门，表无常相故。如是十名，总摄诸佛一切法藏，种种差别法门名字。

又，夫真如者，虽在不起不动门，非是凝然不动，寂尔离缘，此落静尘，生于断见，斯乃随缘会寂，约法明真。是以无性因缘，理事一际。因缘无性，隐显同时。如《义海》云：入真如者，谓尘随心回转，种种义味，成大缘起。虽有种种，而无生灭。虽不生灭，而恒不碍一切随缘。今无生灭，是不变。不碍一切，是随缘。随缘不变，是真如义。

问：上说一切众生皆有本觉，常熏无明成其净用。此真如妙用、诸佛化门，为在真如门中，生灭门中？

答：此是生灭门中本觉真如，故有熏义。真如门中，则无此义。由此本觉内熏不觉，令成厌求，反流顺真，故云用也。《涅槃经》云：阐提之人，未来佛性力故，还生善根。佛性力者，即本觉内熏力成其净用。乃至八相成道、十地行位，并约世谛门收。

问：上立一心真如生灭二门，为复从何门入，疾得成就？

答：但从生灭门入，直至道场，不动尘劳而成正觉。《起信论》云:复次为令众生从心生灭门,入真如门,故令观色等相,皆不成就。云何不成就?谓析粗色渐至微尘,复以方分析此微尘,是故若粗若细一切诸色,唯是妄心分别影像,实无所有,推求余蕴渐至刹那,相别非一。无为之法,亦复如是,离于法界,终不可得。如是十方一切诸法,应知悉然,犹如迷人谓东为西,方实不转。众生亦尔,无明迷故谓心为动,而实不动。若知动心即不生灭,即得入于真如之门。如上二谛之义,不可一向作一解,亦不可一向作二解。所以《仁王经·二谛品》云:尔时波斯匿王白佛言:世尊,胜义谛中,有世俗谛不?若言无者,智不应二。若言有者,智不应一。一二之义,其事云何?佛言:大王,汝于过去龙光王佛法中,已问此义。我今无说,汝今无听,无说无听,是即名为一义二义?汝今谛听,当为汝说。尔时世尊即说偈言:无相胜义谛,体非自他作。因缘如幻有,亦非自他作。法性本无性,胜义谛空如。诸有幻有法,三假集假有。无无谛实无,寂灭胜义空。诸法因缘有,有无义如是。有无本自二,譬如牛二角。照解见无二,二谛常不即。解心见无二,求二不可得。非谓二谛一,一亦不可得。于解常自一,于谛常自二。了达此一二,真入胜义谛。世谛幻化起,譬如虚空华。如影如毛轮,因缘故幻有。幻化见幻化,愚夫名幻谛。幻师见幻法,谛幻悉皆无。若了如是法,即解一二义。遍于一切法,应作如是观。故《涅槃经》况二鸟双游者:生死俱常无常,涅槃亦尔。在下在高,双飞双息。即事而理,即理而事。二谛即中,中即二谛。非二中而二中,是则双游义成。二鸟者,即鸳鸯鸟,双飞双止:双飞即况双照,双止即况双遮。亦是体用理事，不即不离。

问：真谛云何不称第一义谛？

答：真但对俗得名，未是中道。又，通了一切法无我，但是真诠，未穷实性，不通真俗。如中道第一义谛者，非离二边称中，即是一切法之实性，遍通凡圣情与非情，故称第一，亦云无等。以无法可过，故称第一。以无法可比，故称无等。此非约胜劣而言，以一切法即真如一心故。所以《起信论》云：所言法者，谓众生心。古释云：诸法既无，故唯心矣。如万像本空，唯是一镜。

问：妙明真心，遍一切处。云何《涅槃经》云：佛性除于瓦砾？

答：能所不同，不可执一。心境一味，不可称异。若以性从缘，则情非情异，为性亦殊。若泯缘从性，则非觉不觉。若二性互融，则无非觉悟。《华严经》云真如无少分非觉悟者，则真如遍一切有情无情之处。若无少分非觉悟者，岂无情非佛性乎？又，经意但除执瓦砾无情之见，非除佛性。则性无不在，量出虚空，宁可除乎？

又，古德云：觉性是理，觉了属事。如无情中但有觉性，而无觉了。如水中但有火性，亦无火照。今言性者，但据理本，谁论枝末？又，觉智缘虑名情，自性不改名性，愚人迷性生情，故境智不一。智者了情成性，故物我无二。

问：万法唯心，诚证非一。《入楞伽经》偈云：三界上下法，我说即是心。离于诸心法，更无有可得。若四维上下皆是自心者，则行住坐卧依何而住？若无依报所居，正报如何成立？

答：有识之身、无情之土，皆是内外四大，悉皆无体。且如地大，唯依风轮众微所成，本无自性，但是有情心变，更无异理，安庠动止，皆在心中。似鸟飞空，不离空界。如鱼潜水，岂越水源？《入楞伽经》偈云：若一切唯心，世间何处住？去来依何法，云何见地中？如鸟虚空中，依心风而去。不住不观察，于地上而去。如是诸众生，依分别风动。自心中来去，如空中飞鸟。见是资生器，佛说心如是。故知，举足下足，不离自心，如鸟若离空，何以骞翥。鱼若离水，岂得浮沉？所以西天祖师弥遮迦，问婆须蜜曰：何方而来，复往何所？答曰：自从心来，欲往无处。又，此土五泄和尚，临终歇食三日而告寂。学人问云：师何处去？答：无处去。学人何不见？答：非眼所睹。故《大集经》云：佛言：即四大中求于菩提，不余处求，求时不见一切诸物。不见者，即是无处。无处者，即是无住。无住者，即是一切诸法之性。一切诸法若无性者，即是实相。实相者，非常非断，名毕竟节。《金刚三昧经》云：无住菩萨言：尊者，我从无本来，今至无本所。佛言：汝本不从来，今亦不至所，汝得本利不可思议。乃至色无处所，清净无名，不入于内。眼无处所，清净无见，不出于外。心无处所，清净无上，无有起处，清净无动，无有缘别，性皆空寂。乃至如彼心王，本无住处，凡夫之心，妄分别见。如如之体，本不有无，有无之相，见唯心识。云何无本？以无住故。有本则有住，无住则无本。明知众生业趣去来、

诸圣净界动止，来是心来，去是心去，动是心动，止是心止，毕竟无有去来动止而可得。不离法界故，则未有一法非心所标。是以，文殊师利化善财童子，现三千世界满中台观，善财观之，忽然不现，世界皆空，问世界来去之处，文殊答言：从来处来，却归去处去。即是清净法界中来，却归清净法界中去。故知，诸法所生，唯心所现，生灭去来，皆如来藏。斯乃穷迹达本，见法明宗矣。又如瑠璃光法王子云：我忆往昔经恒沙劫，有佛出世，名无量声，开示菩萨本觉妙明，观此世界及众生身，皆是妄缘风力所转。我于尔时观界安立，观世动时，观身动止，观心动念，诸动无二，等无差别。我时了觉此群动性，来无所从，去无所至。十方微尘颠倒众生，同一虚妄。如是乃至三千大千一世界内所有众生，如一器中贮百蚊蚋，啾啾乱鸣，于分寸中鼓发狂闹。乃至我以观察风力无依，悟菩提心，入三摩地，令十方佛传一妙心，斯为第一。故知，群动无二，唯一妄风。风赖众缘，本无依处。若能谛观风力无依，顿悟唯心不动，则本觉妙明，恒照法界。故云：十方诸佛，传此一妙心耳。风力既无依，万法皆无主，来从缘有，去逐幻空，唯本觉心，本无生灭。所以《法华经》但说一乘，开示于此。《般若经》唯言无二，付嘱于此。《涅槃经》佛性平等，广喻于此。《华严经》法界无尽，显现于此。无边妙旨，同归《宗镜》矣。

问：《楞伽经》云：佛语心为宗。既立一心为宗，云何复云无心是道？

答：心为宗者，是真实心。此心不是有无，无住无依，不生不灭。有佛无佛，性相常住，为一切万物之性，犹如虚空体非一切而能现一切。只为众生不了此常住真心，以真心无性，不觉而起妄识之心，遂遗此真心妙性，逐妄轮回，于毕竟同中成究竟异。一向执此妄心能缘尘徇物，背道违真，则是令息其缘虑妄心。若不起妄心，则能顺觉。所以云无心是道，亦云冥心合道。又，即心无心，常顺本觉，未必灭心取证，却成背道。然虽即心无心，又不可故起，此妄识心对境而生，无体可得。如海上波，随风断续，境界妄风不起，分别识浪不生。《密严经》云：一切诸世间，譬如热时焰。以诸不实相，无而妄分别。觉因所觉生，所觉依能觉。离一则无二，譬如光共影。无心亦无境，量及所量事。但依于一心，如是而分别。能知所知法，唯依心妄计。若了所知无，能知则非有。所知无者，则是无境。能知无者，则是无心。妄心幻境既空，一道真心自现。故知，但心不起，万法无生。才有起心，即成住著。如《大法炬陀罗尼经》云：佛言：一切住即是非住，但是思想移来，次第相续，故有生耳。乃至若正思惟，一切皆是无住住也。故知，一切万法，皆从思生。凡有思惟，皆是邪思惟。若无思惟，即是正思惟。故云：若正思惟，一切皆是无住住也。无住住者，乃万法之根本矣。

问：若云心同境空、了不可得者，如今介尔心起，果报非虚：一念善心，远阶佛果。一念恶想，长劫受殃，岂同外色前尘，性是无记？依心假有，体毕竟无。若缘念心，即应是有。

答：此一念心，亦不孤起，依他假有，内外皆空。此一念瞥起觉了能知之心，如阿难妄执在其七处，世尊一一推破，

俱无所在。然因依之处,不过此七,世人同执,熏习坚牢。若非大圣子细推寻,情见无由可脱。此七处既破,则一切处皆无。可以即今现知,无劳更执。如《首楞严经》云:佛告阿难:如汝所说:真所爱乐,因于心目。若不识知心目所在,则不能得降伏尘劳。譬如国王为贼所侵,发兵讨除,是兵要当知贼所在。使汝流转,心目为咎。吾今问汝:唯心与目,今何所在?阿难白佛言:世尊,一切世间十种异生,同将识心居在身内。纵观如来青莲华眼,亦在佛面。我今观此浮根四尘,只在我面,如是识心,实居身内。佛告阿难:汝今现坐如来讲堂,观祇陀林,今何所在?世尊,此大重阁清净讲堂,在给孤园,今祇陀林,实在堂外。阿难,汝今堂中,先何所见?世尊,我在堂中先见如来,次观大众。如是外望,方瞩林园。阿难,汝瞩林园,因何有见?世尊,此大讲堂,户牖开豁,故我在堂,得远瞻见。乃至佛告阿难:如汝所言:身在讲堂,户牖开豁,远瞩林园。亦有众生在此堂中,不见如来,见堂外者?阿难答言:世尊,在堂不见如来,能见林泉,无有是处。阿难,汝亦如是,汝之心灵,一切明了。若汝现前所明了心,实在身内,尔时先合了知内身,颇有众生先见身中、后观外物,纵不能见心肝脾胃、爪生发长、筋转脉摇,诚合明了,如何不知?必不内知,云何知外?是故应知,汝言觉了能知之心住在身内,无有是处。阿难稽首而白佛言:我闻如来如是法音,悟知我心实居身外。所以者何?譬如灯光然于室中,是灯必能先照室内,从其室门,后及庭际。一切众生不见身中,独见身外,亦如灯光居在室外,不能照室。是义必明,将无所惑,同佛了义,得无妄耶?佛告阿难:是诸比丘,适来从我室罗筏城,循乞抟食,归祇陀林,我已宿斋。汝观比丘,一人食时,诸人饱不?阿难答言:不也,世尊。何以故?是比丘虽阿罗汉,躯命不同,云何一人能令众饱?佛告阿难:若汝觉了知见之心实在身外,身心相外,自不相干,则心所知,身不能觉。觉在身际,心不能知。我今示汝兜罗绵手,汝眼见时,心分别不?阿难答言:如是,世尊。佛告阿难:若相知者,云何在外?是故应知,汝言觉了能知之心住在身外,无有是处。阿难白佛言:世尊,如佛所言:不见内故,不居身内。身心相知,不相离故,不在身外。我今思惟,知在一处。佛言:处今何在?阿难言:此了知心,既不知内而能见外,如我思忖,潜伏根里。犹如有人取瑠璃椀,合其两眼,虽有物合而不留碍,彼根随见随即分别。然我觉了能知之心不见内者,为在根故。分明瞩外无障碍者,潜根内故。佛告阿难:如汝所言:潜根内者,犹如瑠璃,彼人当以瑠璃笼眼,当见山河、见瑠璃不?如是,世尊,是人当以瑠璃笼眼,实见瑠璃。佛告阿难:汝心若同瑠璃合者,当见山河,何不见眼?若见眼者,眼即同境,不得成随。若不能见,云何说言:此了知心,潜在根内,如瑠璃合?是故应知,汝言觉了能知之心,潜伏根里,如瑠璃合,无有是处。阿难白佛言:世尊,我今又作如是思惟:是众生身,腑藏在中,窍穴居外。有藏则闇,有窍则明。今我对佛,开眼见明,名为见外。闭眼见闇,名为见内,是义云何?佛告阿难:汝当闭眼见闇之时,此闇境界为与眼对、为不对眼?若与眼对,闇在眼前,云何成内?若成内者,居暗室中无日月灯,此室闇中皆汝焦腑。若不对者,云何成见?若离外见内对所成,合眼见闇,名为

身中,开眼见明,何不见面?若不见面,内对不成。见面若成,此了知心及与眼根,乃在虚空,何成在内?若在虚空,自非汝体,即应如来今见汝面,亦是汝身。汝眼已知,身合非觉,必汝执言身眼两觉,应有二知,即汝一身应成两佛。是故应知,汝言见闇名见内者,无有是处。阿难言:我常闻佛开示四众:由心生故种种法生,由法生故种种心生。我今思惟,即思惟体实我心性,随所合处,心则随有,亦非内外中间三处。佛告阿难:汝今说言:由法生故种种法生,随所合处心随有者,是心无体,则无所合。若无有体而能合者,则十九界因七尘合。是义不然。若有体者,如汝以手自挃其体,汝所知心,为复内出,为从外入?若复内出,还见身中。若从外来,先合见面。阿难言:见是其眼,心知非眼,为见非义。佛言:若眼能见,汝在室中门能见不?则诸已死尚有眼存,应皆见物。若见物者,云何名死?阿难,又汝觉了能知之心,若必有体,为复一体、为有多体?今在汝身,为复遍体、为不遍体?若一体者,则汝以手挃一支时,四支应觉,若咸觉者,挃应无在。若挃有所,则汝一体自不能成。若多体者,则成多人,何体为汝?若遍体者,同前所挃。若不遍者,当汝触头亦触其足,头有所觉,足应无知,今汝不然。是故应知,随所合处,心则随有,无有是处。阿难白佛言:世尊,我亦闻佛,与文殊等诸法王子,谈实相时,世尊亦言:心不在内,亦不在外。如我思惟:内无所见,外不相知。内无知故,在内不成。身心相知,在外非义。今相知故,复内无见,当在中间。佛言:汝言中间,中必不迷,非无所在。今汝推中,中何为在?为复在处,为当在身?若在身者,在边非中,在中同内。若在处者，为有所表，为无所表？无表同无，表则无定。何以故？如人以表表为中时，东看则西，南观成北，表体既混，心应杂乱。阿难言：我所说中，非此二种。如世尊言：眼色为缘，生于眼识。眼有分别，色尘无知。识生其中，则为心在。佛言：汝心若在根尘之中，此之心体，为复兼二、为不兼二？若兼二者，物体杂乱，物非体知，成敌两立，云何为中？兼二不成，非知不知。即无体性，中何为相？是故应知，当在中间，无有是处。阿难白佛言：世尊，我昔见佛，与大目连、须菩提、富楼那、舍利弗四大弟子，共转法轮，常言：觉知分别心性，既不在内，亦不在外，不在中间，俱无所在，一切无著，名之为心。则我无著，名为心不？佛告阿难：汝言觉知分别心性俱无在者，世间虚空水陆飞行诸所物像，名为一切。汝不著者，为在为无？无则同于龟毛兔角。云何不著？有不著者，不可名无，无相则无。非无则相，相有则在，云何无著？是故应知，一切无著名觉知心，无有是处。如上所推，即今生灭身中，妄心无寄，现量所知，分明无惑。可谓顿悟真心，直了无生矣。

宗镜录第八十四

宋 慧日永明妙圆正修智觉禅师延寿集

夫妄心虚假,诸圣同推。此执坚牢,故须具引。又,约经论有三种假:一因成假,因前境对,方乃生心。二相续假,初心因境,后起分别,念念相续,乃至成事。三相待假,如待虚空无生,说心有生。又,计于有心待于无心,如短待长,似近待远。此三非实,故称为假,所以异相互无。如《中观论》偈云:异中无异相,不异中亦无。无有异相故,则无彼此异。如长与短异:长中无短相,长无可对,故无有长。短中无长相,短无可对,故无有短。长中无长相,短无可对,故无有短。短中无短相,长无可对,故无有长。既无长短,孰言异耶?又,《百论》云:若实有长相,若长中有、若短中有、若共中有?是皆不可得。何以故?长中无长相,以因他故,因短为长故。短中亦无长相,性相违故,若短中有长,不名为短。共中亦无长,二俱过故。长相既无,短相亦尔。若无长短,云何相待?故遮异言不异,非谓有无异,此双绝以契性。若约双显者,谓上但显实,则唯性而非异。今性相皆具,故云双显。谓由体一,故非异。相差别,故非不异,此举双是以显双非,斯乃非一非异,而一而异,遮照无碍,性相融通。长短既然,万法皆尔。若以初心破此三假,一念无生,得入空观。夫空观者,乃一切观之根本,从此次入假观。因不得假而入空，复不得空而入假，以非空非假，后入中观、乃至绝观。所以《止观》广破，四句检而不得，横竖推而无生。性相俱空，名字亦寂。若一念心起，即具三假，当观此一念心：若心自生者，前念为根，后念为识。为从根生心、为从识生心？若根能生识，根为有识故生识、根为无识故生识？根若有识，根识则并，又无能生所生。根若无识而能生识，诸无识物，不能生识。根既无识，何能生识？根虽无识而有识性，故能生识者，此之识性，是有是无？有已是识，并在于根。何谓为性？根无识性，不能生识。又，识性与识，为一为异？若一，性即是识，无能无所。若异，还是他生，非心自生。若言心不自生，尘来发心故有心生。引经云：有缘思生，无缘思不生。若尔，尘在意外来发内识，则心由他生。今推此尘，为是心故生心、为非心故生心？尘若是心，则不名尘，亦非意外，则同自生。又二心并，则无能所。尘若非心，那能生心？如前破。若尘中有生性，是故生心，此性为有为无？性若是有，性与尘并，亦无能所。若无，无不能生。若根尘合故有心生者，根尘各各有心故合生心、各各无心故合生心？若各各有，有合则两心生，堕在他性中。若各各无，合时亦无。又，根尘各有心性，合则心生者，当检此性为有为无？如前破。若根尘各离而有心者，此是无因缘生，为有此离、为无此离？若有此离，还从缘生，何谓为离？若无此离，无何能生？若言此离有生性，为有为无？若性是有，还从缘生，不名为离。若性是无，无何能生？如是四句推求，知心毕竟不生，是名从假入空观。若不悟者，转入相续假破之。何以故？虽因成假，四破不得心生，今现见心念念生灭、相

续不断,何谓不生?此之念念,为当前念灭后念生、为前念不灭后念生、为前念亦灭亦不灭后念生、为前念非灭非不灭后念生?若前念不灭后念生,此则念自生念,两生相并,亦无能所。若前念有生性生于后念,此性为有为无?有则非性,无则不生,如前破。若前念灭后念生者,前不灭生,名为自性。今由灭生,不灭望灭岂非他性?他性灭中有生故生、无生故生?有生是生,生灭相违,乃至生生何谓灭生?若灭无生,无何能生?若灭有生性性,破如前。若前念亦灭亦不灭后念生者,若灭已属灭、若不灭已属不灭?若不灭合灭能生,即是共生,共自相违,相违何能生?又,若各有生,即有二过:各各无生,合亦不生。若灭不灭中有生性者,为有为无?若性定有,何谓灭不灭?若性定无,亦何为谓灭不灭?此不免断常之失,还堕共过。若前念非灭非不灭而后念生者,为有此非灭非不灭、为无此非灭非不灭?若有,则非无因。若无,无因不能生。若无因有生性,此性即因,何谓无因?若无,无不能生。如是四句推相续假,求心不得,无四实性,但有心名字,是字不住内外两中间,不常自有,相续无性,即世谛破性,名为性空。相续无名,即真谛破假,名为相空。性相俱空,乃至作十八空。若不得入者,犹计有心待于无心,相待惑起,此与上异:因成假,取根尘两法和合为因。相续假,竖取意根前后为相续。竖望生灭,此是别灭,别灭则狭。今相待假待于通灭,此义则宽。通灭者,如三无为,不并是灭,而得是无生,待虚空无生而说心生,即是相待假。今检此心,为待无生心生、为待有心生、为待亦生亦无生而心生、为待非生非无生而心生?若待无生而生心者,有此无生、无此无生？若有生可待，还是待有，何谓待无？有有相待，即是自生。若无此无生，无何所待。若只待此无无而生心者，一切无无亦应生心，无望于有，无即是他生。又，无生虽无而有生性，待此性故而知有心，此性为已生、为未生？若已生，生即是于生，何谓为性？性若未生，未生何能生？若待生而心生者，生还待生，长应待长，既无此义，何待心生？若待生无生故有心生，如待短得有于长，此堕二过：各有，则二生并。各无，生全不可得，如前破。若待非生非无生而有心生者，论云：从因缘生尚不可得，何况无因缘？又此无因，为有为无？若有还是待有，若无还是待无。何谓无因？若言有性，性为有为无？性若是有，为生非生？若生已是生，何谓为性？若无生，云何能生？如是四句推相待假，求心不得，不起性实，但有名字，名字之生，生则无生。复次性相中，求阴入界不可得，即是法空。性相，求人我知见不可得，名众生空、乃至十八空等。《辅行记》释因成假，初破自生中云：前念为根、后念为识者，根无别体，还指无间灭意为体。根名能生，由前意灭生后意识。故《俱舍论》云：由即六识身无间灭为意。身者，体也。无间灭时，为意根体。尔时五识，亦依无间灭意以为亲缘，用五色根以为疏缘，而生五识。五识无间，分别生时，即名意识。今此文意，不是五识，是第六识，缘于有见以为法尘，即名为识。即以此识对根研责，故云根为有识故生识、根为无识故生识。《大智度论》问曰：前念若灭，何能生后？答：有二义：一念念灭，二念念生。有此二故，故灭得生。恐生断见，是故须立。今为破故，是故须责。生灭虽殊，根之与识俱是自心，从根从识俱

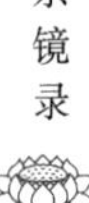

属自性，于自性中根识互责，求不可得。又，心之与识，俱对于尘以立心名，乃至根若有识，则有二妨：谓根识并及能所并，则有生生无穷之过。若无能所，生义不成，云何言生？又，无间灭方名生识，根若有识，生灭相违，故并有过。根若无识，即类无识能生识也。又责有识性，此是纵破。有还同有，亦成并生。无还同无，同无情生。又，识性作一异责：若一者，凡言性者，后方能生，识与性一，故无能所。若异者，若异识则同外境，境能生识即同他，如何计自？次破他性者：虽言心不自生，由有外尘而来发心。尘望于根，尘名为他。先责是心，则有三妨：一尘非心妨，则心不名尘。二尘非意外，同自生妨。三并生妨，尘若非心，容许尘生。尘若是心，还成心处生心，即名并生。子若生苗，则有能所。子还生子，则二子并生，有何能所？尘若非心，则与前根中无识义同，责意亦尔，故云如前破。尘有识性，例前可知。破共生者，堕自他性，名为共生，今破：若自他各各无生，和合亦无。如二砂无油，和合亦无。破无因不生亦尔。结成性相二空者，但无性计，名为性空。性既破已，但有色心内外之相。既不住于无四句中，故相亦叵得，名为相空。言不在内外中间者，内只是因，外只是缘，中间是共，常自有者，只是无因，无此计故，即无四性。此之二空，言虽前后，意不异时，复以二谛结成二空。若有性执，世而非谛。破性执已，乃名世谛，故云世谛破性、性执破已，但有名字，名之为假。假即是相，为空相故，观于法性，观理证真，名真谛破相。空非前后，二谛同时，为辩性相，前后说耳。

又，有四运心：一未运，二欲运，三正运，四运已。傅大士颂云：独自作，问我心中何所著？推检四运并无生，千端万累何能缚？释曰：未起欲起二运之心属未来，未来何处有心？正起一运之心属现在，现在不住何处有心？又，属生时，因未生已生立生时，未生已生既无生，生时亦无生。如已去未去去时，俱无去法，如《中论》所破。起已一运之心，属过去，过去已谢，何处有心？所以《金刚经》云：过去心不可得，未来心不可得，现在心不可得。三际俱空，一心何有？以所依根本之心尚不有，能依枝末一切万法，宁是实耶？故云千端万累何能缚。故知：但了一念空，诸尘自然破。所依既不有，能依何得生？如源尽流干，根危叶谢。所以，阿难七处执而无据，故知邪法难扶。二祖直下求而不生，可验解空方悟。祖佛大约，只指斯宗，既不得能起之心，亦不得所生之境。心不可得故，即我丧。境不可得故，即法亡。若能人法俱空，即显一心妙理。但以心尘相对，万法纵横。境智一如，千差顿寂。如是方能豁悟本觉灵智真心，无住无依，遍周法界。《广百论》云：经言：无有少法自性可得，唯有能造，能造即是心及心法。又云：三界唯心。如是等经，其数无量。是故诸法唯识理成，岂不决定？执一切法实唯有识者，亦成颠倒。境即无，识云何有？经言唯识者，为令观识，舍彼外尘。既舍外尘，妄心随息。妄心息故，证会中道。故经偈言：未达境唯心，起种种分别。达境唯心已，分别则不生。若知境唯心，便舍外尘相。从此息分别，悟平等真空。

《显识论》问：境识俱遣，何识所成？

答：境识俱泯，即是实性，实性即是阿摩罗识。《维摩经》云：华严菩萨曰：从我起二为二见，我实相者，不起二法。

若不住二法,则无有识。无所识者,是为入不二法门。故知,见有二法、乃至纤毫,并皆属识。境识俱亡,乃入真空之理。所以智光论师立中根说法相大乘:境空心有唯识道理,未能全入平等真空。为上根说无相大乘,辩心境俱空平等一味,为真了义。是以,因唯识,入真空究竟之门,离此别求,非真解脱。

《唯识钞》问云:内心唯识者,为是真实有、为非真实有耶?

答:《论》云:诸心心所(前陈也)依他起故(因也),亦如幻事(喻也),非真实有(法也)。

问:若尔,心境都无差别,何故乃说唯有识耶?答:为遣外道等心心所外执实有境故,假说唯有识,非唯识言,便有实识。

《论》云:为遣妄执心心所外实有境故,说唯有识。若执唯识真实有者,如执外境,亦是法执。若法执不生,即入真空矣。

问:约唯识理人法俱空者,即今受用是何等物?

答:所受用法,但是六尘,因缘故生,因缘故灭。决定内无人能受,外无尘可用。《十八空论》云:外空者,亦名所受空。离六外入,无别法为可受者。若诸众生所受所用,但是六尘,内既无人能受,外亦无法可受,即人法俱空。唯识无境,故名外空。以无境故,亦无有识。即是内空、乃至十八空。

问:人法俱空,识又不立,即今见闻从何而有?

答:一切前尘所现诸法,尽随念而至,皆对想而生。念息境空,意虚法寂。故经云:想灭闲静,识停无为。又,经云:一切诸佛、一切诸法,从意生形。又,经云:诸法不牢固,唯立在于念。以解见空者,一切无想念。故知,见闻但是缘起,见毕竟空,如世幻施为,似空华起灭,故云见闻如幻瞖,三界若空华。且如眼根具五缘得见,然此能见,只是五缘,无见者故。若言具五缘发识能见者,未知何缘定能生识?若言一一不生,和合故能生见者,即如五盲和合,应成一见。众盲既不见,和合云何生?故知,非别识生,但有见即是众缘,所以名缘起也。故经云:眼不自见,属诸因缘。缘非见性,眼即是空。眼根既然,诸根例尔。但起唯缘起,灭唯缘灭,起灭唯缘,人法俱寂。若了此我法二空,即证圆理。故云若见因缘法,是名为见佛。

问:凡夫界中取舍分别、逆顺关念、欣厌盈怀,常缚六尘以为隔碍,如何得根境融通、一切如意?

答:但见法性,证大涅槃,尚无一法可通,岂有诸法为碍?则常如意,无有不如意时。故《涅槃论》云:今言涅槃如意者,一切苦乐善恶无不是理,故名如意。释曰:无不是理者,皆一心真如理故。以苦乐是心受,善恶从心生,则无外尘所违所隔。若了一心,岂非如意?若有一法当情,则成诤竞。《楞伽经》偈云:乃至有所立,一切皆错乱。若见唯自心,是则无违诤。所以迷时人逐法,悟后法由人。且如摩尼珠无情色法,尚能无私两宝、周给群情,故称如意。况灵台妙性，岂弗能耶？但归一心，得大无碍。故云：转变天地，自在纵横。

问：《论》云：唯是一心，故名真如者，真则无伪，如则不变，妙色湛然不空之性，云何经中复说心空则一切法空？

答：夫言空者，说世间一切妄心染法是空，以遍计情执无道理故。若出世佛法真心则不空，以有道理故。《起信论》云：真如有二：一如实空，以能究竟显实故。二如实不空，以有自体，具足无漏性功德故。所言空者，从本已来，一切染法不相应故。谓离一切法差别之相，以无虚妄心念故，当知真如自性，非有无一异等相。乃至总说，依一切众生，以有妄心念念分别，皆不相应，故说为空。若离妄心，实无可空故。所言不空者，已显法体空无妄故，即是真心，常恒不变，净法满足，则名不空。《清凉记》释云：不与妄合，则名为空。性具万德，即名不空。及至释文，乃云若离妄心，实无可空。则显空藏，因妄而显。而不空藏，要由翻染方显不空，故云：以显法体空无妄故，即是真心等。如本有檀德，今为悭贪。本有尸德，今随五欲。本有寂定，今为乱想。本有大智，今为愚痴。是则悭藏于施，乃至痴藏于慧。故论云：以知法性无悭贪故，随顺修行檀波罗蜜等，万行例然。故论云：本有真实识知义云。若心有动，非真识知，明妄心之动藏其真知。是以，即妄之空，藏不空之万德。故经颂云：知妄本自真，见佛则清净。故论云：以能究竟显实，故名为空。故知，空藏能藏不空，能藏既空，则显不空之藏本来具矣。二者自性心上无妄为空，随所无者，即不空德：如空无悭悋，即显有檀。空无妄动，显有性空，故是空藏藏不空也。故知，一切众生本觉佛智，本自圆具，但以妄覆而不自知。若了妄空，真觉顿现，如云开月朗，尘去镜明。见性之时，故云发得，非是修成。三身满日，亦云万行引出，不从外来，皆约一心，本有具足。故知不空之空，体含万德。不有之有，理合圆宗。空有相成，无诸障碍。若离空之有，有则是常。若离有之空，空则成断。今有无齐行，不违一旨。是以，智能达有，慧能观空：若达有而不知空，则失慧眼。观空而不鉴有，则丧智心。菩萨不尽有为，不住无为：尽有则智业不成，住无则慧心不朗。故《义海》云：若空异于有，即净不名净，以迷空故。若有异于空，即染不名染，以执有故。今有即全空，方名染分。空即全有，方名净分。由空有无碍，染净自在也。若空即有、有即空，乃至一切法皆互相即也。既互相即，则毕竟无一异空有等法，于心外发现。设有发现，皆是自心相分，不同凡小不知，取而执有、舍而沉空。若入此一心中道之门，能成万行方便之道。如《大庄严法门经》云：文殊师利言：方便有二种：一者不舍生死，二者不住涅槃。复有二种：一者空门，二恶见门。复有二种：一者无相门，二者相觉观门。复有二种：一者无愿门，二者愿生门。复有二种：一者无作门，二者种善根行门。复有二种：一者无生门，二者示生门。是以，悟宗则逆顺同归，达体则善恶并化。

问：《论》云：说智及智处，俱名为般若。智处即是境，云何成般若？

答：般若有二种：一真实常住般若，二观照有用般若。

若真实般若，性遍一切处，寂而常照，唯一真心，不分能所。即不同世间顽境以为所照，亦不同偏小妄心以为所照，又亦不同假立真如以为所照。今则一体潜通，心心互照。以无心外境、亦无境外心，以心是境心、境是心境故。如是融镕，岂非般若乎？所以云色无边故，般若无边。故知，离色无心，离心无色。如《般若经》云：复次勇猛菩萨摩诃萨，应如是行，色非所缘。何以故？一切法无所缘，无有小法可取故。彼若是可取，此则是所缘。如是勇猛，非色行色，乃至非识行识。勇猛，一切法不行故，非色见亦非识见，乃至非识知亦非可见。若色至识，非知非见，是名般若波罗蜜。又，《文殊般若经》云：文殊师利白佛言：世尊，修般若波罗蜜时，不见法是应住、是不应住，亦不见境界可取舍相。何以故？如诸如来，不见一切法境界相故，乃至不见诸佛境界，况取声闻缘觉凡夫境界？不取思议相、亦不取不思议相，不见诸法有若干相，自证空法不可思议。如是菩萨摩诃萨，皆已供养无量百千万亿诸佛，种诸善根，乃能于是甚深般若波罗蜜，不惊不怖。又云：复次修般若波罗蜜时，不见凡夫相、不见佛法相、不见诸法有决定相，是为修般若波罗蜜。

问：世出世间，唯是一心者，云何复分真妄、及与内外？

答：真妄内外，但约世间文字分别，所以心非内外、内外是心，体非真妄、真妄是体。因内立外，而成对治。假妄显真，非无所以。《进趣大乘方便经》云：心义者，有二种相：一者内心相，二者外心相。内相者复二：一真，二妄。所言真者，谓心体本相，如如不异，清净圆满，无障无碍，微密难见，以遍一切处常恒不坏、建立生长一切法故。所言妄者，谓起念分别，觉知缘虑忆想等事，虽复相续能生一切种种境界，而内虚伪，无有真实，不可见故。所言心外相者，谓一切诸法种种境界等，随有所念，境界现前，故知有内心及内心差别。如是当知内妄想者，为因为体。外妄想者，为果为用，依如此等义，是故我说一切诸法，悉名为心。又复当知心外相者，如梦所见种种境界，唯心想作，无实外事。一切境界，悉亦如是，以皆依无明识梦所见，妄想作故。复次应知内心念念不住，故所见所缘一切境界，亦随心念念不住。所谓心生故种种法生，心灭故种种法灭。而生灭相但有名字，实不可得。以心不往至于境界，境界亦不来至于心，如镜中像，无来无去，是故一切法，求生灭定相了不可得。所谓一切法毕竟无体、本来常空，实不生灭，如是一切法实不生灭者，则无一切境界差别之相，寂静一味，名为真如第一义谛自性清净心。彼自性清净心，湛然圆满，以无分别相故。无分别相者，于一切处无所不在。无所不在者，以能依持建立一切法故。是以，《华严经》颂云：如金与金色，其性无差别。法非法亦然，体性无有异。又云：刹平等，不违众生平等。众生平等，不违刹平等。一切众生平等，不违一切法平等。一切法平等，不违一切众生平等。离欲际平等，不违一切众生安住平等。一切众生安住平等，不违离欲际平等。过去不违未来，未来不违过去。过去未来不违现在，现在不违过去未来。世平等不违佛平等，佛平等不违世平等。菩萨行不违一切智，一切智不违菩萨行。释曰：刹与众生，云何平等？以各无体故，悉不成就。若自类相望，如刹望刹平等。若异

类相望,如刹望众生平等。以一无性之理,乃至心境自他、同异高下、十方三世,悉皆平等。又,事事无违,理理无违。事事无违者,略有三因:一法性融通,二缘起相由门,此二即事事无碍义。三直语同一缘记,通事通理。如观一叶落,知天下秋同一秋矣,由不坏之事、不变之性,皆同一缘起故。理理无违者,亦有二门:一刹无性,即众生无性。二理同故,以无可即,亦无可违。

宗镜录第八十五

宋 慧日永明妙圆正修智觉禅师延寿集

夫称一心无外境界者,云何《华严经·十地品》,说初地见百佛、乃至地地增广,见于多佛?

答:所见多少,皆从念生:心狭见少佛,心广鉴多形。舒卷由心,开合在我,离心之外,实无所得。《大集经》云:憍陈如复作是念:我当云何得见诸佛?尔时随其所观方面,悉得见佛,多观多见,少观少见。见已复念:诸佛世尊无所从来,去无所至,我观三界是心,是心因身,我随觉观,欲多见多,欲少见少,诸佛如来即是我心。何以故?随心见故。心即我身,身即是虚空。我因觉观,见无量佛。我以觉心,见佛知佛,心不见心,心不知心。我观法界,性无坚牢,一切诸法,皆从觉观因缘而生。是故,法性即是虚空,虚空之性,亦复如空。我因是心,见青黄赤白杂色虚空,作神变已,所见如风,无有真实,则名为共凡夫如实陀罗尼。又云:复次贤护,如人盛壮,容貌端严,欲观己形美恶好丑,即便取器盛彼清油,或持净水,或取水精,或执明镜,用是四物,观己面像,善恶妍丑,显现分明。贤护,于意云何?彼所见像,于此油水水精明镜四处现时,是为先有耶?贤护答言:不也。曰:是岂本无耶?答言:不也。曰:是为在内耶?答言:不也。曰:是岂在外耶?答言:不也,世尊。唯彼油水精镜,诸物清

朗，无浊无滓，其形在前，彼像随现。而彼现像，不从四物出，亦非余处来，非自然有，非人造作。当知彼像无所从来，亦无所去，无生无灭，无有住所。时彼贤护如是答已。佛言：贤护，如是如是。如汝所说，诸物清净，彼色明朗，影像自现，不用多功。菩萨亦尔：一心善思，见诸如来，见已即住，住已问义，解释欢喜即复思惟：今此佛者从何所来？而我是身复从何出？观彼如来，竟无来处及以去处。我身亦尔：本无出趣，岂有转还？彼复应作如是思惟：今此三界，唯是心有。何以故？随彼心念，还自见心。今我从心见佛，我心作佛，我心是佛，我心是如来，我心是我身。我心见佛，心不知心，心不见心：心有想念则成生死，心无想念即是涅槃。诸法不真，思想缘起。所思既寂，能想亦空。贤护，当知诸菩萨等，因此三昧，证大菩提。《首楞严经》云：随众生心应所知量者，古释云：随众生根熟处即现，所知量者，即众生差别境。即知一法尘中等周法界，为邻虚尘无自性。自性是虚空，虚空即是真空，真空即是本觉。故知，如来于一毛孔中，为无量众生常说妙法，即知一切毛孔微尘，亦不出我。但解得一微尘法，即数得等同法界微尘。是以，如来能知四大海水滴数，大地须弥皆知斤两，皆由观此一身。于一身上观一毛发，俱知无自性。但于一毛孔中观，实无有自性。一毛孔亦不可得，不可得处遍法界知、一切智也。所以《信心铭》云：一即一切，一切即一。若能如是，何虑不毕？若能如是，了达一尘一毛无有自性，唯心所现，则知一切诸法悉然，更无别体。以徇尘执见一切众生，一法不通，诸尘自滞。《华严论》云：以实而论，初发心住中如，一渧之水入海水中，总同海体，诸龙鱼宝藏咸在其中。为教化众生故，教网筌罤方法不可不具。以名言竹帛著篆，即似如前后义生，体道者应须明鉴，如持宝镜，普临万像。又，颂云：无限智悲成佛德，佛以智悲成十地。还将十地成诸位，前后五位加行门。不离十地智悲起，是故十地初发心。发心即入十地智，虽然五位方便殊。只为成熟十地智，犹如迅鸟飞虚空。不废游行无所至，亦如鱼龙游水中，不废常游不离水。如是五位行差别，不废差别不离智。所有日月岁差别，以智法印无别异。智体不成亦不坏，以明诸位除习气。了习无习悲行成，万行常兴无作智。

问：若心外无法唯是一心者，于外则无善恶业果、苦乐报应，何成佛法？翻堕群邪。

答：若了一心，有无见绝，境智双寂，契彼性空。根尘两亡，内外解脱。亦常照内外，脱于无知。空尚不存，妄从何起？所现外诸苦乐境界，如镜中像，以自心为明镜，还照自之业影。古德云：以如来藏性而为明镜，随业缘质，现果影像。夫业通性及相，谓此业体，以无性之法而为其性，以不失业果之相而为其性。由无性故，能成业果。由不坏相，方显真空。何者？若有性，则善恶业定不可改移，无有苦乐果报。若坏业相，则成断灭。以一切因果从自心生，心外实无善恶业可得。以业无自性，但由心起故，所以如影如幻，无有定相。又，以业无自性，故不落有。以不坏业果，故不堕无。非有非无，则一心中理。

问：虽然心即是业、业即是心，既从心生，还从心受。如何现今消其虚妄业报？

答：但了无作，自然业空。所以云：若了无作恶业，一生成佛。又云：虽有作业而无作者，即是如来秘密之教。又凡作业，悉是自心横计外法，还自对治，妄取成业。若了心不取，境自不生，无法牵情，云何成业？《义海》云：除业报者，为尘上不了自心，为心外有法，即生憎爱，从贪业成报。然此业报由心迷尘妄计而生，但似有显现，皆无真实，迷者为尘相有所从来而复生，是迷。今了尘相无体，是悟。迷本无从来，悟亦无所去。何以故？以妄心为有，本无体故。如绳上蛇，本无从来，亦无所去。何以故？蛇上妄心横计为有，本无体故。若计有来处去处，还是迷。了无去来，是悟。悟之与迷，相待安立，非是先有净心，后有无明。此非二物，不可两解。但了妄无妄，即为净心，终无先净心而后有无明。故知，迷悟唯只一心，如手反复，但是一手。如是深达，业影自消。如《华严经》云：尔时文殊师利菩萨，问德首菩萨言：佛子，一切众生，等有四大，无我无我所，云何而有受苦受乐、端正丑陋、内好外好、少受多受，或受现报、或受后报？然法界中，无美无恶。时德首菩萨，以颂答曰：随其所行业，如是果报生。作者无所有，诸佛之所说。譬如净明镜，随其所对质。现像各不同，业性亦如是。亦如田种子，各各不相知。自然能出生，业性亦如是。又如巧幻师，在彼四衢道。示现众色相，业性亦如是。如机关木人，能出种种声。彼无我非我，业性亦如是。亦如众鸟类，从瘫而得出。音声各不同，业性亦如是。譬如胎藏中，诸根悉成就。体相无来处，业性亦如是。又如在地狱,种种诸苦事。彼悉无所从,业性亦如是。譬如转轮王,成就胜七宝。来处不可得,业性亦如是。又如诸世界,大火所烧然。此火无来处,业性亦如是。《净业障经》云:观一切法,即是佛法,是则为净诸业障。

如有学人问安国和尚云:若未悟时,善恶业缘是有不?

答:非有。喻如夜梦彼恶人逐、或作梵王帝释,将为是有,豁然睡觉,寂然无事。信知三界本空,唯是一心。

又有问大珠和尚云:若为得知业尽?

答:现前心,通前生后生,犹如眼见前佛后佛,万法同时。经云:一念知一切法是道场,成就一切智故。是知,从心所生,皆无真实。如梦心不实,梦事亦虚,世间共知,可深信受。是以,善恶之业,理皆性空,不坏缘生,恒冥妙旨。量云:正业是有法,定即有即空故是,宗。因云:即缘成即无性故。同喻云:如幻。幻法术等生,即有不碍虚,正业从缘生,空有不相碍。故知,万法从遍计情生,但有虚名,都无实义。如《首楞严经》云:妙觉湛然,周遍法界。含吐十虚,宁有方所?循业发现,世间无知。惑为因缘及自然性,皆是识心分别计度。但有言说,都无实义。含吐十虚者,含即一真不动,在如来藏中。吐即依妄分别,乃随处发现。但有纤尘发现之处,皆是自心生,从分别有。若知发处虚妄,则顿悟真空。真空现前,岂存言说?

问:真心不动,三际靡迁。云何说心流转、又云绝流转义？

答：所云随流返流，皆约众生缘虑之心，妄称流转，其体常寂，但不见一念起处，即是不流，未必有念可断。《智严经》云：文殊师利言：云何断流转？以于过去心不起，未来识不行，现在意不动。不住不思惟，不觉不分别。故知，以境对境，将心治心。狗逐块而逾多，人避影而徒乏。若能知身是影，舍块就人，则影灭迹沉，安然履道。故知，万动皆淫，悉成魔业。若知心不动，则不随流。方入宗镜之中，永超魔幻，自然心智寂灭，诸见消亡。如《大虚空藏菩萨所问经》云：山相击王菩萨曰：譬如有孔隙处，风入其中，摇动于物，有往来相。菩萨亦尔：若心有间隙，心则摇动。以摇动故，魔则得便。是故菩萨守护于心，不令间隙。若心无间隙，则诸相圆满。以相圆满故，则空性圆满，是为菩萨超魔法门。乃至文殊师利菩萨曰：仁者，汝等所说，悉是魔境。何以故？施设文字，皆为魔业，乃至佛语犹为魔业。无有言说，离诸文字，魔无能为。若无施设，即无我见及文字见。以无我故，则于诸法无有损益。如是入者，则超魔境，是为菩萨超魔法门。《大乘千钵大教王经》云：佛言：诸天魔幻惑种种相貌，障修学人心眼圣道，乃至令见一切幻相前后生死之事，善恶诸相。魔作幻惑，非关正智。唯心示变，莫取外缘。修学行人，必不得于梦境界、及现眼前取相执著。动转人心，恐畏怕怖，则被天魔鬼神之所障碍。行人正见，须常谛观心性，见性寂静，心性无物，是相莫取，则无境界妄想因缘。是故行人，勤行精进，实勿退转懈怠懒堕，则得速证无上正等菩提。《大智度论》云：除诸法实相，皆菩萨魔事。若证般若,能契实相,即过魔事。此是约说证实相时事。当亲证时,如人饮水,不可取说而不证。若但说过魔,不离魔界。若过魔界,说证俱绝。是知,必无境魔,但从心起。何者?若内心乐生死,则身为天魔。内心著邪见,则身为外道。乃至心外见法、理外别求,皆成外道。

问:凡圣一心,同其种性,种性无异,云何所受因果不同、报应有别?

答:虽自业各受,妄有升沉,而缘性无生,了不可得。《诸法无行经》云:佛告文殊师利:一切众生,其心皆一,是名种性。种性即根本义,根本常一,而众生妄起自他差别、凡圣高下。虽起差别,一体不动。以差别性非有故,但是妄起无实体故,所以经云:佛言:文殊师利,一切众生皆无有心,缘性不可得故,是名种性。又,一切善恶境界,皆是心光。一切胜劣受用,皆是心果。《大庄严论》偈云:种种心光起,如是种种相。光体非体故,不得彼法实。种种心光,即是种种事相,或异时起,谓贪瞋光等。或同时起,谓信进光等。如是染位心数、净位心数,唯有光明而无光体,是故世尊不说彼为真实之法。又云:诸行刹那增上者,如佛说:心将世间去,心牵世间来。由心自在,世间随转,识缘名色,此说亦尔,故知诸行是心果。又,随净者净,是禅定人心,彼人诸行,随净心转。修禅比丘具足神通,心得自在,若欲令木为金,则得随意,故知诸行皆是心果。又,随生者,如作罪众生,可得外物一切下劣。作福众生,可得外物一切妙好,故知诸行皆是心果。当知一切万法,既以心为因,亦以心为果。虽然净秽显现不同，于心镜中如光如影，了不可得。

问：入唯识门，观一切境，自然无相，何用更言破相显理、复云弃有观空？若有所破之宗，则立能空之理。既存空法，还成有相之因。若守观门，岂合无为之道？

答：夫言破相者，是未入唯识，去其妄执。虽言破相，实无所破。既无所破之有，亦无能破之空。情执若消，空有俱寂。前尘无定，破立随心。迷真之妄不生，对妄之真亦绝。《大智度论》云：种种取相，皆为虚妄，如玻璨珠随前色变，自无定色，诸法亦如是：无有定相，随心为异。若常无常等相，如以瞋心见此人为弊，若瞋心休自、淫欲心生，见此人还复为好。若以憍慢心生，见此人以为卑贱，闻其有德，还生敬心。如是等有理而憎爱、无理而憎爱，皆是虚妄忆想。若除虚诳，亦无空相、无相相、无作相，无所破故。尚不宗无相之理，岂存破立之门？以成坏去取，皆自心故，若直了心，自然绝观。如《楞伽经》偈云：一切无涅槃，无有涅槃佛。无有佛涅槃，远离觉所觉。若有若无有，是二悉俱离。牟尼寂静观，是则远离生。是名为不取，今世后世净。有二偈半，大云解云：初一偈，了今一如。谓此约无愿观以显圆成，无涅槃佛，故无愿矣。初句，谓色心等一切法中无得涅槃，以一切法本如故。若得涅槃，是断常见，灭法是断，证得是常。次句，既无涅槃，云何有佛？故经云：见断烦恼而得成佛，此则名为坏佛法者。烦恼与佛性寂静故。第四句中，所觉如故，无有涅槃。能觉如故，无有得佛。离觉所觉，混同一如。

问:见闻觉知,不出俗谛心量。真谛无得无生,还出心量不?

答:夫量者,是能缘心。但有对俗说真,因虚立实。斥差别,论平等,遣异相,建如如,尽是对待得名,破执设教。若能真俗双拂,空有俱消,了边即中,无边可离。达中即边,无中可存。能证之智既亡,所证之理亦寂,方超心量,入绝待门。若有得无得、有生无生,尽不出于心量。《楞伽经》偈云:离一切诸见,及离想所想。无得亦无生,我说为心量。非性非非性,性非性悉离。谓彼心解脱,我说为心量。如如与空际,涅槃及法界。种种意生身,我说为心量。所以《涅槃经》云:若有一法过涅槃者,我亦说如幻如化。以涅槃无相,若取于相,即自心现量,非真涅槃。故佛说言:设有一佛过于涅槃,趣所得心,亦成心量,自心所变,尽为幻化。故知,似形言迹,瞥生妙解,皆是心量所收,未有一法不关心矣。若能悟心无心,了境无境,理量双消,可入宗镜。

问:夫论心量,不出见闻。若约见闻,则存前境。云何成唯心之义?

答:此是无心之心量,非有实体。

问:若无实体,云何建立一切诸法?

答:只由无体无性,方成万有。万有所起,不离真空。若言有性,一法不成。则空不自空,岂能容色?若色不自色,方能合空。《摩诃衍论》云:一切诸法唯心回转,无余法者,如是心法,亦不可得。《楞伽经》云:无心之心量,我说为心量。由心不可得之句,立大空之义。由无心之心量句,成幻差别之义。由大空之义,诸法得成。由幻差别义,空理得显。

问:妄能覆真,全成生死。真能夺妄,纯现涅槃。真妄若离,互不生起。真妄若合,二谛不成。如何会通一心妙理?

答:一心二谛,教理所归。开即迷真,合则坏俗。何者?相随真起,即相而可辩真原。觉因妄生,因妄而能知觉体。无妄则觉不自立,无真则相无所依,真妄相和,染净成事。唯真不立,无妄而对谁立真?单妄不成,无真而凭何说妄?真妄各无自体,名相本同一原。是则,二谛恒分,一味常在。藏性不动,缘起万差。故知,实无一法而有自体独立者,皆从真妄二法和合而起。如《起信论》云:不生不灭与生灭和合,非一非异,名阿赖耶识,变起根身器世间等。《释摩诃衍论》云:生灭因缘者有二:一者不相应生灭因缘,二者相应生灭因缘。论云:现镜识体,六尘境界,如其次第,为彼三种相应染法,能作因缘,是故说言粗重生灭之因缘门,现识体中又有缘义,应审思惟。复次更有二重因缘:一者本遍因缘,二末遍因缘。言本遍者,举本无明及本觉心,望于六尘相应,有因缘义。言末遍者,举业转现相,望于三相应,有因缘义故。复次更有二因缘:一者上下因缘,二者下上因缘。言上下者,无明为始,果报为终,上下与力,不越其数,作因缘故。言下上者,果报为始,无明为终,下上与力,不越其数,作因缘故。复次一切有为生灭之法,刹那不住,无因无缘故。复次因缘之法,空而无主,其实自性不可得故。复次不可得法，不可得亦不可得故。复次生灭因缘者，所谓众生心意意识转故。此文为明何义？谓欲显示所依能依之差别故。云何所依？谓本觉心。云何能依？谓即众生。言众生者，当何法耶？谓意意识。何故意及意识，名为众生？意及意识、一切众染合集而生，故名众生。而无别自体，唯依心为体，是故说言依心而转。又云：无明之相，不离觉性，非可坏非不可坏，犹如大海，风相水相不相舍离者，大海喻阿赖耶识，水喻本觉心，风喻根本无明不觉，能起动转虑知之识，如彼风故。波动者，喻诸戏论识，迁流无常。水相风相不相舍离者，喻真妄相资，俱行合转，谓本觉心不自起故，当资无明之力，方得而起。根本无明不自转故，要因真心之力，方得而转。如水不自作波，当因风力。风不自现动，要资水力，方得现动相。经云：烦恼大海中有圆满如来，宣说实相常住之理。本觉实性中有无明众生，起无量无边烦恼之波。如经云：佛告大众：始觉般若者，从具缚地渐渐出离，乃至金刚圆满因行，发究竟道，顿断根本无明住地，觉日圆照，无所不遍。二本觉般若，从清净性渐渐远离，乃至信初发究竟智，断灭相品，入无明海，随缘转动。于是大众闻此事已，觉知诸法一相一体，亦无一相，亦无一体。而诸法性亦是实相、亦是常住、亦是决定、亦是实有。

问：本始二觉，从何立名？

答：本觉者，因始得名。始觉者，从本而立。如《起信钞》云：未审始觉从何而生？为本所对，故此云也。元其始觉，是本所生，斩新而有，故名为始。反照其体，元来有之，敌对于始,故名为本。苟无其始,何所待耶?如母生子,对子称母。

乃至问:始觉本觉既殊,何因无二?又,既同本觉,因何名始?

答:即是本觉初显相用,名为始觉相用,非别外来,故得融同一体。又,若非本觉举体之相用,即不是始觉,以心外有法故。若不然者,但名相似觉,亦名随分觉。是知,直待合同本体,方得名真始觉也。既合于本,始即非始。既无于始,即无于本。本始之名既丧,但可名为觉焉。如上所释,若入宗镜,方为究竟之觉。未入宗镜,但称相似觉耳。此虽称觉,乃是不觉。故《论》云:又以觉心原故名究竟觉,不觉心原故非究竟觉。即其义矣。

问:上说真心无生,妄念起灭,如何会妄归真、入一乘平等之道?

答:妄元无体,本自全真,何须更会?今谓情见妄执之人,引祖佛善巧洞心原之智,搜经论微细穷性海之诠,令顿豁情尘,便成真觉。如《释摩诃衍论》云:一心真如体大,通于五人,平等平等,无差别故。云何名为五种假人?一者凡夫,二者声闻,三者缘觉,四者菩萨,五者如来,是名为五。如是五名,人自是五,真自唯一。所以者何?真如自体无有增减,亦无大小、亦无有无、亦无中边、亦无去来。从本已来,一自成一,同自作同。厌异舍别,唯一真如。是故诸法,真如一相。《三昧契经》中作如是说:譬如金刚作五趣像。

五人平等,亦复如是,于诸人中,无有增减故。《起信论》云:心真如者,即是一法界大总相法门体。以心本性,不生不灭相,一切诸法,皆由妄念而有差别。若离妄念,则无境界差别之相。古释云:执者问云:现见诸法差别迁流,云何乃云性无生灭?释云:差别相者,是汝遍计妄情所作,本来无实。如依病眼妄见空华,故云皆依妄念而有差别。疑者又云:以何得知依妄念生?释云:以诸圣人离妄念故,尽无其境,即验此境定从妄生。又,若此境非妄,定实有者,圣人不见,应是迷倒。凡夫既见,应是觉悟。如不见空华是病眼,返结准之,故若离于念,即无差别也。所执本空,故真心不动,由此一切诸法,皆即真如。斯则会妄显真,可绝疑矣。如《首楞严经》云:佛告阿难:我非勅汝执为非心,但汝于心微细揣摩:若离前尘有分别性,即真汝心。若分别性离尘无体,斯则前尘分别影事。昔人有《简金颂》云:君不见,澄清丽水出黄金,逐浪随波永被沉。有幸得逢良鉴者,披砂细拣暂知音。因此遂蒙皇上宠,直入琼楼宝箧中。一练一明光照耀,一回掌上一回钦。以此尘沙含妙宝,故喻众生觉照心。众生无始沉三有,元来流浪被境侵。对尘恰似真如慧,离境元无照体心。迷即一真名二体,只为群生不照心。若能对境常真照,随尘离境一般心。如来今日除分别,意遣众生妄习心。但除妄习存终始,真照何妄不真心。

宗镜录第八十六

宋 慧日永明妙圆正修智觉禅师延寿集

夫确定一心，心外无法。圣教所印，理事圆通。只如《法华·方便品》，明十界十如，相性因缘果报本末，初后不滥，行相非虚。今唯说一心，如何合教？

答：一心者，即诸法实相也，亦诸法实性也。然诸法即实相，实相即诸法，从心所现，性相全同。依本垂迹，理事非异。如群波动而水体常露，以水夺波，波无不尽。虽众法似起而心性恒现，以心收法，法无不空。《大品经》云：不见一法出法性外。又云：一切法趣色，是趣不过。如台教，释《法华经》十法界十如因果之法：一切唯心造者，则心具一切法。一切法者，只是十如。十如者，即如是相、如是性、如是体、如是力、如是作、如是因、如是缘、如是果、如是报、如是本末究竟等。如是相者，夫相以据外，览而可别。《释论》云：易知故，名为相。如水火相异，则易可知。如人面色具诸休否，览外相即知其内。昔孙刘相显，曹公相隐，相者举声大哭：四海三分，百姓荼毒。若言有相，闇者不知。若言无相，占者洞解，当随善相者，信人面外具一切相也。心亦如是，具一切相：众生相隐，弥勒相显。如来善知，故远近皆记。不善观者，不信心具一切相。当随如实观者，信心具一切相也。如是性者，性以据内，不改名性。又，性名性分种类之义,分分而不同,各各不可改。如火以热为性、水以湿为性等,不改约理,种类约事。又,性是实性,实性即是理性,极实无过,即一心佛性之异名耳。又,《无行经》云:称不动性,即不改义。今明内性不可改,如竹中火性,虽不可见,不得言无,燧入干草,遍烧一切。心亦如是:具一切五阴性,虽不可见,不得言无。以智眼观,具一切性。如是体者,体是主质义,此十法界阴入,俱用色心为体质也。如是力者,堪任义。如王力士,千万技能,病故谓无,病差有用。心亦如是:具有如来十力,烦恼病故,不能运动。如实观之,具一切力。如是作者,运为建立义。若离心者,更无所作,故知心具一切作也。如是因者,招果为因,亦名为业。十法界业,起自于心。但使有心,诸业具足。若无于心,即无诸业,以一切善恶凡圣等业,唯心造故。如是缘者,缘名缘由,助业皆是缘义。无明爱等能润于业,即心为缘,离心缘不起故。如是果者,克获为果。若自心造善,克获乐果。若自心造恶,克获苦果。如是报者,酬因为报。一念心正,妙报相酬。一念心邪,劣果潜现。风和响顺,形直影端故,则邪正在心,得丧由我。相为本,报为末,本末悉入缘生,缘生故空,则空等也。相但有字,报亦但有字,悉假施设,则假等也。又,相即无相,无相而相,非相非无相,报亦然:一一皆入如实之际,则中等也。若三涂以表苦为相,定恶聚为性,摧折色心为体,登刀入镬为力,起十不善为作,有漏恶业为因,爱取等为缘,恶习果为果,三恶趣为报,本末皆痴为等。乃至菩萨佛类者,缘因为相,了因为性,正因为体,四弘为力,六度万行为作,智慧庄严为因,福德庄严为缘,三菩提为果,大涅槃为报，本末皆智为先导为等。故知，十界十如，善恶因缘，凡圣果报，皆是一心，终无别法。斯乃发究竟菩提心者之慈父，度虚妄生死野者之导师，转凡入圣之津梁，会俗归真之蹊径矣。譬如天乐，随众生念，出种种声。亦如摩尼，随意所求，雨种种宝。此心无尽，孕法何穷？色法尚然，真灵岂劣？

问：凡圣既同一心，云何圣人成一切种智，凡夫触事不知乎？

答：只为凡夫背觉合尘，为尘所隔，迷真徇妄，被妄所遮。所以教中，诮之为生盲，不开智眼。诃之作聋俗，岂达真闻？自心与他心，二俱不了，焉能博通万类，成一切种智乎？如《守护国界主陀罗尼经》云：佛言：善男子，若诸佛子，欲得成就阿耨多罗三藐三菩提者，若欲善能知自心者，乃至应先发起大慈悲心、普为众生归依三宝、受菩萨戒等。是以，自心难知，莫能善察。不入宗镜，焉能照明？若了自心，即是顿发菩提心者，是以心之绵密，世莫能知。古人有《心隐篇》云：二仪之大，可以章程测也。三纲之动，可以圭表度也。雷霆之声，可以锺鼓传也。风雨之变，可以音律知也。故有象可睹，不能匿其量。有光可见，不能隐其迹。有声可闻，不能藏其响。有色可察，不能灭其性。以夫天地阴阳之难明，犹可以术数揆而耳目知。至于人心，则异于是矣。心居于内，情伏于衷，非可以算数测也。凡人之心，险于山川，难知于天。天有春秋冬夏旦暮之期，人者厚貌深情，不可而知。故有心刚而色柔，容毅而质弱，意强而行慢，性悁而事缓，假饰于外以蔽其情：喜不必爱，怒不必憎，笑未必乐，泣未必哀,其藏情隐行,未易测也。他心尚不可测,外境则焉能知?故《起信论》云:众生以依染心能见能现,妄取境界,迷平等性故,以一切法常静无有起相,无明不觉,妄与法违故,不能得随顺世间一切境界,种种知故。是知,心外无法,法外无心,但了一心,诸尘自会。起心背法,即乖法体,既与法违,则不通达。若能顺法界性、合真如心,则般若无知,无所不知矣。

问:若了一心,何用广知诸法?

答:一心是总,诸法是别。别虽从总,事起千差。若不子细通明,遮照双运,则理孤事寡,不入圆通。《维摩经》云:善能分别诸法相,于第一义而不动。台教云:于诸法门文义教海,须了非字非非字、双照字非字,不可说、非不可说,不可见、非不可见,何所简择、何所不简择,何所摄、何所不摄,何所弃、何所不弃。是则俱是,非则悉非。能于墨色通达一切非,于一切非通达一切是,通达一切非非非是。一切法邪,一切法正。若于墨色不如是解,则不知字与非字。如虫食木,莫辩所归。似鸟言空,何知旨趣?

问:一色一香,无非中道,以何为中道?

答:且约古师四句分别,如《中论玄枢》云:问:汝以不生不灭为中道,有此中道不?若有此中道,则不名中道。若无此中道,无亦不名中。二俱不可得,何名中道?答:有四义:一有此中道。何者?本将中道破偏,何得无中道?以有空义故,一切法得成。若无空义者,一切则不成,空即中道也。

二无此中道。何者?为破偏病,是故说中。偏病既亡,中药须遣。若有中道,中还是病。三亦有中道、亦无中道。何者?至理虚存,故名亦有。无形无相,故名亦无。如《涅槃经》云:内外合故,名为中道。四非有中道、非无中道。何者?既云中道,何得是有。既云中道,何得是无?此是一往为言耳。若更再论,则非四句。所谓言语道断,心行处灭。

问:若尔,云何取定?

答:若也有执,则无所不碍。若也无执,则无所不通。如《智论》云:若人见般若,是则名被缚。若不见般若,是亦名被缚。若人见般若,是则名解脱。若不见般若,是则名解脱。中道即实相,是有也。中道即性空,是无也。亦名为假名,亦有亦无也。亦名为中道,非有非无也。故知无执则四句皆是。《涅槃经》云:有缘服毒生,无缘服毒死。有服甘露伤命而早夭,或有服甘露寿命得长存。此之谓矣。

问:为中即是道,为离中别有道?为道即是中,为离道别有中?

答:如彼中品人,此则是中而非道。如彼三乘人道,此即是道而非中。如彼菩萨道,此即亦中亦是道。如彼外道道,此即非中又非道。今言中道者,即菩萨道。离中无别道,离道无别中,即以道为中,即以中为道。此之中义,即是一心,道即是心,心即是道,以真心遍一切处故,所以云:一色一香,无非中道。前辩所见不同,故论得失。若入宗镜,则泯同平等,三乘五性、若内若外,无非一心中道矣。

又,中道者,以一真心不住有无一边,故称中道。若言其有,相不可寻。若言其无,性不可易。所以菩萨以行契理,观一切法,双遮双照,双亡双流。台教明双亡正入,常冥中道。无心亡照,任运寂知。双亡即亡空亡假,故名为寂。正入只是入中,故名为照。而亡而照,故曰双流。遮流约智用,亡照约智体,无心释智体,智体成就,不须作意念念忘照,而常任运而寂而知。寂即是亡,知即是照。

又,能所双寂,故曰双亡。门理历然,称为正入。正入则理无不契,双亡则相无不寂。斯即不住空有,遮照分明。不滞二边,方成正入。《肇论》云:有心者,众庶是也。无心者,太虚是也。众庶处于妄想,太虚绝于灵照,不可以处妄想绝灵照,而语圣心乎?故须遮照无滞,体用自在,方成理行之门。《华严经》云:菩萨住是不思议,于中思议不可尽。住是不可思议地,思与非思俱寂灭。若唯遮思议境者,则凡圣绝分。故非但遮常心,亦应融常心,是则于中思议不可尽。遮融无二,则思与非思体俱寂灭,方曰真不思议也。是则遮照无滞,理事不亏。即遮而照,故双非即是双行。即照而遮,故双行即是双遣。不坏本而常末,万行纷然。不坏末而常本,一心恒寂。所以色尘体寂,香界性空,执作有无之边邪,达成唯心之中理,法法皆圆愿海,尘尘尽具行门,应念而六度咸成,目击而真心普遍。如《无尽意菩萨经》云:普贤,如来国土,彼诸菩萨当见佛时,寻能分别诸深妙义,具足成就六波罗蜜。何以故?若不取色相,即是具足檀波罗蜜。若除色相,即是具足尸波罗蜜。若观色尽,即是具足羼提波罗蜜。若见色寂灭,即是具足毗梨波罗蜜。若不行色相,即是具足禅波罗蜜。若不戏论色相，即是具足般若波罗蜜。是诸菩萨，即观佛时，寻具如是六波罗蜜，得无生忍。

问：此唯识门，未了之人，以何方便而为开导？

答：初觉之人，先以比知，后当信验。《摄论》云：一切时处，皆唯有识。其有未得真智觉者，于唯识中云何比知？由圣教及正理。如教云：如是三界，皆唯有心。理显者，如于定心中，随所观见诸青瘀等所知影像，一切无别。青瘀等事，但见自心。又云：外种内为缘。外法种子，皆是众生感受用业熏种子，依阿赖耶力所变现，是故外种离内，无别有种。如有颂言：天地风虚空，陂池方大海。皆真内所作，外义俱非有。又颂云：圣教及正理，各别有功能。为生于信慧，无一不成故。是以，识生此识，说名相分，知此相唯内心变，外义不成故。如有颂言：于一端严淫女身，出家耽欲及饿狗。嗅尸昌艶美饮食，三种分别各不同。以前尘无决定相，唯心自分妍丑。若外法是实，云何各随自见不同？是以比知，唯心自现，非他境界。古德云：菩萨从初正信创发心时，即观本识自性缘起因果之体，得成正信。故《摄论》云：得彼本识，说菩萨初起，应先观诸法如实因缘。此之谓也。如实者，无非一心，余皆虚妄。若有猛提直入之者、顿悟圆信之人，即初发心时，便成正觉。不动尘劳之位，遍坐一切道场。靡移所习之门，游戏十方国土。是以《法华经》偈云：得如是乘，令诸子等。日夜劫数，常得游戏。与诸菩萨，及声闻众。乘此宝乘，直至道场。以是因缘，十方谛求。更无余乘，除佛方便。若能依实修行，果满不离一念。如《还原观》云:卷舒无碍,隐显同时。一际绝其始终,出入亡于表里。初心正觉,摄多生于刹那。十信道圆,一念该于佛地。即无生显而幻有立,两相泯而双事存。摄法界而摄一尘,举一身而十身现。

问:既以圣教正理比知,已生胜解。欲入圣位,缘何境界亲证修行?

答:但了人法二空,即入此观。人法何以成空?以唯有意言分别故。《摄论》云:从愿乐位,乃至究竟位,若欲入唯识观,修加行,缘何境界?缘意言分别为境,离此无别外境。何以故?此意言分别,似文字言说。及义显现,唯有意言分别,无别有名言。菩萨能通达名无所有,则离外尘邪执。又,此义依名言,唯意言分别,前以遣名,此下依名遣义。义者,即六识所缘境,离名无别此境。名言既唯意分别,故义亦无别体。菩萨通达义无所有,亦离外尘邪执。又,此名义自性差别,唯假说为量,前已遣名义,名义既无,自性及差别云何可立?若离假说,无别名义自性、及名义差别,由证见此二法不可得故,名为通达。智整禅师《六行法》云:大乘顿悟菩萨,能观唯识无外空者,谓观相空,唯是空解,心作空解,无外相空。是故大根知唯识者,则灭空解,离诸缘观。故《智论》云:菩萨行般若波罗蜜时,普观诸法皆空,空亦复空,灭诸观,得无碍般若波罗蜜。以此文证,无外相空,大根观智则证空,空谓法空。空有皆是妄见,悉是当时意分别作。如人心起,则唯见人。微尘心起,则唯见微尘。空心起时,则唯见空。是故空有皆是心作,故诸凡圣见境不同,皆是当时意言有异。是以,世谛各唯有识,觉无外边,则名真谛,以其二谛不相离故,即以无外名为真谛。是故,若能观见唯识,即知无外,则亦达真。此达真时,则无外解,便遣世俗妄取之心。故《摄论》云:知尘无所有,通达真。知唯有识,通达俗。若不通达俗,无以能得见真,以离俗无真故。若不通达真,无以遣俗,以俗无别体故。所以通达真俗,由能解唯识理故。以此文证,观唯识者,即达二谛,能遣妄心,虽复就实唯识无境,称情则有凡圣大小。谓若见尘,意谓是人,如此意言,则是凡夫。若观此身,意谓是尘,如此意言,则是二乘。若观细尘,意谓体空,如此意言,是小菩萨。若观空有,知皆意言,即是大乘大菩萨人。故诸众生,虽皆唯识,意言不同,凡圣各异,故大根人知唯识者,恒观自心意言为境。此初观时,虽未成圣,分知意言,则是菩萨。故《摄论》云:初修观者,则是凡夫菩萨。此等能观深法空者,即亦曾径小乘观来,非是不解众生无我,一往即能顿见法空。故《摄论》云:若得法无我,必先得人无我。故知学大,要先从小。虽复从小,渐顿仍别。谓观生空执为极者,后观相空进学,名渐。若有久习知小非极,即解空空,名为顿悟。虽知心外无境,然入观时亦从尘起。以其色尘,唯佛不见,以佛常证唯识无境,妄想尽故,不见外尘。故彼《论》云:如来常不出观,故寂静。若大菩萨入真观时,则知唯识,亦不见尘。故彼《论》云:菩萨若入无分别观,一切尘不显现。以此文证,故知大圣入真观时,皆不见色,自余凡圣,莫问大小。未入空观,则皆见尘。大根出观,虽妄见尘,若入观时,则知唯识,以其自知,妄作尘解,无尘可破,便证唯心。若能观中了知唯心,后虽出观妄见自他,寻复思时知自妄见,不同凡小定执有外,乃至观空犹见能所。故彼《论》云:菩萨以无分别后智,观此因果相,然无颠倒,不执有外尘内根,唯识是实有法。故知,大根一证唯心后,虽出观,不执有外。若观自心妄见境时,则知众生各唯有识,故大菩萨、乃至佛来,常知众生唯心妄见。谓知众生或作名解,名则是凡意言分别,情谓似外名字显现,理是心作,是自心相。或作名下所说法解,法义则是意言分别,情谓有外法义显现,理实法义,亦是心相。故彼《论》云:十二部经,是名为教。十二部经所诠,是名为理,心相似此理教显现。以此文证,所缘境界悉是心作,名为心相,但此心相,亦名心影,亦名相识及境界识,种诸凡小,谓与心异,理无别体,实唯一识。故彼《论》云:唯识不出二法:一者相识,二者见识。似尘显现名相,谓所缘境。似识显现名见,谓能缘识。定心亦尔:显现似尘,谓异定心一分似识,一分似尘,此二实唯是识。以此文证,境界相识即心无别,唯情妄见,以其唯是妄念作故,即此是相识,亦名相结。故彼《论》云:结有二种:一者相结,二者粗重结。相结难解,粗重结难灭。心分别诸尘,名相结。由此分别起欲瞋等惑,名粗重结。若得无分别智,即解相结,相结不起,粗重结即堕灭。以此文证,境是相结,凡小迷执,故名难解。是故,诸法名之与义,皆是心作,凡小不知,理实无始所缘名义,常是凡夫意言分别。故彼《论》云:凡夫从本来,意言分别有二种:一似名,二似义。名义摄一切法皆尽。此名义,但是意言分别所作,离此无别余法。以此文证,故知凡夫妄见境界,或名或义,皆是当时意言分别,如食莨菪,妄见针

火,据彼妄情意谓是实,不知妄见谓有外火。据实唯是意作火解,火则唯是意言分别。谓有火名,名是意言。谓有火事,事是意言。众生妄见自身他身地水火风等,皆亦似彼,虽复就实义唯识无外,据凡妄情谓有能所。故彼《论》云:唯识义不失,亦不无能取所取义。虽复据情谓有内外,理唯一心,无别尘体。故彼《论》云:识所变异,虽有内外事相不同,实唯一识,无有尘等别体。故知,自他内外事相,唯是一心转变妄解。故诸大圣知生妄见,自恒不见凡所见境。如人不食莨菪之者,唯见他人妄见针火,自仍不见空中火事。佛知唯识,其事似此,故不同凡妄见境界,以生妄见,本无外尘。是以如来恒不见色,唯凡与圣有见不见。但真异妄,莫不唯识,凡唯识,直是妄心故。《唯识论》偈云:唯识无境界,无尘虚妄见。若佛唯识,但有真心。故《摄论》云:唯有真如及真智独存,说名法身。又,《唯识论》云:诸佛如来行处,唯有真识,更无余识。以此文证,佛无识故,故不同凡妄见外境,以实唯识本无外故,业不同者,一质异见。如人见水,鬼见为火,鱼谓住处,天以为地。又如舍利妄见秽土,螺髻菩萨即此见净。若使实有水火染净,同处相妨,不得和合,以各妄见齐无外故,多心共处,得作别解。若诸众生同业之者,妄见则同,更无别解。此同业者递互为因,妄想见闻,唯心缘合。故《唯识论》云:一切众生虚妄分别、思惟忆念、彼说我闻,依彼前人说者意识,于此听人闻者意识,起如是心,彼说我闻,而实无有彼前境界。是偈言递共增上因,彼此心缘合。以此文证,业相由者递互为因,各妄见闻,以其六道皆心缘合,三界则是唯心转作。故《十地经》云:三界虚妄,但一心作。《论》自释言一心作者,唯心转故。故知三界同见别见,皆是自心转变。解异同见闻者,虽心缘合,心无形相,恒非内外。若谓心外有他心者,则是妄解,实无外识。故《唯识论》云:而实无有外识可取,乃至二乘知他心者,谓有外识,亦仍是妄。故彼《论》云:虚妄分别,此心知彼心,彼心知此心。以此文证,实无外识,直是凡小妄作外解。故彼《论》云:他心智者,不如实知。何以故?以自内心虚妄分别以为他心,不能了知。

问曰:若言凡小作他心解,云何得与他心相应?

释言:由先方便想作他解,似他解故,得与相应。凡小不知自作他解,便谓我今知他人心。虽作他解得与相应,谓有能所,犹非实知。故彼《论》云:世间他心智者,于彼二法不如实知,以彼能取可取境界,虚妄分别故。以此等文证,无外识故,作外解皆非实知。若观心识本无形相,非彼非此,无来无去,不依外解,息分别时,则是实知一切生心。故《智论》云:若一切众生心心数法,性实有不虚诳者,佛不能知一切众生心心数法。以一切众生心心数法,性实虚诳,无来无去,故佛能知一切众生心心数法。譬如比丘贪求者,不得供养。无所贪求,则无所乏短。心外如是:若分别取相,则不得实法。不得实法故,不能通达知一切众生心心数法。若不取相,无所分别,则得实法,故能通达知一切众生心心数法,无所罣碍。以此文证,心无去来,佛知无外,称实能知。不同凡小他心智者,向外缘心,犹杂妄识。故《唯论识》偈云:他心知于境,不如实觉知。以非离识境,唯佛如实知。以此文证,佛知唯识,自作他解,无外可取。以知自心,作诸

心解,永断向外分别之心。《入楞伽经》云:如实知一切诸法,唯是自心,是故不生分别之心。以此文证,佛知他心即是自心,离外分别,但缘自心意言为境,为诸众生心识无边,各各异解,差别难量。佛离外念,一心遍知,如水不动,万像现中。此佛一心知诸心时,一作多解,多即是一。如彼一水照诸万像,虽即一水,而与水外万像相应。佛心亦尔,遍照他心。虽是一心作诸心解,而与一切他心相应,由久修学唯识观成,故离外念,方能遍知。故《华严经》颂云:摩酰首罗智自在,大海龙王降雨时。悉能分别数其滴,于一念中皆明了。无量亿劫勤修学,得是无上菩提智。云何当于一念中,不知一切众生心。故知,诸佛念念遍知,此即是佛意言分别。虽知世谛各唯识时,别知诸心,是佛分别。据恒自觉,唯自意言,离外念边,无复分别,故诸大智观唯识者,缘自意言知世谛时,即亦达真,离外分别。是故,大乘从凡至佛,皆观自心意言为境,则知心外无别他心。凡圣等心,虽非内外,仍有因缘为他变者。如《维摩经》云:实时天女以神通力,变舍利弗令如天女,天自化身如舍利弗。此变舍利弗,令心异见,非有别身改形换质。众生心中修胜行者,则有无中妄见佛业,由有胜业感佛神力,令心变异,似见化身。故《摄论》云:于他修行地中,由佛本愿自在力故,彼识似众生变异显现,故名变化身。以此文证,如来化身如释迦等,皆是凡小自心变作,以妄见佛成道化生,后还妄见如来灭度,此妄见者由佛变。故彼《论》云:菩提涅槃为二。但变异他心,令他为二,体实不有。以此文证,佛变他心令妄见佛,心外无佛。据诸凡小不知妄见,谓有外佛来度众生。故经偈云：佛不得佛道，亦不度众生。众生强分别，作佛度众生。故《摄论》云：由观行人识为增上缘，故余人识变异，如观行人愿力显现。故知定无外尘，唯有本识。以此文证，见圣化者，皆由佛力为增上缘。故彼《论》云：浅行菩萨，欲作众生利益事，于现在先发愿竟，即入真观。出观后，随所欲乐方得成就。若深行菩萨，欲作利益众生事，现在不须发愿，及入观出观，但由本愿力，随所欲作一切皆成。若声闻等，得九定自在。因此定自在，得六通自在，于一物中，随愿乐力各能变异，为无量种。若诸尘实有自性，此事则不得成。以此文证，本无外境，圣力令他无中见化，以皆妄见，无外境故。若多圣人同处变物，各随意成，亦不相碍。故彼《论》云：于一物中，若多观行人，别愿同能变异一境，此变异得成。何故得成？随彼意成故，实无外境、唯有识故，是故各随彼意得成。以此文证，于一处中多圣变化，随意各别，令诸众生见境各异，和而不同，参而不乱。此义甚深，大根方知。故至佛来，皆观唯识。故彼《论》云：从愿乐位乃至究竟位，通名唯识观。以此文证，大乘入道同观唯识，渐明至佛。言观唯识愿乐位者，谓从师友闻说唯识，即能解者心生愿乐，由有愿乐，学思量时，即是大乘愿乐位人。故彼《论》云：诸菩萨，但由德闻一切法唯有识，依此教，随闻起信乐心，于一切法唯识理中，意言分别生。由此愿乐意言分别，故说菩萨已入唯识观。作如此知，名入唯识愿乐位。以此文证，学观唯识，即是大根菩萨入道。

上来总明大小入道，浅深虽别，皆唯修慧，以其慧观是正道体，若不修观，余行皆非。此明慧观是入道体。如上所

说,若了一切境界,唯是意言分别,则意无所思,口无所说。攀缘既息,名相即空,妙明真心,从此披露。故得尘劳路绝,生死河枯,念念冥真,心心合道。所以《金刚三昧经》云:佛言:善不善法,从心化生。一切境界意言分别,制之一处,众缘断灭。何以故?一本不起,三用无施。住于如理,六道门杜。

宗镜录第八十七

宋 慧日永明妙圆正修智觉禅师延寿集

夫入道之门,触途咸是。简要分别,无出四门。今约天台四教藏通别圆,各有四门入道。前三教四门,广在彼说。今引圆教四门,堪当入道:一有门,二空门,三亦有亦空门,四非有非空门。《止观》云:圆教四门,妙理顿说,异前藏通二教,圆融无碍,异于别教历别。若有门即假,寄于有以为言端,而此有门亦即三门,一门无量门,无量门一门,非一非四而言一四,此即圆门相也。若有为门,即生死之有,是实相之有。一切法趣有,有即法界,出法界外,更无法可论。生死即涅槃,涅槃即生死,无二无别。举有,为门端耳。实具一切法,圆通无碍,是名有门。三门亦如是。此门微妙不可思议,岂同藏通拙度而但空,别教不融而隔别?又,圆四门皆妙无粗,若有门为法界,摄一切法,况复三门?空门即是法界,摄一切法,况复三门?余二亦如是,法相平等,无复优劣。若尔,无四门之异,但因顺根机,赴缘四说。如四指指一月,月一指四。又如藏通别圆四教,如空中四点,虽四点似别,不出一空。虽四指不同,唯指一月。一有门者,观见思假,即是法界,具足佛法。又,诸法即是法性因缘,乃至第一义亦是因缘。《大经》云:因灭无明,即得炽然三菩提灯,是名有门。二空门者,观幻化见思及一切法,不在因、不

属缘,我及涅槃,是二皆空,唯有空病,空病亦空,此即三谛皆空也。三亦空亦有门,幻化见思,虽无真实,分别假名,则不可尽。如一微尘中有大千经卷,于第一义而不动,善能分别诸法相。亦如大地一,能生种种芽。无名相中假名相说,乃至佛亦但有名字,是为亦空亦有门。四非空非有门,观幻化见思,即是法性,法性不可思议。非世,故非有。非出世,故非空。一色一香,无非中道,一中一切中。毗卢遮那遍一切处,岂有见思而非实法?是名非空非有门。云何一门即是三门?一门尚是一切法,何止三耶?所以者何?观因缘所生法是初门,一切皆初门。初门即空,一空一切空,即是第二门。此初门即假,一假一切假,即是第三门。此初门即中,一中一切中,即是第四门。初门即是三门,三门即是一门,但举一门为名。虽有四名,理无隔别,即是圆教四门,正是今之所用也。若尔,何用前来种种分别?但凡情闇钝,不说不知,先诱开之,后入正道。《法华经》云:虽说种种道,其实为一乘。若得此意,终日分别,无所分别。《涅槃》名为复有一行,是如来行。《法华》名正直舍方便,但说无上道。《大品》名为一切种智,知一切法。《净名》称为瞻卜林,不嗅余香。《华严》称为法界。即是此四门意也。故知,若了一心修行,因果圆备。犹如地,万物出生故。犹如海,众宝所聚故。犹如车,能运载故。犹如城,善防护故。是以《大涅槃经》云:佛言:我为须达说言:长者,心为城主。长者,若不护心,则不护身口。又,《华严·入法界品》中,宝眼主城神,眷属围遶,于虚空中而现其身,种种妙物以为严饰,手持无量众色宝华以散善财,作如是言:善男子,应守护心城,谓不贪一切生死境界。应庄严心城，谓专意趣求如来十力。应净治心城，谓毕竟断除悭嫉谄诳。应清凉心城，谓思惟一切诸法实性。应增长心城，谓成办一切助道之法。应严饰心城，谓造立诸禅解脱宫殿。应照耀心城，谓普入一切诸佛道场，听受般若波罗蜜法。应增益心城，谓普摄一切佛方便道。应坚固心城，谓恒勤修习普贤行愿。应防护心城，谓常专御扞恶友魔军。应廓彻心城，谓开引一切佛智光明。应善补心城，谓听受一切佛所说法。应扶助心城，谓深信一切佛功德海。应广大心城，谓大慈普及一切世间。应善覆心城，谓集众善法以覆其上。应宽广心城，谓大悲哀愍一切众生。应开豁心城，谓悉舍所有随应给施。应密护心城，谓防诸恶欲不令得入。应严肃心城，谓逐诸恶法不令其住。应决定心城，谓集一切智助道之法，恒无退转。应安立心城，谓正念三世一切如来，所有境界。应莹彻心城，谓明达一切佛正法轮、修多罗中所有法门、种种缘起。应部分心城，谓普晓示一切众生，皆令得见萨婆若道。应住持心城，谓发一切三世如来，诸大愿海。应富贵心城，谓集一切周遍法界，大福德聚。应令心城明了，谓普知众生根欲等法。应令心城自在，谓普摄一切十方法界。应令心城清净，谓正念一切诸佛如来。应知心城自性，谓知一切法皆无有性。应知心城如幻，谓以一切智了诸法性。佛子，菩萨摩诃萨，若能如是净修心城，则能积集一切善法。释曰：夫城者，能防外寇，护国安人，坚密牢强，即无众患。况心城须护，密守关津，无令外缘六尘魔贼所侵，内结烦恼奸臣所乱。防非禁恶，常加莹净之功。立德运慈，广备庄严之事。遂得四门无滞，一道

常通,力敌大千,威临法界,可以抚提弱丧,摄化无遗。伏外降魔,永固真基矣。《华严疏》云:城有三义:一防外敌,二养人众,三开门引摄。今言法城,通教理行果,行契理教,则无不俱严,故各有三义:谓了心城之性空,则众惑不入。见恒沙性德,则万行爰增。道无不通,则自他引摄,便能契果,绝百非以成解脱,养众德以全法身,开般若而无不通矣。方显教城无非养所,诠旨句句通神。有斯多义。《净名疏》云:佛法如城,能为行人防非拟敌,故名为城。若护佛法,即是护城。又,阴界入法即空,即空之理名涅槃。众生是王,而种性具足恒沙佛法,如城中人物,故立一切众生,即大涅槃,即菩提相。但此妙理,外为天魔外道之所欲坏,内为通别见思之所侵。菩萨为护众生本有涅槃之城,不令妄起诸爱见也。

问:圣人大宝曰位。若无位次,即是天魔外道。既有信入,须假炼磨。于初心方便门中,证解唯识,约教所分,有几位次?

答:有五位门。准《识论》云:谓具大乘二种性者,略于五位渐次悟入:一本性住种性,谓无始来依附本识,法尔所得无漏法因。二习所成种性,谓闻法界等流法已,闻所成等熏习所成。要具大乘此二种性,方能渐次悟入唯识。乃至云何渐次悟入唯识?谓诸菩萨于识性相,资粮位中,能深信解。在加行位,能渐伏除所取能取,引发真见。在通达位,如实通达。修习位中,如所见理,数数修习,伏断余障。至究竟位,出障圆明,能尽未来化有情类,复令悟入唯识性相。何谓悟入唯识五位?一资粮位,颂曰:乃至未起识,求住唯识性。于二取随眠,犹未能伏灭。论曰:从发深固大菩提心,乃至未起顺决择分,求住唯识真胜义性,剂此,皆是资粮位摄。为趣无上正等菩提,修习种种胜资粮故。为有情故,勤求解脱,由此亦名顺解脱分。此位菩萨,依因、善友、作意、资粮四胜力故,于唯识义虽深信解,而未能了能所取空,多住外门修菩萨行。故于二取所引随眠,犹未有能伏灭功力,念彼不起二取现行。此二取言,显二取取,执取能取所取性故。二取习气,名彼随眠,随逐有情眠伏藏识。或随增过,故名随眠,即是所知烦恼障种。烦恼障者,谓执遍计所执实我萨迦邪见而为上首,百二十八根本烦恼、及彼等流诸随烦恼,此皆扰恼有情身心、能障涅槃,名烦恼障。所知障者,谓执遍计所执实法萨迦邪见而为上首,见、疑、无明、爱、恚、慢等,覆所知境,无颠倒性,能障菩提,名所知障。乃至菩萨住此资粮位中,二粗现行虽有伏者,而于细者、及二随眠,止观力微,未能伏灭。此位未证唯识真如,依胜解力修诸胜行,应知亦是解行地摄。乃至所修胜行,谓福及智等。释云:本性住种姓者,未闻正法,但无漏种无始自成,不曾熏习令其增长,名本种姓。性者体也,姓者类也,谓本性成住此菩萨种子,姓类差别,不由今有,名本性住种姓。《菩萨地》说:无始法尔六处殊胜,名本性住种姓。习所成种姓者,此闻正法已去,令无漏旧种增长数习种姓。《菩萨地》说:闻十二分教法界等流,平等而流。又,法界性善顺恶违,具诸功德,此亦如是,故名等流。依因、善友、作意、资粮四胜力故者,此上四力,《摄论》云能悟入中,大乘多闻熏习相续,此乃因力。已得奉事无量诸佛出现于世,即善友力。已得一

向决定胜解，非诸恶友所能动摇，名作意力。已善积习诸善根等，名资粮力。随眠义者，随逐有情，常在生死，眠伏藏识，不现余处，故名随眠。或随增过，故名随眠，随逐有情，多增过失故，名随眠。何故？眠者乃是增义。如人睡眠，眠即滋多，故过失增，是随眠义。即二障种也。二加行位，颂曰：现前立少物，谓是唯识性。以有所得故，非实住唯识。论曰：菩萨先于初无数劫，善备福德智慧资粮，顺解脱分既圆满已，为入见道住唯识性，复修加行伏除二取。谓暖、顶、忍、世第一法，此四总名顺决择分，顺趣真实决择分故。乃至菩萨此四加行中，犹于现前安立少物，谓是唯识真胜义性。以彼空有二相未除，带相观心有所得故，非实安住真唯识理。彼相灭已，方实安住。依如是义，故有颂言：菩萨于定位，观影唯是心。义想既灭除，审观唯自想。如是住自心，知所取非有。以能取亦无，后触无所得。乃至此加行位，未遣相缚。于粗重缚，亦未能断，唯能伏除分别二取，违见道故，于俱生者及二随眠有漏观心有所得故，有分别故，未全伏除，全未能灭。乃至此位，亦是解行地摄，未证唯识真胜义故。释云：四总名顺决择分者，则名真实决择分，决择是智，即择法也。决，简疑品，彼犹预故。择，简见品，彼不择故。分者，是支因义，即择法觉支。现前立少物者，心上变如，名为少物。此非无相，故名带相。若证真时，此相便灭。相者，即是空所执相。三通达位，颂曰：若时于所缘，智都无所得。尔时住唯识，离二取相故。论曰：若时菩萨于所余境，无分别智都无所得，不取种种戏论相故，尔时乃名实住唯识真胜义性。即证真如智，与真如平等平等，俱离能取所取相故。能所取相,俱是分别。有所得心,戏论现故。乃至此智,虽有见分而无分别,说非能取,非取全无,虽无相分而可说,此带如相起,不离如故。如自证分缘见分时,不变而缘。此亦应尔:变而缘者,便非亲证,如后得智,应有分别,故应许此有见无相,加行无间,此智生时体会真如,名通达位。初照理故,亦名见道。乃至前真见道,证唯识性。后相见道,证唯识相。二中初胜,故颂偏说。前真见道,根本智摄。后相见道,后得智摄。诸后得智,有二分耶?乃至此智现身土等,为诸有情说正法故。若不变现似色声等,宁有现身说法等事、转色蕴依不现色者、转四蕴依应无受等?又,若此智不变似境,离自体法,应非所缘,缘色等时,应缘声等。又,缘无法等,应无所缘缘,彼体非实,无胜用故,由斯,后智二分俱有。释曰:又若此智不变似境,离自体法,应非所缘者,既无相分自他之心,他身土等离自己体之法,不带影像,应非所缘缘。直亲照彼,不变为相故。不同真如,真如即是智自体故。问:若尔,真如应非所缘缘,无似境相故。答:不然。带如之相起故,离自体法既无影像,不可言带彼相起,如何说有所缘缘?彼皆离自体故。既亦带相起名所缘,缘色等时,应缘声等,缘色等智,不带声等相故。又缘无法等,应无所缘缘者,不变为无相,为见所缘故。以无相分,直照于无,无非有体,所缘缘义如何得成?由此故知,佛亦不能亲缘于无。此文理证也。四修习位,颂曰:无得不忍议,是出世间智。舍二粗重故,便证得转依。论曰:菩萨从前见道起已,为断余障,证得转依,复数修习无分别智。此智远离所取能取,故说无得及不思议:或离戏论,说为无

得。妙用难测,名不思议。是出世间无分别智,断世间故,名出世间。二取随眠,是世间本。唯此能断,独得出名。或出世名,依二义立:谓体无漏、及证真如。此智具斯二种义故,独名出世。余智不然,即十地中无分别智,数修此故,舍二粗重,二障种子,立粗重名。性无堪任,违细轻故,令彼永灭,故说为舍。此能舍彼二粗重故,便能证得广大转依:依谓所依,即依他起,与染净法为所依故,染谓虚妄遍计所执,净谓真实圆成实性。转谓二分转舍转得,由数修习无分别智、断本识中二障粗重,故能转舍依他起上遍计所执、及能转得依他起中圆成实性,由转烦恼得大涅槃,转所知障证无上觉。成立唯识,意为有情,证得如斯二转依果。或依,即是唯识真如,生死涅槃之所依故。愚夫颠倒迷此真如,故无始来受生死苦。圣者离倒悟此真如,便得涅槃毕竟安乐。由数修习无分别智、断本识中二障粗重,故能转灭依如生死、及能转证依如涅槃,此即真如离杂染性:如虽性净而相杂染,故离杂染时假说新净。即此新净说为转依,修习位中断障证得。虽于此位亦得菩提,而非此中颂意所显。颂意但显转唯识性,二乘满位,名解脱身。在大牟尼,名法身故。云何证得二种转依?谓十地中修十胜行,断十重障,证十真如,二种转依由斯证得。五究竟位,颂曰:此即无漏界,不思议善常。安乐解脱身,大牟尼名法。论曰:前修习位所得转依,前即是究竟位相。此谓此前二转依果,即是究竟无漏界摄。诸漏永尽,非漏随增,性净圆明,故名无漏。界者藏义,此中含容无边希有大功德故。或是因义,能生五乘世出世间利乐事故。《庄严经论》,说四加行位偈曰:尔时此菩萨,次第得定心。唯见意言故，不见一切义。释曰：此菩萨初得定心，离于意言，不见自相总相一切诸义，唯见意言。此见，即是菩萨暖位，此位名明。如《佛灰河经》中所说，明此明名见法忍，偈曰：为长法明故，坚固精进故。法明增长已，通达唯心住。释曰：此中菩萨，为增长法明故，起坚固精进，住是法明，通达唯心。此通达，即是菩萨顶位。偈曰：诸义悉是光，由见唯心故。得断所执乱，是则任于忍。释曰：此中菩萨，若见诸义，悉是心光，非心光外，别有异见，尔时得所执乱灭。此见，即是菩萨忍位，偈曰：所执乱虽断，尚余能执故。断此复速证，无间三摩提。释曰：此中菩萨，为断能执乱故，复速证无间三摩提。

问：有何义故，此三摩提名无间？

答：由能执乱灭时，尔时入无间，故受此名。此入无间，即是菩萨世间第一法位。乃至五位：第一资粮位。初学唯识，为发心之始。第一发心分，依止大菩提而发心故。菩萨善生，有四义：一种子胜，以菩提心为种子故。二生母胜，以般若波罗蜜为生母故。三胎藏胜，以福智二聚住持为胎藏故。四乳母胜，以大悲长养为乳母故。第二通达位。颂曰：已知义类性，善住唯心光。现见法界故，解脱于二相。论曰：此位由解一切诸义，唯是意言为性，则了一切诸义悉是心光。菩萨尔时，名善住唯识，从彼后现见法界，了达所有二相，即解脱能执所执。第三见道位。颂曰：心外无有物，物无心亦无。以解二无故，善住真法界。论曰：此位如彼现见法界，故解心外无有所取物。所取物无故，亦无能取心。

由离所取能取二相故,应知善住法界自性。第四修道位。颂曰:无分别智力,恒平等遍行。为坏过聚体,如药能除毒。论曰:此位菩萨,入第一义智转依已,以无分别智,恒平等作、及遍处行。何以故?为坏依止依他性熏习稠林过聚相故,此智力,譬如阿伽陀药,能除一切众毒。第五究竟位。颂曰:缘佛善成法,心根安法界。解念唯分别,速穷功德海。论曰:缘佛善成法者,诸菩萨,于佛善成立一切妙法中,作总聚缘故。问:云何总聚缘?答:心根安法界,是故此心名根。此后起观,如前观事处处念转,解知诸念唯是分别,非实有故。如此知已,速穷功德海。即佛果功德海,能速穷彼岸。

故《摄论》偈云:福德智慧二资粮,菩萨善备无边际。于法思量善决已,故了义趣唯言类。若知诸义唯是言,即住似彼唯心理。便能现证真法界,是故二相悉蠲除。体知离心无别物,由此即会心非有。智者了达二皆无,等住二无真法界。慧者无分别智力,周遍平等常顺行。灭依榛梗过失聚,如大良药消众毒。佛说妙法善成立,安慧并根法界中。了知念趣唯分别,勇猛疾归德海岸。释曰:复有现观伽他,如经。《庄严论》说:其中难解,于此显示。福德智慧二资粮,菩萨善备无边际者,资粮有二种:一福德资粮,二智慧资粮。谓施等三波罗蜜多,是福德资粮。第六般若波罗蜜多,是智慧资粮。精进波罗蜜多,二资粮摄。何以故?若为智慧而行精进,是智慧资粮。若为福德而行精进,是福德资粮。如是静虑波罗蜜多,亦通二种:若缘无量而修静虑,是福德资粮。余是智慧资粮。如是资粮,是谁所有?谓诸菩萨长远难度,名无边际。如无边语,非无有边,但以多故,得无边称。此亦如是：于法思量善决已者，要由定后思惟诸法，方善决定，非余所能。故了义趣唯言类者，谓了知诸义，唯意言为因。若知诸义唯是言，即住似彼唯心理者，谓若了知似义显现，唯是意言，即住似义唯心正理，便能现证真法界。是故二相悉蠲除者，谓从此后现证真如，永离所取能取二相，如入现证，次当显示，体知离心无别物。由此即会心非有者，体知离心无所缘义，彼无有故，即会能缘心亦非有。智者了达二皆无者，谓诸菩萨了达此二，悉皆是无。等住二无真法界者，谓平等住离义离心真实法界。慧者无分别智力者，谓诸菩萨无分别智，所有势力。周遍平等常顺行者，于平等中随顺而行，观契经等一切诸法，犹如虚空，性平等故，内外诸法皆如是观，故名周遍常恒。灭依榛梗过失聚，如大良药消众毒者，灭谓除灭，依谓所依，即所依中杂染法因，极难了故，如溪谷林榛梗难入。过失聚者，是杂染法熏习自性，佛说妙法善成立。安慧并根法界中者，谓由佛教善安其慧置真如中，及能缘彼根本心中。根本心者，谓缘如来所有正教，总为一相，应知即是无分别心。了知念趣唯分别者，谓彼安住根本心已，为说正教，由后得智念诸义趣，知此念趣唯是分别。勇猛疾归德海岸者，谓诸菩萨，由无分别智及后得智巧方便故，速趣佛果功德海岸。如是五颂总略义者：谓第一颂显资粮道，第二颂初半显加行道，后半第三显于见道，第四一颂显于修道，第五一颂显究竟道。《金刚三昧经》云：大力菩萨言：云何二入，不生于心？心本不生，云何有入？佛言：二入者：一谓理入，二谓行入。理入者，深信众生不异真性，不一不共，但以客尘之所翳障，不去不来。

凝住觉观,谛观佛性不有不无、无己无他、凡圣不二。金刚心地坚住不移、寂静无为、无有分别,是名理入。行入者,心不倾倚,影无流易,于所有处静念无求,风鼓不动,犹如大地,捐离心我,救度众生。无生无相,不取不舍。菩萨心无出入,无出入心,入不入故,故名为入。菩萨如是入法,法相不空。不空之法,法不虚弃。何以故?不无之法,具足功德,非心非影,法尔清净。又云:佛言:从阐提心、乃至如来,如来实相,住五等位:一者信位,信此身中真如种子,为妄所翳,舍离妄心,净心清白,知诸境界,意言分别。二者思位,思者,观诸境界,唯是意言。意言分别,随意显现,所见境界,非我本识,知此本识非法非义、非所取非能取。三者修位,修者,常起。能起所起同时,故先以智导,排诸障难,出离盖缠。四者行位,行者,离诸行地,心无取舍,极净根利,不动心如,决定实性大般涅槃,唯性空大。五者舍位,舍者,不住性空,正智流易,大悲如相,相不住如,三藐三菩提虚心不证,心无边际,不见处所。是至如来。善男子,五位一觉,从本利入。若化众生,从其本处。如上经论,所言诸佛菩萨四加行位、唯识五位等,皆从一心分其深浅,从本起末,似现初心。因末显本,复归元地。所以经云:五位一觉,从本利入。若化众生,从其本处。

如上诸位,但是一心,因智有浅深、证分初后,于行布中,似有阶降。如憃疏云:《首楞严经》,于一念上立六十位,如珠中影像,物类虽多,珠全是一。一中含众像,众像还入一珠中。如六十位中,一一位含六十位,且如位位全是心证。一心能生多心,多心还入一心。心心互含,有何障碍?

宗镜录第八十

宋 慧日永明妙圆正修智觉禅师延寿集

夫证唯识理而登佛果，从初资粮位至究竟位，具几智而得成就？

答：唯一无分别智，约初后有三种：一加行无分别，谓寻思等智，即是道因。二无分别智，即是道正体。三无分别后智，即是出观智，谓道果。

问：此三智行相如何？

答：《摄论》云：无分别智自性，应知离五种相：一离非思惟故，二离非觉观地故，三离灭想受定寂静故，四离色自性故，五于真实义离异分别故。此智若由离思惟故，名无分别智，熟眠放逸狂醉，同离思惟，应得此智。若由过觉观地故，名无分别智，从二定以上，已过觉观，应得此智。若依此二义，凡夫应得此智，是处能离心及心法，应说名无分别智，谓想受灭定等，若人在此位中得无分别智，此则不成智。何以故？于灭定等位，无心及心法故。若言如色自性，智自性亦如此：如色钝无知，此智应钝无知。若于真实义，由已分别显现，是分别应成无分别智。何以故？此分别能分别真实义，谓此义真实。若智离五相，缘真实义起。若不异分别真实义，谓此法真实，但缘真实义，如眼识不以分别为性，是名无分别智。无分别智，众行中最为上首。更以偈显：诸菩萨自性，五种相所离。无分别智性，于真无分别。菩萨以无分别智为体，无分别智与菩萨不异，无分别智自性，即是菩萨自性。由于真无分别，故离五相得无分别名。又，三智总以喻显，颂曰：如五求受尘，如五正受尘。如非五受尘，三智譬如是。释曰：譬如人在眼等五识中求觅五尘，或缘实、或缘虚，意识与五识相间起故。加行无分别智亦尔：或证一分为实，或不证为虚。譬如人正在五识中得真实境，无分别、无言说。根本无分别智亦尔：得真实境，无分别、无言说。譬如人在意识中但缘先所受尘，名缘虚境，有分别、有言说。无分别后智亦尔：缘虚境，有分别、有言说。又，偈云：如人初开目，是名加行智。如人正闭目，是无分别智。即彼复开眼，后得智亦尔。应知如虚空，是无分别智。于中现色像，后得智亦尔。

问：此无分别智，从何而成？

答：了一切名义无所有故，能成无分别智。《摄论》颂云：鬼畜人天等，各随其所应。一切意有异，故知义不成。过去等及梦，并余二影像。无有为攀缘，然彼攀缘成。释曰：若义成于境，无无分别智。此智若不有，佛果无可得。于一物中各随其意，见有差别，是故应知义无所有故，彼等所取，既不成就。若尔，义无所有故，识应不缘境而生。答：亦有识不缘境而生，如梦及过去未来等。无实攀缘，即自攀缘，如境像及定境。谓自心为境而攀缘。若义有自性为境，则无无分别智。此智若有，有佛果可得。

问：于宗镜中最初信入，有何位次？

答：若圆信人，初有五品位，台教据《法华经·分别功德品》，依圆教立五品位：第一品，初发一念信解心。第二品，加读诵。第三品，加说法。第四品，兼行六度。第五品，正行六度。从初品，须依静处建立道场，于六时中行四三昧，忏六根罪，修习五悔。五悔者：一忏悔，破大恶业罪。二劝请，破谤法罪。三随喜，破嫉妒罪。四回向，破诸有罪。五发愿，顺空无相愿。所得功德不可限量，譬算校计亦不能说。若能勤行五悔方便，助开观门，一心三谛，豁尔开明。如临净镜，遍了诸色，一念心中，圆解成就，不加功力，任运分明，正信坚固，无能移动，此名深信随喜心，即初品弟子位也。《分别功德品》云：若有闻佛寿命长远，解其义趣，是人所得功德无有限量，能起如来无上之慧。乃至若闻是经而不毁呰，起随喜心，当知已为深信解相，即初品文也。以圆解观心修行五悔，更加读诵善言妙义，与心相会，如膏助火，是时心观益明，名第二品也。经云：何况读诵受持之者，斯人则为顶戴如来。又，以增品信心修行五悔，更加说法转其内解，导利前人，以旷济故，化功归己，心更一转倍胜于前，名第三品也。经云：若有受持读诵为他人说，若自书若教人书，供养经卷，不须复起塔寺及造僧坊供养众僧。又，以增进心修行五悔，兼修六度，福德力故，倍助观心，更一重深进，名第四品也。经云：况复有人能持是经，兼行六度，其德最胜，无量无边。譬如虚空，东西南北四维上下，无量无边。是人功德，亦复如是无量无边，疾至一切种智。又，以此心

修行五悔,正修六度,自行化他,事理具足,心观无碍,转胜于前,不可比喻,名第五品也。经云:又为他人种种因缘,随义解说此《法华经》,复能清净持戒,与柔和者而共同止,忍辱无瞋,志念坚固,常贵坐禅,得诸深定,精进勇猛,摄诸善法,利根智慧,善答问难。乃至当知是人已趣道场,近阿耨多罗三藐三菩提,坐道树下。始自初品,终至初住,一生可修,一生可证。不待位登七地,尔乃修习,何假欢喜,始入双流?前教所以高其位者,方便之说。圆教位下者,真实之说。《法华经》云:如此之事,是我方便。诸佛亦然,今当为汝说最实事。即此意也。

又,约藏通别圆四教,论位高以言优劣。如圆教圆修,至十行中第二行,便与别教妙觉位齐。若登三行所有智断,别人不识其名,况知其法?大乘别教,诠中道佛性不空之理,尚此悬殊,何况藏通但空灰断之果?若从圆教第三行、乃至十向十地、等妙二觉,所有智断,皆非境界。别教但知至十行第二行中,只断无明,为己家之极果,不知是他家之下因。譬如构砖石为基,以金宝饰上,岂如从基至顶,悉累金刚?非唯高位有殊,亦乃宝非宝别。乃至约断惑门论断不断者,别教但明断,不论不断。圆具二义。若教道明断,证道不断,例如小乘方便论断,证真不论断不断。今亦如是:若不思议观者,内不见有烦恼可断,烦恼性不障菩提,菩提不障烦恼。烦恼即菩提,菩提即烦恼。故《净名》云:佛为增上慢人,说断淫怒痴,名为解脱。无增上慢者,淫怒痴性即解脱,六根六尘而无限碍,只眼中见色,亦眼中入三解脱门。《华严》明十眼乃至六根,皆明于一尘中具十方三世诸佛,八相成道,转法轮、度众生,皆不断而明了。

又,五品位,同小乘五停心观,今五品以四弘誓愿、四种三昧,以明五停心:四弘誓愿,明四种停心。四种三昧,明第五停心。四弘誓愿者:一者未度令度,二者未解令解,三者未安令安,四者未灭令灭。四种三昧者:一常行,二常坐,三半行半坐,四非行非坐。且四弘誓愿明四种停心者:生死苦谛,即是涅槃,无二无别,此即信事顺理。信是道元功德母,此是第一誓愿,未度苦谛令度苦谛,是初品信理停心。烦恼即菩提,无二无别,是为未解集谛令解集谛,是第二品读诵解脱停心。即是大悲拔苦,兴前两誓愿。未安道谛令安道谛,即是以无悋之慈而为说法,即第三品说法停心。未入灭谛令入灭谛,即是兼行六度,六度蔽此岸生死,即第四停心。大慈与乐,兴此两誓愿。四种三昧明第五停心者:此四三昧,皆修念佛,破障道罪。自有人数息,觉观不休。若念佛、若称名,即破觉观,怗然心定。故经云:若有众生,多于贪欲,常念观音,即便得离,破根本无明。又云:一念知一切法是道场,皆是念佛法门也。即常行三昧,诸佛停立,现前睹法界佛也。常坐三昧者,系缘法界,一念法界而念佛也。半行半坐三昧者,思惟诸佛实法。《法华经》云:当成就四法,为诸佛护念。此语初心行人,若人行道者,常好坐禅,观心无心,法不住法,名大忏悔。非行非坐三昧者,行住坐卧语默等,皆是摩诃衍,以不可得故。若三藏中,以事观缘事,谓数息、不净、慈悲界、分别、念佛、五停心观等。今圆教五品之位,以理观缘理,生死即涅槃,烦恼即菩提。生命是众生之息命,涅槃是法身之息命,虽不可数,而可散动明寂,对于数息也。烦恼是底下之秽恶，菩提是尊极之净理，对前显后，故以文字解脱，对不净停心也。若大悲誓愿拔因果苦者，若有我所，尚不自出，况拔他苦？谓无我所故，所以发慈悲心，自拔拔他。若大慈誓愿与因果乐者，若于十二因缘起无明痴爱，尚自无乐，况与他乐？今自无痴，故能与他乐耳。若小乘念生身应佛相好，今念法身相好，事理永殊。乃至藏教，佛与圆教十信心位齐，以同除界内四住烦恼故。十信虽与三藏佛，同除界内烦恼齐，而十信又圆伏界外根本无明。藏教尚未识住地无明，云何称伏？三藏佛位，犹称为劣，况二乘乎？所以云：同除四住，此处为齐。若伏无明，三藏即劣。佛尚犹劣，二乘可知。

今略明圆信初入之位，其五十二位智断行相，广在彼明。故知，圆信顿修与渐证权机，功行炼磨，日劫相倍。入此宗镜，功德无边。是以祖师云：即心是者疾，发心行者迟。故台教云：大机扣佛，譬忍辱草。圆应顿说，譬出醍醐。又，顿教最初始入内凡，仍呼为乳。呼为乳者，意不在淡。以初故本故，如牛新生，血变为乳，纯净在身，犊子若嗽，牛即出乳。佛亦如是：始坐道场新成正觉，无明等血，转变为明，八万法藏十二部经，具在法身。大机犊子，先感得乳。乳为众味之初，譬顿在众教之首，故以《华严》为乳耳。如《大涅槃经》云：雪山有草，名曰肥腻，牛若食者，纯得醍醐，无有青黄赤白黑色。谷草因缘，则有色味之异。是诸众生，以明无明业因缘故，生于二相。若无明转，则变为明。一切诸法善不善等，亦复如是，无有二相。则《法华》一乘之教，为醍醐耳。《华严论》云：此《华严》大意，一乘正宗，但识灭时亡，情尘顿绝。唯真智境，一念则五位齐明，为全将佛果以为因故。设凡夫住世百年，及以多劫，而于自见，不见须臾可迁，不见当成佛，不见已成佛，不见现成佛。十住之位，法既如是，更有何生不成佛耶，更有何生而成正觉？此《华严经》，是本法界门，一切诸佛本住大宅、一切佛子究竟所归。化身权乘，总居其外。若有入者，一入全真。此位中初发心住菩萨见道，住佛知见，入佛知见，直与如来同身心性智相，故顿印五位行相，总在其中。如持明镜，普临众色。此经法门，法合如是，所有叹说，应如是知、应如是信解。为法界法门，圆无始终，于一念中，岁月晦明重重无尽。一毫之内，佛境众生境色相无边。一成一切成，一坏一切坏。又，《华严经》，即以普门法界、普见法门、如来藏身、三昧境、因陀罗网庄严法、世界海旋重重妙智，一时同得，为一证一切证，一断一切断故。即自身之内，有十方诸佛刹海庄严。佛身之内，即自身之境重重隐现。十方世界，法合如斯。犹如众流归于大海，虽未入海，润性无差。若入大海皆同咸味。一切众生，亦复如是。迷之与悟，虽然有殊。本来佛海，元本不出。

问：真如寂灭，本无次第之殊。法界虚玄，岂有阶降之别？云何一真体上，而分五位十地之名？

答：若以唯识真性，则性融一切，尚不指一，何况分多？以解行证入之门，不无深浅，如太虚空，本无差异。婴孩之时，观唯不远。长大之后，见则无边。非彼空之有短长，乃是眼之自明昧。又如大摩尼宝，处矿虽净，无良工巧治，焉能成器？如苏迷卢山，虽宝所集，无日轮回照，何以出光？

又如指画虚空，是无数量之数量，犹心量法界，乃非浅深之浅深。如《华严论》云：初地菩萨多百法明门，王化多百佛世界。二地菩萨多千法明门，王化多千佛世界者，不同权教实有分限，如前数法，互相彻入。又如人以指画空，作百千微尘数，复以手除之令尽，然彼空中无有增减，以情量故，见彼虚空数有增减。此经亦尔，所有菩萨安立诸地法门增减，亦复如是，为成诸有情故，使令进修。若也一概皆平，无心进也。凡夫无有策修之心，发心修至不修，方知万法无修也。而实教菩萨，一得一切得，为称法体中无前后故，犹如帝网光影，互相参彻相入，无前后际也。亦如百千宝镜，同临妙像，一一镜中影像相入，色像齐平。如佛果位中诸菩萨，为从性起法身根本智，为十位之中创证心故，所有法门境界，皆悉依本。以体用通收，皆悉彻故。还以性齐，实时齐故。更有余不齐之法，为不可也。又云：十住以来菩萨所行，皆是助道，非是正位故。意欲明行所行者，是为助道。无住无行，任真自体，名之为正果故。若以初发心住，以法性无相根本智，不离无作用之体，行诸万行，菩萨与佛，因果本来体齐。若简佛果无作无修，菩萨正加行已来，总名助道，以动寂无碍，正助元来不异。一法门也，眉目不可不简。体用圆寂，正助全同，此即全别全同门。还以重玄门，思之可解。闻所未闻之法，闻之不疑。全别全同，境界难解。佛及凡夫，各自别有，是全别义，故二见恒存。若全同故，便成滞寂。圆融道理，事理不碍。若也法门全分两向，是凡夫法。全合一体，是二乘法。但以理事自在，其道在中，留心灭之，此亦不可。以心存之，此亦不可。此助道行门与正智果德无作之门,体合无二。事中轨则,不可不分。以其体用,不可一向全别。以全同作全别,以全别作全同。不可全别无全同,不可全同无全别。如迷此同别二门,即智不自在。

又,经云:智入三世悉皆平等者,明智能随俗,言入三世,即俗体本真,故言平等。以总别同异成坏门,六相义该括:即总而全别,即别而全总。即同而俱异,即异而恒同。即成而俱坏,即坏而俱成。皆非情系一异、俱不俱、有无非有无、常无常、生灭相故。如是皆是如来理智体用依正悉自在故,以自体无念力大智照之可见。是以,若上上根人,顿了心空,入真唯识性,现行余习种子俱亡,则何用更立地位?只为中下之根,或有缘信、或有正信,或有解悟、或有证悟,根机莫等,见解不同,于妄功用中分其深浅。虽即明知信入唯识,心境俱空,以微细想念不尽,未得全除,分分炼磨,于升进中,故有地位差别。以根尘五阴,微细难亡,若得识阴尽,方超地位,了无所得,究竟圆成,如净瑠璃,内含宝月,如《首楞严经》云:佛告阿难及诸大众:汝等当知,有漏世界十二类生,本觉妙明觉圆心体,与十方佛无二无别。由汝妄想迷理为咎,痴爱发生,生发遍迷,故有空性。化迷不息,有世界生。则此十方微尘国土非无漏者,皆是迷顽妄想安立。当知虚空生汝心内,犹如片云点太清里,况诸世界在虚空耶?汝等一人发真归元,此十方空皆悉消殒,云何空中所有国土,而不振裂?次消五阴之文,如经云:此五阴元,重迭生起,生因识有,灭从色除。理则顿悟,乘悟并消。事非顿除,因次第尽。消色阴文云:佛告阿难:当知汝坐道场,消落诸念。其念若尽,则诸离念一切精明,动静不移,忆忘如一。

当住此处，入三摩提。如明目人处大幽闇，精性妙净心未发光，此则名为色阴区宇。若目明朗，十方洞开，无复幽黯，名色阴尽。是人则能超越劫浊，观其所由，坚固妄想以为其本。尽受阴文云：佛告阿难：彼善男子，修三摩提奢摩他中色阴尽者，见诸佛心，如明镜中显现其像，若有所得，而未能用，犹如魇人，手足宛然，见闻不惑，心触客邪而不能动，此则名为受阴区宇。若魇咎歇，其心离身，返观其面，去住自由，无复留碍，名受阴尽。是人则能超越见浊，观其所由，虚明妄想以为其本。尽想阴文云：佛告阿难：彼善男子，修三摩提、受阴尽者，虽未漏尽，心离其形，如鸟出笼，已能成就。从凡身上，历菩萨六十圣位，得意生身，随往无碍。譬如有人，熟寐寱言，是人虽则无别所知，其言已成音韵伦次，令不寐者咸悟其语，此则名为想阴区宇。若动念尽，浮想消除，于觉明心如去尘垢，一伦生死，首尾圆照，名想阴尽。是人则能超烦恼浊，观其所由，融通妄想以为其本。尽行阴文云：佛告阿难：彼善男子，修三摩提、想阴尽者，是人平常梦想消灭，寤寐恒一，觉明虚静，犹如晴空，无复粗重前尘影事，观诸世间大地山河，如镜鉴明，来无所粘，过无踪迹，虚受照应，了罔陈习，唯一精真，生灭根元从此披露，见诸十方十二众生，毕殚其类。虽未通其各命由绪，见同生基，犹如野马熠熠清扰，为浮根尘究竟枢穴，此则名为行阴区宇。若此清扰熠熠元性，性入元澄，一澄元习，如波澜灭，化为澄水，名行阴尽。是人则能超众生浊，观其所由，幽隐妄想以为其本。尽识阴文云：佛告阿难：彼善男子，修三摩提、行阴尽者，诸世间性，幽清扰动，同分生机，倏然隳裂，沉细纲纽，补特伽罗，酬业深脉，感应悬绝，于涅槃天将大明悟。如鸡候鸣，瞻顾东方已有精色。六根虚静，无复驰逸，内内湛明，入无所入，深达十方十二种类，受命元由。观由执元，诸类不召，于十方界，已获其同，精色不沉，发现幽秘，此则名为识阴区宇。若于群召已获同中，消磨六门，合开成就。见闻通邻，互用清净，十方世界及与身心，如吠瑠璃，内外明彻，名识阴尽。是人则能超越命浊，观其所由，罔象虚无颠倒妄想以为其本。乃至识阴若尽，则汝现前诸根互用，从互用中，能入菩萨金刚干慧，圆明精心，于中发化，如净瑠璃，内含宝月。如是乃超十信、十住、十行、十回向、四加行心、菩萨所行金刚十地、等觉圆明，入于如来妙庄严海，圆满菩提，归无所得。

问：既论初心入道，何用广录上地行位？

答：若论其道，必有其果。若无行位，即是天魔外道。经论所说，微细难知。台教有六即之文，《仁王》具五忍之位，恐堕上慢，执解不修，皆是古圣所诠，不敢不录。非是叨滥，自立异端，唯望后贤，愿遵先制。

问：佛地功德，都具几法成就圆满？

答：成就五法，具摄一切佛地功德。故《佛地论》云：一清净法界者，一切如来真实自体，无始时来自性清净，具足种种过十方界极微尘数性相功德，无生无灭，犹如虚空，遍一切有情平等共有，与一切法不一不异，非有非无，离一切相。一切分别、一切名言，皆不能得，唯是清净圣智之所证，二空无我所显真如为其自性,诸圣分证,诸佛圆证。二大圆镜智者,能现生一切境界诸智影像,一切身土影像,所依住持,一切佛地功德,穷未来际,无有断尽。三平等性智,谓观自他一切平等,建立佛地无住涅槃。四妙观察智,谓于一切境界差别,常观无碍,于大众会,能现一切自在作用,断一切疑、雨大法雨。五成所作智,谓能遍于一切世界,随所应化成熟有情。释曰:清净法界者,则无垢净识真如一心,即此正宗,凡圣共有。此一法界是四智之体,四智则一体之用。以诸佛现证,众生不知。以不知故,执为八识之名。以现证故,能成四智之相。若昧之,则八识起执藏之号,七识得染污之名,六识起遍计之情,五识变根尘之境。若了之,赖耶成圆镜之体、持功德之门,末那为平等之原、一自他之性,第六起观察之妙、转正法之轮,五识兴所作之功、垂应化之迹。斯则一心匪动,识智自分,不转其体,但转其名。不分其理,而分其事。

问:于五法中,一清净法界者,即是自性清净圆明之体,从本已来性自满足,非生因之所生,唯了因之所了。此则不论心境,其四智等行相不同,于妙用时各缘何境?

答:《识论》云:圆镜智相应心品,有义,但缘真如为境。是无分别智,非后得智,行相所缘不可知故。《庄严论》说:大圆镜智,于一切境不愚迷故。又,比决定缘无漏种及身土等诸影像故,行绿微细,说不可知。阿赖耶识亦缘俗故、缘真如故,是无分别智。缘余境故,后得智摄。其体是一,随用分二。了俗由证真,故说为后得。平等性智相应心品,有义，但缘第八净识，如染第七缘藏识故。有义，但缘真如为境，缘一切法平等性故。有义，遍缘真俗为境。《庄严论》说：缘诸有性自他平等，随他胜解，示现无边佛影像故，由斯此品通缘真俗，二智所摄，于理无违。妙观察智相应心品，缘一切法自相共相，皆无障碍，二智所摄。成所作智相应心品，有义，但缘五种现境。《庄严论》说：如来五根，一一皆于五境转故。有义，此品亦能遍缘三世诸法，不违正理。《佛地经》说：成所作智，起作三业诸变化事，决择有情心行差别，领受去来现在等义。若不遍缘，无此能故。又，后得智摄此四心品，虽皆遍能缘一切法，而用有异：谓镜智品，现自受用身净土相，持无漏种。平等智品，现他受用身净土相。成所作智品，能现变化身及土相。观察智品，观察自他功能过失，雨大法雨，破诸疑网，利乐有情。如是等门，差别多种。

问：成所作智与第六识相应，起于化用，与观察智性有何差别？

答：《识论》云：观察智观诸法自相共相，此所作智唯起化，故有差别。此二智品，应不并生。一类二识，不俱起故。同体用分，俱亦非失：或与第七净识相应，依眼等根缘色等境，是平等智作用差别。谓净第七起他受用身土相者，平等品摄。起变化者，成事品摄。

问：说有为法，皆蕴处摄。如来纯无漏法，还具蕴处界不？

答：《识论》云：处处经说，转无常蕴，获得常蕴。界处亦然，宁说如来非蕴处界？故言非者，是密意说。又，佛身中十八界等,皆悉具足,而纯无漏。此转依果,又不思议,超过寻思言议道故,微妙甚深自内证故。

问:此智是佛知见,无师自尔。何假因缘称扬开示?

答:此智虽不约缘生,而从缘显。若执无因,皆成外道。如古师云:佛法虽有无师智、自然智,而是常住真理,要假缘显,则亦因缘矣。《法华经》云:佛种从缘起。《楞伽经》云:大慧白佛:佛说常不思议,彼诸外道亦有常不思议。何以异耶?佛言:彼诸外道无有常不思议,以无因故。我说常不思议有因,因于内证。岂得同耶?是则真常亦因缘起。故知,无有一法不从心而生,三乘之道悉皆内证。若心外立义,任说幽玄,皆成外道。又,若入唯识智,虽不执前境,不同愚闇无知无见。虽照境虚,智眼斯在。《能断金刚般若论》颂云:虽不见诸法,非无了境眼。所以《永嘉集》云:夫境非智而不了,智非境而不生。智生则了境而生,境了则智生而了。智生而了,了无所了。了境而生,生无能生。生无能生,虽智而非有。了无所了,虽境而非无。无即不无,有即非有,有无双照,妙悟萧然。如火得薪,弥加炽盛,薪喻发智之多境,火比了境之妙智。其词曰:达性空而非缚,虽缘假而无著。有无之境双照,中观之心历落。又颂曰:若智了于境,即是境空智。如眼了空华,是了空华眼。若智了于智,即是智空智。如眼了眼空,是了眼空眼。智虽了境空,及以了智空。非无了境智,境空智犹有。了境智空智,无境智不了。如眼了空华,及以了眼空。非无了空眼,华空眼犹有。了华眼空眼,无华眼不了。

宗镜录第八十九

宋 慧日永明妙圆正修智觉禅师延寿集

夫诸佛唯一法身,云何说三身差别?

答:约用分三,其体常一。《识论》云:如是法身,有三相别:一自性身。谓诸如来真净法界,受用变化平等所依,离相寂然,绝诸戏论,具无边际真常功德,是一切法平等实性。即此自性,亦名法身,大功德法所依止故。二受用身。此有二种:一自受用,谓诸如来,修集无量福慧资粮,所起无边真实功德、及极圆净常遍色身,相续湛然,尽未来际,恒自受用广大法乐。二他受用,谓诸如来,由平等智,示现微妙净功德身,居纯净土,为住十地诸菩萨众,现大神通,转正法轮,决众疑网,令彼受用大乘法乐。三变化身。谓诸如来,由成事智,变现无量随类化身,居净秽土,为未登地诸菩萨众、二乘异生,称彼机宜现通说法,令各获得诸利乐事。是以,转灭三心,得三身:一根本心,即第八识,转得法身。二依本心,即第七识,转得报身。三起事心,即前六识,转得化身。又,一断德,断一切烦恼,即法身。二智德,总四智,为报身。三恩德,恩怜悲育一切有情,为化身。则八解六通,一心而起。三身四智,八识所成,终无一理一行而从外来,皆从自识施为一心而转,乃至一身无量身。如《华严》所明无量身云:重重无尽,皆从性起,无碍圆融。

又，古德问：夫法身者，法是轨持义，轨谓轨则，令物生解，即法身能令三根本智而生解故。持谓任持，不舍自性，谓持法身凝然之体，不舍无为之自体故。且如根本智正证如时，不作如解，能所冥合一体，如日光与虚空合，不分彼此，是无分别，如何得明轨解？若有轨解义，即有分别。若有分别，即与后得智何别？

答：凡论分别，有其三种：一随念分别，刹那后念续于前念。二计度分别，即周遍计度。三自性分别，任运缘境不带名言。今本智证如，但无随念计度二分别，名无分别，然不妨有自性分别。如人饮水，虽无言说，然冷暖自知，故知亦有轨义。

问：变化身与他受用身，为是真实心、是化现心？

答：此二身是化，然化不离真。《识论》云：此二身，虽无真实心及心所，而有化现心心所法。无上觉者神力难思，故能化现无形质法。若不尔者，云何如来现贪瞋等？久已断故。云何声闻及傍生等知如来心？如来实心，等觉菩萨尚不知故。由此经说：化无量类，皆令有心。又说：如来成所作智，化作三业。又说：变化有依他心，依他实心相分现故。乃至自性法身，唯有真实常乐我净，离诸杂染，众善所依，无为功德，无色心等差别相用。自受用身，具无量种妙色心等真实功德。若他受用及变化身，唯具无边似色心等利乐他用，化相功德。是以，如来妙体，清净法身，不去不来，如影如像。犹四王天之日月，显清净水中，不出不入。似憍尸迦之宫殿，现瑠璃地内，非有非无。《涅槃无名论》云：法身无像,应物以形。般若无知,对缘而照。万机顿赴而不挠其神,千难殊对而不干其虑。动若行云,止犹谷神,岂有心于彼此,情系于动静者乎?既无心于动,静亦无像于去来。去来不以像,故无器而不形。动静不以心,故无感而不应。然则,心生于有心,像出于有像。像非我出,故金石流而不燋。心非我生,故日用而不勤。纭纭自彼,于我何为?所以智周万物而不劳,形充八极而无患。益不可盈,损不可亏。宁复痾疠中逵,寿极双树。灵竭天棺,体尽焚燎者哉?是以,诸佛不出世,亦不入涅槃,本悟真心成道。真心无形,岂有出没耶?但随有心机熟众生,感见报化之身,所有见闻,皆是众生心中之影像。故云:心生于有心,像出于有像。则诸佛无心无身,岂有劳虑疲患者乎?复礼法师述三身义云:法身犹虚空之性,云蒸即翳,雾敛即明,其性本常矣。报身若乘空之日,赫矣高升,朗然大照,其体恒在矣。化身如鉴水之影,沚清即现,流浊乃昏,显晦不恒,往来无定。夫化佛者岂他欤?报身圆应之用。报身者何哉?悲智所成之体也。悲以广济为理,智以善权为业,所以因时降迹,随物现身。身迹者用也,悲智者体也。体是其本,用是其末。依体兴用,摄末归本。欲求其异,理可然乎?报身即化也,化身即法也,化身即法理微矣。还寄影喻而述焉:夫水中之日影也,不从外来,不从内出。不此不彼,不异不一。不无其状,不有其质。倏然而存,忽焉而失。像著而动,性灵而谧。执实者为妄,知妄者了实。日何谓也?日若从外来者,水外宁在乎?若从内出者,水内先有乎?若言在此者,于彼不见乎?若言在彼者,于此不睹乎?若言是异者,一见有二乎?若言是一者，二见岂一乎？若言是无者，于见可亡乎？若言是有者，求体曾得乎？谓其生，生无所从。谓其灭，灭无所往。不生矣，不灭矣。性相寂然，心言路断，斯可谓见水影之实性也。见影之性者，可见化身实性。见化之性者，即证法身之体也。《净名》云：佛身即法身也。又，观身实相，观佛亦然。《般若》云：若见诸相非相，即见如来。又，离一切诸相，即名诸佛。是以，举足下足，道场触处而无尽。开眼闭眼，诸佛现前而不灭。

如上所说，一体三身。理事相成，体用交彻，不出不在，隐显同时，皆是一心本宗正义。是以，一身多身，皆是法界。所悟一法，即无碍法界：即事之理，全在多中所现，乃是即理之事，全居一内。又，成坏一际，缘起同时，如始造众宝像时，十年像成，百年像坏。初得一宝之时，十年像成，百年像坏。总在得宝缘起之时，以百年不去，现在不住，众宝缘中无成坏体。以明智慈万行诸波罗蜜、三十七道品众善法中，以成如来身。然一一缘中，无我无作者、无成坏体，方名正觉。

问：诸佛法身，湛然明净，如何起六根之相？

答：一以即相明真，何乖大用？二以利他胜业，不断化门。如《宝性论》云：依自利利他，成就业义，故说偈云：无漏及遍至，不灭法与恒。清凉不变异，不退寂静处。诸佛如来身，如虚空无相。妙色常湛然，六根甚明净。佛眼见众色，耳闻一切声。鼻能嗅诸香，舌能练众味。身觉三昧触，意知一切法。除诸稠林行，佛离虚空相。又偈云：如虚空无相，而现色等相。法身亦如是，具足六根相。又偈云：如来镜像身，而不离本体。犹如一切色，不离于虚空。如《法华经》中，明六根清净：眼见一切色，耳闻一切声，鼻嗅一切香，舌了一切味，身现一切境，意知一切法等。

问：若众生可度，则诸佛界增、众生界减。若不可度，诸有行愿，皆悉唐捐。如何会通，断其邪见？

答：经云：一切愚痴凡夫，不如实知一法界故，不如实见一法界故，起邪见心，为众生界增、众生界减。所以只为不如实了一法界心，故见增减。又，经云：众生定相不可得故。又，经云：众生界无性故，众生界无边故。古德云：以要言之：众生界犹如虚空。假使无量胜神通者，各无量劫行于虚空，求空边际，终不可尽。非以不尽不名游行，非以游行令得其际。当知此中佛度生道理亦尔：非以当得令其有终，非以无终说有无得。是故，若难一切众生皆当作佛，是则众生虽多，必有终尽之疑，无不通也。《起信论》明不思议业相，则诸佛境界：云何不思议？以非一非异、不有不无，非言思可定、情解所测，故称不思议之业相。此不思议之业相者，谓与众生作六根境。故《宝性论》云：诸佛如来身，如虚空无相。为胜智者作六根境界，示现微妙色，出显妙音声，令嗅佛戒香，与佛妙法味，便觉三昧触，令知深妙法。常化众生，是真如之用，故云不思议业也。此本觉用与众生心，本来无二，但不觉随流，用即不现，用则于彼心中称根显现，而不作意我现差别，故云随根，自然相应。见无不益，是随染本觉之相，所以菩萨能行非道，通达正道。若入宗镜门究竟之道,则染净由心,无非无正。若入方便门分别之道,则菩萨大悲力故,常行无碍。

古德问云:非道之行,是烦恼业,菩萨应断,云何行之?答:有三义:一渐舍门,止恶行善。二舍相门,善恶俱离。三随相利益门,染净俱行。此第三门,更有三意:一约行,自行修净,化他随染。二约人,化凡同染,化圣同净。三约法,随世间法必须现染,修菩萨法必须修净。

又问:菩萨行非通,修何道?

答:道有三种:一证道,谓二空真如,正体智证。二助道,缘修万行,助显真理。三不住道,即是悲智,不住生死,不住涅槃。所以菩萨示行,现同其事,为欲同恶止恶,同善进善。若其疏异,教化即难。故须行非而度脱之,皆令悟入同体真心耳。所以《入楞伽经》云:出世间上上波罗蜜者,如实能知,但是自心虚妄分别,见外境界。尔时实知,唯是自心见内外法,不虚妄分别,不取内外自心色相故。菩萨摩诃萨,如实能知一切法故,行檀波罗蜜,为令一切众生,得无怖畏安隐乐故。乃至菩萨,如实观察自心分别之相,不见分别,不堕二边,依如实修行,转身不见一法生,不见一法灭,自身内证圣行修行,是菩萨般若波罗蜜。《还原观》云:智身影现众缘观者,谓智体唯一,能鉴众缘。缘相本空,智体寂照。诸缘相尽,如如独存。谓有为之法,无不俱含真性。故知真心遍一切处,无缘不具,无法不随。所以《华严经》云:佛身充满于法界,普现一切众生前。随缘赴感靡不周,而恒处此菩提座。《大智度论》云:如日照天下,不能令高者下、下者高，但显现而已。佛亦如是，于诸法无所作。故经云：佛身无为，不堕诸数。

问：一心实相，福智同如。云何分真化虚实之佛身、有供养福田之优劣？

答：佛非真化，真化从心。心真，则真福无边。心假，则假报有限。如恶心出佛身血，执佛身实有，则血从心生。若敬心欲见佛化身，则佛从心现。故知，隐显在我，佛身无为，优劣唯心，福田平等。如《大智度论》问云：佛若无分别者，供养真佛乃至无余涅槃，福故不尽。供养化佛，亦尔不？佛答：供养化佛真佛，其福无异。何以故？佛得诸法实相故。供养福无尽，化佛亦不离实相故。若供养者心能不异，其福亦等。问曰：化佛无十力等诸功德，云何与真佛等？答曰：十力等诸功德，皆入诸法实相。若十力等离诸法实相，则非佛法，堕颠倒邪见。问曰：若尔，真化中定有诸法实相者，何以言恶心出佛身血得逆罪，不说化佛？答曰：经中但说恶心出佛身血，不辩真化。若供养化佛得具足福者，恶心毁呰，亦应得逆罪。恶人定谓化佛是真，而恶心出血，血则为出，便得逆罪。故知，随心虚实，佛无定形，实相理中，罪福俱寂。

问：报化既同实相，云何教中说佛寿量，有其延促？

答：一心真如性无尽故，即十方诸佛之寿量。是以，山斤海滴，尚可比方。空界地尘，犹能知数。况如来常乐我净法身慧命，岂穷边际乎？故云法性寿者，非得命根，亦无连持，强指不迁不变，名之为寿。此寿非长量，亦非短量，无延

促，强指法界，同虚空量。此即非身之身、无寿之寿、不量之量也。故《金光明经》偈云：一切诸水，可知几滴，无有能数释尊寿命。诸须弥山，可知斤两，无有能量释尊寿命。一切大地，可知尘数，无有能算释尊寿命。虚空分界，尚可尽边，无有能计释尊寿命。《法华疏》释《如来寿量品》云：寿者，受也。若法身，真如不隔诸法，故名为受。若报身，境知相应，故名为受。若应身，一期报得百年不断，故名为受。法身如来，以如理为命。报身如来，以智慧为命。应身如来，以同缘理为命。法身如来如理命者，有佛无佛，性相常然，不论相应与相续、亦无有量及无量。经云：非如非异，非虚非实。盖是诠量法身如理命也。诠量报身如来者，以如如智，契如如境，境发智为报，智冥境为受。境既无量无边，常住不灭。智亦如是，函大盖大。经偈云：我智力如是，久修业所得。慧光照无量，寿命无数劫。此是诠量报身如来智慧命也。诠量应身者，应身同缘，缘长同长，缘促同促。纭纭自彼，于我无为。经云：数数现生，数数现灭。或复自说名字不同、年纪大小。此是诠量应佛同缘命也。《无生义》云：性自尔者，即是法性空，空即菩提。今生身命，从过去贪取中生，亦既是法性空。当知今生身命，亦即是从法性空中出。法性既空，所生身命，亦还法性空去。故《涅槃经》云：如八大河及诸小河，悉入大海，如是一切人中天上、地及虚空、寿命大河，悉入如来寿命海中。又如阿耨达池，出四大河，如来亦尔，出一切命。命既从如出，还如去，六根亦如是：从如出，还如去。若信如上所说，如来寿量，佛亲校量功德，譬如有人，于无量亿劫行五波罗蜜，不如以般若正智，发一念信心，比前功德百千万倍。故《法华经》偈云：是人于百千，万亿劫数中。行此诸功德，如上之所说。有善男女等，闻我说寿命。乃至一念信，其福过于彼。

问：既立一心正报之身，须有一心依报之土。身已具三，土有几种？

答：随义区分，相亦多种：《华严》具十土，或一二三等，开合不定。台教云：佛国有四：一染净国，凡圣同居。二有余国，方便人住。三果报国，纯法身菩萨居。即因陀罗网无障碍土，四常寂光，即妙觉所居。又，经论通辩有五。古释云：一法性土，真如为体，或五法中，以清净法界为体。真如与法界，总相门中即不殊，别相门中即有异：真如遍一切，因果兼该通即广，清净法界即狭，唯果位故。二实报土，力无畏等一切功德，无漏五阴以为体性，摄相归性，以真如为体。因修万行，果起酬因，真实果报之所招感，名实报土。于佛自受用身中，以四智为身，所依十力四无所畏功德，以之为土。三色相土，摄境从心，自利后得智为体，最极自在净识为相。第八无垢，名为净识，大圆镜智后得智中之所变。摄相归性，亦以真如为体。若约相别，四尘为体。四他受用土，摄境从心，利他后得智为体。摄相归性，以真如为体。若约相别，四尘为体。五变化土，菩萨变化土有漏者，同前摄境从心，本识为体。无漏者，同前自利后得智为体。佛亦同此体，约性，真如为体。相别，四尘五尘为体。然变土者，若第八识中从种子变生四尘五尘现行者，名因缘变，佛唯无漏，菩萨有漏，通净秽。若六七识所变者，名分别变，佛唯无漏,报化二土,或通净秽。若第七识有漏位中,但内缘第八识见分,不能变土。若无漏六七后得智中能变之者,唯通影,不可受用。为不从种生故,但可现净秽之相,教化众生。上诸身土,言总体,则皆以一心法界如来藏性为体,以法尔故。约别体,则如上所辩。

问:净秽二土,为当同体异见、为当别体异见?为当无体妄见、为当有体妄见?

答:非同非异,不有不无,但随自心因业所现。安法师云:净秽二土,四句分别:一质不成,净秽亏盈。异质不成,一理齐平。无质不成,缘起万形。有质不成,搜原即冥。故《楞伽经》偈云:不知唯心现,是故分二见。如实但知心,分别即不生。《密严经》偈云:是心有二性,如镜含众像。亦如水现月,瞖者见毛轮。毛轮璎珞珠,此皆无所有。但从病瞖眼,若斯而显现。瓶衣皆自识,众生亦复然。虚妄计我人,不知恒执取。众生及瓶等,种种诸形相。内外虽不同,一切从心起。依止赖耶识,一切诸种子。心如境界现,是故说世间。世间非作者,业及微尘作。但是阿赖耶,变现似于境。《清凉记》云:此上分别净秽二土四句,是一向遮过,实则即异即同、即有即无。若互相形夺,则一异而两亡、有无双寂。若圆融无碍,则即一即多、即无即有。有是无有,无是有无。多是即一之多,一是即多之一。有无即事理无碍,一多兼事事无碍。由此重重,故《华严》藏刹,一一尘中皆见法界。又,依正无二,四句浑融:一、佛身即刹者,佛体即是法性土故。废他从己,佛体虚故。土外无佛,法性无二故。二、刹即佛身者,刹体即是法性身故。废已从他,刹体虚故。佛外无法,性无二故。由性无二,以性融相,故身刹相即。三、俱者,谓有身有土,不坏相故。若无身土,无可相即故。四、泯者,谓佛即刹,故非佛。刹即佛,故非刹,以互夺故。

问:身土既总唯一心法界之体,如何是自他各受用身土之行相?

答:一体虽同,不妨互遍。同中有异,自入于他。异中有同,他遍于自。

古德问云:自受用身土,一一无边,诸佛身土不相障碍,行相如何?

答:如水乳一处,其体无别。鹅王饮之,但得其乳,不得其水。乍见将谓水乳是一,若饮已即知有异。又如众灯光同处一室,自色不可分,若论光体,元来各别。自受用身,虽合一处,元来各各有异,皆自受用法乐。则一一皆具八识故,所以得互遍。非同一体无异,非一非异,可辩佛身。

问:既是真如,何分身土耶?

答:据义立之。于真如中以性成万德为身,以空之理为土。约义即别,体不相离。又,真理中具四德:常净二德为土,我乐二德为身。故云我此土净,而汝不见,则真身含万法为土耳。若心外取土,见相迷真,成妄想之垢,故称为秽。若见心性,则名净耳。是以,一法不动,异见常生。迷有作尘劳,悟空成佛国。非移妙喜,匪变娑婆,亦非神力所为,法性何曾迁变？犹眩瞖之者，同处各观，蝇发毛轮，所见差别。如执外境界，皆是妄心。如经云：例如今目睹山河，皆是无始见病。

问：心外无法，道外无心。云何诸佛自称出世得道，广说教门？

答：只为众生不了唯心，妄生外境。以不实故，所以诸佛出世。若有一法是实，则诸佛终不出世。所说方便教门，不为知者说，但为未知者破执除疑，似形言教。若执丧疑消，则无道可得，无法可说。《思益经》云：佛言：我坐道场时，唯得颠倒所起烦恼，毕竟空性，以无所得故得，以无所知故知。又，思益梵天问文殊师利：得何法故，名为得道？文殊师利言：若法不自生、不彼生、亦不众缘生，从本已来常无有生，得是法故，说名得道。又问：若法不生，为何所得？答言：若知法不生，即名为得。是故佛说：若见诸有为法不生相，即入正位。又问：云何名为正位？答言：我及涅槃等不作二，是名正位。夫正位者，即自真心，入此位中，诸见自泯。《入佛境界经》云：如来不应以色见，不应以法见，不应以相见，不应以好见，不应以法性见。《大集经》云：尔时众中，有一天子名曰胜意，语不可说菩萨言：善男子，若一切法不可说者，众生云何而得言说？不可说言：善男子，汝宁知响有言说不？胜意言：善男子，响者，皆从因缘而有。善男子，是响之因，为定在内、为定在外？天子言：善男子，如是因者，不定在内，不定在外。天子，一切众生强作二想，而有所说，诸法之性实不可说。天子言：善男子，若不可说，云何如来宣说八万四千法聚，令诸声闻受持读诵？天子，如来世尊实无所说，无所说者，即是如来。天子，汝知何等为如来耶？将不谓色受想行识是如来乎？将不说佛是去来现在、有为无为、阴界诸入、三界所摄，是因是果，是和合耶？或想非想、亦想非想、非想非非想耶？不也，善男子。天子，若如是等非如来者，云何可说？若不可说，如何而言如来世尊，演说八万四千法聚？是故，八万四千法聚，实不可说。声闻受者，亦不可说。不可说者，即是正义。若无说，即是真实。《楞伽经》云：我唯说无始虚伪妄想习气、种种诸恶、三有之因，不能觉知自心现量，而生妄想，攀缘外性。斯则但了自心，外境无性，以不觉心量故，妄取外缘。若知心即是道，心即是法，岂于心外有法可说耶？所以《华严经》颂云：诸佛不说法，佛于何有说。但随其自心，为说如是法。《广百论》云：诸有行愿，随顺世俗所见所闻，强假施设。胜义理中，二俱不许，一切分别戏论绝故，非诸如来有法可说，亦无有法少有所得。问：若尔，精进则为唐捐，应弃如来甘露圣教。答：为欲方便除倒见执，施设二事，俱无有过。问：既言一切所见能见，皆无所有，云何无过？答：虽无真实所见能见，而诸愚夫颠倒为有，除彼增上慢见，随顺世间，施设无过。若能随此圣教修行，随俗说为真佛弟子。世俗愚夫，随自心变颠倒境相，而起见心，佛非其境，于彼无用。乃至谓佛世尊，在昔因位，为欲利乐一切有情，发起无边功用愿行，由此证得无分别慧。因此慧力，发起无量利乐有情作用。无尽诸有情类，用佛愿行所得妙慧为增上缘，自心变现，能顺世间最胜生道、及顺上缘。又，本愿行亦非颠倒，以能了知诸法实义,于一切法无所执著,能为无上妙果生因。虽复发心,起诸胜行,求无上果,利乐有情,然似幻师起诸幻事,都无所执,故非颠倒。

又,古德问:众生即佛心众生,众生心佛,自教化佛心众生,何故说言佛悲愿力?

答:即此真心,是佛悲愿,谓同体大悲、及自体无障碍愿等,即性起大用也。

又,众生者,即是诸杂,杂心识念念起灭,故号众生。经云:佛告比丘:汝等日夜常生无量百千众生。若能智照,不起相续之念,即是度众生。又,了念即空,无有起处,即是度尽无量百千众生,不见有一众生而得灭度者。台教云:无明为父,贪爱为母。六根为男,六尘为女,识为媒嫁,出生无量烦恼为子孙。故经云:有念即生死,无念即尼洹。

问:若如上说,成佛度生不离一念,诸佛何以发愿,更度他众生?

答:虽发愿度生,皆令仿此真修。究竟同此,指归一念。所以先发誓度尽一切众生,方成正觉,则念尽心澄,天真独朗,即成佛义也。先佛已如是自度竟,然后转示他人,即是真实之慈,离此兴悲,皆成妄想。如舍利弗问庵提遮女:何不转女身?偈答言:自男生我女,徒生妄想悲。则是不了自是非男,错认众生之相,却乃执生他女,徒兴彼我之情,于一真内而妄立自他,向同体中而强分爱见。如古师云:有二义门,俱无可度:一契空,如性空寂灭,故无可度。二契不空,同一法性,法性平等,故无可度。故《金刚三昧经》云:若化众生无生,于化不生于化,其化大焉。又,《大虚空藏菩萨所问经》偈云:犹如于幻师,害多幻化众。实无有所害,所度生亦然。幻化及有情,诸佛法亦尔。若悟同一性,无自性为性。所以先德云:八地已上菩萨得无生忍,恒河沙世界外,有众生求救,菩萨都不起念,众生自然见菩萨到其前,与其说法,四事供养。菩萨得如是智,由是无心之心量故,我说为心量,亦为无量之量耳。

问:《大涅槃经》云:解脱之法,亦非涅槃。如来之身,亦非涅槃。摩诃般若,亦非涅槃。如何是涅槃正义?

答:欲知涅槃正义,即我真如心性。故经偈云:如无生性佛出兴,如无灭性佛涅槃。言辞譬喻悉皆断,一切义成无与等。是以,非即三法,非离三法,不纵不横,不并不别。岂可言一言三,而指斯妙道乎?《清凉记》释云:法身为所证,般若为能证,解脱为离障。又,佛身者,即是法性,有佛身义,作二所依故。有智慧义,遍照法界光明故。有解脱义,性离一切障故。此三亦不相离。今三俱不思议,焉可纵?俱不思议,焉可横?俱不思议,焉可并?俱不思议,焉可别?意云:即一而三,即三而一。非三非一,双照三一。焉可作一三等思?故《肇论》云:菩提之道,不可图度:高而无上,广不可极。渊而无下,深不可测。大包天地,细入无间,故谓之道。又,《涅槃无名论》云:夫涅槃之为道也,寂寥虚旷,不可以形名得。微妙无相,不可以有心知。超群有以幽升,量太虚而永久。随之弗得其踪,迎之罔眺其首。六趣不能摄其生,力负无以化其体,潢漭惚恍,若存若往。五目莫睹其容，二听不闻其响，冥冥窈窈，谁见谁晓？弥纶靡所不在，而独曳于有无之表。然则言之者失其真，知之者反其愚，有之者乖其性，无之者伤其躯。乃至何者？本之有境，则五阴永灭。推之无乡，而幽灵不竭。幽灵不竭，则抱一湛然。五阴永灭，则万累都捐。万累都捐，故与道通同。抱一湛然，故神而无功。神而无功，故至功常存。与道通同，故冲而不改。冲而不改，不可为有。至功常存，不可为无。然则有无绝于内，称谓沦于外。视听之所不泊，四空之所昏昧。恬焉而夷，泊焉而泰。九流于是乎交归，众圣于是乎冥会。斯乃希夷之境、太玄之乡，而欲以有无题牓标其方域，而语其神道者，不亦邈哉？是以，心道孤标，神无方所，岂在有无之朕迹、见闻之影响乎？所以《般若波罗蜜经》云：文殊师利，如是应知，彼一切法不起不灭，名为如来。又，《梵王问经》云：第一义中，佛不出世，亦不涅槃，从本已来无起灭故。《般若灯论》偈云：不应舍生死，不应立涅槃。生死及涅槃，无二无分别。乃至如《般若波罗蜜经》云：佛告极勇猛菩萨言：善男子，色无缚无脱，受想行识无缚无脱。若色至识无缚无脱，是名般若波罗蜜。又如《梵王所问经》云：佛言：梵王，我不得生死、不得涅槃。何以故？言生死者，但是如来假施设故，而无一人于中流转。说涅槃者，亦假施设，而无一人般涅槃者。

问：宗镜唯心者，何分始末乎？

答：始末是述心之义，用约行布门中，相虽历然，体常融即。

《起信钞》问云：据其论旨，初是一心，后亦一心，初后何别？

答：初之一心，心当能起。后之一心，心当所归。虽前后体同，且为始终义异。由是行布诸门历然。又云：但以本是一心，离名绝相，任其迷悟，万法随生，生法本空，但唯一体。宗镜亦尔：为广义用，前后不同。然是一心之前后，前后之一心耳，所以理事平等。何者？非初无以立后，初等于后。非后无以成初，后等于初。又，理从事显，理等于事。事因理成，事等于理。故云：万法虽殊，不能自异也。况宗镜中一尚不能一，岂况异乎？所以《起信论》云：一切诸法，平等平等。《钞》释有二：一谓真性于一切法中平等，如像中镜。二即诸法本空故平等，如镜中像。

宗镜录第九十

宋 慧日永明妙圆正修智觉禅师延寿集

夫如上所说,涅槃非有。故经云:设有一法过涅槃者,我亦说如幻如梦。即后学之人,徒劳景慕?

答:斯言破著,非坏法性。如观和尚云:难一切法如幻者,妄法缘生,可许如幻。涅槃真实,又不从缘,如何同幻?故牒释有二意:一明虽真而亦从缘,虽非缘生,而是缘显,亦空无性。二明涅槃非幻,为破著涅槃心,云如幻耳。是则,破心中涅槃,亦显涅槃体,即真而成妙有。故知,四种涅槃,初后俱有。所以《唯识论》云:一本来自性清净涅槃。谓一切法相真如理,虽有客尘,而本性净,具无数量微妙功德,无生无灭,湛若虚空,一切有情平等共有,与一切法不一不异,离一切相、一切分别,寻思路绝,名言道断,唯真圣者自内所证,其性本寂,故名涅槃。二有余依涅槃。谓即真如出烦恼障,虽有微苦所依未灭而障永寂,故名涅槃。三无余依涅槃。谓即真如出生死苦,烦恼既尽,余依亦灭,众苦永寂,故名涅槃。四无住处涅槃。谓即真如出所知障,大悲般若常所辅翼,由斯不住生死涅槃,利乐有情,穷未来际,用而常寂,故名涅槃。

问:夫言法身者,心为法家之身,身是积聚义。积集含藏一切万法，故名为心。即何用更立般若及解脱二法？

答：法身即是人人须有，灵智故名般若。若得般若照，则显现法身。故经云：隐名如来藏，显名为法身。又，若得般若，则一切处无著，不为境缚，即是解脱。若显法身得解脱功，全由般若。非唯此二法，一切万行皆由般若成立。故五度如盲，般若如导：若布施无般若，唯得一世荣，后受余殃债。若持戒无般若，暂生上欲界，还堕泥犁中。若忍辱无般若，报得端正形，不证寂灭忍。若精进无般若，徒兴生灭功，不趣真常海。若禅定无般若，但行色界禅，不入金刚定。若万善无般若，空成有漏因，不契无为果。故知般若，是险恶径中之导师，迷闇室中之明炬，生死海中之智檝，烦恼病中之良医，碎邪山之大风，破魔军之猛将，照幽途之赫日，警昏识之迅雷，抉愚盲之金錍，沃渴爱之甘露，截痴网之慧刃，给贫乏之宝珠。若般若不明，万行虚设。祖师云：不识玄旨，徒劳念静。不可刹那忘照，率尔相违。以此三法不纵不横，非一非异，能成涅槃秘藏。如《大涅槃经》云：佛言：我今当令一切众生、及以我子四部之众，悉皆安住秘密藏中，我亦复当安住是中，入于涅槃。何等名为秘密之藏？犹如伊字三点：若并则不成伊，纵亦不成，如摩醯首罗面上三目，乃得成伊。三点若别，亦不得成。我亦如是。解脱之法，亦非涅槃。如来之身，亦非涅槃。摩诃般若，亦非涅槃。三法各异，亦非涅槃。我今安住如是三法，为众生故，名入涅槃。所以云法身常，种智圆，解脱具。一切皆是佛法，无有优劣，故不纵。三德相冥，同一法界，出法界外，何处别有法？故不横。能种种建立，故不一。同归第一义，故不异。虽三而一,虽一而三。一则坏于三谛,异则迷于一实。在境则三谛圆融,在心则三观俱运。在因则三道相续,在果则三德周圆。如是本末相收,方入大涅槃秘密之藏。古德云:此之三德,不离一如,德用分异:即寂之照为般若,即照之寂为解脱,寂照之体为法身。如一明净圆珠,明即般若,净即解脱。圆体法身,约用不同,体不相离。故此三法不纵不横,不并不别,如天之目,似世之伊,名秘密藏,为大涅槃。又,台教类通三轨法:一真性轨,二观照轨,三、资成轨。即是三德:以真性轨为一乘体,此为法身,一切众生悉一乘故。以观照轨为般若,只点真性寂而常照,便是观照第一义空。以资成轨为解脱,只点真性法界,含藏诸行无量众善。即如来藏三法,不一不异。如点如意珠中,论光论宝,光宝不与珠一、不与珠异,不纵不横。三法亦如是。

今更广类通十种三法:一三道,二三识,三三佛性,四三般若,五三菩提,六三大乘,七三身,八三涅槃,九三宝,十三德。此十种三法,通收一切凡圣因果诸法。今引《金光玄义》,观心广释。

十种三法门者:《净名经》云:诸佛解脱,当于众生心行中求。若不观自心,非己智分,不能开发自身宝藏。今欲论凡夫地之珍宝,即闻修故,明观心释也。一观心明三道者:一烦恼道,过去无明、现在爱取,三支。二业道,过去行、现在有,二支。三苦道,现在识名色六入触受、未来生死忧悲苦恼,七支。今观心王即苦道,观慧数心即烦恼道,观诸数心即业道。《净名经》云:观身实相,观佛亦然者。若头等六分各各是身,此即多身。若别有一身,则无是处,各各非身,合时亦无。若头六分求身叵得,现在不住,故不可得。过去因灭,亦不可得。未来未至,亦不可得。如是横竖求身,毕竟不可得,则是无。无亦不可得,亦有亦无亦不可得,非有非无亦不可得。但有名字,名字为身。如是名字,不在内,非四阴中故。不在外,非色阴中故。不在中间,非色心合故。亦不常自有,非离色心故。当知名无得物之功,物无应名之实。假实既空,名物安在?如此观身,是观实相,观身是假名。假名既如此观,色受想行识亦如是,即为苦道观也。观烦恼道者,烦恼与业皆是身因,今且取烦恼为身因而观也。《净名经》云:不坏身因而随一相者,应作四句分别:谁身因果俱坏、谁身因果俱不坏?谁坏果不坏因、谁坏因不坏果?云何身果?父母所生头等六分是也。云何身因?贪恚痴身口意业等是。今且置三业,观贪恚痴等,四果以无常苦空观智,破贪恚痴:子断名坏身因,不受后有名坏身果。凡俗之流,名衣好食,长养五阴,纵心适性,放逸贪恚,自恼恼他,一身死坏,复受一身,因果相续,无有边际,是名因果俱不坏。如犯王宪付栴陀罗,如怨对者自害其体。身既烂坏,四阴亦尽,是为坏果,贪恚痴身因转更炽盛,弥沦生死,无得脱期,是为坏果不坏因。以无常观智,断五分下因缚,五分下果身由未尽,是名坏身因不坏身果。如此四句存坏不同,皆不随一相。而随一相者,所谓修大乘观,观一念贪恚痴心,心为自起、为对尘起、为根尘共起、为离根尘起?皆无此义,非自非他,非共非无因,亦非前念灭故起,非生非非生,亦非灭非非灭。如是横竖求心叵得,心尚无本,何所论坏?是名不坏身因而随一相。观业道者,如《净名经》云:举

足下足无非道场，具足一切佛法矣。观举足时，为是业举、为是业者举、为是业业者共举、为离业业者举？若业举，不关业者。业者举，不关于业。各既无举，合亦无举。合既无举，离那得举？举足既无，下足亦无。观行既然，住坐卧言语执作，亦复如是，是为观业道实相。二观心明三识者：谛观一念，即空即假即中，即是观心识于三识。何者？意识托缘发，意本无其识，缘何所发？又，缘中为有识、为无识？若有识，缘即是识，何谓为缘？若无识，那能发识？若意缘合发，二俱无故，合不能发，离亦不可。当知此识不在一处，从众缘生。从缘生法，我说即是空。于此空中假作分别，是恶识、是善识、是非恶非善识？种种推画，强谓是非。识若定空，不可作假。识若定假，不可作空。当知空非空、假非假、非空非假，双亡二边，正显中道。一念识中三观具足，识于三识，亦不得三观。故《净名》云：不观色，不观色如，不观色性。乃至不观识，不观识如，不观识性。虽不得识、不得识如、不得识性，双照识、识如、识性，宛然无滥。以照识性故，是庵摩罗识。照识如故，是阿赖耶识。亦照亦灭故，是阿陀那识。是名观心中三识。三观心三佛性者：一正因佛性，佛名为觉，性名不觉。即是非常非无常，如土内金藏，天魔外道所不能坏。二了因佛性，觉智非常非无常，智与理相应，如人善知金藏，此智不可破坏。三缘因佛性，一切非常非无常，功德善根资助觉知，开显正性，如耘除草秽，掘出金藏，观心即中，是正因佛性。即空，是了因佛性。即假，是缘因佛性。复次佛，是觉智也。性者，理极也。能以觉智照其理极，智境相称，合而言之，名为佛性。今观五阴心，称五阴实相,名正因佛性。观假名实相,名了因佛性。观诸心数,称心数实相,名缘因佛性。故经云:佛性者,不即六法,不离六法。此之谓也。四观心三般若者:一实相般若,非寂非照,即一切种智。二观照般若,非照而照,即一切智。三方便般若,非寂而寂,即道种智。观一念心,即空即假即中,即是三般若。何者?一念心一切心,一切心一心,非一非一切。一念心一切心者,从心生心,杂杂沓沓,长风驶流,不得为喻。日夜常生无量百千万亿众生,六道轮回,十二钩锁,从闇入闇,闇无边际,皆心之过也。故言一念心一切心,是则凡夫所迷没处。一切心一心者,若能知过生厌,皆自持出,如世小火,烧大釉薪。置一小珠,澄清巨海。能观心空,从心所生一切心,无不即空,故言一切心一心,如此一心,乃是二乘所迷没处。非究竟道,双亡二边故,烦恼非一非一切。《大经》云:依智勿依识,识但求乐。凡夫识求妄乐,二乘识求涅槃乐,是故双亡,不可依止,智则求理。如是观者,即是一心三智:即空,是观照般若,一切智。即假,是方便般若,道种智。即中,是实相般若,一切种智。是三智一心中得,即空即假即中,无前无后,不并不别,甚深微妙,最可依止。是为观心三般若。五观心三菩提者:一真性菩提,以理为道。二实智菩提,以智慧为道。三方便菩提,以善巧逗会为道。今观一念之心,即空即假即中,是三菩提心。何者?一心一切心,交横嫽乱。如丝如砂,如蚕如蛾,为苦为恼。若知即空真谛菩提心,度妄乱心数之众生,通四住之壅。若即假发菩提心者,空虽免妄乱,经言空乱意众生,而智眼甚盲闇,复是三无为坑,是大乘怨鸟,未具佛法,不应灭受而取证。若知

即假俗谛菩提心,度沉空心数之众生,通尘沙之壅,分别可否,分别时宜,分别药病,分别逗会,不住无为。故言,即假发菩提心,空是浮心对治,假是沉心对治。由病故有药,药存复成病。病去药止,宜应两舍。非空非假,双亡二边。即发中道第一义谛菩提心,度二边心数之众生,通无明壅,以不住法住于中道,故言即中。说时如三次第,观则不然,一心中具三菩提心也。六观心三大乘者:一理乘,理性虚通,任运荷诸法故。二随乘,智随于境,如盖随函。三得乘,若得果故,自解脱。若得机故,令他解脱。观一念之心,即空即假即中,三大乘。何者?虽观一念心,而实有四运:此心回转不已,所谓未念、欲念、正念、念已。从未念运至欲念,从欲念运至正念,从正念运至念已。复更起运,运运无穷,不知休息。如闭目在舟,不觉其疾。观一运心,即空即假即中,一一运心,亦复如是:从心至心,无不即空即假即中,是则从三谛运至三谛,无不三谛时。若随四运运入生死,若随四运运入涅槃:即空之观,乘于随乘,运到真谛。即假之观,乘于得乘,运到俗谛。即中之观,乘于理乘,运到中谛。三乘即一乘,是乘微妙,第一观智普贤大人所乘故。七观心三身者:所谓理法聚名法身,智法聚名报身,功德法聚名应身。谛观一念心,即空即假即中,即是三身。何者?《华严经》颂云:心如工画师,造种种五阴。若心缘破戒事,即地狱身。缘无惭懦慢,即畜生身。缘谄曲悭贪,即饿鬼身。缘嫉妬诤竞,即修罗身。缘五戒防五恶,即人身。缘十善防十恶,缘禅定防散乱,即天身。缘无常苦空无相愿,声闻身。缘十二因缘法,即缘觉身。缘慈悲六度,即菩萨身。缘真如实相,即佛身。登难坠易,多缘诸恶身。故知,诸身皆由心造,譬如大地一,能生种种牙。若观五受阴,洞达空无所有,从心所生。一切诸身,皆空无所有,如翻大地,草木倾尽,故言即空。若即空者,永沉灰寂。尚不能于一空心,能起一身,云何能得游戏五道,以现其身?不能应以佛身得度者,为现佛身。应以三乘四众天龙八部种种身得度者,皆悉示现,同其事业。为此失故,故言即假,即假同六道身。如是观身,堕在二边,非善观身。善观身者,大经云:不得身,不得身相。乃至毕竟清净,为此义,故云即中。言即中者,即是法身。即空者,即是报身。即假者,即是应身。八观心三涅槃者:一性净,二圆净,三方便净。不生不灭名涅槃,诸法实相不可染、不可净。不染即不生,不净即不灭,不生不灭,名性净涅槃。修因契理,惑毕竟不生,智毕竟不灭,不生不灭,名圆净涅槃。寂而常照,机感即生,此生非生。缘谢即灭,此灭非灭,不生不灭,名方便净涅槃。谛观心性,本来寂灭,不染不净。染故名生,净故名灭。生灭不能毁故常,不能染故净,不能碍故我,不能受故乐,是为性净涅槃。若妄念心起,悉以正观观之,令此正观与法性相应,妄念不能毁、不能染、不能碍、不能受者,名圆净涅槃。以无缘慈无生示生,以同体悲无灭现灭,一切生灭境界外道天魔不能毁、不能染、不能碍、不能受者,方便净涅槃。九观心明三宝者:佛法僧是为三,可尊可重为宝。至理可尊,名法宝。觉理之智可尊,名佛宝。毗卢遮那遍一切处,即事而理,此和可尊,名僧宝。谛观一念之心,即空即假即中,是三宝:三谛之理不觉故,是法宝。三谛之智能觉故,是佛宝。三谛三智相应和故,是僧

宝。无谛智不发，无智谛不显，智不和不能大用利益众生，二种皆可尊可重，是故俱称为宝。十观心明三德者：云何三、云何德？法身般若解脱，是为三。常乐我净，是为德。一法身者，法名可轨，诸佛轨之而得成佛。故经云：诸佛所师所谓法。身者，聚也。一法具一切法，无有缺减，故名为身。经云：我身即是一切众生真善知识。般若者，觉了诸法集散，非集非散，即是觉了三谛之法。解脱者，于诸法无染无住。此三法，皆具常乐我净之四德：谛观一念之心，即空即假即中。即空故，一空一切空，无假无中而不空，空无积聚而名藏，藏具足故，名之为德。即假故，一假一切假，无空无中而不假，假摄诸法，亦名为藏，藏具足故，名之为德。即中故，一中一切中，无空无假而不中，中摄一切，亦名为藏，藏具足故，称之为德。不可思议，不纵不横，不并不别。诸佛即中为体，故名法身。以即空为命，故名般若。以即既假为力，故名解脱。一一皆常乐我净，无有缺减，故称三德。一一皆法界，多所含藏，故称秘藏。故《净名》云：诸佛解脱，当于众生心行中求。当知我心亦然，众生亦然。彼我既然，诸佛亦然。心佛及众生，是三无差别。上十种三数，亦一非一，非一非非一。不思议三法也，始终只是一种三法：在凡为三道，若入圣成三德。其余约理智行解等成诸三法以为眷属：究竟不动众生因地三道，成满诸佛果地三德，本末相在，因果同时，以本有妙理，故名三性。妙理不虚，故名三谛。迷此妙理，故名三障。既有三世轮转攀缘不息，故名十二因缘具足三苦。若欲反本还原，了达今日三障，即是本来三性，故名三观。妙理显现，故名三德。

又，轨则行人，呼为三法。所照为三谛，所发为三观，观成为三智，教他呼为三语，归宗呼为三趣。得斯意类，一切皆成法门。今又以三轨，类通因中三道：一苦道，二烦恼道，三业道。苦道即真性轨。经云：世间相常住。岂不即彼生死而是法身耶？烦恼道即观照轨，观照本照惑，无惑则无照，一切法空是也。资成轨即业道。恶是善资，无恶亦无善。书云：善者是不善人之师，不善者是善人之资。经云：我等念佛故，皆当忍是事。恶不来加，不得用念。所以云：善知识者，提婆达多是。又云：苦即法身，非显现故名法身。贪恚痴即般若，非能明故名般若。无所可照，性自明了，业行系缚，皆名解脱。非断缚而脱，亦无体可系，亦无能系，故称解脱。又，先德云：应说佛地障累尽，故称解脱。体色实性，即如来身。种智圆明，为大般若。三事即我，何处纵横？我即三事，若为成别。如是安住，乃大涅槃。良为一切诸佛，即一色心，心为能变，色为所变，所变即相见，能变即自证。体既无别，谁复纵横？直由不了心缘，生二妄想，相缚粗重，遂成羁碍：迷执色相，为我所身。我所身生，实由痴闇。痴闇覆故，见死见生。生死相漂，心亦流转。流转之苦，素在身心。若能了心及境，则妄想不生，相缚既除，粗重亦遣，永绝羁碍，遂成解脱：通达色相，皆藏性现。无复我所，即如来身。照阿陀那甚深细处痴闇不覆，为摩诃般若。悟斯本性，由来不生，体用无穷，终亦不灭。

又，三德者，有道前性得、道中分得、道后究竟得。若性得者，如《维摩经》云：众生如，弥勒如，一如无二如。此性得法身。一切众生，即菩提相，不可复得，此性得般若。一切众生，即涅槃相，不可复灭，此性得解脱。此约道前圆性得。道中圆分得，即从十住位、至等觉五十一位，圆修智断等。道后圆究竟得，即果上义。既了性得，须具历后二德，以五忍六即简其讹滥，直至圆满妙觉究竟之位。如入此《录》中，智眼明净，圆修圆解，双照双遮，二鸟俱游，不堕偏见，一义不动，分别了然。如悬镜高堂，无心虚照，万像斯鉴，不简妍媸。以绝常无常之静心，照常无常之圆理，遮照无滞，破立同时：即非常非无常，而常而无常，常与无常，唯论真性，一一之性，性摄无边。《净名经》云：毕竟不生不灭，是无常义。远大师云：实相理穷，名为毕意。体寂无为，名不生灭。此不生灭，是彼无常真实性故，名无常义。肇法师云：毕竟者，决定之词也。小乘观法，以生灭为无常义。大乘之士，以不生灭为无常义。无常名同，而幽致殊绝。其道虚微，故非常情之所能测。妙得其旨，其唯《净名》乎？遣常，故言无常，非谓有无常。无常与常俱无，故云：毕竟不生不灭，是无常义。

又，非常者，性彻相故。非无常者，相彻性故。如《庵提遮女经》云：生灭与不生灭，交络而释。《经》中答文殊师利言：若知诸法毕竟生灭、变易无定如幻相，而能随其所宜有所说者，是为常义，以诸法生不自得生、灭不自得灭故。云何无常？谓若知诸法毕竟不生不灭，随如是相，而能随其所宜而有所说，是无常义，以诸法自在、变易无定，明不自得，随如是知说者，为常义也。释曰：此意正显性相交彻，二义相成：生灭相尽，无常即常，故不生不灭是无常义。随缘变易，常即无常，则生灭是常义也。又性即相，故不生不灭是无常义。相即性，故生灭是常义。互夺则双非，互成则双立。双树中间入涅槃者，即斯意矣。常无常既尔，我乐净等、乃至一切诸法皆然，即处处而入大涅槃，非独双林之下。若不了此旨，悉堕边邪，即尘尘而尽成生死，岂止阎浮之中？若入宗镜，即一切法趣无常，无常摄法无遗。义理无尽，方真无常，总收诸义，以为一致。

问：涅槃三德、真如一心、果上因中，收尽无边义理。岂唯十种三法、乃至无尽法门，息化凝神，究竟指归何法？

答：总别指归，还即指归三德秘藏，如《止观》：指归者，《大涅槃经》云：安置诸子秘密藏中，我亦不久自住其中，是名总相指归。别相者，身有三种：一色身，二法门身，三实相身。若息化论归者：色身归解脱，法门身归般若，实相身归法身。复次三法，非三非一，不可思议。所以者何？若谓法身真，法身者非法身也。当知法身，亦身非身、非身非非身住。《首楞严经》云：种种示现，作众色像，故名为身。所作办已，归于解脱，智慧照了诸色非色，故名非身。所作办已，归于般若，实相之身，非色像身、非法门身，是故非身非非身。所作办已，归于法身，达此三身无一异相，是名为归。说此三身无一异相，是名为指。俱入秘藏，故言指归。当知般若，亦知非知、非知非不知：道种智般若，遍知于俗，故名为知。所作办已，归于解脱，一切智般若，遍知于真，故名为非知。所作办已，归于般若，若一切种智般若，遍知于中，故名非知非不知。所作办已，归于法身，达三般若无一异相，是名为归。说三般若无一异相，名为指。俱入秘藏，名指归。当知解脱,亦脱非脱,非脱非非脱:方便净解脱,调伏众生,不为所染,名脱。所作已办,归于解脱。圆净解脱,不见众生及解脱相,故名非脱。所作办已,归于般若。性净解脱,则非脱非非脱,所作办已,归于法身。若达若说如此三脱,非一异相,俱入秘密藏,故名为指归。当知种种相、种种说、种种神力,一一皆入秘密藏中,何等是指归?指归何处?谁是指归?言语道断,心行处灭。永寂如空,是名指归。故知,能化所化无尽法门,未有一法不指归宗镜。所以普智禅师云:佛道皆因何法成?悟心无体荡无明。莫怕落空沉断见,万法皆从此处生。

宗镜录

［宋］释延寿 著

［陆］

陕西新华出版传媒集团
三 秦 出 版 社

目录

宗镜录第九十一

宋 慧日永明妙圆正修智觉禅师延寿集

夫凡圣之道,同一法身。彼此俱亡,物我咸绝。则心内无得,身外无余。如何起应化之身,摄机宜之众?

答:只为众生不了自他唯心,横生彼此。若自达真空,则诸佛终不出世,菩萨亦无功夫。

古德问云:若言自他俱是自心现,离心无实我人者,诸佛亦见有众生,岂可有妄心未尽耶?

答:诸佛见有众生,俱是缘生幻有,不知谓实有我,所以造业受报,枉有轮回。此由无实我,感诸佛慈悲。若实有我,非是妄有者,诸佛何故妄救众生?以我实有,不可救故,今为救者,定知无我妄计有也。故知,众生不离佛界,迷不觉知。《华严经》颂云:佛身非是化,亦复非非化。于无化法中,示有变化形。古释云:此则依真起化。真化各有二义,初真中二者:一不变义,虽化而常湛然,则佛身非是化也。二随缘义,谓不守自性,无不现时,则亦复非非化也。化中二者:一无体即空义,谓揽缘无性故,则于无化法中也。二从缘幻有义,则示有变化形也,以随缘幻有,不异不变体空。是故,现化纷然,未尝不寂。真性湛然,未曾不化。若不达此理,自尚未度,焉能化他?又,以无缘慈,如石吸铁,岂分能所之化?

以同体悲，犹若虚空，谁见自他之身？故先德云：穷源莫二，执迹多端。谓若据本以讨源，则千途无异辙。若三江之浩渺，并源出于岷山也，乃穷源莫二。若执迹多端，则据末以适本，不知多端是应迹耳。故《光明觉品》颂云：一身为无量，无量复为一。了知诸世间，现形遍一切。此身无所从，亦无所积聚。众生分别故，见佛种种身。即其义也。但是一法身，义分二三四五、乃至十身。且如说五身者，叡公《维摩疏》释云：所谓法性生身，亦言功德法身、变化法身、实相法身、虚空法身。详而辩之，一法身也。何者？言其生，则本之法性，故曰法性生身。推其因，则是功德所成，故言功德法身。就其应，则无感不形，则是变化法身。称其大，则弥纶虚空，所谓虚空法身。语其妙，则无相无为，故曰实相法身。故知一体不动，名逐缘分矣。故云同时异处，决是多身，而是一身全现，故非多矣。其犹一月，一刹那中百川齐现，皆即一即多。又，普现故非一，一月故非多。如智幢菩萨偈云：譬如净满月，普现一切水。影像虽无量，本月未曾二是也。又，经颂云：如来清净妙法身，一切三界无伦疋。以出世间言语道，其性非有非无故。虽无所依无不往，虽无不至而不去。如空中划梦所见，当于佛体如是观。由非真非应、非一非多，故不可作真应一多等思也。故《光明觉品》颂云：佛身无生超戏论，非是蕴处差别法。故难思也。又云：皆是自他相作之身，能所共成之化。自他相作者，如《华严经》云：此菩萨能随众生心之所乐，能以自身作国土身、众生身、业报身、声闻身、缘觉身、菩萨身、如来身、法身、智身、虚空身。此即自作他也。又，随众生心之所乐，能以众生身作自身，即他作自也。能所共成者，若无所化之机，则无能化之迹。又，若无所应之身，亦无能感之事。自他能所，非一非异，缘起相由，成兹密旨。然缘起相由者，皆是自心为缘，终无心外法，能与心为缘。所以古德云：十方诸佛，皆我本师海印顿现。且《法华》分身，有多净土，如来何不指己净土，而令别往弥陀妙喜？思之！故知，贤首弥陀等佛，皆本师矣。复何怪哉？言贤首者，即《寿量品》中，过百万阿僧祇刹最后胜莲华世界之如来也。经中偈云：或见莲华胜妙刹，贤首如来住其中。若此不是叹本师者，说他如来在他国土，为何用耶？且如总持教中，亦说三十七尊，皆遮那一佛所现，谓毗卢遮那如来内心证自受用，成于五智，从四智流出四如来：谓大圆镜智，流出东方阿閦如来。平等性智，流出南方宝生如来。妙观察智，流出西方无量寿如来。成所作智，流出北方不空成就如来。法界清净智，即自当毗卢遮那如来。

又问：若依此义，岂不违于平等意趣？若言即我者，依于平等意趣而说，非即我身，如何皆说为本师耶？

答：平等之言，乃是一义。唯识尚说一切众生中有属多佛，多佛共化以为一佛。若属一佛，佛能示现以为多身。十方如来，一一皆尔。今正一佛能为多身，依此而赞本师耳。如《华严·不思议解脱境界品》颂云：佛智通达净无碍，刹那普了三世法。皆从心识因缘现，生灭无常无自性。于一刹中成正觉，一切刹处悉亦然。一切入一一亦尔，随众生心而示现。《大乘千钵大教王经》云：如是一切诸佛教化方便法智，我皆集在一心中，同金刚菩提圣性三摩地故。《金光明最胜王经》云:譬如日月无有分别,亦如水镜无有分别,光明亦无分别,三种和合,得有影生。如是法如如、如如智,亦无分别,以愿自在故,众生有感,现应化身,如日月影和合出现。如来者,无去无来。故云:往应群机而不去,恒归寂灭而不来。何者?依体起用故是去,以即体之用故不去。应机现前合是来,以应不离体如月之影故不来。又,往应合故是去,应无应相故不去。恒归寂灭合是来,灭不可得故不来。乃至一切法,皆无来去。如经偈云:一切法无来,是故无有生。然于无生法中,现起悲化。所以《大丈夫论》云:菩萨思惟,一切众生能为我作端严业,不使一众生作不端严意。菩萨作是思惟:言利他者,求他人之相,都不可得,都如自己。又云:菩萨思惟:使我悲犹如虚空,一切山河树木、飞鸟走兽皆依空住,一切众生一切时皆入我悲中。斯则以同体之大悲,何生而不度?起平等之大慧,何道而不成?如《华严论》云:无尽功德藏回向者,此位明禅与智冥、智与悲会,以无尽虚空为一道场,以无尽众生无明行相而为佛事,身恒承事无尽诸佛,而遍周法界化无尽众生总成佛身。表里相亡始终都尽,遍知诸法,不坏无心。《无尽功德藏品》云于一毛孔,见阿僧祇诸佛出兴于世,得入法无尽藏者,明心性本无,大小系尽。身为智影,国土亦然。智净影明,大小相入,如因陀罗网境界喻是也。经云以佛智力,观一切法悉入一法者,明万境虽多,皆一心而起。心亡境灭,万境皆虚。如净水中众影也,水亡影灭,此约破有成无说。又,以境约智生,智虚境幻。多相相入,不离一虚。幻不异虚,虚不异幻。幻虚无二,一异总虚。此约以智幻虚自在无碍门说。此皆借法况说,如实所知,唯亡思者智会。其智会者,方可用而常真,不惑心境。以大愿力,随智幻生等众生数身,如应摄化,故名无尽功德藏。

又云:法云地菩萨,随心念力,广大微细,自他相入,一多大小互参,神通德用自在,皆随自心念所成故。如一切众生作用境界,皆是自心执业所成,人天地狱、畜生饿鬼、善恶等报果,一依心造。如此十地菩萨,以无作法身大智之力,随所心念,莫不十方一时自在,皆悉知见:以普光明智为体,为智体无依,称性遍周法界,与虚空量等,周满十方世界。以无性智,大用随念。以不忘失智,随念皆成。以具总别智,总别同异,成坏俱作。以广狭大小自在智,化通无碍。以与一切众生同体智,能变一切众生境界,纯为净土之刹。以自他无二智,一身而作多身,多身而作一身。以法身无大小离量之智,能以毛孔广容佛刹。以等虚空无边无方之智,而一念现生,满十方而无去来。以如响智,而能响应对现,等众生应形。以是具足圆满福德智,而恒居妙刹,常与一切众生同居。若非圣所加持力,而众生不见。

又问曰:云何见佛出兴?

答曰:当见自身无身无心、无出无没、无内无外、不动不寂、无思无求、世及出世,都无住处、无心所法、无心心法,心法无依,性无始末。以无依住智,说如斯法,教化众生皆令悟入,是名见佛出兴。如《光明觉品》文殊师利颂云:世及出世见,一切皆超越。而能善知法,当成大光耀。若于一切智,发生回向心。见心无所生,当获大名称。众生无所生,亦复无有坏。若得如是知,当成无上道。又,《大乘大集经》云:佛告贤护:如火未生,或时有人发如是言:我于今日,先灭是火。贤护,于意云何?彼人是语,为诚实不?贤护答言:不也,世尊。佛告贤护:如是诸法,从本以来,毕竟无得,云何于今,乃作斯说:我能证知一切诸法,我能了达一切诸法,我能觉悟一切诸法,我能度脱一切众生于生死中?此非正言。所以者何?彼法界中,本无诸法,亦无众生。云何言度?但世谛中因缘度耳。故知,心外无法,何所得耶?佛身无为,但随缘现。如《肇论》云:《放光》云:佛如虚空,无去无来,应缘而现,无有方所。然则圣人之在天下也,寂寞虚无,无执无竞,导而弗先,感而后应。譬犹幽谷之响、明镜之像,对之不知其所以来,随之罔识其所以往。恍焉而有,惚焉而亡。动而逾寂,隐而弥彰。出幽入冥,变化无常。其为称也,因应而作:显迹为生,息迹为灭,生名有余,灭名无余。然则有无之称,本乎无名。无名之道,于何不名?是以,圣人居方而方,止圆而圆,在天而天,处人而人。原夫能天能人者,岂天人之所能哉?果以非天非人,故能天能人耳。是以,明镜无形,能现万形。圣人无心,能应万心,隐不韬光,显不现迹。故《论》云:圣人寂怕无兆,隐显同原,存不为有,亡不为无。何者?佛言:吾无生不生,虽生不生。无形不形,虽形不形。

问:如来法身,即真心性。如来报身,依真而起。若如来化身,还有心否?

答:若约体亦不离,若约事即分。如《深密经》云:曼殊室利菩萨复白佛言:世尊,如来化身,当言有心、为无心耶?佛告曼殊室利菩萨曰:善男子,非是有心,亦非无心。何以故？无自依心故，有依他心故。

问：经云：菩萨关闭一切诸恶趣门者，夫一切众生，随自心业，各受苦报。所以经偈云：假使百千劫，所作业不亡。因缘会遇时，果报还自受。云何菩萨能关一切恶趣门？

答：只约自心常开，六识门何曾暂闭？日夜计校，缘想一切不善事，遍诸境界念念恒造生死地狱。经云：集起心想，名为地狱。若能观自心识性无所有，即是开善趣门。若不起心想，即是闭恶趣门。若得自在智现前，即现身生五道，入地狱饿鬼畜生等界，救苦众生。故禅门中立无念为宗，以为要学。故经偈云：勤念于无念，佛法不难得。何谓不难得？以无念故，万境不生，当处解脱。若有念起，非独开恶趣之门，二十五有一时俱现。故知，万质皆从念异，十二之类纵横。千差尽逐想生，八万之门竞起。如《信心铭》云：眼若不睡，诸梦自除。心若不异，万法一如。以诸法无体，从自心生。心若不生，外境常寂。故云：万法本闲，而人自闹。所以《肇论》云：是以圣人乘真心以履顺，则无滞而不通。审一气以观化，故所遇而顺适。无滞而不通，故能浑杂致纯。所遇而顺适，则触物而一如。此则万象虽殊，而不能自异。不能自异，故知象非真象。象非真象，则虽象而非象。然则物我同根，是非一气，潜微幽隐，殆非群情之所尽。故知，乘一心而履践，则何往而不真如？禀一气而化行，则何物而不顺？如《庄子》云：天地一气，而能万化。《老子》云：天得一以清，地得一以宁，神得一以灵，万物得一以生。故圣人以一真心而观万境，则所遇而顺适，触物而冥一矣。是知，诸法无体，缘假相依,似有差殊,不能自异。何者?长无长相,且自不言我长。短无短相,亦自不言我短。皆是随念计度分别,遍计执著情生。则知万物本虚,即象而无象也。

问:如上所说,众生自心造业、自受苦报,又云何说代一切众生苦?

答:约古德释,代苦有七意:一起悲意乐,事未必能。二修诸苦行,能与物为增上缘,即名代苦。三留惑润生,受有苦身,为物说法,令不造恶,因亡果丧,即名代苦。四若见众生造无间业,当受大苦,无畏方便,要须断命自堕地狱,令彼脱苦。五由初发心,常处恶道、乃至饥世身为大鱼,即名为代。六大愿与苦,皆同真性,今以即真之大愿,潜至即真之苦。七法界为身,自他无异,众生受苦,即是菩萨。初唯意乐,次二为缘,次二实代,后二理观。然约有缘,方能代耳。《还原观》云:普代众生受苦德者,谓菩萨修诸行法,不为自身,但欲广益群生,怨亲平等,普令断恶,备修万行,速证菩提。又,是菩萨本行菩萨道时,大悲大愿,以身为质,于三恶趣救赎一切受苦众生,要令得乐,尽未来际,心无退屈,不于众生希望毛发报恩之心也。经颂云:广大悲云遍一切,舍身无量等刹尘。以昔劫海修诸行,令此世界无诸垢。谓众生妄执念念迁流,名之为苦,菩萨教令了蕴空寂。自性本空,故言离苦。

问曰:众生无边,苦业亦无边,云何菩萨而能代受?

答曰:菩萨代众生受苦者,由大悲方便力故。但以众生妄执,不了业体从妄而生,无由出苦。菩萨教令修行止观两门，心无暂替，因亡果丧，苦无由生。但令不入三涂，名为代众生受苦也。是以，三界生死之苦者，皆是众生妄受，以不了根尘无性、本末常空，于毕竟无中，执成究竟之有，因兹贪取，结业受生，于无量劫来受轮回苦，无明所罩，莫省莫知。菩萨于是垂大悲心，愍兹颠倒，说性空之法药，破情有之病根，则达苦无生，不造恶业。知诸受互起，能破惑因。妄受之苦既空，对治之乐自绝。所以先德云：苦是乐，乐是苦，只个修行断门户。亦无苦，亦无乐，本来自性无绳索。以兹妙悟，入一际门，遂得人法俱空，不为心境所缚，当处解脱，永出苦源，岂非代苦乎？又，经云：说法是大神变，能令即凡成圣、变祸为祥，于地狱火轮之中，踊净刹莲台之上。岂非神变耶？

问：一切境界，因心分别。若有分别，即属无明。故云：无心分别，一切法正。有心分别，一切法邪。诸佛如来，已断无明，无有心相，云何能知真俗差别之境，名一切种智？

答：以法无自体故，即分别无分别。以体不碍缘故，无分别即分别。如《起信论》云自体显照故，名为觉者，谓有难言：若无别体，何能普现众生心行？故答云：自体显现，如珠有光，自照珠体。珠体喻心，光喻于智。心之体性，即诸法性，照诸法时，是自照耳，故论文甚分明。然《论》中问曰：虚空无边故，世界无边。世界无边故，众生无边。众生无边故，心行差别亦复无边。如是境界，不可分剂，难知难解。若无明断，无有心想。云何能了，名一切种智？答曰：一切境界，本来一心，离于想念，以众生妄见境界，故心有分剂。以妄起想念，不称法性，故不能决了。诸佛如来，离于见想，无所不

遍,心真实故,即是诸法之性。自体显照一切妄法,有大智用,无量方便,随诸众生,所应得解,皆能开示种种法义,是故得名一切种智。释云:心真实故,则是诸法之性。佛心离想,体一心原,离妄想故,名心真实。体一心故,为诸法性。是则佛心为诸妄法之体,一切妄法皆是佛一心相。相现于自体,自体照其相。如是了知,有何为难?故能自体显照一切妄法,是谓无所见故无所不见之由也。《钞》云:以内迷真理、识外见尘,故于如量之境,不能随顺种种知也。如人动目,天地倾摇,故不能如实知也。是知心海波停,万像齐鉴。澄潭浪起,诸境皆昏。

宗镜录第九十二

宋 慧日永明妙圆正修智觉禅师延寿集

夫约世谛门中，凡圣天绝。凡夫心外立法，妄执见闻。圣人既了一心，云何同凡知见？

答：圣虽知见，常了物虚，如同幻生，无有执著。如《大涅槃经》云：迦叶菩萨白佛言：世尊，若以因此烦恼之想生于倒想，一切圣人实有倒想，而无烦恼。是义云何？佛言：善男子，云何圣人而有倒想？迦叶菩萨言：世尊，一切圣人，生作牛想，亦说是牛。马作马想，亦说是马。男女大小、舍宅车乘，去来亦尔，是名倒想。善男子，一切凡夫，有二种想：一者世流布想，二者著想。一切圣人唯有世流布想，无有著想。一切凡夫恶觉观故，于世流布生于著想。一切圣人善觉观故，于世流布不生著想。是故凡夫，名为倒想。圣人虽知不名倒想。又，以境本自空，何须坏相？以心灵自照，岂假缘生？不同凡夫能所情执知见。故《肇论》云：夫有所知，则有所不知。以圣心无知，故无所不知。不知之知，乃曰一切知。故经云：圣心无知，无所不知。信矣。是以圣人虚其心而实其照，终日知而未尝知也。如止水鉴影，岂立能所之心？则境智俱空，何有觉知之想？《楞伽经》云：佛告大慧：为世间以彼惑乱，诸圣亦现，而非颠倒。大慧，如春时焰、火轮垂发、乾闼婆城、幻梦、镜像，世间颠倒非明智也，然非不现。释曰：

上七喻者，明境即是一而见有殊，然圣人用彼惑乱之境，一同凡现色等诸尘，以圣人无念著故，而非颠倒。然圣人非不见彼惑乱法，见时正同水月镜像。龙树菩萨云：日光著尘，微风吹之旷野中转，名之为焰。愚夫见云，谓之野马。渴人见之，以为流水。业报亦尔：烦恼日光，热诸行尘，邪忆念风，于生死旷野中吹之令转，妄见为人为鬼、为男为女，渴爱染著，耽湎无已。不近圣法，无由识之。夫火日外朗，水镜内照，光在上为影，光在下为像。像以明传，而像现于水。形以日映，而光隔为影。二物虽虚而所待妄有，妄有虽空而狂惑见之。见之以不狂则形与影一，像与形同。世法亦尔，众缘所起。起者之有，与所起之缘，俱为空物，无一异也。而人以虚妄风病颠倒故，不应见而见，不应闻而闻。若得大慧之明，则风狂心息，无此见也。又，般若无知者，不同木石。不是有知者，非同情想。古德云：佛见无我，不是无知，但是不知知、不见见。以知是不知知，故即无心而不知。见是不见见，故无色而不见。无色而不见故，由不见见也。无心而不知故，以不知知也。如《净名经》云：所见色与盲等者，崇福《疏》云：譬如五指涂空，空无像现。不以空无像现，便言指不涂空，岂以五指涂空，便欲令空中像现？事亦不然，不妨炽然涂空，空中元无像现，岂以眼根见色，便令如盲？岂以眼根如盲，而便都无所见？不妨满眼见色，了色本自性空。虽然见色之时，元来与盲无异，但息自分别心，非除法也。法本自空，无所除也。又，所闻声与响等者，岂是不闻？但一切声皆如谷响，无执受分别也。所以满眼见色、满耳闻声，不随不坏，了声色之正性故。何者？若随声色之门，即堕凡夫之执，分别妍丑之相，深著爱憎。领受毁赞之音，妄生欣厌。若坏声色之相，即同小乘之心，则有三过：一色等性空，无可坏故，若坏方空，非本空故。二由空即真，同法性故，若坏方真，事在理外故。三由即空，不待坏故，坏则断灭。

是以，如来五眼，洞照无遗，岂同凡夫生盲，二乘眇目，都无见耶？但不随不坏，离二见之边邪？非有非空，契一心之中理，则逢缘无碍，触境无生矣。是以万物本虚，从心见实，因想念而执无执有，堕惑乱之门，以取著而成幻成狂，受杂染之报。若能反照唯心大智，鉴穷实相真原，则幻梦顿惺，影像俱寂，然后以不二相洞见十方，用一心门统收万汇，则见无所见，众相参天。闻无所闻，群音揭地。如此了达心虚境空，则入大总持门，绍佛乘种性。《楞伽经》云：谓觉自心现量，外性非性，不妄想相，起佛乘种性。若迷外法，以心取心，则成业幻之门，续众生种性。《首楞严经》偈云：自心取自心，非幻成幻法。不取无非幻，非幻尚不生，幻法从何立？故知，一切染净诸法，皆从取生，是以云：取我是垢，不取我是净。若无能取所取之心，亦无是幻非幻之法，非幻实法，尚乃不生，幻起虚踪，凭何建立？又如心外见法，尽成相待，以无体无力，缘假相依故。所以《楞伽经》偈云：以有故有无，以无故有有。若无不应受，若有不应想。若开方便，或说有治无、说无破有，即无所碍。如《十地毗婆沙论》偈云：若用有与无，亦遮亦应听。虽言心不著，是则无有过。若约正宗，则有无双泯，故《大智度论》云：佛有不言无，无不言有，但说诸法实相。譬如日光，不作高下，平等一照。佛亦如是：非令有作无，非令无作有。是知，若迷大旨，则见有无。如《涅槃论》

云：无名曰：有无之数，诚已法无不该，理无不统，然其所统俗谛而矣。经曰：真谛何也？涅槃道是。俗谛何耶？有无法是。何者？有者有于无，无者无于有。有无所以称有，无有所以称无。然则有生于无，无生于有。离有无无，离无无有。有无相生，其犹高下相倾：有高必有下，有下必有高矣。然则有无虽殊，俱未免于有。此乃言像之所以形，是非之所以生，岂足以统夫幽极，而拟夫神道者乎？是以，论称出有无者，良以有无之数，止乎六境之内。六境之内，非涅槃之宅，故借出以祛之耳。庶希道之流，彷佛幽途，托情绝域，得意忘言，体其非有非无耳。岂曰有无之外，别有妙道而可称哉？经曰三无为者，盖是群生纷扰，生于笃患。笃患之尤，莫先于有。绝有之称，莫先于无。故借无以明其非有，明其非有，非谓无也。有名曰：论旨云：涅槃既不出有无，又不在有无。不在有无，则不可于有无得之矣。不出有无，则不可离有无求之矣。求之无所，便应都无。然复不无其道，其道不无，则幽途可寻，所以千圣同辙，未尝虚返者也。其道既存，而曰不出不在，必有异旨，可得闻乎？无名曰：夫言由名起，名以相生。相因可相，无相无名，无名无说，无说无闻。经云：涅槃非法非非法，无闻无说，非心所知。吾何敢言之，而子欲闻之耶？虽然，善吉有言众若能以无心而受，无听而听者，吾当以无言言之，庶述其道，亦可以言。净名曰：不离烦恼而得涅槃。天女曰：不出魔界而入佛界。然则玄道在于妙悟，妙悟在于即真，即真则有无齐观，有无齐观，则彼已莫二。所以天地与我同根，万物与我一体。同我则非复有无，异我则乖于会通，所以不出不在，而道存乎其间矣。何者？夫至人虚心冥照，理无不统。怀六合于胸中,而灵鉴有余。镜万像于方寸,而其神常虚。至能拔玄根于未始,即群动以静心,恬澹渊默,妙契自然。所以处有不有,居无不无。居无不无,故不无于无。处有不有,故不有于有。故能不出有无,而不在有无者也。然则法无有无之相,圣无有无之知。圣无有无之知,则无心于内。法无有无之相,则无数于外。于外无数,于内无心,此彼寂灭,物我冥一,怕尔无眹,乃曰涅槃。涅槃若此,图度绝矣。岂容责之于有无之内,又可征之于有无之外耶?释曰:玄道在于妙悟,妙悟在于即真者,夫幽玄之道,无名无相,浅近之情知莫及,粗浮之意解难量,唯当妙悟之时,方省斯旨。得其旨故,实不思议,心境融通,如同神变,指法界于掌内,收万像于目前。如镜照空含,一时平现,既无前后,亦绝中间,妙旨焕然,言思绝矣。可谓妙悟,可谓即真,则有无齐观,彼己莫二,不出不在,其道在兹乎?

问:六尘境界,但依妄念而有差别。若无念之人,还见一切境界不?

答:妄念执有前尘,作实知解,妙性不通,遂成差别。若无念之人,非是离念,但是即念无念,念无异相,虽有见闻,皆如幻化。又,一念顿圆,常见十法界万法中道之理。

古德问云:若言念唯无念,岂得总不闻不见人畜声色等耶?

答:恒闻见,以闻见即不闻见故。何者?以但闻见声色等法,即是眼耳等识见闻也。知是畜等色声,自是意识分别

也。然眼等识见闻性无别,但称色等法得,更无异缘也。意识妄有,了知无体,所知如幻也,故云所见色与盲等。又,观彼色声等法从缘生,缘无作者,自性不有,故非人畜等也。又,人畜等由名相起,名相非彼,即妄除也。即此但由见闻等故,即无念心,非谓盲聋人一念无念也,如说闻不闻见不见等是也。故经云:常求无念实相智慧等是也。又,但就缘起名见,求缘见实,不生此见,乃名真见。何以故?无见之见,照法界故。所以《宝藏论》云:无眼无耳谓之离,有见有闻谓之微。无我无造谓之离,有通有达谓之微。又,离者涅槃,微者般若。般若故顿兴大用,涅槃故寂灭无余。无余故烦恼永尽,大用故圣化无穷。若人不达离微者,虽复苦行头陀,远离尘境,断贪恚痴,法忍成就,经无量劫数,终不入真实。何以故?依止所行故。心有所得,不离颠倒梦想恶觉诸见。若复有人体解离微者,虽复近有妄想习气及见烦恼,数数觉知离微之义,此人不久,即入真实无上道也。何以故?了正见根本也。释曰:离微者,万法之体用也,离者即体。经中云:自性离故,亦云:自性空故。斯乃无名无相,非见非闻,通凡圣之体,为真俗之原。《思益经》云:知离名为法。即诸佛所师,所谓法也。微者即用,有见有闻,能通能达。以微者妙也,于无见中有见,于无闻中有闻,斯乃不思议之法,微妙难知,唯佛能觉。《思益经》云:知法名为佛。离微不二,体用和融,名之为僧。则一体三宝,常现世间。有佛无佛性相常住。即正见之本,真实之门矣。故圣人照体是无,约用为有。此有不有,即有以辩于无。当无非无,即无以辩于有。有而不有是妙有,无而不无是真无,故真无是涅槃之体。如太虚不杂于五色，犹明镜不合于万像，故称离也。妙有是般若之用，于不二法内现妙神通，向无作门中兴大佛事，故称微也。是以，凡夫不达离微，故常被内结所缚、外尘所羁，外道即执作断常，二乘遂证为生灭。若不入《宗镜》中，难究离微之妙旨矣。

问：无明违理，自性差别者，其事可然。本觉净法，云何复说恒沙差别功德？

答：由对治彼，染法差别，故成始觉万德差别也。《起信论》云：对业识等差别染法，故说本觉恒沙性德，如是染净，皆是真如随缘显现，似而无体。染法尚空，净法何有？《净名经》云：见垢实性，即无净相。又，所言净者，对垢得名。因客尘烦恼不染而染，秽污真性，称之为垢。因始觉般若不净而净，开悟本心，名之为净。是以，真如一心，湛然不动，名义唯客，垢净本空。祖师云：性本清净，净无净相，方见我心。《华严经》颂云：若有知如来，体相无所有。修习得明了，是人疾作佛。故经云：一切众生，无始已来常入涅槃，菩提非可修相、非可生相，毕竟无得，无有色相而可得见。见色相者，当知皆是随染幻用，非是智色不空之相，以智相不可得故。释云：随染幻用者，无流法也。染幻性自差别者，是无明法也。以彼无明，迷平等理，是故其性自差别。诸无流法，顺平等性空。论其性，即无差别，但随染法差别相故，说无流有差别耳。又，若能观心性法尔，显性起功德，是无尽法门，非论差别。如《无尽意菩萨经》云：云何菩萨观心念处、乃至我今当勤修集庄严，不离心性？云何心性？云何庄严？心性者，犹如幻化，无主无作，无有施设。庄严者，所作布施，悉以回向严净佛土，乃至以一念智，成阿耨多罗三藐三菩提。舍利弗，是名菩萨正心念处，而不可尽。释曰：心虽性空，能成万行。了之而顿圆正觉，修之而广备庄严。故云体性虽空，能成法则。又云：以有空义故，一切法得成。若离此真空之门，无有一法建立，则菩萨行废，佛道不成。如不依风轮，世界堕坏。

问：一切众生无始无明，种子坚牢，现行浓厚，云何一念而得顿除？

答：根随结使，体性本空。愚夫不了，自生缠缚。若明佛知见，开悟本心，更有何尘境而能障碍乎？《宝积经》云：佛言：譬如燃灯，一切黑闇皆自无有，无所从来，去无所至。非东方来，去亦不至。南西北方，四维上下，不从彼来，去亦不至。而此灯明，无有是念：我能灭闇。但因灯明，法自无闇，明闇俱空，无作无取。如是迦叶，实智慧生，无智便灭。智与无智，二相俱空，无作无取。迦叶，譬如千岁冥室，未曾见明。若燃灯时，于意云何？闇宁有念：我久住此，不欲去耶？不也，世尊。若燃灯时，是闇无力而不欲去，必当磨灭。如是迦叶，百千万劫，久习结业，以一实观，即皆消灭。其灯明者，圣智慧是。其黑闇者，诸结业是。所言一实观者，即是唯心真如实观。离心之外，尽成虚幻，故称一实境界，亦云实相、实地、实际、实法，乃至名佛知见、圣智慧等。以此一心法，治烦恼病，如热疾得汗，无有不应手差者。出要之道，唯在兹乎？如《大智度论》云：尔时菩萨，照明菩萨道，其心安隐。自念：

我但断著心，道自然至。知是事已，念众生深著世间，而毕竟空亦空无性，无有住处。众生难可信受，为令众生信受是法，故学一切法修行生起，是度众生方便法，观众生心行所起，知好何法、念何事、何所志愿。观时悉知，众生所著处，皆是虚诳颠倒忆想分别故著，无有根本实事。尔时菩萨大欢喜，作是念：众生易度耳。所以者何？众生所著，皆是虚诳无实。譬如人有一子，喜不净中戏，聚土为谷，以草木为鸟兽，而生爱著。人有夺者，瞋恚啼哭。其父知已，此子今虽爱著，此事易离耳，小大自休。何以故？此物非真故。菩萨亦如是：观众生爱著不净臭身及五欲，是无常种种苦因，知是众生得信等五善根成就时，即能舍离。若小儿所著，实是真物，虽复年至百岁，著之转深，不可得舍。若众生所著物，定实有者，虽得信等五根，著之转深，亦不能离。以诸法皆空，虚诳不实故，得无漏清净智慧眼时，即能远离所著，大自惭愧。譬如狂病所作非法，惺悟之后，羞惭无颜。菩萨知众生易度已，安住般若中，以方便力，教化众生。是以《如来密藏经》云：若人父为缘觉而害，盗三宝物。母为罗汉而污，不实事谤佛，两舌间贤圣，恶口骂圣人，坏乱求法者，五逆初业之瞋、夺持戒人物之贪、边见之痴，是为十恶者。若能知如来说因缘法，无我人众生寿命，无生无灭，无染无著，本性清净。又，于一切法，知本性清净，解知信入者，我不说是人，趣向地狱及诸恶道果。何以故？法无积聚，法无集恼。一切法不生不住，因缘和合而得生起，起已还灭。若心生已灭，一切结使亦生已灭。如是解，无犯处。若有犯有住，无有是处。台教释云：此经具指四菩提心：若知如来说因缘法，即指初藏教菩提心。若无生无灭,指第二通教菩提心。若本性清净,指第三别教菩提心。若于一切法知本性清净,指第四圆教菩提心。初菩提心已,能除重重十恶,况第二第三第四菩提心耶?行者闻此胜妙功德,当自庆幸,如闇处伊兰,得光明栴檀。故知,见佛罪灭,如阿阇世王之深愆。得道业亡,若鸯崛摩罗之重罪。但了无人无我,缘生性空。无我,则无能受罪之人。性空,又无所受罪之法。人法俱寂,罪垢何生?以心生罪生、心灭罪灭故。若能如是信入,谛了圆明。犹伊兰之林,布栴檀之香气。若积闇之室,耀桂烬之光明。能悟此心,功力无量。才入宗镜,业海登枯。如风吹云,似汤沃雪,犹灯破闇,若火焚薪。如《密严经》颂云:如火燎长楚,须臾作灰烬。智火焚业薪,当知亦如是。又如灯破闇,一念尽无余。诸业习闇冥,无始之熏聚。牟尼智灯起,刹那皆顿灭。所以《大涅槃经》云:有智慧时,则无烦恼。故云:夫免三涂恶业者,要须离有无二相,证解一心,方得解脱也。是知,迷从自心迷,悟还自心悟。迷悟无性,但任缘兴。

如《华严论》问云:一切众生,本有不动智。何故不应真常?何故随染?

答:一切众生以此智故而生三界者,为智无性,不能自知是智非智、善恶苦乐等法。为智体无性,但随缘现。如空中响,应物成音。无性之智,但应缘分别。以分别故,痴爱随起。因痴爱故,即我所病生。有我所故,自他执业便起。因执取故,号曰末那。执取不断,名之为识。因识种子,生死相续。以生死故,众苦无量。以苦无量,方求不苦之道。迷不知苦者,不能发心。知苦求真者,还是本智。会苦缘故,方能知苦。不会苦缘,不能知苦。故知苦缘故,方能发心求无上道。有种性菩萨,以宿世先已知苦,发信解种强者,虽受人天乐果,亦能发心求无上道。是故因智随迷,因智随悟。是故如人因地而倒,因地而起。正随迷时名之为识,正随悟之时名之为智。在缠名识,在觉名智。识之与智,本无自名,但随迷悟而立其名,故不可系常系断也。此智之与识,但随迷悟立名,若觅始终,如空中求迹,如影中求人,如身中求我,依住所在,终不可得也,故新长短处所之相也。如此无明及智,无有始终。若得菩提时,无明不灭。何以故?为本无故,更无有灭。若随无明时,不动智亦不灭。为本无故,亦更无灭。但为随色声香所取缘,名为无明。但为知苦发心缘,名之为智。但随缘名之为有,故体本无也。如空中响,思之可见。是以,若入宗镜,成佛义圆。升降随缘,知众生无永沉之义。圣凡不隔,明诸佛有同体之文。

问:上所说一心诸法门海,为复是自行权实法、化他权实法?

答:若说随自意自行权实,则但说一心门。若随他意化他权实,广开八万法。今但说自行权实、本末归宗。台教云:若佛心中所观十界十如,皆无上相,唯是一佛法界。如海总众流,千车共一辙,此即自行权实。若随他等意,则有九法界十如,即是化他权实。随他则开,随自则合,横竖周照,开合自在。虽开无量,无量而一。虽合为一,一而无量。虽无量一,而非一非无量。虽非一非无量,而一而无量。

问:此自他权实二门,于正理中决定耶?

答:但随化门,无有决定。经云:无有定法,故号阿耨菩提。若执一门,皆成外道。或定一相,即是魔王。是以,一切法权,一切法实,一切法亦权亦实,一切法非权非实。台教云:若一切法权,何所不破?如来有所说,尚复是权,况复人师?若一切法皆实者,何所不破?唯此一事实,但一究竟道,宁得众多究竟道耶?若一切法亦权亦实,复何所不破?一切悉有权有实,不得一向权一向实。若一切法非权非实,复何所不破?何得纷纭,强生建立?古德云:即实而权,则有而不有。即权而实,则无而不无。若双遮权实,即有无俱非。若双照权实,则有无俱是。若非遮非照,则是非俱非。而遮而照,则是非俱是。若是非俱是,终日非而不非。若是非俱非,终日是而不是。若是而不是,则非是非非之非。若非而不非,则非是是是之是。是则心该色末,色彻心原,心色一如,何非何是?故知,心外有法,是非竞生。法外无心,取舍俱丧。

问:此《宗镜录》,何教所摄?

答:真唯识性,理无偏圆。约见不同,略分五教:一小乘教,唯说六识,不知第八赖耶。二初教,说有赖耶生灭,亦不言有如来藏。三终教,有如来藏,生灭不生灭,和合为赖耶识。四顿教,总无六七八识等。何以故?以一心真实,从本已来无有动念,体用无二,是故无有妄法可显。五一乘圆教,说普贤圆明之智,不言唯识次第。又言:佛子,三界虚伪,唯一心作。亦摄入故,此宗则圆教所摄,乃是如来所说法门之根本,以如来依此心成佛故,此心得为如来根本之义,无有一法不收,无有一理不具。如明镜照物,曷有遗余?若宝印文成,更无前后。

问:凡立五乘之道,皆为运载有心。若境识俱亡,则无乘可说。今约方便乘理,不无此宗,究竟何乘所摄?

答:于诸乘中,一乘所摄。亦云最上之乘,出过诸法顶故。亦云不思议乘,非情识测量故。今所言一乘者,即一心也,以运载为义。若攀缘取境,则运入六趣之门。若妄想不生,运至一实之地。《楞伽经》云:云何得一乘道觉?谓摄所摄妄想,如实处,不生妄想,是名一乘觉。斯则了生死妄,即涅槃真,顿悟一心,更无所趣。乃不觉而觉,称为大觉。不来而来,名为如来。所以情尘已遣,人乘即是真归。心迹未亡,佛乘犹非究竟。何者?有心分别,一切皆邪。无意攀缘,万途自正。是以,无乘之乘为一乘,无教之教为真教,举足而便登宝所,言下而即契无生。若未能万境齐观,一法顿悟,遂乃教开八教,乘出五乘,则宝所程遥,岂唯五百。无生路远,何啻三祇?论位则天地悬殊,校功则日劫相倍。虽登圣位,犹为绝分之人。经劫练磨,唯得假名之称。若达斯旨,直入无疑。当迷心而见悟心,全成觉道。即世智而成真智,靡易丝毫。可谓虚明自照,不劳心力矣。

问:既有能说,必对所机。此《宗镜录》,当何等机?

答:当上上机。若已达者,凭佛旨而印可。若未入者,假教理以发明。又,若圆通之人,不俟更述,自觉圣智无说无

示，真如妙性无得无闻。若闇昧之者，须假助成，因教理而照心，即言诠而体道。若宗明则教息，道显则言空，绝待真心，境智俱亡矣。如是则方入《宗镜》，深达玄门，真能听佛说经，亲谈妙旨。可谓得诸法之性，彻一心之原。如《首楞严经》云：阿难承佛悲救深诲，垂泣叉手，而白佛言：我虽承佛如是妙音，悟妙明心，元所圆满常住心地，而我悟佛现说法音，现以缘心允所瞻仰，徒获此心，未敢认为本元心地。愿佛哀愍，宣示圆音，拔我疑根，归无上道。佛告阿难：汝等尚以缘心听法，此法亦缘，非得法性。如人以手指月示人，彼人因指当应看月。若复观指以为月体，此人岂唯亡失月轮？亦亡其指。何以故？以所摽指，为明月故。岂唯亡指，亦复不识明之与暗。何以故？即以指体为月明性，明暗二性，无所了故。汝亦如是，若以分别我说法音为汝心者，此心自应离分别音，有分别性。譬如有客，寄宿旅亭，暂止便去，终不常住。而掌亭人，都无所去，名为亭主。此亦如是，若真汝心，则无所去，云何离声无分别性？斯则岂唯声分别心？分别我容，离诸色相无分别性。如是乃至分别都无，非色非空，拘舍利等，昧为冥谛，离诸法缘，无分别性。则汝心性，各有所还，云何为主？释曰：阿难言而我悟佛现说法音，现以缘心允所瞻仰，徒获此心，未敢认为本元心地者，阿难尚认缘心听佛说法音，以为常住真心，取佛定旨。佛言：若执因缘心听，只得因缘法，以法随情变，境逐心生故。又，定缘佛音声是自心者，若说法声断时，分别心应灭，此心如客，不常住故。今时多迷自性本闻，但随能所之闻，一向徇他声流转。此声是对因缘所生法，非真实有，但因声而立名字，因名字而有诠表。若旋复本闻,则脱声尘之境,所脱之境既虚,能脱之名何立?则能脱所脱皆空。以强记多闻,是识想边际,本非实故。若因闻见性,则多闻有助显之功。若背性徇闻,则畜闻成邪思过误。故文殊颂云:今此娑婆国,声论得宣明。众生迷本闻,修声故流转。阿难纵强记,不免落邪思。岂非随所沦,旋流获无妄。阿难汝谛听:我承佛威力,宣说金刚王。如幻不思议,佛母真三昧。汝闻微尘佛,一切秘密门。欲漏不先除,畜闻成过误。将闻持佛佛,何不自闻闻?闻非自然生,因声有名字。旋闻与声脱,能脱欲谁名?一根既返原,六根成解脱。见闻如幻翳,三界若空华。闻复翳根除,尘消觉圆净。故知,若耳根归本原,六根皆寂灭,以六根同一心故。何者?在眼曰见,在耳曰闻。若摄用归根时,见闻如幻翳。若摄境归心时,三界若空华,则翳灭尘消,觉圆心净。如是解者,则是因指见月,藉教明宗者也。若执指为月,迷心徇文者,如经云:如人以手,指月示人,彼人因指,当应看月。若复观指以为月体,此人岂唯亡失月轮,亦亡其指。夫三乘十二分教,如标月指。若能见月,了知所标。若因教明心、从言见性者,则知言教如指,心性如月。直悟道者,终不滞言,实见月人,更不存指。或看经听法之时,不一一消归自己,但逐文句名身而转,即是观指以为月体。此人岂唯不见自性,亦不辩于教文,指月双迷,教观俱失。故经云:此人岂唯亡失月轮,亦亡其指。又,既亡其指,非唯不了自心之真妄,亦乃不识教之遮表,错乱颠倒,莫辩方隅。犹鸟言空,如鼠云即。似形音响,岂合正宗?故经云:岂唯亡指?亦复不识明之与暗。何以故?即以指体为月明性,明暗二性,无所了故。所以《证道歌》云:吾早年来积

学问，亦曾讨疏寻经论。分别名相不知休，入海算沙徒自困。却被如来苦诃责，数他珍宝有何益？从来蹭蹬觉虚行，多年枉作风尘客。种性邪，错知解，不达如来圆顿制。二乘精进勿道心，外道聪明无智慧。亦愚痴，亦小騃，空拳指上生实解。执指为月枉施功，根境法中虚捏怪。不见一法即如来，方得名为观自在。是以，若实真心，不逐他声而起分别，湛然恒照，性自了故。如掌亭人，都无所去，云何离色离声无分别性？此须得旨亲见性时，方知离声色诸缘，性自常住。不假前尘，所起知见，则悟无始已来，皆是执声为闻，而生颠倒。故文殊颂云：旋汝倒闻机，反闻闻自性。性成无上道，圆通实如是。若非色非空，都无分别，不见性之人，到此之时，全归断灭，便同外道拘舍离等，己眼不开，昧为冥谛。以冥寂闇昧无知，以为至极，从此复立二十五谛，迷真实心，成外道种。或有禅宗不得旨者，法学起空见人，多拂心境俱空，执无分别，将狂解痴盲，以为至道。然非离因缘求法性，灭妄心取真心，对增上慢人、初学之者，不可雷同，应须甄别。如经云：离诸法缘无分别性，则汝心性，各有所还，云何为主？阿难言：若我心性，各有所还，则如来说妙明元心，云何无还？唯垂哀愍，为我宣说。佛告阿难：且汝见我，见精明元，此见虽非妙精明心，如第二月，非是月影。汝应谛听，今当示汝无所还地。阿难，此大讲堂洞开，东方日轮升天，则有明耀。中夜黑月，云雾晦暝，则复昏暗。户牖之隙，则复见通。墙宇之间，则复观壅。分别之处，则复见缘。顽虚之中，遍是空性。郁𡋯之像，则纡昏尘。澄霁敛氛，又观清净。阿难，汝咸看此诸变化相，吾今各还本所因处。云何本因？阿难，此诸变化，明还日轮。何以故？无日不明，明因属日，是故还日，暗还黑月，通还户牖，壅还墙宇，缘还分别，顽虚还空，郁𡋯还尘，清明还霁，则诸世间一切所有，不出斯类。汝见八种见精明性，当欲谁还？何以故？若还于明，则不明时无复见暗，虽明暗等种种差别，见无差别。诸可还者，自然非汝。不汝还者，非汝而谁？则知汝心，本妙明净，汝自迷闷，丧本受轮，于生死中常被漂溺，是故如来，名可怜愍。故知，一切众生，即今见精明心，非定真忘，昧之则粗，明之则妙。只于八种不还之中，了了见性常住，云何随境流转，失本真常，永没苦轮，常漂死海？大圣怜愍，非不惊嗟。阿难示起疑心，寄破情执。释迦微细开演，直指觉原。可谓不易凡身，顿成圣体。现于生灭，显出圆常，《宗镜》前后明文，一一全证于此。

又，江西马祖和尚，问亮座主蕴何经业，对云：讲三十本经论。师云：正讲时将什么讲？对云：将心讲。师云：心如工技儿，意如和技者，争解讲他经？对云：不可是虚空讲也。师云：却是虚空讲得。座主于言下大悟，遂下阶礼拜，蓦目汗流。师云：者钝根阿师，用礼拜作什么？其座主却回本寺，语学徒言：某一生学业，将谓天下无人敌者，今日被开元寺老宿一唾净尽，我尔许多时，皆是诳謼汝。遂散学徒，一入西山，更无消息。又如有学士问马祖和尚：如水无筋骨，能胜万斛舟时如何？师云：我遮里水亦无，舟亦无，说什么筋骨？又，学人问龙潭和尚：久向龙潭，及至到来，为什么龙亦不见、潭亦不见？师云：却是子亲到龙潭。又，俗官王常侍，问先洞山和尚：五十二位菩萨中，为甚么不见妙觉菩萨？师云：却是常侍亲见。

所以智者大师一生弘教，虽广垂开示，唯显正宗。如《止观》中云：究竟指归何处？言语道断，心行处灭，永寂如空。又，《观心论》中云：复以伤念一家门徒，随逐积年，看心稍久，遂不研核问心。是以，不染内法，著外文字，偷记注而奔走，负经论而浪行，何不绝语置文，破一微尘，读大千经卷？若能如上听法讲经，提宗问答，方谐祖意，称可佛心。如遇此机，可归宗镜。

宗镜录第九十三

宋 慧日永明妙圆正修智觉禅师延寿集

夫《宗镜录》,是实相法门。若信得何福、若毁得何罪?

答:此一心实相之门,般若甚深之旨,于难信之中或有信者,法利无尽,唯佛能知。若有毁者,谤般若罪,过莫大焉。现世受殃,生身陷狱。何以受报如此广大?以般若是一切世出世间凡圣之母,犹如大地,无物不从地生。或若谤之,则谤一切佛地三宝功德。如十法界中一切众生,若升若沉,若愚若智,无不皆从般若中来。若不得般若威光,实无一尘可立。如《般若经》云:欲尊贵自在,乃至欲得菩提,当学般若。又云:若欲得六根完具,当学般若。乃至鬼畜,亦要完具,以此鬼畜皆从学般若来。故知,不信《宗镜》,无有是处。如《诸法无行经》云:尔时文殊师利言:世尊,师子吼鼓音王如来灭度之后,尔时有菩萨比丘,名曰喜根,时为法师,质直端正,不坏威仪,不舍世法。尔时众生,普皆利根,乐闻深论。其喜根法师,于众人前,不称赞少欲知足,细行独处,但教众人诸法实相:所谓一切法性即是贪欲之性,贪欲性即是诸法性,瞋恚性即是诸法性,愚痴性即是诸法性。其喜根法师,以是方便教化众生,众生所行,皆是一相,各不相是非所行之道,心无瞋痴。以无瞋痴因缘故,逮得法忍,于佛法中决定不坏。世尊,尔时复有比丘法师行菩萨道,名曰胜意。其胜意比丘,护持禁戒,得四禅四无色定,行十二头陀。世尊,是胜意比丘,有诸弟子,其心轻动,乐见他过。世尊,后于一时,胜意菩萨入聚落乞食,误至喜根弟子家,见舍主居士子,即到其所,敷座而坐。为居士子称赞少欲知足细行,说无利语过,赞叹远众乐独行者。又于居士子前,复说喜根法师过失:是比丘不实,以邪见道,教化众生,是杂行者,说淫欲无障碍,瞋恚无障碍,愚痴无障碍,一切诸法皆无障碍。是居士子利根,得无生法忍,即语胜意比丘:大德,汝知贪欲为是何法?胜意言:居士,我知贪欲是烦恼。居士子言:大德,是烦恼为在内在外耶?胜意比丘言:不在内,不在外。大德,若贪欲不在内、不在外,不在东西南北四维上下十方,即是无生。若无生者,云何说若垢若净?尔时胜意比丘,瞋恚不喜,从座起去,作如是言:是喜根比丘,以妄语法,多惑众人,是人以不学入音声法门故,闻佛音声则喜,闻外道音声则瞋。于梵行音声则喜,于非梵行音声则瞋,以不学入音声法门故。乃至尔时喜根菩萨,于众僧前说是诸偈云:贪欲是涅槃,恚痴亦如是。如此三事中,有无量佛道。若有人分别,贪欲瞋恚痴。是人去佛远,譬如天与地。菩提与贪欲,是一而非二。皆入一法门,平等无有异。凡夫闻怖畏,去佛道甚远。贪欲不生灭,不能令心恼。若人有我心,及有得见者。是人为贪欲,将入于地狱。贪欲之实性,即是佛法性。佛法之实性,亦是贪欲性。是二法一相,所谓是无相。若能如是知,则为世间导。若有人分别,是持戒毁戒。以持戒诳故,轻篾于他人。是人无菩提,亦无有佛法。但自安住立,有所得见中。若住空闲处,自贵而贱人。尚不得生天,何况于菩提?皆由著空闲,住于邪见故。

邪见与菩提，皆等无有异。但以名字数，语言故别异。若人通达此，则为近菩提。分别烦恼垢，即是著净见。无菩提佛法，住有得见中。若贪著佛法，是则远佛法。贪无碍法故，则还受苦恼。若人无分别，贪欲瞋恚痴。入三毒性故，则为见菩提。是人近佛道，疾得无生忍。若见有为法，与无为法异。是人终不得，解于有为法。若知二性同，必为人中尊。佛不见菩提，亦不见佛法。不著诸法故，降魔成佛道。若欲度众生，勿分别其性。一切诸众生，皆同于涅槃。若能如是见，是则得成佛。其心不闲静，而现闲静相。是于天人中，则为是大贼。是人无菩提，亦无有佛法。若作如是愿，我当得作佛。如是之凡夫，无明力所牵。佛法湛清净，其喻如虚空。此中无可取，亦无有可舍。佛不得佛道，亦不度众生。凡夫强分别，作佛度众生。是人于佛法，则为甚大远。若见众生苦，则是受苦者。众生无众生，而说有众生。住众生相中，则无有菩提。若人见众生，是毕竟解脱。无有淫恚痴，知是为世将。若人见众生，不见非众生。不得佛法实，佛同众生性。若能如是知，则为世间将。乃至说是诸偈法时，三万诸天子得无生法忍，万八千人漏尽解脱，即时地裂，胜意比丘堕大地狱。以是业障罪因缘故，百千亿那由他劫，于大地狱受诸苦毒。从地狱出，七十四万世常被诽谤，若干百千劫，乃至不闻佛之名字。自是已后，还得值佛，出家学道，而无志乐，于六十二万世常返道入俗。亦以业障余罪故，于若干百千世，诸根闇钝。世尊，尔时喜根法师，于今东方过十万亿佛土，有国名宝庄严，于中得阿耨多罗三藐三菩提号曰胜光明威德王如来，应供正遍知，今现在彼。其胜意比丘，今我身是。世尊，我未入如是法相门时，受如是苦、分别苦、颠倒苦。是故若发菩萨心者，若发小乘心者，不欲起如是业障罪、不欲受如是苦恼者，不应拒逆佛法，无有处所可生瞋痴。佛告文殊师利：汝闻是诸偈，得何等利？世尊，我毕是业障罪已，闻是偈因缘故，所在生处，利根智慧，得深法忍，巧说深法。文殊师利，为谁力故，能忆如是无量阿僧祇劫罪业因缘？世尊，诸菩萨有所念、有所说、有所思惟，皆是佛之神力。所以者何？一切诸法，皆从佛出。

故知，若不信《宗镜》中所说实相之理，则如胜意比丘没魂受裂地之大苦。若有信如是说，则如文殊师利智慧演深法之妙辩。信毁交报，因果无差。普劝后贤，应深信受。若信般若福，广具前文，今述谤方等罪，略引诚证：如《大般若经》中广说谤法之罪，谓此方堕阿鼻地狱。此土劫坏，罪犹未毕，移置他方阿鼻地狱中。他方复经劫坏，罪亦未尽，复移他方。如是巡历十方，十方各经劫尽，还生此土阿鼻地狱中。千佛出世，救之犹难。若欲说其所受之身，闻者当吐热血而死，故善现请说所受之身，佛竟不说。乃至《华严》地狱天子，《法华》不轻四众，皆是不信，悉堕阿鼻。若有闻者，应须惊惧，以为鉴诫，普晓群蒙。

次明信毁现受报者：第一明信者。唐释慧璿，姓董氏，住襄阳。少出家，听《三论》。初住光福寺，居山顶，引汲为劳，明欲往他寺。夜见神人，身长一丈，衣以紫袍，顶礼璿曰：请住于此，常讲大乘经，勿以小乘为虑。其小乘者，如高山无水，不能利人。大乘经者，犹如大海，自止此山。多佛出世，一人读诵说大乘，能令所住，珍宝光明，眷属荣胜。若有小乘,前事并失,唯愿弘持,勿孤所望,法师须水,此易得耳,来月八日定当得之,自往剑南慈母山大泉,请一龙王去也。言已不现。恰至来月七日夜,大风卒起,从西南来,雷震雨霪,唯见清泉,香而且美,合众幸,及亡龙泉,渐便干竭。信之为益,其类是焉。第二明毁者。《佛藏经》云:于未来世,当有比丘不修身戒、心慧,是人轻笑如来所说毕竟空法。又云:若有闻空,即当惊畏,是人可愍。直至地狱,无有救者。唐释慧眺,姓庄氏,少出家,以小乘为业,住襄阳报善寺哲公座下。龙泉开讲《三论》,心生不忍,曰:《三论》明空,讲者著空。发言讫,舌出三尺,眼耳鼻并皆流血,七日不语。有伏律师闻其拔舌,告已:汝太痴也,一言毁谤,罪过五逆。可信大乘,方得免耳。乃令烧香发愿,忏悔前言,舌还收入。遂往哲公所,誓心敛迹,唯听大乘。后往香山神足寺,足不跨阃,常习大乘,时讲《华严》等经,用申忏谢,常于众中,陈其前失,独处一房,常坐常念。贞观十一年四月三日,在寺后松林坐禅,见有三人来,形貌奇异,礼拜,请受菩萨戒讫。曰:禅师大利根,若不改心信大乘者,千佛出世,犹在地狱。又,昔有人谤大乘,临终出现牛声,则知华报昭然,果报宁失?

已上皆是障深不信,或智浅谬传,依文起见,悉成谤法。如《文殊师利巡行经》云:文殊师利言:大德舍利弗,若人说言:过去未来现在如来,有依不依。如是之人,则谤如来。何以故?真如无念,亦无所念。真如不退,真如无相。今《宗镜》大意,所录之文,或祖或教,但有一字一句、若理若事、若智若行,皆悉回向、指归真如一心。何者?心之实性,名曰真如,性以不改为义,真以无伪得名,如则不变不异。以此心性周遍圆融，横该十方，竖彻三际。至一切时处未尝间断，凡有一毫善根，悉皆回向。念念合真如之体，体无不寂。一一顺真如之用，用何有穷？所以但契一如，自含众德，如《华严经》中，真如相回向有一百句，一一句中无不同指，皆为成就一心妙门。如经云：佛子，此菩萨摩诃萨，正念明了，其心坚住，远离迷惑，专意修行，深心不动，成不坏业，趣一切智，终不退转，志求大乘，勇猛无畏，植诸德本，普安世间，生胜善根，修白净法，大悲增长，心宝成就。乃至譬如真如，遍一切处无有边际，善根回向，亦复如是，遍一切处，无有边际。譬如真如，真实为性，善根回向，亦复如是，了一切法，真实为性。譬如真如，恒守本性无有改变，善根回向，亦复如是，守其本性，始终不改。譬如真如，以一切法无性为性，善根回向，亦复如是，了一切法无性为性。譬如真如，无相为相，善根回向，亦复如是，了一切法无相为相。譬如真如，若有得者，终无退转，善根回向，亦复如是，若有得者，于诸佛法，永不退转。譬如真如，一切诸佛之所行处，善根回向，亦复如是，一切如来所行之处。譬如真如，离境界相而为境界，善根回向，亦复如是，离境界相而为三世一切诸佛圆满境界。譬如真如，能有安立，善根回向，亦复如是，悉能安立一切众生。譬如真如，性常随顺，善根回向，亦复如是，尽未来劫，随顺不断。譬如真如，无能测量，善根回向，亦复如是，等虚空界，尽众生心，无能测量。譬如真如，充满一切，善根回向，亦复如是，一刹那中，普周法界。譬如真如，常住无尽，善根回向，亦复如是，究竟无尽。譬如真如，无有比对，善根回向，亦复如是，普能圆满一切佛法，无有比对。譬如真如，体性坚固，善根回向,亦复如是,体性坚固,非诸惑恼之所能沮。譬如真如,不可破坏,善根回向,亦复如是,一切众生不能损坏。譬如真如,照明为体,善根回向,亦复如是,以普照明而为其性。譬如真如,无所不在,善根回向,亦复如是,于一切处,悉无不在。譬如真如,遍一切时,善根回向,亦复如是,遍一切时。譬如真如,性常清净,善根回向,亦复如是,住于世间而体清净。譬如真如,于法无碍,善根回向,亦复如是,周行一切而无所碍。譬如真如,为众法眼,善根回向,亦复如是,能为一切众生作眼。譬如真如,性无劳倦,善根回向,亦复如是,修行一切菩萨诸行,恒无劳倦。譬如真如,体性甚深,善根回向,亦复如是,其性甚深。譬如真如,无有一物,善根回向,亦复如是,了知其性,无有一物。譬如真如,性非出现,善根回向,亦复如是,其体微妙,难可得见。譬如真如,离众垢翳,善根回向,亦复如是,慧眼清净,离诸痴翳。譬如真如,性无与等,善根回向,亦复如是,成就一切诸菩萨行,最上无等。譬如真如,体性寂静,善根回向,亦复如是,善能随顺寂静之法。譬如真如,无有根本,善根回向,亦复如是,能入一切无根本法。譬如真如,体性无边,善根回向,亦复如是,净诸众生,其数无边。譬如真如,体性无著,善根回向,亦复如是,毕竟远离一切诸著。譬如真如,无有障碍,善根回向,亦复如是,除灭一切世间障碍。譬如真如,非世所行,善根回向,亦复如是,非诸世间之所能行。譬如真如,体性无住,善根回向,亦复如是,一切生死,皆非所住。譬如真如,性无所作,善根回向,亦复如是,一切所作,悉皆舍离。譬如真如,体性安住,善根回向,亦复如是,安住真实。譬如真如,与一切法而共相

应，善根回向，亦复如是，与诸菩萨听闻修习而共相应。譬如真如，一切法中性常平等，善根回向，亦复如是，于诸世间修平等行。譬如真如，不离诸法，善根回向，亦复如是，尽未来际，不舍世间。譬如真如，一切法中毕竟无尽，善根回向，亦复如是，于诸众生，回向无尽。譬如真如，与一切法无有相违，善根回向，亦复如是，不违三世一切佛法。譬如真如，普摄诸法，善根回向，亦复如是，尽摄一切众生善根。譬如真如，与一切法同其体性，善根回向，亦复如是，与三世佛同一体性。譬如真如，与一切法不相舍离，善根回向，亦复如是，摄持一切世出世法。譬如真如，无能映蔽，善根回向，亦复如是，一切世间无能映蔽。譬如真如，不可动摇，善根回向，亦复如是，一切魔业无能动摇。譬如真如，性无垢浊，善根回向，亦复如是，修菩萨行，无有垢浊。譬如真如，无有变易，善根回向，亦复如是，愍念众生，心无变易。譬如真如，不可穷尽，善根回向，亦复如是，非诸世法所能穷尽。譬如真如，性常觉悟，善根回向，亦复如是，普能觉悟一切诸法。譬如真如，不可失坏，善根回向，亦复如是，于诸众生起胜志愿，永不失坏。譬如真如，能大照明，善根回向，亦复如是，以大智光，照诸世间。譬如真如，不可言说，善根回向，亦复如是，一切言语，所不可说。譬如真如，持诸世间，善根回向，亦复如是，能持一切菩萨诸行。譬如真如，随世言说，善根回向，亦复如是，随顺一切智慧言说。譬如真如，遍一切法，善根回向，亦复如是，遍于十方一切佛刹，现大神通，成等正觉。譬如真如，无有分别，善根回向，亦复如是，于诸世间，无所分别。譬如真如，遍一切身，善根回向，亦复如是，遍十方刹，无量身中。譬如真如,体性无生,善根回向,亦复如是,方便示生而无所生。譬如真如,无所不在,善根回向,亦复如是,十方三世诸佛土中,普现神通而无不在。譬如真如,遍在于夜,善根回向,亦复如是,于一切夜,放大光明,施作佛事。譬如真如,遍在于昼,善根回向,亦复如是,悉令一切在昼众生,见佛神变演不退轮,离垢清净无空过者。譬如真如,遍在半月,及以一月,善根回向,亦复如是,于诸世间次第时节,得善方便,于一念中知一切时。譬如真如,遍在年岁,善根回向,亦复如是,住无量劫,明了成熟一切诸根,皆令圆满。譬如真如,遍成坏劫,善根回向,亦复如是,住一切劫清净无染,教化众生咸令清净。譬如真如,尽未来际,善根回向,亦复如是,尽未来际,修诸菩萨清净妙行,成满大愿无有退转。譬如真如,遍住三世,善根回向,亦复如是,令诸众生,于一刹那见三世佛,未曾一念而有舍离。譬如真如,遍一切处,善根回向,亦复如是,超出三界,周行一切悉得自在。譬如真如,住有无法,善根回向,亦复如是,了达一切有无之法,毕竟清净。譬如真如,体性清净,善根回向,亦复如是,能以方便集助道法,净治一切诸菩萨行。譬如真如,体性明洁,善根回向,亦复如是,令诸菩萨,悉得三昧明洁之心。譬如真如,体性无垢,善根回向,亦复如是,远离诸垢,满足一切诸清净意。譬如真如,无我我所,善根回向,亦复如是,以无我我所清净之心,充满十方诸佛国土。譬如真如,体性平等,善根回向,亦复如是,获得平等一切智智,照了诸法离诸痴翳。譬如真如,超诸数量,善根回向,亦复如是,与超数量一切智乘大力法藏而同止住,兴遍十方一切世界广大法云。譬如真如,平等安住,善根回向，亦复如是，发生一切诸菩萨行，平等住于一切智道。譬如真如，遍住一切诸众生界，善根回向，亦复如是，满足无碍一切种智，于众生界悉现在前。譬如真如，无有分别，普住一切音声智中，善根回向，亦复如是，具足一切诸言音智，能普示现种种言音开示众生。譬如真如，永离世间，善根回向，亦复如是，普使众生，永出世间。譬如真如，体性广大，善根回向，亦复如是，悉能受持去来今世广大佛法恒不忘失，勤修一切菩萨诸行。譬如真如，无有间息，善根回向，亦复如是，为欲安处一切众生于大智地，于一切劫修菩萨行无有间息。譬如真如，体性宽广，遍一切法，善根回向，亦复如是，净念无碍，普摄一切宽广法门。譬如真如，遍摄群品，善根回向，亦复如是，证得无量品类之智，修诸菩萨真实妙行。譬如真如，无所取著，善根回向，亦复如是，于一切法皆无所取，除灭一切世间取著，普令清净。譬如真如，体性不动，善根回向，亦复如是，安住普贤圆满行愿，毕竟不动。譬如真如，是佛境界，善根回向，亦复如是，令诸众生满足一切大智境界，灭烦恼境悉令清净。譬如真如，无能制伏，善根回向，亦复如是，不为一切众魔事业外道邪论之所制伏。譬如真如，非是可修，非不可修，善根回向，亦复如是，舍离一切妄想取著，于修不修无有分别。譬如真如，无有退舍，善根回向，亦复如是，常见诸佛发菩提心，大誓庄严永无退舍。譬如真如，普摄一切世间言音，善根回向，亦复如是，能得一切差别言音神通智慧，普发一切种种言词。譬如真如，于一切法无所希求，善根回向，亦复如是，令诸众生乘普贤乘而出离，于一切法无所贪求。譬如真如，住一切地，善根回向，亦复如是，令一切众生舍世间地住智慧地，以普贤行而自庄严。譬如真如，无有断绝，善根回向，亦复如是，于一切法得无所畏，随其类音处处演说，无有断绝。譬如真如，舍离诸漏，善根回向，亦复如是，令一切众生成就法智了达于法，圆满菩提无漏功德。譬如真如，无有少法而能坏乱，令其少分非是觉悟，善根回向，亦复如是，普令开悟一切诸法，其心无量，遍周法界。譬如真如，过去非始，未来非末，现在非异，善根回向，亦复如是，为一切众生新新恒起菩提心愿，普使清净，永离生死。譬如真如，于三界中无所分别，善根回向，亦复如是，现在念念心常觉悟，过去未来皆悉清净。譬如真如，成就一切诸佛菩萨，善根回向，亦复如是，发起一切大愿方便，成就诸佛广大智慧。譬如真如，究竟清净，不与一切诸烦恼俱，善根回向，亦复如是，能灭一切众生烦恼，圆满一切清净智慧。释曰：是知百句之内，一一义中，无一字而不约心明，无一行而不随性起。可谓真该行末，无一一行而非真。行彻真原，无一一真而非行。如是则理事周备，心境融通。匪著有以凝空，免滞真而染俗。能令顿生正信，步步成菩萨之因门。直显圆修，念念满诸佛之果海。所以具录百句广大全文，究竟证明宗镜妙旨。今则普劝十方学士、一切后贤：但愿道富人贫，情疏德厚。以法为侣，以智为先。用慈修身，开物是务。为法施主，匪悋家风。无问不从，有疑咸决。则履佛行处，免负本心。妙行恒新，至道如在。所以《证道歌》云：穷释子，口称贫，实是身贫道不贫。贫则身常披缕褐，道则心藏无价珍。无价珍，用无尽，利物应时终不悋。三身四智体中圆，八解六通心地印。斯则以法界为身，虚空为量，情亡取舍，见泯自他。以物心为心，何门不顺？以彼意为意，何法能违？入宗镜中，法尔如是。故《书》云：以兆人之耳听，以四海之目视，以己身知人身，以己心知人心。圣人无常心，以百姓为心。又云：摄己从他，万事消和。摄他从己，诸事竞起。则内外指归，证明无尽。

问：信受毁谤此《宗镜》法，罪福何重？

答：此乃群贤之父，诸佛之母，万善由生，信谤岂不获报重耶？所以《法华经》云：又如大梵天王，一切众生之父。此经亦复如是：一切圣贤学无学、及发菩萨心者之父。《起信钞》云：若谤此法，以深自害，亦害他人，断绝一切三宝之种。一切如来，皆依此法得涅槃故。一切菩萨，因之修行得入佛智故。

宗镜录第九十四

宋 慧日永明妙圆正修智觉禅师延寿集

引证章第三

夫所目《宗镜》，大旨焕然。前虽问答决疑，犹虑难信。上根才览，顿入总持之门。中下虽观，犹堕狐疑之地。今重为信力未深、纤疑不断者，更引大乘经一百二十本、诸祖语一百二十本、贤圣集六十本，都三百本之微言，总一佛乘之真训，可谓举一字而摄无边教海，立一理而收无尽真诠，一一标宗，同龙宫之遍览。重重引证，若鹫岭之亲闻。普令眠云立雪之人坐参知识，遂使究理探玄之者尽入圆宗，寻古佛之丛林如临皎日，履祖师之阃域犹瞰净天，大觉昭然，即肉眼而圆通佛眼。疑情豁尔，当凡心而显现真心。可谓现知，指法界于掌内。便同亲证，探妙旨于怀中。

《大般若经》云：一切如来，同在一处，自性清净无漏界摄。又云：三世诸佛住十方界，为诸有情宣说正法，无不皆用本性空为佛眼。离本性空，无别方便。释曰：本性空者，即是自性清净心。本性即自性。空，即清净义。此心则凡圣本有，今古常然。众生不知，诸佛因兹指授，含灵现具，祖师为此相传，故云离此别无方便。

《大方广佛华严经》颂云：言词所说法，小智妄分别。是故生障碍,不了于自心。不能了自心,云何知正道?彼由颠倒想,增长一切恶。

《大涅槃经》云:信于二谛一乘之道,更无异趣,为是众生速得解脱。又云:道者,虽无色像可见、称量可知,而实有用。善男子,如众生心,虽非是色,非长非短,非粗非细,非缚非解,非是见法,而亦是有。

《宝积经》云:一切法虚妄如梦,以唯念故。又云:自为洲渚,自为归处。法为洲渚,法为归处。无别洲渚,无别归处。释曰:《起信论》云:所言法者,即众生心。故知所向皆心,岂有归处?住自境界,无别方所。《法华经》偈云:又复不行,上中下法。有为无为,实不实法。亦不分别,是男是女。不得诸法,不知不见。是则名为,菩萨行处。一切诸法,空无所有。无有常住,亦无起灭。是名智者,所亲近处。颠倒分别,诸法有无。是实非实,是生非生。在于闲处,修摄其心。安住不动,如须弥山。观一切法,皆无所有。犹如虚空,无有坚固。不生不出,不动不退。常住一相,是名近处。释曰:若入一心一相之门,尚无常住之法,岂有起灭之缘?自然不动如山,心安如海,可谓菩萨行处、诸佛所居矣。故《华严经》颂云:法性如虚空,诸佛于中住。

《大集经》云:云何菩萨修心念处,观是心性,不见内入心、不见外入心、不见内外入心?不见阴中心、不见界中心?既不见已,作是思惟:如是心缘,为异不异?若心异缘,则一时中,应有二心。若心即缘,不应复能观于自心。犹如指端,不能自触,心亦如是。作是观已,见心无住,无常变异,所缘处灭。又云:不见一法、一法相貌、一法光明。若如是见,是名佛法之正见。

《圆觉经》云：一时婆伽婆，入于神通大光明藏三昧正受，一切如来光严住持，是诸众生清净觉地，身心寂灭，平等本际，圆满十方，不二随顺，于不二境，现诸净土。又云：善男子，一切众生种种幻化，皆生如来圆觉妙心。犹如空华，从空而有，幻华虽灭，空性不坏。众生幻心，还依幻灭，诸幻尽灭，觉心不动。依幻说觉，亦名为幻。若说有觉，犹未离幻。说无觉者，亦复如是，是故幻灭，名为不动。善男子，一切菩萨及末世众生，应当远离一切幻化虚妄境界。由坚执持远离心故，心如幻者，亦复远离。远离为幻，亦复远离。离远离幻，亦复远离。得无所离，即除诸幻。譬如钻火，两木相因，火出木尽，灰飞烟灭。以幻修幻，亦复如是，诸幻虽尽，不入断灭。善男子，知幻即离，不作方便。离幻即觉，亦无渐次。一切菩萨及末世众生，依此修行，如是乃能永离诸幻。释曰：知幻即离，不作方便者，以幻无定相，自性常离，离即空也。即一切凡圣垢净万法，皆同幻如空故，何用更作方便而求离？离幻即觉，亦无渐次者，当离之时，全成大觉，即离即觉，平等照。既无前后，岂有渐次耶？

《密严经》偈云：一切诸世间，譬如热时炎。以诸不实相，无而妄分别。觉因所觉生，所觉依能觉。离一则无二，譬如光共影。无心亦无境，量及所量事。但依于一心，如是而分别。能知所知法，唯依心妄计。若了所知无，能知则非有。心为法自性，及人之所渴。入于入地中，而彼得清净。九地行禅定，十地大开觉。法水灌其顶，而成世所尊。法身无有尽，是佛之境界。究竟如虚空，心识亦如是。又云：尔时金刚藏菩萨告诸大众：仁者，阿赖耶识，从无始来，为戏论熏习，诸业所系，轮回不已，如海因风起诸识浪，恒生恒灭，不断不常，而诸众生不自觉知，随于自识，现众境界。若自了知，如火焚薪，即皆息灭，入无漏位，名为圣人。

《楞伽经》云：第一义谛者，但唯是心，种种外相悉皆无有。彼愚夫执著恶见，欺诳自他，不能明见一切诸法如实住处。大慧，一切诸法如实者，谓能了达唯心所现。

《首楞严经》云：佛告文殊及诸大众：十方如来及大菩萨，于其自住三摩地中，见与见缘，并所想相，如虚空华，本无所有，此见及缘，元是菩提妙净明体，云何于中有是非是？文殊，吾今问汝：如汝文殊，更有文殊。是文殊者，为无文殊？如是世尊，我真文殊，无是文殊。何以故？若有是者，则二文殊。然我今日，非无文殊，于中实无是非二相。佛言：此见妙明与诸空尘，亦复如是，本是妙明无上菩提净圆真心，妄为色空及与闻见。如第二月，谁为是月，又谁非月？文殊，但一月真，中间自无是月非月。是以，汝今观见与尘，种种发明，名为妄想，不能于中出是非是。由是精真妙觉明性，故能令汝出指非指。

《四十二章经》云：出家沙门者，断欲去爱，识自心原。达佛本理，悟无为法。内无所得，外无所求。心不系道，亦不结业。无念无作，非修非证。不历诸位而自崇最，名之曰道。又，佛言：睹天地，念非常。睹世界，念非常。睹灵觉，即菩提。如是心识，得道疾矣。

《金刚三昧经》云：佛言：如是众生之心，实无别境。何以故？心本净故，理无秽故。以染尘故，名为三界。三界之心，名为别境。是境虚妄，从心化生。心若无妄，即无别境。大力菩萨言：心若在净，诸境不生。此心净时，应无三界。佛言：如是，菩萨心不生境，境不生心。何以故？所见诸境，唯所见心，心不幻化，则无所见。

《大方广入如来智德不思议经》云：皆悉了达诸法实相，自性平等，犹如虚空。又云：于一法中了一切法，无分别智常现在前。释曰：一法者，即是自心。此心为诸法平等之性，于自心性中了一切法，有何分别？

《不增不减经》云：甚深义者，即第一义谛。第一义谛者，即众生界。众生界者，即如来藏。如来藏者，即法身。释曰：夫心者，为诸法总持之门，作万有真实之性，故称第一义谛。杂杂心念，故号众生，是心之界，即众生界。从真如性起，名曰如来。无所缺减，乃目为藏。能积聚恒沙功德，故名法身。是以《仁王经》云：最初一念，具足八万四千波罗蜜。

《集福德三昧经》云：如瑠璃宝器，随所在处，不失其性。如是若有菩萨住是三昧，虽在家，当说是人名为出家，能不失是法界体性。释曰：是以，悟心方能得道，见性是名出家。若见性，则在家出家。若不见性，则出家在家。故阿难未见性前，自忏悔言：我身虽出家，心不入道。

《佛地经》云：当知清净法界者，譬如虚空，虽遍诸色种种相中，而不可说有种种相，体唯一味。如是如来清净法界，虽复遍至种种相类，所知境界，而不可说有种种相，体唯一味。释曰：清净法界者，即一心无杂之法界。以法为界，岂有边畔？则一切色中，皆有虚空性。况一切法中，皆有安乐性，以隐覆此性故，随所知境，应其情量，现种种境界。若以空

明，即有空现。若以色明，即有色现。但随处发明，即随处现。所现种种，皆妄心生，相不可得，唯一味真心，湛然不动。

《不空羂索经》云：持真言者，以心置心，观自心心作于一切诸佛如来广大出生殊胜尊妙。

《菩萨地经》云：迷圣道者，不知理道从自心生，唯常苦身，以求解脱，如犬逐块，不知寻本。所以《大庄严论》释云：譬如师子打射时，而彼师子寻逐人来。譬如痴犬被人打掷，便逐瓦石，不知寻本。言师子者，喻智慧人，解求其本，而灭烦恼。然痴犬者，即是外道，五热炙身，不识心本。

《法集经》云：能知一切唯是一心，名为心自在。于其掌中出诸珍宝，亦以虚空而为库藏，名为物自在。一切身口意业，以智为本，名智自在。又云：观世音白佛言：菩萨若受持一法，一切诸佛法，自然如在掌中。何者是一法？所谓大悲。释曰：此是同体大悲，此悲性遍一切众生界，故能一雨普润，兰艾齐荣，一念咸收，邪正俱济。

《大灌顶经》云：禅思比丘，无他想念，唯守一法，然后见真。释曰：一法为宗，诸尘无寄，他缘自绝，妙性显然，志当归一，而何智不明？寻流得源，而何疑不释？撮要之旨，斯莫大焉。

《宝云经》云：一切诸法，心为上首。若知于心，则能得知一切诸法。

《般舟三昧经》偈云：诸佛从心得解脱，心者无垢名清净。五道鲜洁不受染，有解此者成大道。释曰：五道由心，心体常净。虽遍五道，不受彼色。则沦五趣而不坠，居一相而非升。展法界而不周，入微尘而非缩，以真如一心本性清净无增减故,以此一法能收一切。似滥觞一滴之水,与四海水润性无差。如芥子孔中之空,等十方空包容匪别。故云:天得一以清,地得一以宁,万物得一以生,今得一而道成。又云:圣人抱一,为天下式。即此《宗镜》,作禅门之法式也。

《大方等陀罗尼经》云:舍利弗问文殊言:受记当于何求?文殊师利言:当于如如性中求。释曰:如如性,即是一切众生真心之性。

《思益经》云:众生如,即是漏尽解脱如。以一切法悉入于如,无有体性,即是诸佛解脱,于众生心行中求。

《因果经》偈云:一切造善恶,皆从心想生。是故真出家,皆以心为本。

《大法炬陀罗尼经》云:佛告毗舍佉:如是色相,不可眼见,当知彼是心识境界,唯意所知,是故不可以眼见。毗舍佉,一切众生所有心意,不可言说,唯佛智知。

《像法决疑经》云:今日坐中无央数众,各见不同:或见如来入涅槃。或见如来住世一劫,若减一劫,若无量劫。或见如来丈六之身,或见小身,或见大身。或见报身,莲华藏世界海为千百亿释迦牟尼佛说心地法门。或见法身,同于虚空,无有分别,无相无碍,遍同法界。或见此处,山林地土沙砾,或见七宝。或见此处,乃是三世诸佛所行之处。或见此处,即是不思议诸佛境界真实之法。释曰:故知,佛无定形,随识而自分粗妙。境无异相,因心而空见短长,可谓现证法门,理归宗镜。

《如来兴显经》偈云:诸佛所行性,一切诸众生。皆在心性中,相可同相现。

《现宝藏经》云：菩萨问文殊师利：以何缘故，一切诸法皆是佛法？文殊言：如佛智所觉。又问：如何佛智所觉？乃至答言：解自心如故。

《修行慈分经》云：一切诸法，体相微细，皆悉空寂。凡夫之人，以自分别，生诸境界，自分别中，还自系缚。乃至未了心之自性，刹尔许时，如在梦中妄著诸境。复应观察一切三界，皆悉是空，空不碍空。

《入楞伽经》偈云：尔时佛神力，复化作山城。崔嵬百千相，严饰对须弥。无量亿华园，皆是众宝林。香气广流布，芬馥未曾闻。一一宝山中，皆示现佛身。亦有罗婆那，夜叉众等住。十方佛国土，及于诸佛身。佛子夜叉王，皆来集彼山。而此楞伽城，所有诸众等。皆悉见自身，入化楞伽中。如来神力作，亦同彼楞伽。诸山及园林，宝庄严亦尔。一一山中佛，皆有大慧问。如来悉为说，内身所证法。出百千妙声，说此经法已。佛及诸佛子，一切隐不现。罗婆那夜叉，忽然见自身。在己本宫殿，更不见余物。而作是思惟：向见者谁作？说法者为谁？是谁而听闻？我所见何法，而有此等事？彼诸佛国土，及诸如来身。如此诸妙事，今皆何处去？为是梦所忆，为是幻所作？为是实城邑，为乾闼婆城。为是瞖妄见，为是阳焰起。为梦石女生，为我见火轮。为见火轮烟，我所见云何？复自深思惟：诸法体如是。唯自心境界，内心能证知。而诸凡夫等，无明所覆障。虚妄心分别，而不能觉知。能见及所见，一切不可得。说者及所说，如是等亦无。佛法真实体，非有亦非无。法相恒如是，唯自心分别。如见物为实，彼人不见佛。不住分别心，亦不能见佛。不见有诸行，如是名为佛。若能如是见,彼人见如来。智者如是观,一切诸境界。转身得妙身,即是佛菩萨。

《虚空孕菩萨经》偈云:一切诸法相,真实无知者。若人住诸阴,六根皆蔽塞。释曰:故知诸法皆真,无知无见。才有知见,即落识阴,则一心不通,六根闇塞,终不能见无见之见、知无知之知。若有见之见,则不见一切。若无知之知,则无所不知。所以《贤护经》云:若菩萨观四念处时,无法可见,无声可闻。无闻见故,则无有法可得分别,亦无有法可得思惟。而亦非瞽盲聋故,但是诸法无可见故。以唯一真心,见外无法。

《宝星经》云:尔时世尊告妙音梵王:汝今何故目不暂舍,乃至无相观于我耶?善男子,颇有一法名为佛耶?颇有一物可名为名耶?释曰:故知名体俱空,妙旨斯在。是以绝观,方见如来。有无之观,皆是虚妄。不入宗镜,岂辩真佛乎?

《十住断结经》云:一切诸法,常自存在,众生不达,为兴庄严,法法自生,法法自灭。法法不生,法法不灭。法生法灭,性不移转。斯是菩萨大士之道,非诸凡俗之所及也。释曰:一切诸法,常自存在者,真心不易,性相恒如。众生不达,为兴庄严者,以外道执断见,小乘证无常。菩萨为对治凡小故,不尽有为,常修福业。不住无为,深入智渊,广大庄严,云兴万行,念念圆满十波罗蜜,拔断常外道之曲木,出邪见之稠林。拯偏真小果之矬身,升解脱之坑底。所以《华严经》云:第七远行地,当修十种方便慧殊胜道:所谓虽善修空无相无愿三昧,而慈悲不舍众生。虽得诸佛平等法,而乐常供养佛。

虽入观空智门，而勤修习福德。虽远离三界，而庄严三界。虽毕竟寂灭诸烦恼焰，而能为一切众生起灭贪瞋痴烦恼焰。虽知诸法如幻、如梦、如影、如响、如焰、如化、如水中月、如镜中像，自性无二，而随心作业，无量差别。虽知一切国土犹如虚空，而能以清净妙行庄严佛土。虽知诸佛法身本性无身，而以相好庄严其身。虽知诸佛音声性空寂灭不可言说，而能随一切众生，出种种差别清净音声。虽随诸佛了知三世唯是一念，而随众生意解分别，以种种相、种种时、种种劫数而修行。释曰：经云：虽善修空、无相、无愿三昧者，是对治凡夫著有徇乐之见。而慈悲不舍众生者，是对治二乘沉空畏苦之见。下诸句义，皆同此释。故云：声闻畏苦、缘觉无悲，俱失菩萨二利之行。

《须真天子经》云：须真天子问文殊师利菩萨：不从三脱门而求道耶？文殊答言：天子，不可从空而成道，亦不可于无相而成道，亦不可于无愿而成道也。所以者何？于是中无心意识，念亦无动故。有心意识念念动者，乃成其道也。释曰：若取三解脱门作证者，即是溺实际之海，背灵觉之原，遗性徇空，何成大道？若直了神解心性，念念菩提果圆。不堕断见之邪无，岂涉常见之实有？介尔起意，大用现前，无得无依，非取非舍，从真起行，体用相收。以行契真，卷舒一际。可谓心心合道，念念冥真矣。故《还原观》云：用则波腾海沸，全真体以运行。体则镜净水澄，举随缘而会寂。斯则不离体之用，用乃波腾。不离用之体，体常湛寂。体虽湛寂，常在万缘。用虽波腾，恒冥一际。

《大方广师子吼经》云：佛告电鬘菩萨：善男子，法唯一字，所谓无字。本无言说，何所言说？善男子，当知无说，是为真说。尔时净身菩萨，承佛威神白佛言：世尊，若无所说是为真说者，哑默不言，皆应说法。佛言：如是，善男子，如汝所说，非唯哑默者说法，不哑默者亦皆说法而不知法。世尊，云何一切众生说法而不知法？善男子，如生盲人，处日光中而不见日，傍人为说，以他声故，乃知有日。如是诸法，悉入法界。法界无字，离诸字性，非诸众生而能宣辩。释曰：审知未达宗人，依通见解，随他语转，妄有所说。如彼盲者，不见日光，听傍人声，岂穷日体？若眼开亲见，即知本无名字言说，故知有言伤旨，不达法界。是以经云：如是诸法，悉入法界。法界无字，离诸字性。若能深达一字唯心法界，自然言语道断，法尔知解情亡，岂是无辩？智不能穷也。如《肇论》云：释迦掩室于摩竭，净名杜口于毗耶，须菩提唱无说以显道，释梵绝听而雨华。斯则理为神御，口以之默，岂曰无辩？辩所不能言也。

《普超三昧经·决狐疑品》云：于是阿阇世王曰：唯愿濡首，解我狐疑。濡首答言：大王所疑，恒河沙等诸佛世尊，所不能决。时王自省无救护，从榻而堕，如断大树，摧折躄地。大迦叶曰：大王自安，莫怀恐懅，勿以为惧。所以者何？濡首童真，被大智铠，善权方便，而设此言，可徐而问。时王即起，问濡首曰：向者所说，恒河沙诸佛不能为我而决狐疑。濡首报曰：王意云何？假若有人而自说言：我以尘暝灰烟云雾污染虚空，宁堪任乎？答：不能污。濡首又问：设令大王取此空洗之使净，宁堪任乎？答曰：不能净。濡首报曰：吾以是向者说言，恒河沙等诸佛世尊所不能决也。

释曰：一切众生不了自性清净心故，妄生垢净，迷悟自没，遂于无疑中起疑，于无决中求决。若能谛了，豁尔意消，即见一切染净诸法，皆同虚空性。既达虚空性不可染净，方悟本心未曾迷悟。设有说无生无得之理，皆是一期随宜方便。若入宗镜，妙旨了然。尚无疑与无疑，何怀决不决耶？

《月灯三昧经》颂云：譬如有童女，夜卧梦产子。生欣死忧戚，诸法亦复然。如人饮酒醉，见地悉回转。其实未曾动，诸法亦复然。如净虚空月，影现于清池。非月形入水，诸法亦复然。如人自好喜，执镜而照面。镜像不可得，诸法亦复然。如人在山谷，歌哭言笑响。闻声不可得，诸法亦复然。释曰：狂醉见闻，事何真实？昏梦境界，忧喜皆虚。镜里之形，因谁所起？谷中之响，起自何来？所以《入楞伽经》云：佛告楞伽王：譬如有人，于水镜中自见其像，于灯月中自见其影，于山谷中自闻其响，便生分别，而起取著。此亦如是，法与非法，唯是分别，由分别故，不能舍离，但更增长一切虚妄，不得寂灭。寂灭者，所谓一心。一心者，是最胜三昧，从此能生自证圣智，以如来藏而为境界。

《法王经》云：于诸法中，若说高下，即名邪说，其口当破，其舌当裂。何以故？一切众生，心垢同一垢，心净同一净。众生若病同一病，众生须药应须一药。若说多法，即名颠倒。何以故？为妄分别析善恶法破一切法故，随机说法断佛道故。释曰：同一病须一药者，以一心为病，还以一心为药。以心生则法生，心灭则法灭故。若说多法，即名颠倒者，若谛自心，尚不得一，何况说多？以心外见法，即成颠倒。如狂心见鬼，病眼生华，无中执有，岂成真正？随机说法断佛道故者，执有前机，早违大旨，更说多法，实坏正宗。如《法华经》云：若有深爱法者，亦不为多说，以心法甚深，非多非少。既不可多说，亦不可少说。以非多故不增，以非少故不减，以不增故不生，以不减故不灭。故《华严经》颂云：一切法不生，一切法不灭。若能如是解，诸佛常现前。又，药王菩萨云：我舍两臂，必当得佛金色之身。两臂，即是断常二法。若舍生灭断常之见，则心佛现前，顿成佛体。故云必当得佛金色之身。

《无涯际总持经》云：一念之顷，能知三世一切诸法悉皆平等，无不通达。其人终无异行，亦无异念。释曰：无涯际总持经者，以名标宗。谓真心无际，总持万法，摄归一体，故云平等。如是通达之人，终无异行者，以知心外无法可作差别故。亦无异念者，以心内无法可起思惟故。所以《华严经·十回向品》云：菩萨摩诃萨如是回向时，眼终不见有不净佛刹，亦不见有异相众生，以心境一如故。

《不退转法轮经》云：善知一切众生无相，悉同法界，非见非不见。何以故？法界即是一切众生心界，是名信行。

《持世经》云：三界唯皆是识。是心意识，亦无形无方，不在法内，不在法外。凡夫为虚妄相应所缚，于识阴中，贪著于我，若我所。

《璎珞经》云：佛言：吾今有十四亿大众，以金刚口说决定义。佛子，我昔法会，有一亿八千无垢大士，即于法会，达一性原，顿觉无二，一切诸法，皆一合相。从法会出，各于十方说此《璎珞》。又云：行从心得，心净道成。

《思益经》云：圣人无所断，凡夫无所生，是二不出法性平等之相。释曰：以凡夫迷执心外有法，妄见法生。若圣人明见心外无法，无法可生，了凡无生，即圣无断，则是入一心不二法门。故云不出法性平等之相，以无有一法出法性外故。如《华严经》颂云：法性遍在一切处，一切众生及国土。三世悉在无有余，亦无形相而可得。

《胜迹菩萨所解诸法经》云：法唯一字，所谓无字，本无言说。当知无说，是为真说。释曰：心为一字中王，摄尽无边之教海。心为诸佛智母，演出无尽之真诠。若能发明，决定信入，则如来常不说法，是名具足多闻，亦是唯愿少闻，多解义趣，即斯旨矣。故《涅槃疏》云涅槃之义，浩然无尽。欲举一蔽诸，指咸谈海者，即一心也。

《法句经》偈云：森罗及万像，一法之所印。云何一法中，而见有种种。又云：虽诵千章，句义不正。不如一要，闻可灭意。释曰：虽诵千章者，但徇音声，不知正义。不如一要者，若了一心为万法之要，达宗则息意，意息则境空，以万法常虚，随意生形。故《不思议光菩萨经》偈云：一切非如法，等住于如中。觉了知是已，无过无功德。释曰：一切非如法者，即是心外遍计妄执无体之法。若了妄无实，则一切诸法等住于一如心中。如是觉知，则觉外无法可为对待，染净俱空故。如《思益经》云：菩萨所化众生，无有功德，以无对处故。因有过患，方显功德。以真心遍一切处故，更无一法可为过患。既无所治过患，亦无能治功德。二俱不立，故云无过无功德。

《诸法无行经》云：善住天子问文殊言：若有人来求出家者，当云何答？文殊言：若不发出家心者，当教汝真出家法。

何者？若求出家是求三界及以五欲未来报等，彼不见心，故不证法。心无为故，故不发心。释曰：若证自心，即入无为之理。若是无为之理，则无心可发。斯则是真发心，是真出家矣。

《法华三昧观经》云：所谓十方三世众生，若大若小，乃至一称南无佛者，皆当作佛。唯一大乘，无二无三，一切诸法，一相一门，所谓无生灭毕竟空相，唯有此大乘，无有二也。习如是观者，五欲自断，五盖自除，五根增长，即得禅定。释曰：一称南无佛，皆当作佛者，若法界含生，三乘五性，能归命一心，无不成佛。以离自心一相一门外，更无有法可作归依，无二无三，毕竟空寂。如是观者，五欲自断，以六尘境随妄念故有，无念则无境，何用更断？故能不断五欲，而净诸根。诸根既净，五盖自除，五根五力自然增长不唯，即得禅定，乃至六度万行悉皆成就。如《金刚三昧经》云：空心不动，具六波罗蜜，心空则一切皆空。故云唯有此大乘，无有二也。

《杂藏经》云：为善福随，履恶祸追，响之应声，善恶如音。非天龙鬼神所授，非先祢所为。造之者心，成者身口矣。佛说偈曰：心为法本，心尊心使。中心念恶，即言即行。罪苦自追，车砾于辙。心为法本，心尊心使。中心念善，即言即行。福乐自追，如影随形。

宗镜录第九十五

宋 慧日永明妙圆正修智觉禅师延寿集

《胜天王般若经》云：三世如来，同在一处，自性清净。无漏法界，若一若异，不可思议。智慧神力，同一法界，般若方便，二相平等。释曰：同在一处，自性清净者，一切凡圣，皆以无所住而住自性清净心秘密藏之一处。若一若异，不可思议者，以报身妙土之相，相入相资，故云若异。以法身自体之性，相遍相即，故云若一。如芥瓶灯室，同异难量，故云不可思议。般若方便，二相平等者，诸佛以般若方便，常相辅翌。何者？以般若观空，不住生死。以方便涉有，不住涅槃。以不住生死，故智眼常明。以不住涅槃，故悲心恒续。悲智体同，故云平等。

《最胜王经》云：离无分别智，更无胜智。离法如如，无胜境界。释曰：一切境界皆是意言分别，则无境唯识。若了识空，但一真心，成无分别智。此乃无等之智，第一之说，岂有余智更能过者？此真如一心之性，为万法之所依故，离此之外，何处别有纤尘能为标指？若离此一心境智或有所见，皆是瞖眼狂心，不见真实。所以《如来不思议境界经》云：如众瞖者，同于一处，见各差别，互不相碍，皆由眼瞖，不见正色。众生亦尔，色性无碍，心缘异故，蔽于正见，不了真实。

《禅要经》云：弃诸盖菩萨白佛言：世尊，禅门秘要，为有一门、为是多门？若有多者，法则有二。若是一者，云何容受无量无边众生而不迫迮？佛言：善男子，此禅要门，亦非是一，亦非多数。一切众生性同虚空，虽同虚空，各于身心自有禅门，实不共修。何以故？息口不言，冥合于理，口为禅门。摄眼分别，混合无异，眼为禅门。耳所闻声，了知虚妄，毕竟寂灭，犹如聋人，耳为禅门。乃至身意，亦复如是。善男子，摄诸尘劳，入不二门，旷彻清虚，湛然凝定。释曰：心是禅门，身为慧聚。禅能洞寂，慧能起照。寂照无差，方入平等。如《永嘉集》云：以奢摩他故，虽寂而常照。以毗婆舍那故，虽照而常寂。以优毕叉故，非照而非寂。照而常寂故，说俗而即真。寂而常照故，说真而即俗。非寂而非照故，杜口于毗耶。故知，若了念本不起，常在等持，不察境因念生，翻悟真心亦动。所以《圆觉经》云：云驶月运，舟行岸移。不知妄想之云自飞，真月何动？岂悟攀缘之舟常泛，觉岸靡移？如《圆觉疏》序云：心本是佛，由念起而漂沉。岸实不移，因舟行而骛骤。

《大树紧那罗王所问经》云：尔时天冠菩萨，问于大树紧那罗王：如是琴中妙偈，从何而出？答言：善男子，从诸众生音声中出。又问：诸众生音，从何而出？答言：善男子，众生音声，从虚空出。乃至当知是声，即虚空性，闻已便灭。若其灭已，同空性住。是故诸法，若说不说，同虚空性。是故应当不舍空际，如音声分。诸法亦尔，乃至又以音声名为言说，然是音声，无有住处。若无住处，则无坚实，则名为实。若其是实，则不可坏。若不可坏，则无有起。若无有起，则无有灭。若无有灭，是名清净。若是清净，是则白净。若是白净，是则无垢。若是无垢,则是光明。若是光明,则是心性。若是心性,则是出过。若是出过,则出过诸相。若出过诸相,则是正位。若菩萨在正位,是则名得无生法忍。释曰:入一心正位,是究竟指归,最后垂示。言穷理极,更无过矣。

《大方等修多罗王经》云:尔时世尊告频婆娑罗王言:行识灭已,初识次生。或生天中,或生人中,或生地狱,或生畜生,或生饿鬼。大王,以初识不断,自心相续,应受报处,而生其中。大王,观诸生灭,颇有一法,从于今世至未来世?大王,如是行识终时,名之为灭。初识起时,名之为生。大王,行识灭时,去无所至。初识生时,无所从来。何以故?识性离故。大王,行识行识空,灭时灭业空,初识初识空,生时生业空。观诸业果,亦不失坏。大王当知,以初识心相续不断,而受果报。

《华手经》云:佛言:复次坚意,菩萨以善修习一佛相故,随意自在。欲见诸佛,皆能现前。坚意,譬如比丘,心得自在,观一切入,取青色相,能得信解一切世界,皆一青相。是人所缘,唯一青色,观内外法,皆一青色,于是缘中得自在力故。坚意,菩萨亦复如是,随其所闻诸佛名字在何世界,即取是佛及世界相,皆缘现前菩萨善修习此念佛缘故,观诸世界,尽皆作佛。常善修习是观力故,便能了达一切诸缘皆为一缘,谓现在佛缘,是名得一相三昧门。

《佛升忉利天为母说经》云:佛告月氏天子:何谓菩萨晓了一切犹如虚空?其三界者,心之所为。不计斯心,无有色像,亦不可睹,无有处所,无有教令,犹如幻化。因其心本而求诸法,则不可得。若以于心不求于心,则无所获。心不可逮，以不得心，一切诸法亦不可得。诸法则无有法，无形类想，亦无有影，而无所有，及与实谛亦无所睹。无所睹者，于一切法心无所入，知一切法无所成就，亦无所生，譬如虚空。

《菩萨念佛三昧经》云：心如金刚，善根穿彻一切法故。心如迦邻提衣，柔软善根，能作业故。心如大海，善根摄诸戒聚故。心如平石，善根住持一切事业故。心如山王，善根发生一切善法故。心如大地，善根负持众生事业故。

《演道俗业经》云：佛告长者：智慧有四事：一曰：解于身空，四大合成，散坏本无主名。二曰：其生三界，皆心所为，心如幻化，倚立众形。三曰：了知五阴，本无处所，随其所著，因有斯情。四曰：晓十二缘，本无根原，因对而现，是为四。佛于是颂曰：悉解其身空，四大而合成。散灭无处所，从心而得生。五阴本无根，所著以为名。十二缘无端，了此至大安。

《善夜经》云：佛言：过去之法不应追念，未来之法不应希求，现至之法不应住著。若能如是，当处解脱。释曰：此缘三世之境，是相续识。若初心人，未得一念不生，或前念忽起，但后念莫续，亦渐相应。若欲顿消，直观一念生时，不得起处，自然前后际断，当处虚寂。如《金刚般若经》云：过去心不可得，未来心不可得，现在心不可得。以无得故，自不相续。

《入一切佛境界经》云：佛言：若得修行正念法者，彼无一法非是佛法。何以故？以觉一切法空故。乃至文殊师利言：修行正念者，不取不舍即名正念，不观不异名为行，不著不缚不脱名为行，不去不来名为行。文殊师利，正念行者，彼处无行无利，无果无证。何以故？文殊师利，心自性清净故，彼心客尘烦恼染，而自性清净心不染，而彼自性清净心即体无染。不染者，彼处无对治法故。以何法对治，能灭此烦恼？何以故？彼清净非净，即是本净。若本净者，即是不生。若不生者，彼即不染。若不染者，彼不离染法。若不离染法者，彼灭一切染。以何等法灭一切染？彼不生。若不生者，是菩提。菩提者，名为平等。平等者，名为真如。真如者，名为不异。不异者，名为如实住一切有为无为法。释曰：但了无生，即入平等。言平等者，即一切有为无为如实之性。见此性故，以无住义住一切法中。若不达一切法，是一心真如平等无生之性，在染离染，俱为烦恼所染。若了诸法无生，则一切有为无为皆是菩提之道，何所染耶？

《海龙王经》云：佛告龙王：是无尽藏总持，说德无量，入无极慧，集菩萨行，乃至严净道场，逮诸佛法，是谓无尽之藏总持。其有文字名号之数及法诸数，游于正法，皆来归斯无尽之藏为总持也。菩萨入斯，于诸文字无所分别，诸法清白不坏本净故。乃至由是总持，后当来世，是离垢总持所流布处，皆是如来之所建立。八万四千法藏，是总持门为首也。八万四千行，皆来归于总持。八万四千三昧，皆从总持。八万四千总持无尽之藏，总持为本原。释曰：以一切众生自性清净心，是诸法总持之门，从心所生，用不失体，故云不坏本净故。末不离本，故云皆是如来之所建立。万法出生，故云无尽之藏。凡圣之地，故号本原。

《大方广如来秘密藏经》云：是时大德阿难白言：世尊，是无量志庄严王菩萨，自以其身供养如来，当以何身觉菩提道？时华室中诸菩萨等问阿难言：于意云何？可以身觉于菩提耶？阿难勿作斯观，当以身心觉于菩提。阿难报言：诸善丈夫，若非身心觉于菩提，当用何等而觉菩提？诸菩萨言：大德阿难，身之实性是菩提实性，菩提实性是心实性，心之实性即是一切法之实性，觉是一切诸法实性，故名觉菩提。

《坚固女经》云：坚固女言：复次舍利弗，所言阿耨多罗三藐三菩提者，我不见彼法为阿耨多罗三藐三菩提。舍利弗言：若不见有法名阿耨多罗三藐三菩提者，汝云何发菩提心欲觉菩提？女言：欲令行邪道众生住正道故，我发阿耨多罗三藐三菩提心。乃至佛言：善哉善哉，能如是知，未来当得阿耨多罗三藐三菩提。女言：世尊，无有见如是法不得菩提者，是故我今必定当得阿耨多罗三藐三菩提。佛言：妹，汝未来世教化众生耶？女言：世尊，无有见如是法不教化者，是故我今必定当能教化众生。佛言：汝于来世作大导师耶？女言：世尊，无有见如是法不作导师，是故我今必定当得作大导师。释曰：故知，若有见如是唯心一法，入宗镜中，法尔常为一切教化之主、十方大导之师。以自得本故，能普摄一切枝末之法，悉还归于一心本地，故决定无疑矣。如摄波归水，会色归空，有何疑哉？

《大庄严法门经》云：佛言：复次长者子，清净攀缘方便行菩萨，于一切众生心法中悉有菩提。何以故？若彼心无色，离色分别，体性如幻，彼此内外不相续者，是名菩提。复次长者子，菩萨不应觉于余事，但觉自心。何以故？觉自心者，即觉一切众生心故。若自心清净，即是一切众生心清净故。如自心体性，即是一切众生心体性。如自心离垢，即是一切众生心离垢。如自心离贪，即是一切众生心离贪。如自心离瞋,即是一切众生心离瞋。如自心离痴,即是一切众生心难痴。如自心离烦恼,即是一切众生心离烦恼。作此觉者,名一切智知觉。释曰:若了一心遍知一切,夫一切者是一之一切,故名一切智知觉。若各随相解,则不得名一切智知觉,以不觉诸法自性故。所以《华严经》颂云:世间一切法,但以心为主。随解取众相,颠倒不如实。

《大乘本生心地观经》云:尔时文殊师利菩萨白佛言:世尊,如佛所说:过去已灭,未来未至,现在不住。三世所有一切心法,本性皆空。彼菩提心,说何名发?善哉,世尊,愿为解说,断诸疑网,令趣菩提。佛告文殊师利:善男子,诸心法中,起众邪见,为欲除断六十二见种种见故,心心所法,我说为空,如是诸见,无依止故。譬如丛林,蒙密茂盛,师子白象、虎狼恶兽,潜住其中,毒发害人,迥绝行迹。时有智者,以火烧林,因林空故,诸大恶兽,无复遗余。心空见灭,亦复如是。乃至善男子,以是因缘,服于空药,除邪见已,自觉悟心,能发菩提。此觉悟心,即菩提心,无有二相。善男子,自觉悟心,有四种义。云何为四?谓诸凡夫,有二种心。诸佛菩萨,有二种心。善男子,凡夫二心,其相云何?一者眼识,乃至意识,同缘自境,名自悟心。二者离于五根心心所法,和合缘境,名自悟心。善男子,贤圣二心,其相云何?一者观真实理智,二者观一切境智。善男子,如是四种,名自悟心。释曰:凡夫二心者:一根境同缘心,此则和合而生,无有自体,凡夫执实,故说为空。二离根境心,即是真心,不从缘生,若了此心,即真发菩提之道。贤圣二心者:一理智心,即第一义谛,空有两亡,性相俱寂。二境智心,即随缘俗谛,真俗双照,理事相含。若入宗镜之中,总前凡圣四心,或入相资门,若圣若凡,交彻无碍。或入相泯门,若一若多,冥同性海。

《成具光明定意经》云:何谓广一心?曰:孝事父母则一其心。尊敬师友而一其心。断爱远俗而一其心。入三十七品而一其心。空闲寂寞而一其心。在众烦乱而一其心。多欲多诤多作多恼,于是之处而一其心。褒讪利失善恶之事,于是不摇而一其心。数息入禅,舍六就净而一其心。身自能行,复教他人,此谓广一心也。

《文殊师利问经》偈云:若见有一法,余法悉应见。以一法空故,一切法亦空。释曰:心有法则有,心空法则空。万法一心宗,空有皆无寄。举一例诸,悉归宗镜。

《大乘千钵大教王经》云:曼殊室利菩萨,对世尊大众菩萨前告言:若有一切菩萨及一切有情众生,志求无上菩提、修持真实佛金刚圣性三摩地一切法者,一切法即是一切有情心是也。为有情众生心地法藏有烦恼种性,烦恼种性则是菩提性者,有情心处,本性真净,空无所得,是故有情心是大圆镜智心处是也。

《摩诃衍宝严经》云:譬如画师,作鬼神像,即自恐惧。如是迦叶,诸凡愚人,自造色声香味细滑之法,轮转生死,不知此法,亦复如是。

《文殊悔过经》云:文殊师利言:人民行众德本者,志性各异,使入总持光明之慧。其有诸天一切人民,愁忧苦恼,为除众患,悉入总持光明之耀。一切诸论文字本际,入于总持光明之耀。一切诸行诸想所应,悉入总持光明之耀。使致普门诸根转轮,使入总持光明之门。一切庄严清净众饰,使入总持光明之门。乃至住于一事,普见众事。住于众事,悉见一事。则以一事,入一切事。以一切事,入于一事。则以一义告诲,开化一切诸义。以一切义,兴发一义。以无因缘,入于诸缘,化于诸缘,令入无缘。以无事法,入于众生,性行各异,从其相行,而教诲之。释曰:夫能泯异性,永拔苦轮,融诸行门清净严饰者,悉令入一心总持之门。被宗镜光明之耀,故能住一事而见众事,以一成多。用诸义而发一义,以多成一。一成多而用遍,多成一而体融。体用交罗,一多自在。

《观佛三昧海经》云:复次阿难,譬如有人,贫穷薄福,依诸豪贵以存性命。时有王子,遇行出游,执大宝瓶,于宝瓶内藏王印绶。是时贫者,诈来亲附,得王宝瓶,擎持逃走。王子觉已,遣六大兵,乘六黑象,手执利剑,疾走追之。时持瓶人,走入深草空野泽中,见旷野泽满中毒蛇,四面吐毒吸持瓶者。时贫穷人,憧惶恐怖,驰走东西,蛇亦随之,无藏避处。于空泽中,见一大树,蓊欝扶疏,甚适其意,头戴宝瓶,攀树而上。既上树已,六兵乘象,驰疾如风,寻复来至。贫人见已,吞王宝印,持瓶冠头,以手覆面,生贪惜故,不忍见之。时六黑象以鼻绞树,令树倒躄,贫人落地,身体散坏,唯金印在,宝瓶现光。诸蛇见光,四散驰走。佛告阿难:住念佛者,心印不坏,亦复如是。释曰:夫观佛三昧者,则谛了自心,名为观佛。既识心已,不为境乱,湛然常定,名为三昧。有人贫穷薄福者,有人者,有即二十五有,人即一切众生。以无法财,名为贫穷。不悟心佛,故称薄福。依诸豪贵者,即是诸佛菩萨。以存性命者,即是依观佛三昧门,得见自性,以成慧命。乃至贫人落地者,即是于凡夫身,达人法二空,证会一心,住真如地。

身体散坏者,既洞唯识之性,身见自亡。唯金印在者,即是悟心常住。所以一钵和尚云:尘劳灭尽真如在,一颗圆明无价珠。宝瓶现光者,即般若智照。诸蛇见光,四散驰走者,即四大之身蛇、三毒之烦恼,智了即空,名为驰走。住念佛者,心印不坏,亦复如是者,以无念智,见真觉性,故云住念佛者。诸尘不动,一体不移,名为心印。恒住法位,究竟寂灭,名为不坏。况如唯金印在,故称亦复如是。所以《起信论》云:得见心性,名究竟觉。即斯旨矣。

《首楞严三昧经》云:尔时佛告现意天子:汝可示现首楞严三昧本事少分。现意天子语坚意言:仁者,欲见首楞严三昧少势力不?答言:天子,愿乐欲见。现意天子善得首楞严三昧力,故即现变,令众会者皆作转轮圣王,三十二相而自庄严及诸眷属七宝侍从。乃至复现神力,普令众会皆如释迦牟尼佛身,相好威仪,各有比丘眷属围遶。释曰:天子名现意者,以一切法,从意生形,因心所现,故名现意。是知,自心如幻,无有定仪。所见差殊,随心生灭。若能知幻无实,即见真性,以得真性故,方能周遍法界,示如幻法门,普现色身,引幻众生,同归实地。

《转有经》偈云:若为真实说,眼则不见色。意不知识法,此是最秘密。释曰:入此一心秘密之藏,则能所俱亡,不与六尘作对,故云眼不见色等。

《大法鼓经》云:一切众生悉有佛性,无量相好庄严照明。以彼性故,一切众生得般涅槃。释曰:故知一切众生悉有正因佛性,以万行庄严为引出性。乃至因圆为至得果性,毕竟成就一心常乐涅槃之道。

《宝顶经》云：佛言：迦叶，譬如有人，怖畏虚空，搥胸叫呼，作如是言：善友，汝等为我除此虚空，除此虚空！迦叶，于汝意云何？此空为可除不？迦叶言：不可，世尊。佛言：迦叶，若有如是沙门婆罗门怖畏性空，我说是人失心狂乱。所以者何？迦叶，一切诸法，并是说空方便。若畏此空，云何不畏一切诸法？若惜诸法，云何不惜此空？《佛性论》问云：此经为显何义？答：为示一切诸法本性非有，故说法空。非关法灭，然后得空。故于空性，不应生怖。释曰：一切诸法，并是说空方便者，夫有所说，皆为显空。所以空则一切法，法则一切空。非先有而后无，宁归断灭。岂先无而后有，不堕无常？是以，性本常空，空无间断。体应诸有，有自繁兴。能入斯宗，闻诸法空，心大欢喜。不了此义，闻诸法空，心大怖畏。以不了法空违现量境，执为外解，闻说唯心之旨，恐堕空见之门，心境俱迷，遂生怖畏。

《度一切诸佛境界经》云：佛言：文殊师利，菩提者，无相无缘。云何无相、云何无缘？不得眼识是无相，不见色是无缘。不得耳识是无相，不闻声是无缘。乃至意法亦如是。释曰：无相则无能缘之心，无缘则无所缘之境。能所俱亡，真心自现。

《文殊师利行经》偈云：过现未来法，唯语无真实。彼若于实处，一相无差别。释曰：若说三世所有之法，皆是世谛语言。若了一心真实之处，一道自无差别，何言之所议、意之所缘耶？

宗镜录第九十六

宋 慧日永明妙圆正修智觉禅师延寿集

《菩萨处胎经》云:譬如泉源陂池,五河驶流,各各有名,悉归于海,便无本名。亦如须弥,峙立难动,杂色众鸟往依附山,皆同一色,便无本色。菩萨摩诃萨教化众生,净佛国土,亦复如是:众生心识,所念不同,若干思想,能令一切至解脱门。想定意灭,便无本念,同一解脱。

《十善业道经》云:尔时世尊告龙王言:一切众生心想异故,造业亦异,由是故有诸趣轮转。龙王,汝见此会及大海中,形色种类各别不耶?如是一切,靡不由心造。乃至又观此诸大菩萨,妙色严净,一切皆由修集善业福德而生。又,诸天龙八部众等大威势者,亦因善业福德所生。今大海中所有众生,形色粗鄙,或大或小,皆由自心种种想念,作身语意诸不善业,是故随业,各自受报。

《寂照神变三摩地经》云:佛告贤护:寂照神变三摩地者,谓一切法平等性智,一切言说不现行智,乃至悟入心智,于心自性能随觉智,于引不引及引发中成善巧智。

《师子庄严王菩萨请问经》云:佛言:如是一法,随心变现,即能具足六波罗蜜。应当广说,教化众生,为大利益,乃至成佛。

《贤劫定意经》云:若有菩萨平等三昧,诸根具足,圣慧成就，是曰一心。又云：其在禅定，不著内外，亦无中间，是曰一心。

《舍利弗陀罗尼经》云：唯修一心念佛，不以色见如来，不以无色见如来。不以相，不以好，不以戒定慧解脱解脱知见，不以生，不以家，不以姓，不以眷属。乃至非自作，非他作。若能如是，名为念佛。

《商主天子所问经》云：商主天子问言：文殊师利，云何菩萨能清净心？答言：天子，若知诸心皆是一心，如是菩萨，名得净心。

《大乘流转诸有经》偈云：诸法唯假名，但依名字立。离于能诠语，所诠不可得。释曰：故知法但有名，因名立法。又名因于语，语因觉观。觉观心不起，能所悉皆空。

《弘道广显定意经》云：佛言：又复三事，心之所生：诸法无常，从其心生。诸法皆苦，亦由心生。诸法无我，亦从心生。乃至能一其心，知众生心，顺行化之，是则心力。

《阿含经》偈云：我与己为亲，不与他为亲。智者善调我，则得生善趣。释曰：所以云：天下至亲，无过于心。可谓入道真要，修行妙门。若善调之，速登大果。所以《般若经》云：调心为善哉，调心招乐果。

《杂藏经》偈云：心能导世间，心能遍摄受。如是心一法，皆自在随行。

《文殊菩萨问法身经》云：如言摩尼宝舍有四角，从一角视，悉见诸角无所缺减，是故见诸本际。释曰：若了一心本际，何法不通？以诸法从心所生，皆同一际，住此际中，一一圆满，举目咸是，何待意思？智不能知，言不能及。故云：金刚宝藏，无所缺减。

《象腋经》偈云：种种幻无实，凡夫人见异。是中无有异，一切同一相。

《老姥经》云：眼见好色即是意，意即是色。是二者，俱空无所有，生灭亦如是。

《无所希望经》云：时舍利弗，知诸众会心之所念，即时告此诸比丘言：仁等何故发丁斯言：吾等之身，从今已往，无佛世尊。因从异学，出为沙门？时诸比丘报舍利弗：吾从今始敬事六师，一切所归，为一相耳，不倚六入，是以不见若干种师，不想出家沙门也。释曰：倚六入而为差，妄分邪正。归一相而为本，彼我双亡。如是解者，可谓真出家矣。

《寂调音所问经》云：寂调音天子言：文殊师利，何等如与垢净等？文殊师利言：空无相无愿如。所以者何？涅槃空故。天子，如瓦器中空，宝器中空，无二无别。如是天子，垢空净空，俱同一空，无二无别。释曰：器虽不等，空本无形。垢净虽殊，性何曾异？如是了者，入无相门，顿悟真空，不堕修证。

《月藏经》偈云：诸法无有二，导师舍憎爱。一道如虚空，此是佛境界。又偈云：不分别诸法，不见有众生。诸法唯一相，得见佛境界。

《佛语经》云：佛言：若有处语，是魔王语。是魔见语，不名佛语。善男子，若无一切诸处语者，是名佛语。释曰：无一切诸处语者，即是无所证之法，亦无能证之智。既无有法，岂可说耶？但了唯心，自然无语。无语是真语，故云无法可说，是名说法。若著处所，若有所说，悉违本宗，不见法性。如云:报化非真佛,亦非说法者。

《杂藏经》偈云:如世有良医,以妙药救病。诸佛亦如是,为物说唯心。

《大乘理趣经》偈云:一切有为法,如乾闼婆城。众生妄心取,虽现非实有。诸法非因生,亦非无因生。虚妄分别有,是故说唯心。无明妄想见,而是色相因。藏识为所依,随缘现众像。如是目有瞖,妄见空中华。习气扰浊心,从是三有现。眼识依赖耶,能现种种色。譬如镜中像,分别不在外。所见皆自在,非常亦非断。赖耶识所变,能现于世间。法性皆平等,一切法所依。藏识恒不断,末那计为我。集起说为心,思量性名意。了别义为识,是故说唯心。心外诸境界,妄见毛轮华。所执实皆无,咸是识心变。色具色功德,皆依赖耶识。凡愚妄分别,谓是真实有。睡眠与惛醉,行住及坐卧。作业及士用,皆依藏识起。有情器世间,非由自在作。亦非神我造,非世性微尘。如木中火性,虽有未能烧。因燧方火生,由此破诸暗。展转互为因,赖耶为依止。诸识从彼生,能起漏无漏。如海遇风缘,起种种波浪。现前作用转,无有间断时。藏识海亦然,境界风所动。恒起诸识浪,无间断亦然。如酪未钻摇,其酥人不见。施功既不已,醍醐方可得。赖耶妄熏习,隐覆如来藏。修习纯熟时,正智方明了。诸识随缘转,不见本觉心。自觉智现前,真性常不动。

《宝雨经》云:菩萨云何行心念处?善男子,菩萨作是思惟:心实无常,执著为常。实是其苦,执著为乐。本无有我,执著为我。本来不净,执著为净。其心轻动,无时暂停。以不停故,于诸杂染,能为根本,坏灭善道,开恶趣门,生长三毒，与随烦恼等作其因缘为主为导，又能积集净不净业迅速流转，如旋火轮，亦如奔马，如火焚烧，如水增长，遍知诸境，如世彩画。菩萨如是观察心时，便得自在，得自在已，于诸法中亦无罣碍，是名菩萨善行心念处。

《持地经》云：佛言：持世，何谓菩萨摩诃萨修心观心？菩萨摩诃萨观心生灭住异相，如是观时，作是念：是心无所来，去无所至，但识缘相故生，无有本体，无一定法可得。是心无来无去，无住异可得。是心非过去未来现在。是心识缘故，从忆念起。是心不在内，不在外，不在两中间。是心无一生起相。是心无性无定，无有生者，无使生者。起杂业故，说名为心。识杂缘故，说名为心。念念生灭相续不断故，说名为心。但令众生通达心缘相故，心中无心相。是心从本已来，不生不起，性常清净。客尘烦恼染，故有分别。心不知心，亦不见心。何以故？是心空。性空故，本体无所有。是心无有一定法，定法不可得故。是心无法，若合若散。是心前际不可得，后际不可得，中际不可得。是心无形，无能见者。心不自见，不知自性。但凡夫颠倒相应，以虚妄缘，识相故起。是心空，无我无我所，无常无坚牢，无不变异相。如是思惟，得修心念处。是人尔时，不分别是心、是非心，但善知心无生相，通达是心无生性。何以故？心无决定性，亦无决定相。智者通达是心无生无相，尔时如实观心集没灭相，如是观时不得心，若集相、若没灭相，不复分别心灭不灭，而能得心真清净相。诸菩萨以是清净心，客尘所不能恼。何以故？诸菩萨见知心清净相，亦知众生心清净。作是念：心垢故众生垢，心净故众生净。如是思惟时，不得心垢相，不得心净相,但知是心常清净相。持世,诸菩萨摩诃萨,修心观心如是。

《宝网经》偈云:普遍诸佛土,法王之境界。释师子人尊,一毛光所照。释曰:如无量无边诸佛土,不出一毛头心地,以智了达者,故云光所照。

《十住经》云:金刚藏菩萨,是菩萨,三千大千世界所有众生一时问难,以无量无边音声差别问难。是菩萨于一念中,悉受如是问难,但以一音,皆令开解。释曰:但以一音,皆令开解者,万法从心,何疑不释?依心所示,何法不融?可谓得佛法之精华,开人天之眼目。

《广博严净经》偈云:自在世导师,不可说而说。于空中作结,即空而解之。释曰:心有即结,心空即解。若无于心,无结无解。故《首楞严经》云:佛告阿难:此宝华巾,汝知此巾元止一条,我六绾时名有六结。汝审观察,巾体是同,因结有异,于意云何?初绾结成,名为第一。如是乃至第六结生,吾今欲将第六结名,成第一不?不也,世尊,六结若存,斯第六名,终非第一。纵我历生尽其明辩,如何令是六结乱名?佛言:六结不同,修顾本因,一巾所造,令其杂乱,终不得成。则汝六根,亦复如是,毕竟同中,生毕竟异。佛告阿难:汝必嫌此六结不成,愿乐一成,复云何得?阿难言:此结若存,是非锋起,于中自生,此结非彼,彼结非此。如来今日,若总解除。结若不生,则无彼此,尚不名一,六云何成?佛言:六解一亡,亦复如是,由汝无始心性狂乱,知见妄发,发妄不息,劳见发尘。如劳目睛,则有狂华,于湛精明,无因乱起。一切世间山河大地、生死涅槃,皆即狂劳,颠倒华相。阿难言:此劳同结,云何解除?如来以手将所结巾偏掣其左,问阿难言:如是解不？不也，世尊。旋复以手偏牵右边，又问阿难：如是解不？不也，世尊。佛告阿难：吾今以手左右各牵，竟不能解。汝设方便，云何解成？阿难白佛言：世尊，当于结心，解即分散。佛告阿难：如是如是，若欲除结，当于结心。释曰：左右偏掣，况有无二见。当于结心，即正明中道。所以昧真，空而有无情起，执根尘而一六义生。谛了自心，解缚俱泯，故知垢净解缚，悉从自心：以心垢故见垢，心净故见净，心缚故见缚，心解故见解。若无于心，何垢何净？如《首楞严三昧经》云：尔时会中有一菩萨，名魔界行不污，现于魔宫，语恶魔言：汝宁不闻佛说首楞严三昧，无量众生皆发阿耨多罗三藐三菩提心，出汝境界。亦皆当复度脱余人，出汝境界。魔即报言：我闻佛说首楞严三昧名字，以被五缚不能得往，所谓两手、两足、及颈。又问恶魔：谁系汝者？魔即答言：我适发心，欲往坏乱听受首楞严三昧者，即被五缚。我适复念，诸佛菩萨有大威德，难可坏乱，我若往者，或当自坏，不如自住于此宫殿。作是念已，即于五缚而得解脱。菩萨答言：如是，一切凡夫，忆想分别颠倒取相，是故有缚。动念戏论，是故有缚。见闻觉知，是故有缚，此中实无缚者解者。所以者何？诸法无缚，本解脱故。诸法无解，本无缚故。常解脱相，无有愚痴。如来以此法门说法，若有众生得知此义，欲求解脱，勤心精进，则于诸缚而得解脱。

《宝箧经》云：文殊师利告大德舍利弗：如恒沙劫，火灾炽然，终不烧空。如是舍利弗，一一众生，恒河沙劫，造作逆罪不善之业，然其心性，终不可污。

《大虚空藏菩萨所问经》偈云：虚空离生灭，法界无去来。众色现于空，诸法依心住。空无色非色，心性亦复然。虚空唯假名，心意识如是。

《庵提遮女经》偈云：我虽内室中，尊如目前现。仁称阿罗汉，常随不能见。释曰：故知，念念释迦出世，步步弥勒下生。以自业所遮，对面不见。十地尚隔罗縠，二乘可知。

《守护国主陀罗尼经》云：尔时世尊告一切法自在王菩萨摩诃萨言：此深三昧，以菩提心而为其因，以大慈悲而为根本，方便修习无上菩提以为究竟。善男子，此中何者名为菩提？善男子，欲知菩提，当了自心。若了自心，即了菩提。何以故？心与菩提真实之相，毕竟推求，俱不可得，同于虚空，故菩提相即虚空相。是故，菩提无所证相，无能证相，亦无能所契合之相。何以故？菩提毕竟无诸相故。善男子，以一切法即虚空相，是故菩提毕竟无相。尔时一切法自在王菩萨复白佛言：世尊，若此菩提同虚空，一切智体当何所求？云何证得菩提现前？一切智智当于何生？佛告一切法自在王菩萨言：善男子，一切智体，当于心求。一切智智及与菩提，从心而生。何以故？心之实性，本清净故。善男子，此心之性，不在内，不在外，不在中间。善男子，一切如来说此心相，非青非黄、非赤非白、非红非紫、亦非金色、非长非短、非圆非方、非明非暗，非男非女、非非男女、亦复非是亦男亦女。善男子，此心非欲界性、非色界性、非无色界性，非天龙、非夜叉、非乾闼婆、非阿修罗、非迦楼罗、非紧那罗、非摩睺罗伽，人、非人等，一切同类。善男子，此心不住于眼，亦复不住耳鼻舌身意。于三世中，亦不可见。何以故？此心同于虚空相故。以是义故，远离一切粗细分别。何以故？此虚空性，即心性故。如其心性,即菩提性。如菩提性,即陀罗尼性。善男子,是故此心,虚空菩提,陀罗尼性,无二无二分,无别无断。如是一切,皆以大慈大悲而为根本,方便波罗蜜之所摄受。善男子,是故当知,我今于此诸菩萨等大众之中,说如是法,为净广大菩提心故,为令一切了自心故。是故,一切法自在王,若有善男子善女人,欲知菩提真实性者,当了自心,如其心性即菩提性。云何而能了知心性?谓此心性,于一切相,若形若显,乃至若五阴、若六入、若十二处、若十八界,如是等法观察推求,竟不可得。善男子,若诸菩萨如是了知,即得成就第一清净法光明门。住此门已,任运得此不可思议一切智智,诸佛境界甚深三昧。

《文殊般若经》云:佛告文殊师利:汝已供养几所诸佛?文殊师利言:我及诸佛,如幻化相,不见供养及与受者。佛告文殊师利:汝今可不住佛乘耶?文殊师利言:如我思惟:不见一法,何当得住于佛乘?佛言:文殊师利,汝不得佛乘乎?文殊师利言:如佛乘者,但有名字,非可得,亦不可见,我云何得?佛言:文殊,汝得无碍智乎?文殊师利言:我即无碍,云何以无碍而得无碍?佛言:汝坐道场乎?文殊师利言:一切如来不坐道场,我今云何独坐道场?何以故?现见诸法,住实际故。释曰:若了一心实际,则一切无所得。于无所得中,故能成办无边佛事,于事事中皆不违实际故。若如是解者,未必是不坐道场是坐道场、当坐道场时是不坐道场矣。何以故?道场等不出实际故。

《大品经》云:若住一切法,不住般若波罗蜜。不住一切法,方住般若波罗蜜。释曰:若住法,则不见般若。若住般若，则不见法。以法有相，般若无相，有无相反故尔。又非离有相法，别立无相般若，以相即无相，全是般若。故经云：色无边故，般若无边。又云：若学般若，应学一切法。何以故？夫般若者，是无住义。起心即是住著，若不住一切法即是般若。故云若学般若，应学一切法。设住般若，亦成愚闇，但一切处皆无住，则无非般若。

《金刚场陀罗尼经》云：文殊白佛言：颇有一法，菩萨行已，能入一切陀罗尼诸法门不？佛言：有一字法门，菩萨得已，能说千万字法门，而此一字法门亦不可尽。说诸法已，还摄入一字法门。

《转女身经》云：若于诸法不见差别，是则必能成就众生。又云：若知诸法皆解脱相，是则名为究竟解脱。释曰：执心为境，触目尘劳。知境是心，无非解脱。所以二乘只证人空，但离人我虚妄，名为解脱，未得法空一切解脱，以不识心故。如《入楞伽经》偈云：诸法无法体，而说唯是心。不见于自心，而起于分别。

《出曜经》云：身被戒铠，心无慧剑者，则不能坏结使元首。故知，若不观心妙慧成就，则不能断无明根本。所以《首楞严经》云：持犯但束身，非身无所束。元非遍一切，云何获圆通？

《正法华经》云：第一大道，无有两正。释曰：志当归一，万法所宗。如国无二王，家无二主。若离此别有所求，则成两道。如《菩萨行方便经》云：夫求法者，名不求于一切诸法。又云：若有所求，则不能师子吼也。若无所求，能师子吼。释曰：《涅槃经》云：师子吼者，决定说一切众生皆有佛性。若知自心佛性具足，则性外岂有法而可求耶？

《那先经》云：王问那先：何等为一其心者？那先言：诸善独有一心最第一。一其心者，诸善皆随之。那先言：譬若楼陛，当有所倚。诸善道者，皆著一心。

《杂藏经》云：阇王施宝衣与文殊师利菩萨，文殊忽于座上隐身不见。如是展转施诸菩萨声闻，亦复如是。乃至自著，亦不见身，因兹悟道。释曰：夫祖佛起教之由，莫不皆是破身心二执。故《金刚经》云：佛说非身，是名大身。

《宝藏论》云：清虚之理，毕竟无身。心亦如是：若能直悟自他身心俱不可得，心外无法，万境皆空，即同阇王所悟。

《无量义经》云：佛告大庄严菩萨：有一法门，能令菩萨疾得菩提。世尊，是法门者，字号何等，其义云何？善男子，是一法门，名无量义。菩萨欲得修学无量义者，应当观察一切诸法，自本来今，性相空寂，无大无小，无生无灭，非住非动，不进不退。犹如虚空，无有二法。而诸众生虚妄横计，是此是彼，是得是失。释曰：是一法门，名无量义者，即是一心门，能生无量义。以不守自性，随缘成诸法。正随缘时，亦不失自性。以众生不了故，但随起动之缘，不见寂灭之性，故于诸法，横计有无、彼此、得失。

《如来示教胜军王经》云：大王当知：譬如男子，或诸女人，于其梦中梦心所见可爱园林、可爱山谷、可爱国邑及诸异类。彼梦觉已，所见皆无。如是大王，国祚身命，虚伪无常，一切皆如梦之所见。故知，梦中境界、觉时境界，唯心所见，更无有异。世人但信梦境是虚，例执昼境是实。是以大觉垂慜，说况比知。将所信之虚，破所信之实。令所信之实，同所信之虚，顿悟法空，皆入宗镜。

《入法界体性经》云：尔时长老舍利弗，从自在处出，往诣文殊师利童子住处。到已，不见文殊师利，即诣佛所。到已，在佛别门外边而住。尔时世尊告文殊师利童子言：文殊师利，是舍利弗比丘，今在门外，为欲听法，汝令使入。文殊师利言：世尊，若彼舍利弗际，若法界际，世尊，此二际，岂有在内在外，若中间二耶？佛言：不也。文殊师利言：世尊，言实际者，亦非实际。如是际非际，无内无外，不来不去。世尊，长老舍利弗际，即是实际。舍利弗界，即是法界。世尊，然此法界，无出无入，不来不去。其长老舍利弗，从何处来，当入何所？佛言：文殊师利，若我在内共诸声闻语论，汝在于外而不听入，汝意岂不生苦恼想耶？文殊师利言：不也，世尊。何以故？世尊凡所说法不离法界，如来说法即是法界，法界即是如来界。说法界、如法界、言说界无二无别，所有名者说者，此等皆不离法界。世尊，以是义故，我不苦恼。世尊，若我恒河沙劫等不来至世尊说法所，我时不生爱乐，亦无忧恼。何以故？若有二者，即生忧恼。法界无二，故无恼耶。释曰：是以内外无际，真俗一原。入宗镜中，忻戚不盈于怀抱。住无二处，增爱靡挂于情田。故知，不去不来，见佛匪移于当念。非近非远，闻法岂越于毫端？得文殊之心，方知法尔。起众生之见，自隔情尘。

《深密解脱经》云：诸佛如来，善觉所觉，离于二行，到无相处，行诸佛行，得诸如来一切平等、到无障碍之所去处，能到一切不退法轮，能到不可降伏境界、不可思议体，能到一切三世平等、遍至一切诸世界身、到于诸法无疑之处，能到一切究竟智行,悉能到于法智无疑境界、得诸一切无分别身、能答一切菩萨问智,能到无二行之彼岸,能到诸佛无有差别解脱智处,能到无边无中三昧境界,广大如法界,究竟若虚空,尽未来际。释曰:夫亲到诸法无疑之处,悟心方知。顿照万境无相之门,见性方了。斯乃如来行处,大觉所知。故云:广大如法界,究竟若虚空。无始无终,尽未来际。

《金刚王菩萨秘密念诵仪轨经》云:端身止坐,作是思惟:一切诸法,从自心起。从本已来,皆无所有。

《弥勒成佛经》偈云:久念众生苦,欲拔无由脱。今日证菩提,豁然无所有。释曰:心识念念攀缘,系缚尘境,不得自在,即是众生苦。若了境空无缚,内结不生。证会一心,根尘俱寂,即入性空法界,证无相菩提。所以《法华三昧经》云:无著无所依,无累心寂灭。本性如虚空,是名无上道。又,《法华经》云:诸佛于此得阿耨多罗三藐三菩提,诸佛于此转于法轮,诸佛于此而般涅槃。是以,诸佛八相成道,菩萨四摄度生,自利利他,悉皆于此本性空中成办。

《杂藏经》云:譬如两木相揩,则自生火,还烧其木。火不从风出,不从水出,不从地出。其四魔者,亦复如是,皆从心生,不从外来。譬如画师,画作形像,随手大小。虽因缘合,有彩有板有笔,画师不画,不能成像。四魔如是,心已坚固,便无所起。释曰:是以,一心不动,法不现前。如画师不画,且无形像,故不动一心,有大功德。如《法句经》云:佛言:善男子,善知识者有大功德,能令汝等于贪欲瞋恚、愚痴邪见、五盖五欲众尘劳中建立佛法,不起一心,得大功德。譬如有人,持坚牢船,渡于大海,不动身心,而到彼岸。

宗镜录第九十七

宋 慧日永明妙圆正修智觉禅师延寿集

夫佛教已明，须陈祖意。达佛乘者，皆与了义相应。如《法华经》云：是人有所思惟筹量言说，皆是佛法，无不真实。亦是先佛经中所说。

第一毗婆尸佛偈云：身从无相中受生，由如幻出诸形像。幻人心识本来无，罪福皆空无所住。

第二尸弃佛偈云：起诸善法本是幻，造诸恶业亦是幻。身如聚沫心如风，幻出无根无实性。

第三毗舍浮佛偈云：假借四大以为身，心本无生因境有。前境若无心亦无，罪福如幻起亦灭。

第四拘留孙佛偈云：见身无实是佛见，了心如幻是佛了。了得身心本性空，斯人与佛何殊别？

第五拘那舍牟尼佛偈云：佛不见身知是佛，若实有知别无佛。智者能知罪性空，坦然不惧于生死。

第六迦叶佛偈云：一切众生性清净，从本无生无可灭。即此身心是幻生，幻化之中无罪福。

第七释迦牟尼佛偈云：幻化无因亦无生，皆即自然见如是。诸法无非自化生，幻化无生无所畏。复告摩诃迦叶：吾有清净法眼，涅槃妙心，实相无相，微妙正法，付嘱于汝，无令断绝。听吾偈曰：法本法无法，无法法亦法。今付无法时，法法何曾法?

西天第一祖摩诃迦叶传法偈云:法法本来法,无法无非法。何于一法中,有法有不法?

第二祖阿难传法偈云:本来付有法,付了言无法。各各须自悟,悟了无无法。

第三祖商那和修传法偈云:非法亦非心,无心亦无法。说是心法时,是法非心法。

第四祖优波毱多尊者传法偈云:心自本来心,本心非有法。有法有本心,非心非本法。

第五祖提多迦,亦名香众,初投优波毱多出家。尊者问曰:为心出家耶、身出家耶?香众曰:我来出家,非为身心而求利益。尊者曰:不为身心,复谁出家?香众曰:夫出家者,无我之故。无我之故,即心不生灭。心不生灭,即是常。既是常故,佛亦常。心无形相,其体亦尔。尊者曰:汝当大悟,心自明朗,依佛法中度恒沙众。付法偈云:通达本法心,无法无非法。悟了同未悟,无心得无法。

第六祖弥遮迦付法偈云:无心无可得,说得不名法。若了心非心,始解心心法。

第七祖婆须蜜付法偈云:心同虚空界,示等虚空法。证得虚空时,无是无非法。

第八祖佛陀难提付法偈云:虚空无内外,心法亦如是。若了虚空故,是达真如理。

第九祖伏馱蜜多尊者,问佛陀难提尊者,偈云:父母非我亲,谁为最亲者?诸佛非我道,谁为最道者?偈答云:汝言与心亲,父母非可比。汝行与道合,诸佛心即是。外求有相佛,与汝不相似。欲识汝本心,非合亦非难。因兹悟道。付法偈云:真理本无名,因名显真理。受得真实法,非真亦非伪。

第十祖胁尊者传法偈云:真体自然真,因真说有理。领得真实法,无行亦无止。

第十一祖富那夜奢,时胁尊者,于一树下以手指树下地告大众曰:此地若变为金色,当有圣者而入此会。言当未久,须臾之顷,以为金色。尊者举手,而见一人当会前立。尊者曰:汝从何来?夜奢曰:我心非往。尊者曰:何处所住?夜奢曰:我心非止。尊者曰:汝不定耶?夜奢曰:诸佛亦然。尊者曰:汝非诸佛。夜奢曰:诸佛亦非。尔时夜奢说偈赞曰:师坐金色地,常说真实义。回光而照我,令入三摩谛。又,传法偈云:迷悟如隐显,明暗不相离。今付隐显法,非一亦非二。

第十二祖马鸣尊者传法偈云:隐显即本法,明暗元不二。今付悟了法,非取亦非弃。

第十三祖毗罗尊者传法偈云:非隐非显法,说是真实际。悟此隐显法,非愚亦非智。

第十四祖龙树尊者,行化到南印土,彼国人多修福业,不会佛理。唯行小辩,不具大智。及问佛性,而云布施,我求福业,非解佛性。汝会佛性,为我说之。师曰:汝欲学道,先除我慢,生恭敬心,方得佛性。众曰:佛性大小?师曰:非汝所知,非说大小。若说大小,即是大小,非佛性也。彼众曰:我欲弃小辩归于大海。龙树即为说法,对大众而现异相,身如月轮,当于座上,唯闻说法,不睹其形。彼众有一长者,名曰提婆,谓诸众曰:识此瑞不?彼众曰:非其大圣,谁能识也?尔时提婆,心根宿净,亦见其相,默然契会。乃告众曰:师现佛性之义，非师身者，无相三昧，形如满月，佛性之义也。语未讫，师即现本身，座上说偈曰：身现满月相，以表诸佛体。说法无其形，用辩非声色。又，传法偈云：为明隐显法，方说解脱理。于法心不证，无瞋亦无喜。

第十五祖迦那提婆尊者传法偈云：本对传法人，为说解脱理。于法实无证，无终亦无始。

第十六祖罗睺罗尊者传法偈云：于法实无证，不取亦不离。法非有无相，内外云何起？

第十七祖僧迦难提尊者传法偈云：心地本无生，因种从缘起。缘种不相妨，华果亦复尔。

第十八祖伽耶舍多。初第十七祖僧迦难提，因至其舍，忽见一子，手执铜镜而至师所。尊者曰：子几岁耶？子曰：我当百岁。是时尊者见答百岁，覆问曰：汝当无知，看甚幼小，答吾百岁，非其理也。子曰：我不会理，正当百岁。尊者曰：子善机耶？子曰：佛偈云：若人生百岁，不会诸佛机。未若生一日，而得决了之。时尊者敬之，深知是圣。又征问曰：汝执此镜，意况如何？尔时童子，以偈答曰：诸佛大圆镜，内外无瑕翳。两人同得见，心眼俱相似。父母见子奇异，遂舍出家。尊者即领游化，至一古寺，而为受戒，名曰伽耶舍多。于彼殿上，有铜铃被风摇响，尊者问曰：彼风鸣耶、彼铃鸣耶、彼铜鸣耶？子曰：我心鸣耳，非风铜铃。尊者曰：非风铜铃，我心谁耳？子曰：二俱寂静，非三昧耶！尊者曰：善哉，真比丘，善会诸佛理，善说诸法要，善识真实义。又告曰：我今将此法眼藏，付嘱于汝，汝受吾偈，当行化之。偈曰：心地本无生，因种从缘起。缘种不相妨，华果亦复尔。伽耶舍多，后付鸠摩罗多传法偈曰:有种有心地,因缘能发萌。于缘不相碍,当生生不生。

第十九祖鸠摩罗多尊者,传法偈云:性上本无生,为对求人说。于法既无得,何怀决不决?

第二十祖阇夜多尊者,传法偈云:言下合无生,同于法界性。若能如是解,通达事理竟。

第二十一婆修盘头尊者,传法偈云:泡幻同无碍,如何不了悟。达法在其中,非今亦非古。

第二十二祖摩拏罗,付鹤勒尊者传法偈后,即从座起,踊身虚空,作十八变讫,却归本座。以手指地,化为一泉,而说偈言:心地清净泉,龙润于一切。从地而涌出,遍满十方济。又,传法偈云:心逐万境转,转处实能幽。随流认得性,无喜亦无忧。

第二十三祖鹤勒尊者付法已竟,即从座起,踊身虚空,作十八变已,却归本座,寂然灭度。尔时大众,欲分舍利,各自起塔。临阇维讫,欲分舍利。尔时尊者,现身说偈:一法一切法,一切一法摄。吾身非有无,何分一切塔?又,传法偈云:认得心性时,可说不思议。了了无所得,得时不说知。

第二十四祖师子尊者传法偈云:正说知见时,知见俱是心。当心即知见,知见即于今。

第二十五祖婆舍多尊者传法偈云:圣人说知见,当境无非是。我今悟真性,无道亦无理。

第二十六祖不如密多尊者传法偈云:真性心地藏,无头亦无尾。应缘而化物,方便呼为智。

第二十七祖般若多罗尊者传法偈云:心地生诸种,因事复因理。果满菩提圆,华开世界起。

西天波罗提尊者,化异见王,现神通力,乘云至王殿前。尔时大王,问乘云者曰:汝为是邪,汝为是正?波罗提尊者答曰:我非邪正,而来正邪。大王若正,我无邪正。王又问曰:何者是佛?波罗提曰:见性是佛。王曰:师见性不?波罗提曰:我见佛性。王曰:性在何处?波罗提曰:性在作用。王曰:是何作用,今不睹见?波罗提曰:今现作用,王自不识。王曰:师既所见云有作用,当于我处而有之不?波罗提曰:王若作用,现前总是。王若不用,体亦难见。王曰:若当用之,几处出现?师曰:若出用时,当有其八。卓立云端,以偈告曰:在胎曰身,处世名人。在眼曰见,在耳曰闻,在鼻辩气,在口谈论,在手执捉,在脚云奔。遍现俱该法界,收摄不出微尘。识者知是佛性,不识者唤作精魂。

此土初祖菩提达摩多罗,南天竺国王第三之子。常好理论,心念众生,而不识佛。又自叹曰:世有形法,而易了之。唯佛心法,难有会者。尔时般若多罗尊者至于其国,王赐一宝珠,其珠光明,璨然殊妙。尊者见已,用珠试曰:此宝珠者,有大光明,能照于物,更有好珠,能胜此不?菩提多罗曰:此是世宝,未得为上,于诸光中,智光为上。此是世明,未得为上,于诸明中,心明第一。其此珠者,所有光明,不能自照,要假智光,智辩于此。既辩此已,即知是珠。既知是珠,即明其宝。若明其宝,宝不自宝。若辩其珠,珠不自珠。珠不自珠者,要假智珠而辩世珠。宝不自宝者,要假法宝以明俗宝。然则师有其道,其宝既现。众生有道,心宝亦然。尊者异之,因出家悟道,遂行化此土,宝志识是传佛心印观音圣人。师述《安心法门》云:迷时人逐法,解时法逐人。解则识摄色,迷则色摄识。但有心分别计校自心现量者,悉皆是梦。若识心寂灭无一动念处,是名正觉。

问:云何自心现?

答:见一切法有,有自不有,自心计作有。见一切法无,无自不无,自心计作无。乃至一切法亦如是,并是自心计作有,自心计作无。又,若人造一切罪,自见己之法王,即得解脱。若从事上得解者,气力壮,从事中见法者,即处处不失念。从文字解者,气力弱,即事即法者深,从汝种种运为跳踉颠蹶,悉不出法界,亦不入法界。若以界入界,即是痴人。凡有所施为,终不出法界心。何以故?心体是法界故。

问:世间人种种学问,云何不得道?

答:由见己故,不得道。己者,我也。至人逢苦不忧,遇乐不喜,由不见己故。所以不知苦乐者,由亡己故,得至虚无。己自尚亡,更有何物而不亡也?

问:诸法既空,阿谁修道?

答:有阿谁,须修道?若无阿谁,即不须修道。阿谁者,亦我也。若无我者,逢物不生是非,是者我自是,而物非是也。非者我自非,而物非非也。即心无心,是为通达佛道。即物不起见,名为达道。逢物直达知其本原,此人慧眼开。智者任物不任己,即无取舍违顺。愚者任己不任物,即有取舍违顺。不见一物,名为见道。不行一物,名为行道。即一切处无处，即是法处。即作处无作处，无作法，即见佛。若见相时，则一切处见鬼，取相故堕地狱，观法故得解脱。若见忆想分别，即受镬汤炉炭等事，现见生死相。若见法界性，即涅槃性。无忆想分别，即是法界性。心非色，故非有。用而不废，故非无。又，用而常空，故非有。空而常用，故非无。

传法偈云：吾本来兹土，传法救迷情。一华开五叶，结果自然成。

第二祖可大师云：凡夫谓古异今，谓今异古。复离四大，更有法身。解时，即今五阴心，是圆净涅槃。此心具足万行，正称大宗。

传法偈云：本来缘有地，因地种华生。本来无有种，华亦不能生。

第三祖璨大师传法偈云：华种虽因地，从地种华生。若无人下种，华种尽无生。

第四祖道信大师云：夫欲识心定者，正坐时知坐是心，知有妄起是心，无妄起是心，无内外是心。理尽归心，心既清净，净即本性，内外唯一心。是智慧相，明了无动心，名自性定。又示融大师云：百千妙门，同归方寸。恒沙功德，总在心原。一切定门，一切慧门，一切行门，悉皆具足。神通妙用，并在汝心。

传法偈云：华种有生性，因地华生生。大缘与性合，当生生不生。

第五祖弘忍大师云：欲知法要，心是十二部经之根本，唯有一乘法。一乘者，一心是。但守一心，即心真如门。一切法行，不出自心，唯心自知。心无形色，诸祖只是以心传心，达者印可,更无别法。又云:一切由心,邪正在己。不思一物,即是本心。唯智能知,更无别行。传法偈云:有情来下种,因地果还生。无情既无种,无性亦无生。

第六祖慧能大师云:汝等诸人自心是佛,更莫狐疑。心外更无一法而能建立,皆是自心生万种法。经云:心生种种法生。其法无二,其心亦然,其道清净,无有诸相,汝莫观净,及空其心。此心无一,无可取舍。行住坐卧,皆一直心,即是净土。依吾语者,决定菩提。传法偈云:心地舍诸种,普雨悉皆生。顿悟华情已,菩提果自成。

让大师云:一切万法,皆从心生,若达心地,所作无碍。汝今此心即是佛故,达摩西来,唯传一心之法。三界唯心,森罗及万像,一法之所印,凡所见色,皆是自心。心不自心,因色故心。汝可随时,即事即理,都无所碍。菩提道果,亦复如是,从心所生,即名为色。知色空故,生即不生。马大师问曰:如何用意,合禅定无相三昧?师曰:汝若学心地法门,犹如下种,我说法要,譬如天泽。汝缘合故,当见于道。马大师又问曰:和尚云见道,道非色故,云何能睹?师曰:心地法眼,能见于道。无相三昧,亦复然矣。马大师曰:有成坏不?师曰:若契此道,无始无终,不成不坏,不聚不散,不长不短,不静不乱,不急不缓。若如是解,当名为道。汝受吾教,听吾偈言:心地含诸种,遇泽悉皆萌。三昧华无相,何坏复何成?

吉州思和尚云:即今语言,即是汝心。此心是佛,是实相法身佛。经云:有三阿僧祇百千名号,随世界应处立名。如随色摩尼珠,触青即青,触黄即黄。宝本色,如指不自触,刀不自割,镜不自照,随像所现之处各各不同,得名优劣不同。

此心与虚空齐寿,若入三昧门,无不是三昧。若入无相门,总是无相。随立之处,尽得宗门:语言啼笑,屈伸俯仰,各从性海所发,故得宗名。相好之佛,是因果佛,即实相佛家用。经云:三十二相、八十种好,皆从心想生。亦云:法性家焰。又云:法性功勋,随其心净,即佛土净。诸念若生,随念得果。应物而现,谓之如来。随应而去,故无所求。一切时中,更无法可得,自是得法,不以得更得。是以,法不知法,法不闻法。平等即佛,佛即平等,不以平等更行平等,故云独一无伴。迷时迷于悟,悟时悟于迷。迷还自迷,悟还自悟。无有一法不从心生,无有一法不从心灭。是以,迷悟总在一心,故云一尘含法界。非心非佛者,真为本性,过诸数量。非圣无辩,辩所不能言。无佛可作,无道可修。经云:若知如来常不说法,是名具足多闻。即见自心具足多闻故,草木有佛性者皆是一心、饭食作佛事衣服作佛事故。

嵩山安和尚。昔让和尚与坦然禅师,在荆州玉泉听律,二人共相谓言:我闻禅宗,最上佛乘,何必局此小宗,而失大理?遂乃云游,博问先知。至嵩山安和尚处,问:如何是祖师西来意旨?师云:何不问自家意旨,问他别人意旨作什么?问:如何是坦然意旨?师云:汝须密作用。问:如何是密作用?伏请指示。师举视之,二人当时大悟。

崛多三藏师,因行至太原定襄县历村,见秀大师弟子,结草为庵,独坐观心。师问:作什么?对云:看静。师曰:看者何人,静者何物?其僧无对。问:此理如何,乞师指示。师曰:何不自看,何不自静?师见根性迟回,乃曰:汝师是谁?对云:秀和尚。师曰:汝师只教此法,为当别有意旨?云:只

教某看静。师曰:西天下劣外道所习之法,此土以为禅宗也。大误人!其僧问三藏:师是谁?师曰:六祖。又云:正法难闻,汝何不往彼中?其僧闻师示训,便往曹溪礼见六祖,具陈上事。祖曰:诚如崛多所言,汝何不自看、何不自静,教谁静汝?言下大悟。

智策和尚,游行北地,遇见五祖下智隍禅师,二十年修定。师问:在此间作什么?隍云:入定。师云:入定者,为有心入也、为无心入也?若有心入者,即一切有情悉皆有心,亦合得定。若言无心入者,一切无情,亦合得定。隍曰:吾正入定之时,不见有有无之心。师曰:若不见有有无之心,即是常定,不应更有出入。隍无对,却问:汝师是谁?云:六祖。问:汝师以何法为禅定?师曰:妙湛圆寂,体用如如。五阴本空,六尘非有。不出不入,不定不乱。禅性无住,离住禅寂。禅性无生,离生禅想。心如虚空,亦无虚空之量。隍闻此说,未息疑心,遂振锡南行,直往曹溪礼见六祖。祖乃亦如上说,隍于言下大悟。

南岳思大和尚云:若言学者,先须通心。心若得通,一切法一时尽通。闻说净,不生净念,即是本自净。闻说空,不取空。譬如鸟飞于空,若住于空,必有堕落之患。无住,是本自性体寂。而生其心,是照用。即寂是自性定,即照是自性慧。即定是慧体,即慧是定用。离定无别慧,离慧无别定。即定之时即是慧,即慧之时即是定。即定之时无有定,即慧之时无有慧。何以故?性自如故,如灯光虽有二名,其体不别:即灯是光,即光是灯。离灯无别光,离光无别灯。即灯是光体,即光是灯用。即定慧双修,不相去离。

牛头融大师《绝观论》问云：何者是心？答：六根所观，并悉是心。问：心若为？答：心寂灭。问：何者为体？答：心为体。问：何者为宗？答：心为宗。问：何者为本？答：心为本。问：若为是定慧双游？云：心性寂灭为定，常解寂灭为慧。问：何者是智？云：境起解是智。何者是境？云：自身心性为境。问：何者是舒？云：照用为舒。何者为卷？云：心寂灭，无去来为卷。舒则弥游法界，卷则足迹难寻。问：何者是法界？云：边表不可得，名为法界。

法照禅师云：经云：三阿僧祇百千名号，皆是如来异名，即真心之别称也。又，经云：万法不出一心，此义是也。夫缚从心缚，解从心解，缚解从心，不关余事，出要之术，唯有观心。乃至若举一心门，一切唯一心。若一法非心，则是心外有。谁能在心外，别制一条者？

梵禅师云：若知一切法皆是法，即得解脱。眼是法，色是法。经云：不见法，还与法作系缚。亦不见法，还与法作解脱。

藏禅师云：于一切法无所得者，即心是道。眼不得一切色，耳不得一切声。

缘禅师云：譬如家中有大石，寻常坐卧。或作佛像，心作佛解，畏罪不敢坐。皆是意识笔头画作，自忙自怕，石中实无罪福。

安禅师云：直心是道。何以故？直念直用，更不观空，亦不求方便。经云：直视不见，直念不思，直受不行，直说不烦。

觉禅师云：若悟心无所属，即得道迹。眼见一切色，眼不属一切色，是自性解脱。经云：一切法不相属。故心与一切

法，各不相知。

圆寂尼云：一切法唯心无对，即自性解脱。经云：一切法不与眼作对。何以故？法不见法，法不知法。

尧禅师云：了心识性，自体恒真。所缘念处，无非佛法。

朗禅师云：凡有所见，皆自心现。道似何物，而欲修之？烦恼似何物，而欲断之？

稠禅师云：一切外缘，名无定相，是非生灭，一由自心。若自心不心，谁嫌是非？能所俱无，即诸相恒寂。

慧慈禅师云：夫法性者，大道也。法是法身，性是觉性，即众生自然性也。是以，金刚般若，如大火聚，三昧焰焰，诸累莫入，故称天上天下，唯我独尊。

慧满禅师云：诸佛说心，令知心相是虚妄法。今乃重加心相，深违佛意。又增论议，殊乖大理。常赍四卷《楞伽经》以为心要，随说随行。

宗镜录第九十八

宋 慧日永明妙圆正修智觉禅师延寿集

志公和尚偈云:顿悟心原开宝藏,隐显灵踪现真相。独行独坐常巍巍,百亿化身无数量。纵令逼塞满虚空,看时不见微尘相。可笑物空无比况,口吐明珠光晃晃。寻常见说不思议,一语标宗言下当。

庞居士颂云:万法从心起,心生万法生。生生不了有,来去枉虚行。寄语修道人,空生有不生。如能达此理,不动出深坑。

寒山子诗云:男儿大丈夫,作事莫莽卤。径直铁石心,直取菩提路。邪道不用行,行之必辛苦。不要求佛果,识取心王主。

懒瓒和尚歌云:莫谩求真佛,真佛不可见。妙性及灵台,何曾受熏练?心是无事心,面是娘生面。劫石可移动,个中无改变。又云:吾有一言,绝虑忘缘。巧说不得,只用心传。更有一语,无过直与。细于毫末,大无方所。本自圆成,不劳机杼。

腾腾和尚歌云:修道道无可修,问法法无可问。迷人不悟色空,达者本无逆顺。八万四千法门,至理不过方寸。烦恼正是菩提,净华生于泥粪。识取自家城邑,莫谩游他州郡。

高僧释法喜,临迁化时告众云:三界虚妄,但是一心。端坐而卒。

高僧释灵润云:舍外尘邪执,得意言分别。舍唯识想,得真法界。前观无相,舍外尘相。后观无生,舍唯识想。又,常与法侣登山游观,野火四合,众并奔散,唯润安行,如常顾陟,语诸属曰:心外无火,火实自心。谓火可逃,无由免火。及火至润,潜然自敛。

高僧释法空,入台山幽居,每有清声召曰:空禅。如是非一。自后法空,知是自心境界,以法遣之,遂乃安静。初以禅修,终为对碍,遂学大乘离相。从所学者,并以此诲之。以法为亲,以法为侣。

高僧释靖迈,临终云:心非道外,行在言前。言毕坐蜕。

高僧释通达,因以木打块,块破形消,既睹斯变,廓然大悟心迹。

高僧释转明,凡有所谘学者,常以平等唯心一法,志而奉之。

高僧释道英,入水卧雪,而无寒苦,如是随事以法对之,纵任自在,不以为难。良由唯识之旨,洞晓心腑。外事之质,岂得碍乎?常讲《起信》,至心真如门,奄然入定。

高僧释道世云:勤勇忏悔者,虽知依理,须知心妄动,远离前境。经云:譬如氎花千斤,不如真金一两。喻能观心强,即灭罪强。

伏陀禅师云:籍教明宗,深信含生同一真性。凡圣一路,坚住不移,不随他教,与道冥符,寂然无为,名为理入。

高僧释智通云:若夫寻近大乘修正观者,察微尘之本际,许一念之初原,便可荆棘播无常之音,枭獍说甚深之法。十方净土，未必过此矣。

高僧释昙遂，每言：三界虚妄，但是一心。追求外境，未悟难息。

高僧解脱和尚，依《华严》作佛光观，于清宵月夜光中，忽见化佛说偈云：诸佛秘密甚深法，旷劫修行今乃得。若人开明此法门，一切诸佛皆随喜。解脱和尚乃礼拜问云：此法门，如何开示于人？化佛遂隐身不现，空中偈答云：方便智为灯，照见心境界。欲知真实法，一切无所见。

太原和尚云：夫欲发心入道，先须识自本心。若不识自本心，如狗逐块，非师子王也。善知识，直指心者，即今语言是汝心。举动施为，更是阿谁？除此之外，更无别心。若言更别有者，即如演若觅头。经云：信心清净，即生实相。又，经云：无依是佛母，佛从无处生。

天皇和尚云：只今身心即是性，身心不可得。即三界不可得，乃至有性无性，总不可得。无佛无众生，无师无弟子。心空，三界一切总空。以要言之，三界内外，下至蝼蚁蠢动之者，悉在一尘中，彼此咸等，一一皆如，是各各不相妨。一切法门，千般万种，只明见性，更无余事。

兴善和尚云：从上已来，祖佛相传一心之法，以心印心，不传余法。初祖指一言以直说，譬如龙吐水至津，津满至河，乃至大海，龙是水之源。以知，如今已后，学人相传一心之法，皆是简要说，而唤心时，不得别觅佛。当佛时，不得更求心。是以，若人信自心是佛，此人所有言说，当能转法轮。若人不信自心是佛，此人所有言说，皆是谤方等大乘。所以经云：性外得菩提，譬如压砂求油，不是油正因。

颙禅师，有问：《涅槃》明众生即佛性，佛性即众生。但以时异，有净不净。未审非情，亦是众生不？答：经云：文殊问金色女：汝身有五阴、十二入、十八界不？女言：如我身有五阴、十二入、十八界。《梵网经》云：一切地水是我先身，一切火风是我本体。又，依正二身，互相依立。《华严经》云：一切法无相，是则佛真体。经明若计灵智之心是常、色是败坏无常者，则外道断常之见。《华严》明众生界即佛界，佛界即法界，法界之外，更无别法。乃至万法虽异，其体常同。若不迷于所同，体用常无有二。无二之旨，盖出世之要津，一念相应，不隔凡成圣矣。

卧轮禅师云：详其心性，湛若虚空。本来不生，是亦不灭，何须收捺？但觉心起，即须向内反照心原，无有根本，即无生处。无生处故，心即寂静，无相无为。

南泉和尚云：然灯佛道了也。若心想所思，出生诸法，虚假合集，彼皆不实。何以故？心尚无有，何所出生？若取诸法，犹如分别虚空。如人取声，安置箧中。亦如吹网，欲令气满。又云：如今但会一如之理，直下修行。又云：但会无量劫来性不变，即是修行。

汾州无业和尚，初问马祖：三乘至理，粗亦研穷。常闻禅师即心是佛，实未能了，伏愿指示。马祖曰：即汝不了底心即是，更无别物。不了时是迷，了时是悟。亦犹手作拳，拳作手也。师又问：如何是祖师西来密传心印？祖曰：大德正闹在，且去，别时来。一足始跨门限，祖云：大德！便却回头，祖云：是什么？遂豁然大悟。示徒云：祖师来此土，观其众生有大乘根性，唯传心印，印汝诸人迷情。得之者，即不论凡之与圣、愚之与智,多虚不如少实。大丈夫儿,不如直下休歇去好,顿息万缘,截生死流,迥出常格,灵光独照,物类不拘,巍巍堂堂,三界独步。何必身长丈六,紫磨金辉,项佩圆光,舌相长广?若以色见我,是人行邪道。设有眷属庄严,不求而自至,山河大地,不碍眼光。一闻千悟,获大总持。又,临终告众云:汝等见闻智觉之性,与虚空齐寿,犹如金刚,不可破坏。一切诸法,如影如响,无有实者。经云:唯此一事实,余二即非真。言讫,奄然而化。

真觉大师云:夫心性灵通,动静之原莫二。真如绝虑,缘计之念非殊。惑见纷驰,穷之则唯一寂。灵原不状,鉴之则乃千差。千差不同,法眼之名自立。一寂非异,慧眼之号斯存。理量双消,佛眼之功圆著。是以,三谛一境,法身之理恒清。三智一心,般若之明常照。境智冥合,解脱之应随机。非纵非横,圆伊之道玄会。故知,三德妙性,宛尔无乖一心。深广难思,何出要而非路?是以,即心为道者,可谓寻流而得源矣。

神秀和尚云:一切非情,以是心等现故。染净随心,有转变故。无有余性,要依缘故,谓缘生之法,皆无自性,空有不俱。即有情正有时,非情必空故,他即自故。何以故?他无性,以自作故,即有情修证,是非情修证也。经云:其身周普,等真法界。既等法界,非情门空,全是佛故。又,非情正有时,有情必空故,自即他故。何以故?自无性,以他作故,即非情无修无证,是有情无修无证也。善财观楼阁时,遍周法界,有情门空,全一阁故。经云:众生不违一切刹,刹不违一切众生。虽云有无同时,分相斯在矣。

隋朝命大师《融心论》云：圆机对教，无教不圆。理心涉事，无事非理。无事非理，何乱而不定？无乱不定，则定乱两亡。无事非理，故事理双绝。乃至虽离二边，非有边而可离。言亡四句，实无句而可亡。此处幽玄，融心可会。若以心融心，非融心矣。心常如实，何所融也？实不立心，说融心矣。

智达禅师《心境颂》云：境立心便有，心无境不生。若将心系境，心境两俱盲。境心各自住，心境性恒清。悟境心无起，迷心境共行。若迷心作境，心境乱纵横。悟境心元净，知心境本清。知心无境性，了境心无形。境虚心寂寂，心照境泠泠。

甘泉和尚云：夫欲发心入道，先须识自本心。心者，万法众生之本，三世诸佛祖十二部经之宗。虽即观之，不见其形。应用自在，所作无碍。洞达分明，了了无异。若未识者，以信为先。信者信何物？信心是佛。无始无明轮回生死，四生六道受种种形，只为不敢认自心是佛。若能识自心，心外更无别佛，佛外无别心，乃至举动施为，更是阿谁？除此心外，更无别心。若言别更有者，汝即是演若达多将头觅头，亦复如是。千经万论，只缘不识自心。若了自心本来是佛者，一切唯假名，况复诸三有？则明镜可以鉴容，大乘可以印心。又云：求经觅佛，不如将理勘心。若勘得自心，本自清净，不须磨莹。本自有之，不因经得。何乃得知？经云：修多罗教，如标月指，若复见月，了知所标。若能如是解者，一念相应，即名为佛。

普岸大师云：大道虚旷，唯一真心。善恶勿思，神清物表，更复何忧？

沩山和尚云:内外诸法,尽知不实。从心化生,悉是假名。任他法性周流,莫断莫绝。

临济和尚云:如今诸人,与古圣何别?你且欠少什么?六道神光,未曾间歇,若能如是,秖是个一生无事人。欲得与祖佛不别,但莫向外驰求:尔一念清净光,是尔屋里法身佛。尔一念无分别光,是尔屋里报身佛。尔一念差别光,是尔屋里化身佛。此三种身,即是今日目前听法底人。此三种是名言,明知是光影。大德,且要识取弄光影底人,是诸佛本源,是一切道流归舍处。尔四大六根及虚空,不解听法说法,是个什么物,历历地孤明,勿个形段,是这个解说法听法,所以向尔道:向五阴身田内,有无位真人,堂堂显露,无丝发许间隔,何不识取?大德,心法无形,通贯十方。在眼曰见,在耳曰闻。本是一精明,分成六和合。心若不生,随处解脱。灌溪和尚偈云:五阴山中古佛堂,毗卢昼夜放圆光。个中若了非同异,即是华严遍十方。

石头和尚云:且汝心体,离断离常。性非垢净,湛然圆满。凡圣齐等,应用无方。三界六道,唯自心现,水月镜像,有生灭耶?汝能知之,无所不备。诸圣所以降灵垂范,广述浮言,盖欲显法身本寂,令归根耳。

黄檗和尚云:达摩西来,唯传一心法,直下指一切众生心本来是佛,不假修行。但今识取自心,见自本性,莫别求法。云何识自心?即如今言语者是。汝心若不言语、又不作用,心体犹如虚空相似,实无相貌,亦无方所,亦不一向是无,只是有而不见。又云:但悟一心,更无少法可得,此即真佛。佛与众生一心,更无有异,不如言下自认取本法。此法即心,心外无法。此心即法,法外无心。

丹霞和尚云:汝等保护一灵之物,不是汝造作得,不是汝詺邈得。吾此地无佛、无涅槃。亦无道可修,无法可证。道不属有无,更修何法?唯此余光,在在处处,则是大道。

水潦和尚云:若说一法,十方诸佛收入一法中,百千妙门在一毛头上。千圣同辙,决定不别。普照十方,犹如明镜。心地若明,一切事尽皆看破。从上已来,以心传心,本心即是法。

仰山和尚云:顿悟自心无相,犹若虚空,寄根发明,即本心具恒沙妙用。无别所持,无别安立,即本地,即本土。

大颠和尚云:老僧往年见石头和尚,问曰:阿那个是汝心?对云:言语者是心。被师喝出。经日却问:前日既不是心,除此之外,何者是心?师云:除却扬眉动目一切之事外,直将心来。对云:无心可来。师云:汝先来有心,何得言无心?无心尽同谤。我时于言下大悟。即对云:既令某甲除却扬眉动目一切之事,和尚亦须除之。师云:我除竟。对云:将示和尚了也。师云:汝既将示我心如何?对云:不异和尚。师云:不关汝事。对云:本无物。师云:汝亦无物。对云:既无物,即真物。师云:真物不可得,汝心现量意旨如此也,大须护持。

三平和尚偈云:即此见闻非见闻,无余声色可呈君。个中若了浑无事,体用无妨分不分。又偈云:见闻知觉本非因,当体虚玄绝妄真。见相不生痴爱业,洞然全是释迦身。

安国和尚云:经云:应无所住,而生其心。无所住者,不住色,不住声。不住迷,不住悟。不住体,不住用。而生其心者,即是一切处而显一心:若住善生心,即善现。若住恶生心,即恶现。本心即隐没,若无所住,十方世界唯是一心。信知风幡不动,是心动。有檀越问:和尚是南宗北宗?答云:我非南宗北宗,心为宗。又问:和尚曾看教不?答云:我不曾看教。若识心,一切教看竟。学人问:何名识心见性?答:喻如夜梦,见好与恶。若知身在床上安眠,全无忧喜,即是识心见性。如今有人,闻作佛便喜,闻入地狱即忧,不达心佛,在菩提床上安眠,妄生忧喜。

归宗和尚云:即心是佛,彻底唯性。山河大地,一法所印。是大神咒,真实不虚,是诸佛之本原,菩提之根骨。佛何者是?即今言下是,更无别人。经云:譬如一色,随众生见,得种种名。一切法唯是一法,随处得名。

大悲和尚云:能知自心性含于万法,终不别求,念念功夫,入于实相。若不见是义,勤苦累劫,亦无功夫。

草堂和尚云:夫帝网未张,千璎焉觌?宏纲忽举,万目自开。心佛双照,观也。心佛双亡,止也。定慧既均,亦何心而不佛、何佛而不心?心佛既然,则万境万缘无非三昧也。

百丈慧海和尚,因拨火示沩山灵佑,因兹顿悟。百丈乃谓曰:此暂时岐路。经云:欲见佛性,当观因缘时节。时节既至,如迷忽悟,似忘忽忆,方省旧道,己物不从他得。是故祖师云:悟了同未悟,无心得无法。秖是无虚妄凡圣等心,本来心法,元自备足。是汝今既尔,善自护持。又,广语问云:见不?答:见。又问:见复如何?答:见无二。既云无二,不以见见于见。若见更见,为前见是、为后见是?经云:见见之时,见非是见。所以云:不行见法,不行闻法,不行觉法,诸佛疾与授记。又云:自心是佛,照用属菩萨。自心是主宰,照用属客。如波说水,照万有以显功。若能寂照,不存玄旨,自然贯于今古。如云神无照功,至功常存。又云:如今欲得蓦直悟解,但人法俱泯、俱绝、俱空。

盘山和尚云:大道无中,复谁前后?长空绝迹,何用量之?空既如是,道岂言哉?心月孤圆,光吞万像。光非照境,境亦非存。光境俱亡,复是何物?譬如掷剑挥空,莫论及之不及,斯乃空轮无迹,剑刃非亏。若能如是,心心无知,全人即佛,全佛即人,人佛无异,始为道矣。

大梅和尚,初问马祖:如何是佛?答:即汝心是。问:如何是法?答:亦汝心是。问:祖无意耶?答:汝但识取自心,无法不备。后住梅山,示众云:汝等诸人,应当各自明心达本,勿逐其末。但得其本,其末自至。汝等欲得其本,但识取汝心。此心元是一切世间出世间法之根本,但心不附一切善恶而生,即知万法本自如如。时有学人问:心外别无法耶?答:祖佛是汝心生耳,心是万法之本,岂别有法过于心耶?释曰:如六祖云:善恶都莫思量,自然得入心体,湛然常寂,妙用恒沙。以诸佛是极善边际,众生是极恶边际,以善恶收尽一切法,故云若不思量,全归心体。但有微毫之法,皆是思想心生。如寒山子颂云:万机俱泯迹,方见本来人。泯之一字,未必须泯。以心外元无一法,所见唯心,如谷应自声,镜写我像。秖谓众生不达,鼓动心机,立差别之前尘,如空华起灭,织无边之妄想。似焰水奔腾,不复一心本源,故令泯绝。若入心体,虽云湛然,不落断灭,自然从体起用,周遍恒沙。又,大梅云:此心法门,真如妙理,不增不减,种种方便,善能应用。当知总是此性本来具足，不生不灭，能知三世一切作用。所以云：我观久远，犹若今日。常在于其中，经行及坐卧。

岩头和尚云：于三界中，有无唯自己知，更无余事。但识自己本来面目，唤作无依，神荡荡地。若道别有法有祖，赚汝到底。但向方寸中看，迥迥明朗。但无欲无依，便得决了。高城和尚歌云：无相心，能运耀，应声应色随方照。虽在方而不在方，任运高低总能妙。寻无头，复无尾，焰光运运从何起？只者如今全是心，心用明心心复尔。不居方，何处觅？运用无踪复无迹。识取如今明觅人，终朝莫谩别求的。勤心学，近丛林，莫将病眼认华针。说教本穷无相理，广读元来不识心。识取心，了取境，识心了境禅河静。若能了境便识心，万法都如阋婆影。

千顷和尚云：一切众生、驴骡象马、蜈蚣蚰蜒、十恶五逆、无明妄念、贪瞋不了之法，并从如来藏中显现，本来是佛。只为众生，从无始劫来瞥起一念，从此奔流迄至今日。所以佛出世来，令灭意根，绝诸分别，一念相应，便超正觉，岂用教他多知多解，扰乱身心？所以菩提光明，不得发现。汝今但能绝得见闻觉知，于物境上莫生分别，随时著衣吃饭。平常心是道，此法甚难。学人问：和尚，夜后无灯时如何？师云：悟道之人，常光现前，有什么昼夜？问：何不见和尚光？师云：拟将什么眼见？学人云：世人同将现在眼见。师弹指云：苦哉，一切众生，根尘相涉，从无始来，认贼为子。至于今日，常被枷锁。汝将眼见，意识分别，拟求佛道，即是背却本心，逐念流转。如此之人，对面隔越。

惟政和尚云：古圣今圣，其理齐焉。昔日日、今日日，照不两鲜。昔日风、今日风,鼓无二动。一滴之水润焉,大海之水润焉。又颂云:一念得心,顿超三界。见无所见,贪瞋烂坏。

牛头山忠和尚。学人问:夫入道者,如何用心?答曰:一切诸法,本自不生,今则无灭。汝但任心自在,不须制止。直见直闻,直来直去。须行即行,须住即住,此即是真道。经云:缘起是道场,知如实故。又问:令欲修道,作何方便而得解脱?答曰:求佛之人,不作方便,顿了心原,明见佛性,即心是佛,非妄非真。故经云:正直舍方便,但说无上道。又问:真如妙法,理智幽深。浅识之徒,如何得见?答曰:汝莫谤佛,佛不如是。说一切诸法,非深非浅,汝自不见,谓言甚深。若也见时,触目尽皆微妙。何以高推菩萨,别立圣人?且如生公云:非曰智深,物深于智耳,此伤不逮之词耳。汝莫拣择法,莫存取舍心。故云:法无有比,无相待故。夫经者,以身心为义。《华严经》云:身是正法藏,心为无碍灯。照了诸法空,名曰度众生。

夹山和尚云:目前无法,意在目前,不是目前法,非耳目之所到。

大安和尚云:汝诸人各自身中,有无价大宝:从眼门放光,照破山河大地。耳门放光,领览一切善恶音声。六门昼夜常放光明,亦名放光三昧。汝自不识,在四大身中,内外扶持,不教倾侧。两脚牙子大,檐得石二檐,从独木桥上过,亦不教伊倒地,且是什么?汝若觅毫发,即不可见。故志公云:内外推寻觅总无,境上施为浑大有。

长沙和尚偈云:最甚深,最甚深,法界人身便是心。迷者迷心为众刹，悟时刹海是真心。身界二尘元实相，分明达此号知音。又，学人问：尽法界众生识心，最初从何而有？偈答云：性地生心主，心为万法师。心灭心师灭，方得契如如。

龙牙和尚云：夫言修道者，此是劝喻之词、接引之语。从上已来，无法与人，只是相承种种方便，为说出意旨，令识自心，究竟无法可得，无道可修，故云菩提道自然。今言法者，是轨持之名。道是众生体性，未有世界，早有此性。世界坏时，此性不灭，唤作随流之性。常无变异，动静与虚空齐等，唤作世间相常住，亦名第一义空，亦名本际，亦名心王，亦名真如解脱，亦名菩提涅槃。百千异号皆是假名，虽有多名，而无多体，会多名而同一体，会万义而归一心。若识自家本心，唤作归根得旨。譬如人欲得诸流水，但向大海中求。欲识万法之相，但向心中契会。会得玄理，举体全真。万像森罗，一法所印。

德山和尚云：若有一尘一法可得与汝执取生解，皆落天魔外道。只是个灵空，尚无纤尘可得。处处清净，光明洞达，表里莹彻。又云：汝莫爱圣，圣是空名，更无别法。只是个炟爀灵空，无碍自在，不是庄严修证得，从佛至祖，皆传此法而得出离。

牛头下佛窟和尚云：若人不信一文殊说，十方文殊一时说。一佛涅槃，一切诸佛俱涅槃。何以故？不达色根本故。问：了色性无所有是本不？答：此是住观语，非是即事见根本。若即事见者，只汝生老病身及无明淫怒，是色根本，事外无理故。是以，若了一色根本，即举十方色同，名为一说一切说、一涅槃一切涅槃。当知色体无性，性无不包。又云：虽同凡夫，而非凡夫，不得凡夫，不坏凡夫。谓别有殊胜在心外者，即堕魔网。我今自观身心实相作佛，即是见十方佛同行同证处。问：佛身无漏戒定熏修，五阴不缚不脱，不敢有疑。且如《大品经》云：众生不善五阴之身，亦不缚不脱。甚令人惊疑。答：若向众生五阴外别有诸佛解脱，无有是处。只了众生自性，从本已来，无有二法可得，谁缚谁脱，何得更有缚脱之异？问：经云：众生与佛平等，无有缚脱，何得六道众生，沉沦不得解脱？答：众生不了色心清净，妄想颠倒，不得解脱。若知人法常空，其中实无缚脱。问：作何观行忏悔，临终免被业牵？答：汝须深信诸佛所行所说处，与我今日所行所说处无别。乃至成佛尚不得涅槃相，何况中间罪福妄业可得？此是真实正知正见，真实修行，真实忏悔。但于行住坐卧不失此观，临终自然不失正念。

佛窟下云居和尚《心境不二篇》云：世出世间，俱不越自一念妄心而有：一念才起，万像分剂。一念相生，便成心境。若非心境，何得有念可见？既有所见之念，又有能见之心，将知念即是境，见即是心，所见之念便成色蕴，能见之心便成四蕴。经云：五蕴是世间，一念具五蕴，一一蕴中，皆具五蕴。故得一不碍多，多不碍一。所以心境交通，互为宾主。经云：境智互相涉入，重重无尽。即是一尘含法界，一一法皆遍也。观自一念动，即恒沙世界一时振动。观自一念常定，即六道众生悉皆常定。若谛了一念之体，即恒沙世界常现自心，由迷一念，即境智胡越。

大珠和尚云：心性无形，即是微妙法身。心性体空，即是虚空无边身。示行庄严，即是功德法身。此法身是万化之本，随处立名，智用无尽，是无尽藏。问：何者是法身？答：心能生恒沙万法，故号法家之身。经云：一念心尘中，演出恒沙偈，时人自不识。问：真法幻法，各有种性不？答：佛法无种，应物而现。若心真也，一切皆真，若有一法不真，真义则不圆。若心幻也，一切皆幻，若有一法不是幻，幻法则有定。若心空也，一切皆空，若有一法不空，空义则不圆。迷时人逐法，悟罢法由人。森罗万像，至空而极。百川众流，至海而极。一切贤圣，至佛而极。十二部经、五部毗尼、四围陀论，至心而极。心是总持都院、万法之原，亦是大智慧藏、无住涅槃，百千名号，皆是心之异名。

先洞山和尚《心丹诀》云：吾有药，号心丹，烦恼炉中炼岁年。知伊不变胎中色，照耀光明遍大千。开法眼，睹毫端，能变凡圣刹那间。要知真假成功用，一切时中锻炼看。无形状，勿方圆，言中无物物中言。有心用即乖真用，无意安禅无不禅。亦无灭，亦无起，森罗万像皆驱使。不论州土但将来，入此炉中无不是。无一意，是吾意。无一智，是吾智。无一味，无不异。色不变，转难辩，更无一物于中现。莫将一物制伏他，体合真空非锻炼。

先曹山和尚云：古佛心墙壁瓦砾是者，亦唤作性地，亦称体全功，亦云无情解说法。若知有，这里得无辩处。十方国土、山河大地、石壁瓦砾、虚空与非空、有情无情、草木丛林，通为一身，唤作得记。亦云一字法门，亦云总持法门，亦云一尘一念，亦唤作同辙。若是性地不知有，诸佛千般喻不得，万种况不成。千圣万圣尽从这里出，从来不变异。故云十方薄伽梵，一路涅槃门。

灵辩和尚云：夫一心不思议，妙义无定相，应时而用，不可定执。经云：一切贤圣，皆以无为法而有差别。用有差别，随处得名，究竟不离自心。此心能坏一切，能成一切，故云一切法皆是佛法。心作天，心作人，心作鬼神。畜生地狱，皆心所为，好恶皆由心。要生亦得，要不生亦得，即是无碍义。只今一切施为，行住坐卧，即是心相，心相无相，故名实相。体无变动，亦名如来。如者，不变不异也。无中现有，有中现无，亦曰神变，亦曰神通。总是一心之用，随处差别，即多义。一中解无量，无量中解一，了彼互生起，当成无所畏。又，东方入正定，西方从定出。若了心外无法，一切唯心，即无一法当情，无有好恶是非，即不怖生死，一切处皆是解脱，故云当成无所畏。纵然心外有一切境法，亦从自心妄想因缘而生，无有自性，其体本空，如幻如化。

先云居和尚云：佛法有什么多事？行得即是。但知心是佛，莫愁佛不解语。欲得如是事，还须如是人。若是如是人，愁个什么？若云如是事即不难。自古先德，淳素任真，元来无巧设。有人问：如何是道？或时答：甎砖木头作么皆重。元来他根本脚下实有力，即是不思议人，把土成金。若无如是事，饶尔说得蔟华蔟锦相似，直道我放光动地，世间更无过也。尽说却了合杀头，人总不信受，元来自家脚下虚无力。释曰：云居和尚，乃物外宗师，此土七生为善知识。道德孤迈，智海泓深，具大慈悲，常盈千众。所示徒云：但知心是佛，莫愁佛不解语者，此为今时学人，一向外求，但学大乘之语，不能返本内自观心，明见天真之佛。若了此心佛，即自然智、无师之智现前，何烦外学？如云从门入者非宝。又云从天降下即贫穷，从地涌出却富贵。若从心地涌出智宝，有何穷尽？故云无尽之藏。但若得心真实去，根脚下谛去，自然出语尽与实相相应，言下救人生死，变凡为圣，捏砾成金。道有亦得，道无亦得，句句悉成言教。若也心中未谛，圆信不成，空任虚浮，只成自诳。直饶辩说纵横，只增狂慧。设或说得天华坠、石点头，事若不真，总成妖幻。所以志公见云光法师讲《法华经》感天华坠，云：是齩蚤之义。是先圣诚言，实为后学龟镜，可以刻骨，可以书绅。今遍搜扬，深有意矣。

宗镜录第九十九

宋 慧日永明妙圆正修智觉禅师延寿集

夫制论释经，傍申佛意。或法身大士，垂迹阐助化之门。或得旨高人，依教弘法施之道。乃至义疏章钞、铭诀赞序等，与宗镜相应者，皆当引证。是以，众生言论，悉法界之所流。外道经书，尽诸佛之所说。

《大智度论》云：诸法入佛心中，唯一寂灭一三昧门，摄无量三昧。如牵衣一角，举衣皆得。亦如得蜜蜂王，余蜂尽摄。又颂云：佛法相虽空，亦复不断灭。虽生亦非常，诸行业不失。诸法如芭蕉，一切从心生。若知法无实，是心亦复空。

《毗婆沙论》云：善觉长者为那伽说四韦陀典曰：若人心生而不起，若人心起而不灭。心起而起，心灭而灭。又云：若离初发心，则不成无上道。所以云：一切功德，皆在初心。

《大乘摄论》云：问：何以故，此识取此识为境？答：无有法能取余法，虽不能取，此识变生，显现如尘。譬如依面见面，谓我见影，此影显现，相似异面。

《显扬论》云：由所依所缘力而得建立。由所依力者，谓立眼识、乃至意识。由所缘力者，谓立色识、乃至法识，青识黄识、乃至苦识乐识。

《发菩提心论》云：过去已灭，未来未至，现在不住。虽如是观心心数法生灭散坏，而常不舍聚集善根助菩提法，是名菩萨观三世方便。

《大乘阿毗达摩杂集论》云：如契经等法，如理作意，发三摩地，依止定心思惟定中所知影像，观此影像不异定心，依此影像舍外境想，唯定观察自想影像。尔时菩萨，了知诸法唯自心故，内住其心。知一切种所取境界皆无所有，所取无故。一切能取亦非真实，故次了知能取非有。次复于内，舍离所得二种自性，证无所得。依此道理，佛薄伽梵，妙善宣说偈云：菩萨依静定，观心所现影。舍离外尘想，唯定观自想。如是内安心，知所取非有。次观能取空，后触二无得。依者，谓转依。舍离一切粗重，得清净转依故。《十二门论》偈云：众缘所生法，是即无自性。若无自性者，云何有是法？释曰：故知，万法从心所生，皆无自性，所依之心尚空，能依之法何有？

《入大乘论》云：若离众生则无有得菩提道者，从众生界出生一切诸佛菩提。如尊者龙树所说偈云：不从虚空有，亦非地种生。但从烦恼中，而证成菩提。故知，从心证道，不假他缘，能成无师自然之智。

《俱舍论》云：眼所现见，名为所见。从他传闻，名为所闻。自运己心，诸所思构，名为所觉。自内所受，及自所证，名为所知。

《佛地论》云：现见虚空，虽与种种色相相应，而无诸色种种相故。如烟雾等共相应故，有时见空有种种相。由虚妄分别力故，但见烟等有种种相。非见虚空，以虚空性不可见故。乃至心净法界离名言故，一切名言皆用分别所起为境。然诸法教，亦不唐捐，是证法界展转因故。如见字书，解所说义。由此法教,是诸如来大悲所流,能展转说,离言说义。如以众彩,彩画虚空,甚为希有。若以言说,说离言义,复过于彼。

《般若论》云:须菩提言:如来无所说。此义云何?无有一法,唯独如来说,余佛不说。谓佛所说,但是传述古佛之教,非自制作。释曰:故知此法,过去佛已说,今佛现说,未来佛当说。所以一佛说时,十方佛同证。乃至智慧刹土、真俗等法、凡圣等性,皆同无二,以唯共一心故,终无异旨。如《华严经·佛不思议品》云:佛子,诸佛世尊,有十种无二行自在法。何等为十?所谓一切诸佛悉能善说授记言辞,决定无二。一切诸佛悉能随顺众生心念,令其意满,决定无二。一切诸佛悉能现觉一切诸法,演说其义,决定无二。一切诸佛悉能具足去来今世诸佛智慧,决定无二。一切诸佛悉知三世一切刹那即一刹那,决定无二。一切诸佛悉知三世一切佛刹入一佛刹,决定无二。一切诸佛悉知三世一切佛语即一佛语,决定无二。一切诸佛悉知三世一切诸佛,与其所化一切众生,体性平等,决定无二。一切诸佛悉知世法及诸佛法性无差别,决定无二。一切诸佛悉知三世一切诸佛,所有善根同一善根,决定无二。是为十。又,《信心铭》云:要急相应,唯言不二。可成坚信,永断纤疑。则《宗镜》之文,传光不朽矣。

《广百论》云:觉慧等诸心心法,非随实有诸法转变,但随串习成熟种子及心所现众缘势力变生种种境界差别,外道等随其自心变生种种诸法性相。若法性相是实有者,岂可如是随心转变?诸有智者,不应许彼所执现在实法有生,以必不从去来二世，更无第三可从生故。灭必随生，生既非有，灭亦定无。乃至三世行，皆相待立，如长短等，何有实性？又颂云：眼中无色识，识中无色眼。色内二俱无，何能令见色？依他起性，即是心心法，从缘起时，变似种种相名等尘。应知有心心法，但无心外所执诸尘，云何定知诸法唯识？故佛告善现：无毛端量实物可依。

《宝藏论》云：大天地之内，宇宙之间，中有一宝，秘在形山。识物灵照，内外空然，寂寞难见，其谓玄玄。巧出紫微之表，用在虚无之间。端化不动，独而无双。声出妙响，色吐华容。穷观无所，寄号空空。唯留其声，不见其形。唯留其功，不见其容。幽显朗照，物理玄通。森罗宝印，万像真宗。乃至其宝也，焕焕煌煌，朗照十方。隐寂无物，圆应堂堂。应声应色，应阴应阳。奇特无根，妙用常存。眴目不见，侧耳不闻。其本也冥，其化也形。其为也圣，其用也灵。可谓大道之真精，其精甚灵。万有之因，凝然常住，与道同伦。故经云：随其心净，即佛土净。任用森罗，其名曰圣。

《释摩诃衍论》云：一切诸法一心量，无心外法。以无心外法故，岂一心法与一心法作障碍事？亦一心法与一心法作解脱事，无有障碍，无有解脱。一心之法，一即是心，心即是一。无一别心，无心别一。一切诸法，平等一味，一相无相，作一种光明心地之海。

《宝生论》偈云：微笑降伏大魔军，明智觉了除众欲。于此大乘能善住，深识爱原唯自心。

《宝性论》偈云：如空遍一切，而空无分别。自性无垢心，亦遍无分别。

《金刚三昧论》云：一切心相，本来无本。本无本处，空寂无生。若心无生，即入空寂。空寂心地，即得心空。善男子，无相之心，无心无我。一切法相，亦复如是者：一切心相，种子为本。求此本种，永无所得。若是现在，则与果俱，无本末异，如牛两角。若已过去，则无作因，无体性故，犹如兔角。如是道理，本来法尔，故言本来无本。又，生灭心生，必依本处，本处既无，则不得生。当知心相本来无生，故言空寂无生。所入空寂，即是一心，一切所依，名之为地，故言即入空寂之心地。

《分别功德论》云：有论沙门，行诸禅观，或在冢间，或在树下。时在冢间，观于死尸，夜见饿鬼打一死尸。沙门问曰：何以打此死尸耶？答曰：此死尸困我如是，是以打之。道人曰：何以不打汝心？打此死尸，当复何益也！于须臾顷，复有一天，以天曼陀罗华，散一臭尸。沙门问曰：何为散华此臭尸耶？答曰：由我此尸，得生天上。此尸即是我之善友，故来散华，报往昔恩。道人答曰：何以不散华汝心中，乃散臭尸？夫为善恶之本，皆心所为，乃舍本求末耶？

《思益论》云：不见一切诸法是菩提相，不证一法而证诸法，是故说为应正遍知。

《金刚论》云：教中譬如星宿，为日所映，有而不现。能见心法，亦复如是。释曰：此有二解：一若迷心为境，如日烁眼光，入室不见自物，如被外境所换。不见自心，亦复如是。二若以悟境是心，则万法如星宿，一心如日光。心光遍烁时，无法可披露。

《法性论》云：盖闻之先觉曰：体空入寂，莫先于见法。

寻法穷原，莫妙于得性。得性则照本，照本则达自然，达自然见缘起，见缘起斯见法也。将穷其原，必存其要。要而在用者，其唯心法乎？心法者，神明之营魄，精识之丹誉。其运转也，弥纶于万行。其感物也，会通于群数。统极而言，则无不在矣。

《显性论》云：一念见性者，见性是凡圣之本体。普遍一切，而不为一切之所倾动：在染不染，而能辩染。在净不净，而能辩净。其性不在一切法，而能遍一切法。若观一法，即不见性。若不观一法，亦不见性。其性不在观，不在不观，于一众生身中见心性时，一切众生悉皆见。于一微尘中见心性时，一切微尘悉皆见。以性遍凡圣善恶故，凡处彻圣处，圣处彻凡处，善恶相彻，本性自尔。以一切法并不得取，并不可舍，性相自尔。自性净故，终日说不得一说，终日闻不得一闻，终日见不得一见，终日知不得一知，并非凡圣之所安立。是故经云：若我出世及不出世，此法常然。

《显宗论》云：我此禅门一乘妙旨，以无念为宗，无住为本，真空为体，妙有为用。夫真如无念，非念想能知。实相无生，岂色心能见？真如无念，念者即念真如。实相无生，生者即生实相。无住而住，常住涅槃。无行而行，能超彼岸。如如不动，动用无穷。念念无求，常求无念。用而常空，空而常用。用而不有，即是真空。空而不无，便成妙有。妙有即摩诃般若，真空即清净涅槃。般若无见，能见涅槃。涅槃无生，能生般若。西天诸祖，共传无住之心，同说如来知见。

《显正论》云：问：欲显何义，名为显正？答：欲显明一切众生本原清净无生心体，即是诸佛之正性也。所以者何？一切万法，心为其本。然其心性，都无所依，体自圆融，不碍万法。虽应现万法，而性自常真，无住无依，不可取舍。

《胜天王经》云：清净心性，为诸法本，自性无本。虚妄烦恼，皆从邪念颠倒而生。当知此心，即是最胜清净第一义谛，一切诸佛证知所归。问曰：定以何法为心体？答曰：不应求心之定体。何以故？心非所缘，无无相故。亦云非能所，绝相待故。体不可染，性常净故。非合非散，自性离故。不碍缘起，性虚融故。不可说示，名字空故。诸法虚净，缘相离故。灵照不竭，用无尽故。果报不同，作业异故。因果宛然，不断绝故。亦非真实，业性如幻故。又不断绝，现施为故。亦不可取，毕竟空故。诸法平等，一相如故。境智无差，离分别故。万法即空，性无生故。是以，一切分别不离自心，一切诸境不离名相。若了万法，不了自心，分别无由能绝。乃至《楞伽经》云：若彼心灭尽，无乘及乘者。无有乘建立，我说为一乘。彼心者，即取相所得心也。一乘者，即离相清净无生心也。此心悉能包含运载一切诸法，故名一乘。

《法苑珠林》云：夫拥其流者，未若杜其源。扬其汤者，未若扑其火。何者？源出于水，源未杜而水不穷。火沸于汤，火未扑而汤讵息。故有杜源之客，不拥流而自干。扑火之人，不扬汤而自止。故知，心为源，境为流，不察本心源，但随诸法转。意如火，事如汤，不制自意地，唯从境界流。斯皆失本迷源，随流徇末。若能顿明意地，直了心源，不求脱于诸尘，不系缚于一法，可谓究末遇本，寻流得源矣。遂乃无功而自办，无作而自成，显此一心，万法如镜。

《归心论》云：夫论心性者，若别说，一一生佛皆以法界为身，一一摩耶胎内，亦如是广狭皆等，不相妨碍。若总说，一一生佛同在胎内，十方诸如来同共一法身，互隐互显，互存互夺，重重互现，皆不思议法界。说时不增，不说时不减。性海如是，岂可言尽不尽耶？

《六妙门》云：此为大根人善识法要，不由次第，悬照诸法之原，所谓众生心也，一切法由心而起。若能反观心性，不得心原，即知万法皆无根本。

《顿教五位门》云：第一识心者，语是心，见是心，闻是心，觉是心，知是心，此是第一悟，一一能知如许多心，皆是一心，一心能遍一切处。第二知身，同无情身不知痛痒，好恶一切皆是心，不干身事。心能作人畜，心能作鱼鸟。第三破四大身，身即是空，空即是无生。空无内外中间，离一切相。第四破五阴：色阴若有，四阴不虚。色阴若无，四阴何有？第五见性成佛，湛然常住。

《<十住经>序》云：以灵照故，统名一心。以所缘故，总号一法。若夫名随数变，则浩然无际。统以心法，则未始非二。

《<十二门论>序》云：论之者，欲以穷其心原，尽其至理也。若一理之不尽，则众异纷然，有惑趣之乖。一原之不穷，则众途扶疏，有殊致之迹。殊致之不夷，乖趣之不泯，大士之忧也。

《<般若灯论>序》云：始夫万物非有，一心如幻。心如幻故，虽动而恒寂。物非有故，虽起而无生。是以，圣人说如幻之心，鉴非有之物。了物非物，则物物性空。知心无心，则心心体寂。达观之士，得其会归，而忘其所寄，于是分别戏论，不待遣而自除。无得观门，弗假修而已入。荡荡焉，不出不在，无住无依者也。

《华严论》云：犹如大海有清净德，而能影现七金山等。众生心海，影现六道四生，分明显现山河大地、色空明闇等。

《缘生论》云：元是一心，积为三界。凡则迷而起妄，圣则悟以通真。

《陀罗尼三昧法门》偈云：是法法中高，犹如须弥山。是法法中海，众源所共归。是法法中明，犹如星中月。是法法中灯，能破无边闇。是法法中地，荷载遍十方。是法法中母，出生诸佛种。

《法华演秘》云：事理圆融者，即种种事称理而遍，以真如理为洪炉，融万事为大冶，铁汁洋溢，无异相也。若开权显实一切唯心者，亦先融为本，事事无碍也，重重交映，如地狱苦报，身各自遍，难思妙事，本自如此，佛佛自觉，众生不知。今解此知，即众生心是佛智也，即事玄妙，入心成观。

《法华玄赞》疏云：如经中说一时者，即是唯识时。说听二徒心识之上，变作三时相状而起，实是现在随心分限，变作短长。事绪终讫，总名一时。如梦所见谓有多生，觉位唯心，都无实境。听者心变三世亦尔，唯意所缘，是不相应行蕴法界法处所摄。此言一时，一则不定约刹那，工则不定约相续，三则不定约四时六时、八时十二时等，四则不定约成道已后年数时节名为一时，但是听者根熟，感佛为说，说者慈悲，应机为谈，说听事讫，总名为一时。不定约刹那等者，听法之徒，根器或钝，说时虽短，听解时长。或说者时长，听者亦久。于一刹那，犹未能解，故非刹那。亦不定约相续者，犹能说者得陀罗尼,说一字义,一切皆了。或能听者得净耳意,闻一字时,一切能解,故非相续。由于一会听者根机有利有钝,如来神力或延短念为长劫,或促多劫为短念,亦不定故,总约说听究竟名时。亦不定约四时六时、八时十二时者,一日一月,照四天下,长短暄寒,近远昼夜,诸方不定。恒二天下同起用故,又除已下,上诸天等无此四时及八时等。经拟上地诸方流通,若说四时等,流行不遍故。亦不定约成道已后年数时节者,三乘凡圣所见佛身报化,年岁短长,成道已来,近远各不同故。释曰:上所说不定约刹那时、及相续时、与四时六时八时十二时等、及约成道已后年数时节名为一时者,以长短不定,前后无凭,但说唯心之一时,可为定量,无诸过失,事理相当。既亡去取之情,又绝断常之见。不唯一时作唯识解,实乃万义皆归一心,则称可教宗,深谐秘旨,能开正见,永灭群疑。所以经云:一切诸法,以实际为定量。又云:但以大乘而为解说,令得一切种智。故知但说大无过。夫言大乘者,即是一心之乘。乘是运载义。若论运载,岂越心耶?又,夫不识心人,若听法看经,但随名相,不得经旨。如僧崖云:今闻经语,句句与心相应。又,释法聪因听慧敏法师说法,得自于心,荡然无累。乃至见一切境,亦复如是,若不观心,尽随物转。是故《大乘入道安心法》云:若以有是为是,有所不是。若以无是为是,则无所不是。一智慧门,入百千智慧门。见柱作柱解,得柱相。不作柱解,观心是柱法,无柱相,是故见柱即得柱法。一切形色,亦复如是。故《华严经》颂云:世间一切法,但以为心主。随解取众相,颠倒不如实。又,古人云:六道群蒙,自此门出,历千劫而不返,一切痛哉!是知,因心得道,如出必由户,何所疑乎?

《百法钞》云:大乘一切,皆是心所变故,离心之外,更无有法。即万般造作,皆不离心。千种起言,岂超心外?

《<法界观>序》云:法界者,一切众生身心之本体也。从本已来,灵明廓彻,广大虚寂,唯一真之境而已。无有形貌而森罗大千,无有边际而含容万有。昭昭于心目之间而相不可睹,晃晃于色尘之内而理不可分。非彻法之慧目,离念之明智,不能见自心如此之灵通也。于是称法界性,说《华严经》,令一切众生自于身中,得见如来广大智慧而证法界也。乃至故佛身一毛端,则遍一切含一切也。世界尔,众生尔,尘尘尔,念念尔,法法尔,无有一法定有自体而独立者。

《提婆传》云:提婆菩萨,博识渊览,才辩绝伦,诞名天竺,为诸国所推。所愧以为所不尽者,唯以人不信用其言为忧。其国中有大天,神验。黄金像之坐身二丈,号曰大自在天。人有求愿,能令现世如意。提婆诣庙,求入拜见,主庙者言:天像至神,人有见者,既不敢正视,又令人退后失守百日。汝但诣门求愿,何须见耶?提婆言:若神必能如汝所说,乃从令我见之。若不如是,岂是吾之所欲见耶?时人奇其志气,伏其明正,随入庙者数千万人。提婆既入,天像挺动其眼,怒目视之。提婆问天:神则神矣,何其小也?当以精灵感人、智德伏物,而假黄金以目,多动玻璃以荧惑,非所望也。即便登梯,凿出其眼。时诸观者,咸有疑意:大自在天,何为一小婆罗门所困?将无名过其实,理屈其词耶?提婆晓众人言:神明远大,故以近事试我。我得其心,故登金聚、出玻璃,令汝等知神不假质,精不托形。吾既不慢,神亦不辱也。言已而出。即以其夜,求诸供备,明日清旦,敬祠天神。提婆先名既重,加以智参神契,其所发言,声之所及,无不响应,一夜之中供具精馔,有物必备。大自在天,贯一肉形,数高四丈,左眼枯没,而来在坐,历观供馔,叹未曾有。嘉其德力,能有所致,而告之言:汝得我心,人得我形。汝以心供,人以质馈。知而敬我者汝,畏而诬我者人。汝所供馔,尽善尽美矣,唯无我之所须,能以见与,真上施也。提婆言:神鉴我心,惟命是从。神言:我所乏者左眼,能与我者,便可出之。提婆言:敬如天命。即以左手出眼与之,天神力故,出而随生,索之不已,从旦终朝,出眼数万。天神赞曰:善哉摩纳,真上施也。欲求何愿,必如汝意。提婆言:我禀明于心,不假外也。唯恨悠悠童蒙,不知信受我言。神赐我愿,必当令我言不虚设,唯此为请,他无所须。神言:必如所愿。于是而退,诣寺受出家法,剃发法服,周游扬化。于天竺大国之都,四衢道中,敷高座,作三论言:一切诸圣中,佛圣最第一。一切诸法中,佛法正第一。一切救世众,佛僧为第一。八方诸论士,有能坏此语者,我当斩首以谢其屈。所以者何?立理不明,是为愚痴。愚痴之头,非我所须。斩以谢屈,甚不惜也。八方论士,既闻此言,亦各来集,而立誓言:我等不如,亦当斩首。愚痴之头,亦所不惜。提婆言:我所修法,仁活万物。要不如者,当剃汝须发以为弟子,不斩首也。立此要已,各撰名理,建无方论,而与酬酢。智浅情近者,一言便屈。智深情远者,极至二日,则辞理俱匮,即皆下发。如是日日,王家送衣钵,终竟三月,度十余万人。释曰:禀明于心,不假外者,审如斯悟,何往不从?故能德动明神,凿大自在天之眼。化谐人意,度十万外道之

心。可谓救世良医，度人妙术。不得斯旨，悲愿何成？自利利他，理穷于此。

天台《无量寿佛疏》云：就一字说者。释论云：所行如所说，所说即是教。如即是理，行即是行，佛即是法身，观即般若，无量寿即解脱。当知即一达三、即三达一，一中解无量、无量中解一。于一字上达无量义，况诸字、况一题、况一经、况一切经耶？故经云：若闻首题名字，所得功德，不可限量。若不如上解者，安获无限功德耶？释云：若不归一心解，安获无限功德？以无量功德，一心具足。若离心，所见皆不圆满，悉成邪倒。设具行门，皆成分限。

《起信疏》云：夫真心寥廓，绝言像于筌罤。冲漠希夷，亡境智于能所。非生非灭，四相之所不迁。无去无来，三际莫之能易。但以无住为性，随派分岐，逐迷悟而升沉，任因缘而起灭。虽繁兴鼓跃，未始动于心原。静鉴虚凝，未尝乖于业果。故使不变性而缘起，染净恒分。不舍缘而即真，凡圣一致。其犹波无异水之动，故即水以辩于波。水无异动之湿，故即波以明于水。是则动静交彻，真俗双融，生死涅槃，夷齐同贯。

《安乐集》云：问：何因一念佛之力，能断一切诸障？答：如经云：譬如有人用师子筋以为琴弦，音声一奏，一切余弦，悉皆断坏。若人菩提心中行念佛三昧者，一切烦恼、一切诸障，悉皆断灭。亦如有人构取牛羊驴马一切诸乳置一器中，若将师子乳一渧投之，直过无难，一切诸乳，悉皆破坏，变为清水。若人但能菩提心中，行念佛三昧者，一切恶魔诸障，直过无难。

《宝藏论注》云：实此非彼，实彼非此。鸟迹空文，奇特现矣者，破彼此也。诸法如幻，比鸟迹空文，皆从心生，奇特现矣。又云：光超日月，德越太清，万物无作，一切无名，转变天地，自在纵横者，万物不能自立，人为作名，皆自心起。转变天地，了一切唯心，则万法无累其神明，即所向自由，即自在纵横。

天台《涅槃疏》云：烦恼与身一时者，除彼所计之一时。若是所解言一时者，此是前后而一时、一时而前后？只于一时义中，说有前后，即烦恼为前、身属于后。何以故？因果无二，色心体一。三道三德，一念无乖。五阴五脱，刹那理等。贵在破执，执已，了性同空，空无前后。如炷与明一时有，要因炷有明，烦恼与身亦然。故知，前后一心，一心前后。如是解者，有何差别？只恐心外取法，而自异耳。

杜顺和尚《摄境归心真空观》云：谓三界所有法，唯是一心，心外更无一法可得，故曰归心。谓一切分别，但由自心，曾无心外境，能与心为缘。何以故？由心不起，外境本空。论云：由依唯识故，境本无体。真空义成故，以尘无有故，本识即不生。由此方知，由心现境，由境显心。心不至境，境不入心。常作此观，智慧甚深。

《〈唯识〉序》云：离心之境克湮，即识之尘斯在。带数之名攸显，唯识之称兆彰。故得一心之旨，永传而不穷。八识之灯，恒然而无尽。

宗镜录第一百

宋 慧日永明妙圆正修智觉禅师延寿集

东国义相法师释《华严经》云:当知此一部《华严经》,虽七处九会,而唯在十地品。所以者何?以根本摄法尽故。虽在十地不同,而唯在初地。何以故?不起一地,普摄一切诸地功德故。一地中虽多分不同,而唯在一念。何以故?三世九世,即一念故,一切即一故。如一念,多念亦如是。一即是一切,一念即多念。陀罗尼法,主伴相成,一即为主,一切为伴。随举一法,尽摄一切。乃至一文一句,尽摄一切。何以故?若无此,彼不成故。陀罗尼法,法如是故。经云:如来于一语言中,演出无边契经海。

复礼法师云:观业义者,夫业因心起,心为业用。业引心而受形,心随业而作境。然则因业受身,身还造业。从心作境,境复生心。若影随形而曲直,犹响随声而大小矣。

慧集法师悟道颂云:普光初学道,无边世界动。回天复转地,并入一毛孔。

弘沇法师云:若人执众生心外别有无情,佛性不遍,皆违如来藏遍法界义。《唯识论》云:根身器世间,即是赖耶相分,相分不离见分。又云:若时于所缘,智都无所得。离二取相故,真实住唯识。如第六识缘现在心,唯一刹那,谁为能所?设缘三世,亦现在心妄分能所。若得此意,三界唯心,法界一相,亦何不适?

神锴法师云:一念净心微细如芥子,森罗万像犹若须弥。万像虽复众多,要从一心变起,离心之外,毕竟无法。是则摄相从心,云内须弥于芥子也。

元康法师云:明悟入者,如来说法八万四千,所明至理,更无异道。《华严经》云:一道出生死。《涅槃经》云:一道清净。《大品经》云:一相无相。《净名经》云:不二法门。《论》云:自知不随他,寂灭无戏论。无异无分别,是则名实相。乃群贤所趣,众义同归,咸指一心之实道矣。

智者大师与陈宣帝书云:夫学道之法,必须先识根原。求道由心,又须识心之体性,分明无惑,功业可成。一了千明,一迷万惑。心无形相,内外不居。境起心生,境亡心灭。色大心广,色小心微。乃至知心空寂,即入空寂法门。知心无缚,即入解脱法门。知心无相,即入无相法门。觉心无心,即入真如法门。若能知心如是者,即入智慧法门。《〈圆觉疏〉序》云:夫血气之属必有知,凡有知者必同体。所谓真净明妙,虚彻灵通,卓然而独存者也。众生之本原,故曰心地。诸佛之所得,故曰菩提。交彻融摄,故曰法界。寂静常乐,故曰涅槃。不浊不漏,故曰清净。不妄不变,故曰真如。离过绝非,故曰佛性。护善遮恶,故曰总持。隐覆含摄,故曰如来藏。超越玄秘,故曰密严国。统众德而大备,铄群昏而独照,故曰圆觉。其实皆一心也。背之则凡,顺之则圣。迷之则生死始,悟之则轮回息。亲而求之,则止观定慧。推而广之,则六度万行。引而为智,然后为正智。依而为因,然后为正因。其实皆一法也。终日圆觉而未尝圆觉者,凡夫也。欲证圆觉而未极圆觉者，菩萨也。住持圆觉而具足圆觉者，如来也。离圆觉无六道，舍圆觉无三乘，非圆觉无如来，泯圆觉无真法。其实皆一道也。三世诸佛之所证，盖证此也。如来为大事出现，盖为此事也。三藏十二部一切修多罗，盖诠此也。释曰：心之一法，名为普法。欲照此心，应须普眼虚鉴，寂照灵知，非偏小而可穷，以圆满而能觉，故曰圆觉，此约能证也。真如妙性，寂灭无为，具足周遍，无有缺减，故曰圆觉，此约所证也。能所冥合，唯是一心。此一心，能为一切万法之性，又能现三乘六道之相，摄相归性，曾无异辙，则世出世间，升降虽殊，凡有种种施为，莫不皆为此也。离此则上无三宝一乘，下无四生九有。

台山释窋《楞伽经诀》云：佛法大旨，举要言之，不出心为大旨，所以《楞伽经》以心为正宗，故云佛语心为宗，无门为法门。所言心者，谓佛语心。所言宗者，谓心实处。又云：迷则万惑累心，解则真照法界。迷则生死纷纭，解则涅槃常寂。迷解虽殊，莫不皆是一心隐显。三藏法师云：众生之类，是菩萨佛土。验此六识，即究竟果处，而惑者终日作迷解。

跋陀三藏云：理心者，心非理外，理非心外。心即是理，理即是心。心理平等，名之为理。理照能明，名之为心。觉心理平等，名之为佛。心会实性者，不见生死涅槃有别。凡圣无异，境智一如，理事俱融，真俗齐观，圆通无碍，名修大道。

释道世云：四禅无像，三达皆空。千佛异迹，一智心同。澄观和尚《华严疏》云：上来诸门，乃至无尽，不离一心，一心即法界故。《起信》云：所言法者，谓众生心。心体即大，心之本智即方广，观心起行即华严，觉心性相即是佛。觉非外来，全同所觉，故理智不殊，理智形夺，双亡寂照，则念念皆是华严性海，则物我皆如，泯同平等。为未了者，令了自心。若知触物皆心，方了心性。故《梵行品》云：知一切法，即心自性，成就慧身，不由他悟。然今法学之者，多弃内而外求。习禅之者，好亡缘而内照。并为偏执，俱滞二边。既心境如如，则平等无碍。昔曾莹两面镜，鉴一盏灯，置一尊容，而重重交光，佛佛无尽。见夫心境互照，本智双入。心中悟无尽之境，境上了难思之心，心境重重，智照斯在。又，即心了境界之佛，即境见唯心如来，心佛重重，而本觉性一。皆取之不可得，则心境两亡。照之不可穷，则理智交彻。心境既尔，境境相望，心心互研，万化纷纶，皆一致也。唯证相应，名佛华严矣。释云：今人只解即心即佛，是心作佛。不知即境即佛，是境作佛。今明以如为佛，心境皆如。心如即佛，境如焉非？又，心有心性，心能作佛。境有心性，安不作佛？以心收境，则心中见佛，是境界之佛。以境收心，境中见佛，是唯心如来。《华严锦冠》云：观心释《大方广佛华严经》者，若约教诠义，则有多门。若不摄归一心，于我何预？夫言大者，即是心体，心体无边，故名为大。方是心相，相具德相之法，故名方。广是心用，心有称体之用。佛是心果，心解脱处名佛。华是心因，心所引行，喻之以华。严是心功，心能善巧严饰，目之为严。经是心教，心起名言，诠显此理，故名为经。然心之一字，虽非一切，能为一切观者，以三大中具四法界，对彼四界故成四观。法本如是，故依法而观。若依此悟解，念念即是华严法界，念念即是毗卢遮那法界也。

《肇论注》云：近而不可知者，其唯物性乎者，《尚书》云：天生万物，唯人之灵。有情无情，为万物也，灵是心之性，亦即万物之性也。即物之性空，目击而非遥，虽近而不可知也。故论云：远不可见，如空中鸟迹。近不可见，如眼中之药。远喻三祇至道，近喻即真不见也。

如上所引祖教，委细披陈，可以永断纤疑，圆成大信。若神珠在掌，宝印当心，诸佛常现目前，法界不离言下。是以，从初标宗，于一心演出无量名义。无量名义，不出理智：非理不智，故理外无智。非智不理，故智外无理。亦摄智从理，离体无用。摄用归体，体性自离。故体即非体，即一切法，如虚空性，空性亦空。毕竟寂灭，斯灭亦灭。不知以何言，故强名之无尽真心耳。今还摄无量义海，总归一句，乃至无句，一字一点，卷舒自在，不动一心，究竟指归，言思绝矣。又，此乃是内证自心，真性绝待，无依平等法门。如《华严疏钞》云：悟一切法自性平等者，入于诸法真实之性故。谓真实性中，无差别相，无种种相，无无量相。万法一如，何有不等？此真实性，依何立故？复次明证无依法，所谓不依于色，不依于空。若万法依空，空无所依。今万法依真，真无所依。即无依印法门，故舍离世间。世间即有种种差别，斯则性尚不立，何况于相？亦不依空立色，亦不依色立空，亦无异无不异，无即无不即。斯见即绝，强名内证尔。

问：如上解释引证，皆是祖佛之言，何不自语？

答：我若自语，一切茫然，罔措津涯，岂有申问之处？设祖佛之教，皆是随他意语，曲顺时机。是以世尊言：三世诸佛所说之法,吾四十九年不加一字。又,经云:先佛已说,后佛随顺。若能如是了达,则知佛语是自语,自语是佛语。故本师云:一切外道经书皆是佛说,非外道说。又云:释迦如来语、提婆达多语,无二无别。若于此不信不明,皆成二见。常萦分别凡圣之想,恒生取舍自他之情,欲绍吾宗,无有是处。

问:前标宗章,已广说唯心之旨,何故十帙之中,卷卷委曲重说?

答:此是秘要之门、难信之法,转深转细,难解难知。悉抱疑情,尽居惑地:夫疑者,于诸谛理犹豫为性,能障善品为业,故疑有多种,略说具三:一疑自,谓己不能入理。二疑师,谓彼不能善教。三疑法,谓于所学,为令出离、为不出离?况如有病之人,疑自疑医疑药,病终不愈。若具前三疑,终不能决定信入。今《宗镜》所录,皆是正直舍方便,但说无上道。随闻一法,尽合圆宗,实可以断深疑、成大信。如《清凉记》云:谓闻空莫疑断,是即事之空,非断灭故。闻有莫疑常,非定性有,从缘有故。闻双是莫疑两分,但双照二谛,无二体故。闻双非莫疑无据,以但遮过,令不著故。又,闻空莫疑有,是即有之空故。闻有莫疑空,是即空之有故。闻双是莫疑双非,是即非有无,为有无故。闻双非莫疑双是,是即有无,方是非有无故。是知,谛了一心,群疑顿断,则有不能有,空不能空。凡不能凡,圣不能圣。岂世间言语是非之所惑哉?如《佛藏经》云:佛告舍利弗:须弥山王,为高大不?高大,世尊。舍利弗,四天下中,普雨大石,皆如须弥,有人以手承接此石,无有遗落如芥子者,于意云何?为希有不?希有,世尊。舍利弗,如来所说一切诸法,无生无灭,无相无为,令人信解,倍为希有。舍利弗,譬如有人,以一切众生置左手中,右手接举三千世界山河草木,皆能令是一切众生同心喜乐,其意不异,于意云何?为希有不?希有,世尊。舍利弗,如来所说一切诸法,无生无灭,无相无为,令人信解,倍为希有。

此《宗镜》文,所以前后广引者,只为此心深奥故难信,秘密故难知。乃至菩萨大智,尚须佛力所加,岂况浅劣而能知者?如《宝雨经》云:佛言:云何菩萨深信如来意业秘密?若诸菩萨闻于如来意之秘密,谓如来所有意乐法义,依止于心,依心而住。一切菩萨声闻缘觉及诸有情,无能知者,唯除如来之所加持。是以,虽前引后证,文广义繁,则语语内而利益根机,闻闻中而惊新耳目,何厌重说,起此慢心?所以本师云:行住坐卧,常说妙法。又云:我于得道夜,及涅槃夜,是二夜中间,常说般若。是以,机多生熟,信有浅深。前闻熏而未坚,后闻熏而方入。如《大智度论》云:譬如摇树取果,熟者前堕,若未熟者,更须后摇。又如捕鱼,前网不尽,后网乃得。又云:复次是般若波罗蜜相,甚深难解难知,佛知众生心,根有利钝。钝根者少智,为其重说。若利根者,一说二说便悟,不须种种说。譬如駃马,下一鞭便走,驽马多鞭乃去。如是等种种因缘故,经中重说无咎。

又问曰:上来数说,是般若波罗蜜甚深因缘,今何以复重说?

答曰:处处说甚深,多有所利益,凡人不知,谓为重说。譬如大国王,未有嫡子,求祷神祇,积年无应。时王出行,夫人产子男，遣信告王：大夫人产男。王闻喜而不答，乃至十反。使者白王：向所白者，王不闻也？王曰：我即闻之久来，愿满故喜。心内悦乐，闻不已耳。即勅有司，赐此人百万两金，一语十万两。王闻使者言，语语中有利益，非是重说，不知者谓为重。处处说甚深亦如是：佛与菩萨须菩提，知大有利益，须菩提闻佛说深般若不能得底，转觉甚深，听者处处闻甚深，得禅定智慧利益等。凡夫人谓为重说，且如国王闻于一语，有多利益，赐十万两金，此乃增生死根，成于识乐。今闻《宗镜》卷卷之中、文文之内，重重唱道，一一标宗，长菩提根，成于法乐。尽大地为黄金，未酬一字，请不生怠，厌于频闻，令已达者，重坚信心。使未入者，速发闻慧。

问：此《宗镜》门，还受习学不？

答：学则不无，略有二义：一者，若论大宗根本正智，不从心学，非在意思。圆明了知，不因心念。故台教云：手不执卷，常读是经。口无言音，遍诵众典。佛不说法，恒闻梵音。心不思惟，普照法界。此论上上根器，闻而顿悟，亲自证时。二者，若未省达，亦有助发之力、印可之功。或机思迟回，乃至中根下品，及学差别智门，须依明师以辩邪正。先以闻解信入，后以无思契同。须得物物圆通，事事无滞，方乃逢缘对境，不失旨迷宗。故云：会万物为自己者，其唯圣人乎？又，若约大纲，应须自省。设有相助，亦指自知。

如有学人问先德：如何是禅？答：悟自理为禅。

问：如理心性，但是假名，何者是实？

答:有三阿僧祇百千名号,但假施设,实相无相如虚空,须自反悟。

问:悟后更有何法?

答:只个悟处是法,从缘发明,反得自理。

问:此性还可示人令见不?

答:还示渠教自省达即得,不是眼见耳闻意知之事。此个真精妙明性,不同太虚木石,天生灵妙不思议,即自性佛法僧。若不悟,推求欲见一毫亦不可得。但离前尘好丑,即是自家本心。若一毫不尽,与佛道者无有是处。

问:见色但见色,如何见心?

答:即思思之:是阿谁见色?

问:岂不是当境者全是,不应更求见?

答:自思量看,是之与不是,莫问他人。若直下见,更不图度。佛法只在方寸,心外断行踪,但一心一智慧,离内外中间取受,三际理玄,便入无为道。

问:悟何心是道?

答:悟心无心即是道。

问:请为指示。

答:指示了也,汝自不见。

问:是何物教学人见?

答:教渠直下见也,不是物。

又,先德问:即今见何物?答:见本心。

问:见与本心,为别不别?

答:不别。真如体上,自有照用。以明故得名为见,以不动故得名为心。又,自性清净名照,常见自性名用。故知此心,目前显露,何须问答,岂假推穷?即圆满门,是成现法。

如有学人问忠国师和尚:如何是解脱心?答:解脱心者,本来自有。视之不见,听之不闻,搏之不得,众生日用而不知,此之是也。此乃直指,目击道存。今古常然,凡圣共有。夫《宗镜》所录,皆是佛说。设有菩萨制作、法师解释,亦是达佛说意,顺佛所言。以此土众生,皆以闻慧入三摩地,故须以音声为佛事,显示正义,破除邪执,非言不通。此有二义:一者约毕竟门,则实不可说。如《起信论》云:一切诸法,从本已来,离言说相,离名字相,离心缘相。又云:复次究竟离妄执者,当知染法净法皆悉相待,无有自相可说。是故一切法,从本已来,非色非心,非智非识,非有非无,毕竟不可说相。而有言说者,当知如来善巧方便,假以言说,引导众生。得其旨趣者,皆为离念归于真如,以念一切法,令心生灭,不入实智故。此是引导一切初发菩提心人,且令自利,理行成就,归于实智,究竟指归宗镜矣。二者约方便门,是利他行。故云如来善巧方便,假以言说,引导众生。又,不可一向执发言为非,起念成过,何者?以即言无言,即念无念。是知,言言契道,念念归宗。若分别门,不无一说。若毕竟门,言思绝矣。

问:如上所立一心之旨,能摄无量法门,融通一切。此心为复能含一切法、能生一切法?为复自生、他生、共生、无因生?

答:此心不纵不横,非他非自。何者?若云心含一切法,即是横。若云心生一切法,即是纵。若云自生,心不生心。若云他生,既不得自,云何有他?若云共生,自他既无,将何为共?若云无因生,有因尚不生,况无因乎?

问:心非四性者,教中云何说:意根生意识,心如工画师,无不从心造,则是自生。又云:心不孤起,必藉缘而起。有缘思生,无缘思不生,则是他生。又云:所谓六触因缘生六受,得一切法,则是共生。又云:十二因缘,非佛天人修罗作,性自尔,则无因生。既属教文,云何成过?

答:诸佛随缘差别,俯为群机生善破恶,令入第一义理,皆是四悉方便权施。空拳诳小儿,诱度于一切。

问:既非纵横,不堕四性,则一切法是心,心是一切法不?

答:是则成二。

问:如是则一切不立俱非耶?

答:非亦成二。如文殊言:我真文殊,无是文殊。若有是者,则二文殊。然我今日,非无文殊,于中实无是非二相。

问：既无二相，宗一是不？

答：是非既乖大旨，一二还背圆宗。

问：如何得契斯旨？

答：境智俱亡，云何说契？

问：如是则言思道断，心智路绝矣。

答：此亦强言，随他意转。虽欲隐形，而未亡迹。

问：如何得形迹俱亡？

答：本无朕迹，云何欲亡？

问：如是则如人饮水，冷暖自知。当大悟时，方合斯旨？

答：我此门中，亦无迷悟，合与不合之道理。撒手似君无一物，徒劳苦说数千般。此事万种况不成，千圣定不得，大地载不起，虚空包不容，非大器人，无由檐荷。如古德云：尽十方世界，觅一人为伴不得。又云：只有一人承绍祖位，终无第二人。若未亲到，徒劳神思，直饶说玄之又玄，妙中更妙，若以方便，于称扬门中助他信入，一期傍赞，即不然。若于自己分上亲照之时，特地说玄说妙，起一念殊胜不可思议之解，皆落魔界。所以《圆觉经》云：虚伪浮心，多诸巧见，不能成就圆觉。又，先德偈云：得之不得天魔得，玄之又玄外道玄。抛却父娘村草里，认他黄叶作金钱。百丈竿头快散手，不须观后复观前。如今但似形言迹，纹彩生时，皆是执方便门、迷真实道,并是认他黄叶唤作金钱。若大悟之时,似百丈竿头放身,更不顾于前后。此《宗镜》中,是一切凡圣大舍身命之处,不入此宗,皆非究竟。

问:毕竟如何?

答:亦无毕竟。

问:前云不入此宗,皆非究竟,此又云何称无毕竟?

答:前对增上慢人,未得为得,认虚妄为真实,执颠倒作圆常,为破情尘,权称究竟。今论见性,岂言虚实耶?

问:以此通明之后,如何履践?

答:教谁履践?

问:莫不成断灭不?

答:尚不得常住,云何断灭?

问:乞最后一言。

答:化人问幻士,谷响答泉声。欲达吾宗旨,泥牛水上行。

问:此录括略微细,理事圆明。于慕道人,得何资益?

答:若第一义中,无利无功德。就世俗门内,似有于称扬。总有二途,能俾初学:一者为未信人,令成正信,摄归一念,不外驰求。二者为已信人,助成观力,理行坚固,疾证菩提。步步而不滞宝所功程,念念而流入萨婆若海。似乘广大之辇,立至宝坊。如驾坚牢之船,坐登觉岸。

问:集此《宗镜》,有何功德?

答:此不思议大威德法门,但有见闻,深获善利。如一尘落嵩狱之岗陇,已带陵云。滴露入沧海之波澜,便同广润。可谓直绍菩提之种,全生诸佛之家。何况信解受持,正念观察,为人敷演,传布施行?约善利门,无法比喻。功德无尽,非种智而不可称量。利乐何穷,过太虚而莫知边际。以满空珍宝,供养恒沙如来,化十方众生,尽证辟支佛果,未若弘宣斯旨,开演此宗。以兹校量,莫能俦比。可谓下佛种子于众生身田之中,抽正法芽向烦恼欲泥之内。然后七觉华发,菩提果成,展转相生,至无尽际。如《华严探玄记》云:于遗法中,见闻信向此无尽法,成金刚种子,当必得此圆融普法。如经云:吞服金刚喻,小火广烧喻。又如兜率天子从地狱出,得十地无生忍,展转利益,不可穷尽,皆由宿闻此法,为本因故。颂云:虽在于大海,及劫尽火中。决定信无疑,必得闻此经。《大智度论》云:受持般若,校量功德,于是持边,正忆念最胜。今如诸佛怜愍众生故,为解其义令易解,胜自行正忆念。是时佛欲广分别福德故,说言:若有人尽形寿供养十方佛,不如为他解说般若义。此中说胜因缘,三世诸佛皆学般若成无上道。乃至教恒河沙世界中人,令得声闻辟支佛道,不如为他人演说般若波罗蜜义。此中说因缘,是诸贤圣皆从般若波罗蜜出故。《首楞严经》云:佛告阿难:若复有人,遍满十方所有虚空,盈满七宝,持以奉上微尘诸佛,承事供养,心无虚

度。于意云何？是人以此施佛因缘得福多不？阿难答言：虚空无尽，珍宝无边。昔有众生施佛七钱，舍身犹获转轮王位。况复现前虚空既穷，佛土充遍，皆施珍宝？穷劫思议，尚不能及，是福云何更有边际？佛告阿难：诸佛如来，语无虚妄。若复有人，身具四重，十波罗夷，瞬息即经此方他方阿鼻地狱，乃至穷尽十方无间，靡不经历。能以一念将此法门，于末劫中开示未学，是人罪障，应念消灭。变其所受地狱苦因，成安乐国。得福超越前之施人，百倍千倍千万亿倍，如是乃至算数譬喻所不能及。所以赞弘此典，善利无边，谓《首楞严经》，以如来藏心为宗。如来藏者，即第八阿赖耶识。《密严经》偈云：如来清净藏，世间阿赖耶。如金与指镮，展转无差别。以诸佛了之成清净藏，异生执之为阿赖耶。如真金随工匠炉火之缘，标指镮之异名，作圆小之幻相，金体不动，名相安陈。类真心随众生染净之缘，成凡圣之异名，现升沉之幻相，心性不动，名相本空。认假名而二见俄分，悟真体而一心圆证。迷悟即于言下，法喻皎在目前。昧之者历劫而浪修，达之者当体而凝寂。《法华经》云：我灭度后，能窃为一人说《法华经》乃至一句，当知是人则如来使，如来所遣，行如来事。何况于大众中广为人说？窃为一人者，窃者，私也。若私地只为一人说此一句，此人则是从一心真如中遣来作使，告报异生，直了一如之理，即是行真如中事，以真如无边，至一切处故，则所得法利，亦随真如之性，无量无尽。又云：当知是人，与如来共宿，则为如来手摩其头，乃至入如来室，著如来衣，坐如来座。以要言之，持此经人，四威仪中，举足下足，皆不离一心真如诸佛行处矣。《鸯崛魔罗经》云：若人过去曾值诸佛,供养奉事,闻如来藏于弹指顷暂得听受,缘是善业诸根纯熟,所生殊胜富贵自在。是众生今犹纯熟,所生殊胜,富贵自在,由彼往昔曾值诸佛,暂得听闻如来藏故。乃至佛告鸯崛魔罗:非是如来为第一难事,更有难事。鸯崛魔罗,譬如士夫,檐须弥山王及大地大海,经百千岁,此为大力第一难不?鸯崛魔罗白佛言:是如来境界,非彼声闻缘觉所及。佛告鸯崛魔罗:彼非大力,非为甚难。若以大海一尘为百亿分,百千亿劫持一尘去,乃至将竭,余如牛迹,复能檐负须弥山王、大地河海百千亿劫。而彼不能于正法住世,余八十年时,演说如来常恒不变如来之藏。唯菩萨人中之雄,能说如来常恒不变如来之藏,护持正法。我说此人,第一甚难。又,《法华·见宝塔品》云:若接须弥,掷置他方,无数佛土,亦未为难。若以足指,动大千界,远掷他国,亦未为难。又云:假使有人,手把虚空。而以游行,亦未为难。又云:假使劫烧,檐负干草,入中不烧,亦未为难。我灭度后,若持此经,为一人说,是则为难。故知竭海移山,非无为之力。任使蹑虚履水,皆有漏之通。曷若开诸佛心,演如来藏,绍菩提种?入一乘门,能托圣胎,成真佛子。何以故?谓得本故,如从源出水,因乳得酥。如《鸯崛魔罗经》云:复次文殊师利,如知乳有酥,故方便钻求,而不钻水,以无酥故。如是文殊师利,众生知有如来藏,故精勤持戒,净修梵行。复次文殊师利,如知山有金,故凿山求金,而不凿树,以无金故。如是文殊师利,众生知有如来藏,故精勤持戒,净修梵行,言我必当得成佛道。复次文殊师利,若无如来藏者,空修梵行,如穷劫钻水,终不得酥。

故知，入《宗镜》中，见如来性，菩提道果，应念俱成，如下水之舟，似便风之火。若背《宗镜》，不识自心，设福智齐修，终不成就，如求乳钻水，离山凿金，任历三祇，岂有得理？如《宗镜》所录，前后之文，皆是诸佛五眼所观，五语所说。无一言而不谛，非一义而不圆。可俟后贤，决定信入。如《月上经》偈云：假动须弥山倒地，修罗住处皆悉灭。大海枯涸月天坠，如来终不出妄言。假使十方众同心，或火成水水成火。无量功德最大尊，利益众生无异说。大地虚空成浑沌，百刹同入芥子中。罗网可用缚猛风，如来终不有妄语。以兹诚实，可遍传持。功德无边，言思罔及。所以《唯识论》偈云：作此《唯识论》，非我思量处。诸佛妙境界，福德施群生。斯论大旨，非情识知解之所思量，乃是大觉不思议绝妙境界。以此弘扬不思议无尽之福，悉用普施一切法界无量含生，同入此宗，齐登佛地。《华严疏》主藏法师发愿偈云：誓愿见闻修习此，圆融无碍普贤法。乃至失命终不离，尽未来际愿相应。以此善根等法性，普润无尽众生界。一念多劫修普行，尽成无上佛菩提。

奉敕重刊《宗镜录》后跋

佛语心为宗,无门为法门。未悟之者,不可滞句迷宗。既达之人,宁复守空遗法?苟或纤尘未脱,纵闻三藏十二分,究为数他珍宝,不济己贫。如其丝发未圆,饶能一定八万劫,未免终落空亡,受兹轮转。盖相与名之关锁,非智钥而莫开。理与事之荆榛,离慧刃其奚断?为破空有,而谈有空,果其尽执忘情,自然明心见性。所以马鸣、龙树,不遮心性之宗。护法、陈那,特彰空有之论。迨夫腾兰诣汉,初祖游梁,禅宗既岳峙于中华,义学亦波扬于震旦。然义非宗外之义,宗非义外之宗。如僧肇、永嘉、清凉诸大师,莫不宗圆而义了,还以演义而明宗。匪隔髓皮,奚生畛域。后世法门日谢,去圣弥遥,但效依通,不求亲证。狂禅则永迷义海,义解则轻拨禅宗,于无过失法中,谬生简弃。于无一丝毫处,妄起纷拏。杵臼绳箕,各说象身之似。鹄雪贝稻,孰明乳色之真?凝波水以成冰,忽舍冰波而求水。镕盘金而为钏,转执盘钏而非金,惑有千岐,门迷不二。宋永明智觉禅师者,古佛应世,度生为心,妙证真如,深彻源底。欲演不传之秘教,用开累劫之迷途。爰括三藏之繁文,总示一乘之妙理,制斯《宗镜》,觉彼庸愚,要使滞寂狂参,举足而全彰机用。蒸砂学子,转盻而顿获圆通。求其妙,字字皆出于佛心。语其功,言言可成于正果。总持万法,贯彻五乘。十方三界之中边,弥勒威音之两畔,龙宫秘藏之宝字,竺土大仙之金文,莫不卷舒于百卷之中,管摄于一心之内。毛吞巨海,芥纳须弥,不一不多,非文非字。

钦惟我皇上圣人在位,慈父现身。成中和位育之丰功,证常乐我净之妙谛,万几余暇,随喜真诠,发此瑶缄,再三嘉叹。千年而上,旦暮遇之,丙夜已过,展诵未已。谓东土导师第一,实惟永明。而觉海最胜津梁,无逾《宗镜》。凡夫肉眼,莫辨灵文,故纸尘编,埋斯上宝。若非医王显示药中之水,孰令贫子得还衣内之珠。于是亲制序文,刊施流布。戴颁谕旨,开示深明,悬佛日于中天,光含大地。烁明珠于性海,照耀恒沙。不特妙圆正修古佛永明,遇圣主而庄严显现。将使百千万亿未来大士,聆玉音而亲证真常。斯文与日月而俱长,则斯福被人天而无尽矣。

臣僧超海、臣僧通理、臣僧广持,奉敕校文,分读分句,情推识解,几竭心思。正亥雠鱼,阅更寒暑,雕镌既竣。恩命重申,获纪因缘,附名卷末,伏念臣僧超海等,宿根暗钝,现业流深,滥厕法门,罔识心要。幸以多劫净因,恭逢一人圣化,敢明所契,用告同参。海等初承校理之时,莫测高深之旨。自心是自心,《宗镜》是《宗镜》。寻枝摘叶,岂知皆为世尊手内之花。窥户循墙,末由得礼弥勒阁中之佛。受转于语言文字,未脱乎见闻觉知,此时亦一镜中人也。

既蒙皇上朝夕提撕,发明本分,则谓三藏十二部,总是诳儿空拳。八万四千门,无非止啼黄叶。穷诸玄辨,若一毫置于太虚。竭世枢机,似一滴投于巨壑。既了自心,何须《宗镜》？好与《青龙疏钞》，付之一炬，此时又一镜中人也。

复蒙皇上诲人不倦，及节应时，顿悟法体周圆，进得竿头一步，头头合道，物物明宗。乃知既了自心，一切如镜。若言打破此镜，只缘未识自心。从兹行利他行，不妨于无说中立说。行自利行，正好于无闻中显闻。所谓拾砾尽成真金，揽草无非妙药。焚《疏钞》者，正德山之败阙。制《宗镜》者，实永明之真慈。是乃此日镜中人也。

海等现前所证如此。永明妙旨，宁止于斯？夫三界唯心，万法唯识，同归此镜，皆入斯宗。以不住住者，方以无知知。以无知知者，方以无证证。当来真参佛子，十方讲诵法师，愿共勉旃，毋淹化垒。我皇上剖析混沌，揭露圆明，整饬法门，接续慧命，以此无上甘露妙味，普施恒沙有情众生，悉令具正遍知，同来入大圆觉。

读兹书者，若乃不达自心，不期实证，依旧齐文定旨，逐语分宗，徒执宗教一贯之文言，而违不立文字之妙旨。则深负皇上谆切训谕之至恩，大非古佛诱掖提持之本意。凡诸同志，尚其念兹。时雍正十三年岁次乙卯四月佛诞日，臣僧超海等熏沐敬跋。

雍正十二年甲寅四月初八日

奉旨重刊宗镜录

监督

武英殿总理事务内务府庆丰司员外郎加二级臣　李之纲

御书房首领执事　侍臣　郑爱贵

懋勤殿执守　侍臣　胡应瑞

监造

武英殿执事　人臣　邓三格

武英殿执事　人臣　常　德

武英殿笔贴　式臣　六　格

武英殿执事　人臣　延　恒

武英殿执事　人臣　杨大德

武英殿执事　人臣　常　庆

附录一

万善同归集

宋·延寿智觉禅师　述

御制妙圆正修智觉永明寿禅师万善同归集序

［清］雍正

朕尝谓，佛法分大小乘，乃是接引边事。其实小乘步步皆是大乘，大乘的的不离小乘。不明大乘，则小乘原非究竟，如彼净空，横生云翳。不履小乘，则亦未曾究竟大乘，如人说食，终不充饥。

盖有以无故有，无以有故无。禅宗者，得无所得故，是为实有；教乘者，得有所得故，是为实无。实际理地，彻底本无；涅槃妙心，恒沙显有。有、无不可隔别，宗、教自必同途。迷者迷有亦迷无，达者达无即达有。非证明显有之一心，何由履践本无之万善？非履践本无之万善，又何由圆满显有之一心？乃从上古德，惟以一音演唱宗旨，直指向上。其于教乘，惟恐学者执著和合诸相，不能了证自心，多置之不论。而专切教乘者，著相执滞，逐业随尘，以诸法为实有，正如迷头认影，执指为月。所以同为学佛之徒，而参禅之与持教，若道不同不相为谋者。禅宗虽高出一筹，若不能究竟，翻成堕空。盖住相遗性，固积诸杂染，而同于具缚之凡夫。离相求心，亦沉于偏空，而难免化城之中止。依古宗徒，皆以教乘譬杨叶之止啼，而以性宗为教外之别旨，话成两橛。朕不谓然。但朕虽具是见，而历代宗师，未有阐扬是说者。无征不信，亦不敢自以为是。

近阅古锥言句，至永明智觉大师，观其《唯心诀》、《心赋》、《宗镜录》诸书。其于宗旨，如日月经天，江河行地，至高至明，至广至大，超出历代诸古德之上，因加封号为“妙圆正修智觉禅师”。其唱导之地，在杭之净慈。特敕地方有司，访其有无支派，择人承接，修葺塔院，庄严法相，令僧徒朝夕礼拜供养。诚以六祖以后，永明为古今第一大善知识也。乃阅至所作《万善同归集》，与朕所见，千百年前，若合符节。他善知识，便作是说。朕亦怀疑，不敢深信。今永明乃从来善知识中，尤为出类拔萃者，其语既与朕心默相孚契，朕可自信所见不谬，而宗教之果为一贯矣。

夫空有齐观，性行不二。小善根力，并是菩提资粮；大地山河，悉建真空宝刹。是书也，得其妙用，自必心法双忘；涉其藩篱，亦可智愚同济。心通上谛，入教海而数沙；足蹑虚无，依宗幢而进步。从此入者，不落空亡；到彼岸者，仍然如是。诚得千佛诸祖之心，诚为应化含识之母。实惟渡河之大象，实乃如来之嫡宗欤！

朕既录其要语，与《宗镜录》等书，选入《禅师语录》，同诸大善知识言句并为刊布。又重刊此集，颁示天下丛林古刹、常住道场，欲使出家学佛者依此修行，张六波罗蜜之智帆，渡一大乘教之觉海。具足空华万善，刹刹尘尘；往来随喜真如，层层级级。饮功德水，而一一同味；截旃檀根，而寸寸皆香。薰己他薰，利他自利。遍虚空而无尽，当来世而无穷，无始无终，不休不息。此则朕与永明所为弘正道，而报佛恩者也。

夫达摩心传，本无一字；而永明《心赋》，乃有万言。不立一字，该三藏而无遗；演至万言，觅一字不可得。故云：假以词句，助显真心；虽挂文言，妙旨斯在。观此万言之头头是道，可知万善之法法随根。何妨藻采缤纷，清辞络绎。多闻逾于海藏，语妙比于天花。宁非高建法幢，即是深提宝印。曾何丝毫之障碍，转增无量之光明。在言诠而亦然，岂行果之不尔？爰附刊于此集之后，俾学者合而观之，如宝珠网之重重交映焉。是为序。

雍正十一年癸丑夏四月望日御笔

万善同归集序

朝奉郎守、司农少卿、致仕轻车都尉、长兴县开国男、
食邑三百户、赐绯鱼袋沈振　撰

稽夫享四溟之广，非聚流而弗充；跻十地之尊，非聚善而弗具。然则深不可测者，在乎积纳而久；圣不可知者，在乎积修而勤。矧妙觉垂言，玄通立教。苟一豪而向善，可三界以超尘，必也。寤寐真诠，揄扬觉路。庶渐磨而成熟，亘钻仰而克勤。抑则非圣非凡，在迷在悟。欲深跻于圣域，当遽革于凡心。匪一事以熏陶，必多门而练习。或教言曲妙，标佛陇之徽猷；或禅理深融，蔼曹溪之淑誉。不可执空而离有，不可背实而从无。要释权宜，爰归实相。权实既了，虚空可存。故达者转物以明心，可言妙用；迷者按文而滞教，岂谓通方？或克荷于经龙，或坚持于律虎，或瞻礼睟容之谨愿，或绕行净室之勤渠。或口诵尊名，或心观乐土。或供以蒲塞，无重富以忽贫；或施及擅波，无增好而减恶。事如均等，利亦优隆。凡依律依禅，当资乎介福；造经造像，必藉乎多为。莫谓有已之贤，即心而佛。从凡超圣，未有不修之释迦；从妄入真，未有不证之达摩。在人崇道，非佛异途。常贵精勤，无从怠易。重分阴之瞬息，研大道之根原。一篑如亏，曷致巍峩之镇；三乘或废，难登慈忍之门。则无自我之矜，则无舍彼之善。必

求全德，方可质疑。心非非心，法非非法。要在心传心而印可，法授法以师资。匪胶善于一隅，宜励精于万行。菩提之子可种，赡养之方可修。明则而升兜率天；昧则而沉阿鼻狱。言如自泥，即罔水而行舟；性若稍通，非渡河之用筏。前圣、后圣皆是因心，彼时、此时曾何异法？噫！法在非在，心空弗空。无修而无所不修，真修亦泯；无住而无所不住，真住皆亡。悯尔群生，含兹一性。本无淑慝，为外物之所迁，苟不修明，曷中扃之能杜？如资妙善，可谓真归。故前哲之缕言，俾后昆之缘学。乃搜罗教目，示谕迷情者也。智觉禅师性晤机圆，才丰学际。曩生积习与诸法以同符，今世流通与诸佛而合契。念他已则如自己，观他心则如自心。尝撰《万善同归集》上、中、下三卷，所以劝一切有缘者也。或朱紫名流，缁黄法系，善男善女，高行高才，但至恭而至勤，则无贵而无贱。寔利生之良药，示求佛之要津。莫非括诸经诸论之法言，作未觉未知之先范。周旋劝导，谨密修持。永为梵花之权衡，宗门之准度云尔。今法慧院智如藏主，夙资仁性，躬践圣猷，见贤而同已之贤，见善而同己之善，总明师之论譔，兴异世之楷抚，福利兹深，方便不少，而又自倾囊楮，遽出贱赀，肇为倡率之隆，仍募高明之助。胜缘既集，能事必行，因镂版以成编。贵修身而有监，将垂不朽。缪托非才，如振性昧。洞微言、睽枢要，猥承嘉请，难克固辞，聊述纪纲，敢逃诮让。时圣宋熙宁五年闰七月七日序。

万善同归集卷上

杭州慧日永明寺智觉禅师延寿述

夫众善所归，皆宗实相。如空包纳，似地发生。是以但契一如，自含众德。然不动真际，万行常兴。不坏缘生，法界恒现。寂不阂用，俗不违真；有无齐观，一际平等。是以万法惟心。应须广行诸度，不可守愚空坐，以滞真修。若欲万行齐兴，毕竟须依理事。理事无阂，其道在中，遂得自他兼利而圆同体之悲；终始该罗，以成无尽之行。若论理事，幽旨难明，细而推之，非一非异。是以性实之理，相虚之事；力用交彻，舒卷同时。体全遍而不差，迹能所而似别。事因理立，不隐理而成事；理因事彰，不坏事而显理。相资则各立，相摄则俱空。隐显则互兴，无阂则齐现。相非相夺，则非有非空；相即相成，则非常非断。若离事而推理，堕声闻之愚；若离理而行事，同凡夫之执。当知离理无事，全水是波；离事无理，全波是水。理即非事，动湿不同；事即非理，能所各异。非理非事，真俗俱亡；而理而事，二谛恒立。双照即假，宛尔幻存；双遮即空，泯然梦寂。非空非假，中道常明。不动因缘，宁亏理体。故菩萨以无所得而为方便，涉有而不乖空；依实际而起化门，履真而不阂俗。常然智炬，不昧心光。云布慈门，波腾行海。遂得同尘无阂，自在随缘。一切施为，无非佛事。故

《般若经》云："一心具足万行。"《华严经》云："解脱长者告善财言：我若欲见安乐世界阿弥陀佛，随意即见；乃至所见十方诸佛，皆由自心。善男子，当知菩萨修诸佛法，净诸佛刹，积习妙行，调伏众生，发大誓愿，如是一切，悉由自心。是故善男子，应以善法扶助自心，应以法水润泽自心，应于境界净治自心，应以精进坚固自心，应以智慧明利自心，应以佛自在开发自心，应以佛平等广大自心，应以佛十力照察自心。"古德释云："心该万法，谓非但一念观佛，由于自心；菩萨万行，佛果体用，亦不离心，亦去妄执之失。谓有计云：万法皆心，任之是佛。驱驰万行，岂不虚劳？今明心虽即佛，久翳尘劳，故以万行增修，令其莹彻。但说万行由心，不说不修为是。又，万法即心，修何阂心？"

问曰：祖师云："善恶都莫思量，自然得入心体"。《涅槃经》云："诸行无常，是生灭法。"如何劝修，故违祖教？

答：祖意据宗，教文破著。若禅宗顿教，泯相离缘，空有俱亡，体用双寂；若华严圆旨，具德同时，理行齐敷，悲智交济。是以文殊以理印行，差别之义不亏；普贤以行严理，根本之门靡废。本末一际，凡圣同源。不坏俗而标真，不离真而立俗。具智眼而不没生死，运悲心而不滞涅槃。以三界之有，为菩提之用；处烦恼之海，通涅槃之津。夫万善是菩萨入圣之资粮，众行乃诸佛助道之阶渐。若有目而无足，岂到清凉之池？得实而忘权，奚昇自在之域？是以方便般若，常相辅翼；真空妙有，恒共成持。《法华》会三归一，万善悉向菩提；《大品》一切无二，众行咸归种智。故《华严经》云："第七远行地，当修十种方便慧殊胜道。”所谓虽善修空、无相、无愿三昧，而慈悲不舍众生；虽得诸佛平等法，而乐常供养佛；虽入观空智门，而勤集福德；虽远离三界，而庄严三界；虽毕竟寂灭诸烦恼焰，而能为一切众生起灭贪瞋痴烦恼焰；虽知诸法如幻如梦，如影如响，如焰如化，如水中月、如镜中像，自性无二，而随心作业无量差别；虽知一切国土犹如虚空，而能以清净妙行庄严佛土；虽知诸佛法身本性无身，而以相好庄严其身；虽知诸佛音声性空寂灭，不可言说，而能随一切众生出种种差别清净音声；虽随诸佛了知三世惟是一念，而随众生意解分别；以种种相、种种时、种种劫数而修诸行。《维摩经》云：菩萨“虽行于空，而植众德本，是菩萨行；虽行无相，而度众生，是菩萨行；虽行无作，而现受身，是菩萨行；虽行无起，而起一切善行，是菩萨行”。古德问云：万行统惟无念，今见善见恶，愿离愿成，疲役身心，岂当为道？答：此离念而求无念，尚未得真无念，况念无念而无阂乎？又，无念但是行之一，岂知一念顿圆？如上所引，佛旨焕然，何得空腹高心，以少为足，拟欲蛙嫌海量、萤掩日光乎？

问：泯绝无寄，境智俱空，是祖佛指归，圣贤要路。若论有作，心境宛然。凭何教文，广陈万善？

答：诸佛如来，一代时教，自古及今，分宗甚众，撮其大约，不出三宗：一、相宗，二、空宗，三、性宗。若相宗多说是，空宗多说非，性宗惟论直指，即同曹溪见性成佛也。如今不论见性，罔识正宗；多执是非，纷然诤竞，皆不了祖佛密意，但徇言诠。如教中或说是者，即依性说相；或言非者，是破相显性；惟性宗一门，显了直指，不说是非。如今多重非心非佛、非理非事、泯绝之言，以为玄妙，不知但是遮诠治病之文。执此方便，认为标的，却不信表诠直指之教，顿遗实地，昧却真心。如楚国愚人认鸡作凤，犹春池小儿执石为珠。但任浅近之情，不探深密之旨。迷空方便，岂识真归？

问：诸佛如来三乘教典，惟有一味解脱法门，云何广说世间生灭缘起？拟心即失，不顺真如；动念即乖，违于法体。

答：若论一相一味，此乃三乘权教。约理而言，即以一切因缘而为过患。今所集者，惟显圆宗。一一缘起，皆是法界实德。不成不破，非断非常，乃至神变施为，皆法如是故，非假神力，暂得如斯。才有一法缘生，无非性起功德。《华严经》云："此华藏世界海中，无问若山若河，乃至树林尘毛等处，一一无不皆是称真如法界，具无边德。"

问：经云："但凡夫之人，贪著其事。"又云："取相凡夫，随宜为说。若得理本，万行俱圆。"何须事迹而兴造作乎？"

答：此是破贪著执取之文，非干因缘事相之法。《净名经》云："但除其病，而不除法。"《金刚三昧经》云："有二入：一理入，二行入。"以理导行，以行圆理。又，菩提者，以行入无行。以行者，缘一切善法；无行者，不得一切善法。岂可滞理亏行，执行违理？祖师马鸣《大乘起信论》云："信成就发心有三：一、直心，正念真如法故；二、深心，乐集一切诸善行故；三、大悲心，欲拔一切众生苦故。"《论》问："上说法界一相，佛体无二，何故不唯念真如，复假求学诸善法之行？"

《论》答:“譬如大摩尼宝,体性明净而有矿秽之垢。若人虽念宝性,不以方便种种磨治,终无得净。如是众生,真如之法,体性空净,而有无量烦恼垢染。若人虽念真如,不以方便种种熏修,亦无得净。以垢无量,遍修一切善行,以为对治。若人修行一切善法,自然归顺真如法。故略说方便有四种:一者,行根本方便。谓观一切法自性无生,离于妄见,不住生死;观一切法因缘和合,业果不失,起于大悲,修诸福德,摄化众生,不住涅槃,以随顺法性无住故;二者,能止方便。谓惭愧悔过能止一切恶法,令不增长,以随顺法性离诸过故;三者,发起善根增长方便。谓勤修供养,礼拜三宝,赞叹随喜,劝请诸佛,以爱敬三宝淳厚心故,信得增长,乃能志求无上之道。又,因佛、法、僧力所护故,能消业障,善根不退,以随顺法性离痴障故;四者大愿平等方便。所谓发愿,尽于未来,化度一切众生,使无有余,皆令究竟无余涅槃,以随顺法性无断绝故。法性广大,遍一切众生,平等无二,不念彼此,究竟寂灭故。”牛头融大师问:诸法毕竟空,有菩萨行六度万行否?答:此是三乘二见心。若观心本空,即是实慧,即是见真法身。法身不住此空,谓有运用觉知,即是方便慧;方便慧亦不可得,即是实慧。恒不相离,前念后念,皆由二慧发。故云:“智度菩萨母,方便以为父。一切众导师,无不由是生。”先德问云:即心是佛,何假修行?答:秖为是故,所以修行。如铁无金,虽经锻炼,不成金用。贤首国师云:今佛之三身、十波罗蜜,乃至菩萨利他等行,并依自法,融转而行。即众生心中,有真如体大;今日修行,引出法身;由心中有真如相大,今日修行,引出报身;由心中有真如用大,今日修行,引出化身;

由心中有真如法性，自无悭贪，今日修行，顺法性无悭，引出檀波罗蜜等。当知三祇修道，不曾心外得一法、行一行。何以故？但是自心，引出自净行性而起修之。故知摩尼沉泥，不能雨宝；古镜积垢，焉能鉴人？虽心性圆明本来具足，若不众善显发万行磨治，方便引出成其妙用，则永翳客尘，长沦识海，成妄生死，障净菩提。是以祖教分明，理事相即，不可偏据而溺见河。

问：善虽胜恶，念即乖真。约道而言，俱非解脱。何须广劝，滞正修行？既涉因缘，实妨于道。

答：世出世间，以上善为本。初即因善而趣入，后即假善以助成。实为越生死海之舟航，趣涅槃城之道路；作人天之基陛，为祖佛之垣墙。在尘出尘，不可暂废。十善何过，弘在于人。若贪著，则果生有漏之天；不执，则位入无为之道。运小心，堕二乘之位；发大意，昇菩萨之阶，乃至究竟圆修，终成佛果。以知，非关上善，能为滞阂之因；全在行人，自成得失之咎。故《华严经》云："十不善业道，是地狱、畜生、饿鬼受生之因；十善业道，是人、天乃至有顶处受生之因。又，此上品十善业道，以智慧修习，心狭劣故，怖三界故，阙大悲故，从他闻声而了解故，成声闻乘；又，此上品十善业道，修治清净。不从他教自觉悟故，大悲方便不具足故，悟解甚深因缘法故，成独觉乘；又，此上品十善业道，修治清净，心广无量故，具足悲愍故，方便所摄故，发生大愿故，不舍众生故，希求诸佛大智故，净治菩萨诸地故，净修一切诸度故，成菩萨广大行；又，此上上十善业道，一切种清净故，乃至证十力四无畏故，一切佛法皆得成就。是故我今等行十善,应令一切具足清净”,乃至“菩萨如是积集善根,成就善根,增长善根,思惟善根,系念善根,分别善根,爱乐善根,修集善根,安住善根。菩萨摩诃萨如是积集诸善根已,以此善根所得,依果修菩萨行,于念念中,见无量佛,如其所应,承事供养。”又云:“虽无所作,而恒住善根。”又云:“虽知诸法无有所依,而说依善法而得出离”。《大智度论》云:佛言:我过去亦曾作恶人小虫,因积善故,乃得成佛。又,如十八不共中,有欲“无减者,佛知善法恩故,常欲集诸善法,故欲无减;修集诸善法,心无厌足,故欲无减。如一长老比丘目暗,自缝僧伽梨,衽脱,语诸人言:‘谁乐欲为福德者,为我衽针?’尔时,佛现其前语言:‘我是乐欲福德无厌足人,持汝针来。’是比丘斐亹,见佛光明,又识佛音声,白佛言:‘佛无量功德海,皆尽其边底,云何无厌足?’佛告比丘:‘功德果报甚深,无有如我知恩分者。我虽复尽其边底,我本以欲心无厌足故得佛,是故今犹不息。虽更无功德可得,我欲心亦不休。’诸天世人惊悟,佛于功德尚无厌足,何况余人?佛为比丘说法,是时肉眼即明,慧眼成就。”又云:“佛言:若不成就众生,净佛国土,不能得无上道。何以故?因缘不具足,则不能得阿耨多罗三藐三菩提。因缘者,所谓一切善法,从初发意,行檀波罗蜜,乃至十八不共法,于是行法中,无忆想分别故。”

问:夫如来法身,湛然清净。一切众生秖为客尘所蔽,不得现前。如今但息攀缘,定水澄净。何须众善,向外纷驰,反背真修,但成劳虑?

答：无心寂现，此是了因；福德庄严，须从缘起。二因双备，佛体方成，诸大乘经无不具载。《净名经》云："佛身者，即法身也。从无量功德智慧生，从慈悲喜舍生，从布施、持戒、忍辱柔和、勤行精进、禅定解脱三昧、多闻智慧诸波罗蜜生，乃至从断一切不善法、集一切善法生如来身。"又云："具福德故不住无为，具智慧故不尽有为。大慈悲故不住无为，满本愿故不尽有为。"此乃自背圆诠，不遵佛语。拟捉涅槃之缚，欲沉解脱之坑，栽莲华于高原，植甘种于空界。欲求菩提华果，何出得成？所以云："入无为正位者，不生佛法"耳。乃至"譬如不下巨海，不能得无价宝珠。如是，不入烦恼大海，则不能得一切智宝。"

问：入法以无得为门，履道以无为先导。若兴众善，起有得心，一违正宗，二亏实行。

答：以无得故，无所不得；以无为故，无所不为。无为岂出为中，无得非居得外。得与无得，既非全别；为与无为，亦非分同。非别非同，谁言一二？而同而别，不阂千差。若迷同、别两门，即落断、常二执。所以《华严·离世间品》云："知一切法，无相是相，相是无相；无分别是分别，分别是无分别；非有是有，有是非有；无作是作，作是无作；非说是说，说是非说，不可思议；知心与菩提等，知菩提与心等，心及菩提与众生等。亦不生心颠倒、想颠倒、见颠倒，不可思议。于念念中入灭尽定，尽一切漏而不证实际，亦不尽有漏善根。虽一切法无漏，而知漏尽，亦知漏灭；虽知佛法即世间法，世间法即佛法，而不于佛法中分别世间法，不于世间法中分别佛法。一切诸法，悉入法界。无所入故，知一切法皆无二，无变易，不可思议。”

问：一切众生不得解脱者，皆为认其假名，逐妄轮回。《楞严经》中，唯令以湛旋其虚妄灭生，伏还元觉，得元明觉无生灭性，为因地心，然后圆成果地修证。云何一向徇斯假名，论其散善，转增虚妄，岂益初心？

答：名字性空，皆唯实相，但从缘起，不落有无。《法句经》云：“佛告宝明菩萨：汝且观是诸佛名字，若是有，说食与人，应得充饥；若名字无者，定光如来不授我记。及于汝名，如无授者，我不应得佛。当知字句，其已久如，以我如故，备显诸法。名字性空，不在有无。”《华严经》云：“譬如诸法，不分别自性，不分别音声，而自性不舍，名字不灭。菩萨亦复如是。不舍于行，随世所作，而于此二无执著。”是以，不动实际，建立行门，不坏假名，圆通自性。

问：何以不任运腾腾，无心合道，岂须万行，动作关心？

答：古德显佛果有三：一亡言绝行，独明法身无作果；二从行渐修，位满三祇果；三从初理智，自在圆融果，此是上上根人，圆修圆证。虽一念顿具，不妨万行施为；虽万行施为，不离一念。若亡情冥合，各是一门，迟速任机，法无前后。

问：触目菩提，举足皆道。何须别立事相道场，役念劳形，岂谐妙旨？

答：道场有二：一理道场，二事道场。理道场者，周遍刹尘；事道场者，净地严饰。然因事显理，藉理成事。事虚揽理，无不理之事；理实应缘，无阂事之理。故即事明理，须假庄严；从俗入真，唯凭建立。为归敬之本，作策发之门。睹相严心，自他兼利。《止观》云："圆教初心，理观虽谛，法忍未成，须于净地，严建道场。昼夜六时，修行五悔，忏六根罪，入观行即，乘戒兼急，理事无瑕，诸佛威加，真明顿发，直至初住，一生可阶。"《上都仪》云："夫归命三宝者，要指方立相，住心取境，不明无相离念也。佛悬知凡夫，系心尚乃不得，况离相耶？如无术通人，居空造舍也。"依宝像等三观，必得不疑。佛言："我灭度后，能观像者，与我无异。"《大智论》云："菩萨唯以三事无厌：一、供养佛无厌；二、闻法无厌；三、供给僧无厌。"天台智者问云："世间有空行人，执其痴空，不与修多罗合。闻此观心，而作难言：若观心是法身等，应触处平等，何故经像生敬，纸木生慢？敬慢异故，则非平等；非平等故，法身义不成。"答："我以凡夫位中，观如是相耳。为欲开显此实相，恭敬经像，令慧不缚；使无量人崇善去恶，令方便不缚，岂与汝同耶？"乃至广兴法会，建立坛仪，手决加持，严其胜事，遂得道场现证，诸佛威加，皆是大圣垂慈，示其要轨。或睹香华之相，戒德重清；或见普贤之身，罪源毕净。因兹法事圆备，佛道遐隆。现斯感通，归凭有据。是以须遵往圣，事印典章；不可凭虚，出于胸臆，毁德坏善，翻堕邪轮，拨有凝空，枉投邪罥。

问：《金刚般若经》云："若以色见我，以音声求我，是人行邪道，不能见如来。"如何立相标形，而称罪事？

答:息缘泯事,此是破相宗;直论显理,即是大乘始教。未得有无齐行,体用交彻。若约圆门无阂,性相融通,举一微尘,该罗法界。《华严经》云:"清净慈门刹尘数,共生如来一妙相。一一诸相莫不然,是故见者无厌足。"《法华经》云:"汝证一切智十力等佛法,具三十二相,乃至真实灭"。《大涅槃经》云:"非色者,即是声闻、缘觉解脱;色者,即是诸佛如来解脱。"岂同凡夫横执顽阂之境,以为实色;二乘偏证灰断之质,而作真形?是以六根所对,皆见如来。万像齐观,圆明法界。岂待消形灭影,方成玄趣乎?

问:即心是佛,何须外求?若认他尘,自法即隐。

答:诸佛法门,亦不一向。皆有自力、他力,自相、共相,十玄门之该摄、六相义之融通。随缘似分,约性常合;从心现境,境即是心;摄所归能,他即是自。古德云:若执心境为二,遮言不二,以心外无别尘故;若执为一,遮言不一,以非无缘故。《净名经》云:"诸佛威神之所建立。"智者大师云:"夫一向无生观人,但信心益,不信外佛威加益。"经云:"非内非外,而内而外。而内故,诸佛解脱于心行中求;而外故,诸佛护念,云何不信外益耶?"夫因缘之道,进修之门,皆众缘所成,无一独立。若自力充备,即不假缘;若自力未堪,须凭他势。譬如世间之人在官难中,若自无力得脱,须假有力之人救拔;又如牵拽重物,自力不任,须假众它之力,方能移动。但可内量实德,终不以自妨人。又若执言内力,即是自性;若言外力,即成他性;若云机感相投,即是共性;若云非因非缘,即无因性。皆滞阂执,未入圆成;若了真心。即无所住。

问：经云："观身实相，观佛亦然；一念不生，天真顿朗。"何得唱他佛号，广诵余经？高下轮回，前后生灭，既妨禅定，但徇音声；水动珠昏，宁当冥合。

答：夫声为众义之府，言皆解脱之门。一切趣声，声为法界。经云："一一诸法中，皆含一切法。"故知，一言音中，包罗无外，十界具足，三谛理圆。何得非此重彼，离相求真？不穷动净之源，遂致语默之失。故经云："一念初起，无有初相，是真护念。"未必息念消声，方冥实相。是以庄严门内，万行无亏；真如海中，一毫不舍。且如课念尊号，教有明文：唱一声而罪灭尘沙，具十念而形栖净土。拯危拔难，殄障消冤。非但一期，暂拔苦津，托此因缘，终投觉海。故经云："若人散乱心，入于塔庙中，一称南无佛，皆已成佛道。"又，经云："受持佛名者，皆为一切诸佛共所护念。"《宝积经》云："高声念佛，魔军退散。"《文殊般若经》云："众生愚钝，观不能解。但令念声相续，自得往生佛国。"《智论》云："譬如有人，初生堕地，即得日行千里，足一千年，满中七宝，以用施佛。不如有人，于后恶世，称一佛声，其福过彼。"《大品经》云："若人散心念佛，乃至毕苦，其福不尽。"《增一阿含经》云："四事供养一阎浮提一切众生，功德无量。若有众生，善心相续，称佛名号，如一犨牛乳顷，所得功德过上，不可思议，无能量者。"《华严经》云："住自在心念佛门，知随自心所有欲乐，一切诸佛现其像故。"飞锡和尚高声念佛三昧《宝王论》云："浴大海者，已用于百川；念佛名者，必成于三昧。""亦犹清珠下于浊水，浊水不得不清；念佛投于乱心，乱心不得不佛。既契之后，心佛双亡。双亡，定也；双照，慧也。定慧既均，亦何心而不佛，何佛而不心？心佛既然，则万境万缘，无非三昧也。”谁复患之于起心动念，高声称佛哉！故《业报差别经》云：“高声念佛诵经，有十种功德：一、能排睡眠，二、天魔惊怖，三、声遍十方，四、三、涂息苦，五、外声不入，六、令心不散，七、勇猛精进，八、诸佛欢喜，九、三昧现前，十、生于净土。”《群疑论》云：“问：名字性空，不能诠说诸法；教人专称佛号，何异说食充饥乎？答：若言名字无用，不能诠诸法体，亦应唤火水来。故知筌蹄不空，鱼兔斯得。故使梵王启请，转正法轮。大圣应机，弘宣妙旨。人天凡圣，咸禀正言。五道四生，并遵遗训，听闻读诵，利益弘深。称念佛名，往生净土。亦不得唯言名字虚假，不有诠说者乎？”论云：“问：何因一念佛之力，能断一切诸障？答：如一香栴檀改四十由旬伊兰林悉香，又，譬如有人用师子筋以为琴弦，其声一奏，一切余弦悉皆断坏；若人菩提心中，行念佛三昧者，一切烦恼、一切诸障皆悉断灭。”《大集经》云：“或一日夜，或七日夜，不作余业，志心念佛。小念见小，大念见大。”又，《般若经》云：“文殊问佛：云何速得阿耨菩提？佛答：有一行三昧。欲入一行三昧者，应须于空闲处，舍诸乱意，不取相貌，系念一佛，专称名字，随佛方所，端身正向。能于一佛念念相续，即是念中能见过去、未来、现在诸佛。昼夜常说，智慧辨才终不断绝。”是知，佛力难思，玄通罕测。如石吸铁，似水投河。慈善根力，见如是事。志心归者，灵感昭然。

问：凡所有相，皆是虚妄；但有好境，取即成魔。何得著相兴心而希冥感耶？

答：修行力至，圣境方明；善缘所生，法尔如是。故将证十地，相皆现前。是以，志切冥加，道高魔盛。或禅思入微，而变异相；或礼诵悬志，暂睹嘉祥。但了惟心，见无所见。若取之，则心外有境，便成魔事；若舍之，则拨善功能，无门修进。《摩诃论》云："若真若伪，惟自妄心现量境界，无有其实，无所著故。"又，"若真若伪，皆一真如，皆一法身，无有别异，不断除故。"《智论》云："不舍者，诸法中皆有助道力故；不受者，诸法实相毕竟空无所得故。"

台教云："疑者言：大乘平等，何相可论？今言不尔，秖由平等镜净，故诸业像现。令止观研心，心渐明净，照诸善恶，如镜被磨，万像自现。"是知，不有而有，无性缘生；有而不有，缘生无性。常冥实际，中道泠然。欣戚不生，分别情断。虚怀寂虑，何得失之所惑乎？又，若讽诵遗典，受持大乘，功德幽深，果报玄邈，如经佛亲比校。譬如一人，辨若文殊，教化四天下人，皆至一生补处，格量功德，不如香华供养方等经典，得下等宝；又，阿难疑审，七佛现身证明，实有此事。又如说修行，得上等宝；受持读诵，得中等宝；香花供养，得下等宝。《法华经》云："供养四百万亿阿僧祇世界众生，乃至皆得阿罗汉道。尽诸有漏，于深禅定，皆得自在，具八解脱，不如第五十人，闻《法华经》一偈，随喜功德，百千万亿分，不及其一。"又，经云："若人读诵经处，其地皆为金刚，但肉眼众生不能见耳。"《南山感通传》云："七佛金塔中有银印。若诵大乘者，以银印印其口，令无遗忘。"《普贤观经》云："若七众犯戒，欲一弹指顷，除灭百千万亿阿僧祇劫生死之罪者，乃至欲得文殊、药王、诸大菩萨，持香花住立空中侍奉者，应当修习此《法华经》。读诵大乘，念大乘事，令此空慧与心相应。”《大般若经》云：“无诸恶兽，岩穴寂静，而为居止。所谓闻法，昼夜六时，勤加赞讽，声离高下，心不缘外，专心忆持。”《贤愚经》云：“行者欲成佛道，当乐经法，读诵演说。正使白衣说法，诸天鬼神悉来听受，况出家人？出家之人乃至行路诵经说偈，常有诸天随而听之，是故，应勤诵经说法。”已上皆是金口诚谛之言，非是妄心孟浪之说。是以，志心诵者，证验非虚。常为十方如来、释迦文佛密垂护念，赞言善哉，授手摩头，共宿衣覆，摄受付嘱，随喜威加。乃至神王护持，天仙给侍，金刚拥从，释梵散华。成就福因，等法界虚空之际量；校量功德，胜恒沙七宝之施缘。乃至凡质通灵，肉身不坏，舌变红莲之色，口腾紫檀之香。闻一句而毕趣菩提，诵半偈而功齐大觉。书写经卷，报受欲天；供养持人，福过诸佛。可谓法威德力，不思议门。万瑞千灵，因兹而感。三贤十圣，从此而生，亘古该今，从凡至圣。三业供养，十种受持，尽禀真诠，传持不绝。今何起谤，而断转法轮乎？

问：经中秖赞如说修行，深解义趣，勤求无念，默契玄根。云何劝修，广兴唱诵？

答：若约上上圆根，大机淳熟，无诸遮障，顿了顿修。若妄念不生，何须助道？大凡微细想念，佛地方无。故《安般守意经》序云：“弹指之间，心九百六十转；一日一夕，十三亿意。意有一身，心不自知，犹彼种夫也。”是知，情尘障厚，卒净良难，若非万善助开，自力恐成稽滞。又，若论福业遍行门中，万行庄严，不舍一法，皆能助道，显大菩提，具足十种受持，亦无所阙。故《法华经》云：“尔时，千世界微尘数菩萨摩诃萨，从地涌出者，皆于佛前，一心合掌，瞻仰尊颜。而白佛言：世尊，我等于佛灭度后，世尊分身，所在国土，灭度之处，当广说此经。所以者何？我等亦自欲得是真净大法，受持、读诵、解说、书写，而供养之。”以知，登地菩萨非独为他解说，尚自发愿诵持，何况初心而不禀受？但先求信解悟入，后即如说而行。口演心思，助开正慧。若未穷宗旨，且徇文言，虽不亲明，亦熏善本。般若威力，初后冥资，于正法中，发一微心，皆是初因，终不孤弃。

问：欲真持经，应念实相。既忘能所，诵者何人？若云心口所为，求之了不可得。究竟推检，理出何门？

答：虽观能念、所诵皆空，空非断空；不阂能诵、所持为有，有非实有。不空不有，中理皎然。执无，则堕其邪空；没有，则成其偏假。是以，一心三观，三观一心，即一而三相不同，即三而一体无异。非合非散，不纵不横；存泯莫羇，是非焉局？常冥三谛，总合一乘；万行度门，咸归实相。又，所难“念诵有妨禅定”者，且禅定一法，乃四辨六通之本，是革凡蹈圣之因。摄念少时，故称上善。然须明沉掉，消息知时。经云：“如坐禅昏昧，须起行道念佛，或志诚洗忏，以除重障；策发身心，不可确执一门以为究竟。”故慈愍三藏云：“圣教所说正禅定者，制心一处，念念相续；离于昏掉，平等持心。若睡眠覆障，即须策动，念佛诵经，礼拜行道，讲经说法，教化众生，万行无废。所修行业，回向往生西方净土。”若能如是修习禅定者,是佛禅定与圣教合,是众生眼目,诸佛印可。一切佛法等无差别,皆乘一如成最正觉。皆云念佛是菩提因,何得妄生邪见!故台教行四种三昧,小乘具五观对治,亦有常行、半行种种三昧,终不一向而局坐禅。《金刚三昧经》云:“不动不禅,离生禅想。”《法句经》云:“若学诸三昧,是动非是禅。心随境界生,云何名为定?”《起信论》云:“若人唯修于止,则心沉没,或起懈怠,不乐众善,远离大悲。”乃至“于一切时、一切处,所有众善,随己堪能,不舍修学,心无懈怠。惟除坐时,专念于止。若余一切,悉当观察应作、不应作,若行、若住,若卧、若起,皆应止观俱行。”是以,若能通达,定散俱得入道。若生滞阂,行坐皆即成非。南岳《法华忏》云:“修习诸禅定,得诸佛三昧,六根性清净。菩萨学《法华》,具足二种行:一者有相行,二者无相行。无相安乐行,甚深妙禅定。观察六情根,有相安乐行。此依劝发品,散心诵《法华》,不入禅三昧;坐立行一心,念《法华》文字,行若成就者,即见普贤身。”是以,智者修《法华忏》,诵至《药王焚身品》云:“是真精进,是名真法供养如来。”顿悟灵山,如同即席,乃至密持神咒,灵贶照然,护正防邪,降魔去外。制重昏之巨障,灭积劫之深痾;现不测之神通,示难思之感应;扶其广业,殄彼余殃。仰凭法力难思,遂致安然入道。是以,或因念佛而证三昧,或从坐禅而发慧门,或专诵经而见法身,或但行道而入圣境。但以得道为意,终不取定一门。惟凭专志之诚,非信虚诞之说。

问:行道礼拜,未具真修。祖立客舂之愆,佛有磨牛之诮。故《智论》云："须菩提于石室，悟了法空，得先礼佛。"《四十二章经》云："心道若行，何用行道？"豁然诠旨，何故非违？

答：若行道礼拜时，不生殷重，既无观慧，又不专精；虽身在道场，而心缘异境，著有为之相，迷其性空，起能作之心，生诸我慢；不了自他平等，能所虚玄，傥涉兹伦，深当前责。南泉大师云："微妙净法身，具相三十二。秖是不许分剂心量，若无如是心，一切行处，乃至弹指合掌，皆是正因。万善皆同无漏，始得自在。"百丈和尚云："行道礼拜，慈悲喜舍，是沙门本事。宛然依佛勅，秖是不许执著。"《法华忏》云："有二种修：一事中修。若礼念行道，悉皆一心，无分散意；二理中修。所作之心，心性不二，观见一切，悉皆是心，不得心相。"《普贤观经》云："若有昼夜六时，礼十方佛，诵大乘经，思第一义，甚深空法，于一弹指顷，除百万亿那由他恒河沙劫生死之罪。行此法者，真是佛子，从诸佛生，十方诸佛，及诸菩萨，为其和尚。是名具足菩萨戒者，不须羯磨，自然成就，应受一切人天供养。"且行道一法，西天偏重，绕百千匝，方施一拜。经云："一日一夜行道，志心报四恩，如是等人，得入道疾。"《绕塔功德经》云："勇猛勤精进，坚固不可坏，所作速成就。斯由右绕塔，得妙紫金色，相好庄严身，现作天人师，斯由右绕塔。"《华严忏》云："行道步步过于无边世界，一一道场，皆见我身。"《南山行道仪》云："夫行道障尽为期，无定日限；若论障尽，佛地乃亡。心灼灼如火然，形翘翘如履刃。"《仪》云："若从来不行道，业相无因而现。经云：众生如大富盲儿，虽有种种宝物，而不得见。今行道用功，垢除心净，如翳眼开明，如水澄镜净，众像皆现”；亦如日照火珠，于火便出。

问：诸法实相，无善恶相，云何有现耶？

答：虽无我、无造、无受者，善恶之业亦不亡。诸法无相，能示有相。行者行道，不念有相，不念无相。但念念功成，其相自现。犹如盆水处于密室，虽无心分别，众像自现。

问：相现之时，真伪何辨。云何分别，而取舍耶？

答：若取，如取虚空；若舍，如舍虚空。

问：有人久修不证者，何耶？

答：经云：“众生心如镜，镜垢像不现。”

问：论云：行道念佛。与坐念功德如何？

答：譬如逆水张帆，犹云得往；更若张帆顺水，速疾可知。坐念一口，尚乃八十亿劫罪消；行念功德，岂知其量？故偈云：“行道五百遍，念佛一千声。事业常如此，西方佛自成。”若礼拜，则屈伏无明，深投觉地，致敬之极，如树倒山崩。《业报差别经》云：“礼佛一拜，从其膝下至金刚际，一尘一转轮王位，获十种功德：一者得妙色身，二出言人信，三处众无畏，四诸佛护念，五具大威仪，六众人亲附，七诸天爱敬，八具大福报，九命终往生，十速证涅槃。”三藏勒那云：“发智清净礼者，良由达佛境界，慧心明利，了知法界本无有阂。由我无始顺于凡俗，非有有想，非阂阂想。今达自心，虚通无阂，故行礼佛，随心现量。礼于一佛，即礼一切佛；礼一切佛，即是礼一佛。以佛法身，体用融通，故礼一拜，遍通法界。如是香华，种种供养，例同于此。六道四生，同作佛想。"文殊云："心不生灭故，敬礼无所观。内行平等，外顺修敬。内外冥合，名平等礼。"《法华忏》云："当礼拜时，虽不得能礼、所礼，然影现法界，一一佛前，皆见自身礼拜。"略引祖教，理事分明。不可灭佛意而毁金文，据偏见而伤圆旨。

问：文殊云："心同虚空故，敬礼无所观，甚深修多罗，不闻不受持。"如何执相称礼佛，徇文云诵经？违大士之诚言，失诸佛之深旨。

答：此虽约理而述，且无事而不显；从事而施，又无理而不圆。理事相成，方显斯旨。夫言"心同虚空故，敬礼无所观"者，此是破其能所之见。何者？心同虚空，不见能礼；无有所观，则无所礼。如是礼时，非对一佛二佛。心等太虚，身遍法界。"不闻不受持"者，不闻，则无法义可观；不受持，则非文字可记。如是持经，有何间断？亦是说者无示，听者无得。然虽约理，非为事外之理；既不离事，即是理中之事。此乃正礼时无礼，当持时不持。不可依语而不依义，而兴断灭偏枯之见乎！

问：六念法门、十种观相，虽称助道，徇想缘尘，瞥起乖真，何如净念？

答：无念一法，众行之宗。微细俱亡，唯佛能净。故经云："三贤十圣住果报，唯佛一人居净土。"况居凡地，又在初心，若无助道之门，正道无由独显。且六念之法，能消魔幻，增进功德，扶策善根；十观之门，善离贪著，潜清浊念，密契真源，皆入道之要津，尽修禅之妙轨。似杖有扶危之力，如船获到岸之功。力备功终，船杖俱舍。

问：《首楞严经》云："持犯但束身，非身无所束。"《法句经》云："戒性如虚空，持者为迷倒。"何苦坚执事相，局念拘身；奚不放旷纵横，虚坏履道？

答：此破执情，非袪戒德。若见自持他犯，起讥毁心，戒为防非，因防增过。如斯之类，实为迷倒。《净名经》云："非净行，非垢行，是菩萨行。故不著持犯二边，是真持戒。"《大般若经》云："持戒比丘不昇天堂，破戒比丘不堕地狱。何以故？法界中无持犯故。"此亦破著，了诸法空，事理双持，身心俱净。又，若论纵横自在，唯佛一人持净戒，其余皆名破戒者。带习尚被境牵，现行岂逃缘缚？三业难护，放逸根深。犹醉象无钩，痴猿得树；奔波乍拥，生鸟被笼。若无定水戒香，慧炬无由照寂。是以，菩萨禀戒为师，明遵佛勅。虽行小罪，由坏大惧。谨洁无犯，轻重等持。息世讥嫌，恐生疑谤。夫戒为万善之基，出必由户。若无此戒，诸善功德皆不得生。《华严经》云："戒能开发菩提心，学是勤修功德地。于戒及学常顺行，一切如来所称美。"《萨遮尼乾子经》云："若不持戒，乃至不得疥癞野干身，何况当得功德法身？"《月灯三昧经》云："虽有色族及多闻，若无戒智犹禽兽。虽处卑下少闻见，能持净戒名胜士。"《智论》云："若人弃舍此戒，虽山居苦行，食果服药，与禽兽无异。若有虽处高堂大殿，好衣美食，而能行此戒者，得生好处，及得道果。"又，"大恶病中，戒为良药；大怖畏中，戒为守护；死闇冥中，戒为明灯；于恶道中，戒为桥梁；死海水中，戒为大舡。”又，如今末代宗门中，学大乘人多轻戒律。称是执持小行，失于戒急。所以《大涅槃经》佛临涅槃时，扶律谈常，则乘戒俱急，故号此经为赎常住命之重宝。何以故？若无此教，但取口解脱，全不修行，则乘戒俱失。故经云：“尸罗不清净，三昧不现前。”从定发慧，因事显理；若阙三昧，慧何由成？是知，因戒得定，因定得慧。故云“赎常住命之重宝。”何得灭佛寿命，坏正律仪？为和合海内之死尸，作长者园中之毒树，众圣所责，诸天所诃，善神不亲，恶鬼削迹。居国王之地，生作贼身；处阎罗之乡，死为狱卒。诸有智者，宜暂思焉。

问：空即罪性，业本真如。取相增瑕，如何忏悔？

答：若烦恼道，理遣合宜；苦业二道，须行事忏。投身归命，雨泪翘诚。感佛威加，善根顿发。似池华得日敷荣，若尘镜遇磨光耀。三障除而十二缘灭，众罪消而五阴舍空。《最胜王经》云：“求一切智、净智、不思议智、不动智，三藐三菩提正遍知者，亦应忏悔，灭除业障。何以故？一切诸法从因缘生故。”又，经云：“前心起罪如云覆空，后心灭罪如炬破暗。须知炬灭暗生，要须常然忏炬。”《弥勒所问本愿经》云：“弥勒大士，善权方便安乐之行，得致无上正真之道。昼夜六时，正衣束体，下膝著地，向于十方，说此偈言：我悔一切过，劝助众道德。归命礼诸佛，令得无上慧。”《大集经》云：“百年垢衣，可于一日浣令鲜净。如是百劫中所集诸不善业，以佛法力故善顺思惟，可于一日一时尽能消灭。”又，经云："然诸福中，忏悔为最。除大障故，获大善故。"论云："菩萨忏悔，衔悲满目，况不蒙大圣立斯赦法，抱罪守死，长劫受殃。"《婆沙论》云："若人于一时，对十方佛前，代为一切众生修行五悔，其功德若有形量者，三千大千世界著不尽。"《高僧传》：昙策于道场中行忏，见七佛告曰：汝罪已灭，于贤劫中号普明佛；思大禅师行方等忏，梦梵僧四十九人，命重受戒，倍加精苦，了见三生；智者大师于大苏山修法华忏，证旋陀罗尼辨；沙门道超于道场中修忏，独言笑曰："无价宝珠，我今得矣"；东都英法师讲《华严经》，入善导道场，便游三昧，悲泣叹曰："自恨多年虚费光阴，劳身心耳"；高僧慧成，学穷三藏，被思大禅师诃曰："君一生学问，与吾炙手，犹未得暖，虚丧工夫。"示入观音道场，证解众生语言三昧。经云："昼夜六时，行上法者，如持七宝，满阎浮提，供养于佛，比前功德，出过其上。"经云："不能生难遭之想，今生末世，但见遗形。理宜端肃，涕零写泪，欷歔咎躬，如入庙堂，不见严父。"故思大禅师行方等，而了见三生；高僧昙策入道场，而亲蒙十号；智者证旋陀罗尼辨，道超获无价宝珠，此皆投身忏门，归命佛语。致兹玄感，顿蹑圣阶。是以忏悔，剂至等觉。谓有一分无明，犹如微烟，故须洗涤。又，法身菩萨尚勤忏悔，岂况业系之身而无重垢？所以十八不共法中，三业清净，唯佛一人。南岳大师云："修六根忏，名有相安乐行；直观法空，名无相安乐行。"妙证之时，二行俱舍。

问：结业即解脱真源，罪垢不住三际。何不了无生而直灭，随有作而劳功乎？

答:夫罪性无体,业道从缘。不染而染,习垢非无;染而不染,本来常净。业性如是,去取尤难。一切众生,业通三世,真慧不发,被二障之所缠;妙定不成,为五盖之所覆。唯圆乘佛旨,须于净处严建道场;苦到恳诚,普代有情勤行忏法。内则唯凭自力,外则全仰佛加。遂得障尽智明,云开月朗。是以,非内非外,能悔所忏俱空;而内而外,性罪遮愆宛尔。故菩萨皆遵至教,说悔先罪,而不说入过去。且登地入位,尚洗垢以除瑕;毛道散心,却谈虚而拱手。

问:《净名经》云:"罪性不在内外、中间",岂是虚诳?何坚不信,谤正法轮,执有所作罪根,实乃重增其病!

答:佛语诚谛,理事分明。能拔深疑,善开重惑。若深信者,一闻千悟。称说而行,既荡前非,不形后过;步步观照,念念无差。此乃宿习轻微,善根深厚;乘戒俱急,理行相从。斯即深达教门,坚持佛语,何须事忏?过自不生,如若垢重障深,智荒德薄,但空念"一切罪性不在内外、中间",观其三业现行,全没根尘法内。如说美食,终不充饥;似念药方,焉能治病?若令但求其语而得罪消,则一切业系之人,故应易脱。何乃积劫生死,如旋火轮?以知业海渺茫,非般若之舟罕渡;障山孤峻,匪金刚之慧难倾。然后身心一如,理事双运。方萎苦种,永断业绳。所以祖师云:"将虚空之心,合虚空之理。亦无虚空之量,始得报不相酬。"又,教云:"净意如空。此有二义:一者离虚妄取,如彼净空无有云翳;二者触境无滞,如彼净空不生障阂。"既廓心境,罪垢何生?若能如是,名为依教。尚不见无罪,岂况有愆耶?又,罪性本净是体性净,契理无缘是方便净。因方便净,显体性净;因体性净,成方便净。方便净者,力行熏治;体性净者,一念圆照。本末相应,内外更资,故须理事相扶,成其二净;正助兼忏,证此一心。设但念空言,实难违教。不信之谤,非此谁耶?南山《四分钞》问:"有人言:罪不罪不可得,名戒者,何耶?"《钞》答:"非谓邪见粗心,言无罪也。若深入诸法相,行空三昧,慧眼观故,言罪不可得。若肉眼所见,与牛羊无异。诵大乘语者,何足据焉?"是以,理观苦谛,事行须扶。如风送船,疾有所至;犹膏助火,转益光明。岂同但保空言,全无克证?诳他陷己,果没阿鼻。舍生受身,神投业网。

问:唯心净土,周遍十方。何得托质莲台、寄形赡养?而兴取舍之念,岂达无生之门;欣厌情生,何成平等?

答:唯心佛土者,了心方生。《如来不思议境界经》云:"三世一切诸佛,皆无所有,唯依自心。菩萨若能了知诸佛及一切法皆唯心量,得随顺忍,或入初地,舍身速生妙喜世界,或生极乐净佛土中。"故知识心,方生唯心净土;著境,秖堕所缘境中。既明因果无差,乃知心外无法。又,平等之门、无生之旨,虽即仰教生信,其乃力量未充,观浅心浮,境强习重,须生佛国,以仗胜缘,忍力易成,速行菩萨道。《起信论》云:"众生初学是法,欲求正信,其心怯弱。以住于此娑婆世界。自畏不能常值诸佛、亲承供养,惧谓信心难可成就,意欲退者,当知如来有胜方便,摄护信心。谓以专意念佛因缘,随愿得生他方佛土,常见于佛,永离恶道。如修多罗说:"若人专念西方极乐世界阿弥陀佛,所修善根回向,愿求生彼世界,即得往生。常见佛故,终无有退。若观彼佛真如法身,常勤修习,毕竟得生,住正定故。”《往生论》云:“游戏地狱门者,生彼国土,得无生忍已,还入生死国,教化地狱,救苦众生,以此因缘,求生净土。”《十疑论》云:“智者炽然求生净土,达生体不可得,即真无生,此谓心净故,即佛土净。愚者为生所缚,闻生即作生解,闻无生即作无生解,不知生即无生,无生即生。不达此理,横相是非,此是谤法邪见人也。”《群疑论》问云:“诸佛国土,亦复皆空。观众生如第五大,何得取著有相,舍此生彼?”答:诸佛说法,不离二谛。以真统俗,无俗不真;以俗会真,万法宛尔。经云:“成就一切法,而离诸法相。”“成就一切法”者,世谛诸法也;“而离诸法”者,第一义谛无相也。又,经云:“虽知诸佛国,及与众生空,常修净土行,教化诸群生。”“汝但见说圆成实性无相之教,破遍计所执毕竟空无之文,不信说依他起性因缘之教,即是不信因果之人,说于诸法断灭相者。”《摩诃衍》云:“菩萨不离诸佛者,而作是言:我于因地,遇恶知识,诽谤般若,堕于恶道,经无量劫,虽未得出;复于一时,依善知识,教行念佛三昧,其时即能并遣诸障,方得解脱。有斯大益,故不愿离佛。”故《华严》偈云:“宁于无量劫,具受一切苦。终不远如来,不睹自在力。”

问:一生习恶,积累因深,如何临终十念顿遣?

答:《那先经》云:“国王问那先沙门言:人在世间作恶至百岁,临终时念佛,死后得生佛国,我不信是语。那先言:如持百枚大石置船上,因船故不没。人虽有本恶,一时念佛,不入泥犁中。其小石没者,如人作恶,不知念佛,便入泥犁中。”又,《智论》“问云:临死时少许时心,云何能胜终身行力?答:是心虽时顷少,而心力猛利,如火如毒,虽少能作大事。是垂死时心,决定勇健,故胜百岁行力,是后心,名为大心。及诸根事急故,如人入阵,不惜身命,名为健。”故知,善恶无定,因缘体空;迹有昇沉,事分优劣。真金一两,胜百两之迭华;爝火微光,热万仞之䌷草。

问:心外无法,佛不去来,何有见佛、及来迎之事?

答:唯心念佛,以唯心观,遍该万法。既了境唯心,了心即佛,故随所念,无非佛矣。“《般若三昧经》云:如人梦见七宝亲属欢喜,觉已追念,不知在何处。如是念佛,此喻唯心所作,即有而空,故无来去。”又,“如幻非实,则心佛两亡;而不无幻相,则不坏心佛。空有无阂,即无去来。不妨普见,见即无见,常契中道。”是以,佛实不来,心亦不去。感应道交,唯心自见,如造罪众生,感地狱相。《唯识论》云:“一切如地狱,同见狱卒等。能为逼害事,故四义皆成。”四义者,如地狱中,亦有时定、处定、身不定、作用不定,皆是唯识罪人,恶业心现,并无心外实铜狗铁蛇等事。世间一切事法,亦复如是。然遮那佛土,匪局东西。若正解了然,习累俱殄;理量双备,亲证无生;既历圣阶,位居不退,即不厌生死苦,六道化群生。如信心初具,忍力未圆,欲拯沉沦,实难俱济。无船救溺,翅弱高飞,卧沉痾而欲离良医,处襁褓而拟抛慈母,久遭沉坠,必死无疑。但得陷己之虞,未有利他之分。故《智论》云:“譬如婴儿,若不近父母,或堕坑落井,水火等难,乏乳而死。须常近父母养育长大,方能绍继家业。初心菩萨多愿生净土，亲近诸佛，增长法身，方能继佛家业，十方济运。有斯益故，多愿往生。”又，按诸经云：生赡养者，缘强地胜。福备寿长，莲华化生。佛亲迎接，便登菩萨之位，顿生如来之家，永处跋致之门，尽受菩提之记。身具光明妙相，迹践宝树香台。献供十方，宁神三昧。触耳常闻大乘之法，差肩皆邻补处之人。念念虚玄，心心静虑；烦恼焰灭，爱欲泉枯。尚无恶趣之名，岂有轮回之事？

《安国钞》云：“所言极乐者，有二十四种乐：一栏楯遮防乐，二宝网罗空乐，三树阴通衢乐，四七宝浴池乐，五八水澄漪乐，六下见金沙乐，七阶际光明乐，八楼台陵空乐，九四莲华香乐，十黄金为地乐，十一八音常奏乐，十二昼夜雨华乐，十三清晨策励乐，十四严持妙华乐，十五供养他方乐，十六经行本国乐，十七众鸟和鸣乐，十八六时闻法乐，十九存念三宝乐，二十无三恶道乐，二十一有佛变化乐，二十二树摇罗网乐，二十三千国同声乐，二十四声闻发心乐。”

《辞疑论》云：“西方净土，有三十种益：一受用清净佛土益，二得大法乐益，三亲近佛寿益，四游历十方供佛益，五于诸佛所闻授记益，六福慧资粮疾得圆满益，七速证无上正等菩提益，八诸大人等同集一会益，九常无退转益，十无量行愿念念增进益，十一鹦鹉舍利宣扬法音益，十二清风动树如众乐益，十三摩尼水漩宣说苦空益，十四诸乐音声奏众妙音益，十五四十八愿永绝三涂益，十六真金身色益，十七形无丑陋益，十八具足五通益，十九常住定聚益，二十无诸不善益，二十一寿命长远益，二十二衣食自然益，二十三唯受众乐益，二十四三十二相益，二十五无实女人益，二十六无有小乘益，二

十七离于八难益，二十八得三法忍益，二十九身有常光益，三十得那罗延身益。”

如上略述，法利无边。圣境非虚，真谈匪谬。何乃爱河浪底，沉溺无忧，火宅焰中，焚烧不惧？密织痴网，浅智之刃莫能挥；深种疑根，泛信之力焉能拔？遂即甘心伏意，幸祸乐灾。却非清净之邦，顾恋恐畏之世。燋蛾烂茧，自处余殃；笼鸟鼎鱼，翻称快乐。故知，佛力不如业力，邪因难趣正因。且未脱业身，终萦三障。既不爱莲台化质，应须胎藏禀形。若受肉身，全身是苦；既沉三界，宁免轮回。今于八苦之中，略标生死二苦：一生苦者：揽精血为体，处生熟藏中，四十二变而成幻质。上压秽食，下熏臭坑。饮冷若冰河，吞热如炉炭。宛转迷闷，不可具言。及至生时，众苦无量，触手堕地，如活剥牛皮，逼窄艰难；似生脱龟壳，衔冤抱恨，拟害母身。才触热风，苦缘顿忘。婴孩痴骇，水火横亡。脱得成人，有营身种。业田既熟，爱水频滋。无明发生，苦芽增长。胶粘七识，笼罩九居。如旋火轮，循环莫已。二死苦者：风刀解身，火大烧体。声虚内颤，魄悸魂惊。极苦并生，恶业顿现。千愁郁悒，万怖憧惶。乃至命谢气终，寂然孤逝。幽途黯黯，冥路茫茫。与昔冤酬，皎然相对。号天扣地，求脱无门。随业浅深，而历诸趣。或倒生地狱，或阴受鬼形。忍饥渴而长劫号咷，受罪苦而遍身燋烂。未脱二十五有，善恶之业靡亡。追身受报，未曾遗失；生死海阔，业道难穷。声闻尚昧出胎，菩萨犹昏隔阴。况具缚生死底下凡夫，宁不被生苦所羁，死魔所系？故《目连所问经》云：“佛告目连：譬如万川长注，有浮草木，前不顾后，后不顾前，都会大海。世间亦尔：虽有豪贵富乐自在，悉不得免生老病死。秖由不信佛经，后世为人，更深困剧，不能得生千佛国土。是故我说无量寿佛国土易往易取，而人不能修行往生，反事九十六种邪道。我说是人名无眼人、名无耳人。”“《大集月藏经》云：我末法时中，亿亿众生，起行修道，未有一得者。当今末法，现是五浊恶世，唯有净土一门，可通入路。”当知自行难圆，他力易就。如劣士附轮王之势，飞游四天；凡质假仙药之功，升腾三岛。实为易行之道，疾得相应。慈旨叮咛，须铭肌骨。”

问：庞居士云：“事上说佛国，此去十万里。大海渺无边，动即黑风起。往者虽千万，达者无一二。忽遇本来人，不在因缘里。”如何通会，而证往生？

答：若提宗考本，尚不说有佛有土，岂言达之不达乎？所以天真自具，不涉因缘；匪动丝毫，常冥真体。若约事论，故非一等，九品往生，上下俱达：或游化国，见佛应身；或生报土，睹佛真体；或一夕而便登上地，或经劫而方证小乘；或利根、钝根，或定意、散意；或悟迟速，根机不同；或华开早晚，时限有异。今古具载，凡圣俱生，行相昭然，明证目验。故释迦世尊，亲记文殊，当生阿弥陀佛土，位登初地。“《大经》云：弥勒菩萨问佛：未知此界，有几许不退菩萨，得生彼国？佛言：此娑婆世界，有六十七亿不退菩萨，皆得往生。”智者大师一生修西方业，所行福智二严，悉皆回向。临终令门人唱起十六观名，乃合掌赞云：“四十八愿，庄严净土，香台宝树，易到无人，火车相现，一念改悔者，尚乃往生，况戒定慧熏！修行道力，终不唐捐；佛梵音声，终不诳人。”“《称赞净土经》

云:十方恒河沙诸佛,出广长舌相,遍覆大千,证得往生。岂虚构哉?"

问:《维摩经》云:"成就八法,于此世界,行无疮疣,生于净土。何等为八?饶益众生,而不望报;代一切众生,受诸苦恼,所作功德,尽以施之;等心众生,谦下无阂,于诸菩萨,视之如佛;所未闻经,闻之不疑;不与声闻,而相违背;不嫉彼共,不高己利,而于其中调伏其心;常省己过,不讼彼短;恒以一心,求诸功德。"如何劣行微善,而得往生?

答:理须具足,此属大根。八法无瑕,成就上品。如其中下,但具一法。决志无移,亦得下品。

问:《观经》明十六观门,皆是摄心修定,观佛相好。谛了圆明,方阶净域。如何散心而能化往?

答:九品经文,自有昇降;上下该摄,不出二心:一、定心,如修定习观,上品往生;二、专心,但念名号,众善资熏。回向发愿,得成末品。仍须一生归命,尽报精修。坐卧之间,常面西向。当行道礼敬之际,念佛发愿之时,恳苦翘诚,无诸异念。如就刑戮,若在狴牢;怨贼所追,水火所逼。一心求救,愿脱苦轮;速证无生,广度含识;绍隆三宝,誓报四恩;如斯志诚,必不虚弃。如或言行不称,信力轻微,无念念相续之心,有数数间断之意。恃此懈怠,临终望生。但为业障所遮,恐难值其善友。风火逼迫,正念不成。何以故?如今是因,临终是果,应预因实,果则不虚。声和则响顺,形直则影端故也。如要临终十念成就,但预办津梁,合集功德,回向此时,念念不亏，即无虑矣。夫善恶二轮，苦乐二报，皆三业所造，四缘所生，六因所成，五果所摄。若一念心，瞋恚邪淫，即地狱业；悭贪不施，即饿鬼业；愚痴闇蔽，即畜生业；我慢贡高，即修罗业；坚持五戒，即人业；精修十善，即天业；证悟人空，即声闻业；知缘性离，即缘觉业；六度齐修，即菩萨业；真慈平等，即佛业。若心净，即香台宝树，净刹化生；心垢，则丘陵坑坎，秽土禀质，皆是等伦之果，能感增上之缘。是以，离自心源，更无别体。《维摩经》云："欲得净土，但净其心。随其心净，即佛土净。"又，经云："心垢故众生垢，心净故众生净。"《华严经》云："譬如心王宝，随心见众色。众生心净故，得见清净刹。"《大集经》云："欲净汝界，但净汝心。"故知，一切归心，万法由我。欲得净果，但行净因。如水性趣下，火性腾上。势数如是，何足疑焉？

万善同归集卷中

杭州慧日永明寺智觉禅师延寿述

夫性起菩提，真如万行。终日作而无作，虽无行而遍行。若云有作，即同魔事。或执无行，还归断灭。故知，自心之外，无法建立。十身具足，四土圆收。虽总包含，不坏内外，皆称法界，岂隔有无？空中具方便之慧，不著于有；有中运殊胜之行，不堕于无。是以，即理之事，行成无阂；即事之理，行顺真如。相用无亏，体性斯在。夫化他妙行，不出十度、四摄之门；利己真修，无先七觉、八正之道。摄四念归于一实，总四勤不出一心，严净五根，成就五力。若论施，则内外咸舍；言戒，则大小兼持；修进，则身心并行；具忍，则生法俱备；般若，则境智无二；禅定，则动寂皆平；方便，则普照尘劳；发愿，则遍含法界；具力，则精通十力；了智，则种智圆成；爱语，则俯顺机宜；同事，则能随行业；运慈，则冤亲普救；说法，则利钝齐收；七觉，则沉掉靡生；八正，则邪倒不起。乃至备修三坚之妙行，具足七圣之法财。秉持三聚之律门，圆满七净之真要。悟天行契自然之本理，修梵行断尘习之根源。现病行憩声闻之化城，示儿行引凡夫于天界。历五位菩提之道，入三德涅槃之城。练三业而成三轮，离三受而圆三念。因从三观熏发，果具五眼圆明，方能游戏神通，出入百千三昧净佛国土，履践无阂道场，然后普应诸方，现十身之妙相，遍照法界，然四智之明灯。感应道交，任他根量。不动本际，迹应方圆。凡有见闻，皆能获益。云云自彼，于我何为！斯皆积善之所熏，成此无缘之大化。《还源观》云："用则波腾海沸，全真体以运行；体则镜净水澄，举随缘而会寂。"肇师云："统万行，则以权智为主；树德本，则以六度为根；济蒙惑，则以慈悲为首；语宗极，则以不二为言。此皆不思议之本也。至若借座灯王，请饭香土，室包乾象，手接大千，皆不思议之迹也。然幽关虽启，圣应不同。非本无以垂迹，非迹无以显本。本迹虽殊，而不思议一也。"

问：身为道本，缚是脱因。何得然指烧身，背道修道？《高僧传》内，小乘律中，贬斥分明，奚为圣典？

答：亡身没命，为法酬恩；冥契大乘，深谐正教。大乘《梵网经》云："若佛子，应行好心，先学大乘威仪经律，广开解义味。见后新学菩萨有从百里、千里来求大乘经律，应如法为说一切苦行，若烧身、烧臂、烧指。若不烧身、臂、指供养诸佛，非出家菩萨，乃至饿虎、狼、狮子、一切饿鬼，悉应舍身肉手足而供养之，然后一一次第为说正法，使心开意解。若不如是，犯轻垢罪。"《大乘首楞严经》云："佛告阿难：若我灭后，其有比丘，发心决定修三摩提，能于如来形像之前，身然一灯，烧一指节，及于身上热一香炷，我说是人无始宿债，一时酬毕。长揖世间，永脱诸漏。虽未即明无上觉路，是人于法已决定心。若不为此舍身微因，纵成无为，必还生人，酬其宿债，如我马麦，正等无异。"所以，小乘执相，制而不开；大教圆通，本无定法。《菩萨善戒经》云："声闻戒急，菩萨戒缓；声闻戒塞，菩萨戒开。"又，经云："声闻持戒，是菩萨破戒"，此之谓也。若依了义经，诸佛悦可；执随宜说，众圣悲嗟。秖可叹大褒圆，自他兼利，岂容执权滞小，本迹双迷？

问：五热炙身，投岩赴火，九十六种，千圣同诃。幸有正科，何投邪辙？

答：《智论》云："佛法有二种道：一毕竟空道，二分别好恶道。"若毕竟空道者，凡夫如，即漏尽解脱如；如来语，即提婆达多语，无二无别，一道一源。是以，地狱起妙觉之心，佛果现泥犁之界。若舍邪趣正，邪正俱非；离恶著善，善恶咸失。若分别好恶道者，愚智不等，真俗条然；玉石须分，金鍮可辨。且约修行门内，昇降位中，自有内外宗徒，邪正因果。善须甄别，不可雷同。且教申毁赞之文，的有抑扬之旨。执即成滞，了无不通。四悉对治，纵夺料简。若云总是，尼乾成正真之道，诸佛错诃；若说俱非，药王堕颠倒之愆，诸佛错赞。是以，兴邪则成无益之行，废正则断方便之门。须晓开遮，宁无去取。且内教外人，遗身各有二意。内教二者：一、明自他性空，无法我二执，不见所供之境，亦无能烧之心；二、惟供三宝，深报四恩，以助无上菩提，不希人天果报。外道二者：一、身见不亡，转增我慢，迷无作之智眼，起有得之能心；二、惟贪现在名闻，秖规后世福利，或愿作刹利之主，或求生广果之天。所以，台教释《药王焚身品》云："境智不二，能所斯亡。以不二观观不二境，成不二行，会不二空。作是观时，若为法界，见闻者益，故曰乘乘。所以，投岩无招外行之论，赴火不为内众之讥，良由内有理观，外晓期心。故胜热息善财之疑，尼乾生严炽之解，笃论其道，行方有剋。心正行正，智邪事邪。行不可废，智不可亡。后学之徒，无失法利。”《文殊问经》云：“菩萨舍身，非是无记，惟得福德，是烦恼身灭故，得清净身。譬如垢衣，以灰汁浣濯，垢灭衣在。”若得圆旨，明断皎然。请鉴斯文，以为龟镜。

问：住相布施，果结无常，增有为之心，背无为之道。争如理观，福等虚空。故经云：“佛言：非我而能顺理。”何坚执事缘尘，而不观心达道乎？

答：若约观心，寓目皆是。既云达道，举足宁非。菩萨万行齐兴，四摄广被，不可执空害有，守一疑诸。《华严经》云：“受一非余，魔所摄持。”是以，舍边趣中，还成邪见。不可据宗据令，认妙认玄，识想施为，阴界造作；应须随机遮照，任智卷舒。于空有二门，不出不在，真俗二谛，非即非离，动止何乖，圆融无阂。大凡诸佛菩萨修进之门，有正有助，有实有权，理事齐修，乘戒兼急，悲智双运，内外相资。若定立一宗，是魔王之种，或亡泯一切，成己见之愚。故《大集经》云：“有二行：缘空直入，名为慧行；带事兼修，是行行。”《菩提论》：“有二道：一、方便道，知诸善法；二、智慧道，不得诸法。”又，经云二如：因中如，如而无染；果中如，如而无垢。又，二心：自性清净心，本有之义；离垢清净心，究竟之义。《起信论》立二相：一、同相，平等性义；二、异相，幻差别义。台教有二善：达能所空名止善，方便劝修名行善。

问：祖佛法要，惟立一乘。或云：十方薄伽梵，一路涅槃门；或云：一切无阂人，一道出生死。如何广陈差别，立二法门，惑乱正宗，起诸邪见？

答：诸佛法门虽成一种，约用分二，其体常同。如一心法，立真如、生灭二门，则是二谛一乘之道。今古恒然，无有增减。是以，总别互显，本末相资：非总无以出别，非别无以成总；非本无以垂末，非末无以显本。故知，只翼难冲，孤轮匪运；惟真不立，单妄不成。约体则差而无差，就用则不别而别。一二无阂，方入不二之门；空有不乖，始蹈真空之境。

问：事则分位差别，理惟一味湛然。性相不同，云何无阂？

答：能依之事，从理而成；所依之理，随事而现。如千波不阂一湿，犹众器匪隔一金。体用相收，卷舒一际。若约圆旨，不惟理事相即，要理理相即亦得，事事相即亦得，理事不即亦得，故称随缘自在无阂法门。又且诸佛化门，檀施一法，为十度之首，乃万行之先，入道之初因，摄生之要轨。《大论》云："檀为宝藏，常随逐人；檀为破苦，能与人乐；檀为善御，开示天道；檀为善府，摄诸善人；檀为安隐，临命终时，心不怖畏；檀为慈相，能济一切；檀为集乐，能破苦贼；檀为大将，能伏悭敌；檀为净道，贤圣所由；檀为积善，福德之门；檀能全获，福乐之果。檀为涅槃之初缘，入善人众中之要法，称誉赞叹之渊府，处众无难之功德，心不悔恨之窟宅，善法道行之根本，种种欢乐之林薮，富贵安隐之福田，得道涅槃之津济。"《六行集》云："若凡夫施时，起慢心，成罪行；起敬心，成福行。若二乘施时，惟观尘动转；小菩萨施时，念色体空；大菩萨施时，知心妄见。若佛谓证惟心，离念常净。"是知，一布施门，六行成别，岂可雷同，一时该下？亦有内施外施，理檀事檀，体用更资，本末互显，据理沈断，执事堕常，理事融通，方超二患。且诸佛圣旨，校量施中，理檀为先，内施偏重。故《法华经》云："佛言：若有发心，欲得阿耨多罗三藐三菩提，能然手指乃至足一指供养佛塔，胜以国城妻子及三千大千国土，山林河池诸珍宝物而供养者。"《智论》云："若人舍身，胜过阎浮提满中珍宝。"则知利口轻言易述，全身重宝难倾，保命情深，好生意切，直得三轮体寂，犹为通教所收。况乃取舍情生，岂得成其净施？且圆教施门，遍含法界，乃何事而不备，何理而不圆？菩萨照理而不却事，鉴事而不捐理，弘之在人，曷滞于法？若离理有事，事成定性之愚；若离事有理，理成断灭之执。若著事而迷理，则报在轮回；若体理而得事，则果成究竟。故《法华经》云："又见菩萨，头目身体，欣乐施与，求佛智慧。"若舍身是邪，何成佛慧？故知，毫善趣果弘深，以此度门标因匪弃。如释迦佛舍身命时，度度皆证法门，或得柔顺忍，或入无生法忍等。大凡菩萨所作，皆了无我无性，涉事见理，遇境知空，不同凡夫造其罪福，不解因果善恶无性。是为迷事取性，常系三有。

问：经云："以三恒河沙身命布施，不如受持四句偈。"故知，般若功深，施门力劣。何得违宗越理，枉力劳神？可谓期悟遭迷，求昇反坠矣。

答：得理则万行方成，知宗乃千途不滞。不可去彼取此，执是排非。须履无阂之门,善入遍行之道。是以,过去诸佛本师释迦,从无量劫来,舍无数身命:或为求法,则出髓而剜身;或为行慈,则施鹰而饲虎。《般若论》云:"如来无量劫来,舍身命财,为摄持正法。正法无有边际,即无穷之因,得无穷之果,果即三身也。"乃至西天此土菩萨高僧,自古及今遗身不少,皆遵释迦之正典,尽效药王之遗风。《高僧传》:蔼法师入南山,自剜身肉布于石上,引肠挂树,捧心而卒。书偈以石云:"愿舍此身已,早令身自在。法身自在已,在在诸趣中。随有利益处,护法救众生。又复业应尽,有为法皆然。三界皆无常,时来不自在。他杀及自死,终归如是处。智者所不乐,业尽于今日。"又,僧崖菩萨烧身,云:"代一切众生苦。"先烧其手。众人问曰:"菩萨自烧,众生罪熟。各自受苦,何由可代?"答曰:"犹如烧手,一念善根,即能灭恶,岂非代耶?"又告众曰:"我灭度后,好供养病人,并难可测其本,多是诸佛圣人,乘权应化,自非大心平等,何能恭敬?此是实行也。"天台宗满禅师,一生讲诵《莲经》,感神人现身,正定经咒文字,后焚身供养《法华经》;又,智者门人净辩禅师,于忏堂前焚身,供养普贤菩萨;双林傅大士欲焚身救众生苦,门人等前后四十八人,代师焚身,请师住世,教化有情。传记广明,不能备引。若云诸圣境界示现施为,则圣有诳夫之愆,凡无即圣之分。教网虚设,方便则空,本为接后逗前,令凡实证,设是示现权施,亦令后人仿效。不可将邪倒之法,赚人施行。大圣真慈,终不虚诳。是以,八万法门,无非解脱;一念微善,皆趣真如。自有初心后心,生忍法忍,未必将高斥下,以下凌高。善须知时,自量根力,不可评他美恶,强立是非。

言是祸胎，自招来业。且如得忍菩萨，虽证生、法二空，为利他故，破悭、贪垢，尚乃烧臂焚身；如药王菩萨、僧崖之类，若未具忍者，虽知以智慧火焚烦恼薪，了达二空，不生身见，其或现行障重，未得相应。起勇猛心，运真实行，酬恩供佛，代苦行慈，欲成助道之门，不起希求之想。若不欺诳，事不唐捐。脱或智眼未明，犹生我执。但求因果，志不坚牢，拟效先踪，不在此限。夫众生根机不同，所尚各异，故经云：佛言：若众生以虚妄而得度者，我亦妄语。是知，事出千巧，理归一源，皆是大慈善权方便。或因舍身命而顿入法忍，或一心禅定而豁悟无生，或了本清净而证实相门，或作不净观而登远离道，或住七宝房舍而阶圣果，或处冢间树下而趣涅槃。是以，尘沙度门，入皆解脱；无边教网，了即归真。大圣垂言，终不虚设。譬如涉远，以到为期，不取途中强论难易，故知，医不专散，天不长晴，应须丸散调停，阴阳兼济，遂得众疾同愈，万物齐荣，皆是权施，实无定法，随其乐欲，逗其便宜。惟取证道为心，不拣入门粗细。若于圆教四门生著，犹为藏教初门所治。故菩萨所行檀度之门，如囚因厕孔而得出，似病服不净而获痊。非观，无以拔三毒之病根；非行，无以超三界之有狱。书云：“获鸟者罗之一目，不可以一目为罗；治国者功在一人，不可以一人为国。”是以，众行俱备，万善齐修。一行归源，千门自正。经明十二因缘是一法，以四等观者，得四种菩提。若惟取上上根人，则中下绝分。故弘半教，有成满之功；至宝所，因化城之力。岂可舍此取彼，执实谤权；顿弃机缘，灭佛方便？故云，从实分权，权是实权；开权显实，实是权实。如迷权实二门，则智不自在。《大论》云：“众生种种因缘,得度不同:有禅定得度者,有持戒说法得度者,有光明触身得度者。譬如城有多门,入处各别,至处不异。"所言般若功深者,然般若孕圣弘贤,含灵蕴妙。标之则为宗、为首,为导、为依;融之则触境该空,无非般若。故经云:"色无边故,般若无边。"《肇论》云:"三毒、四倒,皆悉清净,何独尊净于般若?"今何取舍而欲逃空避影乎?且诸佛密意,诠旨难裁。空拳诳小儿,诱度于一切,无有决定法,故号大菩提不知般若有破著之功,教中偏赞,却乃随语生见。是以依方故迷,故般若能导万行。若无万行,般若何施?偏啖酱而饮醎,失味致患;专抱空而执断,丧智成愆。《智论》云:"帝释意念,若般若是究竟法者,行人但行般若,何用余法?佛答:菩萨六波罗蜜,以般若波罗蜜用无所得法和合故,此即是般若波罗蜜。若但行般若不行余法,则功德不具足,不美不妙,譬如愚人不识饭食种具,闻酱是众味主,便纯饮酱,失味致患。行者亦如是,欲除著心故,但行般若,反坠邪见,不能增进善法,若与五波罗蜜和合,则功德具足,义味调适。"《楞伽山顶经》云:"菩萨速疾道有二:一、方便道者,能为因缘。二、般若道者,能至寂灭。"是以,般若无方便,溺无为之坑;方便无般若,陷幻化之网。二轮不滞,一道无亏;权实双行,正宗方显。住无所住,佛事所以兼修;得无所得,智心所以恒寂。

问:教秪令观身无我,了本无生。既达性空,何存身见,而欲妄想,仍须舍乎?

答:理中非有,事上非无。从缘幻生,虽无作者,善恶无性,业果宛然。从无始际,丧无数身,但续俱生,无利而死。

今舍父母遗体，岂是己身？若一念圆修戒定慧等，微妙善心，方真己体。今所舍者乃是缘生，然于事中，且为利益而死，况正当无明烦恼三障二死所缠，何乃说空，谁当信受？是以，佛法贵在行持，不取一期口辩。如虫食木偶得成文，似鸟言空，全无其旨，烦恼不减，我慢翻增，是恶取邪空，非善达正法，须亲见谛，言行相应。但纵妄语粗心，岂察潜行蜜用？古德云："行取千尺万尺，说取一寸半寸。"又，经云："言虽说空，行在有中。"《宝积经》云："佛言：若不修行得菩提者，音声言说，亦应证得无上菩提。作如是言：我当作佛，我当作佛。以此语故，无边众生应成正觉。"故知，行在言前，道非心外。又，经云："佛言：学我法者，惟证乃知。"是以，剧恶不如微善，多虚不如少实。但能行者不弃于小心，纵空说者徒标于大意。若未契真如之用，顺法性而行，惟得上慢之心，自招诬罔之咎。是以，仁王列五忍之位，智者备六即之文。行位分明，岂可叨滥？何不入平等观，起随喜心？积众善之根，成大慈之种？经云："然一指节，爇一炷香，尚灭积劫之愆瑕；或散一华，暂称一佛，毕至究竟之果位。"《首楞严经》云："菩萨同事，尚作奸偷屠贩；淫女寡妇，靡所不为。"《无生义》云："离相无住行人，不住涅槃，能普现色身。在有为中，能贵能贱，能凡能圣，行仁义之道，悲济十方，尽未来际。"又云："凡地修圣行，果地习凡因。未具佛法，亦不灭受而取证也。"明知真是俗真，俗是真俗。执即尘劳，通为佛事。入法性三昧，无一法可嫌；证无边定门，无一法可弃。胜负既失，取舍全乖。不可障他菩提，灭自善本。又，纵了非身，深穷实相，不滞心境，决定无疑。虽知一切有为，犹如空中鸟迹；尚须地地观练，对治习气非无。况坚执四倒之愚，深陷八邪之网，持此秽质，广作贪淫，被幻网所笼，为情色所醉，汩没生死，沈沦苦轮者欤？所以大觉深嗟，广垂毁摈。诸圣舍身之际，无不先诃。如以毒药而换醍醐，似将瓦器而易珍宝。故《宝积经》观身有四十种过患。或云：贪欲之狱，恒为烦恼之所系缠；臭秽之坑，常被诸虫之所唼食；似行厕而五种不净，若漏囊而九孔常穿；瞋恚毒蛇，起害心而伤残慧命；愚痴罗刹，执我见而吞噉智身。犹恶贼而举世皆嫌，类死狗而诸贤并弃。不坚如芭蕉水沫，无常似焰影电光。虽灌啖而反作冤雠，每将养而罔知恩报。广诮非一，难可具言。若不审此深愆，遂乃广兴恶业。迷斯为是而不进修，则智行两亏，理事俱失。须先厌患，苦切对治。知非而欲火潜消，了本而真源自现。故《法华经》云："犹如三界火宅所烧，何由能解佛之智慧？"

问：身虽虚假，众患所缠。然因此幻形，能成道果。经云：不入烦恼大海，不得无价宝珠。若欲舍之，恐成后悔。

答：夫生不灭，有相皆空。若于三宝中，志诚归向，起一舍心，犹胜世间虚生浪死，则能以无常体得金刚体，以不坚身易坚固身。取舍二途，须凭智照。

问：安心入道，须顺真空；起行度生，全归世谛。但了法性，以辩正宗。何乃斥实凭虚，丧本驟末，有为扰动，造作纷纭，汩乱真源，昏浊心水？

答：第一义中，真亦不立；平等法界，无佛众生。俗谛门中，不舍一法；凡兴有作，佛事门收。是以，诸佛常依二谛说法，若不得世谛，不得第一义谛。《唯识论》云："拨无二谛，是恶取空，诸佛说不可治者。"《金刚经》云："发阿耨菩提心者，于法不说断灭相。"贤首国师云："真空不坏缘起业果，是故尊卑宛然。"《金刚三昧论》云："真俗无二而不守一，由无二故则是一心，不守一故，举体为二。"《华严经》云："譬如虚空于十方中，若去来今，求不可得，然非无虚空。菩萨如是观一切法，皆不可得。然非无一切法，如实无异，不失所作。普示修行菩萨诸行，不舍大愿，调伏众生，转正法轮，不坏因果。"又云："菩萨摩诃萨了达自身及以众生本来寂灭，不惊不怖，而勤修福智无有厌足。虽知一切法无有造作，而亦不舍诸法自相；虽于诸境界永离贪欲，而常乐瞻奉诸佛色身；虽知不由他悟入于法，而种种方便求一切智；虽知诸佛国土皆如虚空，而常乐庄严一切佛刹；虽恒观察无人无我，而教化众生无有疲厌；虽于法界而本来不动，以神通智力现众变化；虽已成就一切智智，而修菩萨行无有休息；虽知诸法不可言说，而转净法轮，令众生喜；虽能示现诸佛神力，而不厌舍菩萨之身；虽现入于大涅槃，而一切处示现受生。能作如是权实双行法，是佛业。"是以，若拨果排因，即空见外道；据体绝用，是趣寂声闻。又，若立正宗，何法非宗？既论法性，何物非性？从迷破执，则权立是非；从悟辩同，实无取舍。今所论者，不同凡夫所执事相，又非三藏菩萨偏假离真，及通教声闻但空灭相。若离空之有，乃妄色之因；若离有之空，归灰断之果。今则性即相之性，故不阂繁兴；相即性之相，故无亏湛寂。境是不思议境，空是第一义空。舒卷同时，即空而常有；存泯下坏，即有而常空。故台教云："如镜有像，瓦砾不现。

中具诸相，但空即无。微妙净法身，具相三十二。"清凉国师云："凡圣交彻，即凡心而见佛心；理事双修，依本智而求佛智。"古德释云：禅宗失意之徒，执理迷事，云性本具足，何假修求？但要亡情，即真佛自现；学法之辈，执事迷理，何须孜孜修习理法？合之双美，离之两伤。理事双修，以彰圆妙。休心绝念，名理行；兴功涉有，名事行。依本智者，本觉智，此是因智；此虚明不昧名智，成前理行，亡情显理。求佛智者，即无障阂解脱智，此是果智。约圆明决断为智，成前事行，以起行成果故，此则体性同故，所以依之；相用异故，所以求之。但求相用，不求体性，前亡情理行，即是除染缘起；以显体性，兴功事行，即是发净缘起，以成相用。无相宗云：如上所说，相用可然。但依本智情亡，则相用自显，以本具故，何须特尔起于事行？圆宗云：性诠本具，亡情之时，但除染分，相用自显真体。若无事行，彼起净分，相用无因得生。如金中虽有众器，除矿但能显金。若不施功造作，无因得生其器。岂金出矿已，不造不作，自然得成于器？若亡情则不假事行，佛令具修，岂不虚劳学者？是以，八地已能离念，佛劝方令起于事行，知由离念不了。所以文云："法性真常离心念，二乘于此亦能得。不以此故为世尊，但以甚深无阂智。"七劝皆是事行故，是知，果佛，须性相具足；因行，必须事理双修。依本智如得金，修理行如去矿，修事行如造作，求佛智如成器也。《慈愍三藏录》云："若言世尊说诸有为，定如空华，无有一物，名虚妄者。虚妄无形，非解脱因，如何世尊敕诸弟子，勤修六度，万行妙因，当证菩提，涅槃之果？岂有智者赞乾闼婆城坚实高妙，复劝诸人以兔角为梯，而可登陟乎？由此理故，虽是凡夫，发菩提心、行菩萨行，虽然有漏修习，是实是正，有体虚妄，非如龟毛，空无一物，说为虚妄，皆是依他缘生幻有，不同无而妄计。若如是解者，常行于相，相不能阂，速得解脱；迷情局执，于教不通。虽求离相，恒被相拘，无有解脱。”又云：若三世佛行，执为妄想，凭何修学而得解脱？不依佛行，别有所宗，皆外道行。古德云：若一向拱手，自取安隐，不行仁义道，即阙庄严，多劫亦不成，但实际不受一尘，佛事不舍一法。《还源观》云：“真该妄末，行无不修；妄彻真源，相无不寂。”又云：“真如之性，法尔随缘；万法俱兴，法尔归性。”《祖师传法偈》云：“心地随时说，菩提亦秖宁。事理俱无阂，当生即不生。”故知真不守性，顺寂而万有恒兴；缘不失体，任动而一空常寂。

问：《思益经》云：“入正位者，不从一地至十地”；《楞伽经》云：“寂灭真如，有何次第？”古德云：“宁可永劫沉沦，终不求诸圣解脱。”又云：“任汝千圣现，我有天真佛。”何乃捏目生华，强分行位？

答：若心冥性佛，理括真源，岂假他缘，尚犹忘己？若随智区分，于无次第中而立次第，虽似昇降，本位不动。夫圣人大宝曰位，若无行位，则是天魔外道。若约圆融门，则顺法界性，本自清净；若约行布门，则随世谛相，前后浅深。今圆融不碍行布，顿成诸行，一地即一切地故；若行布不碍圆融，遍成诸行，增进诸位功德故。点空论位，常居中道，不有而有，阶降历然；有而不有，泯然虚静。故《般若经》云：“须菩提问佛：若诸法毕竟无所有，云何说有一地乃至十地？佛言：以诸法毕竟无所有故，则有菩萨初地至十地，若诸法有决定性者，则无一地乃至十地。”是以三十七品，菩萨履践之门；五十二位，古佛修行之路。从初念处，一念圆修，迄至十八不共，练磨三业，究竟清净。

问：真源自性，本自圆成。何藉修行，广兴动作？经云："见苦断集，证灭修道，名为戏论。"若起妄修行，何当契本？

答：《起信论》云："以有妄想心故，能知名义，为说真觉。"亦因真如内熏，令此无明而有净用。复因诸佛言教力，内外相资，令此妄心自信己身有真如性，能起种种方便修诸对治。此能修行，则是信有真如，由未证真，不名无漏；妄念若净，真性自显。又，虽修无性，不阂真修，从妄显真，因识成智，犹如影像，能表镜明。若无尘劳，佛道不立。古德云："真妄二法，同是一心。妄揽真成，无别妄故；真随妄现，无别真故。"又，"真外有妄，理不遍故；妄外有真，事无依故。"又，若执本净，是自性痴；若假外修，是他性痴；若内外相资，是共性痴；若本末俱遣，是无因痴。长者《论》云："若一概皆平，则无心修道。应须策修，以至无修，方知万法无修。"《宝积经》云："若无正修者，猫兔等亦合成佛，以无正修故。"台教云："行能成智，行满智圆；智能显理，理穷智寂。"相须之道，兴废不无。因权显实，实立权亡；约妄明真，真成妄泯；权妄既寂，真实亦空；非妄非权，何真何实？牛头融大师云："若言修生，则造作非真；若言本有，则万行虚设。"

问：一切凡夫常在于定，何须数息入观而无绳自缚乎？

答：若法性三昧，何人不具？若论究竟定门，唯佛方备。等觉菩萨尚乃不知，散心凡夫岂容测度？故文殊云："譬如人学射，从粗至细，后乃所发皆中，我亦如是。初学三昧，谛缘一境；后入无心三昧，始一切时中常与定俱。"所以不净假观、数息妙门，是入甘露之津，出生死之径。故龙树祖师云："观佛十力中，二力最大：因业力故，入生死；因定力故，出生死。"《正法念经》云："救四天下人命，不如一食顷端心正意。"是以，在缠真如，昏散皆具；出缠真如，定慧方明；总别条然，前后无滥。何专理是，宁斥事非？

问：菩萨大业，以摄化为基。何乃独宿孤峰，入深兰若？既违本愿，何成利人？

答：菩萨本为度他，是以先修定慧。空闲静处，禅观易成；少欲头陀，能入圣道。《法华经》云："又见菩萨勇猛精进，入于深山，思惟佛道。"

问：多闻广读，习学记持，徇义穷文，何当见性？

答：若随语生见，齐文作解，执诠忘旨，逐教迷心，指月不分，即难见性。若因言悟道，藉教明宗，谛入圆诠，深探佛意，即多闻而成宝藏，积学以为智海。从凡入圣，皆因玄学之力；居危获安，尽资妙智之功。言为入道之阶梯，教是辩正之绳墨。《华严经》云："欲度众生，令住涅槃，不离无障阂解脱智。无障阂解脱智，不离一切法如实觉；一切法如实觉，不离无行无生行慧光；无行无生行慧光，不离禅善巧决定观察智；禅善巧决定观察智，不离善巧多闻。菩萨如是观察了知已，倍于正法，勤求修习，日夜惟愿闻法喜法，乐法、依法、随法、解法，顺法、到法、住法、行法。菩萨如是勤求佛法，所有珍财皆无悋惜，不见有物难得可重，但于能说佛法之人，生难遭想。”《法华经》云：“若有利根，智慧明了，多闻强识，乃可为说。”《论》云：“有慧无多闻，是不知实相。譬如大暗中，有目无所见，多闻无智慧，亦不知实相；譬如大明中，有灯而无目，多闻利智慧，是所说应受，无闻无智慧，是名人身牛。”故圆教二品，方许兼读诵，位居不退，始闻法无厌，闻有助观之力，学成种智之功，不可作牛羊之眼，罔辨方隅；处愚戆之心，不分菽麦乎！

问：灵知不昧，妙性常圆。何假参寻，遍求知识？

答：一切众生，悟里生迷，真中起妄，秖为不觉，须假发扬。《法华经》云：“佛曾亲近百千万亿无数诸佛，尽行诸佛无量道法，勇猛精进名称普闻。”又云：“善知识者是大因缘，所谓令得见佛，发阿耨多罗三藐三菩提心。”《华严经》云：“譬如暗中宝，无灯不可见；佛法无人说，虽智不能了。”又云：“不要三千大千世界满中珍宝，惟愿乐闻一句未闻佛法。”又云：“虽知诸法不由他悟，而常尊敬诸善知识。”《起信论》云：“又诸佛法有因有缘，因缘具足，乃得成办。如木中火性是火正因，若无人知，不假方便，能自烧人，无有是处。众生亦尔：虽有正因熏习之力，若不遇诸佛菩萨善知识等以之为缘，能自断烦恼入涅槃者，则无是处。”《法句经》云：“如裹香之纸，系鱼之索。佛语诸比丘：夫物本净，皆由因缘以兴罪福。近贤明则道义隆，友愚暗则殃祸集。譬如纸索，近香则香，系鱼则臭。渐染翫习，各不自觉。颂曰：'鄙夫染人，如近臭物。渐迷习非，不觉成恶；贤夫染人，如附香熏。进智习善，行成芳洁。'"《首楞严经》云："佛告阿难：一切众生从无始来，种种颠倒，业种自然，如恶叉聚。诸修行人，不能得成无上菩提，乃至别成声闻、缘觉，及成外道诸天魔王及魔眷属。皆由不知二种根本，错乱修习，犹如煮砂欲成嘉馔，纵经尘劫，终不能成。"是知，初心须亲道友，以辨邪正，方契真修；或涉权门，日劫相倍。若得圆旨，不枉功程。直至道场，永无疑悔。及生自悟之时，惟证无师自然之智，决定不从人得。

问：说法为人，虽成大业，未齐极地，恐损自行。登地菩萨，尚被佛诃；未证凡夫，如何开演？

答：台教初品，即是凡夫。若信入圆门，亦可说法。以凡夫心，同佛所知；用所生眼，齐如来见。《般若经》中，校量正忆念自修行般若之福，不如广为人天巧说譬喻，令前人易解般若，其福最胜。经云："其人戒足虽羸劣，善能说法利多人。若有供养是人者，则为供养十方佛。"《未曾有经》云："说法有二大因缘：一者开化天人福无量故，二者为报施食恩故，岂得不说？"又，"财施如灯，但明小室；法施若日，远照天下。"《大方广总持经》云："佛言：善男子，佛灭度后，若有法师，善随乐欲为人说法，能令菩萨学大乘者及诸大众，有发一毛欢喜之心，乃至暂下一滴泪者，当知皆是佛之神力。"但见解不谬，冥契佛心。虽为他人，亦乃化功归己。既能助道，又报佛恩，傥不涉名闻，实一毫不弃。至于传持法宝，讲唱大乘,制论释经,著文解义,拔不信之疑箭,照愚暗之智光。建法垣墙,续佛寿命。或取经西土,求法遐方;或翻译大乘,润文至教;或广行经咒,遍施受持。开法施之门,续传灯之焰。能将甘露,沃枯竭之心;善使金錍,扶痴盲之眼。经云:“假使顶戴经尘劫,身为床座遍三千。若不传法度众生,决定无能报恩者。”

问:何不一法顿悟,万行自圆;而迂回渐径,勤劳小善乎?禅宗一念不生,一尘不现。若争驰焰水,竞执空华,以幻修幻,终无得理。

答:诸佛了幻,方能度幻众生;菩萨明空,是以从空建立。《涅槃经》云:佛言:“一切诸法皆如幻相,如来在中以方便力无所染著。何以故?诸佛法尔。”《中论》云:“以有空义故,一切法得成。”是以,顿如种子已包,渐似芽茎旋发。又如,见九层之台,则可顿见,要须蹑阶,而后得昇;顿了心性,即心是佛,无性不具,而须积功,遍修万行。又如磨镜,一时遍磨,明净有渐,万行顿修,悟则渐胜,此名圆渐,非是渐圆。亦是无位中位,无行中行。是以,彻果该因,从微至著,皆须慈善根力,乃能自利利他故。九层之台成于始篑,千里之程托于初步,滔滔之水起于滥觞,森森之树生于毫末。道不遗于小行,暗弗拒于初明。故一句染神,历劫不朽;一善入心,万世匪忘。《涅槃经》云:“佛说:修一善心,破百种恶。如少金刚能坏须弥,亦如少火能烧一切;如少毒药能害众生,少善亦尔,能破大恶。”《日摩尼宝经》云:“佛告迦叶菩萨:我观众生,虽后数千巨亿万劫,在欲爱中为罪所覆;若闻佛经一反念善，罪即消尽。”《大智度论》云：“如来成道时，有十种微笑，而观世间，有小因大果，小缘大报。如求佛道，赞一偈，一称南无佛，烧一捻香，必得作佛；何况闻知诸法实相不生、不灭、不不生、不不灭，而行因缘，业亦不失，以是故笑。”

古德问云：“达摩不与梁帝说功德因缘，而云无耶？菩萨舍国城建塔庙，岂虚设乎？”答：大师此说，不坏福德因果。武帝不达有为功德而有限剂，空无相福不可思量，破他贪著，如不贪著，尽是无为，菩萨亦作轮王。如是福报，因果历然，可是无耶？若达理者，处之与法界同量，无有竭尽；若不达理，即是有为轮回之报，不应贪著。忠国师云：“诸佛菩萨皆具福智二严，岂是拨无因果？但勿以理滞事，以事妨理，终日行而不乖于无行也。”

生法师问：“云何弹指合掌，无非佛因耶？”答：一切法皆无定性，而所适随缘。若以贪为缘，即适人天之报；若回向菩萨为缘，即成佛果之报。真如尚不守自性，而况此微善乎？

又云：“万善理同无漏者。夫万善本有，皆资理发，理既无异，善岂容二？”本如来藏性，为万善之因，亦名正因，亲生万善。台教云：“如轻小善不成佛，是灭世间佛种。”又云：“善机有二：一感人天华报，二感佛道果报。若以佛眼圆照众生万善，究竟得佛一大事出世之正意。”荆溪尊者云：“一毫之善，本趣菩提。如操刀执炬，得其要柄。若以相心，如把刃抱火。”《法华经》中，明散心念佛，小音赞叹；指甲画像，聚沙成塔；渐积功德，皆成佛道。《大悲经》云：“佛告阿难：若有众生，于诸佛所，一发信心，种少善根，终不败亡。假使久远百千万亿那由他劫，彼一善根，必得涅槃。如一滴水投大

海中,虽经久远,终不亏损。”是以,大圣顺机曲应,大小不忘,接后逗前,半满岂废?或赞小而引归深极,或诃半而恐滞初门,黄叶宁金,空拳岂实?皆是抑扬之意,权施诱度之恩。而不得教旨者,但执方便之言,互相是非,确定取舍。或执小滞大,违失本宗;或据大妨小,而亏权慧。又,虽然宗大,大旨焉明?徒云斥小,小行空失。运意则承虚托假,出语则越分过头。断正法轮,谤大般若。深愆极过,莫越于斯,历劫何穷,长沦无间。《净名经》云:“无方便慧缚,有方便慧解。无慧方便缚,有慧方便解。”岂可执权谤实,害有宾无?但大小双弘,空有俱运。一心三观,即无过矣。是以,顺法体,则纤毫不立;随智用,则大业恒兴。体不离用,故寂而常照;用不离体,故照而常寂。是以,常体常用,恒照恒寂。若会旨归宗,则体用俱离,何照何寂,曷乃据体而碍用,执性而坏缘?理事不融,真俗成隔。则同体之悲绝运,无缘之慈靡成。善恶既不同观,冤亲何能普救?过之甚矣,失莫大焉。又,先德云:夫善知识者,虽明见佛性,与佛同等,若论其功,未齐诸圣,须从今日步步资熏。又,古德云:蕈子比丘还债,虽不得理,犹有行门。今时多有学人,二事俱失。故知,见性未谛,但是随语依通。及检时中,正助皆丧。是以,先圣终不浪阶,抚臆扪心,岂可容易?是以,六即拣滥,十地辨功。若以即故,何凡何圣?若论六故,凡圣天隔。”又,若论其理,初地即具足一切地;若言其行,后地则倍倍超前。秖如才登八地,一念利生,下地多劫不及。

问:善恶同源,是非一旨。云何弃恶崇善,而违法性乎?

答：若以性善性恶，凡圣不移：诸佛不断性恶，能现地狱之身；阐提不断性善，常具佛果之体。若以修善修恶，就事即殊，因果不同，愚智有别：修一念善，远阶觉地；起一念恶，长没苦轮。若以性从缘，虽同而异；若泯缘从性，虽异而同。故《禅门秘要经》云："佛言：善恶业缘，本无有异。虽复不异，不共俱止。"《华严经》云："如相与无相，生死及涅槃，分别各不同，智、无智如是。"故知，教旨如镜，何所疑焉？

问：若分修、性，则善、恶二途。乖平等之慈，失遍行之德。

答：自行须离，约法即空。化他等观，在人何别？是以，初心自利，则损益两陈；究竟利他，则善恶同化。如夜行险道，以恶人执烛，岂可以人恶故而不随其照？菩萨得般若之光，终不舍恶。《华严经》云："舍恶性人，远懈怠者，轻慢乱意，讥嫌恶慧，是为魔业。"台教云："恶是善资，无恶亦无善。"《法华经》云："恶鬼入其身，骂詈毁辱我。我等念佛故，皆当忍是事。恶不来加，不得用念，用念由于恶加。"又，"威音王佛所，著法之众，闻不轻言。骂詈捶打，由恶业故，还值不轻，不轻教化，皆得不退。"又，"提婆达多是善知识。"书云："善者是恶人之师，恶者是善人之资。"故知，恶能资善，非能通正，岂有一法而可舍乎？

问：无缘不强化，机熟自相应。若愚恶不信之人，如何诱度？

答：舍愚从智，平等理乖；弃恶归善，同体悲废。众生本妙,不可度量。忽遇因缘,机发不定。设未得度,亦作度缘,以此而推,应须等化。

问:若修众善之门,须兴乐欲之念。憎爱二苦,能障寂灭菩提;取舍两情,岂成无阂解脱?

答:《涅槃经》云:"一切众生有二种爱:一者善爱,二者不善爱。不善爱者,惟愚求之;善法爱者,诸菩萨求。"《华严经》云:"广大智所说,欲为诸法本。应起胜希望,志求无上觉。"又云:"断善法欲,是菩萨魔事。"是以,入道之初,欲为道本;至其极位,法爱须忘。阶降宛然,初后不滥。

问:人、法本空,身、心自离。既无能作,谁行众善乎?

答:《涅槃经》云:"虽本自空,亦由菩萨修空见空。"又,"师子吼菩萨言:世尊,众生五阴,空无所有,谁有受教、修习道者?佛言:善男子,一切众生皆有念心、慧心、发心、勤精进心、信心、定心。如是等法,虽念念灭,犹故相似、相续不断,故名修道。乃至如灯,虽念念灭,而有光明,除破暗冥。念等诸法,亦复如是:如众生食,虽念念灭,亦能令饥者而得饱满;譬如上药,虽念念灭,亦能愈病;日月光明,虽念念灭,亦能增长草木树林。善男子,汝言念念灭,云何增长者?心不断故,名为增长。"

问:所行众善福德,竟何所归?若云自度,还同二乘之心;若云度他,即立众生之相。

答:菩萨所作福德,皆为成熟众生。空有圆融,自他无滞。观世若幻，岂违实相之门？度生同空，宁亏方便之道？《般若经》云："菩萨成就二法，魔不能坏：一者观诸法空，二者不舍一切众生。"《论》释云："以日月因缘，故万法润生。但有月而无日，则万物湿坏；但有日而无月，则万物燋烂；日月和合，故万物成就。菩萨亦如是，有二道：一者悲，二者空。佛说二事兼用：虽观一切空，而不舍众生；虽怜愍众生，不舍一切空。观一切法空，空亦空，故不著空，是故不妨怜愍众生。虽怜悯众生，亦不著众生，亦不取众生相，但怜悯众生，引导入空故。"

问：经云："佛不得佛道，亦不度众生。若见众生苦，即是受苦者。"云何修习福德，而度众生乎？

答：约真即无，随俗即有。《论》云："佛答须菩提，若一切众生，自知诸法自性空者，菩萨不发阿耨多罗三藐三菩提意，亦不于六道中拔出众生。何以故？众生自知诸法性空，则无所度。譬如无病则不须药，无暗则不须灯。今众生实不知自相空法，故随心取相生著，以著故染，染故随于五欲，随五欲故为贪所覆，贪因缘故乃至作生死业，无复穷已。"是知，因凡立圣，凡圣皆空。从恶得善，善恶无性。以无性故，万善常兴；以皆空故，一真恒寂。

问：众生之界，如二头三手。若实见度者，何异捞水月而捉镜像，削鸟迹而植焦芽。未审究竟以何为众生，而兴济度？

答：夫众生者，即是自身日夜所起无量妄念之心。《大集经》云："汝日夜念念，常起无量百千众生。""《净度三昧经》云：一念受一身：善念生天上人中身，恶念受三恶道身。百念受百身，千念受千身。一日一夜种生死根，后当受八亿五千万杂类之身，乃至百年之中，种后世身，体骨皮毛，遍大千刹土地间无空处。"若一念不生，恬然反本。故云，度妄众生，了念即空，无有起处。复云："不见众生可度。"亦云："度尽一切众生，方成正觉。"即斯旨也。《华严经》云："身为正法藏，心为无阂灯。照了诸法空，名曰度众生。"既自行已立，还说示人。普令观心，还依是学，是为真实之慈，究竟之度矣。夫从凡入圣，万善之门，先发菩提心，最为第一，乃众行之首，履道之初。终始该罗，不可暂废。《梵网经》云："若佛子，常起大悲心。乃至若见牛马猪羊一切畜生，应心念口言：汝是畜生，发菩提心。而菩萨入一切处山林川野，皆使一切众生发菩提心。若菩萨不发教化众生心者，犯轻垢罪。"《华严经》云："欲见十方一切佛，欲施无尽功德藏。欲灭众生诸苦恼，宜应速发菩提心。"又云："菩提心者，犹如种子，能生一切诸佛法故；菩提心者，犹如良田，能长众生白净法故；菩提心者，犹如大地，能持一切诸世间故；菩提心者，犹如净水，能洗一切烦恼垢故；菩提心者，犹如大风，普于世间无所阂故；菩提心者，犹如盛火，能烧一切诸见薪故。"

问：菩提理本，性自周圆。何假发心，故兴妄念？

答：《般若经》云："若菩萨知心性即是菩提，而能发起大菩提心，是名菩萨。"又，上首菩萨云：吾于无所求中，而故求之。又，无所发菩萨云：知一切法皆无所发，而发菩提心。然于所证真如，如外无智，能发妙智，智外无如，双照双遮，不存不泯。不二而二，理智自分；二而不二，能所俱寂。次即归命三宝无上福田，起坚固心，具不坏信，离五怖畏，成三菩提，最初之因缘，摄一切善法。《大报恩经》云："如阿阇世王，虽有逆罪，应入阿鼻狱，以诚心向佛故，灭阿鼻罪，是谓三宝救护力也。又如在山林旷野恐怖之处，若念佛功德，恐怖即灭，是故，归凭三宝，救护不虚。"古德云："山有玉则草木润，泉有龙则水不竭。住处有三宝则善根增长"，谓三宝救护力也。《法句经》云："帝释命终，入驴母腹中。因归命三宝，驴缰解走，破坏坏器，其主打之，寻时伤胎，其神却复天身，佛为说偈，帝释闻之：达罪福之变，解兴衰之本。遵寂灭之行，得须陀洹道。"《木槵子经》云："时有难国王，名波金璃，白佛言：我国边小，频岁贼寇。五谷勇贵，疾病灾行。人民困苦，我恒不安。法藏深广，不得修行。惟愿垂矜，赐我法要。佛告王言：若欲灭烦恼障者，当穿木槵子一百八个，常以自随，志心无散，称南无佛陀、南无达摩、南无僧伽，乃至能满百万遍者，当断百八结业，获无上果。王闻欢喜：我当奉行。佛告王言：有莎斗比丘，诵三宝名，经历十岁，得成斯陀含果；渐次修行，今在普香世界，作辟支佛。王闻是已，倍复修行。"

问：志公云："苦哉，哀哉！怨枉弃却真佛，造像香华供养求福，不免六贼枷杖。"此意如何，以契今说？

答：此是古人破凡夫不识自佛，一向外求；住相迷真，分别他境；不为助道，但求福门。似箭射空，如人入暗；果招生灭，宁越心尘。若达惟心，所见一切，皆是心之相分，终不执为外来。然不坏因缘，理事无阂。故神锴和尚云："缘众生空,不舍于大慈;观如来寂,不失于敬养。谈实相,不坏于假名;论差别,不破于平等。”又,《华严经》八地菩萨,亲证无生法忍,入无功用道,了一切法如虚空性,乃至涅槃心犹不现前,方始见无量佛,炽然供养。”又云:“若彼常于三宝中,恭敬供养无疲厌,则能超出四魔境,速成无上佛菩提。”《贤愚经》云:“舍卫国有长者,生一男儿。当尔之时,天雨七宝,因字宝天。后值佛出家得道,佛言:毗婆尸佛出现于世,有一贫人,虽怀喜心,无供养具,以一把白石拟珠,用散众僧,今此宝天比丘是,乃至受无量福,衣食自然,今遭我世,得道果证。”又,真觉大师云:“深信正法,勤行六度,读诵大乘,行道礼拜,妙味香华,音声赞呗,灯烛台观,山海泉林,空中平地,世间所有微尘已上,悉持供养,合集功德,回助菩提。”以知,秖破凡夫心外所执,或是贪利供养,瞋心持戒,憍慢作福,胜他布施,无殷重心,非广大意。若如是行,难招净业,不可错会圣意。断自凡情,起断灭心,灭菩提种。

《首楞严经》云:“若彼定中,诸善男子,见色阴消,受阴明白,自谓已足。忽有无端大我慢起,如是乃至慢与过慢,及慢过慢,或增上慢,或卑劣慢,一时俱发。心中尚轻十方如来,何况下位声闻、缘觉?此名见胜,无慧自救。悟则无咎,非为圣证。若作圣解,则有一分大我慢魔,入其心腑。不礼塔庙,摧毁经像,谓檀越言,此是金铜,或是土木,经是树叶,或是迭华。肉身真常,不自恭敬,却崇土木,实为颠倒。其深信者,从其毁碎,埋弃地中,疑误众生,入无间狱,失于正受,当从沦坠。”

但所作之时,一切无著,欢喜庆幸,竭力尽诚,回向无上菩提，普施法界含识，则一毫之善，皆是圆因，终不堕落人天因果。又，福业弘深，凡圣俱济，福是安乐之本，智为解脱之门，以此二轮不可暂失，乃成佛之正辙，实拔苦之深因。恭惟无上宝王、十方慈父，作大福聚，具功德身，尚乃亲对大众，起礼骨塔，躬为弟子，不弃穿针。岂况下劣凡形，薄福尠德，阐提不信，我慢贡高，耻作低心，顿遗小善？《像法决疑经》云："佛言：若复有人，见他修福及施贫穷，讥毁之言：此邪命人求觅名利，出家之人何用布施？但修禅定智慧之业，何用纷动无益之事？作是念者，是魔眷属，其人命终，堕大地狱，经历受苦。从地狱出堕饿鬼中，于五百身堕在狗中，从狗出已，五百世中常生贫贱，受种种苦。何以故？由于前世见他施时不随喜故。"《论》云："福德是菩萨摩诃萨根本，能满愿一切。圣人所共赞叹，无智人所毁呰；智人所行处，无智人所远离，是福德因缘故。作人王、转轮圣王、天王、阿罗汉、辟支佛、诸佛世尊。大慈大悲，十力、四无所畏、一切种智，自在无阂，皆从福德中生。"

又云："须菩提问：以毕竟空中无有福与非福，何故但以福德而得？佛答：以世谛中有福故得。须菩提为众生著无所有故问，佛以不著有故答。所谓精进修福，尚不可得，何况不修福德？如受乞食道人，至一聚落，从一家至一家，乞食不得。见一饿狗饥卧，以杖打之言：汝畜生无智，我种种因缘，家家求食尚不得，何况汝卧而望得耶？"至于宝炬苏灯，续命供佛，遂乃恒增智焰，常曜身光，因正果圆，行成业就。故贼人偶挑残焰，天眼长明；贫女因献微灯，佛阶遥记。《华严经》云："又放光明名照曜，映蔽一切诸天光。所有暗障靡不除，普为众生作饶益。此光觉悟一切众，令执灯明供养佛。以灯供养诸佛故，得成世中无上灯。然诸油灯及苏灯，亦然种种诸明炬。众香妙药上宝烛，以是供养获此光。”《普广经》云：“然灯供养，照诸幽冥，苦痛众生，蒙此光明，得互相见。缘此福德，拔彼众生，悉得休息。”《施灯功德经》云：“佛告舍利弗：若人于塔庙施灯明已，临命终时得见四种光明：一者临终见于日轮圆满涌出，二者见净月轮圆满涌出，三者见诸天众一处而坐，四者见于如来正遍知。坐菩提树，垂得菩提，自见己身，尊重如来，合十指掌，恭敬而住。”

或散华供养，严饰道场，尽作菩提之缘因，成佛之正行。《法华经》云：“若人散乱心，乃至以一华供养于画像，渐见无数佛。”《大思惟经》云：“若不散华献佛，虽得往生，而依报不具。”《贤愚经》云：“舍卫国内，有豪富长者，生一男儿，面首端正，天雨众华，积满舍内，即字华天，乃至出家得阿罗汉。阿难白佛：华天何福而得如是？佛言：过去有佛，名毗婆尸。有一贫人见僧欢喜，即于野泽采众草华，用散大众。尔时贫人，今华天比丘是。散华之德，九十一劫身体端正，意有所须，如念而至。”经云：“若以一华散虚空中，供养十方佛，乃至毕苦，其福无尽。”《论》云：“亿耳阿罗汉，昔以一华施于佛塔，九十一劫人天中受乐，余福力得阿罗汉。”

或烧香、涂香，庄严佛事，焚一捻而位期妙果，涂故塔而身出栴檀。昔佛在世时，有长者名栴檀香，昔曾以香泥涂故塔，从是已来九十一劫，身诸毛孔出栴檀香，从其口出优钵华香。

或悬幡塔庙，宝盖圣仪，标心而虽为他缘，获福而惟成自果。故佛在世时，有婆多迦，过去曾作一长幡，悬毗婆尸佛塔上，从是已来九十一劫，天上人中，常有大幡覆荫其上，受福快乐，后出家得道。又，经云：若人悬幡，风吹一转，受一轮王位；乃至烂坏为尘，一尘一小王位。《百缘经》云："有一宝盖长者，过去曾持一摩尼宝珠，盖毗婆尸佛舍利塔头，从是已来九十一劫，天上人中，常有自然宝盖覆其顶上，乃至遇佛出家，皆成佛果。"

或称扬佛德，赞叹大乘，胜报无边，殊因最大。赞一偈，有超劫成佛之功；颂一言，获舌相妙音之报。《观佛三昧经》云："昔过去久远无量世时，有佛出世，号宝威德上王。时有比丘与九弟子，往诣佛塔，礼拜佛像，见一宝像严显可观，礼已谛观，说偈赞叹。后时命终，悉生东方宝威德上王佛国大莲华中，忽然化生。从此已来，恒得值佛，得念佛三昧，佛为授记，于十方面各得成佛。"《法华经》云："譬如优昙华，一切皆爱乐。天人所希有，时时乃一出。闻法欢喜赞，乃至发一言。则为已供养，十方三世佛。是人甚希有，过于优昙华。"《华严经》云："又放光明名妙音，此光开悟诸菩萨。能令三界所有声，闻者皆是如来音。以大音声称赞佛，及施铃铎诸音乐。普使世间闻佛音，是故得成此光明。"至于讽咏唱呗，妙梵歌扬，昔婆提飏呗，清响彻于净居；释尊入定，琴歌震于石室。园林楼观，入法界之法门；音声语言，成佛宗之佛事。《毗尼母经》云："佛告诸比丘：听汝等呗。呗者，即言说之辞。"《十诵律》云："为诸天闻呗心喜，或音乐舞妓，螺钹箫韶，发欢喜心，种种供养。"《法华经》云："若使人作乐，系鼓吹角呗，箫笛琴箜篌，琵琶铙铜钹，如是众妙音，尽持以供养。

或以欢喜心，歌呗颂佛德，乃至一小音，皆已成佛道。”

或劝请诸佛，初转法轮，不般涅槃，悲济含识。《智论》问云：“菩萨法尔六时劝请十方佛者，若于目前，面请诸佛则可。今十方无量佛亦不目见，云何可请？”答：“如慈心念众生令得快乐，众生虽无所得，念者大得其福。请佛说法，亦复如是。”又，“虽众生不面请佛，佛常见其心，亦闻彼请。”

或随喜赞善，助他胜缘，如观买香，傍染香气，虽不亲作，得同善根。《论》云：“有人作功德，见者心随喜，赞言善哉。在无常世界中，为痴冥所蔽，能弘大心建此福德，菩萨但以随喜心，过于二乘人上，何况自行？”又，“菩萨昼夜六时，常行三事：一、礼十方佛，忏三世罪，二、随喜十方三世诸佛所行功德，三、劝请诸佛初转法轮，及久住世间。行此三事，功德无量，转近得佛。”若作诸善，悉皆回向，成就菩提，免坠生灭，如微声入角，遂致远闻；似滴水投河，即同广润。以少善而至极果，运微意而成大心。

或发大愿者，万行之因，能长慈悲，不断佛种，大事成办，所作剋终。成道利生，皆因弘誓，是以，有行无愿，其行必孤；有愿无行，其愿必虚；行愿相从，自他兼利。《华严经》云：“不发大愿，魔所摄持；乐处寂灭，断除烦恼，魔所摄持；永断生死，魔所摄持；舍菩萨行，魔所摄持；不化众生，魔所摄持。”《智论》云：“作福无愿，无所树立；愿为导师，能有所成。譬如销金，随师所作，金无定也。菩萨亦尔，修净土愿，然后得之，以是故知，因愿获果。”又云：“若能一发心言：愿我当作佛，灭一切众生苦。虽未断烦恼，未行难事，以心口重故，胜一切众生。”《大庄严论》云：“佛国事大，独行功德不能成就，要须愿力。如牛虽力挽车，要须御者能有所至。净佛国土，由愿引成，以愿力故，福德增长，不失不坏，常见佛故。”

或造新修故，立像图真，兴建伽蓝，庄严福地。《法华经》云：“若人为佛故，建立诸形像，刻雕成众相，皆已成佛道；或以七宝成，鍮鉐赤白铜，白镴及铅锡，铁木及与泥，或以胶漆布，严饰作佛像，如是诸人等，皆已成佛道；彩画作佛像，百福庄严相。自作若使人，皆已成佛道。”《作佛形像经》云：“优填王来至佛所，白佛言：世尊，若佛灭后，其有众生作佛形像，当得何福？佛告王言：若当有人作佛形像，功德无量，不可称计：天上人中，受诸快乐，身体常作紫磨金色；若生人中，常生帝王、大臣、长者、贤善家子，乃至若作帝王，王中特尊，或作转轮圣王，王四天下，七宝自然，千子具足；乃至若生天上，作六欲天主；若生梵天，作天梵王，后皆得生无量寿国，作大菩萨，毕当成佛，入泥洹道。若当有人作佛形像，获福如是。”《华首经》云：“佛告舍利弗：菩萨有四法，终不退转无上菩提。何等为四？一者，若见塔庙毁坏，当加修治，若泥乃至一砖；二者，若于四衢道中多人观处，起塔造像，为作念佛善福之缘；三者，若见比丘僧二部诤讼，勤求方便，令其和合；四者，若见佛法欲坏，能读诵说乃至一偈，令使不绝。为护法故，敬养法师，专心护法，不惜身命。菩萨若成就是四法者，世世当作转轮圣王，得大力身，如那罗延。舍四天下而行出家，能得随意修四梵行，命终生天作大梵王，乃至究竟成无上道。”是故，猕猴戏造石塔，尚乃生天；樵人误唱佛声，犹云得度。何况志诚，宁无胜报？

或兴崇宝塔，铸泻洪钟，乃至大如拇指，天界福生。或复暂击一声，幽途苦息。《无上依经》云：“佛告阿难：如帝释天宫住处，有大飞阁名常胜殿，种种宝庄，各八万四千。若有清信男子、女人，造作如是常胜宝殿，百千拘胝，施与四方众僧。若复有人如来般涅槃后，取舍利如芥子大，造塔如阿摩罗子大，戴刹如针大，露盘如枣叶大，造佛形像如麦子大，此功德胜前所说，百分不及一，千万亿分乃至阿僧祇数分所不及一。”何以故？如来无量功德故。《涅槃经》云：“善守佛僧物，涂扫佛僧地，造塔如拇指，常生欢喜心，亦生不动国。此即净土常严，不为三灾所动也。”

或书写大藏，启发真诠；或刻石销金，剥皮刺血，令见闻随喜，十种传通，誓报四恩，明遵慈勅。是以，佛智赞而不及，天福报而无穷。齐善逝之功，作如来之使。《法华经》云：“若人得闻此《法华经》，若自书、若使人书，所得功德，以佛智慧筹量多少，不得其边。”

或兴崇三宝，广扇慈风；或墙堑释门，威力外护，遂令正法久住，佛道长隆。外感则雨顺风调，家宁国泰；内报则道生垢灭，果满因圆。能遵付嘱之恩，不失菩提之记。

或释其拘系，放人出家；或广度僧尼，绍隆佛种。开出离之道，施引接之门。格量胜因，群经具赞。《出家功德经》云：“若放男女奴婢人民出家，功德无量。”《本缘经》云：“以一日一夜出家故，二十劫不堕三恶道。”《僧祇律》云：“以一日一夜出家修梵行者，离六百六千六十岁三涂苦。”乃至醉中剃发，戏里披衣，一曅时间，当期道果。何况割慈舍爱，具足正因，成菩萨僧，福何边际？

或忘身为法，禁绝邪师；建正法幢，断魔羂索。朗慧日于无明暗室，荫慈云于烦恼稠林。使信邪者趣三脱之门，俾执见者裂八倒之网。

或成他大业，助发菩提；作增上之缘，为不请之友。《涅槃经》云："助人发菩提心者，许破五戒。"故知，损己为他，是大士之行。

或饭僧设供，资备修行；开大施之门，建无遮之会。是以，减一匙之饭，七返生天；施一团之麨，现登王位。

或造经房禅室，或施华果园林，供给所须，助成道业。昔支辨安禅道侣，致天乐自然，日给诵经沙弥，获总持第一。《大报恩经》云："若以饭食、璎珞施人，除去瞋心，以是因缘，获得二相：一者金色，二者常光。"乃至扫塔涂地，给侍众僧，起恭敬心，成殷重业。发一念之微善，成无边之净缘。"《菩萨本行经》云：昔佛在世时，有阿罗汉婆多竭梨，观因地，曾扫洒定光佛古塔，诛伐草木，严净已讫，踊跃欢喜，绕之八匝，作礼而去。命终之后生光音天，尽其天寿，乃至百返作转轮圣王。颜容端正，见者欢喜。欲行之时，道路自净。九十劫中，天上人间，富贵尊荣，快乐无极。今最后身值释迦佛，舍豪出家，得阿罗汉。若有人能于佛法僧，少作微善如毫发许，所生之处，受报弘大，无有穷尽。"《正法念经》云："若有众生，净心供养众僧，扫如来塔，命终生意乐天，身无骨肉，亦无污垢，香气能熏一百由旬，其身净洁犹如明镜。"《付法传》云：有一比丘毬多，观其无福，不能得道。令教化供僧，便证罗汉果。又有罗汉名祇夜多，具三明六通，观见前生曾作狗身，未曾暂得一饱，常忍饥渴。遂每躬自执爨，供给众僧。《大报恩经》云："思惟诸法甚深之义，乐修善法，供养父母、

和尚、师长、有德之人，若行道路、佛塔、僧房，除去砖石、荆棘、不净。以是因缘，得三十二相中一一毛右旋相。”乃至看病、浴僧、义井、圊厕，扶危拯急，济用备时，皆大菩萨之心，成不思议之行。利他既重，得果偏深：或永受坚固不坏之形，或常得清净相好之体，或往生佛国甘露之界，或顿获轻安自在之身，皆三十二相之殊因，八十种好之妙果。《大方便佛报恩经》云：“三业清净，瞻病施药，破除憍慢，饮食知足。以是因缘，得三十二相中平立相。”《福田经》云：“佛告天帝：我昔于波罗奈国，安设圊厕。缘此功德，世世清净。累劫行道，秽染不污。金色晃昱，尘垢不著。食自消化，无便利之患。”《百缘经》云：“孙陀利比丘，过去作长者，因备办香水，澡浴众僧，复以珍宝投之水中。今所生之时，舍内自然有一涌泉，香水冷美，有诸珍宝充满其中，端正殊妙，后出家得道。”《贤愚经》云：“昔有五百贾客，入海采宝，请一五戒优婆塞用作导师，海神取水一掬而问之曰：掬中水多，海水多耶？贤者答曰：掬中水多。海水虽多，劫欲尽时必有枯竭。若复有人，能以一掬水，供养三宝，或奉父母，或丐贫穷，给与禽兽，此之功德，历劫不尽。以此言之，知海水少、掬水多。海神欢喜，即以珍宝用赠贤者。”以知，一切万物，惟应济急利时。如若不用，虽多无益。经云：“若种树园林，造井厕桥梁，是人所为福，昼夜常增长。”《高僧传》云：“道安法师感圣僧语曰：汝行解过人，秖缘少福。能浴众僧，所愿必果。”

或平治坑堑，开通道路；或造立船筏，兴置桥梁；或于要道，建造亭台；或在路傍，栽植华果。济往来之疲乏，备人畜之所行。六度门中，深发弘扬之志；八福田内，普运慈济之心。一念善因，能招二报：一者，华报，受人天之快乐；二者，果报，证祖佛之真源。

或施食给浆，病缘汤药，住处衣服，一切所须。安乐有情，是诸佛之家业；抚绥沉溺，乃大士之常仪。遂使施一诃梨，受九十劫之福乐；分一口食，得千倍之资持。经云："施食得五种利益：一者施命，二者施色，三者施力，四者施安，五者施辩。"《智度论》云："鬼神得人一口之食，而千万倍出。"《华严经》云："又放光明名安隐，此光能照疾病者，令除一切诸苦痛，悉得正定三昧乐。施以良药救众患，妙宝延命香涂体。苏油乳蜜充饮食，以是得成此光明。"

或施无畏，善和诤讼，哀愍孤露，救拔艰危，福受梵天，行齐大觉，因强果胜，德厚报深。《华严经》云："又放光明名无畏，此光照触恐怖者，非人所持诸毒害，一切皆令疾除灭。能于众生施无畏，遇有恼害皆劝止，拯济危难孤穷者，以是得成此光明。"

又，慈悲喜舍，种种利益，度贫代苦，轸念垂哀，及施畜生一抟之食，皆是佛业无缘慈因。《法句经》云，行慈有十一种利。佛说偈言："履行仁慈，博爱济众。有十一誉：福常随身，卧安觉安，不见恶梦，天护人爱，不毒不兵，水火不丧，在所得利，死昇梵天，是为十一。"故经云："一切声闻、缘觉、菩萨、诸佛，所有善根，慈为根本。"《毗沙论》云："若修慈者，火不能烧，刀不能伤，毒不能害，水不能漂，他不能杀。所以然者，慈心定是不害法故，有大威势诸天拥护，害不能害。"《像法决疑经》云，佛言："若人于阿僧祇劫，以身供养十方诸佛，并诸菩萨及声闻众，不如有人施与畜生一口之食，其福胜彼

百千万倍,无量无边。"《丈夫论》云:"悲心施一人,功德如大地;为己施一切,得报如芥子;救一厄难人,胜馀一切施;众星虽有光,不如一月明。"《华严经》云:"菩萨乃至施与畜生之食,一抟一粒,咸作是愿:当令此等舍畜生道,利益安乐,究竟解脱,永度苦海,永灭苦受,永除苦蕴,永断苦觉、苦聚、苦行、苦因、苦本,及诸苦处,愿彼众生皆得舍离。菩萨如是专心系念一切众生,以彼善根而为上首,为其回向一切种智。"《大涅槃经》云,佛过去惟修一慈,"经此劫世,七反成坏,不来生此。世界坏时,生光音天;世界成时,生梵天中作大梵王。三十六反为大帝释,无量百千世作转轮圣王,乃至成佛。"又,师子现指,醉象礼足;慈母遇子,盲则得明;城变金璃,石举空界;释女疮合,调达病痊,皆是本师积劫熏修,慈善根力,能令苦者见如是事。今既承绍,合履玄踪,乃至放生赎命,止杀兴哀,断烧煮之殃,释笼罩之絷,续寿量之海,成慧命之因。遂得水陆全角,息陷网、吞钩之苦,飞沉任性;脱焚林、竭泽之忧,免使穴罢新胎,巢无旧卵,脂消鼎镬,肉碎刀砧。《梵网经》云:"若佛子,以慈心故,行放生业。一切男子是我父,一切女子是我母,我生生无不从之受生。故六道众生,皆是我父母。而杀食者,即杀我父母,亦杀我故身。一切地水是我先身,一切火风是我本体,故常行放生,乃至若不尔者,犯轻垢罪。"故知,有情无情,不可伤害。《华严经》云:"佛子,菩萨摩诃萨作大国王,于法自在,普行教命,令除杀业。阎浮提内,城邑聚落,一切屠杀皆令禁断,无足、二足、多足,种种生类,普施无畏,无欺夺心,广修一切诸行。仁慈莅物,不行侵恼;发妙宝心,安隐众生。于诸佛所,立深志乐,常自安住三种净戒，亦令众生皆如是住。菩萨摩诃萨令诸众生住于五戒，永断杀业，以此善根，如是回向。所谓愿一切众生发菩萨心，具足智慧，永保寿命，无有终尽。”乃至“见众生心怀残忍，损诸人畜，所有男形令身缺减，受诸楚毒。见是事已，起大慈悲，而哀救之，令阎浮提一切人民，皆舍此业。”《涅槃经》云：“一切惜身命，无不畏刀杖。恕己以为喻，勿杀勿行杖。”昔有禅僧邓隐峰，未出家时，曾射一猿子，堕地而终。须臾，猿母亦堕而死，因剖腹开，见肝肠寸寸而断，遂舍其射业，因此出家。是知，人形兽质，受报千差，爱结情根，其类一等。所以，失林穷虎，乃委命于庐中；铩翮惊禽，遂投身于案侧。至如杨生养雀，宁有意于玉环；孔氏放龟，本无情于金印。命既无于大小，罪岂隔于贤愚？三业施为，切宜竞慎。误伤误杀，尚答余殃。故作故为，宁逃业迹？

或受一日戒，或持八关斋，或不噉有情，或永断荤血。不值三灾之地，能昇六欲之天。既为长寿之缘，又积大慈之种。经云：“昔有迦罗越，兴设大檀，请佛及僧。时有一人卖酪，主人驻食，劝令持斋听经，至冥乃归。妇语之言：我朝来不食，相待至今，遂破夫斋。半斋之福，犹生天上，七世人间常得自然衣食；一日持斋，得六十万岁自然之粮，又有五福：一者少病，二者身意安隐，三者少淫，四者少睡卧，五者命终之后，神得生天，常识宿命。”

或怀惭抱愧，常生庆幸之心；识分知恩，恒起报酬之想。《杂阿含经》云：“尔时世尊告诸比丘：有二净法能护世间。何等为二？所谓惭、愧。假使世间无此二净法者，世间亦不知有父母、兄弟、姊妹、妻子、宗亲、师长，尊卑之绪，颠倒混乱，如畜生趣。”即说偈言：“世间若无有，惭愧二法者，违越清净道，向生老病死；世间若成就，惭愧二法者，增长清净道，永关生死门。”

或代诛赎罪，没命救人；或释放狴牢，赦宥刑罚；或归复迁客，招召逋民；或停置关防，放诸商税；或给济贫病，抚恤孤惸，常以仁恕居怀，恒将惠爱为念。若觉、若梦，不忘慈心，乃至蠕动蜎飞，普皆覆护。《华严经》云：“佛子，菩萨摩诃萨见有狱囚，五处被缚，受诸苦毒，防卫驱逼，将之死地，欲断其命，乃至自舍身命，受诸苦毒。菩萨尔时语主者言：我愿舍身以代彼命，如此等苦，可以与我。如彼人随意皆作，设过彼苦阿僧祇倍，我亦当受，令其解脱。我若见彼将被杀害，不舍身命救赎其苦，则不名为住菩萨心。何以故？我为救护一切众生，发一切智菩提心故。”《正法念经》云：“造一所寺，不如救一人命。随蓝本经，校量众福，总不如慈心，愍伤一切蠢动含识之类，其福最胜。”

或尽忠立孝，济国治家，行谦让之风，履温恭之道，敬养父母，成第一之福田。承事尊贤，开生天之净路。《贤愚经》云：“佛语阿难：出家、在家，慈心孝顺、供养父母，计其功德，殊胜难量。所以者何？我自忆念过去世时，慈心孝顺、供养父母，乃至身肉济活父母危急之厄，以是功德，上为天帝，下为圣王，乃至成佛，三界特尊，皆由斯福。”

或称扬彼德，开举善之门；或赞叹其名，发荐贤之路。成人之美，助发勇心；喜他之荣，同兴好事。削嫉妬之虿刺，息忿恨之毒风。起四无量之心，摄物同己；成四安乐之行，利益有情。是以，诸大菩萨皆思往世，波腾苦海，作诸不利益事，捐功丧力，惟长业芽。今省前非，顿行佛道，擐精进甲，发金刚心，众善普行，广兴法利。入世间三昧，现功巧神通。和光同尘，潜行密用，灭无明火，摧憍慢幢。曲顺机宜，和颜诱诲，爱语摄受，慈眼顾瞻。开谕愚盲，安慰惊恐。悬照世之日，耀破暗之灯。揭有狱之重关，沃火宅之炽焰。满求者之愿，若如意之珠；拔病者之根，犹善见之药。干欲海而成悲海，碎苦轮而成智轮。变贫穷济，作福德之津；转生死野，合菩提之道。诸佛法内，靡所不为；众生界中，无所不济。如地所载，如桥所昇，如风所持，如水所润，如火所熟，如春所生，如空所容，如云所覆，遂令闻名脱苦，蹈影获安。触光而身垢轻清，忆念而心猿调伏。皆是从微至著，渐积善根，行满功圆，成其大事。何乃毁善业道，开恶趣门；成就魔缘，断灭佛种？

万善同归集卷下

杭州慧日永明寺智觉禅师延寿述

夫一念顿圆，三德悉备，未有一法能越心源。设修万行，皆从真法界之所成；或治习气，而用佛知见之所断。所谓无成之成，何妨妙行；不断之断，岂阂圆修？极恶违境，尚为助发知识；美德嘉善，宁非进趣道乎？

问：何不直明本际，则本立而道生。若广述行门，恐生迂滞。

答：理为道本，行为道迹。因本垂迹，无本，迹何所施？因迹显本，无迹，本奚独立？故云：本迹虽殊，不思议一也。是知，先明其宗，方能进道。若一向逐末，实有所妨。经云："非不了真如而能成其行，犹如幻事等，似有而非真。"且"圆根顿受之人，则遮照而无滞。即遮而照，故双非即是双行；即照而遮，故双行即是双遣。"不坏本而常末，万行纷然；不坏末而常本，一心恒寂。

问：《法句经》云："若能心不起，精进无有涯。"何故立事兴心，而乖无作道乎？

答：即心无心，事不妨理；作而无作，性不阂缘。故贤首国师云："缘起体寂，起恒不起；达体随缘，不起恒起。"《大集经》云："佛言：精进有二种：一、始发精进，二、终成精进。菩萨以始发精进，习成一切善法；以终成精进，分别一切法，不得自性。"《金光明经》中，虽得佛果，精进不休，故于众中起礼身骨；况余凡下，端拱成耶？故十八不共法中，精进无减。《大论》云："菩萨知一切精进皆是虚妄，而常成就不退，是名真实精进。"

问：一切法空，悉宗无相。何陈众善，起有相之心耶？

答：以诸法毕竟无所有故，则有万善施为。若诸法有决定性者，则一切不立。故《般若经》云："若诸法不空，即无道无果。"《法句经》云："菩萨于毕竟空中，炽然建立。"《金刚三昧经》云："若说法有一，是相如毛轮，如焰水迷倒，为诸虚妄故。若见于法无，是法同虚空，如盲无目倒，说法如龟毛。"又，经云："宁可谤有如须弥，不可谤无如芥子。"《论》云："诸法实相中，决定相不可得，故名无所得。非无有福德智慧增益善根。"又云："邪见人，破诸法令空；观空人，知诸法真空，不破不坏。譬如田舍人，初不识盐，见贵人盐著种种肉菜中而食。问言：何以故尔？语言：此盐能令诸物味美故。此人便念，此盐能令诸物美，自味必多。便空抄盐，满口食之，醎苦伤口，而问言：汝何以言盐能作美？贵人语言痴人：比当筹量多少，和之令美，云何纯食盐？无智人闻空解脱门，不行诸功德，但欲得空，是为邪见，断诸善根。"庐山远夫师释《涅槃经》，问云："若无所得，云何作善？佛答：明诸众生现有佛性，当必因果。如子在胎，定生不久，理须修善。又

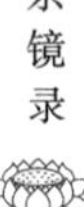

问:我今不知所趣入处,云何作善?佛答:有如来藏,可以趣入,宜修善业。"《弘明集》云:"或有恶取于空,以生断见。说之于口若同,用之于心则异。正法以空去其贪,邪说以空资其爱。大士体空而进德,小人说空而退善。良由反用正言,以生邪执矣。不观空以遣累,但取空而废善。又,善恶诸法,等空无相。而善法助道,恶法生障。故知,万法真性,同一如矣,无妨因缘法中,有万殊矣。"故经云:"深信因果,不谤大乘。三世因果,佛不诳欺。十力劝诫,闻当不疑。而谓善恶都空,无损益乎?夫法眼明了,无法不悉;舌相广长,言无不实。其析有也,则一毫为万;其等空也,则万像皆一。防断常之生尤,兼空有而除疾。非圣者必凶,顺道者终吉。勿谓不信,有如皎日。"故《中论》云:"诸佛说空法,为治于有故。若复著于空,诸佛所不化。"《金刚三昧经》云:"若离无取有,破有取空,此伪妄空,而非真无。令虽离有而不存空,如是乃得诸法真无。"故《肇论》云:"若以有为有,则以无为无。有既不有,则无无也。夫不存无以观法者,可谓见法实性矣。"何得以空害有,以有害空,乖一味之源,成二见之垢乎?并是依语失义,遗智存情。虽言破有,未达有源;强复执空,罔穷空旨。今略辨之,以消邪滞:夫有是不有之有,非实有;空是不空之空,非断空。若决定为有,非是幻有,而生隔阂;若虚豁为空,即同太虚,而无妙用。所以从缘而有,无性之空。无性之空,空不阂有;从缘之有,有不妨空。有因空立,成圆智而万行沸腾;空从有生,起妙慧而一真虚寂。岂同执但空而生断见,福海倾消;据实有而起常心,慢山高峙。是以,诸佛说空,为空无明而成福业,破遍计而了圆成。愚人说空,即生妄解而谤佛意，增空见而灭善因。又，断灭空，则无善无恶，无因无果；第一义空，有业有报，不见作者。

问：何不深入无生，自然合道；有为多过，岂益初心？

答：因世慈而入真慈，从生忍而具法忍。学分初后，位岂滥陈？又，生即无生，岂越性空之地？无为即为，宁逃实相之源？但取舍情亡，即真俗理见。故经云："菩萨不尽有为，不住无为。"肇法师云："有为虽伪，舍之则大业不成；无为虽实，住之则慧心不朗。"《华严经》云：'"解如来身，非如虚空。一切功德，无量妙法，所圆满故。"《大集经》云："舍离大慈而观无生，是为魔业；厌离有为功德，是为魔业。"

问：无漏性德，本自具足。何假外修，而亏内善？

答：自有修性二德，内外二缘。若性德本具，如水中火，不成事用；须假修德，如遇因缘，方能显现。是以，因修显性，以性成修。若本无性，修亦不成，修性无二，和合方备。又，内有本觉，常熏圣种；外仗善缘，助开觉智。有内阙外，菩提不圆。《华严经》云："法如是故，内因本有。佛神力故，外缘所加。"是以，若修万善，则顺法性；以净夺染，性德方起。凡夫虽具，以造恶违性，本性不显，不成妙用。

问：忘缘顿入，教有明文。今何所非，而逐因缘法乎？

答：顿教一门，亦是上根所受。忘缘净意，真为如实修行。今所该者，为著法之人而生偏见；一向毁事，不了圆宗，但析妄情，岂除教道？秖如见佛一法，自有五等教人：一、小

乘人,见佛身即是父母生身,从心外来,有相好分剂,意识所熏,有所分别,不知唯识义故,见从外来。二、大乘初教,见佛但是现化,非有相好,然其实体空无所有。故云:'若以三十二相观如来者,转轮圣王即是如来。'三、大乘终教,见佛相好光明,一一悉同真性,身即非身,非身即身,理事无阂。四、顿教,见佛无有始末之异,何有现应之差,亦无相好可立。一切分别,非真理故,此离念之真,名为见佛。五、一乘圆教,见佛即此离念之真,非但不生彼相之理,而乃不阂万像繁兴,具足依正,该摄理事,人法等圆明一事,遍于十方一切世界,无不同时影现,犹如帝网。

又,缘起一门,若是顿教,不说缘起。即是事相,令真理不现,要由相尽,乃是实性。若说缘起,如以翳眼而见空华;若是圆教,法界起必一多互摄,有力无力,方得成立;一多无阂,摄入同时,名入大缘起。如上五门,皆是入路。尚不诃小,恐废权门,何乃斥圆而妨实德?台教云:如大乘师不弘小教,则失佛方便。秖如古德,设有边辟之言,皆是为物遣执。今时但效其言,罔知其旨。又全未入于顿门,但妄生讥谤,所失太过,故今愍之。故圆教《华严经·离世间品》云:"佛子,菩萨摩诃萨又作是念:阿耨多罗三藐三菩提,以心为本。心若清净,则能圆满一切善根,于佛菩提必得自在。欲成阿耨多罗三藐三菩提,随意即成。若欲除断一切取缘,住一向道,我亦能得。而我不断,为欲究竟佛菩提故,亦不即证无上菩提。何以故?为满本愿,尽一切世界,行菩萨行,化众生故,是为如金刚大乘誓愿心。"是以,骤缘违性,积杂染而为凡;离缘求证,沉偏空而成小。缘性无阂,即大菩提。不断尘劳门，能成无为种；不溺实际海，能随有作波。真俗镕融，有无不滞。可谓履非道而达正道，即世法而具佛法矣。

问：万善威仪，声闻劣行，迂滞化垒，跧伏草庵。岂称大心，何成圆顿？

答：三乘初学，不愚于法。所以《法华经》云：“若有比丘，实得阿罗汉，若不信此法，无有是处。”又云：“汝等所行，是菩萨道。渐渐修学，悉当成佛。”皆是中途取证，起住著心。是以，诸佛所诃，劝令起行。且二乘之人，皆登圣位，超九地之烦恼，断三界之业身，同坐解脱之床，已具神通之慧；岂比博地具缚凡夫，惟向依通，全无修证？故真觉大师云：“二乘何咎，而欲不修？教中或毁或赞，抑扬当时耳。凡夫不了，预畏被诃。宁知见爱尚存，去小乘而甚远，虽复言其修道，惑使之所不除。非惟身口未端，亦乃心由邪曲，见生自意，解背真诠。圣教之所不依，明师未曾承受。根缘非为宿习，见解未预生知。而能世智辩聪谈论，以之终日。时复牵于经语，曲会私心。纵邪说以诳愚人，拨因果而排罪福。顺情则熙怡生喜，逆意则(㤭)(𢡺)怀瞋。三受之状固然，称位乃俦菩萨。初篇之非未免，过人之衅又萦。大乘之所不修，而复讥于小学。恣一时之强口，谤说之患铿然。三途苦轮，报之长劫。”书云：古人当言而惧，发言而忧。又云：止沸莫若去薪，息过莫若无语。又，如经说：凡夫有漏散心，一称南无佛，乃至小低头。以此因缘，尚成佛道。何况二乘无漏圣心，永断后有身，亲证人空慧，所习诸行，而不登正位乎？

问：有功之功，皆归败坏；无功之功，至功常存。何乃弃不迁之旨，而述有作之行乎？

答：《肇论》云：“如来功流万世而常存，道通百劫而弥固。经云：三灾弥纶，而行业湛然，今信之矣。”故知，一毫之善，虽是有为，若助菩提，直至成佛而不堕坏，任大劫火竞起，终不烧虚空；纵生死浪无边，实不沉真善。

问：诸法无体，从缘幻生；众缘无依，还从法起；缘法无性，必竟俱虚；无主无人，无生无灭。如何广论无常之事相，复说虚妄之果报乎？

答：以真心不守自性，随缘成诸有。虽似有即空，乃体虚成事。犹如树影虽虚，而有阴覆之义；还同昏梦不实，亦生忧喜之情。虽无作者之能为，不失因缘之果报。故《净名经》云：“无我无造无受者，善恶之业亦不亡。”又，教所明空，以不可得故，无实性故，不是断灭之无。何起龟毛兔角之心，作蛇足盐香之见？

问：初心入道，言行相扶，万善资熏，不无其理；果地究竟，大事已终，境智虚闲，何须众行乎？

答：果德佛位，毕竟无为。若无边行门，八相成道，皆是佛后普贤行收。任运常然，尽未来际。《维摩经》云：“虽得佛道，转于法轮，入于涅槃，而不舍于菩萨之道，是菩萨行。”《华严经》云：“了知法界无有边际，一切诸法一相无相，是则说名究竟法界，不舍菩萨道。虽知法界无有边际，而知一切种种异相，起大悲心度诸众生，尽未来际无有疲厌，是则说名普贤菩萨。”

问：五度如盲，般若如导。今何偏赞众行，广明散善乎？

答：今所论众善者，秖为成就般若故。教中或诃有为，但是破其贪执。如若取舍不生，一切无阂；若未明般若，以万行为助缘。《法华经》云："佛名闻十方，广饶益众生。一切具善根，以助无上心。"《华严经》云："譬如一切法，众缘故生起。见佛亦复然，必假众善业。"若已明般若，用众行为严饰。《法华经》云："其车高广，众宝装校，乃至又多仆从而侍卫之。"故云：《万善同归集》。离般若外，更无一法。如众川投沧海，皆同一味；杂鸟近妙高，更无异色。或不谓般若，但习有为，秖成生死之因，岂得涅槃之果？若布施无般若，惟得一世荣，后受余殃债；若持戒无般若，暂生上欲界，还堕泥犁中；若忍辱无般若，报得端正形，不证寂灭忍；若精进无般若，徒兴生灭功，不趣真常海；若禅定无般若，但行色界禅，不入金刚定；若万善无般若，空成有漏因，不契无为果。故知般若，是险恶径中之导师，迷闇室中之明炬；生死海中之智檝，烦恼病中之良医；碎邪山之大风，破魔军之猛将；照幽途之赫日，惊昏识之迅雷；抉愚盲之金錍，沃渴爱之甘露；截痴网之慧刃，给贫乏之宝珠。若般若不明，万行虚设。祖师云："不识玄旨，徒劳念静。"不可刹那忘照，率尔相违。乃至成佛究竟位中，定慧力庄严，以此度含识。故佛云：我于二夜中间，常说般若。

问：诸法寂灭相，不可以言宣。何不直指其事，而广涉因缘、兴诸问答乎？

答：《楞伽经》云："佛告大慧：若不说一切法者，教法则坏;教法坏者,则无诸佛菩萨、缘觉、声闻。若无者,谁说,为谁?是故,大慧,菩萨摩诃萨莫著言说,随宜方便,广演诸法。”故知,“总持无文字,文字显总持。”离理无说,离说无理。以真性普遍故,不可说不异可说;以缘修无性故,可说不异不可说。若说四实性,及诸法自相,皆不可说;若依四悉檀,及诸法共相,皆是可说。是以,诸佛常依二谛说法,但得圆旨,说即无过。若一向无言,何由悟解?令寻言求理,而知理圆。但为言偏,故云:“言说不及,不说无言。”

又,性虽离言不可说,要以言说,方会不可说也。若夫履践道源,绍隆佛种,先明般若,以辨真心。般若乃万行之师,千圣之母;真心是群生之本,众法之源。若般若未通,真心由昧。应须归命一体三宝,忏悔三世愆瑕,以尸罗而检过防非,用禅定而除昏摄乱,亲近善友,赞诵大乘。万善熏治,多闻修习,助显真性,直至菩提。障尽而妙定自明,慧发而真心豁净。既能自利,复愍未闻。广作福因,具行诸度。绍佛家业,建大法幢。注一味之法雨,荡诸惑尘;然无作之智灯,照开迷暗。是以,功德万行,初后并兴。于佛教中,法尔如是。故《华严经》云:“菩萨摩诃萨,不作逼恼众生物,但说利益世间事。”《法华经》云:“若人受持、读诵是经,为他人说;若自书,若教人书;复能起塔,及造僧坊;供养赞叹,声闻众僧;亦以百千万亿赞叹之法,赞叹菩萨功德;又为他人种种因缘,随义解说此《法华经》。复能清净持戒,与柔和者而共同止。忍辱无瞋,志念坚固。常贵坐禅,得诸深定。精进勇猛,摄诸善法。利根智慧,善答问难。乃至是人若坐、若立、若行处。此中便应起塔,一切天人皆应供养,如佛之塔。”

大凡善法，略有四种：一、自性善，无贪瞋痴等三善根；二、相应善，善心起时，心王心所一时俱起；三、发起善，发身语业，表内心所思；四、第一义善，体性清净。又略有二种：一、理善，即第一义；二、事善，即六度万行。今时多据理善，若是理善，阐提亦具，何不成佛？是以，须行事善，庄严显理。积大福德，方成妙身。如矿含金，似山藏玉。若石蕴火，犹地生泉。未遇因缘，不成济用。虽然本具，有亦同无。众生三因，亦复如是。凡曰有心，正因悉具。未得缘了，法身不成。了因，智慧庄严，正解观察；缘因，福德庄严，妙行资发。三因具足，十号昭然。自利利他，理穷于此。故《法华经》云："我以相严身，光明照世间。一切众所尊，为说实相印。"又，薄德少福人，不堪受此法。夫善根易失，恶业难除。《涅槃经》明："譬如画石，其文常在。画水速灭，势不久住。瞋如画石，诸善根本，如彼画水，是故此心难得调伏。"故知，善事易忘，人身难得，不可因循，刹那异世。"《提谓经》云：如有一人，在须弥山上，以纤缕下之，一人在下，持针迎之，中有旋岚猛风吹缕，难入针孔。人身难得，甚过于是。又，《菩萨处胎经》云：盲龟浮木孔，时时犹可值。人一失命根，亿劫复难是。海水深广大，三百三十六。一针没海底，求之尚可得。"又云："吾从无数劫，往来生死道。舍身复受身，不离胞胎法。计我所经历，记一不记余。纯作白狗身，积骨亿须弥。以利针地种，无不值我体。何况杂色狗，其数不可量。吾故摄其心，不贪著放逸。"是以，暂得人身，于十二时中，不可顷刻忘善，刹那长恶。此便难逢，岂容空过？又，无常迅速，念念迁移。石火风灯，逝波残照。露华电影，不足为喻。《法句经》云："佛告梵志：世有四事，不可得久。一者，有常必无常；二者，富贵必贫贱；三者，合会必别离；四者，强健必当死。"又经云："非空非海中，非入山石间。无有地方所，脱之不受死。"如上所明：万德众善，菩提资粮；惟除二法，能成障阂：一者不信，二者瞋恚。不信，障未行善欲行善；瞋恚，灭已行善现行善。以不信故，如同败种，永断善根，堕坏正宗，增长邪见；以瞋恚故，焚烧功德，遮障菩提，开恶趣门，闭人天路。又，不瞋从慈而起，大信因智而成。智刃才挥，疑根顿断；慈云既润，瞋火潜消。是以，因智，度苦海之津；因信，入菩提之户；因慈，住大觉之室；因忍，披如来之衣。《华严经》云："信为道元功德母，长养一切诸善法。信能增长智功德，信能必到如来地。信令诸根净明利，信力坚固无能坏。信能永灭烦恼本，信能专向佛功德。信为功德不坏种，信能生长菩提树。信能增益最胜智，信能示现一切佛。"《大庄严法门经》云："瞋恨者，能灭百劫所作善业。"《华严经》云："菩萨起一瞋心，能生百万障门。"又，经云："劫功德贼，无过瞋恚。"又，"意地起瞋，大道冤贼。"

问：凡修万善，皆助菩提。云何有稽滞不成，复云何速得圆满？

答：因放逸懈怠故无成，因勇猛精进故速办。《譬喻经》云："有一比丘，饱食入室，闭房静眠，爱身快乐，却后七日，其命将终。佛愍伤之，告比丘言：汝维卫佛时，曾得出家。不念经戒，饱食却眠，命终魂神生蜈蚣虫中，积五万岁，寿尽复为螺蜯之虫、树中蠹虫，各五万岁，此四品虫，生在冥中，贪身爱命,乐处幽隐为家,不喜光明。一眠之时,百岁乃觉。缠绵罪网,不求出要。今世罪毕,得为沙门,如何睡眠,不知厌足?比丘闻已,惭怖自责,五盖即除,成阿罗汉。"《大宝积经》云:"佛言:譬如彩帛系在头上,火来烧彩帛,无暇救火。何以故?究实理急。"此上一一亲明教行,岂敢造次,辄有浪陈?愿遵恳苦之言,不违究竟之说。

问:慈悲万善,深如佛业,祖教或毁或赞,所以生疑。上虽广明,犹怀余惑;未审佛旨究竟所归,更希指南,永祛积滞。

答:祖立言诠,佛垂教迹。但破遍计所执,不坏缘起法门。遍计性者,情有理无,如绳上生蛇、杌中见鬼,无而横计,脱体全空;依他性者,即是因缘,若随净缘,即得成圣;若随染缘,即乃为凡。是以,从缘无性,故号圆成。《法华经》云:"诸佛两足尊,知法常无性。佛种从缘起,是故说一乘。"《论》云:"若见因缘法,则名为见佛。"故知,无有一尘不合理事,未有一法非是佛乘,皆是不了万法之初源,一尘之自性,遂生情执。滞相迷名,妄分自他。强生离合,致令理事水火竞生,各据二边,不成一味。自翳眼见,明珠有纇;以执心观,万善生瑕。淫怒痴性,邪见非道,尚为解脱之门;尊崇三宝,利他众善,岂成障閡之事?是以,达之则瓦砾为金,取之则妙药成毒。故经云:虚妄是实语,除邪执故;实语成虚妄,生语见故。但除去取之情,尽履玄通之道。见网既裂,惟一真心;尘翳若消,无非佛国。故《大般若经》云:"佛言:我以诸法无所执故,即名般若波罗蜜多。我等住此无所执故,便能获得真金色身,常光一寻。"若欲无过,但理事融通,行愿相从,悲智兼济。

故《华严论》云："偏修理则滞寂，偏修智则无悲，偏修悲则染习便增，但发愿则有为情起，故菩萨以法融通，不去不取。"圭峰禅师云："师资传授，须识药病。承上方便，皆须先开示本性，方令依性修禅。性不易悟，多由执相。故欲显性，先须破执，破执方便，须凡圣俱泯，功业齐祛，使心无所著，方可修禅。"后学浅识，便执此言为究竟道。又，以修习之门，人多放逸，故后广说欣厌、毁责、贪瞋、赞叹、勤苦、调身、调息入道次第，后人闻此，又迷本觉之用，便一向执相，滞教违宗。"

又，"学浅之人，或秖知离垢清净，离障解脱，故毁禅门即心是佛；或秖知自性清净，性净解脱，故轻于教相持律、坐禅调伏等行，不知必须顿悟自悟清净，性净解脱，渐修令得圆满清净，究竟解脱。若身若心，无所拥滞。"又云："空宗但述遮诠，非凡非圣，一切不可得等；性宗有遮有表。今时人，皆谓遮言为深，表言为浅，故惟重非心非佛。良由以遮非之辞为妙，不欲亲证自法体，故如此也。"

如上所引，祖教了然。但以所非者，破其执离性之相而生常见，离相之性成其断灭。或有所赞者，乃是了即性之相，用不离体；即相之性，体不离用。故知，相是性之相，性是相之体。若欲赞性，即是赞相；若欲毁相，秖是毁性。云何妄起取舍之心，而生二见？若入一际法门，则毁赞都息。

问：如上问意，秖据今时，多取理通，少从事习。皆称玄学，离物超尘。佛果尚鄙而不修，片善岂宗而当作？未审上古，事总如然，请更决疑，免坠邪网。

答：前贤往圣，志大心淳。究理而晷刻不忘，潜行而神灵罔测。晓夕如临深履薄，剋证似然足救头。重实而不重虚，贵行而不贵说。涉有而不住有，行空而不证空。从小善而积殊功，仗微因而成大果。今时则劫浊时讹，志微根钝。我慢垢重，懈怠障深。一行无成，百非恒习。乘戒俱丧，理事双亡。堕无知坑，坐黑暗狱。不达即事即理之旨，空念破执破病之言。智者深嗟，愚人仿效，既成途辙，顿夺尤难，是以，广引祖佛之深心，备彰经论之大意。希悛旧执，庶改前非。同蹑先圣之遗踪，共禀觉王之慈勅。无亏本志，免负四恩。齐登解脱之门，咸阐离生之道。成诸佛业，满大菩提。塞邪径而辟正途，坚信根而拔疑刺。备波罗蜜之智楫，驾大般若之慈航。越三有之苦津，入普贤之愿海。渡法界之飘溺，置涅槃之大城。往返尘劳，周旋五趣，不休不息，无始无终。未来穷而不穷，虚空尽而无尽。仰惟佛眼，证此微诚。普为群灵，敬述兹集。

问：上上根人顿悟自心，还假万行，助道熏修不？

答："圭峰禅师有四句料简：一、渐修顿悟。如伐树，片片渐斫，一时顿倒；二、顿修渐悟。如人学射，顿者箭箭直注意在的，渐者久久方中；三、渐修渐悟。如登九层之台，足履渐高，所见渐远；四、顿悟顿修。如染一綟丝，万条顿色。上四句多约证悟，惟顿悟渐修。此约解悟，如日顿出，霜露渐消。《华严经》说：初发心时，便成正觉。然后登地，次第修证。若未悟而修，非真修也。惟此顿悟渐修，既合佛乘，不违圆旨;如顿悟顿修,亦是多生渐修,今生顿熟。”此在当人,时中自验。若所言如所行,所行如所言。量穷法界之边,心合虚空之理。八风不动,三受寂然。种现双消,根随俱尽。若约自利,则何假万行熏修,无病不应服药;若约利他,亦不可废。若不自作,争劝他人?故经云:“若自持戒,劝他持戒;若自坐禅,劝他坐禅。”《智论》云:“如百岁翁翁舞,为教授儿孙故。”“先以欲钩牵,后令入佛智。”如或现行未断,烦恼习气又浓,寓目生情,触尘成滞。虽了无生之义,其力未充,不可执云我已悟了,烦恼性空。若起心修,却为颠倒。然则烦恼性虽空,能令受业。业果无性,亦作苦因。苦痛虽虚,秖么难忍。如遭重病,病亦全空,何求医人,遍服药饵?故知,言行相违,虚实可验。但量根力,不可自谩。察念防非,切宜子细。

问:老子亦演行门,仲尼大兴善诱。云何偏赞佛教,而称独美乎?

答:老子则绝圣弃智,抱一守雌。以清虚憺泊为主,务善嫉恶为教。报应在一生之内,保持惟一身之命。此并寰中之近唱,非象外之遐谈。义乖兼济之道,而无惠利也;仲尼则行忠立孝,阐德垂仁。惟敷世善,未能忘言神解,故非大觉也。是以,仲尼答季路曰:‘生与人事,汝尚未知。死与鬼神,余焉能事?’此上二教,并未逾俗柱,犹局尘笼,岂能洞法界之玄宗,运无边之妙行乎?

问:佛行无上,众哲所尊。儒道二教,既尽钦风。云何后代之中，而有毁谤不信者何？

答：儒道先宗，皆是菩萨示劣扬化，同赞佛乘。老子云："吾师号佛，觉一切民也。"《西昇经》云："吾师化游天竺，善入泥洹。"《符子》云："老氏之师，名释迦文。"《列子》云："商太宰嚭问孔子曰：夫子，圣人欤？孔子对曰：丘博识强记，非圣人也。又问：三王，圣人欤？对曰：三王善用智勇，非圣人也。又问：五帝，圣人欤？对曰：五帝善用仁义，亦非丘所知。又问：三皇，圣人欤？对曰：三皇善任因时，亦非丘所知。太宰嚭大骇曰：然则孰为圣人？夫子动容，有言曰：丘闻西方圣者焉，不治而不乱，不言而自信，不化而自行，荡荡乎民无能名焉。"《吴书》云："吴主孙权问尚书令阚泽曰：孔丘、老子，得与佛比对以不？阚泽曰：若将孔、老二家，比校远方佛法，远则远矣。所以言者，孔、老设教，法天制用，不敢违天；诸佛设教，诸天奉行，不敢违佛。以此言之，实非比对明矣。吴主大悦，用阚泽为太子太傅。"《起世界经》云："佛言：我遣二圣往震旦行化：一者老子，是迦叶菩萨；二者孔子，是儒童菩萨。"明知自古及今，但有利益于人间者，皆是密化菩萨。惟大士之所明，非常情之所测。遂使寡闻浅识，起谤如烟，并是不了本宗，妄生愚执。事老君者，则飞符走印，炼石烧金，施醮祭之鯹膻，习神仙之诳诞；入孔门者，志乖淳朴，意尚浮华，骋鹦鹉之狂才，擅蜘蛛之小巧。此皆违背先德，自失本宗。斯人不谤，焉显其深？下士不笑，宁成其道？是以，佛法如海，无所不包。至理犹空，何门不入？众哲冥会，千圣交归。真俗齐行，愚智一照。开俗谛也，则劝臣以忠，劝子以孝，劝国以绍，劝家以和。弘善，示天堂之乐；惩非，显地狱之苦。

不惟一字以为褒，岂止五刑而作戒？敷真谛也，则是非双泯，能所俱空。收万像为一真，会三乘归圆极。非二谛之所齐，岂百家之所及？

问：道无不在，真性匪移。有佛无佛，性相常住。此即一体三宝，常现世间。何用金檀刻像，竹帛书经，剃发出尘，以为三宝？

答：上根玄解，何假相施？中下钝机，须凭事发。不睹正相，但染邪宗。秖如此土，像教未来，惟兴外道。罔知真伪，莫辨灵踪。伏自汉明梦现金身，吴帝瑞彰舍利，尔后国王长者，方知归敬之门。哲士明人，顿晓栖神之地。是知，迹能显本，相可通真。因筌得鱼，理事无废。是以，木母变色，金像舒光。道藉人弘，物由情感。能生净种，敬假像而开心；不结信缘，遇真仪而不见。是以，迷之则本末咸丧，了之则真假俱通。若验斯文，奚生取舍？或广兴供养，发大志诚，意业功深，修因力大。是以，贫女献潘淀而位登支佛，童子进土麨而福受轮王。

问：因缘义空，自他无性；涅槃生死，一体无殊。如何行慈，广垂摄化？

答：虽人法本空，彼我虚寂。而众生迷，如梦所得，都不觉知，菩萨兴悲而示真实。《大般若经》云："佛告善现：应知有情虽自性空，远离众相，而有杂染清净可得。"《起信论》云："虽念诸法自性不生，而复即念因缘和合善恶之业，苦乐等报，不失不坏。虽念因缘善恶业报，而亦即念性不可得。"

是以，观缘起而不住涅槃，了性空而不住生死。

问：西天九十六种外道，各立修行之门，勤苦兢兢，非无善业。云何报尽还入轮回，不得解脱？

答：未达无生正理，惟修生灭有因。起贪著之心，怀希望之意。以苦舍苦，从迷积迷。匍匐昇沉，轮回莫已。蒸砂之喻，足可明之。

问：非惟外道修善不得解脱，依内教修，亦有不得道者，何耶？

答：皆为有我，故不得断结。凡作之时，皆云'我能作'，随境所得，住著因果。若了二无我理，证解一心，不动尘劳，当处解脱。

问：正作之时，云何了无我？

答：所作之时，从缘而起。以有施为，而无主宰，所出音声犹如风铎，随机转动，惟似木人，但依业力所为，而无我性可得。四大聚散，生灭随缘，乃至六趣受身，亦复如是，实无有人而能来往。《华严经》云："如机关木人，能出种种声，彼无我非我，业性亦如是。"论云："因缘故生天，因缘故堕地狱。"若言是我，非因缘者，作恶何不生天，乃堕地狱耶？我岂爱彼地狱受苦耶？我既作恶而不受乐者，故知，善恶感报，惟是因缘，非是我也。而众生于无我无作之中，妄认我作，强为其主，不知是识所为，决定无有作者。外道皆称执作，悉有神我，若无神我，谁为所作？《智论》破云："心是识相，故自能使身，不待神也。如火性能烧物，不假人。"《唯识论》云："诸所执实有我体，为有思虑、为无思虑。有思虑，应是无常，非一切时有思虑故；无思虑，如虚空，不能作业，亦不受果故，所执我理俱不成。由此故知，定无实我，但有诸识。无始时来，前灭后生，因果相续，由妄熏习，似我相现，愚者于中妄执为我。"又，无我者即是无性，性即是体，体是主质义。凡有一法，皆从众缘所成，实无本体，以无体故空。是以众生于性空中执为实有，内则为我所羁，外则为尘所局，所以，修行不出心境，及至得果不离所因。昇降虽殊，常系诸有，互为高下，终始轮回。众患所生，我为其本。

问：既万法无体，本来自空。云何复有诸法建立？

答：秖为空无体性，而从缘生。若有自体，即不假缘生。既不从缘生，即万法有其定体，若立定相，即成常过。善恶不可改移，因果遂成错乱。为恶应生天，为善应沉渊，以无因故；作善应无福，作恶应无罪，以无果故。是以，万法无体无定，但从缘现。以缘生故无性，诸法皆空；以无性故缘生，诸法建立。故《华严经》明菩萨于无自性中，建立一切佛事。是以，因空立有，有无自名。从有辨空，空无自体。

问：现见诸法发生，云何无性？

答：即生无生，所以无性。若云有生，为复自生、为他生、为共生、为无因生。若云自生，譬如自身，若非父母，云何得生？故云此身即父母之遗体，以过去业为内因，托父母体为外缘，内外因缘和合而有，即非自生；或云他生者，若无宿业自因，终不托胎，皆从自业而有，譬如外具水土，若无种子，决定不生；若共生者，因假缘成，何有自体之用；缘从因起，而无外助之能。因缘各无，和合岂有？如一砂无油，和众砂而非有；一盲不见，聚群盲而岂观？若无因生者，即石女生儿，龟毛作拂，有因尚无，无因岂有？又，从有因而立无因，有因既无，无因亦绝。但了自他两句无生，则四句皆破。既无自他，将谁作和合？及以无因，有四句自然宴寂。是知，无生之生，幻相宛尔；生之无生，真性湛然。故《金刚三昧经》云："因缘所生义，是义灭非生。灭诸生灭义，是义生非灭。"

问：既一切诸法，无性无生。云何众生执著境缘，而受实报？

答：秖为不了无性，迷为实有，所以受其实报；如达其性空，即不生贪著，既不耽著，任运施为，不住其因，终不受果。故经云："心生，种种法生。"又云："一切惟心造。"若心不起，外境常虚。了境性空，其心自寂。妄心既寂，幻相何生？心境俱冥，自然合道。《华严经》云："眼耳鼻舌身心意诸情根。一切空无性，妄心分别有。"又云："世间一切法，但以心为主。随解取众相，颠倒不如实。"

问：既受实报，云何言一切空？

答：分明云：众生自妄认为实，其性常空，虽受苦乐，厌爱情生，人法俱空，一无所得。犹如梦见好恶，欣戚盈怀，及至觉来，豁然无事。觉来非有，梦里非无。既习颠倒之因，不无虚妄之果。

问:妄心幻境,为复本无,从今日无?

答:心境本无。

问:既是本无,众生云何不得解脱?

答:本来无缚,云何称解?秖为不达本无,妄生今有。从无始际熏习之力,不觉不知,随业而转。虽在业拘,性常清净。

问:如何得究竟清净?

答:此有二义:一者了其本无,得自性清净;二者净其妄染,得离垢清净。本性既净,妄念不生;二障双消,三轮廓彻;契本冥源,种现俱寂。

问:佛道遐昌,凡圣同禀。何乃兴替不定,而有堕坏者乎?

答:夫万物有迁,三宝常住。寂然不动,感通而化。非初诞于王宫,不长逝于双树。若众生福薄,则佛事冰消;若国土缘深,则梵刹云耸。在人自生得丧,非法而有盛衰。故《法华经》云:"众生见劫尽,大火所烧时。我此土安隐,天人常充满。"

问:既赞众善,报应非虚。云何有勤苦求者,全无剋证?

答:修善之人,自有冥显二益。《法华玄义》四句料简:"一、冥机冥应。若过去善修三业,现在未运身口,藉往善力，此名为冥机；虽不见灵应，而密为法身所益，不见不闻，非觉非知，是名冥益。应身应是显应，法身应是冥应。二、冥机显益。过去植善，而冥机已成，便得值佛闻法，现前获利，是为显益。如佛初出世，最初得度之人，现在何曾修行？诸佛照其宿机，自往度之。三、显机显益。现在身口，精勤不懈，而能感降。道场礼忏，能感灵瑞。四、显机冥益。如人虽一世勤苦，现善浓积，而不显感，冥有其利。若解四意，一切低头举手，福不虚弃，终日无感，终日无悔矣。”

问：或有一生修善，现萦恶报；终日造恶，目睹吉昌者何？

答：业通三世，生熟不定。又通三报，厚薄相倾。西天第十九祖师鸠摩罗多云：“前生修功德，而致强半功。有少破坏故，回心修恶行。罪业少功德，亦死先受福。正受快活时，心似得安乐。忽降诸衰恼，其家渐残破。承彼先恶业，相续致于此。非是今修福，而招斯恶报。”又曰：“前世作恶业，其罪强半功。忽遇一智者，而教修福德。福德虽修已，其善未过彼。功德少于罪，亦死生贫穷。心不敬信佛，亦不重三宝。如是过半已，其家渐富有。资生多财帛，承彼先善业。相续致于此，非是今作恶，而招斯善报。”论云：“今我疾苦，皆由过去；今生修福，报在当来。”若见喜杀长寿，好施贫穷，能信斯言，不生邪见。若不解此，忧悔失理，谓徒功丧计，善恶无征。但修善之时，一心不退，既不间断，福果长新。秖虑中途，自生遮障。识达贤士，晓斯旨焉。

问：恶能掩善，则祸起而福倾；善能排恶，则障消而道现。

何乃或有从生积善，反受余殃；及萧梁武帝归凭三宝，一朝困毙，全无灵祐者何？举世咸疑，请消余滞。

答：前明业通三世，事已昭然。今重决疑，有其三义：一者，是诸佛菩萨示现施为，随顺世间，同其苦乐，千变万化，诱引劳生：或居安而忽危，示物极即反；或处荣而顿弊，现盛必有衰；令耽荣者悟世无常，使恃禄者知生有限。潜消贪垢，巧洗情尘。示正示邪，或逆或顺。斯乃密化之秘术，非凡小之所知。二者，善恶无定，果报从缘。业力难思，势不可遏。故《涅槃经》云："业有三报：一、现报。现作善恶，现受苦乐；二、生报。今生作业，来生受果；三、后报。或今生作业，过百千生，方受其报。"又，经云："有业现苦有苦报，有业现苦有乐报，有业现乐有乐报，有业现乐有苦报。或余福未尽，恶不即加；或宿殃尚在，善缘便发。"又，若善多恶少，则先受乐而后受苦，则福尽祸生；或善少恶多，则先受苦而后受乐，则灾消庆集。此皆并是后报，善恶业熟。今生善力难排，断结证圣，尚还宿债，如师子比丘、一行禅师等，岂况业系凡夫，宁逃此患？三者，或善根深厚，修进坚牢。决志无疑，誓过金石。则现受轻报，能断深愆。故经云：今生作恶少、为善多，则回地狱重，而现世轻；或作善少、为恶多，则回现世轻，而地狱重。乃至纯善修行之人，现世暂时头痛，则灭百千万劫地狱之苦。是以，菩萨发愿云：愿得今身偿，不入恶道受苦。作恶之人，虽现安乐，果在阿鼻，积劫烧然，受苦无间。又，复修行力至，将出轮回，临终之时虽受微苦，无始恶业，一时还尽。如唐三藏法师，九世支那为僧，福德智慧常称第一，大弘圣教，广演佛乘，利济无边，殊功罕测。及至迁化之时，卧疾房中，“瞻病僧明藏禅师，见有二人，各长一丈，共捧一白莲花至法师前云：师从无始已来，所有损恼有情，诸有恶业，因今小疾，并得消殄，应生欣庆。法师顾视合掌，遂右胁而卧。第子问云：和尚决定得生弥勒内院不？报云：得生。言讫，气息渐微，奄然神逝。”若明如上三义，方为知因识果之人。或昧斯文，终生疑谤。

问：夫修善应纯，云何造恶？既能造恶，何用善乎？若善恶齐行，恐虚功力。

答：若出家菩萨，无诸障阂，应纯修善，直至菩提；如在家菩萨，事业所拘，未得纯净，傍兴善道以为对治。夫业难顿移，恶非全断。渐积功德，以趣菩提。若更积恶不修，恶无有尽，须行善业，以夺恶因。《譬喻经》云：“昔有国王，出射猎还，过寺绕塔，为沙门作礼，群臣共笑之。王乃觉知，问群臣曰：有金在釜，釜中汤沸，以手取金，可得不？答曰：不可得。王言：以冷水投中，可取得不？臣白王言：可得也。王言：我行工事射猎，所作如汤沸，烧香然灯绕塔，如持冷水投沸汤中。夫作王有善恶之行，何故但有恶无善乎！”

问：在家菩萨，亦许纯修善不？

答：若志苦心坚，一向归命，如鹿在网，若火烧头，惟求出离之门，不顾人间之事，自古及今，亦多此等。《譬喻经》云：“昔有国王，大好道德，常行绕塔。百匝未竟，边国王来征伐，欲夺其国，傍臣大恐怖，即白王言：置斯旋塔，以攘重寇。王言：听使兵来，我终不止。心意如故，绕塔未竟，兵散罢去。

夫人有一心定意，无所不消也。”是以，河岳不灵，惟人所感，但能志到，无往不从。至于冰池跃鳞，寒林抽筍，故非神力，志所为也。

问：若广修万善，皆奉慈门。但禀真诠，有妨世谛。则处国废其治国，在家阙于成家，虽称利人，未得全美。

答：佛法众善，普润无边。力济存亡，道含真俗。于国有善则国霸，于家有善则家肥。所利弘多，为益不少。所以书云：“积善之家，必有余庆；积恶之家，必有余殃。”又云：“行善，降之百祥；为恶，降之百殃。”《宋典》：“文帝以元嘉中问何侍中曰：范泰谢灵运云：六经本是济俗。若性灵真要，则以佛经为指南。如其率土之滨，皆纯此化，则吾坐致太平也。侍中对曰：夫百家之乡，十人持五戒，则十人淳谨；千室之邑，百人修十善，则百人和厚。传此风训，已遍宇内，编户千万，则仁人百万。夫能行一善，则去一恶；去一恶，则息一刑；一刑息于家，万刑息于国，陛下所谓坐致太平也。”是以，包罗法界，遍满虚空。一善所行，无往不利。则是立身辅化，匡国保家之要轨矣。若以此立身，无身不立；以此匡国，无国不匡；近福人天，远阶佛果。

问：所修万善，以何为根本乎？

答：一切理事，以心为本。约理者，经云：“观一切法，即心自性，成就慧身，不由他悟。”此以真如观真实心为本；约事者，经云：“心如工画师，能画诸世间。五蕴悉从生，无法而不造。”此以心识观缘虑心为本。真实心为体，缘虑心为用。用即心生灭门，体即心真如门。约体用分二，惟是一心；即体之用，用不离体；即用之体，体不离用；开合虽殊，真性不动。心能作佛，心作众生，心作天堂，心作地狱。心异则千差竞起，心平则法界坦然；心凡则三毒萦缠，心圣则六道自在；心空则一道清净，心有则万境纵横；如谷应声，语高而响大；似镜鉴像，形曲而影邪。以万行由心，一切在我。内虚，外终不实；内细，外终不粗。善因，终值善缘；恶行，难逃恶境。踏云霞而饮甘露，非他所授；卧烟焰而噉脓血，皆自所为。非天之所生，非地之所出。秖在最初一念，致此昇沉。欲外安和，但内宁静。心虚境寂，念起法生。水浊波昏，潭清月朗。修行之要，靡出于斯。可谓众妙之门，群灵之府；昇降之本，祸福之源。但正自心，何疑别境。经云："为善福随，履恶祸追。响之应声，善恶如音。非天龙鬼神所授，非先祢后裔所为。造之者惟心，成之者身口矣。佛说偈曰：心为法本，心尊心使。中心念恶，即言即行。罪苦自追，车砾于辙；心为法本，心尊心使。中心念善，即言即行。福乐自追，如影随形。"《华严经》云："智首菩萨问文殊师利云：何得无过失身口意业，乃至为上为无上，为等为无等等？文殊师利答言：佛子，若诸菩萨善用其心，则获一切胜妙功德。"《密严经》云："如地无分别，庶物依以生。藏识亦如是，众境之依处。如人以己手，还自摩控身。亦如象以鼻，取水自沾沐。复似诸婴儿，以口含其指。如是自心内，现境还自缘。是心之境界，普遍于三有。久修观行者，而能善通达。内外诸世间，一切惟心现。"以此之言，岂止万善之本，乃至有情、无情，凡圣境界、虚空万像，悉为其本。亦云："无住为本，本立道生"，斯之谓矣。

问:万行之源,以心为本。助道门内,何法为先?

答:以其真实正直为先,慈悲摄化为道。以正直故,果无迂曲,行顺真如;以慈悲故,不堕小乘,功齐大觉。以此二门,自他兼利。

问:前明先知正宗,遍行助道;今万行门中,以消疑滞,未审以何为宗旨?

答:佛法本无定旨。但随入处,明见心性,权名为宗。

问:以何方便,而得悟入?

答:有方便门,应须自入。

问:岂无指示?

答:见性无方,云何所指?实非见闻觉知境界。

问:既无所指,明见之时见何物?

答:见无物。

问:无物如何见?

答:无物即无见,无见是真见,有见即随尘。

问:若然如是,教中佛云何亦说见?

答:佛随世法,即是不见见,非同凡夫执为实见。究竟而论，见性非属有无，湛然常寂。

问：毕竟如何？

答：须亲省察。

问：前云心外无法，云何称有见即随尘？

答：一切色境，皆是第八识亲相分现量所得，实无外法。眼见色时，未生分别，刹那转入明了意识，分别形像，作外量解，遂执成尘境。

问：此境何识所现？

答：尘以识所现，内识变起，似尘而现。如镜中见自面像，非他影现。《唯识论》云："内识转似外境，我法分别，熏习力故。诸识生时，变自我法。此我法相，虽在内识，而由分别，似外境现。诸有情类，无始时来，缘此执为实我实法。如幻梦者，幻梦力故，心似种种外境相现，内识所变似我似法，虽有而非实。"经云："由自心执著，心似外境转。彼所见非有，是故说惟心。"此由约事而论，说为识变。若深达真如，一切诸法本来不动，即心自性，亦非待变。

问：此尘与识，从何而立？

答：谓由名言熏习种子，而得建立。实无其体，而似有义；相貌显现，如幻物等。因名立法，因法建名。名中无法，法中无名。无体互成，有相俱寂。

问：此识既不立，何识为宗？

答：诸识亦无，毕竟所归。约极权论，惟一真性。此乱识为遣境故立，境消识谢，能所俱亡。惟一真识，即是实性。《三无性论》云："先以乱识，遣于外境。次阿摩罗识，遣于乱识。究竟惟一净识。"

问：理事无阂，万事圆修。何教、所宗、何谛所摄？

答：法性融通，随缘自在。随举一法，万行圆收，即华严所宗，圆教所摄；若六度万行，成佛度生，虽净缘起，皆世谛所收；若发明本宗，深穷果海，则理智俱亡，言心路绝。

问：此集所陈，有何名目？

答：若问假名，数乃恒沙。今略而言之，总名《万善同归》，别开十义：一名理事无阂，二名权实双行，三名二谛并陈，四名性相融即，五名体用自在，六名空有相成，七名正助兼修，八名同异一际，九名修性不二，十名因果无差。

问：名因义立，义假名诠。既立假名，其义何述？

答：第一、理事无阂者，理则无为，事则有为，终日为而未尝有为，终日不为而未尝无为。为与无为，非一非异。同法性源，等虚空界。若云是一，《仁王经》说："诸菩萨有为功德，无为功德，皆悉成就。"若但是一，不应说有二种功德；若云是异，《般若经》云："不得离有为说无为，不得离无为说有为。"是以，理事相即，非断非常。起灭同时，无阂双现。

第二、权实双行者，实则真际，权则化门。从真际而起化，实外无权；因事迹而得本，权外无实。常冥一旨，无阂双行。遮照同时，理量齐现。

第三、二谛并陈者，诸佛常依二谛说法，何以故？俗是真诠，了俗无性，即是真谛。故云："若不得俗谛，不得第一义。"所以真不待立而常现，俗不待遣而自空。二谛双存，如同波水：水穷波末，波水同时。波彻水源，动湿一际。

第四、性相融即者，《无量义经》云："无量义者，从 法生。"所言法者，即是真心。从一真心，具不变、随缘二义。不变是性，随缘是相。性是相之体，相是性之用。以不了根源，则妄生诤论。如今毁相者，是不识心之用；毁性者，是不识心之体。若能融通，取舍俱息。

第五、体用自在者，体即法性之理，用乃智应之事。举体全用，用即非一。举用全体，体即非异。即体之用不阂用，即用之体不失体。所以一味双分，自在无阂。

第六、空有相成者，且夫一切万法，本无定相，互成互坏，相摄相资。空因有立，缘生故性空；有假空成，无性故缘起。因义显别，随见成差。迷之则万状不同，悟之则三乘不异。何者？且如有之一法，小乘见是实色，初教观为幻有，终教则色空无阂。以空不守自性，随缘成诸有故。顿教见一切色法无非真性，圆教见是无尽法界。若如是融通，即成真空妙有，有能显万德，空能成一切。

第七、正助兼修者，正即是主，助即是伴。因伴成主，无助即正终不圆；从主得伴，无正则助无由立。是以，主伴相成，正助兼备。亦是止观双运，隐显互兴。内外更资，乘戒兼急。

第八、同异一际者，同则据理不变，异则约事随缘。所以，不变故，乃能随缘；随缘故，所以不变。秖为不异而成异事，不同而立同门。若异则坏于异，以失体故；若同则不成同，以无用故。所以，同无同而异，异无异而同。各执即落断常，双融即成佛法。故"经云：奇哉，世尊！于无异法中而说诸法异。"

第九、修性不二者，本有曰性，非从观成。今显曰修，因智而现。由修显本有之性，因性发今日之修。全性成修，全修成性。修性无二，因缘似分。

第十、因果无差者，因从果起，果满则乃成因；果逐因生，因圆则能立果。事分前后，理即同时。相助相酬，业用无失。

问：此集所申，当何等机，得何等利？

答：自他兼利，顿渐俱收。自利者，助道之圆门，修行之玄镜；利他者，滞真之皎日，二见之良医。顿行者，不违性起之门，能成法界之行；渐进者，免废方便之教，终归究竟之乘。若信之者，则禀佛言；若毁之者，则谤佛意。信毁交报，因果历然。略述教海之一尘，普施法界之含识。愿弘正道，用报佛恩。颂曰：

菩提无发而发，佛道无求故求。
妙用无行而行，真智无作而作。
兴悲悟其同体，行慈深入无缘。
无所舍而行檀，无所持而具戒。
修进了无所起，习忍达无所伤。
般若悟境无生，禅定知心无住。
鉴无身而具相，证无说而谈诠。
建立水月道场，庄严性空世界。
罗列幻化供具，供养影响如来。
忏悔罪性本空，劝请法身常住。
回向了无所得，随喜福等真如。
赞叹彼我虚玄，发愿能所平等。
礼拜影现法会，行道足蹑虚空。
焚香妙达无生，诵经深通实相。
散华显诸无著，弹指以表去尘。
施为谷响度门，修习空华万行。
深入缘生性海，常游如幻法门。
誓断无染尘劳，愿生惟心净土。
履践实际理地，出入无得观门。
降伏镜像魔军，大作梦中佛事。
广度如化含识，同证寂灭菩提。

附录二

大事因缘

清·石成金 编

大事因缘 明心见性须知 成佛成祖要法

扬州石成金天基注订 男 岦年 嵩年 校刻

大慧杲禅师

宋大慧杲禅师，年十六出家，十七落发，即喜宗门中事．遍阅诸家语录．尤喜云门睦州语。便是上等根器。尝疑五家宗派，元初只是一个达摩，甚处有许多门庭？未识羞者，个个有这高论，及乎参到深处．不得不入他门庭也。性逸不羁，十九游方，初谒宣州明寂理禅师，请益雪窦拈古颂古．理不假一言，今自见自说。师辄洞达微旨。此是宿习露现处．若不参到悟，如隔罗谷．不得实受用。理叹曰："杲必再来人也。"过郢州天阳，见元首座、洞山微和尚、坚首座师，周旋三公，会下甚久，尽得曹洞宗旨，见其授受之际，必臂香以表不妄付。洞宗从云岩，付宝镜三昧，便错起也。念曰："禅有传授，岂佛祖自证自悟之法？"弃之。可见宋时，洞宗不用自悟。遍历诸方，已而参心印珣公，珣公令至宝峰依湛堂准公，伪宝值贯胡。师始至，机辩纵横。一日，湛堂问曰："你鼻孔今日因甚无半边，"对曰："宝峰门下。"堂曰："杜撰禅和。”不入师法、便成杜撰。又一日，于妆十王处，问曰：“此官人姓甚么?”对曰：“姓梁。”堂以手自摸头曰：“争奈姓梁底少个幞头。”对曰：“虽无幞头，鼻孔仿佛。”堂曰：“杜撰禅和。”又看经次，问口：“看甚么经?”对曰：“金刚经。”堂曰：“是法平等.无有高下。”堂日“你做得个座主便下。”识破你也。今人用一肚皮座主禅.自高自大.抹杀真宗.何时得遇宝峰?纵遇宝峰.奈何养成善知识门面.必不肯信，可叹也，一日侍次，湛堂视师指爪曰：“想东司头筹子，不是汝洗，师承训，即代黄龙忠道者作净头九月。”今人要闭坐禅.累众仆仆，纵悟得.亦是细娘禅。定无出世福，亦无好儿孙振起。一日，堂问曰：“杲上座，我这里禅.你一时理会得，教你说也说得，教做拈古颂古、小参普说，你也做得，只是有一事未在，你还知么?”对曰：“甚么事?”堂曰：“你只欠这一解在团，须得入处，从缘一荐方真。若你不得这一解，我方丈里与你说时便有禅，才出方丈便无了。惺惺思量时便有禅.才睡着便无了。全是心意识，若如此，如何敌得生死?”几乎不起之疾.今日诊着，将有起色矣。对曰：“正是某甲疑处。”湛堂病亟，师问曰：“倘和尚不复起，某甲依谁，可了此大事?”堂曰：“有个勤巴子，我虽不识渠，然汝必依之，可了汝事。真悟底人，千里同风，不必见面.便知端的。若见渠不了，便修行去，后世出来参禅。”宋时禅师如麻，真人不过一个两个，若不遇真师，不但杜撰，将入异路矣。及堂化后，师往荆南见圆悟，自惟曰：“当以九夏为期，其禅若不异诸方，妄以余为是，我则造无禅论去也。前人根器，大有自知之明。今人若恁么而复有人言不是，便掉头不顾矣。何有后日大光明耶?枉费精神，蹉跎岁月，不若弘一经一论，把本修行，庶他生后世，不失为佛法中人。”可见今之一橛禅是不把本，枉费精神也。既见悟，晨夕参请，今人只求入堂，前关后锁。于中打也念话头，有经时不见和尚者，苦令渠晨夕参请，便作弄嘴汉矣。悟举云门“东山水上行”语令参，师凡呈四十九转语，悟不肯，今人能转四十九语而师不肯，便为无是事矣。悟一日升座，举云门语曰：“天宁即不然，苦有人问如何是诸佛出身处，但向他道‘熏风自南来，殿阁生微凉。’师闻举豁然以自悟。悟察师虽得前后际断，动相不生，却坐净裸裸处语。师曰：“也不易，你到这个田地，但可惜死了，不能得活。不疑言句，是为大病，不见道，悬崖撇手，自肯承当，绝后再苏，欺君不得，须知有这个道理。”师言：“某甲只据如今得处.已是快活，更不能理会得也。”前后际断，心意识顿然一破，身心世界，佛魔、凡圣、人法俱自谓之悬崖撇手，行人到此，方才自肯承当，再无疑矣。只是承当处，正坐死水法身边，是真奢摩他，是空边际，虽然生死门头，横出直入，而未见佛道，但得暂时休歇耳。其救死之法，只在言句上起疑，若言句上悟一悟，便得一橛；若在空闲处生照，则好光景尚在，不肯力参矣。须是打乱他光景，方才着忙肯参耳。悟令居择水堂，为不厘务侍者，日同士大夫闲话，悟要打乱他好光景，因令居不厘务侍者之役，务不专治，忙乱不过，自然打失，真妙法也。入室日不下三四，每举有句无句，如藤倚树，问之，师才开口，悟便曰：“不是，经半载，念念不忘于心。”今人得一橛，便机迅自了，只为不遇真师，不曾向大法上用力，不透最后重关耳。直须恁么始得。一日同诸客饭，师把箸在手，都忘下口，悟笑曰：“这汉参黄杨木禅，却倒缩去。”黄杨遇闰则厄，时缩一节，参禅只为频频倒缩，所以干得竭，破得大，入得深。师曰：“这个道理，恰似狗看热油铛，欲舔舔不得，欲舍舍不得。”此犹是合头话，只是形容做工夫极妙。悟曰：“你喻得极好，这个便是金刚圈栗棘蓬也。”一日，问曰：“闻和尚当时在五祖，曾问这话，不知五祖道甚么？”悟笑而不答。师曰：“当时须对众问,如今说亦何妨?”悟曰:“我问‘有句无句,如藤倚树,意旨如何?’祖曰:‘描也描不成,画也画不就。’五祖忒煞狼籍,可惜许也,可笑今人尚够不着。又问:‘树倒藤枯时如何?’祖曰;‘相随来也。”’师当下释然,曰:“我会也。”推山塞海,水陆并进,不容不悟到彻底。悟遂举数誵讹因缘诘之,师酬对无滞。悟曰:“始知我不汝欺。”“真正湛堂是作家。遂著《临济正宗记》付之。前来疑五家宗旨,无如是事。今日受他临济宗旨,方是大彻。帅既大彻,反于数禅客有疑,乃以问悟,悟云:“我这禅如大海相似,你须将个大海来倾去始得,若只将钵盂盛得些子去便休,是你器量只如此,教我怎奈何?禅如大海。须要深穷。今人但弄得了当,翻道别人不是,正是弃海认沤,足发—笑。能有几个得到你田地?何不学他,重参一参。往时只有个璟上座,与你一般,却已死了也。”未几令分座室中,握竹蓖以验学者,丛林浩然归重。勘辩人无如竹蓖之妙,今人怪其无处吐气,便言竹蓖不是话头,真可笑。会女真之变,欲取禅师十数。师在选,获免,趋吴虎丘,阅《华严》至八地文,洞彻昔所请益,湛堂殃崛奉佛语救产难因缘。初以此请益湛堂,堂曰:“正爬着我痒处。这话如金矢法,不会如金.会得如矢。”师曰:“岂无方便?”堂曰:“我有个方便,只是你划地不会。“师曰:“望和尚慈悲。”堂曰:“殃崛云:‘我乍人道,未知此法,待问世尊,未到佛座下。”他家生下儿子时如何,我自从贤圣去来,未曾杀生。殃倔持此语未到,他家已个下儿子如何?”师茫然,至是读至菩萨登第七地,证无生法忍,云:“佛子菩萨成就此忍,即时得入菩萨第八不动地,为深行菩萨,难可知,无差别。离一切相、一切想、一切执着,无量无边,一切声闻辟支佛所不能及,离诸喧诤,寂灭现前。

譬如比丘具足神通，得心自在。次第乃至入灭尽定，一切动心意想分别，悉皆止息，此菩萨摩诃萨亦复如是。住不动地，既舍一切功用，得无功用法，身口意业念务皆息，住于报行。譬如有人梦中见身堕在大河，为欲渡故，发大勇猛，施大方便，以大勇猛施方便故，即便寤寐，既寤寐已，所作皆息，菩萨亦尔。见众生身，在四流中，为救度故，发大勇猛，起大精进，以勇猛精进故，至此不动地。既至此已，·切功用，靡不皆息，二行相行，皆不现前，此菩萨摩诃萨菩萨心、佛心、菩提心、涅槃心，尚不现起，况复起于世间之心。”师因豁然，打失布袋，湛堂所说方便，忽然现前。始从前后际断时，已到佛心，菩萨心等尚不现起，况起世心处矣。只是暂时休歇，不是真到永不起处，及进一橛，已重到此处，得个着实。但悟处作业，即成动相.必须大法尽而后真真了当。及入大法既尽，奈法路末泯。犹未脱真了，直向最后一了、方是打失布袋。前来途路，一步深一步，只是住脚不得.才住脚便是生死大病，切须知之。寻取真师，务在透过，若道各人悟处不同，我这一个万法平沉，昭灵尽绝，是极则底，是魔说，是无师外道矣。慎之！慎之！园悟诏住云居，师往观，悟即请为第一座。冬至，秉拂。昭觉元禅师出众间云：“眉间挂剑时如何？”师曰：“血溅梵天。”悟于座下以手约住云：“住住！问得固好，答得更奇。”元乃归众。师每入室，园悟时来听其语。一日入室罢，上方丈，悟云：“或有个禅和子得似老僧，汝又如何支遣？”师曰：“何幸如之！正如东坡说作刽子手一生，得遇一个肥汉剐。”悟呵呵大笑云：“你到与我入室，拶得我上壁也。”悟又问；“达摩西来，将何传授？”师曰：“不可总作野狐精见解。”又问：“捭虎头收虎尾，第一句下明宗旨。如何是第一句？”师曰：“此是第二句。”悟常言：“近来诸方尽成窠臼。五祖下，我与佛鉴、佛眼三人结社参禅,如今早见逗漏出来。佛鉴下有一种作狗子叫、鹁鸠鸣,取笑人。佛眼下,有一种觑灯笼露柱,指东画西,如眼见鬼一般。今人将要学禅,先养长头发,买一个蒲团,剪去其棕,弄一条短棍.装一件破袄,五六月里穿,却人前卓卓坐起,人后脱却打眠,梳光其发,帽盖眉毛,走到人前,八字脚,膛却眼,捏一个没要紧问头,问一问,善知识据实答他,他便桌上拍一拍,翻一翻帽子,竖拳作证,拂袖便行。及问他意旨何如?他又说一句没来历淡话,连喝数喝,谓之禅贵须硬。善知识不肯他,他便毒骂狠打,写揭帖造谤、无所不致,岂待狗吠见鬼而已?邪师过谬,一至于此,良可叹息。我这里且无这两般病。"师曰:"击石火,闪电光,引得无限人弄业识,举了便会了,岂不是佛法大窠窟?"击石火,闪电光处.真得中间的的剑刃上事,着着有出身之路是从上宗乘爪牙。若此处无杀人手段,翻惹人业识向理处生根生叶。师眼不明,无千方百计底法头,翻弄锻炼,毕竟是个囫囵机锋涂将去,师既涂人,资亦瞒师,师资相瞒,弄棒弄喝,恰亦相似。争奈人家在生死业识中过日,妄称悟道,大妄语成.可不哀欤。悟不觉吐舌,乃云:"休怪他,我只以契证为期,若不契证,断不放过。"直须契证为期.方不誵讹。契证者前后际断,要实实事上打断,方得前后际断的契证,得一橛者,要实实证到推移不动田地,方得一橛底契证。法中契证者,要法法自己荐一荐,方是契证,不可口耳传授赚人。末上一了,要实实了却,须有契证处,如高峰枕声,雪岩古柏,方是证悟之期,不然纵有证处,亦是火气未绝,不足贵也。若真正为生死参禅,不图假莊禅套,换衣换食者,切须信之。师曰:"契证即得,第恐只恁么传将去,举了便悟了,便主张击石火、闪电光,业识茫茫,未有了日。"悟深肯之。师室中多问纳子,唤作竹篦则触,不唤作竹篦则背,不得下语,不得无语,不得于意根下卜度,不得飏在无事甲里,不得于举起处承当,不得良久,不得作女人拜,绕禅床,不得拂袖便行,一切总不得,速道!速道!僧拟进语,师便打趁出,时罕有善其机者,有僧闻举,夺却竹篦。师曰:"夺却竹篦，我且许你夺却，我换作拳头则触，不唤作拳头则背，你又如何夺？更饶你道个请和尚放下著。我且放下着，我唤作露柱则触，不唤作露柱则背，你又如何夺？我唤作山河大地则触，不唤作山河大地则背，你又如何夺？”时有舟峰长老云：“某甲看和尚竹篦子话，如籍没却人家财产了，更要人纳物事。”师曰：“你譬得极妙，我真要你纳物事，你无所从出，便须讨死路去也。或投河、或赴火，拼得方始死得死了却缓缓地再活起来。唤你作菩萨则欢喜，唤你作贼汉则恶发，依前只是旧时人。所以古人道‘悬崖撒手，自肯承当，绝后再甦，欺君不得。’到这里始得契竹篦子话。”又僧闻举曰：“请和尚放下竹蓖，即与和尚道。”师放下，僧拂袖便出。师曰：“侍者，认取这僧。”近礼侍者久侍师，默究竹蓖话，无所入。一日入室罢，求指示。师曰；“你是个福州人，我说个喻问你。如将名品荔枝和皮壳剥了，送在你口里，只是不解吞。”礼不觉失笑曰：“和尚吞却即祸事，”师后复问曰；“前日吞了底荔枝，只是你不知滋味。”礼曰：“若知滋味，转见祸事。”师肯之。

雪岩钦禅师

师普说云：“山僧五岁出家，在上人侍下，听与宾客交谈，便知有这事，便信得及，再来真种，便学坐掸。”错起头在此。一生愚钝，只为走了钝路。吃尽万千辛苦，十六岁为僧，十八岁行脚，锐志要出来究明此事。善哉杰人！在双林铁橛远和尚真恶老魔。会下，打十方，从朝至暮，只在僧堂中，不出户庭。纵入众寮至后架，袖手当胸，徐来徐往，更不左右顾。目前所视不过三尺。大错了也。洞下尊宿，要教人看狗子无佛性话，邪师过谬，非众生咎。可惜好汉撞着恶魔。只于杂识杂念起时，向鼻尖上轻轻举一个'无'字，才见念息。又却一时放下着，只么默默而坐，待他纯熟，久久自契。洞下门户功夫绵密困人，动是十年、二十年不得到手，所以难于嗣续。钦师善形容，邪师救人恶法，可笑如此。邪师因自不曾真悟一悟，只道看语头是堵绝意根底.若果如此，那里世世生生将个语头者？者得许多，直是悟始得耳。看个"无"宁，是歇前语。古人发疑，只为有个问处。言狗子有佛性也无，答曰无。以此前后两句，不通义路，因不得不疑，不得不悟耳。若歇却前问，单举"无"字，是外道断见，有何长处？若念息便放下，是内守幽闲，法尘影事。得他纯熟，是要熟，鬼窟里生涯耳。洞上工夫绵密困人，正是提出宋末元来，洞宗少真悟者，只认工夫光景为事。此法一唱，令天下英灵迷失求悟正法，而困于邪罔工夫也。此是悟后痛恨冤语，形容得曲尽其妙。我当时忽于念头起处，打一个返观，于返观处这一念子，当下冰冷，直是澄澄湛湛，不动不摇。正是八识迷境。坐一日，只如弹指顷，都不闻钟鼓之声，过了午斋，放参都不知得。想要精神化为土木金石。长老闻我坐得好，恶魔得便。下僧堂来看，曾在法座上赞扬。十九去灵隐挂褡，吉人天相，撞着真种。见善妙峰，妙峰死，石田继席。颖东叟在客司，我在知客寮，见处州来书记。须是他家儿孙拾得。说：'道钦兄，你这功夫是死水，不济得事。动静二相未免打作两橛。'我被他说得着，只为真有灵骨，魔魅不得。真个是才于坐处便有这境界现前，才下地行与拈匙放箸处又都不见了。他又道：'参禅须是起疑情，大疑大悟，小疑小悟，不疑不悟，须是疑公案始得。前是去病药，此是点出话头，不可歇前歇后，须是两句起疑则悟。他虽不甚做功夫，他自不庵会下来，不庵是松源之子，说话终是端正。'提明临济宗直截源流，令人易悟。我当下便改话头，提个干屎橛。又错杜撰，仍是歇前。所以不识好恶，致后吃许多苦处，只为前来恶套不曾发明去尽耳。一味东疑西疑，横看竖看，因改这话头，前面生涯都打乱了也。也好。虽是封了被，胁不沾席，又是坐禅恶套。从朝至暮，行处坐处，只是昏沉散乱，胶胶扰扰，要一霎时净洁也不能得。多事多事。闻天目和尚久侍松源，是松源嫡子，必得松源说话，真人到也。移单过净慈挂褡，怀香诣方丈请益，大展九拜。他问我：如何做功夫。遂与从头直说一遍。且喜他不来听你许多恶法。他道：'你岂不见临济三度问黄檗佛法的大意，三遭痛棒，末后向大愚肋下筑三拳。道：'元来黄檗佛法无多子。汝但恁么看。'直须向这里一看便了，何等痛快！又云：'混源住此山时，我做鏨到，入室他举话云：现成公案未入门来，与你三十捧了也。但恁么看。'大似狂鹿中箭，不得不死。天目和尚这个说话，自是向上提持。此是悟后真见地，为人作略，特特提明，人当依此下手。我之病痛，自在昏沉散乱处。他发药不投，我不欢喜。说自己前中恶毒，迷闷心腑，他不曾忉怛救得。心中未免道：'你不曾做功夫，只是伶俐禅。寻常请益，末上有一炷香，礼三拜谓之谢因缘，我这一炷香不烧了也。'说出当时错乱不识好恶处。依旧自依我每常坐禅。指出自己执定杜撰处，正是后节多吃生受来源。是时，漳、泉二州有七个兄弟与我结甲坐禅，两年在净慈，不展被，肋不沾席。恶法流行，人不觉知。英灵汉子多堕此数，所谓"学人不了用修行，真成认贼还为子"是也。外有个脩上座，也是漳州人，不在此数，工夫法子虽错，然真是猛烈大汉。只是独行独坐，他每日在蒲团上如一个铁橛子相似；在地上行时挺起脊梁，垂两只臂，开了两眼，如个铁橛子相似，朝朝如是，日日一般。我每日要去亲近他，与他说话些子，才见我东边来，他便西边去，才见我西边来，他便东边去。如是二年间，要亲近些子更不可得。此是极妙处。若是中夜一睡而用三顿棒，三十棒话头，而下如此工夫，不消一二日大彻去者，可惜不睡，打坐所误。我二年间因不到头，捱得昏了困了，日里也似夜里，夜里也似日里，行时也似坐时，坐时也似行时，只是一个昏沉散乱，辊作一团，如一块烂泥相似，要一须更净洁不可得。形容自己执迷情状。一日忽自思量：'我办道又不得入手，衣裳又破碎也，皮肉又消烁也。'不觉泪流，顿起乡念，且请假归乡，为恶毒所魔，杰人亦几乎磨退，幸是雪岩，有后日也。自此一放，都放了也，恶魔脱体，庆快平生。两月后再来参假，幸有生机。又却从头整顿，又却到得这一放，十倍精神。说出脱魔妙处。元来欲究明此事，不睡也不得你，须是到中夜烂睡一觉，方有精神。要知下山路，须问过来人。千万听取，莫更自错。一日我自在廊庑中东行西行，忽然撞着脩兄，远看他，但觉闲闲地，怡怡然有自得之貌。此是脩公于前后际断，妄自坐着，不得悟处光景。我方近前去，他却与我说话，就知其有所得。未必。我却问他：'去年要与你说话些个，你只管回避我，如何？"他道：'尊兄，真正办道人无剪爪之工，更与你说话在。'好。他遂问我做处如何？与他从头说一遍了，末后道：'我如今只是被个昏沉散乱打并不去。'他云：'有甚么难？自是你不猛烈。"猛烈"二字是参禅骨头。须是高着蒲团，竖起脊梁，教他节节相拄，尽三百六十骨节，八万四千毛窍，并作一个"无"字。恶套恶套，幸有骨力！与么提起，更讨甚么昏沉散乱来？'我便依他说：千古大人。寻一个厚蒲团，放在单位上，竖起脊梁，教他节节相拄，透顶透底，尽三百六十骨节，一提提起，正是一人与万人敌相似，提得转力，转见又散。"提"字只为歇前话，疑无著实，因有此弊。到此尽命一提，忽见身心俱忘，但见目前如一片银山铁壁相似，用尽滑力方得到此。只是悟门转远，可笑耳。自此行也如是，坐也如是。清清三昼夜，两眼不交睫。到第三日午后，自在三门下，如坐而行，忽然又撞见脩兄。他问我：'在这里作甚么？'对他道：'办道。'他云：'你唤甚么作道？'问得好。遂不能对，转加迷闷。好个消息，后来之悟出于此也。即欲归堂坐弹，到后门了又不觉。至后堂寮中。首座问我云：'钦兄，你办道如何？'与他说道：'我不合问人多了。划地做不得。'好人自不信，魔人自信之，不是问多之误，正是不具眼之误。他又云：'你但大开了眼看是甚么道理。'也好。只是昆仑头。我被提这一句，又便抽身，只要归堂中坐，方才翻上蒲团，面前豁然一开，如地陷一般，当时呈似人不得，说似人不得，非世间一切相可以喻之。我当时无著欢喜处，此是前后际断处，未是悟处，何须欢喜？只这一欢喜，便坐定了，甚可惜也。便下地来寻脩兄，他在经案上才见我来，便合掌道：'且喜、且喜。'奴见俾殷勤，一对瞎汉。我便与他握手到门前柳堤上行一转。俯仰天地间，森罗万象，眼见耳闻，向来所厌所弃之物与无明烦恼，昏沉散乱，元来尽是自妙明真性中流出。说心说性，恶法从此起矣。自此目前露倮倮地，静悄悄地，半月余日，动相不生。半月后便要打失。可惜许不遇大眼目大手段尊宿为我打并。"打并"两字极有力。不合向这里一坐坐住，谓之见地不脱，碍正知见。前来

不过法身边光境门头,虚幻不实。误堕不少,到悟后痛自说出,正恐后人再堕也。每于中夜睡着,无梦无想、无闻无见之地,又却打作两橛。前后际断,虚妄自在、全无识心好处,是以日中作得主,梦中作得主,到真正无见闻觉知处,便来不得,此是用鼎银做骗子的。古人有'寤寐一如'之语,又却透不得,眼若不睡,诸梦自除,心若不异,万法一如之说,又都错会了也。真透自见。凡古人公案,有义路可以咬嚼者,则理会得下。公案并无有义路底,只是半途中错看作义路耳。无义路如银山铁壁者,又却都会不得。此处不会,则总不会。虽在无准先师会下许多年,每遇他开室,举主人公,便可以打个蹐跳。可见主人公不是衲僧巴鼻,所以念佛的是谁本来面目,主人公即心即佛等。公尔,皆是就体消停得力迟,不得到底。每每做几翻悟入者,此话头之误也。须用三顿棒等公案作话头方好。莫教举起衲僧巴鼻,佛祖爪牙,更无你下口处。话头须要具此作略方好,有时在法座东说西说,又并无一语打着我心下事。谁著你有主人公作业?又将佛经与古语从头检寻,亦无一句可以解我此病。如是碍在胸中者仅十年。后来因与忠石梁过浙东天目两山作住。一日,佛殿前行间,自东思西忖,忽然抬眸见一株古柏,触着向来所得境界,和底一时飏下,碍膺之物扑然而散,如暗室中出在白日之下走一转相似。可怜生,幸自人品出群,所以自己不肯,因有瓜熟蒂落方得自了。纵有无准天目时时在侧,亦救他病不得,何也?只为前来魔法深入,难于信向耳。自此不疑生、不疑死、不疑佛、不疑祖,方始得见径山老人立地处,正好三十拄杖,何也?若是大力量大根器底人,那里有许多曲折?此句收尽错处,已下是说话头好处。德山见龙潭于吹灭纸烛处,好。便道:'穷诸玄辨,若一毫置于太虚;竭世枢机,似一滴投于巨壑。自此拈一条白捧,掀天掀地，那里有你近傍处？'水潦和尚被马祖一踏，便道：'百千法门，无量妙义，尽向一毛头上识得根源。'高亭见德山招手，便乃横趋，好。你辈后生晚进若欲咨参个事，步趋个事，须是有这个标格，具这个气概，始得。分明点出看话头样子。若是我说底，都不得记一个元字脚，记着则误你平生。识心是生死根本。所以诸大尊宿，多不说做处与悟门见地，谓之以实法系缀人，土也消不得。是则固是，也有大力量有宿种，不从做处来，无蹊径可以说者，也有全不曾下功夫，说不得者，也有半青半黄，开口自信不及者，须知有此三种人品，但不可以为法。诚谓刁刀相似，鱼鲁参差，若论履践个事，做工夫处。如人行路一般，行得一里二里，只说得一里二里话，行得千里万里，方说得千里万里话，汝等须是各具明眼，拣择青黄始得，若或不然，便从佛祖肚里过来也是无益。"

高峰妙禅师

师二十更衣，入净慈，立三年死限学禅。一日，父兄寻访，巍然不顾。二十二，请益断桥伦，令参"生从何来、死从何去"话。师谓意分两路，心不归一，参不得力，以其从生从死，来去甚远，宽而不密，义路易生，不中参究，果然枉过一年。于是肋不至席，口体俱忘，或如厕，惟中单而出；或发函，忘扃鐍而去。时同参僧显慨然曰："吾己事，弗克办。曷若辅之有成，朝夕护侍惟谨。"其眼行人。时雪岩钦寓北涧塔，欣然怀香往扣之。参得人

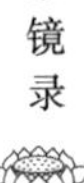

着,方问讯.即打,出闭却门。妙极妙极,向这里入。一再往始得亲近,令看“无”字话,自此参扣无虚日,钦忽问:“阿谁与你拖个死尸来?”不好。声未绝,即打。此问虽好,奈师在阿谁处下手,不在打处下手,所以误有百年三万六千朝反覆,元来是这汉处著脚,致涉许多廉织,师家由言,大宜慎取,若那时在打处起疑,何有后来曲折?如是者不知其几。师扣愈虔,真再来人。值钦赴处之南明,师即上双径参堂半月,偶梦中,忽忆断桥室中,所举“万法归一、一归何处”话,万法归一、一归何处,极好。只是歇后语,不曾举得青州衫子,所以有后来五年重参之苦,疑情顿发,三昼夜日不交睫。一日,少林忌,随众诣三塔讽经次,抬头忽睹五祖演和尚真赞云:“百年三万六千朝,反覆元来是这汉。”募然打破拖死尸之疑,于纸上见得这汉,大似洞山过水睹影,几乎廉织出五位,幸得落枕子处了却,所以见得声未绝便打道理,不失为济上杰人耳。其年二十四矣。解夏诣南明,钦一见便问:“阿谁与你拖个死尸到这里?”师便喝。喝即喝,犹是拂袖便出。钦拈棒,师把住云:“今日打某甲不得。”钦曰:“为甚打不得?”师拂袖便出。翌日,钦问:“万法归一,一归何处?”师云:“狗舔热油铛。”言句也未曾,尚作此合头。钦曰:“你那里学这虚头来?”师云:“正要和尚疑著。“钦体去,更参三十年,自是机锋不让。次年,江心度夏,迤逦由国清过雪窦,见西江谋希叟县寓。旦过昙问曰:“那里来,”师抛下蒲团。昙曰:“狗子佛性,你作么生会?”师曰:“抛出大家看。”昙自送归堂。暨钦挂牌于道场、开法于天宁,师皆随侍服劳,屡将有所委任,辞色毅然,终不可强。心头未稳在。—日钦问:“日间浩浩时,还作得主么?”正是他藏身处。师云:“作得主”。败缺不少。又问:“睡梦中作得主么?”师云:”作得主。”可不是。又问："正睡着时，无梦无想、无见无问，主在甚么处？"师无语。贼身已露。钦嘱曰："从今日去，也不要汝学佛学法，也不要汝穷古穷今，脑后一槌。但只饥来吃饭，困来眠，将亟底来就盖。才眠，觉来却抖擞精神，我这一觉，主人公毕竟在甚么处安身立命？"你向那里存坐？丙寅冬，遂奋志入临安龙须，自誓曰："拼一生做个痴呆汉，两重公案，恰好合著。决要这一着子明白。"讨气绝处。越五载，大人不肯自轻。因同宿友椎枕堕地作声，廓然大彻。今日方知昔日喝处。自谓如泗州见大圣，脱空妄语。远客还故乡，是甚所在？元来只是旧时人，不改旧时行履处。也不过是蒲团抛出大家看。在龙须九年，缚柴为龛.风穿日炙，冬夏一衲，不扇不炉，日捣松和糜，延息而已。尝积雪没龛，旬余路梗绝烟火，咸谓死矣，及霁可入，师正宴坐俤伽。悟后须是恁么，方与他相应。甲戌迁武康双髻峰，盖和寮主攀缘，又上一棱层之意也。及至学徒云集.然寮小难容，乃援其尤者居之。

绍岩禅师

试问诸仁者，今日国主致请，只图诸仁者明心，此外别无道理，诸仁者还明心也未？莫不是语言谈笑时，凝然杜默时，参寻知识时，道伴商略时，观山玩水时，耳目绝对时，是汝心否？如上所解，尽为魔魅所着，岂曰："明心？"语不是，默不是，见闻不是，离见闻亦不是，作么生会，即今学者，莫乱才好。更有一类人，离身中妄想外，别认遍十方世界，含日月、包太虚，谓是本来真心，斯亦外道所计，非明心也。此唤作偏空外道，又安得身心一如、身外无余耶？即今禅和子不曾遇人，自做主宰，多落斯见。诸仁者，要会么，无是者亦无不是者，汝疑执认，其可得乎？前二种是病，过在“执认”二字。此段是药，但无是非执认，病即愈矣。

瑞鹿禅师

大凡世人参学，未必学问话是参学，未必学拣话是参学，未必学代语是参学，未必学别语是参学，未必学捻破经论中奇特言语是参学，未必学捻破祖师奇特言语是参学。若于如是等参学，任你七通八达，于佛法中倘无见处，唤作乾慧之徒。岂不闻聪明不敌生死，乾慧岂免轮回？今时人类皆如是，正所谓“抛却真金拾瓦砾。”不肯真实参究，恣口头三昧，如香岩问一答十，问十答百。岂不是通达？于佛法中无有见处。父母未生前一句子便不奈何，今时学语之流，且道济得甚么边事？若也参学，应须真实参学始得，行时行时参取，立时立时参取，坐时坐时参取，眠时眠时参取，语时语时参取，默时默时参取，一切作务时一切作务时参取，既向如是等时参。且道参个甚么人，参个甚么语？到道里，须自个明白处始得。若不如是，唤作造次之流，则无究竟之旨。要切究此参的语，是甚么语，参的人是甚么人，若不究此参的语，不识此参的人，是谓空过，非参学也。

玄沙大师

夫学般若菩萨，须具大智慧始得，若有智慧，即今便出脱得去。出脱是不系缚也。若是根机迟钝，直须勤苦，日夜忘疲，无眠失食，如丧考妣相似，恁么急切，尽一生去，更得人荷挟尅骨究实，不妨易得构去。且况如今谁是堪任学的人？天下人都堪任，惟不具信根者，纵是释迦佛放光动地，其奈尔何？仁者，莫只是记言记语，恰似念陀罗尼相似，踏步向前来口，里哆哆啝啝，被人把住诘问着没去处，便嗔道："和尚不为我答话，凭么学事大苦，知么。记言语者谓之杂，毒入心，碍正知见。世间读书人记文字多便不能融化，何况空出世法，肯食他人涎唾耶。有般人说："昭昭灵灵，灵台智性，能见能闻，向五蕴身田里作主宰，恁么？为善知识大赚人知么？"我今问汝："汝若认昭昭灵灵是汝真实，为甚么瞌睡时又不成昭昭灵灵？若瞌睡时不是，为甚么有昭昭时？汝还会么？这个唤作认贼为子，是生死根，妄想缘气。此是弄精魂汉，瞌睡时即做不得主，生死到来怎么生折，合一生胡乱做去，岂但哄人，皆自哄耳。汝今欲得出他五蕴身田主宰，但识取汝秘密金刚体。昔人向汝道："园成正遍，遍周沙界。"秘密金刚体即圆成正遍，遍周沙界。分明向汝道，须是全身拶人。佛道闻旷，无有程途，无门解脱之门，无意道人之意，不在三际，因不可升沉，建立乖真，非属造化。若会得此意，不费丝毫功行，立地成佛。动

则起生死之本，静则醉昏沉之乡，动静双泯，即落空亡。动静双收，才成佛性。学人多厌动取静，静久复思动，须剔起眉毛，打破动静窠臼，即是正觉。必须对尘对境，如枯木寒灰，临时应用，不失其宜，镜照诸像，不乱光辉，鸟飞空中，不杂空色。枯木寒灰，言无心也。不失其宜，言应物也，岂与灰心泯智者同日而语哉？其“不乱光辉，不杂空色”云云。自彼与我何为？十方无影像，三界绝行踪。不堕往来机，不住中间意。个中丝毫道不尽，即为魔王眷属，句前句后，是学人难处，所以一句当天八万门，永绝生死。此语贵在一句“当天八万门，尽十方世界。”无丝毫空缺处，无丝毫影像，无丝毫行迹，可谓光烁烁、活泼泼。佛祖众生，没处安着，“生死”二字，是阿谁恁么道？学人何处，如火销冰，终不成冰。箭既离弦，无返回势，所以牢笼不肯住，呼唤不回头，古圣不安排，至今无处所。但将此段细抹将来，自然省力，沾连些儿不得。若将识心凑泊，正所谓因地不真，果招迂曲。今时人不悟个中道理，妄自涉事涉尘，处处染着，头头系绊，纵悟则尘境纷纭，名相不实。处处染着，头头系绊，只是究心不切，命根不断，不肯死去。真正参学人，如遇蛊毒之乡，水也不可沾着一滴，始得个彻头。便拟凝心敛念，摄事归空，闭目藏睛，才有念起。旋旋破除，细想才生，即便遏捺，如此见解，即是落空亡外道，魂不散的死人，冥冥漠漠，无觉无知，塞耳偷铃，徒自欺诳。若将识心遏捺，纵是澄澄湛湛，毕竟命根不断，终不是做工夫的人。仁者，莫只长恋生死爱网，被善恶业拘将去，无自由分，饶汝炼得身心同虚空去，饶汝到精明湛不摇处，不出识阴，昔人唤作如急流水，流急不觉，妄为恬静。识心不断，纵炼得身心如虚空，终被恶业牵引去。精明湛不摇处，正是识阴，如何免得生死？总而言之，不究彻大理，悉是虚妄。

径山大师

今时有一种外道，自眼不明，只管教人死獦狚地休去歇去。若如此休歇，到千佛出世也休歇不得。转令心头迷闷。不肯起疑情则命根不断；命根既不断，休亦不去，歇亦不得。即此"休歇"二字，便是生死根本，纵百劫千生，终无了期。又一等人，教人随缘管带，忘情默照，照来照去，带来带去，转加迷闷，无有了期。既有能带之心，所照之境，能所对立，非妄而何？又一等人，教人诸事莫管，但只恁么歇去，歇得来，情念不生，到恁么时，不是冥然无知，只是惺惺历历，这更是毒害，瞎却人眼。惺乃对寂法，非真参也。须只要发明大事，才是正觉。

附录三

禅宗直指

清·石成金 撰

禅宗直指 明心见性须知 成佛成祖要法

扬州石成金天基撰著　男 𡷫年 嵩年 校刻

密传参禅要法

佛法工夫，第一要立坚志。盖志者，气之帅也。人若立有坚志，如统军百万，威神八面，天日可贯，何事不成乎？凡畏难者，志不坚也；因循者，志不坚也。听言更移、中道自画、始勤终怠者，是皆志不坚也。予曾撰读书心法，开首即云："立志若坚，反难为易。"今于佛法工夫也，亦是如此。

志坚则事必成。予今以世事比论。譬如越王之复吴仇，张良之报韩恨，以及狄仁杰之再兴唐室，总因志有所定，而事成果应。佛法亦是如此。

俗谚云："男子无志，钝铁无刚；女子无志，烂草无穰；"佛法工夫，此志尤为最要。

中峰大师歌云："也无难，也无易，只贵男儿有真志。志真道力自坚强，力强进道如游戏。"此应验方也。

佛法工夫，全在于"觉"。要知凡夫一念觉，即一念是佛；佛一念不觉，即一念是凡夫。盖因觉即是佛，佛即是觉。

佛与凡夫，只在觉与不觉而已。

人心有觉，即为有佛，能开六度之行门，能越三祇之劫海。普利尘沙，广作福慧。得六种之神通，圆一生之佛果。火镬冰河，闻之变作香林；饮铜入铁，听则皆生净土。

佛法工夫，予有一句妙诀，只四字，曰：坚持正觉。要知信力曰坚，谓坚固而不更变也；念力曰持，谓持执而不厌久也。正觉者，圆明普照不偏不亏也。人能发此正觉，本性自然显露，一切妄心不待驱除而自降伏。譬如日光一照，黑暗尽明矣。此虽有四字，其实只一“觉”字，但此“觉”字，皆由定慧而致也。

不怕念起，只怕觉迟。念起即觉，觉之即无。修行妙法，惟在于此。譬如知是做梦，则不昏迷矣。

人能知得此觉，须要振起精神，即如将军在阵，又如刑官在廷，着丝毫昏沉不得。

佛法工夫，立志要坚，又要有恒。若不有恒，多至半途而废，或少有得而自止。是皆自弃，深可惜也。

佛法工夫，最怕间断。若勤工一月，已臻上乘。只须间断十日五日，彼上乘者，不知何在。更不得援前月之勤以自恃。

佛法工夫，最怕昏沉散乱。但此昏沉散乱，都从自己立志不坚、信道不笃之所致。深为可惜。

佛法工夫，全要自参自悟。即至亲厚之父子、师友，俱替代不得，亦非世法之技艺，可以传授得的。譬如他人吃饭，只是他人腹饱，己腹仍是饥饿。慧思大师云：“道源不远，性海非遥。但向己求，莫从他觅。觅亦不得，得亦不真。”此所谓

"求人不如求己"也。

佛法工夫，昼夜十二时，俱是用工夫之时。若五更睡醒或清晨早起，如肯用工，工更加倍。要知平旦，乃天地清爽之气，最堪挹取不可因循虚度。

佛法工夫，不在乎五更眠、三更起。只怕一日暴、十日寒。

佛法工夫，要知尘世有许多恶境。如生老病死、忧愁困苦、名缰利锁、惊风骇浪；即或少有喜悦者，亦是空花不实，暂时不久。须要看得透彻，才知佛法实救我出离苦海之事，方欣欣乐为。

佛法工夫，若是欣欣乐为，自然易于用功，自然精进不懈。这欣欣乐为，须要看世上他人的生老病死诸般苦楚，即是我不用工的式样。如何悠忽！

佛法工夫，最怕说闲话、管闲事。要知闲话、闲事，俱令人心散神飞，无益有损；且将好光阴虚度，真为可惜。

佛法工夫，若是用功多时，未免疲倦。也要行步走走，闲散闲散，颐养精神。俟有精神，再去用功，自然明觉精进。若呆呆下苦工，不独性昏不灵，而体弱之人疾病生焉。疾病生而工夫歇，岂不欲速反迟？

佛法工夫，一日要见一日的精进。若因因循循，纵过了百劫千生，也不得有成功的日子。昔人用功时点一枝香，见香完了，即自警云："工夫如前无有损益，一日几枝香耶？一年若干香耶？但光阴易过，时不待人。大事未明，何日是了？"由此痛惜，便多加励策。吾儒门朱文公有云："勿谓今日不学而有来日，勿谓今年不学而有来年。日月逝矣，岁不我延。呜呼老矣,是谁之愆?”佛法工夫亦是如此。儒学只“时习”二字,便成就一生,只“姑待明日”四字,便耽误一生。佛法工夫,亦是如此。

佛法工夫,虽不可停缓,亦不可过于急遽。譬如善走路的人,每日走得百里,只走七八十里,则气力有余而筋骨不疲。若倚恃着气力强健,走过百里之外,自然疾趋忙奔,必至疲倦,次日反不能行矣。做工夫人,往往生出病来,皆由于此。

佛法工夫,如身体困倦,可将两肩前后、上下用力扭转数十遍,则周身血脉流通,精神爽快,不生诸病。此修养家辘轳双关法也。又能祛一切寒邪。

佛法工夫,或人问只当以参悟为主,何必兼保身体?予谓此乃籍假以修真也。譬如烹茶,若无炉火,茶岂自热?倘炉坏火冷,势必另又支造,不独重工起作,且恐事难期定,反致费时失误。明者解之。

佛法工夫,日间精进,不可懈惰,不必言矣。凡每晚用工,只可更余不必过久。人若过子夜不睡,则血不归肝,他日病由此致。又有一种人,能炼魔不卧,殊不知佛法工夫,岂在于睡不睡耶?

佛法工夫,行住坐卧俱可用工。或坐多时,亦可行动;或行多时,何妨再坐。不专于坐也。有学长坐不卧者,六祖晓之曰:生来坐不卧,死去卧不坐。一具臭骨头,何为立功课?此明透坐、卧之机矣。

佛法工夫,最要发一个破生死的坚硬心,看破世界身心,都是假缘无实。若不发明本具底大事,则生死心不破;生死心既不破，则无常杀鬼念念不停，却如何排遣？将此一念，作个敲门瓦子，如坐在烈火焰中求出相似，乱行一步不得，停止一步不得，别生一念不得，望别人救不得。当此时，只须不顾猛火，不顾身命，不望人救，不生别念，不肯暂止，往前直冲；奔得出，才是好汉。

佛法工夫，要把一个死字贴在额头上，将血肉身心如死去一般。只要究明这一念子，现前，这一念子如倚天长剑，如触其锋者，了不可得；如淘滞磨钝，则剑去久矣。

佛法工夫，最怕耽着静境，令人困于枯寂而不觉。要知动境人厌，静境多不生厌。良以世人一向在喧闹场中，一与静境相应，如食饴、食蜜，如人倦久喜睡，自然贪着而不自知也。须要急急识破。外道教令身心断灭，化为枯木寒灰，亦从静境而入。若岁久月深，枯之又枯，寂之又寂，堕于无知，即与枯木寒灰何异？工夫处于静境，只要发明衣线下一段大事，不知在静境，始得于大事中求其静相；了不可得，才为得也。

佛法工夫，全要定慧。要知定与慧，如同表里，是二非二，缺离不得。但定一生，怎奈昏沉亦随定而生，若昏沉生而定去矣。慧一生，怎奈散乱亦随慧而生，若散乱生而慧去矣。我有妙法调治，须要澄明之定，方才定与慧成功；须要安详之慧，方才慧与定成功。此二者离之不得，合之不得，混而为一，乃尽其妙。能知此法，成道何难？人要明心见性，成佛成祖，只在定慧上用工。知得定慧之妙，则易如反掌；不知定慧之妙，则难若登天。难易俱在自己之能干也。

定是慧之体，慧是定之用。譬如灯光，灯是光之体，光是灯之用。二者互显,不可偏重。

即慧之时定在慧;即定之时慧在定。名虽有二,体本不殊。但定而不慧,随即昏沉;慧而不定,随即散乱。须要并致,不可缺离。

予前篇说调治定慧,法已悉矣。犹恐尚有未明者,予今再重复解之。凡予所谓昏沉者,即世人之无记也。凡予所谓散乱者,即世人之妄想也。要知定即多生无记,慧即多生妄想;定虽能治妄想而还生无记,慧虽能治无记而还生妄想。今日工夫,只要有慧之定,切不可入昏沉无记之定;只要有定之慧,切不可入散乱妄想之慧。是二非二,定慧融和,即凑其功矣。天台智者大师传有止观妙法,谓止而观之,静而明之,令其动而能静,静而能明,明则照,照则一矣。此诚指群生之觉路。但知予定慧之法,即是大师止观之法,何必另求佛法?

人于辞世时,若有定慧之功,必登极乐世界。但此妙法全要在平日熟习。明哲谓世人终日昏散,临终何能定慧?学人终日定慧,临终何能昏散?若是临渴掘井,怎得济事?

佛法工夫,最要紧的是一个“切”字。这切字极有力,若是不切,则懈怠生,懈怠生,则放逸纵意无所不至。如果用心真切,放逸懈怠何由得生?当知切之一字,若能体贴,不愁生死心不破,不愁不到佛祖地位。舍此切字,别求佛法,皆是痴狂外道矣。

切之一字,是最亲切语。如用心亲切,则无间隙,因此诸般邪魔不能得入;如用心亲切,自然不生计度、有无等念,则不落外道。切之一字,岂但离过当下,超善、恶、无记三性。一句话头,用心甚切,则不思善;用心甚切,则不思恶;用心甚切，则不落无记。话头切，无掉举；话头切，无昏沉。只要正觉现前，则诸魔自退。但“觉”非“切”不生也。

佛法工夫，不怕死不得活；只怕活不得死。如果与疑情厮结在一处，动境不待遣而自遣，妄心不待净而自净。六根门头自然虚豁豁地，点着即到，呼着即应，何愁不活耶？

佛法工夫，全要中正劲挺，不近人情。若或循情应对，则工夫做不上。不但做不上，日久月深，则随流俗，甚是可惜。譬如自己有事，那得工夫管他人事？中正劲挺，就是正等正觉。

佛法工夫，第一要正觉。这正觉乃是时时刻刻照着自己的灵明，不可放他走去。若是灵明走了，便是有气的死尸，便是昏沉无念，堕于顽空枯寂。虽用尽苦工，丝毫无益。

佛法工夫，做得上，如挑千斤担子，放亦不下，如觅要紧的失物相似，若觅不着，誓不休心。其中但不可生执、生着、生计，执成病，着成魔、计成外，果得一心一意。如觅失物相似，则三种泮然没交涉。所谓生心动念，即乖法体也。

佛法工夫，举起话头时要历历分明，如猫捕鼠相似，前人所谓不斩黎奴誓不休。不然则坐在鬼窟里，昏昏沉沉过了一生，有何益处？

猫捕鼠，睁开两眼，四脚撑撑，只要拏鼠到口始得，纵有鸡犬在旁俱不暇顾。参禅亦复如是。只是愤然要明此理，纵八镜交错于前，亦不暇顾；才有别念，非但鼠不能得，兼走却猫儿。

佛法工夫，不可在前人公案上卜度，妄加解释。纵一一领略得过，与自己俱没交涉。要知前人一言一语，如大火聚集，近之不得，触之不得，何况坐卧其中耶？更于其间分大分小，论上论下，有何益处？

此事不与教乘合。所以久修习大乘业者，不知不识，何况声闻缘觉诸小乘耶？三贤十圣，岂不通教？说此一事，三乘胆战，十地魂惊。等觉菩萨，说法如云如雨，度不可思议众生入无生法忍，尚唤作所知愚，与道全乖，又何况其余耶？盖此事，从凡夫地，顿同佛体，人所难信。信者器；不信者非器。诸行人欲入斯宗乘者，悉从信入。信之一字，有浅有深，有邪有正，不可不辩。浅者，凡入法门，谁云不信？但信法门非信自心；深者，诸大乘菩萨，尚不具信，如《华严》疏云：见有能说法者，有所听法，众尚未入乎信门？如云即心即佛，谁云不信？及乎问汝是佛耶？则支吾排遣，承当不下。《法华》云：尽思共度量不能测佛智，何以有尽思度量之心。盖信不俱耳。

邪正者，自心即佛，名正信；心外取法，名邪信。即佛要究明自心，亲履实践，到不疑之地，始名正信；如朦胧猜枚，但云心即佛，实不识自心，即名“邪信”。

前人摘桃便定去，锄地便定去，作务时亦定，岂是坐久遏捺令心不起，然后为定耶？若如此，即名邪定，非佛法正意。六祖云：那伽常在定，无有不定时。须彻见本体，方与此定相应。释迦下兜率、降皇宫、入雪山、睹明星、开幻众，未出此定。不然，则被动境漂溺。孰名为定？动境中求起处不可得，静境中求起处亦不可得；动境既无起处，将何为境耶？会得此意总是个定体充塞，弥亘无余蕴也。

佛法工夫，不可沾着世法。佛法中尚不可沾一点，何况世法。若真正话头现前，履冰不见寒，蹈火不见热，荆棘林中，横身直过，不见有挂碍，始可在世法中横行直撞。不然尽被境缘转将去，欲得工夫成一片，任多年也不得。

佛法工夫，不可寻文逐句，记言记语。不但无益，与工夫作障碍，把真实工夫，反成缘虑。

佛法工夫，最怕比量。将心凑泊与道转远，做到弥勒下生，管取没交涉。若是疑情顿发的汉子，逼塞虚空，不知有虚空名字，如坐在银山铁壁中，只要得个活路；若不得个活路，如何得安稳去？但这么做去，时节到来，自然有成。

近时有等邪师，教人不在工夫上用工。又云：古人未尝做工夫。此语最毒，迷误后学入地狱矣。

大义禅师坐禅铭云：切莫信道不须参，古圣孜孜为指南。虽然旧阁闲田地，一度赢来得也。难若不须参究，即云得理，此是天生弥勒，自然释迦。此辈名为可怜悯者，盖自己不曾参究。或见古人一问一答，便领悟去，遂将识情解将去，便诳妄于人；或得一场热病，叫苦连天，生平解的用不着；或到临命终时，如螃蟹入汤锅，手忙脚乱。悔之何及！

黄蘖禅师云：尘劳迥脱事非常，紧把绳头做一场。不是一番寒彻骨，怎得梅花扑鼻香？此语最亲切。若将此偈，时时警策，工夫自然做得上。如百里程途，行一步则少一步；不行只住在这里，纵说得乡里事业，了了明明，终不到家，当得甚事？

佛法工夫，最怕思维，做诗、做偈、做文赋等。诗偈成，则名诗人；文赋工，则称文人。与参禅总没交涉。

佛法工夫，凡遇着顺、逆境缘，动人念处，便当觉破，提起话头,不随境缘转,才得又成。或云:“不打紧”这三字,最是误人,学者不可不审。

佛法工夫,疑情不破,如临深渊,如履薄冰,毫厘失念,则丧身失命。为疑情不破,则大理不明,一口气不来,又是一生。被中阴牵引,未免随业识去改头换面,不知不觉。由此则疑上更添个疑。提起话头,不明决定要明;不破决定要破。譬如捉贼,须是见脏。

佛法工夫,要紧、要正、要绵密、要融豁。何谓“紧”?人命在呼吸,大事未明,一口气不来,前路茫茫,未知何往,不得不紧。古德云:如麻绳着水,一步紧一步。何谓“正”?学人须具择法眼,三千七百祖师,大有样子。若毫厘差错,则入邪径。经云:惟此一事实,余二则非真。何谓“绵密”?眉毛与虚空厮结,针扎不入,水洒不湿,不容有毫厘间隙;若有毫厘间隙,则魔境趁隙而入。古德云:一时不在,如同死人。何谓“融豁”?世界阔一丈,则古镜阔一丈;古镜阔一丈,则火炉阔一丈。决不拘执住在一处,捉定死蛇头,亦不系坠在两头,莽莽荡荡。古德云:圆同太虚,无欠无余。真到融豁处,则内不见有身心,外不见有世界,始得个人路。此四种不是前后层次,须要齐臻。

紧而不正,则枉用工;正而不紧,则不能入。既入,须要绵密,始得相应;既相应,须要融豁,方为化境。

佛法工夫,着不得一毫别念。行、住、坐、卧,单单只提起本参话头,发起疑情,愤然要讨个下落。若有丝毫别念,前人所谓杂毒入心,岂但伤身命?此伤乎慧命!学者不可不谨。我说的别念,非但世间法,除究心之外,佛法中一切好事,俱名别念，又岂但佛法中事？于心体上取之舍之、执之化之，皆别念也。

佛法工夫，凡于世上一切事物，可爱、可憎、可喜、可悲的种种情思，俱皆丢去；惟存我的正觉，不顾其余。又要做一个没用的人，任他来折挫我，我也只是个不知不理；任他来耻笑我，我也只是个不知不理。我只照管我自己的正觉，时刻莫懈。

佛法工夫，做的人多云做不上。即此做不上便做去，如人不识路，便好寻路，不可说寻不着路便罢了。如寻着路的，贵在行，直至到家乃可。不可在路上站着不行，终无到家的日子。

佛法工夫，最怕一个伶俐心。伶俐心为之药忌，犯着丝毫，虽真药现前不能救矣。若真是个参人，眼如盲，耳如聋，心念才起时，如撞着银山铁壁相似。如此则工夫始得相应。

佛法工夫，不怕错，只怕不知非。纵然行在错处，若肯一念知非，便是成佛成祖的根基、出生死的要路、破魔网的利器也。释迦佛丁外道法，[illegible]证过，只是不坐在窠臼里，将“知非便舍”四个字，从凡夫直到佛位，此意岂但出世法、在世法中有失念处，只消一个知非便舍，便做得一个净白的好人。若抱定错处为是，不肯知非，纵有活佛现前，救他不得。

佛法工夫，不可避喧向寂，瞑目合眼，坐在鬼窟里作活计。昔人谓黑山下坐，死水里浸，济得甚么事？只须在境缘上做得去，才是得力处。一句话头頓在眉睫上，行里、坐里、着衣吃饭里、迎宾待客里，只要明这一句话头落处，一朝洗面时，摸着鼻孔，原来太近，便得个省力。真是得来全不费工夫。

佛法工夫，最怕认识神为佛事，或扬眉瞬目、摇头转脑，将谓有多少奇特。若把识神当事，入外道无疑。真是走错了路，甚为可惜。

佛法工夫，只在一则公案上用心，不可在一切公案上解会。能解得，终是解会，非悟也。《法华经》云：是法非思量分别之所能到。《圆觉》云：以思维心测度如来圆觉境界，如将萤火热须弥山，终不能得。《洞山》云：拟将心意学玄宗，大似西行却向东。大凡穿凿公案者，须皮下有血，识惭愧始得。

佛法工夫，最怕落空。话头现前，哪得空去？只此怕落空的便空不去。何况话头现前耶？

密传佛法通旨

释氏之弃家学道，论者议其蔑弃伦纪。殊不知未尝弃也。即如释迦一身，首度净饭以及摩耶，次度耶输、次度罗睺、次度阿难，是君臣、父子、夫妇、兄弟之伦，并未废也。而谓之蔑弃伦纪可乎？即欲云废，亦从比丘发论。在宰官居士白衣，皆不离君亲而俱可学道修真，又谁得以弃伦议之乎？假如佛教不明，人只知贪养口腹，不审持斋戒杀、贵人贱物，斩艾群灵，如同瓜果，不知旁生异类，皆谓众生，皆有佛性也。罗縠锦绣以为华饰，不知杀万蚕之命、炫浮躯之彩可惜也。

百味珍馐，以为甘旨，不知烹水陆之鲜、塞饥仓之孔，大罪也。鹰犬矰弋，遍满山林。网罟扈梁，充溢江海，牛羊猪鹿，狼籍市都，鱼鳖虾蟹，腥秽街衢，习而行之，恬不为畏，不知冤结债负，报应无穷也。清歌妙舞，品竹弹丝，女宠男欢，快心娱意，英贤豪杰，视为分内；不知欲海无涯，沦堕之本也。遭世逢时，争名竞利，里巷光荣，道路欣羡，中人以上，率皆染指，不知幻泡无常，流转之根也。系缚情缘，贪恋骨肉，苦乐萦心，生死结念，不知有解脱也。妄分人我，力修恩怨，不知有平等也。且止论目前，何有身后，大误事。不知善恶因果，历千生万劫而不尽也。自佛法昭明，始悉种种违犯，如故者虽多，许多不知者要知。奉教修行者亦不少。其为世道之津梁，岂不大哉！儒为世间法，用以网维名教而保聚于生前；佛为出世法，用以练养性灵而升跻于身后。二者原无相害，何妨两存？

人谓佛氏之学，以心求心，是即以心用心也。似有二心。不知心也者，湛寂灵明，圆融无碍，包罗万法，含裹十方，至灵至妙。心一而已，非有二也。以其圆融无碍，乃外观百物，只此一心；内观一心，亦只此一心。外观百物，谓之放光；内观一心，谓之返照。能放光又能返照，此心之所以为灵妙也。月能照万物，不能返照，镜能照万象，亦不能返照，以二者之明，俱不灵也。心能观百物又能返照，自心灵也。心之为染、为净、为圣、为凡，心自知之。是即以心观心也。非谓所观者一心，能观者又一心也。心既外观百物，又岂不能内观一心乎？是以耳目之用，能一而不能二、以一为一者，形也；心能一而能万、以万为一者，神也，是以心能观心也，夫心欲其净，去染而得净，谁能为之？心也，谓之以心观心则可；谓之以心

求心亦可；谓之以心用心，则不可；若以心观心为二心，则以心观百物为百心矣。大错。

论者谓释氏之学于敬以直内则有之矣，义以方外则未之闻也。夫谓佛敬以直内是矣.盖佛之内心，止以绝纷飞，谓之寂寂；观以除昏暗，谓之惺惺。止而常观，止非无记；观而常止，观非乱想。定如大地，八风吹而不动；慧如朗月，万物照而无遗；以慧为定，定之体湛然；以定为慧，慧之用寂若止观为因，定慧为业，功先戒律，严净毗尼，敬以直内，可谓真合儒教矣。然必身心俱虔，行解相应，内修观智，外肃威仪，布萨羯摩，遵如来之遗则，六度万行，为佛事之庄严。语不杀，伤及蠉飞蠕动，即杀也；语不盗，则鼻嗅荷香，即盗也；语不淫，隔壁闻钗钏声，即淫也；语不贪，即一草一针不敢贪也；语不瞋，则肢体损裂不敢瞋也；语不痴，则等觉如来一品无明未破；亦痴也。义以方外，可谓严矣、密矣。滞固而入于枯槁者，乃小乘独觉，非大乘圆顿之门，疏通而归于恣肆者，乃放逸狂禅，违梵网木叉之律，罪在学人，于佛何损？佛之方严如此，此皆传之金口、载之贝经，彰明昭著，岂得云"非义方"耶？

论者谓儒之求放心似释氏说入定一般，但释氏到此便若死了，心无主宰，此言似是而实非。放心者，心驰千万里，不胜其翕熠纷飞，求而收之，尚未必有把柄。定心者，心摄于一处，已自凝寂安恬，徐而俟之，自然能发慧光，谓定心为死，非知定者也。佛氏言止，则必兼观，言寂则必兼照。有空如来藏，一决不立，有不空如来藏。万法森然，如一轮之月，悉照万波，万波各有一月，月惟一轮，一味之雨，咸苏万品，万品各有一雨，雨止一味。用起于天堂，则欲色无色，尽化香台；用起于地狱，则铜柱铁床，编成华藏。人王宰臣，菩萨应现；螺蛳蛤蜊，大士化身。种种作用，种种事案，胥从静定中来也。谓之心死，可乎？

论者谓佛所谓性，正圣人所谓心；佛所谓心，正圣人所谓意。佛原不认得这理，便认知觉运动、能视能听、能思能动的是理。此言大谬。佛氏之言心性，原只是一物；天地间一种清净广大、妙湛圆明物事，名之为性；性之灵通处，名之为心。性如镜之明，心如鑑之照，其实一物也。无所不包裹，总谓之性，性而灵通，乃谓之心。如山河、大地、草木、瓦砾皆有性，惟人之性，能灵通知觉，乃可言心；山河、大地、草木、瓦砾，止名为性，不名为心。佛之所谓心，乃清净广大、妙湛圆明，谓之本觉、谓之般若、谓之毗卢性海、谓之摩尼宝珠。所谓意者，乃人心之识神，生死之根本；佛之所以圆修妙悟，必转此识神而为智慧，乃称为转凡成圣也。盖凡夫之与圣人，本同具此心性。凡夫迷真逐妄，所以智慧化为识神；圣人破妄归真，所以识神转为智慧。意者，佛之所呵也。乃云佛所谓心，正圣人所谓意，其失言多矣。佛氏归真，则知觉运动、视听言动、能视能听、能言能动，无非是性；凡夫逐妄，则知觉运动、视听言动、能视能听、能言能动，无非是妄。谓佛氏只认得能视听言动的是性，岂不愚哉！夫能视、能听、能言、能动谓之非性不可，而谓佛氏所称清净广大、妙湛圆明之性，只在视听言动得名，有是理乎？夫说性，则如来会一性于统宗；说理，则如来诠万理于事物。理之广博，横被法界；理之精微，析入毫芒。二乘之破见思，穷理尚粗；菩萨之破无明，穷理极微。

等觉之一品无明未破,则理尚有碍,必入妙觉而后一真了彻,万理洞然。谓不认得理字,是何言也?夫理有自然,安排已远;理有各当,凑泊即乖。不安排而有,不凑泊而合,此佛理之所以为至妙也。

自智慧之化而为识神也,智见愈多,性灵愈晦,饶他说理分明,语言微妙,尽是鬼家活计,播弄精魂。不知绝去名言,扫空义理,将平日许多理路窠臼,一顿掀翻都尽,而中间止觉般若熏观,寂寂惺惺,忽然如电光一闪,莲花乍开,名为大悟。良以禅家话头,正妙、正无,有意味、舍分别而得自在、转识神而成般若也。要知六祖,樵夫也。以不识一字而即得证悟。阿难多闻总持人也,以多闻尽而后悟真空。良有以也。

《论》云:佛只认得人心,无所谓道心。不知佛之所最呵者人心;所最修者道心也。有善无恶是道,佛心则纤恶尽去,万善同归;有净无染是道,佛心则一尘不染,万德圆净;有体有用是道,佛心则寂而常照,照而常寂,以性相不住为宗,以事理无碍为则。佛全是觉,觉全是道。乃至人心名为识神、名为染法,六根妄用,八识炽然,生死根因,三途种子,佛之所以精勤修行,单为去此。谓佛只认得人心,岂知佛者哉!

佛言无念,此无妄念,正念不灰灭,般若智在也。外道言无想,正念灰灭,无般若智熏观也。

问:定能生慧,慧亦能生定否?

答:慧之生定,更疾于定之生慧。定之生慧,如定水不灭,诸物尽照;慧之生定,如慧灯一朗,阴怪尽灭。妙喜云:人说静了方悟,我是悟了方静;未悟时,心识纷飞;悟了时,方贴贴地。

问：无情是佛否？

答：无情是佛。死人应是如来。所谓无情，为无凡情，非无圣情。

问：何名圣情？何名凡情？

答：无分别是非，于一切境上、法上，不着、不取，是名圣情；有分别是非，于一切境上、取着，是名凡情。无凡情，有圣情，有情亦是无情也。